会计经典学术名著

FINANCIAL REPORTING AND GLOBAL CAPITAL MARKETS

国际会计准则史

（上册）

［荷］凯斯·坎佛曼（Kees Camfferman）
［美］斯蒂芬·A. 泽夫（Stephen A. Zeff） 著

周华 张姗姗 译

中国人民大学出版社
·北京·

译者序

《国际会计准则史》是"会计学原论"系列译著之一。本书之英文原著是最近二十多年来笔者在创作《会计制度与经济发展》《法律制度与会计规则》《会计规则的由来（四卷本）》等"会计学原论"系列著作的过程中，所查阅的数以百计的英文著作中最令人印象深刻的佳作之一。

《国际会计准则史》英文原著由蜚声国际的会计学者、美国莱斯大学（Rice University）会计学教授斯蒂芬·A.泽夫（Stephen A. Zeff）和荷兰阿姆斯特丹自由大学（Vrije Universiteit）会计学教授凯斯·坎佛曼（Kees Camfferman）联袂撰写，所描述的国际会计准则委员会（IASC）的历史，当然同时也是国际会计准则（IAS）的发展史。众所周知，我国自1992年以来的企业会计改革最初采取的是"国际协调"路径，即积极与国际会计准则和美国证券市场上的公认会计原则（GAAP）相协调，借鉴域外一些合理的做法来完善我国国家统一的会计制度。自2005年起，我国企业会计改革采取的是"国际趋同"路径，即谋求与国际财务报告准则（IFRS）趋同。国际会计准则和国际财务报告准则是国际协调和国际趋同的主要参照标准。我国立法机关、学术界和实务界普遍对国际会计准则的发展演变趋势抱有浓厚的兴趣。因此，这本《国际会计准则史》对于所有关心会计管理的读者朋友来说，是不可多得的珍贵文献。

—1

2011年4月8日，泽夫先生和坎佛曼先生曾访问中国人民大学，为本书的姊妹篇（《国际财务报告准则史》）的撰写做准备。*笔者有幸会泽夫先生，并主持了座谈会和演讲活动。座谈会和演讲活动从早晨持续到夜晚，78岁高龄的泽夫先生谈起学术问题一直兴致盎然，其睿智的见解和充沛的精力令人印象深刻。这时候，笔者尚未拜读过这本书的英文版原著。

同年6月，笔者的《法律制度与会计规则》《会计规则的由来》等系列著作初稿成型后，征求了一些资深学者的意见，收到了积极的反馈。这些著作是笔者自1999年以来基于经济学和法学交叉学科视角和逻辑分析方法论证形成的。我们提出了一些较为新颖的会计审计理论主张，如"根据法律事实记账""取消强制性注册会计师审计制度，建立政府监管机构和内部监督机构自愿委托的注册会计师协助机制"等。

2012年1月至2013年1月，笔者受中国人民大学和国家留学基金管理委员会"青年骨干教师出国研修项目"资助，赴美国哥伦比亚大学做访问学者，其间不无遗憾地发现，有很多境外的优秀学术著作，都被我国学术界有意无意地忽略了（这有可能是当前流行的数量化科研考核制度的副作用之一）。访学期间，笔者收集和阅读了包括本书英文版原著在内的大量理论著作，这些著作为我们此前的理论分析成果提供了大量的历史证据。笔者认为这些史料丰富、证据扎实的佳作对我国立法机关、监管机构、会计界同仁、企业管理人员、证券投资者和广大研究人员具有一定的参考价值，于是，就向中国人民大学出版社推荐翻译出版"会计学原论"译丛，并吸收"会计学原论"研究组的硕士、博士研究生们参与进来。莫彩华、吴晶晶、张姗姗、尤希琦、孙安文、刘斯曼、赵巍、潘一彬等优秀青年积极申请参加了《会计简史》《审计简史》《财务报告史》《证券市场沉思录》等著作的初译工作。每本译著通常都要经过至少三年的反复打磨方可交付出版。自2016年起，"会计学原论"系列译著开始陆续与读者朋友见面。

《国际会计准则史》中收录了IASC从1973年成立到2000年改组为IASB的过程中的大量历史资料，包括存放于IASC伦敦办公室、苏格兰特

---

*本书的姊妹篇（《国际财务报告准则史》）由上海财经大学刘浩教授、财政部会计准则委员会徐华新博士带领的研究团队主译，多年来我们时常交流翻译体会，都感到这两部著作博大精深，值得献给对会计管理感兴趣的各界同仁。

许会计师公会爱丁堡办公室、荷兰海牙国家档案馆和荷兰注册会计师协会阿姆斯特丹办公室的未公开档案，以及访谈140余位亲历者所形成的大量一手资料。这些丰富的历史资料有助于人们深化对国际会计准则的认识。

IASC取得了值得称道的成就，可以概括为以下几个要点。一是，英国和加拿大的公共会计师行业协会积极作为，成功地牵头设立了IASC，为该行业的跨国交流提供了便利。二是，IASC于1987年成功谋取美国证监会的支持，从而与国际证监会组织建立联系，这是IASC发展历程的转折点。三是，IASC于1987年启动"可比性与改进计划"，1995年获准与国际证监会组织签署核心准则协议，2000年完成核心准则并获得国际证监会组织认可，抓住了欧美证券市场大发展的历史机遇。四是IASC借助纽约证券交易所为招徕国际发行人而推动美国国会通过《1996年全国证券市场改进法》的历史机遇，按照美国证监会的意见对自身进行了改组，因势利导，借力发力，从而在欧洲证券市场谋得了一席之地。IASC的成功之道，少不了步步紧跟证券交易所及其监管者的步伐这一条。

但IASC也面临一些难以应对的挑战。一方面，IASC的准则缺乏约束力。IASC及其后继者IASB并不是国际法、国际经济与政治概念范畴上的"国际组织"（international organization），它们都不是国际法的制定主体。它们设计的准则也都没有法律强制力，在性质上属于私立机构编写的私人文件，跟读者朋友所熟知的"国家统一的会计制度""会计法规体系"等概念存在差异。另一方面，理论上不可能形成国际性的会计规则。企业会计规则在性质上是民商法、经济法和复式记账方法融合生成的企业收益分享规则。只要国家、法律这样的概念范畴还存在，会计规则就必然是区域性的，不可能形成国际性的会计规则。因此，国际会计准则（IAS）、国际财务报告准则（IFRS）乃至"国际趋同"（international convergence）等概念，必然只是海市蜃楼。美国迄今不存在联邦统一的公司法，欧共体公司法指令为统一会计规则所做的努力以失败告终，就是两个典型样例。以上两个方面就决定了IASC的依附性（IASC最终选择依附于国际证监会组织和巴塞尔委员会等私立机构），其宣传也必然会避开这两个方面的挑战。正如财政部会计司原司长刘玉廷同志2011年曾撰文指出的，"IASB在不同场合、通过不同方式宣传全球已有120多个国家采用了国际准则，但实际情况是，各国或地区采用的范围、执行程度和效果参差不齐，理事会没有到这些国家实地考察，很多宣传都与事实不符。众所周知，世界主要经济体，美国、俄罗斯、日本和印度等，都尚未采用国际准则或与之趋同"。*

总之，泽夫先生和坎佛曼先生妙笔生花，对史料进行了精心的编排处理，使得《国际会计准则史》相当引人入胜，成为有助于读者朋友全面把握国际会计准则的成就和局限的上佳读物。

本书由笔者和中国人民大学商学院"会计学原论"研究组的同学们历经六年多接力翻译而成。"会计学原论"研究组主要由法学和经济学的教师和同学组成，对同学们实行"本科—硕士—博士"贯通教育，此前曾推出翻译作品《会计简史》《审计简史》等译著（读者评价等信息可在京东、当当、豆瓣等网络平台查阅）。张姗姗、张卓然、刘畅、莫彩华、吴晶晶、于秉南、卢晓哲、李林蔚、尤希琦、潘一彬、赵巍、罗宇田、仝话等同学分别参加了本书不同轮次的翻译和交叉校对工作，笔者对初译稿和重译稿进行了逐字逐句的校阅。

本书的翻译先后得到了戴德明教授、张为国教授、徐华新博士等许多资深专家和业界同仁的关心和帮助，在此深表谢忱。

我们真诚地希望《国际会计准则史》能够对立法机关、监管机构、企业管理人员、证券投资者和学术研究者有所助益，能够对以人民为中心的金融发展有所裨益。限于我们的识见和能力，舛误纰缪在所难免，深望读者、方家给予严格的批评和指正。

周华
于中国人民大学明德楼

---

* 刘玉廷.金融危机后国际财务报告准则的重大修改及对我国的影响.财务与会计，2011（12）.

中文版序

我们非常感谢中国人民大学周华教授带领研究团队翻译了我们关于国际会计准则委员会（IASC）历史（从1973年到2000年）的著作。

IASC是国际会计准则理事会（IASB）不可或缺的前身，后者于2001年脱胎于前者，并从前者的经验教训中获益良多。事实上，IASB最初的14名理事中有6名（包括主席和副主席）曾担任IASC的委员，另有2名理事此前曾是IASC理事会会议的观察员。

我们希望本书中文版能够激发会计学术界和实务界人士对于国际视野下中国会计准则制定的历史进程的兴趣。在本书所涵盖的时期，中国财政部为当前中国会计准则体系以及相关会计法规奠定了坚实的基础。

我们也希望本书中文版能够对广大本科生和研究生的会计课程学习有所助益。长期以来，我们都秉持着这样一种信念：对历史的深刻理解，有助于人们规划财务报告和会计行业的未来发展方向。

凯斯·坎佛曼

斯蒂芬·A.泽夫

推荐序

组织撰写这部著作的想法，是在2000年12月国际会计准则委员会（International Accounting Standards Committee，IASC）的告别晚宴上构思成型的。曾任IASC主席的汉斯·伯格拉夫（Hans Burggraaff）提议，趁着众多IASC的历史见证人仍然活跃在会计职业界，可以采访他们对IASC的雄伟志向及其发展历程中的艰难险阻的看法，从而撰写IASC的历史。我们非常幸运地邀请到两位杰出的学者——凯斯·坎佛曼教授和斯蒂芬·A.泽夫教授，来阅读和筛选IASC的档案文件，与IASC的众多当事人进行交流，最重要的是，结合经济发展的历史背景来阐释他们的研究成果。

IASC作为本森勋爵（Lord Benson）的智慧之作，在公共会计师行业全球化进程中的地位无可替代。IASC起步于由英国、加拿大和美国的公共会计师行业协会代表组成的会计师国际研究组（Accountants International Study Group，AISG），该研究组也正是G4+1的前身。G4+1由20世纪90年代的主要准则制定机构的成员构成，包括澳大利亚、加拿大、新西兰、英国和美国会计准则制定机构以及IASC的代表。

一直以来，IASC的管理层都有这样一个愿景：无论交易发生在何处，世界各地的会计师都能够使用相似的会计方法进行核算。IASC在27年的发展历程中所孜孜以求的目标，就是推动各方支持这一愿景。

起步阶段的 IASC 只是搜集、汇总了既有的最佳惯例，后来逐渐发展成为能够自行决定何为最佳惯例，并据此确定世界准则的团体。IASC 在后期与证券监管机构积极合作，努力确保其拟定的准则能够得到全球各地的认可，而无须再按照当地的公认会计惯例或准则进行调整。IASC 最后的行动是确定其继任机构的组织形式，包括负责制定准则的国际会计准则理事会（International Accounting Standards Board，IASB）及其受托监督机构。IASC 批准了继任组织的章程，任命了提名委员会。提名委员会进而选择了 IASC 基金会的受托人，然后由受托人挑选了新成立的 IASB 的成员。原 IASC 的兼职委员成了 IASB 的全职理事。这些情况当事人都已经明确地阐释过。

本书将对 IASC 的成立过程及其从兼职组织转变为全职组织的历史进行权威解读。通过阅读本书，读者将会理解一代代会计专业人士的理想主义和奉献精神，是如何培育和持续滋养"单一高质量全球准则"（a single set of high-quality global standards）这一愿景，又是如何在 IASB 中开辟实现这一愿景的路径的。虽然这一愿景尚未实现，但 IASC 已经为 IASB 点亮新征程——我和 IASB 的同事们深信，IASC 的创始人当初设定的目标最终一定会实现。

对于坎佛曼教授和泽夫教授在书写这个独特组织的辉煌历史时所展现的渊博学识、独到见解和艰辛努力，我们深表谢忱。

戴维·泰迪爵士（Sir David Tweedie）
IASB 主席

前　言

2002年12月，我们应国际会计准则理事会（IASB）委托，开始研究其前身国际会计准则委员会（IASC）从1973年到2000年的主要历史。IASB为我们提供了研究所需的差旅费和杂费，同时让我们在研究项目的设计和执行方面享有完全的自由创作的权利。

本书旨在惠及所有参与制定或者采用国际财务报告准则（International Financial Reporting Standards，IFRS）的人士，包括会计从业人员、资本市场监管机构、公司财务主管、财经记者、学生和研究者。本书不仅探讨了国际会计准则的发展过程，还讨论了IASC日趋成熟的发展过程以及影响其工作效率的经济力量和监管力量。历史归根结底是人的历史，这本书也不例外。

我们要感谢IASB慷慨地向我们提供工作便利，让我们使用大量的IASC资料档案；感谢荷兰注册会计师协会（位于阿姆斯特丹）、苏格兰特许会计师公会（位于爱丁堡）和加拿大特许会计师协会（位于多伦多）授权我们使用其宝贵档案，感谢英格兰及威尔士特许会计师协会（位于伦敦）允许我们使用其图书馆的系列馆藏，感谢日本注册会计师协会为我们在东京开展一系列访谈提供重要支持。

我们要感谢我们所供职的高校——自由大学（Vrije Universiteit）和莱

斯大学（Rice University）——提供的大力帮助。

  我们非常感谢众多受访者以及对本书草稿发表意见的人士。另外，还要感谢协助我们收集数据、检索文件以及与受访者建立联系的组织和人员。在这些人中，我们要特别感谢戴维·凯恩斯（David Cairns），他给我们提供了大量的个人收藏文件，参与了两次时间很长的访谈，对书稿进行了详细的评论，并在我们要求提供额外信息和见解时做出了积极回应。

  作为作者，我们对本书承担全部文责。

凯斯·坎佛曼
斯蒂芬·A. 泽夫

目 录

第1章
导言和概览 ·· 1
1.1 研究方法 ·· 2
1.2 本书概览 ·· 5

第一篇　IASC的起源

第2章
国际会计协调的起源 ·· 23
2.1 全球经济一体化与国际会计协调 ·· 23
2.2 区域会计机构的设立 ··· 25
2.3 对统一会计准则的呼吁 ·· 26
2.4 美国注册会计师协会的行动 ··· 29
2.5 会计师国际研究组 ·· 31
2.6 国际性的会计秘书处 ··· 46
2.7 欧洲经济共同体的会计协调以及UEC的作用 ······················· 49
2.8 IASC走上历史舞台 ··· 54

— 1

第 3 章
国际会计准则委员会的成立 ················· 55
3.1 关于设立国际会计准则委员会的倡议 ············· 55
3.2 本森的角色与动机 ····················· 58
3.3 各方对设立 IASC 的倡议的总体反应 ············· 61
3.4 1973 年 IASC 协议与章程的主要特征 ············· 63
3.5 各方对 IASC 成立的反应 ·················· 73

第二篇　IASC：1973—1987

第 4 章
IASC 的人员与结构 ····················· 83
4.1 IASC 历任主席 ······················· 83
4.2 IASC 创始代表团的构成 ··················· 86
4.3 代表团截至 1987 年的演变 ·················· 91
4.4 后来加入的代表团 ····················· 98
4.5 准成员的加入 ······················· 101
4.6 技术人员 ························· 102
4.7 工作语言的选定 ······················ 106
4.8 与英格兰及威尔士特许会计师协会的联系 ··········· 107
4.9 关于批准与制定准则的早期计划 ··············· 108
4.10 项目指导委员会的构成 ··················· 109
4.11 交流方式 ························ 110
4.12 IASC 委员会（1977 年之后为理事会）会议 ·········· 110
4.13 财务状况 ························ 112
4.14 1977 年协议和章程的变更 ················· 116
4.15 组织和计划委员会 ···················· 118
4.16 顾问团 ························· 119
4.17 1982 年 IASC 协议和章程的变更 ··············· 121
4.18 IASC/IFAC 协调委员会 ·················· 123

4.19　IASC 1987年对其未来计划的重大评估 ········· 123

第5章
"妥协于协调"：编写IASC的早期准则 ········· 125

5.1　概述 ········· 125
5.2　工作安排及指导委员会的构成 ········· 126
5.3　对1973—1987年的技术项目的回顾 ········· 129
5.4　第一项准则：IAS 1 ········· 129
5.5　温和的雄心：从IAS 2到IAS 5 ········· 134
5.6　从未启动的项目：审计准则 ········· 146
5.7　通货膨胀会计：IAS 6与IAS 15 ········· 148
5.8　加紧备货：从IAS 7到IAS 13 ········· 155
5.9　外币折算：通往IAS 21的漫长之路 ········· 168
5.10　针对银行业务的有胆识的征求意见稿 ········· 175
5.11　领导力彰显：IAS 14、IAS 17和IAS 19 ········· 178
5.12　概念框架的先行者：IAS 16、IAS 17和IAS 18 ········· 185
5.13　序幕的结束：IAS 20、IAS 22和IAS 23—26 ········· 189
5.14　结语 ········· 202

第6章
IASC努力获得认可 ········· 204

6.1　"尽最大努力"的承诺 ········· 204
6.2　国际证券交易所联合会的重要认可 ········· 207
6.3　欧洲与全球财务报告调查：IASC的福音 ········· 208
6.4　对IASC理事会成员国的影响 ········· 212
6.5　英国与爱尔兰 ········· 213
6.6　美国 ········· 222
6.7　澳大利亚 ········· 236
6.8　加拿大 ········· 238
6.9　法国 ········· 241
6.10　德国 ········· 246

6.11	日本	248
6.12	墨西哥	250
6.13	荷兰	251
6.14	尼日利亚	254
6.15	南非	255
6.16	意大利	256
6.17	中国台湾	257
6.18	对未在 IASC 理事会中派驻代表的准成员的讨论	258
6.19	中美洲和南美洲国家的缺席	263
6.20	1987 年以前 IASC 准则的影响评估	265
6.21	IASC 通过访问和沟通来寻求支持	267
6.22	IASC 与欧洲方面的联系	270
6.23	IASC 与美国证监会的联系	271
6.24	IASC 与国际证监会组织的初步接触及其预兆	274

第 7 章
IASC 何以应对政治环境 ... 275

7.1	发展中国家与联合国	276
7.2	经济合作与发展组织	283
7.3	与国际会计师联合会的融合：1973—1982	288
7.4	顾问团的起源与理事会成员以外的行业协会	300
7.5	与国际会计师联合会合并的最后一次尝试：毕晓普的工作团队	307

第三篇　IASC：1987—2000

第 8 章
国际会计准则委员会面貌的变化：人员、结构和经费 ... 315

8.1	主席和副主席	315
8.2	理事会成员的变动	320
8.3	20 世纪 90 年代一些活跃的代表团所面临的挑战	330
8.4	理事会代表团的投票流程	333

8.5	IASC 理事会会议上的嘉宾和观察员	334
8.6	IASC 理事会会议的地点、频率和时长	337
8.7	对公众开放理事会会议	339
8.8	指导委员会的观察员	341
8.9	布赖恩·卡斯伯格爵士接替戴维·凯恩斯担任秘书长	341
8.10	IASC 扩充研究人员队伍	344
8.11	IASC 增加后勤人员并谋求扩大办公空间	346
8.12	行政委员会取代组织和计划委员会	347
8.13	IASC 理事会设立常设解释委员会	348
8.14	IASC 预算的大幅增长	349
8.15	IASC 的基金会工作组：融资平台的规划	352
8.16	咨询委员会	359
8.17	筹款情况	361
8.18	IASC 1992 年修改其章程	364
8.19	IASC 与国际会计师联合会的关系	365
8.20	顾问团	365

第 1 章　导言和概览

1973 年国际会计准则委员会（International Accounting Standards Committee，IASC）的成立，是公共会计师行业组织对第二次世界大战后资本市场日益国际化动向做出的最重要、最持久的回应。这是一项雄心勃勃的民间动议。IASC 的成员们是在全职担任会计公司合伙人、公司财务主管、大学教师或者会计行业协会工作人员之余，兼职来出任国际会计准则制定机构员工这一角色的。

IASC 是英国会计界的领军人物之一亨利·本森爵士（Sir Henry Benson）的智慧之作。随着 20 世纪 60 年代跨国企业的兴起以及随之而来的比较世界各地财务报表信息的需求，本森敏锐地意识到，公共会计师行业必须努力协调各国间截然不同的会计惯例。足智多谋、坚定不移的本森获得了澳大利亚、加拿大、法国、德国、日本、墨西哥、荷兰、英国和美国的主要会计行业团体的支持，决意建立一个旨在缩小各国会计准则差异的机构。

IASC 设立于伦敦，各国会计行业协会提供的资金仅可供 IASC 招募一支由秘书、助理秘书和打字员组成的三人团的骨干成员。

从这个微不足道的起点开始，IASC 在起步阶段公布了一系列较为灵活的会计准则。起初，这些准则在一些发展中国家受到了重视，在发达国家则影响力较弱。但随着 20 世纪 80 年代以来（特别是 20 世纪 90 年代）全球化步伐的加快，IASC 在主要证券市场监管机构的大力支持下，开始着力提高会计准则的质量，从而引起了一些国家和地区监管机构、法规制定者、大型跨国公司和主要公共会计师行业协会的关注和尊重。最后，在 1999—2000 年间，IASC 改组为国际会计准则理事会（International Accounting Standards Board，IASB）。IASB 主要由全职成员组成，职员数目也大大增加。它继承了 IASC 所获得的国际认可度和接受度，今天，它更是成了为全球私营企业制定国际财务报告准则（International Financial Reporting Standards，IFRS）的组织。

我们认为，了解 IASB 的历程有助于人们深入理解 IASB 及其准则的功能和影响。如今困扰人们的一些关于 IASB 的准则和结构的最棘手问题，其实都可以追溯到 20 世纪 90 年代甚至更早时期的类似问题。那些正在与 IASB 打交道的人，以及那些探索 IASB 的运行机制及其影响的研究者，可以通过了解 IASC 如何面对和解决那些富有挑战性的问题而获得启发。

本书旨在阐释 IASC 从 1973 年到 2000 年的形成和演变过程。本章首先介绍我们研究和阐释 IASC 历史时所采用的方法，然后对 IASC 的主要思想、演变趋势和发展过程进行简要概括。后续章节将会对这些话题分别给予深入探讨。

1.1 研究方法

本书是 IASC 的通史，即涵盖 IASC 的起源、所做工作及其影响，以及塑造 IASC 及其使命的各方力量的历史。本书不仅是一部编年史，而且对 IASC 演变的起因和影响、其在世界舞台上日益重要的角色及其主要人物的动机等各方面问题都进行了详实且有据可查的研究。在设计和开展研究时，我们也会关注国内和国际上不断变化的经济、政治和法规环境对 IASC 的影响。

通史研究者往往会基于一定的立论前提来开展研究，我们也不例外。本书的隐含前提是，IASC 的目的是设计符合公共利益的会计准则。换句话说，高标准的会计和财务报告是保障资本市场正常运作和强有力的公司治理的重要因素。由于经济业务日益复杂且不断变化，利益相关方在选择会计政策时可能存在切实的利益冲突，因此"高质量会计"是一个难以捉摸的概念。关于应采用哪种会计方法的共识通常很难达成。会计准则能够发挥教育作用，能够鼓励讨论和辩论从而推动解决观点分歧，能够在尚未达成共识的领域推动达成有些武断但还算有用的一致，因此有可能会极大地改善财务报告的质量。

根据我们对 IASC 历史的理解，正是这种公共利益导向激励了许多人积极投入会计准则的制定过程之中。IASC 经常表现出一种理想主义色彩，关于这一点，我们在评价 IASC 的任何决策行为时都应铭记于心。在 20 世纪 70 年代和 80 年代，IASC 的影响力还很小，某些国家的准则制定机构和其他会计从业者甚至并未将 IASC 放在心上。到了 90 年代，IASC 似乎离成功近了一步，但仍面临一个个复杂且困难的项目。在这些时候，公共利益导向的理想主义是 IASC 得以持续下去的原因之一。

这里需要承认的是，本书的写作不可避免地受到作者来自荷兰和美国的背景因素的影响，特别是本书所探讨的财务报告惯例是基于荷兰和美国的会计实务。我们意识到，这一背景因素至少在以下方面影响了我们的观点。正如有些读者可能会注意到的那样，我们对 IASC 准则发展的总体方向持支持态度，尤其是其在 20 世纪 90 年代的发展动向。当然，我们撰写本书的目的是理解而不是赞颂 IASC。与其他很多人一样，我们也可以从 IASC 公布的文件中找到很多错误。尽管如此，我们仍然相信 IASC 的准则总体上是朝着正确的方向发展的——我们认为在这里指出这一点是适当的。

虽然我们两位作者的合作使我们能够将欧洲和北美的情况结合起来进行考虑，从而使本书得以容纳更广泛的观点，但是我们并不期望深入了解所有 IASC 参与国的背景信息。由于语言的限制，我们对英语国家以及法国、德国和荷兰的讨论比其他国家更为充分。然而，本书之所以着重关注英国和美国，并不仅仅是因为这些国家的资料丰富、获取容易，而主要是因为我们认为这两个国家实际上也是最重要的。

我们需要从技术层面和政治层面两个维度去理解 IASC。IASC 的大部分资源都被投进了会计技术问题的讨论中，但我们应该意识到，IASC 也需要确保其制定的规则（甚至是该组织自身）能够在全球保有一定的地位。我们注意到，前 IASC 代表们曾试图将 IASC 的职员分成两类："技术员"

（technicians）和"政治家"（politicians）。当然，也有同时在两个领域表现出色的罕见人才。在本书中，我们试图公正地看待这两个方面。因此，如何分析IASC解决技术问题的过程，对于我们来说是一个很大的挑战。因此，我们决定不局限于阐释准则的制定过程，而是要更深入探讨每一个技术项目的优缺点。我们认为，要想理解IASC，就不能不了解其成员大部分时间在谈论什么，以及影响IASC工作的各种因素。这样，没有会计基础的读者也可以阅读本书第5章、第9章和第11章所描述的准则制定程序（约占全书篇幅的1/3）。在讨论IASC的众多项目时，我们致力于探讨基本思想和相关争议，以帮助读者不致陷入令人眼花缭乱的细节当中。

我们在研究IASC的历史时追溯了众多的原始资料，阅读分析了目前存放于IASB伦敦办公室的大量准则草案、通信以及内部会议记录，还研究了几个公共会计师行业协会提供的档案资料，包括总部位于阿姆斯特丹的荷兰注册会计师协会（Koninklijk Nederlands Instituut van Registeraccountants，NIVRA）、总部位于爱丁堡的苏格兰特许会计师公会（Institute of Chartered Accountants of Scotland，ICAS）和总部位于多伦多的加拿大特许会计师协会（Canadian Institute of Chartered Accountants，CICA）。尽管书中花费了大量的篇幅描述IASC与国际证监会组织（International Organization of Securities Commissions，IOSCO）之间的长期互动，但我们未能获准查阅国际证监会组织工作组及委员会的会议记录或其他非公开文件。为了弥补这一缺陷，我们对国际证监会组织的主要成员进行了访谈。

我们在全球进行了超过135次访谈，并以此创建了我们自己的研究数据库。大多数受访者都是IASC理事会（board）及其指导委员会（steering committees）、工作组（working parties）、顾问团（Consultative Groups）、咨询委员会（Advisory Council）或战略工作组（Strategy Working Party，SWP）中的成员，也有受访者是这些部门的支持人员。我们还采访了各个国家和全球性机构中负责与IASC打交道的人员，他们分别来自加拿大安大略省证券交易委员会（Ontario Securities Commission，OSC）、法国证券交易委员会（Commission des Opérations de Bourse，COB）、美国证监会（Securities and Exchange Commission，SEC）、欧盟委员会（European Commission，EC）、世界银行（World Bank，WB）、澳大利亚证券交易所（Australian

Stock Exchange，ASX）、伦敦证券交易所（London Stock Exchange，LSE）、纽约证券交易所（New York Stock Exchange，NYSE）、国际会计师联合会（International Federation of Accountants，IFAC）、欧洲会计师联合会（Fédération Européenne des Experts Comptables，FEE）、欧洲财政经济会计专家联盟（Union Européenne des Experts Comptables Economiques et Financiers，UEC）以及美国财务会计准则委员会（Financial Accounting Standards Board，FASB）。

在访谈结束之后，我们经常会联系受访者要求他们提供更明确的解释或回答其他问题。有些人甚至接受了第二次或第三次访谈。几乎所有的访谈都已被记录和转录。访谈内容通常是保密的，这意味着在研究过程中我们参考访谈记录主要是为了更直接地支持某些缺乏档案证据支撑的事实观点。在某些需要更多依赖访谈结果的研究部分，我们已获得受访者的明确许可。需要注意的是，在本书写作过程中，访谈要比列示的参考文献更加重要。访谈在帮助我们识别因果关系、选择研究重点、确定真正重要的问题和事件等方面发挥了至关重要的作用。

我们将本书手稿发给了包括受访者在内的许多业内人士以征求意见。此外，我们还参考了以英语、法语、德语、荷兰语和西班牙语出版的专业文献和学术文献，并安排翻译了部分日语和意大利语文献。为便于同行继续开展相关研究，我们在本书中引用了我们未发表和已发表的大量资料，同时提供了大量参考资料，以供研究者们参考。

1.2　本书概览

如上所述，IASC 的历史很复杂，因为它与至少十几个主要国家和地区的财务报告的发展有关。IASC 需要与其成员的公共会计师行业协会（通常称为成员机构）、各国会计规则制定者、各国证券市场监管机构以及诸如国际会计师联合会（IFAC）、联合国（United Nations，UN）、经济合作与发展组织（Organization for Economic Co-operation and Development，OECD）和欧盟委员会（EC）等组织进行接触和沟通。这意味着，在任何时候，

IASC 都身处多个"故事情节"之中，其中有些是技术性的，另一些则是政治性的。在本书中，我们选择分别强调每一条故事情节主线。为此，我们将本书分为三个主要部分。第一部分讲述 IASC 的前身及其成立；第二部分介绍自 IASC 成立至 1987 年的历史；第三部分则涵盖自 1987 年至 IASC 解散改组的时期。出于多种原因，1987 年是 IASC 历史的转折点。其中最重要的原因是 20 世纪 80 年代成立的国际证监会组织对 IASC 的影响力日益增强。另一个原因是 IASC 战略决策的转变——IASC 开始尽力消除备选会计处理方法，从而提高其准则的实用性。

第二部分和第三部分的各章节分别介绍组织问题、技术标准制定工作、IASC 在各个国家的影响及其与其他组织的关系。当然，每个章节仅介绍 IASC 在某一特定时期的情况。我们尝试通过章节之间的交叉引用来帮助读者更好地理解 IASC 历史发展过程的全貌。

1.2.1　IASC 的前身及其成立

理解 1987 年以前的 IASC 的关键，是要认识到它与公共会计师行业的紧密联系。IASC 最初是由一些国家的公共会计师行业协会发起创办的，其成员几乎完全由公共会计师组成。当时 IASC 对会计实务的影响力非常有限，这表明大多数国家的会计行业权力有限，很难强制公司在披露财务报告时执行特定的准则。

第 2 章介绍了 20 世纪 60 年代国际主义是如何引起了一些国家的公共会计师行业（或至少是公共会计师行业的领导者）的关注的。鉴于世界各地的会计实务存在巨大差异，公共会计师行业的领导者开始传达这样一种观点——要想缩小国际会计实践的差异，首先要加强会计行业协会之间的国际合作。二战以后，国际贸易和投资的增长带来了投资者和其他报表使用者对可比会计信息的需求——这印证了缩小国际会计差异的必要性。然而，虽然全球经济一体化在 20 世纪 50 年代和 60 年代进展飞快，但是投资者和其他报表使用者似乎并未对会计行业施加很大的压力，也没有要求会计行业承担全球化的后果。公共会计师行业几次国际合作的尝试都是在其自身的倡议下开展的。IASC 是这些尝试中最成功的。欧洲、美洲和亚太地区也形成过一些区域性会计机构。欧洲财政经济会计专家联盟（UEC）作为欧洲区域性机构，曾半心半意地尝试过制定会计准则。从20世纪60年代后期开始，公共会计师行业开始建立能够代表该行业的全球性会计机构，最终使得国际会计师联合会（IFAC）于1977年成立。

1966年，会计师国际研究组（Accountants International Study Group，AISG）成立，该研究组可视为 IASC 的前身。会计师国际研究组旨在整理加拿大、英国和美国的会计惯例，通过比较分析的方法探究理想的优化路径。研究组的一系列信息手册是这三个国家的公共会计师行业之间持续合作的第一个成果。成立研究组的推手是英格兰及威尔士特许会计师协会（Institute of Chartered Accountants in England and Wales，ICAEW）的会长亨利·本森。

会计师国际研究组的出版物并不对任何人有约束力。因此，下一个合乎逻辑的步骤是组建一个拥有更大权力的机构，以拟定全球最佳会计惯例。编写和公布"会计准则"的想法促使"准则制定"机构于1970年在英国和爱尔兰成立。1972年5月，美国注册会计师协会（American Institute of Certified Public Accountants，AICPA）批准建立了独立机构——财务会计准则委员会（FASB）来取代原先的会计原则委员会（Accounting Principles Board，APB）。在这种氛围下，亨利·本森开始设想在国际层面建立一个类似的准则制定机构，囊括比研究组范围更广泛的国家。于是在1972年至1973年，英格兰及威尔士特许会计师协会邀请了来自九个国家的领先公共会计师行业协会，成立了 IASC。这九个国家是澳大利亚、加拿大、法国、德国、日本、墨西哥、荷兰、英国和爱尔兰（统计为一个国家）和美国。本森成为 IASC 的第一任主席，并很快成为其早期发展中不可或缺的领导者。

第3章阐述 IASC 的组建过程。该章表明，IASC 几乎不用劝说就能吸引被邀请的机构加入。尽管会费很高，但没有哪个公共会计师行业协会愿意被排除在外。当然，各个协会难免会对 IASC 的组织结构和权威性开展大量讨论。IASC 与国际会计师联合会（IFAC）之间的关系也曾存在很大的争议，我们留待后续讨论。

1.2.2　1987年以前的 IASC

本书的第二部分讨论了 IASC 的组织（第4章），IASC 的准则制定过程及准则内容（第5章），IASC的准则对世界各国的影响（第6章），以及IASC与国际会计师联合会（IFAC）、联合国（UN）和经济合作与发展组织（OECD）等的关系（第7章）。这些主题之间是相互关联的。

在组织方面，IASC初期的职员数量很少，且在这段时间并没有实质性增长。最初，所有的技术人员都是以借调的方式短期任职，直到1984年第一位常任秘书长出现。但这一变化的影响并非立竿见影，因为第一任秘书长杰弗里·米切尔（Geoffrey Mitchell）此前就以借调的方式任职IASC秘书，且其常务秘书长的任期只持续了一年。第二任秘书长戴维·凯恩斯（David Cairns）的任期则从1985年4月持续到了1994年12月，近十年里，他几乎成为IASC的化身。尽管如此，在1987年之前的大部分时间里，IASC的主要组织特征是委员会本身（1977年之后被称作理事会，本章后文中统称为"理事会"），该理事会由九个创始公共会计师行业协会各派出三名成员组成。一般来说，各成员机构都会认真履行自己的职责，并派遣资深人士、高素质人员组成代表团。到1987年为止，接替本森主席职位的有约瑟夫·卡明斯（Joseph Cummings，美国）、约翰·赫普沃思（John Hepworth，澳大利亚）、汉斯·伯格拉夫（Hans Burggraaff，荷兰）、斯蒂芬·埃利奥特（Stephen Elliott，加拿大）和约翰·柯克帕特里克（John Kirkpatrick，英国）——他们都是其所在国公共会计师行业的领袖人物。然而，IASC的成员会计机构均无权（加拿大特许会计师协会除外）要求本国企业在编制财务报告时执行IASC的准则。换言之，IASC所拥有的只是专业知识，它很难保证其制定的准则能够在各个发起成员所在的国家得到贯彻。在IASC刚成立时，大家也许并没有敏锐地意识到这个问题，因为大多数参与IASC工作的人似乎都接受了本森的标志性言论：会计协调是"一个迫切的国际需求"。如果真是这样，IASC只需提供一套国际会计准则，大家就会主动遵守。然而不久以后，大家意识到事实并非如此。没有一个创始成员愿意将执行IASC的准则作为获取无保留审计意见的必要条件，更遑论他们是否有能力说服其所在国这样做。

结果是，在1987年之前，九个创始成员的母国中很少有上市公司在其年度报告中提及IASC的准则。一系列调查打破了理事会成员对IASC准则的全球地位所寄予的任何幻想，这些调查清楚地表明，IASC在确保准则落地实施方面毫无进展。到了 1980 年，IASC 的准则推广乏力的问题已经很明显，尽管 IASC 历任主席和秘书都采取了许多措施，试图在世界范围内推广其制定的会计准则。20 世纪 80 年代初期，加拿大首先在准则推广方面取得一定进展，加拿大特许会计师协会（CICA）设法说服了一些公司在向股东提交的年度报告中使用 IASC 制定的会计准则。事实上，自 IASC 创立以来，加拿大公共会计师行业（特别是 CICA）一直是 IASC 最热情的支持者。

对 IASC 来说，准则难以推广是一个严峻的问题，但这并不是因为 IASC 早期制定的准则标准很高。IASC 的准则推广在加拿大之所以能够取得进展，很大程度上是因为已遵照加拿大"公认会计原则"编制财务报告的企业无须做出重大修改，就可以实质性地符合国际会计准则的要求。根据 IASC 的创立章程，其制定的会计准则应为"基本"会计准则。一方面，这意味着 1987 年以前 IASC 公布的 26 项准则主要涉及大多数企业普遍存在的交易事项，如存货、折旧、所得税或收入的会计处理。除了少数例外，IASC 没有尝试公布行业性的准则。另一方面，"基本"也意味着 IASC 意图制定不太难采用的会计准则。在 1987 年以前 IASC 的准则制定原则是，应禁止被普遍认为不可接受的会计惯例，但没有必要为一项经济业务规定唯一的会计处理方法。大多数准则都允许企业在两种或多种会计处理方法中进行选择——IASC 的创始成员正是希望通过这种方式来增强国际会计准则与各国会计准则及会计惯例的兼容性。有人质疑 IASC 的这种准则制定原则只是在寻求各国会计准则的最小公分母。的确，大多数 IASC 的早期准则对于拥有最发达的会计规则的国家来说并没有什么新意。然而，对于大多数 IASC 的成员国来说，彻底执行 IASC 的会计准则应该能够带来些许改进。

IASC 原本是公共会计师行业的一个排他性的机构，其正式成员资格仅限于英格兰及威尔士特许会计师协会（ICAEW）和美国注册会计师协会（AICPA）经过商讨确定的创始成员。IASC 原章程允许其他组织以准会员（associate membership）的身份加入，于是，许多公共会计师行业协会都以这种形式加入了 IASC。准会员资格使它们有权在一定程度上参与 IASC 的工作，特别是通过介入指导委员会的工作来参与编写准则草案，供 IASC

审阅参考。一些准会员单位对它们被排除在正式会员之外感到愤慨，特别是当它们认为这种次级地位源自 IASC 对其职业能力的过低评价之时。碰巧，IASC 较显著的早期成就主要是在一些准会员所在国而不是在创始成员所在国取得的。对于缺乏独立制定本国会计准则的能力的发展中国家来说，直接使用 IASC 制定的准则是非常方便的选择。1978 年，IASC 通过适度扩大其理事会规模和使其成员多样化，适度降低了这种排外性。同年，来自尼日利亚和南非的代表团加入 IASC 理事会，从此 IASC 的理事会席位数从 9 个增至 11 个。

国际会计师联合会（IFAC）成立于 1977 年。一些被排除在 IASC 正式成员之外的公共会计师行业协会在国际会计师联合会（IFAC）中发挥了重要作用，所以国际会计师联合会（IFAC）不断向 IASC 施加压力要求双方更紧密地合作，甚至提出要将 IASC 合并到国际会计师联合会（IFAC）。然而，IASC 反对这个提案。一个原因在于 IASC 的创始人希望保留对组织的控制权。另一个原因在于，如果 IASC 想要确保其准则在更大范围内得到执行，就应该在其成员中纳入更多的代表财务报表编制者和使用者的机构。然而与国际会计师联合会（IFAC）合并的做法将使 IASC 发展成更纯粹的公共会计师行业组织。联合国和经济合作与发展组织也对 IASC 的成员结构存疑。20 世纪 70 年代末，联合国和经济合作与发展组织都参与了跨国企业财务报告的规则制定。在这两个组织内，有人认为 IASC 缺乏合法性，因为它仅仅代表公共会计师行业，而国际会计准则必须由各国政府机关合作制定。尽管不太可能成立这样一个政府间机构，但这样的讨论促使 IASC 去反思其组织和成员结构问题。

在汉斯·伯格拉夫主席和艾伦·库克（Allan Cook）秘书的领导下，IASC 面对的各种问题在一系列经谈判达成的协议中得到解决。IASC 于 1982 年修订组织章程，将这些协议写入章程。根据修订版章程，国际会计师联合会（IFAC）和 IASC 仍然是相互独立的正式组织，但所谓的相互认可协议在一定程度上赋予了国际会计师联合会（IFAC）任命 IASC 理事会成员的权利。至此，IASC 的理事会席位数从 11 个增至 13 个。创始成员放弃了其占据常任理事席位的权利，但实际上得到了被重新任命的保证。国际会计师联合会（IFAC）和 IASC 宣布它们打算增加来自发展中国家和地区的代表团数量。此外，IASC 还为"对财务报告感兴趣"的其他组织保留了最多 4 个席位。在 1983 年和 1984 年，意大利公共会计师行业代表团和中国台湾公共会计师行业代表团分别获得 IASC 这个私立机构的理事会席位。1986 年，一个完全由金融分析师组成的代表团也被任命为 IASC 的理事会成员。1981 年，IASC 还成立了一个"顾问团"（Consultative Group），包括世界银行和国际商会（International Chamber of Commerce，ICC）在内的越来越多的其他组织代表均参与其中——这也是 IASC 意图在会计职业界之外扩大影响所采取的举措。

这些组织变化足以使 IASC 摆脱国际会计师联合会（IFAC）、联合国和经济合作与发展组织的施压，但并不足以确保其制定的会计准则得到广泛执行。到了 1987 年，IASC 准备转变思路：IASC 不再寄希望于各国自愿执行那套可选会计处理方法众多的"基本"会计准则，而是改变了准则制定方法，以获得拥有发达资本市场的国家的证券市场监管机构的支持。

1.2.3 从 1987 年到 2000 年的 IASC

本书的第三部分也按照专题内容分成了若干章节，分别讲述了 IASC 的组织（第 8 章）、IASC 制定的准则（第 9 章和第 11 章）、IASC 与外界的关系及其影响（第 10 章和第 12 章），以及 IASC 改组为 IASB 的过程（第 13 章）。与第二部分一样，这些主题是相互交织的。

1987 年，IASC 仍然是在会计界以外尚未被广泛关注的机构。它对发达国家的会计惯例几乎没有影响，甚至有人说 IASC 变得过于内敛，缺乏活力。然而，无论是在 IASC 内部还是外部，其获得的一系列进展都值得关注。

最重要的是，资本市场的国际化正在加速，相应地，对国际会计准则的需求开始变得紧迫起来。在 1973 年 IASC 成立时，这还只是一种假设，而如今，这种需求已经被证实。1987 年，IASC 与国际证监会组织（IOSCO）建立了联系，后者是代表全球证券市场监管者的新贵。IASC 和国际证监会组织（IOSCO）达成协议：如果 IASC 能够将其会计准则的质量提高到可接受的水平，国际证监会组织（IOSCO）的成员机构将考虑认可 IASC 的标准，将其作为外国公司在其辖区内证券交易所上市的报告依据。这意味着 IASC 准则终于获得了权威的认可。

在与国际证监会组织（IOSCO）达成共识之时，IASC 早已在重新考虑其准则制定方法。自 1982 年以来，IASC 一直在审查其早先制定的准则，并且尝试性地着手开展了概念框架制定工作，以此来指导其准则制定工作。IASC 的一些理事会成员最初不愿支持这些改变，到 1987 年为止，经修订的准则仍然很少，概念框架项目也未公布任何文件。然而，1987 年 3 月，IASC 理事会在悉尼举行的一次关键会议认为，IASC 最初的做法已经到了穷途末路，现在是时候做出改变了。IASC 理事会决定全速推进其概念框架的构建，并启动一项重大的"可比性项目"（Comparability project），以减少现有准则中的备选会计处理方法。

尽管可比性项目是从 IASC 内部发起的，但获得国际证监会组织（IOSCO）认可的愿景变成了 IASC 苦苦追寻的"圣杯"，并很快成为该项目的主要推动力。在国际证监会组织（IOSCO）内部，美国证监会（SEC）因其庞大规模和显赫声誉以及美国资本市场的重要性而占据了主导地位。对 IASC 而言，最重要的是，由于很多外国公司寻求在美国证券市场上市，故那里对国际会计协调的呼声最为强烈。与欧盟早已确立财务报告惯例"相互认可"的做法不同，美国证监会要求外国发行人必须按照美国证券市场上的公认会计原则（Generally Accepted Accounting Principles，GAAP）这一富有挑战性的准则重新编制财务报表，或至少据其编制盈余和股东权益的调整表。IASC 臆测，国际证监会组织（IOSCO）若认可 IASC 所制定的会计准则，美国证监会就会放弃现有的调整要求，改为允许外国发行人使用国际会计准则编制报表。

局势很快就变得明朗了，要想获得美国证监会和国际证监会组织（IOSCO）其他成员的认可，IASC 仅仅取消会计准则中过多的可选项是远远不够的。于是，可比性项目不久就被"改进项目"（Improvements project）取代了，这大大扩大了 IASC 理事会对先前公布的会计准则的审查范围。最终，IASC 于 1993 年年底对 10 项会计准则进行了重大修订。然而，国际证监会组织（IOSCO）在 1994 年却告知 IASC，它并不打算批准修订后的准则，一方面是因为还存在一些具体的反对意见，另一方面是因为它希望能够认可一套完整的国际会计准则，而不是以零敲碎打的方式分批次给予认可，国际证监会组织（IOSCO）的答复令 IASC 非常失望。这是一个麻烦的问题，IASC 尚未拿出一套体系化的会计准则，因为仍然有一些准则是缺失的。其中最重要的就是，金融工具会计准则还未制定完成。IASC 早在 1988 年就已着手，但直到 1994 年仍然没有进展，该准则项目实际上处于搁浅状态。

尽管发生了这件让 IASC 感到失望的事，到了 20 世纪 90 年代中期，IASC 与国际证监会组织（IOSCO）的关系还是极大地改善了 IASC 的命运及其运作方式。IASC 开始受到发达国家会计准则制定机构、公司和政府的重视。欧洲一些国家的会计准则制定机构开始将 IASC 的会计准则纳入本国会计准则体系，尽管通常都附带了"尽可能"之类的条件。财务会计准则委员会（FASB）开始担心，IASC 在新主题（尤其是金融工具）方面的工作可能会限制其自身的准则制定。法国、德国和瑞士的一些头部公司采用了 IASC 的准则。一些欧洲国家或地区开始将执行 IASC 的准则视为在不采纳美国证券市场上的公认会计原则（GAAP）或不按其做调整的前提下进入美国资本市场的唯一可行途径。甚至以往对 IASC 态度冷淡的欧盟委员会也认识到，欧洲会计统一计划几乎没有什么前途，因此转而支持 IASC。他们认为，以国际会计准则为基础的全球会计协调，总比以美国证券市场上的公认会计原则为基础的全球会计协调要好，因为欧洲对美国证券市场上的公认会计原则无法施加任何影响。而以美国证券市场上的公认会计原则为基础的全球会计协调也绝非不可能。1993 年，戴姆勒－奔驰（Daimler-Benz）公司成为德国第一家在纽约证券交易所上市的明星企业。奔驰和其他一些欧洲主要跨国公司都按照美国证券市场上的公认会计原则对财务报告进行了不同程度的调整。

IASC 日益增长的重要性对其运作方式产生了影响。直至 20 世纪 90 年代初，IASC 理事会代表大多是会计师事务所的合伙人，外加零星的财务主管、学者和公共会计师行业协会职员，很少有人拥有制定准则的经验。20 世纪 90 年代，IASC 理事会提高了财务经理的占比，增加了来自会计准则制定机构的成员人数。此外，国际证监会组织、财务会计准则委员会和欧盟委员会开始以观察员身份参加 IASC 的理事会会议。另外，瑞士工业控股公司联合会（Federation of Swiss Industrial Holding Companies）和财务经理协会国际联合会（International Association of Financial Executives Institutes）这两个新的非会计师代表团的加入，也使得金融分析师代表团不再势单力薄。所有这些变化的结果使技术辩论变得越来越复杂（尽管理事会的审议质量一直都不算差），而且更加明确地聚焦于实际采用这些准则的公司的实践诉求。

IASC 重要性提升的另一个影响是，该机构更加认识到必须要有一个明确规定的应循程序（due process），要以公开会议的形式加大透明度，并且要更加积极地筹集资金。起初，IASC 的经费几乎完全来源于理事会成员缴纳的会费。此外，IASC 的大部分实际开支是由成员机构和会计师事务所承担的。这些费用覆盖了出席理事会和指导委员会会议的人员的时间成本和部分旅费，以及翻译和分发 IASC 准则及征求意见稿的大部分费用。直到最后，IASC 仍然是一个主要依靠"志愿者"做出奉献的组织。但从20世纪90年代初开始，IASC 通过积极向公司、商业组织和金融机构募集捐款，筹集了更多的资金。为了协助筹集资金，IASC 成立了一个咨询委员会（Advisory Council），聚集了许多国家的企业高管和证券交易所代表。采用更专业的方式出版和营销 IASC 的准则的做法，也为 IASC 带来了不菲的收入。

直至1994年年底，IASC 的技术人员仍然很少，主要由秘书长戴维·凯恩斯和从会计公司短期借调的少数人员组成。毫无疑问，凯恩斯的能力和奉献精神在这个关键时期对 IASC 来说弥足珍贵。他全身心地投入 IASC 各个方面的工作，使 IASC 能够以纤薄的资源取得很多的成就。但是，随着 IASC 理事会成员构成的变化和视野的提升，IASC 不能再继续依赖某个有天赋的个人了。1995年，英国高级公务员布赖恩·卡斯伯格爵士（Sir Bryan Carsberg）接任了凯恩斯的职位。卡斯伯格在会计和监管领域拥有丰富的阅历，他的秘书长职务一直持续到 IASC 改组。在他的领导下，IASC 最终拥有了规模更大的技术人员队伍，但这仍然无法满足 IASC 雄心勃勃的项目要求。

卡斯伯格登上历史舞台之时，正值来自澳大利亚的迈克尔·夏普（Michael Sharpe）继任 IASC 主席。夏普的前任乔治·巴尔泰斯·德·吕泰尔（Georges Barthès de Ruyter，法国）、阿瑟·怀亚特（Arthur Wyatt，美国）和白鸟荣一（Eiichi Shiratori，日本）都曾以各自不同的方式出色地效力于 IASC。尽管如此，夏普对国际会计协调事业的坚定信念还是超越了他们。在接下来的两年半里，夏普和卡斯伯格组成了一个非常高效的团队。他们共同为 IASC 找到了新的方向和驱动力，使 IASC 摆脱了在其准则被国际证监会组织（IOSCO）拒绝认可之后一度踟蹰不前的局面。

他们的第一个成就，是与国际证监会组织（IOSCO）达成了新协议。根据 1995 年 7 月宣布的协议，IASC 承诺将制定完成一套特定的"核心"准则（"core" standards），涵盖所有主要的财务报表问题，包括对金融工具的会计处理。这些准则将按照严格的时间表于 1999 年完成。如果 IASC 能够及时上报这套核心准则，那么，国际证监会组织（IOSCO）将认真考虑给予其认可。

在沉重的压力下，历经三年半的努力，核心准则于 1998 年 12 月基本完成，足足提前了一年。1996 年，在美国证监会的鼓励下，IASC 决定加快核心准则项目的推进进度。对于大多数 IASC 理事会成员来说，要兼顾 IASC 高强度的工作节奏和他们在国内担任的高级职位，确实是一项很大的挑战。然而，理事会及其员工仍然坚持不懈。他们在事后还都很热衷于回顾这一时期，因为 IASC 当时拥有空前的凝聚力。许多成员越来越感到，他们的角色不再是捍卫其所在国家的习俗和惯例，而是为了实现具有重大意义的共同目标而共同努力。

尽管核心准则项目时间紧迫，IASC 还是非常认真地对待其准则制定工作。IASC 抛弃了早期的做法，即不再像以前那样仅仅删除那些不可接受的会计惯例，而是在可比性项目中基于实用性的考虑摒弃某些常用的会计惯例。IASC 于 1989 年完成的概念框架为其在多种备选方案中做出选择提供了指导原则。相应地，IASC 不再像以前那样只是简单地汇总现有的会计惯例，这种工作方式上的转变，使得 IASC 新拟定的会计准则有时与大多数发达国家的既有惯例大相径庭。

总的来说，概念框架提出了一种以资产负债表为导向的会计方法，其中损益是根据资产和负债的价值变化来定义的。这与 20 世纪的大部分时间里一直主导着财务报告的以利润表为导向的方法完全不同，以利润表为导向的方法实质上关注的是怎样把现金收支分配到不同的会计期间。伴随着这种导向上的转变，会计规则越来越依赖于公允价值或市场价值，但资产的公允价值或市场价值是以资产评估为基础的，而不是以传统的历史成本为基础的。绝不是所有的 IASC 代表都愿意遵循概念框架的导向，在资产负债观和公允价值会计方面走得很远。但是，一些国家（尤其是英语国家）的准则制定机构已经在使用类似的概念框架了。无论是作为正式代表团成员还是作为观察员，这些机构在理事会中越来越有影响力，它们不遗余力地反复提醒 IASC 要重视概念框架的意义。

20 世纪 90 年代公布的一些准则实属一团糟的折中方案，尤其是有关金融工具确认和计量的第 39 号国际会计准则（IAS 39）。该准则是将新旧方法堆砌在一起形成的复杂的混合物，几乎没有人对这种做法表示满意。尽管如此，IAS 39 仍然勉强以过半数通过，被批准为核心准则的最后一项。其他准则，诸如关于预计负债的第 37 号国际会计准则（IAS 37）和关于农业的第 41 号国际会计准则（IAS 41），更贴切地说应该算作是在世界范围内逐步普及的财务报告新方法的纯粹样板。

在这一时期，人们普遍对核心准则协议持乐观态度，相信不久之后，IASC 的准则就会得到国际证监会组织（IOSCO）甚至美国证监会（SEC）的认可。受这一愿景的激励，一些国家的跨国公司自愿采用了 IASC 的准则。有些国家（特别是欧洲大陆的国家）还通过了立法，允许企业根据 IASC 的准则进行报告，而不是根据该国会计法规或会计准则进行报告。其他国家没有走这么远，但是有的国家[*]的准则制定机构采取了使该国会计准则尽可能与 IASC 的准则保持一致的政策。

然而，并非所有国家的会计界都愿意接受 IASC 制定的国际会计准则。拥护国际会计准则的，通常是那些缺乏很强的会计监管传统的国家（如瑞士）的会计界，或者是虽然拥有很强的会计监管传统但该传统在全球化的影响下濒临崩溃的那些国家的会计界。德国就是后一种情形的典型。德国已建立起一套精密而严格的财务报告制度，该制度将财务报告与德国税法连接起来并且使得会计在公司法中发挥了重要作用，但该制度在公开的资本市场中所起的作用非常有限。随着国际化导向的公开资本市场的到来，向投资者提供富含更多信息的财务报告的需求应运而生，德国自 1998 年起

---

[*] 或官方或民间。——译者

开始允许所有上市公司选择使用国际会计准则或者美国证券市场上的公认会计原则编制财务报告。

一些国家（尤其是英国和美国，也包括澳大利亚和加拿大）有着与 IASC 相同的、以资本市场为导向的会计传统，而且拥有强有力的会计准则制定机构。这些国家的会计界很少甚至根本不愿意让 IASC 与其本国（或官方或民间）的准则制定机构平起平坐。1993 年，上述四个国家（或官方或民间）的会计准则制定机构开始组建一个小组，通过举行非正式会议来讨论当代会计问题的解决方案。很快它们就发现，拥有共同的理念使得它们的合作非常有效。与会的会计准则制定机构就重要的会计问题共同出版（但并非共同撰写）了一系列高质量的讨论稿，主张将财务会计转向前文所述的资产负债表导向的公允价值模式。

该小组被称为 G4。当 IASC 被允许参会之后，该小组改称为 G4+1。之所以允许 IASC 参会，是因为这四个国家的公共会计师行业（严格地说并非其准则制定机构）作为 IASC 的理事会成员，负有向 IASC 和其他成员机构报告财务报告领域的国际动向的道义责任。尽管 IASC 派代表（通常是卡斯伯格秘书长）出席了 G4+1 会议，但在 IASC 中仍然有人对 G4+1 表示不满和怀疑。不满，是因为 IASC 与 G4+1 的合作增强了这四个国家的公共会计师行业在 IASC 中的支配地位；怀疑，是因为一些机构认为 G4+1 将来可能不会仅满足于公布讨论稿，而是会取代 IASC 成为国际会计准则的制定者。

无论 G4+1 成员国是否有此类企图，到 1996 年的时候，IASC 开始重新考虑它与这些有影响力的准则制定机构之间的关系是否恰当。国际会计协调的目标需要它们的合作。但从长远来看，最有效的方法不太可能是让它们简单地以国家代表团成员的身份（如澳大利亚、加拿大、英国的准则制定机构）或以观察员的身份（如财务会计准则委员会）参加 IASC 的理事会会议。它们中的任何一个最终都不会愿意将其所在国的准则与一个它们只占据少数席位的理事会所公布的准则相协调。更何况，它们还对其他成员的技术能力或忠诚度存在怀疑：其他成员在制定准则时未必忠诚于理论上的合理性，而有可能是出于政治上的权宜之计才作出决策。此外，IASC 还必须考虑核心准则完成之后会发生什么。越来越明显的是，如果国际证监会组织（特别是其成员组织美国证监会）对 IASC 这个未来的全球准则制定机构的应循程序的质量存有疑虑的话，它可能就不会愿意认可核心准则。在 1995—1996 年期间，财务会计准则委员会（FASB）的某些成员曾反复公开批评 IASC 的工作方法。虽然美国证监会没有发表任何类似的公开评论，但 IASC 意识到美国证监会在某种程度上与财务会计准则委员会有所共鸣。

出于这些原因，IASC 在 1996 年 9 月决定成立一个重量级的战略工作组（SWP），负责为 IASC 的未来战略和结构提出建议。在 1997—1998 年期间，在加拿大安大略省证券委员会（OSC）前主席爱德华·J. 威泽（Edward J. Waitzer）的带领下，战略工作组一直在努力使成员代表的技术专长与其在理事会中的地位相称。G4+1 中的准则制定机构主张其成员在重组后的 IASC 中起主导作用。然而 IASC 的大多数成员机构（包括非 G4 成员国的政府和欧盟委员会）都认为，如果它们无法在理事会中发挥实质性作用，那么它们将不愿意接受 IASC 制定的会计准则。1998 年年底，战略工作组提出了一个两层机构的提案：其中一层像旧的 IASC 理事会那样保持与会代表的精妙平衡，另一层则是由会计准则制定机构构成的准则制定委员会（Standard Development Committee，SDC）。然而，很少有人对这个极度折中的方案表示满意。为解决这一问题，时任 IASC 主席的斯蒂格·恩沃尔森（Stig Enevoldsen，北欧公共会计师联合会代表，于 1998 年接替夏普担任 IASC 主席）和秘书长卡斯伯格在 1999 年与利益相关方紧锣密鼓地进行了整整一年的谈判，谈判内容大多与战略工作组审议的计划相关。美国证监会在这些谈判中发挥着越来越积极的作用，并毫不掩饰地宣布了一个残酷的事实：它将坚持提议让 IASC 按照"独立专家模式"（independent expert model）进行重组，这种模式事实上非常类似于财务会计准则委员会的模式。经过谈判，IASC 成员机构终于接受了 IASC 必须脱离公共会计师行业的意见，尽管某些成员机构接受得很勉强。各方就由独立受托机构任命少数专家构成准则制定机构的方案基本达成了共识。到 1999 年年末，尚未解决的主要问题只剩下"专家组是否应该在地理区域上保持平衡"，以及"IASC 是否应允许专家组成员以兼职的形式担任职务"两个，这些问题都可以归结为如何提升 IASC 主要成员的代表性。

上述问题在1999年11月于威尼斯举行的IASC理事会会议上得到了圆满的解决。在会议上，IASC行政委员会及秘书长一起否定了反对者提出的建立一个更大的、富有地域代表性的、以兼职为主的理事会的主张。行政委员会认为，如果没有美国证监会的支持，IASC的准则不可能实现全球通行。因此，行政委员会决定邀请美国证监会来主导提出解决方案。结果，美国证监会提议：IASC应定位为一个独立的理事会，并不需要有地域代表性；理事会有14位理事，但只能有两位是兼职。地域代表性可以一定程度上在受托人的层面上体现；受托人由选举产生，并负责任命理事会成员。美国证监会把这项提议作为一项不可商议的建议提交给了IASC理事会，这意味着它要么接受，要么拒绝。IASC意识到，离开美国证监会的支持，IASC必然前途渺茫。因此，IASC理事会一致通过了这项提案。随后，IASC在2001年被国际会计准则理事会（IASB）取代。2000年12月，IASC理事会举行了最后一次会议，由来自财务经理协会的代表托马斯·琼斯（Thomas Jones）主持。琼斯在上一任主席恩沃尔森于2000年6月卸任后接替他担任了过渡期的主席。

2000年5月，在IASC就其重组作出决定的几个月之后，国际证监会组织（IOSCO）终于宣布接受IASC所制定的核心准则。事实上，核心准则并未得到全面采纳，因为国际证监会组织（IOSCO）允许各成员所在国证监会制定"补充条款"，例如要求其按照当地准则进行调整，推行额外的披露要求，提供解释性细节等。而这些要求早就被美国证监会应用到那些未执行公认会计原则的外国公司身上了。迄今为止，国际证监会组织（IOSCO）对IASC核心准则的认可，对美国证监会所采取的针对外国发行人的监管举措没有一丝一毫的影响。所以，IASC也许只是赢得了其单方面宣布的胜利。事实上，美国证监会于2000年2月发布了政策文告，外国发行人若想向美国证监会提交依据IASC准则编制的财务报表而不再根据公认会计原则进行调整，则其所在国的审计与合规监管的质量，就必须达到美国证监会规定的严格条件。

仅仅通过国际证监会组织（IOSCO）对核心准则给予认可时所附加的条件，人们就可以窥见IASC的黯淡未来。在大多数发达国家，由于美国资本市场的不可抗拒的吸引力，公认会计原则有可能早已轻松成为大型企业事实上的准则。但是，紧随国际证监会组织（IOSCO）的认可决定之后，欧盟委员会于2000年6月宣布了一项重大倡议。这个大胆的倡议拟要求欧盟境内上市公司自2005年起，一律采用IASC的准则编制合并财务报表。该提案的潜在影响令世人震惊。IASC的准则即将变成数以千计的欧洲公司必须执行的（合并财务报表编制）准则，而不再仅仅是在欧盟境外上市的数百家公司的可选项。IASC之前为获得认可而付出的所有努力以及获得的所有成就，都远远无法与欧盟这一倡议比肩。欧盟的这一倡议可能是鼓励除美国以外的其他一些国家在接下来的几年中采取类似措施的一个主要因素。结果，IASB得以与美国证券市场上的财务会计准则委员会（FASB）一道，成为财务报告领域公认的领导者。

  这一结局相当具有讽刺意味。最终将IASC提升至显赫地位的欧盟委员会，却是IASC在20世纪90年代最不看重的机构。在整个20世纪七八十年代，欧盟委员会本对IASC不屑一顾。到了20世纪90年代，欧盟委员会为了弱化美国证券市场上的公认会计原则（GAAP）对欧洲的影响，才对IASC逐渐采取支持态度。然而在此之前，IASC一直坚定地专注于迎合国际证监会组织（IOSCO），以至于它几乎完全忽视了欧盟委员会。此外，欧盟委员会也是IASC于1999年年末采纳的改组方案的最强硬的反对者之一。然而此后不久，欧盟委员会还是成了新成立的IASB的最重要的客户。

第一篇

IASC的起源

第 2 章　国际会计协调的起源

2.1　全球经济一体化与国际会计协调

第二次世界大战后，国际贸易和跨国投资进入了快速增长时期。据估计，1950—1965 年，国际资本流动总额增长了 3~4 倍，并且这些资本流动中很大一部分都源自外国直接投资而不是证券投资。外国直接投资的增长与跨国公司的崛起密切相关。20 世纪 60 年代末，绝大多数大型跨国公司都是美国或英国企业，这些公司加起来约占外国直接投资者总股本的 4/5。此外，日本和德国企业也已成为重要的海外投资者。对于瑞士和荷兰等国内经济规模较小的国家而言，虽然外国直接投资在绝对数额上可能没有那么重要，但与英美相比，这些国家从外国直接投资中获得的收入相对于它们的经济规模而言非常可观。[1] 跨国公司（尤其是美国跨国公司）的崛起引起了许多人的关注——其中既有赞扬，也有质疑。1967 年，法国著名记者让 - 雅各布 · 塞尔旺 - 施赖伯（Jean-Jacques Servan-Schreiber）在一本畅销书中警告：美国不断增加的投资将使欧洲的经济陷入衰退。[2] 美国公司

---

1. John H. Dunning, "Capital Movements in the Twentieth Century", in John H. Dunning (editor), *Studies in International Investment* (London: George Allen & Unwin Ltd, 1970), 16–48.

2. Jean-Jacques Servan-Schreiber, *Le défi americain* (Paris: Denoël, 1967). 英文版翻译为 *The American Challenge* (New York: Atheneum, 1968). 还可参见 "Companies Outgrow Countries", *The Economist*, October 1964。

正在收购欧洲公司，设立欧洲总部，并利用其灵活的组织结构和开放的创新能力，赋予其子公司比欧洲同行更轻松地从事跨境贸易的能力。虽然上述观点确实存在一定的事实依据，但我们也应该注意到，同一时期欧洲在美国的投资也在不断增加。[3]

战后几年国际经济一体化的另一个特征是通过建立国际贸易集团来消除贸易和投资壁垒。本书认为，最重大的进展发生在欧洲。1984年，比利时、荷兰和卢森堡共同成立了比荷卢关税联盟（Benelux Customs Union）。三年后，欧洲煤钢共同体（European Coal and Steel Community，ECSC）成立。比利时、卢森堡、荷兰和意大利通过这一共同体分享了法国和德国较高的产能收益。[4] 1957年，这六个国家又签署了《罗马条约》（Treaty of Rome），在欧洲煤钢共同体的基础上建立了欧洲经济共同体（European Economic Community，EEC，简称"欧共体"），也称为共同市场（Common Market）。1960年，另外七个国家——奥地利、丹麦、挪威、葡萄牙、瑞典、瑞士和英国——创建了欧洲自由贸易协会（European Free Trade Association），以此作为防御性举措。1973年，在丹麦、爱尔兰和英国加入欧共体之后，欧共体成为国际经济一体化的主导力量。

国际会计准则委员会（IASC）是在资本跨境流动不断增长、美国在战后世界经济中取得独特地位以及欧洲经济共同体取得初步进展的背景下成立的。不难看出，经济一体化对于财务报告具有潜在的影响。虽然所有发达国家的财务报告都具有复式簿记这个共同的基础，但到了20世纪中期，各国的财务报告编报规则已大不相同。[5] 这些差异与各国的公司法、企业融资方式、税制和公共会计师行业实力等因素有关。通过会计上的协调来消除这种差异，至少在理论上能够促进国际贸易和投资，因为投资者可以更容易地比较不同国家公司的业绩。跨国公司不需要再遵照不同国家的会计规则为子公司编制财务报表，这在一定程度上也能减

---

3. John H. Dunning, "Transatlantic Foreign Direct Investment and the European Economic Community", in John H. Dunning (editor), *The Globalization of Business: The Challenge of the 1990s* (London: Routledge, 1993), 167–189.

4. 本书中的"德国"（German 和 Germany），是指意志联邦共和国(German Federal Republic)，既涵盖两德统一前的国家，也涵盖统一后的国家。

5. 参见 Peter Walton (editor), *European Financial Reporting: A History* (London: Academic Press, 1994).

轻跨国公司的负担。

然而，随着经济一体化促使国际会计协调变得更加紧迫，会计协调工作也变得越发困难。在许多国家，会计规则的逐步完善使一些较为模糊的传统和惯例有了更清楚的定义，从而加大了国际会计方面的差异。

战后国际经济一体化带来了不少会计问题，而 IASC 既不是第一个也不是唯一一个致力于解决这些问题的组织。从 20 世纪 50 年代到 20 世纪 70 年代初，在 IASC 开展工作之前，一些相关组织就已经成立了。本章将对这些组织及其工作展开讨论。首先，区域会计机构在日益增多。其次，各方力量对统一国际会计准则的不断呼吁（特别是在国际会计师大会上发起的提议）引发了一系列事件，并最终导致国际会计师联合会（IFAC）在 1977 年成立。与此同时，这些要求统一国际会计准则的呼声也为 1966 年成立会计师国际研究组（AISG）提供了动力，并促成了少数国家之间的合作。这个研究组可以看作是 IASC 的前身。应当注意的是，所有这些倡议（包括 IASC 在内）都起源于公共会计师行业，并由公共会计师执行。此外，在政府层面，欧共体内部出现了统一公司法（包括会计规则）的运动。由于欧洲会计协调方案是 IASC 工作的一个重要方面，本章也将讨论其起源。

2.2 区域会计机构的设立

1951 年，十个欧洲国家（奥地利、比利时、法国、德国、意大利、卢森堡、荷兰、葡萄牙、西班牙和瑞士）的公共会计师行业协会组成了欧洲财政经济会计专家联盟（UEC）。该机构定期举行代表大会，出版季刊，并赞助多个研究委员会（study committees）研究一些较为宽泛的主题。1963 年，丹麦、爱尔兰、挪威、瑞典和英国的主要会计机构以及两家荷兰机构也同意加入该组织。[6]

美洲和亚洲也设立了区域会计机构，但它们的活动主要限于定期举行大

---

6. "U.E.C.—*Union Européenne des Experts Comptables, Economiques et Financiers*", *The Accountant*, 149/4628 (1963.08.31), 246–248. 还可参见 E. H. Victor McDougall, "Regional Accountancy Bodies", in W. John Brennan (editor), *The Internationalization of the Accountancy Profession* (Toronto: Canadian Institute of Chartered Accountants, 1979).

会。美洲会计大会（Inter-American Accounting Conference）于1949年在波多黎各的圣胡安召开。自此，该会议每两到三年在美洲举行一次。[7]正如其组织名称所显示的，美洲会计大会的活动主要集中在会议上。20世纪60年代至70年代，这些会议提出了许多观点，集中讨论了通货膨胀的解决办法。后来，该组织被重新命名为美洲会计联合会（Inter-American Accounting Association）。

1957年，远东会计师大会（Far East Conference of Accountants）在马尼拉成立。之后，它被重新命名为亚太会计师大会（Conference of Asian and Pacific Accountants），后来又更名为亚太会计师联盟（Confederation of Asian and Pacific Accountants），每两到三年内在亚太地区举行一次会议。[8]

这两个区域机构都没有致力于将会计、审计惯例或相关术语进行标准化。然而，菲律宾公共会计师行业的领导人华盛顿·西西普（Washington SyCip）在1957年的会议开幕致辞中提出："如果会计人员在编制财务报表时能够有更统一的标准，就会更容易收集一些准确的统计数据，这对远东的经济增长至关重要。"[9]

可见，许多国家的公共会计师行业都把目光投向了国外。从20世纪50年代末开始，不断有人呼吁在世界各地统一或协调会计和审计方法。

2.3 对统一会计准则的呼吁

1957年，第七届国际会计师大会在阿姆斯特丹举行。大会主席雅各布·克拉扬霍夫（Jacob Kraayenhof）提出"各国在审计标准上的分歧"是

---

7. 参见 Juan R. Herrera, "La Asociación Interamericana de Contabilidad", in Jorge Tua Pereda (coordinator), *La Contabilidad en Iberoamérica* (Madrid: Instituto de Contabilidad y Auditoría de Cuentas, Ministerio de Economía y Hacienda, 1989), 17–32. 还可参见 Lyle E. Jacobsen, "Multinational Accounting: Research Priorities for the Eighties—Latin America", in Frederick D. S. Choi (editor), *Multinational Accounting: A Research Framework for the Eighties* (Ann Arbor, MI: UMI Research Press, 1981), 230–231.

8. Frederick D. S. Choi and Gerhard G. Mueller, *An Introduction to Multinational Accounting* (Englewood Cliffs, NJ: Prentice-Hall, 1978), 171.

9. Khalid Amin Abdulla and Donald L. Kyle, "Conferences of Asian and Pacific Accountants", *The Australian Accountant*, 43/4 (1973.05), 235. 在1960年举行的第二次会议上，澳大利亚会计师协会执行主席 Clifford V. Andersen 发出了类似的呼吁。

一个亟须解决的问题。[10] 显然,他一直在关注最近成立的欧洲经济共同体(EEC)所带来的影响。两年后,他在写给美国注册会计师协会(AICPA)年会的信中重申了这一建议,并主张采取措施实现会计原则的国际"统一"。[11] 他发现,国际资本的流动在日益增加,尤其是从美国流向欧洲的资本,金额越来越大。这使人们注意到美国母公司和其海外子公司所使用的会计方法之间的差异。他在美国注册会计师协会(AICPA)的会议上提出,资本流动促成了更多的企业兼并和合并,这种发展在某些情况下甚至可以说是狂热的;我们需要"有关净资产和业绩的可比数据"。[12] 在演讲结束时,他向美国注册会计师协会(AICPA)提出了一个颇具挑战性的建议:邀请其他国家共同成立研究会计准则的常设委员会,以实现更大程度的国际会计协调。[13] 他的言论也许在美国公共会计师行业的一些领先者中引起了共鸣。因为在当时,不少大型会计公司的合伙人都在与其大型海外客户打交道,它们在客户所在国家设立办事处,或与其国际分公司的海外办事处建立联系。

20世纪60年代初,普华会计公司发现,许多外国子公司的财务报表编制规则与其美国或英国母公司的报表编制规则并不相同。他们认为在这种情况下,需要一些指引来帮助判断合并财务报表是否"公允列报"或"给予了真实公允的反映"。该公司邀请华盛顿大学的格哈德·G. 米勒(Gerhard G. Mueller)教授担任其纽约办事处的国际会计研究员,任期为1962年6月至1964年8月。米勒教授的主要工作是协助该会计公司处理会计惯例的国际差异。此前,米勒教授于1961年在加州大学伯克利分校完成了博士学位论文,研究主题就是六个欧洲国家的会计惯例。[14]

直到1962年,美国公共会计师行业才采纳了一种更为国际化的立场。尽管美国注册会计师协会(AICPA)是美洲会计联合会的创始成员之一,但美国的公共会计师行业在很大程度上仍局限于美国国内的公共会计师业

---

10. *Proceedings of the Seventh International Congress of Accountants 1957* (Amsterdam: Seventh International Congress of Accountants 1957, no year), 69.

11. Jacob Kraayenhof, "International Challenges for Accounting", *The Journal of Accountancy*, 109/1 (1960.01), 34–38.

12. Kraayenhof, "International Challenges for Accounting", 37.

13. Kraayenhof, "International Challenges for Accounting", 38.

14. Gerhard G. Mueller 给作者的备忘录,2003.07.23。

务。[15] 根据美国注册会计师协会（AICPA）在 1962 年出版的一本书中所介绍的协会长期目标可知，该机构并未计划在世界舞台上发挥任何作用。[16] 但同年 9 月，美国注册会计师协会（AICPA）在纽约承办了第八届国际会计师大会，会议主题为与会计、财务报告和审计有关的"世界经济"。在开幕式上，雅各布以上届大会主席的身份发言，他再次提出会计原则需要谋求国际一致性（international uniformity）。[17] 他还预言道："我真诚地希望，不久之后我们就能在国际范围内开展国际合作调查、研究和讨论。"[18] 飞利浦公司董事长 P. F. S. 奥滕（P. F. S. Otten）的大会发言热烈响应了雅各布的观点，而飞利浦公司恰好是雅各布的审计客户。[19]

普华会计公司高级合伙人、美国资深并购专家保罗·格雷迪（Paul Grady）负责为这次会议做技术性总结。他在报告中提出，向本届大会提交的许多文件都敦促我们采取措施以进一步发展、理解并接受具有国际基础的审计、会计和报告准则。[20] 格雷迪赞扬了曾于 1957—1958 年任美国注册会计师协会（AICPA）会长的阿尔文·R. 詹宁斯（Alvin R. Jennings）的一篇文章的观点，这篇文章呼吁采取措施来拟定国际会计和审计准则。[21] 詹宁斯的文章以及出席国际会计师大会的人士所发出的明确信息大大拓宽了美国注册会计师协会（AICPA）领导层的思路。

加拿大特许会计师协会（CICA）中也有一些支持会计和审计准则国际化的声音颇具影响力。1963 年 8 月，也就是第八届国际会计师大会召开将近一年之后，加拿大特许会计师协会（CICA）会刊抱怨说，关于雅各布 1959 年提出的在全球舞台上建立调查研究会计原则的常设委员会的建议，

---

15. 作者与 Robert L. May 的访谈记录，2003.06.20。May 在 20 世纪 60 年代担任安达信会计师事务所合伙人，兼任美国注册会计师协会国际关系委员会委员。

16. John L. Carey (editor), *The Accounting Profession: Where Is It Headed?* (New York: American Institute of Certified Public Accountants, 1962).

17. *Proceedings, Eighth International Congress of Accountants* (New York: American Institute of Certified Public Accountants, 1963), 20.

18. *Proceedings, Eighth International Congress of Accountants*, 21.

19. *Proceedings, Eighth International Congress of Accountants*, 27.

20. *Proceedings, Eighth International Congress of Accountants*, 52.

21. Alvin R. Jennings, "International Standards of Accounting and Auditing", *The Journal of Accountancy*, 114/3 (1962.09), 36–42.

"没有取得明显的实施进展"。[22]从字面上看，这种抱怨可能是有道理的，目前的确还没有成立国际常设委员会。但后面我们将会讲到，公共会计师行业在20世纪60年代中期还是采取了一些举措来寻找合适的组织手段，以处理这些国际会计问题。

2.4 美国注册会计师协会的行动

虽然美国不是唯一一个（甚至可能不是第一个）对国际会计问题感兴趣的国家，但它在该领域的研究基础可能领先于其他国家。1962年的国际会计师大会召开之后，美国注册会计师协会（AICPA）在会计准则的国际协调方面迈出了第一步。该协会执行董事约翰·L.凯利（John L. Carey）后来写道："当时我们重新启动了协会的国际关系委员会，开始鼓励公共会计师行业的国际合作，增强信息交流，为最终拟定共同的准则而努力。"[23]八大会计公司都在美国注册会计师协会（AICPA）国际关系委员会中派有代表。1964年，美国注册会计师协会（AICPA）出版了一部篇幅很长的著作，名为《25个国家的公共会计师行业》（*Professional Accounting in 25 Countries*）。八大会计公司的合伙人让他们在世界各地的办公室为这部著作起草了一些章节，其中包括会计职业组织、审计标准、会计原则和惯例等。这是此类书籍中第一本由专业会计机构出版的作品。该书引言部分写道："在1962年9月于纽约举行的第八届国际会计师大会上，许多与会者提出了改进和加强国际会计和专业标准一致性的要求。"[24]美国注册会计师协会（AICPA）还提出，"世界银行、国际金融公司、美洲开发银行等国际融资和贷款机构的代表，以及各种个人和企业投资者也表达了这种需求"。[25]尽

---

22. "The Need for International Standards in Accounting", editorial, *The Canadian Chartered Accountant*, 83/2 (1963.08), 83.

23. John L. Carey, *The Rise of the Accounting Profession: To Responsibility and Authority 1937–1969* (New York: AICPA, 1970), 370.

24. *Professional Accounting in 25 Countries* ([New York:] American Institute of Certified Public Accountants, 1964), vii. 还可参见 James J. Mahon, "Some Observations on World Accounting", *The Journal of Accountancy*, 119/1 (1965.01), 33–37。

25. *Professional Accounting in 25 Countries*, vii.

管美国注册会计师协会（AICPA）很不情愿将国际一致性（international uniformity）列为一个可以实现的（甚至是可取的）目标，但它也认为该书对会计规范和惯例的汇编为朝着这一目标"采取建设性行动"提供了必备的基础。[26]

到了1965年，美国注册会计师协会（AICPA）的长期目标委员会终于认识到了国际化的重要性。那一年，约翰·L.凯利在该委员会的配合下出版了一本名为《注册会计师开始规划未来》(*The CPA Plans for the Future*)的著作，书中用相当大的篇幅探讨了"国际主义运动"（The Movement to Internationalism）。[27] 凯利写道："任何为促进会计准则和审计准则的国际一致性所付出的努力都必然会面临巨大的困难；但这显然是非常值得追求的发展方向。"[28] 这都是美国注册会计师协会（AICPA）国际意识觉醒的证据。

除了美国注册会计师协会（AICPA）的倡议，美国高校商学院在20世纪五六十年代也开始将注意力转向海外：他们开始积极研究国际商务，并为海外新兴的商业项目提供技术援助。[29]20世纪60年代初，国际会计成为美国会计学者研究的重要对象。20世纪60年代的北美会计期刊开始有文章探讨财务报表缺乏国际可比性所带来的问题。[30]1962年，伊利诺伊大学建立了会计学国际教育和研究中心，并于同年举行了一次会计学国际会议，该会议的召开时间恰好与在纽约召开的国际会计师大会相衔接。[31]该中心随后主办了一系列关于国际会计的年度研讨会，并开始出版系列专著。1965年，该中心创办了一份研究期刊，每半年发行一次——这是第一本专门研究国际会计的期刊。

格哈德·G.米勒教授于1962年至1968年间出版了系列著作，主要内

---

26. *Professional Accounting in 25 Countries*, vii–viii.

27. 这代表着协会的国际意识相对于其三年前的力作《会计职业：走向何方》(*The Accounting Profession: Where is it Headed?*) 的重大进步。

28. John L. Carey, *The CPA Plans for the Future* (New York: American Institute of Certified Public Accountants, 1965), 103.

29. 参见 *The Professional School and World Affairs* (Albuquerque: University of New Mexico Press, 1967/68), 41–51。

30. 参见 Kenneth B. Berg, Gerhard G. Mueller, and Lauren M. Walker (editors), *Readings in International Accounting* (Boston: Houghton Mifflin Company, 1969) 第一部分的文章。

31. 这是与国际会计师大会一起举办的第一次会计教育国际会议。此后，该会议每五年定期举办一次。

容涵盖了荷兰、瑞典、阿根廷、德国和日本的会计实践。该系列著作的研究基础可追溯至米勒教授的博士论文,以及他于1962年至1964年间在普华会计公司纽约成员公司进行的研究。[32]20世纪60年代中期,米勒在伊利诺伊大学建立了国际会计研究所,并资助了一系列研究。1967年,作为国际会计领域的先驱[33],米勒编写了第一本论述国际会计比较的教科书。[34]

1963年,芝加哥大学创办了一份后来享有国际声誉的学术期刊,名为 *Journal of Accounting Research*。该期刊的高级编辑人员来自美国和英国两个国家——这种人员结构在美国会计学术期刊的历史上还是第一次。[35]悉尼大学的 R. J. 钱伯斯(R. J. Chambers)创办了学术期刊 *Abacus*,并开始发表关于会计国际比较的文章。

由此可见,自20世纪60年代起,会计学术界开始重视国际视野。

2.5　会计师国际研究组

美国的上述活动可以说是单方面的,而会计师国际研究组(AISG)则将国际合作落到了实处。1966年,来自会计实践领域的进步思想家、英格兰及威尔士特许会计师协会(ICAEW)会长亨利·本森牵头设立了会计师国际研究组,其成员由英国、美国和加拿大公共会计师行业协会的代表组成。在阐释本森的建议以及会计师国际研究组的进展之前,最好先回顾一下20世纪60年代中期一些国家制定

亨利·本森(Henry Benson)勋爵

---

32. 这些研究以"……中的会计实践"(*Accounting Practices in...*)为题,并被华盛顿大学工商管理学院发表于会计学系列研究中。

33. 1911年,Henry Randy Hatfield 报告了一篇关于会计实践和会计准则国际比较的论文,成为第一个报告此类主题论文的美国会计学者,尽管这篇论文在他去世很久以后才被发表。参见"Some Variations in Accounting Practice in England, France, Germany and the United States", *Journal of Accounting Research*, 4/2 (Autumn 1966), 169–182。

34. Gerhard G. Mueller, *International Accounting* (New York: Macmillan, 1967).

35. 参见 Thomas R. Dyckman and Stephen A. Zeff, "Two Decades of the *Journal of Accounting Research*", *Journal of Accounting Research*, 22/1 (Spring 1984), 225–297。

会计原则和审计程序的情况。

2.5.1 部分国家的会计规则制定进程

美国、英国（英格兰及威尔士）以及加拿大的公共会计师行业协会分别于1939年、1942年和1946年针对"什么是公认的会计惯例"这一问题给出了正式指南——这些协会就是世界上最早给出此类指南的机构。这些指南后来在美国和加拿大称作"公认会计原则"（Generally Accepted Accounting Principles，GAAP），在英国称作"公认会计惯例"（Generally Accepted Accounting Practice，GAAP）。

在美国证券市场上，美国证监会（SEC）宣布，除了极少数例外情况，公众公司应遵循美国注册会计师协会（AICPA）旗下的会计程序委员会（Committee on Accounting Procedure，CAP）自1939年以来拟定的《会计研究公报》（Accounting Research Bulletins）以及会计原则委员会（APB）自1959年以来拟定的《会计原则委员会意见书》（APB Opinions）。在英国，英格兰及威尔士特许会计师协会（ICAEW）自1942年以来拟定的《会计原则建议书》（Recommendations on Accounting Principles）富有见地，但除了被《1948年公司法》（Comparies Act 1948）吸纳的以外，其余大多数建议书并不强制其会员接受。在加拿大，加拿大特许会计师协会（CICA）的系列公报（Bulletins）也是非强制性的，但受邻国美国证券市场上严格监管的影响，加拿大会计公报的执行力度可能比英国要大一些。[36] 可见，在20世纪60年代中期，这三个国家已经出版了大量建议性的公认会计原则。其不同之处在于，在加拿大和美国，公司及其审计师关注的是财务报表是否遵循了公认会计原则；而英国最关注公司是否按照《公司法》以"真实和公允的视角"（true and fair view）编制了财务报表。

加拿大特许会计师协会（CICA）历来对美国和英国的会计与审计发展比较关注，该协会编纂有《加拿大财务报告》（Financial Reporting in Canada），每两年对加拿大工商企业的财务报告编制情况进行一次总结和分析，定期将加拿大的公认会计原则与美国和英国的准则（以及它们的制

---

36. 参见如下书籍中关于英国、美国和加拿大的章节：Stephen A. Zeff, *Forging Accounting Principles in Five Countries* (Champaign, IL: Stipes Publishing Co., 1972)。

定历史）进行比较。所以加拿大特许会计师协会可能是会计师国际研究组中投入最多、获益最少的那一方。[37]

到了20世纪60年代中期，澳大利亚和新西兰的公共会计师行业协会根据各自的情况调整使用了英格兰及威尔士特许会计师协会（ICAEW）公布的《会计原则建议书》，并在少数情况下进行了创新修改。[38]而欧洲大陆却不存在类似的会计原则指南。在法国，会计规则明显属于公共部门的范畴，主要体现为持续修订的《会计总方案》（Plan Comptable Général，PCG）。[39]在德国，会计准则以法律解释系统的形式制定。在这种制度下，领导机构对公司法中的会计规定发表的评论具有相当的权威性，是对法律体系中的有约束力的解释的补充。[40]荷兰在1970年对公司法进行重大修订之前，其会计从业人员偶尔会参考由雇主联合会成立的特设专家委员会的报告。[41]其他国家可能也存在一些建立会计原则的新兴方案。

在审计问题上，美国也是先锋。1939年，美国证监会对爆出丑闻的McKesson & Robbins公司做出了处罚。受此影响，美国注册会计师协会（AICPA）成立了一个委员会，专门公布有关审计程序的公告，并于1948年批准了一套审计标准。在加拿大，加拿大特许会计师协会（CICA）的公报既涉及会计也涉及审计。而在英国，英格兰及威尔士特许会计师协会（ICAEW）理事会直到1961年才开始公布审计公告（Statements on Auditing）。[42]20世纪60年代，英格兰和苏格兰的特许会计师在实施外部审计时所享有的判断范围，比他们的北美同行要宽泛得多。而北美会计和审计公告的主题范围和详尽程度远远超过了英国。

---

37. 对加拿大特许会计师协会系列报告1959年卷的回顾，参见Thomas F. Keller, "Financial Reporting in Canada" (book review), The Accounting Review, 35/3 (1960.07), 570。

38. 参见Stephen A. Zeff, Forging Accounting Principles in Australia (Melbourne: Australian Society of Accountants, 1973), 以及Stephen A. Zeff, Forging Accounting Principles in New Zealand(Wellington: Victoria University Press, 1979).

39. Peter Standish, The French Plan Comptable: Explanation and Translation (Paris: Expert Comptable Média, 1997), chapter 2.

40. Dieter Ordelheide and Dieter Pfaff, European Financial Reporting: Germany (London: Routledge, 1994), 85–93.

41. Stephen A. Zeff, Frans van der Wel, and Kees Camfferman, Company Financial Reporting: A Historical and Comparative Study of the Dutch Regulatory Process (Amsterdam: North-Holland, 1992), chapter 3 and 4.

42. Zeff, Forging Accounting Principles in Five Countries, 26–27.

20世纪60年代初，从英国的视角来看，北美在制定会计原则和审计程序方面的进展已经遥遥领先。20年后*，英格兰及威尔士特许会计师协会（ICAEW）仍在拟订非强制性的会计原则建议书，也终于不再反对向其成员提供关于审计惯例的建议。本森后来说道："在二战结束后相当长的时间里，人们仍然认为英格兰及威尔士特许会计师协会（ICAEW）的任务不是编纂审计准则，也不是发表与审计有关的任何东西。"[43]在其他方面，英格兰及威尔士特许会计师协会（ICAEW）囿于传统，就像是一个与世隔绝的孤岛。有人说，本森作为库珀兄弟会计公司（Cooper Brothers & Co.）的高级合伙人，在这家公司可谓挽狂澜于既倒、扶大厦之将倾。[44]因此，本森这样的人不可能谦恭顺从地任由英格兰及威尔士特许会计师协会（ICAEW）继续按它那古老的方式开展工作。终于，英格兰及威尔士特许会计师协会（ICAEW）的运作在20世纪60年代中期经历了许多改革后，向世界敞开了大门。[45]很难相信，本森这个自1956年以来就在英格兰及威尔士特许会计师协会（ICAEW）理事会任职的霸气人物，在促成这些变化方面并没有大手笔。

2.5.2　会计师国际研究组的成立

本森在1966年担任英格兰及威尔士特许会计师协会（ICAEW）会长时发起了一项变革，他敦促美国注册会计师协会（AICPA）、加拿大特许会计师协会（CICA）与英格兰及威尔士特许会计师协会（ICAEW）一起成立一个研究组。研究组的任务是汇集三国的最佳会计、审计惯例，并向全世界报告。斯蒂芬·A.泽夫评论道："在此之前，英格兰及威尔士特许会计师协会（ICAEW）一直回避与其他机构在会计技术问题上的合作，甚至都不愿意与英国本土的机构合作；因而提出像研究组这样的合作形式，标

---

* 这里指自英格兰及威尔士特许会计师协会(ICAEW)于1942年开始拟订《会计原则建议书》的20年后，即20世纪60年代。——译者

43. Geoffrey Holmes, "Sir Henry Benson Moves on from Coopers", *Accountancy*, 86/981 (1975.05), 47.

44. Obituary, *The Times*, 1995.03.07, 19.

45. 1968年11月,《会计师》(*The Accountant*)杂志的编辑写道："毫无疑问，几年前开始吹拂的机构变革之风已经成了一股清新的强风。""More Publicity for Chartered Accountants", *The Accountant*, 159/4902 (1968.11.30), 731. 还可参见 Zeff, *Forging Accounting Principles in Five Countries*, 27–32。

志着英格兰及威尔士特许会计师协会（ICAEW）理念上的重大转变。"[46]本森提出的建议仅代表 ICAEW 的意见，他尚未正式征求苏格兰特许会计师公会（ICAS）和爱尔兰特许会计师公会（Institute of Chartered Accounts in Ireland，ICAI）等的意见，询问它们是否也可能参与进来。[47]

本森首先向加拿大同行，其次向美国同行提出了他的建议。本森和美国注册会计师协会（AICPA）会长、图什罗斯会计公司（Touche Ross & Co.）的罗伯特·M. 特鲁布拉德（Robert M. Trueblood）二人都参加了 1966 年 8 月加拿大特许会计师协会（CICA）在萨斯喀彻温省里贾纳举行的年度会议。当时的惯例是邀请其他国家的公共会计师行业协会的会长参加本协会的年会。本森在年会上的致辞如下：

> 加拿大、美国和英国的 [公共] 会计师每年都要对资产负债表和损益表的真实性和公允性作出报告，这些报表的金额往往数以千亿计。然而，我们目前为止都倾向于各行其是，对其他国家的会计和审计发展了解甚少，甚至没有了解。我并不是一时兴起地主张严格管制或是整齐划一，我只是说，我认为定期仔细研究其他两个国家的会计进展，对我们大家都是有益的。例如，我们三个协会每年或每两年可以联合出版一份文件，向所有的会员公布，简要陈述其他两个国家的同行们的思路。就英国而言，我知道这个想法很接地气。如果你们也觉得这个建议有可取之处，我们可以进一步展开讨论。[48]

在这次会议上，本森、特鲁布拉德与即将出任加拿大特许会计师协会（CICA）会长的克拉克森·戈登会计公司的杰克·威尔逊（Jack Wilson）一道，就本森的建议进行了磋商。本森在会后写道："我们一致认为，这项事业是有意义的。"[49]然而实际上，威尔逊和特鲁布拉德都对这一建议持冷

---

46. Zeff, *Forging Accounting Principles in Five Countries*, 30.

47. 当时和现在一样，在北爱尔兰(英国的一部分)，执业的特许会计师必须是总部位于都柏林的爱尔兰特许会计师公会的成员。

48. *Annual Conference Papers 1966* (Toronto: Canadian Institute of Chartered Accountants, 1966), 14.

49. Henry Benson, "Establishing Standards through a Voluntary Professional Process across National Boundaries", in John C. Burton (editor), *The International World of Accounting, Challenges and Opportunities* (Reston, VA: Council of Arthur Young Professors, 1981), 29.

淡态度。威尔逊担心建立研究组的成本过高，对其有用性存疑。可以想象，威尔逊和特鲁布拉德必定会怀疑美国和加拿大的公共会计师行业究竟能从英国同行那里学到什么。要知道，无论是从主题范围还是从执行程度来看，英国会计界的会计原则建议书和审计公告都远远落后于北美同行。英美两国的公共会计师行业后来之所以乐意支持本森的提议，是因为它们都不想被排除在研究组之外。[50]

1966年10月，美国注册会计师协会（AICPA）年会在波士顿召开。本森向该协会的行政委员会和理事会提出了他的建议。他大胆地提出以下观点："研究小组将来印发的出版物可能会促使三国的公共会计师行业协会重新评价现行的惯例和未来的计划。"[51]会计师国际研究组（AISG）1967年1月获得各发起协会批准，拟于2月举行第一次会议。其职权范围是"就发起协会所在国的会计思想和惯例进行比较研究，不定期撰写报告，经各发起协会批准后向会员公布"。[52]

会计师国际研究组的代表由美国注册会计师协会（AICPA）、加拿大特许会计师协会（CICA）、英格兰及威尔士特许会计师协会（ICAEW）、苏格兰特许会计师公会（ICAS）和爱尔兰特许会计师公会（ICAI）任命。《会计师》杂志报道说，"研究组拟议的主体涉及范围很广，教育培训、专业关系和审计程序都有涉及"。[53]实际上，研究组在会议上讨论了所有这些议题，但其出版物只提及会计和审计问题。本森不是英国代表团的成员，他只参加了会计师国际研究组的第一次会议。在本森的建议下，刚刚卸任美国注

---

50. 整理自2003年2月18日作者与Doug Thomas的访谈记录。Thomas是加拿大特许会计师协会1966年的执行主席兼研究主席，他曾在里贾纳与Trueblood和Wilson进行了交谈，并出席了在波士顿举行的美国注册会计师协会年会。Wilson于1967年9月在加拿大特许会计师协会年会上向各成员国发表的主席讲话中并没有提到该研究组，这也许可以作为加拿大特许会计师协会对研究组冷淡态度的证明。*Annual Conference Papers, 1967* (Toronto: Canadian Institute of Chartered Accountants, 1967), 10–14. 同样，1967年9月，AICPA理事会向协会成员提交的1967年报告中也没有提到该研究组。参见 *Strengthening the Professional Practice of Certified Public Accountants* (New York: American Institute of Certified Public Accountants, 1967).

51. Benson, "Establishing Standards", 40.

52. *Accounting and Auditing Approaches to Inventories in Three Nations* (Accountants International Study Group, 1968), Foreword.

53. "International Study Group Formed", *The Accountant*, 156/4806 (1967.01.28), 125.

册会计师协会（AICPA）会长的特鲁布拉德当选会计师国际研究组主席。[54]

2.5.3 本森的动机

本森为什么倡导成立会计师国际研究组？一个显而易见的原因是，他迫切地希望英国能够允许审计师参与存货盘点。本森在 1958 年的一次重要讲话中提出，英国的审计师不核实存货的存在和计价是"不可原谅的"，他知道这种惯例在北美早已成为强制性要求。[55]最重要的是，本森希望看到研究组出版一份关于这个问题的报告。他希望英国审计惯例能够有理有据地借鉴北美审计师的实地盘存惯例。最后，正如下文所述，他成功地实现了自己的目标。

本森可能还对英国的财务报告现状感到担忧。他曾担任罗尔斯剃刀有限公司的联合检察官（inspector）。该公司在 1964 年公布年度账目几个星期后突然倒闭。社会舆论也因此质疑其公布的账目是否适当。

本森还阐述了自己的第三个动机，这是他从库珀兄弟会计公司那里得到的教训："战争结束后，我需要帮助公司建立国内和国际业务。但我发现，我们缺少能够明确指导世界各国合作伙伴和员工工作程序或工作原则的指南。"[56]

第四个动机在于，他相信，可以通过汇总英国、加拿大和美国的最佳会计、审计思想来真正实现协同效应。这将使所有国家的会计行业都能从中受益。[57]

---

54. "International Study Group Begins Work", *The Accountant*, 156/4819 (1967.04.29), 571; John G. Arthur, "International Study Group", *World*, 3/2(Spring 1969), 59.

55. Henry Benson, "The Future Role of the Accountant in Practice", *The Accountant*, 139/4373 (1958.10.11), 434.

56. Henry Benson, "The Story of International Accounting Standards", *Accountancy*, 87/995 (1976.07), 34.

57. 有关第一个和第四个动机的资料源自 2003 年 2 月 18 日作者与 Doug Thomas 的访谈记录，以及 2003 年 8 月 29 日 Doug Thomas 与作者的沟通。Benson 对存货审计项目的强烈兴趣在我们对 Michael Renshall(负责代表英格兰及威尔士特许会计师协会编制存货手册的秘书) 的采访中得以证实 (2003.04.28)。类似证据还可以参见 "Interview, Bob Rennie", *Accountancy Age*, 4/7 (1973.02.16), 14。Rennie 是图什罗斯会计公司的加拿大合伙人，于 1972 年至 1973 年担任该研究组的主席。

2.5.4 会计师国际研究组的初步工作：存货手册

英国的公共会计师行业第一个承担了编写手册的任务，这毫无疑问是本森的影响力所致。第一本手册的主题是"存货"。1968年1月，名为《三个国家的存货会计与审计方法》（Accounting and Auditing Approaches to Inventories in Three Nations）的最终成果得以以会计师国际研究组的名义出版。这本手册共计印刷5.5万份，其中3万份分发给了英格兰及威尔士特许会计师协会（ICAEW）的《会计》（Accountancy）杂志的订户。[58] 本森可能已经下令要让这本手册在协会成员中产生最大的影响力。实际上，这本手册的印刷量比接下来的四份手册的印刷量之和还要多，[59] 这显然是本森的个人兴趣使然。

在该手册中，研究组得出的结论是："对存货进行实物检查是存货审计中最重要的验证程序。与英国相比，这一惯例在北美更为普遍。我们认为这种惯例是可取的，并赞同将其采纳为国际公认的标准惯例。"[60] 这正是本森希望在手册中看到的。

研究组的第一本手册出版后不到五个月，英格兰及威尔士特许会计师协会（ICAEW）理事会就匆忙公布了一份特别指导公告，其中虽没有提及该手册，但明确规定了审计师在核实公司库存余额时应采取的步骤。[61] 由此看来，本森赢了。

2.5.5 研究组的其他工作

会计师国际研究组从1967年成立至1977年解散，总共出版了20本手册。每本手册涉及一个主题，其在公布后没有进行过修订。表2-1列示了这些研究报告的标题、发表年份以及负责起草工作的国家。

---

58. 英格兰及威尔士特许会计师协会副秘书长J. M. Renshall的信，1968.01.30，ICAS archive, AISG file, no. 1369。

59. Appendix I to the minutes for the 13th plenary session of the Accountants International Study Group, 1973.06.18–19, ICAS archive, AISG file, no. 1369H.

60. *Accounting and Auditing Approaches to Inventories in Three Nations* (1968), paragraph 100.

61. "Auditors'Attendance at Stock-taking", *The Accountant*, 159/4882 (1968.07.19), 36–38. 美国注册会计师协会执行副会长表示，指南"强烈主张审计师必须亲自检查库存，这样一来，英国的做法就符合了北美标准"。Leonard M. Savoie, "International Dimensions of Accounting", *The International Journal of Accounting Education and Research*, 5/1 (Fall 1969), 83.

第 2 章　国际会计协调的起源

表 2-1　会计师国际研究组出版物（按出版年份划分，显示起草国家）

年份	起草者	手册名称
1968	英格兰及威尔士特许会计师协会（ICAEW）	三个国家的存货会计与审计方法（Accounting and Auditing Approaches to Inventories in Three Nations）
1969	美国注册会计师协会（AICPA）	三个国家的独立审计师报告准则（The Independent Auditor's Reporting Standards in Three Nations）
1969	加拿大特许会计师协会（CICA）	使用其他审计师的工作方法和审计报告（Using the Work and Report of Another Auditor）
1971	加拿大特许会计师协会（CICA）	公司所得税的会计处理（Accounting for Corporate Income Taxes）
1972	美国注册会计师协会（AICPA）	多元化公司的报告（Reporting by Diversified Companies）
1973	美国注册会计师协会（AICPA）	合并财务报表（Consolidated Financial Statements）
1973	加拿大特许会计师协会（CICA）	资金表（The Funds Statement）
1974	美国注册会计师协会（AICPA）	会计中的重要性（Materiality in Accounting）
1974	美国注册会计师协会（AICPA）	特别项目、前期调整与会计准则变更（Extraordinary Items，Prior Period Adjustments and Changes in Accounting Principles）
1974	英格兰及威尔士特许会计师协会（ICAEW）	盈余预测的披露（Published Profit Forecasts）
1975	加拿大特许会计师协会（CICA）	国际财务报告（International Financial Reporting）
1975	英格兰及威尔士特许会计师协会（ICAEW）	加拿大、英国和美国会计术语的比较词汇表（Comparative Glossary of Accounting Terms in Canada，the United Kingdom and the United States）
1975	美国注册会计师协会（AICPA）	商誉的会计处理（Accounting for Goodwill）
1975	加拿大特许会计师协会（CICA）	中期财务报告（Interim Financial Reporting）
1975	加拿大特许会计师协会（CICA）	持续经营问题（Going Concern Problems）
1976	美国注册会计师协会（AICPA）	审计师的独立性（Independence of Auditors）
1977	加拿大特许会计师协会（CICA）	审计委员会（Audit Committees）

续表

年份	起草者	手册名称
1977	苏格兰特许会计师公会（ICAS）	养老金成本核算（Accounting for Pension Costs）
1978	美国注册会计师协会（AICPA）	收入确认（Revenue Recognition）
1978	加拿大特许会计师协会（CICA）	关联方交易（Related Party Transactions）

会计师国际研究组（AISG）的成员由五个公共会计师行业协会提名，其"全体"会议每年举行两次，每个国家的公共会计师行业协会最多可指定三名代表参加研究组。英国公共会计师行业协会的代表由英格兰及威尔士特许会计师协会（ICAEW）派出两名代表，苏格兰特许会计师公会（ICAS）和爱尔兰特许会计师公会（ICAI）派出一名代表组成。直至研究组存续的最后几年，苏格兰特许会计师公会（ICAS）一直派出代表，而爱尔兰特许会计师公会（ICAI）只是略表参与。在每次会议上，研究组成员会交流各自国家公共会计师行业发展的信息。事实上，研究组虽然每半年才举行一次会议，但会议上人员的接触和信息的交流对参与各方都有较大的益处，会议过程的价值远远超出了出版物的价值。代表们在会议期间讨论文本草案，并在适当的时候选择新的专题进行研究。之后，由一家公共会计师行业协会自愿承担研究报告的起草工作。负责起草工作的协会都会积极与其他协会协商，因为每一本手册都要容纳三个国家的公共会计师行业协会所提供的意见和经验。[62]这些小册子表达的是研究组的意见，而不仅仅是负责起草工作的公共会计师行业协会的意见。

研究组讨论了应采用"结论"还是"建议"来概括其观点。自1968年12月以来，加拿大特许会计师协会（CICA）的公告一直被称为"研究建议"或"建议手册"。加拿大特许会计师协会（CICA）的托马斯（Thomas）写道："加拿大一直坚持认为，应该将研究结果称为结论而不是建议；因为我们担心将会产生两套建议——一套是加拿大特许会计师协会

---

62. 关于工作程序的说明，参见 R. Douglas Thomas, "The Accountants International Study Group—The First Three Years", *The International Journal of Accounting Education and Research*, 6/1(Fall 1970), 60–63。

(CICA)在国内公布的建议,另一套是会计师国际研究组公布的建议——而这必然会导致混乱。"[63]最后,研究组以"结论"的方式命名其研究观点。

20本手册中有11本主要用于处理会计问题,其主题分别为存货、企业所得税、分部报告、合并报表和权益法、资金表、重要性、特别项目和会计准则变更、商誉、中期报告、养老金费用以及收入确认。有几本关于会计的手册也讨论了审计问题。其他大多数研究主要涉及审计问题或财务报表列报事项,其中一项研究包含160个会计、审计和财务术语的词汇比较表。还有两本手册涉及盈余预测的披露和审计委员会。

其中,有8项研究的起草人员来自加拿大特许会计师协会(CICA)和美国注册会计师协会(AICPA),4项研究的起草人员来自英国(英格兰和苏格兰)的公共会计师行业协会。此外,英国(英格兰和苏格兰)的公共会计师行业协会还参与了另外两个未能完成的项目。因此,虽然设立研究组的主意是时任英格兰及威尔士特许会计师协会(ICAEW)会长的本森提出来的,但承担更多研究工作的是北美洲的两个公共会计师行业协会。有人认为,与英国(英格兰和苏格兰)的公共会计师行业协会相比,加拿大特许会计师协会(CICA)和美国注册会计师协会(AICPA)在公布会计审计公告方面的经验要丰富得多,这可以解释为什么北美的同行承担了更多的研究工作。英格兰及威尔士特许会计师协会(ICAEW)主持的盈余预测项目遇到了较大的困难,此研究数易其稿才得以结项,是该研究组耗时最长的项目。有迹象表明,随着国内国际事务的倍增,英格兰及威尔士特许会计师协会(ICAEW)在1970年前后已达到运营能力的极限。[64]因此,它不得不邀请苏格兰特许会计师公会(ICAS)负责其在研究组承担的一个任务。[65]

随着时间的推移,手册的编写效率逐渐提高。起初四年,研究组只出

---

63. Thomas,"The Accountants International Study Group",64.

64. 英格兰及威尔士特许会计师协会(ICAEW)的成员在1969年至1974年之间需要做的工作包括:毫无进展的英国公共会计师行业协会整合项目,英国会计准则的制定,以高度活跃的姿态参与欧洲财政经济会计专家联盟(UEC)的活动,处理英国加入欧共体后带来的问题以及发起建立国际会计准则委员会(IASC)。1973年1月26日,苏格兰特许会计师公会会长在理事会上表示,他为英格兰及威尔士特许会计师协会工作量过大的迹象而担忧。ICAS Council, Minute 5030.

65. 这是一个关于外币汇兑的项目。参见Victor McDougall向Peter McMonnies所做的说明,1972.05.10,ICAS archive, AISG file, no. 1369E。

版了4本手册，而随后的四年则出版了10本。部分原因在于，加拿大特许会计师协会（CICA）的研究人员开始尽力协助英国同行起草手册，并同时支持美国同行（从各大会计公司借调的审计经理）完成其项目。[66]加拿大特许会计师协会（CICA）在研究组中最具工作热忱，而英格兰及威尔士特许会计师协会（ICAEW）则没那么积极主动。[67]

研究组的主席由美国、英国、加拿大的公共会计师协会代表轮流担任，具体情况如下：

1967—1968年　罗伯特·M. 特鲁布拉德（Robert M. Trueblood），美国

1968—1969年　罗纳德·G. 利奇（Ronald G. Leach），英国（ICAEW）

1969—1970年　约翰·R. M.（杰克）威尔逊（John R. M.（Jack）Wilson），加拿大

1970—1971年　西奥多·L. 威尔金森（Theodore L. Wilkinson），美国

1971—1972年　道格拉斯·S. 莫佩斯（Douglas S. Morpeth），英国（ICAEW）

1972—1973年　罗伯特·M. 伦尼（Robert M. Rennie），加拿大

1973—1974年　R. 柯克·巴策尔（R. Kirk Batzer），美国

1974—1975年　乔治·D. H. 迪尤尔（George D. H. Dewar），英国（ICAS，也代表ICAI）

1975—1976年　约翰·W. 亚当斯（John W. Adams），加拿大

1976—1977年　埃德温·W. 麦克雷（Edwin W. Macrae），美国

亚当斯是唯一来自工商企业界的主席。其他主席都是大型会计公司的合伙人。

可以想象，研究组面临这样一个问题：其他国家的公共会计师行业协会是否可以在研究组中派驻代表？毕竟，已经有一两个国家的公共会计师行业协会因为被研究组排除在外而感到不满。1967年，荷兰注册会计师协会（NIVRA）的一名代表与加拿大特许会计师协会（CICA）会长杰克·威尔逊进行了非正式的会面。威尔逊最初对荷兰加入研究组做出了积极的回

---

66. 资料来自Alister Mason(1973年至1975年任加拿大特许会计师协会研究主管)给作者的备忘录，2003.08.17。Mason是1975年出版的三本小册子的起草人。他写到，在他1973年担任主管时，待研究项目"多得快要撑不住了"。

67. Alister Mason给作者的备忘录，2003.08.17。

应。但本森表示研究组的范围应限定于美国、加拿大和英国的公共会计师行业协会。[68] 本森后来写道:"我们认为,要想让研究组的项目真正取得进展,参与者的来源国数量不应该多于三个,而且参与者最好都说同一种语言。"[69]

在1968年6月的研究组会议上,美国注册会计师协会(AICPA)的代表初步提议邀请澳大利亚的公共会计师行业协会加入。但考虑到各方代表的旅费问题,再加上接受澳大利亚却不接受新西兰等其他英联邦国家以及荷兰的公共会计师行业协会的潜在后果,这项提议被驳回了。[70] 本森设想可以在以后年度适当接受其他国家的加入,但他在任期内并没有这样做。[71]

在这套系列手册中,有些结论很清晰,有些则含混不清。后续章节将会提及,其中的许多结论都是 IASC 工作的起点。

例如,关于存货的手册中写到,对存货进行会计处理时应采用"成本和市价孰低法"(美国公共会计师行业的提法)或"成本和可变现净值孰低法"(加拿大和英国公共会计师行业的提法)。但关于"直接"或"可变"成本,手册的观点则含混不清。同时,手册也没有对美国证券市场上的公认会计原则所独有的"后进先出法"发表意见(第100段)。手册在最后呼吁各国公共会计师行业在进行存货的会计处理时应尽量避免偏离手册所建议的最佳惯例(第101段)。

关于企业所得税的手册谈及了三个国家的公共会计师行业一直争论不休的话题。到1971年这本手册出版时,三个国家的公共会计师行业都已经公布了关于递延所得税(即所得税费用的跨期分摊)的会计处理的公告,而且加拿大和美国的公共会计师行业都是在重重反对意见下"孤注一掷"地公布相关公告的(第46段)。对于如何选择所得税会计处理方法,手册给出的唯一实质性结论被谨慎地表述为,"总的来说,我们认为递延法(deferred method)优于应计法(accrual method)惯例,(未交或多交

---

68. 2003年1月21日作者与 A. F. Tempelaar(1967年至1968年任 NIVRA 主席)的访谈记录。

69. Benson, "The Story of International Accounting Standards", 36.

70. Minutes of the Third Plenary Meeting of AISG, London, 1968.06.10–11, paragraph 5, ICAS archive, AISG file, no. 1369. 还可参见 Thomas, "The Accountants International Study Group—The First Three Years", 64.

71. Benson, 'The Story of International Accounting Standards', 36.

的）累计所得税应被视为递延贷项或借项（deferred credits or debits），而不应该将其看作是应计负债或资产（accrued liabilities or assets）"（第 46 段）。然而问题在于，递延法忽略了税率的后续变化。虽然加拿大和美国公共会计师行业建议采用递延法，但英国公共会计师行业的立场偏向使用应计法（第 22 段）。

关于多元化公司的手册也是一个有争议的话题，其中提出了一个大胆的结论，"多元化公司的财务报表应包括不同分部的信息，而且这些信息应由外部独立审计师审查并出具报告"（第 86 段）。加拿大最重要的两部公司法、英国的《1967 年公司法》以及美国证监会（但不包括会计原则委员会）都要求多元化公司披露有关主要分部的特定信息，但只有加拿大要求审计师针对分部信息出具审计意见。

关于合并财务报表，研究组的观点是，在企业同时提供了合并报表和母公司报表时，合并报表应被视为主要财务报表。虽然这一观点在三个国家的公共会计师行业中不会引起争议，但在其他国家也许并非如此。1973 年，合并报表才刚刚在世界其他大多数国家中普及。这意味着这些国家应该做好将合并报表视作主要报表的准备。研究组还提出，尽管编制合并报表的一贯标准是投资方在被投资方所占的股权投资比例超过 50%，但"可能也存在其他情况，使公司在表决权低于 50% 时也能够对子公司实施有效控制"（第 73 段）。而后一种情况则与美国的惯例不符。研究组还呼吁各公司对其持股其他公司和被其他公司持股的情况做出数项重要披露（第 73 段）。

资金表则是一份当时在加拿大和美国刚刚被要求编制的财务报表，这种报表在英国并非强制性要求，也"不太常见"。[72]1973 年印发的资金表手册提到，"研究组认同资金表的有用性，并支持将其作为一种国际公认的财务报告手段"（第 104 段）。

1975 年出版的国际财务报告手册为审计师如何对"次要财务报表"（secondary financial statements）出具审计报告提供了指导。次要财务报表是指企业为了在其他国家使用而专门编制的报表。该手册讨论了在国际环境中进行财务报告时应使用的会计原则和审计程序以及区分主要和次要财

---

72. "Auditors' Reporting Standards", *The Accountant*, 160/4930 (1969.06.14), 830.

务报表的必要性，并建议披露编制财务报表时所遵守的国内会计原则或审计程序。米勒称这项研究是"一项真正具有开创性的工作，因为这是会计师国际研究组提出的原创建议。当时业界几乎没有任何关于这一主题的文献"。[73]

1975年研究组还印发了关于商誉的手册。该手册的结论是，"商誉应作为一项寿命有限的无形资产入账，并在其估计寿命内系统地摊销为费用"（第27段）。这一立场与加拿大和美国所提倡的惯例一致。英国准则制定机构仍在研究商誉的会计处理，但很明显，英国所提倡的计提商誉减值准备的惯例与研究组的结论并不一致。

1975年出版的关于中期报告的手册提出，中期报告"最好"每季度公布一次（第82段）。当时，只有加拿大和美国按季度披露中期报告。研究组认为，中期报告应报告销售收入（sales）或总收入（gross revenues）和净利润（net income）（第82段）。但在当时世界上的许多国家中，企业即使在年度报告中都不一定披露销售收入或总收入信息。英国也是直到1967年才要求企业披露这些信息。

1977年，研究组印发了一本关于养老金费用的手册。这三个国家的公共会计师行业在养老金方面的"会计处理存在相当大的差异"（第48段）。手册结论是"期末预提（Terminal Funding）和现收现付（pay-as-you-go）这两种方法都不适合核算养老金费用"（第50段）。

然而，并不是所有的研究项目最终都能形成手册。英格兰及威尔士特许会计师协会（ICAEW）当时起草的一个关于"会计师和小型企业"的项目就被放弃了，因为它被视作为被审计单位提供的指南，而不是为审计师提供的。针对被审计单位的事项在当时并不是研究组优先考虑的。[74] 另外，苏格兰特许会计师公会（ICAS）的前主席，也就是主持外币会计项目的乔治·迪尤尔（George Dewar）表示，外币项目"是研究组议程上最困难的项目之一"。[75] 虽然该项目也出过一些草稿，但从未得以发表。我们在下文

---

73. Gerhard G. Mueller, book review, *The Accounting Review*, 51/3 (1976.07), 692. 这本小册子的起草人是 Alister Mason。

74. J. M. Renshall 给研究小组成员的信，1970.05.12，ICAS archive, AISG file, no. 1369A。

75. G. D. H. Dewar 就1973年12月2—4日召开的会计师国际研究组会议所做的记录，ICAS archive, AISG file, no. 1369H。

也会讲到，IASC 也将外币会计视为其早期议程上最棘手的项目之一。

第 3.5.2 节将阐释 IASC 成立后，会计师国际研究组（AISG）于 1977 年解散。基于上文的分析，现在就可以对研究组的手册给出如下结论：无论这些手册对会计惯例和各国准则制定的影响如何[76]，研究组的确促进了美国、英国、加拿大公共会计师行业更紧密的联系和合作，研究组的工作成果也使手册的读者了解到会计惯例的多样性及其原因所在。从这个角度看，研究组在推动关于会计准则的有意义的国际对话方面，迈出了重要的一步。

2.6 国际性的会计秘书处

会计师国际研究组（AISG）的设计定位是一个精英俱乐部，只接纳拥有最先进准则制定计划的国家的公共会计师行业协会。但 1962 年国际会计师大会上的发言促使人们考虑设立一个真正的国际性的（民间）团体，以兼顾一些公共会计师行业欠发达国家的同行的利益诉求。这些呼声导致了 1977 年国际会计师联合会（IFAC）的成立。与区域性的会计机构和会计师国际研究组相比，国际会计的政治维度开始浮现。

1965 年，约翰·L. 凯利在《注册会计师开始规划未来》中写道："有人建议由世界各地的公共会计师行业协会共同设立一个国际信息中心，再为中心设立一个专职秘书处，负责在国际范围内分发专业出版物和相关技术资料。对于一些不存在健全的公共会计师行业协会的国家而言，这样的国际中心可以为其公共会计师行业提供支持。"[77]

关于设立国际性会计专业实体的构想得到了许多国家公共会计师行业的响应，并于 1967 年在巴黎举行的第九届国际会计师大会上浮出水面。在

---

[76] 加拿大特许会计师协会在制定其会计和审计标准议程时使用了该研究组的小册子。证据来自 2003 年 7 月 1 日 William W. Buchanan 与作者的沟通。Buchanan 退休前是 CICA 高级副主席，主要负责研究和制定 CICA 准则。

[77] John L. Carey, *The CPA Plans for the Future*, 103–104. Carey 的参考资料可能是 Washington SyCip 在以下文章中提出的一项建议："Auditors in a Developing Economy", *The Journal of Accountancy*, 116/1 (1963.07), 46–48.（SyCip 是菲律宾的一名业界领袖，当时已成为协会长期目标委员会方面的众多顾问之一。）

专门讨论"会计原则的国际协调"(international harmonization of accounting principles)的分会场上,来自新西兰的汤姆·K. 考恩(Tom K. Cowan)教授作为国际会务报告起草人,提出了成立"国际会计局"(international accounting bureau)的建议。[78] 许多国内报告起草人也在论文中提出了类似的建议。担任大会主席的法国人弗朗西斯－莫里斯·里夏尔(François-Maurice Richard)鼓励大会对这一构想展开讨论,以期在大会结束时在各代表团团长会议上通过一项建立国际性的秘书处的决议。[79] 然而此时本森介入了这一议题,他在美国和荷兰公共会计师行业协会代表的支持下,挫败了里夏尔的这一提议,转而建议设立一个工作组来研究建立国际性的秘书处的构想是否可行。美国、英国和荷兰的公共会计师行业协会之所以反对建立国际性的秘书处,是因为担心与知名度较低的其他公共会计师行业协会建立联系,可能会暗示它们在一定程度上认可了那些它们本不愿意认可的公共会计师行业协会,这在将来甚至可能会对自己的高标准构成威胁。[80] 但是,鉴于不宜完全忽视其他国家的公共会计师行业协会关于设立国际秘书处的强烈意愿,大家必须找到一个折中的办法。按照本森的建议,各国公共会计师行业协会代表设立了国际工作组(International Working Party, IWP),致力于探讨设立国际秘书处的可行性,并预计于1972年在悉尼召开的下一届国际会计师大会上进行报告。国际工作组的组成人员包括:曾在战后主持过国际会计师大会的各个公共会计师行业协会(即英格兰及威尔士特许会计师协会(ICAEW)、苏格兰特许会计师公会(ICAS)、爱尔兰特许会计师公会(ICAI)、荷兰注册会计师协会(NIVRA)、美国注册会计师协会(AICPA)和法国注册会计师协会(Ordre des Experts Comptables))的代表、下届大会(悉尼大会)的共同赞助者、澳大利亚特许会计师协会(Institute of Chartered Accountants in Australia, ICAA)和澳大利亚会计师公会(Australian Society of Accountants)的代表。随后国际工作组又增加了

---

78. *9ᵉ Congrès international de Comptabilité* (Paris: Comité de Direction du 9ᵉ Congrès International de Comptabilité, 1967), 126, 128.

79. J. W. de Koning, "Tussen Place d'Etoile en Place de la Concorde, Het negende internationale accountantscongres Parijs, 6 tot 12 september 1967", *De Accountant*, 74/8 (1968.01), 437.

80. J. W. Schoonderbeek and P. E. de Hen, *Getuigen van de geschiedenis van het Nederlandse accountantsberoep* (Assen: Van Gorcum, 1995), 80; 2003年1月21日作者与A. F. Tempelaar 的访谈记录。

来自印度和墨西哥公共会计师行业的代表。本森和英格兰及威尔士特许会计师协会的秘书作为英国（英格兰和苏格兰）和爱尔兰三个会计师协会的代表参加了国际工作组。

从表面上看，工作组的主要任务是讨论国际会计师大会的工作和未来的计划。但事实上，工作组的主要议题是探讨是否应该以及如何建立一个国际秘书处。本森继续要求推迟设立国际秘书处，他在国际工作组的第一次会议上称，至少还需十年的时间才能建立这样的秘书处。[81]然而，美国注册会计师协会（AICPA）在国际工作组的任期内改变了立场。1969年，美国注册会计师协会（AICPA）海外关系委员会的罗伯特·L. 梅（Robert L. May）向协会理事会提出了如下建议：

> 美国注册会计师协会（AICPA）曾经有充分的理由反对成立国际秘书处或类似机构。然而，我们现在不再单纯持反对观点；我们应着手拟订具体的计划，构建一种有意义的国际会计合作形式。我认为，我们在这一问题上别无选择。我们必须提出一个符合我们利益的参与形式，否则，一旦被排除在这样一个组织之外，我们的利益必定会受到损害。[82]

自此，美国注册会计师协会（AICPA）开始赞成将设立国际秘书处作为促进会计和审计准则国际协调的手段，但其仍然在如何设立该机构以及由谁来管理该机构方面存在顾虑。[83]

最后，英国公共会计师行业协会关于推迟设立国际秘书处的立场占了上风。[84]国际工作组在1972年提交给悉尼第十届国际会计师大会的报告提出，现在设立国际秘书处还为时尚早。相反，国际工作组认为，领导大家制定（专业）准则的机构必须来自某个国家，而不是一个超越国家的

---

81. 2003年4月3日作者与A. F. Tempelaar 的访谈记录。

82. "The World of Accounting Beyond our Shores", paper by Robert L. May on behalf of AICPA Committee on Overseas Relations for Council of AICPA, 1969.10.04, ICAS archive, AISG file, no. 1369A.

83. Wallace E. Olson, *The Accounting Profession, Years of Trial: 1969–1980* (New York: AICPA, 1982), 224.

84. Olson, *The Accounting Profession*, 224; interview with A. F. Tempelaar, 2003.04.03.

行政团体。[85] 此外，它鼓励设立和发展区域性的会计协会，例如欧洲财政经济会计专家联盟（UEC）。最后，国际工作组再次获批五年任期，以便筹备设立国际秘书处。国际工作组建议将其名称改为国际会计职业协调委员会（International Co-ordination Committee for the Accountancy Profession, ICCAP），并将成员范围扩大到加拿大、德国和菲律宾。悉尼大会批准了国际工作组的建议。国际会计职业协调委员会的第一次会议定于 1937 年 4 月举行。道格拉斯·S. 莫佩斯（Douglas S. Morpeth，1972—1973 年任英格兰及威尔士特许会计师协会会长）和约翰·P. 格伦赛德（John P. Grenside，1975—1976 年任英格兰及威尔士特许会计师协会会长）依次接替本森出任了英国和爱尔兰公共会计师行业协会的代表。

2.7　欧洲经济共同体的会计协调以及 UEC 的作用

从某种意义上说，欧洲对会计发展的影响可以追溯到 20 世纪 50 年代初。米勒曾撰文提出，欧洲对合并财务报表的要求最早可以追溯到欧洲煤钢共同体签署国之间的早期协议。[86] 他提到的是欧洲煤钢共同体收集和报告的财务统计数据，这些统计数据是跨母子公司、跨国汇总的，并且进行了消除公司间交易的调整。[87] 对会计产生更重要影响的是 1957 年的《罗马条约》，该条约提出了促进人员、货物、服务和资本在欧共体成员国之间自由流动的构想。在此基础上，欧共体制定了一系列旨在协调各国公司法的指令，包括关于财务报告的规定。1968 年，欧共体颁布第一个公司法指令，确立了有限责任公司必须公布财务报表的原则。财务报表的内容则主要由第四号和第七号公司法指令予以规范。这两份指令的制定工作早在 1965 年就开始了。应欧盟委员会的要求，来自各成员国的公共会计师行业协会组成了一个工作组，工作组的主席由德国公共会计师协会（Institut der

---

85. *Final Report to Participating Bodies at International Congresses of Accountants* (n.p., International Working Party to be renamed International Co-ordinating Committee for the Accountancy Profession, 1971.12), paragraph 21.

86. Mueller, *International Accounting*, 123.

87. 2003 年 7 月 22 日作者与 Gerhard G. Mueller 的访谈记录。

Wirtschaftsprüfer，IdW）前会长威廉·埃尔门多夫（Wilhelm Elmendorff）担任。该工作组于1968年就有限责任公司的年度账目制定了一份指令草案，于1970年提出了关于合并财务报表和私营公司账目的指令建议稿，这两份文件构成了欧共体指令草案的基础。1971年11月，欧盟委员会发布了第四号指令的初稿。

埃尔门多夫也是欧洲财政经济会计专家联盟（UEC）的杰出成员。UEC很早就意识到了国际会计协调的重要性。1958年，UEC成立了一个工作组，由来自比利时的莱昂·萨克斯（Léon Saxe）担任主席。工作组的目标在于确保在各国公司法的协调过程中，以及审计服务市场在欧洲经济共同体的各国之间互相开放的过程中，公共会计师行业能够发出自己的声音。欧共体的确将"萨克斯委员会"（Commission Saxe）看成了一个对话机构。由于并不是所有的欧洲财政经济会计专家联盟（UEC）成员国都是欧共体成员国，因此萨克斯委员会在1961年改组成一个独立的机构，更名为欧洲经济共同体特许会计师研究组（Groupe d'Études des Experts Comptables de la C.E.E.）。在欧共体各成员国主要会计师协会的支持下，该研究组成为欧共体认可的会计及审计咨询机构。[88]

尽管欧洲财政经济会计专家联盟（UEC）渴望参与到欧洲公司法的协调中，但其内部的观点却完全不统一。特别是在1963年英国、斯堪的纳维亚和荷兰的公共会计师协会加入欧洲财政经济会计专家联盟（UEC）之后，以大陆法系下的成文法为基础的会计监管惯例与以英美法系下的判例法为基础的会计惯例产生了很多矛盾冲突。麦克杜格尔（McDougall）讽刺这两种方法的拥护者是"伪科学家"（固守法律条文）和"伪艺术家"（追求真实和公允反映）。[89] 欧洲财政经济会计专家联盟（UEC）内部气氛也十分紧张，新成员经常以傲慢的态度对待老成员，而老成员则讽刺新成员为"北

---

88. Paul Rutteman, "Contribution by the Groupe d'Études des Experts Comptables to Harmonization of Accounting Standards in Europe" in *Harmonization of Accounting Standards* (Paris: Organisation for Economic Co-operation and Development, 1986), 83; Louis Perridon, "Die berufliche Zusammenarbeit in Europa—Einige Gedanken zum fünfundzwanzigjahrigen Bestehen der UEC", *Journal UEC*, 11/4 (1976.10), 222.

89. McDougall, "Regional Accountancy Bodies", 18.

第 2 章 国际会计协调的起源

极光"（the Northern Lights）。[90]

欧洲财政经济会计专家联盟（UEC）内部的对立使其几乎不可能就会计原则的协调达成统一。欧洲财政经济会计专家联盟（UEC）最初成立时的组织章程中提出，组织目标之一在于"逐步统一各国最合理、最有效的惯例"和"协调各国的（公共会计师行业）职业责任守则"（第二项，第 2 段和第 3 段）。实际上，这一条款正是 20 世纪 50 年代英国和荷兰的会计师协会拒绝加入欧洲财政经济会计专家联盟（UEC）的原因，因为它们担心这可能会导致其准则专业水平下降到专业水平较低的欧洲财政经济会计专家联盟（UEC）的标准。[91] 因此，它们在 1963 年加入欧洲财政经济会计专家联盟（UEC）时进行了艰难的谈判，这导致欧洲财政经济会计专家联盟（UEC）在组织章程中删除了关于其可能强制要求成员遵守某些规则或标准的全部内容。[92] 此后，欧洲财政经济会计专家联盟（UEC）采取了"不作承诺"的原则。该原则表示欧洲财政经济会计专家联盟（UEC）"无权要求其成员组织执行任何指令"。[93]

当第四号公司法指令的后续草案出台时，欧洲各国公共会计师行业协会之间的分歧变得尤为明显。埃尔门多夫的工作组"认为制定新的、更好的账目公开规则并不是他们的任务"。[94] 由于仅以协调现有的会计惯例为目标，他们的建议以及 1971 年发布的第四号指令草案都主要反映了法国和德国的会计实践，即以法律条文为基础的会计处理方法。当英国、丹麦、爱尔兰在 1973 年加入欧共体时，它们（尤其是英国公共会计师行业）对第四号指令草案提出了强烈的反对意见。《经济学人》（*The Economist*）在 1972 年年底写道："英国的公共会计师行业已经对加入这个组织感到恐慌。"[95]

---

90. 2003 年 3 月 19 日作者与 Louis Perridon（后来担任欧洲财政经济会计专家联盟秘书长）的访谈记录。

91. W. Elmendorff. "Geleitwort des Präsidenten." *La Vie de l'UEC*, 1963.12, 4; P. E. de Hen, J. G. Berendsen, and J. W. Schoonderbeek, *Hoofdstukken uit de geschiedenis van het Nederlandse accountantsberoep* (Assen: Van Gorcum, 1995), 19.

92. Louis Perridon, "Professional Co-operation in Europe—Some Reflections on the Occasion of the Silver Jubilee of U.E.C." *Journal UEC*, 11/4 (1976.10), 263.

93. "News from the UEC", *Journal UEC*, 1/1 (1966), 72.

94. Wilhelm Elmendorff, "Coordination of the Legal Accounting Requirements in the Various Countries of the European Economic Community", *Journal UEC*, 2/4 (1971.10), 238.

95. "Six and Three Become One", *The Economist*, 1973.07.21.

在欧洲大陆，大家承认，既然英国即将加入欧共体，那么英国就可以合法地宣布其独特的会计方法应该得到承认。然而，也有人认为英国方面夸大了这些差异。一位德国作者提出，随着1970年会计准则指导委员会（Accounting Standards Steering Committee，ASSC）成立，英国已经开始了一个新的时代，"真实和公允"视角开始受到会计准则的制约。[96]还有人认为，英国审计师比德国审计师更严格地遵守规则，这具有很大的讽刺意味。[97]因此，人们认为英国的态度是两方面因素造成的，一方面是英国自身的优越感，另一方面才是第四号指令的缺陷——这两个因素的影响不相上下。

英国公共会计师行业所采取的措施之一是鼓励欧洲财政经济会计专家联盟（UEC）发挥更积极的作用，希望英国能够通过参与欧洲财政经济会计专家联盟（UEC）来影响欧共体公司法（会计）指令的制定过程。[98]亨利·本森于1967年至1973年间担任欧洲财政经济会计专家联盟（UEC）行政委员会成员，于1970年担任欧洲财政经济会计专家联盟（UEC）副主席。在此期间，他开始敦促欧洲财政经济会计专家联盟（UEC）朝着公布会计和审计准则的方向努力。如上所述，欧洲财政经济会计专家联盟（UEC）内部在早期曾有较多矛盾。作为英格兰及威尔士特许会计师协会（ICAEW）前任会长，本森的想法曾被大多数欧洲大陆国家所抵制。而如今，本森其人却成了欧洲财政经济会计专家联盟（UEC）行动的引领者，当真讽刺。[99]但英国对待会计准则的态度在20世纪60年代末已经发生了迅速的改变，部分原因在于，一些公司由于会计处理不当而接连发生了丑闻。显然，英国即将加入欧共体也是导致这种改变的一个重要因素。

欧洲财政经济会计专家联盟（UEC）其他成员提出的反对意见与会计准则的优劣无关，而与其怀疑本森的动机或不喜欢他的态度有关。在某些人看来，本森所代表的国际性的会计公司对一些小型的本地化的会计公司

---

96. Reinhard Goerdeler, "'A True and Fair View—or Compliance with the Law and the Company Statutes'", *Die Wirtschaftsprüfung*, 26/19 (1973.10.01), 521.

97. Rudolf Niehus, "Zur Entwicklung von Grundsätzen ordnungsmäßiger Bilanzierung in den Vereinigten Staten und in England", *Die Wirtschaftsprüfung*, 25/16 (1973.08.15), 442.

98. As suggested by Olson, *The Accounting Profession*, 224.

99. Schoonderbeek and de Hen, *Getuigen*, 53. 还可参见2003年3月19日作者与Louis Perridon的访谈记录。

构成了越来越大的威胁，而后者恰恰是欧洲财政经济会计专家联盟（UEC）的中坚力量。会计惯例的国际规范可能会削弱本国公共会计师行业协会的影响力，而后者恰是小型公司利益的保护者。[100]

本森的观点以及他表达观点的方式在欧洲同行中引发了不满，这一点在1972年12月英格兰及威尔士特许会计师协会（ICAEW）组织的一场主题为"英国公司在欧洲"的会议上有所体现。本森是发言者之一，他完成了一项针对欧洲会计惯例的调查，得出的结论是："从整体上看，英国的会计惯例在欧洲具有大幅领先的优势。"[101]本森的言论促使时任欧洲财政经济会计专家联盟（UEC）主席的荷兰人阿德·坦培拉（Aad Tempelaar）回应到，某一个协会独占领导权只会导致其他协会的沙文主义反应，这不利于推动国际会计协调进程。他还说道："如果我们的英国朋友认为英国的会计惯例是欧洲最好的，那么他们不给准则贴上'英国制造'的标签，反而能更好地达到目标。"[102]

这种交流让一些英国人意识到，英国的态度在欧洲大陆招致了"烦恼和怨恨"。[103]一位国际主义者爱德华·斯坦普（Edward Stamp）评论道："亨利爵士对英国的成就感到自豪，这与丘吉尔式的自豪是一样的。我钦佩并尊重英国的成就，我相信我们也需要更多这样的成就。但我们也必须承认并接受，比较不可避免地是一个双向过程，我们反过来也可以从别人那里学到很多东西。"[104]

尽管存在摩擦，本森还是成功地修改了欧洲财政经济会计专家联盟（UEC）的章程，允许其公布非强制性的会计建议书。[105]1972年11月，他敦促欧洲财政经济会计专家联盟（UEC）的行政委员会在第二年开始公布

---

100. 2003年3月19日作者与Louis Perridon的访谈记录；参见"Terugblik internationale contacten", A. F. Tempelaar给Hans Burggraaff的备忘录，1977.01.26, NIVRA archive, 481, 62–68。

101. Henry Benson, "Harmonization of Accountancy Practice", *The Accountant*, 167/5113 (1972.12.14), 758.

102. A. F. Tempelaar, "Harmonization of Accounting Practice", *The Accountant*, 168/5121 (1973.02.08), 176.

103. "The UK Profession and Europe", editorial, *The Accountant*, 169/5155 (1973.10.04), 425.

104. Edward Stamp, "The EEC and European Accounting Standards: A Straitjacket or a Spur?" *Accountancy*, 83/957 (1973.05), 10.

105. A. F. Tempelaar, "Reorganisation of the U.E.C", *Journal UEC*, 7/2 (1972.04), 89.

此类建议书。[106] 正如在第 3 章中将更全面地讨论的那样，大约在同一时间，他还在牵头设立 IASC。正如我们将看到的，人们对于本森提出设立 IASC 的计划，首先是感到吃惊，因为本森居然同时在两条战线上采取了行动。这很可能是因为本森在 1972 年不再寄希望于将欧洲财政经济会计专家联盟（UEC）转变为权威指南的有效来源，于是，他便将注意力集中于如何扩张他早期创建的会计师国际研究组（AISG）。[107]

2.8　IASC 走上历史舞台

1973 年成立的国际会计准则委员会（IASC）并不是凭空出现的。至少十年来，会计的国际影响已经得到认可。一些公共会计师行业协会已经采取了各种各样的、有时是相互冲突的办法，来设计用于研究、讨论和解决国际会计问题的组织形式。有趣的是，亨利·本森在 1970 年左右扮演着举足轻重的角色。他是会计师国际研究组（AISG）的创始人；他处于当时关于设立国际会计秘书处的争议的中心；他也是欧共体会计指令制定过程中英方意见的杰出代表；此外，他也在幕后推动不够情愿的欧洲财政经济会计专家联盟（UEC）公布会计建议书。第 3 章将会阐释，本森将在 1972 年担任另一个角色——IASC 的创始人。

---

106. NIVRA board (dagelijks bestuur), minutes of 23 November 1972, NIVRA archive, no.67.

107. 2003 年 4 月 3 日作者与 A. F. Tempelaar 的访谈记录；2003 年 3 月 19 日作者与 Louis Perridon 的访谈记录。1971 年 11 月，苏格兰特许会计师公会秘书 Victor McDougall 知会协会理事会："欧洲财政经济会计专家联盟 (UEC) 正在……经历一个非常艰难的阶段，有些意见中肯的人认为 UEC 快完了。"这一点可参见 E. H. Victor McDougall, "The Accountancy Profession in Europe, Some Thoughts on the Occasion of the United Kingdom's Adherence to the Treaty of Rome", agenda paper for ICAS Coucil meeting of 30 November 1971, minute 4749, ICAS archive.

第3章　国际会计准则委员会的成立

3.1　关于设立国际会计准则委员会的倡议

如第2章所述，在20世纪60年代后期和70年代初期，公共会计师行业多次发起了会计和审计准则国际协调的倡议。1972年9月，这一倡议成为举办于悉尼的第十届国际会计师大会的重要议题。在这次大会上，美国注册会计师协会（AICPA）会长勒罗伊·莱顿（LeRoy Layton）提出：

> 各个研究小组提出了一致的意见，即应该立即成立专家组（可称为研究组、工作组或国际委员会）来持续地肩负起制定会计与审计国际准则这一艰巨任务，至少应该让各国互不相同的准则变得尽可能的相近。[1]

这次大会孕育了两个*国际委员会，二者在之后的30年里保持着密切的、有时显得颇为复杂的联系。其一是在公共会计师行业协会代表团团长

---

1. LeRoy Layton, "Beyond the Tenth International Congress", *The Australian Accountant*, 1972.12, 413.

＊民间性质的。——译者

正式会议上成立的国际会计职业协调委员会（ICCAP），这是为设立公共会计师行业的国际秘书处所迈出的重要一步（见第 2.6 节）。1977 年，国际会计职业协调委员会（ICCAP）改组成为国际会计师联合会（IFAC）。其二是国际会计准则委员会（IASC），它是由自 1966 年起组织会计师国际研究组（AISG，见第 2.5 节）的四个公共会计师行业协会的高级别代表在一场非正式会议上提出来的。英国、苏格兰、加拿大以及美国的公共会计师行业协会的现任会长、秘书以及两位前任会长参加了该会议，其中苏格兰的代表同时也代表了爱尔兰特许会计师公会（ICAI）。[2] 承办这次会议的澳大利亚的公共会计师行业协会显然只是"象征性地出席"。[3] 英格兰及威尔士特许会计师协会（ICAEW）的亨利·本森爵士进行了周密的安排，会议全程保密甚严，会议期间未进行任何宣传。[4]

这次会议原则上同意扩大会计师国际研究组的职能。除了出版研究手册外，研究组还将致力于制定国际会计准则并确保准则在全球范围内被接受。会议还同意邀请新的国家成员加入研究组，并决定加强其组织和财务

---

2. "The Tenth International Congress of Accountants: Report by the President and Secretary of the Scottish Institute", dated 12 November 1972, agenda paper for ICAS Council, meeting of 17 November 1972, ICAS archive.

3. 2003 年 10 月 4 日作者与 John P. Hough 的访谈记录。

4. 关于这次会议的公开信息，参见 R. D. Thomas, "The Closer We Get the Better We'll Look", *The Australian Accountant*, 46/7（1976.08），401；Wallace E. Olson, *The Accounting Profession, Year of Trial: 1969—1980*（New York: American Institute of Certified Public Accountants, 1982），226—227。Douglas Morpeth 提到，召开这次会议的想法是他在大会上听到 Benson 作国际工作组最终报告的演讲时产生的。根据 Morpeth 的说法，随后他向 Benson 提议当场立刻召开一次会议。参见 Peter Walton, "It All Started with a Phone Call", *World Accounting Report*, 2003.10, 12；以及 2003 年 4 月 28 日作者与 Douglas Morpeth 的访谈记录。该观点在如下文献中得到了进一步的阐述：Claude Bocqueraz and Peter Walton, "Creating a Supranational Institution: The Role of the Individual and the Mood of the Times", *Accounting History*, 11/3（2006），271–288。但 Morpeth 的回忆并没有被其他受访者提供的信息所证实，其他受访者回忆认为这次会议是由 Henry Benson 提前安排的。信息来源：2003 年 2 月 18 日作者与 Doug Thomas 和 Gert Mulcahy 的访谈记录；2003 年 10 月 4 日作者与 John P. Hough（英格兰及威尔士特许会计师协会秘书）的访谈记录。在访谈记录中，Hough 还回忆道，在悉尼召开的这些非正式会议中，有三次会议研究讨论了有关国际会计准则提案的细节。但举办多次会议的事情没有得到其他受访者的确认。Alec Mackenzie 和 Victor McDougall 在大会上提交给苏格兰特许会计师公会理事会的报告显示，他们曾召开过一次会议，但他们也补充说这次会议"让他们在悉尼期间花费了很多的时间思考"。"The Tenth International Congress of Accountants: Report by the President and Secretary of the Scottish Institute", dated 12 November 1972, agenda paper for ICAS Coucil, meeting of 17 November 1972, ICAS archive.

第3章 国际会计准则委员会的成立

工作。[5]本森提到，"在原则上就这些问题达成一致并不困难"。[6]虽然在操作安排上仍有许多分歧需要解决，但所有与会者都认为制定国际会计准则的时机已经成熟，因此这次会议被认为是IASC的起源。

接下来几个月的进展可简要概括如下。1972年12月，悉尼会议的与会者在伦敦举行第二次会议，形成一项具体提案，并提交给研究组的各个公共会计师行业协会的理事会。该提案建议在现有研究组之外，另行成立一个新的组织，暂定名为IASC。[7]1972年[*]1月底，这一提议得到了各个公共会计师行业协会的理事会批准。2月初，英格兰及威尔士特许会计师协会（ICAEW）、苏格兰特许会计师公会（ICAS）和爱尔兰特许会计师公会（ICAI）邀请了英国另外三家此前未参与研究组的公共会计师行业协会并获得其支持。[8]到了2月底，相关邀请还发送给了经选定的澳大利亚、法国、德国、日本、墨西哥及荷兰的公共会计师行业协会。

1973年3月19日，上述国家的公共会计师行业协会应邀与美国、加拿大、英国和爱尔兰的公共会计师行业协会一道，在伦敦召开会议。6月28日，这些协会在最后一次伦敦会议上确定了"建立IASC的协议书"。该协议书实际上包括一份协议和一份章程。次日，在特许会计师大厅（Chartered Accountants' Hall）举行了签字仪式。在新闻发布会后，新成立的IASC当天下午就举行了第一次会议。

---

5. Olson, *The Accounting Profession*, 227 and Thomas, 'The Closer We Get', 401.这篇文章表明这次会议同意在AISG之外成立新的组织。然而，1972年12月的伦敦会议议程却记载着悉尼会议结论为重组AISG。"Basic Accounting Standards—An Urgent International Need", version dated 21 November 1972, IASC archive, board minutes file.

6. Henry Benson, *Accounting for Life*（London: Kogan Page, 1989）, 106.

7. "Basic Accounting Standards—An Urgent International Need", version dated 4 December 1972, IASC archive, board minutes file.

* 原文如此，准确年份似乎应为1973年。——译者

8. 这三家会计机构是指注册会计师协会、成本与管理会计师协会以及市政司库与会计师协会。参见"Minutes of the Meeting of the Presidents of UK and Republic of Ireland Accountancy Bodies at Chartered Accountants' Hall on Friday 2nd February, 1973", IASC archive, miscellaneous files relating to founding of IASC。

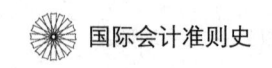

3.2　本森的角色与动机

亨利·本森被公认为 IASC 设立过程中的精神领袖。然而，英格兰及威尔士特许会计师协会（ICAEW）的重要作用也不容忽视。这是因为，本森在整个行动中都与该协会进行了密切的协商，该协会在 IASC 创建过程中的角色与本森同等重要。实际上，1972 年 9 月至 1973 年 3 月期间发给各公共会计师行业协会的邀请函，都是由英格兰及威尔士特许会计师协会（ICAEW）会长道格拉斯·莫佩斯签署的。本森直到 1973 年 3 月才以主席的身份出面主持会议。之后，他以"主席"身份签署了 6 月份成立 IASC 的会议文件。最初，英格兰及威尔士特许会计师协会（ICAEW）的领导层可能还没有完全决定由谁来领导这个新组织。莫佩斯说，他本可以亲自出任 IASC 主席，但他还是选择支持本森出任。[9] 本森本人不太可能对应该由谁来领导 IASC 产生任何怀疑。但很明显，就发起成立 IASC 这件事来说，本森的个人动机和英格兰及威尔士特许会计师协会（ICAEW）的动机相互交织在一起，很难轻易地区分开来。

根据英格兰及威尔士特许会计师协会（ICAEW）、本森自己以及其他很多人的表述，没有理由怀疑英格兰及威尔士特许会计师协会（ICAEW）和本森拥有共同的行为动机：随着国际贸易的增长以及跨国公司的崛起，关于采取行动制定国际会计准则的呼声越来越高。正如本森所说，这种发展态势在悉尼会议上达到了顶峰，人们"就像是拥有心灵感应"一样，都希望能够制定一套国际公认的会计准则。[10] 继悉尼大会之后，英格兰及威尔士特许会计师协会（ICAEW）的工作人员在一份文件中详细阐述了这些提案，其标题似乎抓住了当时的情绪氛围：《基本会计准则——迫切的国际需

---

9. Derek Matthews and Jim Prie, *The Auditors Talk: An Oral History of a Profession from the 1920s to the Present Day* (New York: Garland Publishing, 2000), 318. Wallace Olson（2003 年 3 月 13 日访谈记录）推测，成立 IASC 的倡议来自 Morpeth。此外，John Hepworth（2003 年 5 月 25 日访谈记录）、Doug Thomas（2003 年 2 月 18 日访谈记录）以及 John Hough（2003 年 10 月 4 日访谈记录）也强调了成立 IASC 从一开始就被视为本森的倡议。

10. 参见 "New Effort to Defuse Accountancy Minefield", *Birmingham Post*, 1973.07.02。

第 3 章 国际会计准则委员会的成立

求》(Basic Accounting Standards—An Urgent International Need)。[11] 本书第 2 章阐述了 20 世纪 50 年代至 60 年代社会各界对国际会计问题日益浓厚的兴趣，这表明国际会计协调在 20 世纪 70 年代初期已经成为一个备受关注的话题。在这一时期，英格兰及威尔士特许会计师协会（ICAEW）处于良好的状态，这使得它能够担负起领导的角色。英格兰及威尔士特许会计师协会（ICAEW）在 20 世纪 60 年代经历了复兴和现代化的过程。一系列会计丑闻促使它迅速意识到会计准则的重要性。1970 年，英格兰及威尔士特许会计师协会（ICAEW）推动成立了英国的会计准则制定机构——会计准则指导委员会（ASSC）。[12]

鉴于人们普遍认为国际会计准则是令人向往的，或者至少是不可避免的，英格兰及威尔士特许会计师协会（ICAEW）可能也有兴趣在国际会计准则上留下自己的烙印。一方面，国际会计准则制定机构如果由英国公共会计师行业来领导，则有望阻止美国证券市场上的公认会计原则占据主导地位。[13] 另一方面，有观点认为，英国的公共会计师行业协会之所以积极发起成立 IASC，是因为它们对欧洲经济共同体（EEC）的会计协调计划抱有热忱。[14] 如第 2.7 节所述，欧共体的这一计划在英国公共会计师行业内部确实引起了相当大的轰动。这个因素显然在 IASC 的成立过程中起了很大作用，至少它对英格兰及威尔士特许会计师协会（ICAEW）的立场产生了很大影响。然而，英国公共会计师行业协会关于设立 IASC 的提议，在欧洲大陆却几乎没有引起任何关注。可以说，自 1973 年加入欧共体以来，英国直接参与欧洲经济共同体会计指令*的谈判，这对欧洲大陆的影响要远远

---

11. "Basic Accounting Standards—An Urgent International Need", version dated 4 December 1972, IASC archive, board minutes file. 又见 Benson, *Accounting for Life*, 106; "Benson Unbends on the Standards in His Life", interview with David Simpson, *Accountancy Age*, 6/3（1975.01.17），12–13。类似观点参见 Thomas, "The Closer We Get", 401。

12. Stephen A. Zeff, *Forging Accounting Principles in Five Countries: A History and an Analysis of Trends* (Champaign, IL: Stipes Publishing Co., 1972), 27–50.

13. 这一观点据称是由英格兰及威尔士特许会计师协会在与荷兰注册会计师协会接触过程中提出的。Minutes Algemeen Bestuur, 1973.03.28, NIVRA archive, no. 68.

14. 参见 Anthony G. Hopwood, "Some Reflections on 'The Harmonization of Accounting Within the EU'", *The European Accounting Review*, 3/2（1994），243–244。关于 IASC 起源的类似观点还可见于 Karel Van Hulle, in Georges Timmerman, 'Zand in het Europese raderwerk' [interview with Karel Van Hulle], *Accountancy & Bedrijfskunde*, 9/4（1989.05），29。

* 指欧共体公司法指令。——译者

超过英国通过 IASC 产生的任何间接影响。[15]

也有迹象表明，1971—1972 年，联合国在国际会计准则领域也比较活跃（见第 7.1 节）。英格兰及威尔士特许会计师协会（ICAEW）在《基本会计准则——迫切的国际需求》这一文件中暗示，"在其他机构认为会计界无法在内部解决'国际协调问题'并试图获取有关该问题的话语权之前"，英格兰及威尔士特许会计师协会（ICAEW）应迅速采取行动。[16]

除了上述常规动机之外，IASC 的创立还有一个重要的推动力，那就是本森的个人抱负。一个可信的说法是，本森之所以倡导建立 IASC，很可能是出于与其强劲对手罗纳德·利奇（Ronald Leach）爵士的竞争。二者之间形成竞争的根源尚不清楚，但从业务关系上似乎可见端倪。本森与约翰·皮尔斯（John Pears）一道引领永道会计公司取得了长足发展，这对利奇所在的毕马威会计公司构成了严峻挑战。此外，利奇还是 1970 年成立的会计准则指导委员会的发起人兼首任主席。综合这些因素来分析，本森之所以在 IASC 方面倾注心血，可能也是想藉此实现他和利奇在会计领域的势力均衡。[17]

最后但最重要的是，要想对 IASC 的起源做出完整的解释，首先要充分认识到本森提出的愿景的重要性。即使是那些对他的独裁方式表示不满

---

15. Wallace Olson（2003 年 3 月 13 日访谈记录）基于英格兰及威尔士特许会计师协会秘书 John Hough 的表述推断认为，这是 IASC 成立的主要动机。另见 Olson, *The Accounting Profession*, 226。Robert Sempier（2003 年 4 月 19 日访谈记录）认为，IASC 是"英国人为在关口阻隔（法国人和德国人）所做出的努力"。类似地，会计原则委员会主席 Defliese 认为，"IASC 提供了一种将权威的会计思想注入欧洲经济共同体的方法"。Philip L. Defliese, "British Standards in a World Setting", in Sir Konald Leach and Edward Stamp (editors), *British Accounting Standards: The First 10 Years* (Cambridge: Woodhead-Faulkner, 1981), 111. Joseph Cummings 认为，欧共体的指令项目可能是建立 IASC 的"动力"。*The 4th Ross Institute Seminar in Accounting, International Accounting Standards—The Outlook* (New York: Vincent C. Ross Institute of Accounting Research, 1976), 4. 此外，Doug Thomas（2003 年 2 月 18 日访谈记录）、Dominique Ledouble（2003 年 6 月 5 日访谈记录）以及 A. F. Tempelaar（2003 年 1 月 21 日访谈记录）认为，欧共体的因素是次要的。Benson 本人也提及，欧共体是次要的考虑因素。Henry Benson, "Commentaar Sir Henry Benson", in *Stormen rond normen: De jaarrekening in nationaal, regionaal en mondiaal perspectief* (Amsterdam: NIVRA, 1976), 52.

16. 1981 年，Allan Cook 指出，经济合作与发展组织和联合国相关动向对设立 IASC 的倡议产生了影响，见"Cook Sets Standards for International Accounts", *Accountancy Age*, 1981.11.27, 14。

17. 2003 年 2 月 18 日作者与 Doug Thomas 和 Gert Mulcahy 的访谈记录；2003 年 4 月 29 日作者与 David Hobson（David 是 Benson 所在的永道会计公司的合伙人）的访谈记录。

的人也很尊重他，因为他对国际会计准则的重要性有着真正长远的看法。1975年，本森高瞻远瞩地指出：

> 我认为……随着IASC声誉的提升和重要性的增强，这个组织将在国际范围内逐渐被认可。而且可以预料的是，一些国家将需要修订本国法律以使其会计政策与国际会计准则保持一致。但在这个问题上还是要现实一点，因为要实现必要的协调需要花费很多的时间。我的观点是：在未来五年里，我们将看到国际会计准则的制定工作取得巨大成功，但这些成就直到2000年才会显现出来。你们不要一听到我提到2000年就发笑，要知道，25年对于一个伟大的行业来说，只是弹指一挥间。[18]

正是本森发挥的至关重要的作用，使得国际协调从朴素的构想转变成为具体的行动纲领。

3.3　各方对设立IASC的倡议的总体反应

与IASC接洽的公共会计师行业协会的总体反应是积极的。这些协会既包括原本参加会计师国际研究组（AISG）的公共会计师协会，也包括1973年应邀加入IASC的其他协会。总的来说，这些协会在积极申请成为主导性的成员，这一美好愿景使得它们对潜在的成本花费不是那么在意。当然，不同协会的具体反应又有所不同。[19]

按照美国注册会计师协会执行副总裁华莱士·E. 奥尔森（Wallace E. Olson）的说法，美国注册会计师协会（AICPA）与英格兰及威尔士特许会计师协会（ICAEW）、本森对于IASC与国际会计职业协调委员会

---

18. "Le programme d'harmonisation des principes et méthodes comptables à l'échelon international: la tâche de l'I.A.S.C.," *Revue Française de Comptabilité*, no. 56 (1975.12), 672. Benson 发表过类似声明："我的目标是在2000年之前，看到财务会计报告及其日常国际会计工作中的执行情况发生巨大的变化。"见Simpson, "Benson unbends," 12。

19. 关于澳大利亚和加拿大机构的反应，作者没有获取具体信息。

（ICCAP）之间关系的认识存在很大分歧。但总体而言，美国注册会计师协会支持设立 IASC，因为"关于欧共体（或称共同市场）可能会强制要求企业执行的会计准则，美国和英国的利益是重合的"。美国注册会计师协会认为，"应当避免英语国家的会计准则与欧共体的准则之间产生冲突"。[20]

法国注册会计师协会的领导层也有兴趣加入 IASC，并将其视为"打开窗户"的良机。[21] 该协会在 20 世纪 70 年代初意识到，法国的公共会计师行业可能会在国际上落后。法国独特的《会计总方案》（Plan Comptable Général，PCG）使得法国会计与境外会计惯例隔离开来，法国会计师在法国境内的国际性会计公司中没有得到很好的代表。[22] 加入 IASC 的决策被视为振兴法国公共会计师行业的举措之一。

德国公共会计师协会（IdW）从一开始就支持制定国际会计准则的倡议。[23] 该协会对于加入 IASC 抱有极大的热忱，即便其连能否获得 IASC 的普通会员资格都尚且存疑。[24] 后文将会提及，该协会极力赞成在 IASC 和国际会计职业协调委员会（ICCAP）之间建立密切联系，因为后者的主席是该协会的高级会员莱因哈德·戈德勒（Reinhard Goerdeler）。该协会还为国际会计职业协调委员会（ICCAP）提供了秘书处成员。

日本公认会计士协会（Japanese Institute of Certified Public Accountants，JICPA）深知，日本自 20 世纪 60 年代起对国际投资和对外贸易愈加开放。回想起来，索尼公司于 1970 年 9 月在纽约证券交易所上市是这一趋势的重要标志。[25] 如果被问及是否需要一套国际会计准则，日本公认会计士协会可能会赞同本森的观点，即国际会计准则是"迫切需要"。然而，日本公认会计士协会对境外情况的把握不甚了了，对设立 IASC 的倡议的确切含义可能尚未充分理解。因此，日本公认会计士协会愿意加入 IASC 的原因可能也只是不想"错过这趟车"，[26] 尽管它可能还不清楚这趟车将要开往哪里。

---

20. Olson，*The Accounting Profession*，227.
21. 2003 年 6 月 5 日作者与 Dominique Ledouble 的访谈记录。
22. 2003 年 4 月 29 日作者与 David Hobson 的访谈记录。
23. 参见 E. Potthoff 和 R. Goerdeler 给 Morpeth 的信，1973.02.26，NIVRA archive, no. 477。
24. 2003 年 6 月 4 日作者与 Peter Marks 和 Albrecht Ruppel 的访谈记录。
25. 2004 年 7 月 1 日作者与 Kiichiro Tobari 的访谈记录。
26. 2004 年 6 月 30 日作者与 Seigo Nakajima 的访谈记录。

第3章 国际会计准则委员会的成立

20世纪70年代初期，墨西哥公共会计师协会（Instituto Mexicano de Contadores Públicos，IMCP）的领导层在发展国际关系方面也表现得很积极。该协会一度认为，它是申请举办1977年国际会计师大会的强有力的候选人。虽然它在1973年春季遗憾落选（1977年国际会计师大会由德国公共会计师协会在慕尼黑举办），但其国际知名度足以使其赢得1982年在墨西哥城举办国际会计师大会的资格。作为国际会计职业协调委员会（ICCAP）中唯一来自拉丁美洲的成员，墨西哥公共会计师协会热衷于在拉丁美洲和西班牙语国家中发挥领导作用，因为它认为墨西哥在会计领域领先于西班牙。由此来看，墨西哥公共会计师协会加入IASC也是自然而然的事情，尽管该协会理事会曾担心过由此带来的成本问题。[27]

荷兰注册会计师协会（NIVRA）自会计师国际研究组成立以来一直希望能够加入该研究组。事实上，该协会曾在1973年的政策计划中加入了一个项目，试图"探寻欧洲组织加入所谓'北大西洋三角'的方法"。在IASC成立后，荷兰注册会计师协会满意地指出，"（协会理事会）的计划很少能够如此顺利地取得成功"。[28]令人关切的是，IASC的排他性机制设计会不会妨碍诸如建立国际会计职业协调委员会（ICCAP）等其他更广泛的国际合作尝试。值得肯定的是，荷兰注册会计师协会很早就决定，它将根据法国和德国是否加入IASC来确定它的最终决策。[29]

3.4　1973年IASC协议与章程的主要特征

自1972年9月的悉尼大会至1973年6月IASC的首次会议，各个参与的公共会计师行业协会就拟设立IASC的事宜进行了广泛的讨论。1972

---

27. 整理自2004年3月1日作者与Jesús Hoyos Roldán（1982—1987年担任观察员和理事会代表）的访谈记录；2004年3月2日作者与Jorge Barajas Palomo（20世纪60年代末至70年代初任墨西哥公共会计师协会的执行主管，1983—1984年担任主席）的访谈记录。Barajas称，该协会会长Julio Freyssinier事先没有与该协会理事会协商就参加了1973年3月在伦敦召开的会议。尽管该协会强烈反对IASC关于在成员间平均分摊预算的安排，但它也承认成为IASC成员符合协会寻求国际地位的长期利益。

28. *Nederlands Instituut van Registeraccountants: Jaarverslag 1972—73*, 31.

29. NIVRA board（dagelijks bestuur）minutes，1973.03.07，NIVRA archive, no. 68.

年12月，参加会计师国际研究组的各个公共会计师行业协会代表在伦敦举行了会议。1973年3月，受邀参与设立IASC的所有公共会计师行业协会代表在伦敦举行了会议（日本方面代表未能出席）。此外，其还进行了许多次非正式交流。在此期间，IASC的协议与章程逐渐成型。[30] 以下各节讨论章程的主要特征（章程全文见附录1）。

3.4.1 参与的国家及其会计团体

本森在悉尼会议上曾建议澳大利亚、法国、德国和荷兰的会计团体加入会计师国际研究组（AISG）。美国注册会计师协会会长勒罗伊·莱顿与执行副主席华莱士·E.奥尔森则主张邀请墨西哥和日本的会计团体也加入会计师国际研究组，因为他们担心本森的建议会使英国会计团体通过英联邦代表团主导该研究组。本森同意邀请墨西哥的会计团体，但对于是否邀请日本的会计团体则一直悬而未决。直到1972年12月的伦敦会议，邀请日本的会计团体的事情才确定下来。本森想要建立一个像会计师国际研究组那样的、结构紧凑的委员会。英国和其他一些国家对于日本的会计团体能否做出技术贡献表示怀疑，但更多人认为日本作为一个重要的经济体是不容忽视的。[31] 由于日本代表未出席1973年3月的伦敦会议，所以有人猜测IASC可能不会为日本的公共会计师行业设置席位，这种猜想一直持续到了5月份。[32] 如果真的出现这种情况，那么英国、法国、德国和荷兰的会计师协会可能会建议将该席位转给一个或多个北欧国家。[33] 然而，事实证明这些猜测毫无依据，日本公认会计士协会最终在IASC的创始成员中占据了一席之地。

---

30. 在最初的草案中，IASC的创始文件只包含一份《章程》。由于未知的原因，在1973年3月19日会议至6月28日会议期间，相同的文本被分成了《协议》和《章程》两部分。

31. Olson, *The Accounting Profession*, 226. 与美国注册会计师协会不谋而合，Doug Thomas也向Benson表达了支持日本成员资格的观点（2003年2月18日与Doug Thomas的访谈记录）。据报道，Morpeth曾表示，为日本预留成员席位是"美国特别要求的"。这一点可见于Douglas Morpeth与J. W. Schoonderbeek（荷兰注册会计师协会主席）的会议记录，1973.02.20, NIVRA archive, no. 489。

32. 后来有人说，由于缺乏准备，日本公认会计士协会"不能派成员参加3月19日在伦敦举行的筹备会议"。Masato Kikuya, "International Harmonization of Japanese Accounting Standards", *Accounting, Business & Financial History*, 11/3（2001.11），351。

33. NIVRA board（dagelijks bestuur），minutes，1973.05.02，NIVRA archive, no. 68。

第3章　国际会计准则委员会的成立

在墨西哥和日本加入后，IASC的成员构成与国际会计职业协调委员会（ICCAP）基本上是一样的，仅有的区别就是后者有印度和菲律宾方面的代表，而前者没有。[34] 一些人主张将二者合为一体，同时也将印度和菲律宾方面的代表纳入IASC。但英国的公共会计师行业协会不同意将IASC会员资格进一步延伸到日本和墨西哥以外的国家的公共会计师行业协会。于是，本森居间折中，提出增设准成员（associate membership）身份，即允许其他国家的公共会计师行业协会参与IASC的工作，但它们没有投票权，并且仅在收到邀请时才可以参加IASC的会议。[35] 印度注册会计师协会表示，既然菲律宾也没有收到会员邀请，那么印度公共会计师行业也不会介怀。[36]

当时，一个热点问题是确定哪些国家的公共会计师行业协会能加入IASC。章程第3条规定，每个国家无论有多少个会计师行业协会，都只能有一票表决权。IASC的会员是由来自各国的公共会计师行业协会构成的。[37] 大多数初始会员仅代表某一个公共会计师协会，而不代表该国的整个公共会计师行业。澳大利亚有两个公共会计师行业协会。德国也有两个，德国公共会计师协会与德国审计师协会在投票时联合表决。[38] 来自英国和爱尔兰的会计行业协会*至少有6个，但根据IASC章程第1（a）条，它们被视为来自同一国家。表3-1列举了IASC在成立时的会员构成。来自每个国家的公共会计师行业协会可以派两名代表和一名观察员出席IASC会议，

---

34. 国际工作组的报告并未提议将日本纳入国际会计职业协调委员会，但日本受邀参加了悉尼大会和国际会计职业协调委员会在1973年4月的第一次会议。

35. 参见Henk Volten在1973年3月19日伦敦会议上所作报告，NIVRA archive, no. 477。"Minutes of a Meeting Held at Chartered Accountants, Hall on 19th March 1973", minute 6, IASC archive, board minutes file.

36. 参见J. W. Schoonderbeek在1973年7月13日与H. B. Dhondy的会议上所做的备忘录，NIVRA archive, no. 477。同时，据报道，由于未受邀加入IASC，印度会计职业界"有点不高兴"，"Americans Opposed IASC's Birth", *Accountancy Age*, 4/28（1973.07.13），1。

37. 严格地说，1973年《章程》将公共会计师行业协会称为"签署方"，其可以向委员会派出"成员"。自1977年以来，这些机构被称为可以派"代表"到理事会的成员。

38. 德国审计师协会是法律规定的负责监督公共会计师行业的组织。从事法定审计的审计师必须取得会员资格。德国公共会计师协会是自发组织的协会，代表了审计职业界的利益。

* 英国有的会计行业协会并不属于公共会计师行业协会（如成本与管理会计师协会、财务会计师协会等），但它们积极参与国际会计准则委员会以及国际会计师联合会的活动，有的还成为这两个民间机构的会员。鉴于这样的协会并不影响全书对会计审计理论和规则的探讨，为简化起见，本书将其统称为"公共会计师行业协会"。——译者

但无论该国的行业协会有多少家,都只能有一票表决权。

表 3-1 IASC 的会员构成（1973 年）

澳大利亚	澳大利亚特许会计师协会（Institute of Chartered Accountants in Australia, ICAA） 澳大利亚会计师公会（Australian Society of Accountants）
加拿大	加拿大特许会计师协会（Canadian Institute of Chartered Accountants, CICA）
法国	法国注册会计师协会（Ordre des Experts Comptables et des Comptables Agrees）
德国	德国公共会计师协会（Institut der Wirtschaftsprüfer in Deutschland, IdW） 德国审计师协会（Wirtschaftsprüferkammer）
日本	日本公认会计士协会（Nihon Kouninkaikeishi Kyoukai, JICPA）
墨西哥	墨西哥公共会计师协会（Instituto Mexicano de Contadores Públicos, IMCP）
荷兰	荷兰注册会计师协会（Nederlands Instituut van Register accountants, NIVRA）
英国和爱尔兰	英格兰及威尔士特许会计师协会（Institute of Chartered Accountants in England and Wales, ICAEW） 苏格兰特许会计师公会（Institute of Chartered Accountants of Scotland, ICAS） 爱尔兰特许会计师公会（Institute of Chartered Accountants in Ireland, ICAI） 注册会计师协会（Association of Certified Accountants） 成本与管理会计师协会（Institute of Cost and Management Accountants） 市政司库与会计师协会（Institute of Municipal Treasurers and Accountants）
美国	美国注册会计师协会（American Institute of Certified Public Accountants, AICPA）

3.4.2 IASC 与国际会计职业协调委员会的关系

在 IASC 成立初期,应否与国际会计职业协调委员会（ICCAP）建立关系、如何与之建立关系,是当时最具争议的议题。[39] 如后续章节所见,这是 IASC 与国际会计职业协调委员会（ICCAP）及其后继者国际会计师联

---

39. 另见 "Americans Opposed IASC's Birth", *Accountancy Age*, 4/28（1973.07.13）, 1。

合会（IFAC）之间复杂关系的序幕。

国际会计职业协调委员会（ICCAP）是根据国际工作组（IWP）的建议于1972年9月在悉尼会议上创建的。这是朝着设立公共会计师行业的永久性国际秘书处迈出的新的一步，这一构想萌芽于1967年召开于巴黎的国际会计师大会（见第2.6节）。在国际工作组内部，美国注册会计师协会主张立即设立国际秘书处，但本森作为英国公共会计师行业协会的代表反对这项提议。国际会计职业协调委员会（ICCAP）的成立是缓兵之计，这一举动使关于设立公共会计师行业的永久性国际秘书处的决策时点得以推迟，从而继续保留在待议事项清单上。

当本森在悉尼大会上提出扩大会计师国际研究组规模的建议时，美国注册会计师协会却并不希望会计师国际研究组成为独立的、与国际会计职业协调委员会（ICCAP）平行的组织，因为那会对国际会计职业协调委员会（ICCAP）这个尚处于萌芽阶段的未来的国际秘书处造成致命的打击。勒罗伊·莱顿和华莱士·E.奥尔森坚持认为，拟设立的准则制定机构应当隶属于国际会计职业协调委员会（ICCAP）。[40] 但本森无意将国际会计职业协调委员会（ICCAP）的重要性拔高到不必要的程度，也不想让太多国家的公共会计师行业协会加入其中。本森的论据就是国际会计职业协调委员会（ICCAP）自身尚且状态待定。本森借助他在欧洲财政经济会计专家联盟（UEC）的经验提出："[如果让国际会计职业协调委员会（ICCAP）负责制定国际会计准则]将会使相关动议暴露给那些没有能力做出贡献或几乎做不出什么贡献，却又抱有政治野心、问题缠身的国家。英国经历过类似的境况，体会过种种拖延和勾心斗角，可以说，那种拖延和勾心斗角可能会致命性地削弱当前的动议。"[41]

美国注册会计师协会在加拿大公共会计师行业的支持下，转为敦促国际会计职业协调委员会（ICCAP）快速取得进展。1973年1月和2月，甚至在1973年4月国际会计职业协调委员会（ICCAP）第一次会议召开前夕，美国注册会计师协会在国际会计职业协调委员会（ICCAP）的成

---

40. Olson, *The Accounting Profession*, 226.
41. "Basic Accounting Standards—An Urgent International Need", 1972.11.21, IASC archive, board minutes file.

员中散发了使之成为"国际公共会计协会（International Institute of Public Accounting）"的建议，该协会的目标之一是"制定国际会计和审计准则，并促使各国公共会计师行业在国际经营的财务报告中采用这些国际会计和审计准则"。[42]

德国的公共会计师行业在收到加入 IASC 的邀请后，加入了美国和加拿大的公共会计师行业的阵营，称其加入 IASC 的附加条件是要使 IASC 成为国际会计职业协调委员会（ICCAP）的附属机构。如前所述，德国公共会计师协会很希望这个由其会员担任主席职务的国际会计职业协调委员会（ICCAP）能够取得成功。再加上墨西哥的公共会计师行业，总共有四个国家的公共会计师行业强烈支持将 IASC 设置为国际会计职业协调委员会（ICCAP）的附属机构。法国和日本公共会计师行业协会对这一问题的立场尚不明确。荷兰和澳大利亚原则上赞成把 IASC 与国际会计职业协调委员会（ICCAP）合二为一，但为避免延误国际会计标准的制定进程，它们建议延缓考虑二者的整合问题。[43]但是，英格兰及威尔士特许会计师协会（ICAEW）坚决反对将 IASC 置于国际会计职业协调委员会（ICCAP）旗下，于是，整合事宜陷入僵局。无论是非正式磋商，还是 1973 年 3 月 19 日的伦敦会议，都未能打破这一僵局。[44]因此，伦敦会议同意推迟探讨这一问题，直到国际会计职业协调委员会（ICCAP）有机会召开第一次会议之时再作商议。

---

42. 1973 年 1 月 15 日 Michael Chetkovich（美国注册会计师协会派到国际会计职业协调委员会的代表）写给 E. Potthoff（IdW 主席）的信；1973 年 2 月 13 日 Gordon Cowperthwaite（CICA）写给 IdW 的信，1973 年 2 月 26 日 E. Potthoff 和 R. Goerdeler 写给 Douglas Morpeth 的信中引用了此信内容；1973 年 2 月 28 日 Michael Chetkovich 写给 E. Potthoff 的信，NIVRA archive, no. 477。

43. Memo by Henk Volten, 1973.03.20, NIVRA archive, no. 477；Minutes of NIVRA board（dagelijks bestuur），1973.03.28, NIVRA archive, no. 68。

44. 1973 年 3 月 7 日，会议被安排在英格兰及威尔士特许会计师协会会长晚宴后的"晚些时候"。出席会议的有：Morpeth, Benson, Hough 和 Carrel（ICAEW）；Mackenzie 和 McDougall（ICAS）；Géniaux 和 Cordoliani（Ordre）；Potthoff 和 Dieterich（IdW）；Schoonderbeek 和 Volten（NIVRA）。会议未达成共识。Memo by Schoonderbeek, 1973.03.11, NIVRA archive, no. 477. 根据苏格兰特许会计师公会理事会的会议纪要，美国注册会计师协会建立国际秘书处的计划"没有引起三个特许会计师组织会长和副会长的注意，他们在 3 月 25 日的爱尔兰会议上讨论了这一计划，但之后采取的一系列行动是反对这一计划的"。ICAS Council, meeting of 30 March 1973, minute 5096.

第3章 国际会计准则委员会的成立

这本身并没有推动事态的发展,当时国际会计职业协调委员会（ICCAP）的成员构成与拟议的IASC的成员构成大体上是一样的。1973年4月26—27日,国际会计职业协调委员会（ICCAP）举行第一次会议,IASC的地位问题引起了争议并毫无悬念地陷入了僵局。这时,国际会计职业协调委员会（ICCAP）主席格德勒想出了一个变通的办法。鉴于对于美国注册会计师协会提出的将国际会计职业协调委员会（ICCAP）尽快改组为"国际公共会计协会"的建议,有的国家的公共会计师行业协会支持,而英国的公共会计师行业还是强烈反对,那就干脆把这个烫手山芋交给一个工作组去处理好了。显然,作为交换,英国的公共会计师行业表示愿意接受以下决议:

——国际会计职业协调委员会（ICCAP）赞同和支持设立IASC。国际会计职业协调委员会（ICCAP）正式邀请IASC共襄义举,致力于发展全球公共会计师行业。

——国际会计职业协调委员会（ICCAP）要求IASC在其章程中承认其为国际会计职业协调委员会（ICCAP）组织结构的一部分,但有权自主公布征求意见稿和推荐规范。

——国际会计职业协调委员会（ICCAP）进一步同意,未经IASC和国际会计职业协调委员会（ICCAP）批准,1976年年底前将不会对IASC的基本章程进行审议。[45]

问题暂时得到了解决。当IASC章程于6月28日定稿时,"建立国际会计准则委员会协定"第2条直接复制了上述决议的措辞。

3.4.3 活动的目标和范围

各国公共会计师行业协会与国际会计职业协调委员会（ICCAP）进行的谈判可谓旷日持久,但它们在IASC的目标方面却很容易就达成了一致意见。根据"建立国际会计准则委员会协定"的最终文本第1（a）条,成立IASC的目的是:

---

45. Olson, *Accounting Profession*, 231. Henk Volten 为 NIVRA 理事会做的备忘录, 1973.04.27, NIVRA archive, no. 477; Henry Benson 给参与 IASC 的会计机构发送的通知函, 1973.05.07, IASC archive, board minutes file。

制定和公布符合公共利益的、可供企业编制经审计的账目和财务报表使用的基本的准则，并促进其在全球范围内被接受。

"基本的"准则（"basic" standards）这一提法最初是本森提出来的，其他公共会计师行业协会未予以讨论就接受了。本森后来指出："我的意思是要传达出这样的印象，即所公布的准则将简单、直接，话题应触及公开财务报表的根本。"[46]

本森建议，IASC 不仅要制定会计准则，还要制定审计准则。这一建议遇到了较大的阻力。目标条款的早期版本起草者曾提及制定"会计、审计和财务报告的基本的国际准则"（basic international standards in accounting, auditing and financial reporting）。[47] IASC 的早期议题的确包括"最低审计要求"和"审计报告的格式和目的"[48]，但最后修改为更加含糊的说法，即"在列报经审计的账目和财务报表时应遵守的准则"（standards to be observed in the presentation of audited accounts and financial statements）。该问题留待解决，因为人们认为 IASC 最初将专注于拟定会计准则。[49] 但本森并未放弃拟定审计准则的想法，他在 IASC 成立时的新闻发布会上提到，最低审计要求是 IASC 需要处理的议题之一。[50]

3.4.4 遵从机制、"尽最大努力"和投票机制

一个重要且难以解决的问题是，各国公共会计师行业协会应如何确保 IASC 所公布的准则得到遵守。各协会所在国的监管文化差异很大，在约束公共会计师行业和财务报告的法律规范、各协会对其成员以及对本国会计准则制定过程的影响力、审计师对企业财务报告惯例的影响力诸多方面，均存在显著差异。考虑到某些国家的公共会计师行业协会在准则遵从方面

---

46. Benson, *Accounting for Life*, 108.

47. "International Accounting Standards Committee—Constitution", draft dated 4 December 1972, IASC archive, board minutes file.

48. "Basic Accounting Standards—An Urgent International Need", version dated 14 November 1972, IASC archive, board minutes file.

49. NIVRA board (dagelijks bestuur), minutes of 28 March 1973, NIVRA archive, no. 68.

50. "Accountants in 9 Countries Link to Agree on Standards", *Financial Times*, 1973.07.02.

第 3 章 国际会计准则委员会的成立

取得的进展可能会比其他国家的公共会计师行业协会大得多,协议没有要求各协会确保其所在国的企业遵守 IASC 公布的准则,而是要求各协会尽最大努力(best endeavers)确保其所在国的企业遵守这类准则。

更具体地说,IASC 希望以下三类机构"尽最大努力":公布财务报告的企业、审计师以及 IASC 需要寻求其支持国际会计准则的其他组织(如政府机关、监管机构和证券交易所)。

先来看企业的义务,真是说起来容易做起来难。协议希望各国的公共会计师行业协会承诺"尽最大努力,确保企业公布的账目符合 IASC 准则的规定,若不符合,则应披露其不符合准则规定的程度"(协议第 1(c)(i)条)。

审计师的义务则更加难以界定。IASC 章程的第一稿提及,"审计报告中应明确申明,审计师认为企业公布的账目遵循了 IASC 准则的规定"。[51] 当然,这还是要求成员单位尽最大努力。澳大利亚、法国和英国的公共会计师行业协会都认为该要求没有问题,但德国公共会计师协会(IdW)和荷兰注册会计师协会(NIVRA)却表示反对。加拿大特许会计师协会(CICA)和美国注册会计师协会(AICPA)"准备遵从该规则",尽管后者还是倾向于仅将该规则适用于跨国公众公司的审计报告。[52] 作为对反对意见的回应,章程中的该条款被修改为仅需要在审计报告中提及未能遵守 IASC 准则的情况。

荷兰注册会计师协会走得更远,它倾向于进一步将该规则所称的"准则"限定为那些已获得"政府机关、证券市场监管当局和其他监管机构……以及工业和商业界广泛接受和遵守"的准则。[53] 这反映了荷兰发布会计准则所采取的共识性策略(consensual approach),这种理念认为会计准则不宜由公共会计师行业单方面强加给公司。用飞利浦公司首席内部审计师、IASC 最初两位荷兰代表之一彼得·卢沃斯(Pieter Louwers)的话来

---

51. Basic Accounting Standards—An Urgent International Need version dated 4 December 1972, IASC archive, board minutes file.

52. Henk Volten 为 1973 年 3 月 19 日在伦敦召开的会议所做的记录,1973.03.20,NIVRA archive, no.477.

53. "Constitution—Proposed Amendments", memo dated 8 June 1973, IASC archive, board minutes file.

说，IASC应避免看起来像是"审计师的权力攫取之地"。[54]虽然其他国家的公共会计师行业协会无法接受这种观点，但IASC协议第1（c）(i)条中的语句还是进行了修订，以强调确保准则被接受和遵守应被视为IASC成员"共同的主要目标"（joint major objectives）。[55]第7章将会论及，这一问题若干年后将会重现。为此，后来IASC成立了顾问团（Consultative Group），并在理事会理事中增加了来自公共会计师行业以外的其他组织的成员。

关于如何"尽最大努力"来推行IASC的准则，还带来一个问题，即是否应当对未在审计报告中提供合规声明的审计师给予处罚。各国公共会计师行业协会一度曾同意设置处罚条款，但基于英格兰及威尔士特许会计师协会（ICAEW）所获取的法律建议，协议最终版本的措辞被修改为"适当措施"（appropriate action），参见协议第1（c）(iii)条。[56]

法国注册会计师协会提出，"如果某个国家的公共会计师行业协会对某项基本的准则投了反对票，则很难再要求该协会所在国的企业去遵守该项准则"。因此，准则必须经由所有成员协会全票通过。其他一些协会不支持上述主张，但同意提高准则通过的门槛，即准则必须以3/4（或7/9）而非2/3的票数通过。而对于征求意见稿，2/3的绝对多数通过就足够了。[57]

3.4.5 融资方案

IASC章程的财务安排部分（第6条）规定，每个国家的公共会计师行业协会应当支付IASC年度预算的1/9。该经费将用于支付常驻人员的薪酬，以及每个国家的公共会计师行业协会的一名代表的旅行和住宿费用。IASC秘书处办公室的租金及税金将由办公室所在国的公共会计师行业协会承担。尽管存在对较小国家（如荷兰）和旅行成本高昂的国家（如澳大利亚）的担忧，这些安排也毫不费力地被接受了。[58]IASC第一年（1974年）的年度预算暂定为62 400英镑。

---

54. 参见P. C. Louwers写给J. W. Schooderbeek的信，1973.03.15，NIVRA archive, no. 489。
55. IASC meeting of 28 June 1973，minute 4.
56. "Constitution—Proposed Amendments"，AP 6/1973，unnumbered paper.
57. "Minutes of the Meeting Held on 19th March 1973"，AP 6/1973，paper 3.
58. IASC meeting of 28 June 1973，minute 4.

3.4.6 办公地点

英格兰及威尔士特许会计师协会（ICAEW）早在率先提出设立 IASC 的建议时，就已经做好了将秘书处设在伦敦的打算。但是，美国注册会计师协会（AICPA）却希望将秘书处设在纽约。秘书处的设立地点遂成为需要讨论的问题。道格拉斯·莫佩斯希望德国、荷兰和法国的公共会计师行业协会能够支持将秘书处设在伦敦，因为据报道英格兰及威尔士特许会计师协会（ICAEW）非常反对将秘书处设在美国。[59]法国注册会计师协会对伦敦和纽约这两个选项都不感兴趣；大概是意识到巴黎不会成为可接受的候选地点，因此它转为谋求各国公共会计师行业协会支持把阿姆斯特丹作为候选地点。与英格兰及威尔士特许会计师协会（ICAEW）不同，荷兰注册会计师协会（NIVRA）不愿承担安置秘书处的全部费用，因此阿姆斯特丹不是一个值得认真考虑的候选地点。[60]鉴于除美国注册会计师协会以外没有其他协会支持将秘书处设在纽约，最终各协会同意将 IASC 秘书处设在伦敦。

3.5　各方对 IASC 成立的反应

关于设立 IASC 的倡议直到 1973 年 6 月才被公之于世。此前，本森曾于 1972 年 12 月在《会计师》杂志撰文提及，悉尼大会可能会推动制定和接纳基本的会计和审计准则的进程。[61]莫佩斯和麦肯齐（Mackenzie）在悉尼大会上发表了类似的言论。[62]在 IASC 创始成员于 3 月 19 日召开伦敦会议的几天前，莫佩斯在英格兰及威尔士特许会计师协会（ICAEW）的年度会议的开幕致辞中"强调了开展国际合作和制定国际会计准则的

---

59. Henk Volten 在英格兰及威尔士特许会计师协会与荷兰注册会计师协会代表召开的会议上所做的记录，1973.02.20，NIVRA archive, no. 489。另见 Douglas Morpeth 写给 E. Potthoff 的信，1973.03.06，NIVRA archive, no. 477。

60. Henk Volten 为 NIVRA 理事会所做的备忘录，1973.05.01，NIVRA archive, no. 477。

61. Henry Benson. "Harmonization of Accountancy Practice"，*The Accountant,* 167/5113（1972.12.14），757。

62. "Reflections on a Momentous Event"，*Accountancy Age*, 4/2（1973.01.12），14–15。

必要性"。[63] 待到正式成立时，IASC 采取了适当的措施来确保这一事件不会被忽视。

1972年6月29日，发起设立 IASC 的各国公共会计师行业协会在英格兰及威尔士特许会计师协会（ICAEW）位于特许会计师大厅的会议室举行了公开仪式，签署了 IASC 协议和章程。本森邀请英国议会中负责贸易事务的副国务卿利默里克伯爵（Lord Limerick）莅临现场并在签字仪式前致辞。身为苏格兰特许会计师的利默里克伯爵表示，英国政府会全心全意、毫无保留地支持 IASC。[64] 此前一天（6月28日），IASC 还邀请伦敦证券交易所副主席戴维·勒罗伊-刘易斯（David Leroy-Lewis）与新成立的 IASC 的委员们共进晚餐。戴维在演讲中表达了伦敦证券交易所"出于共同利益的……美好祝愿"，他的讲话还被媒体报道。[65]

本森敦促各个公共会计师行业协会在各自所在国"进行广泛宣传"。签字仪式后 IASC 举行了新闻发布会，并分发了新闻稿，以期实现广泛的国际报道。结果，IASC 的成立在英国和爱尔兰新闻界被广泛报道，但在大多数其他协会所在国家的报道却似乎少得多。

大众媒体主要报道了新闻稿的内容以及本森主席的开幕词。于是，IASC 的成立被积极地刻画为一项"重大举措"或"朝着国际会计惯例的协调迈出的重要一步"。[66] 媒体广泛引用了本森的讲话：预计最终可能有四五十个国家会与 IASC 建立联系，IASC 将在十年内产生"深远影响"。[67]《华尔街日报》(The Wall Street Journal) 在长篇文章中引用华莱士·E. 奥尔森的话，称 IASC 公布的准则"将不会与美国（证券市场上）业已存在的基本的准则产生重大差异"。[68]《纽约时报》(The New York Times) 刊登了一篇简短的文章，这显然是取自美国注册会计师协会的新闻稿。[69]

专业媒体提供了补充评论。《会计时代》(Accountancy Age) 认为 IASC

---

63. "Morpeth Pleads for Co-operation", Accountancy Age, 4/11（1973.03.23）, 32.
64. 参见 "Historic Agreement", The Accountant, 169/5142（1973.07.05）, 2.
65. "Move Welcomed", Accountants Weekly, 1973.07.06.
66. "Committee Formed to Streamline International Accounting Methods", The Times, 1973.07.02.
67. "New Effort to Defuse Accountancy Minefield", Birmingham Post, 1973.07.02.
68. "Panel Aims to Unify Accounting Methods Across Globe, Sees Strong Effect by 1983", The Wall Street Journal, 1973.07.02.
69. "International Panel Seeks Basic Accounting Standard", The New York Times, 1973.07.02.

的成立是一项非常可喜的举动。它补充说:"希望 IASC 能够比原来的会计师国际研究组更加声名远扬。会计师国际研究组虽然苦劳厚重,但功劳欠缺,以至于常常陷入僵局……重要的是,IASC 应该有望取得亨利·本森爵士所预测的激动人心的进展。"[70]《会计师》杂志充满信心地报道,设立 IASC 的协议堪称能够"载入史册的协议",甚至"可能是国际商务史上最重要的协议之一"。[71]

在英国以外,专业文献的报道量差异很大,这可能反映了各个公共会计师行业协会参与设立 IASC 的热情程度的差异。荷兰注册会计师协会(NIVRA)在其会刊中插入了长达 12 页的内容,刊载了设立 IASC 协议、章程以及一些条款文章的图片复印件。该协会会长简·肖恩德贝克(Jan Schoonderbeek)描述了该协会加入会计师国际研究组的"梦想"是如何实现的。他以一种更为清醒的心境,准确地预测了 IASC 在 20 世纪 90 年代最重要的问题,他补充说:"如何让美国证监会(SEC)等政府机关,以及商业界的方方面面接受 IASC 拟定的准则,这将是完全不同的挑战。它们会愿意依照 IASC 凝练的国际智慧来调整法律、法规和传统做法吗?"[72]

另一个极端是德国公共会计师协会(IdW)的态度。直到 1973 年 12 月,该协会的会刊才在一条有关国际会计职业协调委员会(ICCAP)的新闻中提及 IASC。IASC 被描述为"国际会计职业协调委员会(ICCAP)的组成部分",是建立雄心勃勃的"公共会计师行业协会国际组织"(international organization of accountancy institutes)的初始步骤。[73] 美国注册会计师协会的会刊和时事简讯都对 IASC 的成立作了简短的描述。[74] 法国、加拿大

---

70. "International Standards Are Important Must", *Accountancy Age*, 4/27(1973.07.06), 7.

71. "Historic Agreement", *The Accountant*, 169/5142(1973.07.05), 1–3.

72. J. W. Schoonderbeek, "Op weg naar internationaal aanvaarde normen voor de jaarrekening", *De Accountant*, 80/1(1973.09), insert. 荷兰注册会计师协会也积极主动地在荷兰主要金融报纸上进行报道,见 "Accountants werken nan internationale normen jaarrekening", *Het Financieele Dagblad*, 1973.08.04—06。

73. "Internationale Zusammenarbeit der Accountants-Organisationen", *Die Wirtschaftsprüfung*, 26/24(1973.12.15), 673.

74. "Nine Nations Establish Joint Standards Panel", *Journal of Accountancy*, 136/2(1973.08), 14—16; "Nine Countries Form International Accounting Standards Committee", *The CPA Journal*, 1973.07—1973.08, 16.

和澳大利亚的公共会计师行业协会的相关报道没有英国那么多，但也没有完全忽视这一事件。它们采取了中庸策略，报道了相关事实以及 IASC 的协议或（和）章程，但没有给出体现其重视程度的评论。[75]

3.5.1 欧洲财政经济会计专家联盟内部的反应

1973 年春，IASC 的行将问世在欧洲财政经济会计专家联盟（UEC）内部引发了强烈的反应。如第 2.7 节所述，欧洲财政经济会计专家联盟（UEC）才刚刚启动公布会计和审计建议书的计划，而且是在亨利·本森爵士的敦促下才这么做的。因此，欧洲财政经济会计专家联盟（UEC）成员中的一些公共会计师行业协会对设立 IASC 的提议感到颇为意外。

同年 2 月，德国公共会计师协会（IdW）致信莫佩斯称："我们专此致函表达惊讶之情。因为自悉尼会议以来，各协会的代表们召开了无数次会议，其中一些会议倡议在欧洲地区设立类似的组织，但自始至终您都从未提及哪怕是暗示过要设立 IASC 的计划。"[76]

1973 年 4 月 30 日至 5 月 1 日，正值设立 IASC 事宜引起各发起单位热烈讨论之际，欧洲财政经济会计专家联盟（UEC）执行委员会在伦敦开会。亨克·沃尔顿（Henk Volten）就此次会议向荷兰注册会计师协会（NIVRA）理事会作了如下汇报：[77]

> 去年 11 月，英国的亨利·本森爵士倡议欧洲财政经济会计专家联盟（UEC）拟定建议书。后来事态变得清晰起来，本森那时已经起草了关于设立 IASC 的提案。各方面（荷兰、瑞典和苏格兰的公共会计师行业协会）要求澄清此事，这导致欧洲财政经济会计专家联盟（UEC）执行委员会中亨利爵士的继任者……恳求加强欧洲财政经济会计专家联盟（UEC）和 IASC 之间的联络。

---

75. "Création du comité international pour les principes comptables（I.A.S.C.）", *Revue Française de Comptabilité*, no. 33（1973.12），418—422；"An Agreement to Establish an International Accounting Standards Committee", *The Australian Accountant* 43/7（1973.08）.

76. 参见 E. Potthoff 和 R. Goerdeler 写给 D. Morpeth 的信，1973.02.26，NIVRA archive, no. 477。

77. Henk Volten 为 NIVRA 理事会所做的备忘录，1973.05.01，NIVRA archive, no.477。

第 3 章 国际会计准则委员会的成立

尚不清楚为何苏格兰特许会计师公会（ICAS）也要求澄清此事，因为该协会自悉尼大会以来一直在参与关于设立 IASC 的所有谈判。但其他协会必定会对英格兰及威尔士特许会计师协会（ICAEW）的这种"两面三刀"（double dealing）的做法产生困惑。鉴于本森此时深度参与了如此多的重要进程，如欧洲财政经济会计专家联盟（UEC）、国际工作组（IWP），当然还包括 IASC，那么，他必然知道他在一个领域的行动对其他领域产生的影响。

例如，有人可能会推测，本森之所以努力发展欧洲财政经济会计专家联盟（UEC），是为了支持他关于国际工作组（IWP）的观点，即在区域性组织有机会得以发展起来之前，建立国际秘书处还为时过早。[78] 但是，英国公共会计师行业协会这种迂回的办事风格可能对事情的发展影响并不大。影响更大的可能是这样一个事实：1972 年年末至 1973 年年初的国际会计界仍然动荡不定，因此很难确定哪条路线会形成更有效的国际准则。1973 年 1 月 23 日，英格兰及威尔士特许会计师协会（ICAEW）海外关系委员会的会议讨论情况就说明了这一点，该委员会那时才首次获悉关于成立 IASC 的倡议。他们也讨论了欧洲财政经济会计专家联盟（UEC）为起草会计和审计建议书而正在进行的准备工作[79]：

> 会议一致认为……协会应继续向 [UEC] 这个特别的委员会施加压力，推动其开展工作，即使其日后被 IASC 所取代……该委员会认为只有在许多方面持续施加压力，才能在建立基本的国际准则方面取得进展。

显然，上述观点也是欧洲财政经济会计专家联盟（UEC）内部协议的基础。实际上，欧洲财政经济会计专家联盟（UEC）不可能阻止设立 IASC。除了英国和爱尔兰的公共会计师行业协会外，拟议中的 IASC 成员中只有德国公共会计师协会（IdW）和荷兰注册会计师协会（NIVRA）同

---

78. 参见 International Working Party, *Final Report*（n.p., 1971），11。
79. ICAEW Overseas Relations Committee, minutes of meeting of 23 Jannary 1973, IASC archive, miscallaneous files relating to founding of IASC.

时还是 UEC 的成员。[80] 在这二者之中，荷兰注册会计师协会可能是最支持 UEC 发挥积极作用的。部分原因在于该协会的前会长阿德·坦培拉于 1973 年担任了 UEC 的主席。但是荷兰注册会计师协会的领导层从未在加入 IASC 一事上有过犹豫，尽管他们对其他 UEC 成员的反应有所顾虑。[81] 与英格兰及威尔士特许会计师协会（ICAEW）一样，荷兰注册会计师协会也怀疑 UEC 是否能够发展成为有效的准则制定机构，因为"UEC 的过往经验确实无法让人乐观地相信它能够担此重任"。[82]

同年 5 月 19 日，欧洲财政经济会计专家联盟（UEC）主席和将成为 IASC 成员的 UEC 成员在阿姆斯特丹举行会议。会议决定，UEC 将继续"独立"存在，并会迅速采取行动准备公布会计和审计建议书。UEC 的一个技术委员会（包括法国、德国、英国和荷兰代表）将于 6 月 19 日举行会议，讨论本森爵士 1972 年 11 月在里斯本提出的两项议题草案。[83] 其中一项为"披露会计政策"，另一项为"审计报告的目的和内容"。第一项议题的进展速度很快：UEC 于 1973 年 10 月公布了会计政策披露的建议书草案，随后于 1974 年 1 月公布了建议书的最终版本。[84] 可见，UEC 的动作比 IASC 更快。IASC 直到 1974 年 3 月才针对会计政策披露这一议题公布第一份征求意见稿，之后在 1975 年 1 月公布了《国际会计准则第 1 号》（IAS1，见第 5.4 节）。但高效率的工作并未显著增强 UEC 的影响力。为了防止混淆和重复工作，UEC 不得不做出让步。《经济学人》（The Economist）认为 UEC 对于公布建议书并不上心，这是因为 UEC 的第一份建议书草案后面附有 UEC 秘书长的一封信，信中声称 UEC 的执行委员会正在"研究"建议书项目的可延续性事宜。[85] 而且，事实上在公布第一份会计建议书之后，UEC 就再没有提出过任何会计建议，反倒是针对审计问题拟定了一系列

---

80. 法国注册会计师协会并非 UEC 成员。
81. 参见 P. C. Louwers 写给 J. W. Schoonderbeek 的信，1972.02.15，NIVRA archive, no. 489。
82. NIVRA board (dagelijks bestuur), minutes of meeting 10 April 1973, NIVRA archive, no. 489.
83. Memo by Henk Volten，1973.05.19, NIVRA archive, no. 477.
84. W. Dieterich, "Towards Professional Standards in the International Field", Journal UEC, 8/4（1973.10），249–250；"Statement on UEC Accounting and Auditing Recommendations", Journal UEC, 9/1（1974.01），76–77.
85. "Six and Three Become One", The Economist, 1973.07.21；circular letter from Louis Perridon to UEC member bodies，1973.08.31，NIVRA archive, no.478.

相当详细的指导性公告。1987年，UEC和研究组（Groupe d'Études）合并为欧洲会计师联合会（FEE）。鉴于UEC内部对其能够胜任会计准则制定者的角色存在严重怀疑，因此它对本森发起成立IASC一事并无恨意。尽管本森在努力说服UEC拟定建议书后，又有效地将UEC的建议书扼杀在萌芽状态，但人们仍然认为，本森为加强和激活UEC所付出的努力应该得到赞扬。1973年春，本森提前两年结束了他的UEC任期。当时，他并不是黯然离场，相反，他收到了UEC主席阿德·坦培拉对其所做努力的赞扬。[86]

3.5.2 对会计师国际研究组的影响

如前所述，关于成立IASC的最早计划就是扩大会计师国际研究组（AISG）。1972年12月，讨论成立IASC事宜的伦敦会议，正是在会计师国际研究组伦敦例会的前一天召开的。正是在那次伦敦会议上，各方做出了在会计师国际研究组之外另行组建IASC的决定。美国注册会计师协会执行副会长华莱士·E.奥尔森出席这次会议后，于次日参加了会计师国际研究组的伦敦例会。会计师国际研究组的会议纪要中记录了奥尔森的如下观点：由于IASC将专注于制定基本的会计准则，会计师国际研究组将继续致力于研究更复杂的议题。来自美国、加拿大、英国和苏格兰的公共会计师行业协会代表在会计师国际研究组会议上"强烈建议"研究组继续从事其重要工作，但它们同时也意识到"研究组的建议主要是加拿大、美国和英国的公共会计师们感兴趣的话题"。[87]

然而几年后，研究组在1976年6月向其发起人（即几个公共会计师行业协会）建议，不要再添加新的项目，并表示其将努力在接下来的18个月内完成手头正在进行的项目。[88]1975—1976年任会计师国际研究组主席的约翰·W.亚当斯（John W. Adams）来自加拿大，他表示，该决定是为了从道义上支持正在努力争取国际认可的IASC，研究组所代表的英语国家都应

---

86. 2003年3月19日作者与Louis Perridon（后任UEC秘书长）的访谈记录；2003年4月3日作者与Aad Tempelaar（后任UEC主席）的访谈记录。

87. Accountants International Study Group, minutes of 12th session, 4–5 December 1972, ICAS archive, AISG file, no.1369G.

88. Thomas,"The Closer We Get", 401.

该支持IASC。[89]另一个考虑因素是国际会计师联合会（IFAC）即将在1977年成立，这将要求参与其中的各个公共会计师行业协会重新分配资源。[90]因此，如果设立国际会计师联合会（IFAC）的计划进展顺利的话，各个参与的公共会计师行业协会代表将会在1976年年底发起投票，解散会计师国际研究组。但这一决定直到1977年9月会计师国际研究组确定国际会计师联合会（IFAC）必定能够成立时，才会公之于众。[91]研究组的解散并未令人太过痛心，很多人称颂其在国际比较研究方面所做的开创性工作。[92]IASC顺利接过了会计师国际研究组的衣钵，时任IASC主席的约瑟夫·卡明斯撰文提出："会计师国际研究组缺乏两个要想取得成功就必须具备的要素：一是会员代表的积极参与，二是针对已公布的建议的实施程序。"[93]如后面章节所示，这些问题同样也是IASC在整个生命周期中面临的根本问题，最终在20世纪90年代末导致了IASC的改组（见第13章）。

---

89. 2003年6月29日作者与John W. Adams的访谈记录。Adams指出，有的证券交易所并不愿意支持IASC，特别是纽约证券交易所。

90. 苏格兰特许会计师公会坚持认为研究组不会被解散，直到有明显迹象表明国际会计师联合会必将成立。ICAS Council, 26 November 1976, Minute 6322.

91. Alison Rooper, "How the Success of AISG Led to its Death", *Accountancy Age,* 1977.09.23, 9.

92. Alister K. Mason, *The Development of International Financial Reporting Standards,* ICRA Occasional Paper no. 17（Lancaster: University of Lancaster, ICRA, 1978）, 98. 20世纪70年代，加拿大特许会计师协会的工作人员Mason负责起草研究组的三本手册。另见Edward Stamp, "International Standards to Serve the Public Interest", in W. John Brennan（editor）, *The Internationalization of the Accountancy Profession*（Toronto: Canadian Institute of Chartered Accountants, 1979）, 118。

93. Joseph P. Cummings, "The Emergence of International Accounting Standards in the Face of Diverging National Accounting Standards", *Accountants' Journal,* 1976.11, 343.

第二篇

IASC：1973—1987

第 4 章　IASC 的人员与结构

本章讨论了国际会计准则委员会（IASC）的运作组织及其早期发展过程，并关注其组织结构、领导层、代表团的组成和融资情况。如第 3 章所述，1973 年的协议和章程确定了 IASC 的初始结构。IASC 章程于 1977 年和 1982 年分别在慕尼黑和墨西哥城的国际会计师大会上进行了两次修订，本章将阐述章程变更所产生的影响。1982 年章程附有 IASC 与国际会计师联合会（IFAC）签订的"共同承诺"（Mutual Commitments）条款，其中包含一些与 IASC 有关的重要条款。第 7 章将对此进行更充分的讨论。

读者朋友可以在附录 1—3 和附录 5 中查看 1973 年 IASC 协议和章程的影印件、历任 IASC 主席和高级职员名单、代表团成员名单以及 IASC 理事会会议的地点和日期清单。

4.1　IASC 历任主席

亨利·本森爵士（1910—1995）于 1973 年 6 月至 1976 年 7 月担任 IASC 的创始主席。本森是伦敦永道会计公司高级合伙人，1966 年至 1967 年任英格兰及威尔士特许会计师协会（ICAEW）会长，率领该协会开创了新纪元。从所有方面来看，无论是在永道会计公司，还是在公共会计师行业，他都是一个主导人物。1981 年，他在公共服务领域所做的大量工作为他赢得了终身贵族爵位。[1]本森本计划在1975年卸任IASC主席后退休,但IASC成员"深情地呼唤"他继续担任两年主席。[2]

约瑟夫·卡明斯（1919—2000）于1976年7月至1978年6月担任IASC主席。他是纽约毕马威会计公司的副高级合伙人（deputy senior partner），负责公司的国际业务。从1966年到1973年，他一直是美国注册会计师协会（AICPA）旗下的会计原则委员会（APB）的成员，并担任了六年的副主席。

约翰·赫普沃思（1919— ）于1978年7月至1980年6月担任IASC主席。他是墨尔本一家会计公司Yarwood, Vane & Co.的合伙人，该公司与德勤会计公司有国际合作关系。1974年至1975年，他担任澳大利亚特许会计师协会（ICAA）的会长。

汉斯·伯格拉夫（1920— ）于1980年7月至1982年10月担任IASC主席。他曾任阿姆斯特丹BDO会计公司（Binder Dijker Otte & Co.）的合伙人。1972年至1975年，他担任荷兰财务报告三方研究组主席，并于1977年至1978年担任荷兰注册会计师协会（NIVRA）会长，任期两年。

斯蒂芬·埃利奥特（1920—2002）于1982年11月至1985年3月担任IASC主席。他出生于伦敦并在英国完成学业，曾在多伦多担任安达信会计公司的管理合伙人长达21年，并于1982年退休。他还在1970年至1972年期间担任加拿大特许会计师协会（CICA）的会计和审计研究委员会主席。[3]

约翰·柯克帕特里克（1927—2002）于1985年4月至1987年10月担任IASC主席。他曾在格拉斯哥担任毕马威会计公司英国成员公司副董事长。1977年至1978年，他还曾担任苏格兰特许会计师公会（ICAS）会长。[4]

---

1. 更多与Benson相关的信息，见David J. Jeremy（editor），*Dictionary of British Biography*（London: Butterworths, 1984），287–289。
2. IASC meeting of 15–17 July 1974, minute 14（2）。Benson在任主席的三年中促成了主席和秘书任期的惊人变化。首任秘书Paul Rosenfield于1975年7月份离职。
3. 参见2003年1月《IASB洞察》（*IASB Insight*）第2~3页讣告。
4. 参见2003年1月《IASB洞察》（*IASB Insight*）第3页讣告。

第 4 章 IASC 的人员与结构

IASC 主席及秘书

说明：1983 年 6 月 15 日摄于 IASC 十周年晚宴。从左至右依次为：保罗·罗森菲尔德（Paul Rosenfield）、约翰·赫普沃思（John Hepworth）、亨利·本森爵士（Henry Benson）、斯蒂芬·埃利奥特（Stephen Elliott）、汉斯·伯格拉夫（Hans Burggraaff）、华盛顿·西西普（Washington SyCip，国际会计师联合会（IFAC））、杰弗里·米切尔（Geoffrey Mitchell）。

IASC 主席及秘书

说明：1984 年 6 月摄于多伦多。从左至右依次为：斯蒂芬·埃利奥特（Stephen Elliott）、约翰·柯克帕特里克（John Kirkpatrick）、杰弗里·米切尔（Geoffrey Mitchell）、乔治·巴尔泰斯·德·吕泰尔（Georges Barthès de Ruyter）。

从以上介绍可以看出，在本森三年任期结束之后，卡明斯和赫普沃思的任期为两年，伯格拉夫的任期为两年零三个月，埃利奥特和柯克帕特里克的任期为两年半。在 1982 年 10 月章程修订稿通过之后，IASC 将主席的标准任期确定为两年半。

在IASC初创过程中，亨利·本森被委任为第一任主席。为了使各任主席在换届时平稳过渡，IASC的委员会（1977年章程修订后更名为理事会）在现任主席任期结束前的9到15个月选举下一任主席。除去一次例外，在本森之后的所有主席选举都是采用鼓掌通过的方式。

这次例外发生在1984年。当时，来自英国和爱尔兰代表团的约翰·柯克帕特里克和来自墨西哥代表团的罗兰多·奥尔特加（Rolando Ortega）正争夺主席之位。柯克帕特里克原先以为自己会是唯一一个被提名主席的人选。从1983年春季开始，他暂时离开了代表团一年，以便在担任主席之前在家中预先处理一些专业事务。代表团让苏格兰特许会计师公会的杰夫·皮尔西（Jeff Pearcy）填补了他的空缺。后来柯克帕特里克得知这次选举需要竞争，于是他返回代表团参加了于1983年10月和1984年3月分别在巴黎和伦敦举行的一部分会议。[5] 在这次选举的两个竞争对手里，柯克帕特里克来自在理事会中具有支配地位的IASC东道国，奥尔特加来自并非主要准则制定国家的IASC创始成员所在国。竞选不带有任何敌意，只是主席职位恰有两位候选人。斯蒂芬·埃利奥特主席在1984年3月的会议上主持了这次选举，选举以无记名投票方式进行。最终，柯克帕特里克当选。据悉，投票结果为8比5。[6]

4.2　IASC创始代表团的构成

本节简要阐释IASC创始代表团的构成以及各个代表团成员的委任方式。回顾1973年6月至1975年4月出席前八次会议的成员（不包括仅出席1973年6月29日签署仪式的成员）可以使读者对代表团的构成方式有所了解（括号内的数字为出席会议的次数）：

---

5. 2003年6月8日作者与David Cairns的访谈记录。
6. 墨西哥代表团对结果感到非常失望，因为原本说会给Ortega投支持票的成员最终未能兑现承诺。它们认为理事会作为一个以"盎格鲁–撒克逊人"为主体的组织，尚未准备好拥护一名"非盎格鲁–撒克逊人"做主席。这次打击正是墨西哥公共会计师协会在1982年货币大贬值之后没有更积极地与IASC协商申请财务救济的原因之一。整理自2004年3月1日作者与Jesús Hoyos Roldán的访谈记录，以及2004年3月2日作者与Jorge Barajas Palomo的访谈记录。

第 4 章 IASC 的人员与结构

——澳大利亚

迪克·伯吉斯（Dick Burgess）（3）

哈里·莱维（Harry Levy）（1）

约翰·赫普沃思（John Hepworth）（5）

罗恩·蒙罗（Ron Munro）（4，其中一次会议上作为观察员出席）

托尼·凯温（Tony Kewin，观察员）（4）

——加拿大

霍华德·里昂（Howard Lyons）（8）

道格·托马斯（Doug Thomas）（8）

——法国

罗伯特·马扎尔（Robert Mazars）（8）

安德烈·昂罗（André Henrot）（3）

阿尔弗雷德·科多利亚尼（Alfred Cordoliani，观察员）（8）

——德国（联邦共和国）

克拉夫特·冯·德·坦恩（Krafft von der Tann）（6）

汉斯·哈弗曼（Hans Havermann）（3）

霍斯特·卡明斯基（Horst Kaminski，观察员）（7）

——日本

辰巳翔三（Shozo Tatsumi）（5）

川口俊一（Junichi Kawaguchi）（5）

中岛省吾（Seigo Nakajima，观察员）（6）

——墨西哥

曼努埃尔·加尔万（Manuel Galván）（8）

朱利奥·弗雷西尼耶（Julio Freyssinier）（1）

阿方索·坎帕拉（Alfonso Campala，观察员）（1）

——荷兰

亨克·特雷弗斯（Henk Treffers）（8）

彼得·卢沃斯（Pieter Louwers）（4）

伊思·克莱尔科珀（Is Kleerekoper）（2）

亨克·沃尔顿（Henk Volten，观察员）（8）

——英国和爱尔兰

亨利·本森爵士（Sir Henry Benson，主席）(8)

亚历山大·麦肯齐（Alexander Mackenzie）(8)

格里·斯莱特（Gerry Slator，观察员）(1)

杰里米·温特斯（Jeremy Winters，观察员）(6)

——美国

约瑟夫·卡明斯（Joseph Cummings）(7)

罗伯特·森皮尔（Robert Sempier，观察员）(8)

IASC 代表及工作人员

说明：1975 年 1 月摄于伦敦。前排从左至右依次为：中岛省吾（Seigo Nakajima）、亨利·本森爵士（Sir Henry Benson）。中排从左至右依次为：霍华德·里昂（Howard Lyons）、托尼·凯温（Tony Kewin，中岛后排）、亨克·特雷弗斯（Henk Treffers，本森后排）、罗伯特·马扎尔（Robert Mazars，特雷弗斯后排）、温迪·尼夫（Wendy Neave）、亚历山大·麦肯齐（Alexander Mackenzie）。后排从左至右依次为：道格·托马斯（Doug Thomas）、杰里米·温特斯（Jeremy Winters）、约翰·赫普沃思（John Hepworth）、伊思·克莱尔科珀（Is Kleerekoper）、曼努埃尔·加尔万（Manuel Galván，克莱尔科珀后方）、亨克·沃尔顿（Henk Volten）、鲍勃·森皮尔（Bob Sempier）、保罗·罗森菲尔德（Paul Rosenfield）、乔·卡明斯（Joe Cummings）、理查德·西蒙斯（Richard Simmons）、克拉夫特·冯·德·坦恩（Krafft von der Tann）。

  IASC 章程规定，每个国家的一个（或多个）公共会计师行业协会合计最多可以派遣两名代表到 IASC 理事会，并由一名观察员陪同。直到 1984 年斯蒂芬·埃利奥特的任期内，IASC 主席仍算作其所在国公共会计师行业协会的代表团成员之一。

第 4 章　IASC 的人员与结构

最初的成员中只有一位是财务主管，即飞利浦公司的首席内部审计师彼得·卢沃斯。他在 1974 年因身体原因不得不退出了理事会。除此之外，其他所有有投票权的创始成员都是会计公司的合伙人。[7] 在观察员中，除两人之外，其余都是发起方的公共会计师行业协会的职员。[8]

来自英国和爱尔兰公共会计师行业协会的代表团成员，自 1974 年起由会计团体协商委员会（Consultative Committee of Accountancy Bodies，CCAB）挑选。多年来的惯例是英格兰及威尔士特许会计师协会和苏格兰特许会计师公会都要在代表团中派出代表，最初两个协会分别派了本森和麦肯齐。[9] 第一届观察员格里·斯莱特和杰里米·温特斯都是会计准则指导委员会（ASSC）的工作人员，该委员会于 1976 年更名为会计准则委员会（Accounting Standards Committee，ASC）。

如上所述，约瑟夫·卡明斯曾担任美国注册会计师协会旗下的会计原则委员会（APB）的副主席，观察员罗伯特·森皮尔则是美国注册会计师协会（AICPA）国际事务部主管，后来于 1977 年至 1991 年担任国际会计师联合会（IFAC）执行董事。早在 1974 年，全美会计师协会（National Association of Accountants，NAA，现已更名为管理会计师协会，Institute of Management Accountants，IMA）就曾因美国代表团缺乏管理会计方面的代表而不满。[10] 直到 1986 年，全美会计师协会才得以与美国注册会计师协会一道派代表出任 IASC 的理事会成员，来自 IBM 的约翰·F. 基龙纳（John F. Chironna）成为全美会计师协会派到 IASC 理事会的首位代表。

在加拿大公共会计师行业协会的代表团中，霍华德·里昂曾担任加拿

---

7. 唯一的例外是澳大利亚公共会计师行业协会代表团的 Harry Levy，他是一名公司职员。他与 Ron Munro 一同来到伦敦，代表澳大利亚会计师公会参加 6 月 28 日的签署仪式，接着他又参加了次日的 IASC 成立大会。

8. 来自澳大利亚的 Tony Kewin 在业界任职，来自日本的中岛省吾是一名学者。

9. 在 IASC 章程中，英国和爱尔兰的公共会计师行业被视为一体。1988 年，代表团名称中删除了爱尔兰字样，但此时的代表团仍然包含爱尔兰特许会计师公会。代表团在 1985 年以前一直都有一名苏格兰特许会计师公会会员，在 1995 年以前一直有一名英格兰及威尔士特许会计师协会成员。总部位于都柏林的爱尔兰特许会计师公会在 1985 年至 1989 年派出了一名成员任代表团成员。公认会计师特许公会（如今的特许公认会计师公会，ACCA）的一名成员从 1991 年至 2000 年任代表团成员。

10. 参见 "The International Accounting Standards Committee", comment in *Management Accounting*, 55/11（1974.05），6; "Are We Pulling Together?" comment in *Management Accounting*（the United States），56/12（1975.06），6。

大特许会计师协会（CICA）会计与审计研究委员会主席，道格·托马斯曾担任该协会执行董事，时任该协会研究部主管。

在法国公共会计师行业协会的代表团中，观察员阿尔弗雷德·科多利亚尼为法国注册会计师协会秘书长，罗伯特·马扎尔是一家以他的名字命名的重要会计公司的合伙人。

克拉夫特·冯·德·坦恩是IASC理事会中唯一拥有世袭爵位的成员，他是一位个人执业者。汉斯·哈弗曼是一家大型会计公司的合伙人，霍斯特·卡明斯基是德国公共会计师协会（IdW）的工作人员。

在荷兰公共会计师行业协会的代表团中，亨克·特雷弗斯时任荷兰司法部会计顾问。此前，他也担任过荷兰会计师协会（NIVA，荷兰注册会计师协会NIVRA的前身）主席和欧洲财政经济会计专家联盟（UEC）主席。他还是Moret & Limperg会计公司的合伙人。克莱尔科珀是Klijnveld, Kraayenhof & Co.会计公司的合伙人，曾担任荷兰会计师协会（NIVA）副会长。卢沃斯也曾担任荷兰注册会计师协会（NIVRA）会长。

澳大利亚公共会计师行业协会的代表团由澳大利亚特许会计师协会（ICAA）成员领导，但澳大利亚会计师公会也有所参与，后者的成员主要由企业会计人员和小会计公司的从业人员组成。两者最初达成了一致意见，由澳大利亚特许会计师协会（ICAA）派出人员组成IASC代表团，澳大利亚会计师公会则负责关注国际会计职业协调委员会（ICCAP）及其1977年以后的继任组织国际会计师联合会（IFAC）的动向。迪克·伯吉斯为澳大利亚特许会计师协会（ICAA）主席。但由于健康状况不佳，他在IASC理事会任澳大利亚公共会计师行业代表的时间十分短暂。澳大利亚会计师公会派哈里·莱维作为代表出席过一次IASC理事会会议，派执行董事罗恩·蒙罗出席过若干次会议。托尼·凯温则代表澳大利亚特许会计师协会（ICAA）出席。

日本公共会计师行业协会的代表团中两名有投票权的成员均为会计公司合伙人。作为日本企业会计商议委员会（Business Accounting Deliberation Council，BADC）的成员，中岛省吾是IASC代表团中的第一位全职会计学者。企业会计商议委员会（BADC）是日本财政部在会计准则方面的咨询机构。

在墨西哥公共会计师行业协会的代表团中，曼努埃尔·加尔万是 González Vilchis 会计公司（普华会计公司的成员公司）的合伙人。在为 IASC 服务期间，加尔万任墨西哥公共会计师协会（IMCP）下属的会计原则委员会成员及主席。他担任墨西哥公共会计师行业协会代表直至 1978 年，并在任职期间参加了全部的 17 次会议，其中有 14 次会议都是他单独一人代表墨西哥参加的。

4.3　代表团截至 1987 年的演变

在所有代表团中，荷兰公共会计师行业协会的代表团人员调整次数最少，人均任职时间最长。荷兰注册会计师协会（NIVRA）董事长亨克·沃尔顿担任了 14 年的观察员。不过他在后期更多地活跃于国际会计师联合会（IFAC），在 IASC 的参会次数有所减少。大多数荷兰代表团成员都是荷兰公共会计师行业最受尊敬的人物，包括亨克·特雷弗斯、彼得·卢沃斯、伊思·克莱尔科珀、汉斯·伯格拉夫、简·乌特林登（Jan Uiterlinden）、赫尔曼·马赛（Herman Marseille）和弗兰斯·格拉夫斯塔（Frans Graafstal）。来自飞利浦公司的卢沃斯是荷兰公共会计师行业协会代表团中唯一的公司高管。在其余代表中，乌特林登和格拉夫斯塔是 Klijnveld, Kraayenhof & Co. 会计公司的合伙人，马赛是 Deloitte, Haskins & Sells 会计公司的成员公司 Van Dien & Co. 的合伙人。显然，荷兰公共会计师行业和荷兰注册会计师协会在 IASC 方面做了大量的投入。

继荷兰公共会计师行业协会代表团派遣卢沃斯之后，美国公共会计师行业协会成为第二个在代表团中派遣公司高管的协会，他们还把这一点确定为选取代表时需要满足的要求。第一个被委派的公司高管是尤金·J. 米纳汉（Eugene J. Minahan），米纳汉的职位后来依次由威利斯·A. 史密斯（Willis A. Smith）、拉尔夫·L. 哈里斯（Ralph L. Harris）和约翰·F. 基龙纳接任。在 1976 年米纳汉加入美国公共会计师行业协会代表团时，美国注册会计师协会（AICPA）邀请财务经理协会（Financial Executives Institute,

FEI）提名一位同为美国注册会计师协会会员的财务经理加入 IASC。[11] 当时，即将从大型石油公司 Atlantic-Richfield 的副总裁兼财务主管职位退休的米纳汉正是财务经理协会（FEI）企业报告委员会的活跃会员。该委员会的职责之一就是对财务会计准则委员会（FASB）发起的倡议作出回应。同时，米纳汉还在公司运营中积累了丰富的海外经验。[12] 史密斯则是 CPC 国际的财务主管，具有丰富的南美相关工作经验。他也是美国注册会计师协会（AICPA）和财务经理协会（FEI）的会员。1979 年史密斯被委任为 IASC

IASC 代表团

说明：1977 年 10 月摄于慕尼黑国际会计师大会。从左至右依次为：霍斯特·卡明斯基（Horst Kaminsky）、华莱士·奥尔森（Wallace Olson）、约翰·布伦南（John Brennan）、一位日本代表、杰夫·文森特（Geoff Vincent）、休·理查森（Hugh Richardson）、罗伊·纳什（Roy Nash）、乔·卡明斯（Joe Cummings）、罗伯特·马扎尔（Robert Mazars）、汉斯·哈弗曼（Hans Havermann）、岩崎正一（Masayaki Iwanami）、汉斯·伯格拉夫（Hans Burggraaff）、约翰·赫普沃思（John Hepworth）、中岛省吾（Seigo Nakajima）、道格·托马斯（Doug Thomas）、亨克·特雷弗斯（Henk Treffers）、莫利·卡斯卡伦（Morley Carscallen）、奥托·格鲁内瓦尔德（Otto Grünewälder）、藤田幸男（Yukio Fujita）、克拉夫特·冯·德·坦恩（Krafft von der Tann）、多米尼克·勒杜布勒（Dominique Ledouble）、约翰·格伦赛德（John Grenside）、尼克·里斯（Nick Reece）、亨克·沃尔顿（Henk Volten）、尤金·米纳汉（Eugene Minahan）、亚历山大·麦肯齐（Alexander Mackenzie）、莱因哈德·格德勒（Reinhard Goerdeler，IFAC）、罗伯特·森皮尔（Robert Sempier，IFAC）。

---

11. 2003 年 3 月 13 日作者与 Wallace Olson 的访谈记录，以及 2003 年 4 月 19 日作者与 Robert Sempier 的访谈记录。

12. 2004 年 1 月 13 日作者与 Eugene Minahan 的访谈记录。

理事会代表后，财务经理协会（FEI）同时将其委任为财务经理协会（FEI）企业报告委员会成员。在1980年3月的会议上，IASC理事会开始鼓励各成员协会考虑在其代表团中加入一位来自实务界的会计人员。[13]

美国代表团中实务界成员的继任者均来自大型会计公司，包括卡明斯（毕马威会计公司）、唐纳德·海斯（Donald J. Hayes，Arthur Young会计公司）、罗杰·卡森（Roger Cason，Main Hurdman会计公司）、丹尼斯·R. 贝雷斯福德（Dennis R. Beresford，来自Ernst & Whinney会计公司）以及拉尔夫·E. 沃尔特斯（Ralph E. Walters，来自Touche Ross会计公司）。卡明斯和海斯都曾是美国注册会计师协会旗下的会计原则委员会（APB）的成员，沃尔特斯则在财务会计准则委员会（FASB）工作了七年。[14] 因受美国注册会计师协会调派出任IASC首任秘书而声名显赫的保罗·罗森菲尔德（Paul Rosenfield），后于1978年以美国公共会计师行业协会代表团观察员的身份回到IASC理事会，任期一直到1985年。罗森菲尔德长期供职于美国注册会计师协会的会计准则部，此前还曾担任会计原则委员会（APB）的研究人员。

如上所述，英格兰和苏格兰的公共会计师行业协会继续分别委派代表。英格兰及威尔士特许会计师协会（ICAEW）的一系列成员均来自八大会计公司，其中包括约翰·P. 格伦赛德（John P. Grenside，来自毕马威会计公司）、戴维·C. 霍布森（David C. Hobson，来自永道会计公司）和克里斯托弗·J. 斯特朗（Christopher J. Stronge，来自德勤会计公司）。格伦赛德和霍布森在任IASC理事会代表期间，还同时在英国和爱尔兰的会计准则委员会任职。斯特朗在出任IASC理事会代表之前也曾是会计准则委员会成员。格伦赛德在1975年至1976年曾担任英格兰及威尔士特许会计师协会（ICAEW）主席。苏格兰方面接替亚历山大·麦肯齐出任理事会成员的是约翰·柯克帕特里克和会计准则委员会前成员杰夫·皮尔西（来自ICI）。接替皮尔西的则是会计团体协商委员会（CCAB）挑选的爱尔兰银行家——杰勒德·墨菲（Gerard Murphy）。墨菲是唯一于1973年至2000年

---

13. IASC board meeting of 11–13 March 1980, minute 13（i）.
14. 会计原则委员会（1959—1973）是美国注册会计师协会（AICPA）旗下的高级技术委员会，1973年被财务会计准则委员会（FASB）取代，后者为（名义上）独立于公共会计师行业的准则制定机构。

在代表团任职的爱尔兰人。但讽刺的是，在墨菲任职期间，英国和爱尔兰公共会计师行业协会代表团于 1988 年更名为英国公共会计师行业协会代表团。代表团的观察员除苏格兰特许会计师公会技术主管（technical director）戴维·泰迪（David Tweedie）以外，均为英格兰及威尔士特许会计师协会（ICAEW）会计准则委员会的工作人员。

在法国公共会计师行业协会代表团中，接替阿尔弗雷德·科多利亚尼担任观察员的是法国注册会计师协会秘书长多米尼克·勒杜布勒（Dominique Ledouble）。之后，帕特里斯·卡登（Patrice Cardon）和让 – 克劳德·沙伊德（Jean-Claude Scheid）又先后接替了多米尼克·勒杜布勒担任观察员，他们两个都是法国注册会计师协会会员。1982 年，Frinault Fiduciaire 会计公司合伙人乔治·巴尔泰斯·德·吕泰尔加入了代表团。1985 年，Salustro 会计公司合伙人让 – 卢克·杜蒙（Jean-Luc Dumont）加入了代表团。此后，杜蒙在代表团中的任职持续长达 12 年，他也因此成为 IASC 历史上在代表团任职时间最长的人员之一。让 – 皮埃尔·拉加里格（Jean-Pierre Lagarrigue）担任代表的时间很短，其任期始于 1984 年，在 1985 年因离世而终止。

在加拿大公共会计师行业协会代表团中，接替霍华德·里昂（来自 Haskins & Sells 会计公司）出任代表团代表的是莫利·卡斯卡伦（Morley Carscallen，来自 Coopers & Lybrand 会计公司）和斯蒂芬·埃利奥特。1981 年，加拿大特许会计师协会（CICA）委派的第一位财务经理代表是曾在该协会会计研究委员会任职的道格拉斯·R. 哈格曼（Douglas R. Hagerman，来自 NOVA 公司）。加拿大管理会计师协会（Society of Management Accountants of Canada，SMAC）和注册通用会计师协会（Certified General Accountants' Association，CGAA）于 1978 年成为与加拿大特许会计师协会（CICA）并列的加拿大会计师行业代表团的发起方。[15] 在哈格曼之后，会计学教授布鲁斯·欧文（Bruce Irvine）加入了代表团，成为第一位由加拿大管理会计师协会（SMAC）委派的成员。欧文的继

---

15. 在 1974 年 7 月，加拿大管理会计师协会（SMAC）、注册通用会计师协会（CGAA）已同意与加拿大特许会计师协会（CICA）合作参与 IASC 方面的互动。但在 1978 年 3 月之前，前两者并没有加入 IASC。

第 4 章　IASC 的人员与结构

任者又是一名财务经理，名为 J. 迈克尔·道森（J. Michael Dawson，来自 Consolidated-Bathurst 公司）。他在 1982 年至 1983 年曾担任加拿大特许会计师协会（CICA）下属的会计准则委员会的主席。直到 1988 年，注册通用会计师协会（CGAA）才第一次派代表加入代表团。在代表团长期任职的道格·托马斯和约翰·登曼（John Denman）均为加拿大特许会计师协会（CICA）的全职工作人员。有时，成员在准备加入代表团的过渡期会被列为观察员。

IASC 理事会会议地点通常离澳大利亚非常远，这影响了澳大利亚代表团的会议出席率。约翰·巴尔姆福德（John Balmford）、道格拉斯·里卡德（Douglas Rickard）、雷克斯·蒂勒（Rex Thiele）等几位代表出席过会议，但那是因为他们恰好在会场附近处理其他事务，或者是需要代替其他无法出席的成员参会。例如，戴维·博伊马尔（David Boymal）就代替肯尼斯·斯潘塞（Kenneth Spencer）参加了 1984 年 6 月的会议。[16] 在澳大利亚特许会计师协会（ICAA）中，接任约翰·赫普沃思成为理事会代表的是菲利普·C. E. 考克斯（Phillip C. E. Cox，某公司的董事）、约翰·毕晓普（John Bishop，来自毕马威会计公司）和斯潘塞（来自毕马威会计公司）。但到了 1985 年，澳大利亚特许会计师协会（ICAA）开始将国际会计师联合会（IFAC）视为国际公共会计师行业的重要力量，想要委派一名会员到国际会计师联合会（IFAC）理事会，接替澳大利亚会计师公会前会长彼得·阿加斯（Peter Agars）的席位。于是，澳大利亚特许会计师协会（ICAA）和澳大利亚会计师公会发生了一次不常见的人员派遣"调换"。澳大利亚特许会计师协会（ICAA）指派约翰·毕晓普前往国际会计师联合会（IFAC）理事会工作。毕晓普既是澳大利亚特许会计师协会（ICAA）会员，又是澳大利亚会计师公会会员，身份很方便。而澳大利亚会计师公会则委派曾担任公会会长的罗纳德·J. 科顿（Ronald J. Cotton，1985—1987）加入 IASC 理事会，他也成为出任代表团常驻成员的第一位财务经理。

---

16. 我们从多个来源深入了解了澳大利亚代表团的复杂构成，但主要的信息来源是 2003 年 5 月 28 日作者与 John Bishop 的访谈记录。另见 Geoff Burrows，*The Foundation: A History of the Australian Accounting Research Foundation 1966–91*（Caulfield, Vic.: Australian Accounting Research Foundation，1996），140。

95

按照惯例，澳大利亚 IASC 代表团中的一至两位成员需要作为观察员出席澳大利亚会计准则理事会（Australia's Accounting Standards Board，AASB）会议。20 世纪 80 年代更是如此，人们倾向于派遣具有准则制定经验或技术背景的代表参与 IASC 理事会。科顿在被委任为代表之时正是会计准则审查委员会（Accounting Standards Review Board）下属的准则监督委员会的成员。而在 1987 年被委派为代表的博伊马尔（澳大利亚特许会计师协会和澳大利亚会计师公会成员）则曾是会计准则理事会（Accounting Standards Board，ASB）的成员。澳大利亚会计研究基金会（Australian Accounting Research Foundation，AARF）的会计技术主管沃伦·麦格雷戈（Warren McGregor）在 1986 年成为第一位定期出席会议的常驻观察员。在这之前，观察员往往只能偶尔参加会议，原因可能在于参会成本过高。

德国公共会计师行业协会代表团前七年的构成及其变化如下。克拉夫特·冯·德·坦恩作为首任代表团成员，其任期一直持续到 1980 年本人去世为止。与坦恩一起在代表团中任职的是汉斯·哈弗曼（1973—1975）和奥托·格鲁内瓦尔德（Otto Grünewälder，1975—1980），以及德国公共会计师协会委派的观察员。观察员一开始由霍斯特·卡明斯基担任，后由彼得·马克斯（Peter Marks）继任。从 1980 年到 1993 年，当第一位来自工商企业界的成员加入 IASC 代表团时，只有一名投票成员出席会议。德国的公共会计师行业有意在代表团中为公司高管预留一个席位，但直到 20 世纪 90 年代，公司高管群体才对 IASC 的工作表现出兴趣。[17]

日本公共会计师行业协会代表团的政策十分清晰，他们把未来要加入代表团的成员先放在观察员职位上训练。在代表团中，中岛省吾和藤田幸男（Yukio Fujita）是高校会计学教授，其他成员则来自会计公司。中岛省吾 1975 年加入代表团，一直任职到 1988 年。他也因此成为在 IASC 理事会任职时间最长的代表，任期共计 15 年。

在 20 世纪 70 年代，墨西哥公共会计师行业协会代表团大多数时候只有曼努埃尔·加尔万一人出席 IASC 理事会会议。墨西哥代表团的所有成员和观察员均来自会计公司。当时，墨西哥公共会计师协会（IMCP）还没有雇用任何*技术人员。接替加尔万担任代表团成员的包括来自 Galaz，

---

17. 2003 年 6 月 4 日作者与 Peter Marks 和 Albrecht Ruppel 的访谈记录。

第 4 章　IASC 的人员与结构

Carstens 会计公司（图什罗斯会计公司的国际成员公司）的莱奥波尔多·罗梅罗（Leopoldo Romero，1979—1983）、来自永道会计公司的罗兰多·奥尔特加（Rolando Ortega，1982—1986），以及来自 Gonzalez, Vilchis 会计公司（隶属于普华会计公司）的赫苏斯·霍约斯（Jesús Hoyos，1982—1987）。罗梅罗在 20 世纪 70 年代几乎一直是墨西哥公共会计师协会下属的会计原则委员会的成员。到了 20 世纪 80 年代，霍约斯也是会计原则委员会的成员。包括霍约斯在内的几位代表团成员都在公共会计师行业协会担任过分管立法工作的副主席，负责监督会计原则委员会的工作。

　　墨西哥曾一度遭遇严重的经济问题。1982 年，比索大幅贬值。墨西哥公共会计师协会也声称遇到了财务困境。有鉴于此，墨西哥代表团请求 IASC 减免部分会费，以期继续留在理事会。代表团成员发现兑换足以支撑国际差旅费用的外币非常困难。他们认为，IASC 应该从结余中拨出一部分作为墨西哥本年的年费，毕竟这些结余也包括墨西哥过去几年贡献的会费。[18]IASC 理事会虽然不想破例，但也不希望墨西哥代表团在其任期结束之前就退出 IASC。在 1986 年 3 月的会议上，理事会批准了一项有限财务减免政策，小心翼翼地避免"口子开得太大"，让墨西哥代表团能够在 1987 年年底之前一直留在理事会。[19] 但在 1986 年的晚些时候，IASC 理事会还是迫于无奈做出了史无前例的决定：只要墨西哥公共会计师协会付清拖欠的会费，就可免缴 1986 年和 1987 年 IASC 的会费。[20] 这项协议使墨西哥公共会计师行业协会代表团可以在 1987 年年底任期届满之前继续保留理事会席位。1988 年，根据修订后的 IASC 章程，墨西哥公共会计师行业协会代表团与其他所有创始代表团一样，必须向理事会提交连任申请；但墨西哥公共会计师行业协会最终选择了放弃。因此，从 1988 年开始，理事会中不再有墨西哥公共会计师行业协会的代表团。但墨西哥公共会计师行业协会的代表团在 1995 年重返理事会（另见第 8.2.4 节），这也使墨西哥公共会计师协会成了唯一曾经中止 IASC 理事会成员资格的创始成员。

---

* 准则制定层面。——译者

18. 2004 年 3 月 1 日作者与 Jesús Hoyos Roldán 的访谈记录。

19. IASC board meeting of 5–7 March 1986, minute 1.

20. John Kirkpatrick 写给墨西哥公共会计师协会主席 Francisco Alcalá 的信，1986.11.07，IASC archive，"Mexico" file。墨西哥公共会计师协会于 1987 年支付了拖欠的会费。

4.4 后来加入的代表团

1973年的 IASC 章程规定，只有签署 IASC 协议和章程的公共会计师行业协会所代表的九个国家才能够派出公共会计师行业协会代表加入 IASC 理事会。1977年的章程修订版（见第4.14节）则提出在理事会中再增加两个国家的公共会计师行业协会的代表席位。新的章程一经公布，理事会便迅速采取行动，吩咐秘书处给准会员协会（associate member bodies）写信，询问他们是否愿意以轮换制为基础加入理事会。[21] 在1978年3月的会议上，理事会同意邀请巴基斯坦和南非的公共会计师行业协会加入理事会，使其成为有投票权的理事会成员，任期四年。[22] 然而，巴基斯坦的公共会计师行业协会因为财务原因选择了放弃。[23] 尼日利亚的公共会计师行业协会随后很快获准加入 IASC，并派代表出席了1978年11月的 IASC 理事会会议。南非的公共会计师行业协会的三名代表也在此次会议上首次亮相。

南非公共会计师行业协会代表团的两名投票成员均来自大型会计公司，并且是其全国特许会计师委员会（National Council of Chartered Accountants）中资深且有影响力的会员。南非代表团中的大多数成员在 IASC 理事会任职的时间都相当长。创始代表团成员有两位，分别为来自 Peat Marwick Mitchell 会计公司的沃里克·G.索比（Warwick G. Thorby，1978—1986）和来自 Goldby, Compton & Mackelvie 会计公司（隶属于图什罗斯会计公司）的 J.A.乔克·波蒂厄斯（J.A.（Jock）Porteous，1978—1983）。索比时任全国特许会计师委员会主席，而波蒂厄斯是前任主席。波蒂厄斯在获任时正担任全国特许会计师委员会下属的会计惯例委员会（Accounting Practices Committee，APC）主席。会计惯例委员会负责起草准则，另有名为会计惯例理事会（Accounting Practices Board，APB）的机构负责决定是否将这些准则草案以公告形式确认为"公认会计惯例"。之后，

---

21. IASC board meeting of 18–20 October 1977, minute 13.
22. IASC board meeting of 7–9 March 1978, minute 12.
23. IASC board meeting of 14–16 June 1978, minute 14.

第 4 章　IASC 的人员与结构

来自永道会计公司的里克·G. 科特雷尔（Rick G. Cottrell，1983—1989）接替了波蒂厄斯。观察员由全国特许会计师委员会的各任技术主管担任。全国特许会计师委员会后于 1980 年更名为南非特许会计师协会（South African Institute of Chartered Accountants，SAICA）。

IASC 代表及工作人员

说明：1987 年 7 月摄于爱丁堡。前排从左至右依次为：里克·科特雷尔（Rick Cottrell）、彼得·威尔莫特（Peter Wilmot）、阿约德吉·奥尼（Ayodeji Oni）、约翰·柯克帕特里克（John Kirkpatrick）、乔治·巴尔泰斯·德·吕泰尔（George Barthès de Ruyter）、阿方索·坎帕尼亚（Alfonso Campaña）、让 - 克劳德·沙伊德（Jean-Claude Scheid）、蒋书栋（S. T. Chiang）。中排从左至右依次为：白鸟荣一（Eiichi Shiratori）、戴维·达曼特（David Damant）、杰勒德·墨菲（Gerard Murphy）、约翰·基龙纳（John Chironna）、威廉·查登（Wilhelm Tjaden，基龙纳前方）、克里斯托弗·斯特朗（Christopher Stronge）、赫尔曼·马赛（Herman Marseille）、杰弗里·米切尔（Geoffrey Mitchell）、弗兰斯·格拉夫斯塔（Frans Graafstal）、布鲁斯·欧文（Bruce Irvine）、迈克尔·道森（Michael Dawson，巴尔泰斯后排）、罗纳德·科顿（Ronald Cotton）、奥卢塞贡·奥申克耶（Olusegun Osunkeye）、吉莉恩·伯托尔（Gillian Bertol）、德永忠昭（Tadaaki Tokunaga）、约翰·登曼（John Denman）。后排从左至右依次为：让 - 卢克·杜蒙（Jean-Luc Dumont）、贾卡洛·托马辛（Giancarlo Tomasin）、朱塞佩·韦尔娜（Giuseppe Verna）、汤姆·麦克雷（Tom McRae）、戴维·凯恩斯（David Cairns）。

尼日利亚公共会计师行业协会代表团成员迈克尔·阿约德吉·奥尼（Michael Ayodeji Oni）是安永会计公司前身的合伙人。在其四年任期内（1983—1987），奥尼可谓代表团的领导者。另一位成员 C. 奥涅尼·O. 奥耶迪兰（C. Oyeniyi O. Oyediran）是永道会计公司合伙人，曾在 1976 年至 1977 年担任尼日利亚特许会计师协会（Institute of Chartered Accountants of Nigeria）会长。包括奥尼在内的另外两名代表团正式成员后来也相继担任了该协会的会长。

1982年10月修订的IASC章程将非创始成员的轮换席位数量增加到了四个。有鉴于此,理事会在1982年6月会议之后以邮寄投票的方式通过了两个事项:一是提名智利和意大利的公共会计师行业协会为新的理事会成员;二是准许南非和尼日利亚延续理事会成员资格,任期为五年。[24]根据1982年章程的规定,IASC理事会的新成员应由国际会计师联合会(IFAC)理事会委派,但IASC与国际会计师联合会(IFAC)签订的"共同承诺"(见第4.17节)要求"国际会计师联合会(IFAC)理事会应就所有提名国家向IASC理事会征求意见"(第B8条)。后来,智利由于财务压力问题不得不退出理事会。[25]1983年6月,IASC在理事会会议上宣布国际会计师联合会(IFAC)理事会已提名中国台湾地区的公共会计师行业协会为新的IASC理事会成员,IASC理事会也对此表示认可。[26]中国台湾地区的公共会计师行业协会的任期仅为四年,因为它是在席位开放一年以后才获得成员资格的。意大利在IASC理事会的代表团成员均来自会计公司[27],中国台湾地区的公共会计师行业协会代表团中的唯一代表蒋书栋(S. T. Chiang)也同样来自会计公司。

1982年IASC章程还引入了另一项新规定,即为会计行业以外的"财务报告利益相关群体"提供最多四个理事会席位。这标志着IASC模式的转变,毕竟1973年IASC协议和章程的签署方无一例外都是来自各国的公共会计师行业协会。基于这一规则,IASC于1985年10月首次对一个非会计行业组织——金融分析师协会国际联络委员会(International Co-ordinating Committee of Financial Analysts Associations, ICCFAA)——发出了邀请。ICCFAA当即接受了邀请。戴维·C.达曼特(David C. Damant)是第一位出席理事会会议的金融分析师。早在20世纪60年代,他就是欧洲金融分析师联合会(European Federation of Financial Analysts' Societies)的领导人。从IASC成立开始,达曼特一直积极地与IASC保持联系。他还是1981年成立的IASC顾问团的创始成员之一(见第4.16节)。

---

24. IASC board meeting of 24–6 November 1982, minute 5(d)。
25. 整理自2003年9月21日智利会计师协会前主席Antonio Castilla与作者的沟通。
26. IASC board meeting of 14–16 June 1983, minute 10(a);*IASC News*, 12/4(1983.06),5.
27. 有人指出,意大利公共会计师行业一直在争论代表究竟应来自大公司还是小公司。此信息来源于2004年1月22日David Cairns与作者的沟通。

第 4 章　IASC 的人员与结构

到了 1986 年，代表团的数量已增加到 14 个。在 1977 年至 1986 年间增加的代表团中，只有南非特许会计师协会和金融分析师两个代表团的成员资格一直保留到 2000 年。达曼特直到 2000 年仍是代表团成员，成为 IASC 理事会中任职时间最长的投票成员。

IASC 领导层还希望招揽一个代表财务报表编制者的组织加入理事会，其中的主要候选组织是财务经理协会国际联合会（International Association of Financial Executives Institutes，IAFEI）。从 1981 年起，财务经理协会国际联合会（IAFEI）就已经在 IASC 顾问团任职，但直到 1987 年，IASC 也没能劝服财务经理协会国际联合会（IAFEI）加入 IASC 理事会。[28] 柯克帕特里克主席称，财务经理协会国际联合会（IAFEI）的"德国成员看起来是主要反对者，因为这些成员无法接受与'审计师'平起平坐。如果德国业界的这种优越感成为导致财务经理协会国际联合会（IAFEI）无法加入 IASC 理事会的原因，那是多么悲哀的事情！"[29] 另外，财务经理协会国际联合会（IAFEI）也担心在一个以执业公共会计师代表为主的理事会中，自己的代表团会在投票时无法掌握话语权。[30]

4.5　准成员的加入

根据 IASC 章程第 1（b）条，委员会决定向各国的公共会计师行业协会发送"紧急邀请函"，邀请他们作为准成员（associate members）加入 IASC。[31] 1973 年 12 月，也就是 IASC 成立不到五个月，邀请函已经寄往 59 个国家的 74 个会计师行业协会。从 1974 年到 1981 年，包括之后受邀的会计师行业协会在内，IASC 一共接收了 46 个准成员。[32] 1982 年，根据 IASC 与国际会计师联合会（IFAC）签订的"共同承诺"，国际会计师联合

---

28. IASC board meeting of 24–7 March 1987, minute 7（iii）.
29. 参见 Kirkpatrick 写给 Benson 的信，1987.11.05，IASC archive，"Kirkpatrick" file。
30. David Cairns 与 Kirkpatrick 在 1985 年 9 月 17 日电话沟通的笔记，IASC archive，"Kirkpatrick" file。
31. IASC meeting of 29 June 1973, minute 11.
32. 1974 年 4 月的会议上，理事会批准的第一批准成员是来自比利时、印度、新西兰、巴基斯坦和罗得西亚（后来的津巴布韦）的专业会计机构。

会（IFAC）的所有成员被自动纳为 IASC 成员。

奇怪的是，在 1981 年以前收到邀请但决定不加入 IASC 的 36 个会计师行业协会中，有 21 个来自中美洲和南美洲；而 IASC 总共只向 25 个中美洲和南美洲的协会发出过邀请。本书第 6.19 节将就中美洲和南美洲国家对 IASC 不感兴趣的原因进行讨论。

IASC 要求候选的准成员有能力承担会费。会费最初定为 1 000 英镑，但之后根据各成员组织的人数占比进行了削减。[33] 要想成为准成员，这些会计师行业协会必须参加五年一次的国际会计师大会。与创始成员一样，所有准成员均同意承担 IASC 协议中规定的"尽最大努力"这一义务。

一旦某个公共会计师行业协会成为准成员，其所属国家就有资格成为项目指导委员会（project steering committees）的成员。在创始成员对 IASC 协议和章程做出一致修订以后，所有准成员均受邀参加了 1977 年 10 月的慕尼黑国际会计师大会，并在会上讨论了修订后的协议和章程。

4.6　技术人员

IASC 章程反映了发起者英格兰及威尔士特许会计师协会（ICAEW）的观点，规定"在理事会批准的情况下，英国和爱尔兰共和国的会计师行业协会将负责招募伦敦常设办公室的工作人员"。加拿大公共会计师行业协会代表建议由美国注册会计师协会（AICPA）负责委派第一任秘书。[34] 出于国际协调因素的考虑，英格兰及威尔士特许会计师协会（ICAEW）采纳了加拿大代表的建议。这样一来，IASC 的总部位于伦敦，主席来自英国，工作负责人来自美国，各方势力才能保持平衡。美国注册会计师协会（AICPA）调派保罗·罗森菲尔德到 IASC 担任秘书，任期两年。罗森菲尔德曾供职于普华会计公司八年，后于 1965 年加入美国注册会计师协

---

33. IASC meeting of 14–15 January 1974, minute 10（2）. 在那场会议上，据说特立尼达和多巴哥特许会计师协会要求 IASC "重新考虑准成员的会费水平，因为 1 000 英镑的会费在 IASC 预算中占很大的比例"，见 minute 10（1）（c）。

34. Wallace E. Olson, *The Accounting Profession, Years of Trial 1969–1980*（New York: AICPA, 1982）, 229.

会旗下的会计研究部（Accounting Research Division），为会计原则委员会（APB）服务。他在一些期刊发表过文章，并且是《会计原则委员会公告第4号——企业财务报表编报的基本概念与会计原则》（1970年10月）的主要起草人。罗森菲尔德在面试了拟聘期限为两年的助理秘书人选后，推荐了曾在安达信会计公司的伦敦成员公司担任经理的理查德·J.西蒙斯（Richard J. Simmons），最终本森确定录用西蒙斯。1975年6月，罗森菲尔德和西蒙斯的任职到期，罗森菲尔德回到美国注册会计师协会担任技术研究主管，西蒙斯则重返安达信公司的伦敦成员公司。接任西蒙斯担任助理秘书的是从德勤借调来的克里斯托弗·J.雷林（Christopher J. Relleen），他曾在德勤会计公司的伦敦成员公司和布鲁塞尔成员公司工作过。1977年3月，雷林又重返德勤。

1975年，秘书选择权转移到了加拿大公共会计师行业。由于担任助理秘书的雷林来自英国，第一任秘书来自美国，因此有必要在英国和美国以外的国家选一位秘书。在成员国中一直表现积极的加拿大推举萨斯喀彻温大学（University of Saskatchewan）会计系教授W.约翰·布伦南（W. John Brennan）为秘书候选人。[35] 布伦南从7月份开始担任秘书。此前，他曾于1969年至1972年在加拿大特许会计师协会（CICA）会计与审计研究委员会工作。在IASC工作了两年多以后，他于1977年11月又回到了萨斯喀彻温大学。

1977年12月，来自美国的罗伊·纳什（Roy Nash）接替布伦南担任IASC秘书。他曾是马德里的亚瑟·杨会计公司（Arthur Young）的代表，并在1979年9月任期结束后回到亚瑟·杨会计公司担任合伙人。1975年之前，他曾在该公司的波士顿分部工作。他是负责秘书处工作的最后一位北美人士。休·F.理查森（Hugh F. Richardson）于1977年4月从永道会计公司的伦敦成员公司被借调到IASC担任助理秘书，1979年5月回到永道会计公司。

1979年10月，艾伦·库克成为第一位非北美出身的秘书，同时也是第一位来自工商企业界的工作人员。在加入IASC之前，他在伦敦的联合利华集团工作，"积极参与制定联合利华集团的会计政策、评估国际会计

---

35. 整理自2003年12月9日 Richard J. Simmons 与作者的沟通。

发展情况及其对联合利华的影响"。[36] 1979 年 6 月，来自澳大利亚的 E. 彼得·埃金斯（E. Peter Akins）成为助理秘书。此前，他在悉尼 Yarwood, Vane 会计公司（即时任 IASC 主席的赫普沃思的会计公司）工作。埃金斯曾担任该会计公司的研究与培训部主管。1981 年 12 月，库克卸任 IASC 职务，去往位于伦敦的荷兰皇家壳牌集团（Royal Dutch/Shell Group of Companies）担任会计研究部主管。1981 年 5 月，埃金斯离开 IASC 回到原会计公司。

在库克任期届满后，理事会领导层曾考虑过选一位非英语国家的继任者。但最终理事会认为，来自非英语国家的候选人可能无法充分掌握英语。[37] 有鉴于此，他们选择了阿德莱德的南澳弗林德斯大学（Flinders University of South Australia）会计系准教授杰弗里·B. 米切尔（Geoffrey B. Mitchell）作为继任者。1982 年 1 月，米切尔从该学校借调到 IASC 担任秘书。1985 年 3 月，在任职三年多后，他离开 IASC，成为英格兰及威尔士特许会计师协会（ICAEW）的技术主管。米切尔在任期间，该职位由秘书升级为秘书长。1983 年 6 月的理事会会议纪要中提到："虽然在 IASC 成立早期，秘书处借调的工作人员采取轮换制原则值得推崇，但如今 IASC 开展的联络活动颇为广泛，需要秘书处人员保持一定的稳定性。"[38] 鉴于米切尔符合理事会的任职要求，在其秘书任期结束之后，理事会继续委派他担任秘书长。米切尔本人于 1984 年 1 月接受了这一委派。[39]

布赖恩·R. 希勒（Brian R. Shearer）被从伦敦的 Thornton Baker 会计公司调派到 IASC 担任助理秘书。此前，他是该会计公司的经理。1983 年 5 月，他回到原会计公司（当时名称为 Grant Thornton）担任全国技术部合伙人兼主管。1983 年 6 月，伦敦 Spicer & Pegler 会计公司（Spicer & Oppenheim 的国际合营所）的审计经理约翰·R. 布洛克索姆（John R. Bloxsome）被借调到 IASC 担任助理秘书，后于 1985 年 9 月回到原会计公司任职。

伦敦 Stoy Hayward 会计公司技术合伙人戴维·凯恩斯于 1985 年 4 月担

---

36. *IASC News*, 7/5（1979.09），2.
37. 整理自 Hans Burggraaff 给作者的备忘录，2004.04.22。
38. IASC board meeting of 14–16 June 1983, minute 6（i）.
39. *IASC News*, 12/5（1983.09），1–2.

第 4 章　IASC 的人员与结构

任 IASC 秘书长。此前，他曾担任浩华国际会计公司（Horwath and Horwath International，HHI）的国际会计与审计委员会主席，负责为该公司的成员公司拟定国际会计与审计准则。在 1979 年至 1984 年间，他参与撰写了三篇重要的国际财务报告实践调查报告（另见第 6.3 节）。凯恩斯的任期一直持续到了 1994 年年底，他成为截至目前在秘书处任期最长的工作人员。

坎特伯雷肯特大学（University of Kent at Canterbury）会计系讲师布赖恩·A. 拉瑟福德（Brian A. Rutherford）于 1985 年 10 月成为"常任"助理秘书。[40] 他在 1987 年 3 月回到肯特大学，成了最后一任助理秘书。随后，秘书长助手这一职位的名称从助理秘书变更为研究经理（research manager）。[41]

戴维·凯恩斯

在七位秘书及秘书长中，有六位来自英国、美国、加拿大。在所有的助理秘书中，只有一位不是英国人。这两个例外的秘书和助理秘书来自澳大利亚。我们可以据此推测，这些工作人员的出身背景可能导致 IASC 的工作受英美国家的影响更大。

技术人员的主要职责是协助项目指导委员会研究和起草征求意见稿及准则。但技术人员也会负责一些杂务，包括处理 IASC 的大部分信函、安排 IASC 理事会及其指导委员会会议、出席会议并陪同主席进行正式访问、管理征求意见稿及准则的印刷和分发以及定期为《IASC 新闻》（IASC News）撰稿。

虽然每项准则及征求意见稿的英文版本都是由 IASC 工作人员撰写的，但到了 1987 年，基本上是各成员协会而非 IASC 在负责传播这些文稿。各

---

40. IASC board meeting of 25–7 June 1985, minute 7（h）.
41. Cairns 希望能将助理秘书更名为研究经理。他请求 Rutherford 同意这一更名，但被拒绝了。整理自 2005 年 11 月 5 日作者与 Brian Rutherford 的谈话。

国公共会计师行业协会负责将准则及征求意见稿翻译成本国的语言并出版发行，之后还要负责收集并向 IASC 转交本国相关人员对征求意见稿的评论。总体而言，正如戴维·凯恩斯所言："IASC 与各国准则制定机构、公司、证券交易所及监管机构之间的所有联系都必须经过对应的公共会计师行业协会——IASC 不能与这些机构直接联系。"[42] 这一限制所产生的实际影响可能根据时间和国家的不同而有所差异。本森则凭一己之力开创了一个先例：他试图在不寻求各成员协会帮助的前提下，与一大批组织建立联系。

4.7 工作语言的选定

从一开始，人们就对官方语言的选定存有争议。1972 年 12 月，在一次只有加拿大、英国和美国代表出席的会议之后，英格兰及威尔士特许会计师协会（ICAEW）撰写了章程草案并在其中规定，"委员会应使用英语讨论、公布征求意见稿并出版公告"（第 6（b）条）。1973 年 3 月，所有创始成员协会受邀参会重新讨论了这一问题。尽管当时与会人员同意委员会使用英语讨论，但也有人提出："将征求意见稿和准则版本限于英文的做法，将影响这些文件的传播范围和传播时效。因此，委员会应负责将征求意见稿和准则翻译成法文、西班牙文和德文，以便在不同国家出版。"[43]

在 1973 年 6 月 28 日的成立大会上，法国代表提议委员会同时用法语和英语进行讨论，征求意见稿和准则的最终版本也以这两种语言出版。[44] 最后，这项提议被驳回了，但会议允许主席接受以另一种语言撰写的建议，前提是该建议应由该代表团的另一位成员翻译。会议再次明确，征求意见稿和准则的最终版本应为英文，但成员组织有权将其翻译成其他语言并进

---

42. David Cairns, "The Future Shape of Harmonization: A Reply", *The European Accounting Review*, 6/2（1997），321.

43. 参见 "Basic International Accounting Standards"，1973 年 3 月 19 日在特许会计师大厅举办的会议的纪要，minute 10，IASC archive, board minutes file.

44. 参见 "Constitution—Proposed Amendments"，1973 年 6 月 28 日会议第 4 项，7（b），IASC archive, board minutes file.

行传播，但需要自行承担成本。[45]

1973 年 11 月的理事会会议再次确认了在上一年 3 月筹划会议上达成的一项协议，即"每份 IASC 文件的最终版本都将以英文公布并在世界范围内传播"。[46] 然而，在 1974 年 7 月的会议上，以阿尔弗雷德·科多利亚尼为首的法国代表团强势提出，"除英语外，IASC 应考虑同时采用法语、德语、西班牙语、日语和荷兰语作为工作语言"，但这项提议再次遭到拒绝。[47] 在欧洲财政经济会计专家联盟（UEC），所有文件都必须提供三种语言版本，大会发言人可以任选其中一种语言进行发言，联盟主席也可以使用其中任何一种语言进行讨论。IASC 的一些参会人员曾经体验过 UEC 讨论过程中多种语言导致的嘈杂低效[48]，所以希望在 IASC 能避免类似的经历。

4.8 与英格兰及威尔士特许会计师协会的联系

在英格兰及威尔士特许会计师协会（ICAEW）的帮助下，IASC 的办公室地点设在伦敦市主教门（即伦敦金融城）的圣海伦广场 3 号，距离特许会计师大厅仅 0.25 英里。特许会计师大厅于 1893 年专为该协会建造，是英格兰及威尔士特许会计师协会（ICAEW）秘书处的所在地。根据 1973 年和 1977 年的 IASC 章程，英格兰及威尔士特许会计师协会（ICAEW）支付了 IASC 常设办公室的租金、利息和税金。[49] 汉斯·伯格拉夫曾写道："秘书处运行过程中遇到的所有国内问题都由协会中学识渊博的人员就近处理，这对理事会和主席来说非常方便。出于同样的原因，组织和计划委员会（Organisation and Planning Committee，OPC，见下文）也一直为英国保留

---

45. 参见 "Basic International Accounting Standards"，1973 年 6 月 28 日在伦敦举办的会议的纪要，minute 4 对《章程》第 5（b）条的记录。又见 IASC meeting of 29 June 1973, minutes 4。
46. IASC meeting of 15–16 November 1973, minute 13（9）（c）。
47. IASC meeting of 15–17 July 1974, minute 18。
48. 整理自 2003 年 4 月 7 日作者与 Giancarlo Tomasin 的访谈记录。
49. 后来，会计团体协商委员会（CCAB）承担了该项义务。1986 年，会计团体协商委员会通知 IASC 理事会，"决定自 1987 年 12 月 31 日起停止为 IASC 的办公大楼支付租金、利息及服务费"。理事会"对英国和爱尔兰在过去 15 年的贡献表达了感激之情"。IASC board meeting of 5–7 November 1986, minute 6（iix）。

一个席位。对于秘书来说，有位'教父'做邻居也是非常方便的，尤其是当这位秘书不是英国人时。另外，至少在我看来，IASC 不是能够在英国签订合同的法律主体，所以需要英格兰及威尔士特许会计师协会（ICAEW）在合同签订过程中发挥中介作用。"[50]

英格兰及威尔士特许会计师协会（ICAEW）慷慨地将它的图书馆、餐厅、会议室和理事会会议厅等设施向 IASC 秘书处开放。IASC 的秘书们也可以接触 ICAEW 的技术人员。IASC 最初的三位秘书来自北美，并不是 ICAEW 的成员，但 ICAEW 提供的这些特权使他们几乎享受了协会成员的待遇。ICAEW 的这种做法确实颇受欢迎。罗伊·纳什现在还能回忆起他在市政厅参加协会年度晚宴的光彩经历。[51]

1978 年，IASC 将办公室从伦敦迁至贝德福德街 49～51 号，新的办公地点宽敞了许多。四年后，IASC 意识到它在伦敦需要更大的办公场地以满足秘书处不断增加的办公需求。英国和爱尔兰代表团表示它们会继续支付原始额度的租金，这就要求 IASC 理事会追加 5 000 英镑的预算，以便支付 1983 年将秘书处办公室迁至国王路 41 号后的更多租金。[52]

4.9　关于批准与制定准则的早期计划

理事会计划在 1975 年 4 月之前公布第一项准则，"之后每隔 3 到 4 个月公布一项准则，以向公众展示公共会计师行业推进国际基本准则制定工作的决心。"[53] 最终，IASC 提前 3 个月编写出了第一项准则，并且用不到五年的时间完成了接下来的十几项准则，明显接近了成立大会上所设想的平均速度。

根据 IASC 章程，征求意见稿须经 2/3 以上的 IASC 成员投票支持方能通过，正式准则须经 3/4 以上的 IASC 成员支持方能公布。每个代表团都有一份投票权，而且在之后的章程修订过程中，行使投票权的门槛也没有发

---

50. 整理自 Hans Burggraaff 给作者的备忘录，2004.04.22。
51. 整理自 2003 年 10 月 1 日作者与 Roy Nash 的沟通。
52. IASC board meeting of 22–5 June 1982, appendix 2, point 5.
53. IASC meeting of 29 June 1973，minute 8（j）。

生变化。反对意见和投票结果都不会被公开。本书第 5 章将更为详细地讨论这些准则制定的早期计划。

4.10　项目指导委员会的构成

项目指导委员会（project steering committees）的成员都是由 IASC 挑选的，但派往指导委员会的代表都是各国的公共会计师行业协会自行指定的。委员会的任务是起草拟议准则。前 6 个项目指导委员会仅由创始成员代表组成。1974 年 4 月，在 IASC 确定了准成员初始名单的同时，会议批准了第一位可以参与指导委员会的准成员。[54] 在之后 7 月份的会议上，理事会又讨论成立了 4 个新的指导委员会，其中 2 个指导委员会仅由创始成员代表组成，另外 2 个指导委员会则由 2 个创始成员和 1 个准成员派代表组成。[55] 第一批参与指导委员会的准成员依次为以色列、南非、新西兰、比利时和印度的公共会计师行业协会，它们都是在 1974 年或 1975 年被批准的。

一直以来，指导委员会主席都来自理事会成员。除去一次例外，所有的指导委员会主席都同时在理事会任职。[56] 到 1983 年为止，除主席之外，另外两名指导委员会成员大多来自非理事会成员，而且其中一名应来自发展中国家。[57]

对于比较复杂和有争议的项目，例如对通货膨胀和养老金的会计处理，理事会就会组建一个更大规模的指导委员会。

IASC 精心设计了指导委员会的成员构成，以确保所有创始成员参与的指导委员会的数量大致相同，并为有兴趣参与的准成员提供机会。本书第 5 章会对这一点进行更为详细的讨论。

---

54. IASC meeting of 8–9 April 1974, minute 7（2）and 9.

55. IASC meeting of 15–17 July 1974, minute 11（3）(c).

56. 唯一的例外发生在1976年，亚瑟·杨会计公司伦敦公司的合伙人 Paul Rutteman 成为租赁指导委员会主席。他当时也是英国的会计准则委员会（ASC）同一课题的主席。Rutteman 从未在 IASC 理事会中任职。

57. "Report on Activities on Behalf of IASC for the Year Ended 30 June 1983", *1983 Annual Report of the International Federation of Accountants*, 11.

109

4.11 交流方式

根据秘书保罗·罗森菲尔德的建议，IASC 从 1973 年 9 月起开始定期推出油印的《IASC 新闻》。《IASC 新闻》相当于一块公告板，上面列示理事会和指导委员会会议信息、新的准成员名称、主席及秘书处人员变动情况、成员协会所在国认可或接受 IASC 准则的消息以及主席演讲的摘录。1976 年，《IASC 新闻》升级为更具综合性的新闻来源。

1987 年，IASC 出版了准则的第一个装订本。英格兰及威尔士特许会计师协会（ICAEW）也于同年出版了一卷 IASC 准则，其中包括准则的序言，解释了准则在英国和爱尔兰的适用性。[58] 在接下来的几年中，IASC 每年都会公布准则汇编。以前，大多数纸质版的 IASC 准则和其他出版物仅由其成员会计师协会分发，因此 IASC 本身不会产生任何收入。而准则汇编则是 IASC 出售的第一份出版物。[59]

IASC 还在 1987 年单独出版了第一份年度报告，以便让全球会计工作者更好地了解 IASC。[60] 在 1982 年墨西哥城国际会计师大会通过 IASC 和国际会计师联合会（IFAC）签署的"共同承诺"之后，国际会计师联合会（IFAC）的年度报告中也开始包含一部分对 IASC 活动的详细介绍。在 1988 年以后，这部分得以保留，但以节略的形式出现。

4.12　IASC 委员会（1977 年之后为理事会）会议

IASC 委员会（或理事会）在 1974 年至 1975 年每年举行了四次会议，在 1976 年至 1986 年每年举行了三次会议，但在 1987 年只召开了两次会议。

---

58. *International Accounting Standards*, the full texts of all International Accounting Standards extant at 1 September 1987（London: The Institute of Chartered Accountants in England and Wales, [1987]）.

59. David Cairns, *Applying International Accounting Standards*（London: Butterworths, second edition 1999), 32.

60. "IASC Publishes its First Annual Report", *IASC News*, 16/5（1987.10), 6.

1973 年年底，IASC 决定每年在英国以外的国家和地区举行一次会议。[61] 但在 1978 年至 1987 年的十年间，除去两年例外，理事会每年都在英国以外的国家和地区举行了两次会议。截至 1981 年，理事会已在每个创始成员所在国举办过至少一次会议了。

会议总体上具有较高的出席率，大多数代表团都会派两到三名成员出席大部分会议。长期以来，只有墨西哥、日本、澳大利亚和德国的公共会计师行业协会比较特殊。在 1978 年 6 月到 1980 年年底的八次理事会会议中，墨西哥有七次仅派出了一名代表参会。唯一的例外是 1978 年 2 月、3 月，墨西哥代表团全员参加了在墨西哥城举行的会议。从 1981 年起，墨西哥也开始每次至少派两名成员参加会议了。

从 1973 年到 1987 年，日本的公共会计师行业协会在近一半的会议上仅派出了一名代表。在约翰·赫普沃思于 1980 年结束 IASC 主席任期之后，接下来的五年中，澳大利亚的公共会计师行业协会在大多数会议上只派出了一名代表。从 1984 年到 1987 年，在中国台湾地区的公共会计师行业协会任 IASC 理事会成员的短暂期间内，中国台湾地区的公共会计师行业协地在所有会议上都只派出了一名代表，而且是同一名代表。法国的公共会计师行业协会缺席了 1978 年 6 月在澳大利亚珀斯举行的会议，意大利的公共会计师行业协会缺席了 1987 年 3 月的悉尼会议。这两次缺席可能是会议举办地点与参会国家距离太远导致的。

如前所述，从 1980 年开始，德国的公共会计师行业协会在其代表团中设了一个财务主管席位。

在 1979 年 3 月的会议上，赫普沃思主席提到，有人觉得理事会会议不太公开透明，因而向 IASC 请求"允许各国和国际组织派观察员出席会议"。[62] 这一问题于 1980 年 6 月再次成为理事会会议的讨论话题。理事会"决定不邀请财务会计准则委员会派遣观察员参加 IASC 理事会会议"，不从"代表欧洲经济共同体利益的团体"中挑选观察员，也不邀请区域会计机构作为观察员参会。1981 年 3 月，伯格拉夫主席说服了具有抵触情绪的理事会，使其授权主席可以自行"邀请有限数量的宾客参加理事会会议"，

---

61. IASC meeting of 15–16 November 1973, minute 12（a）.

62. IASC board meeting of 27–8 February and 1 March 1979, minute 10（4）.

只要客人所在国家的公共会计师行业协会代表同意即可。但是，这些来宾通常不享有同正式参会者一样的权利。[63]

IASC 在英格兰及威尔士特许会计师协会（ICAEW）理事会会议厅举行的理事会会议（1978 年 3 月摄于伦敦）

IASC 在 1980 年和 1981 年的这些决定表明，理事会正在对外开放与保持封闭之间犹豫不决。1981 年成立的顾问团会议则为解决该问题提供了便利的折中方法。

4.13　财务状况

在 1973 年 6 月的成立大会上，理事会将 IASC 第一个日历年度（1974 年）的预算定为 62 400 英镑。但到了 1974 年 9 月，该年度预计将发生的总支出从事前确定的 62 400 英镑增加到了 85 000 英镑，增幅超过 1/3。[64]

---

63. IASC board meeting of 24–7 March 1981, minute 12（1）. 1983年至1986年受继任主席邀请的客人名单列示于第 6.21 节。

64. 这些金额是提取准备金之前的总支出，包括慈善基金会的年度捐款或非理事会成员支付的会费。

成本的上升造成了现金的短缺。同年 Leverhulme 信托基金向 IASC 捐赠了 7 000 英镑,其现金短缺状况才得到些许缓解。[65] 理事会大刀阔斧地给 1975 年批下了 107 300 英镑的预算,其认为这样才不会"大幅降低 IASC 的工作动力和效果"。[66]

根据 IASC 章程,作为创始成员的 9 个公共会计师行业协会代表团分别负担 IASC 1/9 的运营成本。于是,增加各代表团的会费成了当务之急。1974 年 7 月,理事会向创始成员推出了二级收费制,并于 1974 年生效。收费规则是:(1)作为创始成员的 9 个公共会计师行业协会代表团每年要承担 7 000 英镑的"固定基本费用"(fixed basic charge),并根据以后年度的通货膨胀率予以调整;(2)IASC 年度预算的剩余缺口,由作为创始成员的 9 个公共会计师行业协会代表团基于各自的协会会员人数,用公式计算并分摊。根据这一公式,派遣代表团的公共会计师行业协会会员总数不足 10 000 人的,将共同承担预算缺口的 10%。剩下的 90% 缺口将由派遣代表团会员人数超过 10 000 的公共会计师行业协会分担。英国和爱尔兰的公共会计师行业协会代表团和美国公共会计师行业协会代表团的会员人数是当时最多的,它们分别承担了预算缺口的 36%。澳大利亚、加拿大和法国的公共会计师行业协会则分别承担缺口的 16%、8% 和 4%。[67]

在最初的十四年里,IASC 的运营支出总体呈增长趋势。这一趋势开始是由 20 世纪 70 年代到 80 年代初的高通货膨胀率推动的,不断涨价的国际机票正反映了这一因素。其他方面的原因也显而易见:指导委员会和理事会会议越来越多,相应的会议差旅费也就越来越高;会议时间逐渐延长;出席会议的代表团数量从 9 个增加到 11 个,然后又增加到 13 个、14 个。[68] 尽管如此,绝大部分出行费用并非由 IASC 承担,而是由成员协会自行承

---

65. IASC meeting of 29 June 1973, minute 7, and IASC meeting of 8–9 April 1974, minute 12(1)and 12(6)(d). 这 7 000 英镑是 Leverhulme 信托基金三年捐款中的第一笔款项,毫无疑问这笔钱是由 Benson 运作的,Benson 的会计师事务所长期以来都承担联合利华有限公司的审计工作。IASC meeting of 5–6 November 1974, minute 15(3);IASC meeting of 15–17 July 1974, minute 10(3),11(2)和 12(1),(3)。

66. IASC meeting of 15–17 July 1974, minute 8(2)。

67. IASC meeting of 15–17 July 1974, minute 9。

68. 理事会于 1980 年 6 月第一次举办了为期四天的会议,随后又于 1981 年 3 月和 6 月举办了为期四天的会议。

担。IASC只为每个国家公共会计师行业协会中参加理事会或指导委员会会议的一位代表报销费用。[69]

表4-1按时间顺序列示了1974年至1987年IASC每年的收入与支出金额。在此期间，IASC秘书处仅由2名技术人员（包括秘书或秘书长）和1名文员组成。1987年，秘书处文员增至2人。

表4-1　1974年至1987年IASC的收入与支出统计　　　　单位：千英镑

年份	收入[1]	其中：国际会计师联合会（IFAC）的贡献金额	支出[2]	结余[3]
1974	89	—	75	13
1975	124	—	110	15
1976	117	—	112	5
1977	122	—	129	（7）
1978	161	—	130	31
1979	170	—	153	17
1980	186	—	146	39
1981	214	—	195	19
1982	218	—	203	15
1983	258	27	249	10
1984	304	31	272	32
1985	325	30	331	（5）
1986	325	32	291	33
1987	317	31	350	（33）

1 包含"准则出版收入"：1986年为1 647英镑；1987年为7 868英镑。
2 包含"汇兑损益"。
3 因四舍五入会造成一定差异。
资料来源：IASC'S financial statements included with agenda papers.

IASC的年度预算总支出在1987年稳步上升至348 207英镑（其中1/4为成员协会代表参加理事会会议需报销的国际差旅费），这已经与英

---

69. 1973年章程中，（IASC对于）准成员供职于指导委员会的成本完全不予报销。

国和爱尔兰会计准则委员会（ASC）1989年44万英镑的预算支出相比肩。[70] 英国德林委员会（Dearing Committee）在1988年建议设立会计准则理事会（ASB）时，将其年度预算设定为150万英镑。其中，ASB计划安排2名全职工作人员和一些兼职职员。[71] 1987年加拿大的会计准则理事会（Accounting Standards Board）及咨询委员会（Advisory Board）的预算总额为74.5万加元（相当于35万英镑）。[72] 在美国，1987年财务会计准则委员会（FASB）的预算支出为1 100万美元（相当于690万英镑），该机构有7名全职理事会成员和大约40名全职研究与技术开发人员。[73] 与这些国家的会计机构相比，IASC的规模要小得多。

迅速增加的准成员所缴纳的年费帮助弥补了IASC的运营成本。从1975年到1977年，来自准成员所缴年费的预算收入从4 000英镑增加到11 250英镑。到了1982年，这一数字已达19 000英镑。根据IASC与国际会计师联合会（IFAC）签订的"共同承诺"，准成员会费收入从1983年开始由国际会计师联合会（IFAC）的投入代替。国际会计师联合会（IFAC）每年承担IASC预算的10%，用来支付非理事会成员参与指导委员会的费用。国际会计师联合会（IFAC）1983年的预算投入为26 700英镑。根据"共同承诺"，国际会计师联合会（IFAC）中代表64个国家的88个会计行业组织将自动成为IASC成员。[74]

为应对不断上涨的成本，IASC选择继续寻求慈善基金会的帮助。[75] IASC从几个基金会收到了一些捐款，不过数额都比较小。纳菲尔

---

70. *The Making of Accounting Standards: Report of the Review Committee under the Chairmanship of Sir Ron Dearing CB*（London: The Institute of Chartered Accountants in England and Wales, 1988），40.

71. *The Making of Accounting Standards*，40.

72. *Annual Report 1986/1987*，The Canadian Institute of Chartered Accountants，22. 为了凑出74.5万加元的总预算支出，来自加拿大财务经理协会的1.7万加元会费被塞进了原本为72.8万加元的预算明细中。

73. *Establishing Standards for Financial Reporting*，Annual Report 1987 of the FAF, FASB, and GASB, 8.

74. 完整清单见 *International Accounting Standards Committee: Objectives and Procedures*，appendix 5。

75. 理事会成员不止一次提出IASC能否被视为慈善机构的问题，这样就能吸引更多私人部门的捐款。1984年，理事会收到了英国慈善委员会的回复。根据该回复，理事会认为"当前不应继续申请"慈善机构认定。IASC board meeting of 17–19 October 1984, minute 6（g）.

德基金会（Nuffield Foundation）在 1974 年到 1976 年的三年间为 IASC 的通货膨胀会计项目捐赠了 5 900 英镑。IASC 还向福特基金会（Ford Foundation）和卡内基公司（Carnegie Corporation）提出了申请，但显然并没有取得效果。[76]1975 年，沃尔夫森基金会（Wolfson Foundation）承诺在三年内向 IASC 捐赠 21 000 英镑。[77] 这样来看，亨利·本森似乎在帮助 IASC 从英国获得捐款方面发挥了一定的作用。

十国集团（Group of Ten Bank Governors）曾在 1976 年接触 IASC，希望 IASC 就银行财务报表中的最低披露与列报要求开展一个项目，并承诺为该项目支付 10 000 英镑。[78]IASC 于 1979 年收到这笔款项，一年后便公布了《银行财务报表披露（讨论稿）》(*Disclosures in the Financial Statements of Banks*)。

4.14　1977 年协议和章程的变更

在 1974 年 7 月的 IASC 会议上，有人建议成立工作组，负责"审议未来规划、工作程序和章程可能发生的变更"。工作组选举亚历山大·麦肯齐为主席，组内其他成员来自澳大利亚、德国和美国的代表团。这三个国家在工作组的首任代表分别为约翰·赫普沃思、汉斯·哈弗曼和罗伯特·森皮尔（观察员）。该工作组要考虑的事项包括理事会成员及主席的任期、准成员的地位、委派秘书和助理秘书的依据、理事会会议的举办频率和时间、指导委员会的成立及人员构成，以及对于英国和爱尔兰代表团而言非常敏感的秘书处所在地问题。[79]

指导委员会（即原来的工作组，后被称为小组委员会（subcommittee））于 1975 年 10 月向理事会提交了建议书。[80] 这些建议在慕尼黑国际会计师大会上经理事会修订、IASC 创始成员投票后，成为 IASC 协议和章程的

---

76. IASC meeting of 15–17 July 1974, minute 15（4）and（5）。
77. IASC meeting of 15–16 January 1975, minute 6（2）。
78. *IASC News*，4/7（1976.11.24），2–3；*IASC News*，5/2（1977.03.18），4；IASC board meeting of 14–16 June 1978, minute 9（2）(b)。
79. IASC meeting of 15–17 July 1974, minute 14。
80. 下述委员会建议的摘录可见于 1975 年 10 月 8—10 日 IASC meeting minute 9。

一部分。

其中一项重要建议是删除协议第 1（a）条和 IASC 于 1975 年 1 月公布的《国际会计准则公告序言》提到的"基本准则"中的"基本"（basic）二字。指导委员会认为"基本"这一术语可能会与"初级"（elementary）或"初步"（rudimentary）相混淆，造成误解。IASC 在后来的会议上澄清，这一变化"本身并不会导致 IASC 的程序发生任何变化"。[81] 然而，到 1975 年的时候，IASC 明显开始触及超过基本准则范畴的问题。

如前所述（第 4.4 节），理事会（旧称委员会，此时已更名）最多可包含两名非创始成员。非创始成员需轮换，但创始成员本身不必改选。

指导委员会拒绝更改协议中的"尽最大努力"这一条款。关于 IASC 准则的遵从机制，指导委员会建议不要把（公司）"董事"和"管理人员"看作跟审计师一样的公共会计师行业协会成员，因为审计师需要让自己确信公司的账目是符合 IASC 准则要求的。

指导委员会还建议，作为"尽最大努力"义务的一部分，如果"财务报表中充分解释了有关情况"，审计师就无须报告公司未遵守准则之处。当财务报表缺乏充分解释（adequate explanation）的时候，审计师则应当指出准则未被遵从的情况。但是，理事会后来删除了"充分解释"一词，可能是因为这一说法的主观性太强。理事会修改后的表述为："如果某事项（在财务报表中）缺乏披露（non-disclosure），那么审计师应在审计报告中指出准则未被遵从的情形。"这里，财务报表披露"充分性"的字眼被删去了。经理事会修订后的指导委员会建议得到了创始成员机构的批准。

根据 1974 年作出的决定，章程先前规定作为创始成员的 9 个公共会计师行业协会代表团分别负担 IASC 1/9 的运营成本，而后该条款改为由 IASC 理事会拟定计算公式来确定各国如何进行费用分摊。

还有一项值得关注的变动是，IASC 成员资格被重新定义为签署 1973 年修订版章程或之后成为会员的所有公共会计师行业协会，"准成员"一词被删除。

---

81. IASC meeting of 1–3 March 1977, minute 7（2）.

4.15　组织和计划委员会

继 1977 年 10 月慕尼黑国际会计师大会之后，曾建议修订协议和章程的指导委员会向 IASC 理事会提议重新设立"组织和计划委员会"（OPC）。组织和计划委员会的成员应采取轮换制，并在每次理事会会议召开的前一天碰面。它的职责是"持续对 IASC 的组织、计划和结构进行审议"。[82] 理事会批准了这项提案，仅在之后的会议上稍微对其做了点修改。其中一项修改是，理事会主席所在国家的公共会计师行业协会在该主席任期内不能指派人员参加组织和计划委员会。但实际上却有理事会主席本人参加组织和计划委员会会议的情况，而且据说理事会主席在会上的影响力不容小觑。[83] 新成立的组织和计划委员会将由 3 个（1982 年增加为 4 个）国家的公共会计师行业协会代表组成，并于 1978 年 3 月的理事会会议之后开始运作。[84]

无论是有意还是无意，组织和计划委员会（OPC）实际上变成了某种意义上的行政委员会。在之后每次的理事会会议上，组织和计划委员会一定会提出一些涉及"IASC 的组织、计划和结构"的议程项目以供讨论。[85] 组织和计划委员会的职责包括提名新成立的指导委员会的成员、提名填补理事会空缺的成员以及提名 IASC 理事会主席候选人，还包括草拟年度预算并提交审批，以及监督理事会成员协会与所在国政府和准则制定机构的沟通情况。所有这些事情都非常重要。

在组织和计划委员会（OPC）成立后的最初两年里，担任主席的是毕马威会计公司[*]的高级合伙人约翰·格伦赛德，他此前接替亨利·本森出任了英国和爱尔兰公共会计师行业协会代表团代表。[86] 事实证明，支付

---

82. IASC board meeting of 18–20 October 1977, minute 11.
83. 整理自 2004 年 1 月 22 日 David Cairns 与作者的沟通。
84. IASC board meeting of 7–9 March 1978, minute 10.
85. IASC board meeting of 18–20 October 1977, minute 11（b）。
[*] 根据本书附录 2，此时 John Grenside 的任职公司为 Peat Marwick。——译者
86. 1977 年，Grenside 接替 Ronald Leach 爵士成为毕马威会计公司（Peat, Marwick, Mitchell & Co）的高级合伙人。Grenside 在英格兰及威尔士特许会计师协会（ICAEW）委员会的任职时间非常长，从 1966 年一直持续到了 1983 年。

IASC 租金的东道国公共会计师行业协会是组织和计划委员会中最有地位的。从 1978 年到 1990 年，除去两年例外，英国和爱尔兰公共会计师行业协会代表团（1988 年更名为英国代表团）一直是组织和计划委员会的三大代表团之一。1985 年至 1987 年，在约翰·柯克帕特里克担任 IASC 主席期间，根据主席所在的国家不能参加组织和计划委员会的理事会约定，英国和爱尔兰公共会计师行业协会代表团暂时退出了组织和计划委员会。有人认为，让英国和爱尔兰代表团一直留在组织和计划委员会的一个关键原因是，"让方便与 IASC 办公室联系的（组织和计划委员会）成员行使行政监督权有利于秘书处的工作"。[87] 截至 1987 年，组织和计划委员会主席及其他代表团的名称如下所示：

1978—1979 年　约翰·格伦赛德，英国和爱尔兰；美国、荷兰
1979—1980 年　约翰·格伦赛德，英国和爱尔兰；加拿大、荷兰
1980—1981 年　斯蒂芬·埃利奥特，加拿大；日本、英国和爱尔兰
1981—1982 年　斯蒂芬·埃利奥特，加拿大；日本、法国、英国和爱尔兰
1982—1983 年　中岛省吾，日本；法国、墨西哥、英国和爱尔兰
1983—1984 年　乔治·巴尔泰斯，法国；墨西哥、南非、英国和爱尔兰
1984—1985 年　罗兰多·奥尔特加，墨西哥；南非、尼日利亚、英国和爱尔兰
1985—1986 年　沃里克·索比，南非；尼日利亚、意大利
1986—1987 年　阿约德吉·奥尼，尼日利亚；德国、澳大利亚、意大利

4.16　顾问团

1981 年，IASC 成立了顾问团（Consultive Group），成员由各种与财务报告利益相关的组织代表构成。这是 IASC 在全球范围内与公共会计师行业以外的组织建立联系的关键一步。在第一届顾问团派驻代表的组织如下所示：

---

87. IASC board meeting of 23–6 June 1981, minute 11.

国际会计准则史

——国际证券交易所联合会（Fédération Internationale des Bourses de Valeurs，FIBV）

——财务经理协会国际联合会（International Association of Financial Executives Institutes，IAFEI）

——国际商会（International Chamber of Commerce，ICC）

——国际自由工会联合会（International Confederation of Free Trade Unions）

——金融分析师协会国际联络委员会（International Co-ordinating Committee of Financial Analysts' Associations，ICCFAA）

——世界银行（The World Bank，WB）

联合国（UN）和经济合作与发展组织（OECD）也曾受邀加入顾问团，但这两个组织都拒绝成为其正式成员。[88]经济合作与发展组织秘书处和联合国跨国企业中心分别派代表以观察员的身份出席了顾问团会议。

顾问团每年会在理事会会议召开之前与理事会进行两次会面，讨论即将召开的会议的议程文件以及 IASC 需要处理的其他事项。顾问团于 1981 年 6 月公开举行了首次会议，这也是第一个将会议内容全部公开的 IASC 小组。[89]但在首次会议之后的几年里，顾问团的会议都是私下举行的。

顾问团是 IASC 理事会对外开放、邀请非公共会计师行业组织加入的第一步，这一点将在本书第 7 章中予以更为全面的讨论。顾问团被视为未来理事会代表团成员的"培训基地"。事实上，最终加入理事会的 3 个非审计师代表团（即金融分析师代表团、财务经理协会国际联合会代表团和瑞士工业控股公司代表团）也确实都源自顾问团。[90]

1981 年至 1987 年间，其他组织陆续加入了顾问团，其中包括国际律师协会（International Bar Association）、来自国际银行业协会的代表团以及

---

88. IASC board meeting of 24–7 June 1980, minute 10; 2003 年 4 月 30 日作者与 Allan V. C. Cook 的访谈记录。David Cairns 写道："这两个组织不想成为顾问团的正式成员，因为它们的看法无法约束其内部各成员组织。当然，这一点对于顾问团中的其他成员来说也是如此，但对于政府间组织来说这个问题就更敏感了。"整理自 2004 年 1 月 22 日作者与 David Cairns 的沟通。

89. 有关第一次会议的报道见 IASC News，10/6（1981.10），1–2；"Active IASC Convenes Meeting of Consultative Group"，World Accounting Report，1981.11，8。

90. 作者与 Allan V. C. Cook 的访谈记录，2003.04.30。

国际证监会组织（IOSCO）。在1982年召开于墨西哥城的国际会计师大会上，埃利奥特主席说："在1987年的下一届大会上，我希望下一任主席能够向你们这样报告，'国际会计准则并非由会计师群体独断专行地制定的，而是由财务报表使用者与编制者共同制定的'。"[91]

顾问团不仅对准则制定过程作出了贡献，还在1985年经济合作与发展组织（OECD）会计准则协调论坛上再次证明了自身的价值。事实上，在此次会议期间对IASC表示支持的人很多都来自顾问团。通过这种方式，他们为增强IASC在OECD心目中的合法性作出了重大贡献。[92]

4.17　1982年IASC协议和章程的变更

1982年10月召开于墨西哥城的国际会计师大会，不仅批准了IASC和国际会计师联合会（IFAC）的"共同承诺"，还又一次修订了IASC的协议和章程。[93] 新章程取消了对创始成员与非创始成员区别对待的条款，同时废除了创始成员在理事会中原本享有的永久成员资格，至少原则上是这样的。新章程规定，国际会计师联合会（IFAC）理事会有权提名和委派国际会计师联合会（IFAC）中的13个成员协会，IASC理事会自身可以再增选4个财务报告利益相关组织担任其成员（见第4条）。这些变更反映了伯格拉夫主席想将IASC理事会的覆盖面超越公共会计师行业和创始成员的愿望。他的目标是使IASC准则得到全球采纳、应用和执行。要想做到这一点，仅凭公共会计师行业自身的影响力还远远不够。

新章程还规定，所有在理事会任职的成员（包括创始成员）的任期均

---

91. Stephen Elliott, "IASC Sets Sights on 'Spirit of Partnership'", *The Accountants' Journal*, 61（1982.12），440.

92. 作者与Allan V. C. Cook的访谈记录，2003.04.30。另见Susan Baker, "Growing Prestige of the IAS Setters", *Certified Accountant*（England），1986.05，10–11.

93. IASC/IFAC "共同承诺"，修订后的IASC协议和章程，及修订后的《国际会计准则前言》均被转载于手册 *International Accounting Standards Committee: Objectives and Procedures*。它的上一版为 *The Work and Purpose of the International Accounting Standards Committee*（London: IASC, 1975.09）。

为五年（见章程第5（a）条），且均具有连任资格。这项新条款的生效日期是1983年1月1日，所以创始成员知道其连任问题会在1987年的会议上被讨论。"共同承诺"规定，"在国际会计师联合会（IFAC）提名的成员协会中，至少有9个应该是来自会计行业地位和发展程度很高的国家，或者是在国际商业和贸易中充当重要角色的国家"（见第8条）——这几乎确保了所有创始成员都能连任。最后，除墨西哥以外，其他所有创始成员都获得了连任。

"尽最大努力"的条款从IASC章程挪到了"共同承诺"里，并写进了修订版《国际会计准则公告序言》。IASC在1973年首次设计了"尽最大努力"的条款，在1977年进行了修订和重申，旨在让成员国"确保企业公布的账目符合IASC准则的要求，或者披露企业账目偏离IASC准则的程度"。经过1982年的修订，"尽最大努力"成为国际会计师联合会（IFAC）成员组织的义务。正如时任IASC主席伯格拉夫所写的："既然国际会计师联合会（IFAC）希望能够指派会计行业成员进入IASC理事会，那么作为回报，国际会计师联合会（IFAC）就应该代表公共会计师行业尽可能地让更多人采纳、应用和执行IASC准则，至少也该做到公共会计师行业自己能做到的程度。"[94] 根据1982年修订后的"共同承诺"，国际会计师联合会（IFAC）成员组织应负责"确保企业公布的财务报表在所有重大方面符合国际会计准则的规定，并披露该合规事实"（第7条），而对违背准则的情况不需要再进行披露。诺布斯（Nobes）发现，这种"对成员组织越来越低的要求"是"准则执行遇到问题的明显标识"。[95] 这些问题将在本书第6章中进行更为全面的讨论。这也意味着IASC理事会面临比较棘手和有争议的问题。

新章程还有一项重大变化是，国际会计师联合会（IFAC）的所有成员都自动成为IASC的成员（"共同承诺"第3条）。同时如前所述，国际会计师联合会（IFAC）同意承担IASC年度预算的10%（"共同承诺"第14（b）条）。

---

94. Hans Burggraaff 给作者的备忘录，2004.04.22。
95. Christopher Nobes, "Is the IASC Successful?" *The Accountant*, 183（1985.08.21），20.

4.18　IASC/IFAC 协调委员会

"共同承诺"的成果之一是 1982 年年底 IASC/IFAC 协调委员会的建立。国际会计师联合会（IFAC）委派其主席华盛顿·西西普（来自菲律宾）和副主席拉塞尔·E. 帕尔默（Russell E. Palmer，来自美国）为协调委员会成员。IASC 则指派其主席斯蒂芬·埃利奥特（来自加拿大）和约翰·柯克帕特里克（来自苏格兰）为协调委员会成员。[96]"共同承诺"和修订后的 IASC 协议和章程中均未提及该协调委员会。国际会计师联合会（IFAC）在 1983 年的年度报告（包含 IASC 当年活动情况报告）中提到了协调委员会，后面紧跟如下说明："国际会计师联合会（IFAC）和 IASC 正在紧密合作，以提升企业对 IASC 准则和国际会计师联合会（IFAC）指南的遵守程度。"[97]IASC/IFAC 协调委员会每年举行一次会议，并且彼此都会出席对方召开的会议，双方在秘书处层面也有联络。在未来若干年中，IASC 主席和秘书长会与国际会计师联合会（IFAC）主席和执行董事一起加入协调委员会。这两名 IASC 成员每年会参加一次国际会计师联合会（IFAC）理事会会议，反过来，这两名国际会计师联合会（IFAC）成员每年也会参加一次 IASC 理事会会议。

4.19　IASC 1987 年对其未来计划的重大评估

1987 年 3 月在悉尼举行的 IASC 理事会会议是准则制定进程中的分水岭（本书第 9 章和第 10 章将对其进行更为广泛的讨论）。此次会议的核心思想是决定让理事会着手完善准则。理事会还下定决心与监管机构、跨国企业和各国准则制定机构密切接触，以提升其准则在全球范围内的接受程度。可以预见的是，这些决定会对 IASC 的组织和有效性产生重要影响。

---

96. IASC board meeting of 24–6 November 1982, minute 5（e）(1). Kirkpatrick 被选中可能意味着 Elliott 预计他会当选为下一任主席。

97. *1983 Annual Report* of the International Federation of Accountants，12.

如本书第 8 章所述，这将导致理事会代表团的构成更为多样化。理事会将不再单纯地由各国公共会计师行业协会组成，还会有其他利益相关方的代表加入。理事会于 1987 年 3 月通过了 IASC 新的工作方向规划。与此同时，IASC 的工作也得到了证券市场监管机构更加积极的参与。自此，IASC 开启了新篇章，IASC 准则的影响开始受到更为广泛的关注。

第 5 章 "妥协于协调"：编写 IASC 的早期准则

5.1 概述

国际会计准则委员会（IASC）是为编写国际会计准则而成立的，它轻装上阵，很快就着手编写会计准则。从 1973 年成立到 1987 年年底，IASC 一共公布了 31 份征求意见稿（exposure drafts）和 2 份讨论稿（discussion papers）。截至 1987 年年底，IASC 公布的征求意见稿一共形成了 26 项准则，这些准则公布后未经修订，其中只有一项关于物价变动的准则，即《国际会计准则第 6 号》(IAS 6)，被《国际会计准则第 15 号》(IAS 15) 所取代。

为了保持准则编写速度的平稳性，IASC 会定期启动新的准则编写项目，其中，大部分项目会在三到五年内公布新的会计准则（见附录 4，IASC 技术项目概述）。这样一来，项目会不可避免地越积越多。于是，在 1975 年到 1980 年间，IASC 同时开工的项目约有 8 个，公开的征求意见稿有 4 个左右。直到 1980 年前后，项目数量才有所减少。随后，公开的征求意见稿的数量也有所下降。在 1984 年的一段时间里，IASC 甚至没有公布哪怕是一份征求意见稿。到了 1985 年，在研的项目数量又恢复到了原来的水平。产出如此不稳定，部分原因在于 20 世纪 70 年代后期 IASC 所开展的一些项目具有很大的挑战性，如分部报告、租赁、退休福利和企业合并等。这些项目所涉及的内容，对于大多数国家（包括一些创始成员国）的公共会计师行业来说，都是全新的领域。另外值得一提的是，从20世纪80年代初开始，IASC开始复核其已公布的准则，但很少对准则进行修订。

在此期间，IASC编写准则的程序未发生太大变化。本章将先介绍IASC的准则编写程序，再逐项探讨每项准则。

5.2 工作安排及指导委员会的构成

1973年6月29日召开的第一次理事会会议就确定了IASC的工作安排。全体理事会（1977年章程修订前称作委员会）成员需要决定针对什么主题公布准则，以及每项准则的目标及适用范围。理事会"不亲自起草准则"，而是针对每个准则主题指派指导委员会。一开始，指导委员会由三名成员组成，全部（或多数）成员都来自全体理事会。指导委员会在秘书处的协助下负责拟定初步草案（drafts）。经全体理事会成员修改和批准后，指导委员会将草案作为征求意见稿（exposure drafts）予以公布，公开征求意见。指导委员会将在反馈意见的基础上形成准则草案（draft standard），并递交给全体理事会审核批准。[1]

以上大致就是指导委员会在1973—1987年间的工作程序。实际上，理事会在很大程度上参与了准则起草工作。在整个20世纪70年代和80年代，IASC秘书或指导委员会主席常常在理事会会议上听取理事会的意见来编写修订草案。这样一来，理事会通常在一次会议上就能完成处理征求意见稿评论函以及批准公布新准则的全部工作流程。[2]

当然，准则编写程序不可避免地需要根据不断积累的经验进行调整。例如，1974年4月的会议一致同意，今后指导委员会在编写完整的准则草案之前，应当先行递交拟议准则纲要。但在接下来的几年里，拟议准则纲要变得越来越详细，还经常包含拟议准则的大段文本。有鉴于此，IASC在1981年开始要求指导委员会在编写拟议准则纲要前递交"议题文件"

---

1. IASC meeting of 29 June 1973, minute 8.
2. 整理自2004年1月16日David Cairns与作者的沟通。理事会纪要在报告各个项目的讨论内容时是连续记录的，因此不一定代表会议的实际讨论顺序。

第 5 章 "妥协于协调":编写 IASC 的早期准则

(issues papers),从而恢复了最初编写拟议准则纲要的要求。[3] 还有一项细化程序从 1978 年开始执行:在准则起草阶段,要把"初步的征求意见稿"(preliminary exposure drafts)分发给各成员组织征求意见。[4] 正如本书第 7 章所述,这一细化程序是为了消除一些准成员的不满,它们觉得自己作为非理事会成员单位,缺乏参与 IASC 工作进程的机会。

这些程序可能吸纳了美国、加拿大、英国和爱尔兰代表团的经验,参考了它们的准则编写流程。曾在美国注册会计师协会旗下的会计原则委员会(APB)担任研究主管的保罗·罗森菲尔德,可能在这方面发挥了一定的作用。

IASC 没有公布每份征求意见稿的反对意见,甚至没有公布征求意见稿以及正式准则的支持和反对票数。这一点与美国注册会计师旗下的会计原则委员会(APB),或者后来的财务会计准则委员会(FASB)的做法有所不同。财务会计准则委员会(FASB)早在 1978 年年初就已向公众公开其会议内容,而 IASC 直到 1999 年 3 月才开始这样做。20 世纪 70 年代,像美国证券市场的公认会计原则这样公开透明的做法,在其他国家还是难以想象的。当然,IASC 也并非秘密组织。IASC 是由相当多的代表团组成的,这些代表团在其所在国还拥有自己的支持群体,因此,IASC 的议程文件能够得到较为广泛的传阅。1981 年顾问团成立之后,就更是如此了。[5]

与预期不同的是,指导委员会的实际构成包含一些不确定性,其不是总能够维持最初成员不变。有些成员要么不再参会,要么派替补人员参会,甚或是邀请观察员陪同参会。本章及后续章节在讨论准则内容时还会提到指导委员会主席。在人员较为稳定的情况下,我们会在第一次提及指导委员会主席时的注释中,介绍指导委员会的成员。[6]

在 1980 年之前,指导委员会按照最初计划,通常保持三位成员不变;在处理难度很大的议题(如通货膨胀的会计处理、外币折算)时,会临时

---

3. AP 6/1981 paper 13.
4. IASC board meeting of 7–9 March 1978, minute 7(2).另见 *IASC News*,6/4(1978.07),4。
5. 整理自 2004 年 1 月 26 日 David Cairns 与作者的沟通。Cairns 预计,截至 20 世纪 80 年代末,能接触 IASC 议程文件的人员将达数百人。
6. 此处给出的指导委员会的有关信息主要基于 IASC 理事会纪要、理事会议程文件中的参考文献以及后期的 IASC 年度报告。另外,本书还利用受访者提供的信息及多方档案资料对此进行了修正和补充。

增加一到两位成员。1980 年，关联方交易准则（《国际会计准则第 24 号》，IAS 24）的指导委员会成立，成员有四位，为的是"平衡发达国家与发展中国家的行业协会的代表数量"。[7] 但不论这次成员增加的具体原因是什么，在它之后成立的指导委员会都至少由四位成员组成。

IASC 理事会负责确定指导委员会成员的来源国，特别是指导委员会主席的来源国。指导委员会的主席通常也是 IASC 理事会代表，其他成员则由 IASC 各自组织选派（从 1975 年前后开始，其他成员通常不再由 IASC 理事会代表出任）。

IASC 秘书处在理事会确定指导委员会成员的过程中发挥了指导性作用。秘书处会定期编制表格，展示 IASC 各成员组织参与各个指导委员会的情况，以期确保理事会成员组织之间工作量的均衡性，同时也确保那些想做事、能做事的成员组织有机会参与 IASC 的工作。这个策略不仅能够减轻理事会成员的工作量，而且有助于提高创始成员以外的行业组织接受 IASC 准则的可能性。

这个策略使得创始成员的参与度基本相同。1973 年至 1987 年间，每个创始成员组织参加的指导委员会数目，通常在 9 个（如澳大利亚、墨西哥）至 13 个（如英国和爱尔兰、荷兰）不等，但美国的公共会计师行业组织参与了 15 个。

各个准成员之间的差异不可避免地会更大一些。1973 年至 1987 年，在至少 55 个符合条件的国家的公共会计师行业代表中，有 29 个国家的行业代表参与了一个或以上的指导委员会。[8] 最活跃的是南非和尼日利亚，前者参与了 5 个指导委员会，后者参与了 4 个。这显然与这些国家的行业代表率先拥有轮值理事会席位（1977 年为非创始成员创建）有关。

通常情况下，指导委员会的成员国往往也是提交征求意见稿评论函最为积极的国家。丹麦、新西兰和瑞典就是很好的例子。参与了 3 个指导委员会的瑞典是非常忠实的意见反馈方。瑞典特准会计师协会（Föreningen Auktoriserade Revisorer）几乎对 IASC 从 1974 年到 1987 年（甚至是到 2000 年）

---

7. IASC board meeting of 24–7 June 1980, minute 9（d）.

8. 1984 年年初，IASC 与国际会计师联合会的共同成员包括来自 65 个国家的 88 个成员机构。*IASC News*，13/1（1984.02），其中，IASC 的创始成员来自 9 个或 10 个国家，这取决于是否把爱尔兰视为一个单独的来源国。

的所有征求意见稿都发表了意见,只有极少数例外。

尽管由于国际会计师事务所的存在,人们发现许多小国家也有能力派遣符合要求的学识渊博的人员,但能否寻找到合适的人选,或许仍是限制某些国家参与指导委员会的重要因素。[9]

5.3 对 1973—1987 年的技术项目的回顾

下面将阐释 IASC 在 1973—1987 年间开展的技术项目,择要对一些准则进行简要探讨。今天看来很简单的 IASC 首批准则,其实当初都是经过相当复杂的程序编写出来的,这是一个集思广益,在细节上一丝不苟、精益求精的过程。我们将依次讨论这些准则,以及这段时期内 IASC 的议程、目标、工作安排及运营过程中遇到的条件限制。

5.4 第一项准则:IAS 1

IASC 第一项准则的主题是"会计政策的披露"。这一主题在 1972 年的悉尼大会召开之后不久,就被提名为 IASC 第一项准则的主要候选主题之一。[10]"会计政策的披露"能成为第一项准则的原因在于,它毫无疑问是"基本的",不管怎么解释《IASC 成立协议》(IASC's founding Agreement)(第 1 条)中的"基本"一词都说得通。此外,这一主题不太可能引起争议,所以相应的准则应该很快就可以正式公布。[11] 亨利·本森爵士认为,尽快推出第一项准则事关重大,因为这可以表明 IASC 在准则编写上取得了显著成效。甚至在 IASC 成立之前,本森爵士就已开始该项准则的编写工作。1973 年 5 月,本森指示英格兰及威尔士特许会计师协会(ICAEW)的工作人员给受邀的公共会计师行业团体发函,向它们寄送了与 1972 年 3 月

---

9. 整理自 2003 年 4 月 30 日作者与 Allan Cook 的访谈记录,以及 2004 年 5 月 24 日与 Hans Burggraaff 的访谈记录。

10. Appendix A(dated 14 November 1972) to "Basic Accounting Standards—An Urgent International Need",version dated 21 November 1972, IASC archive, board minutes file.

11. 整理自 2003 年 4 月 28 日作者与 Sir Douglas Morpeth 的访谈记录。

分发的"基本会计准则"(Basic Accounting Standards)文件中所列示的四项主题相关的公告、建议、法规等材料的复印件。[12]

亚历山大·麦肯齐在行将卸任苏格兰特许会计师公会(ICAS)主席之际,被选为 IASC 第一个准则项目的指导委员会主席。[13] 在研究这一主题时,指导委员会显然可能借鉴了英国和爱尔兰公共会计师行业团体联合组建的会计准则指导委员会(ASSC)以及美国注册会计师旗下的会计原则委员会(APB),分别于 1971 年 12 月和 1972 年 4 月公布的会计政策披露准则。与此同时,还有其他一些公共会计师行业组织也在研究这一主题。由此可见,该主题虽然是基本的,但绝非不重要,也不是过时的主题。正如第 3.5.1 节所述,欧洲财政经济会计专家联盟(UEC)于 1974 年 1 月就该主题匆匆公布了一份文件。在《国际会计准则第 1 号》(IAS 1)公布前后出台的其他类似准则,还包括加拿大特许会计师协会(CICA)下属的会计研究委员会(Accounting Research Committee)于 1974 年 6 月公布的《会计政策披露(征求意见稿)》(Disclosure of Accounting Policies,此征求意见稿后于 1974 年 12 月作为未编号的研究建议书公布),1973 年 11 月公布的《澳大利亚会计准则公告 DS11:用于编制财务报表的会计方法披露》(Australian Statement of Accounting Standards DS11, *Disclosure of Accounting Methods Used in Preparing Financial Statement*),1974 年 10 月新西兰会计师协会(New Zealand Society of Accountants)理事会公布的《标准会计实务公告第 1 号:会计政策披露》(Statement of Standard Accounting Practice 1, *Disclosure of Accounting Policies*)。

1975 年 1 月公布的 IAS 1 参考了上述部分资料。[14] 它对基本会计假设(fundamental accounting assumptions)及会计政策(accounting policies)进行了区分。其中,基本会计假设包括持续经营、一致性和权责发生制。只

---

12. 参见 1973 年 5 月 30 日 Dr. Kenntemich(来自 IdW)写给 Philip Carrel(来自 ICAEW)的信,IASC archive, IAS 2 documentation file。这四项议题分别是会计政策披露、公开账目的最低信息披露要求、合并报表以及最低审计要求和审计报告的内容与格式。

13. 委员会的其他成员为 Robert Mazars(来自法国)和 Pieter Louwers(来自荷兰)。

14. Joe Cummings 指出,IAS 1 "与《会计原则委员会意见书第 22 号》(Accounting Principles Board Opinion No. 22)非常相似"。Joseph Cummings, "The International Accounting Standards Committee:Current and Future Developments", *International Journal of Accounting Education and Research*, 11/1(Fall 1975), 32.

第5章 "妥协于协调":编写 IASC 的早期准则

要财务报表遵循了这些假设,就不需要进行额外披露。IAS 1 将会计政策定义为管理层在编报财务报表时采用的"原则、基础、惯例、规则和程序"(principles, bases, conventions, rules and procedures,见该文件第 8 段)。IAS 1 的核心建议是,财务报表应"清晰简明地披露所有重要的会计政策"(第 18 段)。

本森深度参与了该准则的起草过程,他重拟了指导委员会编写的草案,并向理事会同时提交了指导委员会的草案和经他重写的草案。虽然本森礼貌地表示他事先已经获得该准则的指导委员会主席的许可,但其行为毫无疑问体现了他掌控 IASC 的优越感。[15] 总的来说,本森对自己的写作能力非常自豪,因为他曾主持过大量的政府报告和其他报告的写作工作,积累了很多经验,而且他显然也希望把他那种冠集体著作权的做法沿用在 IASC 的准则制定过程之中。[16]《征求意见稿第 1 号》(E1)和 IAS 1,最终都是以本森撰写的草案为基础的。

然而,有影响力的并非本森一人。在 IAS 1 第 20 段中,"企业不应当以披露会计政策、附注或解释性信息的方式来纠正财务报表项目中的错误或不恰当的会计处理"这一条款是荷兰代表彼得·卢沃斯提出的。随后卢沃斯在荷兰国内的讨论中将其作为支持证据,尽管当时荷兰还没有普遍接受这一立场。[17] 法国代表团也积极参与 IAS 1 的起草,并提出了相当多的修订建议。有些建议(诸如资产负债表期后事项的披露建议)因与准则主题无明显关联而未被采纳。也有些修订建议被采纳了,例如"财务报表应列示上一期的相应金额"(第21段)。[18] 德国公共会计师协会(IdW)反复提出,要将审慎性提升到基本概念的高度,以使 IAS 1 与欧共体第四号公司法指令保持一致,但该提议未得到支持。让德国公共会计师协会(IdW)感到

---

15. "International Accounting Standard 1—Note by the Chairman", AP 11/1973, unnumbered paper.

16. 整理自 2003 年 9 月 25 日作者与 Richard J. Simmons 的访谈记录。另见 Henry Benson, *Accounting for Life*,86–87。

17. 关于 Louwers 的影响力,请参见 Henk Volten, "IASC en NIVRA", *De Accountant*,82/10(1976.06),577–578。另见 P. Sanders, G. L. Groeneveld, and R. Burgert, *De jaarrekening nieuwe stijl*(Alphen aan den Rijn: Samsom, 1975),123–124。

18. 法国提出的修订建议见 AP 11/1973 paper 4。根据1980年的报道,在法国,"在报表中列示往年可比数据尚未成为通行做法"。*Comparative Reporting and Accounting Practices in France*(Paris: Deloitte Haskins & Sells, France, 1980),18。

恼火的是，之前在研究组和欧洲财政经济会计专家联盟（UEC）中支持审慎性的一些国家的公共会计师行业协会，现在却纷纷倒戈。[19] 但最终，IAS 1 获得一致通过并予以公布。[20]

  本森不仅在准则的文字内容中留下了自己的印记，还在 IAS 1 公布前后的宣传中留下了自己的身影。为确保受到最大程度的关注，他先是精心策划了一场新闻发布会，接着与选定的几家报社进行了私人会晤。[21] IASC 拟定的新闻稿，标题就是"亨利·本森爵士推出第一项国际会计准则"。[22] 本森在新闻发布会上的突出表现获得了媒体的广泛报道。至少在英国，关于他的报道真的是非常多。《泰晤士报》（The Times）以"高速亨利爵士"（High-Speed Sir Henry）为题撰文写道，IAS 1 的制定"速度如此之快"，很大程度上"必须归功于 IASC 的主席亨利·本森爵士，因为他不遗余力地在世界各地对 IASC 进行了推广"。[23]《每日快报》（Daily Express）虽然掌握的事实信息并不完整，但它的报道的主基调是正确的："委员会中有来自 23 个国家的行业协会，其中英国同行处于领导地位。"但是当谈到 IAS 1 公布的意义时，《华尔街日报》发现："委员会的大多数成员表示，采用新准则不会对其所在国家产生太大影响，但法国代表罗伯特·马扎尔指出，IAS 1 代表了法国向前迈出的一大步。"[24]

  对于英语国家来说，IAS 1 是一项具有象征意义的准则，尽管它包含一些超出当前实践或现行要求的条款。[25] IASC 通过 IAS 1 发出了一种信号：

---

  19. AP 11/1974 paper 8. 另见 Hans Havermann, "Organisation und Thematik der internationalen Facharbeit und ihre Auswirkung auf die tägliche Berufsausübung", *Die Wirtschaftsprüfung*, 28/1–2, 1/15（1975.01）, 16。

  20. IASC meeting of 5–6 November 1974, minute 7.

  21. Richard Simmons 给 Henry Benson 的备忘录，1974.11.21, IASC archive, file "Sir Henry Benson"。

  22. "International Accounting Standards Committee News Release", 1975.01.16, IASC archive, history file.

  23. "Business Diary: High-Speed Sir Henry", *The Times*, 1975.01.17.

  24. "Accounting Group Issues First Standard in Planned Uniform International Rules", *The Wall Street Journal*, 1975.01.17.

  25. Joseph P. Cummings 在 1976 年发现，在"美国官方文件里并没有（像 IAS 1 规定的那样）要求提供可比财务报告，虽然 SEC 和证券交易所均有此要求"。当时，美国注册会计师协会考虑过是否请财务会计准则委员会关注该情况。*International Accounting Standards—The Outlook*, 4th Ross Institute Seminar in Accounting（New York: Vincent C. Ross Institute of Accounting Research，1976）, 5.

第 5 章 "妥协于协调"：编写 IASC 的早期准则

IASC 已开始工作并能够在合理的时间内制定会计准则。"[26]

亨利·本森爵士（Sir Henry Benson）向媒体展示 IAS 1
（1975 年 1 月摄于伦敦）

本森在新闻发布会上致辞时说："我认为，以后人们在回顾会计行业的历史时，很可能会把今天视为会计行业发展的转折点，或者说是新纪元的起点。"[27] 然而接下来，他没有讨论准则本身，而是集中阐述了 IASC 的概况、组织结构以及未来的计划，计划的主要内容之一，是 IASC 打算每年颁布 3~4 项准则。IAS 1 的新闻稿只给出了该准则的名称，关于准则的具体内容则只字未提。本森在 1975 年通过演讲和文章对 IASC 大加渲染，但对于 IAS 1，他发表的唯一评论就是宣布了一个简单而重要的事实——该项准则业已公布。仅此而已。[28] 这就是为什么英文媒体上关于 IAS 1 以及之前

---

26. 参见 Benson 的陈述："（IAS 1）产生的影响纯粹是出于一项国际会计准则即将发布这一事实。"引述于：David Simpson, "Benson Unbends on the Standards in His Life", interview with Sir Henry Benson, *Accountancy Age*, 6/3（1975.01.17）, 12。

27. "International Accounting Standards Committee News Release", 1975.01.16, IASC archive, history file.

28. 参见 Henry Benson, "The Work and Purpose of the International Accounting Standards Committee", *The Australian Accountant*（1975.01.02）, 24–29。Benson 于 1975 年 4 月 23 日在法国注册会计师协会组织的一次会议上宣读了相同内容，见 "Le programme d'harmonisation des principes et méthodes comptables à l'échelon international: la tâche de l'I.A.S.C.", *Revue Française de Comptabilité*, no. 56（1975.12）, 668–7。

的《征求意见稿第 1 号》（E1）的报道，普遍是这样一副面孔："看似平淡无奇，却是国际交流的艰难开端。"[29]

然而在法国看来，IAS 1 绝不是简单复述了其所熟悉的东西。多米尼克·勒杜布勒是一名法国审计师，他曾协助马扎尔处理指导委员会工作，并于 1976 年至 1981 年担任法国观察员。他撰写的一篇很有深度的文章指出，IAS 1 基本反映的是美国和英国公共会计师行业的准则编写机构的观点。事实上，IAS 1 中的会计政策示例清单，与美国证券市场上的公认会计原则的主题"完全一致"。因此，IAS 1 就像是"盎格鲁-撒克逊（Anglo-Saxon）文本的国际版本"。IAS 1 的整套理念并不为法国人所熟悉，事实上，很难从法国会计词汇中挑选出适当的词语，来翻译 IAS 1 中提到的"应计概念"（accrual concept）。实质重于形式的概念就更难落地了。尽管翻译起来并不难，但如果非要把这个提法放到法国财务会计制度框架中去，则会显得非常别扭。法国的《会计总方案》（PCG）对财务报告采取明确的法治化立场，其基础理念是，"统一性，亦即严格遵守偶尔显得随意的规则，是值得提倡的"。[30] 法国会计界对 IAS 1 的反应，在众多抱怨 IASC 准则受盎格鲁-撒克逊惯例支配的声音中尤为突出，想来真是不无道理。

5.5　温和的雄心：从 IAS 2 到 IAS 5

IAS 1 的制定进程可谓进展迅猛，并且没有出现大问题，于是，理事会开始认真研究着手编写下一项准则。IAS 1 的规定在很大程度上是不言而喻的，并且对报告企业的收益或财务状况没有任何影响。因此，这项准则的完成并不会让外界对 IASC 的程序或目标产生质疑。但在编写下一项准则时，IASC 不得不处理一些基本问题。这些问题包括：来自 9 个国家或地

---

29. "A Step Toward Uniform Accounting"，*The Financial Times of Canada*，1974.03.11. 另见 "How We're Moving Towards Worldwide Accounting Rules"，*The Financial Post*，1974.03.23；"First Hurdle Passed"，*Accountants Weekly*，1974.03.08；"International Accounting Group Moves Toward Setting Up Uniform Global Rules"，*The Wall Street Journal*，1974.03.06。

30. D. Ledouble，"Quelques remarques sur la première recommendation emise par l'I.A.S.C."，*Revue Française de Comptabilité*，no. 43（1974.10），375–380。

第5章 "妥协于协调"：编写 IASC 的早期准则

区的公共会计师行业协会的领导们在组成理事会之后，应当如何着手拟定并处理技术性的议程？技术性的议程应当涉及哪些主题？会计准则是否需要做开天辟地的创新？对于同一事项或交易，是否应当允许多种会计处理方法存在？是否应当要求各方代表一致同意才能达成一项决议？IASC 的章程和协议为这些问题提供了部分答案。IASC 仅发布较为基本的准则，且需经 3/4 以上的成员表决通过。但这实际上最终取决于理事会所达成的一致意见。

在决定要公布的准则时，理事会还必须注意外部环境的影响。对于外界来说，IASC 在公布《征求意见稿第 1 号》（E1）之际，只是一个可能具有较大潜力的不知名的组织。因此，外界可能会根据 IAS 1 之后公布的几项准则的征求意见稿来判断 IASC 的意图，并在必要时提醒 IASC 不要越界或敦促 IASC 确定立场。

《国际会计准则第 2 号》（IAS 2）到《国际会计准则第 5 号》（IAS 5）的制定工作，似乎让理事会及其下属各小组委员会的许多成员认识到，制定国际会计准则需要做出的让步和妥协，远远超出了他们先前的预期。为了协调理事会内部的意见分歧，也为了处理好外界的意见，委员会不得不接受这样的现实：措辞强硬的立场不一定能得到足够的支持，少数人的意见也不容忽视。荷兰观察员亨克·沃尔顿写道，到了 1975 年年底，"在经历了无法避免的斗争之后，大家变得相互熟识，也理解了对方的不同观点……在各方立场冲突的情况下，大家非常希望（准则建议稿）能够在各方一致同意之后予以公布"。[31]

IASC 将接下来 4 项准则的主题确定为存货计价（IAS 2）、合并报表（IAS 3）、固定资产折旧（IAS 4）以及财务报表的基本披露（IAS 5）。这 4 个主题都是基本议题而非"复杂"议题。[32] 4 项准则的编写工作均进展顺利。因此，1976 年 IASC 首次实现了"每年公布 3 到 4 项准则"的既定目标。然而事实证明，在 1987 年以前，每年公布 3 项准则，已经是 IASC 在大多数情况下可以完成的最高目标。IASC 在一年里公布 4 项新准则的成就，仅在 1983 年实现过。

征求意见稿公布后，引来了大量评论意见，这令 IASC 深感满

---

31. Henk Volten, "IASC en NIVRA", *De Accountant*, 82/10（1976.06），578.
32. AP 1/1974 paper 11.

意。[33]IASC秘书处将信件内容逐字录入电脑后，再将之按照准则主题进行分类，这样就可以比较不同准则的意见反馈数量。经整理后，4份征求意见稿收到的评论函超过100页。其中《征求意见稿第3号》（E3）的评论函就多达183页，这一记录直到1989年《征求意见稿第32号》（E32）公布时才被打破。从E6到E32，只有2份征求意见稿收到了超过100页的评论函，其中一份最终形成了关于所得税费用的会计处理的《国际会计准则第12号》（IAS 12），另一份最终形成了关于租赁的会计处理的《国际会计准则第17号》（IAS 17）。[34]

5.5.1　IAS 2：存货

这份准则的主题最初拟定为"库存商品与在产品的计价"（valuation of stock and work in progress）[35]，但最终准则中使用的是"存货计价"（valuation of inventories）——这是美式而非英式用语。这个主题的涵盖内容可以有很多，但是很快，指导委员会提议将建造合同排除在外，全体理事会决定将准则内容限定为以历史成本为基础的存货计价，从而将这一主题缩小到可控范围之内。后一项决定令荷兰代表团大失所望，因为荷兰有着悠久的重置价值会计（replacement value accounting）传统，而荷兰注册会计师协会（NIVRA）在向海外推广该理念方面非常积极。[36]考虑到这些限制，从项目启动至1975年7月IAS 2经批准公布期间，仍有两个主要问题需要解决。第一个问题是应当如何看待除先进先出法（first-in, first-out, FIFO）以外的其他备选会计处理方法，尤其是后进先出法（last-in, first-out, LIFO）和基本库存法（base stock method）。第二个问题是是否应当允许使用直接成本法（direct costing）。

由于与税收相关，美国企业广泛使用后进先出法。尽管在其他一些

---

33. A. I. Mackenzie, "The Progress of the International Accounting Standards Committee: The First Two Years", *The Accountant's Magazine*, 80/4（1976.04）, 137.

34. E1的评论函整理稿没有被保存下来。IASC依赖整理稿的不幸后果是，寄件人的身份往往无法确定。除了少数例外，20世纪90年代以前收到的评论函原件都没有被保存下来。整理稿中标注了每条反馈意见来自哪个国家。但在1985年以前，整理稿大多数情况下并没有标注寄件人的身份，尽管我们通常可以推断出寄件人的身份。

35. IASC meeting of 29 June 1973, minute 9（c）.

36. 参见AP 4/1974 paper 3以及NIVRA在AP 7/1975 paper 3的反馈意见。

第 5 章 "妥协于协调"：编写 IASC 的早期准则

国家也有少数企业在使用后进先出法，但国际上一般视其为典型的美式做法。[37] 1971 年，欧洲经济共同体（EEC）发布第四号公司法指令草案，赋予后进先出法和先进先出法同等的法律地位（第 37 条）。而欧洲大陆则习惯使用基本库存法，其效果与后进先出法差不多。

担任该准则的指导委员会主席的，是来自加拿大的霍华德·里昂。指导委员会和全体理事会都对如何处理后进先出法犹豫不决。[38] 当时，指导委员会里没有美国代表。指导委员会认为，应当将后进先出法视为"其他可接受的方法"（other acceptable practice），列入次要会计处理方法，排在"首选方法"（preferred practice）先进先出法的后面。但 IASC 全体理事会支持将后进先出法和先进先出法同等看待。后来达成了一个折中方案，准则没有把后进先出法明确列为"次优选择"（less preferred）或"其他可接受"的方法，只是要求企业在采用后进先出法时进行额外披露。[39] 正如加拿大公共会计师行业对 1974 年 9 月公布的《征求意见稿第 2 号》（E2）的评论函所言："看来，允许使用后进先出法是 IASC 向我们南边的朋友做出的让步；当然，他们乐于采用后进先出法是出于对税务的考虑，而非会计方面的考虑。"[40] 虽然后进先出法在美国很受欢迎，美国代表团可能对该方法表达了支持态度，但在 20 世纪 70 年代早期，它并不是美国大型企业的惯用做法。[41] 其他国家也有采用这种方法的情况。例如，当希腊和印度的公共会计师行业协会在评论函中表态支持后进先出法时，它们都提到了本国的实践。另外，也有一些来自美国的评论函表示其反对后进先出法。可见，后进先出法的反对者和支持者，是无法按照国别来整齐划一地分组的。

---

37. *Accounting Principles and Reporting Practices: A Survey in 38 Countries*（Price Waterhouse International，1973），Table 138.

38. 其他成员为中岛省吾（来自日本）和 Manuel Galván（来自墨西哥）。

39. 在使用后进先出法时，必须披露采用后进先出法下的账面价值与采用先进先出法或现行成本法下的账面价值之间的差额。请比较第一稿和第二稿（AP 4/1974 paper 4 和 AP 7/1974 paper 3）以及指导委员会对第二稿的附信（AP 7/1974 paper 2）。在 1973 年 2 月 15 日发布的《会计系列公告第 141 号》（Accounting Series Release No. 141）中，SEC 对使用后进先出法的企业提出了类似的披露要求。

40. AP 7/1975 paper 3.

41. 1974 年，美国注册会计师协会对 600 家工商企业进行了年度调查，见 *Accounting Trends & Techniques*（New York: AICPA，1974），90—91。调查显示，1973 年，在 600 家公司中有 150 家使用了后进先出法对部分或全部存货进行会计处理。

指导委员会坚决认为不应使用"基本库存法",这一观点在征求意见稿中已经明确。这就使德国产生了疑问——德国方面会质疑,为什么允许采用后进先出法,而不允许采用在德国广为人知的基本库存法。[42]荷兰代表团也表示难以接受,因为其将基本库存法视为重置价值会计在利润表中实际运用时的近似替代。因此,荷兰代表考虑投反对票。许多英国企业也游说采用基本库存法,因为如果IASC接受该方法,就可能有助于推翻英国《标准会计实务公告第9号》(SSAP 9)在这方面的立场。[43]面对这种压力,IASC在IAS 2中给予了基本库存法与后进先出法同等的地位。

指导委员会首选完全成本法(absorption costing),将直接成本法(direct costing,或称变动成本法(variable costing))作为可接受的备选方法。在指导委员会中派出代表的墨西哥公共会计师行业允许采用直接成本法,澳大利亚亦是如此。[44]美国证券市场上的公认会计原则禁止采用直接成本法,英国和爱尔兰的公共会计师行业协会联合组建的会计准则指导委员会(ASSC)所公布的准则草案也禁止采用该方法。E2也采纳了这一立场,规定使用完全成本法。[45]但在1975年5月,也就是IAS 2被批准的两个月前,ASSC公布了SSAP 9。与征求意见稿不同,SSAP 9没有提及能否采用直接成本法。ASSC已经改变了立场,随后英格兰及威士特许会计师协会(ICAEW)在给IASC的E2评论函中也开始支持同等看待完全成本法和直接成本法。南非和澳大利亚寄来的评论函中也有支持直接成本法的意见出现。最终,这两种方法在IAS 2中都允许采用。

5.5.2　IAS 3:合并财务报表与权益法

到了20世纪70年代中期,合并财务报表在IASC各成员国的上市公司中尚未得到普遍应用,但是很明显,这种做法正在迅速传播。凭借1976

---

42. Havermann, "Organisation und Thematik der internationalen Facharbeit", 16.

43. "World Standard Ammunition for Critics of SSAP 9", *Accountancy Age*, 6/40(1975.10.10), 1.

44. Comisión de Principios de Contabilidad, *Principios Aplicables a Partidas o Conceptos Específicos: Boletín C4 Inventarios*(Instituto Mexicano de Contadores Públicos, 1973.10), paragraph 21; D2 "Treatment of Stock-in-Trade and Work in Progress in Financial Accounts"(issued in December 1963), paragraph 8.

45. 1972年5月,会计准则指导委员会(ASSC)发布了《征求意见稿第6号:库存商品和在产品》(ED 6, "Stocks and Work in Progress"),在附录I中明确排除了变动成本法。

第 5 章 "妥协于协调"：编写 IASC 的早期准则

年公布的《国际会计准则第 3 号》（IAS 3），IASC 在一项重要的会计议题上做到了引领实践。

美国证监会（SEC）自 20 世纪 30 年代起开始要求其监管范围内的企业编制合并财务报表，英国自《1947 年公司法》也开始要求企业编制合并财务报表。在其他国家，强制编制合并财务报表的时间并不是很长，例如，德国于 1965 年开始要求企业合并报告德国国内的子公司，荷兰 1971 年才开始出台类似规定。而诸如法国和日本等国家当时尚未强制要求企业编制合并财务报表。[46]关于合并财务报表的欧共体第七号公司法指令正处于制定过程中，直到 1983 年才颁布。IASC 在起步阶段就决定染指合并财务报表问题，可能是希望对欧共体第七号公司法指令的制定产生一定影响。

考虑到法国等国家采用合并财务报告只是时间问题，IASC 很轻易地就在一项核心要求方面达成了共识，即所有母公司都应公布合并财务报表（第 34 段）。IAS 3 虽然在这一核心问题上意见非常明确，但在合并原则的选择方面却相当灵活。在这方面，主要有两个问题需要解决：其一，是否应将业务"不相似的"子公司排除在合并范围之外，比如工业母公司的金融子公司；其二，如何定义"子公司"，是将其定义为母公司拥有半数以上表决权的公司，还是应以子公司财务和经营政策是否受母公司控制为基础进行更笼统的定义。

针对以上问题，由乔·卡明斯（来自美国）担任主席的指导委员会主张明确制定以下规则：其一，不能将业务不同的子公司排除在合并范围之外，以免（企业在执行准则时加入）主观理解；其二，应以表决权为基础定义子公司，因为这种定义更"明确"（unambiguous）。[47]但如此一来，准则就会与许多国家的法规和实践相抵触。有鉴于此，全体理事会决定，在确定哪些被投资企业应归类为子公司时，应同时考虑表决权和其他能够形成控制的手段，从而与一些欧洲国家的实践保持一致。针对与母公司业务

---

46. 美国的情况参见 R. G. Walker, *Consolidated Statements: History and Analysis* (New York: Arno Press, 1978), chapter 13。随着欧共体第七号公司法指令的执行以及《会计总方案》在 1986 年的变更，法国于 1985 年 1 月 3 日在第 85-11 号法律中强制规定企业必须进行合并报告。日本于 1977 年开始强制规定上市公司进行合并报告。

47. AP 4/1974 paper 5（cover note to first draft）。除了 Cummings，指导委员会成员还包括 Noel Buckley（来自澳大利亚）和 Krafft von der Tann，之后由 Hans Havermann（来自德国）接替。

不同的子公司，指导委员会提议，不论母子公司的业务是否相同，都应将所有子公司纳入合并范围；全体理事会也同意该项提议。尽管这一观点与美国证券市场上的公认会计原则存在差异，它还是被纳入1974年12月公布的《征求意见稿第3号》(E3)之中。

E3中还有一条有趣的规定，要求企业"按照主要地理区域、所属大陆或国家分别分析"企业集团的营运资本、长期资产和长期负债（第64段）。这种不经意地涉入分部报告领域的行为值得关注。在美国和英国，强制披露分部报告的时间还不长。[48] 1974年，欧共体公布了第四号公司法指令草案，其中包含地区和业务分部报告的相关要求，但这并没有引发异议。[49]

总的来说，E3有望引起人们的注意，而且事实也的确如此。如前所述，在IASC 1987年之前公布的所有征求意见稿中，E3收到的评论函（经整理后）页数是最多的。大部分评论来自英国和爱尔兰、澳大利亚、加拿大和南非的公共会计师行业。美国、荷兰、日本、瑞典、斯里兰卡和印度方面也提供了大量的反馈意见。来自德国、法国和墨西哥的反馈意见相对较少。评论意见从完全支持到完全反对的都有。批评最集中的几点意见包括E3过于冗长、过于详细、不属于基础性内容，以及与当地法律或准则相抵触。

对E3的最强烈反对并非来自尚未引入合并财务报告惯例的国家，而是来自英国和美国的公共会计师行业。来自英国的反馈意见尤其值得关注，其对IASC试图改变英国会计实务做法的想法感到震惊。会计准则指导委员会（ASSC）主席罗纳德·利奇爵士在回应E3时写道：

> 我所在的委员会敦促我向您致函……以最清晰的方式向您说明，我们认为，目前的文件不适合作为国际准则公布。我的委员会还担心，征求意见稿中的提议可能会剥夺英国企业依法采用替代性

---

48. 在英国，《1967年公司法》规定按业务范围进行分部报告。在美国，SEC自1969年起就要求新上市企业按业务范围设分部，并分别于1970年和1974年将这一要求扩大到10-K报告和给股东的年度报告。

49. 例如，荷兰的情况可参见"(Gewijzigd) voorstel voor vierde EEG- richtlijn—Rapport van de Commissie Ondernemingsrecht"，*De Accountant*，81/5（1975.01），319。尽管如此，第四号公司法指令最终稿确实写有披露分部销售收入的要求（第43.8段）。

第 5 章 "妥协于协调"：编写 IASC 的早期准则

方法列报集团账目（group accounts）的权利。[50]

来自英国的其他反馈意见也认为，国际准则不应当限制英国法律原本允许的灵活性。从字面上看，这是 IASC 不能接受的。对于 IASC 来说，明智的做法可能是确保公布的准则至少与各国多个法律要求可选项中的其中一项相符——IASC 在之后的几年里也经常是这样做的。但是要想让 IASC 的准则囊括所有国家法律允许的所有做法，那么这些公布的准则将没有任何意义。然而 IASC 还是不得不做出一些让步。而对英国来说，最具争议的规定就是强制要求母公司合并报告业务不同的子公司。

E3 的这一规定在美国也遭到反对。本书第 6.6.2 节将对此进行更为深入的讨论。用卡明斯的话说，要求合并报告业务不同的子公司的建议在美国"暴得大名"（hit the fan），它让很多人意识到，IASC 可能会对美国（国内资本市场）造成影响。[51]最后，IAS 3 采纳了英国和美国方面的建议，豁免了将业务不同的子公司强制纳入母公司合并范围的要求（第 37 段）。

还有许多意见反馈者对地区分部报告的建议发表了反馈意见。也许令人惊讶的是，只有极少数人从根本上反对分部报告。而不少人的反馈意见是，IASC 应该另行公布准则来专门解决这个问题。IASC 采纳了该建议。1976 年 3 月通过的 IAS 3 的最终版，比 E3 要简略得多，仅要求企业在必要时"公允披露在其他国家经营的特殊风险"（第 47e 段）。而在 1976 年 7 月，IASC 便将起草分部报告准则的项目加入了工作议程。

事后来看，IAS 3 可以说是 IASC 在 1987 年之前公布的最为重要的一项准则。[52]这是第一份检验国际会计界对 IASC 准则的支持意愿的准则。它为许多国家所关注的重大问题提供了明确的指引。据称，欧共体在制定第七号公司法指令的过程中经常参考 IAS 3。此外，IAS 3 的颁布引发了广泛

---

50. 参见 1975 年 4 月 22 日 Leach 写给 Benson 的信，转载于 AP 10/1975 paper 2（b）。《1947 年公司法》第 150（2）（b）（iii）条规定，如果董事认为"控股公司的业务与子公司的业务有很大差异，无法合理视为一个企业"，那么可以将子公司排除在集团报表外。

51. Joseph Cummings, cited in *International Accounting Standards—The Outlook*, 5.

52. Allan Cook 称 IAS 3 为"最重要的准则之一"。见 "Cook Sets Standards for International Accounts", *Accountancy Age*, 1981.11.27, 14。John Kirkpatrick 称之为"我们所制定的最为成功的准则之一"，参见 John N. Slipkowsky, "IASC Chairman Kirkpatrick on International Standards", *Management Accounting*（NAA）, 68（1986.10）, 29。

关注，这大大地提高了 IASC 的知名度。

在工作安排方面，IAS 3 的颁布表明，IASC 创始人对 IASC 的支配力已经有所减弱。之前，亨利·本森通过重写指导委员会编写的草案，干预了 IAS 1 的起草过程。IAS 3 是 IASC 最初工作计划中的第二项议题，本森起初也想如法炮制。但与 IAS 1 的指导委员会主席不同，卡明斯不允许本森插手该准则，从而引发了一场"小小的争吵"。据称，卡明斯是 IASC 中唯一一位敢于抵抗本森的委员。之后，本森便不再参与准则的起草工作。[53]

5.5.3　ISA 4：折旧会计

与 IAS 3 相比，1976 年 7 月通过的《国际会计准则第 4 号：折旧会计》是一个简单的准则。它只是要求企业对所有可折旧资产进行系统性折旧，没有规定或讨论特定的折旧方法。此外，它要求企业按资产类型披露某些基本信息，如折旧方法和折旧率、资产总账面价值和累计折旧。

起初，IASC 并不想把 IAS 4 设计得这么简单。准则纲要显示，这项准则原本涉及折旧额、折旧方法、投资补助、税收问题以及折旧方法的变更等较为宽泛的内容。[54]第一版准则草案指定直线折旧法为标准方法，并要求企业在采用其他方法时披露其与标准方法的差异。[55]理事会表示同意，还增加了额外规定，取消了某些折旧方法，尤其是那些会导致折旧费用随时间推移而增加的方法。然而，由托尼·凯温（来自澳大利亚）担任主席的指导委员会在进一步思考后认为，"取缔当前在实务中应用的某些特定方法违背了 IASC 制定基本准则的初衷"。[56]因此，1975 年 4 月通过的《征求意见稿第 4 号》（E4）不再单独排除任何一种折旧方法。此外，委员会显然不能或不愿意证明直线折旧法更胜一筹，因此 E4 取消了将"每年计提等额折旧费用"作为基准方法的规定。

起初，一些观察员在递交的评论函中指出，国际准则变得太初级了，其至少应该在选择折旧方法方面提供一些指引。赞比亚会计师协会写到，

---

53. 整理自 2003 年 9 月 25 日作者与 Richard Simmons 的访谈记录。
54. AP 7/1974 paper 23.
55. AP 11/1974 paper 13.
56. AP 4/1975 paper 1.指导委员会其他成员包括 Doug Thomas（来自加拿大）和 Robert Mazars（来自法国）。

第 5 章 "妥协于协调"：编写 IASC 的早期准则

这份征求意见稿"令人失望"，因为它"只是重申了会计师多年来在实务中一直采用和实施的原则"。[57] 鉴于反馈该意见的国家，比创始成员国更有可能使用 IASC 编写的准则，因此，这是一个值得注意的信号。在此类反馈意见的基础上，指导委员会提议，在准则中插入一条，以鼓励企业选择"最能恰当地反映资产的服务能力在每个会计期间的消耗程度的方法"，[58] 但理事会并未接受。毕竟，E4 的普适性也可以被视为一种优点。美国的一个"专业组织"写道："我们认为，这份征求意见稿具有一定的普适性（generality），这符合 IASC 的目标。"[59]

尽管一些反馈意见认为 IAS 4 可能过于平淡，但它至少包含一项后来颇具争议的要素。英国会计准则编写机构——自 1976 年起更名为会计准则委员会（ASC）——于 1977 年 12 月公布了《标准会计实务公告第 12 号：折旧的会计处理》（SSAP 12）。与 IAS 4 一样，SSAP 12 认为所有的不动产都是可折旧资产，但 ASC 将投资性房地产暂时排除在 SSAP 12 的适用范围之外。随着 1980 年 9 月《标准会计实务公告第 19 号：投资性房地产的会计处理》（SSAP 19）的公布，投资性房地产不提折旧从临时性规定变为了永久性要求。因此，从 1977 年年底开始，IAS 4 就与英国和爱尔兰的会计准则发生了重大冲突（另见第 6.5.1 节）。会计准则委员会（ASC）在完成 SSAP 19 后向 IASC 表示，"有必要"重新考虑 IAS 4，"该项目比您正在考虑的某些深奥议题更重要"。[60]

5.5.4　IAS 5：财务报表应披露的信息

《国际会计准则第 5 号》（IAS 5）与 IAS 4 类似，最初的计划颇具雄心壮志又不失合理性，但最后公布的准则却平庸无奇，这让人们更加感觉 IASC 太过执拗于编写基本的准则。该项目的目标，是列出对财务报表的基本披露要求。首先，该准则笼统地规定，企业应披露使"财务报表清晰易懂所必需的"所有重要信息。英国和荷兰的公共会计师行业则更倾向于采

---

57. AP 7/1976 paper 2.
58. AP 7/1976 paper 6.
59. AP 7/1976 paper 2.
60. 参见 J. P. Carty（ASC 秘书）写给 Allan Cook 的信，1980.07.02，IASC archive, IAS 4 documentation file。

用"真实和公允视角"(true and fair view)一词作为核心标准,但这样的表述显然缺乏足够的支持。[61]在这项一般性规定之后,准则的主体内容列出了要求披露内容的标题和子标题清单,主要涉及资产负债表以及某些需额外附脚注披露的事项。

由曼努埃尔·加尔万(来自墨西哥)担任主席的指导委员会,所编写的第一版草案比最终公布的准则要长很多,且包含一些难以自证合理性的披露要求。[62]其中一个是又一次出现的区分业务类别来披露销售额的要求,另一个是"根据公司业绩分析纳税情况,披露当期应纳税额和递延税额的要求"。[63]如前所述,有关合并报表的 E3 也曾要求披露地区分部信息。就在理事会批准 E3 几个星期之后,披露业务分部的要求出现在了 1974 年 11 月的会议讨论中。[64]理事会虽然不能从根本上反对分部报告,但还是从草案中删除了分部报告的相关规定。披露纳税信息的要求也被删除了。最后,《征求意见稿第 5 号》(E5)于 1975 年 4 月获得批准。

E5 再次令赞比亚会计师协会失望,其认为该征求意见稿"谨慎得过了头"。创始成员国也提出了类似的批评意见。加拿大某公共会计师行业组织写道:"让我们印象深刻的是,E5 等文件非常笼统,让人感觉它们可能真的是微不足道。"来自英国和爱尔兰的反馈意见认为,E5"相当初级",而且很粗糙。投资分析师协会(Society of Investment Analysts)也向 IASC 表达了失望之情:"(E5)要求实在太少,尤其是对利润表的处理要求过于粗略,我们甚至不知道为什么 E5 还试图对利润表提出要求。"[65]尽管如此,IASC 还是没有对 E5 进行大幅修改,而是于 1976 年 7 月批准公布了 IAS 5。尽管大家都批评这项准则太过初级,但它并非完全没有作用。据称,IAS 5 的部分规定使法国的《会计总方案》(PCG)发生了变化。[66]

---

61. AP 7/1976 paper 12.
62. 其他成员是 Krafft von der Tann(来自德国)和 Alexander Mackenzie(来自英国和爱尔兰)。
63. AP 11/1974 paper 15.
64. E3 最终稿于 1974 年 10 月以邮寄投票方式获批通过。
65. AP 7/1976 paper 12.
66. Jean-Claude Scheid and Peter Standish, "Accounting Standardisation in France and International Accounting Exchanges", in Anthony G. Hopwood(editor), *International Pressures for Accounting Change*(Hemel Hempstead: Prentice-Hall International, 1989), 168.

第 5 章 "妥协于协调":编写 IASC 的早期准则

5.5.5　IASC 的政策初具雏形

在 1976 年 10 月 IAS 5 公布时,IASC 已经有了明确的方向。虽然 IAS 1 没有引发争议,但 IAS 2,尤其是 IAS 3 的征求意见稿都收到了强烈的反对意见。英国的公共会计师行业明确反对 IASC 限制本地法律法规的灵活性。在美国,几项准则最初的征求意见稿都曾引发"不满和反对",即便准则最终考虑了美国的观点,这种"不满和反对"的情绪仍然没有消散。[67] 另外,IAS 4 和 IAS 5 的目标可能不够高远。乔·卡明斯在 1976 年 11 月接任 IASC 主席后试着进行了经验总结:

> 我们曾拥有理顺世界的一腔热忱,但我们很快就意识到需要冷静一点。IASC 最好保持其准则基本、简单,也许覆盖范围最好也不要超出那些拥有成熟市场的国家的现行准则。[68]

IASC 开始酝酿成型其面向 20 世纪 70 年代和 80 年代大部分时期的发展战略。从本质上讲,IASC 的战略是消除人们普遍认为不可接受的做法,而不是非得在被视为有效的多种替代方案之间做选择,或者非要取缔那些先进的会计环境中的主流做法。IASC 的这种政策有时被称为"切掉煎蛋的边缘"(to cut off the edges of the omelette)。[69]

IAS 1 已经为这一战略奠定了基础。IAS 1 宣称,"即便针对同一项目,企业采用的会计政策也各有不同;企业在根据自身情况选择和使用最能恰当地反映其财务状况和经营成果的会计政策时,需要做出判断"(第 8 段)。在此阶段,IASC 的目标是限制会计政策的多样性并使其透明,但不强求统一。

20 世纪 80 年代早期,汉斯·伯格拉夫主席在许多演讲和文章中,尽

---

67. Anonymous us observer, quoted in Alister K. Mason,*The Development of International Financial Reporting Standards*,ICRA Occasional Paper No. 17(Lancaster: International Centre for Research in Accounting,1978),111.

68. Joseph P. Cummings, "Bringing the World Together at IASC",*World*(Peat,Marwick,Mitchell & Co.),Winter 1976,6.

69. 整理自 2003 年 6 月 5 日作者与 Georges Barthès 的访谈记录。

可能明确地、前后一致地宣传了 IASC 的这一政策。[70] 在 20 世纪 70 年代后期，IASC 的某些成员也表达过这一观点，但有时并非十分确定。[71] 虽然部分成员一直对这一政策比较满意，但对其他成员来说，这是一种退步，亨利·本森就是持这一观点的典型代表，他在 1980 年指出：

> 无论如何，提供替代方案的做法都与 IASC 的整体理念（the whole concept）背道而驰，或者至少可以说有悖于 IASC 成立初期的整体理念。IASC 的目标是减少可选方法，以确保合理程度的一致性或可比性。在这方面，我是绝对主义者。我相信，一旦认可多种可选方法的存在，理事会就无法制定出有价值的准则。[72]

本森在减少可选方法和追求"合理程度的一致性"方面是个"绝对主义者"，他所能接受的妥协，也就是在 IAS 2 中同时包含先进先出法和后进先出法这种程度。即便对于 IAS 2，本森仍然觉得失望，他抱怨道："我认为这样做无法实现信息的可比性。"[73]

5.6　从未启动的项目：审计准则

如第 3.4.3 节所述，在 1972 年和 1973 年的筹备讨论过程中，参会人员提出了 IASC 是否应关注审计准则的问题。当时的意见是，该问题留待将来解决。在 IASC 创始阶段，亨利·本森主张将审计相关主题纳入 IASC

---

70. Hans Burggraaff, "Setting a Standard for the Whole World"，*Accountants Weekly*，1980.09.26，22–5. 又见 1981 年 8 月 7 日美国会计学会年会上的讲话 "IASC: Obstacles and Opportunities"。

71. 例如，参见 Alexander I. Mackenzie, "The Progress of the International Accounting Standards Committee: The First Two Years"，*The Accountant's Magazine*，1976.04，138；"Benson Bangs the Drum"，*Accountancy Age*，7/20（1976.05.21），9；以及 John Grenside, "Search for Worldwide Harmony"，*Accountancy Age*，1980.12.05，18。

72. Henry Benson, "Establishing Standards Through a Voluntary Professional Process across National Boundaries"，in John C. Burton（editor），*The International World of Accounting: Challenges and Opportunities*，1980 proceedings of the Arthur Young Professors' Roundtable（Reston, VA: The Council of Arthur Young Professors，1981），32.

73. "Unifying Rules in Accounting"，*The New York Times*，1980.06.04，section D，2.

第 5 章 "妥协于协调": 编写 IASC 的早期准则

的工作议程。在接下来的若干年中，他也一直秉持这种态度。1974 年 1 月，他向理事会提交的建议主题清单中，包括 7 项审计议题和 20 项会计议题。他在随附的说明中建议，理事会应决定"是否将工作扩展到审计领域。虽然可能会出现意见分歧，但就我本人而言，我支持尽快开启一个审计项目"。[74]

本森此时热衷于开展审计工作的一大原因，可能也正是其他一些 IASC 成员希望推迟开展审计工作的原因。在这段时期，国际会计职业协调委员会（ICCAP）内部，正在对建立永久性国际秘书处或国际会计师联合会（IFAC）的事情进行协商（见第 7.3 节）。如果 IASC 决定挺进审计领域，那么国际会计职业协调委员会（ICCAP）拟设新组织的潜在重要性将会大幅衰减。类似地，那些对欧洲财政经济会计专家联盟（UEC）依旧忠诚，或者希望至少再给 UEC 一次机会的 IASC 欧洲成员，希望 UEC 可以与 IASC 一起在审计领域实现有意义的发展。实际上，IASC 和 UEC 确实在 1974 年达成了协议，双方将以此为目标进行任务分工。[75]

尽管如此，本森也没有放弃审计。1976 年年初，在即将结束主席任期之际，他与巴塞尔银行监管委员会进行非正式会谈，探讨了 IASC 在编写银行会计准则方面可能发挥的作用等问题（见第 5.10 节）。1976 年 3 月的 IASC 会议上讨论了此事。理事会虽然不甚情愿，但还是在本森的劝说下，通过非正式渠道让巴塞尔委员会了解了 IASC 想要开展审计方面的工作的意愿。[76] 然而在 1976 年的夏天，本森的主席任期结束，他未能见证这个合作项目开花结果。1976 年秋天，当巴塞尔委员会正式给乔·卡明斯写信说起本森的倡议，并邀请 IASC 讨论为银行制定会计和审计准则的可能性时，IASC 仍然决定仅仅探讨会计准则事宜。[77] 此后，随着本森的离开以及 1977 年国际会计师联合会（IFAC）的成立，关于 IASC 可以关注审计准则的建议，再也没有出现过。

---

74. AP 1/1974 paper 11.

75. Erwin Pougin, "UEC's New Concept", *Journal UEC*, 10/1（1975.01），10–12. 另见 IASC meeting of 5–6 November 1974, minute 14。

76. 1976 年 3 月 9—11 日的 IASC 会议纪要中没有提到该问题。Benson 在 1976 年 3 月 16 日写给 R. D. Galpin（英格兰银行）的信中概述了 IASC 在 3 月会议上的立场。

77. 参见 G. Blunden 于 1976 年 9 月 14 日写给 J. P. Cummings 的信件，AP 11/1976 paper 19。

5.7　通货膨胀会计：IAS 6 与 IAS 15

20 世纪 60 年代，物价变动会计受到了英语国家学术界的广泛关注。在德国和荷兰，这种关注可以追溯至 20 世纪 10 年代和 20 年代。尤其在荷兰，很多实务工作者都很支持重置价值会计。但直到 20 世纪 70 年代，通货膨胀会计才成为国际会计议程的重点。[78] 这是因为第一次石油危机导致 1974 年的通货膨胀率急剧上升。在整个 20 世纪 60 年代，IASC 创始成员国的一般物价水平增长率缓慢攀升，在 1970 年至 1973 年平均达到了 6%～7%。[79] 而在 1974 年，其平均物价增长率却一跃达到了约 15%。具有讽刺意味的是，在具有通货膨胀会计传统的国家，尤其是德国和荷兰，通货膨胀率仍然相当低或迅速恢复到较低水平。但英国和爱尔兰却受到了沉重的打击，其 20 世纪 70 年代中期的通货膨胀率有时甚至超过了 20%。在英国，通货膨胀核算已经成为一个严肃的政治问题。1975 年的《桑迪兰兹报告》(Sandilands Report) 就是这一问题的体现。澳大利亚、法国和美国的通货膨胀虽然不像英国那么严重，但其通货膨胀率也一直居高不下。

5.7.1　IAS 6：物价变动会计

IASC 在成立阶段并未将通货膨胀会计列为潜在话题。亨利·本森虽然早在 1971 年就意识到了通货膨胀会计的重要性，但直到 1974 年 1 月向 IASC 提交未来准则可能的主题清单时，他才首次提出该项议题。而在这份清单里，通货膨胀会计被列为复杂主题，其优先级排在很多基础性议题之后。[80] 然而到了 1974 年 4 月，该主题的启动已经如此迫在眉睫，以至

---

78. 关于全球通货膨胀会计的进展的全面论述，参见 David Tweedie and Geoffrey Whittington, *The Debate on Inflation Accounting* (Cambridge: Cambridge University Press, 1984)。

79. 本节的通货膨胀率是基于国际货币基金组织世界经济展望数据库计算得到的。虽然使用其他价格指数可能会得到不同的通货膨胀百分比，但文献里通常采用这种模式。

80. AP 1/1974 paper 11. 在 1971 年 3 月 10 日写给 C. Croxton-Smith（英格兰及威尔士特许会计师协会主席）的信中，Benson 提出了"在通货膨胀条件下编制账目"的问题。他写道："这个问题现在变得紧迫而重要……我认为，会计职业界如果不走在该领域的前列，就会对经济造成严重损害。"

第 5 章 "妥协于协调"：编写 IASC 的早期准则

于 IASC 还成立了一个"面对通货膨胀的会计"指导委员会，尽管当时的 IASC 工作议程并没有包含这个新增的准则主题。[81] 在此之前，各准则的指导委员会一直由三位委员构成，但这次不同，该主题的指导委员会委员多达五人。除了肯定要参加的荷兰代表之外，指导委员会成员还包括加拿大、英国和爱尔兰以及美国的公共会计师行业代表。1974 年，以色列的通货膨胀率达到 40% 左右，因此作为 IASC 准成员的以色列注册会计师协会也受邀提名了一位指导委员会委员。加拿大的霍华德·里昂任该指导委员会的主席。[82]

在 1975 年 1 月 IAS 1 的新闻发布会上，本森提到，通货膨胀会计已经跃升为 IASC 所有工作议程中最重要的一个。《福布斯》（Forbes）杂志提醒大家不要对 IASC 过度乐观，因为"这场游戏的发展……可能会出乎美国公司的意料"。《福布斯》指出，包括飞利浦公司在内的"很多荷兰公司"已经在使用通货膨胀会计："如果 IASC 采纳了荷兰的重置成本法并推广开来，那么全世界的企业都将会出现收益大幅下滑的现象。"[83]

虽然这种情况最终并没有发生，但这并不是因为荷兰人不想做出尝试。指导委员会的荷兰代表韦塞尔·范·布鲁尼森（Wessel van Bruinessen）是荷兰一家知名公司的合伙人，他是重置价值会计的狂热倡导者。即便是从相对激进的荷兰注册会计师协会（NIVRA）的会计准则的角度来说，布鲁尼森也是相当激进的。可想而知，在指导委员会内部，他从第一次会议起就不得不"做艰苦卓绝的原则性斗争"。[84] 并非指导委员会的其他成员不想制定一项强有力的准则，而是因为他们各有所爱。美国、英国和爱尔兰代表主张通过一般物价水平调整（general price level adjustments）的方式，来进行通货膨胀的会计处理。但拥护重置价值会计的荷兰代表一直以理论基础薄弱为由，反对采用该方法。于是乎，围绕重置价值会计和一般物价水平调整的争论，就在指导委员会中不断上演。可见，IASC 所面临的挑战

---

81. IASC meeting of 8–9 April 1974, minute 9.
82. 其他成员为 A. Fass（来自以色列）、Wessel van Bruinessen（来自荷兰）、I.C.P. Hogg（来自英国和爱尔兰）和 Eugene J. Minahan（来自美国）。
83. "The Numbers Game: Tower of Babel?", Forbes, 1975.03, 75.
84. W. van Bruinessen, "Een IASC-ontwerp over de behandeling van prijsfluctuaties met een begeleidende notitie", De Accountant, 82/5（1976.01）, 258.

是，面对各国会计准则编写机构和其他机构所支持的各种方法，甚至是面对它们不停变换的想法，IASC需要从中选定一个可以被普遍接受的立场。[85]

首先，指导委员会向IASC提交了一套复杂的方案，其中包括三份文件。[86]第一份是名为"物价变动的会计处理"的准则草案，要求企业使用历史成本基础编制财务报表，同时按照一般购买力调整（general purchasing power adjustments）提供补充信息或关键数据。但是，如此一来，那些像某些荷兰企业一样在主要财务报表中反映具体物价变动情况的企业，就需要提供与历史成本的对账。当然它们也可以选择列报经一般购买力调整后的数据。第二份准则草案相当详细地描述了如何进行一般购买力调整。第三份文件不是准则草案，而是关于重置价值会计的"讨论备忘录"草案。它相当于对荷兰传统的重置价值理论的说明。总的来说，这套方案更像是当前各种对立观点的汇编，看不出达成共识的苗头。

IASC在1975年4月的会议上没能就这套方案达成决议。鉴于"很多国家的通货膨胀会计目前都存在不确定性"，IASC决定延期一年再考虑这个项目。[87]但指导委员会一致认为，延期是不明智的，因为当前通货膨胀率居高不下，如果财务报表不反映物价变动，就会对使用者造成误导。它敦促IASC重新考虑自己的决定，并提交了修订后的准则草案。[88]新的草案要求所有企业对个别的或（和）一般的物价变动进行系统性处理，但没有具体地说明如何进行处理。企业可以在财务报表或补充资料中提供这些信息。1975年10月，IASC沿着这一思路批准了《征求意见稿第6号》（E6）。

布鲁尼森将E6的公布视为一项突破。IASC之前一直将重置价值会计视为可接受的备选方法，而E6则将购买力会计（purchasing power accounting）与重置价值会计放在了"完全同等"的地位上。布鲁尼森认为，这种转变除了得益于荷兰人的坚持以外，也应归因于购买力调整法在

---

85. 截至1975年，在美国，FASB和SEC分别支持一般物价水平会计和以重置成本为基础补充数据。在英国，ASSC于1973年1月发布了一份征求意见稿，要求对一般物价水平进行补充披露。关于十国对通货膨胀会计倡议的回顾，请参见：Stephen A. Zeff, "Response", in *Economic Calculation Under Inflation*（Indianapolis: Liberty Press, 1976）, 135–148。

86. AP 4/1975 papers 5–8。

87. IASC meeting of 9–11 April 1975, minute 6。

88. AP 7/1975 paper 7。

第 5 章 "妥协于协调"：编写 IASC 的早期准则

国际上逐渐过时的趋势。[89] 1974 年年底，德国公共会计师协会（IdW）提出了对个别物价变动（specific price changes）进行会计处理的建议草案。[90] 澳大利亚会计研究基金会（AARF）随后于 1975 年 6 月公布了一份类似草案。[91] 还有影响更大的——美国证监会（SEC）于 1975 年 8 月发布了一份草案，[92] 支持披露重置成本（replacement cost）数据，1975 年 9 月的《桑迪兰兹报告》也表示支持现行成本（current cost）。[93]

正如布鲁尼森所说，荷兰注册会计师协会（NIVRA）现在面临策略选择。它可以赞成 E6 的方案，也可以在 SEC 和桑迪兰兹"道德权威"的支持下坚持将现行成本推行为唯一可接受的方法。荷兰注册会计师协会（NIVRA）公开选择了后一种方案。[94] 事实证明，要想在总体上支持对物价变动进行会计处理，荷兰注册会计师协会（NIVRA）的选择可能并不是最优的。E6 的反馈意见大致分为两类，一类表示赞成 E6 的方案，另一类认为，在国际上达成一定的共识之前，公布准则为时尚早。持这一观点的人们指出，如果现在允许采用两种方法，那么以后将更加难以谋求规则的统一。澳大利亚、新西兰、英国和爱尔兰以及美国的公共会计师行业主要持第二类意见。而且，一些意见反馈者似乎对 E6 的公布过于兴奋，以至于忽视了国际同行之间的巨大分歧。荷兰注册会计师协会（NIVRA）保持着既有的不妥协的姿态，这正好给那些主张不宜在持久的争议声中仓促推出国际准则的人们提供了口实。

当然，强行推广任何一种通货膨胀会计处理方法，都会有人坚决反对。一些美国公共会计师行业的意见反馈者提醒 IASC，如果 IASC 公布的

---

89. 然而，新西兰于 1975 年 3 月发布了关于一般物价水平会计的征求意见稿，加拿大于 1975 年 7 月发布了关于一般物价水平会计的征求意见稿。

90. "Entwurf einer Verlautbarung 'Zur Berücksichtigung der Substanzerhaltung bei der Rechnungslegung'", *Die Wirtschaftsprüfung*, 27/24（1974.12.15），666–667.

91. Preliminary Exposure Draft, "A Method of Current Value Accounting", Australian Accounting Research Foundation, 1975.06.

92. Proposed Amendment to Regulation S-X, "Disclosure of Certain Replacement Cost Data in Notes to Financial Statements", 21 August 1975.《条例 S-X》经 1976 年 3 月《会计系列公告第 190 号》（Accounting Series Release 190）修订。

93. *Inflation Accounting: Report of the Inflation Accounting Committee, F.E.P. Sandilands Esq CBE, Chairman*（London: Her Majesty's Stationery Office，1975）.

94. Van Bruinessen, "Een IASC-ontwerp", 259.

准则与美国行业惯例差异太大，导致美国公共会计师行业"自动变成违背准则的状态"，就将会损害"IASC 在美国企业界逐渐积累起来的声望和支持"。日本公认会计士协会（JICPA）的建议则较为温和，它认为 IASC "在冒险，并且可能会因为'不切实际'而丧失声誉"。[95]

在这些意见的基础上，指导委员会认为，此时要求企业采用现行价值会计（current value accounting）和购买力会计（purchasing power accounting）中的任何一种系统性方法对物价变动进行会计处理，都是"不恰当的"。大量不遵从准则的行为将会对 IASC 的形象产生负面影响，这是 IASC 担心的主要因素之一。[96] 因此，IASC 建议对准则草案进行修订，修订后的准则草案于 1977 年 3 月作为《国际会计准则第 6 号》（IAS 6）予以公布。IAS 6 仅要求企业披露为反映一般物价上涨或（和）个别物价上涨的影响而采用的程序和方法。如果未做此类处理，企业则应予以披露。对比指导委员会最初的一腔热忱，最后公布的准则确实缺乏存在感。荷兰注册会计师协会（NIVRA）代表团非常不情愿地接受了这个结果，其在荷兰公布 IAS 6 的时候规劝道，"还是应该采纳更为先进的国家的观点"。[97]

5.7.2 未予讨论的讨论稿

自公布 E6 至批准 IAS 6 的期间（1975 年 10 月至 1977 年 3 月），指导委员会编写了一份讨论稿（discussion paper），试图平息旷日持久的围绕物价变动会计的争论。这份讨论稿是 IASC 公布的第一份既非准则又非征求意见稿的文件。指导委员会最初雄心勃勃地计划着编写"一家虚拟公司的详细案例，用来阐述为解决物价变动会计问题所提建议的要点。案例将基于跨度为 15 年的经济数据来编写"。[98] 然而，指导委员会最终并没有向理事会提交这个综合案例。1977 年 3 月，IASC 公布了名为《财务报表中物价变动的处理：建议摘要汇总》（Treatment of Changing Prices in Financial Statements: A Summary of Proposals）的讨论稿，其中包含对个别物价变动

---

95. AP 3/1977 paper 4.
96. "IASC Steering Committee Changing Prices, Stratford on Avon, 8, 9 en 10 december 1976", memo by Henk Volten，1976.12.10，NIVRA archive, no. 481.
97. NIVRA Management Board, minutes of 27 April 1977，NIVRA archive, no. 73.
98. AP 3/1976 paper 13.

和一般物价水平调整进行会计核算时，所涉及的主要问题的简要处理方法。这部分内容主要摘自 E6 的早期草案。此外，讨论稿还包括冗长的附录，总结了近期公布的准则、讨论草案以及来自 12 个 IASC 成员国的与该议题相关的其他指引。

该讨论稿未要求提交反馈意见，理事会似乎也没有收到、更没有讨论过反馈意见。除对各国公共会计师行业为处理通货膨胀会计所做的尝试进行了有用的汇总之外，这份讨论稿并未对解决争议做出显著贡献。

5.7.3 IAS 15：重新审视对价格变动的会计处理

IAS 6 公布后，围绕通货膨胀信息披露问题的争论依然难以平息。特别是在通货膨胀率高企的英国，争论涛声依旧。《桑迪兰兹报告》公布之后，（英国）会计准则委员会（ASC）于 1976 年 11 月又公布了一份征求意见稿（ED 18），其中包含一项影响深远的提议——要求企业在主要财务报表中采用现行成本会计。然而，这份征求意见稿遭到了强烈的反对。最终，英格兰及威尔士特许会计师协会（ICAEW）在 1977 年 7 月的特别会议上通过了一项特别决议，不再强制性要求编制现行成本会计报表。遭受这次打击之后，ASC 于 1977 年 11 月公布了一份名为《海德委员会指南》(Hyde Committee Guidelines)的"临时建议"(interim recommendation)，该指南仅要求披露按现行成本调整后的销售成本和折旧费用，以及调整后的资产负债表。随着实务中越来越多的人支持现行成本会计，（英国）会计准则委员会（ASC）于 1980 年公布了《标准会计实务公告第 16 号》(SSAP 16)，要求企业编制现行成本资产负债表和利润表，这两张表可以以简略版形式予以补充列报。

不过，除英国和荷兰以外，通货膨胀会计在欧洲进展甚微。法国和德国公共会计师行业在 20 世纪 70 年代公布的指引，对实务几乎没有产生任何影响。[99] 在美国，美国证监会（SEC）于 1976 年 3 月发布《会计系列公告第 190 号》(Accounting Series Release No. 190)，要求将现行重置成本作为补充信息予以披露，这促使（美国证券市场上的）财务会

---

99. Christopher Nobes and Robert Parker, *Comparative International Accounting*, 5th edition (Hemel Hampstead: Prentice-Hall Europe, 1998), 399–400.

计准则委员会（FASB）于1979年9月公布《财务会计准则公告第33号》（FAS 33），要求企业同时补充披露经物价水平调整后的数据和现行成本数据。

1977年3月，IASC成立了新的指导委员会，负责"持续关注"通货膨胀会计领域。这是一个小规模的委员会，其代表来自荷兰、英国和爱尔兰以及美国。[100] 指导委员会定期向理事会报告进展情况。1978年3月，指导委员会认为，制定新准则草案的时机已经成熟。此时的指导委员会所秉持的理念，是"以实务而非以理论为基础"，因此，这项准则的编写氛围与IAS 6完全不同。[101] 几易其稿后，理事会和指导委员会精心打造了一份兼容美国和英国会计实务的征求意见稿。[102] 1980年3月，IASC讨论通过了《征求意见稿第17号》（E17）。在此基础上，1981年6月，IASC公布《国际会计准则第15号》（IAS 15），取代了IAS 6。E17和IAS 15都相对简单，但IAS 15相比于IAS 6确实向前迈进了一步。IAS 15没有透露其对现行成本法或物价水平调整法的任何偏好，只是要求企业披露调整后的折旧和销售成本，以及与货币项目有关的调整。

虽然20世纪70年代关于通货膨胀会计的争论甚是激烈，但令人惊讶的是，各个公共会计师行业协会对待E17的态度却近乎冷漠。相对于1987年之前公布的其他征求意见稿，E17所收到的评论函的页数（33页）是最少的，并且意见反馈者的范围也很窄。通常来讲，大多数创始成员都会对征求意见稿提出反馈意见，但这次IASC仅收到了来自德国、荷兰、英国和爱尔兰、美国及其他四个国家的公共会计师行业协会的回复。显然，除少数几个积极实施通货膨胀会计的国家的公共会计师行业协会以外，其他成员的兴趣正在消减。这项准则原本就是针对英国和美国的情况量身定制的，所以获得它们的支持当属必然，它们的反馈意见也占全部评论的绝大部分。最常见的反对意见就是，对于在该领域实务经验较少甚至毫无经验

---

100. IASC meeting of 1–3 March 1977, minute 4. 委员会成员包括John Grenside（来自英国和爱尔兰，主席）、Is Kleerekoper（来自荷兰）和Philip Defliese（来自美国）。

101. AP 11/1978 paper 11.

102. 例如，IAS 15 第24（d）段要求披露对"成果"（results）的影响，"成果"可以解读为英国的"净利润"或美国的"持续经营活动产生的收益"。见AP 10/1979 paper 7；AP 3/1980 paper 2。

的国家，如果没有进一步的指引，这项准则很可能仍然只是"学术性"的存在，无法落地。

IAS 15 是否真的在哪个地方产生了显著影响？这个问题值得怀疑。该准则公布之后不久，通货膨胀率下降，使得通货膨胀会计不再是美国、英国等国家所面临的主要会计议题。到了 1983 年，英国已经将现行成本会计说成是"没有价值的东西"。[103] 很多企业不再遵从这项准则。这样过了几年，SSAP 16 于 1985 年 6 月暂停实施，后于 1988 年 4 月撤销。在美国，要求披露经物价水平调整后的数据的规则于 1985 年撤销。企业从 1986 年开始可以自行决定是否披露通货膨胀会计信息。[104] 到了 1987 年，加拿大只有少数企业仍然提供《加拿大特许会计师协会手册》（*CICA Handbook*）所要求补充披露的现行成本数据。[105] 1989 年，IASC 意识到通货膨胀会计是个"注定要失败的项目"。[106] 于是，IASC 修改了 IAS 15 的序言，使得该准则也变成了企业自愿参考的准则。[107]

5.8 加紧备货：从 IAS 7 到 IAS 13

通货膨胀会计虽然是 20 世纪 70 年代后期最具吸引力的议题，但不是建立 IASC 声誉的议题。让 IASC 在阳光下赢得一席之地的，是它快速公布的一系列比较基础的准则。历届 IASC 主席都很热衷于增加现有准则的数量，至少到 20 世纪 80 年代早期的斯蒂芬·埃利奥特主席为止是这样的。作为 IASC 的形象代言人，他们满世界地奔走，敦促各国认可和采用国际准则。所以，他们希望尽早握有"可以出售的产品"，而不只是停留于反复

---

103. 参见 James Carty, "Accounting Standards in 1984", *World Accounting Report*, 1984.12, 7。文章重复了 1983 年 8 月的评论，并补充道："今年真是见证了尸体腐坏的过程。"

104. 这两项变更分别参见《财务会计准则第 82 号》（FAS 82, 于 1985 年发布）和《财务会计准则第 89 号》（FAS 89, 于 1986 年发布）。

105. 参见 CICA 于 1987 年 11 月发布的 "Report on the Fourth Year's Experience with Section 4510 of the CICA Handbook"。提供有关物价变动影响的信息（不一定根据 CICA 手册第 4510 节）的公司数量从 1983 年的 23 家下降到 1986 年的 4 家。

106. 整理自 2004 年 11 月 15 日作者与 Frans Graafstal 的访谈记录。

107. 另见 IASC board meeting of 24–5 October 1989, minute 3。11 票赞成，1 票反对，2 票弃权。IAS 15 最终于 2003 年被国际会计准则理事会撤回。

申明对未来准则的承诺。[108] 随着 IAS 7 至 IAS 13 于 1977 年至 1979 年间陆续公布，IASC 编纂的准则数量取得了令人无法忽视的进展。

5.8.1　IAS 7：财务状况变动表

IASC 秘书处向 IASC 理事会提交的说明，将"资金的来源与使用"（source and application of funds）列入了"相对简单的主题"（relatively straightforward subject）。[109] 该准则的开发进展非常顺利。从 1974 年 11 月决定启动该项目，到准则最终公布，仅用了不到三年的时间。20 世纪 60 年代，资金表（funds statement）在美国和加拿大迅速流传开来，很多公司都自愿编报这张表。20 世纪 70 年代中期，法国、德国和荷兰的企业界也经历了相似的过程。[110] 这项准则的指导委员会的主席，由来自法国公共会计师行业的阿尔弗雷德·科多利亚尼担任。无论是指导委员会还是 IASC，都几乎不需要做出任何艰难的决定。[111] 与资金表有关的一个重要问题是：究竟应当以现金和现金等价物（cash and cash equivalents），还是以营运资本（working capital）来定义资金？最终的解决方案是，准则压根不对资金作任何概念上的界定。[112] 还有一个与编纂 IAS 2 类似的问题，IASC 不知道究竟该用英式术语还是美式术语来命名资金表。加拿大和英国公共会计师行业称为"资金来源与用途表"（Statement of Source and Application of Funds），而美国同行则称为"财务状况变动表"（Statement of Changes in Financial Position）。最终，与 IAS 2 的做法一样，IASC 选择的是美式表述。

---

108. 整理自 2004 年 5 月 24 日作者与 Hans Burggraaff 的访谈记录，以及 2004 年 2 月 19 日与 Geoffrey Mitchell 的访谈记录。

109. AP 11/1974 paper 2.

110. 对相关会计准则的总结，请参见 Kees Camfferman, *Voluntary Annual Report Disclosure by Listed Dutch Companies, 1945–1983*（New York: Garland, 1997），258–61。还可参见 *The Funds Statement: Current Practice in Canada, the United Kingdom and the United States*（n.p.: Accountants International Study Group, 1973），paragraph 2，以及 Stephen A. Zeff, introduction to chapter 3, "Financial Statements," in Stephen A. Zeff and Bala G. Dharan, *Readings and Notes on Financial Accounting*, 4th edition（New York: McGraw-Hill, 1994），131–132。

111. 最初，Robert Mazars（来自法国）被任命为主席。指导委员会的其他成员是 Ian Vassie（来自澳大利亚）和 Jock Porteous（来自南非）。

112. 指导委员会希望将现金和现金等价物作为对资金的定义，同时允许将营运资本作为备选方案。AP 4/1975 paper 10.

第 5 章 "妥协于协调"：编写 IASC 的早期准则

1976 年 3 月，IASC 批准公布的《征求意见稿第 7 号》（E7）受到好评，大多数评论函是赞成或者非常赞成的。许多来自英国和爱尔兰的反馈意见认为，E7 优于（英国）会计准则委员会（ASC）1975 年公布的《标准会计实务公告第 10 号》（SSAP 10）。

1977 年 7 月，IASC 批准公布的《国际会计准则第 7 号》（IAS 7）的内容与 E7 基本相似。该准则要求将财务状况变动表作为财务报表的组成部分。在财务状况变动表中，应当将经营活动的资金与其他来源的资金分开列报，异常项目（unusual items）应单独披露。

5.8.2　IAS 8：异常项目与会计变更

在 IASC 建立早期，选择新准则主题的程序并不是很复杂。秘书处会准备一份可能的主题清单，供全体理事会挑选，理事会可以在会议期间当场修改准则主题，甚至提出新的主题。1974 年 11 月，在《国际会计准则第 8 号》（IAS 8）的项目启动时，理事会决定将秘书处提出的"非常规项目"（extraordinary items）和"会计变更"（accounting changes）两项主题合在一起，一并委托给一个指导委员会。而后添加了第三个主题——以前期间的事项（prior period items），三个主题组合打包，合称为"利润表的列报"（presentation of the income statement）。[113]

这个指导委员会的主席是美国的乔·卡明斯。卡明斯在担任（美国注册会计师协会旗下的）会计原则委员会（APB）成员期间，一直参与同这项主题有关的工作。[114] 凭经验他就知道利润表列报会引起何其激烈的争议，因为利润表列报直接关乎常常成为头条新闻的利润数据。[115]

与其他准则一样，指导委员会就这个主题达成的第一次决议，比最终版准则覆盖范围更广泛，也更大胆。在要点纲要中，指导委员会曾触及未

---

113. IASC meeting of 5–6 November 1974, minute 3；AP 11/1974 paper 2.
114. 指导委员会的其他成员是 Hans Havermann（来自德国）和中岛省吾（来自日本）。
115. 相关公告为《会计原则委员会意见书第 9 号：报告经营成果》（APB Opinion No. 9, *Reporting the Results of Operations*，于 1966 年 12 月发布）和《会计原则委员会意见书第 20 号：会计变更》（APB Opinion No. 20, *Accounting Changes*，于 1971 年 7 月发布）。对于《意见书第 9 号》，20 名成员（不包括 Cummings）中有 5 名附条件同意。《意见书第 20 号》经过三年时间，在起草两份征求意见稿后才得以发布。投票结果为 12 票对 6 票，勉强达到多数，因为文件需要 2/3 以上的支持票才能获通过。

实现盈余（资产重估）的问题，还探讨了如今称之为综合收益表的相关议题。[116]但理事会没有在这一方向上跟进，而是把未实现损益的议题从 IAS 8 中删除了。

在直接计入所有者权益的项目上，准则也没有按照指导委员会的预期进行。在向全体理事会提交的第一稿草案中，指导委员会讨论了全面收益（all-inclusive income）和当期经营业绩收益（current operating performance income）之间的概念差异。同时，准则草案认为，利润表应反映所有的权益变动，仅有与所有者之间的交易及其他两种情形除外。[117]但是，全体理事会却不想走那么远，而是以一种权宜之计排除了该提议，称相关内容可以在其他场合使用。在1991年采用新格式之前，所有《国际会计准则公告》（Statements of International Accounting Standards）均由两部分组成。其中一部分标题为"国际会计准则"，以粗体印刷。这部分是严格意义上的会计准则，列明了允许的或规定的会计处理方法（allowed or prescribed treatments），以及规定的披露要求（required disclosures）。在此之前的部分，标题为"解释说明"，以常规字体印刷，其内容是探讨准则中涉及的问题，解释准则起草过程中面临的一些选择。由于粗体准则部分与前置解释部分之间的关系并不明朗，IASC 便有机会游刃于争议问题之间，却不卷入争议。1976年7月，IASC 在批准公布《征求意见稿第8号》（E8）时，删除了粗体准则中全面收益的相关内容，但在解释说明部分保留了全面收益和当期经营业绩收益的相关讨论。与其他准则的情形一样，准则本身与解释说明之间缺乏明确分界的状况，令一些意见反馈者感到相当困惑。[118]

在会计变更方面，E8 引入了这样的标准，即只有在产生"更公允的列报"（fairer presentation）时才允许企业进行自愿变更（non-mandatory accounting changes）。这也许源自乔·卡明斯的影响。如果获得批准，这将是 IASC 准则中首次出现总体性的"公允"标准（general "fairness" criterion）。然而，加拿大和美国公共会计师行业的意见反馈者指出，对于财务报表来说，是没办法区分"公允"程度的，审计报告也只能做出是否

---

116. AP 7/1975 paper 12.
117. 其他例外情况为前期事项和会计变更的影响。AP 10/1975 paper 8.
118. AP 10/1977 paper 4.

第 5 章 "妥协于协调"：编写 IASC 的早期准则

公允的评价，而不是做出是否足够公允的评价。有鉴于此，《国际会计准则第 8 号》（IAS 8）中将表述改成了"更为恰当的列报"（more appropriate presentation）。[119]

尽管一些反馈意见批评 E8 含糊不清，只代表了各国准则的"最小公分母"（lowest common denominator），但毫无疑问大家还是希望针对这些事项出台准则。[120] E8 和 IAS 8 确实提供了多种选择，特别是在会计变更方面，但是它们还包括一些明确的要求或禁止项。根据 IAS 8，企业必须将来自日常活动的收益作为单独的一行信息在财务报表中列示，且不能将异常项目直接计入所有者权益。

5.8.3 IAS 9：研究与开发

按照早期的自由行事风格，IASC 径行决定将研究与开发支出的会计处理纳入 1974 年 11 月的工作议程中，而这一事由秘书处从未提出过。进展很快，《国际会计准则第 9 号》（IAS 9）于 1978 年 3 月批准公布。IAS 9 是 IASC 的务实取向（pragmatic approach）的绝佳样板，也就是说，IASC 心甘情愿为了确保与创始成员国的会计做法兼容，而随时改变自己的立场。该准则的指导委员会主席、来自加拿大的道格·托马斯非常清楚，英国和美国公共会计师行业的意见，尤其需要认真对待。[121]

IAS 9 的主要问题是，是否允许或要求开发支出资本化。最初，指导委员会提议，除了与实验室建筑和设备等有形资产相关的支出可以被允许资本化之外，其余开发支出一律不允许资本化。指导委员会称，其兼容了美国（《财务会计准则第 2 号》（FAS 2））与英国和爱尔兰（《征求意见稿第 14 号》（ED 14））的做法。[122] 然而，（英国）会计准则委员会（ASC）1975

---

119. 20 世纪 50 年代，美国安达信会计公司在审计报告中使用了"更为公允"一词，将公允价值折旧的影响描述为与美国证券市场上的一般公认会计原则的背离。参见 Stephen A. Zeff, "Arthur Andersen & Co. and the Two-Part Opinion in the Auditor's Report: 1946–1962", *Contemporary Accounting Research*, 8/2（Spring 1992), 457–459。

120. AP 10/1977 paper 4. 一些英国和爱尔兰的评论者发现，E8 没有《标准会计实务公告第 6 号》（SSAP 6）严格。丹麦的反馈意见最为消极，其中包括最早提到"最小公分母"的评论之一。

121. 指导委员会的其他成员包括 Manuel Galván，然后是 Leopoldo Romero（来自墨西哥）和 Graham Edgar（来自新西兰）。

122. AP 10/1975 paper 10 and AP 3/1976 paper 9.

年 1 月公布的 ED 14，遭到了强烈反对。特别是具有影响力的英国航空航天业认为，在某些情况下，将开发支出资本化是适当的。为应对这一压力，ASC 于 1976 年 4 月公布新的征求意见稿 ED 17，要求在某些情况下将开发支出资本化。[123] 此时，距 IASC 的指导委员会向全体理事会提交第一稿草案（禁止资本化）仅一个月。显然，其需要改变立场。到了 1976 年 11 月，指导委员会编纂了一份草案，允许但不要求在满足特定条件时将开发支出资本化。另外，指导委员会还制作了一张表格，以阐明该草案与美国、英国、澳大利亚和法国的准则草案或最终版准则，以及欧共体的第四号公司法指令草案基本兼容。[124] 指导委员会的草案经修改后，于 1976 年 11 月获准作为《征求意见稿第 9 号》（E9）予以公布。E9 确实比英国同行的会计准则和欧共体第四号公司法指令更进一步，因为它要求披露研发成本，而后两者不要求。

由于 IASC 在起草 E9 时密切关注了主要国家的公共会计师行业的意见，因此，毫不奇怪，E9 的大多数评论都认为这份草案至少是可以接受的。最重要的负面评论来自丹麦和比利时，二者的意见完全相同，认为"只有可用于交换的资源（即能够与企业分离且自身拥有价值的资源）才应报告为资产"。[125] 这种观点后来演变为 IASC 以资产为基础建设理论框架的立场。许多英国和爱尔兰的评论者反对披露研发支出，但他们的反馈意见总体上是积极的。因此，E9 经过些微改动，便于 1978 年 3 月作为 IAS 9 公布。

5.8.4 IAS 10：或有事项与资产负债表日后事项

1975 年 7 月，IASC 一方面正处于通货膨胀会计的争论之中，另一方面在外币折算问题上也陷入了困境（见第 5.9 节）。因此，我们可以理解，秘书处在提出（以下将要探讨的）三个新的准则主题时，是多么小心谨慎。秘书处评论道："我们所建议的，都是 IASC 在现阶段应该相对

---

123. 关于英国的进展，参见 Tony Hope and Rob Gray, "Power and Policy Making: The Development of an R&D Standard", *Journal of Business Finance and Accounting*, 9/4（Winter 1982），531–558。

124. AP 11/1976 paper 3 and 4.

125. AP 3/1978 paper 4. 美国的部分意见反馈者也发表了类似意见。

第 5 章 "妥协于协调"：编写 IASC 的早期准则

容易达成一致的主题。我们回避了各成员所在国内部（或之间）在原则问题上存在严重分歧的主题。"[126] 相比于秘书处，IASC 理事会对自身能力更有信心，它将"或有事项"和"资产负债表日后事项"合成了一项议题。理事会还在未经秘书处提议的情况下，主动开展了"税收的会计处理"这一重量级项目（non-trivial subject）。根据秘书处的建议，理事会还选择了第三项议题，即"长期合同的会计处理"。我们将在之后的两个小节中讨论后两项议题。[127]

事实证明，或有事项与资产负债表日后事项，确实是容易达成一致意见的一个领域。1977 年 3 月通过的《征求意见稿第 10 号》（E10）受到好评，没有评论者反对公布该准则。[128]

尽管这次的指导委员会中不包括北美代表，但 1978 年 6 月公布的《国际会计准则第 10 号》（IAS 10），显然与财务会计准则委员会（FASB）1975 年 3 月公布的《财务会计准则第 5 号：或有事项的会计处理》（FAS 5）很相似。[129] 两者措辞大体相同，规定如果未来发生的事项很可能证实，在资产负债表日一项资产已发生减值，或一项负债已经产生，并且相关损失可以合理估计时，则应记录或有损失。与 FAS 5 相似的规定还有，不应记录或有利得，以及为一般或非特定经营风险所提取的准备金不在该准则适用范围内。[130] 关于资产负债表日后事项，IAS 10 规定，如果这些事项为资产和负债在资产负债表日的情况提供了额外证据，则应调整资产和负债的金额。

5.8.5 IAS 11：建造合同

在建造合同的核算中，主要问题是如何在完成合同法（completed contract method）以及完工百分比法（percentage of completion method）之

---

126. AP 7/1975 paper 6.
127. IASC meeting of 9–11 July 1975, minute 5.
128. AP 6/1978 paper 4.
129. 指导委员会由 Alexander Mackenzie（来自英国和爱尔兰）担任主席。其他成员是中岛省吾（来自日本）和 Karel Van Oostveldt（来自比利时）。
130. 事实上，IAS 10 比 FAS 5 略为严格，因为后者规定"通常"不计提或有利得（第17段），而前者规定"不应"计提或有利得（第 29 段）。

间做选择。前者把所有利润均推迟到项目结束时确认,后者根据工作完成进度确认利润。在20世纪70年代初,出于所得税的原因,更显稳健性的完成合同法似乎在欧洲大陆占主导地位。完工百分比法在欧洲只能说是并非无人知晓,但该方法主要流传于美国证券市场的财务报告实践。[131] 在美国证券市场上,1955年公布的《会计研究公报第45号》(Accounting Research Bulletin No. 45)温和地表达了当能够可靠估计(完工进度)时应采用完工百分比法的倾向。在英国,1975年公布的《标准会计实务公告第9号》(SSAP 9)则更明确地赞成使用完工百分比法。

这次的指导委员会是第一个完全由"非盎格鲁-撒克逊人"构成的委员会,其委员分别来自墨西哥、法国和印度。[132] 该指导委员会建议要求使用完工百分比法,除非"未来成本无法可靠估计,或者未来合同义务的性质或合同收入存在重大未解决因素"。在第一稿草案中,指导委员会采用了一种超前的论证方式,该论证方式实际上直到1989年IASC公布概念框架之后才开始变得普遍。指导委员会自信地指出,IAS 1内含的权责发生制假设就意味着"要求企业使用完工百分比法"。[133] 然而当时,全体理事会还无法接受这种演绎方法。"考虑到理事会中部分成员的意见",指导委员会不得不对草案做大幅修改。1977年7月,IASC批准公布了《征求意见稿第12号》(E12),核算方法的选择留给了报告企业,仅有一项限制,即只有在项目结果能够充分确定的情况下,才能使用完工百分比法。[134]

E12收到了自E3以来最多的反馈意见。尽管大量的反馈意见通常意味着存在许多争议,但E12收到的大多数意见都是支持意见,主要原因在于,E12又一次与英国和美国的做法相符了。[135] 许多来自英国商界和会计职业界的意见反馈者都将E12与SSAP 9进行了比较,并表示希望英国准则能

---

131. Sanders, Groeneveld, and Burgert, *De jaarrekening nieuwe stijl*, 185. 另见 Wieland Geese, "Sind bewertungsmäßige Anpassungen notwendig, damit ein französischer Jahresabschluß einen sicheren Einblick in die Vermögens und Ertragslage einer Gesellschaft gewährt?", *Die Wirtschaftsprüfung*, 31/10(1978.05.15),290。

132. 成员包括Luis Nieto(来自墨西哥,主席)、Robert Mazars、J. Raffegeau(来自法国)和Y. H. Malegam(来自印度)。

133. 纲要(AP 7/1976 paper 18)和指导委员会初稿(AP 11/1976 paper 12)均提议要求采用完工百分比法,除非因不确定因素无法应用该方法。

134. AP 7/1977 paper 7 and 8.

135. AP 11/1978 paper 8 and 8A.

够与国际准则保持一致。但英国也有意见反馈者认为，E12 是"妥协的产物"。还有一封英国的评论函写道，他们当然"知道做这种规定的政治原因，但仍然不喜欢准则提供两种完全不同的可选方法"。[136]这些意见反馈者更支持指导委员会最初提出的单一方法，但现阶段 IASC 无意取消那些在各成员所在国的会计实践中受到强烈拥护的可选方法。1979 年 3 月，IASC 公布《国际会计准则第 11 号》（IAS 11），在完成合同法与完工百分比法的选择上保留了与 E12 类似的规则。

5.8.6　IAS 12：所得税的会计处理

IASC 那种策略，即切掉（煎蛋）"坏了的边儿"，同时保留大多数主要国家可接受的实务做法的策略，存在不少问题，这些问题在所得税会计准则的制定过程中暴露无遗。对于所得税的会计处理，只有英国赞成采用部分分摊法（partial allocation）。在这种方法下，只有那些在不久的将来预期将会转回的差异，才能作为递延税项入账。熟悉递延税项的其他 IASC 成员认为，部分分摊法在理论上存在缺陷。在这些国家或地区中，全面分摊法（comprehensive allocation）是标准做法，如美国注册会计师协会 1967 年公布的《会计原则委员会意见书第 11 号：所得税的会计处理》（APB Opinion No.11, *Accounting for Income Taxes*）。IASC 没有能力否定英国公共会计师行业的主流做法，只好冒着损害其信誉的风险，将部分分摊法列为可接受的备选方法。

按时间顺序比较，就可以看出，IASC 的准则项目与英国会计准则的发展有着何其紧密的联系。当 IASC 于 1975 年 7 月成立处理税务会计的指导委员会时，英国会计准则指导委员会（ASSC）正要公布《标准会计实务公告第 11 号：递延所得税的会计处理》（SSAP 11）。实际上，SSAP 11 的公布时间正是 1975 年 8 月。与此前的征求意见稿一致，SSAP 11 要求采用全面分摊法。因此，IASC 在 1977 年 3 月提交的第一版准则草案没有提及部分分摊法的内容，只是提及该方法"过于重视细节"，因而不适合纳入准则建议稿。[137]但 SSAP 11 公布后，英国工商界和政府向会计准则委员会（ASC）

---

136. AP 11/1978 paper 8A.
137. AP 11/1976 paper 13. 另见 AP 3/1977 paper 15。

强力施压，导致 ASC 于 1977 年 5 月改弦易辙，公布《征求意见稿第 19 号》（ED 19），允许企业选择使用部分分摊法和全面分摊法。[138] 用 IASC 指导委员会成员汉斯·伯格拉夫的话说，这给 IASC 带来了"不少困难"。[139] 指导委员会不得不花一个夏天的时间，编写了允许采用部分分摊法的修订草案。1977 年 10 月，IASC 指导委员会（不包括英国公共会计师行业代表）向理事会提交修订草案时提及："指导委员会并不支持部分分摊法的基础理念，但为了让某些国家接受国际会计准则，有必要在国际会计准则中认可这一方法。"[140]

IASC 指导委员会的确试图通过要求企业"对未处理的时间性差异在可预见的未来将不会导致纳税支出或税收减免，提供超越合理怀疑的保证"，来限制部分分摊方法的应用范围。在此条件下，1977 年 10 月公布的《征求意见稿第 13 号》（E13）将部分分摊法纳为了允许的备选方法。

就算不提部分分摊法的相关争议，E13 以及由此而形成的 IAS 12 也相当复杂，算是 IASC 有史以来公布的篇幅最长的文件。该准则明确要求企业采用纳税影响会计法（tax effect accounting），这本身就被视为向前迈出的重要一步。在一些成员的所在国中，将企业所得税视为一种利润分配而非费用的看法并不少见。即便是那些将所得税视为费用的国家，常常也是使用应付税款法（taxes payable method），或称当期计列法（flow through method），而不是纳税影响会计法。[141] 这项准则解决的其他实质性问题还有：（1）在确定当期所得税费用时，应选择美国会计实务中常用的递延法还是英国会计实务中常用的负债法？最终，准则允许采用这两种方法。（2）是否应确认递延应收款项？最终，准则规定仅在"合理预期能实现"的情

---

138. Christopher Nobes, "Cycles in UK Standard Setting", *Accounting and Business Research*, 21/83（Summer 1991），268；Michael Renshall, "The Economics and Politics of Standard Setting", in *Standard Setting for Financial Reporting*（n.p: KPMG Peat Marwick Main & Co., 1987），90–1；Stephen A, Zeff, "'Political' Lobbying on Proposed Standards: A Challenge to the IASB", *Accounting Horizons*, 16/1（2002.03），46–48；2003 年 4 月 29 日作者与 David C. Hobson 的访谈记录。

139. J. A. Burggraaff, quoted in "IASC", *De Accountant*, 84/1（1977.09），5.指导委员会的其他成员是 John Hepworth（来自澳大利亚，主席）和 Robert Hampton III（来自美国）。

140. AP 10/1977 paper 5.

141. 普遍应用应付税款法的国家通常对部分分摊法并未表示强烈反对，因为这些国家认为它是向全面分摊法过渡的折中方法。整理自 2004 年 5 月 24 日作者与 Hans Burggraaff 的访谈记录。

况下才可确认。(3)亏损结转以后期间抵税的会计处理。(4)与会计变更、异常项目和前期调整有关的所得税费用的披露。(5)资产重估的税务影响。(6)名义税率与实际税率的差异调整等。因此，IAS 12 既非无足轻重，也很难说属于基本的准则。特别是在披露方面，IAS 12 的规定可能超出了大多数成员所在国的实务做法。

评论函和媒体都给 E13 提了许多批评意见，主要是因为 E13 允许使用部分分摊法。[142] 一份来自美国的反馈意见认为："允许企业针对类似的情况使用截然不同的多个备选方法，这让整个准则编写过程沦为了笑柄。"还有一份来自美国的反馈意见，对 IASC 不久前采纳美国会计实践中常用的后进先出法（LIFO）这一事态置若罔闻，煞有介事地惊呼"理事会居然允许企业任选会计处理方法，这如何不令人幻想破灭"。来自加拿大、荷兰、新加坡甚至英国的评论函，也表达了类似的批评意见。

但英国和爱尔兰的大多数评论意见还是正面的，尽管有人提出应放宽"超越合理怀疑的保证"标准。一份反馈意见反对 E13 将全面分摊法列为标准方法："想来英国同行不会希望看到其习惯采用的方法被国际会计准则定义为'非标准'的方法。"指导委员会决定不为了照顾英国的情面而做出最后的让步，但还是觉得需要在部分分摊法的适用条件上做出妥协。最后，IAS 12 只要求"有合理证据"表明未确认的时间性差异在未来三年内不会转回。提到 E13 允许太多可选会计方法而招致的批评意见时，指导委员会无可奈何地表示："指导委员会认为，就目前全球范围内纳税影响会计法的实践情况来看，IASC 不得不同时允许所有的这些方法，甚至还要允许企业在递延法和负债法下都可以选择应用部分分摊法。"[143]

IAS 12 还有一个显著创新是它包含一项过渡性条款。为了使准则更易于接受，IAS 12 允许之前未记录递延税项的报告企业，可以选择遵循 IAS 8 进行会计变更的处理，也可以在时间性差异转回时，将这些项目直接计入（贷记）留存收益。这样一来，利润表上的相关项目将以 IAS 12 为基础，而资产负债表不是。自 IAS 12 开创先例之后，这类过渡性条款便渐渐出现

---

142. AP 2/1979 paper 4 and 4A. 批判性评价另见于 *World Accounting Report*, 1978.04, 7。美国学者撰写的支持性评价见 Bill N. Schwartz, "Income Tax Allocation: It Is Time for a Change", *Journal of Accounting, Auditing and Finance*, 4（Spring 1981）, 238–247。

143. AP 2/1979 paper 1.

在其他准则中。

5.8.7　IAS 13：流动资产和流动负债的列报

"营运资本的会计处理"这一主题无意引起争议。本质上，问题在于企业是否应在资产负债表中分组列报流动资产和流动负债，以及如果分组，应使用什么标准来区分流动性与非流动性的资产和负债。1978年3月，IASC批准公布《征求意见稿第14号》（E14）。E14的特殊之处在于，这份草案在第一次正式提交到理事会会议讨论时就当场通过公布了。[144]

尽管E14收到的评论函数量相对较少，但指导委员会认为他们必须承认，"征求意见稿没有得到广泛支持"。[145] E14建议企业在其资产负债表中区分流动性与非流动性的资产和负债，并且通常应该以转化为现金或现金等价物所需时间是否超过一年为标准。但这只是建议，而不是要求。从评论函中可以看出，欧洲以外的国家对这项准则的需求并不大。有些人甚至反对这项准则，认为这种区分方式"毫无意义"，甚至可能有害，因为它也许会导致投资者对企业的流动性做出错误的判断。欧洲大陆的意见反馈者则表示，他们更支持在资产负债表上做强制分类。但这也会产生问题，因为这些意见反馈者指出，目前的IASC征求意见稿与欧共体第四号公司法指令核心部分的资产负债表安排存在冲突。

这次的指导委员会，由加拿大的莫利·卡斯卡伦担任主席，其余大多数成员来自欧洲。[146] 指导委员会向理事会提出了是否应公布准则的问题，并提出积极建议。指导委员会坚持主张"如果公布这份准则，我们将成为第一个正式提出区分流动性与非流动性项目这一理念的主要会计组织"，这番言论使得所有的批评意见都相形见绌。[147] 理事会表示赞同，并在删除了一年的一般划分标准以及其他可能与欧共体第四号公司法指令产生冲突的

---

144. 征求意见稿纲要见 AP 10/1977 paper 4，征求意见稿草案见 AP 3/1978 paper 6。
145. AP 6/1979 paper 1。评论函见 AP 6/1979 paper 4。评论函整理稿多达54页。
146. 指导委员会的其他成员是 Peter Meyer（来自德国）和 H. Edenhammer（来自瑞典）。
147. AP 6/1979 paper 1。然而，美国会计程序委员会已经在《会计研究公报第30号》（Accounting Research Bulletin No. 30，于1947年8月发布）中提出该议题。《会计研究公报第43号》（Accounting Research Bulletin No. 43，于1953年发布）第3（a）章重新发布该议题。后者在区分流动资产和非流动资产时提到了"正常经营周期"，而非一年的标准。但是，第3（a）章中的解释性意见明确表示，委员会正在考虑是否采用一年作为区分标准。

条款之后，于 1979 年 6 月批准公布了《国际会计准则第 13 号》（IAS 13）。

5.8.8　从 IAS 7 到 IAS 13：结论

在 IAS 13 公布几个月后，原 IASC 秘书罗伊·纳什写道：

> 乍一看，IASC 似乎在协调国际会计和报告准则方面取得了很大的进展……在较短时间内，IASC 已经公布了 13 项国际会计准则和 2 份讨论稿，并且还有 11 个在研议题可能会形成未来的准则。但实际上，这与形成一套受到国际认可的会计和报告准则，还相距甚远。[148]

纳什认为，IASC 成员所在国对国际会计准则的支持力度还远远不够。另外，IASC"发现其越来越难以就基本原则事宜达成一致意见"。本节讨论的所有征求意见稿和准则均获得一致通过，这一事实似乎掩盖了上述问题。[149] 但在某些情况下，投票情况可能无法反映仍然存在的意见分歧。显然，如果一项准则已经获得足够的支持、预期肯定能在正式表决时通过的话，各代表团就会放弃提出反对意见。[150] 但对外界仍然可以说，各代表团的一致支持提高了标准的可信度。

正如上述 IAS 7 到 IAS 13 的讨论所述，有时意见分歧过大，除了妥协，没有更好的解决办法。即便在诸如资金表或流动资产和流动负债的定义等

---

148. Roy C. Nash, "Why Global Harmony of Accounting Standards Is a Long Way Off", *Financial Times*, 1980.02.20. 这里提到的讨论稿是关于通货膨胀会计（见第 5.7.2 节）和银行会计（见第 5.10 节）的讨论稿。

149. 从 1978 年 3 月到 1981 年 6 月，IASC 的会议纪要只是简单地记录准则获得"批准"。在此之前及之后，投票结果有明确记录。对于 1978 年 3 月以前的所有准则，投票意见是一致的。对于征求意见稿，会议纪要一般会记录投票的性质。第一次记录在案的弃权票出现在 1980 年（E19，关于租赁的会计处理），第一次记录在案的反对票出现在 1981 年（E23，关于外币折算）。根据与会者的回忆，我们假定没有明确记录的投票结果是一致的，或者至少是"达成了"一致。整理自 2004 年 5 月 31 日 Hans Burggraaff 与作者的沟通，以及 2004 年 6 月 7 日 Allan Cook 与作者的沟通。

150. 1978 年 3 月，三个代表团反对 IAS 9 中要求披露研究与开发总支出的规定，因此它们没有投赞成票。当时，它们构成了一个少数派反对群体。最后，其中的荷兰决定改投赞成票，该项准则才得以通过。会议纪要只是简单地记录该准则获得"批准"。参见"IASC Board 7-9 maart 1978, Londen", memo by Henk Volten, 1978.03.10, NIVRA archive, no.482。

相对无争议的主题上，IASC 也无法给出明确的指引。其中一个重要的原因是，理事会需要兼顾英国和美国公共会计师行业的立场，可也不能毫不顾及其他理事会成员所在国的要求。[151] 英国公共会计师行业的观点具有压倒性的影响，这在 IAS 9 和 IAS 12 中体现得尤为明显。值得注意的是，理事会其他成员也愿意竭尽全力来调整 IASC 的准则，使之兼容英国和美国的公共会计师行业所牵头设计的会计规则。

5.9 外币折算：通往 IAS 21 的漫长之路

1976 年，兰卡斯特大学研究员阿利斯特·梅森（Alister Mason）进行了一项调查，征求一些知情的受访者对国际财务报告准则的看法。一位匿名的美国受访者对 IASC 的议程发表评论说："对待某些议题，就该像躲瘟疫一样避开。美国证券市场上公布的《财务会计准则公告第 8 号》中外币折算的会计处理与其他国家的会计做法存在无法调和的差异。除非有人改变自身规则，否则标准化就是无稽之谈。"[152]

这项建议（如果确曾送达 IASC 的话）来得太晚了。1974 年 1 月，IASC 决定成立指导委员会处理"财务报表中的外币账户折算（转换）"问题。这是 IASC 在 1987 年之前最为棘手的议题。直到 1983 年 3 月，《国际会计准则第 21 号：汇率变动影响的会计处理》（IAS 21）才得以公布。正如所预料的，美国证券市场在这一问题上的态度，是关键难题。

5.9.1 E11：失败的尝试

这次的指导委员会由荷兰的亨克·特雷弗斯担任主席，其他代表来自日本和美国。指导委员会几乎从一开始就陷入困境。[153] 在 1974 年 7 月提交的第一稿草案中，区分了两类外币折算：一类是外币交易的会计处理；另

---

151. 从一开始，要求所有成员国在新项目启动时提供国内法规或准则的相关信息就已成为惯例。我们可以从 IASC 档案中的准则文件夹中找到若干相应实例。

152. Mason, *The Development of International Financial Reporting Standards*, 112.

153. 指导委员会的其他成员是中岛省吾（来自日本）、Robert Sempier 和 Donald Hayes（来自美国）。中岛省吾自 1981 年起担任指导委员会主席。派了一系列成员代表的英国于 1975 年加入指导委员会，Morley Carscallen（来自加拿大）于 1978 年加入指导委员会。

第 5 章 "妥协于协调"：编写 IASC 的早期准则

一类是为了编制合并报表或为了采用权益法，而对以外币列报的子公司财务报表进行折算。对于外币交易，它主张按收盘价折算，并将汇兑差额计入损益。尽管这与某些国家（特别是德国，该国会计规则非常注重严格遵守实现原则）的传统相抵触，但该立场在项目的早期阶段就被采纳，此后并未受到严重挑战。然而，指导委员会无法对与外币交易相关的资产负债表长期项目给出唯一的折算方法建议：它无法决定使用什么汇率折算，也无法就折算差额的会计处理达成一致意见。指导委员会内部对境外子公司和合营企业的财务报表折算也存在分歧。它认识到，实务中存在"历史汇率法"（historical rate approach）和"收盘汇率法"（closing rate method）两种方法：历史汇率法基本上类似于所谓的时态法（temporal method），要求将以历史成本列示的项目按历史汇率折算；收盘汇率法要求将所有的资产负债表项目按现行汇率折算。指导委员会里有人支持这个，有人支持那个，既没办法指定使用某个单一的方法，也没办法规定各个方法的适用条件。唯一的共识就是：问题若一直不解决，"可能会损害这项准则的有用性"。于是，指导委员会请求 IASC 全体理事会指点迷津。[154]

全体理事会发现自己并不比指导委员会高明，它同样难以做出选择。在 1974 年到 1977 年，理事会针对长期项目的处理和外币财务报表折算进行了一系列的讨论，但收获寥寥。结果，讨论变得越来越错综复杂和难以理解。在财务报表折算方面，时态法和收盘汇率法的比较又引发了另一项争论：折算差额应当计入损益，还是直接计入所有者权益？全部计入，还是部分计入？后来，讨论中又引入了历史汇率法的变形（如区别对待流动性项目和非流动性项目、货币性项目和非货币性项目等），于是，事情变得愈发混乱。此外，1976 年 3 月，指导委员会还意识到，解决远期合同的问题"难度相当之大"。[155] 指导委员会花了一段时间努力解决我们后来称为套期会计的问题，并在套期的有效性等相关问题上暂时找到了方向。为了推动项目进展，指导委员会尝试过几项权宜之计，但无济于事。[156]

---

154. AP 7/1974 papers 25 and 26.
155. AP 3/1976 paper 7.
156. 1975 年 1 月，委员会决定在指导委员会中增加一名"在这些问题上有实务经验"的英国成员。IASC meeting of 15–16 January 1975, minute 3. 指导委员会主席 Henk Treffers 是荷兰一家大型审计公司的高级合伙人，大概有一些相关经验。

169

与此同时，1975年10月，（美国证券市场上的）财务会计准则委员会（FASB）公布《财务会计准则公告第8号：外币交易和外币财务报表折算的会计处理》（FAS 8），明确要求采用时态法作为外币财务报表折算的唯一方法。FAS 8要求将折算差额计入损益，这会导致报告利润出现大幅波动。鉴于其他国家的会计实践不同程度地使用了收盘汇率法，并且很少有公司希望IASC效仿财务会计准则委员会（FASB）对折算差额的会计处理方法，因此，IASC越发显得进退维谷。[157]

一个显而易见的合理解决方案是，同时允许采用时态法和收盘汇率法。实际上，这也正是1977年7月批准公布的《征求意见稿第11号》（E11）所选择的策略。耐人寻味的是，IASC花费了数年的时间才做出这个并不艰难的决定。在1974年至1975年，至少还有一些理事会成员和指导委员会委员认为，IASC应该出台带有明确指引的准则。但是到了1977年，理事会的大多数成员似乎都接受了这么一个立场，即对于在实践中已经获得广泛支持的多种可选方法，IASC没必要非得从中选取一个最优的方法。

E11的草案底稿并不是由指导委员会委员共同编写的，而是由秘书处、IASC主席乔·卡明斯以及指导委员会中的美国代表鲍勃·森皮尔（Bob Sempier）编写的。[158] E11所列的主要问题几乎没有得到解决。它不允许在收盘汇率法和时态法之间进行选择，而且对于如何处理两种方法产生的折算差额也没有给出明确规定。对于长期资产负债表项目折算差额的会计处理，也同样不明确。指导委员会对套期会计的探索被缩减为一个简单的陈述，即如果远期合同已载明结算日要结算的外币金额，那么远期汇率"可以"用来记账（第28段）。

可以预见，E11的许多反馈意见都对准则草案几乎完全不提供指引提出了批评，尽管也有些人意识到，IASC在这种情况下几乎无能为力。还有

---

[157]. 到了20世纪70年代末，荷兰和英国的大多数上市公司采用收盘汇率法。参见Christopher Nobes and Robert Parker, *Comparative International Accounting*, 7th edition (Harlow: Pearson Education, 2002), 404; *Onderzoek Jaarverslagen 1979* (Amsterdam/Deventer: NIVRA/Kluwer, 1981), 87. 另外，德国倾向于采用历史汇率法，但也采用收盘汇率法。见Jörg Bankmann, "Der internationale Konzernabschluß (Weltabschluß)", *Betriebswirtschaftliche Forschung und Praxis*, 33/6 (1981.11), 510–519.

[158]. AP 6–7/1977 paper 6. 另见 IASC meeting of 1–3 March 1977, minute 6.

第 5 章　"妥协于协调"：编写 IASC 的早期准则

不少反馈意见认为，E11 至少比（美国的）《财务会计准则第 8 号》（FAS 8）或英国公共会计师行业编写的《征求意见稿第 21 号》（ED 21）更清楚地阐明了一些问题，这或许会令 IASC 感到些许安慰。[159]

指导委员会试图解决 E11 的批评意见。它向理事会提交了一份修订草案，删除了处理折算差异的一些可选方法，并尝试性地提出以子公司的性质作为选择时态法和收盘汇率法的依据，这正是后来 IAS 21 所采取的立场。[160]但这只是让之前没什么结果的争论再度重演了。1978 年 11 月，理事会将草案发送回了指导委员会。此时的指导委员会增加了一位新成员。[161]

5.9.2　突破与危机

1979 年春天，事情发生了变化。财务会计准则委员会（FASB）宣布将重新修订备受批评的 FAS 8，这导致 IASC 暂停了对外币折算的研究工作。[162]与此同时，加拿大、英国和爱尔兰以及美国的会计准则编写机构同意让英国和加拿大代表加入财务会计准则委员会（FASB）设立的负责重新制定 FAS 8 的专项工作组（task force）。IASC 秘书艾伦·库克也代表 IASC 加入了该工作组，他认为 IASC 会受益于相关的宣传工作，遂同意财务会计准则委员会（FASB）在其出版物中提及与 IASC 的合作。[163]专项工作组为《财务会计准则第 52 号》（FAS 52）奠定了基础，FAS 52 的第一份征求意见稿于 1980 年 8 月公布。它规定，在大多数情况下，子公司的财务报

---

159. AP 11/1978 paper 4.
160. AP 11/1978 paper 1.
161. IASC meeting of 7–9 November 1978, minute 5. 指导委员会增加了一名加拿大成员。
162. 1978 年 11 月，IASC 计划于 1979 年 6 月向理事会提交修订草案。但这份草案直到 1980 年 11 月才提交，而会议纪要并未记录暂停该项目的决定。我们从美国理事会代表的陈述中能够推断出该项目实际上处于暂停的状态，暂停原因与 FAS 8 的修订有关，参见 Donald J. Hayes, "The International Accounting Standards Committee—Recent Developments and Current Problems", *The International Journal of Accounting* 16（Autumn 1980），9；以及荷兰观察员的文章 Henk Volten, "Vreemde valuta: FASB eindelijk door de bocht?", *De Accountant*，86/8（1980.04），485。
163. 整理自 2003 年 4 月 30 日作者与 Allan V. C. Cook 的访谈记录；Cook 写给 Burggraaff 的备忘录，1980.08.16，IASC archive, "Burggraaff" file. 另见 FAS 52 结论基础，paragraph 157。

— 171

表折算应采用收盘汇率法，折算差额直接计入所有者权益。[164] 英国公共会计师行业 1980 年 10 月公布了与之基本相似的《征求意见稿第 27 号》（ED 27），1983 年 4 月公布了《标准会计实务公告第 20 号》（SSAP 20）。

IASC 的指导委员会基于这些事态发展，紧跟形势，于 1980 年起草了一份草案，内容与上述机构达成的新共识非常相似。该草案与 1980 年 11 月的都柏林理事会会议议程文件一并分发。IASC 的法国和德国成员当即措辞强硬地抗议，声称有人试图在 IASC 造成既定事实。在 11 月的理事会会议召开前，法国注册会计师协会、德国审计师协会和德国公共会计师协会致信 IASC 主席伯格拉夫，抱怨对于外币折算的一致意见是在 IASC 的正常程序之外达成的，令人"非常遗憾"。法国注册会计师协会评论道，"此番操作更让人觉得，IASC 只不过就是在全球推行'盎格鲁－撒克逊准则'的通道罢了"。它还威胁道："这类操作必然会破坏 IASC 的公信力。很遗憾，这会促使法国注册会计师协会重新评估，继续担任 IASC 成员是否妥当。"德国公共会计师协会则暗示，如果 IASC 绕过全体理事会径行做出决定，使得其他成员"只得将准则翻译为所在国的语言"，那么，它们就不会再继续参与 IASC 的活动了。[165]

法国和德国会计界的反应绝非无关紧要，而是关涉 IASC 生死存亡的严重威胁。[166] 媒体如此报导法国注册会计师协会秘书多米尼克·勒杜布勒的愤慨："既然连这种磋商都能绕过 IASC 来进行，我真不知道 IASC 凭什么还有脸面存在。"法国证券交易委员会（COB）呼吁建立欧洲的会计准则

---

164. FAS 52 和 IAS 21 反映了联合利华公司开发的方法。在担任 IASC 秘书长之前，Allan Cook 曾在联合利华公司工作，在工作组成立之前，他主张采用联合利华公司开发的论证方法。整理自 2003 年 4 月 30 日作者与 Allan Cook 的访谈记录，以及 2002 年 12 月 13 日与 Hans Burggraaff 的访谈记录。

165. 参见 1980 年 11 月 2 日 E. Salustro（法国注册会计师协会主席）写给 Hans Burggraaff 的信；1980 年 10 月 28 日 Nebendorf 博士（德国审计师协会主席）和 Broenner 博士（德国公共会计师协会主席）的电传。两份文件均附于 1980 年 11 月 4—6 日 IASC 理事会会议纪要。

166. 整理自 2003 年 4 月 30 日作者与 Allan V. C. Cook 的访谈记录；Geoffrey B. Mitchell, "The United Kingdom Response to International Pressures for Accounting Change" in Anthony G. Hopwood（editor）, *International Pressures for Accounting Change*（Hemel Hempstead: Prentice-Hall International, 1989）, 154；Harold Ainsworth, "Sharp Suggests a Standard Setting Body", *World Accounting Report*, 1981.07, iv；David Cairns, "The Future Shape of Harmonization: A Reply", *European Accounting Review*, 6/2（1997）, 329。

第 5 章 "妥协于协调"：编写 IASC 的早期准则

制定机构，以对抗美国（在会计规则上）的主导地位。[167]但有人可能会问，IASC 的法国和德国成员为什么在这件事情上如此愤怒。的确，如本章前面所述，在整个 20 世纪 70 年代，法国和德国代表团实际上曾长期默许美国和英国同行凭借其在会计准则上的先期进展而主导 IASC 的准则编写进程。此前，IASC 在递延所得税的问题上听命于英国公共会计师行业，在外币折算问题上又臣服于加拿大、英国和美国公共会计师行业的三方一致意见，这两者对 IASC 公信力所造成的伤害之深，简直不分上下。这次的三方一致意见甚至可说是一件美事，因为它毕竟还是为 IASC 开辟了制定比 E11 更好的会计准则的一条新路。[168]

外币折算问题之所以令法国和德国方面如此大动肝火，一个重要原因是，加拿大、英国和美国的公共会计师行业在 IASC 的前身——会计师国际研究组（AISG）——中曾有过合作，因此，人们很容易怀疑三者（绕开 IASC）的合作是蓄意而为、早有预谋，而非一时兴起。[169]英国方面，会计准则委员会（ASC）主席汤姆·瓦茨（Tom Watts）更是为这种怀疑火上浇油。瓦茨不仅在媒体上对 IASC 颇有微词，而且私下会晤甚至公开接触欧盟委员会，向其陈述外币折算会计规则的最新进展，并主动充当会计准则编写工作的国际合作联络员。[170]

还有一个令法国和德国方面恼火的原因是，这三个英语国家之间的合作引发了新闻界的评论，即 IASC 的成员分为一等成员和二等成员两个层次。1980 年 9 月《世界会计报告》（World Accounting Report）做出了如此报道，令相关国家难以忽视：

---

167. "French Attack on US 'Chauvinism'"，*Accountancy Age*，1980.08.08，3；"Développements internationaux des règles d'établissement des comptes d'entreprise"，*Bulletin Mensuel COB*，1980.07，6–8。

168. 此观点请参见 Henk Volten，"Vreemde valuta: FASB eindelijk door de bocht?"，485。

169. 提出这一可能性的文章是 "IASC"，*De Accountant*，87/4（1980.12），215。《会计时代》（*Accounting Age*）在文章中报道了这些人在现行成本会计和租赁会计上可能开展合作的"模糊谈话"（misty talk），见 "Forming a Triumvirate"，1980.08.05，12。

170. 参见 T. R. Watts 写给 H. Niessen（欧盟委员会）的信，1980.09.08，NIVRA archive, no.484。这封信于 1980 年 9 月由英国代表在研究组（Groupe d'Études）内传阅时引起了欧洲 IASC 成员机构的关注。关于 Watts 对 IASC 的评论，请参阅 "The Search for International Agreement Goes On"，*Accountancy Age*，11/11（1980.03.14），15，以及 Michael Lafferty，"Tom Watts: A Personal View"，*World Accounting Report*，1981.01，2。

在看到美国、英国和加拿大会计准则编写机构已经就外币折算问题达成共识时，人们常常会误以为只有这三者才是举足轻重的规则制定者。但事实上，完全不是这么回事。

....

遗憾的是，国际会计界当前仍然分裂为盎格鲁－撒克逊派别和其他派别。语言和历史是造成这种局面的主要原因……而且人们普遍认为，欧洲大陆对会计问题的考虑太落后了，当然荷兰除外。[171]

在1980年11月的理事会会议上，法国和德国代表团坚持在讨论草案之前，先行解决它们的申诉。于是，理事会通过了一项决议："成员一致认为IASC才是制定和公布国际会计准则的合适平台。"此外，会议同意"当两个或两个以上不具有共同立法的国家提议对会计准则进行讨论时，IASC可以受邀参与其中，前提是，未经IASC理事会明确授权，任何参与者不得代表IASC表态"。[172]

法国和德国公共会计师行业代表对拟议准则的总体方法没有异议。解决了它们的程序性申诉后，IASC便得以继续推进相关工作。尽管没有重大分歧，但IASC一直等到1981年10月才批准其《征求意见稿第23号》（E23）。主要原因是（美国证券市场上的）财务会计准则委员会（FASB）的草案是以四票对三票的微弱优势勉强通过的，IASC害怕自己的投票结果会与财务会计准则委员会（FASB）的立场相反。[173]在1981年12月FAS 52公布前不久，IASC批准了征求意见稿，随后于1983年3月批准公布了最终的IAS 21。E23和IAS 21在很大程度上都与FAS 52保持了一致。

除了法国和德国公共会计师行业的申诉，IAS 21也显示出了一些新苗头：IASC内部的氛围正在逐渐变化，其成员不再像以往那样追求全体意见一致。E23成为第一份记载有反对票的征求意见稿，反对票为墨西哥代表

---

171. Michael Lafferty, "Do We Still Have an Anglo-Saxon Accounting World?", *World Accounting Report*, 1980.09, 3.

172. IASC board meeting of 4–6 November 1980, minute 8.

173. "IASC Board, Dublin, 4–6 november 1980", memo by Henk Volten, 1980.11.10.NIVRA archive, no. 484.

第 5 章 "妥协于协调"：编写 IASC 的早期准则

所投。但反对原因没有被记录下来。[174]IAS 21 也有一张反对票，为德国代表所投，其理由是该准则对未实现折算利得和损失的处理违反了审慎性原则。[175]

5.10 针对银行业务的有限……

……银行的应对措施，1974 年，所谓的发达国家"十国集团"和瑞士的中央银行一起建立了巴塞尔委员会，以推动银行监管领域的国际合作。巴塞尔委员会告知本森其潜在任务之一是推动银行业会计审计准则的标准化。[176]1976 年 9 月，巴塞尔委员会就"银行财务报表的内容"事宜，正式向 IASC 请求援助。1977 年 3 月，IASC 成立了相应的指导委员会。这次的指导委员会由德国、荷兰、英国和爱尔兰以及美国代表组成。值得注意的是，这是第一个不包含 IASC 理事的指导委员会。[177] 十国集团的中央银行同意向 IASC 提供 10 000 英镑的捐款。

这是 IASC 首次尝试针对特定行业编写准则。IASC 在 20 世纪 70 年代和 80 年代的讨论过程中，也会偶尔提出公布行业准则的想法，并且从未将之完全排除在议程之外。然而，除了 20 世纪 90 年代针对银行业、采掘业、保险业和农业等特定行业开展了一些项目，IASC 更倾向于关注具有通用性的准则。

银行业项目的初衷是制定一份关于银行业财务报表披露的 IASC 准则，一份能够引领实践而不是追随实践步伐的准则。指导委员会意识到提案中

---

174. IASC board meeting of 14–16 October 1981, minute 3. IASC 没有收到墨西哥关于《征求意见稿第 23 号》（E23）的评论函。

175. IASC board meeting of 23–5 March 1983, minute 2；"IASC-Board，23–25 maart 1983，Edinburgh" Henk Volten 撰写的备忘录，1983.03.28，NIVRA archive, no.486.

176. 参见 R. D. Galpin（英格兰银行）写给 Benson 的通知，无明确日期（根据 1976 年 3 月 16 日 Benson 写给 Galpin 的信可以确定前者日期为 1976 年 2 月），IASC archive, file "Banks—Liaison with Group of Ten Committee"。

177. 指导委员会主席先后由 E. L. Larkin（来自美国）和 C. I. Brown（来自英国和爱尔兰）担任。其他成员是 W. Scholtz（来自德国）、A. A. Soetekouw（来自荷兰）和 W. J. Dolan（来自美国）。

的某些内容会引起争议，于是它在早期草案中列出了一份"准则草案中最可能引发反对意见的领域"清单。清单中包括一些敏感项目，如"解释"部分的一段话宣称，出于财务报表要真实公允地反映银行情况的目标，秘密准备（undisclosed reserves）就是"不可接受的"。清单中还包括：披露银行资产和负债高度集中于某单一债务人或债权人的情况；披露准备的金额及其变动情况；披露未轧平交易头寸等。[178] 理事会支持这种做法，但认为有必要先确保获得巴塞尔委员会的支持。因此，理事会便去征询巴塞尔委员会，是否愿意在拟议的征求意见稿中作为"共同发起人"（co-promoter）署名。但巴塞尔委员会考虑之后，于 1978 年 7 月答复 IASC，"拟议的公告尚不足以用作其正式采纳的会计准则的基础，但它们很高兴看到 IASC 在设法解决问题，并建议 IASC 以讨论稿（discussion document）的名义公布，以期发挥有益的作用"。[179] 这样的回复让 IASC 感到很失望，尽管 IASC 早前就已经收到巴塞尔委员会持保留意见的风声，这些风声显然代表了欧共体一些中央银行的意思。[180] 指导委员会建议 IASC 单独行动，不依赖巴塞尔委员会的支持，径行独自公布征求意见稿（exposure draft）。但理事会还是选择遵从巴塞尔委员会的建议，于 1979 年 10 月以讨论稿的名义公布了这份文件。

大概是因为这只是一份讨论稿，它保留了指导委员会最初提出的大部分容易引起争议的披露要求。关于秘密准备，讨论稿指出，"如果银行低估资产、高估负债却不予以披露，或者针对一般或非特定经营风险计提准备却不予以披露……那么，其财务报表就没有真实公允地反映银行的情况。"[181] IASC 在讨论稿前言中说明，它可能会在适当的时候公布与该主题相关的正式准则，从而给自己留下了回旋的余地。

讨论稿引起了人们的注意，但可能没有达到 IASC 所期望的程度。一位观察家评论说："很少有银行……听说过 IASC 的讨论稿。"[182] 然而，从不介意

---

178. AP 3/1978 paper 10（draft standard）and 11（cover note）。

179. 参见 W. P. Cook（巴塞尔委员会主席）写给 J. P. Cummings 的信，1978.07.07，AP 11/1978 paper 13。

180. 参见 AP 6/1978 paper 5 和"IASC Set to Publish Controversial Discussion Paper"，*World Accounting Report*，1979.08, 6。

181. AP 10/1979 paper 16B paragraph 28。

182. Analyst David Andrews, quoted in "Backdown on Bank Disclosure by IASC", *Accountancy Age*, 1981.06.05, 3。

第 5 章 "妥协于协调"：编写 IASC 的早期准则

引发争议的《世界会计报告》将这份讨论稿称为"对领先银行的账务处理的突然袭击"，并指出，这些建议不仅超出了瑞士等国的惯例，还超出了英国和美国的惯例。[183]《世界会计报告》拿到了一份抄录的评论函的副本，并罕见地针对这些评论函发表了长篇报道。[184] 它以震惊的语气评论说，相对于讨论稿可能影响到的银行数量而言，给出反馈的银行的比例"简直低得离谱"。IASC 只收到了 33 封评论函，其中只有 3 封来自银行业。实际上，这样的意见反馈率对于 IASC 而言并非罕见，秘书艾伦·库克甚至宣称 IASC 对此非常满意。[185] 但即使 IASC 自身可能已经习惯了这种意见反馈率，有一个事实也已经很清楚了：人们在早期对 IASC 某些征求意见稿（如 E3）的兴奋感已经逐渐消失了。《世界会计报告》的反应突出表明，IASC 要想吸引到与其力求成为国际准则编写机构这一愿望相称的关注，还有一段路要走。[186]

也许令人惊讶的是，讨论稿的反馈意见在总体上是正面的，尽管不乏一些暗藏储备（hidden reserves）的捍卫者。许多答复者对 IASC 讨论稿的质量表示赞赏，并对国际协调的理念表示支持。但一个共同的主题是，如果没有各国立法机构以及十国集团的配合，IASC 就不应该再继续编写准则。IASC 还应该等待欧共体完成关于银行业的公司法指令。鉴于十国集团显然不愿意支持 IASC 的建议稿，事实上欧共体近期也没有制定新的公司法指令的规划，因此，不能将上述意见理解为鼓励 IASC 继续编写会计准则。于是，IASC 理事会根据指导委员会的建议做出决议，承认推出银行业会计准则的时机尚未成熟。为了对意见反馈者有所回应，同时也为了传递

---

183. "Surprise Attack on Leading Banks' Accounting", *World Accounting Report*，1979.06，4，and Michael Lafferty, "The Iron Age of Bank Accounting Around the World", *World Accounting Report*，1980.06, 2.

184. "The IASC Banking Proposals: An Early Look at the Response"，*World Accounting Report*，Special Feature，1981.08.

185. 1980 年 3 月，针对银行讨论稿的评论函在整理后长达 77 页。相较之下，E14（流动资产和负债，1978 年 7 月）为 54 页，E15（分部报告，1980 年 3 月）为 40 页，E16（退休福利，1980 年 4 月）为 48 页，E17（物价变动，1980 年 8 月）为 33 页，E18（不动产、厂场和设备，1980 年 8 月）为 72 页。Cook 的评论请参见 "IASC Presses on Despite Apathy on Bank Paper"，*Accountancy Age*，1981.09.11，3。值得注意的是，在 1980 年前后，财务会计准则委员会通常会收到几百封针对其征求意见稿的评论函。

186. 针对 IASC 征求意见稿的意见反馈率相对较低的讨论，另见 Roy A. Chandler, "The International Harmonization of Accounting: In Search of Influence"，*International Journal of Accounting Education and Research*，27/3（1992），226。

IASC 会 "不定期进行时势评估" 的总体意图，IASC 理事会决定公布 "反馈意见摘要"（Summary of Responses）。[187] 正如本书第 9.4.3 节所述，IASC 在 1984 年恢复了银行财务报告的研究工作，最终在 1990 年颁布了《国际会计准则第 30 号》（IAS 30）。

5.11 领导力彰显：IAS 14、IAS 17 和 IAS 19

20 世纪 80 年代早期，IASC 迎来了其在 1987 年之前的鼎盛时期。从数量上讲，产量激增，最终创下了 1983 年全年发布四项新准则的历史记录。就质量而言，这段时间公布的许多准则领先于许多国家的会计实践。这些准则所涉及的主题在大多数国家几乎没有任何指引，也缺乏明确的国际共识。尽管如此，IASC 还是设法编写了一些切实可行的指南，这与当初其应对通货膨胀会计问题时的情形有所不同。[188] 虽然这些准则的起草过程比之前大多数准则都要漫长，但丝毫没有出现像编写外币折算准则（IAS 21）时那样过分拖延的情况。

5.11.1 IAS 14：分部报告

当 IASC 于 1976 年将分部报告（segment reporting）列入其议程时，按业务领域和地理区域提供分部信息的想法并不是什么新鲜事。法国、瑞典和英国等国家或地区通常有法律上的规定，要求活跃于多个业务领域的公司提供补充信息。[189] 如前所述，IASC 1974 年公布的 E3 中包含有措辞不严的分部报告要求。但是，更严格的准则（即指定要披露的信息的性质和分部的确定方式）是最近才出现的。在美国，美国证监会（SEC）自 1974 年以来一直要求企业在向股东提交的年度报告中提供分部报告。1976 年 12

---

187. IASC board meeting of 23–6 June 1981, minute 5(2).
188. 关于对 IASC 准则在这一方面的批评，参见 David Cairns, "The Battle to Get Better Reporters", *Accountancy Age*, 11/32（1980.08.08），16；"The Declining Role of the IASC", *Accountancy Age*, 1980.10.17, 15；"Grenside Tells IASC to Stop Being Defeatist", *Accountancy Age*, 1980.09.19, 3。
189.《1944 年公司法》引入了瑞典的有关规定。英国的规定纳入《1967 年公司法》，法国的规定载于 1967 年 3 月 23 日发布的法令 148 条。

第 5 章 "妥协于协调"：编写 IASC 的早期准则

月，财务会计准则委员会（FASB）公布了关于这个问题的第一项会计准则——《财务会计准则公告第 14 号》（FAS 14）。[190] 也许是为了借鉴美国经验，IASC 任命理事会的美国代表、一位财务经理尤金·米纳汉为该议题的指导委员会的主席。[191]

在这种背景下，或许是对 E3 的一连串评论函仍记忆犹新，指导委员会开始注意谨慎用词。它在事项文件（issues paper）中向全体理事会提出的第一个问题是："基于 IASC 成员国关于多元化业务报告的现行要求及现行惯例……IASC 是否有望在不造成过度冲击的前提下，设计并公布分部报告准则？"[192] 显然，全体理事会给出了肯定答复。于是，指导委员会编写了草案初稿，但是，它仅将其提案描述为"适度的'入门级'准则"，仅要求多元化公司提供与业务分部有关的大概信息，而没有提供如何确定分部的明确指引。[193] 全体理事会也并不比指导委员会更热衷于向前推进，二者似乎都乐意将项目搁置一年，并在此期间调查了 35 个国家的报告实践。结果
表明，欧洲做法足以少数派做法。1978 年 8 月，IASC 重拾分部报告项目。米纳汉报告说，他的印象是"IASC 内部正在逐渐达成共识，即全球尚未做好执行一套成熟的准则的准备"，他再度提出了"制定'柔性的'入门级准则"的方案。[194] 但是随着时间的推移，全体理事会（旧称为委员会）渐渐鼓起了勇气。20 世纪 70 年代，经济合作与发展组织（OECD）和联合国（UN）进入会计准则编写领域，推动了事态的发展。这两个国际组织发布的关于跨国公司信息披露的出版物，使得分部报告成为非常热门且不可避免的问题。本书第 7 章将进行更全面的讨论。身为联合国专家组成员，IASC 主席卡明斯协助编写了其中一份文档，他已经和其他人一样意识到，（IASC）需要在这个问题上取得进展。

---

190. 在 FAS 14 之前，《会计原则委员会公告第 2 号：多元化企业对补充财务信息的披露》（APB Statement No. 2, *Disclosure of Supplemental Financial Information by Diversified Companies*）要求自愿披露分部信息。FAS 14 发布后，加拿大和澳大利亚分别于 1979 年和 1984 年效仿。

191. 其他成员是 Robert Mazars, Dominique Ledouble, Yves Bernheim（来自法国）和 P. J. Kjaer（来自丹麦）。AP 3/1977 paper 16 指出："来自法国交易所业务委员会的 M.Bertrand d'Illiers 做了积极且有支持力的参与行为。"

192. AP 3/1977 paper 17.

193. AP 6–7/1977 paper 9（cover note）and 10 (point outline).

194. AP 6/1978 paper 9.

因此，理事会在没有用太多的话来明确说明想要公布"成熟的"还是"入门级的"准则的情况下，于 1979 年 10 月通过了粗糙地模仿美国证券市场上的 FAS 14 而草拟的《征求意见稿第 15 号》（E15），要求企业同时分行业、分地区进行分部报告。尽管在如何确定报告分部方面 E15 只给出了谨慎的建议，但其明确要求了每个分部应披露的信息，包括销售情况、分部业绩、分部资产以及分部间交易的定价基础。作为对比，1978 年 7 月欧共体公布的第四号公司法指令修订草案，仅要求披露有限的分部销售额，而删除了先前草案中关于披露分部营业利润的要求。来自欧洲的评论函对 IASC 发出了警告，称"对于欧共体国家来说，执行这份准则可能不会像以往那样容易"。[195] 一些意见反馈者要求增加"豁免条款"，以避免分部信息的披露对报告企业造成不利影响。指导委员会则认为，增加类似条款"无益于提升 IASC 在 UN 和 OECD 等国际组织眼中的形象"，因而提出了反对意见。结果，《国际会计准则第 14 号》（IAS 14）于 1981 年 3 月获准公布，与 E15 相比并没有重大变化。

尽管后来 IAS 14 因含有相当多软语言而备受批评，但它的公布确实是"一次大胆的举动"，因而受到了欢迎，这表明 IASC 开始彰显其领导力，而不只是追求达成共识。[196] 壳牌公司会计研究主管兼 IASC 咨询组成员亨利·戈尔德（Henry Gold）指出："这可能是国际准则首次如此明显地领先于英国。"[197] 这次轮到（英国）会计准则委员会（ASC）追随 IASC 了，ASC（专门）成立了工作组来操办此事。[198] 然而，《标准会计实务公告第 25 号》（SSAP 25）直到 1990 年才获准公布。大概是因为英国当时还缺乏分部报告准则，1983 年，伦敦证券交易所要求的外国企业应执行的 IASC 准则不包含 IAS 14（参见第 6.5.2 节）。

---

195. 摘自荷兰在评论函中的其中一份反馈意见，转自 AP 3/1981 paper 4。另见荷兰、德国和英国的反馈意见。

196. Peter Mantle, "IASC Standard on Segment Reporting Imminent", *World Accounting Report*, 1981.03, 2. E15 提议的准则被称为"关键的一步"，见 Ralph T. Bartlett, "Current Developments at the IASC", *The CPA Journal*, 51（1981.05），24。一些后续批判的声音，见 Jenice Prather-Kinsey and Gary K. Meek, "The Effect of Revised IAS 14 on Segment Reporting by IAS Companies", *The European Accounting Review*, 13/2（2004），213–234。

197. "Standard Threat to Trade Secrets", *Accountancy Age*, 1981.03.20, 1.

198. "Segmental Reporting Standard on the Way", *Accountancy Age*, 1981.08.21, 2.

第 5 章 "妥协于协调"：编写 IASC 的早期准则

5.11.2　IAS 17：租赁的会计处理

IASC 终将进入"非基本"会计领域。一个简单却强有力的证据，是它在最终公布的租赁会计准则的开篇部分所引入的一系列定义。此前，IASC 的准则通常包含不超过两到三个定义，而《国际会计准则第 17 号》（IAS 17）则包含 17 个定义，其中还包括"或有租金"（contingent rental）和"未实现融资收益"（unearned finance income）等具有较高技术难度的概念。[199] 针对该准则的《征求意见稿第 19 号》（E19）的评论函纷纷抱怨，征求意见稿极其复杂，需要反复阅读。还有一个事实表明租赁议题的确不同寻常：这次指导委员会的主席是保罗·鲁特曼（Paul Rutteman），他同时还在英国担任一个指导委员会的主席，负责牵头编写《标准会计实务公告第 21 号：租赁和租购合同的会计处理》（SSAP 21），该公告于 1984 年 8 月公布。[200] 正如 IASC 秘书约翰·布伦南在 1977 年所指出的，在 IASC 开始处理租赁会计问题的同时，其各成员所在国也纷纷在处理租赁会计问题，这就使 IASC 有望成为"协调各国会计准则的催化剂"。[201] 然而，尽管 IAS 17 和 SSAP 21 有很多共同之处，且据说 SSAP 21 的进展得益于先前公布的 IAS 17，但二者并不完全相同，而且它们的公布时间也不同步。[202]

尽管《国际会计准则第 17 号：租赁的会计处理》涉猎甚广，处理了诸多问题，如售后租回交易的会计处理，以及出租人的会计处理等，但其中最根本的问题在于某些资产是否应在承租人的财务报表中予以资本化。指导委员会一贯主张将融资租赁和经营租赁区分开来，并要求将前者资本化。1982 年 2 月批准公布的 IAS 17 最终采用了这种方法。[203] 这其实就是美国证券市场上 1976 年 11 月公布的《财务会计准则第 13 号：租赁的会计处理》（FAS 13）的处理方法。然而，指导委员会和理事会都知道 FAS 13 是一个有争议的准则，并且将其资本化在许多国家仍然是不常见甚至完全陌生的

---

199. 同其他方面一样，IAS 3 在这方面也是特例，有 12 项定义。IAS 1—2 以及 IAS 4—16 包含的定义平均值在两个以下。

200. IASC 指导委员会的其他成员是中岛省吾（来自日本）和 P. H. Wong（来自中国香港）。

201. Robert Bruce, "Interview: John Brennan", *Accountancy Age*, 8/40（1977.10.07），20–21.

202. 参见 "IASC Publishes Leasing Draft", *Accountancy Age*, 1980.10.31，1; "International Boost for UK Leasing Draft", *Accountancy Age*, 1982.04.15，2。

203. AP 6–7/1977 paper 12.

做法。在英国，激烈的辩论仍在进行，那里的租赁业强烈反对会计准则委员会（ASC）的做法。[204]因此，IASC一直在讨论如何才能让公众接受资本化的规则，直到项目结束。它想出来的解决方案之一，是将有争议的内容全部转移到准则解释中去，这个权宜之计真是屡试不爽。

IASC指导委员会参照FAS 13的规则，提出了区分融资租赁和经营租赁的量化标准。"当最低租赁付款额的现值大于或等于租赁资产公允价值的90%时，这项租赁应分类为融资租赁"，这就是量化标准的明显体现。但理事会倾向于采用"实质重于形式的方法"。最后，其将量化标准降级为准则解释部分中的一则脚注，成为"一项租赁通常应分类为融资租赁的情形示例"。遵循IAS 12确定的先例，该准则为了更容易被接受也设定了四年的过渡期。在此期间，企业可以选择不完全采用该准则，前提是进行特定披露。大量的评论函表明，这些措施并非多此一举。这些评论函中很多都明确表达了反对意见。尤其是德国发来的数量异常庞大的评论函以及欧洲租赁行业协会（Leaseurope）的反馈，更是负面。[205]IASC坚持自己的立场，并且在得到其新成立的顾问团的支持之后，态度更为坚决。[206]显然，在这一点上，理事会认为，制定一项好的准则比准则被最大程度地执行更为重要。媒体曾报导了一位IASC发言人的讲话——IASC意识到"某些欧共体国家将无法执行该准则，因为准则与这些国家的法律规范相抵触，但这需要这些国家的公共会计师协会'尽最大努力'……与所在国家的政府达成长期协议"。[207]结果表明，这是一项非常稳健的准则。IASC直到1997年才再度修订IAS 17。甚至在修订之后，这项准则仍然与原准则非常相似。

5.11.3　IAS 19：退休福利

IASC在1977年将"雇主财务报表中雇员退休福利的会计处理"这一议题列入其议程时，就开始涉入未解决的、在某种程度上未知的领域。与其他几个问题类似，美国是当时唯一一个在准则中对其不只作披露要求的

---

204. 参见例如，"Leasing Draft Faces Troubled Exposure"，*Accountancy Age*，1981.06.19，1.
205. AP 3/1982 paper 5. 在1973—1987年，IAS 17收到的评论函页数仅次于IAS 3。
206. IAS 17所附主席的一封信，AP 6/1982 additional paper。
207. "Leasing Standard 'Illegal' Claim"，*Accountancy Age*，1981.1.16，2.

第 5 章 "妥协于协调"：编写 IASC 的早期准则

重要国家。[208] 但是，即使是美国会计原则委员会（APB）于 1966 年公布的《会计原则委员会意见书第 8 号：养老金计划成本的会计处理》，也未为其提供稳定的参考依据。1974 年，财务会计准则委员会（FASB）启动了关于养老金会计处理的大型项目，经过十多年的努力，于 1985 年暂时形成了《财务会计准则第 87 号：雇主养老金的会计处理》（FAS 87）。在此期间，讨论稿、征求意见稿、二次征求意见稿和诸如 1980 年公布的《财务会计准则第 36 号：养老金信息披露》（FAS 36）等暂行准则陆续出台。鉴于欧洲各国养老金制度的多样性，欧共体第四号公司法指令极其明智地几乎避开了这一问题。[209] 与这项主题相关的第一个英国准则《标准会计实务公告第 24 号》（SSAP 24）经过了十年左右的孕育期，于 1988 年公布。

因此，和租赁议题一样，养老金议题是 IASC 可以与其他正在制定该领域新准则的各国准则编写机构一起合作的项目。这次的指导委员会主席是加拿大特许会计师协会（CICA）的研究部主管道格·托马斯，他保证了 IASC 的项目能够与 CICA 自身的养老金项目达成非正式的协调。[210] 鉴于该项目的具体性质，指导委员会在项目推进过程中与欧共体国家的精算协会顾问团（Consultative Group of Actuarial Associations）进行了密切磋商。

在概念上，《国际会计准则第 19 号》（IAS 19）使用美国惯用的术语描述有关问题。该准则区分了设定受益计划（defined benefit plans）和设定提存计划（defined contribution plans）。对于前者，它要求将当期服务成本系统性地分摊到雇员的预期剩余工作年限，其中服务成本将采用应计受益估值法（accrued benefit valuation method）或预期受益估值法（projected benefit valuation method）来确定。对于设定提存计划，应缴存金额应从当期收益中予以扣除。

在美国看来，IAS 19 大体与其现行会计准则相符。因此，IAS 19 也存在一些与美国准则相似的缺陷，财务会计准则委员会（FASB）后来对这些

---

208. Mason, *The Development of International Financial Reporting Standards*, 170.
209. 第 43 条第 7 款规定，应在财务报表附注中披露养老金负债，不得直接确认养老金负债。
210. 根据 Doug Thomas 在 2003 年 8 月 29 日与作者沟通时的说法，这是加拿大特许会计师协会（CICA）使自身的项目进展适应 IASC 项目的准则之一。其他在指导委员会有代表的国家包括澳大利亚（Geoffrey Heeley）、菲律宾（几位代表）和荷兰（Herman Marseille）。

183

缺陷做了修订。这些缺陷包括：接受了各种精算方法，却很少对精算假设提供指引，也没有要求企业在资产负债表中确认未提存的既定福利。

相比之下，IAS 19 在计算当期养老金成本时明确取消了付现法（pay-as-you-go）和期末提存法（terminal funding approaches），因而与许多国家特别是欧洲国家的实务做法相冲突。从这个角度来看，欧洲对 1979 年 10 月批准的《征求意见稿第 16 号》（E16）的反应并不算强烈。不仅评论函的数量相当少，直接的负面反馈也寥寥无几。[211] 其中一个原因可能是征求意见稿设定了有包容性的过渡性条款，允许首次采用该准则的企业逐步确认之前未记录的应计负债。指导委员会"本来不希望有任何的过渡性条款，但之前的 IAS 12……表明，要想鼓励企业采纳准则，我们别无选择"。[212] 而另一个原因在于，至少到 1980 年的时候，很多国家似乎对"尽最大努力"遵守国际准则普遍采取了更为宽松的态度。丹麦的反应就很明显地表现出了这种倾向——它对准则本身非常赞同，但同时也很干脆地指出："我们估计，无论是会计职业界还是商界，都需要一段时间来接受这个准则。"[213]

IAS 19 虽然是一项灵活度很高的准则，但意义重大，因为该准则的公布时间在几个主要国家准则编写机构完成关于该议题的项目之前公布。[214] 几年以后，很多人似乎认同了 IASC 的领导地位，并请求 IASC 在加拿大、英国和美国养老金项目的最后阶段发挥协调作用。在 1985 年 4 月的经济合作与发展组织（OECD）会计协调论坛（另见第 7.2 节）上，有人提出对三国准则编写机构在养老金方面所做的工作予以协调。英国会计准则委员会（ASC）主席彼得·戈弗雷（Peter Godfrey）听取了这一建议，并请求 IASC 成立相关工作组。[215] IASC 秘书处显然对加拿大、英国和美国在外币折算问题上造成的摩擦耿耿于怀，因而故意从法国和德国成员机构中招募工作组主席。在法国和德国表示拒绝后，荷兰的赫尔曼·马赛成了工作组主席，

---

211. AP 6/1981 paper 4 中的评论函整理稿达 84 页。
212. AP 10/1979 paper 3.
213. AP 6/1981 paper 4. 挪威也有类似的反馈意见。德国给出的唯一答复也是赞成草案，尽管欧共体国家的精算协会顾问团指出了德国存在的具体问题。
214. 另见 "IASC First with Draft on Pensions"，*Accountancy Age*，11/14（1980.04.04），2。
215. "Londen，IASC Board，16–18 oktober 1985"，memo by Henk Volten，NIVRA archive，No.48.

第 5 章 "妥协于协调"：编写 IASC 的早期准则

他曾是 IAS 19 指导委员会成员。[216] 结果，工作组只召开了一次会议。加拿大和美国似乎并不想改变它们的做法。[217] 工作组婉转地表示"冲突程度有所降低"，因此由 IASC 负责双边联络和监督工作就足够了。尽管效果有限，但 IASC 理事会仍然认为"这是件好事，具有积极意义"。总体上看，工作组的成立是一种信号，表明 IASC 可能不再只是实质性跟随主要国家准则编写机构来编写现行会计准则。[218]

5.12　概念框架的先行者：IAS 16、IAS 17 和 IAS 18

1982 年，IASC 公布了三项准则：《国际会计准则第 16 号：不动产、厂场和设备的会计处理》（IAS 16）、《国际会计准则第 17 号：租赁的会计处理》（IAS 17，已在上文讨论过）和《国际会计准则第 18 号：收入确认》（IAS 18）。在这三项准则中，IASC 试图给出能够适用于多个准则的、更具一般性的概念定义。就这样，这三项准则成了 IASC 公布《编报财务报表的框架（1989）》（1989 Framework for the Preparation and Presentation of Financial Statements）的前兆。但必须要强调的是，IASC 在 20 世纪 80 年代早期尚未意识到需要制定这样一种框架。

5.12.1　公允价值

上述三项准则的共同点是，它们都提到了"公允价值"的概念。20 世纪 90 年代，这一概念在 IASC 和部分国家准则编写机构编写的准则中发挥了越来越突出的作用。IAS 16 要求，用其他资产交换而来的资产应按自身所放弃资产的公允价值入账，类似要求还适用于用股权换取的资产。在 IAS 17 中，公允价值在融资租赁和经营租赁的分类以及售后租回交易的损益计算方面均发挥了作用。IAS 18 提出，非货币性资产交换所产生的收入

---

216. AP 10/1985 paper 8（j）and IASC board meeting of 16–18 October 1985, minute 6.

217. "Kort verslag bijeenkomst I.A.S.C. in Dublin 4–7 maart 1986"，memo by Frans Graafstal，1986.03.21，NIVRA archive, no.49；以及 2004 年 10 月 27 日作者与 Herman Marseille 的访谈记录。

218. AP 3/1986 paper 14 and IASC board meeting of 5–7 March 1986, minute 8.

金额通常按所交换资产的公允价值确定。IASC 第一次提出公允价值的概念，是在 1977 年的 IAS 17 草案中。随着其他准则（包括同样提及公允价值的《国际会计准则第 22 号：企业合并的会计处理》）的陆续起草，秘书处注意到，这些准则都提到了公允价值。因此，秘书处于 1980 年 3 月向理事会提议，应就"公允价值"的定义达成一致意见，以便在未来所有的准则中使用。

公允价值概念在四个不同的项目中几乎同时出现，这既在意料之外，也在情理之中。通常情况下，所有准则的指导委员会都会密切关注美国证券市场上公认会计原则的相关动态。各个指导委员会都注意到，美国证券市场上公认会计原则的相关规则都提到了公允价值。这些准则包括 1976 年的《财务会计准则公告第 13 号：租赁的会计处理》（FAS 13）、1973 年的《会计原则委员会意见书第 29 号：非货币性交易的会计处理》（包含不动产、厂场和设备以及收入的确认）和 1970 年的《会计原则委员会意见书第 16 号：企业合并》。在美国证券市场上的公认会计原则中，只有 FAS 13 给出了公允价值的定义，即"非关联方之间在公平交易中出售不动产能够取得的价格"。IASC 上述准则的指导委员会对如何定义公允价值存有意见分歧。有的希望以"开放和不受限制的市场"作为参考依据，有的则希望采用"自愿""熟悉情况""不急于买卖"等形容词来详细说明买方和卖方应具备的条件。[219] 最后，理事会达成一致意见的定义如下："公允价值是指在公平交易中，熟悉情况的买方和卖方自愿据以进行资产交换的金额。" IASC 从此便采用了这一定义。[220]

关于不动产、厂场和设备的《征求意见稿第 18 号》（E18）是第一份使用上述定义的征求意见稿，IASC 饶有兴趣地期待着反馈意见。但唯一的实质性意见来自欧洲固定资产评估师团体（European Group of Valuers of Fixed Assets），这是一个代表不动产评估行业的区域性专业协会。它对 E18 的反馈意见触及了 IASC 内部曾提出的痛点：该定义并未具体说明其假设普遍存在的市场条件，因此在买方需求不足或需求特殊的情况下，该定义便会陷入困

---

219. AP 3/1980 paper 10（A）.

220. IASC board meeting of 11–13 March 1980, minute 9. 随后，该定义被扩大到涵盖债务结算和资产交换，并将买方和卖方简称为"双方"。

第 5 章 "妥协于协调"：编写 IASC 的早期准则

境。但经进一步审议后，理事会决定不改变这一定义。它遵循了 IASC 秘书处的意思。秘书处指出，到目前为止，IASC 在准则中使用公允价值的目的是为非现金交易或需要拆分的交易提供编制会计分录的合理依据。与评估师不同，会计师的目标并不在于确定潜在处置收益或潜在重置成本。[221]

E18 的出台使得 IASC 与不动产评估行业的关系日益密切。仿照 IASC 的模式，国际资产评估准则委员会（International Assets Valuation Standards Committee）于 1981 年成立，并于 1990 年成为 IASC 顾问团的成员。[222]*

5.12.2　IAS 16 中的其他问题

IAS 16 的指导委员会主席是来自墨西哥的莱奥波尔多·罗梅罗。[223] 在这项准则中，公允价值是个相对次要的因素。由于 IAS 4 已经对折旧的会计处理进行了规范，因此 IAS 16 的重点是可折旧金额的确定和固定资产处置的会计处理。随着项目的推进，IAS 16 的范围进一步缩小。准则删除了政府补助的会计处理和利息费用的资本化，这两部分内容将分别在《国际会计准则第 20 号》（IAS 20）和《国际会计准则第 23 号》（IAS 23）中处理。[224] 征求意见稿（E18，IASC 于 1980 年 3 月批准公布）原本想同时引入历史成本会计和现行成本会计，但最终的准则只限于历史成本会计。

在其他方面，IAS 16（于 1981 年 10 月批准）再次表现出想要包容不同国家实务做法的意图。该准则允许对不动产、厂场和设备进行价值重估，尽管这仍然是在历史成本体系的整体框架下操作的。在这方面，IAS 16 反映了英国和荷兰等国家的做法，这些国家对资产，特别是土地和建筑物的价值进行重估相当普遍。IAS 16 也确实作了一些限制性规定，具体包括资产重估应该是系统性的、账面净值不应超过可收回金额、上调重估价值应

---

221. AP 10/1981 paper 11；IASC board meeting of 14–16 October 1981, minute 6.

222. IAVSC 的目标与 IASC 章程相呼应，当时该组织致力于"为了公众利益制定和发布适用于不动产估值的评估准则，以及提升准则在全球的接受度"。自 1994 年起，它被称为国际评估准则委员会（International Valuation Standards Committee）。

* 该机构 1994 年更名为国际评估准则委员会，2008 年 10 月改用现名国际评估准则理事会（International Valuation Standards Council，IVSC）。——译者

223. 指导委员会的其他成员是 S. Weirich（来自德国）、E. Oke 和（或）A. Mbanefo（来自尼日利亚）。

224. AP 3/1980 paper 3.

直接贷记所有者权益下的重估溢余项目（revaluation surplus）。IAS 16 也兼容了像德国一样很少对资产进行重估的国家的实务做法。具体而言，对于以其他资产交换而来的资产，准则允许企业按照其所放弃资产的账面价值而非公允价值入账。这一可选方法默许了谨慎估值的永久存在，加拿大、瑞典、英国和美国的公共会计师行业都曾发来评论函对此发表批评意见。但最终，这个可选项还是被保留在了准则之中。

5.12.3　IAS 18：收入确认

IASC 在 1979 年至 1982 年顺利地编写了收入确认准则，未引发明显争议。这可能得益于当时的指导委员会主席、之后的 IASC 主席斯蒂芬·埃利奥特的干练之手[225]，也可能是因为理事会已吩咐指导委员会要遵循"基本方法"。[226]换句话说，该准则并没有以详细且可能引起争议的方式，去染指过于细节性的特定类型的交易或特定行业的惯例。IAS 18 确实在冗长的附录中讨论了各种细节问题，如寄售、订购和融资服务等的会计处理。但准则明确表示，该附录仅是说明性的，不是会计准则的组成部分。

该准则以相当抽象的方式处理了收入确认问题。其主要特征是，以"所有权上的主要风险和报酬"是否转移，作为收入确认的主要条件，并将款项能否收回、相关成本及可能回报的不确定性作为辅助条件（第 23 段）。指导委员会意识到，它正在从基于法定所有权转移的"传统"方法，逐渐向"考虑到商业实质和财务现实的"更宽泛的方法转换。[227]在征求意见稿（E20，于 1980 年 11 月批准）和 IAS 18（于 1982 年 6 月批准）中，人们并没有明确地关注这种重点的转移，尽管人们相当中立地观察到，风险和报酬的转移与法定所有权转移的时间可能有所不同（第 7 段）。有几封评论函对这种打破传统的观点进行了评论，但这样的评论并非来自德国和奥地利等尚未建立实质重于形式原则的国家。[228]E20 收到的评论函数量几乎创

---

225. 指导委员会的其他成员是藤田幸男（来自日本）和 I. Husain（来自巴基斯坦）。
226. AP 10/1979 paper 10（point outline）。
227. AP 3/1980 paper 8（draft exposure draft）。
228. AP 6/1982 paper 4，特别是丹麦的反馈意见和英国的一份反馈意见。德国和奥地利的回应非常积极。奥地利在坚定地支持审慎性原则后，表示 E20 的条件"实际上与奥地利会计准则的内容相似"。

第 5 章 "妥协于协调"：编写 IASC 的早期准则

下历史最低纪录，其中大部分均表达了支持意见，因此指导委员会建议仅作细微调整，就公布了最终的准则。[229]

不要让那些或多或少缺乏条理的反馈意见掩盖了 IAS 18 的重要意义。该准则的完成促使 IASC 意识到，有必要针对财务报表的基本要素（如资产、费用、负债和权益）编写一套准则。如果有这么一套准则，IASC 便可以摈弃当前所采用的做法（即删除明显不合理的会计方法，同时允许多个得到广泛支持的会计方法并存），从而采用更合理的准则制定基础。IASC 于 1982 年启动了一系列旨在起草此类准则的项目，最终于 1989 年公布了编制和列报财务报表的框架。第 9.1 节将对这些项目的进展进行更全面的讨论。

5.13　序幕的结束：IAS 20、IAS 22 和 IAS 23—26

如果用已完成的准则数量衡量，IASC 的生产率自 1983 年起便呈逐年下降态势。1983 年有四项准则公布，1984 年只有两项准则公布，1985 年没有准则公布，1986 年和 1987 年各有一项准则公布，1988 年又没有准则公布。至少从某种意义上说，IASC 迎来一个周期的结束，因为基本主题已经用尽，它已经开始讨论基本准则议题以外的内容。IASC 秘书处一直设法从成员机构那里获取拟议准则主题，从而编制或长或短的候选议题清单供理事会审议。但正如秘书处在 1983 年 10 月的理事会会议的反思性议程文件中所指出的那样，到了 1983 年年底，最明显或最紧迫的议题要么已经得以解决，要么正在处理之中。[230]

秘书处引用了弗雷德里克·蔡（Frederick Choi）和维诺德·巴维希（Vinod Bavishi）的一项学术研究来支持其观点。这两位学者曾使用经验研究方法列出了财务报告中最需要协调的领域，并敦促 IASC 在这些领域发挥领导作用。[231] 他们所识别的存在重大差异的领域，包括合并报表、商誉、

---

229. AP 6/1982 paper 1.
230. AP 10/1983 paper 10.
231. Frederick D. S. Choi and Vinod B. Bavishi, "Financial Accounting Standards: A Multinational Synthesis and Policy Framework", *International Journal of Accounting Education and Research*, 18（Fall 1982）, 159–183.

递延税项、长期租赁、任意性的准备（discretionary reserves）、通货膨胀和外币折算。但是，正如秘书处所指出的，几乎所有这些主题都已得到解决。因此，秘书处建议理事会将关注点转移到审议现有准则，编写上述模块化的准则以及适用于特定领域的准则，特别是那些与发展中国家有关的议题和特殊行业的准则。实际上，这正是 IASC 理事会在接下来的几年中采取的做法，尽管它仍然不愿公布行业性的准则，也没有针对发展中国家的问题开展工作。

IASC 想出来的另一个可行路径，是减缓会计准则的推出速度。1983 年设立的一个论证 IASC 中期发展策略的临时委员会提出了这个设想。[232] IASC 的一些成员机构也提出这样的建议，它们一方面考虑到参与国际组织的成本，另一方面也对 IASC、联合国、经济合作与发展组织和欧共体等所推出的规范和标准越积越多表示担忧。[233] IASC 主席约翰·柯克帕特里克在仔细考虑这些意见之后，于 1985 年将 IASC 的立场总结如下："重点将会有所改变。我们的准则涵盖了广阔的领域，现在要放慢速度。我们会编写急需的准则，这个世界并不需要并非绝对必要的准则。"[234] 几乎与此同时，荷兰资深观察员亨克·沃尔顿采用了另外一种描述方式。他向 IASC 秘书戴维·凯恩斯抱怨说，1984 年 10 月和 1985 年 3 月理事会会议"议程太单薄了"，并表示荷兰注册会计师协会（NIVRA）开始觉得 IASC 不像之前那般有趣和有用了。[235] 事实上，荷兰注册会计师协会（NIVRA）最近决定不再延续其 1974 年以来一直坚持的翻译征求意见稿和准则的传统做法。它提到的原因之一是，与翻译的成本相比，"收益是递减的，这从锐减的来自个体成员、会计公司和企业会计人员的意见反馈数量中可以看得出来"。[236]

---

232. "Report from the Ad Hoc Advisory Committee to the Organisation and Planning Committee", no date [early 1984]，IASC archive, file "Plans and Future Work"，1981–1991.

233. Rudolph Niehus（IdW 主席），1984 年 10 月 16 日面向 IASC 理事会和顾问团的演讲，IASC archive, Consultative Group agenda papers（1984 年 10 月之后）。

234. Hilary Abbott,"Meeting the IASC Chairman", *Accountancy*，192（1985.04.25），16–17. Kirkpatrick 的类似言论可见 Susan Baker, "Growing Prestige of the IAS Setters"，*Certified Accountant*（England），1986.05，10–11。

235. David Cairns, "Notes on Telephone Conversation with Henk Volten on 28 May, 1985"，IASC archive, "Netherlands" country file.

236. "Een nieuwe verspreidingswijze voor internationale discussie-ontwerpen en uitspraken", *De Accountant*，90/10（1984.06），742–743.

第 5 章 "妥协于协调"：编写 IASC 的早期准则

这是 20 世纪 80 年代中期 IASC 公布的准则数量逐步下降的背景，也是在接下来的小节中我们所讨论的准则倾向于处理相对专门化的问题的原因，长期存有争议的企业合并议题除外。

但从另一种意义上来说，这些准则也见证了 IASC 是如何逐渐走向一个时代的终点的。一些理事会代表团表示，它们更愿意对拟议征求意见稿或准则投反对票，有时是因为标准包含的选择太多而不是太少。

5.13.1 IAS 20：政府补助

《国际会计准则第 20 号：政府补助的会计处理和对政府援助的披露》（IAS 20）是一项少有争议的准则，IASC 在三年多的时间里就相对迅速地推出了这项准则。主要原因是，与税收援助相关的几项潜在难题被排除在了这项准则的覆盖范围之外。

在 IAS 16（不动产、厂场和设备的会计处理）的编写过程中，该准则的指导委员会提议着手解决政府补助相关问题，于是政府补助便被列入了 IASC 的工作议程。1979 年 6 月，IASC 理事会决定单独立项政府补助议题。[237] 当时初步了解到的情况是，财务会计准则委员会（FASB）可能会考虑批准一项与 IASC 最终公布的准则相同的准则。但最终，财务会计准则委员会（FASB）做出了反对决定，驳回了其工作人员的建议（另见第 6.6.5 节）。[238] 1981 年 3 月，《征求意见稿第 21 号》（E21）获批公布。收到的反馈意见基本上是支持性的，于是正式准则 IAS 20 在 1982 年 11 月获得一致通过。IAS 20 要求企业将其收到的政府补助，按照与其拟补偿的成本相配比的方式确认为收益。该准则取消了将政府补助直接计入所有者权益的会计方法，也取消了在收到政府补助的当期将其全部确认为收益的方法，除非该项政府补助与过去发生的损失或费用相关。政府补助项目很好地说明，准则指导委员会的构成与准则内容之间并无直接联系。该准则的指导委员会包括来自南非的主席沃里克·索比，以及来自德国的成员威廉·查登（Wilhelm Tjaden）和来自挪威的成员 M. 德雷克（M. Drake）。在讨论禁

---

237. AP 3/1980 paper 3.

238. 整理自 2003 年 4 月 30 日作者与 Allan V. C. Cook 的访谈记录，以及 2003 年 8 月 18 日作者与 Benjamin S. Neuhausen（时任财务会计准则委员会专业会计研究员）的访谈记录。

止将免税补助直接确认为收益的建议时，指导委员会注意到，这正是德国和挪威会计界的常见处理方法。[239]

5.13.2　IAS 22：企业合并[240]

1978年6月，企业合并议题被提上议事日程，虽然担心该项目任务太过艰巨，但人们都认识到这个议题不能再拖延下去了。[241] 与此同时，英国公共会计师行业在该议题上的曲曲折折，也使该项目显得相当复杂。IASC还要把1970年美国证券市场好不容易就《会计原则委员会意见书第16号：企业合并》和《会计原则委员会意见书第17号：无形资产》所达成的妥协立场考虑在内。[242] 此外，还要兼顾欧洲会计行业各种各样的习惯做法，以及即将出台的欧共体第七号公司法指令的立场。这时，由澳大利亚的约翰·毕晓普主持的IASC指导委员会的工作已经结束。[243]

主要问题有两个。一是权益结合法（pooling of interest）的适用条件。二是在购买法（purchase accounting）或者说并购法（acquisition accounting）下，如何对商誉进行会计处理。在美国证券市场上，第16号会计原则委员会意见书已经严格限定了权益结合法的适用情形，但并没有取消该方法，因为早先其试图完全取消权益结合法的立场遭到了企业界的强烈反对。指导委员会的调查表明，欧洲鲜有权益结合法的实践案例，而且据信，欧共体第七号公司法指令可能将只允许采用购买法。[244] 在英国，会计准则指导委员会（ASSC）于1971年公布了《征求意见稿第3号》（ED 3），其中原本规定，在某些情况下可采用权益结合法，但在ED 3被批准为正式会计准则之前，人们开始质疑权益结合法是否符合法律规定。ED 3遂被废止。直

---

239. AP 6/1980 paper 5.

240. 另见 "The History of the Pooling-of-Interests Method in the Jurisdictions of G4+1 Member Organizations"，appendix to *G4+1 Position Paper: Recommendations for Achieving Convergence on the Methods of Accounting for Business Combinations*（London: IASC，1998.12）。

241. 整理自2004年5月24日作者与Hans Burggraaff的访谈记录。

242. Stephen A. Zeff，*Forging Accounting Principles in Five Countries: A History and an Analysis of Trends*（Champaign, IL: Stipes Publishing Co.，1972），212–16 and Frank R. Rayburn and Ollie S. Powers，"A History of Pooling of Interests Accounting for Business Combinations in the United States"，*Accounting Historians Journal*，18/2（1991.09），155–192.

243. 指导委员会的其他成员是Raymond Béthoux（来自法国）和来自新加坡的一些成员。

244. AP 6/1980 paper 2.

第 5 章 "妥协于协调"：编写 IASC 的早期准则

到《1981年公司法》（第37条）认可权益结合法（英国称之为兼并法，即 merger accounting），围绕权益结合法的合法性的质疑才得以消除。

关于商誉的会计处理，观点则更为多样化。第17号会计原则委员会意见书要求将商誉资本化，并在不超过40年的期间内摊销。而欧共体第四号公司法指令要求商誉的有效经济寿命原则上不超过5年。仍处于起草阶段的欧共体第七号公司法指令则允许将商誉直接冲减留存收益，这是英国和荷兰会计界的普遍做法。

该准则的 IASC 指导委员会认识到，要想解决这一难题，妥协是不可避免的。[245] 指导委员会虽然并不赞赏权益结合法，但也从未提出完全取消该方法，一个重要原因是在英国公共会计师行业的压力下，权益结合法已经被写入了欧共体第七号公司法指令。[246] 在整个起草过程中，指导委员会意识到有一种企业合并类型可能是适合采用权益结合法的，那就是"权益联合"（uniting of interests）形式的企业合并。最初，指导委员会试图通过对权益联合进行严格定义来限制此类案例的数量。之后，委员会逐渐发现了第三种会计方法，即新实体法（new entity approach）的优点。在该方法下，合并双方的资产和负债均按公允价值进行重新计量。[247] 指导委员会将权益结合法的适用情境限定为一类少见的"均等权益的联合"（unitings of equal interests），而其他"权益联合"类型的会计处理方法则由企业在购买法和新实体法之间选择。指导委员会希望借此达到在理论上保留，但在实践中却消除权益结合法的效果。[248] 但是 IASC 理事会不接受这种设想。1981年3月批准公布的《征求意见稿第22号》（E22）转向了另一种方式。IASC 理事会并未对权益联合的认定设置严苛的门槛，而是规定只要满足通过股权置换实现企业合并这一条件即可。也就是说，E22允许（核算）主体在购买法、权益结合法和新实体法之间做选择。

有趣的是，新实体法在 IASC 的考虑中占据了显著位置，而它并不是

---

245. 整理自2003年5月28日作者与 John Bishop 的访谈记录。

246. Peter Holgate, "Foreign Accounts Moves Can Hit Close to Home", *Accountancy Age*, 1983.11.24, 16.

247. 新实体法首次出现在 AP 6/1979 paper 12（point outline）中。彼时，指导委员会仅将其作为理论上的备选方案，不建议列入准则。

248. AP 11/1980 paper 4.

任何一个 IASC 理事会成员国的法规要求或实务做法。[249] 也正因如此，E22 并没有被意见反馈者欣然接受。他们认为，引入第三种方法不大可能有助于国际会计协调。因此，指导委员会提议弱化该方法，将其作为权益结合法的延伸，但 IASC 理事会后来将它从 IAS 22 中完全删除了。[250]

关于权益结合法这一核心问题，各方反应参差不齐。美国的意见反馈者利用 E22 继续在国内讨论权益结合法是否存在根本缺陷。欧洲大陆的意见反馈者警告称，该准则可能与即将出台的第七号公司法指令发生冲突。英国的反馈意见显示出焦虑的情绪，他们担心刚刚被《1981 年公司法》承认的兼并法可能会因 E22 中对权益联合的不同定义而再度被限制。

最后，IAS 22 从字面上收紧了权益结合法的应用条件，以避免规模极不均等的企业间的合并被分类为权益联合。然而，尽管准则声称只有在"少数情况"（rare circumstances）下才有可能发生权益联合（第 36 段），但用于界定权益联合的标准却允许企业进行宽泛的解释。[251]

关于商誉，指导委员会明确反对将其直接冲减股东权益。最初，指导委员会仅打算允许将其费用化或进行摊销。但是，在南非和意大利公共会计师行业协会的支持下，英国和爱尔兰以及荷兰的公共会计师行业代表团明确表示，如果准则不允许用商誉冲减股东权益，它们就不会表态支持。因此，指导委员会也将该备选方法纳入了征求意见稿，但限制条件是，只有在商誉是否以及在何种程度上能代表未来盈利能力存在不确定性时才可以使用该方法。[252]

为了让准则与欧共体第四号公司法指令保持一致，指导委员会倾向于将商誉摊销期限制在 5 年内。[253] 但理事会认为，除了企业需在可使用年限内摊销的一般要求，不应再有任何商誉摊销时限的规定。[254]

商誉的会计处理令 E22 的意见反馈者最为困扰，但他们的反馈意见绝

---

249. 成员组织对1979年草案的反馈意见表明，权益结合法和新实体法都很少见。有趣的是，只有荷兰人表示新实体法在荷兰应用普遍，但这中间可能存在误解。见 AP 6/1980 paper 2。

250. AP 3/1983 papers 5 and 8.

251. Peter Holgate, "How IAS 22 Will Affect UK Law", *Accountancy Age*, 1983.12.01, 16.

252. "IASC-Board, 23–25 maart 1983, Edinburgh", memo by Henk Volten, NIVRA archive, no.486；以及 2004 年 11 月 15 日作者与 Frans Graafstal 的访谈记录。

253. AP 6/1980 paper 3（revised draft）and 2（cover note）.

254. AP 11/1980 paper 4.

第 5 章 "妥协于协调"：编写 IASC 的早期准则

非一致。是否资本化、摊销期限、是否冲减股东权益，几乎每一个能想到的观点分歧都获得了强烈支持。尽管 E22 中限制商誉直接冲减股东权益的条件几乎没有约束力，但指导委员会认为必须再进一步，让它成为最终准则中可由企业自由选择的会计方法。指导委员会虽然很不情愿，但还是建议理事会做出这一改变，"尽管指导委员会找不到支持这种做法的良好依据，但许多人支持这种处理方法"。指导委员会通过以下陈述表达了自己对这种处理方法的反感：修订后的草案"只是为了支持这种方法而展示了这些观点。（如果这一备选方法被允许，）理事会也许就会希望拿出对应的观点来支持这种做法"。

1983 年 6 月，IAS 22 以 9 票赞成获得了批准，这是准则获得通过所要求的最少赞成票数，也是迄今为止投票结果分歧最大的一次。准则能够获得通过，仅仅是因为墨西哥代表团的表现前后矛盾。当增加将商誉计入权益的可选项时，德国和墨西哥均表示它们会因此投反对票。在最终投票时，德国弃权，加拿大投反对票。意大利代表团在会议上常常缺席，这次也不例外。然而，墨西哥投了赞成票。[255]

5.13.3　IAS 23：借款支出资本化

继 IAS 22 之后，IAS 23 于 1983 年 10 月以 3 票反对获得通过。[256] 其中的反对票不太可能是 IASC 准则与成员国会计惯例或法律规定的冲突所致，因为起草阶段的坦率建议很少能在最终准则中得以保留。

关于最基本的问题，指导委员会在准则纲要中建议，利息支出（interest costs）在符合规定的条件时，应当予以资本化。该准则的指导委员会主席是来自美国会计行业的威利斯·史密斯，作为一名财务主管，他头脑里的蓝本就是 1979 年 10 月公布的《财务会计准则第 34 号：利息支出的资本化》（FAS 34，*Capitalization of Interest Cost*）。[257] 然而，IASC 理事会

---

255. IASC board meeting of 14–16 June 1983, minute 2；"IASC-Board, 14–16 juni 1983, Londen"，memo by Henk Volten，NIVRA archive, no.486. E22 在尼日利亚投反对票、另一个代表团弃权的情况下获得通过，参见 IASC board meeting of 24–7 March 1981, minute 3.

256. IASC board meeting of 26–8 October 1983, minute 3.

257. 整理自 2004 年 1 月 13 日作者与 Willis A. Smith 的访谈记录。指导委员会的其他成员是 Morris Kanne（来自以色列）和 R. Martinez（来自墨西哥）。

国际会计准则史

在第一时间就对该提议进行了修改，改为要求企业对经过较长时间才能达到预计可使用状态（或可销售状态）的资产的借款支出，采取一致的政策进行处理，要么进行资本化，要么不予资本化。这一要求随后被纳入 IAS 23。

理事会没有明确立场的另一个问题是，借款支出的资本化规则是否也应适用于存货。有人认为这对发展中国家尤为重要，但英国和爱尔兰的公共会计师行业代表团表示反对。因此，尽管 IAS 23 在解释部分确实试探性地讨论了与存货相关的利息支出，但该准则的粗体字部分并未对各类资产进行区分。还有人提议要求那些将利息支出作费用化处理的企业，披露其若采用另一备选方法（即资本化规则）则应予以资本化的金额，但英国和爱尔兰的公共会计师行业代表团也表示反对，该提议最终也未被纳入 IAS 23。[258]

IASC 首鼠两端，其后果不难想象。一些意见反馈者敦促 IASC 明确支持资本化规则，另一些意见反馈者建议 IASC 明确反对资本化规则，还有一些人降格以求，只是巴望 IASC 给个明确的说法，不管选哪个都行。[259] 所以说，前面所提及的三张反对票所担心的问题很可能就是，这项准则过于放任自流了。

5.13.4　IAS 24：关联方交易

与 IAS 14 的分部报告准则类似，IASC 着手编写 IAS 24 的部分原因也在于回应发展中国家对跨国企业财务报告的关注。为此，指导委员会由四位成员（而非通常的三位成员）组成，以期平衡发达国家（德国和荷兰）和发展中国家（巴西和尼日利亚）的公共会计师行业在指导委员会中的代表人数。[260] 然而，平衡委员人数易，编写准则文稿难。难就难在没有先例可循。指导委员会发现，只有加拿大公共会计师行业在这方面公布过指引

---

258. 发展中国家的相关内容见 AP 11/1980 paper 6。英国和爱尔兰反对的相关内容见 AP 3/1981 paper 9。

259. AP 10/1983 paper 4（transcript of comment letters）。

260. IASC board meeting of 24–7 June 1980, minute 9（d）。与会成员是 Peter Meyer（来自德国，主席）、L. U. do Nascimento（来自巴西）、H. H. A. Appelo（来自荷兰）和 C. O. O. Oyediran（来自尼日利亚）。

第 5 章 "妥协于协调"：编写 IASC 的早期准则

（见《加拿大特许会计师协会手册》第 3840 节）。指导委员会提及：

> 指导委员会因此而倾向于持谨慎态度，避免"走得太远"。委员会也意识到，将来编写的文件应当符合适当的标准，与其他国际会计准则保持一致，并为经济合作与发展组织以及联合国等机构所接受。毫无疑问，委员会在文件编写的早期阶段将邀请这些机构发表意见。[261]

由于 IAS 24 是一项披露准则，因此摆在 IASC 面前的主要任务，是用精确的语言来界定应予披露关联方交易的情形以及应予披露的信息。在此过程中，指导委员会所提议的大部分实质性内容都转移到了解释部分，作为对比，粗体字准则仅有 100 多字。这使其成为 IASC 公布的篇幅最短的准则之一。该准则在最初起草时提出了一个想法，即要求企业按照公平交易条件对关联方交易进行重述，但即便是这样一个提法也被完全删除，更不要说与重述相关的详细规定了。尽管指导委员会也不情愿将其完全删除，但也认为如果把重述列为详细规定未免"太过激进"了。[262] 最终，IAS 24 仅要求披露存在控制关系的"关联方关系"，无论是否发生了实际交易。此外，在发生关联方交易的情况下，主体应披露关联方关系的性质、交易类型及报表使用者"理解财务报表所必需的"其他信息（第 26 段）。该准则在解释部分中给出了关联方的定义（该定义乃是从《加拿大特许会计师协会手册》借鉴而来）[263]，还讨论了主体"在通常情况下"针对关联方交易应披露的信息，如交易量、未结算项目和定价政策，这些信息被称为"理解财务报表所必需的要素"（elements necessary for an understanding of the financial statements）。委员会原来称这些信息为"交易的影响"（effects of transactions），但在发现这会令人联想到量化信息之后，改成了后来的用词。[264]

征求意见稿并未受到意见反馈者的欢迎，因为该征求意见稿过于含

---

261. AP 6/1981 paper 13（issues paper）.
262. 参见 AP 6/1981 paper 12 和 AP 3/1984 paper 1。
263. AP 6/1981 paper 13（issues paper）.
264. AP 3/1981 paper 1.

糊，或给公司造成了太大负担。一位英国的意见反馈者称，拟议的准则"给坦荡君子带来了无尽的工作量，但对戚戚小人却不产生任何压力"。一些意见反馈者提出，最好将该问题留给经济合作与发展组织或联合国等机构去处理，甚至可以说，经济合作与发展组织的《国际投资和跨国企业指南》(Guidelines on International Investment and Multinational Enterprises) 已经解决了这一问题。[265] 最后，理事会对准则也不太满意。经过大量修改后，IAS 24 以两票反对获得通过。[266]

5.13.5　第 25 号国际会计准则：投资

如果要选择一项准则来标记 IASC 第一阶段的结束点，最合适的准则可能就是没人喜欢的《国际会计准则第 25 号》(IAS 25) 了。IAS 25 之所以不受欢迎，并不是因为制定该准则的指导委员会缺乏人才。要知道，该准则的指导委员会成员中，有两位后来出任了 IASC 的主席。其中一位是该指导委员会主席乔治·巴尔泰斯。巴尔泰斯形容那一时期是"可怕的"经历。[267]IAS 25 生动地展示了 IASC 惯常采用的协调路径 (customary approach to harmonization) 是如何搁浅的。指导委员会将协调路径总结为"禁止那些公认的坏的会计规则，并在尚未就最佳方法达成共识之前允许多种备选方案共存"。[268] 投资准则的问题在于，公共会计师行业尚未对坏的会计规则达成共识，而备选方案的范围简直大到无边无际。不唯投资准则存在上述问题，实际上所有涉及资产评估和重估损益的会计规则都面临这种困境。

IAS 25 于 1981 年作为有价证券的会计处理项目启动，起初并不是一个有多大抱负的项目。但在指导委员会的建议下，项目范围很快扩大到所有的投资类型，包括对子公司的投资甚至是投资性房地产。[269] 这导致准则

---

265. AP 3/1981 paper 2（comment letters），quotation from page 4.12.
266. IASC board meeting of 14–16 March 1984, minute 2.
267. 整理自 2003 年 6 月 5 日作者与 Georges Barthès de Ruyter 的访谈记录。Barthès 从 François Capelo（来自法国）手中接过指导委员会主席的职务。其他成员是 Giancarlo Tomasin（来自意大利）、白鸟荣一（来自日本）和 Peter Bailey（来自津巴布韦）。
268. AP 10/1985 paper 2.
269. AP 6/1982 paper 7（issues paper）.

第 5 章 "妥协于协调"：编写 IASC 的早期准则

议题异常复杂，指导委员会迟迟无法克服"小牛拉大车"的困难。几年后，IASC 理事会决定抛开指导委员会的意见，将对子公司投资的会计处理问题转交给正在负责审查 IAS 3 的合并财务报表和权益法等规则的指导委员会（见第 9.2.2 节）。尽管如此，投资性房地产仍然保留在 IAS 25 的投资项目范围内，这意味着指导委员会势必会卷入《国际会计准则第 4 号：折旧会计》（IAS 4）和英国公共会计师行业的会计准则之间关于投资性房地产是否属于可折旧资产的激烈冲突（参见上述对 IAS 4 的讨论）。指导委员会在准则的内部一致性上表现出了明显的倾向。委员会认为，由于持有投资（包括投资性房地产）是以预期价值升值为目的的投资，因此，选择会计处理方法时应当将资产的价值变化反映在收益中。但是，在以邮寄投票方式征询理事会和成员机构的意见时，它们均未被说服。1984 年 6 月，《征求意见稿第 26 号》（E26）批准公布，允许企业将投资性房地产作为不动产（可以计提折旧），或者作为投资（按市场价值计量）进行会计处理。

随着征求意见稿接近尾声，越来越多的可选方法被添加进来，且不仅仅针对投资性房地产。最终，E26 允许分类为流动资产的投资按市价计量或按成本与市价孰低计量。如果是后者，则企业可以选择基于投资组合或基于个别资产，来比较成本与市价。长期投资（long-term investments）可按成本或者重估价值计量；对于长期的有价证券投资，企业还可以选择按成本与市价孰低计量。投资性房地产可根据 IAS 4 和 IAS 16 进行会计处理，也可作为长期投资进行会计处理。虽然并不是说所有针对已实现损益和未实现损益的会计处理方法都是可接受的，但对于某些类别的资产，企业确实可以选择究竟是将价值变动计入损益，还是将其直接计入所有者权益。尽管制定了可选方法（也可能正是由于可选方法的存在），E26（还是）收到了三张反对票（来自澳大利亚、墨西哥和南非的公共会计师行业协会），成为迄今为止支持率最低的征求意见稿。[270]

关于 E26 的好消息是，它吸引了很多评论，其中大多数赞成针对投资问题编写会计准则。问题在于，正如指导委员会所指出的，许多意见反馈

---

270. IASC board meeting of 19–21 June 1984, minute 2. 反对票记录见 "IASC-Board, 19–21 juni 1984, Toronto", memo by Henk Volten, 1984.06.28, NIVRA archive, no.48。

者希望减少可选方法，至于应当删除哪些可选方法，则远未达成一致。[271] 1985 年 10 月，IAS 25 获准公布，只有美国公共会计师行业的代表投了反对票。[272] 由于 IASC 理事会也拿不出令人信服的实质性修订意见，因此，IAS 25 与 E26 并没有太大差异。但与指导委员会的意愿相反，该准则又引入了一种新的可选方法。企业如果将投资性房地产视为长期投资，那么可以选择采用长期投资的全部会计处理方法，包括以成本计量且不计提折旧。对此，该准则的指导委员会提出，只有当投资项目的公允价值变动明显比折旧金额更大时，才能不提折旧——这也是其支持不计提折旧的主要论点。最终，指导委员会的争辩也只是徒劳。

因此，IAS 25 最终包含非常多的可选会计方法。美国公共会计师行业代表拉尔夫·沃尔特斯认为，IAS 25 生动地展示了 IASC 惯常所采用的协调路径的缺陷。沃尔特斯后来担任 IASC 的可比性项目指导委员会的主席，致力于减少会计可选项。他评论说："我们可真是搬起石头砸了自己的脚。"[273] 其他理事会成员也将 IAS 25 视为导致 IASC 启动可比性项目并做出改变的一个重要因素。[274]

5.13.6　IAS 26：退休福利计划

在尚未建立更细致的议程遴选程序的时期，IASC 偶尔会临时起意，选择确定拟编写的准则主题。"养老金计划的会计处理"就是最后几项以这种方式确定的议题之一。1982 年 3 月，IASC 决定就这一议题成立指导委员会，尽管该议题当时并未列入秘书处所拟订的、供理事会会议讨论的候选议题清单。[275]《国际会计准则第 26 号》(IAS 26) 深受英国观点的影响，这令人不禁想起 IASC 早期的那些准则。但是，IAS 26 也有特殊之处，因为它适用于不同类型的企业，这与之前的准则并不相同。要知道，除了稍有

---

271. AP 10/1985 paper 4 (comment letter) and paper 2 (steering committee recommendations).

272. "Londen, IASC Board, 16–18 oktober 1985", memo by Henk Volten, 1985.10.18, NIVRA archive, no.48.

273. "IASC to Cut Choices in Standards", *World Accounting Report*, 1987.06, 3.

274. 2003 年 6 月 5 日作者与 Georges Barthès de Ruyter 的访谈记录；2003 年 6 月 9 日与 Warren McGregor 的访谈记录；2004 年 10 月 27 日与 Herman Marseille 的访谈记录。

275. AP 3/1982 paper 13.这意味着，在过去的 12 个月里，该议题并没有得到理事会或顾问团中任何成员的支持。

第 5 章 "妥协于协调"：编写 IASC 的早期准则

涉足银行会计领域，IASC 一直在竭力避免染指行业性的会计规则。

总体来说，业界对设定提存计划鲜有争议，但对设定受益计划的看法却两极分化。一方面，有人认为财务报告应侧重于"资金"（fund），即反映资产及其变动情况，从而报告对养老金计划资产的管理情况。另一方面，也有人主张将财务报告围绕"计划"（plan）展开，即将其视为单一的报告主体，报告其资产和义务。最极端的观点是在同一张资产负债表上同时报告养老金计划的资产和义务。较为中立的观点主张在财务报表的附注或财务报表所附的精算报告中反映养老金计划的义务。支持"资金"报告的极端观点是不披露计划的义务，更具体来说是不披露已承诺退休福利的精算现值（actuarial present value of promised retirement benefits，APVPRB）。后一种观点主要出于以下考虑：基于预期工资的 APVPRB 从严格意义上来说并不是负债，而披露基于当前工资的 APVPRB 又可能无法正确地反映结余。粗略地说，英国的大多数利益相关方（包括保险业和精算师协会）都倾向于采用资金法。但美国证券市场上 1980 年公布的《财务会计准则第 35 号：设定受益养老金计划的会计处理和报告》（FAS 35）则要求采用上述基于计划的思路。该准则的反对者提到了基于资金的思路，这提醒人们，该准则仍然是存有争议的。

IASC 面临的困难是，对于应当取消哪些不可接受的做法，业界尚未形成共识。每一种方法的极端拥护者都认为，对立的另一种方法是完全不可接受的。尽管该准则的指导委员会主席拉尔夫·哈里斯来自美国公共会计师行业，指导委员会还是赞同英国同行的流行做法。[276] 英国对初步征求意见稿和 1985 年 3 月公布的《征求意见稿第 27 号》（E27）表示强烈支持。[277]IASC 理事会的其他成员原本希望寻求折中方案，但当指导委员会提议将披露 APVPRB 设为可选项时，它们便立即撇清立场，这明显是站在了英国同行一边。[278] 另外，指导委员会虽然明显很不情愿，但也不得不接受

---

276. 其他成员是 E. Aldeweireldt（来自比利时）、J. B. Hindin（来自新西兰）和 C. F. Sleigh（来自英国和爱尔兰）。

277. AP 3/1985 papers 1 and 4; AP 6/1986 papers 1 and 4.

278. 另见 Susan Baker, "Pensions Statement Approaches Majority", *Accountancy Age*, 1985.06.27, 17。

IAS 26 所引入的基于上述计划思路的各种会计规则的变体。[279] 这样一来，几乎所有人都可以在 IAS 26（于 1986 年 6 月批准）中看到自己所讨厌的内容，因为该准则既允许企业根据当前工资计算 APVPRB，也允许企业根据预期工资计算 APVPRB；既允许将其纳入财务报表，也允许将其纳入报表附注或者列入单独的精算报告。最终，这项准则以一票反对、一票弃权的结果获得通过。

5.14 结语

在 1987 年以前的准则中，经常重复出现的一个特征就是 IASC 在寻求"最小公分母"。[280] 而本章表明，那种武断的评价是不合理的。显然，IASC 的前 26 项准则在重要会计问题上确实包含很多可选方法。然而，这些准则也取消了一些在某些成员国中绝非罕见的做法，例如不编报合并财务报表、使用应付税款法处理所得税，以及根本不将租赁资本化。此外，部分准则还明确增加了大量披露要求。如果 IASC 真的只是在寻找最小公分母，那它恐怕就不会对准则遵从情况抱有深切的担忧了（如第 6 章所述）。

准则不得不包含多个可选方法的原因之一在于，IASC 章程规定，一项准则的公布至少要经代表团的 3/4 投票通过。囊括可选方法是保证获得足够票数的一种方式，汉斯·伯格拉夫主席将之概括为"为协调而妥协"（compromise to harmonise）。[281] 但更根本的原因在于，那些可选方法在当时都是被各地的企业界和公共会计师行业所接受的。在 20 世纪 70 年代和 80 年代，大多数理事会成员所在国的国内会计准则（或法律）并非完全拒绝可选余地。IASC 的部分早期准则即便是一致通过的，也往往会包含可选方法。因此，IASC 之所以在 1987 年之后开始着手取消可选方法，并不是因为投票规则发生了变更，而是因为业界对可选方法的可接受程度的看法发

---

279. AP 3/1983 paper 9；AP 6/1986 paper 1.

280. 对该特征的最新评价请参见 Barry J. Epstein and Abbas Ali Mirza，*IAS 2004 Interpretation and Application of International Accounting and Financial Reporting Standards*（Hoboken，NJ：John Wiley & Sons，2004），9。

281. Hans Burggraaff，"Setting a Standard for the Whole World"，*Accountants Weekly*，1980.09.26，22–25.

第 5 章 "妥协于协调":编写 IASC 的早期准则

生了变化。

在 1987 年之前,IASC 的战略并非寻求统一,而是"禁止不可接受的做法,允许可接受的做法"。[282] 应当指出的是,在此期间,在制定概念框架之前,IASC 对于如何取消会计备选方案并没有一套明确的标准。IASC 理事会的成员大多都是在其所在国担任高级职位的优秀人员。只要这些理事会成员愿意为支持某种会计方法(例如税收部分分摊法)做出严肃的论证,理事会就不会武断地决定只支持一种特定方法。

但外部评论者和征求意见稿的意见反馈者并不总是能够理解 IASC 的政策,他们一直指责 IASC 在大多数会计问题上都允许多个可选处理方法。IASC 内部偶尔也弥漫着失望的情绪。在某种程度上,大家不得不降低预期。而在 IASC 成立时,亨利·本森曾公开表明,IASC 所追求的是更为明确的、歧义更少的指南。当然,这样的说辞也可能是出于本森个人的性格。

截至 1987 年,IASC 的第一阶段就结束了。自亨利·本森时代开始,人们就已经理解到这只是第一阶段,之后还会有其他阶段。伯格拉夫曾是 IASC 早期战略的最忠诚的捍卫者,他在 1982 年评论说:"我们所撰写的准则并不是永恒的;在合适的时候,我们可能会回来修订现在的准则。"[283] 约翰·柯克帕特里克主席在 1986 年的一席话体现了 IASC 的大半历史:"我要说,会计准则的协调(harmonization)在今天意味着兼容性(compatibility),在明天意味着可比性(comparability),往后则意味着一致性(conformity)。"[284] 他在说这话的时候可能并不知道,明天很快就会到来。

---

282. David Cairns,cited in "Guess Who's Coming to Dinner? The Secretary General of the IASC Talk to the Editor",*The Accountant's Journal*,1986.03,4.

283. 引文来自 "IAS Developments: An Update",*Journal of Accountancy*,154/3(1982.09),104.

284. John N. Slipkowsky,"IASC Chairman Kirkpatrick on International Standards",*Management Accounting*(NAA),68(1986.10),30.

第 6 章　IASC 努力获得认可

本章的目标有两个：一是，回顾国际会计准则委员会（IASC）的成员和准成员在履行其"尽最大努力"承诺方面令人失望的表现；二是，追溯IASC 为了追求社会对自身的认可，尤其是为了争取各国监管机构与准则制定机构接受其准则而付出的努力。

本章首先回顾 IASC 的"尽最大努力"承诺，然后阐释该承诺在 IASC 理事会成员所在国以及部分其他国家和地区中所取得的进展，最后讨论并总结 IASC 理事会为加强与各国公共会计师行业协会、财务报告的利益相关组织以及证券监管机构之间的联系而付出的努力。

6.1 "尽最大努力"的承诺

设计一种确保 IASC 所编写的准则得到遵守的机制，是亨利·本森爵士设计 IASC 平台框架时的重要考量因素之一。美国联邦政府设有美国证监会（SEC），用以保证公众公司严格遵循统一的会计标准。但在其他国家，会计准则的实施情况在很大程度上取决于外部审计师的力量。在这种背景下，IASC 的协议和章程真可谓是胆大心雄。在协议和章程上签字的16 个 IASC 发起机构（或称创始机构）承诺：

（a）支持IASC理事会颁布的准则。

（b）尽最大努力：

（i）确保企业遵循这些准则编制财务报表，或者披露与准则不一致的程度，并说服政府、证券市场监管部门以及行业团体认同企业应当按照这些准则编制和公布财务报表；

（ii）确保审计师以公司账目遵循这些准则为允当性的评判标准。如果公司账目不符合这些准则，审计报告则应指明不合规披露的情况，或者说明未遵从准则的程度；

（iii）确保审计师尽快对审计报告不符合（ii）中要求的情况采取恰当的措施。

（c）寻求国际上对这些准则的普遍认可和遵守。

IASC的每一个发起机构，以及后续以准成员身份加入IASC的每一个机构，都可以自行决定如何贯彻落实IASC协议和章程中的"尽最大努力"条款。1974年3月6日，IASC在公布第一份征求意见稿的同时，还公布了一份名为《国际会计准则公告的评论》(Commentary on the Statements of International Accounting Standards) 的解释性声明，该文件第17段特别强调，前文（b）段的第（ii）与（iii）条所作的规定，是IASC发起机构以及准成员"最重要、最严肃的义务"。1975年1月公布的手册《IASC的工作及目标》(The Work and Purpose of the International Accounting Standards Committee) 重申了这一立场。然而，众所周知，直到20世纪80年代的后期，没有一家在IASC理事会中派驻代表的公共会计师行业协会能够断言其已履行相关职责，即采取大量强制措施使其会员审计师承担起了这样的责任。伦敦与阿姆斯特丹的两家证券交易所曾宣称，它们希望上市公司披露其遵守国际会计准则的实际情况，但这两家证券交易所都没有出台相应的实施计划。而且仅在几年之后，它们就不再提议让上市公司披露这些信息了。唯一一个在推行国际会计准则方面采取实际行动的案例来自加拿大，该国公共会计师行业成功地劝说了多伦多证券交易所的一些上市公司披露了其是否遵循国际会计准则的信息。

对于多伦多、伦敦以及阿姆斯特丹的证券交易所上市公司而言，那些关于是否遵循国际会计准则的信息披露要求仅具有象征意义，而不具有挑战性——因为这些年来，IASC 所公布的会计准则考虑到了各大证券交易所的要求和建议，在很大程度上与各会员国的会计准则是兼容的。即便如此，IASC 仍然对这三家重要的证券交易所认可其准则的立场表示欢迎。

IASC 成立后不到两年，本森开始因一些创始成员履行"尽最大努力"承诺的进展缓慢而心焦。1975 年 4 月 IASC 的会议纪要中有这样一段话：

> 主席很理解（一些创始成员）在其本国面临重重困难。然而，他也指出，IASC 协议中的"尽最大努力"的措辞并非不作为的借口。他还表示，新闻媒体或者社会公众迟早会问及各成员机构推行国际会计准则的实际进度。此外，较小的国家在引进和实施国际会计准则之前，势必也希望能看到主要国家实施这些准则的先例。[1]

本森对于国际会计准则与国家准则的关系问题持有坚定立场。1975 年 4 月的会议纪要记载了他的观点："针对同一事项，如果国家准则的约束力弱于国际会计准则，那么该国家准则就应当被撤销。"[2] 在主要国家的准则制定者看来，其观点很难令人信服，特别是在 IASC 仅仅公布了一份关于会计政策披露的准则、声誉尚未确立之际。本森在 1974 年 9 月的一份理事会议程文件中写道："我们的国际准则如果得不到执行，就将会沦为笑柄。"[3]

然而本森和他的同事们也知道（或者说应该知道），签署 IASC 协议和章程的公共会计师行业组织所能做的，除在本国进行一些宣传从而提高国际会计准则的知名度以外，也很难为 IASC 做到更多。在设有会计准则制定机构的创始成员所在国中，只有美国建立了确保准则遵守的有效程序。在美国和加拿大，公共会计师行业早已各自推出相对完善的准则，所以，IASC 新推出的准则很难取代其原有的准则。在英国，第一个真正的准则制定机构刚刚成立三年，正在很认真地推进其工作。在其他国家，比如法国和德国，美国那种应股东需求提供财务信息的提法，尚未融入其财务报告

---

1. IASC meeting of 9–11 April 1975, minute 9（5）.
2. IASC meeting of 9–11 April 1975, minute 9（6）.
3. "Enforcement of Standards", note by the chairman, AP 11/1974 paper 25.

文化。而且，最重要的是，参与 IASC 的各国公共会计师行业协会只拥有相当有限的修改其所在国家的会计惯例的法定权力，实际上，大多数协会甚至没有这类做出改变的权力。

1973 年至 1987 年，作为荷兰公共会计师行业协会代表担任 IASC 观察团成员的亨克·沃尔顿，用激烈的言辞将 IASC 最初的"尽最大努力"条款概述如下：

> 该条款针对 IASC 的目标所作的表述，是原则性的纯粹美（pure principled beauty），但似乎无法在混乱的实践中得以实现。消极方法（negative approach）不起作用。没有哪一个国家的企业愿意宣称其偏离了国际会计准则，因为它们通常认为自己有合理的理由偏离国际会计准则。连参与组建 IASC 的公共会计师行业协会都不能坚持要求企业客户遵循国际会计准则，就更别提那些作为个体的审计师了。[4]

6.2　国际证券交易所联合会的重要认可

亨利·本森深信，证券交易所将会为国际会计准则提供关键性的支持。事实的确如此。国际证券交易所联合会（FIBV）——现名为世界证券交易所联合会（World Federation of Exchanges）——很早就认可了 IASC。1974 年 10 月 8—10 日，国际证券交易所联合会（FIBV）在马德里举行全体大会，通过了如下决议：

> 国际会计准则委员会（IASC）的创始成员或准成员所在国的国际证券交易所联合会（FIBV）的成员交易所，应当逐步在其上市规则中纳入要求企业遵守 IASC 公布的会计准则的规定。[5]

---

4. Henk Volten, "IFAC en IASC in Mexico", De Accountant, 89/3（1982.11）, 154.
5. 引文摘自 the Research Department of CAmagazine, 106/1（1975.01）, 52.

IASC 的一篇讨论稿称，国际证券交易所联合会（FIBV）的这一举措是其与"世界主要商业中心的证券交易所商谈"的结果。[6] 尽管正式决议是由伦敦证券交易所与阿姆斯特丹证券交易所（Amsterdamse Effectenbeurs）[7] 共同发起的，但其实最早的动议源自亨利·本森。本森早在 1974 年 1 月就致信国际证券交易所联合会（FIBV）主席，商讨"联合会与 IASC 在信息披露方面的合作"事宜。[8]

尽管 1978 年有报道称 IASC 成员机构大都"参加了与本国证券交易所的磋商，力求让企业向证券交易所提交按照国际会计准则编制的财务报告"[9]，然而诚如前文所述，1987 年之前只有两家证券交易所是这样做的，而且也只坚持了短短几年。

6.3 欧洲与全球财务报告调查：IASC 的福音

对公司财务报告的六项欧洲和全球调查，大略显示了 IASC 准则在多大程度上产生了影响，其结果相当有趣。

6.3.1 拉弗蒂的《金融时报》系列报告

IASC 得到了《金融时报》（*Financial Times*）银行与会计栏目通讯记者迈克尔·拉弗蒂（Michael Lafferty）的青睐，拉弗蒂在 1981 年以前一直是该栏目的通讯记者。在同事的协助下，拉弗蒂在 1979 年至 1984 年接连出版了三卷调研报告，调研对象分别为 100 家欧洲大型企业、200 家国际

---

6. *Acceptance and Observance of International Accounting Standards*（London: IASC，1977.09），paragraph 11.

7. IASC meeting of 5–6 November 1974, minute 13（1）.

8. 整理自 Benson 写给 Sr. Don P. Rodríguez Ponga y Ruiz de Salazar 的信，1974.01.25，IASC archive, file "International Federation of Stock Exchanges FIBV"。IASC 纪要的记录表明 Benson 在伦敦证券交易所制定应对 FIBV 的政策之前为其提供了一份"背景信息文件"。IASC meeting of 15–17 July 1974, minute 16（6）.

9. Joseph P. Cummings and Michael N. Chetkovich, "World Accounting Enters a New Era", *Journal of Accountancy*, 145/4（1978.04），56.

大型企业以及 250 家国际大型企业。[10] 在这些重要的研究中,作者以 IASC 准则作为标尺,来衡量公司财务报告的适当性。此举大大提升了国际会计准则在欧洲公司乃至全球公司的首席财务官与首席执行官心目中的地位。[11] 事实上,1980 年那一卷中还同时刊登了 IASC 主席约翰·赫普沃斯、联合国跨国公司中心(United Nations Centre on Transnational Corporations)的王英豪(Eng Howe Wong)、经济合作与发展组织(OECD)副秘书长查尔斯·G. 伍顿(Charles G. Wootton)以及欧盟委员会(EC)的罗伯特·科尔曼(Robert Coleman)等人的短篇文章。

1983—1984 年那一卷转载了亨利·本森 1983 年在 IASC 十周年庆典上的讲话,其中他重申了自己对于 IASC 前景的预判(另请参阅第 3.2 节):

> 我希望 IASC 在 2000 年之前能够主导财务报表的编报规则。当务之急是要求所有上市公司明确声明其财务报告是否遵循了国际准则,并将这一要求列入证券交易所的上市规则。[12]

上述调研报告的作者就此评论道:"正如调查所示,一些国家已经率先着手开展这些工作。遗憾的是,本森爵士所在的英国却并未名列其中。"[13] 到了 1983 年,如后文所述(请参阅第 6.5.2 节),伦敦证券交易所撤回了让上市公司披露其未遵从国际会计准则情况的要求。然而,意大利证券交易委员会(Commissione Nazionale per le Società e la Borsa, Consob)却开始认可国际会计准则。另据报道,至少有 87 家加拿大公司在编制 1981 年年报时采用了国际会计准则。[14]

---

10. Michael Lafferty, David Cairns, James Carty, *1979 Financial Times Survey of 100 Major European Companies' Reports & Accounts*(Lonon: The Financial Times, 1979); Michael Lafferty and David Cairns, *Financial Times World Survey of Annual Reports 1980*(London: The Financial Times Business Information, 1980); David Cairns, Michael Lafferty, and Peter Mantle, *Survey of Accounts and Accountants 1983–84*(Lonon: Lafferty and Publications, 1984)。

11. 关于以 IASC 准则作为比较基准的参考文献,可参阅"IASC Welcomes Studies", *World Accounting Report*, 1984.09, 1。

12. Cairns, Lafferty, and Mantle, *Survey of Accounts and Accountants 1983–84*, 20. 还可参见"IASC Comes of Age(And It's Only 10!)", *Accountancy*, 94/1079(1983.07), 24。

13. Cairns, Lafferty, and Mantle, *Survey of Accounts and Accountancy 1983–84*, 21。

14. R. D. Thomas, "Support for International Accounting Standards Continues to Grow", *CAmagazine*, 115/9(1982.09), 72。

英国《金融时报》1976年开始逐月发布新闻公告《世界会计报告》，持续对国际会计问题进行广泛报道，其中包括IASC所做的工作。本森致信《金融时报》编辑迈克尔·拉弗蒂，在创刊号上撰文表达了对这一创新举措的欢迎态度。[15]

在拉弗蒂离开《金融时报》之后，该报在1984年发起了一项对175家"具有国际重要性"的公司的调查，同样采用了国际会计准则作为比较基准。正如作者所言，这是因为"我们相信IASC准则是一套独立而富有技术含量的比较尺度"。[16]

6.3.2　两项更深入的研究

1979年，普华永道会计师事务所国际部公布了一项关于64个国家的财务报告惯例的调查。关于国际会计准则的遵守情况，它总结如下：

> 本调查所涉及的国家中，有9个国家可以认为是强制要求执行国际会计准则的，国际会计准则被赋予了与本国准则相同的地位，尽管每个国家的具体情况并不完全相同。这9个国家是巴哈马群岛、斐济、法国、马来西亚、尼日利亚、巴基斯坦、新加坡、特立尼达岛以及津巴布韦（罗得西亚）。在附表中，这9个国家在适当情况下引用了IASC的准则，作为其规定或禁例的权威依据。然而，这些国家中，有些国家的会计实践正处于渐进发展过程之中，对于国际会计准则并不是在每个场景的每个细节上都能遵守。[17]

以上所引述的普华永道调查报告的措辞很委婉，因为其列出的这些国家，都不太可能强制要求遵循国际会计准则。在1978年至1987年，法国的公共会计师行业协会是IASC的创始成员，而尼日利亚的公共会计师行

---

15. *World Accounting Report*, 1976.05, 2.

16. Peter Stilling, Richard Norton, and Leon Hopkins, *Financial Times World Accounting Survey 1984*（London: Financial Times Business Information, 1984）, 19. Stilling 是 Touche Ross & Co. 的合伙人，从1990年至1995年作为英国代表团成员在 IASC 理事会中任职。

17. R. D. Fitzgerald, A. D. Stickler, and T.R. Watts, *International Survey of Accounting Principles and Reporting Practices*（n.p., Price Waterhouse International, 1979）, 8–9.

业协会是理事会成员。下文将对这两者进行讨论。

1984年,格雷(Gray)、坎贝尔(Campbell)和肖(Shaw)对30个国家的财务报告惯例进行了调查。其中,有5个国家(马来西亚、墨西哥、泰国、赞比亚和津巴布韦)回复称,IASC在对外财务报告方面具有"重大影响力"(significant influence)。而有12个国家或地区(比利时、海峡群岛、丹麦、法国、中国香港、印度尼西亚、爱尔兰、意大利、新西兰、菲律宾、南非以及英国)称IASC具有"中等影响力"(moderate influence)。[18] 澳大利亚、日本以及美国,这三个在IASC理事会派有代表的国家则表示,IASC没有带来什么影响。

如下文所述,直到20世纪80年代后期,国际会计准则对财务报告的影响,主要发生在亚洲和非洲的发展中国家。国际会计准则没有对中美洲和南美洲的财务报告产生影响(请参阅第6.19节),具体原因尚不清楚。

值得一提的另一点是,至少到20世纪80年代早期,几乎没有企业在年报中提及自己是否遵循了国际会计准则。有限的几家披露相关信息的公司也多为加拿大公司,详见下文。前文所提及的1979年针对100家欧洲公司年报的调查就发现,"提到IASC的情形相当罕见"。[19] 1980年针对200家国际大型上市公司的调查也发现,"只有寥寥几家公司在年度报告中提到了IASC"。[20]

普华永道的调查,以及格雷、坎贝尔和肖等人的调查,均基于德勤会计公司的数据。在解释这些研究结果的时候,要认识到,无论在哪个国家,想要完全了解所有公司的会计实务操作都是不可能的,更何况还有大量的公司没有对外公布财务报表。研究者在界定一个国家占主导地位的会计惯例时,所采用的权重(如采纳某一会计惯例的公司数量、公司的相对销量、公司的总资产价值)完全是主观确定的。另外,指望那些报告的撰稿人亲自去检查成百上千份公司年报,也是不切实际的。相反,那些数据很可能

---

18. S. J. Gray, L. G. Campbell, and J. C. Shaw (editors), *International Financial Reporting: A Comparative International Survey of Accounting Requirements and Practices in 30 Countries* (Basingstoke, Hampshire, UK: Macmillan Publishers, 1984), 24.

19. Lafferty with Cairns and Carty, *1979 Financial Times Survey of 100 Major European Companies' Reports & Accounts*, 19.

20. Lafferty and Cairns, *Financial Times World Survey of Annual Reports 1980*, 9.

是由知情的观察员（例如每个国家的会计师事务所合伙人）凭主观印象提供的。

6.4　对 IASC 理事会成员国的影响

以下各节将讨论 IASC 及其准则对会计发展的影响。首先探讨其对在理事会中派有代表的国家的影响，然后讨论其对非理事会成员国（包括发达国家和发展中国家）的影响。

秘书处从一开始就定期调查 IASC 成员为将 IASC 准则融入本国会计规范和惯例所采取的措施。1988 年，IASC 秘书处针对世界各地的理事会成员和非理事会成员进行了最广泛的调查。在其他年份，秘书处仅针对理事会成员进行调查，尤其是在 1979 年以及 1983—1984 年。后文在讨论各个国家的会计发展情况时将会提及这些调查的摘要。

在解释这些调查的结果时必须意识到，所有的数据都是由几个公共会计师行业协会自行呈报的，因此，显然会受多种形式的报告人偏差的影响。这些偏差包括每个公共会计师行业协会收集和分类整理信息的细致程度，以及个别公共会计师行业协会让 IASC 认为其已经履行了尽最大努力的承诺的意愿。此外，由于许多 IASC 准则提供了多种可选会计处理方法，因此即使是那些不参考国际会计准则的地区，要协调该准则与本国的会计规范和惯例也比较容易。

IASC 在 1979 年对 11 个理事会成员国的调查中发现，作为发起方的每一个公共会计师行业协会都制定了向本国成员推广国际会计准则以及征求意见稿的计划。[21] 的确，早在 1978 年 2 月，IASC 的秘书就已确认，IASC 的征求意见稿和准则已在包括创始成员国在内的 30 个国家出版发行。[22]

在非英语国家中，征求意见稿和准则被翻译成了当地的语言。截至 1987 年，国际会计准则被翻译成了 20 种语言：阿拉伯语、汉语、丹麦语、荷兰语、法语（在加拿大和法国提供不同的版本）、德语、希腊语、希伯来

---

21. 调查的结果记录在 AP 3/1980 paper 19A。下面的小节中将展示本调查的结果。
22. 整理自 1978 年 2 月 8 日 Roy C. Nash 写给作者的信。

语、印度尼西亚语、意大利语、日语、韩语、马来西亚语、挪威语、葡萄牙语、塞尔维亚-克罗地亚语、西班牙语、瑞典语、泰语以及土耳其语。[23]一些公共会计师行业协会在其会刊或是合订本中转载了 IASC 的征求意见稿和准则,还有一些公共会计师行业协会以免费或收费的方式向特定组织或有需求的部门分发了这些文件。关于国际会计准则的权威性,各国公共会计师行业协会总体上的回复是,国际会计准则与国家指引或法律的地位并不相同,是视具体情况而定的,但它们建议国家准则制定者在制定准则时认真考虑国际会计准则。

下文回顾了 1973 年至 1987 年间 IASC 理事会成员国的公共会计师行业协会为了兑现"尽最大努力"承诺所采取的措施。除了美国注册会计师协会(AICPA)之外,所有作为 IASC 创始成员的公共会计师行业协会实际上都通过各种形式分发了国际会计准则。某些国家(包括澳大利亚、加拿大、德国、墨西哥以及英国)的公共会计师行业协会还定期出版了本土准则与国际会计准则之间的比较研究成果。一些证券市场监管机构和证券交易所还发起了鼓励企业遵循国际会计准则的倡议,其中有些倡议可能是由公共会计师行业协会推动的。

6.5 英国与爱尔兰

英国和爱尔兰公共会计师行业的会计准则编写工作始于 1970 年英格兰及威尔士特许会计师协会(ICAEW)成立的会计准则指导委员会(ASSC),该委员会随后起草了《标准会计实务公告》(Statement of Standard Accounting Practice,SSAP)。[24] 后来,苏格兰特许会计师公会(ICAS)、爱尔兰特许会计师公会(ICAI)、注册会计师协会、成本与管理会计师协会以及市政司库和会计师协会[25] 也加入了会计准则指导委员会。1974 年,上述六个公共会

---

23. *IASC News*, 16/5(1987.10), 12.
24. 1976 年,会计准则指导委员会(ASSC)从名称中删除了"指导"(Steering)一词。
25. 后面的三个机构现名为特许公认会计师公会(Association of Chartered Certified Accountants)、特许管理会计师协会(Chartered Institute of Management Accountants)以及特许公共财政与会计协会(Chartered Institute of Public Finance and Accountancy)。

计师行业协会共同组成了一个伞型集团（umbrella group）——会计团体协商委员会（CCAB）。这六个公共会计师行业协会还在1973年签署了IASC的成立协议与章程。《标准会计实务公告》经过上述六个公共会计师行业协会的理事会批准后，就可以正式公布了。

直到1989年，英国才有法律规定要求公司披露其没有遵守适用的会计准则的信息。当时，公司审计师们最重要的法律义务是确认公司账目是否基于"真实和公允视角"展示了公司的信息，现在的要求依然如此。

6.5.1 会计团体协商委员会采取的行动

1974年12月，英格兰及威尔士特许会计师协会（ICAEW）与会计团体协商委员会（CCAB）的其他几家会计行业协会共同批准了《国际会计准则公告导言》（Introduction to Statements of International Accounting Standards）。英格兰及威尔士特许会计师协会（ICAEW）的版本称："理事会希望各位成员能够遵守国际会计准则。"该协会还补充到，英国与爱尔兰公共会计师行业的《标准会计实务公告》解释性前言（Explanatory Foreword）的规定"同等地"适用于IASC的准则。这就意味着，"如果公司账目未遵循国际会计准则，则审计报告应披露公司账目未遵循国际会计准则的具体情况，或揭示其未遵循国际会计准则的程度"。[26] 然而，曾在20世纪70年代前期出任英格兰及威尔士特许会计师协会（ICAEW）技术主管并曾担任会计准则委员会（ASC）末代主席（1986—1990）的迈克尔·兰肖（Michael Renshall）写道："就我所知，在会计准则委员会（ASC）存续的20年中，没有哪一位（英格兰及威尔士特许会计师协会的）会员曾经因为违反会计准则而受到过纪律处分。"[27]

1975年1月，IASC公布第一项国际会计准则。会计团体协商委员会（CCAB）就此开始了为每一项国际会计准则撰写前言，之后由成员协会在英国和爱尔兰进行推广的做法。前言解释了IASC准则在英国和爱尔兰的

---

26. "Introduction to Statements of International Accounting Standards"（authorized 1974.09），Section W of the *Members' Handbook*（ICAEW）.

27. Michael Renshall, Preface, "Handbook for the Accounting Standards Committee Archive", Working Paper 93/1, Centre for Empirical Research in Accounting and Finance, Department of Accounting and Finance, University of Manchester, iii.

适用性，阐释了会计团体协商委员会（CCAB）关于英国及爱尔兰公共会计师行业对待国际会计准则的一般政策：

> 国际会计准则（仅指法律或国内准则尚未涵盖的条款）一经纳入英国和爱尔兰各公共会计师行业协会理事会批准公布的《标准会计实务公告》，则当即生效；国际会计准则不凌驾于英国和爱尔兰的法律和《标准会计实务公告》之上。[28]

然后，会计团体协商委员会（CCAB）又继续讨论了企业遵从英国公司法及《标准会计实务公告》是否以及在何种程度上能够保证企业自动地遵从国际会计准则的规则。

从1978年公布的关于集团账目（group accounts）的第14号《标准会计实务公告》起，《标准会计实务公告》引入了其与 IASC 的对应准则作对比的注释。据说《国际会计准则第3号》对《标准会计实务公告第14号》的发展具有重要影响，这种说法也许并非偶然。[29]

20世纪70年代，英国与爱尔兰的新准则制定项目遭遇了一系列令人尴尬的逆转。为此，爱德华·斯坦普在1979年尖锐地批评道："整个会计准则项目都陷入了混乱、讽刺和存在分歧的困境……实际上，会计准则委员会（ASC）的产出并不显著优于 IASC……IASC 在重要准则的制定效率方面要领先得多。"[30] 其实早在1978年，会计准则委员会（ASC）就成立了一个委员会，专门来研究如何提高 ASC 的工作效率。

正如斯坦普所说，截至1985年，有七个主题的 IASC 准则在英国和爱尔兰找不到对应的准则：流动资产和流动负债的列报（IAS 13）；分部报

---

28. 例证可见于"Application in the UK and Ireland of International Accounting Standard No. 1, Disclosure of Accounting Policies", in *International Accounting Standards: The Full Text of All International Accounting Standards Extant at 1 September 1987*（London: ICAEW, [1987]），352。CCAB 为前26项 IASC 准则编写的前言转载于此书中。

29. Peter Taylor and Stuart Turley, *The Regulation of Accounting*（Oxford: Basil Blackwell Ltd, 1986），161.

30. Edward Stamp, "Does the English Institute Have a Death Wish?" in Stanley Weinstein and Michael A. Walker（editors）*Annual Accounting Review*, volume 1, 1979（Chur: Harwood Academic Publishers, 1979），203.

告（IAS 14）；不动产、厂场和设备的会计处理（IAS 16）；收入确认（IAS 18）；雇主对雇员退休福利的会计处理（IAS 19）；借款费用的资本化（IAS 23）；关联方披露（IAS 24）。[31] 当伊恩·海·戴维森（Ian Hay Davison）于1982年7月担任会计准则委员会（ASC）主席时，他评论道："IASC的工作有可能会超越我们英国。事实上，在一两个主题上，IASC已经公布了征求意见稿，而我们作为英国同行却还没有触及这些议题。"他说，他的策略是"建议IASC不要操之过急，而是用更多时间去说服各成员协会执行其建议方案"。[32]

至1987年年底，在IASC公布的前26项准则中，只有1976年10月公布的《国际会计准则第4号：折旧会计》与英国和爱尔兰公共会计师行业的会计惯例产生了严重冲突。英国和爱尔兰公共会计师行业的立场是要求企业每年对投资性房地产进行估值，不用对其计提折旧。而《国际会计准则第4号：折旧会计》要求对所有不动产都计提折旧。[33]

1978年3月，会计团体协商委员会（CCAB）启用了与IASC刚刚批准的《国际会计准则公告序言》（Preface to Statements of International Accounting Standards）几乎完全一致的《国际会计准则公告导言》，取代了其于1974年12月推出的版本。[34] 与上一版序言一样，该"导言"重申了IASC成员"尽最大努力"的义务。显然，审计师一如既往地负有披露企业不遵从准则情况的责任，因为英格兰及威尔士特许会计师协会（ICAEW）1979年在一份出版物中宣称"企业应在财务报表中披露其未遵从国际会计准则的情况。如果企业未作披露，则审计师应在审计报告中陈述该情况，但不需要对未遵从国际会计准则所造成的影响进行量化分析"。[35] 但审计师事实上是否履行了这一义务又是另一回事了。英格兰及威尔士特许会计师

---

31. Brian Underdown and Peter J. Taylor, *Accounting Theory & Policy Making*（London: Heinemann, 1985），44，55.

32. Ian Hay Davison, *The Accounting Standards Committee 1982–1984*，1985 Julian Hodge Accounting Lecture at the University of Wales on 18 February 1985（London: Arthur Andersen & Co.），17.

33. 参见"Companies Caught by International Depreciation Rule"，*Accountancy Age*，8/4（1977.01.28），1。

34. "Preface to Statements of International Accounting Standards"（1978.03），Section W of the *Members' Handbook*（ICAEW）.

35. *Survey of Published Accounts 1979*（London：ICAEW，1980），31.

协会（ICAEW）的《1978年公开账目调查》（*Survey of Published Accounts 1978*）显示，有49家应适用《国际会计准则第4号：折旧会计》的公司并未对其部分或全部不动产计提折旧，即其未遵从国际会计准则。然而，这49家公司中只有23家提及它们没有遵循《国际会计准则第4号：折旧会计》，而另外26家公司的审计师也并没有在审计报告中披露企业未遵循该项国际会计准则的情况。[36]

1981年，会计准则委员会（ASC）公布《标准会计实务公告第19号：投资性房地产的会计处理》，其中提出，投资性房地产不应定期计提折旧。该规则与《国际会计准则第4号：折旧会计》存在冲突。亚瑟·杨英国公司合伙人保罗·鲁特曼写道："当我们引入一项规定不应对投资性房地产计提折旧的准则时，我们立即寻求并获得了国际会计准则的支持。国际会计准则作出了修改，接纳了我们提出的会计惯例。"[37] 英国公共会计师行业的此番胜利发生于1986年，IASC在《国际会计准则第25号：投资的会计处理》中认可：投资性房地产并非必须计提折旧。鲁特曼认为，"随着各个国家的公共会计师行业开始独立地编写会计准则，国际会计准则将会面临越来越大的'稀释'压力。可选的会计处理方法将会变得越来越多，而不是越来越少"。[38]

1986年，会计团体协商委员会（CCAB）的各协会对IASC准则的看法仍与1975年非常相似。会计团体协商委员会（CCAB）的《标准会计实务公告》解释性前言长期对国际会计准则在英国及爱尔兰的地位问题保持缄默，但在1986年8月，该解释性前言略带克制地表示："（该委员会的）各公共会计师行业协会高度重视促进会计标准在国际范围内协调的工作。为此，它们一起努力支持IASC的工作。"然而，该前言也补充道："在少数情况下，如果（《标准会计实务公告》与国际会计准则）存在显著差异，

---

[36]. *Survey of Published Accounts 1978*（London：ICAEW，1979），89. 参见 "Depreciation Bites"，*Accountancy Age*，1977.05.27. 其中记载着一个名为 Woolworth 的公司采用了 IAS 4，从而对长期租入的不动产计提了折旧。因为它的财务主管说，"如果英国的 ICA 手册指出理事会希望成员遵守国际准则，那么我们就应该听从"。第一个英国与爱尔兰的折旧准则 SSAP 12 直到 IAS 4 生效之后快一年才出台。

[37]. Paul Rutteman,"Demands of a Different Environment"，*Accountancy*，100/1130（1987.10），18.

[38]. Rutteman，"Demands of a Different Environment"，18.

则仍应以英国及爱尔兰公共会计师行业的会计准则为准。"[39]

　　约翰·格伦赛德在国际会计准则理事会任职期间（1976—1980）的最后两年同时担任了（英国）会计准则委员会（ASC）的委员。1980—1985年，戴维·霍布森接替格伦赛德担任IASC理事会成员，并在1970—1982年担任会计准则委员会（ASC）委员。伊恩·海·戴维森1982年出任会计准则委员会（ASC）的主席，他邀请霍布森以观察员的身份继续参加会计准则委员会（ASC）的会议。[40]克里斯托弗·斯特朗1985年接替霍布森担任IASC理事会成员，同时作为观察员继续参加ASC会议，直至1990年。因此，会计准则委员会（ASC）的主席还是有意妥善处理其与IASC的关系的。但也有例外，1978年至1982年担任会计准则委员会（ASC）主席的来自普华永道公司的汤姆·瓦茨，对国际协调的前景就持明显悲观态度。尽管瓦茨承认"IASC已经并且正在继续取得很好的进展"，但他也说，"我个人对IASC在已经建立自己的准则制定机制的那些国家和地区之间谋求准则协调的能力表示怀疑……要知道，在一个地区直接负责制定准则，与不承担这种责任而提出解决方案，这两者之间存在巨大差异"。[41]他在另一次采访中预言道："达成国际协调的唯一途径，是先在各国的准则制定机构之间达成一致。"[42]

　　1980年发生了一次小危机。当时的IASC秘书艾伦·库克惊讶地发现，原本负责在英国传播国际会计准则的英格兰及威尔士特许会计师协会（ICAEW）停止出版最新的国际会计准则了，而英国及爱尔兰公共会计师行业的《标准会计实务公告》尚未涉足相关的新主题。他从汤姆·瓦茨在最近一次会议上的讲话中得知，这是因为英国公共会计师行业的立场是，国际会计准则"在被纳入国内准则之前不具备效力"[43]，因此，英格兰及威

---

39. "Explanatory Foreword", *Accounting Standards 1986/87: The Full Texts of all UK Exposure Drafts and Accounting Standards Extant at September 1986*（London：ICAEW，1986），115. 引用了解释性前言中的最后三句话之后，Taylor和Turley（见 *The Regulation of Accounting*，161）补充到，"（解释性前言）中并未建议审计师将未遵从国际会计准则作为出具审计报告时的重要考虑事项，而不遵从SSAPs是会导致出具非标准审计意见的事项"。

40. 整理自2003年4月29日作者与David C. Hobson的访谈记录。

41. "International Harmony of Accounting Standards?" *World Accounting Report*，1979.12，2.

42. Geoffrey Holmes, "Tom Watts—Still at the ASC Helm", *Accountancy*，90/1035（1979.11），75.

43. IASC Organization & Planning Steering Committee meeting of June 1980, agenda paper VI.

尔士特许会计师协会（ICAEW）决定等到国际会计准则被纳入会计准则委员会（ASC）准则之后再出版国际会计准则。库克此后提醒英格兰及威尔士特许会计师协会（ICAEW）的工作人员，该做的事，晚做不如早做。[44]当然，上述政策变化也可能是因为英国公共会计师行业的会计准则与《国际会计准则第 4 号：折旧会计》发生了冲突。后来，或许是出于补偿心理，英格兰及威尔士特许会计师协会（ICAEW）在 1981 年出版了第 1 号至第 13 号国际会计准则的合订本。[45]

6.5.2 伦敦证券交易所采取的行动

20 世纪 70 年代，伦敦证券交易所采取了一系列具体行动，大力支持 IASC。1972 年，会计准则指导委员会（ASSC）运营仅两年，伦敦证券交易所就在其出版的手册《股票上市许可》(Admission of Shares to Listing)中支持英国及爱尔兰公共会计师行业的《标准会计实务公告》，并称其"希望上市公司依照这（五家）会计团体批准的准则记账；任何与准则不一致之处都应当予以披露并加以解释"。[46]1974 年 10 月 23 日，在亨利·本森的敦促下，在国际证券交易所联合会（FIBV）向其成员公布（推荐采用 IASC 的准则的）建议后不到两周，伦敦证券交易所便表态支持 IASC，宣布英国上市公司也必须按照 IASC 的准则编制其账目。最终的规定为："对于任何严重偏离或不遵守这些准则（IASC 的准则以及《标准会计实务公告》）的行为都必须予以披露并给予解释。"[47]在英国境外注册成立的上市公司无须遵守《标准会计实务公告》，但应按照 IASC 的准则编制报表。对任何严重偏离或不遵循 IASC 准则的情况，都需要予以披露并给予解释。[48]

---

44. 整理自 2003 年 4 月 30 日作者与 Allan V. C. Cook 的访谈记录。

45. *International Accounting Standards 1981*：*The Full Texts of All International Accounting Standards Extant at 1 March 1981*（London：ICAEW，1981）。

46. 证券交易所表示"交易所将要求希望保持上市状态的公司在未来上市协议或者相关说明条款发生改动时更新其（上市）协议"。这样一来，在协议得到更新之前，遵守国际准则只是一种期望，而非强制要求。引文摘自 *Survey of Published Accounts 1973–74*（London：ICAEW，1972），257。早期，市政司库与会计师协会未加入会计准则指导委员会（ASSC）的工作。

47. 引文摘自 *Survey of Published Accounts 1975*（London: ICAEW，1975），175。新闻报道见 *The Accountant*，171/5212（1974.11.14），630。

48. 伦敦证券交易所的上市要求声明适用会计准则（由英国金融服务监管部门提供给作者）。参见 "Foreign Companies Told to Apply IASC Rules"，*Accountancy Age*，5/43（1974.11.01），1。

但伦敦证券交易所要求上市公司披露对两套会计准则遵从情况的做法，在会计准则指导委员会主席罗纳德·利奇爵士那里碰了钉子。1977年4月，利奇主席的继任者威廉·斯利明斯（William Slimmings）更是明确表示："我认为，我们必须明确我们的目标是只编写一本'规则手册'（book of rules），并保证遵从该规则手册的企业自动遵守所有的相关准则。"[49]本森在联络伦敦证券交易所之前，显然并没有事先征求会计准则指导委员会（ASSC）或英格兰及威尔士特许会计师协会（ICAEW）的意见，而后两者作为《标准会计实务公告》的编写机构肯定对本森的做法感到不快。[50]

1979年4月，伦敦证券交易所不再坚持要求英国上市公司同时遵守《标准会计实务公告》和IASC的准则。时任交易所报价部门负责人的加文·弗赖尔（Gavin Fryer）回忆说，上市公司抱怨，伦敦证券交易所倡导企业同时披露偏离《标准会计实务公告》和IASC准则情况的规定，给企业造成了不合理的负担。尤其是最近两套准则之间还出现了一些分歧，这一负担就更明显了。他说，交易所1974年所作的决定是为了表示对IASC的支持，但是到了1979年，英国公共会计师行业编写的会计准则已经明显强于IASC的准则了。[51]伦敦证券交易所虽然继续支持IASC的准则编写和公布，但同时也宣布，该交易所不再倡导上市公司遵循IASC的准则，也不再要求上市公司披露其未执行IASC准则的实例。但该交易所针对在英国境外注册的上市公司的信息披露要求，仍然保持不变。[52]就这样，在短短六年的时间里，伦敦证券交易所先是提出，后又撤回了其关于英国上市公司依循IASC准则的公开倡议。尽管有人认为这是会计准则委员会（ASC）、英格兰及威尔士特许会计师协会（ICAEW）以及一些上市公司对伦敦证券交易所投诉的结果，但伦敦证券交易所对于自己的变卦行为没有给出任何解释。

想要依靠证券交易所来确保会计准则得到遵循的设想，是难以奏效

---

49. William M. K. Slimmings, "The Rôle and Responsibility of the Accounting Profession", in *Financial Reporting and Accounting Standards*, Conference Papers（n.p., University of Glasgow Press，1978），60.

50.《金融时报》的会计沟通作者 Michael Lafferty 写道："Benson 的进取心使得证券交易所在未经过英国会计机构一致同意的情况下就在上市公司范围内强制推行了国际会计准则。" *World Accounting Report*，1977.08，9.

51. 整理自2004年5月18日作者与 Gavin Fryer 的访谈记录。

52. *Survey of Published Accounts 1979*，293–294.

的。伦敦证券交易所对国际会计准则所表达的支持，更像是道义上的规劝，而非有为的监督。1979 年，英国几家主要的会计师事务所表示，伦敦证券交易所在敦促上市公司遵循英国及爱尔兰《标准会计实务公告》方面做得极少[53]，在推广 IASC 的准则方面所做的努力只会更少。实际上，伦敦证券交易所曾反对 1981 年公布的《国际会计准则第 14 号：分部报告》，这很显然是因为在英国及爱尔兰境外注册的上市公司反感某些信息披露要求（包括"分部间定价的基础"）。1983 年，伦敦证券交易所采取行动，允许外国公司（即非英国公司）豁免执行《国际会计准则第 14 号：分部报告》。[54]

6.5.3　对 IASC 的调查的回应

1975 年年初，英国及爱尔兰的全部六个公共会计师行业协会都对 IASC 作出了答复，大多数做出了类似的回应：其成员已经或很快将收到各协会倡导其遵守 IASC 准则的通知，协会将会与那些明显没有遵循国际准则的公司审计师、公司高管或董事会成员进行沟通。[55]在 IASC 1988 年对其准则的采用和实施情况的调查中，英国公共会计师行业回复称，其独立制定的国内准则在所有重要方面都与现存的 20 项国际会计准则一致。另有 4 项国际会计准则在英国没有对应版本的准则，但与实务操作是一致的。还有一项准则（即分部报告准则）与英国国内的准则存在冲突，有一项准则（即物价变动的影响准则）与英国会计惯例不一致。[56]

---

53. 参见 *Submissions on the Accounting Standards Committee's Consultative Document: Setting Accounting Standards*（n.p.，The Accounting Standards Committee，1979），76，103，118，145，150。另见 Edward Stamp，"A View from Academe"，in Ronald Leach and Edward Stamp（editors），*British Accounting Standards: The First 10 Years*（Cambridge: Woodhead-Faulkner，1981），243–246。

54. Amendments to "Admission of Securities to Listing"，Quotations Department, The Stock Exchange，1983.07；G. H. Fryer（交易所报价部门负责人）发给外国上市公司的通函，1983.11，IASC archive，"F.I.B.V." file。据 Gavin Fryer 回忆，他曾给 IASC 写过一封评论函，称 IASC 分部报告的建议不会管用，因为 20 世纪 60 年代交易所自己就提出过分部报告义务，那时就遭到了企业的激烈反对。整理自作者 2004 年 5 月 18 日与 Gavin Fryer 的访谈记录。交易所给 IASC 的长信是编号为 G.23 的匿名通信，AP 3/1981 paper 4。

55. "Founder Members of IASC: Enforcement of International Accounting Standards"，1975年年初 IASC 调查的回复汇总，1975.04.30，IASC archive，"Enforcement—Steering Committee" file。

56. *Survey of the Use and Application of International Accounting Standards 1988*（London: IASC，1988），21–69。

6.6 美国

　　IASC 创始成员对"尽最大努力"承诺的履行情况很是令人尴尬，至少对美国注册会计师协会（AICPA）来说是这样的。因为在美国，拥有确保企业执行美国境内会计标准这一法定职权的机构是美国证监会（SEC），而不是美国注册会计师协会（AICPA）。自 1973 年 7 月 1 日（即 IASC 协议和章程签署并生效两天后）起，负责编写美国证券市场上的公认会计原则的机构成了独立的财务会计准则委员会（FASB），而不是美国注册会计师协会（AICPA）。要求纽约证券交易所就国际会计准则修改其上市协议没有任何意义，因为此类事项的最终决定权属于美国证监会。美国证监会负责监管美国各大证券交易所，并拥有制定会计准则的法定权力。美国证监会在 1973 年 12 月发布《会计系列公报第 150 号》（Accounting Series Release No. 150），其中认可财务会计准则委员会（FASB）为美国主要的私立会计准则制定者（principal private-sector accounting standard setter）。20 世纪 70 年代出任美国注册会计师协会（AICPA）全职会长（full-time chief staff officer）的华莱士·E. 奥尔森回忆称，1973 年 3 月，他告知 IASC 组织会议的与会者，受美国证券市场会计准则制定和确保执行性方面的体制结构所限，美国注册会计师协会（AICPA）只能尽其所能"与 IASC 协调"。[57] 如果 IASC 的准则与财务会计准则委员会（FASB）的准则相抵触，那么美国注册会计师协会（AICPA）几乎不可能建议其成员采用 IASC 的准则。

　　实际上，搜索一下 1978—1980 年财富 500 强公司的财务报表就可以发现，其中没有任何提及 IASC 或其准则的信息。[58] 但是，1984 年，通用电气公司在年度报告中向股东表示，公司财务报表中所采用的会计原则与 IASC 的准则"在最重要的方面是一致的"。通用电气公司选择进行此项披露，是为了促进国际会计协调。它在 1991 年停止作出此项声明。原因之一

---

57. 整理自 2003 年 3 月 13 日作者与 Wallace E. Olson 的访谈记录。
58. Alister K. Mason, "The Evolution of International Accounting Standards", in Frederick D. S. Choi (editor), *Multinational Accounting: A Research Framework for the Eighties* (Ann Arbor, MI: UMI Research Press, 1981), 164.

是，一年前，IASC 提议不再把后进先出法（LIFO）列为允许的替代处理方法（allowed alternative treatment），而这恰好是通用电气公司所采用的会计处理方法。[59] 尽管 IASC 实际上并没有禁止使用后进先出法，但是通用电气公司此后也没有再提及国际会计准则。1986 年，IASC 秘书长戴维·凯恩斯写道："事实上，财务会计准则委员会（FASB）公布的准则与国际会计准则在所有重要方面都不存在实质性冲突。所以，所有的美国上市公司实际上都遵循了国际会计准则。不幸的是，只有通用电气公司这一家公司公开确认了这一点。"[60]

其实凯恩斯有所不知，埃克森美孚公司早在凯恩斯作出上述表示的五个月前，就在该公司公布的 1985 年年度报告"会计政策总结"部分插入了如下表述：

> 本公司的财务报告符合经济合作与发展组织（OECD）公布的跨国公司指南以及 IASC 公布的会计准则的要求。

埃克森美孚公司从 1986 年的年度报告开始，在提及其遵循 IASC 的准则（年度报告中称之为"指南"）时，后附了一句"有少量例外"，同时删去了对经济合作与发展组织指南遵从情况的披露。此后，埃克森美孚公司在其年度报告中持续宣称其与 IASC 的准则是"一致"的，直至 1991 年。埃克森美孚公司也使用了后进先出法（LIFO）。

富美实公司同样使用了后进先出法，该公司 1986—1998 年（除了 1994 年）均声称其编制的给股东的年度报告符合 IASC 的准则。从 1987 年至 1991 年，另一家使用后进先出法的公司——消费者电力国际公司，也披露其财务报表编制基础与 IASC 的准则一致。所罗门公司在 1988—1993 年也披露称其财务报表遵循了国际会计准则。而且，负责审计该公司的安

---

59. 整理自 2003 年 9 月 9 日作者与 Philip D. Ameen（通用电气公司的副总裁兼总会计师）的访谈记录。

60. David H. Cairns, "The Harmonization of Accounting Standards: The Role and Achievements of the International Accounting Standards Committee", in *Standard Setting for Financial Reporting: An International Conference Sponsored by the American Accounting Association with Klynveld Main Goerdeler*, 1986.8.17–20（n.p., Peat, Marwick, Main & Co., 1987）, 118.

达信会计公司在审计意见中称，所罗门公司的财务报表同时符合美国证券市场上的公认会计原则（GAAP）与国际会计准则，实现了公允列报——这是很罕见的。1987年6月，所罗门公司首席财务官唐纳德·S.霍华德（Donald S. Howard）作为国际银行协会（International Banking Associations）代表加入了IASC的顾问团。他是IASC准则的忠实支持者。在他1994年退休以后，所罗门公司便不再（在年报中）提及IASC的准则了。[61]

20世纪80年代，在年度报告中提及IASC准则的美国大公司只有这么几家。此外，至少还有另一家美国组织在其一系列财务报表中提及了IASC的准则——自1986年起，负责审计国际会计师联合会（IFAC）年度报告的美国当地事务所表示，该联合会的财务报表同时符合了美国证券市场上的公认会计原则与IASC的准则。这在美国可能是"头一回"。在审计国际会计师联合会1991年的年度报告时，审计师表示其财务报表遵循了IASC的准则，但完全没有提及美国证券市场上的公认会计原则。对国际会计师联合会的审计报告中到2001年一直对IASC的准则有所提及。自2001年起，对国际会计师联合会的审计报告转而采用了国际公共部门的会计准则。

6.6.1 美国注册会计师协会对IASC调查的回复

1975年年初，美国注册会计师协会（AICPA）表示，在现行政策下，该协会既不会向成员分发IASC的准则及其前言，也不会承诺在其会刊中予以刊载，但会努力进行宣传。[62]人们注意到，该协会对待自身的许多出版物以及财务会计准则委员会（FASB）的准则，秉持了同样的态度。当IASC的准则与美国证券市场上的公认会计原则存在"显著差异"时，美国注册会计师协会（AICPA）将"劝告"（exhort）财务会计准则委员会、美国证监会和证券交易所"及早考虑解决这些差异，尽可能在这些存在显著差异的领域达成协调一致"。[63]

---

61. 整理自2006年1月3—4日作者与David C. Fisher的沟通。David C. Fisher在1988年至1993年担任Salomon的财务主管。

62. AICPA在其年度出版物 *AICPA Professional Standards* 中上附上了IASC准则。

63. "Founder Members of IASC: Enforcement of International Accounting Standards"，1975年年初IASC调查的回复汇总，1975.04.30，IASC archive，"Enforcement—Steering Committee" file。

在 1988 年 IASC 关于其准则的采纳和实施情况的调查中，美国方面回复称，其独立制定的会计准则与 IASC 现存的 25 项准则之中的 23 项在所有重大方面是一致的，例外情况是《国际会计准则第 12 号：所得税的会计处理》以及《国际会计准则第 15 号：物价变动会计》。[64]

6.6.2 财务会计准则委员会、财务经理协会与美国证监会围绕 IASC 第 3 号征求意见稿的冲突

财务会计准则委员会（FASB）、财务经理协会（FEI）与美国证监会（SEC）发生了一次有趣的争执。事件的起因是，美国证监会支持的一份 IASC 征求意见稿与美国证券市场上的公认会计原则存在差异。这件事发生在 1975 年，充分地展示了美国国内准则的制定者在保卫自己的地盘免受外来挑战方面的满腔热忱。

在这一不同寻常的事件中，IASC 哪怕只是试图拟定和公布"基本"的会计准则，都会招致美国证券行业的强烈反应。1974 年 12 月，IASC 公布第 3 号征求意见稿（E3）《合并财务报表》，提议将所有子公司纳入合并范围，连工商企业的金融类子公司（如银行业、保险业等金融类子公司）都不例外（另请参阅第 5.5.2 节）。而在此之前，（美国注册会计师协会旗下的会计程序委员会（CAP））1959 年公布的《会计研究公报第 51 号：合并财务报表》，允许豁免将业务类型不同于母公司的子公司列入合并范围。1975 年 6 月 10 日，美国证监会（SEC）首席会计师约翰·C. 伯顿（John C. Burton）代表美国证监会致信美国注册会计师协会（AICPA），称赞 IASC 的提议。信中写道：

> （E3）提出的会计原则与美国证券市场上的公认会计原则并不矛盾，并且确实反映了我们认为更可取的会计惯例。如果 IASC 公布体现这些原则的最终公告，并且财务会计准则委员会（FASB）也未发布任何相反的公告，那么，美国证监会将提议对证券监管条例（Regulation S-X）进行修改，以使其合并报表编报规则与 IASC

---

64. *Survey of the Use and Application of International Accounting Standards 1988*，21–69.

的公告保持一致。[65]

财务会计准则委员会（FASB）主席马歇尔·S. 阿姆斯特朗（Marshall S. Armstrong）在看到伯顿的信函后，立即代表财务会计准则委员会（FASB）致信美国证监会主席小雷·加勒特（Ray Garret, Jr.）表示抗议：

> 财务会计准则委员会（FASB）对该信所提议行动的潜在结果深感关切……如果付诸实践，该行动可能会严重损害 FASB 在改善财务报告方面所能起到的重要作用。FASB 的发起组织及其成员很可能会将该动议视为试图架空它们所承诺支持的准则制定团体。这将削弱 FASB 制定会计准则的权威性，而且很可能会导致 FASB 损失更多的资金支持。[66]

在阿姆斯特朗写这封信的时候，财务会计准则委员会（FASB）和 IASC 成立都还不到两年。

在阿姆斯特朗写这封信的两个月前，财务会计准则委员会（FASB）的发起组织之一财务经理协会（FEI）曾表示，很担心 IASC 会对美国证券市场上的公认会计原则造成影响。财务经理协会专职总裁查尔斯·C. 霍恩博斯特尔（Charles C. Hornbostel）致信曾代表美国公共会计师行业签署 IASC 协议的美国注册会计师协会（AICPA）董事会主席菲利普·L. 德夫利斯（Philip L. Defliese），内容如下：

> 我们获悉（美国注册会计师协会（AICPA））已经或正在考虑公布《审计准则公告》，可能会要求公众公司披露未遵循 IASC 的准则的情况。任何此类要求或对 IASC 公告的任何类似认可，都会给美国会计师事务所的客户带来潜在的严重问题……鉴于美国的现有情况，我们认为，美国注册会计师协会（AICPA）所支持贯彻的

---

65. 整理自 1975 年 6 月 10 日 Burton 写给 Robert N. Sempier 的信。本部分提及和引用的信，除了其中一封，其余都在 IASC 档案里的 "SEC" 文件夹和 "AICPA" 文件夹中。Marshall Armstrong 写的信则收纳在 FASB 档案中。

66. 整理自 1975 年 6 月 26 日 Armstrong 写给 Garrett 的信。

IASC 的准则，应当仅限于经财务会计准则委员会（FASB）认可、符合公认会计原则的那些 IASC 准则。[67]

霍恩博斯特尔的担忧，源于 1974 年 12 月美国注册会计师协会（AICPA）董事会的一项决定：

> 美国注册会计师协会（AICPA）董事会建议审计准则执行委员会（Auditing Standards Executive Committee）引入一项新标准：审计师应当要求被审计单位在面向国际范围使用的财务报表中披露，或者由其自身在审计报告中披露该财务报表未遵从 IASC 的公告的情况，但财务会计准则委员会（FASB）另有要求的除外。[68]

还有一项先发制人的行动。霍恩博斯特尔在 1975 年 5 月 28 日的内部通讯刊物《财务经理协会公报》（*FEI Bulletin*）中加入了这样一句话："IASC 所推行的准则如果与（美国证券市场上的）财务会计准则委员会（FASB）的准则不一致或者超出了后者的范围，则将不会被美国的公司及其独立会计师所接受。"[69]

德夫利斯在回复霍恩博斯特尔时向他保证，美国注册会计师协会（AICPA）的审计准则部门的日程表中，还没有考虑遵守 IASC 准则的问题。根据美国注册会计师协会（AICPA）对 IASC 调查的最新回应，他补充道：

> 如果 IASC 的公告与美国证券市场上的生效公告（或惯例）存在显著差异，那么美国注册会计师协会（目前不再具有拟定会计准则的权力）将敦促那些参与制定美国证券市场上的会计准则的组织（主要是财务会计准则委员会），尽早研究解决存在重大差异的问

---

67. 整理自 1975 年 4 月 29 日 Hornbostel 写给 Defliese 的信。
68. 参见 1975 年 12 月 AICPA's Board of Directors 会议纪要（由 AICPA 提供）。
69. 引文摘自 Thomas G. Evans，Thomas D. Leddy，"Can American Accountants Serve Two Masters: FASB and IASC?" *The CPA Journal*，46/1（1976.01），7。

题，以期在切实可行的范围内实现协同。[70]

霍恩博斯特尔对这一答复感到满意[71]，但在回复德夫利斯之前，他先致信美国证监会主席加勒特，表示他赞同阿姆斯特朗信中表达的立场，并补充说：

> 正如[伯顿]在6月10日的信中所指出的那样，以前各方面普遍认为，总体而言有必要设计一套国际准则，但现在似乎已经转变为要在具体公告和拟议行动的层面去支持IASC，这种试图发生的转变有悖于这样一个事实，即IASC是一个未经授权的机构（an unsanctioned body），几乎仍未得到其成员的普遍接受。相反，鉴于IASC的运作方式，有充分的证据表明，起初支持它的力量也在逐渐减弱。[72]

尽管霍恩博斯特尔致信加勒特时并未抄送副本给IASC的主席亨利·本森，但本森还是看到了信件副本。他致信加勒特，并将副本抄送给霍恩博斯特尔和阿姆斯特朗等人。信中指出，IASC的协议和章程是"由世界上16个主要的公共会计师行业协会代表签署的"，此后还有23个公共会计师行业协会批准了该协议。[73] 他对IASC是一个"未经授权的机构"的说法提出了异议，还为IASC的运作方式进行了辩护。

美国证监会（SEC）主席加勒特在给阿姆斯特朗的回复中写道：

> 显然，国际层面的所有努力，并不见得非要采用美国式的解决方案。似乎更清楚的是，在财务会计准则委员会（FASB）尚未就某些问题做出处理决定的情况下，不妨考虑采取国际层面上所提议的解决方案，这不会损害财务会计准则委员会（FASB）的权威性。在这方面，我们认为，每个人就有望各尽其能，并且可以在不损害

---

70. 整理自1975年5月19日Defliese写给Hornbostel的信。
71. 整理自1975年7月30日Hornbostel写给Defliese的信。
72. 整理自1975年7月29日Hornbostel写给Garrett的信。
73. 整理自1975年9月8日Benson写给Garrett的信。

第 6 章　IASC 努力获得认可

任何一方权威性的情况下将这两个机构拧成一股绳，以造福于世界资本市场，尤其是美国的股票投资者。[74]

阿姆斯特朗和他的财务会计准则委员会（FASB）同事恐怕不会对美国证监会主席的建议感到满意，因为他们此前可能从没想过，IASC 居然会跟财务会计准则委员会（FASB）争夺制定美国资本市场会计准则的主导权。

在同一封信中，加勒特透露了美国证监会对会计准则国际协调的浓厚兴趣[75]及其对 IASC 的支持：

> 美国证监会认为，制定有意义的国际会计和披露标准对改善国际资本市场具有重大意义。我们可以看到，越来越多的外国公司向美国证监会递交了注册申请，采用国际标准有助于在目前充满例外的环境中提高财务报告的可比性。因此，我们非常看好 IASC 的发展，我们（6 月 10 日）的信函正是为了表达我们对 IASC 国际化目标的支持。

加勒特在回复财务经理协会（FEI）的信中也支持了本森的立场：

> 鉴于自由世界国家中大多数国家的领先的专业会计组织已经正式同意尽最大努力支持 IASC 的工作，我们不能说 IASC 毫无地位，尽管其地位的性质目前还未在细节上敲定。因此，我们不能认为 IASC 是一个"未经授权的机构"，也不能认为 IASC 尚未得到国际

---

74. 整理自 1975 年 10 月 3 日 Garrett 写给 Armstrong 的信。

75. Garrett 并不是第一位提倡会计准则国际协调的美国证监会（SEC）主席。1972 年 5 月，在 IASC 成立之前，Garrett 的前任 SEC 主席 William J. Casey 在巴黎会议上发表观点，支持在可接受的范围内让一些会计处理形成国际统一。参见 "Toward Common Accounting Standards", *The Journal of Accountancy*, 134/4 (1972.10), 70。1973 年 9 月 25 日，在任 SEC 主席的第二个月，Garrett 就积极为"缩小财务报告的全球差异"而努力。Ray Garrett, Jr., "The Internationalization of our Securities Markets", an address to the Boston Stock Exchange, p.12 (available at: http://www.sechistorical.org/collection/papers/1970/ 1973 _0925_Garrett_BSE_Speech.pdf)。

金融界的普遍认可。[76]

美国注册会计师协会（AICPA）主席德夫利斯是永道会计公司（即本森所在公司）的合伙人。他提醒本森，结合各主要会计师事务所和企业界对美国证监会首席会计师 1975 年 6 月 10 日的信件的反应，（这件事）"从各方面来讲都是不利的"。但是他补充说，虽然他本人原本"在理论上"支持合并所有行业的子公司，但他现在认为："将银行、保险等金融子公司纳入合并范围是不可取的，因为从实际的角度来看，这些公司的资源不易为集团所用，其债务通常也不宜从集团的层面来进行评估。我认为，合并报表容易让人误以为子公司的资源可以为集团所用。"[77] 德夫利斯和他所在的会计公司似乎受到了一些客户的影响。

最后，IASC 在 1976 年 6 月公布的最终版《国际会计准则第 3 号》（IAS 3）中作了修改。IAS 3 规定，"如果子公司的业务内容与集团中其他公司的业务内容相去甚远，以至于只有单独提供该子公司的财务报表，才能更好地向母公司股东及其他报表使用者提供该子公司的信息，那么企业就可以将该子公司排除在合并范围之外"（第 37 段）。在 1975 年 12 月 19 日致罗伯特·森皮尔的信中，美国证监会首席会计师伯顿对最终准则的变化表示失望。

这一事件可能使财务会计准则委员会（FASB）、美国证监会（SEC）、主要会计师事务所以及财务经理协会（FEI）开始意识到，美国注册会计师协会（AICPA）向 IASC 许下的"尽最大努力"的承诺，可能会给美国证券市场上的公认会计原则带来潜在的影响。

6.6.3　两家美国排名前八的会计师事务所对 IASC 提出批评

1975 年年初，普华会计公司和安达信会计公司的董事长提醒，美国证券市场可能不会轻易接受 IASC 编写的准则。第三家会计公司——图什·罗

---

76. 整理自 1975 年 10 月 9 日 Garrett 写给 Hornbostel 的信。
77. 整理自 1975 年 8 月 14 日 Defliese 写给 Benson 的信。

斯会计公司*则对准则制定者的泛滥感到担忧。[78] 普华会计公司的内部通讯编辑在题为《三个和尚没水吃？》(One Cook Too Many？)的文章中断言，任何要求美国公司披露偏离 IASC 准则的情况的做法，"对企业界和公共会计师行业都是有害的、不受欢迎的，因此也就无法得到实施……即便 IASC 和财务会计准则委员会（FASB）的准则之间不存在冲突，我们也会在美国坚决抵制那些企图强制要求企业披露偏离 IASC 公告的情况的规则"。[79] 安达信会计公司董事长哈维·E. 卡普尼克 (Harvey E. Kapnick) 在1975 年 5 月 2 日的一次演讲中表示，一旦 IASC 开始公布与美国证券市场要求不同的准则，"极度混乱的局面就会出现。为什么？因为企业界将会出于恐慌而做出过激反应，这种新要求何以在它们不知情、未参与的情况下就确定下来了呢？……凭什么某一个人（指 IASC 中的美国公共会计师行业代表），就能代表这个国家的各行业、各专业机构和政府机构的利益关切呢"？[80]

正如财务经理协会（FEI）的霍恩博斯特尔致信美国注册会计师协会（AICPA）主席德夫利斯的做法一样，普华会计公司的内部通讯编辑以及安达信会计公司董事长卡普尼克，对于美国注册会计师协会（AICPA）董事会 1974 年 12 月提出的要求就财务报表是否遵守国际会计准则出具审计意见的审计准则动议，可能都做出了反应。到头来，该审计准则从未被公布出来。取而代之的是，1975 年 7 月 24 日，美国注册会计师协会（AICPA）董事会对上述围绕 IASC 关于合并财务报表的征求意见稿的争议，做出了反应。正如美国注册会计师协会（AICPA）致信 IASC 和霍恩博斯特尔所说的，美国注册会计师协会（AICPA）决定，"IASC 准则要想获得美国证券市场的支持，就需要先行得到财务会计准则委员会（FASB）的明确采纳……如果 IASC 的准则与美国证券市场上的惯例存在显著差异，那么美国注册会计师协会（AICPA）将敦促财务会计准则委员会（FASB）尽早研

---

* 现已并入德勤会计公司。——译者

78. "Moving Toward Worldwide GAAP", *In Perspective*: *Current Accounting Developments*（1975.07），3.

79. "One Cook Too Many?", *Accounting Events and Trends*, 2/1（1975.02.15），5，6.

80. Harvey E. Kapnick, "We Must Reorganize our Efforts in Establishing Internationally Recognized Accounting Standards", *Executive News Briefs*, 3/8（1975.05），3.

究解决存在重大差异的问题，以期在存在差异的领域实现协调"——这一决定意在继续调低其对 IASC 准则表态支持的调门。[81] 关于建议披露财务报表是否遵从了 IASC 准则的审计准则动议前景，也在公共会计师行业引起了强烈关注，"主要会计师事务所的负责人讨论了（美国注册会计师协会（AICPA）的）决议……并同意对该决议以及对 IASC 表示支持，只要 IASC 能够沿着目前的温和路线继续前进"。[82] 美国注册会计师协会（AICPA）这一修改后的新立场足以使批评家满意，此后不久，德夫利斯致信约翰·格伦赛德说："所有主要会计公司的负责人都同意避免公开反对 IASC 的目标。"德夫利斯致信本森说："这已经是目前最好的结果了，至少在我们能够说服财务会计准则委员会（FASB）更多地参与 IASC 的活动之前可以这么说。"[83] 但是，如上所述，1975 年的财务会计准则委员会（FASB）并没有在会计准则国际协调方面表现出多大的兴趣。

然而，到了 1986 年，安达信会计公司的公共审查委员会（Public Review Board）不仅没有提出批评意见，反而认为"各国的准则制定机构在制定国内准则时，应该与 IASC 开展密切合作"。该公司补充道："IASC 的另一个积极角色，可能是充任当前的最佳国际惯例的编纂者。"[84] 安达信会计公司的观点就此发生了改变，这也许是 IASC 自 1975 年以来所取得的进展所致。

6.6.4　财务会计准则委员会应对 IASC 准则的策略

IASC 与财务会计准则委员会（FASB）的首次正式联系是在 1976 年 3 月 23 日，当时主持 IASC 组织和结构特别指导委员会的亚历山大·麦肯

---

81. 引自 Joseph P. Cummings, letter to the editor，*The CPA Journal*，46/6（1976.06），5．另见 *The CPA Letter*（semi-monthly newsletter of the AICPA），55/14（1975.08），2．原件见 the minutes of the 24 July 1975 meeting of the AICPA board of directors, page 2–3（副本由 AICPA 提供给作者）。关于 AICPA 在"尽最大努力"条款下承诺的完整声明，参见 *AICPA Professional Standards, As of June 1, 1989*（New York：AICPA，1989），11001–2。

82. 整理自 1975 年 8 月 29 日 Defliese 写给 Hans Reintges 的信，IASC archive,"Enforcement—Founder Members" file。

83. 整理自 1975 年 8 月 1 日 Defliese 写给 Grenside 的信，1975 年 8 月 1 日 Defliese 写给 Benson 的信，IASC archive, file "AICPA 1973–83"。

84. *Report of the Public Review Board 1986*（n. p., Arthur Andersen & Co., 1986），4.

齐（参见第4.14节）在财务会计准则委员会（FASB）办公室与两位工作人员会面，并与委员们共进了午餐。麦肯齐报告说，财务会计准则委员会（FASB）主席马歇尔·阿姆斯特朗曾指出，"关于协调美国证券市场会计准则和国际准则的问题，他的策略是'对话而不是对抗'（conference and not confrontation）"。[85]尽管如此，普华会计公司的高级技术合作人亨利·P. 希尔（Henry P. Hill）还是在1976年5月做了这样的描述："财务会计准则委员会（FASB）没有像美国注册会计师协会（AICPA）一样发表承诺支持IASC的声明，并且一直不愿意将其自身议程的优先级置于IASC议程的优先级之后。"[86]

然而，IASC与财务会计准则委员会（FASB）和美国注册会计师协会（AICPA）合作的车轮还是在1976年开始转动了。1976年11月，财务会计准则委员会（FASB）的研究和技术活动总监向该委员会提交了其对美国证券市场上的公认会计原则与IASC的第1～5号准则、第6～8号征求意见稿所做的差异分析。1977年7月，定期与美国公共会计师行业派驻IASC的代表会面的美国注册会计师协会（AICPA）国际技术准则分委员会主席威廉·P. 豪沃斯二世（William P. Hauworth，II），尽职尽责地写了一封四页的信给财务会计准则委员会（FASB），列举了美国证券市场上的公认会计原则与IASC第1～6号准则之间的差异，并敦促财务会计准则委员会（FASB）采取措施协调这些差异。[87]在1977年11月财务会计准则委员会（FASB）和IASC代表举行会议之后，财务会计准则委员会（FASB）主席阿姆斯特朗于1977年12月9日对豪沃斯给出了建设性答复，他说这次会议是有帮助的，IASC第1～6号准则中所反映的立场"及其基础理念对财务会计准则委员会（FASB）未来的准则编写项目具有参考价值"。然而，财务会计准则委员会（FASB）的通讯稿却表示，阿姆斯特朗去信的目的其实是拒绝对分歧采取任何行动。[88]

---

85. 整理自1976年4月12日Mackenzie写给Cummings的信，IASC archive, "Enforcement—Steering Committee" file.

86. Henry P. Hill, "International Accounting Standards—The Outlook", *The 4th Ross Institute Seminar on Accounting*, New York University, 1976.05.14.

87. 整理自George J. Staubus的分析，1976.11.10；1976年7月11日Hauworth写给Armstrong的信.

88. "Recent FASB Responses to Requests for Action", *Status Report*, no. 60（1978.01.05），3.

6.6.5 柯克领导下的财务会计准则委员会对待国际准则的矛盾情绪

1978年1月接替阿姆斯特朗担任财务会计准则委员会（FASB）主席的唐纳德·J.柯克（Donald J. Kirk），对IASC的工作似乎比阿姆斯特朗更没有兴趣。在接下来的几年里，财务会计准则委员会（FASB）的《时事通讯》（*Status Report*）很少提及IASC。但在1979年，财务会计准则委员会（FASB）确实提名了一位代表成为IASC外币折算咨询工作组的观察员——这样的任命可能还是第一次（请参阅第5.9.2节）。[89] 同样在1979年，亚瑟·杨会计公司合伙人唐纳德·J.海斯被任命为财务会计准则委员会（FASB）顾问委员会的成员，该合伙人于1978年代表美国公共会计师行业加入IASC理事会。目前尚不知道这是巧合，还是财务会计准则委员会（FASB）为改善沟通渠道而做出的努力。

1981年，当IASC公布第21号征求意见稿（E21）《政府补助的会计处理和政府援助的披露》时，美国注册会计师协会（AICPA）的国际技术准则分委员会"敦促财务会计准则委员会（FASB）关注这一主题并公布类似于IASC最终准则的公告"。但财务会计准则委员会（FASB）认为，仅仅因为与美国证券市场上的公认会计原则存在差异，不足以成为将该议题添加到财务会计准则委员会（FASB）议程中的理由（另请参阅第5.13.1节）。

柯克认为，只要财务会计准则委员会（FASB）所依赖的、负责实施其所拟定的会计准则的美国证监会没有把"国际化"列为财务会计准则委员会（FASB）要解决的重要问题，那么，他和他的同事们就会只专注于制定适用于美国境内上市公司的会计准则。在1983年年末的一次采访中，他最终表态道：

> 国内的问题就已经使得我们应接不暇。我个人对任何超越国家层面的（super-national）准则制定工作都非常悲观。编写国际准则显然超出了本届委员会的能力范围，我将把它留给我的继任者

---

89. "New Standard for Foreign Currency Translation Replaces Statement 8", *Status Report*, no. 123（1981.12.07），4.

第 6 章　IASC 努力获得认可

去解决。"[90]

凯恩斯、拉弗蒂和曼特尔（Mantle）——两个英国人和一个爱尔兰人——评论道："鉴于美国公司和准则制定者一贯的狭隘态度，美国证券市场对 IASC 的冷漠态度也许是可以理解的。"[91]另外，有人可能会争辩说，由于美国证券市场上的公认会计原则与 IASC 早期准则之间的差异大多无关紧要，因此财务会计准则委员会（FASB）没有必要参加 IASC 理事会的讨论。参加准则的讨论活动，应该是美国注册会计师协会（AICPA）董事会派驻 IASC 的理事会的代表的任务，而不是财务会计准则委员会（FASB）的任务。

并非所有的财务会计准则委员会（FASB）委员都认可柯克的观点。自 1978 年起担任财务会计准则委员会（FASB）委员的图什·罗斯会计公司前合伙人拉尔夫·E. 沃尔特斯在 1984 年抱怨说："财务会计准则委员会（FASB）对待 IASC 的态度，混合着非正式的鼓励、道义上的支持以及善意的忽视……国际协调在财务会计准则委员会（FASB）中的优先级较低。"[92]柯克在答复中写道："基于法律的要求和美国社会的期望，财务会计准则委员会（FASB）必须集中精力完成其主要任务，即根据美国证券市场上的依据公认会计原则公布财务报告的报告主体来制定准则……鉴于财务会计准则委员会（FASB）在美国证券市场上的职责，如果非要让它参与制定在某些重要方面不可避免地与我们自己的准则相悖的国际准则，则实在是强人所难。"[93]

柯克当时之所以不愿意参与 IASC 的工作，原因之一很可能是美国证券市场彼时正在批评财务会计准则委员会（FASB）处理问题的进展过于缓慢，这令他感到焦虑。这些批评导致负责监督财务会计准则委员会（FASB）的财务会计基金会受托人理事会于 1977 年采取了改革措施。因

---

90. "Accounting Regulation in the US: The Growing Debate", *International Accounting Bulletin*, 7, supplement（1984.01）, S/5. Kirk 的任期于 1986 年 12 月 31 日结束。

91. Cairns, Lafferty, and Mantle, *Survey of Accounts and Accountants 1983–84, 7*.

92. Ralph E. Walters, "From National to International Standards: Can the FASB Bridge the GAAP?", *Status Report*, no. 154（1984.03.12）, 6, 7.

93. Donald J.Kirk, "Some Comments on the Prospects for International Harmonization", *Status Report*, no. 154（1984.03.12）, 8.

此，柯克的当务之急是率领财务会计准则委员会（FASB）证明其新的工作流程的有效性。[94]

我们检索了 1973 年以来财务会计准则委员会（FASB）及其咨询委员会的年度报告，发现财务会计准则委员会（FASB）直到 1985 年才在年度报告中首次提及 IASC。1985 年的这次记录，与财务会计准则委员会（FASB）和 IASC 同时参加经济合作与发展组织（OECD）的一场关于国际协调的大型论坛有关（请参阅第 7.2 节），也与二者近期在康涅狄格州斯坦福的财务会计准则委员会（FASB）办公室所进行的联络有关。柯克在该论坛上做了一场演讲，该演讲表明，他显然没有预见到未来有一天财务会计准则委员会（FASB）居然要根据 IASC 的准则来修订自己的准则。[95] 一位与会者回忆，柯克的讲话"可能是该论坛上所有国家的准则制定者对 IASC 所作的最负面的评价"。[96]

有趣的是，财务会计准则委员会（FASB）副主席罗伯特·T. 斯普劳斯（Robert T. Sprouse）参加了 IASC 在 1982 年设立的一个非正式工作组，以期推动美国、英国和荷兰的会计准则制定者"寻求一种通用的方法"来对递延所得税进行会计处理。[97] 该工作组于 1984 年完成了研究报告。据称，IASC 将在审议《国际会计准则第 12 号》（IAS 12）时考虑该报告（请参阅第 11.4 节）。[98]

6.7　澳大利亚

在澳大利亚，澳大利亚特许会计师协会（ICAA）的理事会和澳大利亚会计师公会（现名为 CPA Australia）的理事会负责联合公布《澳大利亚会

---

94. 参见 Robert Van Riper, "Setting Standards for Financial Reporting: FASB and the Struggle for Control of a Critical Process"（Westport, CT: Quorum Books, 1994），46–47。

95. Donald J. Kirk, "The United States Approach", in *Harmonization of Accounting Standards: Achievements and Prospects*（Paris: Organisation for Economic Co-operation and Development, 1986），79。

96. 整理自 2004 年 1 月 22 日 David Cairns 与作者的沟通。

97. IASC board meeting of 23–6 June 1981, minute 18；IASC board meeting of 14–16 October 1981, minute 14（e）。

98. IASC board meeting of 17–19 October 1984, minute 7.

计准则》(Australian Accounting Standards，AAS)，还负责共同向 IASC 理事会选派澳大利亚公共会计师行业的代表。这两个协会的理事会自 1976 年至 1980 年所采取的总体政策是，各协会的成员在公司年度报告中仅应参考澳大利亚的准则，下文所述的特殊情形除外。通常假定，年度报告符合澳大利亚的准则，即意味着同时符合了 IASC 的准则。

上述两个协会的理事会的基本立场是，那些不符合澳大利亚准则的 IASC 准则，都应当提交给由两个协会共同组建的准则起草委员会审议。每一项澳大利亚会计准则都要披露其与对应的 IASC 准则的差异。[99] 如果某项 IASC 准则不符合澳大利亚准则，且两个协会的理事会认为前者不适合应用于澳大利亚的会计实务，那么审计师就应在确认企业的财务报表符合澳大利亚会计准则的同时，披露财务报表偏离了 IASC 准则这一事实。这种情形只发生过一次：当 1983 年公布关于研发支出的第 13 号澳大利亚会计准则 (AAS 13) 时，两个协会的理事会称，"目前，第 9 号国际会计准则 (IAS 9) 尚不适合应用于澳大利亚的会计实务"。在许多其他澳大利亚准则的附录中，也记录了各准则与相应的 IASC 准则的实质性差异。

然而，一位积极参与拟定澳大利亚准则的专家表示，"我印象里，在 1987 年以前没有哪一位澳大利亚特许会计师协会和澳大利亚会计师公会的成员曾经披露过企业财务报表偏离国际会计准则的信息，国内准则制定机构也从没有因为与国际会计准则存有差异而修改其准则"。[100] 有些人认为，两个协会的理事会其实并没有真的指望审计师会披露企业财务报表偏离 IASC 准则的情况。[101] 也没有哪一个证券交易所或者州一级的公司登记管理机关力挺 IASC 的准则，而且当时的澳大利亚甚至还没有设立证券监督管理机构。

在 IASC 1988 年对其准则应用和实施情况的调查中，澳大利亚公共会计师行业答复称，IASC 现有的准则中有 16 项符合本国要求，而有 7 项尚

---

99. 参见 1976 年 11 月发布的 "Compatibility of Australian Accounting Standards and International Accounting Standards: Statement of Policy"(K3/300-03) 和 1978 年 9 月修订的 APS 1 (K1/300)。

100. 整理自 2003 年 10 月 27 日 Warren McGregor 与作者的沟通。Kenneth Spencer 于 2003 年 10 月 14 日与作者的沟通中确认，"公司和审计师在与国际会计准则背离的财务报表或审计报告中没有作相应披露"。

101. 整理自 2003 年 10 月 17 日和 2004 年 2 月 3 日 John Hepworth 与作者的沟通。

无对应的国内规则但与国内的会计惯例相符，还有 2 项既无对应的国内规则也与国内的会计惯例不符。[102]奇怪的是，澳大利亚公共会计师行业断言，该国关于研发支出的会计处理规定在所有实质性方面都符合 IASC 的准则。

6.8　加拿大

20 世纪 70 年代，加拿大的会计原则受到了严格的政府管制。1972 年 12 月，加拿大各省级证券委员会宣布，在执行省级法律法规条款时，它们将认可加拿大特许会计师协会（CICA）的会计建议书（accounting Recommendations）为"公认会计原则"。[103]到了 1987 年，关于以加拿大特许会计师协会（CICA）的会计建议书作为公认会计原则的政策，已经得到《加拿大商业公司法（1975）》（该法适用于联邦特许公司）第 44 条以及加拿大 10 个省份中的 8 个省份的公司法或证券法的认可。[104]换言之，加拿大特许会计师协会（CICA）拥有会计准则制定权。因此，法律赋予了加拿大特许会计师协会（CICA）会计建议书权威性，意味着 IASC 的准则要想在加拿大获得法律认可，就必须被纳入加拿大特许会计师协会（CICA）公布的声明中。这也意味着，加拿大特许会计师协会（CICA）是 IASC 中唯一依法拥有其本国公认会计原则制定权的创始成员，因而它可以将 IASC 的准则引入加拿大的会计惯例。

到了 1977 年，加拿大特许会计师协会（CICA）已经建立了详细的流程来处理新的 IASC 项目和征求意见稿，这些流程有时候会导致加拿大特许会计师协会（CICA）的会计建议书发生变化，有时候会导致加拿大特许

---

102. *Survey of the Use and Application of International Accounting Standards 1988*，21–69。
103. 参见"New Status for GAAP"，*CICA/ICCA Dialogue*，4/6（1973.01），1。证券委员会采取的行动被称为国家政策第 27 号（National Policy No. 27）。
104. "References to CICA Handbook in Canadian Legislation and Regulations"，CICA 在 1987 年 10 月编制的备忘录。另见 George J. Murphy，"Financial Statement Disclosure and Corporate Law: The Canadian Experience"，*The International Journal of Accounting Education and Research*，15/2（Spring 1980），97，以及 R. Douglas Thomas，"Establishing Accounting and Auditing Standards"，*CAmagazine*，109/6（1976.12），56。

第 6 章　IASC 努力获得认可

会计师协会（CICA）给 IASC 加拿大代表的建议发生变化。[105] 事实上，在 20 世纪 70 年代末 80 年代初，加拿大特许会计师协会（CICA）的会计研究委员会（Accounting Research Committee，1982 年更名为会计准则委员会，Accounting Standards Committee）"对照梳理"（streamed）了该协会拟定的一些准则项目草案与对应的 IASC 准则草案，以期尽可能地减少两者之间的差异。[106] 其中一个例子是 IASC 有关研发支出的《征求意见稿第 9 号》（E9）对加拿大公认会计原则的影响。在 1977 年 2 月 E9 公布之后、1979 年 IAS 9 正式出版之前，加拿大特许会计师协会（CICA）的会计研究委员会就已经将 E9 第 18 段关于研发支出资本化的适用条件纳入 1978 年 8 月公布的会计建议书中了。E9 的第 18 段也就是 IAS 9 的第 17 段。另一个例子是《国际会计准则第 18 号：收入确认》。加拿大特许会计师协会（CICA）表示它在 1985 年拟定自己的收入确认准则征求意见稿时，"广泛地"（extensively）借鉴了该准则。[107] 1984 年，加拿大特许会计师协会（CICA）发行了一份活页出版物，定期对 IASC 的准则与加拿大公认会计原则进行比较。[108]

如上所述，加拿大特许会计师协会（CICA）的会计职员与加拿大公共会计师行业派驻 IASC 理事会的代表保持着联系，要求其设法消除不断发展的 IASC 准则与加拿大公认会计原则之间的龃龉之处。[109] IASC 欢迎加拿大公共会计师行业将加拿大公认会计原则与 IASC 准则保持一致的积极尝试，但是正如保罗·鲁特曼先前在英国的案例中所提到的那样，这也可能是导致 IASC 准则中充斥着"自由选择"（free choices）的另一个原因。长期债务的外汇损益的递延和摊销问题是最值得注意的样例。

此外，1975 年 12 月，加拿大特许会计师协会（CICA）的会计研究

---

105. "Canadian Review Procedures"，memorandum dated 30–1 March 1977，IASC archive，"Enforcement—Founder Members" file。

106. 整理自 2003 年 8 月 30 日 Doug Thomas 与作者的沟通。

107. "Revenue"，*Proposed Accounting Recommendations*（Toronto：CICA，1985.10），3。

108. 这本书由普华会计公司的 Alan D.Stickler 撰写，题为 "*Financial Reporting in an International Environment: A Comparison of International Accounting Standards with Canadian Practice*"。参见 "Canadian GAAP Harmonize with International Standards"，*Dialogue*（membership newsletter of the CICA）（1984.04），3。

109. 整理自 Gert Mulcahy（后任 CICA 的会计研究主任）2003 年 9 月 2 日与作者的沟通。

国际会计准则史

委员会公布了指南，大意是说，公司财务报告"如果是在国际环境中披露的，则希望……该公司最好披露其遵守 IASC 准则的情况，或者阐明其偏离 IASC 准则的情况"。[110] 但是，此举并未使公司在年度报告中增加任何实质性的披露。[111] 从过去到现在，负责执行《职业行为规范》（Rules of Professional Conduct）的不是加拿大特许会计师协会（CICA），而是各个省级的公共会计师协会。

到了 1980 年，IASC 内部认为，需要强化国际会计准则的实施力度。1980 年 6 月，IASC 理事会决定，各成员机构应当与跨国公司联系并敦促其披露其遵守 IASC 准则的情况。[112] 在所有成员机构中，加拿大特许会计师协会（CICA）执行该决议最为积极、最为成功。1980 年 11 月，IASC 理事会的加拿大公共会计师行业代表斯蒂芬·埃利奥特和道格拉斯·哈格曼致函多伦多证券交易所 300 种股票价格指数的成分股公司的首席执行官，请求他们在公司年度报告中提及 IASC 准则并以此支持 IASC。此后至少一直到 1987 年，多伦多证券交易所的总裁和首席执行官每年都会给上市公司的首席执行官写一封类似的信。[113] 1988 年有报道称，加拿大特许会计师协会会计准则委员会（ASC）的主席"也致信所有大型会计师事务所的高级合伙人，敦促他们鼓励客户遵从国际会计准则，并在财务报表中披露其遵从 IASC 准则的实际情况"。[114] 由于这些举措，加拿大特许会计师协会（CICA）报告称，1981 年有 92 家公司、1982 年有 105 家公司在其向股东提交的年度报告中提到了 IASC 的准则。[115] 加拿大特许会计师协会（CICA）对 325 家公司的财务报表进行的两年一次的调查显示，这些公司中只有少

---

110. *CICA Handbook* paragraph 1501.05.

111. 参见 "*Financial Reporting in Canada*"，第 14 版，（Toronto：CICA，1981），13。

112. IASC meeting of 24–7 June 1980, minute 13. 另见 AP 6/1979, paper 20。

113. 多伦多证券交易所总裁兼首席执行官 J. Pearce Bunting 致上市公司首席执行官的信件摘录见 *IASC News*，14/2（1985.03），4；另见 Survey of the Use and Application of International Accounting Standards 1988，70–71。CICA 仔细保存了披露自己遵了 IASC 准则的公司名单，并调查了在随后的一年中不再提及 IASC 准则的公司。CICA 对鼓励公司遵从 IASC 准则这一过程的积极管理，可见于 CICA file，"6719 IAS Reference to Annual Reports"（由 CICA 提供给作者）。

114. Survey of the Use and Application of International Accounting Standards 1988，71。

115. "Activities on Compliance with IAS"，CICA 提交的报告，addendum to minutes of the IASC board meeting of 14–16 March 1984.

数表示其财务报告偏离了 IASC 的准则。[116]1987 年，加拿大方面报告称，在多伦多证券交易所上市的 129 家大型加拿大公司中，有 102 家在年度报告中表示其 1986 年的年度报告遵从了 IASC 的准则。[117] 在说服国内公司按照 IASC 的准则向股东提供年度报告这个方面，没有哪个国家能达到加拿大的程度。当然，正如 IASC 1988 年对其准则的采用和实施情况的调查所证明的那样，IASC 的准则本就在很大程度上符合加拿大国内准则的要求，因此，加拿大公司参照施行 IASC 准则的成本很低。[118]

6.9　法国

从 1973 年到 20 世纪 80 年代中期，努力推动 IASC 准则在法国的发展，是法国重新定义会计并实现其现代化的众多举措的一部分。传统上，在法国，人们所认识的会计职能主要是履行确定股利和税收等法律职能以及生成供政府使用的统计数据。但是，渐渐地，会计的重点已转移到为投资者提供信息上。这一转变始于 1967 年成立的证券监管机构，即法国证券交易委员会（COB）。从一开始，法国证券交易委员会就强调财务信息的重要性，例如大力鼓励企业公布合并财务报表。[119] 伴随着这一转变，法国于 1979 年和 1982 年修订了《会计总方案》，并于 1983 年和 1985 年出台了旨在贯彻欧共体第四号和第七号公司法指令的会计法。[120]

总体而言，法国注册会计师协会（Ordre des Experts Comptables et des Comptables Agréés）的领导层支持朝着以投资者为中心的财务报告转变，

---

116. 参见 "Support for International Accounting Standards Continues to Grow", *CAmagazine*, 115/9（1982.12），72; CICA Special Committee on Standards-Setting, Report to CICA Board of Governors（1980.12.19），86; *Financial Reporting in Canada*, 第 15 版（Toronto: CICA, 1983），15–16; 以及 *Financial Reporting in Canada*, 第 16 版（Toronto: CICA, 1985），17–18。

117. *Survey of the Use and Application of International Accounting Standards 1988*, 71. 其中列示了几份公司年度报告的摘录。

118. *Survey of the Use and Application of International Accounting Standards 1988*, 21–69。

119. Gilbert Mourre, "La C.O.B. et l'harmonisation des comptes à l'échelon national et international", *Revue Française de Comptabilité*, supplement to no. 68（1977.01），26–27。

120. Alain Mikol, "The History of Financial Reporting in France", in Peter Walton（editor），*European Financial Reporting: A History*（London: Academic Press, 1994），91–122。

并且把参与 IASC 的活动当作改变法国内部各方态度的手段。[121]1976 年，法国公共会计师行业派驻 IASC 的代表罗伯特·马扎尔向法国的审计师们做出了这样的解释：

> IASC 最具吸引力的贡献之一，就是恢复了我们法国人对会计作用和重要性的信心。我们在法国对会计所持有的消极态度，在 IASC 的大多数其他成员所在国中并不存在，在那些英美国家更是不存在，在那里人们对会计非常尊重……可以认为，（国际会计准则）将改变我们在法国看待会计的基本态度。以往我们总是基于一种刚性架构，将会计束缚在税收征管和国家会计统计职责的框架内。现在我们要做的是，让会计回归自然状态，也就是向第三方提供有关企业状况的信息。[122]

除采取这种具有教育意义的手段之外，法国注册会计师协会并没有什么实权去直接推广 IASC 的准则。在对 IASC 1979 年调查的答复中，法国注册会计师协会报告说，其尚未就 IASC 准则的法律地位发表任何正式声明。如同法国注册会计师协会在国内公布的文件一样，国际准则也普遍被视为建议性的文件。[123] 也许需要补充说明的是，即便是它自己的建议，"也很少得到遵循"。[124] 原因之一是，法定审计不是法国注册会计师协会的职权事项，而是由法国注册审计师协会（Compagnie des Commissaires aux Comptes）负责。法国注册审计师协会不是 IASC 协议的签约方，直到 1983 年它才向 IASC 理事会派出代表。因此，法国注册会计师协会将注意力集中在间接应用 IASC 准则上，如倡导立法机构采用那些准则，或者至少将其要点写入法律或者正在修订的《会计总方案》中。[125] 这里所说

---

121. 整理自 2003 年 6 月 5 日作者与 Dominique Ledouble 的沟通。

122. Robert Mazars, "Le travail de l'International Accounting Standards Committee（I.A.S.C.）", *Revue Française de Comptabilité*, supplement to no. 68（1977.01），4，8。

123. AP 3/1980 paper 19A，pages 48–57。

124. Mazars, "Le travail", 7。

125. 关于 IASC 早期准则与法国国内准则要求的关系，参见 Jean-Claude Scheid and Peter Standish, "Accounting Standardisation in France and International Accounting Exchanges" in Anthony G. Hopwood（editor），*International Pressures for Accounting Change*（Hemel Hempstead：Prentice-Hall International，1989），166–168。

的"立法机构"（legislator），是指国家会计委员会（Conseil National de la Comptabilité，CNC），这是法国经济财政部下属的准则制定机构。据报道，1976年，国家会计委员会（CNC）"认为有必要研究一下国际会计准则的前五项，以识别其与《会计总方案》的差异"。[126]

法国注册会计师协会与法国证券交易委员会（COB）成为盟友，它们都对IASC的目标表示认同。[127]与法国注册会计师协会一样，法国证券交易委员会在制定报告要求方面权力有限，主要依靠劝说来发挥影响。[128]1976年，法国证券交易委员会宣布支持IASC的工作，宣传了1975年公布的《国际会计准则第1号：财务报表列报》（IAS 1），并建议"法国公司应持积极态度"。[129]《世界会计报告》称，法国证券交易委员会提醒法国会计师"现在需要在审计报告中披露公司年报偏离IASC准则的情形"，"证券交易委员会在1976年将密切关注IAS 1的实施情况"。[130]1979年，普华会计公司的国际调查报告称，法国证券交易委员会"已经建议上市公司遵守IASC的准则，但目前并不坚持要求企业披露其偏离某些IASC准则的情况。起初，企业的遵从度很弱，但目前正在逐渐增强"。[131]

法国注册会计师协会不但正式权力受到限制，还不得不应对来自审计师和公司的怀疑态度。一个重要因素是，IASC显然被视为了一个英美团体。例如，马扎尔就认可这一点，他试图以积极的态度来阐述这一事实。他提出，从不同的角度看待熟悉的会计问题很有用，而且考虑到法国较晚才与IASC接触，如果再不积极借鉴英美准则制定者的经验就显得有些"荒谬"了。[132]

---

126. *IASC News*，4/7（1976.11.24），3。

127. 整理自2005年2月14日作者与Philippe Danjou的沟通。

128. Mourre，"La C. O. B. et l'harmonization"，25。

129. "The Emergence of the International Accounting Standards Committee"，8，提交给1977年10月10日慕尼黑IASC全体成员会计机构会议，AP 10/1977 paper 8B。COB公告在1976年2月的*Bulletin Mensuel*和1975年年度报告中均对此作了声明。见Mourre，"La C.O.B. et l'harmonization"，25。

130. "COB Endorses IASC Standards"，*World Accounting Report*，1976.05，21。关于COB的声明，请参见"Normalisation Internationale des Principes Comptables"，*Bulletin Mensuel de la Commission des Opérations de Bourse*，no. 79（1976.02），9。

131. Fitzgerald，Stickler, and Watts，*International Survey of Accounting Principles and Reporting Practices*，9。

132. Mazars，"Le travail"，5。

"英美统治地位"（Anglo–American domination）这个提法一直被认为是潜在的刺激源，尽管法国注册会计师协会"接受了这样一个观点，即我们是在玩一场我们明显属于少数派的游戏"。[133]1980年，事态突然变得一发不可收拾，法国证券交易委员会（COB）和法国注册会计师协会在那一年对IASC进行了公开谴责。如第5.9.2节所述，加拿大、英国和美国公共会计师行业组成的一个工作组闭门拟定了外币折算的一般方法，甚至在交由IASC进行内部讨论之前就对相关结果进行了较为广泛的宣传，但这一系列举动令法国注册会计师协会感到受到了冒犯。基于这一事态发展，法国注册会计师协会秘书多米尼克·勒杜布勒公开质疑IASC是否还应继续存在。[134]

1980年7月，法国证券交易委员会的月度简报概括阐述了各方力量在财务报告国际协调方面付出的努力。[135]这篇未署名文章在阐述联合国（UN）、经济合作与发展组织（OECD）和欧洲经济共同体（EEC）这三个最重要的推动力量所采取的举措之后，便对IASC详加笔墨。该文针对IASC准则对各国影响程度"极度不平等"的现象进行了评论，并指出，IASC 1979年的调查表明，IASC承认其准则在实施方面存在严重问题。该文对现状进行了诊断："此外，IASC所寻求的协调方案在很大程度上被美国证券市场上的方法和思想所浸渍，而与大多数欧洲国家目前的会计方法和思想截然不同，因此，其实施面临困难是不可避免的。"为了防止美国通过IASC这一渠道逐步在全球推广其会计准则，欧洲经济共同体成员国中出现了一种声音，呼吁开发"公司账目的欧洲模式"（European model of company accounts），以便引导IASC将其工作任务定位于建设一套能够实现美国证券市场的公认会计原则和欧洲各国的会计规则相互协调的系统。

法国证券交易委员会（COB）和法国注册会计师协会此时为何对IASC采取批评态度，原因并不明晰。部分原因可能是为了迎合国内政界人士。[136]要知道，IASC在1980年前后遭遇了对其合法性的广泛挑战，

---

133. 整理自2003年6月5日作者与Dominique Ledouble的访谈记录。

134. 参见"French Attack on US 'Chauvinism'"，*Accountancy Age*，1980.08.05，3。

135. "Développements internationaux des règles d'établissement des comptes d'entreprise"，*Bulletin Mensuel COB*，（1980.07），6–8。

136. 整理自2004年2月18日作者与Jean-Claude Scheid的访谈记录。

法国公共会计师行业的挑战只是其中之一（见第 7 章）。但是，也许最好把这些事看作是不重要的，因为它们最终并没有影响法国注册会计师协会和 IASC 之间的关系。相反，这些事件可以被视为法国会计界重拾信心的标志，表明法国相信自己已经汲取了国外那些需要汲取的经验教训，法国的制度框架现在有能力独立形成高质量的、富含信息量的会计核算（体系）。[137]

  这种态度在合并财务报表领域体现得很明显——据说法国会计界完全有理由为自己能够如此迅速地在这一领域缩小巨大的差距而感到自豪。[138]1983 年 10 月，在 IASC 于巴黎开会期间，法国公共会计师行业各团体召开了关于合并财务报表的研讨会，以便 IASC 的理事们都能出席。[139] 虽然研讨会的时间安排表明法国公共会计师行业与 IASC 之间的关系足够密切，但研讨会也表明，IASC 对法国财务报告的影响相对较小。尽管《国际会计准则第 3 号》（IAS 3）早在 1976 年就已经公布，但是到了 1983 年，仍然有大约 25% 的法国上市公司年度报告中没有包含合并报表。此外，过去十年中报告合并报表的情况大幅增加应该归因于法国证券交易委员会的影响力，而不是 IASC。[140] 在 1985 年欧共体第七号公司法指令关于集团账目（group accounts，即集团报表）的规定被纳入法国法律之前，法国尚无关于合并财务报表的法律规定。国家会计委员会（CNC）主席让·杜邦（Jean Dupont）在 1983 年晚些时候承认，国家会计委员会（CNC）"正在准备将国际会计准则与法国会计法进行比较，以实现统一"。[141] 但国家会计委员会（CNC）最终还是决定自己拿主意。国家会计委员会（CNC）从来没有发布过关于《会计总方案》与 IAS 3 的"一致性意见"。毫无疑问，决定法国关于合并报表的法律规定的，是欧共体第七号公司法指令，而不是 IAS 3。[142]

---

  137. 这个转变可见 Mikol,"The History of Financial Reporting in France",119–120, 以及 Scheid and Standish,"Accounting Harmonization",183–184。

  138. Philippe Danjou,"La consolidation des comptes：comparaison du texte Français et des textes internationalaux", *Revue Française de Comptabilité*, 162（1985.11), 162。

  139. *IASC News*, 12/6（1983.11), 3–4。

  140. Dang Pham, "Group Accounting in France", in S. J. Gray, A. G. Coenenberg, and P. D. Gordon, *International Group Accounting: Issues in European Harmonization*, 2nd edition（London：Routledge, 1993), 80。

  141. *IASC News*, 13/1（1984.02), 1。

  142. Danjou, "La consolidation des comptes", 15。

到了20世纪80年代中期，法国会计界对IASC的态度已经逐渐转为温和。相关的文献报道很少，但有迹象表明开始有公司采用IASC准则。[143]1984年，厄恩斯特·威尼会计公司的国际会计师事务所报告称，"跨国企业集团多遵循美国证券市场上的公认会计原则或IASC的准则，而中型企业集团普遍选择遵循国家会计委员会（CNC）1968年的建议"。[144]1986年，有报道称，有越来越多的法国公司（包括新近实施了非国有化改革的Saint-Gobain）公布了符合IASC准则的合并报表。[145]在IASC 1988年对其准则的采用和实施情况的调查中，法国公共会计师行业答复称，在IASC现有的准则中，有18项准则与法国国内的要求一致，有3项在法国没有对应的规定但符合会计惯例，有3项在法国既没有对应的规定也不符合会计惯例，还有1项与法国国内的要求存在差异。[146]

6.10　德国

在德国，由德国公共会计师协会（IdW）和德国审计师协会（WPK）负责委派德国公共会计师行业派驻IASC的代表。早在1975年（当时IASC的第一项准则刚刚公布）就有报道称，这两个协会在尽最大努力促进IASC准则的应用方面，能够运作的空间很小。德国公共会计师行业派驻IASC代表团的观察员汉斯·哈弗曼写道，可以预料，IASC的准则会在"相当多的"方面偏离德国的法律和惯例。但是，他补充说："毫无疑问，当二者发生冲突时，国家法规优先于IASC的准则"。哈弗曼承认，受IASC章程的约束，德国公共会计师协会确实有义务鼓励德国审计师在其报告中提及企业财务报告偏离国际会计准则的情况，但鉴于公开发布的审计报告的措辞以及发表非标准审计意见的理由均受到法律的严格限制，因

---

143. 1980年至1987年 *The Revue Françaisede Comptabilité* 很少报道IASC。Robert Parker在1985年发表的文章"Financial Reporting in France"中没有提到IASC。该文章收录在Christopher Nobes and Robert Parker（editors），*Comparative International Accounting*, 2nd edition（Oxford: Philip Allan, 1985），75–96。

144. Ernst & Whinney, *The Impact of the Seventh Directive*（London: The Financial Times, 1984），27。

145. *IASC News*, 15/6（1986.12），2；and *IASC News*, 16/1（1987.02），1。

146. *Survey of the Use and Application of International Accounting Standards 1988*, 21–69。

第 6 章 IASC 努力获得认可

此在实践中，不符合 IASC 准则的情况只能在管理层建议书（management letter）中报告。[147] 也许是预见到其实际意义有限，德国公共会计师行业对 IASC 的兴趣并不大。汉斯·哈弗曼呼吁他的同事们多给 IASC 的征求意见稿写写评论函，因为德国会计界的评论函数量实在少得令人失望。[148] 然而，德国公共会计师协会其实很晚才开始在工作年鉴《审计手册》（*Wirtschaftsprüferhandbuch*）中开列 IASC 的相关事项。直到 1977 年，德国公共会计师协会《审计手册》才首次提及 IASC；1981 年，《审计手册》才开始开辟固定栏目介绍 IASC 及其准则。[149]

1978 年，汉斯·哈弗曼报告说，德国企业界"完全没有对 IASC 及其准则投以热情或者表示无条件支持"。汉斯·哈弗曼称，德国企业界不打算接纳它们未曾参与制定的会计准则。对征求意见稿发表评论或许是一种补救措施，并不能真正地弥补这一缺陷，因此德国企业界提供的评论函数量极少。[150] 但这种程序上的异议可能只是德国企业界对 IASC 及其准则普遍缺乏兴趣的表现之一。自 1983 年起，德国公共会计师行业协会和审计师协会就在其 IASC 代表团的两个席位中预留了一个空缺席位，作为长期有效的邀请，希望企业界能选派一位代表参与 IASC 的互动。然而直到 1993 年，德国企业界才对这份邀请做出积极回应。[151]

由于缺乏德国企业界的积极响应，德国公共会计师协会和德国审计师协会只好在其对 IASC 1979 年调查的答复中报告说，它们已经尽最大努力劝说有关当局要求企业公开的财务报表遵循 IASC 的准则，但迄今未获成功。这两个机构表示，"德国证券交易所并不倾向于单方面宣布德国证券市场将会遵守 IASC 的准则，它们认为更可取的策略是，由各地的证券交易所在国际层面上共同来解决这个问题"，也就是说，由国际证券交易所联合会（FIBV）来牵头。显然，德国证券交易所认为国际证

---

147. Hans Havermann, "Organisation und Thematik der internationalen Facharbeit undihre Auswirkung auf die tägliche Berufsausübung", *Die Wirtschaftsprüfung*, 28/1–2（1/15 January 1975）, 14.

148. Havermann, "Organisation und Thematik", 16.

149. 整理自 2006 年 6 月 22 日 Heinz Kleekämper 与作者的沟通。

150. Hans Havermann, "IASC-Statements und EG-Richtlinien", *Die Wirtschaftsprüfung*, 31/13（1978.07.01）, 369.

151. 整理自 2003 年 6 月 4 日作者与 Peter Marks、Albrecht Ruppel 的访谈记录。

券交易所联合会（FIBV）1974年10月的决议（见第6.2节）没有足够的权威性。[152]

简而言之，尽管德国公共会计师协会做出了努力，但许多德国人仍然认为IASC的准则"仅具理论意义"。[153]20世纪80年代上半叶，从专业期刊的报道来看，德国会计界对IASC的兴趣非常低。只要法律框架对国际会计准则的适用性施加严格限制，这种情况就会持续下去。[154]在IASC 1988年对其准则采用和实施情况的调查中，德国会计界提供的反馈属于"极端值"。据报告，在25项现存的IASC准则中，有17项与德国国内的会计规则相抵触。[155]在IASC的所有创始成员所在国中，只有德国报告说，其上市公司没有任何一家在所有重大方面都遵从了IASC的准则。在其他37个有证券交易所的答复国家中，有33个报告称，其"全部或大部分"上市公司或"多数"上市公司都遵循了IASC的准则。[156]有人倾向于对IASC在德国的窘境打个折扣，因为其他成员机构在答复IASC的调查时，可能并没有像德国公共会计师行业协会那样，对"遵循"（compliance）这一概念进行如此严格的定义。

6.11　日本

1976年6月，日本财政部的咨询机构企业会计商议委员会（BADC）

---

152. 参见1979年9月25日对IASC的答复，转载于AP 3/1980 paper 19A，pages 58–63。1977年有报道称，1975年10月德国代表团在Johannesburg出席FIBV会议时明确表示，"只要某些方面与目前德国现行的法律不一致，就不应考虑遵守国际会计准则"。可参见H.Kaminski写给W. J. Brennan的信，1977.03.11，IASC archive，"Enforcement—Steering Committee" file。

153. Rudolf J.Niehus，"Die Vierte Gesellschaftsrechtliche Richtlinie：Harmonisierung des Jahresabschlusses vor internationalem Hintergrund"，*Die Wirtschaftsprüfung*，31/17，（1978.09.01），473。

154. 关于法国和德国，Nobes在1985年写道："由于公司法和会计总方案的约束力度和细节，法国和德国公共会计师行业协会几乎没有影响会计实践的空间，也缺乏足够的权限。" Christopher Nobes，"Harmonization of Financial Reporting"，in Nobes and Parker（editors），*Comparative International Accounting*（1985），337。

155. *Survey of the Use and Application of International Accounting Standards 1988*，21–69。

156. *Survey of the Use and Application of International Accounting Standards 1988*，5。

第 6 章　IASC 努力获得认可

公布了一份关于合并财务报表的财务会计准则。据称，该准则"参考了《国际会计准则第 3 号：合并财务报表》的要求"。[157]然而，这更多的是为了满足日本公司在要求编制合并报表的纽约证券交易所上市，以及使得美国跨国公司通过公布合并报表而在东京证券交易所上市（以前这在日本是非法的）的迫切需要。这种迫切需要对日本合并报表规则的影响，比 IAS 3 要大得多。[158]

在回应 IASC 1975 年的调查时，日本公认会计士协会（JICPA）表示，它已经成立了一个专门委员会"讨论并就 IASC 有关问题提供建议，该专门委员会在其涉足的所有方面都很活跃"。[159]当该协会注意到有公司偏离国际会计准则时，就会致信该公司的审计师。

在回应 IASC 1979 年的调查时，日本公认会计士协会报告称，东京证券交易所已于 1979 年 2 月 28 日修改上市要求，允许外国公司根据 IASC 的准则而不必根据日本法规，来编制其财务报表。[160]

1985 年，大型造船和海洋工程公司佐世保重工业株式会社（Sasebo Heavy Industries Co.）在其以英文撰写并提供给国外使用者的年度报告中披露，该公司的合并报表是符合 IASC 的准则的。佐世保似乎是第一家在英文财务报表中采用 IASC 准则的日本公司。1985 年，日本公认会计士协会确认，其已对 IASC 前 21 项准则与日本公认会计原则之间的差异进行了对比并公布了一份报告，"且随附了采纳国际会计准则的建议"。据称，日本公认会计士协会的会计准则委员会正在积极推动日本会计界接纳 IASC 的

---

157. James J. Quinn, "Multinational Enterprises and the SEC", in Dhia D. AlHashim and James W. Robertson（editors）, *Accounting for Multinational Enterprises*（Indianapolis: Bobbs-Merrill Educational Publishing, 1978）, 97. 另见 Jill Lorraine McKinnon, *The Historical Development and Operational Form of Corporate Reporting Regulation in Japan*（New York: Garland Publishing, 1986）, 268（n.14）, 292; Roy C. Nash, "Why Multinationals Should Support IASC", *World Accounting Report*, 1980.02, 2.《世界会计报告》称，"1977 年 4 月生效的日本合并报表新规范广泛借鉴了 IASC 的合并报表征求意见稿"。*World Accounting Report*, 1976.06, 5.

158. 整理自 T. E. Cooke 给作者的备忘录，2003.01.02。

159. 整理自 1975 年 2 月 24 日 Bunsuke Itoh（助理秘书，来自 JICPA）写给 Paul Rosenfield 的信，IASC archive, "Enforcement—Founder Members" file.

160. 整理自 1979 年 12 月 21 日 Munehiro Watanabe（助理秘书，来自 JICPA）写给 E. P. Akins（助理秘书，来自 IASC）的信，转载自 AP 3/1980 paper 19A, page 69。

准则。[161]

在 IASC 1988 年关于其准则的采用和实施情况的调查中，日本会计界答复说，在 IASC 现有的准则中，有 17 项与日本国内的要求一致，有 5 项与国内要求不一致，有 3 项与日本国内的会计惯例一致但日本尚未制定相应的法规。[162]

1991 年，坎贝尔写道，"尽管日本会计界派代表参加了 IASC 的活动，但 IASC 当时对日本的财务报告影响不大。主要原因在于，IASC 试图借助日本公共会计士行业协会的努力来推行其准则。但如前所述，日本公认会计士协会对日本的会计准则制定过程影响很小"。[163]

6.12 墨西哥

1975 年，墨西哥公共会计师协会（IMCP）报告称，它已成立一个特设委员会，专门研究在协会要求会员必须遵守墨西哥会计公告（accounting pronouncements）的情况下 IASC 准则的地位问题。墨西哥证券交易所（Bolsa de Valores de México）已经明确要求上市公司遵守墨西哥注册会计师协会的会计公告，墨西哥注册会计师协会还补充说，"待到国际会计准则与墨西哥注册会计师协会的会计公告具有同等效力之时，上市公司就应当向墨西哥证券交易所报告其财务报告偏离国际会计准则的情况了"。在墨西哥，负责对违反审计准则的审计师进行处罚的机构，一直是墨西哥注册会计师协会在各地的附属机构，而不是墨西哥公共会计师协会。这种情况与

---

161. "Compliance reports"，AP 3/1986 paper 17，page 12；and *IASC News*，14/4（1985.07），4. 作者感谢 Kazuo Hiramatsu 在 2006 年 3 月 18 日的一份信函中确认了 Sasebo 在截止日为 1985 年 3 月 31 日的年度报告中的披露，同时也感谢 Masato Kikuya 在 2006 年 3 月 9 日的信中提供了这方面的进一步信息。

162. *Survey of the Use and Application of International Accounting Standards 1988*，21–69.

163. Les Campbell，"Financial Reporting in Japan"，in Nobes and Parker（editor），*Comparative International Accounting*（1991），239–40. 这一段落也出现在 Nobes 和 Parker 的著作（第二版）中 Campbell 负责撰写的日本章节部分的第 158 页，该著作在 1985 年由菲利普艾伦出版有限公司出版。

加拿大省级注册会计师协会的情形类似。[164]

1979年，墨西哥公共会计师协会报告说，该协会正在着手逐步消除墨西哥公认会计原则和IASC准则之间的差异。协会派驻IASC理事会的理事还定期与该协会旗下的会计原则委员会的成员会晤，以对IASC准则的草案进行研究讨论。该协会认为，总体而言，其披露要求没有IASC的要求高。但除了少数例外，墨西哥的会计公告与IASC的准则是兼容的。[165]

对于IASC 1988年关于其准则的采用和实施情况的调查，墨西哥公共会计师行业回复称，在IASC的现行准则中，有9项符合墨西哥的国内要求，10项与国内要求存在差异，其中，有3项准则在国内尚无对应的准则，但与会计惯例一致，有3项与国内要求和会计惯例相抵触。[166]这份答复还提到，墨西哥证券交易所的上市公司中，"大多数"（而非"全部或绝大部分"）公司的财务报表在所有重要方面基本遵循了IASC的准则。[167]

6.13 荷兰

1976年，荷兰注册会计师协会（NIVRA）*的管理委员会宣布了一个大胆的计划，拟将IASC的准则逐步变成在荷兰有约束力的准则。该计划的第一步，是授权由财务报表编制者、审计师和报表使用者代表组成的独立的三方研究组来宣布采纳某一项准则。其中，审计师代表由荷兰特许会计师协会负责选派。长期出任荷兰公共会计师行业派驻IASC理事会观察员的亨克·沃尔顿写道："1977年，三方研究组公开表示，它们认为，第1号至第6号国际会计准则符合荷兰的法规或三方研究组的指导声明；很快，

---

164. 参见1975年3月21日墨西哥公共会计师协会向IASC提交的文件，IASC archive, "Enforcement—Founder Members" file。

* 该协会现名为NBA Netherlands。——译者

165. 参见墨西哥公共会计师协会于1979年11月30日向IASC提交的报告，转载于AP 3/1980 paper 19A，pages 72–75。

166. *Survey of the Use and Application of International Accounting Standards 1988*，21–69。

167. *Survey of the Use and Application of International Accounting Standards 1988*，5。

第7号至第12号国际会计准则也将会被接受。"[168] 该计划的第二步，是由荷兰注册会计师协会亲自宣布其认可 IASC 的准则。只有先行经过三方研究组（或其继任机构年度报告委员会）认可的准则，才有可能获得荷兰注册会计师协会的"认可"。

阿姆斯特丹证券交易所曾是前文所述的国际证券交易所联合会（FIBV）1974年决议的发起机构之一，但该交易所允许几年之后再实施该决议。1978年8月，该交易所修订规则，要求上市公司按照经荷兰特许会计师协会认可的 IASC 准则编制财务报表。[169] 然而直到1983年7月阿姆斯特丹证券交易所撤销这一要求（非常像四年前伦敦证券交易所所做的那样），荷兰注册会计师协会也没有正式接受任何一项 IASC 的准则。[170] 事实上，荷兰注册会计师协会从未认可任何一项 IASC 的准则。相反，从1980年起，三方研究组（及其继任机构年度报告委员会）开始定期披露 IASC 准则与其会计建议存在的差异。[171] 它们还酌情审查了自己的会计建议，以使其与 IASC 的准则接轨。在 IASC 1988年对其准则采用和实施情况的调查中，荷兰公共会计师行业答复称，在 IASC 现有的准则中，有16项与荷兰国内要求一致，有3项 IASC 准则在国内尚无对应的准则，但与会计惯例一致，有4项 IASC 准则与国内要求不一致。[172]

荷兰公共会计师行业派驻 IASC 理事会的代表汉斯·伯格拉夫和简·乌特林登只成功劝说了极少数荷兰公司在年度报告中声明其遵守了 IASC 的准则。荷兰皇家壳牌公司就不同意这样做，据称，该公司希望其年度报告能够与石油行业中重要的兄弟公司具有可比性，而那些公司采用的

---

168. Henk Volten, *Challenges to Financial Reporting in the Netherlands: How Corporate Reporting is Monitored by Social Pressure Groups*, PILOT（the Netherlands）9（Amsterdam: Nederlands Instituut van Registeraccountants, 1979）, 8–9.

169. 1975年年初，这一变革已在筹备之中。参见 IASC meeting of 15–16 January 1975, minute 7(3)。

170. Stephen A. Zeff, Frans van der Wel and Kees Camfferman, *Company Financial Reporting: A Historical and Comparative Study of the Dutch Regulatory Process*（Amsterdam：North-Holland, 1992）, 241–4, 249–52.

171. 例如，可参见 *Richtlijnen voor de Jaarrekening*（Amsterdam: Tripartiete Overleg, 1980）, Appendix 2.

172. *Survey of the Use and Application of International Accounting Standards 1988*, 21–69.

第 6 章　IASC 努力获得认可

都是美国证券市场上的公认会计原则。[173]

1981 年，荷兰注册会计师协会对 120 家上市公司的年度报告进行调查，发现仅有 4 家公司的年度报告提到了 IASC 的准则。[174] 在随后 1984 年和 1986 年的两次调查中，每一次都显示，120 家公司中仅有一家在年度报告中提到了 IASC 的准则。[175] 荷兰注册会计师协会不要求审计师披露企业财务报表偏离三方研究组及其继任机构年度报告委员会的建议的情况，更不用说严格要求企业遵守那些建议了。结果，（荷兰）企业的年度报告很少提到国内的会计建议，也很少提到 IASC 的准则。

1984 年，荷兰注册会计师协会宣布不再翻译 IASC 的征求意见稿，也不再在其刊物中发表 IASC 的征求意见稿和准则。该协会称，做出这一决定，一是出于成本的考虑，二是因为各方对 IASC 的准则兴趣不大，这可以从个人会员以及会计师事务所对 IASC 征求意见稿大幅减少的反馈中看得出来。[176]

1986 年，荷兰政府在荷兰法律中少量引用了 IASC 的准则。[177]1983 年的欧共体第七号公司法指令豁免了中间控股公司（intermediate holding companies）编制合并报表的义务。也就是说，如果最终控股的母公司根据欧共体第七号公司法指令编制了合并财务报表，那么这些中间控股公司便不必再编制合并财务报表。在 1986 年的一份法律解释中，荷兰政府将该条款的适用范围拓展到了欧共体以外的母公司，并且宣布为了更好地执行这一条款，IASC 的相关准则被视为等同于欧共体第七号公司法指令。荷兰公共会计师行业派驻 IASC 理事会的代表赫尔曼·马赛在这一政策的制定过程中发挥了作用。1986 年 3 月，IASC 理事会获悉这一进展，对荷兰注册

---

173. 整理自 Hans Burggraaff 给作者的备忘录，2004.04.22。

174. 参见 Henk Volten 提交的关于 IASC 准则遵从度的文件，addendum to Minutes of the IASC board meeting of 14–16 June 1983。

175. *Onderzoek Jaarverslaggeving 1984*，NIVRA geschrift 39（Amsterdam/Deventer: NIVRA/Kluwer，1985），110；*Onderzoek Jaarverslaggeving 1986*，NIVRA geschrift 42（Amsterdam/Deventer: NIVRA/Kluwer，1987），108.

176. "Een nieuwe verspreidingswijze voor internationale discussie-ontwerpen en uitspraken"，*De Accountant*，90/10（1984.06），742.

177. "Regeling Gelijkwaardigheid van Voorschriften voor Jaarrekeningen"，1986.01.15，转载于 *Documentati Rond de Jaarrekening*（Deventer: Kluwer），7.01–31–3。

会计师协会在这方面取得的成就表示了祝贺。[178] 戴维·凯恩斯保证《IASC 新闻》将重点报道荷兰的这一政策。[179] 然而，欧盟委员会对此并不满意。正如第 12.3.1 节将会讨论的那样，到了 1986 年，欧盟委员会依然不认为 IASC 与其具有对等地位，也不希望各成员国在这方面自作主张。欧盟委员会给荷兰政府施加了相当大的压力，甚至以法律诉讼相威胁。[180] 因此，荷兰政府于 1988 年取消了上述法律解释。它给出的理由是，欧共体第七号公司法指令与 IASC 合并报表准则之间的所有差异几乎都已经被消除，因此，不再需要作额外的法律解释了。[181]

6.14　尼日利亚

尼日利亚特许会计师协会在 1976 年成为 IASC 的准会员，自 1978 年至 1987 年其一直是 IASC 理事会的成员。1979 年，该协会回复 IASC 的调查时称，它没有公布任何会计准则，而是直接采用了 IASC 的准则。该协会还补充表示，它已经要求其成员遵守这些准则。[182] 在该协会的推动下，独立的尼日利亚会计准则理事会（Nigerian Accounting Standards Board, NASB）于 1982 年成立。尼日利亚会计准则理事会在起草其会计准则时，会查阅 IASC 的准则，这与其他许多国家的情形类似。到 1987 年，尼日利亚会计准则理事会已经公布 6 项准则，据说这些准则与 IASC 的相应准则是一致的。尼日利亚会计准则理事会无法确保该准则能被好好执行，实际上它的执行力度确实很小。[183]

阿德多因·奥古德（Adedoyin Ogunde）于 1982 年至 1985 年担任尼

---

178. IASC board meeting of 5–7 March 1986, minute 11.

179. "Netherlands: International Standards Equivalent to Seventh Directive", *IASC News,* 15/2（1986.04），1；以及 Cairns 写给 Herman Marseille 的信，1986.02.03，IASC archive, file "the Netherlands"。

180. "Hopes Raised for IAS Recognition". *Accountancy*, 102/1142（1988.10），1；以及 2004 年 2 月 17 日作者与 Karel Van Hulle 的访谈记录。

181. Kamerstukken（parliamentary papers），19813，no. 9, 1988.05.18.

182. 参见协会 1979 年 9 月 30 日对 IASC 的回复，转载于 AP 3/1980 paper 19A，pages 76–77。

183. R.S. Olusegun Wallace, *Accounting and Financial Reporting in Nigeria*（London: ICAEW, 1989），94–100。

日利亚会计准则理事会的首任主席，他曾于 1979 年至 1983 年担任尼日利亚公共会计师行业派驻 IASC 理事会的代表。接替奥古德担任尼日利亚会计准则理事会主席的是奥耶尼伊·奥耶狄兰（Oyeniyi Oyediran），他曾于 1979 年至 1982 年担任 IASC 理事会成员。[184] 因此，尼日利亚会计准则理事会与 IASC 的工作联系可以说是非常密切的。

在 1988 年 IASC 对其准则采用和实施情况的调查中，尼日利亚公共会计师行业答复说，在 IASC 现有的准则中，有 5 项已经成为国内对应准则的参照基础，有 13 项 IASC 准则虽然尚无国内对应的准则，但与国内的会计惯例基本一致。[185]

6.15　南非

南非全国特许会计师理事会（National Council of Chartered Accountants（SA））在 1974 年成为 IASC 的准会员，在 1978 年成为 IASC 理事会成员。1975 年，为了履行"尽最大努力"的承诺，该理事会提出了这样的期盼："尽管 [会计惯例委员会（Accounting Practices Committee）与会计惯例理事会（Accounting Practices Board）的] 公告的制定、公示和批准将会一如既往地继续进行，但它们同时会尽可能地兼顾 IASC 的准则制定。"[186]

在 IASC 1979 年的调查中，该理事会答复称，IASC 的准则与南非国内的会计公告是相通的，仅有少许例外。南非的《公司法（1973）》规定，财务报表应当"遵照公认会计惯例"编制。该理事会大胆提出，"在没有成文的国内准则的情况下，成文的国际会计准则可视为'公认会计惯例'，除非报表编制者可以基于国内准则提出更优的会计惯例"。[187] 1980 年，南非全国特许会计师理事会更名为南非特许会计师协会（SAICA）。

---

184. "Compliance reports", AP 3/1986 paper 17, page 18.
185. *Survey of the Use and Application of International Accounting Standards 1988*, 21–69.
186. J. A. Porteous, "Accounting Standards in South Africa", *CAmagazine*, 107/4（1975.10），66.
187. 整理自南非全国特许会计师理事会 1979 年 9 月 30 日给 IASC 的回应，转载于 AP 3/1980 paper 19A, pages 78–83。

1984 年，南非酿酒公司（South African Breweries）在其年度报告中表示，其主要会计政策与 IASC 准则"在所有重要方面均保持了一致"。在后续的十来年中，公司的报表中都保留了这样的表述。这是南非第一个这么做的大型公司。该公司财务总监塞尔温·麦克法兰（Selwyn MacFarlane）是一位特许会计师，后来成为会计惯例委员会主席和南非特许会计师协会主席，是在南非推广 IASC 准则的功臣。[188]

1986 年有报道称，南非公共会计师行业派驻 IASC 理事会的一名代表"曾私下联系南非主要会计公司的高级合伙人，表示希望其财务报表提及是否遵循了国际会计准则，这令合伙人们印象深刻"。[189]

在 IASC 1988 年对其准则采用和实施情况的调查中，南非公共会计师行业答复称，在 IASC 现有的 25 项准则中，有 8 项已经成为国内对应准则的参照基础。[190] 同墨西哥公共会计师行业的情形一样，南非公共会计师行业表示，在该国证券交易所的上市公司中，"大多数"（而非"全部或绝大多数"）企业的财务报表在所有重要方面大致遵循了国际会计准则。[191]

6.16 意大利

意大利全国特许会计师协会（Consiglio Nazionale dei Dottori Commercialisti）在 1983 年加入 IASC 理事会，其席位一直保留到了 1995 年。

1984 年，凯恩斯、拉弗蒂以及曼特尔宣称，"IASC 最大的成就是在意大利取得的"[192]——这指的是 1982 年 4 月意大利证券交易委员会（Consob）公布的一条法令。该法令规定："在 [意大利会计] 准则不完整或尚未涉及的领域，IASC 所确立的原则便是上市公司财务报告的基本规范，除非其与

---

188. 整理自 2004 年 3 月 18 日作者与 Doug Brooking 的访谈记录，2004 年 3 月 15 日与 Rick Cottrell 的访谈记录和 2004 年 3 月 15 日与 Ian Somerville 的访谈记录。
189. "Compliance reports"，AP 3/1986 paper 17.
190. *Survey of the Use and Application of International Accounting Standards 1988*，21–69.
191. *Survey of the Use and Application of International Accounting Standards 1988*，5.
192. Cairns, Lafferty, and Mantle, *Survey of Accounts and Accountants 1983–84*, 21.

意大利法律相冲突。"[193]意大利证券交易委员会所做的这一决定是当时所有国家中对 IASC 的准则最强有力的官方支持。

意大利全国特许会计师协会要求外部审计师在就公司法定财务报表出具审计报告时提及 IASC 的准则。据报道，该要求确已付诸实践。[194]

在 IASC 1988 年对其准则采用和实施情况的调查中，意大利公共会计师行业答复称，在 IASC 的现行准则中，有 14 项与意大利国内要求一致，有 2 项与国内会计惯例一致但缺乏对应的国内要求，有 2 项与国内要求不一致，有 6 项 IASC 准则既与国内会计惯例不一致，也没有对应的国内要求。意大利公共会计师行业表示，《国际会计准则第 21 号：汇率变动影响的会计处理》是意大利国内规则的立法蓝本。[195]与墨西哥和南非的情形相似，意大利公共会计师行业回复称，在该国证券交易所上市的公司中，"大多数"（而非"全部或绝大多数"）企业的财务报表在所有重要方面大致遵从了 IASC 的准则。[196]

6.17　中国台湾

中国台湾注册会计师协会联合会（Federation of CPA Associations of Chinese Taiwan，FCPAACT）1983 年加入国际会计师联合会（IFAC）理事会，1984 年开始在 IASC 理事会中派驻代表。

1985 年，中国台湾地区公共会计师行业派驻 IASC 的唯一代表蒋书栋表示，在中国台湾注册会计师协会联合会于 1982 年 10 月签署 IASC/IFAC

---

193. Cairns, Lafferty, and Mantle, *Survey of Accounts and Accountants 1983–84*, 105. 另见 Stefano Zambon and Chiara Saccon, "Accounting Change in Italy: Fresh Start or *Gattopardo*'s Revolution", *The European Accounting Review*, 2/2（1993.09），250；Angelo Riccaboni and Rosanna Ghirri, *European Financial Reporting*: *Italy*（London: Routledge，1994），98；"CONSOB's Big Move", *World Accounting Report*, 1982.04, 3；*IASC News*, 11/3（1982.05），1。*IASC News* 指出，"意大利的这个决定被誉为意大利证券交易委员会（CONSOB）采取的最重要的一步；对意大利而言，甚至对全球会计界而言，它都是具有重大意义的一步"。

194. 参见意大利全国特许会计师协会提交的 "Activities on Compliance with IASC in Italy", addendum to the minutes of the IASC board meeting of 14–16 June 1983；1986 年，据说 "大多数审计报告都参照了 IASC 公告"，见 "Compliance Reports"，AP 3/1986 paper 17, page 11。

195. *Survey of the Use and Application of International Accounting Standards 1988*，21–69。

196. *Survey of the Use and Application of International Accounting Standards 1988*，5。

互认协议从而自动成为 IASC 成员之时，IASC 在中国台湾地区"鲜为人知"。他说，为了让 IASC 的准则在中国台湾地区受到重视，他进行了多番尝试。[197]

到了 1987 年，中国台湾地区的财务会计准则委员会已经公布了 12 份《财务会计准则公告》，这些公告基本上与 IASC 的准则一致。[198] 不过，正如 IASC 1988 年对其准则采用和实施情况的调查所述，在大部分 IASC 准则所涉及的主题上，中国台湾地区尚无对应的准则。中国台湾地区的公共会计师行业回应称，在 IASC 现有的会计准则中，有 10 项与中国台湾地区的财务会计准则公告一致；在大部分中国台湾地区尚未公布准则的主题上，IASC 的准则与其会计惯例是一致的。[199] 像墨西哥、南非以及意大利等国家和地区一样，中国台湾地区的公共会计师行业回应称，中国台湾地区"大多数"（而非"全部或绝大多数"）上市公司的财务报告在所有重要方面大致遵循了 IASC 的准则。[200]

6.18　对未在 IASC 理事会中派驻代表的准成员的讨论

IASC 的一些早期准成员在各自所在国积极地推广了 IASC 准则。1979 年至 1981 年担任 IASC 秘书的艾伦·库克表示，有些国家或地区的公共会计师行业协会作为准成员，对国际会计准则"表现出了极大的兴趣"。他援引了巴基斯坦、印度、新加坡、中国香港等国家或地区的公共会计师行业协会的例子，尤其是马来西亚公共会计师行业的例子。[201] 许多 IASC 的准成员都对 IASC 的一系列调查做出了回应，这里选取部分国家和地区公共会计师行业的活动情况予以简要介绍。本节最后将对部分地区的公共会计

---

197. "Compliance reports", AP 3/1986 paper 17, pages 24–28.
198. *Financial Reporting in the Pacific Asia Region*（Singapore:World Scientific，1997），273–279.
199. *Survey of the Use and Application of International Accounting Standards 1988*，21–69.
200. *Survey of the Use and Application of International Accounting Standards 1988*，5.
201. 整理自 2003 年 4 月 30 日作者与 Allan V.C.Cook 的访谈记录。Nobes 发现在肯尼亚、马来西亚、尼日利亚、巴基斯坦、新加坡和津巴布韦这些国家，现成的 IASC 准则被证明是有吸引力的。Nobes, "Harmonization of Financial Reporting", in Nobes and Parker（editor），*Comparative International Accounting*（1991），79.

师行业缺席 IASC 的现象进行讨论,其中主要涉及中美洲和南美洲部分国家的公共会计师行业。

6.18.1 巴基斯坦

1974 年,巴基斯坦特许会计师协会(Institute of Charted Accountants of Pakistan)和巴基斯坦工业会计师协会(Pakistan Institute of Industrial Accountants,后改称巴基斯坦成本和管理会计师协会,Institute of Cost and Management Accountants of Pakistan)双双成为 IASC 的准成员。1978 年,IASC 邀请这两个协会派代表团加入 IASC 理事会,但二者因为一些"在声明希望加入 IASC 理事会时出现的无法预见的因素"而不得不放弃了。[202] 如第 4.4 节所述,问题出在这两个协会无法筹集到足额的 IASC 理事会会费。

1976 年 5 月,这两个协会在卡拉奇共同举办了一次国际会计准则研讨会,会后在《巴基斯坦会计师》(The Pakistan Accountant)上登载了关于 IAS 1 和 IAS 2 的讨论文章。卡拉奇证券交易所总裁在研讨会上的讲话中满怀信心地预测,IASC 的前两项准则"将获得政府的批准,如有必要,《公司法》或《证券交易条例》将引入适当的规定,以强制执行这些准则"。[203]

1980 年 1 月,这两个协会就 IASC 准则举行了一次专业发展研讨会。一位发言者称:"巴基斯坦有些公司需要将财务报表提交给国际机构,因此,这些公司必须遵守国际会计准则。"[204]

巴基斯坦的《公司条例(1984)》(Companies Ordinance, 1984)要求上市公司遵循 IASC 的准则,编制联邦公司法管理局(Federal Corporate Law Authority)依法要求其提交的财务报表。[205] 在 IASC 的首批全部 24 项准则中,绝大多数都得到了巴基斯坦的采纳,只有 3 项准则例外。[206]

《巴基斯坦会计师》会定期转载《IASC 新闻》的内容。

---

202. IASC News, 6/3(1978.05), 2.
203. Dara F. Dastoor, "Financial Reporting in Pakistan", The Pakistan Accountant(1976.04–06), 5–6.
204. IASC News, 9/2(1980.03), 2.
205. IASC News, 15/1(1986.02), 1;Companies Ordinance, 1984, paragraph 234(3)(i).
206. Bhabatosh Banerjee, "Harmonization of Accounting Standards in Some SAARC Countries—A Study with Special Reference to India", in Bhabatosh Banerjee(editor), Contemporary Issues in Accounting Research(Calcutta:Indian Accounting Association Research Foundation, 1991), 204.

在 IASC 1988 年关于其准则采用和实施情况的调查中，巴基斯坦公共会计师行业答复称，巴基斯坦已经把 IASC 的 25 项准则中的 24 项采纳为国内的要求。[207] 有趣的是，在这次调查中，博茨瓦纳、塞浦路斯、马拉维、马来西亚、阿曼和津巴布韦也在很大程度上采用了 IASC 的准则，其推行力度与巴基斯坦不相上下。

6.18.2 印度

1974 年，印度特许会计师协会（Institute of Chartered Accountants of India，ICAI）成为 IASC 的准成员。两年后，ICAI 决定"作为 IASC 的成员……认真承担起制定印度会计准则的任务"。[208] ICAI 技术主管卡迈勒·古普塔（Kamal Gupta）说，"IASC 的工作不仅为印度制定会计准则提供了基本动力，还在印度制定每一项准则的过程中给予了实实在在的巨大帮助"。[209]

1977 年，印度特许会计师协会成立了会计准则理事会。该理事会继而公布了一系列"推荐性的"准则。1985 年，印度特许会计师协会已完成 10 项准则，这些准则步步紧跟 IASC 的对应主题。据报道，印度特许会计师协会正是以 IASC 的准则为基础编写这些准则的。至于某些 IASC 已公布准则而印度公共会计师行业尚未公布对应准则的事项，印度特许会计师协会鼓励企业使用 IASC 的准则进行会计处理。[210] 印度特许会计师协会组织了一系列研讨会和培训会，对 IASC 的征求意见稿和准则进行探讨。[211] 然而，在 IASC 1988 年对其准则采用和实施情况的调查中，印度特许会计师协会答复称，该协会只使用了一项 IASC 准则作为制定本国准则的基础；在

---

207. *Survey of the Use and Application of International Accounting Standards 1988*，21–69.

208. Bhabatosh Banerjee，*Regulation of Corporate Accounting and Reporting in India*，（Calcutta：The World Press，2002），42.

209. Kamal Gupta，"Harmonization of Accounting Standards：The Indian Experience"，in *Standard Setting for Financial Reporting：An International Conference Sponsored by the American Accounting Association with Klynveld Main Goerdeler*，Princeton，New Jersey，1986.08.17–20，136.

210. D.K.Chakravorty，*Development of Corporate Accounting in India*（New Delhi：Venus Publishing House，1994），113.

211. 整理自 1976 年 11 月 4 日 P. S. Gopalakrishnan 写给 W. J. Brennan 的信，IASC archive，"Enforcement—Associate Members" file。

IASC 现有的 25 项准则中，有 10 项与国内会计惯例不符且不存在对应的国内准则。[212]

6.18.3 新加坡

1975 年，新加坡会计师公会（Singapore Society of Accountants，后来并入新加坡注册会计师协会，Institute of Certified Public Accountants of Singapore）成为 IASC 的准成员。自 1977 年起，新加坡会计师公会在编写新加坡会计准则时就一直严重依赖于 IASC 的准则。[213] 截至 1987 年 1 月 1 日，IASC 24 项准则中的 22 项（除 IAS 5 和 IAS 15 外）经过本土化改造，已被纳入新加坡的准则。[214] 在 IASC 1988 年对其准则采用和实施情况的调查中，新加坡会计师公会答复称，该公会在拟定国内会计规则时，参考了 IASC 现有的 25 项准则中的 24 项准则。[215] 戴维·凯恩斯写道，"新加坡的准则实际上与国际会计准则是相同的，但新加坡会计师公会不认同新加坡直接将 IASC 的准则作为国内准则这一说法，其坚持称之为'新加坡准则'"。[216]

6.18.4 中国香港

1975 年，香港会计师公会（Hong Kong Society of Accountants）成为 IASC 的准成员。1983 年起，其技术主管开始"基于会计准则委员会的指示，将 IASC 的准则'香港化'"，来起草香港地区的会计准则。[217] 中国香港的标准会计实务公告在很大程度上与 IASC 的准则是一致的，只是其预留的自由选择空间较小。[218] 然而，在 IASC 1988 年的调查中，香港地区的

---

212. *Survey of the Use and Application of International Accounting Standards 1988*，21–69. 然而，调查第 14 页显示，IASC 准则的实际使用范围比这些细节分析要更广泛。

213. 关于（准则制定）流程，参见 *IASC News*，11/4（1982.07），5。

214. Foo See Liang and Ng Shwn Yng, "Singapore", in T. E. Cooke and R. H. Parker（editor）, *Financial Reporting in the West Pacific Rim*（London：Routledge，1994），270，275–278，296–297.

215. *Survey of the Use and Application of International Accounting Standards 1988*，21–69.

216. 整理自 2004 年 1 月 22 日作者与 David Cairns 的沟通。

217. P. Phenix, "Hong Kong", in Cooke and Parker（editor），*Financial Reporting in the West Pacific Rim*，174–175.

218. Pak Auyeung, "Hong Kong", in Ma（editor），*Financial Reporting in the Pacific Asia Region*，293–298.

公共会计师行业回应称，在 IASC 现有的准则中，有 12 项在香港地区找不到对应的准则，有 8 项与该地区会计惯例相符，有 3 项与该地区会计惯例不符，只有 1 项 IASC 准则被用作了香港地区会计准则的制定基础。[219]

6.18.5 马来西亚

1975 年，马来西亚注册会计师联合会（Malaysian Association of Certified Public Accountants，后改称马来西亚注册会计师协会，Malaysian Institute of Certified Public Accountants）成为 IASC 的准成员。后来，马来西亚会计师协会（Institut Akauntan Malaysia）也加入进来，共同成为 IASC 的准成员。1978 年，第 1 号至第 4 号国际会计准则被马来西亚采纳为国内的会计规则。到了 1983 年，IASC 接下来的 12 项准则中，已有 10 项准则在马来西亚生效。[220]

1980 年 3 月，马来西亚注册会计师联合会举办了一场关于 IASC 准则的专业发展研讨会。[221] 1986 年有报道称，IASC 准则已经成为马来西亚"会计准则制定的支柱"。[222] 马来西亚的准则制定机构在推介 IASC 的准则时，对每一项准则都会"从头到尾进行包装"。在准则的开头，会附上马来西亚版的导言；在结尾处，会阐明 IASC 的准则中哪些条款因与马来西亚法律相悖而未被采纳。[223] 在 IASC 1988 年对其准则采用和实施情况的调查中，马来西亚公共会计师行业答复说，采纳了 IASC 现有的 25 项准则中的 18 项。[224]

6.18.6 新西兰

1974 年，新西兰会计师公会（New Zealand Society of Accountants，后改称新西兰注册会计师协会，Institute of Chartered Accountants of New

---

219. *Survey of the Use and Application of International Accounting Standards 1988*，21–69.
220. J. S. W. Tay,"Malaysia"，in Cooke and Parker（editors），*Financial Reporting in the West Pacific Rim*，236，241–242，261. 另见 Hai Yap Teoh and Soon Guan Chuah，"Malaysia"，in Ma（editor），*Financial Reporting in the Pacific Asia Region*，336–340。
221. *IASC News*，9/2（1980.03），2.
222. Paul Phenix，"International Accounting Standards and the Regulation of Corporate Business"，*The Malaysian Accountant*（1986.07），11.
223. 整理自 2003 年 5 月 26 日作者与 Paul Phenix 的访谈记录。
224. *Survey of the Use and Application of International Accounting Standards 1988*，21–69.

Zealand，ICANZ）成为 IASC 的准成员。1975 年，新西兰会计师公会的财务会计分会发现，IAS 2 关于存货的会计规则优于自身编撰的准则草案。因此，新西兰会计师公会的研究委员会和理事会决定，直接采用 IAS 2 作为新西兰的会计准则。[225]

在 IASC 1975 年的调查中，新西兰会计师公会表示，其已"致信政府机关、证券交易所、银行家协会、财务主管协会和其他类似组织，提请它们关注 IASC，告知它们新西兰会计师公会与 IASC 有关的职责，并寻求它们支持采纳国际会计准则"。该公会还表示，其专业准则委员会（Professional Standards Committee）针对那些未披露企业财务报表违背 IASC 准则情况的审计师，将采取出具警示函等管理措施。[226] 在 IASC 1988 年的调查中，新西兰公共会计师行业回复称，在 IASC 现有的准则中，有 16 项与其国内要求一致，有 4 项与新西兰会计惯例一致但没有对应的国内要求，有 5 项既与新西兰会计惯例不符也不存在对应的国内要求。[227]

6.19　中美洲和南美洲国家的缺席

为何中美洲和南美洲的公共会计师行业协会普遍对 IASC 不感兴趣，这一直是个谜。[228]1974 年，当受到 IASC 邀请的南美公共会计师行业协会大多数未予回应甚至拒绝申请成为 IASC 的准成员的时候，亨利·本森和美国公共会计师行业代表乔·卡明斯以及墨西哥公共会计师行业代表曼努埃尔·加尔万曾与负责该地区的联络人接洽，试图求解这一问题。加尔万答应与那些活跃于美洲会计大会的协会协商，力求能够发展一个来自南美公共会计师行业的会员，最好是阿根廷或者巴西的公共会计师行业协

---

225. Stephen A. Zeff, *Forging Accounting Principles in New Zealand*（Wellington：Victoria University Press，1979），59.

226. AP 4/1975 paper 12.

227. *Survey of the Use and Application of International Accounting Standards 1988*，21–69.

228. 被任命为 IASC 主席的 Arthur R. Wyatt 在 1989 年说，"IASC 的理事会中没有来自南美洲或中美洲的代表，这是一个值得注意的缺口。""Absence of Latin America—A Gap on the IASC Board"，*IASC News*，18/4（1989.12），4–5.

会。[229] 最后，在 IASC 的再三恳求下，巴西独立审计师协会（Instituto dos Auditores Independentes do Brasil）于 1977 年同意加入 IASC。截至 1978 年 3 月，一共有来自 41 个国家的公共会计师行业协会加入 IASC，其中只有巴西的公共会计师行业协会来自南美洲。[230]

如前文所述，在格雷、坎贝尔和肖 1984 年的全球调查中，巴西、智利和乌拉圭的公共会计师行业都表示其会计规则并没有受到 IASC 的影响。[231] 前文提到的 1979 年普华会计公司的调查涵盖了以下 17 个拉丁美洲国家：阿根廷、玻利维亚、巴西、智利、哥伦比亚、多米尼加共和国、厄瓜多尔、萨尔瓦多、危地马拉、洪都拉斯、墨西哥、尼加拉瓜、巴拿马、巴拉圭、秘鲁、乌拉圭和委内瑞拉。这些国家没有一个被普华会计公司标记为"可视为强制执行 [IASC 的准则]"。[232]

在 1982 年 IASC/IFAC 的互认协议生效后，所有 IFAC 会员都自动成为 IASC 成员，其中有 7 个成员协会来自南美洲。但是，南美洲国家中只有巴西一个国家的公共会计师行业参与了 IASC 1988 年对其准则采用和实施情况的调查。巴西公共会计师行业回应称，在 IASC 现有的准则中，有 19 项与其国内要求一致，有 5 项与其国内要求不一致。IASC 没有收到智利、哥伦比亚、厄瓜多尔和巴拉圭等非理事会成员的回应。[233] 阿根廷和乌拉圭的公共会计师行业协会是 IFAC 的会员，因此同样也是 IASC 的成员，但因为没有交会费，它们在 1986 年被 IFAC 中止了会员资格。[234] 1988 年，委内瑞拉也放弃了 IFAC 的会员资格。南美国家的公共会计师行业协会很少参与 IASC，原因之一可能是这些国家的公共会计师行业协会财务状况欠佳。

---

229. 参见 1974 年 11 月 5—6 日 IASC meeting minute 11（11），1975 年 10 月 8—10 日 IASC meeting minute 11（3），1976 年 3 月 9—11 日 IASC meeting minute 10（4）。Galván 是普华会计公司的一位合伙人，该公司与 Price Waterhouse Peat & Co.（PWP）有密切联系，而后者在阿根廷、巴西、乌拉圭、玻利维亚和秘鲁都是处于支配地位的会计公司。Cummings 是 Peat, Marwick, Mitchell & Co. 的合伙人，该公司也隶属于 PWP。

230. 41 个国家中，有 10 个在亚洲，6 个在非洲。

231. Gray, Campbell and Shaw（editors）, *International Financial Reporting: A Comparative International Survey of Accounting Requirements and Practices in 30 Countries*.

232. Fitzgerald, Stickler, and Watts, *International Survey of Accounting Principles and Reporting Practices*.

233. *Survey of the Use and Application of International Accounting Standards 1988*. 厄瓜多尔于 1983 年加入 IFAC。

234. IASC board meeting of 5–7 March 1986, minute 7（xiii）(b)。

此外，也可能是因为语言和文化的障碍，包括认为IASC（和IFAC）都是英语国家领地的观念。[235]

6.20　1987年以前IASC准则的影响评估

截至1988年，IASC的所有创始成员所在国均未采用IASC准则作为国内的会计规则，只有加拿大公共会计师行业声称其曾以IASC准则作为修订其准则的参照基础。[236]那些股票市场比较活跃的创始成员所在国——诸如澳大利亚、加拿大、英国和美国——已经建立起比较完善的会计准则，它们可能觉得IASC其实乏善可陈。曾长期担任财务会计准则委员会（FASB）委员并于1984年至1987年作为美国证券行业代表担任IASC理事的拉尔夫·沃尔特斯曾指出，在这四个国家中，"加拿大公共会计师行业在准则协调这一主旋律方面最为投入"。[237]一个典型的事例是，1980年6月IASC理事会决定敦促各成员接洽其所在国的跨国公司，推动其披露IASC准则的执行情况；随后，加拿大特许会计师协会（CICA）就迅速采取了行动。相比之下，据1981年3月的报道称，IASC理事会的11个成员所在国中有6个都尚未采取任何行动。[238] IASC准则在创始成员所在国的总体影响十分有限，这要部分归咎于这些本应在其本国推广IASC准则的创始成员，实际上却在一定程度上保持了沉默。但是，公平地说，我们也必须注意到，无论是确保企业遵循IASC准则还是将IASC准则引入国内准则，大多数IASC创始成员的正式权力是很有限的。

除了成员机构权力有限，IASC准则影响力之所以较低，还要归因于

---

235. 整理自2003年10月22日Howard P. Keefe（美洲会计联合会的前主席）与作者的沟通。有趣的是，据报道，阿根廷公共会计师行业协会在1974年曾表示，它不打算申请IASC的准会员资格，因为"它的国际关系是通过美洲会计会议来处理的"。IASC meeting of 5–6 November 1974, minute 11（11）。

236. *Survey of the Use and Application of International Accounting Standards 1988*，53.

237. 整理自2003年10月18日作者与Ralph E. Walters的访谈记录。

238. "IASC-Board, 24–27 maart 1981, Tokyo", memo by Henk Volten, 1981.04.06, NIVRA archive, no. 485. 根据这一备忘录，IASC已向加拿大、荷兰和英国的公司发出信函，并在澳大利亚和美国与公司进行了口头交流。据说法国正在考虑中，而德国和南非报告称采取行动的时机尚未成熟。

企业界的冷漠态度。在美国和英国等拥有发达的财务报告准则的国家，很多公司对于另行按照其他会计准则编制财务报表心存疑虑，这也是可以理解的。而对其他国家而言，IASC 提供的这个产品似乎并没有相应的需求。大多数欧洲国家都有股票市场，但是在 20 世纪 70 年代和 80 年代初期，上市公司通常并不依赖资本市场作为其主要融资来源。相反，它们把目光投向了银行、居民家庭和政府。最真实的财务报告是给公司内部人员使用的，提交给监管部门的财务报告需要严格按照法律规定编制，这些法律因国家而异，会保护各种保密需求。

1976 年，本森在辞去 IASC 主席职位时，总结了他三年的任职经验，将 IASC 面临的挑战描述如下：

> 从国家准则（national standards）到国际准则（international standards），看起来只需要简单地迈出一小步，但其间却有令人痛苦的陷阱。正如每个国家的公民都喜欢当地的食物、美酒和风俗习惯一样，他们也更乐于接受他们自己的会计方法。此外，还有一个更大的障碍，就是各国的政府。没有哪一个政府会心甘情愿放弃主权而将国内事务的决定权拱手让与他人。[239]

在发展中国家，IASC 取得了更大的成功。1986 年，IASC 秘书长戴维·凯恩斯报告说，他在发展中国家访问时了解到，IASC 准则在马拉维和津巴布韦被直接采用为国家准则，在尼日利亚和肯尼亚则被用作准则制定程序的基础。[240] 许多发展中国家会从开发银行借款，因此需要采用较高的会计和审计标准定期提交报告（见第 12.5.1 节）。世界银行需要可靠的项目融资信息，这是世界银行在 1981 年决定加入 IASC 顾问团的主要原因。[241] 1983 年，世界银行集团旗下的国际金融公司（International Finance Corporation，IFC）公开称，国际金融公司的借款人需要在其所提供的财务报表的开头部分，概要说明所使用的会计政策，并且在适用且切实可行的情况下尽可能地

---

239. *IASC News*，4/5（1976.08.02），3.
240. 引文摘自 *IASC News*，15/5（1986.10），4。
241. 整理自 Hans Burggraaff 给作者的备忘录，2004.04.22。

参照执行 IASC 的准则。[242] 由于开发银行的施压，IASC 准则的潜在影响可能已经渗透到了私营部门，进而被各国公共会计师行业协会纳入议程之中。IASC 的第一任助理秘书理查德·西蒙斯注意到，从各个方面来看，准成员都比创始成员更加坚定地拥护国际会计准则。[243]

1987 年，IASC 理事会收到了一封信，信中提请理事会关注，IASC 迄今为止的些许成绩已经让人们更加期待 IASC 在未来国际趋同中能够起到的作用。欧共体特许会计师研究组前主席、伦敦亚瑟·杨会计公司合伙人保罗·鲁特曼，写了如下预言：

> IASC 的工作及其准则已经取得不容忽视的声誉。但是，协调（harmonisation）必须在国际层面实现，其成功必须以主要资本市场之间的协调情况来判断，而不是根据有多少个小规模资本市场国家采用了 IASC 的准则来判断。道阻且长，IASC 自身也需要做出某些调整，应当逐渐把各国的准则制定机构吸收为成员，而不能只吸收公共会计师行业协会作为成员。[244]

6.21　IASC 通过访问和沟通来寻求支持

IASC 历任主席亨利·本森、约瑟夫·卡明斯和约翰·赫普沃思通过频频参加各种会议、频繁发表演讲、公开发表文章等多种方式，积极地在世界各地宣传 IASC。通常，在 IASC 理事会会议结束的当天晚上，IASC 主席会邀请当地公司高管、监管机构领导和公共会计师行业协会领导共进

---

242. 引文摘自 *IASC News*，12/6（1983.11），1–2。
243. 整理自 2003 年 9 月 25 日作者与 Richard J. Simmons 的访谈记录。
244. Rutteman, "Demands of a Different Environment", 17. 其他指出 IASC 影响力有限的研究包括：Thomas G. Evans and Martin E. Taylor, "'Bottom Line Compliance' with the IASC: A Comparative Analysis", *International Journal of Accounting Education and Research*, Fall 1982, 115–128；S. M. McKinnon and Paul Janell, "The International Accounting Standards Committee: A Performance Evaluation", *International Journal of Accounting Education and Research*, Spring 1984, 19–34。

晚餐。[245]1978 年，IASC 秘书罗伊·纳什在出席 IASC 会议期间，顺访了 IASC 东南亚和新西兰的准会员协会。[246]1980 年，汉斯·伯格拉夫担任主席后，推广进程被进一步加快。自伯格拉夫开始，IASC 的主席和秘书便积极地走访公共会计师行业协会、准则制定机构、政府监管机构和主要大型公司，还积极地参加各国家和地区的会计大会。[247]

为了回应经济合作与发展组织（OECD）等机构关于"IASC 因固守公共会计师行业利益而太过狭隘"的批评意见[248]，IASC 在 1981 年成立了顾问团，其成员主要是财务报表的编制者和信息使用者（见第 4.16 节），这是伯格拉夫的又一创新举措。

截至 1984 年，IASC 的主席和秘书已经共同或者分头访问了荷兰、加拿大、法国、澳大利亚、新西兰、墨西哥和南非等国家和地区的会计准则制定机构，并且预留了访问尼日利亚、意大利、英国、爱尔兰和日本等国家和地区的公共会计师行业协会的计划。[249]1985—1986 年，他们还访问了印度和巴基斯坦的公共会计师行业协会。[250]1986—1987 年，IASC 秘书长戴维·凯恩斯在非洲走访了很多公共会计师行业协会[251]，并安排他访问的这些协会参加了 IASC 理事会和指导小组会议。[252]

伯格拉夫特意在一系列国际和国内会议上发言，借助这些平台向更广

---

245. 例如，1976 年 11 月 10 日，主席 Cummings 邀请 SEC 主席、FASB 主席、AICPA 主席、SEC 首席会计师和纽约证券交易所副主席参加他在华盛顿特区举行的晚宴，当天也刚好是理事会在美国的第一次会议。参见 *IASC News*，4/7（1976.11.24），1—2。1977 年 3 月，NIVRA 为 IASC 举办了一场晚宴，当时理事会正在阿姆斯特丹开会，邀请了几位荷兰政要参加。Hans Burggraaff 是当时 NIVRA 的主席。*IASC News*，5/2（1977.03.18），2。

246. *IASC News*，6/2（1978.02），4；*IASC News*，6/4（1978.07），4。

247. 关于 Burggraaff 主动性外联的建议，参见 1980 年 6 月 24—27 日 IASC board meeting minute 10。关于主席 Stephen Elliott 的访问计划，见 1984 年 3 月 14—16 日 IASC board meeting minute 5。同时参见 *IASC News*，12/6（1983.11），4—5；*IASC News*，15/3（1986.06），2；*IASC News*，15/4（1986.08），3。

248. *IASC News*，10/1（1981.02），1。

249. *IASC News*，10/6（1981.10），5；*IASC News*，11/1（1982.02），2；*IASC News*，12/1（1983.02），2。这些访问都在 1984 年 3 月 26 日 IASC 向 SEC 做展示时进行了报告（见第 6.23 节）。1985 年的访问参见 *IASC News*，14/3（1985.05），1。

250. "International Accounting Standards Committee：Report on Activities for the Year Ended 30 June 1986"，*1986 Annual Report* of the International Federation of Accountants，16。

251. 参见 *IASC News*，15/5（1986.10），4；*IASC News*，16/1（1987.02），2，4。

252. 整理自 2004 年 1 月 22 日 David Cairns 与作者的沟通。

第 6 章　IASC 努力获得认可

泛的受众解释 IASC 的目标及其所做的工作。他开创性地邀请会计界的重要人物做客出席理事会会议。首位应邀参会的是（美国证券市场上的）财务会计准则委员会（FASB）主席唐纳德·J. 柯克，时间是 1981 年 6 月（1985 年 6 月柯克第二次应邀参会）。1982 年 3 月，英国会计准则委员会（ASC）主席汤姆·瓦茨应邀参会。1982 年 6 月，荷兰年度报告委员会主席简·肖恩德贝克应邀参会。通常，应邀嘉宾会向理事会做一个简短的演讲。后来的应邀嘉宾还有：

国际会计师联合会（IFAC）主席华盛顿·西西普和 IFAC 执行董事（Executive Director）罗伯特·N. 森皮尔（1983 年 6 月和 1984 年 6 月）

非洲会计理事会（African Accounting Council）秘书长 M. N. K. 金宗齐教授（M. N. K. Kinzonzi）（1983 年 10 月）

（美国证券市场上的）财务会计准则委员会（FASB）委员雷蒙德·C. 劳弗（Raymond C. Lauver）（1984 年 6 月）

欧盟委员会的赫尔曼·尼森（Hermann Niessen）和德国司法部的赫伯特·比纳（Herbert Biener）（1984 年 10 月）

IFAC 主席罗伯特·L. 梅和执行董事罗伯特·N. 森皮尔（1985 年 6 月和 1986 年 6 月）

英国会计准则委员会（UK ASC）主席彼得·戈弗雷（1985 年 10 月）

荷兰飞利浦公司财务总监罗伯特·C. 斯皮诺萨·卡泰兰（Robert C. Spinosa Cattela）（1986 年 6 月）

澳大利亚会计准则委员会主席约翰·迈尔斯（John Miles）（1987 年 3 月）[253]

IASC 也没有忽视教育工作者的影响。在 1983 年 6 月的理事会会议上，IASC 通过了新的决议："同意由秘书处致信各成员协会，敦促其与本国的

---

[253]. 会议纪要后附了他们对理事会的一些评论摘录。Spinosa Cattela 的讲话摘录和综述刊登在 *IASC News*，15/4（1986.08），1。

高校保持联系，并确保所有高校都拥有足够的 IASC 材料副本。"²⁵⁴ 这个想法可能来自 IASC 秘书杰弗里·米切尔，他本身就是在休假的澳大利亚会计学者。

6.22　IASC 与欧洲方面的联系

尽管据称欧共体的公司法指令对 IASC 的成立具有重要意义，但 IASC 在 20 世纪 70 年代，仅仅与欧洲几个活跃的公共会计师行业协会有些零星的接触。1974 年，本森与欧洲财政经济会计专家联盟（UEC）主席 E. 普然（E. Pougin）和欧共体特许会计师研究组主席 A. 雷代尔（A. Reydel）有过几次会面。²⁵⁵ 但在本森卸任后，这些联系便失效了，也许是因为两任继任 IASC 主席的都不是欧洲人。1980 年 2 月，第一位来自欧洲的 IASC 秘书艾伦·库克写信给欧共体特许会计师研究组主席 G. J. 克雷默（G. J. Kramer），建议他考虑 IASC 于 1979 年 10 月做出的关于在新项目开始时吸收其他组织参与进来的建议。但是克雷默婉拒了 IASC 的邀请，因为资源不足所限，该研究组即便想参与也只能临时参与。²⁵⁶

在 1980 年 6 月的会议上，IASC 就其未来（包括外部关系）进行了详细的讨论。库克秘书建议寻找一个能够代表欧洲经济共同体各国公共会计师行业利益的观察员，来参加理事会会议。不过，来自日本公共会计师行业的高级理事会成员中岛省吾认为，日本公共会计师行业可能不会轻易接受这样的做法。因此，这事也就没有了下文。与联合国和经济合作与发展组织不同，欧共体没有被邀请加入 IASC 的顾问团，因为当时的设想是只有拥有世界性影响的机构才有资格参加这个民间组织。²⁵⁷

但这并不意味着 IASC 就会忽视欧盟委员会的影响力。1981 年 12 月，IASC 主席汉斯·伯格拉夫在秘书库克和候任秘书杰弗里·米切尔的陪同

---

254. IASC board meeting of 14–16 June 1983, minute 6（j）（i）.

255. IASC meetings of 14–15 January 1974, minute 13；15–17 July 1974, minute 16（3）；15–16 January 1975, minute 11（1）.

256. 整理自 1978 年 3 月 11 日 Kramer 写给 Cook 的信，IASC archive, file "Liasion—Group d'Études, UEC & IASC".

257. 整理自 Hans Burggraaff 给作者的备忘录，2004.04.22。

下，在布鲁塞尔会见了赫尔曼·尼森和他的工作人员。尼森是欧盟委员会内部市场和工业事务部（Directorate-General for Internal Market and Industrial Affairs）负责处理会计事务的高级官员。得益于秘书米切尔的坚持，IASC在之后几年中每半年就会与尼森及其工作人员举行一次会议。米切尔会准备详细的会议纪要，并且定期向尼森提供IASC的草案。在会议上，讨论的话题范围也很广。[258] 1984年，IASC主席斯蒂芬·埃利奥特邀请尼森以嘉宾身份出席10月份的IASC理事会会议。如前文所述，尼森如期参加了那次会议。IASC和欧盟委员会的下一次会议直到18个月后才在IASC的提议下再度举行。IASC和欧盟委员会之间的每次联系都是由IASC推动的，后者从未主动过。

在1986年5月，IASC主席约翰·柯克帕特里克和秘书长戴维·凯恩斯前往欧盟委员会，拜会了尼森和卡雷尔·范胡勒（Karel Van Hulle），就两个拟议中的欧共体公司法指令进行了讨论：一个是荷兰提出的赋予IASC准则和第七号公司法指令中合并报表相关规范以同等地位的提议（见第6.13节）；另一个是IASC的工作规划。《IASC新闻》对这次会议做出了如下总结："大家普遍认同，尽管欧共体公司法指令与国际会计准则之间的差异已经很小了，但谋求更高层次的一致性仍然是值得期待的目标。"[259]

6.23　IASC与美国证监会的联系

1980年，时任英国和爱尔兰公共会计师行业派驻IASC理事会代表的约翰·L.柯克帕特里克，阐述了他关于美国证监会对于IASC的重要意义的认识。他在一次演讲中指出："关于什么应该、什么不应该出现在财务报告之中，如果IASC的准则与美国证监会的规则严重相悖，那么IASC及其工作的价值将会严重受损，这可能会导致其没有资格继续在其名称中冠以'国际'字样。"[260]

---

258. IASC与欧盟委员会之间的通信和会议记录可在IASC档案的"EEC"文件夹中找到。
259. *IASC News*，15/4（1986.08），3.
260. John L.Kirkpatrick在"Accounting Standards—International Conflict Conference"上演讲的文稿，1980.12.10，IASC archive，speeches file.

国际会计准则史

几年后的 1984 年 3 月 26 日，IASC 与美国证监会在华盛顿的一次公开会议上首次建立正式联系。当时陪同 IASC 主席斯蒂芬·埃利奥特一同出席会议的，有 IASC 秘书长杰弗里·米切尔，财务会计准则委员会（FASB）主席柯克，美国注册会计师协会（AICPA）会长菲利普·B. 切诺克（Philip B. Chenok），来自国际商业机器公司（IBM）的美国证券行业派驻 IASC 理事会的代表拉尔夫·L. 哈里斯（Ralph L. Harris），美国注册会计师协会（AICPA）国际技术准则分委员会主席、IASC 前理事、来自消费者电力国际公司的威利斯·A. 史密斯。他们会见了美国证监会的委员们，以及首席会计师克拉伦斯·桑普森（Clarence Sampson）和首席会计师助理克拉伦斯·斯塔布斯（Clarence Staubs）。这次会议议题广泛，包括国际协调的进展、IASC 运作的程序及其成员协会所扮演的角色、IASC 准则与美国证券市场上的公认会计原则之间的区别、证券上市过程中允许上市公司使用 IASC 准则的可能性，以及政府间机构（如联合国和经济合作与发展组织）所扮演的角色等。据报道，美国证监会（SEC）主席约翰·S. R. 沙德（John S. R. Shad）最近表示美国证监会"对会计和审计领域的国际准则的发展很感兴趣，并乐意给予支持"。[261]

在这次会议上，柯克在演讲中对 IASC 表达了不咸不淡的支持。他认为，正如沙德在最近出席美国国会听证会时所说，国际协调是一个"长期的过程"。他列举了国际协调过程中可能会遇到的重重障碍（援引了稍早时候的一篇论文的观点[262]），并强调了这一事实：代表美国证券行业列席 IASC 理事会的是美国注册会计师协会（AICPA），而不是作为证券市场上的公认会计原则制定者的财务会计准则委员会（FASB）。在演讲的最后，他重申了他的观点：财务会计准则委员会（FASB）的任务是专注于处理

---

261. 引文摘自 *IASC News*, 13/2（1984.03），4。另见 "IASC to Meet SEC for First Time", *International Accounting Bulletin*, no. 9（1984.04），7; "Chenok, Kirk Comment at SEC Open Meeting on International Accounting Rules", *Journal of Accountancy*, 157/5（1984.05），12。Shad 的言论被转载于：*International Bank Lending: Hearings before the Subcommittee on Financial Institutions Supervision, Regulation and Insurance of the Committee on Banking, Finance and Urban Affairs*, House of Representatives, Ninety-eighth Congress, First Session, 1983.04.20—21（Serial No. 98-16），358–359。

262. Kirk, "Some Comments on the Prospects for International Harmonization"。

第 6 章 IASC 努力获得认可

与美国财务报表使用者的需求相关的财务信息。[263] FASB 发言人随后证实，FASB 方面的确缺乏热情："我们受到了邀请，自然不便回绝，但（FASB）在会议上感觉就像个备胎。"[264]

会议期间，IASC 主席埃利奥特请求美国证监会主席沙德"考虑怎样才能更加明确地向国际会计界传递贵方对 IASC 的支持"。[265] 据报道，在会议上，"沙德请美国证监会首席会计师桑普森研究美国证监会能否对 IASC 的努力给予更大的支持"。[266] 但美国证监会的内部制度规定，无论是财务会计准则委员会（FASB）还是 IASC 提出的草案，美国证监会都不会对其发表正式评论。这可能对美国证监会明确表态支持 IASC 造成了妨碍。[267] 与美国证监会共同开会，是 IASC 领导者与美国证监会及其高级职员相互"混个脸熟"的宝贵机会。

与美国证监会（SEC）举行会议一年后，IASC 对美国证监会 1985 年 2 月 28 日发布的第 33–6568 号政策文告《促进跨国证券发行》（Facilitation of Multinational Securities Offerings）发表了评论。美国证监会一直在广泛征求意见，以期通过美国、英国和加拿大证券市场的国际合作，在证券发行领域实现信息披露和分销惯例的国际协调。有两种可供选择的方案：一是"互惠方式"（reciprocal approach），即一国的上市要求被他国接受；二是"同一招股说明书方式"（common prospectus approach），即谋求达成证券信息披露和分销准则的国际协定。对此，IASC 建议称，"最终目标应当是采用以遵循国际会计准则为基础的'同一招股说明书方式'"。但 IASC

---

263. "Comments by Donald J. Kirk at the SEC Meeting March 26, 1984", copy in IASC archive, SEC file.

264. "No Breakthrough at SEC/IASC Summit", *International Accounting Bulletin*, no. 10（1984.04），12.

265. *IASC News*, 13/2（1984.03），4.

266. "No Breakthrough at SEC/IASC Summit", *International Accounting Bulletin*, no. 10（1984.04），12.

267. 1984 年 9 月，Paul Rosenfield 致电 Clarence Staubs，询问 SEC 是否会考虑对 IASC 的征求意见稿做出回应。Staubs 回答说，这是不可能的，因为 SEC 甚至没有回应 FASB 的征求意见稿。参见 Geoffrey Mitchell 的备忘录，1984.09.26，IASC archive，SEC file。然而，在 20 世纪 90 年代，SEC 确实开始对 IASC 的征求意见稿发表评论——或是直接评论，或是通过国际证监会组织（IOSCO）间接评论。

也承认，从短期和中期目标来看，"互惠方式"是更切合实际的。[268]

奇怪的是，美国证监会首席会计师办公室的官员在整理业界针对上述SEC 1985年2月政策文告的反馈意见后发现，"几乎没有证据表明美国证监会关于外国证券发行人必须（按照美国证券市场上的公认会计原则）对其财务报表进行调整这一要求对外国公司进入美国证券市场造成了严重障碍"。[269] 纽约证券交易所国际资本市场咨询委员会也评论说，证券市场"已经认识到进行上述调整的必要性"。[270]20世纪90年代，纽约证券交易所曾试图说服美国证监会取消上述调整要求，但徒劳无功（请参阅第10.16节）。

1987年，美国证监会首席会计师办公室在一份上报美国国会的关于证券市场国际化的报告中，撰写了一段题为"关于证券跨国和国际发行的会计和审计准则"的描述性文字。[271] 报告中有几页阐释了IASC的工作和影响，但是这份报告并非美国证监会的官方立场，因而没有提供任何政策建议。

6.24 IASC与国际证监会组织的初步接触及其预兆

美国证监会委员查尔斯·C. 考克斯（Charles C. Cox）1984年3月参加了IASC的会议，并在三年后的另一场会议中邀请IASC与国际证监会组织（IOSCO）建立联系，这是IASC与包括美国证监会在内的证券市场监管机构之间关系的转折点。本书第10章将阐释这场会议及其对IASC的工作所产生的深刻影响。

---

268. *IASC News*，14/4（1985.07），5；以及1985年7月12日David Cairns写给John Wheeler的信，IASC archive，SEC file。

269. *Internationalization of the Securities Markets*，chapter IV-51。

270. *Internationalization of the Securities Markets*，chapter IV-52. 1987年7月27日，SEC向参议院银行、住房和城市事务委员会、众议院能源和商业委员会提交的报告（网址：http://www.sechistorical.org/collection/papers/1980/1987_IntSecMarketsRep）。

271. *Internationalization of the Securities Markets*，chapter IV-50。

第 7 章　IASC 何以应对政治环境

国际会计准则委员会（IASC）是公共会计师行业协会独家发起成立的纯粹的私立机构。除有争议的墨西哥公共会计师行业协会以外，这些公共会计师行业协会大多来自发达国家。IASC 成立之初的时代背景是，大多数国家的主流意识形态都主张强化对企业的政治及社会控制。在许多发展中国家，主张维护国家独立的迫切愿望则进一步强化了这一倾向。在这样的背景下，IASC 受到各个方面的严格审查也就不足为奇了。

20 世纪 70 年代和 80 年代初，IASC 面临一系列挑战。最基本的问题就是，IASC 的组织结构和运作程序难以做到让所有的国际会计准则利益相关者都以适当的方式参与进来。对 IASC 的工作感兴趣的各方力量绝不是整齐划一的，它们中间有发达国家也有发展中国家，有政府机关也有私立部门，有公共会计师和财务报表编制者，也有财务报表使用者。此外，不同的公共会计师行业协会之间，还存在在 IASC 理事会中派驻了理事和没有派驻理事的分别。这种划分很敏感，因为那些被排除在 IASC 理事会之外的协会有充分理由认为，这不仅仅是为了将理事会规模限制在可控范围内，还涉及对各协会的能力的认可。

本章旨在阐释 IASC 努力处理上述冲突关系所采取的行动的过程。本章故事围绕着紧密联系的三大方面的进展展开：一是 IASC 与联合国的关系；二是 IASC 与经济合作与发展组织（OECD）的关系；三是国际会计师联合会（IFAC）为控制 IASC 所做的尝试。

7.1 发展中国家与联合国

　　早在 IASC 成立之前，就有人提出过，联合国可能会在国际会计标准的制定过程中发挥作用。在 1971 年 10 月举办的耶路撒冷会计会议上，英国著名会计学者爱德华·斯坦普建议，应与联合国联系，建议其设立一个"世界性的会计师咨询机构"（world consultative body of accountants）来制定会计准则。[1]事实上，国际会计准则的问题早已在联合国浮出水面。1971 年 12 月，国际劳工组织（International Labor Organization，ILO）在都灵组织了一次关于会计通用准则与惯例的会议，据说当时联合国考虑在 1972 年召开一次"领先会计师峰会"，以讨论处理"国际会计处理方法的混乱"的问题。[2]但当联合国真正采取行动时，并没有通过国际劳工组织来进行，侧重点也有所变化。1972 年，联合国秘书长任命了一个知名人士小组（Group of Eminent Persons），研究跨国公司对世界发展和国际关系的影响。该小组成立之时，某些发展中国家担忧，跨国公司的运作有可能会导致其丧失国家主权。

　　该小组 1974 年发表的报告总结称，"应提高东道国的议价能力"。一个与会计和财务报告潜在相关的结论是："发展中国家需要提升对本国与在本国运营的跨国公司之间的利益分配模式进行监控的能力。"[3]报告还建议联合国继续参与涉及跨国公司活动的问题。因此，联合国设立了跨国公司委员会（Commission on Transnational Corporations）和跨国公司中心（Centre on Transnational Corporations），负责收集数据。知名人士小组强调了"信息披露的特殊重要性"，并建议制定公司报告的"国际标准"。该标准应当有助于产生具有国际可比性的信息，尤其要吻合多个政府的信息需求。因

---

1. Edward Stamp, "Uniformity in International Accounting Standards", *Journal of Accountancy*, 133/4（1972.04），67.

2. "UN Calls Summit over Accounting", *Accountancy Age*, 2/45（1971.12.17），1. 1971 年的会议由国际劳工组织高级技术和职业培训中心于 12 月 7 日至 10 日在都灵举办。

3. *The Impact of Multinational Corporations on Development and on International Relations*（New York: United Nations, 1974），32.

第 7 章　IASC 何以应对政治环境

此，国际准则可能会与各国现行的会计准则并存。知名人士小组建议设立一个国际会计标准专家组，以确定跨国公司的母国（home country）和东道国（host country）政府所需要的信息。[4]

知名人士小组在 1973 年秋季至 1974 年年初的几个月投入了工作，该小组可能并不知道新近成立的 IASC。IASC 也没有派代表与知名人士小组进行沟通。然而，到了 1974 年 11 月，联合国与 IASC 取得了联系，并就是否有可能"将估值会计准则的制定委托给 IASC，并由联合国支付一定费用"进行了讨论。[5] 这些讨论最后不了了之，因为 1975 年 3 月，联合国跨国公司委员会决定根据知名人士小组的建议，组建自己的专家组（Group of Experts）。[6] 这给 IASC 带来了潜在的问题，因为专家组可能会积极参与制定会计标准。[7] 因此，IASC 主动与专家组建立联系；结果，IASC 主席乔·卡明斯被任命为专家组成员。[8]

专家组在 1976 年和 1977 年举行了两次会议，之后向跨国公司委员会提交了一份报告。[9] 该报告也许会让 IASC 感到放心，因为它提到"IASC 在制定有关估值及其他准则的国际标准方面正在进行有价值的工作"。该报告还指出，IASC 的工作是专家组决定只专注于研究披露问题的原因之一。该报告侧重于通用目的的财务报告，不涉及单独向政府机关报送的报告的准则。然而，该报告也存在一些争议，因为它建议制定一系列准则，要求企业披露相当广泛的财务信息和非财务信息。[10] 国际商会（ICC）和国际雇主组织（International Organization of Employers）发起了一场反对该报告的运

---

4. *The Impact of Multinational Corporations*, 95&96.

5. IASC meeting of 5–6 November 1974, minute 12.

6. Klaus A. Sahlgren, "The Work of Non-Accountant International Bodies: The United Nations", in W. John Brennan（editor）, *The Internationalization of the Accountancy Profession*（Toronto: The Canadian Institute of Chartered Accountants, 1979）, 67.

7. 例如，参见"IASC Upstaged by UN", *Accountancy Age*, 8/42（1977.10.21）, 4。

8. IASC meetings of 9–11 March 1976, minute 17, and of 6–8 July 1976, minute 17.

9. *International Standards of Accounting and Reporting for Transnational Corporations: Report of the Group of Experts on International Accounting and Reporting*（E/C 10/33）（New York: United Nations Publications, 1978）.

10. "UN Body Prepares Rules for Multinationals", *Accountancy Age*, 8/34（1977.08.26）, 7; "The U.N. May 'Audit' Business", *Business Week*（1978.06.26）, 98. 另见 Donald J. Hayes, "The International Accounting Standards Committee: Recent Developments and Current Problems", *International Journal of Accounting Education and Research*, 16（Fall 1980）, 5–6。

动,一些跨国公司对执行这些建议的困难及其可能产生的政治影响表示关注。[11]

亨利·本森爵士从政治层面考虑了专家组的提议,并在1978年3月22日《金融时报》的一篇文章中对其进行了抨击。根据本森的说法,联合国中包含很多国家的代表,这使得该项目"充满了政治危险"。他表示,一个真正的危险是,那些不承诺让财务报告透明化的国家"将会支持那些主张增加公司披露的提案,并将这些提案用作政治武器,这些武器要么用来针对一般的混合经济,要么是为了获得特定的优势"。此外,"制定一长串的披露要求很容易,但是不考虑现实情况的教条提案更容易引起嘲笑,而不是激发更自觉的合规行为"。相比之下,本森称赞IASC公布的准则"简短、清楚、简单"(short, clear and uncomplicated),并建议联合国与IASC沟通,以将其所关心的问题纳入IASC的工作计划。[12]

但是IASC没有遵循其前任主席本森的建议,而是更倾向于跟随爱德华·斯坦普的立场。斯坦普在反驳本森的观点时表示,他希望IASC和联合国建立起"卓有成效的伙伴关系"(fruitful partnership)。[13]1979年5月,联合国将专家组改组更名为"国际会计和报告准则政府间特设工作组"(Ad Hoc Intergovernmental Working Group on International Standards of Accounting and Reporting),IASC随即与之开展了合作。[14]

7.1.1 对发展中国家的愿望的敏感性

1979年的时候,IASC很可能比本森时代(即20世纪70年代初)更加敏感地意识到了发展中国家的需求。在1977年于慕尼黑举行的第十一届国际会计师大会上,发展中国家因其在IASC理事会中缺乏代表性而引起

---

11. "The UN Plan for World Reporting Standards", *World Accounting Report*, 1978.04, 2–3; "Multinationals Spurn UN Plan", *World Accounting Report*, 1978.05, 5–10.

12. Henry Benson, "Flaws in the UN's Disclosure Proposals", *Financial Times*, 1978.03.22. John Grenside, "Search for Worldwide Harmony", *Accountancy Age*, 1980.12.05, 18. 该文章评论说,一些披露要求往往"反映情感和政治动机,特别是对(跨国公司)在本地的活动持怀疑态度的发展中国家政府"。

13. Edward Stamp, "Why Opposition to the UN's Disclosure Plans is Misguided", *Financial Times*, 1978.05.10. 另见 Stamp 给编辑的信, "Disclosure Proposals", *Financial Times*, 1978.04.14。

14. IASC board meeting of 7–9 November 1978, minute 11.

第 7 章　IASC 何以应对政治环境

的不满情绪浮出了水面。大会上展示的 IASC 章程修订版也饱受一些 IASC 准成员诟病，它们抱怨章程的修订没有征求它们的意见。在大会期间，比利时公共会计师行业协会（Belgian Institut des Réviseurs d'Entreprises）会长 O. 范·德·默伦（O.Van der Meulen）博士针对 IASC 被创始成员主导的问题，组织了一次更广泛的抗议活动。尽管发达国家（如比利时和斯堪的纳维亚国家）准成员的不满最为强烈，发展中国家的不满也同样引起了注意。有人指出，由于有跨国公司在发展中国家开展经营活动，所以发展中国家对国际准则特别感兴趣，但 IASC 通常没有考虑其具体的经济和社会情况。[15]

大约在同一时期，IASC 对于巴基斯坦未按 1977 年章程要求处理好理事会轮换席位一事感到十分尴尬（见第 6.18.1 节）。原本将要占据该席位的两个巴基斯坦公共会计师行业协会，事到临头才发现自己并没有足够的财力去支付 IASC 理事会会费，因此不得不撤回了此前已经作出的关于接受该席位的承诺。[16] IASC 理事会秘书罗伊·纳什在一份机密报告中提及，"IASC 可能会受到批评，因为它虽然修改了章程，允许吸纳更多的理事会成员，但鉴于其提出的财务要求较高，这就在实际上将大多数成员协会排除在外了"。[17] 对 IASC 来说，幸运的是，尼日利亚特许会计师协会经过无记名投票获得了巴基斯坦公共会计师行业的这一席位，该协会在申请理事会席位时已经事先了解了相关的会费金额。[18]

在接下来的几年中，如何让发展中国家参与进来，对于 IASC 来说仍然是一个敏感的问题。当 1982 年 3 月成立指导委员会以审查现有的 IASC 的准则时，组织和计划委员会（OPC）观察到，"从公共关系的角度来看"，如果新的指导委员会能够"向外界表明其将启动独立的审查"，那么

---

15. 参见 O. Van der Meulen 给各代表团团长的信件，1977.10.13，AP 6/1978 paper 16 附件。另见 "Secretary's Notes on Meeting [of Alec Mackenzie and John Brennan with O. Van der Meulen and K. Van Oostveldt] 15 December 1977"，AP 3/1978 18B；另见 J. A. Hepworth 给 O. Van der Meulen 的信，1978.07.12，IASC archive，file "Belgium"；另见与斯堪的纳维亚机构的通信，AP 6/1978，paper 16。

16. Ata Ullah 写给 Roy C. Nash 的信，1978.03.27，AP 6/1978 paper 18 附件，以及 IASC 档案中的相关通信，"Pakistan" country file。

17. AP 6/1978 paper 18。

18. AP 6/1978 paper 18。另见 H.F. Richardson 给 A.C.I. Mbanefo 的信，1978.12.08，IASC archive，file "Nigeria"。

它的成立是有益的。"因此，有必要（在指导委员会中）任命两个非 IASC 理事会成员的协会代表（其中一位来自发展中国家的公共会计师行业协会）。"OPC 支持这一做法，尽管它也认识到，理事会成员国更有可能派遣出经验丰富的理事或职员观察员参加审查指导委员会（review steering committee），从而更有能力提供 IASC 所需的有益帮助。[19]

7.1.2 从特设工作组到 ISAR

与此同时，联合国"国际会计和报告准则政府间特设工作组"（简称特设工作组）在 1980 年 3 月至 1982 年 4 月举行了六次会议，IASC 获准委派观察员参会。在大多数会议上，IASC 均派一到两名理事以及理事会秘书参会，IASC 主席偶尔也会参加。就政治影响力而言，"特设工作组"要远远胜过其前身——由 13 位成员构成的"专家组"。但特设工作组中存在深刻的理念分歧，分歧的一方来自占多数席位的发展中国家，另一方来自经济合作与发展组织（OECD）成员。总体而言，发展中国家（在联合国中以"77 国集团"的名义开展活动）的代表要求进行广泛的财务和非财务信息披露，而经济合作与发展组织（OECD）成员的代表往往抵制这一立场。[20]

IASC 在这一争端中的立场有些微妙。一方面，它必须对发展中国家的观点作出充分的积极反应，因为如果 IASC 态度冷漠，就可能会导致那种呼吁联合国另行组建更完善的国际会计准则制定机构的声音占得上风。只要关于发展中国家公共会计师行业协会代表在 IASC 理事会中的席位明显偏少的批评意见仍然存在，这种可能性就会持续。[21] 如上所述，IASC 意识到了这一缺陷。因此，IASC 主席汉斯·伯格拉夫向联合国方面（即特设工作组）承诺，IASC 理事会将会把 1982 年新增的 4 个理事席位中的 3 个，

---

19. "Review of Existing IAS's"，AP 6/1982，paper 13. 最后，指导委员会由马来西亚、墨西哥、南非和荷兰的代表组成。

20. 参见 Sheikh F. Rahman，"International Accounting Regulation by the United Nations: A Power Perspective"，*Accounting, Auditing & Accountability Journal*，11/5（1998），593&623。该文章分析了 77 国集团和经济合作与发展组织国家之间在财务报告方面的紧张关系。

21. 参见 Washington SyCip 在"1980 年 5 月 14 日国际会计师联合会理事会讨论的非正式说明"中的评论，IASC archive，file "Mutual Commitments"；另见 Peter Mantle，"IASC Seeks Links with UN and OECD"，*World Accounting Report*，1980.10，6。

分配给发展中国家的公共会计师行业协会。[22] 于是在 1982 年，来自尼日利亚和南非公共会计师行业的代表，再次被任命为理事会成员。同年，意大利和中国台湾地区的公共会计师行业协会第一次获得了理事会席位。

另一方面，IASC 不能与经济合作与发展组织（OECD）中的发达国家对抗。如下文所述，经济合作与发展组织（OECD）在 1980 年前后也活跃于国际会计标准领域，它有可能会采取危及 IASC 地位的行动。

IASC 竭力与发展中国家和发达国家两边的代表都保持良好的关系，并且似乎在发展中国家方面取得了更大的成功。联合国特设专家组的加拿大会计界代表约翰·登曼表示，"总的来说，（发展中国家）这一边比经济合作与发展组织（OECD）那一边的会计界更乐于接受 IASC 的工作"。[23] 1982 年 9 月，IASC 受到了《世界会计报告》中一篇文章的指责，该文称，IASC "过于天真地"（extremely naive）放纵自己，以至于主动变成了一些发展中国家实现政治目的的工具。据称，"IASC 试图采取行动来提升自己的地位，但适得其反，结果是成功地激起了所有政治派别的政府的愤怒"。[24] 这引起了 IASC 的深刻反思。IASC 随后立即向联合国特设工作组中一些国家的会计界代表征求意见，力求集思广益。英国会计界在联合国特设工作组的代表乔治·史密斯（George Smith）评论说，IASC 在参加联合国特设工作组的第二次会议时（1980 年 11 月）"相当出格"，居然要求"联合国给予 IASC 的准则以书面认可"。当时，IASC "被认为正在讨好 77 国集团"。然而，史密斯指出，在特设工作组的后续会议中，IASC 以其"富有权威性和专业性的有益干预"而赢得了赞誉。[25] 加拿大会计界在联合国特设工作组的代表约翰·登曼承认，"在某些情况下，IASC 似乎确实变成了第三世界的良心"，但他为 IASC 主席伯格拉夫和理事会秘书艾伦·库克辩护称，他们"取得了很多成就，特别是因为他们的坦率、清晰的表达和明

---

22. Hans Burggraaff 的话被引用于 "Informal Secretariat Notes of an IFAC/IASC Working Party meeting"，1981.11.02，IASC archive，file "Mutual Commitments"。

23. John Denman 给 R. D. Thomas 的备忘录，1980.11.26，IASC archive，file "United Nations 1979–1983"。另见 Peter Mantle，"Mexico Congress a Forum for World Debate"，*Financial Times*，1982.06.17，32。文章指出，"联合国似乎对会计师（即 IASC）所提供的合作水平很是感动"。

24. James Carty，"Accounting Standards and the United Nations"，*World Accounting Report*，1982.09，9–15。

25. "Notes on Telephone Conversation with George Smith by Geoffrey Mitchell" 1982.11.26，IASC archive，file "United Nations 1979–1983"。

显的技术专长"。[26] 基于上述评论，IASC 秘书杰弗里·米切尔在《世界会计报告》中做出回应称，IASC"从未激怒过任何一个国家"，并感谢特设工作组在报告中对其工作的支持。[27]

直到最后，特设工作组始终处于分裂状态。1982 年 4 月，特设工作组召开了最后一次会议，随后向跨国公司委员会提交了最后一份报告。该报告的确包含关于财务报告的指南（如最低限度的披露要求等）。[28] 但是，该报告"因该特设工作组明显缺乏团结而受到了损害"。[29] 该特设工作组甚至无法就是否应该继续开会以及何时继续开会达成一致意见。然而，1982 年 10 月，联合国经济和社会理事会（Economic and Social Council）创设了国际会计和报告准则政府间专家工作组（Intergovernmental Working Group of Experts on International Standards of Accounting and Reporting），取代了特设工作组。

迄今为止，国际会计和报告准则政府间专家工作组已被证明是财务报告领域中寿命最长的联合国组织。该组织在组建之初原本只准备存续三年，每年举行一次会议。但截至 2005 年，国际会计和报告准则政府间专家工作组实际上已经举行了 22 次会议。它拥有广泛的职责范围：审查、讨论并就会计和财务报告问题提供建议。但是，它的任务不包括制定会计准则。国际会计和报告准则政府间专家工作组的创立决议称，"会计和财务报告准则的制定程序……要发生在国家甚至是地区级别"。[30] 这种低调的立场，有效地消除了其对 IASC 的一切潜在威胁。[31]

尽管在国际会计和报告准则政府间专家工作组的第一次会议上再次出现了经济合作与发展组织（OECD）国家和 77 国集团之间的分歧，但其成员也发现双方有足够的共识，从而可以就转让定价、商誉、折旧和预计负

---

26. 参见 John Denman 给 Stephen Elliott 的信，1982.10.20，IASC archive, file "United Nations 1979–1983"。

27. Geoffrey B. Mitchell, "IASC—A Decade of Success and Achievement", *World Accounting Report*, 1982.10, 4.

28. *International Standards of Accounting and Reporting: Report of the Ad Hoc Intergovernmental Working Group of Experts on International Standards of Accounting and Reporting* (E/C 10/1982/8)(New York: United Nations Centre on Transnational Corporations, 1982).

29. Richard D. Fitzgerald, "International Accounting and Reporting: Where in the World Are We Headed?", *The Price Waterhouse Review*, 27/2（1983），22.

30. UN Economic and Social Council, resolution 1982/67.

31. 2005 年 8 月 19 日 Lorraine Ruffing 与作者的沟通。

债等研究主题达成一致意见。³²20 世纪 80 年代，虽然 IASC 继续与 ISAR 和联合国跨国公司中心保持良好的关系，但联合国在 IASC 的活动中逐渐变得无足轻重。IASC 派代表（通常是主席或秘书长）参加了 ISAR 在 20 世纪 80 年代的所有会议。但 1985 年 IASC 的日程表上取消了"与联合国的联系"这一常规议题，偶尔也有人担忧 IASC 参与 ISAR 的成本问题。³³

7.2 经济合作与发展组织

总部位于巴黎的经济合作与发展组织（OECD）于 1976 年进军财务报告领域，并且像联合国一样，它也可能会发展成为 IASC 的潜在竞争对手。然而，在成立 IASC 时，荷兰注册会计师协会（NIVRA）提出让经济合作与发展组织（OECD）作为盟友参与进来。1973 年 3 月，荷兰注册会计师协会主动与荷兰外交部讨论了这一问题，荷兰外交部也表示愿意指示其常驻经济合作与发展组织（OECD）代表"抛出橄榄枝"。³⁴ 但这事最后不了了之，不知是经济合作与发展组织（OECD）还是 IASC 其他成员不愿意。

或许与荷兰公共会计师行业所采取的行动并无关系，经济合作与发展组织（OECD）早在 1973 年就对国际财务报告产生了兴趣。³⁵1976 年 6 月，经济合作与发展组织（OECD）通过了《国际投资和跨国企业宣言》（Declaration on International Investment and Multinational Enterprises），其中包含一套《国际企业指南：信息披露》（Guidelines for International Enterprises: Disclosure of Information）。该指南建议了跨国企业应披露的信息，包括企

---

32. "International Group of Experts—Notes on First Session", undated memo, IASC Archive, file "United Nations 1979–1983".

33. "Minutes of the Fifth Meeting of the IASC/IFAC Coordinating Committee ...5 June 1987", minute 4. IASC Archive, file, "IASC/IFAC Coordinating Committee 1982–1995".

34. "NIVRA Position Paper Regarding IASC-Proposals", Henk Volten 的备忘录, 1973.04.09, NIVRA archive no. 477。

35. 在 1973 年 9 月 25 日的一次演讲中，SEC 主席 Ray Garrett 说："我们公司金融部的负责人正在经济合作与发展组织的支持下与外国的高层官员合作，制定（用于证券发行和交易的）最低标准，委员会的首席会计师正在参与美国注册会计师协会以及各国际组织的工作，以解决世界各地在财务报告方面的重大分歧。"Ray Garrett, "The Internationalization of our Securities Markets", typescript (in the authors' files), 12.

业整体的研发支出以及按地理区域划分的销售额和经营成果。1978年7月，经济合作与发展组织（OECD）成立了"会计准则特设工作组"（Ad Hoc Working Group on Accounting Standards）。这一时期，工商企业界开始意识到联合国专家组发布的报告的意义，经济合作与发展组织（OECD）也对此表示关注。[36] 会计准则特设工作组计划在1979年秋季发布报告，探讨在会计准则领域进一步开展工作的必要性。特别是，会计准则特设工作组将评议联合国专家组和IASC的工作，并就经济合作与发展组织（OECD）是否应长期参与制定会计和披露准则出具一份报告。

从20世纪70年代后期开始，随着涉足会计准则的组织的泛滥，表达相关困惑或烦恼成为学科文献中的重要内容。[37] 这些文章常常暗示甚至明确建议，联合国、经济合作与发展组织、IASC和欧洲经济共同体之中的一个或多个机构应停止在这一领域活动。此外，大家都不清楚IASC是否应该或者是否将会带头制定国际标准。[38] 如前文所述，工商企业界对联合国专家组的工作并不热心，有些人可能认为经济合作与发展组织（OECD）能够比IASC更有效地制衡联合国的专家组。[39] 此外，在许多欧洲大陆国家，长期的正统观念是把会计规制（accounting regulation）视为政府的职责之一。从这个角度来看，经济合作与发展组织（OECD）作为政府组成的机构，自然会胜过私营的IASC，更不用说IASC在确保准则得到遵循方面所

---

36. 2003年4月30日作者与Allan V. C. Cook的访谈记录。

37. 这一流派似乎始于文章：P. N. McMonnies, "EEC, UEC, ASC, IASC, AISG, ICCAP-IFAC, Old Uncle Tom Cobbleigh and All", *Accounting and Business Research*, 7/28（Summer 1977），162–167。另见"OECD Enters Accounting Standards Ring", *World Accounting Report*, 1976.05,6; Sean Heath, "Who is Meddling in Worldwide Accounting?", *Accountancy Age*, 10/37（1979.09.28），13; Michael Renshall, "Serving Six Masters", *Accountancy Age*, 11/6（1980.02.28），18; Kate Moore, "World Standard-Setters Look to 1982—But Will It All Be Simpler?", *Accountancy*, 86/1047（1980.11），18。

38. 例如，参见J. C. Shaw, "Multinational Corporations and International Standards", *World Accounting Report*, 1980.07, 2–3; 另见John H. Denman的回答, "Canadian Support for IASC", *World Accounting Report*, 1980.08, 5–7。

39. 1978年，财务经理协会（FEI）写信给美国国务卿，表示如果公司信息披露的国际准则不能留给"有资格从事这项工作的现有专业群体"制定，就应由经济合作与发展组织而非联合国发布。Charles C. Hornbostel给Cyrus R. Vance的信，1978.05.08，IASC archive, file "OECD Working Group to 1983"。另见Grenside, "Search for Worldwide Harmony", 18。

第 7 章　IASC 何以应对政治环境

遭遇的困难已经越来越明显（见第 6 章）。[40] 由于这种看法颇为盛行，IASC 内部有一种"真正的恐惧"：即使经济合作与发展组织（OECD）不去制定准则，它也会严重干扰 IASC 的工作。[41]

在此背景下，邀请 IASC 向特设工作组介绍其工作内容就显得非常重要。1979 年 4 月 4 日，IASC 组织和计划委员会（OPC）主席约翰·格伦赛德代表 IASC 主席约翰·赫普沃思发表了演讲。他强调了 IASC 的专业性和非政治性，以及经济合作与发展组织（OECD）如果要参与制定会计准则将会面临的问题。这是一场很坦率的演讲，格伦赛德没有掩饰 IASC 的弱点，例如其准则的弹性化（flexibility）以及准则实施方面的困难等问题。[42] 看来这次演讲是相当有效的。汉斯·伯格拉夫和道格·托马斯（加拿大公共会计师行业派驻 IASC 的观察员）作为他们所在国的公共会计师行业代表参加了经济合作与发展组织（OECD）特设工作组的这次活动。他们之后向 IASC 报告说，格伦赛德的演讲给经济合作与发展组织（OECD）的与会者留下了"良好的印象"。[43] 同时，IASC 的一些成员协会也成功地争取到了本国政府的支持。[44] 结果是，伯格拉夫在 1979 年 10 月报告说，虽然特设工作组将由常设的经济合作与发展组织会计准则工作组（OECD Working Group on Accounting Standards）接替，但这个新机构本身并不打算自行制定会计准则。[45]

---

40. 参见 "Accounting Standards Shake Up Urged by World Body"，*Accountancy Age*，10/36（1979.09.21），1。

41. 2003 年 4 月 30 日作者与 Allan V. C. Cook 的访谈记录。经济合作与发展组织制定准则的可能性是由 Michael Lafferty 提出的，参见 1979 年 3 月 22 日的《金融时报》文章："OECD May Issue Accounts Standards"。针对这篇文章，经济合作与发展组织特设工作组主席 David Hoddinott 于 1979 年 3 月 26 日给 IASC 理事会成员 John Grenside 写信，否认经济合作与发展组织在考虑为跨国企业发布会计准则。但在 1979 年 4 月工作组会议上，经济合作与发展组织秘书处的一些成员表示更支持经济合作与发展组织成为准则制定者。参见 Willis A. Smith 在 1979 年 7 月 31 日给 John Hepworth 的信，经济合作与发展组织工作会议报告附件。所有信件均在 IASC archive，file "OECD Working Group to 1983"。

42. AP 6/1979 paper 20. 另见 2003 年 4 月 30 日作者与 Allan V. C. Cook 的访谈记录。

43. IASC board meeting of 19–21 June 1979，minute 12.

44. 加拿大和美国政府代表对"经济合作与发展组织应被排除在准则制定之外"的观点给予了"相当坚定的支持"。整理自 1979 年 10 月 3 日 R.D.Thomas 给 Hepworth 的信。1979 年秋，美国代表 Willis Smith 和 Donald Hayes 联系了美国国务院，并与持相同观点的公司和组织也保持了联系。IASC archive，file "OECD Working Group to 1983"。

45. Meeting of IASC board of 23–5 October 1979，minute 14.

国际会计准则史

尽管这一定会令 IASC 感到满意，但这并不意味着它从此就可以忽略经济合作与发展组织（OECD）了。正如伯格拉夫所报告的，特设工作组认为，"将政府及其准则制定机构排除在 IASC 成员之外的做法削弱了国际会计准则的有效性"。经济合作与发展组织（OECD）因此认为，通过确保把政府、国际工商企业界、国家和国际准则制定机构以及公共会计师行业的意见吸收进来，自己在为国际准则制定进程"赋能"方面将大有可为。[46] 因此，常设的经济合作与发展组织会计准则工作组便应运而生，其职能是充任一种常设的协调委员会。IASC 在其中充任公共会计师行业的代表，与政府部门、企业界和工会的代表并列。[47]

换言之，经济合作与发展组织（OECD）是否愿意承认 IASC 是国际会计准则领域的主导力量，这取决于后者是否愿意扩大其（成员）基础，并放弃"制定会计准则是公共会计师行业分内的事"这一想法。当然，IASC 竭力公开为自己的工作程序辩护，并努力把自己塑造成最适合推动国际协调的机构。[48] 但是，经济合作与发展组织（OECD）的压力促使 IASC 在业务上做出了许多重大改变。早在 1980 年 6 月，IASC 就通过了一项政策，通过一系列访问活动与各国的准则制定者建立联系（请参阅第 6.21 节）。[49] 秘书处指出：

> 这一决定的出台背景是，经济合作与发展组织会计准则工作组的评论指出，IASC 作为由公共会计师行业协会所构成的组织，其现行章程给制定国际会计准则的工作带来了重大困难，因为 IASC 现有的许多协会成员在其所在国并不直接负责实施和执行其国内准则。[50]

---

46. 另见会计准则特设工作组的报告（1979.11.09），"Future OECD Work on Accounting Standards"，OECD，IME（79）.17（1st revision），paragraph 27（ii）。

47. Arnold Kransdorff，"Co-ordinating Role Seen for OECD in Financial Reporting"，*World Accounting Report*，1979.10，12–14；John H. Denman，"The OECD and International Accounting Standards"，*CAmagazine*，113（1980.02），56–59。

48. 例如，参见 Roy Nash，"Why Multinationals Should Support IASC"，*World Accounting Report*，1980.02，2–4；John L. Kirkpatrick，"International Harmonization Needs Help of Big Audit Firms"，*World Accounting Report*，1981.07，2–3。

49. IASC board meeting of 24–7 June 1980，minute 10.

50. AP 3/1981 paper 16.

第 7 章 IASC 何以应对政治环境

在经济合作与发展组织（OECD）的压力下，IASC 所做的改变还包括 1981 年设立了 IASC 顾问团，以及从 1986 年开始将 IASC 理事会席位分配给公共会计师行业协会以外的组织。下文将更全面地讨论这两个方面的变化。

特设工作组的报告或多或少地起到了引导 IASC 参与特设工作组的后继者（即经济合作与发展组织会计准则工作组）的工作的作用。[51] 在认真听取这一意见之后，IASC 在整个 20 世纪 80 年代至 90 年代初，一直与经济合作与发展组织（OECD）及其会计准则工作组保持着定期联系。最初，IASC 担心会计准则工作组对经济合作与发展组织"跨国企业指南"的审议可能会演变为准则的制定。[52] 但事实证明，这些担忧是没有根据的。经济合作与发展组织会计准则工作组及其下设小组讨论了税务会计与财务报告之间的关系、外币折算和合并报表等问题，发表了一系列报告及附带文件，并组织了一些会议和圆桌论坛。经济合作与发展组织会计准则工作组的报告在很大程度上借鉴了 IASC 的准则，IASC 由此认为经济合作与发展组织（OECD）这是在为它打免费广告，从而增强了 IASC 的权威性。[53] 因此，历任 IASC 主席和秘书都在与经济合作与发展组织（OECD）的联系上投入了大量时间。

从 IASC 的角度来看，随着时间的流逝，经济合作与发展组织（OECD）的地位显然越来越边缘化。如果说有什么事件标志着这一发展，那就是 1985 年 4 月 23 日至 24 日，经济合作与发展组织（OECD）在巴黎主办的"会计准则协调论坛"（Forum on Harmonization of Accounting Standards）。[54] 在会议上，来自不同背景的与会者表示将支持 IASC 在国际协调中发挥领导作用。这时，鉴于联合国（在会计准则领域）发展成为一支重要力量的可能性已经大幅减弱，经济合作与发展组织（OECD）参与

---

51. 参见会计准则特设工作组的报告（1979.11.09），"Future OECD Work on Accounting Standards", OECD, IME (79).17 (1st revision), paragraph 30 (i)。

52. 例如，参见 A. V. C. Cook 给 D. P. Tweedie 的信，1980.07.14，IASC archive, file "OECD Working Group to 1983"。

53. 2004 年 2 月 19 日作者与 Geoffrey Mitchell 的访谈记录。

54. *Harmonization of Accounting Standards: Achievements and Prospects* (Paris: OECD, 1986). 会议上对国际会计准则委员会表示支持的重要意义载于 H. Marseille, "Jaarverslaggeving en harmonisering van standaarden", *De Accountant*, 91/11 (1985.07/08), 610–12; Susan Baker, "Growing Prestige of the IAS Setters", *Certified Accountant* (UK), 1986.05, 10–11。

会计准则事务的最初理由已经基本消失。这一事实，再加上会议上许多人针对 IASC 表达了积极看法，使得经济合作与发展组织（OECD）放松了对国际会计准则的关注。因此，从 IASC 的角度来看，经济合作与发展组织（OECD）在 1985 年以后便逐渐地隐居幕后了。但经济合作与发展组织（OECD）仍然能够对 IASC 产生重要影响。例如，IASC 将金融工具这一重要议题纳入议程清单，就是受到了 1988 年经济合作与发展组织（OECD）金融工具研讨会的重要影响。

7.3　与国际会计师联合会的融合：1973—1982

　　IASC 与联合国和经济合作与发展组织（OECD）的关系，特别是发展中国家的公共会计师行业代表以及公共会计师行业以外的组织如何参与 IASC 理事会的工作等基本问题，是我们在讨论 IASC 与 1977 年成立的国际会计师联合会（IFAC）有无可能合并这一问题时需要认真考虑的关键因素。在 IASC 中，公共会计师行业所占的比重越小，其与国际会计师联合会（IFAC）整合起来的难度就越大。国际会计师联合会（IFAC）是一个相对开放的组织，来自发展中国家的公共会计师行业协会在其中发挥了重要作用。IASC 则不同，它受来自发达国家的创始成员（即公共会计师行业协会）控制。因此，要协调这两个民间组织，并非易事。

　　如上所述，发展中国家的公共会计师行业代表以及公共会计师行业以外的组织如何参与 IASC 理事会的工作这两个问题，在 20 世纪 70 年代后期才开始引起重视。但是，到那时，IASC 和国际会计师联合会（IFAC）之间的关系早已受世界范围内公共会计师行业长期的斗争所累——这可以追溯到 1967 年在巴黎举行的第九届国际会计师大会（请参阅第 2.6 节）。在这种背景下，如何处理与国际会计师联合会（IFAC）之间的关系成为 IASC 在 1980 年前后面临的最复杂的问题之一，也就不足为奇了。

7.3.1　国际会计师联合会的成立

　　本书在第 3.4.2 节中更全面地讨论过，IASC 创始人面临的主要困难之

第 7 章　IASC 何以应对政治环境

一，是确定其与国际会计职业协调委员会（ICCAP）的关系。国际会计职业协调委员会（ICCAP）是在 1972 年悉尼国际会计师大会上成立的，这是为公共会计师行业建立常设国际秘书处（secretariat）的一个中间步骤。建立这样的秘书处，得到了美国、德国和法国公共会计师行业协会的支持，这些协会还主张 IASC 和国际会计职业协调委员会（ICCAP）保持密切的联系。然而，英格兰及威尔士特许会计师协会（ICAEW）和苏格兰特许会计师公会（ICAS）反对设立秘书处；如果非要设立秘书处，它们当然希望 IASC 能够独立于秘书处。1973 年，各方达成妥协，要求国际会计职业协调委员会（ICCAP）进一步研究这一问题，这实际上推迟了秘书处的设立。而 IASC 的协议以某种含糊的措辞承认 IASC 是"国际会计职业协调委员会（ICCAP）的一部分，但在公布征求意见稿和准则方面是自主的"（第 2 段）。[55] 在同一段落中，协议还用更加模棱两可的条款将 IASC 与国际会计职业协调委员会（ICCAP）联系起来："未经 IASC 和国际会计职业协调委员会（ICCAP）同意，在 1976 年年底之前不得对 IASC 章程进行审查"。

国际会计职业协调委员会（ICCAP）内部自 1973 年春至 1975 年年中，围绕设立常设组织的问题进行了艰苦的谈判，从这个阶段开始，这个常设组织便被称为"国际联合会"（International Federation），而不再是"国际秘书处"（International Secretariat）。英格兰及威尔士特许会计师协会（ICAEW）的代表道格拉斯·莫佩斯单枪匹马地坚决反对这一变化，这与 1967 年巴黎国际会计师大会以来亨利·本森的立场是一致的。而国际会计职业协调委员会（ICCAP）的其他成员均赞同这一变化，其中最积极的当属美国注册会计师协会（AICPA）会长华莱士·E. 奥尔森。1975 年 6 月，各方原则上达成协议，将在 1977 年于慕尼黑举行的国际会计师大会上成立一个国际联合会。之所以能够达成协议，是因为美国注册会计师协会就英国同行所关注的两个主要问题作出了保证：国际联合会将以有限的预算进

---

55. "一部分"（part of）这样的措辞是刻意的。英格兰及威尔士特许会计师协会的一项提案中包含 IASC 应该在国际会计职业协调委员会的"支持之下"（under the aegis）这样的短语。德国代表 Krafft von der Tann 开玩笑问提案怎么会用拉丁文，大家刚刚才商定 IASC 的官方语言是英语。但是他们也提出了严肃的根本问题，并改用了更明确的"一部分"这种措辞。参见 John Williams 的笔记，Elliott 给 Burggraaff、Kirkpatrick 以及 Cook 的信函附件，1981.01.13，IASC archive，file "Mutual Commitments"。

行运营，而且 IASC 位于伦敦的秘书处也不会与国际联合会位于纽约的秘书处合并。[56]

到目前为止，除秘书处的选址问题之外，IASC 和拟设立的联合会之间的关系问题，尚未在国际会计职业协调委员会（ICCAP）内部引起重视。IASC 也没有积极考虑这一问题。但在 1975 年 7 月至 1976 年 3 月，新联合会与 IASC 的关系问题必须得到解决，因为只有这样，国际会计职业协调委员会（ICCAP）才有可能在过渡报告中为新联合会提供一份完整的建议书。经与莫佩斯会商，本森似乎想在 1975 年 10 月的 IASC 会议上组织讨论修订 IASC 章程，以此来争取主动权。在给 IASC 的一份说明中，本森主张 IASC 与国际会计师联合会（IFAC）保持密切联系，同时保持 IASC 的独立性："改变正在良好运行的事情不会有什么益处。"[57]国际会计职业协调委员会（ICCAP）主席莱因哈德·格德勒在得知 IASC 开始重新审议其章程后，在 IASC 的 10 月会议召开之前致信本森，提醒他 IASC 章程的修订需要经过国际会计职业协调委员会（ICCAP）的同意。[58]格德勒（之后将成为国际会计师联合会（IFAC）第一任主席）支持 IASC 与国际会计职业协调委员会（ICCAP）建立最紧密的联系，甚至赞成这两个机构的合并。事实上，除英国的公共会计师行业外，国际会计职业协调委员会（ICCAP）的所有成员在某种程度上都赞同这一立场。

对于本森来说，谁要是说把"他的"IASC 与他所强烈反对设立的国际会计师联合会（IFAC）整合起来，无异于恶毒的诅咒。他坚持主张，IASC 当然有权对其章程的修改行使否决权。[59]本森和 IASC 都认为，IASC 和国际会计师联合会（IFAC）之间的关系"应维持现状，保持不变"。IASC 授

---

56. Wallace E. Olson, *The Accounting Profession*, *Years of Trial: 1969–1980*（New York: American Institute of Certified Public Accountants，1982），232–236. 另见"ICCAP Plan Hits Trouble"，*Accountancy Age*，6/13（1975.04.04），1；"Preparing to Meet the Challenge of the New World"，*Accountancy Age*，6/28（1975.07.18），7。

57. AP 10/1975 paper 21.

58. 参见 Reinhard Goerdeler 给 Benson 的信，1975.10.03，IASC archive，file "Organisation and Future Work"。

59. Olson, *The Accounting Profession*, 236. 该文章指出，发起 IASC 和国际会计职业协调委员会的组织可以自行决定 IASC 的命运，但是"通常认为获得在 IASC 任职的人员的同意可以避免面子上不好看"。

第 7 章　IASC 何以应对政治环境

权本森以此为基础与国际会计职业协调委员会（ICCAP）进行谈判。[60]

随后，国际会计职业协调委员会（ICCAP）内部以及本森和格德勒之间进行了长时间的讨论。[61]最终结果是，国际会计职业协调委员会（ICCAP）1976年3月的中期报告和1977年3月的最终报告宣布，"（国际会计职业协调委员会（ICCAP））与IASC之间的关系应原样转交给国际会计师联合会（IFAC）"。本森的观点占了上风：该中期报告和最终报告甚至都没有明确重申IASC是国际会计职业协调委员会（ICCAP）的组成部分，也没有反映格德勒有关"IASC与国际会计职业协调委员会（ICCAP）的成员身份应当完全重合"的愿望。[62]

上述结果生动地诠释了本森作为谈判专家的卓越品质。但是本森能够谈判成功，也得益于国际会计职业协调委员会（ICCAP）其他成员的看法。它们意识到，鉴于英格兰及威尔士特许会计师协会（ICAEW）原本就不大情愿支持设立国际会计师联合会（IFAC），因此不宜再坚持要求IASC服从于国际会计师联合会（IFAC）。[63]

值得注意的是，IASC的其他代表普遍支持本森，尽管其所在国的公共会计师行业协会可能赞成IASC与国际会计师联合会（IFAC）的合并。然而，当本森和亚历山大·麦肯齐（英国和爱尔兰公共会计师行业派驻IASB的理事）试图比国际会计职业协调委员会（ICCAP）中期报告里的说法更激进地削弱IASC与国际会计师联合会（IFAC）之间的关联时，那些代表断然与他俩划清了界限。自1974年起，麦肯齐一直主持着IASC的"组织与未来"工作组（见第4.14节），并以此身份起草了经修订的章程草案。[64]

---

60. IASC meeting of 8–10 October 1975, minute 14.

61. 参见 Henry Benson, "Note of a Meeting in Frankfurt...26th January 1976", IASC archive, file "IFAC General Correspondence"; AP 3/1976 paper 25; AP 11/1976 paper 7b; Benson 和 Goerdeler 之间的通信, 1976.03—11, IASC archive, files "IFAC General Correspondence" and "Correspondence re IASC & ICCAP"。

62. *Interim Report of the International Coordination Committee of the Accountancy Profession*, 1976.03, paragraph 20; *Final Report of the International Coordination Committee of the Accountancy Profession*, 1977.03, paragraph 45.

63. Gordon Cowperthwaite, "Chronology of Events Relating to Relationship Between ICCAP, IFAC and IASC", 1981.01. 这份记录并没有签字，我们将其作者推定为 Cowperthwaite 是因为 Allan Cook 的备忘录"IASC/IFAC Working Party 14 January 1981"中曾提及 Cowperthwaite 有一篇文章。两份文件都被归档于 IASC archive, file "Mutual Commitments"。

64. 这个工作组是组织和计划委员会（OPC）的前身。

麦肯齐在草案中仅轻描淡写地提到，缔约各方"建议两个机构签署协议，以期建立和保持密切的联系"。[65] 他给出的理由是：

> 关于IASC是不是国际会计师联合会（IFAC）的组成部分这样一个重要问题，我非常不愿意在IASC协议中添加容易造成歧义的字句。很显然，有人将二者的"现有关系"解释为IASC将是国际会计师联合会（IFAC）的"一部分"。我认为我们必须一劳永逸地阐明，IASC从一开始就不是国际会计师联合会（IFAC）的组成部分。[66]

麦肯齐这种消极的态度引起了法国注册会计师协会的抗议，但没有产生太大影响。随后，德国公共会计师行业也发起了抗议。1976年7月，乔·卡明斯接替本森出任IASC主席。卡明斯也公开表示，章程草案中没有使用国际会计职业协调委员会（ICCAP）中期报告中商定的确切措辞，这令他感到"烦恼"。[67] 最后，IASC不顾麦肯齐的反对，在1977年版的章程和协议中采用这样的表述：国际会计职业协调委员会（ICCAP）与IASC之间的现有关系将被"延续"到国际会计师联合会（IFAC）。尚不清楚这是否意味着IASC是国际会计师联合会（IFAC）的一部分。

7.3.2　拟议的整合协议的失败

IASC与新成立的国际会计师联合会（IFAC）之间的关系是在1978年通过一个高级联络委员会的形式成型的，该组织后来被称为联合工作组（Joint Working Party，JWP）。该委员会秘书以外的最初成员包括国际会计师联合会（IFAC）的莱因哈德·格德勒和戈登·考珀思韦特（Gordon

---

65. "Agreement and Constitution of IASC", 1976.05.01, IASC archive, file "Organisation and Future Work".

66. Mackenzie给Cummings的信，1976.09.02，IASC archive, file "Organisation and Future Work"。

67. 1976年6月29日H. F. A. Cordoliani给W. J. Brennan信；1976年7月26日H. Kaminski给W. J. Brennan的电传；1976年8月20日Cummings给Mackenzie的信；1976年9月2日Mackenzie给Cummings的信。所有文件均归档于IASC archive, file "Organisation and Future Work"。

第 7 章　IASC 何以应对政治环境

Cowperthwaite），以及 IASC 的约翰·赫普沃思和约翰·格伦赛德。[68]考珀思韦特曾任加拿大特许会计师协会（CICA）会长、多伦多毕马威会计公司高级合伙人。他后来于 1980 年出任国际会计师联合会（IFAC）主席，是国际会计师联合会（IFAC）和 IASC 应合二为一的坚定倡导者。

IASC 主席和国际会计师联合会（IFAC）主席

说明：1980 年 5 月摄于伦敦亚瑟·杨教授圆桌会议。从左到右：华盛顿·西西普（Washington SyCip，IFAC）、约翰·赫普沃思（John Hepworth）、乔·卡明斯（Joe Cummings）、莱因哈德·格德勒（Reinhard Goerdeler，IFAC）、亨利·本森爵士（Sir Henry Benson）、汉斯·伯格拉夫（Hans Burggraaff）、戈登·考珀思韦特（Gordon Cowperthwaite，IFAC）。

在 IASC 与国际会计师联合会（IFAC）之间的关系经历了平稳的第一年之后，整合问题再次被提上议程。事情的起因是，1979 年 6 月，联合工作组（JWP）里的 IASC 成员们非常惊诧地发现，IFAC 在其成员间就 IFAC 和 IASC 的合并事宜进行了一次民意测验。这一时点意义重大，因为如上所述，1979 年 4 月，约翰·格伦赛德曾向经济合作与发展组织（OECD）的会计准则工作组做过关于 IASC 基本情况的报告，并就 IASC 缺乏公共会计师行业协会以外的机构参与等情况接受了质询。联合工作组（JWP）中的 IASC 成员做出回应，强调了 IASC 保持独立的必要性，并指出"如果

---

68. 随后出席会议的还有来自 IASC 的 Hans Burggraaff 以及来自 IFAC 的 Wallace Olson、Washington SyCip 和 Russell Palmer。

293

国际会计准则史

IASC 成立于今时今日，那它很可能会把公共会计师行业以外的组织吸纳进来"。[69]

但是国际会计师联合会（IFAC）迫切要求与 IASC 建立更密切的联系，并且联合工作组（JWP）中的 IASC 成员似乎也沉迷于深化合作。最初，它们讨论了一些较为中规中矩的计划，例如共同会员资格和更加正式的联络程序。但是，联合工作组（JWP）中的 IASC 成员显然无法抵制来自国际会计师联合会（IFAC）成员的更激进的提议。[70]最后，它们决定分别于 1979 年 10 月和 11 月提交一份"整合协议"草案给 IASC 理事会和国际会计师联合会（IFAC）理事会进行初步的讨论。

整合协议草案的目的是，在 1982 年的墨西哥城国际会计师大会上终结 IASC 的独立地位。草案提出，拟将 IASC 重组为国际会计师联合会（IFAC）旗下的"负责制定会计准则的职能部门"。支持这一举措的主要论据之一是，与联合国、经济合作与发展组织（OECD）和其他组织的接触表明，外界对 IASC 和国际会计师联合会（IFAC）之间的关系感到"困惑"。[71]尽管似乎没有太多证据表明外界究竟有多么困惑，但这一表述在今后几年中经常被引用，并且也满足了"公共会计师行业对外只能用一种声音说话"的需求。

在 IASC 理事会和国际会计师联合会（IFAC）理事会讨论草案时，出现了两个问题。

首先，荷兰公共会计师行业无论在 IASC 的理事会上还是在国际会计师联合会（IFAC）的理事会上，都强烈地反对该提案，因为该提案倾向于排斥公共会计师行业以外的组织参与 IASC 的工作。在荷兰，社会和经济生活中有着广泛的合作传统。例如，1970 年成立的负责提供会计规范建议的荷兰三方研究组（Tripartite Study Group，TSG），就自然而然地同时代表

---

69. "Meeting of the Joint IASC/IFAC Working Party, 13 June 1979", IASC archive, file "Mutual Commitments".

70. "Meeting of the Joint IASC/IFAC Working Party, 13 June 1979"；1979 年 8 月 22 日 Olson 给 Robert Sempier 的信；1979 年 9 月 4 日 Hepworth 给 Nash 以及 Cook 的电传；1979 年 9 月 7 日 Cook 给 Sempier 的信。所有文件均归档于 IASC archive, file "Mutual Commitments"。

71. AP 10/1979 paper 13.

第 7 章　IASC 何以应对政治环境

了雇主方、工会组织和荷兰注册会计师协会这三方的利益。[72] 荷兰注册会计师协会（NIVRA）早在1973年IASC成立时，就曾质疑IASC为何容许公共会计师行业占据主导地位（请参阅第3.4.4节），现在其更是坚决地质疑这一点。再加上曾在1972年至1975年担任三方研究组主席的汉斯·伯格拉夫，在IASC 1979年10月的会议上被选举为IASC的候任主席，荷兰公共会计师行业的这一观点就更有影响力了。此外，伯格拉夫还是经济合作与发展组织（OECD）会计准则工作组的成员，所以他也可以凭借其官方权威来呼吁IASC遵照经济合作与发展组织（OECD）的建议，尽快将公共会计师行业以外的组织纳入IASC的成员范围。然而，IASC的其他成员并不认为这足以构成拒绝整合IASC和国际会计师联合会（IFAC）的理由。这时候，英国、德国、法国和墨西哥的公共会计师行业协会都已经有条件地同意允许公共会计师行业以外的组织参与IASC的工作。[73]

第二个问题是由菲律宾公共会计师行业协会的华盛顿·西西普在国际会计师联合会（IFAC）理事会上提出的。整合协议草案的目的，是将IASC理事会的人员构成控制在创始成员手中，而这些创始成员协会均来自发达国家。西西普提请国际会计师联合会（IFAC）理事会注意，发展中国家的公共会计师行业协会对IASC的"非民主架构"提出了越来越多的批评。[74] 随后，戈登·考珀思韦特指出：

> 发展中国家对IASC不大信任，因为IASC是由发达国家的公共会计师行业协会主导的，而不是由"全球公共会计师行业"主导的。欠发达国家的公共会计师行业协会不应该受诱惑而脱离IASC，并去支持联合国所赞助的机构。[75]

---

72. 参见 Stephen A. Zeff, Frans van der Wel, and Kees Camfferman, *Company Financial Reporting, A Historical and Comparative Study of the Dutch Regulatory Process*（Amsterdam: North-Holland, 1992）, chapter 5。

73. "IASC/IFAC Working Party Recommendations, Informal Secretariat Notes of IASC Board Discussion, October 1979", IASC archive, file "Mutual Commitments"。

74. "IFAC Council, 6 November 1979, Mexico City", IASC archive, file "Mutual Commitments"。

75. J. A. Burggraaff, "Notes on Conversation with G. Cowperthwaite", 1980.10, IASC archive, file "Mutual Commitments"。

联合工作组（JWP）试图处理这些意见，并于 1980 年 3 月向国际会计师联合会（IFAC）和 IASC 提交了一份修订版的整合协议，以供讨论。该提案的一个关键点在于，IASC 的创始成员将继续在理事会内任职，但任期将于 1987 年截止。在此之后，理事会的席位将逐步改变，因为所有的席位都将轮换。1977 年为非创始成员设立的两个席位将继续存在。从 1982 年开始，"非会计行业组织"最多可以有四个席位。[76]

然而，在 IASC 理事会 1980 年 3 月的会议上，整合进程陷入了停滞。随着英国、爱尔兰、澳大利亚和南非的公共会计师行业协会加入附和荷兰注册会计师协会意见的队伍、一起抵制联合工作组（JWP）的修订版提案，出现了一个阻碍整合进程的少数派。于是，IASC 理事会决定"推迟"对整合方案的进一步审议，推迟期限"取决于重组理事会吸纳非会计行业组织加入 IASC 的可能性的大小"。[77] 这正是荷兰拒绝接受之前的整合协议的原因。正如下文将全面讨论的那样，在 1979 年下半年，IASC 理事会实际上已开始考虑允许非会计行业组织参与 IASC 的工作了。

对英国和爱尔兰的公共会计师行业代表团来说，非会计行业组织的参与并不是关键问题。在这方面，原先的提议在原则上是可以接受的。它们的主要反对意见针对的是一个新问题，即创始成员可能会从理事会中被撤职：

> [虽然]保留 IASC 理事会的九个固定席位不再是可以接受的，但任何替代性的安排都必须反映出 IASC 依赖的是哪些公共会计师行业协会的积极参与：首先是那些富有会计准则制定经验和能力的国家；其次是能够在世界主要地区发挥影响从而能够推动国际准则得到认可的那些国家。[78]

虽然 IASC 并没有正式就英国和爱尔兰的公共会计师行业协会关于推迟审议整合协议的决议进行投票表决，但实际上这已经成为既定事实。因

---

76. AP 3/1980 papers 15–17.

77. IASC board meeting of 11–13 March 1980，minute 12.

78. "United Kingdom and Irish Position on the Proposed IASC/IFAC Merger"，IASC archive, file "Mutual Commitments".

为很明显，整合协议草案并未得到 IASC 理事会要求的合格多数的支持。在 IASC 理事会会议一天后举行的联合工作组（JWP）会议上，戈登·考珀思韦特总结了当时的状态："我们似乎回到了原点。"[79]

7.3.3 走向相互认可

事实也许不像考珀思韦特所说的那样富有戏剧性，但主动权显然已经从国际会计师联合会（IFAC）转向了 IASC。最初国际会计师联合会（IFAC）大力推动与 IASC 的融合，形成了一系列整合协议草案。但在 1980 年 3 月之后，谈判的节奏则取决于 IASC 的意愿。

IASC 自行宣布的暂停期限一直持续到了 1981 年 1 月，即联合工作组（JWP）再次召集会议讨论新提案之时。与此同时，IASC 确实开始考虑邀请非会计行业组织参与进来，这正是推迟整合谈判在明面上的理由。关于设立顾问团的提案正在进行。在伯格拉夫的影响下，IASC 放弃了整合的想法，以避免有人批评 IASC 越来越被公共会计师行业所主导。[80]在这段时期与伯格拉夫保持密切联系的戈登·考珀思韦特，也愿意承认这一点：

> 戈登·考珀思韦特承认我们正在寻找类似变色龙的东西：那就是，既要确保主张国际会计师联合会（IFAC）和 IASC 应予合并的人觉得它们是一体的，又要让那些主张维持现状的人觉得它们是彼此分开的。考珀思韦特试图找到一个比"整合"（integration）更贴切的用词，但到目前为止尚未发现。[81]

但是 IASC 理事会秘书艾伦·库克发现了一个可以接受的提法，他提出了"相互认可"的想法。根据这一方案，IASC 和国际会计师联合会（IFAC）将各自保留其独立的存在形态和各自的章程，但将通过书面协议来约束彼此，明确规定两个机构对彼此承担的义务。这样一来，就可以避

---

79. "Informal Secretariat Notes on Joint IASC/IFAC Working Party, 14 March 1980", IASC archive, file "Mutual Commitments"。

80. 另见 Peter Mantle, "IASC/IFAC Merger Now Unlikely", *World Accounting Report*, 1980.12, 3。

81. J. A. Burggraaff, "Notes on Conversation with G. Cowperthwaite", 1980.10, IASC archive, file "Mutual Commitments"。

开有关从属关系或接管等的一系列麻烦。

事实证明，这是界定 IASC 与公共会计师行业之间关系的有效方法。但富有争议的 IASC 理事会席位的控制权问题仍未得到解决。在 1980 年 6 月的理事会会议上，各成员协会均已明确在这一问题上的立场。[82] 在要求对理事会席位进行轮换或者重新选举的成员协会中，尼日利亚的公共会计师行业协会的态度最为坚决。荷兰的公共会计师行业协会宣称其并不热衷于轮换，但为了解决丹麦和新西兰等国家的公共会计师行业协会关于缺乏参与机会的抱怨，它情愿被轮换出理事会。出于类似的原因，南非也赞成轮换。但日本公共会计师行业代表中岛省吾表达了相反的观点："轮换的唯一原因应当是为了引入新观点、新技能或新经验……不应以民主投票的方式来选拔专家。"来自英国公共会计师行业的约翰·格伦赛德坚持认为，"现任创始成员协会应该留下来，因为一些创始成员协会来自会计强国……如果 IASC 把某些核心国家的公共会计师行业协会排除在理事会之外，那么它的信誉将会受到影响"。伯格拉夫试图反驳这一观点，他认为如果不采用轮换制，IASC 的信誉也将会受到损害。但 IASC 主席约翰·赫普沃思道出了格伦赛德所担忧的问题的本质："我不相信 IASC 能够承受失去美国和英国同行参与的代价，我这是出于技术角度而不是出于政治或商业角度的意见。"

以上讨论的结果是，IASC 理事会不顾尼日利亚公共会计师行业的反对意见，决定"不希望再对创始成员的理事资格进行重新选举"。[83] 在此基础上，IASC 根据相互认可理念拟定了一项提案，其中包括"着手考虑"其选举程序等承诺事项。

联合工作组（JWP）在 1981 年 1 月 14 日于多伦多举行的会议上讨论了这份文件。这是联合工作组自取消对整合协议的讨论以来的第一次会议，被认为是"至关重要的"。[84] 摆在会议桌上的是 IASC 提出的相互认可提案，以及考珀思韦特编写的修订版整合提案。碰巧的是，与会者都不记得该轮到谁来主持会议了，于是便以抛硬币的方式确定了主持人。结果，伯格拉

---

82. "The future of IASC, Informal Secretariat Notes on IASC Board Discussion 26 June 1980", IASC archive, file "Mutual Commitments".

83. Meeting of IASC board of 4–6 November 1980, minute 10.

84. Cook 给 Michael H. J. Hornby 的信，1981.02.18，IASC archive，file "Mutual Commitments"。

夫胜出。他因此得以决定首先讨论相互认可的提案，这对会议的进程产生了重大影响。[85]

不过，会议刚一开始，国际会计师联合会（IFAC）的代表就宣布IASC 的相互认可协议是不可接受的，会议气氛一瞬间有了剑拔弩张的势头。[86] 根据考珀思韦特的说法，相互认可协议"似乎要倒退到 1973 年以前，其基本立场是 IASC 不是国际会计师联合会（IFAC）的组成部分"。[87] 伯格拉夫也重申了他的基本立场：

> 自 1973 年启动整合协议以来，环境发生了重大变化。经济合作与发展组织（OECD）、联合国（UN）、财务经理协会（FEI[88]）以及工商企业界普遍提出批评意见，认为会计准则太重要了，决不能留给会计专家们单独做决定。经济合作与发展组织（OECD）和财务经理协会（FEI）的批评相对来说更猛烈一些。

当再度提起创始成员的理事资格轮换问题时，会议似乎又要陷入僵局。然而，伯格拉夫大胆提出了一个 IASC 内部从未讨论过的个人建议，从而一举打破了僵局。他询问国际会计师联合会（IFAC）是否会接受这样一种安排：由国际会计师联合会（IFAC）理事会任命所有 IASC 理事会成员，并通过相互认可协议保障创始成员可以保留其理事会席位。考珀思韦特"非常赞同这一提议"，会场气氛立刻就重新活跃起来了。

这个简单的方案为 IASC 解决其所面临的一系列复杂问题提供了一个很好的框架。[89]IASC 将继续作为一个独立机构存在，加上有可能会为非会计行业组织提供理事会席位，因此 IASC 看起来也不太像是任由公共会计师行业操控的工具了。另外，赋予国际会计师联合会（IFAC）任命 IASC

---

85. 2004 年 4 月 22 日 J. A. Burggraaff 与作者的沟通。
86. 2003 年 4 月 30 日作者与 Allan V. C. Cook 的访谈记录。
87. Allan Cook, "IASC/IFAC Working Party 14 January 1981 Toronto", IASC archive, file "Mutual Commitments". 除非另有说明，有关本次会议的讨论均整理自此备忘录。这份手写备忘录的页码不正确，应按以下顺序阅读：1、4（两页）、2、3、5。
88. 或称"各财务经理协会"。Burggraaff 可能不一定只考虑了美国的 FEI。
89. 参见 Peter Mantle, "IFAC and IASC: A New Relationship", *World Accounting Report*, 1981.02, 21。

理事会成员的权力，也使得支持整合这两个机构的人们更为满意。关于创始成员理事资格的轮换事宜，相互认可协议中同意，创始成员的理事会席位将持续保留至1987年；之后，将至少有9个成员协会来自"公共会计师行业的地位和发展状况最为显耀的国家，或者在国际商贸中最为重要的国家"。[90] 这种精心选择的措辞是为了安抚某些人的疑虑，即不仅仅是美国和英国的，就连日本、法国和德国等国家的公共会计师行业，也可以保留其在IASC理事会的席位。为满足发展中国家的公共会计师行业的愿望，IASC承诺，留给发展中国家公共会计师行业的理事会席位"尽量不少于3个"。此外，IASC章程中增加了一项新条款：IASC预算的10%将由国际会计师联合会（IFAC）提供，以覆盖那些未获得理事会席位的公共会计师行业协会参与指导委员会活动的开支。据了解，增加的这个条款旨在帮助发展中国家的公共会计师行业协会。

虽然还需要进行广泛协商才能就IASC的新章程和相互认可协议的细节达成一致意见，但显然IASC和国际会计师联合会（IFAC）已经接受了联合工作组（JWP）于1981年1月达成的协议的要点。在1982年10月的墨西哥城会议上，IASC的创始成员正式批准了这份新章程。

7.4 顾问团的起源与理事会成员以外的行业协会

从前面的讨论中可以看出，让非会计行业组织参与IASC的工作的做法，在一定程度上是IASC对1980年前后其所面临的政治压力的一种策略性反应。[91] 然而，IASC与公共会计师行业之间的联系日渐松动则是一个更为根本的过程。这个过程始于顾问团的建立以及之后IASC理事会席位向非会计行业组织的分配，甚至在导致顾问团得以设立的政治压力消散以后，仍然持续了相当长的时间。因此，详细探讨这一过程的起源是有益的。

---

90. "IASC/IFAC Mutual Commitments", paragraph 8.
91. 顾问团的成立纯粹是对外部压力的反应，载于"IASC's Future Hangs on Tokyo Decisions", *Accountancy Age*, 1981.01.13, 9。

7.4.1 早期的萌芽

当 IASC 成立时，英格兰及威尔士特许会计师协会（ICAEW）可能会基于其关于会计准则指导委员会（ASSC）的经验进行类比，认为 IASC 中的个人都应当是 IASC 创始成员协会的会员。美国注册会计师协会（AICPA）刚刚被独立的财务会计准则委员会（FASB）夺走拟定美国证券市场上的公认会计原则的权力，它也更倾向于将 IASC 置于公共会计师行业的控制之下。但是，如前文所述，对于荷兰公共会计师行业来说，一个不言而喻的立场是，IASC 应当参考一些成员协会所在国的国情，吸收非会计行业组织加入 IASC。当荷兰注册会计师协会（NIVRA）收到加入 IASC 的邀请时，其反应之一就是主张"不能让审计员为全社会制定法律"。[92] 它显然立即向荷兰的各大工会组织通报了 IASC 的倡议，因为这些工会组织旋即致信国际自由工会联合会（International Confederation of Free Trade Unions）和世界劳工联合会（World Confederation of Labour），建议这些机构与 IASC 联系，以便被邀请参加准则的制定工作。[93] 但是，没有迹象表明这些国际劳工组织对 IASC 采取了任何实际行动。

不过，荷兰注册会计师协会（NIVRA）的确取得了一些成果。IASC 协议中插入了一个条款，将"尽最大努力"的义务扩展成为"说服政府和工商企业界，公开的账目应当符合 IASC 的准则"（请参阅第 1（c）(i) 段），这正是荷兰注册会计师协会努力的结果。

墨西哥公共会计师行业代表曼努埃尔·加尔万也试图积极作为。1974 年，他安排财务经理协会国际联合会（IAFEI）主席阿尔弗雷多·阿梅斯瓦（Alfredo Améscua），与亨利·本森进行了会晤。在 IASC 成立之后，财务经理协会国际联合会于 1973 年设立了国际财务报告委员会，并表示希望与 IASC 进行协作。[94] 尽管本森表示，"人们对国际准则的思考和研究越多越好"，但他并没有对财务经理协会国际联合会的积极性寄予太大的期望。[95] IASC

---

92. Henk Volten, "NIVRA Position Paper Regarding IASC-Proposals", 1973.04.09, NIVRA archive, no.477.

93. IASC meeting of 15–16 November 1973, minute 16(1).

94. Galván 给 Rosenfield 的电报，1974.03.07，IASC archive，file "IAFEI"。

95. Benson 给 Rosenfield 的短笺，1974.04.17，IASC archive，file "IAFEI"。

国际会计准则史

与财务经理协会国际联合会的联系确实在此后不久就消失了。

1974 年，IASC 在公布第一份征求意见稿时，花费心思搜集了一个约包含 20 个国际组织的邮寄名单。[96] 正如第 6 章所讨论的，亨利·本森和后来的 IASC 主席投入了相当大的精力来激发其他组织对于 IASC 工作的兴趣。但是，这些努力旨在获取这些组织对 IASC 的准则的认可，而不是请它们直接参与制定准则。此外，虽然 IASC 与其中一些组织建立了联系，但许多联系是不频繁和非正式的，有些联系已经失效，剩下的就仅限于列入邮寄名单这一点点联系了。[97] 如第 5 章所述，IASC 成员协会的所在国有很多个人和组织对 IASC 的征求意见稿发表了评论，但这些都是通过成员协会进行的间接接触。

7.4.2　顾问团的建立

在整个 20 世纪 70 年代，IASC 的大多数成员协会似乎对现状比较满意，尽管荷兰注册会计师协会（NIVRA）偶尔会提出关于允许非会计行业组织参与 IASC 的活动的话题。[98] 1980 年 7 月接任 IASC 主席的荷兰人汉斯·伯格拉夫，深信有必要为 IASC 提供更广泛的成员基础，但这需要来自外部的压力，特别是来自经济合作与发展组织（OECD）的压力，以促使 IASC

---

96. 这份名单包括：世界银行（World Bank）、国际金融公司（International Finance Corporation）、国际货币基金组织（International Monetary Fund）、经济合作与发展组织（OECD）、欧盟委员会（European Commission）、国际商会（International Chamber of Commerce）、国际自由工会联合会（International Confederation of Free Trade Unions）、世界劳工联合会（World Confederation of Labour）、国际证券交易所联合会（Fédération Internationale des Bourses de Valeurs）、欧洲金融分析师联合会（European Federation of Financial Analysts' Societies）、国际律师协会（International Bar Association）、国际会计职业协调委员会（ICCAP）、欧洲财政经济会计专家联盟（UEC）、欧共体特许会计师研究组（Groupe d'Études）、国际劳工组织（International Labour Organisation）、全国财务与管理控制负责人协会（Association Nationale des Directeurs Financiers et de Contrôle de Gestion）、美国国际开发署（US Agency for International Development）、亚洲及太平洋会计师联合会（Confederation of Asian and Pacific Accountants）、财务经理协会国际联合会（International Association of Financial Executives Institutes）。AP 1/1974 paper 10; AP 4/1974 paper 2; IASC meeting，1974.01.14–15，minute 7.

97. 参见秘书处对 IASC 联络情况的分析，AP 10/1979 paper 18。

98. NIVRA 总干事 Henk Volten 在 1976 年 11 月举行的由英国公共会计师行业协会主办的关于国际准则的会议上提出了该问题。参见"What Standards Now for International Standards?'，*Accountancy Age*，7/46（1976.11.26），8。

第 7 章　IASC 何以应对政治环境

行动起来。

在 1979 年 4 月 IASC 向经济合作与发展组织会计准则工作组做汇报之后，IASC 理事会 10 月便开始郑重讨论非会计行业组织参与 IASC 活动的问题。起初，IASC 理事会不愿进行重大改变。它倾向于在现行章程的范围内开展工作，不愿意采取可能会妨碍理事会会议上自由讨论氛围的措施。在对目前与 IASC 有联系的组织进行评估之后，IASC 理事会表示有必要"密切关注"联合国、经济合作与发展组织、欧共体和各国（或官方的或民间的）会计准则制定机构等组织的发展动态。在其他与 IASC 有接触的组织中，只有国际商会（ICC）对国际会计准则的认识与 IASC 足够接近，这足以确保国际商会能够与 IASC 建立更密切的关系。IASC 之所以这样认为，主要原因在于国际商会对联合国专家组 1978 年的报告所采取的公开立场（请参阅上文）。[99] 但是，即使对于国际商会，IASC 所设想的关系也仅限于为了响应联合国的倡议而向国际商会进行咨询，或鼓励国际商会的成员有组织地对 IASC 的草案进行反馈。对于其他组织，IASC 将根据具体准则项目的性质，逐案发出讨论要点大纲或草案的邀请。[100]

但是在 1980 年 3 月之后，也就是在 IASC 决定推迟讨论与国际会计师联合会（IFAC）的合并问题之后，人们开始讨论与 IASC 流程相关的更根本性的变化，包括与其他各利益相关方的小组协商、出席理事会会议的观察员、指导委员会邀请外部机构进行更多的参与，以及向其他（非会计行业）组织分配理事会席位等。[101] 当时，法国、荷兰和美国（证券市场）的会计准则制定机构都不受公共会计师行业控制，也都包括非会计专业人士。在英国，1982 年之前的会计准则委员会的委员由英国各大公共会计师行业协会提名产生，但在 1982 年，其委员构成被彻底修改，以期在会计报

---

99. 2003 年 4 月 30 日作者与 Allan V. C. Cook 的访谈记录。
100. Meeting of IASC board of 23–5 October 1979，minute 15；AP 10/1979 paper 18.
101. 1980 年 6 月 24 日至 27 日的理事会会议上讨论了一份关于这些问题的秘书处文件（见 Minute 10）。另见 AP 6/1980 paper 14 以及 "The Future of IASC, Informal Secretariat Notes 1980.06.26"，IASC archive，file "Mutual Commitments"。事实上，成立顾问团的想法是 Wallace Olson 在 1979 年提出的，见 "IASC/IFAC Working Party, 7 November 1979"，IASC archive，file "Mutual Commitments"。

表编制者、审计人员和报表使用者之间寻求平衡。[102] 对于 IASC 来说，虽然有将会计准则制定机构向非会计专业人士开放的先例，但 IASC 的成员协会并不见得就希望将其国内的做法复制到 IASC 中。正如法国公共会计师行业派驻国际会计师联合会（IFAC）的代表弗朗索瓦－莫里斯·理查德（François-Maurice Richard）所说，IASC 应当坚持"属于公共会计师行业，服务于公共会计师行业"这一定位。[103] 总而言之，IASC 理事会不愿意立即采取最深远的变革，即允许外部（非会计行业）团体成为理事会成员。除了成员协会的保守态度，还存在一个实际问题，就是 IASC 实际上很少掌握外部各方实际希望参与 IASC 工作的意愿强度的信息。因此，在 1980 年 6 月，IASC 同意就设立顾问团的可能性事宜向若干组织征求意见。IASC 搜集并汇编了一份包含有 8 个潜在成员协会的顾问团组成名单，其中主要包括 1974 年邮件列表中与 IASC 保持某种联系的那些组织。[104] 伯格拉夫和库克亲自拜访了这些组织，发现这个想法很受欢迎。[105] 因此，1981 年 3 月，IASC 决定成立顾问团，并于同年 10 月 13 日召开了顾问团首次会议。顾问团的构成和后续运作情况在第 4.16 节中讨论。

成立顾问团的想法虽然是 IASC 向外界开放的一个重要的步骤，但这种做法并非没有先例。1972 年，向美国注册会计师协会提议设立财务会计准

---

102. Peter Godfrey, "Why the ASC Should Go It Alone", *Accountancy*, 98/1117（1986.09）. 1984 年至 1986 年担任英国会计准则委员会主席的 Godfrey 补充道："这一制度从未被充分利用过，我认为这是不幸的。"事实上，在 1985 年委任的 20 个会计准则委员会成员中只有 2 个不是会计团体咨询委员会（CCAB）的会计行业协会成员，在 1978 年委任的 21 个会计准则委员会成员中只有 1 个不是 CCAB 会计行业协会的成员，而是会计信息使用者。*Accountancy*, 96/1107（1985.11），23；*Accountancy*, 100/1127（1987.07），38.

103. "Informal Notes on a Discussion at the IFAC Council, 14 May 1980", IASC archive, file "Mutual Commitments". 关于法国对"非专业人士"参与的保留意见，参见 Burggraaff 给 Cowperthwaite 的信，1981.02.26, IASC archive, file "Mutual Commitments".

104. 名单包括：国际商会（International Chamber of Commerce）、财务经理协会国际联合会（International Association of Financial Executives Institutes）、国际证券交易所联合会（Fédération Internationale des Bourses de Valeurs）、国际自由工会理事会（International Council of Free Trade Unions）、世界劳工联合会（World Confederation of Labour）、世界银行（World Bank）和"一个代表商业银行国际利益的团体（如果有恰当的组织可以代表这一利益）"。"如果确定金融分析师不会与正在接触的任何其他团体重叠，也应寻求金融分析师团体的国际代表。" IASC board meeting of 24–7 June, 1980, minute 10.

105. 另见 Peter Mantle, "IASC to Form New Consultative User Group", *World Accounting Report*, 1981.01, 8–9.

则委员会（FASB）的惠特研究组的研究报告提出，财务会计准则委员会应与财务会计准则咨询委员会（Financial Accounting Standards Advisory Council，FASAC）密切合作，而后者正是由来自各行各业的、对财务报告感兴趣的组织的代表组成的。[106] 自成立起，财务会计准则咨询委员会（FASAC）就每季度与财务会计准则委员会理事会及其技术人员举行一次联席会议。在英国，会计准则委员会于 1976 年也成立了一个由"金融、商业、工业和政府部门的代表以及其他关心财务报告事宜的人士"共同组成的顾问团。[107]

7.4.3 金融分析师（而非财务经理）加入了 IASC 理事会

就目前而言，设立顾问团是 IASC 所能做到的最大限度的改变了。当 IASC 决定与外部（非会计行业）组织讨论设立这样的一个顾问团时，其默认的理念是，这些组织将不会以 IASC 理事会正式成员的身份参与进来。但是，伯格拉夫认为，"IASC 理事会应当有公共会计师行业以外的人士"。[108] 在 1980 年年底的"相互认可"提案中，这个想法被再次呈报给 IASC 理事会。这时，理事会成员显然已经接受了这个想法。因此，1982 年的 IASC 章程开始允许理事会邀请"与财务报告利益相关"的四个组织加入（见章程第 12（a）段）。

IASC 最初在执行该条款时，并未直接将金融分析师团体视为最有可能的候选人。最初，人们认为国际商会（ICC）是最有希望与 IASC 建立进一步联系的组织，但最终国际商会表示参与顾问团的活动就已足够，不希望参与到更多的活动之中去。像顾问团的其他成员一样，国际商会认为自己对成员没有支配权，也缺乏充分的对协商或辩论的安排。[109] 在

---

106. *Establishing Financial Accounting Standards: Report of the Study on Establishment of Accounting Principles*（New York: American Institute of Certified Public Accountants, 1972），75–77.

107. *Accounting Standards 1978: The Full Texts of all UK Exposure Drafts and Accounting Standards Extant at 1 May 1978*（London: The Institute of Chartered Accountants in England and Wales, 1978），3.

108. Burggraaff 的话引自"IASC/IFAC Working Party, 7 November 1979", IASC archive, file "Mutual Commitment"。外部组织席位的概念已列入联合工作组（JWP）于 1980 年 3 月提出的整合协议草案，参见 AP 3/1980 paper 15–17。

109. 2003 年 4 月 30 日作者对 Allan F. C. Cook 的采访，以及 2004 年 4 月 22 日 J. A. Burggraaff 给作者的信。

IASC 于 1980 年拟定其可能着手进一步发展联系的组织名单时，金融分析师团体被排在最后，并受附带条件的约束，即不能让其他组织代表它们参加活动。[110]

IASC 其实早该知道金融分析师团体的看法。早在 1973 年 11 月，欧洲金融分析师联合会副主席戴维·C.达曼特就曾致信 IASC 理事会秘书保罗·罗森菲尔德，表达了对 IASC 工作的兴趣。[111] 在接下来的几年中，达曼特继续致信并拜访 IASC 秘书处，尝试以各种方式建立 IASC 与金融分析师协会国际联络委员会（ICCFAA，成立于 1974 年）之间的联系。毫无疑问，金融分析师协会国际联络委员会第一个热情洋溢地回应了 IASC 发来的关于加盟顾问团的邀请。[112]

1984 年 6 月，IASC 决定邀请金融分析师协会国际联络委员会（ICCFAA）和财务经理协会国际联合会（IAFEI）加入 IASC 理事会。金融分析师协会国际联络委员会立即接受了邀请。[113] 根据秘书长戴维·凯恩斯的说法，达曼特"全身心投入于这件事，非常积极，想干事而且能干成事，因此 IASC 理事会决定让金融分析师协会国际联络委员会加入理事会，该决定于 1986 年 1 月 1 日生效"。凯恩斯说，邀请财务经理协会国际联合会加入的难度更大："其中一个问题是，法国和德国的财务经理协会将 IASC 视为审计机构，因为在其本国，IASC 的成员协会会员也都是审计师"，所以它们选送的代表也都是审计师。此外，资金也是一个问题，直到 1996 年这一问题才得以解决，财务经理协会国际联合会也就在这一年最终加入了 IASC 理事会。[114]

---

110. 1981 年 6 月，IASC 主席 Stephen Elliott 提到将国际证券交易所联合会、国际自由工会联合会、世界银行和财务经理协会国际联合会列为可能的理事会成员，但没有提到金融分析师团体。"IASC and IFAC Formalize Relationship"，*CAmagazine*，114（1981.06），20。

111. Damant 给 Rosenfield 的信，1973.11.19，IASC archive，file "Financial Analysts"。

112. IASC board meeting，1981.03.24—27，minute 11. 另见 Damant 给 Cook 的信，1980.03.12，IASC archive，file "Financial Analysts"。

113. IASC board meeting，1984.06.19—21，minute 6（r）(iii)；IASC board meeting，1985.03.06—08，minute 7（1）；IASC board meeting，1985.06.25—27，minute 7（g）；IASC board meeting，1985.10.16–18，minute 8. 另见 *IASC News*，14/6（1995.11），1。

114. 这两段引文来自 2003 年 6 月 8 日作者对 David Cairns 的采访。在 20 世纪 80 年代后期，在西欧许多国家，公司高管并不认为审计人员与其处于同一个社会层面。另见 IASC board meeting，1986.03.05—07，minute 7（iv）。

7.5 与国际会计师联合会合并的最后一次尝试：毕晓普的工作团队

在1982年IASC章程和相互认可协议签署之后，IASC和国际会计师联合会（IFAC）之间的关系基本上稳定下来。这两个民间机构的主席偶尔会相互出席对方的会议，并保持着信息交流。自1983年起，IASC的年度报告被收录进国际会计师联合会（IFAC）的年度报告。按照相互认可协议的规定，双方成立了一个高级别的协调委员会，通常每年召开一次会议。如其职权范围所述，其主要任务是检测IASC准则的遵守情况方面的进展，并制定进一步促进各方接受和遵从IASC准则的计划。[115]如第6章所述，IASC准则的遵守情况，更准确地说是日益明显的遵从度偏低的现象，已经成为IASC在20世纪80年代初的重要话题。然而，协调委员会取得的所谓成就，似乎仅仅是IASC和国际会计师联合会（IFAC）彼此就各自所做工作进行的简单信息交换。

但是有关IASC和国际会计师联合会（IFAC）合并的想法并没有消失。尽管国际会计师联合会（IFAC），特别是其执行董事罗伯特·森皮尔，否认国际会计师联合会（IFAC）打算与IASC合并，但国际会计师联合会（IFAC）还是对其与IASC相互独立给外界造成的困惑表示关切。[116]在筹备拟于东京召开的第十三届世界会计师大会[117]时，有关IASC与国际会计师联合会（IFAC）合并的想法再次被德勤会计公司合伙人兼加拿大公共会计师行业派驻国际会计师联合会（IFAC）理事会的代表雷蒙德·G.哈里斯（Raymond G. Harris）提上了议事日程。1987年8月，哈里斯致信各方，呼吁在即将举行的东京世界会计师大会期间举行一次专题会议，再次审议相互认可协议事宜。他列举了一些未署名的国际会计师联合会（IFAC）成员协会对由两个行业组织同时代表公共会计师行业以及由此造成的混乱所表

---

115. Appendix Ⅰ to Mutual Commitments，annex Ⅰ.

116. 例如，参见"IASC Takes Stock of Relationship with IFAC"，*Accountancy*，96/1107（1985.11），7; "May Surveys World Scene"，*World Accounting Report*，1986.11，3。

117. 从1987年大会开始，以前所称的国际会计师大会（International Congress of Accountants）改称为世界会计师大会（World Congress of Accountants）。

示的担忧。此外,哈里斯还指出,这两个机构合并以后,运营成本有望大幅降低。[118] 会议如约在 10 月 13 日召开,讨论了哈里斯关于建立审议工作组的建议,目标明确指向了两个机构的合并。[119]

从表面上看,哈里斯的信件属于个人主张,但后来他声称自己事先已经获得加拿大、澳大利亚、英国和美国的公共会计师行业协会的非正式认同。[120] 他一定知道,自 1980 年以来,一些阻碍 IASC 与国际会计师联合会(IFAC)合并的力量已经减弱。1980 年,荷兰和英国的公共会计师行业带头反对整合方案。但在 1987 年,即将上任的国际会计师联合会(IFAC)主席理查德·威尔克斯(Richard Wilkes),同时也是英格兰及威尔士特许会计师协会(ICAEW)前会长和普华会计公司合伙人,非常支持整合协议。这使得英格兰及威尔士特许会计师协会难以提出强烈的反对意见。鉴于在合并的情况下,IASC 秘书处的办公选址很可能会引起争议,因此英格兰及威尔士特许会计师协会仍然倾向于让 IASC 保持独立。[121]

到了 1986 年,荷兰注册会计师协会(NIVRA)颇具影响力的会长亨克·沃尔顿发现,没什么人反对 IASC 和国际会计师联合会(IFAC)共用一个秘书处。沃尔顿还对 IASC 1987 年 3 月决定减少准则中的可选会计处理方法的战略决策表示不满(请参阅第 9.3 节)。根据沃尔顿的说法,如果 IASC 确实在很大程度上已经完成了一套基本准则,接下来就应该减少工作人员、降低会议频率,而不是去寻求新的任务。特别地,他认为 IASC 作为一个"技术委员会",不应过分注重推动准则的实施。那应该是作为"行政"机构的国际会计师联合会(IFAC)分内的事。1987 年春季,沃尔顿成功说服荷兰注册会计师协会要推动国际同行朝着这个方向努力。自然地,沃尔顿对哈里斯的来信表示欢迎,并答复称他的理事会认为"探讨整合的

---

118. Raymond G. Harris 给 IFAC 以及 IASC 会议代表的负责人的信,1987.08.07,IASC archive,"Bishop Working Party" file。

119. Raymond G. Harris 给组织负责人的信,1987.09.15,IASC archive,"Bishop Working Party" file。

120. Ray Harris, letter to the editor, *Accountancy Age*, 1987.10.29。

121. 英格兰及威尔士特许会计师协会对 Wilkes 的态度在 "Note of Telephone Conversation with Georges Barthès 2 December 1988" 中进行了讨论,David Cairns 的备忘录,IASC archive,"Bishop Working Party" file。

可行性是非常值得鼓励的"。[122]

那些想要维持 IASC 独立地位的人非常重视哈里斯的倡议。1987 年八九月间，IASC 秘书长戴维·凯恩斯积极地联络 IASC 理事会成员协会及其顾问团成员协会，希望它们公开声明支持 IASC 独立。在东京世界会计师大会召开时，整合提案的支持者和反对者都被动员起来了。据说这次大会的会场就像是一些相当激烈的政治活动的现场。[123] 最后，应哈里斯邀请参加会议的 20 个成员协会一致同意设立一个工作组，来评估 IASC 和国际会计师联合会（IFAC）的目标、效力和关系。但是与哈里斯提出的职权范围相比，工作组的实际授权调查范围主要集中于改进这两个组织的成本效益和融资安排，而很少强调合并的可能性。[124] 澳大利亚公共会计师行业派驻 IASC 的前理事、国际会计师联合会（IFAC）前理事约翰·毕晓普负责带领该工作组，但即便是毕晓普，也没有推动与工作组合并相关的工作。在毕晓普看来，真正迫切的问题是控制公共会计师行业的国际活动成本，而不是机构合并。[125] 因此，东京世界会计师大会的结果被认为是一种妥协，甚至可以说是主张保持 IASC 独立性的那些人的实质性胜利。[126]

正如第 8 章将要讨论的那样，在 20 世纪 80 年代后期，融资的确是 IASC 非常关注的一个问题。但是这些担忧并不能通过 IASC 与国际会计师联合会（IFAC）联合开展活动或者是进行合并所带来的成本节约得到缓解。与国际会计师联合会（IFAC）相比，IASC 已经是一个高效率的组织，仅需少量人员即可取得很大成就。其实，IASC 的财务问题的根源在于，1987 年和 1988 年的战略调整导致其工作量大增、工作节奏显著加快。在

---

122. Henk Volten 给 David Cairns 的信，1986.01.14; Henk Volten 给 Raymond Harris 的信，1987.08.24。关于 Volten 改变主意的意义的评论，参见 David Cairns 的备忘录 "Notes of a Meeting at the Institute of Chartered Accountants in England and Wales"，1988.02.11。所有文件均归档于 IASC archive，"Bishop Working Party" file。关于 Volten 对 IASC 1987 年 3 月战略讨论的看法，参见 "De toekomst van het IASC"，Henk Volten 的备忘录，1987.02.19，NIVRA archive，no.49。

123. "The Changing World of the Accountant"，*Accountancy Age*，1987.10.22，1。

124. 工作组意识到，合并是加拿大方面召集东京会议的主旨，但东京会议所论及的职权范围并不侧重于这个问题，尽管也不排除这个问题。"Points from Meeting—June 1988"，John Bishop 给 Marc Ghiliotti 的信函附件，1988.08.03，IASC archive，"Bishop Working Party" file。

125. 2003 年 5 月 28 日作者对 John Bishop 的采访。

126. Robert Bruce，"Political Strife in International Arena"，*Accountancy Age*，1987.10.22，5。

与国际证监会组织（IOSCO）建立联系之后，IASC 终于被视为国际金融市场上颇具潜力的会计准则制定者（请参阅第 10 章）。IASC 的工作和地位上的变化，发生于毕晓普团队开展工作之际，这使毕晓普工作组的存在变得越来越不合时宜。

约翰·毕晓普将 IASC 的自主权问题视为一个关键问题，也是一个敏感问题。由于他希望尽早了解 IASC 的意见，因此他于 1988 年 6 月会见了 IASC 理事会和顾问团成员。[127] 在与顾问团的沟通中，他明确认识到，如果在这一时刻对 IASC 和国际会计师联合会（IFAC）的关系进行评估，那将是非常不合适的。特别是，IOSCO 的代表保罗·盖伊（Paul Guy）和伯特兰·伊利耶尔（Bertrand d'Illiers）明确表示，如果 IASC 重新回到被公共会计师行业独家控制的状态，则势必与 IASC 的新抱负和工作计划相悖。[128] 尤其在顾问团的大力支持下，凯恩斯在 1988 年 9 月自信地下了结论："IASC 被合并或接管的威胁已经消失。我们可以集中精力处理摆在我们面前的更为重要的问题了。"[129]

此后，IASC 大体上能够继续推行自己的议程，包括设立筹资基金会（将在第 8.15 节讨论）。从 IASC 的角度来看，工作组现在的主要职能就是认可这一建议。1989 年 5 月，IASC 主席乔治·巴尔泰斯·德·吕泰尔有点不耐烦地致信约翰·毕晓普说："（IASC）理事会需要快些知道 1990 年以后 IASC 能否获得更多的资金。现阶段我们获得了前所未有的认可和成功；但如果没有资金，我们就不得不放慢脚步。"[130] 这时，IASC 已经决定在工作组就设立基金会的事情做出反馈后再采取行动。

毕晓普及其工作组 1989 年 12 月提交的最终版报告令 IASC 非常满意。工作组的结论是，"任何意在强调或增强公共会计师行业对 IASC 的支配能力的措施，都是极不可取的，应尽可能避免"。此外，工作组在一项调查的基础上得出结论，即 IASC 是一个运作良好、备受尊敬的组织。该工作组

---

127. 1988 年 4 月 18 日 John Bishop 写给 Ray Harris 的信，信件副本由 Bishop 向作者提供。

128. "Unofficial Secretariat Notes of the Meeting of the IASC Board and Consultative Group—Tuesday 21 June, 1988"，David Cairns 的备忘录，IASC archive，"Bishop Working Party" file。

129. David Cairns 给 Rainer Geiger（OECD）的信，1988.09.21，IASC archive，"Bishop Working Party" file。

130. Georges Barthès 给 John Bishop 的信，1989.05.02，IASC archive，"Bishop Working Party" File。

对 IASC 自己制定的融资计划给予了好评。[131] 各方对这个报告的反应不冷不热，由此可见，IASC 和国际会计师联合会（IFAC）的关系问题已不再像 20 世纪七八十年代那般紧迫了。要想召集承担研究任务的各个公共会计师行业协会开会来接受和讨论该报告，看起来已经不可能了，因此各方勉强同意让 IASC 和国际会计师联合会（IFAC）在 1992 年华盛顿世界会计师大会上，报告它们为了贯彻落实"那些经认可的毕晓普的建议"，已经或者将要采取的措施。[132] IASC 和国际会计师联合会（IFAC）的关系这一棘手问题，与其说是得到了解决，不如说是因为时过境迁而不再成为问题了。

2000 年 5 月，国际会计师联合会（IFAC）各成员协会批准了 IASC 进行重组从而独立于公共会计师行业的改组方案。IASC 终于切断了它和国际会计师联合会（IFAC）之间的联系（请参阅第 13 章）。

---

131. "IFAC/IASC: Review of Aims, Activities and Organisation"，Working Party Report，1989.12. 这段文字摘自报告第 12 页。

132. 参见 Raymond G. Harris 给国际会计师联合会负责人和 IASC 理事会代表们的信，1991.02.19，IASC archive，"Bishop Working Party" File。

第三篇

IASC：1987—2000

第 8 章　国际会计准则委员会面貌的变化：人员、结构和经费

本章重点介绍与 IASC 的运作有关的问题，较多篇幅聚焦于 IASC 的主要人物、不断扩大的理事会代表团的构成、理事会会议的流程、IASC 的融资情况以及辅佐 IASC 理事会开展工作的组织单位。与第 4 章类似，读者朋友们可以参考附录 2、附录 3 和附录 5 来理解与本章相关的内容。

8.1　主席和副主席

IASC 在 1987 年至 2000 年间延续了此前的任期制度，每届主席任期为两年半。

乔治·巴尔泰斯·德·吕泰尔（1931 年生）于 1987 年 10 月接替了约翰·柯克帕特里克出任 IASC 主席，直到 1990 年 6 月。巴尔泰斯于 1982 年加入 IASC 理事会，彼时他是安达信会计公司巴黎成员公司的审计合伙人[1]，同时也是法国会计标准制定机构——国家会计委员会（CNC）的成员。柯克帕特里克是通过激烈的竞争才谋得 IASC 主席职位的，所以他劝告巴尔泰斯尽早着手物色继任者。巴尔泰斯认为，对 IASC 主席人选的选择应当反映出会计文化的多样性。在柯克帕特里克的支持下，巴尔泰斯设

---

[1]. Barthès 之前在 Frinault Fiduciaire 公司工作，该公司是 KMG 的一部分。1987 年，在 KMG 并入 KPMG 的时候，Frinault Fiduciaire 公司也与安达信会计公司合并了。

计了一套规则，即 IASC 主席人选应当在英美（Anglo-American）和非英美（non-Anglo-American）人士之间轮替。[2] 之后的各届 IASC 理事会均沿用了这一政策。以下为 IASC 历任主席名单：

约翰·柯克帕特里克（John Kirkpatrick），英国人（1985—1987）

乔治·巴尔泰斯·德·吕泰尔（Georges Barthès de Ruyter），法国人（1987—1990）

阿瑟·怀亚特（Arthur Wyatt），美国人（1990—1992）

白鸟荣一（Eiichi Shiratori），日本人（1993—1995）

迈克尔·夏普（Michael Sharpe），澳大利亚人（1995—1997）

斯蒂格·恩沃尔森（Stig Enevoldsen），来自北欧联邦（Nordic Federation）（1998—2000）

托马斯·琼斯（Thomas Jones），财务经理协会国际联合会（IAFEI）（2000—2001）

阿瑟·怀亚特（1927年生）1988年1月1日成为美国注册会计师行业派驻 IASC 理事，1990年7月至1992年12月出任 IASC 主席。他1953年在伊利诺伊大学获得博士学位，也因此成为唯一拥有博士学位的 IASC 主席。他曾是安达信会计公司会计原则小组（Accounting Principles Group of Arthur Andersen）的负责人。在此之前，他曾任伊利诺伊大学全职会计学教授、安达信会计公司技术合伙人、美国注册会计师协会会计准则执行委员会（Accounting Standards Executive Committee of AICPA）主席以及美国注册会计师协会理事会成员。1985年到1987年，他还是财务会计准则委员会（FASB）的委员。1987年，怀亚特突然从财务会计准则委员会（FASB）离职，这让很多人感到惊讶。1988年，他被任命为 IASC 理事会成员，以便两年后接任 IASC 主席职位。但是，怀亚特并不是入驻 IASC 理事会后最快当上 IASC 主席的人。更快的是汉斯·伯格拉夫，在他1980年7月出任 IASC 主席时，距其首次参加 IASC 理事会仅有16个月。

---

2. 2003年6月5日作者与 Georges Barthès de Ruyter 的访谈记录；"Appointment of Deputy Chairmen（a Note from the Secretary-General）"，IASC executive committee meeting of June 1994, agenda paper Ⅵ。

第8章　国际会计准则委员会面貌的变化：人员、结构和经费

白鸟荣一（1934—1998）自1983年起担任IASC理事会成员，后于1988年离开，又于1990年重新加入，并在1993年1月至1995年6月出任IASC主席。从美国西北大学研究生毕业后，他于1962年返回日本协助开设安达信会计公司的成员公司，1971年成为安达信全球所的合伙人。在安达信会计公司度过职业生涯的大半之后，他

IASC主席白鸟荣一（Eiichi Shiratori）与阿瑟·怀亚特（Arthur Wyatt）

说明：摄于1992年10月在华盛顿举办的世界会计师大会。

于1990年离职，出任总部位于日本的IONA国际公司首席执行官。1976年至1980年，他兼任日本企业会计商议委员会（BADC）委员，该委员会是日本财政部的会计准则顾问。

IASC的主席们

说明：摄于1993年6月29日IASC二十周年大会。从左至右依次为：白鸟荣一（Eiichi Shiratori）、亨利·本森（Henry Benson）、约翰·赫普沃思（John Hepworth）、乔治·巴尔泰斯·德·吕泰尔（Georges Barthès de Ruyter）。

迈克尔·夏普（1937年生）于1995年7月至1997年12月任职IASC主席。他是位于悉尼的永道会计公司澳大利亚成员公司的审计合伙人，同时也

— 317

迈克尔·夏普（Michael Sharpe）

是永道国际会计公司会计和审计部门的高级技术合伙人。1990年，夏普加入IASC理事会。夏普此前曾任澳大利亚特许会计师协会会长、澳大利亚证券投资委员会并购委员会（Australian Securities and Investments Commission's Takeover Panel）委员。他还兼任State Super（澳大利亚最大的养老基金）的董事，以及澳大利亚证券交易所理事会成员。20世纪60年代，夏普供职于永道会计公司伦敦成员公司，彼时，亨利·本森是他的导师。正是本森敦促夏普接受IASC的邀请，代表澳大利亚公共会计师行业加入了IASC理事会。[3]

斯蒂格·恩沃尔森（1950年生）于1998年1月至2000年6月担任IASC主席。[4] 他是德勤会计公司哥本哈根成员公司的审计合伙人。他于1989年加入IASC理事会，最开始作为丹麦公共会计师行业协会代表，之后作为北欧注册会计师公会（Nordic Federation of Public Accountants）代表，一直供职至2000年。在1987—1996年，他是丹麦会计准则委员会（Regnskabsteknisk Udvalg）成员，并在后面的六年中担任该委员会主席。他还是丹麦政府执行欧共体第七号公司法指令的顾问。[5]

斯蒂格·恩沃尔森（Stig Enevoldsen）

托马斯·E.琼斯（1938年生）于2000年下半年成为IASC主席，彼时IASC理事

---

3. 2003年5月29日作者与Michael Sharpe的访谈记录。又见"Sharpe Response to Challenges"，*IASC Insight*，1995.06，1。

4. 关于Enevoldsen就任IASC主席几个月后所接受的采访，参见"A Look Back and A Look Forward"，*IASC Insight*，1998.06，15–17。

5. "IASC Board Restructured to Widen Representation"，*IASC Insight*，1995.06，4。

第 8 章 国际会计准则委员会面貌的变化：人员、结构和经费

会即将进行重组。1996 年，琼斯作为财务经理协会国际联合会（IAFEI）的代表，加入了 IASC 理事会。琼斯出生于英国，是英格兰及威尔士特许会计师协会（ICAEW）的会员。他曾在意大利和比利时工作，随后来到花旗银行（纽约分行），先后担任首席财务官和执行副总裁。[6] 琼斯 1991—1998 年兼任财务会计基金会（Financial Accounting Foundation，FAF）受托人理事会理事，1996—1998 年兼任副主席，该基金会负责资助和监督财务会计准则委员会（FASB）。琼斯在 1985—1989 年兼任财务会计准则委员会（FASB）所设新兴问题工作组（Emerging Issues Task Force）的成员。此外，他还曾担任财务经理协会（FEI）公司报告委员会（Committee on Corporate Reporting）主席，以及美国银行家协会（American Bankers Association）首席财务官委员会（Chief Financial Officers Committee）主席。琼斯是唯一不曾担任会计师事务所合伙人的 IASC 主席。

托马斯·E. 琼斯
（Thomas E. Jones）

白鸟荣一、迈克尔·夏普和斯蒂格·恩沃尔森都是在各自主席任期开始前的 23～32 个月当选为候任主席（chairman-designates）的。作为对比，对夏普和恩沃尔森的选任，甚至早于他们的前任主席就职之日。与前几任主席都要经历候任主席的阶段不同，夏普和恩沃尔森都拥有代理主席（deputy chairman）的经历，这意味着他们不用承担什么额外的职责，实际上却是秘书长和主席所有通信往来的参与者。[7] 因此，与前几任主席相比，夏普和恩沃尔森从代理主席到主席的过渡非常顺利。在前些年，候任主席都是在其主席任期开始前的 9～15 个月内经由选举确定的。

1997 年 10 月至 11 月于巴黎召开的 IASC 理事会会议，选举出了两位副主席（vice-chairmen）：分别是金融分析师行业代表帕特里夏·麦康奈尔

---

6. 1998 年，Citicorp 成为 Citigroup 的一部分。

7. 增加代理主席一职的原因在于，候任主席为期两年的候任时间太长。2004 年 3 月 1 日 David Cairns 与作者的沟通。

（Patricia McConnell）和财务经理代表托马斯·E.琼斯。两人都来自美国。他们的任期始于1998年1月，与IASC主席斯蒂格·恩沃尔森的任期一致。也就是说，之前的候任代理主席（elected deputy chairman）被现在的两名候任副主席（elected vice-chairmen）取代。这次调整的原因在于，考虑到IASC正在进行的战略审查和可能进行的重组，主席的未来角色具有不确定性，此时理事会不愿再选聘新的候任主席连同代理主席了。[8]麦康奈尔和琼斯都是广受尊重的理事会成员。

8.2 理事会成员的变动

与主席任期一样，IASC理事会各位理事在1987年至2000年的任期，也延续了此前的任期制度，每届任期为两年半。1987年，理事会由13个国家或地区的公共会计师行业的代表和金融分析师行业的代表组成。根据1982年批准的IASC章程的第4条，理事会可指派多达4个对财务报告感兴趣的行业组织成为理事会理事。后文将会提及，IASC理事会在1995—1996年增加了2个这样的成员协会，理事总数增加至16个。

每一个理事会成员协会都拥有自行指派代表人选的权利，但对代表人数有限制。从未出现过对代表身份或背景的质疑。

8.2.1 各国准则制定机构的参与情况

根据IASC基金会工作组（IASC's Foundation Working Party）1994年提出的一项建议（详情请参阅第8.15节），理事会的领导层，尤其是IASC主席迈克尔·夏普，积极鼓励成员公共会计师协会提名其所在国（或官方或民间的）准则制定机构的成员加入IASC理事会，以便利用他们的技术专长并争取他们的支持。[9]以下依照年份列举了新任命的理事会成员，从中可以看到这一政策的实施效果。

---

8. "Review by Chairman and Secretary-General", IASC's *Annual Review 1997*, 11.

9. 关于Sharpe对于让各国准则制定机构参与理事会工作的重要性的看法，参见"Statement by Chairman and Secretary-General", IASC's *Annual Review 1995*, 4; Michael Sharpe, "A Review of IASC's Progress", *IASC Insight*, 1997.10, 2。

第 8 章　国际会计准则委员会面貌的变化：人员、结构和经费

IASC 代表及工作人员

说明：1990 年 11 月摄于新加坡。前排从左至右：Patricia McConnell、Eiichi Shiratori、Peter Wilmot、Gillian Bertol、Christopher Stronge、Arthur Wyatt、David Cairns、Giuseppe Verna、Ambrogio Picolli、Jean-Luc Dumont。中间排从左至右：Johan van Helleman、Raymond Béthoux、Michael Sharpe、John Hudson、Dietz Mertin、John Chironna、Yukio Ono、Brigid Curran、David Damant、Erik Mamelund、Geoffrey Mitchell、Ron Murray。后排从左至右：Richard Golikoski、Cor Regoort、Doug Brooking、Herman Marseille、Gilbert Gélard、Rolf Rundfelt、Paul Cherry、Fouad Allaeddin、Art Guthrie、In Ki Joo、John Denman、John Carchrae。

1995 年：（来自英国的）会计准则理事会（ASB）主席戴维·泰迪；澳大利亚会计准则委员会（AASB）的成员伊恩·哈蒙德（Ian Hammond）；墨西哥会计原则委员会（Accounting Principles Committee）原主席拉斐尔·戈麦斯·恩（Rafael Gómez Eng）；斯里兰卡会计准则委员会（Accounting Standards Committee）主席雷亚斯·米赫勒（Reyaz Mihular）；加拿大会计准则委员会（Accounting Standards Board）原主席亚历克斯·米尔本（Alex Milburn）。

1996 年：丹麦会计准则委员会（Accounting Standards Committee）主席佩尔·甘斯莱夫（Per Gunslev）。

1997 年：南非会计惯例委员会（Accounting Practices Board）主席彼得·威尔莫特（Peter Wilmot）；津巴布韦会计实务委员会（Accounting Practices Board）成员莱斯利·安德森（Leslie Anderson）；美国注册会计师协会会计准则执行委员会（Accounting Standards Executive Committee）主席迈克尔·克罗赫（Michael Crooch）。

— 321 —

1998年：澳大利亚会计准则委员会（AASB）主席肯尼思·斯潘塞；荷兰年度报告委员会（Council on Annual Reporting）信息编报委员会主席让·德恩·赫德（Jean den Hoed）。

上述人事任命中，最关键的是戴维·泰迪。这是IASC主席迈克尔·夏普亲自劝说英格兰及威尔士特许会计师协会（ICAEW）主席的结果。[10]

在整个20世纪90年代，财务会计准则委员会（FASB）的一名成员先是作为旁听者、继而作为观察员出席了IASC理事会会议（见下文）。

可以肯定的是，前几年任命的不少理事会成员都是现任或前任国家（或官方或民间的）准则制定机构的主席或成员，其中包括中岛省吾、乔·卡明斯、汉斯·伯格拉夫、戴维·霍布森、道格·哈格曼、斯蒂芬·埃利奥特、拉尔夫·沃尔特斯、彼得·斯蒂林（Peter Stilling）、斯蒂格·恩沃尔森、西格瓦德·赫林（Sigvard Heurlin）、以及克里斯·诺布斯（Chris Nobes）等。道格·托马斯、约翰·登曼、保罗·罗森菲尔德和沃伦·麦格雷戈等数名职员观察员（staff observers），还同时为其所在国（或官方或民间的）会计准则制定机构提供技术支持。但是，充分利用这种专长并积极开展合作的政策变得更加重要的时点，是在20世纪90年代中期——IASC理事会面对国际证监会组织（IOSCO）提出的挑战，亟须着手为复杂和有争议的问题制定会计准则。

8.2.2 金融分析师行业的参与情况

在1987—2000年，金融分析师行业在IASC理事会中仍然像以前一样活跃。如上文所述，金融分析师行业代表帕特里夏·麦康奈尔自1998年起担任了IASC副主席。在戴维·凯恩斯的鼓励下，戴维·达曼特经常邀请一位或多位当地的金融分析师，作为行业代表出席IASC理事会会议。[11] 自1991年起，金融分析师行业通常会有一个由4~6人组成的代表团出席IASC的理事会会议。不管怎么说，这种做法有助于IASC扩大宣传自己

---

10. 2003年5月29日作者与Michael Sharpe的访谈记录。

11. Cairns给Shiratori和Sharpe的信，1993.02.03，IASC archive, file, "Michael Sharpe（Deputy Chairman）"。

第8章 国际会计准则委员会面貌的变化：人员、结构和经费

所做的工作，同时达曼特也筹集到了必要的资金来支付金融分析师行业的会费。

金融分析师行业代表积极参加IASC理事会的讨论，他们的意见也吸引了相当大的关注。来自南非的金融分析师道格·布鲁金（Doug Brooking）是唯一一位出任IASC理事的金融分析师，他本人也是一名特许会计师。他加入IASC理事会的时点很及时，随后他就担任了每股收益准则指导委员会的主席，并促成了《国际会计准则第33号：每股收益》的颁布。

8.2.3 财务经理的参与情况

在1976—2000年，美国证券行业派驻IASC的代表团中一直有一位报表编制者的代表，没有间断，这一纪录是任何其他代表团所无法企及的。逐渐地，各国证券行业派驻IASC的代表团中都开始出现报表编制者的代表，而这些代表团以前只包含会计公司的合伙人或者是公共会计师行业协会的代表。1992年，汤姆森公司的伯纳德·若多（Bernard Jaudeau）成为法国证券行业派驻IASC的代表团的第一个报表编制者代表。早在十年前，德国证券行业派驻IASC的代表团就预留了一个席位给报表编制者代表；1993年，拜耳公司首席会计师贝恩德-约阿希姆·梅恩（Bernd-Joachim Menn）成为第一个占据该席位的人。同样在1993年，南非啤酒厂的伊恩·萨默维尔（Ian Somerville）成为南非证券行业派驻IASC的代表团的第一位报表编制者代表。1995年，必和必拓公司的杰夫·埃莱（Geoff Heeley）成为自1987年以来澳大利亚证券行业派驻IASC的代表团的首位报表编制者代表。20世纪90年代，IASC的准则有所改进，并开始引起全球证券市场监管机构的关注，因此，上市公司也开始认真对待IASC的工作。

在1995—1996年，IASC理事会新增了两个报表编制者的席位，从而使理事会的理事人数增加到了16个。1995年，瑞士工业控股公司联合会继金融分析师行业代表团之后，成为IASC理事会中第二个非会计师行业的代表团。IASC也曾邀请瑞士注册会计师和税务顾问协会（Schweizerische Kammer der Bücher-, Steuer- und Treuhandexperten）向理事会派驻代表，但

_323

该协会拒绝了 IASC 的邀请，这让许多大型瑞士跨国公司非常恼火。这些公司越来越多地使用 IASC 的准则（请参阅第 12.2.5 节），却没有参与准则的制定过程，它们因此多有抱怨。[12] 后来，可能是因为雀巢公司的哈里·K. 施密德（Harry K. Schmid）作为国际商会（ICC）代表在 IASC 顾问团会议上的活跃表现，IASC 随后便将目光转向了瑞士工业控股公司联合会。该联合会成员的总市值约占到瑞士证券市场的一半。瑞士工业控股公司联合会接受了邀请，并组建了以施密德为中心的代表团派驻 IASC 理事会。[13] 瑞士的公共会计师行业协会为该代表团提供了所需经费的 1/3，并委派了一位毕马威会计公司前合伙人作为代表团的技术顾问。IASC 解释说，之所以为瑞士工业控股公司联合会提供一个 IASC 理事会席位，是因为 IASC"认识到了瑞士公司对于采用 IASC 的准则所抱有的极大兴趣"。[14] 罗氏公司的彼得·祖布吕格（Peter Zurbrügg）和诺华公司的马尔科姆·奇塔姆（Malcolm Cheetham），同施密德一起担任了瑞士证券行业派驻 IASC 的代表团的代表。

1996 年，IASC 在历经十年的努力之后（请参阅第 7.4.3 节），终于成功说服财务经理协会国际联合会（IAFEI）加入了 IASC 理事会。[15] 然而，值得注意的是，早在 1988—1992 年，德国大型跨国公司西门子就已经以财务经理协会国际联合会（IAFEI）代表的身份参加过 IASC 顾问团的会议（见下文）。人们对 IASC 准则的看法发生了变化，与此同时，20 世纪 90 年代中期工商企业界的风险也显著上升。基于这样的背景，再加上托马斯·琼斯的大力倡议，花旗集团决定出资赞助财务经理协会国际联合会（IAFEI）积极参与 IASC 的活动。如上所述，琼斯于 1998 年当选 IASC 副主席，2000 年当选 IASC 主席，其任期一直持续至 2001 年年初 IASC 改组为国际会计准则理事会（IASB）。英美烟草公司的戴

---

12. 2003 年 6 月 8 日作者与 David Cairns 的访谈记录。又见 David Cairns, "The Future Shape of Harmonization: A Reply", *The European Accounting Review*, 6/2（1997），324。

13. 2004 年 3 月 15 日作者与 Harry K. Schmid 的访谈记录。

14. IASC's *Annual Review 1995*, 3. 然而，两名理事会成员投票反对给予瑞士工业控股公司联合会理事会席位。显然有人担心，向瑞士联合会发出邀请将为其他国家的报表编制者组织争取理事会成员资格开创先例。IASC board meeting of 8–10 May 1995，minute 12。

15. 参见"Financial Executives Join the IASC Board", *IASC Insight*, 1995.12，2。

第8章 国际会计准则委员会面貌的变化：人员、结构和经费

IASC 代表、观察员及工作人员

说明：1995年5月于阿姆斯特丹。前排从左至右：Terry Harding、Arlene Rodda Thomas、Albrecht Ruppel、Bernard Jaudeau、Jim Leisenring、Jean-Luc Dumont、Roberto Tizzano、Hank Howarth、Liesel Knorr、Eiichi Shiratori、Monica Singer、Judith Cunningham、Jan McCahey、Narendra Sarda、Munir Al-Borno。后排从左至右：Cees Dubbeld、Paul Pacter、Karel Van Hulle、Barry Robbins、Sigvard Heurlin、Harald Brandsås、Peter Stilling、Rolf Rundfelt、Gilbert Gélard、Jan Klaassen、Heinz Kleekämper、Ian Somerville、Ray De Angelo、Patricia McConnell、Etsuo Sawa、Jay Perrell、Michael Sharpe、John Denman、David Damant、Bruce Picking、Stig Enevoldsen、Christopher Nobes、Paul Cherry、Yukio Ono、Johan van Helleman、Herbert Biener。

维·C.波特（David C. Potter）和巴西圣保罗大学的 L.纳尔逊·卡瓦略（L. Nelson Carvalho）也加入了财务经理协会国际联合会（IAFEI）的代表团。

到了1996年，IASC 理事会中的报表编制者代表人数有了显著增加，这意味着，新的披露要求给公司管理层所带来的负担问题将会得到更为热烈的讨论。哈里·施密德和德国财务经理代表贝恩德－约阿希姆·梅恩一起，成为新披露条款最积极的批判者。施密德的态度尤其举足轻重，因为他代表了 IASC 准则的最大用户群体。除此之外，瑞士方面的报表编制者代表和财务经理代表的加入，对于投票结果也有重要的影响，因为如果只是在一国派驻 IASC 的代表团中增加一个报表编制者代表的话，可能并不足以影响该国整个代表团的最终投票结果。[16]

8.2.4 其他代表团

南非代表团1978年加入IASC理事会，其席位一直维持到2000年，是迄今为止任职时间最长的非创始成员代表团。鉴于南非的国际孤立状态一直持续到了20世纪90年代初期甚至更晚的时候，南非特许会计师协会（SAICA）认为，重要的是保持其占据在IASC理事会的席位，不要与国际会计的发展脱节。所以，南非特许会计师协会定期派遣一个高质量的代表团参加IASC的会议，该代表团在会议期间注重保持非对抗性，以免冒犯别人。[17]1995年，南非公共会计师行业开始与津巴布韦特许会计师协会（Institute of Chartered Accountants of Zimbabwe）共享一个理事会代表席位。

在丹麦的公共会计师行业独立参与IASC理事会的活动两年之后，北欧公共会计师联合会（Nordic Federation of Public Accountants）于1990年成为理事会成员。北欧公共会计师联合会的代表团一直由丹麦、瑞典和挪威的公共会计师行业选派代表组成，在该联合会中，芬兰的公共会计师行业从未表现出参与的兴趣，冰岛的公共会计师行业协会也从未参与。1998年，北欧公共会计师联合会的创始成员斯蒂格·恩沃尔森成为IASC主席。

印度公共会计师行业的代表团于1993年加入了IASC理事会。发起机构印度特许会计师协会仅派出了一位代表，即该协会的现任或前任主席。1995年，印度公共会计师行业开始与斯里兰卡公共会计师行业共享代表团席位。斯里兰卡特许会计师协会派遣了一名成员雷亚斯·米赫勒，该成员一直在代表团任职，直至2000年。

之所以邀请津巴布韦和斯里兰卡的公共会计师行业通过共享代表团席位的形式参与IASC的活动，是因为IASC试图通过增加发展中国家的公共会计师行业协会的方式，逐步实现其成员构成的多样化。[18]类似地，将约

---

16. 2004年3月15日作者与Ian Somerville的访谈记录。
17. 2004年3月15日作者与Monica Singer的访谈记录。
18. 南非代表团的一名成员批评IASC在追求"政治正确"，这有损IASC制定高质量准则的目标。2004年3月15日作者与Monica Singer的访谈记录。

第 8 章 国际会计准则委员会面貌的变化：人员、结构和经费

旦、韩国和马来西亚的公共会计师行业的代表团（见下文）吸收进来，同样旨在将 IASC 理事会的成员范围扩大到亚洲和中东，并涵盖新兴经济体。IASC 从未成功吸引过墨西哥以南的美洲各国的公共会计师行业参与，尽管 IASC 曾在 1994 年将秘鲁的公共会计师行业协会视为潜在的候选成员协会。[19] 如第 4.4 节所述，IASC 曾在 1982 年邀请智利的公共会计师行业向 IASC 理事会派遣代表团，但被拒绝了。直到 2000 年 3 月，IASC 理事会才首次在南美洲举行会议，会议地点为巴西的圣保罗。

在 1988—1995 年，约旦公共会计师行业的代表团加入了 IASC 理事会，该代表团由总部设在伦敦的阿拉伯注册会计师协会（Arab Society of Certified Accountants）组成，但应国际会计师联合会（IFAC）的请求，阿拉伯注册会计师协会在约旦也设立了一个总部。[20] 最初两年，该代表团的领导人物是塔拉勒·阿布－加扎利（Talal Abu-Ghazaleh）。他在 1989 年 4 月 IASC 的布鲁塞尔理事会会议开场环节，向 IASC 理事会发表了措辞强烈的声明，抱怨 IASC 拒绝了约旦公共会计师行业所提出的在阿拉伯国家举行一次会议的请求。问题出在巴林方面。IASC 的领导层认为，IASC 不宜在没有发出邀请并且不属于阿拉伯社会的"东道国"的国家开会。[21] 阿布－加扎利还主张任命其代表团成员参加 IASC 各准则的指导委员会以及组织和计划委员会（OPC），并选举其代表团成员担任新的 IASC 副主席。阿布－加扎利成为发展中国家尤其是阿拉伯世界的公共会计师行业的代言人。[22] 尽管他的演说不受欢迎[23]，但约旦的公共会计师行业协会代表还是在 1990 年被任命为 OPC 成员，也迅速被任命为两个指导委员会的成员，其中一个指导委员会负责编写适用于发展中国家和新兴工业化国家的会计准则。1992 年 6 月，IASC 理事会在约旦首都安曼举行了一次会议。至于副主席职位一事，IASC 没有认真考虑过。

韩国公共会计师行业在 1988—1992 年派代表团加入了 IASC 理事会，但其负责投票的高级代表明显英语口语不太好，在理事会会议期间，他不

---

19. Minutes of IASC/IFAC Coordinating Committee, 1994.11.15.
20. IASC board meeting of 12–14 April 1989, minute 10.
21. 2006 年 6 月 20 日 David Cairns 与作者的沟通。
22. IASC board meeting of 12–14 April 1989, minutes 1, 10 and the appendix.
23. 2004 年 1 月 27 日作者与 David Cairns 的访谈记录。

得不依靠一位年轻同事为他进行现场翻译。[24]

IASC 的领导层时不时地会讨论起意大利公共会计师行业代表团缺乏充分参与的问题。意大利公共会计师行业代表团于 1983 年加入理事会[25]，却没有一个人出席 IASC 认为很重要的两次会议。一次是 1987 年 3 月在

IASC 代表、观察员以及工作人员

说明：2000 年 12 月于伦敦。前排从左至右：Sir Bryan Carsberg、Thomas Jones、Patricia McConnell。中间排从左至右：Magnus Orrell、Peter Clark、Angus Thomson、Ruud Vergoossen、Helmut Berndt、Makoto Shinohara、Christophe Patrier、Brian Morris、Toshihiko Amano、Tony Seah Cheo Wah、Jim Saloman、Jim Gaa、Elizabeth Fender、Kurt Ramin、Paul Cherry、Colin Fleming、Carlos Buenfil、Luis Moirón、Frank Palmer、Rieko Yanou、Shozo Yamazaki、Francis Desmarchelier、Patricia Walters、Narain Gupta、Susan Koski-Grafer、Leslie Anderson、Erna Swart、Kathryn McArdle。后排从左至右：Martin Noordzij、Jean den Hoed、Bob Rutherford、Christopher Nobes、Jean Keller、Sigvard Heurlin、Philipp Hallauer、Anthony Carey、Rolf Rundfelt、Tatsumi Yamada、John Smith、Nelson Carvalho、Harry Schmid、Jerry Edwards、Tony Cope、Per Gunslev、Peter Wilmot、David Damant、Malcolm Cheetham、Reyaz Mihular、Jochen Pape、Jan Klaassen、Karel Van Hulle、Gilbert Gélard、Martin Faarborg、Klaus-Peter Naumann。

---

24. 2004 年 8 月 9 日作者与 Arthur R. Wyatt 的访谈记录。

25. 2003 年 6 月 8 日和 2004 年 1 月 27 日作者与 David Cairns 的访谈记录，2004 年 8 月 9 日与 Arthur R. Wyatt 的访谈记录，2004 年 10 月 15 日与 Peter Clark 的访谈记录。

第 8 章　国际会计准则委员会面貌的变化：人员、结构和经费

悉尼举行的批准 IASC 未来战略的理事会会议，另一次是 1993 年 3 月在东京举行的就若干准则改进项目的草案和金融工具问题做出决定的理事会会议。根据 IASC 理事会的规则，缺席相当于投反对票。在 IASC 历史上，仅有三次缺席的情况。除意大利公共会计师行业的上述两次缺席之外，第三次就是 1978 年 6 月，法国的公共会计师行业缺席了 IASC 的理事会会议。意大利公共会计师行业代表团一些成员仅出席部分理事会会议的情况并不少见。意大利公共会计师行业代表团在加入 IASC 的组织和计划委员会（OPC）仅仅两年之后，就在 1986 年被取消了资格，这显然是因为其出勤情况不佳。1988 年，意大利公共会计师行业代表团险些被 IASC 理事会除名。[26] 1995 年，其理事会席位终于被给予马来西亚的公共会计师行业协会。

马来西亚公共会计师行业的 IASC 理事会席位持续到了 2000 年，佘楚和（Tony Seah）是其中一名特别活跃的成员。在 1997—1998 年，在秘书长布赖恩·卡斯伯格的安排下，马来西亚证券委员会还将其工作人员阿齐扎·穆赫德·加法尔（Azizah Mohd Jaafar）借调给了 IASC，使其担任研究员职务。[27]

墨西哥的公共会计师行业于 1987 年年底因拖欠会费而被迫退出 IASC 理事会，后于 1995 年重新成为理事会成员。1994 年，墨西哥会计师协会会计原则委员会举办了一次重要会议，以期筹集资金缴纳约 27 000 英镑的未交会费。美国证监会（SEC）和财务会计准则委员会（FASB）都派代表出席了会议。会议吸引了众多会计从业人员以及考虑在美国上市的公司。这次会议成功地筹集了超出预期目标的资金。这样，墨西哥会计师协会得以接受 IASC 第二年的邀请，从而恢复派遣代表团入驻 IASC 理事会。墨西哥会计师协会也曾邀请财务经理们共同参与与 IASC 的互动，但被他们拒绝了。[28] 最后，IASC 免除了墨西哥会计师协会的未交会费。[29]

---

26. 2003 年 6 月 8 日作者与 David Cairns 的访谈记录。
27. Bryan Carsberg 给作者的备忘录，2005.06.17。
28. 2005 年 6 月 30 日作者与 Rafael Gómez Eng 的访谈记录。
29. Minutes of IASC/IFAC Coordinating Committee, 1994.11.15；IASC executive committee meeting of 27 March 1995, minute 6.

其他国家的公共会计师行业协会，有的申请 IASC 理事会成员资格，但"没有被委任为理事，原因在于，它们没有证明自己对 IASC 的工作如何感兴趣。例如，它们没有就 IASC 的征求意见稿发表评论意见，或者没有主动申请加入某一项准则的指导委员会"。[30]

8.2.5 观察员 / 技术顾问

各公共会计师行业协会派驻 IASC 的每个代表团，除有两名投票成员外，均有权任命一名职员观察员（staff observer）。1990 年 11 月，职员观察员的头衔改称为技术顾问（technical adviser）。[31] 尽管他们被称为观察员，但其中有一些人凭借长期以来对 IASC 理事会会议的贡献以及在主要会计准则的指导委员会的出色工作，得以脱颖而出，如加拿大人约翰·登曼（1983—1995）、法国人吉尔伯特·格拉德（Gilbert Gélard，1988—1997）、澳大利亚人沃伦·麦格雷戈（1986—1999）和日本人泽悦男（Etsuo Zawa，1992—1999）等便是如此。在登曼的积极协调和安排下，加拿大特许会计师协会（CICA）积极参与了 IASC 的金融工具准则这个重大项目。

8.3　20 世纪 90 年代一些活跃的代表团所面临的挑战

随着 IASC 的准则逐步朝着更具规范性和逐步缩小准则弹性的方向改进，再加上全球化开始改变某些国家会计工作的商业和经济条件，IASC 的一些代表团的成员在审议和表决 IASC 事项时，不得不考虑一个新的现实问题。这个不同代表团（有时甚至是同一代表团的不同成员）意见不一的问题是，IASC 理事会代表在投票的时候，究竟应当为本国公共会计师行业所公认的会计惯例辩护，还是应当如同 IASC 理事会的技术文件（technical papers）和讨论稿所说的那样，投票支持他们所认为的符合公众利益的会计惯例。此外，文化和会计传统的差异，常常使得一些公共会计师行业协

---

30. Cairns, "The Future Shape of Harmonization: A Reply", 324.
31. 这一变化直到 1992 年 10 月修订后才反映在 IASC 的章程中。

第 8 章　国际会计准则委员会面貌的变化：人员、结构和经费

会的代表团在 IASC 理事会会议的讨论中处于不利的境地。

1995—2000 年，在针对准则或准则修订案的二十次投票中，美国证券行业（公共会计师行业）代表团投了两次反对票、六次弃权票。按照 IASC 的规则，弃权票就相当于反对票。[32] 在此期间，没有一个代表团比美国（代表团）投的赞成票还少。然而，美国证券行业（公共会计师行业）代表团之所以投反对票较多，并不是简单地为了阻止国际会计准则背离美国证券市场上的公认会计原则（GAAP）。在第 9.3.6 节将会提及，在 1992 年 10 月的理事会会议上，美国证券行业（公共会计师行业）代表团需要决定，是否支持准则改进项目的指导委员会（Improvements steering committee）所提出的关于取消《国际会计准则第 2 号》中的后进先出法（LIFO）这一备选会计处理方法的建议。要知道，后进先出法在美国证券市场上的公认会计原则中，可谓是根深蒂固的做法。令人惊讶的是，最终美国证券行业（公共会计师行业）代表团对指导委员会的建议方案投了赞成票。在 1998 年 4 月的 IASC 理事会会议上，美国证券行业（公共会计师行业）代表团与财务会计准则委员会（FASB）发生了冲突。当时财务会计准则委员会（FASB）主席敦促美国证券行业（公共会计师行业）代表团对 IASC 的金融工具准则的征求意见稿 E62 投反对票。然而，该代表团的决定却是投赞成票。2000 年 3 月，美国证券行业（公共会计师行业）代表团又投票赞同《国际会计准则第 40 号：投资性房地产》引入公允价值计量，尽管这与美国证券市场上的公认会计原则相违背（请参阅第 11.9.1 节）。

相反，日本公认会计士协会（JICPA）的领导人物则认为，日本公共会计师行业代表团参与 IASC 理事会的目的是维护日本会计界的利益。也就是说，日本公共会计师行业代表团不应投票赞成从 IASC 准则中删除日本国内所接受的会计惯例。[33] 因此，日本公共会计师行业代表团在 1992 年投票时，反对废除后进先出法。然而，自 1995 年以来，日本公共会计师行业代表团对于 IASC 理事会通过的会计准则和征求意见稿只投了一次反对票，其他的都是赞成票，尽管其中一些准则一定与日本的法规或会计惯例

---

32. 我们无法获取 1995 年之前完整的投票记录，因为当时的投票记录没有被收录在理事会会议纪要中。1995 年至 2000 年的投票信息是在瑞士工业控股公司联合代表团所做的会议记录的基础上整理的（此记录由 Harry Schmid 提供给作者），我们还用访谈资料做了补充。

33. 2004 年 7 月 5 日作者与 Etsuo Sawa 的访谈记录。

存在不一致。[34]

对德国的公共会计师行业代表团和其他一些代表团来说，在 IASC 理事会任职在很多方面面对挑战。[35] 其中一个挑战就是语言。在 IASC 理事会的快节奏讨论中，占主导地位的往往是美国人、加拿大人、英国人、澳大利亚人、南非人以及荷兰人，他们在思想上都是英美范，并且会说流利的英语。[36] 这些国家都有（或官方或民间的）准则制定机构，而且大多数都有公认的概念框架，跟 IASC 理事会 1989 年推出的英美式概念框架一样。它们在 IASC 的代表团成员，通常能够理解富有创造力的股票市场上大量涌现的会计和金融术语，如与证券化和其他金融工具有关的术语。它们的准则制定者的用词，也是美国证券市场上的公认会计原则的术语，即便它们没有遵循那些公认会计原则（US GAAP）。然而，德国直到 1998 年才出现准则制定机构。德国的会计规范由成文法予以明确规定，传统上以满足所得税征收管理和股利分配的需要为立法宗旨。对于法律尚未涵盖的许多实务问题，德国也形成了层级分明的解释性文件，包括法院意见、知名专家撰写的论著和期刊文章等。[37] 而且，大型企业在融资时也不依赖于股票市场。

20 世纪 90 年代初，每当德国公共会计师行业派驻 IASC 理事会的代表团在会议讨论中援引德国法律提出反对意见时，大家往往认为他们像是来自另一个星球，秉持的是一个与英美公共会计师行业的会计体系鲜有关联的独立世界的价值观。实际上，由于 IASC 钟情于英美公共会计师行业所主导的会计方法，IASC 理事会的其他成员协会便认为，对德国的会计体系进行更为深入的考察益处甚微。另外，在德国内部，司法部、工商界、主要会计师事务所和顶尖学者在 20 世纪 90 年代初仍然坚定地致力于维持德

---

34. 唯一的例外发生在 1998 年 11 月的《征求意见稿第 63 号：资产负债表日后事项》。

35. 2004 年 7 月 14 日作者与 Heinz Kleekämper 的访谈记录，2004 年 8 月 18 日与 Bernd-Joachim Menn 的访谈记录，2004 年 7 月 13 日与 Herbert Biener 的访谈记录，2003 年 5 月 29 日与 Michael Sharpe 的访谈记录，2005 年 2 月 16 日与 Karel Van Hulle 的访谈记录，2004 年 12 月 8 日与 Gijs Bak 的访谈记录。

36. 北欧公共会计师联合会也有类似的情况。

37. 参见 Dieter Ordelheide and Dieter Pfaff, *European Financial Reporting: Germany*（London: Routledge, 1994），82–93。

第 8 章　国际会计准则委员会面貌的变化：人员、结构和经费

国自己的会计方法。因此，德国公共会计师行业派驻 IASC 的代表团发现，自己被夹在了中间，真是左右为难。

1993 年，德国会计界取得了重大突破。戴姆勒 - 奔驰公司通过谈判，出人意料地在纽约证券交易所（NYSE）上市了——这是有史以来第一家在美国证券市场上市的德国大型企业。德国工商界在震惊之余也意识到，即便仅仅从抵御美国证券市场上的公认会计原则入侵这一消极防御的角度出发，也必须开始认真对待 IASC。德国工商界立即任命拜耳公司的贝恩德 - 约阿希姆·梅恩为德国会计界派驻 IASC 理事会的代表。1994 年，拜耳公司连同先灵葆雅公司和海德堡集团公司一起，开始采用 IASC 的准则编制合并报表。德国国内会计法规对上市公司财务报告的影响由此开始逐渐减弱。到了 1995 年，德国工商界对于改革德国财务报告的必要性的态度逐渐发生了变化，这促使德国司法部、会计公司和学术界开始对 IASC 的工作热心起来，它们认为使用 IASC 的准则总比屈服于美国证券市场上的公认会计原则要好。1995 年 11 月，欧盟委员会决定力挺 IASC 的准则计划，此举印证了这一势头（请参阅第 12.2.2 节和第 12.3.3 节）。如第 10.8 节所述，20 世纪 90 年代，汹涌的全球化思潮笼罩着德国，IASC 理事会中的德国公共会计师行业代表团急于紧跟形势，这就导致德国会计界实际上赶上了国际化的速成班。它们眼睁睁地看着自己传统的会计制度，就这样被取代了。

8.4　理事会代表团的投票流程

我们只能简要概括一下各个公共会计师行业协会派驻 IASC 的代表团在全部或部分准则项目上的投票情况。随着 IASC 理事会成员构成的变化，投票流程也可能随着时间而发生变化。一些代表团在对某些或全部项目投票时，需要遵照其所属的公共会计师行业协会或该国财政部的指示行事。而其他代表团会从本国某个委员会获取建议，但拥有自由投票的权利。似乎大多数代表团都可以自由地决定如何投票。

那么，当一个代表团中两位有投票权的成员意见相左时，该代表团如

何投票呢？IASC 章程明确规定，每个代表团都只有一票表决权，但没有规定各代表团应当如何投这一票。在存在分歧的情况下，一些代表团将表决权交给高级成员来做决定。而其他代表团（例如美国公共会计师行业的代表团）在出现分歧时会选择弃权。根据 IASC 的规则，弃权票事实上就相当于否决票。在一些代表团中，如果分歧产生于会计师事务所代表和工商界代表之间，那么，投票时就可能以前者的意见为准。此外，至少还有一个代表团实行了轮流投票的办法：这个项目由 1 号成员投票，下个项目由 2 号成员投票。

8.5　IASC 理事会会议上的嘉宾和观察员

1988 年，财务会计准则委员会（FASB）接受 IASC 主席乔治·巴尔泰斯·德·吕泰尔的邀请，开始以嘉宾（guest）身份出席 IASC 的理事会会议。[38] 财务会计准则委员会（FASB）委员雷·劳弗（Ray Lauver）持续参加会议，直至 1990 年 3 月从财务会计准则委员会（FASB）退休。在之后的 IASC 理事会会议上，接替吕泰尔位置的是财务会计准则委员会（FASB）副主席詹姆斯·莱森林（James Leisenring）。1996 年，莱森林又被财务会计准则委员会（FASB）委员安东尼·科普（Anthony Cope）接替。莱森林因在会上和休息期间发表的深刻洞见而赢得了极高的声誉，他和另一位代表团成员迈克尔·克罗赫（Michael Crooch）在会议上的犀利言论，经常惹来戴维·泰迪迅速而机智的还击。母语不是英语的那些理事会成员和观察员甚至无法完全理解这些唇枪舌剑。

1989 年，IASC 理事会邀请日本企业会计商议委员会（BADC，日本财政部的咨询机构）加入顾问团，并作为嘉宾出席 IASC 理事会会议，但被日本方面拒绝了。[39]

1990 年，起初有所推辞的欧盟委员会终于接受了巴尔泰斯主席的邀

---

38. IASC board meeting of 9–11 November 1988, minute 11（d）.
39. "Standard Setting Bodies（A Note from the Secretariat）", IASC executive committee meeting, 1994.10，agenda paper Ⅴ.

第8章 国际会计准则委员会面貌的变化：人员、结构和经费

请，开始作为嘉宾参加 IASC 理事会会议。[40] 赫尔曼·尼森于 1990 年参加了两次会议，就在他从欧盟委员会退休之前。之后，卡雷尔·范胡勒接替了尼森的位置。从 1992 年开始，（美国证券市场上的）财务会计准则委员会（FASB）和欧盟委员会代表升级为 IASC 观察员，有权参加 IASC 理事会的讨论。IASC 主席阿瑟·怀亚特说："最初财务会计准则委员会（FASB）和欧盟委员会的代表被邀请旁听，但我们逐渐意识到，我们可以从他们的言论中受益，所以现在他们成了积极的参与者。"[41] 从 1996 年起，阿利斯特·威尔逊（Allister Wilson）开始陪同范胡勒担任理事会会议的顾问。

1996 年，国际证监会组织（IOSCO）开始派遣观察员代表团参加 IASC 的理事会会议。IASC 早些时候就曾邀请过国际证监会组织（IOSCO），但被拒绝了。[42] 国际证监会组织（IOSCO）向 IASC 几乎每项准则的指导委员会派遣了观察员，这也许足以表明它充分地参与了 IASC 理事会的工作。1996 年 2 月，美国证监会（SEC）与布赖恩·卡斯伯格取得联系，鼓励 IASC 理事会在保持高质量的同时，加快核心准则（core standards）项目的实施进度。对此，卡斯伯格答复说，国际证监会组织（IOSCO）可以派出一个具有国际代表性的观察员代表团参加 IASC 理事会会议，以便国际证监会组织（IOSCO）的成员们亲自了解 IASC 理事会是如何保持会计准则的高质量的。[43] 国际证监会组织（IOSCO）接受了这项提议，并于 1996 年 6 月第一次派代表团出席了 IASC 的理事会会议。国际证监会组织（IOSCO）的代表团通常由 3~6 名成员组成，是迄今为止所有观察员代表团中规模最大的。其成员来源通常包括以下方面：一是美国证监会首席会计师办公室的玛丽·托卡（Mary Tokar），偶尔与首席会计师迈克尔·萨顿（Michael Sutton）一道前往，随后是 D. J. 甘农（D.J.

---

40. IASC board meetings of 9–11 November 1988, minute 11（d）; of 12–14 April 1989, minute 9（a）; and of 7–9 March 1990, minute 9（g）.

41. "E32 is Only the Beginning in a Continuous Process of Harmonisation" [an interview with Arthur R. Wyatt], *Corporate Accounting International*, 22（1991.10），11.

42. 参见 David Cairns, "IOSCO Member's Attack on IASC was Ill-conceived", *Accountancy*（international edition）, 122/1262（1998.10），62。

43. 整理自 2006 年 6 月 10 日 Bryan Carsberg 与作者的沟通。关于加速完成核心准则项目的决定的讨论，请参见 10.13 节。

Gannon）；二是法国证券交易委员会的弗朗西斯·德马尔舍利耶（Francis Desmarchelier）；三是日本财政部的中畦幹雄（Mikio Nakaune）和剑持敏幸（Toshiyuki Kenmochi），以及随行人员。到1998年年底，国际证监会组织（IOSCO）代表团还纳入了德国司法部的赫伯特·比纳和加拿大安大略省证券委员会（OSC）的詹姆斯·萨洛曼（James Saloman）及其接任者约翰·卡奇雷（John Carchrae）。但当1998年12月核心准则完成后，他们便不再参加IASC理事会会议了。

在1997年7月于北京举行的IASC理事会会议上，中国注册会计师协会（Chinese Institute of Certified Public Accountants, CICPA）的观察员代表团开始参加IASC理事会会议。这是IASC秘书长凯恩斯和IASC主席怀亚特、白鸟荣一持续努力的结果，他们此前曾于1992年和1995年出席了中国会计界举办的重要国际会议。[44] IASC之前无法邀请中国会计界派遣代表团参加活动，因为中国的公共会计师行业尚未加入国际会计师联合会（IFAC）。中国注册会计师协会直到1997年5月才加入国际会计师联合会。随后，IASC主席迈克尔·夏普积极采取行动让中国会计界参与IASC的工作。夏普知道，中国一直在尝试推行IASC的准则，但还没有准备做出承诺。他认为，中国是重要的经济力量，必须给予高度重视。[45] 1996年3月，IASC行政委员会在讨论邀请中国成为观察员的提案时，还讨论了向俄罗斯发出类似邀请的问题。[46] 在1996年6月的IASC理事会会议上，邀请中国会计界的提案以过半数赞成票（9票赞成、0票反对、7票弃权）获得通过，但邀请俄罗斯会计界的提案却被否决了（6票赞成、8票反对、2票弃权）。[47] 中国会计界代表团成员在IASC理事会会议期间几乎没有发言。

从1998年到2000年，巴塞尔银行监管委员会以嘉宾身份出席了大多

---

44. 1992年2月，IASC首次与中国正式接触，Wyatt主席率领的代表团参加了由财政部和中国注册会计师协会在深圳组织的会计准则国际研讨会。参见"International Symposium of Accounting Standards"，*IASC Insight*，1992.03，10–14。1994年12月，白鸟荣一在上海举行的类似专题讨论会上发表了演讲。参见"China Hosts World Experts"，*IASC Insight*，1995.03，3。

45. 2003年5月29日作者与Michael Sharpe的访谈记录。

46. "Observer Membership of the Board"，AP 6/1996 paper 21.

47. IASC board meeting of 11–14 June 1996, minute 13.

第 8 章 国际会计准则委员会面貌的变化：人员、结构和经费

数 IASC 理事会会议。国际会计师联合会有权作为观察员出席会议，该联合会偶尔会派出一名代表。巴塞尔银行监管委员会还参与了它特别感兴趣的议题，尤其是有关银行业信息披露的第 30 号国际会计准则和有关金融工具的第 39 号国际会计准则。它甚至为第 30 号国际会计准则的早期制定工作提供了资金（请参阅第 5.10 节）。

随着观察员人数的大幅增加，IASC 理事会会议出现了 70 多人济济一堂的盛况，其中包括：16 个代表团，每个代表团人数可多达 3 人；IASC 主席、秘书长；嘉宾；一名或多名来自准则制定机构的合作顾问；IASC 工作人员。其中许多人不得不用非母语听取报告和发言。[48] 这些会议的规模之大，通常会持续 4～5 天，这对所有与会者特别是主席来说，都是一个挑战。这是促使 IASC 在 1997 年设立战略工作组（SWP）以优化内部结构的推动因素之一（请参阅第 13 章）。

8.6 IASC 理事会会议的地点、频率和时长

IASC 理事会会议的地点不固定，即在世界各地轮换举行。1987—2000 年间，IASC 共召开了 44 次理事会会议，其中只有 5 次是在伦敦举行的。总结来看，这些会议在欧洲举行了 28 次，在北美举行了 5 次，在悉尼和东京各举行了 2 次，在安曼、北京、约翰内斯堡、吉隆坡、圣保罗、首尔和新加坡各举行了 1 次。在理事会会议上，理事会成员和高级工作人员通常会与顾问团中国际组织的当地代表、会议举办国的公共会计师行业协会领导人以及在该国具有重要战略意义的其他机构领导人进行会晤。[49]

20 世纪 90 年代，随着 IASC 为谋求国际证监会组织（IOSCO）认可其准则所面临的时间压力越来越大，IASC 理事会会议的次数和时间长度都有所增加。1998 年，理事会加速完成了核心准则的制定，当年理事会的累

---

48. 例如，参见 Stig Enevoldsen, "A Look Back and A Look Forward", *IASC Insight*, 1998. 06, 17。

49. 例如，参见 the IASC's *Annual Review 1987*, 5。

计会议时长也达到了 25 天的峰值。1987—2000 年 IASC 理事会会议的频率和时长的发展趋势如下：

1987 年　2 次会议，7 天	1994 年　2 次会议，8 天
1988 年　3 次会议，9 天	1995 年　3 次会议，11 天
1989 年　2 次会议，5 天	1996 年　3 次会议，14 天
1990 年　3 次会议，9 天	1997 年　4 次会议，20 天
1991 年　3 次会议，9 天	1998 年　5 次会议，25 天
1992 年　3 次会议，9 天	1999 年　4 次会议，18 天
1993 年　3 次会议，9 天	2000 年　4 会次议，18 天

IASC 理事会成员们还记得 1998 年 4 月在吉隆坡举行的为期 7 天的会议，当时 60 多名与会者在非常艰苦的条件下就大量准则草案进行了辩论。英国公共会计师行业代表团成员克里斯·诺布斯在报道这次会议时带了点情绪：

> 这是 IASC 有史以来最长的一次理事会会议——整整 7 天，一些理事会代表在会前和会后还参加了额外的会议。还有其他一些不寻常的因素。会议地点是在短时间内安排的，IASC 早些时候取消了在特拉维夫举行会议的计划，因为当时以色列正在准备开战。马来西亚的公共会计师行业协会热情好客，把会议组织得井井有条。但我们一直待在一家被热带阳光和热带风暴交替包围着的巨大的、冰冷的酒店里，面对着世界上最大的人工海滩却不得不长时间工作，这种超现实感再加上 7 个小时的时差反应，难免令人精神恍惚。另外，由于马来西亚有宗教信仰，官方晚宴上的招待是不提供酒精饮料的，这让原本就紧张的氛围雪上加霜。[50]

另外，斯蒂格·恩沃尔森主席还因为此次会议的艰苦条件病倒了，丧失行动能力长达 24 小时。[51]

---

50. Christopher Nobes,"Life is Definitely Not a Beach at the IASC",*Accounting & Business*,1/6（1998.06），18.

51. 2005 年 2 月 16 日作者与 Stig Enevoldsen 的访谈记录。

第 8 章　国际会计准则委员会面貌的变化：人员、结构和经费

2000 年 3 月在圣保罗举办的 IASC 理事会会议

8.7　对公众开放理事会会议

早在 1996 年 1 月，秘书长卡斯伯格就提出了是否应公开举行理事会会议的问题。[52] 此前，据成员协会反馈的信息，只有财务会计准则委员会（FASB）的会议是"在阳光下"召开的。从 1997 年 3 月开始，只要东道主的设施允许，G4+1 的会议也会向公众开放。[53]

1998 年，IASC 决定成为第二个向公众开放的会计准则制定机构。上一年，IASC 理事会刚刚成立了战略工作组（SWP），以对 IASC 的战略和结构进行审核评估并提出改进建议（请参阅第 13 章）。IASC 战略工作组 1997 年 10 月提交了供 IASC 内部传阅的讨论文件（discussion paper）初稿，11 月 17 日形成了供 IASC 广泛分发的文件草案。文件提出，IASC 的理事会会议应当向公众开放。[54] 1998 年，IASC 行政委员会一致同意建

---

52. "Paper from the Secretary-General", IASC Advisory Council meeting, 1996.01.31, agenda paper 3.
53. "G4+1—First Open Meeting", *World Accounting Report*, 1997.04, 13.
54. "Shaping IASC for the Future: A Discussion Paper Issued by the Strategy Working Party of the International Accounting Standards Committee", draft 1997.11.17, AP 1/1998 paper 28, paragraph 128（a）.

议理事会采纳这一观点，咨询委员会（Advisory Council）也表示支持。[55] 1998年11月，IASC理事会一致投票通过了将理事会会议向公众开放的决议。[56] 该规定自1999年3月在华盛顿举行的理事会会议起生效。[57] 借此，IASC回应了财务会计准则委员会（FASB）前主席丹尼斯·R.贝雷斯福德对IASC的应循程序（due process）的批评："也许[FASB和IASC之间]最根本的区别就在于，FASB的审议是对公众开放的，而IASC的会议是不开放的。"[58] 1997年5月，美国证监会主席阿瑟·莱维特（Arthur Levitt）发出了同样的共鸣："我们希望IASC尽可能以最公开的方式进行对话。"[59]

克里斯·诺布斯对第一次公开会议做了如下报道：

> 先后共有大约20名观察员参加了为期四天的会议，尽管他们并非同时参会。他们之中包括五大会计公司的审计师、媒体记者和监管机构的工作人员。他们的出席似乎并没有影响理事会开展详细讨论，也没有影响美国、澳大利亚和英国公共会计师行业的代表们之间相互插科打诨。[60]

IASC关于公开举行理事会会议的决定，有力地推动澳大利亚会计准则委员会（AASB）在1999年10月做出了会议公开的决定。另一个机构——澳大利亚会计界的紧急问题工作组（Australian Urgent Issues Task Force）——自1995年成立以来就一直举行公开会议。[61]

---

55. "Opening IASC Meetings to Public Attendance"，文件由秘书长编写，AP 11/1998 paper 4A。咨询委员会相关内容在第8.16节讨论。

56. IASC board meeting of 9–13 November 1998, minute 3.

57. "IASC Lets the Sunshine in on Its Meetings", *Accountancy*（international edition），122/1264（1998.12），13; and "International Accounting Standards Committee Board Holds First Open Meeting'", *The CPA Journal*, 69/5（1999.05），12.

58. Dennis R. Beresford, "A Former FASB Chairman's Take on International Accounting Standard Setting", *Financial Executive*, 13/5（1997.09/10），22.

59. Arthur Levitt, "CPAs and CEOs: A Relationship at Risk", remarks at The Economic Club of Detroit, Detroit, Michigan, 1997.05.19（available at: http://www.sec.gov/news/speech/speecharchive/1997/spch157.txt）.

60. Christopher Nobes, "IASC Meets the World", *Accounting & Business*, 2/4（1999.04），34.

61. 2006年2月21日Angus Thomson与作者的沟通；另见 *AASB Action Alert* no. 26（1999.09）。

第 8 章 国际会计准则委员会面貌的变化：人员、结构和经费

8.8 指导委员会的观察员

正如第 10.3 节和第 10.7 节所提到的，国际证监会组织（IOSCO）在 1987—1993 年向 IASC 的可比性和改进项目指导委员会会议派出了多达四位代表，他们积极参加了讨论，甚至对草案进行了投票。他们是第一批经正式指定参与 IASC 指导委员会会议的观察员。[62]1994 年 10 月，IASC 行政委员会正式邀请国际证监会组织（IOSCO）向 IASC 所有指导委员会的会议各派一名观察员。[63] 邀请观察员的做法在 20 世纪 90 年代中期进一步被发扬光大，成为 IASC 理事会与各利益相关方（特别是一些专家）建立联系的方式之一。从 1995 年起，国际商会（ICC）、世界银行（WB）、巴塞尔银行监管委员会、欧洲会计师联合会（FEE）、国际证券交易所联合会（FIBV）、欧洲设备租赁公司协会联合会（European Federation of Equipment Leasing Company Associations）、联合国贸易和发展会议（UNCTAD）、国际金融公司（IFC）、国际精算师协会（International Actuarial Association）和国际保险监督官协会（International Association of Insurance Supervisors，IAIS）等机构的代表，与国际证监会组织（IOSCO）和欧盟委员会的代表一道，作为观察员出席了 IASC 的指导委员会会议。几乎所有这些组织都是 IASC 顾问团的成员。IASC 认识到，充分发挥这些专家的才干，并获取这些有影响力的机构的支持，对于 IASC 的发展来说是特别重要的。

8.9 布赖恩·卡斯伯格爵士接替戴维·凯恩斯担任秘书长

戴维·凯恩斯于 1985 年出任 IASC 秘书长。当时，IASC 理事会倾向于让秘书处来推动其大部分行动计划。凯恩斯在任期内成功地完成了 IASC 理事会战略方针的过渡：从最初以稳定的节奏公布一系列授权性规范，过渡到收紧准则的弹性尺度并逐步予以改进的新阶段。他还强烈支持建构一

---

62. 以前也有几次各利益相关方参加指导委员会会议的情况。
63. IASC excutive committee meeting of 31 October 1994, minute 12.

套概念框架。凯恩斯全身心投入 IASC 的各项工作，还特别注重制定和遵守 IASC 的战略计划。他多次代表 IASC 对外发表演讲或作书面发言。他周游世界，到处介绍 IASC 的发展情况，努力争取发达国家和发展中国家对 IASC 准则的支持。

凯恩斯孜孜不倦地致力于国际会计协调事业以及实现 IASC 的目标，这种奉献精神是首屈一指的。在担任秘书长的近十年时间里，凯恩斯手下仅有一位全职员工，但正是他们，协助 IASC 朝着目标迈出了坚实的脚步。这段时间里，IASC 研究人员的高产，应该说主要归功于他强有力的领导。他推动出版发行《IASC 年度回顾》(*IASC Annual Review*)，把偏保守的《IASC 新闻》改版成了富有启发性的《IASC 洞察》(*IASC Insight*) 和《IASC 更新》(*IASC Update*)，还大幅拓展了 IASC 出版物的阵容。这些出版物，包括载有 IASC 理事会编写的所有会计准则的年度手册（annual handbook）以及具有创新性的 IASC 出版物订阅包，它们都成了 IASC 的利润来源。凯恩斯提醒说，IASC 有必要采取有力的筹资措施，以支持 IASC 实现更大的抱负。面对一些公共会计师行业协会出于维护自己的一亩三分地所提出的反对意见，凯恩斯还竭力推动 IASC 与一些国家的准则制定者之间实现更紧密的联系。

在 1987—1993 年，IASC 理事会在可比性和改进项目上投入巨大的精力并取得了显著的进展，这使得 IASC 越来越坚定地致力于说服国际证监会组织（IOSCO）和美国证监会（SEC）接受这样一种观念——IASC 理事会正在制定完善合理的会计准则。在这一过程中，越来越多富有远见、具有独立意愿的实力派人物，开始在 IASC 中担任主要角色并发挥重要作用。当然，不同的人不可避免地会在行事风格和个性特质上产生冲突。凯恩斯和一些 IASC 理事会代表团成员之间的关系也有点紧张。也许长期担任秘书长职务，使得他对 IASC 的流程和愿景产生了一种主人翁的使命感。1994 年 3 月，凯恩斯与 IASC 的领导层关系紧张，遂向 IASC 提出了辞呈，并于 1994 年 12 月正式卸任。凯恩斯在离开的时候留下了这样的文字："我们建立的 IASC，已经足以与世界各地（或官方或民间的）准则制定机构和其他组织平起平坐。"凯恩斯这么说，是有充分的理由的。[64]

---

64. Cairns 给理事会代表和技术顾问的信，1994.11.30，IASC archive, file "Board/Executive Committee Mailings"。

第 8 章 国际会计准则委员会面貌的变化：人员、结构和经费

经过大范围的人员搜索，IASC 于 1995 年 5 月决定让布赖恩·卡斯伯格爵士接替凯恩斯的职位。卡斯伯格在 1984—1992 年任英国电信管理局（Office of Telecom munications，简称 Oftel）的总干事（director-general），自 1992 年起担任英国公平贸易局（Office of Fair Trading）的总干事。他曾任曼彻斯特大学和伦敦经济学院的会计学教授，在 1978—1981 年担任（美国证券市场上的）财务会计准则委员会（FASB）的研究员以及负责研究和技术活动的助理主任，在 1990—1994 年兼任（英国）会计准则委员会委员，并在中间的 1990—1992 年兼任会计准则委员会副主席。[65]

布赖恩·卡斯伯格爵士
(Sir Bryan Carsberg)

1995—1997 年，卡斯伯格陪同时任 IASC 主席的迈克尔·夏普进行了数不清的全球演讲，与世界各地的会计、金融和监管领域的重要专家进行了会谈。他们不停地在各地奔波。夏普曾称，他与卡斯伯格的合作"非常融洽"。[66] 卡斯伯格经常应邀参加国际证监会组织（IOSCO）第一工作组的会议。他的监管者背景使他能够与国际证监会组织（IOSCO）和其他监管机构保持良好的关系。

斯蒂格·恩沃尔森与卡斯伯格的工作关系则没么融洽。语言就是个问题。另外，他们关于领导 IASC 理事会所应采取的方式和方法的看法也有所不同。在 1999 年对 IASC 进行重组的紧张谈判中，恩沃尔森极力倡导欧洲大陆公共会计师行业偏好的方案，而卡斯伯格则满心争取美国证监会（SEC）的参与，以及建立 IASC 和财务会计准则委员会（FASB）的工作联系（请参阅第 13 章）。

---

65. 关于对 Carsberg 新职位任职资格的评价，参见 "Carsberg Nemesis"，*World Accounting Report*，1995.05，1。关于 Carsberg 加入 IASC 后不久的一次采访，参见 "Back and Able"，*Accountancy*，116/1225（1995.09），24。

66. 2006 年 3 月 30 日 Michael Sharpe 与作者的沟通。

8.10 IASC 扩充研究人员队伍

1987年4月，助理秘书（assistant secretary）布赖恩·拉瑟福德返回肯特大学任职后，秘书长戴维·凯恩斯取消了助理秘书职位。除拉瑟福德以外，助理秘书这个职位一直都是一个为期两年的借调岗位。[67] 助理秘书负责处理行政任务，并被分配到各个准则项目的指导委员会，以便在会议结束后将成员的意见纳入准则草案。凯恩斯希望这些助理秘书努力成为项目的管理人，而不只是充任指导委员会会议的记录员。并不是所有的 IASC 理事会成员都同意提升助理秘书的职业角色：有些人认为助理秘书就应该只去干行政事务性的工作，根本不应该去从事技术性的工作。[68] 从1987年开始，凯恩斯逐渐实现了助理秘书职位角色从一般行政向研究管理（research management）的转变。1987—1990年，总共有四人借调到 IASC，在同一时间内任职的不超过两人。在这四人中，安格斯·汤姆森（Angus Thomson）是从澳大利亚会计研究基金会（AARF）借调过来的，他拥有直接参与准则制定研究的经验。原本的预算并不能支撑员工规模的大幅扩张，于是凯恩斯不得不处理预算问题。可以肯定的是，借调员工的薪酬可能部分（甚至全部）由其雇主支付。这些工作人员还具有公认的技术能力的优势，但是他们的服务期限通常不超过两年，其不利之处在于影响了某些项目的连续性。

1990年，凯恩斯公开招聘技术主管（technical director）。自1991年年中到1992年年底，罗伯特·兰福德（Robert Langford）和布里吉德·库兰（Brigid Curran）先后担任技术主管。兰福德的任期比库兰短得多。库兰是从 AARF 借调来的[69]，工作了大约15个月，因为她一直计划在1992年年底之前返回澳大利亚。1991—1993年，还有大约六人被任命为研究人员，通常是借调的。其中大多数工作1年到15个月不等，其中的原因有很多，包

---

67. Rutherford 在1985年10月成为助理秘书后辞去了其在大学的职务。
68. David Cairns 给作者的备忘录，2003.12.12。另见 Cairns, "The Future Shape of Harmonization: A Reply", 321–322。
69. 澳大利亚会计研究基金会（AARF）在1993—1994年将 Paul Sutcliffe 调派至 IASC 工作。接连担任 AARF 执行董事的 Kevin Stevenson 和 Warren McGregor 都是 IASC 的有力支持者。其中，Warren McGregor 在1986—1999年任 IASC 理事会澳大利亚代表团的观察员和技术顾问。

第8章 国际会计准则委员会面貌的变化：人员、结构和经费

括某些人员缺乏准则制定经验以及预算紧张。[70]凯恩斯本人显然要对部分人事变动负责，因为他不是一个容易交差的领导，并非所有员工都愿意或能够按照他的严格标准工作。

直到1994年7月，才又有人来IASC担任技术主管。毕马威会计公司科隆成员公司的合伙人里塞尔·克诺尔（Liselel Knorr）被借调到该职位，任期五年。1999年6月，她离开IASC，出任新成立的德国会计准则委员会（Deutsche Rechnungslegungs Standard Committee，DRSC）的秘书长。在1994年五六月间，IASC的研究人员极度短缺。克诺尔就任时发现，专职研究人员只有特里·哈丁（Terry Harding）一人。[71]

从1994年开始，在成功募集足够的资金后，研究员人数逐渐上升到了6~7人。除了从会计师事务所和其他雇主处借调的若干员工，高级研究人员还包括：彼得·克拉克（Peter Clark），1994年9月加入IASC，一直工作到2000年，其后也一直为IASB工作；劳伦斯·里瓦（Laurence Rivat），由德勤会计公司巴黎办事处借调，1995年12月至1998年9月供职于IASC；保罗·帕克特（Paul Pacter），1996年7月至2000年供职于IASC。作为一名自由职业者，帕克特曾在（美国证券市场上的）财务会计准则委员会（FASB）担任技术人员。在1993—1996年，帕克特以兼职的形式承担了IASC分部报告项目的管理工作。可以说，随着IASC在20世纪90年代中后期工作步伐的加快，研究人员的数量最终也增加了。此外，20世纪90年代，研究人员在一些合作项目上为IASC理事会做出了很多贡献。例如从加拿大特许会计师协会（CICA）先后借调的约翰·卡奇雷和伊恩·黑格（Ian Hague），以及从（英国）会计准则理事会（ASB）借调来的人员，都发挥了重要的作用。[72]

---

70. 原定于1994年3月在南非举行的理事会会议不得不取消，因为"没有技术项目可供理事会审议"，原因之一可能是缺乏工作人员筹备这些项目。Minutes of an unofficial meeting of members of the executive committee held in London on 9 November 1993, IASC executive committee meeting of March 1994, agenda paper IA.

71. 2005年3月29日作者与Liesel Knorr的访谈记录。Paul Sutcliffe已经返回澳大利亚，Paul Pacter以兼职形式从事一个项目的工作。

72. 加拿大特许会计师协会（CICA）与AARF一样，是IASC的主要支持者。John Denman在其中起到了重要作用，他是CICA的会计准则主管，同时也是IASC理事会加拿大代表团的长期成员。

1999年9月，克诺尔的职位由詹姆斯·S.萨洛曼接任。萨洛曼是从普华永道会计公司多伦多成员公司借调来的，他是该公司会计和审计服务组的合伙人，1994—1996年任加拿大安大略省证券交易委员会（OSC）首席会计师。在此职位上，他曾兼任国际证监会组织（IOSCO）第一工作组的成员，负责处理跨国公司的信息披露和会计问题，并主持其会计和审计小组的工作。[73]

8.11　IASC 增加后勤人员并谋求扩大办公空间

20世纪90年代，IASC需要关注的活动范围增加了。1991年，戴维·凯恩斯的行政助理吉莉恩·伯托尔（Gillian Bertol）被指派到了出版物负责人（publications director）这个新职位上。1997年1月，库尔特·拉明（Kurt Ramin）从永道会计公司的纽约办事处借调到IASC两年，担任新设立的商务主管（commercial director）职位。拉明开始处理一系列问题，包括扩大出版物销售量、开发新商品、改善IASC的基础设施、安排翻译IASC的出版物，以及将IASC出版物的版权授予会计师事务所和其他组织等。IASC出版物的翻译销售有可能成为IASC的主要收入来源。保罗·帕克特还创建并负责管理IASC的网站。1999年，拉明将其借调期限又延长了两年。

由于活动范围不断扩大，IASC曾于1991年和1997年两次迁址，从Kingsway搬到了Fleet街区，其最终拥有的更宽敞的办公室，是两个门挨门的大套房。IASC 1992年10月的修订版章程规定，秘书处可以设在伦敦以外的其他地方，但事实上IASC从未认真考虑过其他地点。

由于IASC这时并未根据英国法律注册为民事主体，其本身仍是一个非法人社团（an unincorporated association），因此，在租赁办公场所的时候，IASC每次都需要请求其英国公共会计师同行的行业协会作为承租人，在租赁合同上签字。

---

73. "New Technical Director for IASC", *IASC Insight*, 1999.10, 2.

第8章 国际会计准则委员会面貌的变化：人员、结构和经费

8.12 行政委员会取代组织和计划委员会

从1978年开始，IASC组织和计划委员会（OPC）一直负责主持IASC理事会的会议，直到1993年被行政委员会（executive committee）取代。从1987年开始，组织和计划委员会通常由IASC理事会的四个成员协会派出代表组成（但1988—1990年由五个成员协会的代表构成），每年更换两个成员协会的代表。IASC主席依照职权成为组织和计划委员会的当然成员。在1978—1990年的大部分时间里，英国及爱尔兰公共会计师行业代表（从1988年起改为英国公共会计师行业代表团）都是组织和计划委员会的常任成员，这主要是因为其代表与伦敦的IASC办事处距离更近。在1990年之前，组织和计划委员会主席每年都会从不同的公共会计师行业协会代表中选出。从1990年开始，组织和计划委员会主席改由IASC主席兼任。以下为1987—1993年组织和计划委员会的成员构成，包括截至1990年的组织和计划委员会主席：

1987—1988年　组织和计划委员会主席威廉·查登，来自德国公共会计师行业；成员来自澳大利亚、美国、英国和爱尔兰的公共会计师行业协会

1988—1989年　组织和计划委员会主席戴维·博伊马尔，来自澳大利亚公共会计师行业；成员来自美国、荷兰、加拿大、德国、英国的公共会计师行业协会

1989—1990年　组织和计划委员会主席约翰·基龙纳，来自美国公共会计师行业；成员来自荷兰、加拿大、德国、英国的公共会计师行业协会

1990—1991年　成员来自荷兰、加拿大、约旦、日本的公共会计师行业协会

1991—1992年　成员来自加拿大、约旦、法国的公共会计师行业协会，金融分析师行业

1992—1993年　成员来自约旦、法国的公共会计师行业协会，金融分析师行业，北欧联邦的公共会计师行业协会

IASC理事会与组织和计划委员会（OPC）重新考虑了OPC在IASC理事会中的作用。1991年，秘书处提出了设立"行政小组"（Executive

347

Group）的备选方案，类似于国际会计师联合会（IFAC）设立的规划委员会（planning committee）。[74]IASC 秘书处说，现行制度"效率低下，也缺乏条理"，因为 OPC 处理的所有事项，几乎都需要再拿到 IASC 理事会上去重新审议。而且，由于 OPC 的成员并不觉得自己应当受 OPC 所提建议的约束，因此他们尽可在 IASC 理事会会议上自由发言反驳 OPC 所提出的建议。据说，OPC 不大乐意"处理实质性问题"。[75]

1992 年 10 月，迈克尔·夏普被任命为 IASC 代理主席和候任主席后，开始与主席白鸟荣一、秘书长凯恩斯定期会晤。显然，如果将这些会议纳入行政委员会的框架，则是比较明智的。最后，1993 年 6 月的 IASC 理事会会议决定由上述三位高级职员、三位 IASC 理事组成行政委员会，以取代组织和计划委员会（OPC）。[76] 行政委员会的创始成员是主席白鸟荣一、代理主席夏普、秘书长凯恩斯和如下三名理事会代表：约旦代表团的福阿德·阿拉丁（Fouad Alaeddin）、北欧公共会计师联合会的斯蒂格·恩沃尔森以及英国代表团的彼得·斯蒂林。这个新成立的行政委员会于 1993 年 7 月 1 日开始运作，组织和计划委员会不复存在。

8.13　IASC 理事会设立常设解释委员会

出于第 10.14 节所讨论的原因，IASC 理事会于 1996 年 9 月投票成立了常设解释委员会（Standing Interpretations Committee，SIC）。[77] 国际证监会组织（IOSCO）特别是美国证监会（SEC）认为，有必要建立一种解释的程序。1997 年 1 月，IASC 理事会会议批准了常设解释委员会的 12 名成员的资格，他们分别代表了财务报表的使用者、编制者和审计人员。保

---

74. "The Role of OPC and the Board", IASC board meeting, 1991.06, agenda paper Ⅵ; *Annual Report 1990*, International Federation of Accountants, 5. 国际会计师联合会的改革是由毕晓普工作组建议的。

75. "The Role of OPC and the Board".

76. IASC board meeting of 30 June–2 July 1993, minute 18.

77. IASC board meeting of 23–8 September 1996, minute 2(d); "Interpretations of International Accounting Standards", *IASC Update*, 1996.10, 1. 又见 "Interpretations Body Approved", *Accountancy*（international edition）, 118/1238（1996.10）, 7; Peter Clark, "What Does It All Mean?" *Accountancy*（international edition）119/1244（1997.04）, 68.

第8章 国际会计准则委员会面貌的变化：人员、结构和经费

罗·谢里（Paul Cherry）被任命为常设解释委员会主席，他在1995年以前一直是加拿大公共会计师行业派驻IASC理事会的代表团成员。[78]IASC委派了一名工作人员，去支援常设解释委员会的工作。

常设解释委员会（SIC）的12名成员中，有10名来自会计师事务所。此外，国际证监会组织（IOSCO）和欧盟委员会的代表以及IASC主席都作为观察员参加常设解释委员会会议。瑞士工业控股公司联合会的哈里·施密德，是唯一在1997年被任命为常设解释委员会成员的IASC理事会成员。在随后的几年中，另外两名IASC理事会成员帕特里夏·麦奎因（Patricia McQueen）和约翰·T.史密斯（John T. Smith）也加入了常设解释委员会，另一名IASC理事会成员彼得·威尔莫特以观察员身份出席委员会会议，这样的人事安排有助于常设解释委员会与IASC理事会保持密切联系。

按照IASC理事会的安排，常设解释委员会在走完征求意见的程序之后，应向IASC理事会提交有关准则解释的建议。IASC理事会会对常设解释委员会提出的建议方案进行投票表决。批准一项解释需要3/4的成员投票赞成，就像批准IASC的会计准则一样。

自1997年7月起，IASC在常设解释委员会的每次会议后都会公布一份两页纸的消息，取名为《SIC新闻》（*News from the SIC*）。随后，IASC便开始销售包含常设解释委员会解释草案和解释终稿的活页夹。

IASC理事会在1997年修订《国际会计准则第1号：财务报表列报》时插入了一项规定，称遵守IASC准则的含义是遵守每项适用的准则以及每项适用的常设解释委员会解释，从而使这些常设解释委员会解释获得IASC的正式认可。

8.14　IASC预算的大幅增长

1989年，IASC候任主席阿瑟·怀亚特曾说："人们总是对IASC为何

---

78. "Standing Interpretations Committee"，*IASC Update*，1997.06，1.

— 349

能以这么少的投入取得这么大的成就感到惊讶。"[79]我们把1992年和1995年IASC的总支出（四舍五入到1 000英镑）与财务会计准则委员会（FASB）的总支出和英国会计准则理事会（ASB）的总支出进行对比，结果很有意义。[80]

年份	IASC（£）	FASB（£）	ASB（£）
1992	975 000	7 184 000	1 893 000
1995	1 259 000	9 834 000	2 247 000

在分析这些数据时，必须考虑到，IASC涉及国际差旅费。IASC的每个公共会计师行业代表团自行支付团内两位成员的旅费，IASC则负责支付其第三位成员的旅费。英国会计准则理事会（ASB）向其兼职成员提供部分补贴，向会计准则理事会主席和技术主管支付全额工资。与（美国证券市场上的）财务会计准则委员会（FASB）不同，IASC的理事会成员都是兼职的，IASC没有补贴他们所付出的时间成本。在1992年和1995年,（英国）会计准则理事会（ASB）有两名领薪的理事会成员，而IASC没有领薪的理事会成员。

自1987年起，IASC的职责内容迅速增加，这主要是受国际证监会组织（IOSCO）和美国证监会（SEC）所发起的挑战的驱动。这不可避免地带来了额外的费用，主要是因为IASC指导委员会会议的数量有所增加，IASC理事会会议的召开频率越来越高、时间越来越长（请参见第8.6节），技术和后勤支持人员有所增加，以及出版物（新闻通讯、原则公告草案、征求意见稿和准则本身）的数量不断增长。1988年和1989年,《IASC新闻》的页数大幅增加。1991年，戴维·凯恩斯用内容更丰富的期刊《IASC

---

79. Arthur R. Wyatt 1989年9月在巴拉圭亚松森举办的美洲会计联合会代表大会（Asociación Interamericana de Contabilidad）上的讲话；typescript in IASC archive, file 'Wyatt'。

80. 财务会计准则委员会（FASB）的数据取自财务会计基金会的年度报告，报告中分开列示了FASB和政府会计准则委员会的数字。FASB 1992年的数字由14 368美元按照1英镑兑2美元的汇率换算而来，1995年的数字由15 734美元按照1英镑兑1.6美元的汇率换算而来。（英国）会计准则理事会（ASB）的数据是指财务报告理事会（Financial Reporting Council）的支出，取自财务报告理事会有限公司（Financial Reporting Council Limited）出具的报告与财务报表。事实上，财务报告理事会的所有费用都与会计准则理事会的工作有关。1995年的数据实际上是1995/1996年的数据。

第8章 国际会计准则委员会面貌的变化：人员、结构和经费

洞察》取代了《IASC新闻》。为满足那些希望能够及时了解IASC理事会的决定的需求，凯恩斯创建了新刊物《IASC更新》，在每次IASC理事会会议之后出版发行。IASC理事会活动的速度不断加快，范围不断扩大，这导致《IASC洞察》的页数也出现大幅增长，这就需要IASC为数不多的研究人员在编辑排版方面付出更大的精力。1995年，原则公告草案（draft statements of principles）、征求意见稿（exposure drafts）和准则终稿（final standards）在出版时都加上了光面纸，外观上看起来更具专业性。此外，在20世纪90年代中期，讨论稿（discussion papers）和议题文件（issues papers）的数量、发行量和页数也都有了大幅的增长。

一直以来，IASC都在向其成员协会免费分发《IASC新闻》、征求意见稿和准则终稿。这些成员协会有权利和义务在各自国家出版和宣传IASC的准则。而到了1987年，IASC的领导层开始寻找为IASC创收的方法。同年，戴维·凯恩斯安排出版和销售了第一批IASC准则合订本，从此，IASC开始逐年制作和销售准则合订本。1991年，IASC启动了一项订阅计划，订阅者可以通过该计划预先付费，以打包价格获得IASC的所有出版物。从1990年的《征求意见稿第32号》（E32）起，IASC理事会还开始销售其所收到的征求意见稿评论函和议题文件评论函。从1987年开始的这些发展，都是为了提升IASC的形象。[81] 在吉莉恩·伯托尔的管理下，新的出版方案从1991年开始为IASC带来了可观的收入，如表8-1所示。

表8-1 IASC 1988—2000年的收入与支出　　　　单位：千英镑

年份	收入						支出				
	理事会成员投入	IFAC投入	其他相关方投入	出版收入	其他[a]	总计	秘书处支出	其他支出[b]	总计	盈余或赤字
1988	316	35	0	10	18	379	217	164	381	−2
1989	338	38	3	33	23	435	252	167	419	16
1990	359	40	142	27	36	604	350	200	550	54

---

81. 2004年1月27日作者与David Cairns的访谈记录。

续表

年份	收入						支出				盈余或赤字
	理事会成员投入	IFAC投入	其他相关方投入	出版收入	其他[a]	总计	秘书处支出	其他支出[b]	总计	
1991	388	43	219	84	28	762	571	244	815	−53
1992	484	54	279	124	46	987	670	305	975	12
1993	504	56	306	267	13	1 146	672	481	1 153	−7
1994	522	58	296	407	14	1 297	735	470	1 205	92
1995	555	60	284	294	129	1 322	720	539	1 259	63
1996	631	70	932	384	189	2 206	1 170	653	1 823	383
1997	653	72	742	588	149	2 204	1 249	768	2 017	187
1998	674	75	820	884	167	2 620	1 362	740	2 102	518
1999	694	77	663	1 026	177	2 637	1 322	746	2 068	569
2000	929[c]	—	—	1 111	161	2 201	1 823	1 276[d]	3 099	−898

[a] 主要包括税后利息收入以及 1995 年之后世界银行在农业项目上的补助。
[b] 主要包括 IASC 理事会和各委员会会议支出。
[c] 该数字是所有相关方投入的总和。
[d] 该数字包括受托人的成本和 IASC 重组时的筹资成本。
资料来源：理事会议程文件中披露的 IASC 财务报表。

从 20 世纪 80 年代后期开始，IASC 业务规模不断扩大，因此迫切需要积极筹集资金，这最终成了 1995 年成立的咨询委员会（Advisory Council）的主要任务（见下文讨论）。

8.15 IASC 的基金会工作组：融资平台的规划

1988 年 6 月，IASC 组织和计划委员会（OPC）要求秘书处"起草一份关于建立基金会的文件，该基金会将从会计师事务所、工商界、金融机构和其他相关组织获得财务捐助"。1989 年 4 月，秘书长起草并提交了该备忘录。他说，1989 年 IASC 需要由成员协会和国际会计师联合会（IFAC）提供的经费预算为 376 000 英镑。这一数额也就是 IASC 的支出超过收入

第 8 章 国际会计准则委员会面貌的变化：人员、结构和经费

（主要来自出版物的收入）的部分。根据 IASC 的章程，这一数额的 90% 应由 IASC 理事会中来自 13 个国家的公共会计师行业协会代表团和一个非公共会计师行业组织的代表团平摊，其余 10% 由国际会计师联合会捐助。鉴于 IASC 的理事会雄心勃勃地想要将 IASC 的准则提升到更高的水平，凯恩斯预计，在 1995 年之前，理事会每年还需要额外筹集 20 万英镑，以期招聘更多的工作人员，为特定项目提供研究援助，并支付必要的指导委员会会议的费用。凯恩斯在假设 IASC 理事会成员协会不愿意或者没有能力提供这一额外经费的前提下，提出了为 IASC 这个非法人团体设立一个"国际会计研究基金会"（International Accounting Research Foundation，IARF）的建议，拟从 1990 年起投入运营，以筹集必要的资金。凯恩斯在他的备忘录中建议妥善设计该基金会的组织形式，以便捐助者能够享受税收减免，同时确保该基金会所获取的捐款收入、利息收入或其他投资收入能够享受免税待遇。

一直在研究国际会计师联合会（IFAC）与 IASC 之间关系的毕晓普工作组（请参阅第 7.5 节），在得知设立基金会的提案之后，就在非正式场合表示了支持。1989 年 12 月，毕晓普工作组提交报告称，它"最为支持 IASC 正在审议的筹资提案，特别是关于设立国际会计研究基金会（IARF）的构想"。[82] 由于国际会计师联合会（IFAC）的成员协会希望在就这一倡议采取行动之前先看看毕晓普的报告，因此成立基金会的进度有所推迟。

凯恩斯强烈赞成成立基金会，但 IASC 理事会则不大情愿。到了 1990 年，IASC 还在继续对建立基金会的提议进行辩论，并提议将拟成立的基金会更名为国际会计准则基金会（International Accounting Standards Foundation，IASF）。1990 年 3 月，在阿姆斯特丹举行的 IASC 理事会会议通过了一项重要的筹资举措。IASC 主席乔治·巴尔泰斯决定立即采取行动，不能再等了。会后，IASC 候任主席、美国公共会计师行业派驻 IASC 的代表团成员阿瑟·怀亚特，与安达信会计公司芝加哥执行办公室的高级合伙人罗伯特·梅德尼克（Robert Mednick）联系，商讨如何向六大会计公司寻求资金支持。梅德尼克邀请怀亚特在下一次六大会计公司首席运营官

---

82. *IFAC/IASC: Review of Aims*, *Activities and Organisation*，Working Party Report（1989.12），18.

会议上做报告。怀亚特的请求很快得到了回应，IASC 几乎立刻就从每个会计公司收到了 2.5 万英镑的捐款，这是一笔很可观的数目。[83] 此后，这些会计公司每年都会提供这一数额的捐款。

在 1990 年 11 月的 IASC 理事会会议上，或许是为了看看能否设计出替代基金会的方案，IASC 理事会设立了一个高级别的筹资指导委员会（Funding steering committee），由 IASC 前任主席乔治·巴尔泰斯·德·吕泰尔担任该指导委员会主席。该指导委员会有两个任务，一是筹集资金，二是决定是否应着手建立一个基金会。该指导委员会所有成员都是正在 IASC 理事会任职或刚刚从理事会卸任的代表，其中包括 IASC 现任主席阿瑟·怀亚特。该指导委员会副主席克里斯托弗·斯特朗 11 月份已经以英国公共会计师行业派驻 IASC 理事会的代表团成员的身份退休，但他答应组织和协调该指导委员会在英国的筹资活动。直到 1992 年，斯特朗还在身体力行地践行承诺。[84]

1991 年 7 月，筹资指导委员会决定不设立基金会，而是继续由该委员会开展筹资活动。[85] 在某些人看来，成立基金会的念头已成明日黄花。对另外一些人来说，拟议中的基金会可能会把国际会计师联合会（IFAC）这个全球公共会计师行业的代言人深度卷入 IASC 的事务，而自 20 世纪 80 年代初以来，IASC 就一直试图将非会计行业组织纳入其工作轨道。一些 IASC 理事会成员不愿意冒险拉近 IASC 与国际会计师联合会理事会之间的关系，他们更重视巩固 IASC 与其成员协会之间的联系。

虽然筹资指导委员会并不觉得 IASC 一定要修改章程才可以获得外部资金，但它认为修改章程可能更为可取。[86]IASC 章程的上一次修订是在 1982 年，其中没有确切规定是否允许从外部融资。IASC 秘书长凯恩斯从一位律师那里获得的意见是，IASC 章程实际上赋予了 IASC 理事会筹集外

---

83. 2006 年 6 月 21 日作者与 Robert Mednick 的谈话；2006 年 6 月 20 日 David Cairns 与作者的沟通；以及 IASC board meeting of 20–22 June 1990, minute 9(h)。

84. IASC board meeting of 7–9 November 1990, minute 8(h); board meeting of 4–6 March 1992, minute 9.

85. Cairns 给 John Denman 的信，1991.07.17, IASC archive, file "IOSCO Working Party 1"。并非所有理事会成员都认为有必要筹集额外的长期资金。参见 Cairns, "The Future Shape of Harmonization: A Reply", 335。

86. "IASC Constitution", AP 2/1991 paper 11.

第 8 章　国际会计准则委员会面貌的变化：人员、结构和经费

部资金的权力，但一些理事会成员不接受这种解释。[87]于是理事会开始修改章程，以处理一系列相关的问题。1992 年 10 月，在举行于华盛顿的世界会计师大会上，IASC 各成员协会通过了经修订的章程。新章程在 IASC 理事会的职责和权力标题下，添加了如下段落：

> 理事会有权：
> …………
> （h）在不损害 IASC 的独立性或形式上的独立性的前提下，寻求并获得有意支持 IASC 实现其目标的 IASC 会员以及非会员主体的资金支持。

目前尚不清楚筹资指导委员会持续运作了多长时间。1993 年 1 月的报道称，IASC 曾与各大会计公司和工商企业接洽，请求其提供更多资金，并在 1990 年收到了 15 万英镑，在 1991 年收到了 21.9 万英镑，预计 1992 年会收到 30 万英镑。[88]IASC 在 1991 年和 1992 年的年度报告中，按捐款数额大小的顺序披露了捐赠机构名单。

凯恩斯则坚持认为，IASC 需要一个基金会来协调筹款工作。他认为，为了应对国际证监会组织（IOSCO）、美国证监会（SEC）、加拿大安大略省证券委员会（OSC）等监管机构提出的严峻挑战，建立基金会应该被视为对 IASC 进行整体重组的一个必要步骤。1992 年 10 月，IASC 理事会采纳了秘书处的意见，同意设立一个工作组，负责规划建设国际会计准则基金会（IASF）以及规划设计 IASC 未来的组织架构。该工作组的职权范围如下。[89]

> 工作组应当对 IASC 的结构和组织形式进行审查评估，以确保：

---

87. 2006 年 6 月 20 日 David Cairns 与作者的沟通。

88. "Working Party on the International Accounting Standards Foundation and the Future Structure and Organization of IASC", 1993.01, a background paper from the secretariat, IASC archive, file "IOSCO Working Party 1".

89. IASC board meeting of 7–9 October 1992, minute 11, 转载于 *IASC Insight*, 1992.12, 4。

（1）IASC 具有适当的结构和组织形式，以保持和增强其作为公认的国际会计标准制定机构的角色职责；

（2）公共会计师行业通过国际会计师联合会（IFAC）及其成员协会、区域性公共会计师行业协会，继续认可和支持 IASC，并在 IASC 的工作中充分发挥作用；

（3）财务报表的编制者和使用者、各国（或官方或民间的）会计准则制定机构和其他有关组织能够在 IASC 的工作中发挥充分和适当的作用；

（4）IASC 有充足的资金开展对其工作至关重要的研究和磋商工作，并能够招募和保留高素质的员工。

工作组还将审议 IASC 先前关于建立国际会计准则基金会的提案。IASC/IFAC 工作组（即毕晓普工作组）1989 年提交的报告非常支持该提案。工作组在审议该提案时，将会着重考虑该基金会的作用及其与 IASC 理事会的关系。特别是，是否应将某些职责从 IASC 理事会（或其他方面）转移到该基金会。

工作组应在 1993 年年底之前向 IASC 理事会提交意见。由此可能导致的 IASC 章程的任何变更，将在 1995 年年中举行的 IASC 成员协会会议上予以处理。

IASC 迅速任命了工作组成员，工作组第一次会议于 1993 年 1 月举行。与筹资指导委员会的主席一样，该工作组的主席也是乔治·巴尔泰斯·德·吕泰尔。工作组其他八名成员分别是：荷兰的盖尔·韦尔哈根（Ger Verhagen）；美国的尤莱塞·莱格兰奇（Ulyesse LeGrange）；丹麦的延斯·勒德（Jens Røder），后任欧洲会计师联合会副主席；多米尼加共和国的胡安·埃雷拉（Juan Herrera），国际会计师联合会副主席；英国的国际会计师联合会理事会成员弗兰克·哈丁（Frank Harding）；澳大利亚公共会计师行业派驻 IASC 理事会的代表、IASC 代理主席迈克尔·夏普；加拿大公共会计师行业派驻 IASC 理事会的代表团技术顾问约翰·登曼；日本的藤沼亚起（Tsuguoki Fujinuma）。埃雷拉和哈丁是国际会计师联合会任命的，其他成员则是 IASC 任命的。

第 8 章　国际会计准则委员会面貌的变化：人员、结构和经费

该工作组在 1993 年举行了三次会议。其初步建议是成立一个基金会或委员会，来监督 IASC 理事会的工作并负责筹集资金。该建议的替代方案是，IASC 修改章程，新成立一个机构并赋予其监督职能，同时赋予基金会或理事会挑选 IASC 理事会成员的权力。该工作组的第一次会议一致同意，应鼓励每个国家的会计行业在派驻 IASC 理事会的代表团时，至少包括一名直接参与该国会计准则制定工作的人员。1993 年 3 月，IASC 在东京举行理事会会议，讨论了该工作组的初步方案。由于担心公共会计师行业可能会失去对 IASC 的控制地位，因此，与会人员不愿意接受那个涉及修改 IASC 章程的替代方案。关于是否应当邀请各国（或官方或民间的）准则制定机构或其成员参与 IASC 的工作，与会者存有意见分歧。会议纪要显示，英国公共会计师行业派驻 IASC 理事会的代表团的克里斯托弗·诺布斯提出了一个建议："在与那些隶属于其所在国政府机构的准则制定机构打交道时，还是需要慎而又慎。"[90]

该工作组于 1993 年年底完成任务，并于 1994 年 2 月递交了最终建议。[91] 工作组建议成立"一个高层次的国际咨询委员会，该委员会由公共会计师行业、工商界、财务报表的其他使用者以及其他领域身居要职的杰出人士组成"。该委员会的总体目标是"提升国际会计准则的接受度，提高 IASC 工作的美誉度，并为 IASC 的工作提供必要的资金保障"。该委员会的职能，除了筹集资金外，还包括：（1）审查和评估理事会的战略，"以确保 IASC 赞助者的需求得到满足"；（2）就 IASC 理事会"在实现其目标和履行其应循程序过程中的有效性，编制年度报告（然后收录进《IASC 年度回顾》中）"；（3）提升"公共会计师行业、工商界以及财务报表使用者和其他利益相关方对于 IASC 工作的接受度和参与度"；（4）审查 IASC 的财务预算和财务报表。工作组还建议，国际咨询委员会负责就 IASC 理事会成员的任命事宜提供咨询意见。

该工作组建议，在可行的情况下，每个国家的公共会计师行业协会派驻 IASC 理事会的代表团成员中，应当包括至少一名直接参与该国会计准

---

90. IASC board meeting of 23–6 March 1993, minute 10.

91. The Working Party's report is included in the file "IASC Foundation Working Party 3", IASC archive.

则制定的人员和至少一名工商界人士。它还建议 IASC 理事会与各国（或官方或民间的）会计准则制定机构更密切地开展合作[92]，具体形式可以是赞助各国（或官方或民间的）会计准则制定机构的年会、鼓励各国（或官方或民间的）会计准则制定机构之间相互合作并与 IASC 合作、鼓励"各国（或官方或民间的）会计准则制定机构直接参与 IASC 的工作"等。

最后，工作组还构想了一种"进一步演化"（further evolution）的方案，即以具有某些权力和职责的基金会取代国际咨询委员会。该基金会比国际咨询委员会的权力和职责还要广泛，包括遴选和任命 IASC 理事会成员，但这需要对 IASC 的章程进行修订。

拟议中的国际咨询委员会的成员构成如下：全球范围内不同背景的三名公共会计师行业代表，由国际会计师联合会（IFAC）推荐；三名国际工商界的代表；一名金融分析师；一名证券交易所管理人员；一名律师；一名国际证监会组织（IOSCO）成员机构的证券监管官员。

IASC 秘书长凯恩斯将该工作组的报告发送给 IASC 理事会的成员协会征求意见，同时发送给了 IASC 的所有成员协会和顾问团成员。[93]在 1994 年 6 月的 IASC 行政委员会会议上，凯恩斯报告称，IASC 秘书处收到的书面答复是"支持设立国际咨询委员会，也支持工作组的报告的主旨。但有部分成员对国际咨询委员会的角色表示关切，特别是其参与任命 IASC 理事会代表和技术顾问的权力"。[94] 1994 年 7 月在爱丁堡举行的 IASC 理事会会议表明，一些成员协会还没有为监督机构的设立做好准备。[95]在该工作组主席缺席的情况下，迈克尔·夏普在 IASC 理事会会议上做了报告。凯恩斯写道，夏普"费尽心力地试图淡化这些建议"。[96]根据凯恩斯的说法，夏普提出：[97]

---

92. David Cairns 强烈支持 IASC 与各国准则制定机构更密切合作。参见 David Cairns, "The IASC Must Move Closer to National Bodies", *Accountancy*, 116/1224（1995.08），70。

93. IASC executive committee meeting of 24–5 March 1994, minute 9; AP 6/1994 paper 12.

94. IASC executive committee meeting of 11–12 June 1994, minute 8.

95. 在 1994 年 6 月 13 日、15 日至 17 日于爱丁堡举行的 IASC 理事会会议上，会议纪要 7 反映了这种不情愿："各理事会代表和技术顾问都强调理事会必须保持独立，并认为不应太强调咨询委员会的监督作用。"

96. Cairns, "The Future Shape of Harmonization: A Reply", 336.

97. Cairns, "The Future Shape of Harmonization: A Reply", 336.

第 8 章　国际会计准则委员会面貌的变化：人员、结构和经费

（1）应当更加重视国际咨询委员会的筹资职责，较少重视它的其他活动；

（2）在确定派驻 IASC 理事会的代表团成员时，应当允许各国公共会计师行业组织"自行"决定是否需要（而不是强制要求其）咨询国际咨询委员会的意见；

（3）国际咨询委员会应当"监督"IASC 理事会的工作，而不是"编写 IASC 理事会的工作的年度报告"；

（4）国际咨询委员会中的工商界代表人数应当削减。

IASC 理事会批准了关于设立咨询委员会的建议以及工作组报告中的其他建议，但需进行三项修正。主要改动是，IASC 理事会规定"IASC 理事会中的每个国家的公共会计师行业代表团中，不要求至少包括一个直接参与本国会计准则制定机构工作的人员"。[98] 凯恩斯提到，有几名 IASC 理事会成员还试图删除上述工作组报告中的"进一步演化"一节。他说："许多 IASC 理事会的代表不想跟那些可能会导致其自身消亡或者可能会削弱其所代表的公共会计师行业协会或其他组织的权力的提案扯上任何关系。"[99]

本书第 13 章将会指出，基金会工作组的一些建议及其在 IASC 理事会中所引起的反应，正是后来 IASC 改组过程中诸多争论的预演。1999 年 12 月，IASC 理事会通过了比基金会工作组设想的还要彻底的改组计划，这一争论也就随之结束了。

8.16　咨询委员会

为了执行基金会工作组的建议，IASC 理事会于 1995 年 7 月 1 日正式成立了咨询委员会（Advisory Council）。其职责如下[100]：

---

98. IASC board meeting of 13, 15–17 June 1994 in Edinburgh, minute 7. 这其实并不算是一项修订，因为工作组的报告只不过是"鼓励"这种参与。其他两项修订与咨询委员会的运作无关。

99. Cairns, "The Future Shape of Harmonization: A Reply"，337.

100. 引用于 IASC's *Annual Review 1995*，5.

— 359

（1）审议和评估 IASC 理事会的战略，以确保 IASC 赞助者的需求得到满足；

（2）针对 IASC 理事会工作的有效性，编制年度报告并在《IASC 年度回顾》中刊发；

（3）提升各利益相关方对于 IASC 工作的接受度和参与度；

（4）审查 IASC 的预算和财务报表；

（5）协助筹措资金保障 IASC 的正常运行，同时保证 IASC 的独立性。

咨询委员会在 IASC 内部被视为一个"高级别"机构，负责"提升国际会计准则的接受度，增强 IASC 的美誉度，并为 IASC 筹集必要的资金"。[101] 咨询委员会的报告和成员构成会在《IASC 年度回顾》的显著位置予以披露。

随着 IASC 工作计划的日渐增多，融资毫无疑问地变成了咨询委员会最重要的职能。咨询委员会主席斯蒂芬·埃克尔斯（Stephen Eccles）来自英国，他在世界银行工作了 28 年，并最终成为世界银行的副行长和主计长。他足智多谋，而且很有胆识，很适合领导 IASC 的筹款工作。1994 年，埃克尔斯在伦道夫·安德森（Randolph Andersen）的帮助下，为 IASC 的一个农业主题的项目筹集到了世界银行的 531 000 美元（350 000 英镑）的资助。咨询委员会的成员大多来自财务报表使用者群体。其他成员如下：[102]

理查德·格拉索*（Richard Grasso）——纽约证券交易所主席。格拉索从未参加过咨询委员会会议，改由该交易所高级副总裁詹姆斯·L. 科克伦（James L. Cochrane）代替他参加。

弗兰克·哈丁——国际会计师联合会副主席、毕马威会计公司伦敦成员公司合伙人

胡安·埃雷拉*——国际会计师联合会主席、毕马威会计公司圣多明各成员公司合伙人

鲍德韦因·F. 巴伦·范·伊特叙*（Boudewijn F. Baron van Ittersum）——

---

101. 白鸟荣一给 Al Sommer 的信，1995.05.09，IASC archive, file "Advisory Council"。

102. 参见 IASC's *Annual Review* 1995，5。

第 8 章 国际会计准则委员会面貌的变化：人员、结构和经费

阿姆斯特丹证券交易所主席

尤尔根·克鲁姆诺（Jürgen Krumnow）——德意志银行董事

让·圣-杰尤斯*（Jean Saint-Geours）——法国证券交易委员会前主席

白鸟荣一*——IASC 前主席

小阿尔·萨默*（Al Sommer Jr.）——美国证监会前委员、美国注册会计师协会公共监督委员会主席、证券律师

让-盖伊·德·瓦埃勒*（Jean-Guy de Wael）——欧洲金融分析师协会联合会主席、巴黎银行董事长

名字后注明星号（*）表示该成员仅在咨询委员会任职到 1997 年年底，接替他们职位的分别是：詹姆斯·科克伦；在德勤会计公司美国公司任职的财务会计基金会（FAF）前主席迈克尔·库克（Michael Cook）；在 Shearman & Sterling 律师事务所纽约分所任职的美国证监会公司金融部前主管琳达·奎因（Linda Quinn）；法国 Rothschild 银行合伙人热拉尔·沃姆斯（Gérard Worms）；马德里证券交易所董事会主席安东尼奥·索伊多（Antonio Zoido）；IASC 主席斯蒂格·恩沃尔森；IASC 前主席迈克尔·夏普。1998 年，日本公司金融研究中心（Corporation Finance Research Institute, COFRI）的中岛公明（Kimiaki Nakajima）加入了咨询委员会。[103]

咨询委员会每年举行两次会议，一直到 1999 年 6 月。IASC 的主席、代理主席和秘书长会定期以观察员或成员身份参会。在每次会议上，咨询委员会都会听取和审议有关 IASC 战略、计划、活动和筹资情况的报告，并讨论筹资的进展。每年咨询委员会都会撰写一份报告来阐述其如何履行职能，以支持 IASC 的宗旨和目标。该报告会收录在《IASC 年度回顾》中。1999 年下半年，由于 IASC 理事会的改组箭在弦上，咨询委员会的工作遂戛然而止。2000 年的《IASC 年度回顾》没有提及咨询委员会。

8.17 筹款情况

IASC 从 1990 年开始认真筹款，这比咨询委员会的成立早了 6 年。在

---

103. 参见 IASC's *Annual Review 1997*, 13；以及 *Annual Review 1998*, 11。

那一年，国际六大会计公司各向 IASC 捐助了 25 000 英镑，这样的捐助一直持续到 1998 年。1998 年，普华会计公司和永道会计公司合并，"六大"变成了"五大"。1999 年和 2000 年，剩余的这"五大"会计公司仍然各向 IASC 捐助 25 000 英镑。

自 1993 年至 1999 年，IASC 融得的资金如下（近似到 1 000 英镑）[104]：

1993 年	£306 000	1997 年	£742 000
1994 年	£296 000	1998 年	£820 000
1995 年	£284 000	1999 年	£663 000
1996 年	£932 000		

从这些数据来看，1995 年下半年成立的咨询委员会似乎在融资方面真的发挥了作用。在这 7 年中，按照占捐款总额的百分比计算，排在前面的捐助方如下：英国财经界的捐赠占 19%；美国财经界的捐赠占 14%；德国财经界的捐赠占 8%；瑞士财经界的捐赠占 6%；澳大利亚和法国财经界的捐赠均占 5%；日本和荷兰财经界的捐赠各占 4%。英国财经界的捐款大部分来自个体工商界，很多公司都捐了 5 000 英镑左右。美国财经界的捐款则大部分来自金融企业和证券交易所。1996 年，IASC 的融资报告显示，美国财经界的捐款数额为 279 000 英镑，占 IASC 捐款总额的 35%。其中有超过 230 000 英镑来自金融企业（主要是投资银行），还有 16 000 英镑来自总部位于华盛顿的美洲开发银行（Inter-American Development Bank）。另外，纽约证券交易所曾在三年中捐助了 45 000 英镑。

德国财经界在 1997 年之前一直没有向 IASC 捐款，从 1997 年开始每年捐助 100 000 英镑。其中，大多数德国公司和商业银行各捐助 5 000 英镑。德意志银行的尤尔根·克鲁姆诺在这中间发挥了积极作用。[105] 日本财经界的捐款半数来自日本公认会计士协会（JICPA）。日本公认会计士协会（JICPA）在六年内每年捐助 15 000 英镑。意大利和丹麦财经界的捐款几乎是同时期加拿大和南非财经界的两倍。新加坡财经界捐赠的 15 000 英镑，

---

104. 这些数字和下文的国别细目载于 1999 年 11 月行政委员会会议议程文件二和 2000 年 3 月行政委员会会议议程文件 IC。IASC 关于筹资的年度报告显示，1995 年和 1996 年的数字分别为 414 000 英镑和 802 000 英镑。我们不理解为什么会出现差异。我们决定更改 1995 年和 1996 年的数字，使其与 1995 年和 1996 年《IASC 年度回顾》所载金额以及表 8–1 保持一致。

105. 2005 年 5 月 26 日作者与 Bryan Carsberg 的访谈记录。

第 8 章 国际会计准则委员会面貌的变化：人员、结构和经费

全部来自该国的公共会计师行业协会。多年来，不同国家的捐款数额差异很大。

英国财经界在早些年的捐助金额基本可以忽略不计，但当 IASC 秘书长卡斯伯格开始领导英国方面的筹款活动后，英国财经界在后来的几年中便成了最大的捐赠者。卡斯伯格与弗兰克·哈丁联名，致函位列伦敦证券交易所前 250 强的英国公司，请求这些公司承诺在五年内每年向 IASC 捐助 10 000 英镑。IASC 在英国财经界的成功融资，应部分归功于 IASC 在英国的知名度比在其他国家更高，在英国的关系网也已经建立起来。[106] 咨询委员会主席斯蒂芬·埃克尔斯认为，IASC 如果想在美国财经界融资，就需要采取不同的方式，因为 IASC 在美国工商界和金融界鲜为人知。总体而言，他关注的是那些认为国际会计准则的发展符合其利益的公司。这意味着金融公司尤其是投资银行会成为主要的捐款人，就像上文提到的一样。这些捐款主要得益于吉姆·科克伦（Jim Cochrane）的努力。埃克尔斯使用了他在国际开发银行（即世界银行）的人脉，但结果有些令人失望。科克伦和理查德·格拉索也利用了他们在纽约证券交易所的人脉。应埃克尔斯的要求，卡斯伯格编写了一份介绍 IASC 工作的宣传手册。咨询委员会在其他国家也设计了筹资计划，但是总的来说，筹款情况都没有达到预期。

美国的公司和共同基金没什么捐款的动机。即使是强生和通用电气这样比较慷慨的公司，捐款额也没有超过 5 000 英镑。两家公司都在年报中报告宣称其遵循了 IASC 的准则，通用电气是从 1984 年到 1990 年，强生则是从 1991 年到 1993 年。其他宣称遵循了 IASC 准则的公司，诸如埃克森、福特汽车、CPC 等（见第 6.6 节），则捐助得很少，甚至分毫未捐。所罗门公司同样称其遵循了 IASC 的准则，并在 1996 年业绩爆棚时捐赠了 46 000 英镑。埃克尔斯在纽约市遇到了一位声称对国际会计准则完全不感兴趣的共同基金高管，该高管希望自己的公司能够继续开发利用其从私人渠道获得的日本公司的财务信息，而其他投资者无法破译这些公司晦涩难懂的财务报表。该高管认为，提高财务报告的透明度将会使得该公司在投资时失去竞争优势。

---

106. 本节其余内容大部分整理自 2005 年 1 月 5 日作者与 Stephen D. Eccles 的访谈记录。

1996年3月，IASC宣布将会加快会计准则的编纂速度（见第10.13节），这将导致IASC的年度支出额外增加700 000英镑。由埃克尔斯领导的咨询委员会立即向卡斯伯格保证，咨询委员会定会筹集到所需的资金，IASC理事会可以"继续加油干"。

8.18　IASC 1992年修改其章程

随着一系列问题的出现，似乎需要对1982年制定的IASC章程进行必要的修改。其中最重要的修改，就是明确赋予IASC募集资金的权力，这在第8.15节已经讨论过。

如上所述，毕晓普工作组曾提出一项其实无关紧要的修改，即删除关于IASC行政办公室必须设在伦敦的规定，以免给IASC的未来发展造成限制（第18段）。[107]

之前的IASC章程规定，国际会计师联合会（IFAC）理事会可以提名和任命最多13个国家的公共会计师行业协会为IASC理事会成员，这些公共会计师行业协会应当是"国际会计师联合会的会员"。这一条款被修改为：这些国家的公共会计师行业派驻IASC理事会的代表应当是"IASC的成员协会"的代表（第5（a）段）。也就是说，1982年的章程要求IASC的成员必须是国际会计师联合会的成员，而现在的章程直接规定由IASC自行确定自己的成员构成。IASC的成员来源国的数目没有发生变化。IASC理事会代表团中的"职员观察员"职位改成了"技术顾问"（第6段）。修订版章程还明确指出，在IASC成员的全体会议上，每个成员协会都有一票表决权，可以由代理人代为投票（第17段）。

在1992年10月11日于华盛顿举行的IASC成员大会上，章程修订提案"通过举手表决的方式获得全票通过"。[108] 这是IASC继1973年的成立章程，1977年和1982年在国际会计师大会通过的修订版章程之后，出台

---

107. *IFAC/IASC: Review of Aims*, *Activities and Organisation*, Working Party Report（1989.12），5.
108. "Minutes of Meeting of the Member Bodies of the International Accounting Standards Committee held at the Grand Hyatt Hotel, Washington, D.C., U.S.A. on Sunday 11th October 1992 at 9:00 a.m.", IASC archive, file "Advisory Council".

第 8 章　国际会计准则委员会面貌的变化：人员、结构和经费

的第 4 版章程。

8.19　IASC 与国际会计师联合会的关系

　　IASC/IFAC 联合委员会每年举行一次或两次会议，以便就共同关心的问题交换信息和意见，特别是对于国际会计师联合会（IFAC）提名新的 IASC 理事会代表团或改选 IASC 理事会代表团的问题。联合委员会成员包括两个机构的主席、IASC 秘书长和国际会计师联合会秘书。

　　在 1993—1994 年间，出现了一个敏感的问题。国际会计师联合会（IFAC）的国际审计实务委员会（International Auditing Practices Committee，IAPC）想要更名为国际审计准则理事会（International Auditing Standards Board，IASB），国际会计师联合会就此征求了 IASC 的意见。有人认为，新的缩写 IASB 很容易与 IASC 产生混淆。1994 年 2 月，戴维·凯恩斯调查了 IASC 理事会内部各代表团的意见，结果，10 个代表团中有 8 个反对此次更名，只有加拿大和南非的公共会计师行业协会表示支持。提出反对意见的迈克尔·夏普、斯蒂格·恩沃尔森和西格瓦德·赫林（来自瑞典代表团）三人还提出了一种设想，即有一天 IASC 也可能会更名为 IASB（International Accounting Standards Board）。[109]1995 年 7 月，IASC 行政委员会曾考虑将 IASC 更名为 IASB，但此事因缺乏足够的支持而告终。[110]

8.20　顾问团

　　顾问团成立于 1981 年，是 IASC 当时正在进行的与财务报表使用者、财务报表编制者、准则制定机构、监管机构和其他有关方面的国际组织进行接触的计划的一部分，目的是获得这些有影响力的机构的建议和支持。

---

109. 相关信件归档于 IASC 档案的 "Board/Executive Committee Mailings [1994–96]" 文件夹中。
110. IASC executive committee meeting of 9/10 July 1995, minute 8; 另见 "Future Strategy of IASC" IASC executive committee meeting of July 1995, agenda paper VII。

毫无疑问，顾问团在20世纪80年代和90年代对IASC起到了很重要的作用。在20世纪80年代，顾问团成员在会议上确实就技术和战略问题提供了大量建议。[111]但是，逐渐地，人们开始怀疑其实际用途。[112]1996年，IASC秘书长卡斯伯格发现，"顾问团的成员平时并不执着于开展会计技术问题的研讨。他们有时可能会提醒我们关注那些比较宏观的战略层面的问题，但这些意见我们往往可能事先通过征求意见稿、评论函等渠道听到过。因此，顾问团的主要作用是促进IASC这个私立机构与重要的国际组织的联系"。[113]

在某些技术项目上，IASC也会寻求顾问团的专家的协助。

从顾问团成立到卡斯伯格发表上述评论的这段时间里，顾问团中的金融分析师和财务经理的行业性国际协会已经加入了IASC理事会。曾经作为国际商会代表参加IASC理事会活动的哈里·施密德，现在以瑞士工业控股公司联合会代表团团长的身份在IASC理事会中独立列席。欧盟委员会（EC）、财务会计准则委员会（FASB）和国际证监会组织（IOSCO）从一开始就是顾问团的成员，但它们很快就开始作为观察员在IASC理事会和各项准则的指导委员会会议上贡献技术专长了。顾问团的其他成员也开始根据各自擅长的领域担任相关准则指导委员会的观察员。这样一来，顾问团就失去了一些最活跃的、最有技术能力的成员，而那些剩下的成员，也不一定必须依靠顾问团与IASC理事会的联席会议，来表达他们的意见。

当卡斯伯格在1996年发表上述评论的时候，人们普遍认为，简单地评议即将举行的IASC理事会会议的议程，已不再是IASC理事会与顾问团开展合作的有效方式。大家还对不同的会议形式进行了一些尝试。在1997年之前，顾问团通常每年举行两次会议，每次会议时间为一天，参会者包括IASC理事会成员及其高级工作人员。但从1997年开始，顾问团会议开

---

111. 2006年6月20日David Cairns与作者的沟通。

112. 2003年4月30日作者与Allan V. C. Cook的访谈记录，2004年3月15日与Rick Cottrell的访谈记录，2004年5月19日与David Damant的访谈记录，2004年5月27日与Christopher Stronge的访谈记录。

113. "Procedures for Board and Consultative Group" [written by the secretary-general], IASC executive committee meeting, 1996.06, agenda paper V.

第 8 章 国际会计准则委员会面貌的变化：人员、结构和经费

始每年举行一次，且只有一部分 IASC 理事会成员参会。然而，这并没有提升会议效率。在 2000 年，亦即 IASC 的最后一年，顾问团没有召开任何会议。[114]

从 1987 年起，以下成员被纳入顾问团：

1987 年　国际律师协会（International Bar Association）

国际银行协会（International Banking Associations）

国际证监会组织（IOSCO）

国际金融公司（IFC）

1988 年　财务会计准则委员会（FASB）

1990 年　欧盟委员会（EC）

国际资产评估准则委员会（International Assets Valuation Standards Committee）

巴塞尔银行监管委员会（Basel Committee on Banking Supervision）

1991 年　欧洲银行联合会（Fédération Bancaire de la Communauté Européenne）

1996 年　国际会计教育与研究学会（International Association for Accounting Education and Research，IAAER）

1997 年　国际保险监督官协会（IAIS）

国际精算师协会（International Forum of Actuarial Associations）

会议纪要显示，1995 年 11 月，IASC 理事会在就邀请国际会计教育与研究学会（IAAER）加入顾问团一事进行投票时决定[115]，"尽管 IASC 理事会三年后可能会考虑给予国际会计教育与研究学会理事会观察员的资格，但现阶段还不能做出任何承诺"。[116] 事实上，IASC 理事会没有进一步考虑给予国际会计教育与研究学会观察员资格的问题。而且据推测，这个学术机构可能负担不起担任观察员的费用，因此该机构未必就真的会申请这个观察员资格。

顾问团最初的作用是激发私营部门和公共部门的主要国际组织对 IASC

---

114. 2005 年 5 月 26 日作者与 Bryan Carsberg 的访谈记录，2004 年 5 月 19 日与 David Damant 的访谈记录。

115. 参见 "Accounting Academics Join the IASC Consultative Group"，*IASC Insight*，1995.12, 2。

116. IASC board meeting of 1–4 November 1995, minute 10(b).

工作的兴趣。顾问团的作用在20世纪90年代有所减弱，原因可能在于，IASC在大多数利益相关方的眼中变得越来越重要了。IASC认为没有必要再花心思增强国际组织对其工作的兴趣，因为这些组织已经开始主动寻求与IASC的合作了。

Financial Reporting and Global Capital Markets: A History of the International Accounting Standards Committee, 1973-2000 by Kees Camfferman, Stephen A. Zeff
9780199296293
Copyright © Kees Camfferman and Stephen A. Zeff 2006
Simplified Chinese Translation copyright © 2024 by China Renmin University Press Co., Ltd.

Financial Reporting and Global Capital Markets: A History of the International Accounting Standards Committee, 1973-2000 was originally published in English in 2006. This translation is published by arrangement with Oxford University Press. China Renmin University Press is solely responsible for this translation from the original work and Oxford University Press shall have no liability for any errors, omissions or inaccuracies or ambiguities in such translation or for any losses caused by reliance thereon.

Copyright licensed by Oxford University Press arranged with Andrew Nurnberg Associates International Limited.

《国际会计准则史》英文版2006年出版，简体中文版由牛津大学出版社授权出版。

All Rights Reserved.

图书在版编目（CIP）数据

国际会计准则史. 上册 /（荷）凯斯·坎佛曼，（美）斯蒂芬·A. 泽夫著；周华，张姗姗译. -- 北京：中国人民大学出版社，2024.10
ISBN 978-7-300-32705-1

Ⅰ.①国… Ⅱ.①凯…②斯…③周…④张… Ⅲ.①会计史－世界 Ⅳ.①F23-091

中国国家版本馆CIP数据核字（2024）第068043号

会计经典学术名著
国际会计准则史（上册）
〔荷〕凯斯·坎佛曼
〔美〕斯蒂芬·A. 泽夫 著
周　华　张姗姗 译
Guoji Kuaiji Zhunzeshi（Shangce）

出版发行	中国人民大学出版社	
社　　址	北京中关村大街31号	邮政编码　100080
电　　话	010-62511242（总编室）	010-62511770（质管部）
	010-82501766（邮购部）	010-62514148（门市部）
	010-62515195（发行公司）	010-62515275（盗版举报）
网　　址	http://www.crup.com.cn	
经　　销	新华书店	
印　　刷	北京联兴盛业印刷股份有限公司	
开　　本	720 mm × 1000 mm　1/16	版　次　2024年10月第1版
印　　张	24.25　插页2	印　次　2024年10月第1次印刷
字　　数	367 000	定　价　248.00元（上、下册）

版权所有　　侵权必究　　印装差错　　负责调换

会计经典学术名著

FINANCIAL REPORTING AND GLOBAL CAPITAL MARKETS

国际会计准则史

（下册）

[荷] 凯斯·坎佛曼（Kees Camfferman）
[美] 斯蒂芬·A. 泽夫（Stephen A. Zeff） 著

周华 张姗姗 译

中国人民大学出版社
·北京·

目 录

第 9 章
IASC 着力提升准则质量：框架、可比性与改进项目 ⋯⋯⋯⋯⋯⋯⋯ 369
9.1 基本模块与框架 ⋯⋯⋯⋯⋯⋯⋯⋯⋯⋯⋯⋯⋯⋯⋯⋯⋯⋯⋯⋯ 370
9.2 IASC 审核其先前公布的国际会计准则 ⋯⋯⋯⋯⋯⋯⋯⋯⋯⋯ 386
9.3 可比性与改进项目 ⋯⋯⋯⋯⋯⋯⋯⋯⋯⋯⋯⋯⋯⋯⋯⋯⋯⋯ 395
9.4 其他项目 ⋯⋯⋯⋯⋯⋯⋯⋯⋯⋯⋯⋯⋯⋯⋯⋯⋯⋯⋯⋯⋯⋯ 423

第 10 章
提升话语权：IASC 回应国际证监会组织和美国证监会 ⋯⋯⋯⋯⋯ 432
10.1 国际证监会组织崭露头角 ⋯⋯⋯⋯⋯⋯⋯⋯⋯⋯⋯⋯⋯⋯⋯ 433
10.2 IASC 通过美国证监会与国际证监会组织建立联系 ⋯⋯⋯⋯ 436
10.3 可比性指导委员会：E32 ⋯⋯⋯⋯⋯⋯⋯⋯⋯⋯⋯⋯⋯⋯⋯ 441
10.4 国际证监会组织 1988 年年会的决议 ⋯⋯⋯⋯⋯⋯⋯⋯⋯⋯ 444
10.5 IASC 成立改进指导委员会 ⋯⋯⋯⋯⋯⋯⋯⋯⋯⋯⋯⋯⋯⋯ 452
10.6 国际证监会组织所取得的进展 ⋯⋯⋯⋯⋯⋯⋯⋯⋯⋯⋯⋯⋯ 454
10.7 国际证监会组织在 IASC 改进指导委员会中的作用 ⋯⋯⋯⋯ 459
10.8 美国证监会谨慎应对来自资本市场的压力 ⋯⋯⋯⋯⋯⋯⋯⋯ 463
10.9 国际证监会组织正式界定修订后的 IASC 准则应达到的质量要求 ⋯⋯ 476

- 10.10 国际证监会组织确定其希望从 IASC 获得的核心准则的清单 479
- 10.11 1994 年：国际证监会组织断然拒绝 IASC 481
- 10.12 IASC 和国际证监会组织共绘蓝图 488
- 10.13 IASC 将核心准则的目标完成日期提前至 1998 年 3 月 494
- 10.14 美国证监会指出 IASC 准则所必须反映的"三个关键要素" 500
- 10.15 IASC 和国际证监会组织建立起更为密切的工作关系 505
- 10.16 纽约证券交易所迫使美国证监会接受 IASC 的准则 507
- 10.17 财务会计准则委员会对 IASC 的应循程序提出质疑 512
- 10.18 IASC 理事会完成了核心准则 516
- 10.19 国际证监会组织认可 IASC 的核心准则 517
- 10.20 2000 年 2 月美国证监会发布重要的"观念文告" 521
- 10.21 欧盟委员会建议要求欧盟境内上市公司采用国际会计准则 528

第 11 章
强力推进国际协调：IASC 完成其核心准则 529

- 11.1 引言 529
- 11.2 技术议程的制定 530
- 11.3 准则制定程序 535
- 11.4 所得税：IAS 12 的修订 542
- 11.5 金融工具 549
- 11.6 无形资产及减值 576
- 11.7 涉及新主题的其他核心准则 586
- 11.8 准则的修订 595
- 11.9 核心准则计划完成后的技术工作 610
- 11.10 结论 624

第 12 章
国际会计准则博得一众用户的青睐 625

- 12.1 引言 625
- 12.2 欧洲财经界对于 IASC 准则的认可程度不一 626
- 12.3 欧盟委员会逐步转向 IASC 准则 640

12.4	IASC 在欧洲以外的影响	664
12.5	国际金融机构对 IASC 的支持	678
12.6	G4+1	681

第13章
迈向世界标准制定者：IASC 的重组 686

13.1	战略工作组的组建及其成员构成	686
13.2	1997 年的会议与一系列讨论文件草案	691
13.3	战略工作组 1998 年的商议情况	705
13.4	1998 年 12 月出版的讨论文件	710
13.5	针对 1998 年 12 月讨论文件的评论函	714
13.6	1999 年 3 月咨询委员会、行政委员会和理事会对战略工作组提案的讨论情况	720
13.7	恩沃尔森和卡斯伯格在 1999 年六七月间的华沙会议上提交的建议方案	722
13.8	华沙会议之后的进展	730
13.9	战略工作组 1999 年 9 月的会议	737
13.10	火速准备 1999 年 11 月在威尼斯召开的 IASC 理事会会议	740
13.11	1999 年 11 月在威尼斯召开的行政委员会和理事会会议	743
13.12	从旧的 IASC 过渡到新的 IASC	751

附录 1	1973 年 IASC《协议》与《章程》文本	759
附录 2	主席和高级职员	764
附录 3	1973—2000 年 IASC 代表团成员	766
附录 4	技术项目、征求意见稿和准则	773
附录 5	理事会会议的地点和日期	784
附录 6	受访者名单	787
附录 7	未公开资料的使用和参考	789

第9章　IASC着力提升准则质量：框架、可比性与改进项目

国际会计准则委员会（IASC）20世纪80年代末的技术工作，与20世纪70年代和80年代初期有所不同。如第5章所述，IASC当然在其某些早期准则的制定中发挥了领导作用，但总的来说，其制定准则的方法是排除那些各成员机构都不太接受的实务操作，保留那些一个或多个成员机构能够给出一定理论基础的做法。至少在当时，IASC的领导层以及大部分理事会成员都愿意接受这种国际会计准则的制定方法，这就导致国际会计准则中同时存有多种可供选择使用的会计处理方法。人们还接受了IASC基于实用主义的态度来制定会计准则的做法，其中当然免不了有很多的妥协。

但是，从1987年起，为了进一步促进国际会计协调而减少会计规则的可选项，成为IASC的主要关注点。自1987年到1993年年底，可比性与改进项目（Comparability and Improvements projects）主导着IASC的工作日程。另一个重要的变化是，从1989年起，IASC开始以《编制和列报财务报表的框架》（*Framework for the Preparation and Presentation of Financial Statements*）作为其遴选和编写新会计准则的理论基础，即根据该框架来决定应该保留还是取消某一项备选的会计处理方法。

如第10章所述，这些变化与IASC和国际证监会组织（IOSCO）自1987年以来的合作密切相关，因为国际证监会组织（IOSCO）最终是否接纳IASC的准则作为跨境证券发行的信息披露核心准则，主要取决于IASC能否减少其备选项。然而，在与国际证监会组织（IOSCO）首次接触之前，

国际会计准则史

减少会计规则的可选项就已经是 IASC 内部的重要议题了。这个议题源自 1982 年 IASC 对早期准则的审查评估。同样，建立概念框架的构想，也可追溯到 20 世纪 80 年代初的 IASC 工作日程。

本章的主体部分首先讨论框架项目及其前因，其次讨论 20 世纪 80 年代至 90 年代初 IASC 对会计准则的审查评估，然后讨论 1993 年 11 月结束的可比性与改进项目，最后，讨论在此期间 IASC 启动的少量其他项目（有关 IASC 技术项目的概述，请参阅附录 4）。

显然，IASC 的准则制定活动并不能按照时间顺序被清晰地划分成不同的阶段。因此，本章也会涉及 1987 年之前的一些事件。同样，本书第 11 章中也会讨论一些起源于 1993 年之前，但是在 1993 年之后公布的准则。

本章所讨论的这个时期的 IASC 工作安排，如指导委员会的角色以及制定每项准则的具体步骤等，与第 5 章开篇所讨论的 20 世纪 70 年代及 80 年代早期的安排非常相似。当然，这中间还是有一些安排在逐渐变化，本章会对其中一些变化进行讨论。本书第 11.3 节还会对 1987 年之后的准则制定过程展开更详细的讨论。

9.1 基本模块与框架

9.1.1 犹豫不决地迈向框架构建之路

1978 年，当 IASC 在外币折算项目上停滞不前时，一封来自美国财经界的针对第 11 号征求意见稿（E11）的评论函指出："如果没有明确或隐含的财务报表目标框架，IASC 就不可能取得任何进展。IASC 和（美国证券市场上的）财务会计准则委员会（FASB）在审议会计准则时都缺少这样的框架。"[1] 那时，财务会计准则委员会（FASB）行将公布其《财务会计概念公告第 1 号：企业财务报告的目标》（实际公布日期为 1978 年 11 月）。当时，并没有其他准则制定机构或立法者构建出完整的、可操作的概念框架。

---

1. AP 11/1978 paper 4.

第9章 IASC着力提升准则质量：框架、可比性与改进项目

对于IASC而言，也许构建这样一个框架为时尚早。因此，这封评论函被一带而过，甚至没有引起表面上的讨论。

但是，问题并没有消失。1979年4月，当约翰·格伦赛德向经济合作与发展组织（OECD）重要的特设工作组（Ad Hoc Working Group）介绍IASC的情况时（见第7.2节），有人问他IASC的日程上是否有关于概念框架的项目。格伦赛德的回答是没有，IASC还在观望财务会计准则委员会（FASB）将如何开展其框架项目。[2]当然，IASC内部也意识到了对这个问题的回答有失妥当。当年稍晚时候，IASC主席约翰·赫普沃思公开表示："IASC理事会可能会考虑建设一个国际版的概念框架。"[3]1980年年初，缺少概念框架已经成为IASC被反复诟病的一个原因，当然这么批评IASC也许并不公平。[4]

1979年，"财务报表的目标"首次出现在IASC秘书处编制的供IASC理事会选择启动的新准则项目议题清单里。但直到1982年11月，这个主题才被采纳。[5]对于采纳这个项目主题，IASC理事会并没有表现出明显的热情，IASC当然也没有想要借此开启一个历史新篇章。1982年11月，IASC理事会和顾问团在召开会议之前先邀请其成员进行了邮寄投票。结果显示，在12个可能的主题中，"财务报表的目标"的重要性排在第9位，还有两位受访者表示该话题不够格列入IASC的研究主题。[6]尽管如此，这个主题最后还是被挑中了，其主要原因正如IASC主席斯蒂芬·埃利奥特和秘书杰弗里·米切尔所指出的，这一主题已经获得了顾问团的支持。[7]然

---

2. AP 6/1979 paper 20.

3. John A. Hepworth, "International Accounting Standards Committee—The Future", in W. John Brennan (editor), *The Internationalization of the Accountancy Profession* (Toronto: Canadian Institute of Chartered Accountants, 1979), 53. Hepworth的文章标注日期为1979年6月。

4. Michael Renshall, "Satisfying Six Masters", *Accountancy Age*, 11/6 (1980.02.08), 18.

5. 参见Hepworth, "International Accounting Standards Committee", 52。文中的列表便是摘自这些秘书处文件中的一份文档。

6. AP 11/1982 paper 2. 在会议上，荷兰"反对目标项目"。其他有记录的观点来自法国（"目标项目挺好的"）、美国（"目标如果能简明概括则可以考虑"）和墨西哥（"我们喜欢目标"）。"Unofficial Secretariat Notes of Discussion at November 1982 IASC Board on New Topics", IASC archive, file "New Topics 1980—1993".

7. 顾问团的态度参见 "Selection of a New Topic for Study", AP 3/1983 paper 11. 从1982年11月23日顾问团会议的会议纪要来看，Elliott本人似乎赞成目标议题，而顾问团的九名成员中只有四人表示支持。

而同时，IASC 理事会和顾问团也都认为，这一被谨慎地命名为"财务报表目标的几个方面"（Aspects of the Objectives of Financial Statements）的项目，"应当是一项有局限性的研究，并不必然形成一套国际层面的'概念框架'"。[8]

面对 IASC 理事会的犹豫态度，构建框架的想法并没有消失，而是换了一种微妙的形式。在 1983 年和 1984 年间，一个非常流行的概念是"准则的框架"（framework of standards）。这个概念指的并不是一个像财务会计准则委员会（FASB）财务会计概念公告（Statements of Financial Accounting Concepts）那样的独立文件，而是指现有的 IASC 准则中所隐含的结构和内部一致性。这个想法源自秘书处 1983 年 10 月起草的一份文件，其中讨论了未来几年可供挑选的新研究主题，并建议 IASC 理事会在挑选主题时考虑其"能否填补现有准则相比于典型利润表和资产负债表的缺口。当前准则存在的主要缺口包括所有者权益、负债、资产及费用的定义和确认，以及外购商誉"。[9] 这个想法是由组织和计划委员会（OPC）的特设顾问委员会提出的。组织和计划委员会（OPC）成立于 1983 年 6 月，负责规划 IASC 的中期工作（1985—1990）。[10] 在该委员会的报告中，肯尼思·斯潘塞（来自澳大利亚公共会计师行业）和丹尼斯·贝雷斯德福（来自美国公共会计师行业）两名成员的观点相互形成了呼应，他们认为：

> IASC 在启动新主题时，首要的任务是填补现有准则框架中的空白，例如"负债"和"股东利益"。组织和计划委员会（OPC）建议 IASC 对现有框架进行审查，既要明确缺口是什么，还要考虑那些处于讨论中的准则是否能够形成一个统一的整体，即是否存在

---

8. IASC board meeting of 24–6 November 1982, minute 5(b); "Unofficial Secretariat Notes of Discussion at November 1982 IASC Board on New Topics", IASC archives, file "New Topics 1980–1993". 在公开场合，Elliott 强调称该项目不会与概念框架相混淆; "New Objectives for the IASC", *Accountancy*, 94/1073（1983.01），26。

9. AP 10/1983 paper 10.

10. IASC board meeting of 14–16 June 1983, minute 6(g). 组织和计划委员会当时的成员包括 Rolando Ortega（墨西哥，委员会主席）、Dennis Beresford（美国）、Herman Marseille（荷兰）以及 Kenneth Spencer（澳大利亚）。

第 9 章　IASC 着力提升准则质量：框架、可比性与改进项目

作为其基础的整体逻辑、方法是否具有内在一致性。[11]

填补准则空缺的想法并没有坏处，但引入"凝聚性"（cohesiveness）或"一致性"（consistency）的概念，可能会使 IASC 的惯常做法发生更深远的改变。不过，通过暗示 IASC 现有准则中已经隐含了一个框架，就能够起到防止某些 IASC 理事会成员对概念框架项目提出反对意见的作用。

早在 1980 年，澳大利亚会计研究基金会（AARF）就低调而小心地启动了概念框架项目。在 IASC 秘书米切尔的支持甚至鼓励下，特设咨询委员会从澳大利亚会计研究基金会（AARF）的经验中学到了一个方法。澳大利亚会计研究基金会（AARF）在公开宣布启动概念框架建设之前，就已经对资产、负债、收入等财务报表的"关键要素"进行了研究。米切尔本人在加入 IASC 之前，已经同意为澳大利亚会计研究基金会（AARF）撰写有关"负债"的专著。[12]

根据秘书处的建议，IASC 理事会同意分别在 1984 年 3 月和 6 月建立负债项目和所有者权益项目的指导委员会。对于这两个项目，秘书处的推荐理由都是"填补现有准则框架中的空白"。这两个项目并没有以新事物的形态落地，而是看起来跟近期公布的《国际会计准则第 18 号：收入确认》（IAS 18）差不多。事实证明，IAS 18 "广受好评"（请参阅第 5.12.3 节）。[13]

---

11. "Report from the Ad Hoc Advisory Committee to the Organisation and Planning Committee", no date，IASC archive, file "IASC Plans and Future Work". 我们假设这是作为 1984 年 3 月 OPC 会议议程文件 I（Summary of Conclusions & Recommendations）的基础的最终版报告。所引段落的措辞与 Spencer 和 Beresford 于 1983 年 10 月 25 日在特设咨询委员会会议上发表的意见很相似。他们的意见记录在秘书处的非正式笔记内，见 IASC archive, file "IASC Plans and Future Work"。Spencer 强烈希望 IASC 能够着手搭建 Kevin Stevenson 也曾提议的框架（整理自 2004 年 1 月 27 日的采访）。然而，Beresford 对财务会计准则委员会（FASB）概念框架的优点表示怀疑。参见 Stephen A. Zeff, "The Evolution of the Conceptual Framework for Business Enterprises in the United States", *The Accounting Historians Journal*, 26/2（1999.12），113。

12. 2003 年 6 月 9 日作者与 Warren McGregor 的访谈记录，以及 2004 年 1 月 26 日与 Kevin Stevenson 的访谈记录。另见 Geoff Burrows, *The Foundation: A History of the Australian Accounting Research Foundation 1966–91*（Caulfield, Vic: Australian Accounting Research Foundation, 1996），160–161。

13. AP 3/1984 paper 12；AP 6/1984 paper 9；IASC board meetings of 14–16 March 1984, minute 5(d), and of 19–21 June 1984, minute 6(c)。

1984年年底，随着目标指导委员会的工作进一步开展，"填补空白"的想法逐渐发展成为构建一系列"基本模块"（building blocks）的思想。其想法是，关于目标、负债、所有者权益的公告或准则，连同 IAS 18 一起，将囊括很多基础概念，这些基础概念会被用于起草其他更具体的主题的准则。[14] 按照这一思路，在斯潘塞的敦促下，第四个也是最后一个"基本模块"项目于 1985 年 6 月启动，主题是资产和费用。[15] 如下文所述，IASC 理事会于 1986 年 11 月又采取了进一步行动，将多个基本模块项目合并成了一个以编写框架文件为目标的单个项目。

9.1.2 "基本模块"项目

9.1.2.1 财务报表的目标

"财务报表的目标"是第一个"基本模块"项目，该项目的指导委员会主席是 M. A. 奥尼（M. A. Oni，尼日利亚公共会计师行业代表）。[16] 1982 年 11 月到 1986 年 11 月，该项目一直都在稳步推进。1984 年 3 月，指导委员会向 IASC 理事会提交了一个要点大纲，其中包括一份独立于其他准则的关于财务报表目标的文件，着重探讨了财务报表的使用者、会计的基本目标以及会计信息的质量特征。[17]

在起草这份文件时，指导委员会显然已经借鉴了（美国证券市场上的）财务会计准则委员会（FASB）的财务会计概念公告。指导委员会建议将"相关性"和"可靠性"界定为会计信息的基本质量特征，这明显是参考了财务会计准则委员会（FASB）1980 年颁布的《财务会计概念公告第 2 号：会计信息的质量特征》。但是指导委员会也对财务会计准则委员会（FASB）的观点做出了调整，以适应 IASC 各方代表的各种看法。例如，财务会计准则委员会（FASB）的概念框架主要关注投资者的信息需求，而

---

14. AP 10/1984 paper 10.
15. 1985年，理事会采用了一种新的程序，即先初步挑选出主题，然后由挑选主题的人负责写一个简单说明，之后会议上作出的最终决定将以此说明为基础。关于资产和费用的说明是 Spencer 撰写的。IASC board meeting of 6–8 March 1985, minute 7(g)；AP 6/1985 paper 12.
16. 其他的成员分别为 Kenneth Spencer（澳大利亚）、A. A. Couto（巴西）以及 M. Cvetanovic（南斯拉夫）。
17. AP 3/1984 paper 9.

第 9 章　IASC 着力提升准则质量：框架、可比性与改进项目

指导委员会则对其进行了修改，将评价"受托责任"（accountability）与服务"经济决策"（economic decision-making）并列，作为财务报告的基本目标。这样的目标定位意味着 IASC 考虑了更广泛的信息使用者（users）或利益相关者（stakeholders），以及各种各样不同类型的信息需求。

1984 年 3 月的这份要点大纲，为 1984—1985 年间 IASC 理事会和指导委员会的持续讨论提供了依据。尽管经过了大幅调整和修改，但要点大纲的基本结构仍然清晰可见。大纲的修改过程，从关于"谨慎性"（prudence）的数次改动中可见一斑。谨慎性反映了欧洲大陆和英语国家的公共会计师行业在理念上的基本差异。谨慎性先是被列为基本会计假设以及可靠性的一个要素，后来因为与中立性（neutrality）和公允列报（fair presentation）存在冲突被完全剔除，再后来又被视为能够提高可靠性（reliability）的要素放了回去。[18]

随着项目的推进，指导委员会建议应对关于会计政策披露的第 1 号国际会计准则（IAS 1）进行修订，使其与财务报表的目标草案保持一致。IASC 理事会将这项任务指派给了财务报表的目标指导委员会。该指导委员会编写了一份名为《通用目的财务报表的目标与会计政策的披露》的准则草案，并在 1985 年后期以征求意见稿草案的形式在 IASC 各成员协会之间传阅。[19] 总的来说，成员协会赞成公布征求意见稿。全美会计师协会（NAA）注意到，该项草案"与（美国证券市场上的）财务会计准则委员会（FASB）近年来公布的概念公告非常相似"，但这并不是要批评这份草案。[20]

尽管得到了积极的回应，但理事会还是怀疑，将这一材料以国际会计准则的形式予以公布是否明智。1986 年 11 月，在这一项目被移交给新成立的框架指导委员会（Framework steering committee）时，这些疑虑才得以解决。

9.1.2.2　负债

与此同时，根据目标指导委员会的建议，关于负债的项目也于 1984

---

18. AP 10/1984 paper 2；AP 6/1985 paper 2； AP 6/1986 paper 5； IASC board meeting of 17–19 June 1986, minute 4.

19. AP 10/1984 paper 1; AP 6/1985 paper 2; IASC board meeting of 25–7 June 1985, minute 3.

20. AP 6/1986 paper 8, p. 6.

年3月启动了。该项目被视为《国际会计准则第18号：收入确认》的配套项目。与目标项目不同的是，这一项目的初衷就是制定常规的准则。该项目指导委员会的主席是来自南非公共会计师行业的里克·科特雷尔。指导委员会提出了一份草案，其中广泛探讨了负债的定义、确认、计量和披露等问题。[21] 指导委员会遇到的一个主要问题同时也是20世纪90年代IASC工作中非常重要的问题在于，IASC当时在设法用义务（obligations）定义负债（liabilities），但如果这样做的话，应该如何处理类似于维修准备金（provisions for repairs）和递延贷项（deferred credits）等并不属于义务的项目呢？是否应该将它们视为负债旁边的单独一类财务报表要素或基本模块？IASC理事会认为不应另设单独的要素类别，并指令负债指导委员会与刚刚成立的所有者权益指导委员会保持联系。这显然是希望两个指导委员会的工作范围合起来能够涵盖资产负债表的整个右边（即贷方），从而为递延贷项寻找合适的处理方法。然而，指导委员会允许将维修准备金确认为负债，这就意味着它们放弃了单纯地以义务来定义负债的立场。[22] 还没等到此次讨论形成结果，该项目就于1986年11月被移交给了框架指导委员会。

9.1.2.3 所有者权益

所有者权益项目在负债项目开始后不久就启动了，但在研究过程中遇到了更多的困难。由来自意大利公共会计师行业的贾恩卡洛·托马辛（Giancarlo Tomasin）担任主席的该项目指导委员会发现，一个问题是，会计相关法律对所有者权益的影响大于对许多其他主题的影响。[23] 另一个问题是如何定义所有者权益。指导委员会提议单独对所有者权益进行定义，即不再参照资产负债表的其他要素。但是，IASC理事会也许是受到了几个月前有关递延贷项的讨论的影响，认为应将所有者权益定义为一个余项（即

---

21. AP 6/1985 paper 8. 指导委员会的其他成员分别是H. Reiter（奥地利）、A. Shawki（埃及）以及J. Eskilson（瑞典）。

22. 递延贷项的问题是由指导委员会在AP 6/1985 paper 8中提出的，更进一步的讨论见AP 3/1986 paper 6。还可参见IASC board meetings of 25–7 June 1985, minute 6, and of 5–7 March 1986, minute 5。

23. AP 10/1985 paper 10. 指导委员会的其他成员分别是N. Farstad（挪威）、Ian Brindle（英国和爱尔兰）以及C. Odreman（委内瑞拉）。

第9章 IASC着力提升准则质量：框架、可比性与改进项目

资产与负债之差）。[24] 做出这一决定的理由之一是，如果对权益和负债都单独进行定义，那就可能会出现既不符合权益定义也不符合负债定义的项目。IASC理事会确立这个基本原则之后，所有者权益指导委员会所能做的就很少了，其只需要考虑所有者权益内各项目的分类和列报即可。尽管指导委员会也提出了一些具体的建议（例如允许将库存股确认为资产并适用《国际会计准则第25号：投资的会计处理》），但这些建议都未被纳入框架项目或后续的准则。如此一来，所有者权益项目也就成了少数几个未能形成任何出版物的IASC项目之一。

9.1.2.4 资产和费用

与所有者权益项目相反，资产和费用项目对IASC后来的框架具有重要意义。虽然这是最后一个启动的"基本模块"项目，而且IASC理事会在决定将所有的基本模块项目整合为一个独立的框架项目时，仅对该项目的要点大纲进行了讨论，但这个项目仍然非常重要。资产和费用项目的指导委员会主席是澳大利亚公共会计师行业的罗恩·科顿（Ron Cotton），他得到了沃伦·麦格雷戈的鼎力支持。[25] 麦格雷戈自1980年起一直在澳大利亚会计研究基金会（AARF）任职，他是概念框架这一构想的"忠实信徒"，也正是他编写了资产和费用项目的要点大纲。[26] 在撰写要点大纲时，麦格雷戈明显借鉴了澳大利亚会计研究基金会（AARF）赞助的澳大利亚会计界正在进行的关于资产的定义和确认的研究。这份要点大纲是一份28页的备忘录，其中包含有从众多英文会计文献中节选的对资产和费用的定义，最早的文献可追溯至1907年斯普拉格（Sprague）的《账户的哲学》（*Philosophy of Accounts*）。[27] 以这一文献回顾为基础，麦格雷戈在指导委员会的支持下，一下子就切中了后续框架中所采用的定义的要点。资产被定义为"企业在过去的交易和事项中形成的、由企业控制的预期未来经济利

---

24. AP 10/1985 paper 10；IASC board meeting of 16–18 October 1985, minute 4.
25. 指导委员会的其他成员分别为Francis Bastien（法国）、E. S. H. Dahodwala（巴基斯坦）以及U. H. Palihakkara（斯里兰卡，后由G. Fonseka替补或继任）。
26. 2003年6月9日作者与Warren McGregor的访谈记录。
27. 类似的文集另见Malcolm C. Miller and M. Atiqul Islam, *The Definition and Recognition of Assets*, Accounting Theory Monograph 7（Caulfield, Vic: Australian Accounting Research Foundation, 1988）。

益"。如果某个项目满足此定义，未来经济利益很有可能会产生，并且其成本或其他数值可以可靠地量化，则应将其确认为资产。费用和损失则以使用一项资产或引致一项负债来定义。指导委员会建议，不要为费用或损失设置单独的确认标准，因为可"直接参照费用和损失的定义以及资产和负债的确认标准"。[28] IASC 理事会同意这一观点，但为了确保把这一观点与当前惯例的潜在激烈冲突控制在合适的限度内，遂做出决定："对于一些不符合资产定义、目前暂时也没有被确认为费用的借方余额，应予以讨论，但还不能明确予以定义或命名。"[29]

9.1.3 从"基本模块"到框架

1986 年夏天，IASC 意识到，必须着手明确四个基本模块项目的前进方向了。一个问题是，这四个项目（尤其是关于资产、负债和所有者权益的三个项目）需要仔细协调，因为很难单独处理其中任何一个项目而不顾及其他项目。[30] 因此，IASC 理事会在 1986 年 6 月的会议上决定，等到这四个项目的征求意见稿全部通过之后，再一起公布相关文件。但是，在 6 月的会议上，出现了一些其他的更基本的问题。例如，理事会发现关于财务报表目标的草案包含了并不适合纳入准则的内容，因为很难说清这份草案究竟想让报表编制者遵守什么。此外，IASC 理事会还发现该草案中对财务报表要素的定义，与现行准则中的某些处理规则相抵触。例如，研究支出（research costs）可能符合草案对资产的一般确认标准，但第 9 号国际会计准则（IAS 9）却禁止将研究支出资本化。[31] 因此，IASC 理事会决定对基本模块项目进行综合审查。对拟议草案持有严重疑虑的理事会成员可以参加 1986 年 11 月的组织和计划委员会（OPC）会议，并在此次会议上对这些问题进行讨论。

从 1986 年 11 月组织和计划委员会（OPC）会议的出席情况可以看出，对基本模块项目存有疑虑的主要是那些英语国家的公共会计师行业的代表。

---

28. AP 6/1986 paper 9.
29. IASC board meeting of 5–7 November 1986, minute 5(e).
30. 2004 年 3 月 15 日作者与 Rick Cottrell 的访谈记录，以及 2003 年 4 月 7 日与 Giancarlo Tomasin 的访谈记录。
31. 理事会于 6 月表达的观点总结见 AP 11/1986 paper 14。

第 9 章　IASC 着力提升准则质量：框架、可比性与改进项目

如果要说 IASC 是一个英美组织（Anglo-American organization），那么这次会议可以说是充分体现了这一点。澳大利亚、加拿大、南非、英国和爱尔兰、美国的公共会计师行业协会都参加了此次会议。IASC 秘书处也派出了两位英国代表。其他国家的公共会计师行业协会中，除法国和尼日利亚的公共会计师行业代表基于职权分配作为当然代表出席了会议之外，再没有其他协会出席了。[32]

有些代表显然是支持概念框架的，其中包括沃伦·麦格雷戈以及 IASC 秘书长戴维·凯恩斯。凯恩斯于 1985 年接替杰弗里·米切尔担任秘书长一职，他比米切尔更愿意在人前表达想要推动框架构建的意愿。[33] 早在 1986 年 8 月，在 IASC 理事会有机会讨论这个问题之前，凯恩斯就公开表示希望能整合几个基本模块项目，并在 1987 年的某个时候公布单一框架文件的征求意见稿。[34]

事实上，1986 年 11 月的组织和计划委员会（OPC）会议以及之后的 IASC 理事会会议都同意接受凯恩斯所准备的关于设立一个新指导委员会的提案，由该指导委员会负责起草概念框架（conceptual framework），并在其中囊括各基本模块所涵盖的内容。概念框架将是一个单独的文件，其地位不同于"国际会计准则公告序言"以及各项准则本身。在递交给 IASC 理事会的提案中，秘书处建议概念框架所充当的角色应"适度"："概念框架是理事会考虑各种事项的参照框架，而非一项准则。框架不应限制理事会采取概念性解决方案。理事会应当能够采取在实操层面或政治层面可以接受的解决方案，而不局限于框架所要求的解决办法。"[35] 组织和计划委员会

---

32. 定期出席会议的包括 OPC 主席 M. A. Oni 和 O. Osunkeye（尼日利亚）、Ron Cotton 和 Warren McGregor（澳大利亚）、IASC 主席 John Kirkpatrick（英国和爱尔兰）以及 IASC 候任主席 Georges Barthès。秘书处代表为秘书长 David Cairns 和助理秘书 Brian Rutherford。应邀出席会议的有 Michael Dawson 和 John Denman（加拿大）、Rick Cottrell（南非）以及 Ralph Walters（美国）。当时意大利也是 OPC 的成员，但意大利代表很少出席，同样也没有参与此次会议。

33. 2003 年 6 月 9 日作者与 Warren McGregor 的访谈记录。

34. David H. Cairns, "The Harmonization of Accounting Standards: The Role and Achievements of the International Accounting Standards Committee", in *Standard Setting for Financial Reporting: An International Conference Sponsored by the American Accounting Association with Klynveld Main Goerdeler*, August 17–20, 1986（n.p., Peat Marwick Main & Co., 1987）, 119.

35. "The Future Work of IASC", AP 11/1986 paper 14, p. 5.

（OPC）和 IASC 理事会都确保会议纪要已经记录了"框架不会约束理事会所必须采取的特定的解决方案"。[36] 基于拟议框架的性质，第 1 号国际会计准则（IAS 1）的修订工作被排除出了这个新指导委员会的业务范畴，并一直搁置到框架完成为止。

除 IASC 最早的指导委员会之外，就只有这次的框架指导委员会是全部由 IASC 理事会成员构成的。尽管这表明框架项目是一个异常重要的项目，但实际上这样操作更主要的还是出于实际考虑，即为了让指导委员会能够对 IASC 理事会的决策做出快速反应。[37] 框架指导委员会，由四个解散的基本模块项目的指导委员会的主席组成。此外，金融分析师行业派驻 IASC 理事会代表团的戴维·达曼特也加入进来了。该指导委员会由加拿大工商界代表迈克尔·道森担任主席。道森是加拿大蒙特利尔人，出生于英国，1986 年 11 月第一次参加理事会会议。道森于 1977 年至 1983 年在加拿大特许会计师协会（CICA）的会计研究委员会（Accounting Research Committee）任职，并于 1983 年兼任该委员会的主席。[38] 在澳大利亚会计研究基金会（AARF）主管凯文·史蒂文森（Kevin Stevenson）的支持下，沃伦·麦格雷戈成为指导委员会的主要起草人。[39] 因为基本模块项目各委员会的工作均已完成，故框架项目得以迅速推进。仅仅经过一年多一点的时间，IASC 理事会就在 1988 年 3 月一致通过了框架项目的征求意见稿。

该框架的初稿在很大程度上提前宣示了 1989 年的最终版本，其主要部分包括财务报表的目标、财务报表的质量特征、财务报表的要素及其确认和计量。IASC 框架的这个结构很容易让人联想到财务会计准则委员会（FASB）在 1978—1984 年间公布的第 1、2、3、5 号财务会计概念公告。[40] 正

---

36. Minutes of OPC meeting of 3 November 1986; IASC board meeting of 5–7 Novem-ber 1986, minute 6(ii).

37. AP 11/1986 paper 14, p. 7–8.

38. 按照荷兰代表团的 Frans Graafstal 的理解，选择 Dawson 是出于加拿大曾主导过收入确认指导委员会的事实，而收入确认最初也被认为是一个基本模块。"Kort verslag IASC meeting London 4–7 november 1986"，memo by Frans Graafstal，1986.11.25，NIVRA archive, no. 49.

39. 2004 年 3 月 15 日作者与 Rick Cottrell 的访谈记录，2005 年 1 月 26 日与 Kevin Stevenson 的访谈记录，以及 2003 年 5 月 27 日与 Angus Thomson 的访谈记录。

40. SFAC 1, *Objectives of Financial Reporting by Business Enterprises*; SFAC 2, *Qualitative Characteristics of Accounting Information*; SFAC 3, *Elements of Financial Statements of Business Enterprises*; SFAC 5, *Recognition and Measurement in Financial Statements of Business Enterprises*.

第 9 章　IASC 着力提升准则质量：框架、可比性与改进项目

因为如此，也因为其在 IASC 内部支持者的国籍，这个框架项目具有不可否认的浓郁的"英美风味"。IASC 秘书处也意识到了这个问题，它指出，框架"应反映出对世界各地财务报告的不同影响，从而有助于反驳那种认为 IASC 偏袒英美国家和发达国家的批评意见"。[41] 1987 年 3 月，一名法国公共会计师行业的代表加入了框架指导委员会，"以增加盎格鲁－撒克逊会计传统之外的其他国家的公共会计师行业在该指导委员会中的代表比重"。[42] 这名成员就是弗朗西斯·巴斯蒂安（Francis Bastien）。尽管框架指导委员会的总体政策是只让 IASC 理事会成员加入，但作为非 IASC 理事会成员的巴斯蒂安，还是因为曾在资产和费用项目的指导委员会中发挥了重要作用，而被推举成为框架指导委员会的成员。[43] 巴斯蒂安之前曾任法国证券交易委员会（COB）首席会计师，但他并不像法国财经界（含公共会计师行业）派驻 IASC 的代表团一样质疑概念框架的必要性。[44]

框架指导委员会竭尽所能，将来自不同会计传统的要素都纳入了框架，以避免给人留下过度依赖美国证券市场上的财务会计概念框架的印象。[45] 这导致 IASC 在报告受托责任、真实和公允理念（true and fair view）、谨慎性（prudence）以及资本保全（maintenance of physical capital）等话题上，与财务会计准则委员会（FASB）概念框架的强调重点有所不同。但是，从总体上讲，IASC 的概念框架与美国证券市场上的概念框架之间的相似之处还是比差异更为明显——这一点在概念框架公布之后饱受诟病。[46] 而且，即便说 IASC 的框架不是美国证券市场的财务会计概念框架的直系后代，它也明显与澳大利亚、加拿大和英国公共会计师行业在 20 世纪 80 年代末几乎同时公布的文件类似，甚至几乎构成了一个

---

41. AP 11/1986 paper 14, p. 6.
42. AP 3/1987 paper 4. 又见 IASC board meeting of 24–7 March 1987, minute 7(xii)。
43. 2003 年 6 月 8 日作者与 David Cairns 的访谈记录。
44. 2005 年 2 月 15 日作者与 Jean-Luc Dumont 的访谈记录。
45. 2003 年 2 月 1 日 Michael Dawson 与作者的沟通。
46. 参见例如，Surendra P. Agrawal, Paul H. Jensen, Anna Lee Meador, and Keith Sellers, "An International Comparison of Conceptual Frameworks of Accounting", *The International Journal of Accounting*, 24/3（1989）, 243; Heinz Kleekämper, "Rechnungslegung aus der Sicht des IASC", in Jörg Baetge（editor）, *Die deutsche Rechnungslegung vor dem Hintergrund internationaler Entwicklungen*（Düsseldorf: IDW-Verlag, 1994）, 47; 以及 Pelham Gore, *The FASB Conceptual Framework Project 1973–1985: An Analysis*（Manchester: Manchester University Press, 1992）, 126–127。

系列。[47]这一系列文件之所以如此相似，是因为有些人同时参与了其中多个项目。例如，沃伦·麦格雷戈就密切参与了澳大利亚公共会计师行业的概念框架项目。宾夕法尼亚大学沃顿商学院的名誉教授戴维·所罗门斯（David Solomons）兼任 IASC 框架项目的顾问[48]，他起草了财务会计准则委员会（FASB）的第 2 号财务会计概念公告，并为英格兰及威尔士特许会计师协会（ICAEW）撰写了 1989 年公布的《财务报告准则指南》(*Guidelines for Financial Reporting Standards*)。IASC 框架指导委员会主席迈克尔·道森曾任加拿大特许会计师协会（CICA）的概念框架项目的顾问，该项目为《加拿大特许会计师协会手册》增加了概念框架的内容。[49]

即使不考虑其他因素，仅凭以上关联，IASC 的框架就不能不被视为代表了 IASC 内部那些英美国家的公共会计师行业的旨趣。尽管如此，法国公共会计师行业派驻 IASC 的代表团经过一番辩论后，还是接受了这个框架。在法国的传统中，会计法规是成文法体系的一部分。在这一法律体系中，一般法律为更具体的法律、规章和法令提供了法律框架。按照这种思路，在一些准则已经编写完成之后再去起草框架，而且框架还不一定与这些准则保持一致，这怎么说都很奇怪。然而，法国公共会计师行业派驻 IASC 的代表团能够理解，未来，IASC 的框架可能会发挥其所熟悉的作用，也就是作为以演绎方法制定准则的基础。[50]

而德国公共会计师行业派驻 IASC 的代表团及其本土公共会计师行业，对此有不同的顾虑。它们倒是对构建概念框架的想法相当满意，但它们发现，IASC 的框架与德国会计中隐含的框架有所不同。总体上，它们认为 IASC 的框架重点关注的是向股票投资者提供有用的信息，德国会计则注重

---

47. 20 世纪 80 年代各种概念框架项目的汇总可参见 Gore, *The FASB Conceptual Framework Project*, 124-130, 以及 Paul Ebling, "Accountants and the Seven Year Itch", *Accountancy*, 103/1150（1989.06），22。

48. 2004 年 1 月 27 日作者与 David Cairns 的访谈记录。

49. "Canadian Chairs IASC Conceptual Framework Committee", *CAmagazine*, 120/2（1987.02），11。

50. 2003 年 2 月 1 日 Michael Dawson 与作者的沟通，2003 年 6 月 5 日作者与 Georges Barthès 的访谈记录。Raymond Béthoux and François Kremper, "Le cadre conceptuel de l'IASC: context et contenu", *Revue Française de Comptabilité*, 1989.06, 59-80。

第9章　IASC着力提升准则质量：框架、可比性与改进项目

受托责任和债权人保护。然而，尽管这种观点在德国引发了对IASC框架的批评，但并没有阻止德国公共会计师行业派驻IASC的代表团对IASC的征求意见稿和最终版框架投出赞成票。[51]同样，虽然荷兰公共会计师行业担心IASC的框架没有为配比原则提供足够的应用范围，但其派驻IASC的代表团还是投了赞成票。[52]

尽管有各种各样的保留意见，但对概念框架征求意见稿的回应总体上是积极正面的。之后的系列草案也都得到了顾问团的好评。最终，概念框架于1989年4月获得了IASC理事会的一致通过。[53]

9.1.4　框架与会计规则可选项的缩减

1987年3月，在各个基本模块项目合并成单一的框架项目后不久，IASC启动了可比性项目（Comparability project），以减少现有准则中可选会计处理方法的数量（下文将对此进行更充分的讨论）。在可比性项目的实施过程中，人们想到了框架也许能对消除可选项发挥重要作用。这个想法并不是在框架项目一开始就有的。如上所述，各基本模块项目的最初想法是填补现有准则之间的空白，而不是减少准则中的可选项。虽然斯潘塞和贝雷斯福德在1983年确实强调过，有必要对准则的"整体逻辑"和"内在一致性"进行审查，但这与减少可选项仅仅存在间接关系，不管怎么说与各基本模块项目的联系都不算紧密。而在各基本模块项目被合并为单一的框架项目之后，减少可选项的想法迅速走上了前台。1986年11月，提出设立框架项目的秘书处文件指出，各基本模块项目"可能有助于减少准则中的可选项数量"。1987年3月提出启动可比性项目的秘书处文件更自信地表示："财务报告框架的制定应有助于减少会计规则的可选项。"[54]这种观点

---

51. 参见Jörg Baetge, "Begrüßung anläßlich des 10. Münsterischen Tagesgespräches am 29. April 1994", in Baetge (editor), *Die deutsche Rechnungslegung vor dem Hintergrund internationaler Entwicklungen*, 2-5；2003年2月1日 Michael Dawson与作者的沟通。

52. Minutes of meeting of NIVRA IASC delegation with CAJ-working party，1989.03.17，NIVRA archive, file CAJ-IASC，73.

53. (comment letters) and minutes of meeting of IASC board and Consultative Group, 1 March 1988.

54. AP 11/1986 paper 14, p. 4; AP 3/1987 paper 9, p. 12.

— 383

的必然推论是，一旦可比性项目得以启动，框架项目就必须尽快完成。[55]

1988年3月的框架项目的征求意见稿及最终版本，都将框架的目的阐述为"为减少国际会计准则所允许采用的备选会计处理方法提供理论基础"（第1（b）段）。但是，征求意见稿确实走得更远，该文件将其最终目标概述为"缩小和最终消除各地会计规则和国际会计准则中针对相似的交易或其他事项的会计处理方法的自由选择空间，将会改善财务报表的可比性"（第41段）。一些意见反馈者认为最后这一句话过于绝对，例如荷兰的一些行业协会、荷兰皇家壳牌石油公司以及美国注册会计师协会（AICPA）就持这种观点。于是，这句话最后被删除了，尽管美国财经界的财务经理协会（FEI）认为消除会计规则的可选项确实能够"从本质上提升国际财务报表的作用和价值"。[56]

在框架公布前后，包括戴维·凯恩斯在内的很多人多次评论，框架的"主要"作用就是减少准则中的备选会计处理方法。[57]

9.1.5 资产负债观

20世纪90年代及以后，框架所采用的方法论越来越受重视。这个方法论就是资产负债表法（balance-sheet approach），又称资产负债观（asset and liability approach）。也就是说，与传统上强调基于实现（realization）原则和配比（matching）原则确定收益的方法论不同，框架所采用的方法论认为，收益是资产和负债变化的结果。虽然框架并没有阐明这一点，但它在讨论财务报表要素的时候，首先讨论的是资产负债表的要素，即资产、负债和所有者权益。而经营成果的相关要素，即收益（income）和费用（expenses），则是以资产和负债的变化进行定义的。

在这方面，IASC的框架显然仿照了财务会计准则委员会（FASB）于

---

55. AP 3/1987 paper 9, p. 12.
56. AP 4/1989 paper 11, p. 14.
57. David Cairns, "Providing the User with a Useful Statement", *Accountancy*, 102/1139（1988.07），26–27. 另见以下文章中摘录的David Cairns的话：Guy Carter, "Setting the Standards: A Framework for the Future", *Corporate Finance*, 1988.07, 42; Christopher Stronge, "Financial reporting: Disturbing Lack of a Common Language", *The Accountant*, 196/5813（1988.07），22–23.

第 9 章　IASC 着力提升准则质量：框架、可比性与改进项目

1980 年公布的《财务会计概念公告第 3 号：企业财务报表的要素》（SFAC 3）。SFAC 3 也将关注重点转移到了资产负债表法，或者说是资产负债观。[58] 在某种程度上，IASC 框架中的资产负债观也是由负债、所有者权益和资产这三个基本模块项目自然形成的。IASC 并没有单独的费用基本模块项目，它被包含在资产基本模块项目中。如上所述，负债和资产项目的指导委员会当时正在考虑如何基于"义务"（obligations）和"预期未来经济利益"（expected future economic benefits）对负债和资产进行定义，也认识到严格执行这些定义就会从资产负债表中剔除很多项目，如递延收益和预付费用（deferred revenues and expenses）等与利润表法（income statement approach，或称收入费用观（revenue and expense view））有关的报表项目。但是，在基本模块项目研究期间，资产负债观与收入费用观之间的对立问题并没有凸显出来。值得注意的是，在这一期间，《国际会计准则第 18 号：收入确认》（IAS 18）也被视作基本模块项目之一。由于 IAS 18 具有明确的利润表导向，因此当时没有理由认为基本模块项目整体上具有明显的资产负债观导向。

然而，随着基本模块项目转为单一的框架项目，这个问题便越来越明显。框架指导委员会一度提出，应在框架中加入这样一句话："资产负债表由资产、负债和所有者权益这三个要素构成，并且仅由这些要素构成。"[59] 尽管这句话最终并没有出现在框架的征求意见稿或最终版中，但思路很明确。征求意见稿和正式框架的确使人们意识到，尽管按照现行准则编制的资产负债表可能仍包含一些不符合财务报表要素定义的项目，但这些定义将会在制定新准则和未来对现行准则进行审查时发挥重要作用（框架第 52 段）。

在 IASC 1987 年年初的讨论的基础上，彼得·威尔莫特（南非公共会计师行业派驻 IASC 代表团成员）非常认可 IASC 以基本会计等式（资产减去负债等于所有者权益）为基础来构建框架的方法。他写道："所谓资产负债表的第四个要素，也就是递延利得和损失（deferred gains and losses）的

---

58. 关于财务会计准则委员会（FASB）概念框架中表现出的资产负债观，参见 Paul B. W. Miller, "The Conceptual Framework as Reformation and Counterreformation", *Accounting Horizons*, 4/2（1990.06），26-27。1985 年，SFAC 3 被 SFAC 6, *Elements of Financial Statements* 取代，其中新增了非营利组织的内容。

59. AP 3/1987 paper 5, p. 22.

提法，缺乏理论依据。"他认为，虽然财务报告框架在短期内可能影响"有限"，但在未来应该会有越来越大的影响。[60]

同样的观点也曾出现在一些框架征求意见稿的评论函中，但那些意见的语气很谨慎，赞成的态度不像威尔莫特那样明确。荷兰皇家壳牌公司指出，如果将框架中的资产负债观"原封不动地应用在养老金等比较复杂的领域，则可能会影响经营成果报告的真实性和相关性"。[61]（英国）会计准则委员会、（英国）亚瑟·杨会计公司和（美国）财务经理协会（FEI）也发表了类似的评论。[62]（美国）财务经理协会认为，IASC 的征求意见稿"延续了美国证券市场上的财务会计概念框架所推崇的资产负债表倾向（balance sheet bias），对此我们始终保持严肃的保留态度；但是，出于国际协调的考虑，我们不反对公布这个征求意见稿"。[63] 在回应这些评论函时，框架指导委员会的说辞很难让人放心：这份框架的建议稿与其他类似的框架是一致的。总体而言，该指导委员会认为，IASC 的框架"既对资产负债表给予了足够的重视，又没有过度偏向资产负债表，因此，各要素的定义是适当的"。[64] 这显然足以消除 IASC 理事会中可能存在的任何保留意见。

9.2　IASC 审核其先前公布的国际会计准则

9.2.1　不大情愿对现有准则进行修订

到了 1979 年中期，IASC 编写的会计准则已经超过一打，于是就有人提出了对这些准则进行修订完善的想法。自 1979 年 6 月开始，秘书处每次在为 IASC 理事会编制备选新议题清单的时候，都会把"审核现行准则"纳入其中。外界偶尔也会提出类似要求。然而直到 1982 年，IASC 理事会

---

60. Peter Wilmot, "A Framework for Financial Statements", *Accountancy SA*, 1987.07, 209.
61. AP 4/1989 paper 11, p. 12.
62. 亚瑟·杨会计公司和英国会计准则委员会的观点与下文非常类似：Ron Paterson, "Building the Right Framework", *Accountancy*, 102/1142（1988.10），26–27。Ron Paterson 既是亚瑟·杨会计公司的职员，也是英国会计准则委员会的成员。
63. AP 4/1989 paper 11, p. 14.
64. AP 4/1989 paper 9.

第9章 IASC 着力提升准则质量：框架、可比性与改进项目

都没有采取任何行动。在《金融时报》1980年的调查中，迈克尔·拉弗蒂和戴维·凯恩斯建议 IASC 对所有已公布的准则进行修订，并提出，"IASC 应致力于在两年内在合并报表、折旧和存货等会计领域制定出更为严密的准则"。[65]

1982年3月，在 IASC 顾问团的大力支持下，IASC 理事会决定启动一个新项目，对现行准则进行修订。[66]负责第一批准则修订的指导委员会成员包括赫苏斯·霍约斯·罗尔丹（Jesús Hoyos Roldán，墨西哥公共会计师行业协会派驻 IASC 代表团主席）、A. B. 弗里林克（A. B. Frielink，荷兰公共会计师行业协会派驻 IASC 代表团代表）、里克·科特雷尔（南非公共会计师行业协会派驻 IASC 代表团代表）和邱英卓（Khoo Eng Choo，马来西亚公共会计师行业协会派驻 IASC 代表团代表）。[67]该指导委员会的首要任务，是修订《国际会计准则第1号：会计政策的披露》（IAS 1）、《国际会计准则第2号：历史成本系统下的存货估值和列报》（IAS 2）、《国际会计准则第4号：折旧会计》（IAS 4）和《国际会计准则第5号：财务报表信息披露》（IAS 5）。随后，该指导委员会也被要求负责修订《国际会计准则第7号：财务状况变动表》（IAS 7）和《国际会计准则第8号：异常项目、前期项目及会计政策变更》（IAS 8）。彼时，《国际会计准则第6号：物价变动会计》（IAS 6）已经被《国际会计准则第15号》（IAS 15）取代。《国际会计准则第3号：合并财务报表》（IAS 3）的修订工作于1983年委托给了另一个单独的指导委员会。IAS 3 是 IASC 的早期准则中最重要的。各项调查也显示，IAS 3 在实施方面以及与当地法律或准则的协调方面都存在相当多的问题。本章稍后也会讨论到，对 IAS 3 的修订后来变成了一个重要项目，最终产生了三项新的准则。

然而，第1、2、4、5、7和8号国际会计准则在审查后并没有发生任

---

65. Michael Lafferty and David Cairns, *Financial Times World Survey of Annual Reports 1980* (London: The Financial Times Business Information, 1980), 14. 另见 David Cairns, "The Battle to Get Better Reporters", *Accountancy Age*, 11/32（1980.08.08）, 16。

66. IASC board meeting of 24–6 March 1982, minute 5. 关于顾问团的支持，参见 AP 6/1982 paper 13。

67. 1982年6月，南非作为"新增英语国家"加入了指导委员会。芬兰最初被要求派一名成员，但最终并没有参与。IASC board meetings of 24–6 March 1982, minute 5, and of 22–5 June 1982, minute 7.

何改变。这并不是因为负责修订事宜的指导委员会没有发现任何有意义的可修改之处，相反，在1983年6月，该指导委员会提交了一份令人望而生畏的修订清单。其中除了许多编辑方面的更改之外，还包括一个激进的提议，即考虑"此前确定的减少可选项的策略是否合适"。其修改建议的第一步，是"邀请那些实务惯例不同于其他多数国家的公共会计师行业，阐述其实务惯例的合理性"。具体而言，该指导委员会提议从存货会计准则（IAS 2）中删除基本库存法（base stock method），并重新考虑是否允许存货计价采用后进先出法（LIFO）。此外，指导委员会还斟酌措辞，提出了一项基本建议："是否应在IASC文件的某个地方，明确地表达一个至关重要的概念，即财务报表应秉持真实和公允的理念（true and fair view），或者类似的措辞。"《国际会计准则第1号：会计政策的披露》（IAS 1）或许比较适合承载这样的表述。指导委员会还建议在投资性房地产的一般性折旧规则下增加豁免条款，以解决《国际会计准则第4号：折旧会计》（IAS 4）和英国会计准则（参见第5.5.3节和第6.5.1节）之间的长期冲突。[68]

最后，IASC理事会决定放弃增加"真实和公允的理念"作为纲领性表述以及取消后进先出法这两项提案，决定仅在"发生重大变化的地方"进行修订，而指导委员会提出的其他变化"并不具备不言自明的证据"，因而不作修订。[69]需要考虑的一个重要因素在于，重新公布征求意见稿的成本相当高。有些成员协会还需要为每一份准则和征求意见稿花费翻译成本。[70]因此，IASC理事会命令指导委员会重新考虑是否确实需要进行重大修订。而在指导委员会得出结论之前，如上所述，IAS 1的修订工作就被移交给了目标指导委员会。[71]

1985年3月，负责审查工作的指导委员会（reviewing steering committee）又进行了第二次尝试，但最终其非常遗憾地表示：对于"取缔"后进先出

---

68. AP 6/1983 paper 6.

69. IASC board meeting of 26–8 October 1983, minute 4. 并没有记录表明理事会对真实公允表述和后进先出法作了什么决定。这些是从指导委员会的要点大纲（AP 6/1983 paper 6）和准则草案（AP 10/1983 papers 7 and 8）的对比中推断出来的。

70. 法国注册会计师协会就是如此。2003年6月5日作者对Dominique Ledouble的采访。1984年，部分出于财务原因，荷兰注册会计师协会决定不再进行翻译（参见第6.13节）。

71. IASC board meeting of 17–19 October 1983, minute 2. 这是在指导委员会主席Jesús Hoyos的"默许"下完成的（AP 3/1985 paper 10）。

第 9 章　IASC 着力提升准则质量：框架、可比性与改进项目

法和基本库存法的提议，公共会计师行业的国际同行的支持还不够，因此，不适合对 IAS 2 进行修订。该指导委员会的确针对 IAS 4 和 IAS 5 提出了不少"实质性变更"(substantive changes)，但 IASC 理事会再次表示，目前不需要做这些变更。[72]

尽管指导委员会在其建议稿封面把该文件标注为紧急文件，但无济于事。指导委员会表示认同"IASC 理事会的担忧，即国际会计准则的修订会给各成员协会和信息使用者带来额外的工作量和费用"，但还是建议对准则进行修订，因为"如果国际会计准则不能确保相关性和适时性，会计准则的制定工作就将会面临来自各国政府机关和政府间组织的越来越大的干扰"。[73] 正如第 7 章所讨论的那样，在 20 世纪 80 年代中期，经济合作与发展组织（OECD）或联合国出面干涉 IASC 工作的可能性逐渐变得微乎其微。因此，IASC 理事会并不太担心会受到这方面的威胁，而是更关心修订准则所带来的成本问题。1985 年 6 月，IASC 理事会决定不再修订 IAS 2、IAS 4 和 IAS 5。[74]

类似地，理事会同样认为没有必要修改《国际会计准则第 7 号：财务状况变动表》(IAS 7)，尽管指导委员会在 1985 年 3 月曾指出该项准则的修订对于 IASC 而言是一个"在准则制定中发挥领导作用"的好机会。指导委员会提出，用现金法（cash approach）编制财务状况变动表 (statements of changes in financial position) 的做法正在普及，因此 IAS 7 也应当进行相应的修改。财务会计准则委员会（FASB）已于 1985 年 4 月在其议程中增加了关于现金流量报告的项目，但 IASC 拒绝这样做。[75] 而对于《国际会计准则第 8 号：异常项目、前期项目及会计政策变更》(IAS 8)，指导委员会和 IASC 理事会都认为没有必要修订。

其他准则通过 1983 年 10 月组织和计划委员会（OPC）启用的新程序进行了审查。[76] 新程序的做法是，在每一项准则公布五年之后，由 IASC 秘书处向各成员协会寄出调查问卷，征询其对该准则的意见。然后，

---

72. AP 3/1985 paper 10；IASC board meeting of 25–7 June 1985, minute 5.
73. AP 3/1985 paper 10.
74. IASC board meeting of 25–7 June 1985, minute 5.
75. AP 3/1985 paper 10；IASC board meeting of 23–5 March 1985, minute 5.
76. OPC meeting of 24 October 1983, minute 2.

IASC 理事会委托一位理事阅读这些答复函，并向理事会建议是否应该启动一个项目来修改该项准则。在 1986—1987 年，IASC 采用新程序对第 9 号到第 13 号国际会计准则进行了审查，其中只有对《国际会计准则第 12 号：所得税会计》(IAS 12) 的审查，导致 IASC 在 1987 年 3 月成立了一个新的指导委员会来修订 IAS 12。这是一个漫长的项目。直到 1996 年 10 月，修订后的第 12 号国际会计准则才被批准公布。第 11.4 节将对此进行讨论。

各成员协会基本上一致同意无须修订国际会计准则第 9 号、第 10 号和第 13 号，但在《国际会计准则第 11 号：建造合同的会计处理》(IAS 11) 上产生了分歧。约有一半的人表示，应要求企业在某些情况下采用完工百分比法，而不应允许企业在完工百分比法和完成合同法之间自由选择。来自加拿大公共会计师行业的理事会成员布鲁斯·欧文（Bruce Irvine）向 IASC 理事会反馈意见时指出，该准则的修订将再次成为 IASC 展示其"领导才能"的机会。然而，准则若如此修订，则无法反映许多国家的公认做法，这会降低准则的可接受性。权衡之下，他提出了"边际"建议，即不修改第 11 号国际会计准则（IAS 11），IASC 理事会听从了他的建议。[77]

9.2.2 企业集团会计：IAS 3 的修订衍生出 IAS 27、IAS 28 和 IAS 31

在可比性与改进项目（Comparability and Improvements projects）启动之前，除了 IAS 12，IASC 同意修订的唯一一项准则就是《国际会计准则第 3 号：合并财务报表》(IAS 3)。IAS 3 后来被三项紧密联系的准则所取代，即《国际会计准则第 27 号：合并财务报表与对子公司投资的会计处理》(IAS 27，1988 年 6 月通过)、《国际会计准则第 28 号：对联营企业投资的会计处理》(IAS 28，1988 年 11 月通过) 和《国际会计准则第 31 号：对在合营企业中的权益的财务报告》(IAS 31，1990 年 11 月通过)。

IAS 27、IAS 28 和 IAS 31 的起草过程非常复杂。最初，IASC 在 1983 年 3 月和 6 月先后设立了两个指导委员会。一个指导委员会由中岛省吾（日

---

77. IASC board meeting of 5–7 March 1986, minute 7(ix).

第9章 IASC着力提升准则质量：框架、可比性与改进项目

本公共会计师行业代表）主持，负责 IAS 3 的审查和修订。[78] 另一个指导委员会由道格·哈格曼（加拿大公共会计师行业代表）主持，负责编写关于合营企业（joint ventures）会计处理的准则。[79] 随后，IAS 3 在修订过程中又增加了母公司财务报表中对子公司和联营企业（associates）的会计处理的内容。再后来，对联营企业的会计处理又被移交给了合营企业项目的指导委员会。1986 年 3 月，合营企业项目的指导委员会批准公布了《征求意见稿第 28 号》（E28），其中包括对联营企业和合营企业的会计处理。但 IASC 理事会后来又决定将这两个主题分开。1988 年 11 月批准通过了基于 E28 的《国际会计准则第 28 号：对联营企业投资的会计处理》（IAS 28），同时另行成立一个新的指导委员会负责处理合营企业会计问题。1989 年 10 月，合营企业会计问题的指导委员会通过了《征求意见稿第 35 号》（E35），随后以此为基础形成了 IAS 31。下面我们将逐一讨论这三项准则。

9.2.2.1　IAS 27：合并财务报表

IAS 3 曾经是 IASC 最成功的早期准则之一，至少从关注度和争议性方面来说是这样的。特别是，IASC 原本要求企业在编制合并报表时，要合并所有的子公司（包括那些与母公司从事不同业务活动的子公司），这一提议在美国引起了强烈的反对。最后 IAS 3 妥协了，允许企业将那些与母公司从事不同业务活动的子公司从合并范围内剔除。1982 年 6 月，当 IASC 理事会原则上同意对 IAS 3 进行修订时，其中的一个目标就是探讨这个合并报表的例外事项是否可以取消或加以限制。[80] IASC 之所以做出这一决定，或许是受到了（美国证券市场上的）财务会计准则委员会（FASB）的影响。1982 年 1 月，财务会计准则委员会（FASB）已经启动了一个项目来探讨报告主体（包括合并报表）的问题，部分原因就是为了应对未纳入合并报表的金融类子公司激增的现象。该项目在 1987 年 10 月公布了《财务会计准则公告第 94 号：合并所有控股子公司》（FAS

---

78. 其他成员分别是 Morten Iversen（丹麦）、A. N. Mattar（黎巴嫩）以及 Manuel Galván Cebrián（墨西哥）。

79. 其他成员来自印度尼西亚（Witadinata Sumantri）、西班牙（几名继任成员）以及中国台湾（S. T. Chiang）。

80. AP 6/1982 paper 13；IASC board meeting of 22–5 June 1982, minute 7.

No. 94，*Consolidation of All Majority-Owned Subsidiaries*），这为 IASC 在 IAS 27 中取消此前关于不合并业务不同的子公司的例外条款，提供了先例。

IASC 在审核评估 IAS 3 时，不仅密切关注美国公共会计师行业的动向，也非常关注欧洲会计界的情况。之所以说 IAS 3 是一项成功的准则，还有一个原因在于，它是欧盟关于合并报表的第七号公司法指令的重要参考文件。[81]IAS 3 的"集团"概念存在一个特例，即在确定哪些公司受母公司控制从而应纳入合并范围时，允许企业采用表决权之外的标准来做决定。根据 IAS 3 的规则，"在极少数情况下"，如果母公司根据法律的规定或合同的约定，能够控制（被投资单位的）经营和财务政策，即便母公司并未在该被投资单位持有超过一半的表决权，将该被投资单位纳入合并范围内也是恰当的。欧共体 1983 年通过的第七号公司法指令在此基础上又向前推进了一步，要求以广义的控制概念（generalized control concept）作为确定合并范围的基础，而拥有一半以上的表决权就只是实现控制的可能手段之一。于是，协调 IAS 3 和欧共体第七号公司法指令，也成为 IASC 修订该项准则的一个重要原因。[82] 在 IAS 27 的制定过程中，IASC 与欧盟委员会之间多有往来，其密切程度超过了以往制定任何一项准则的时期。[83] 这些磋商的结果是，IAS 27 对子公司的定义也以控制概念为基础，该控制概念指的是母公司主导被投资单位经营和财务政策的权力（power to govern operating

---

81. Karel van Hulle and Leo van der Tas, chapter 13, "European Union: Group Accounts", in Dieter Ordelheide and KPMG, *Transnational Accounting* (London: Macmillan, 1995). 关于 IAS 3 对第七号公司法指令的重要性，另见 Herbert Biener, "Auf dem Weg zum Europäischen und zum internationalen Jahresabschluss", in *Wirtschaftsprüfung und Wirtschaftsrecht: Beiträge zum 75 Jährigen Bestehen der Treuhand-Vereinigung Aktiengesellschaft* (Stuttgart: Poeschel, 1980), 77.

82. AP 6/1984 paper 6. 此外，对成员机构的一项调查（AP 6/1982 paper 13）显示，与 IAS 1 和 IAS 2 不同，"IAS 3 没能很好地被反映在各国准则或法律之中"。在理事会决定修订 IAS 3 之后，曾推迟项目启动时间直到第七号公司法指令完成（AP 3/1983 paper 15）。关于 IAS 3、IAS 27 与第七号公司法指令之间的关系，另见 David Cairns, "What is the Future of Mutual Recognition of Financial Statements and is Comparability Really Necessary?", *The European Accounting Review*, 3/2 (1994), 351.

83. AP 6/1988 paper 1；2004 年 1 月 21 日 David Cairns 与作者的沟通；2004 年 2 月 17 日作者与 Karel Van Hulle 的访谈记录。

第 9 章　IASC 着力提升准则质量：框架、可比性与改进项目

and financial policies），而非表决权（voting rights）。[84]

由于《征求意见稿第 30 号》（E30，1987 年 3 月通过）与欧洲和美国证券市场上的会计规则动态相吻合，因此该征求意见稿受到了普遍欢迎。IAS 27 在获得通过时，只有一张弃权票。

9.2.2.2　IAS 28：联营企业的会计处理

IAS 3 要求企业采用权益法核算对联营企业的投资，而 IAS 28 并未对此进行更改。IAS 28 所做的改进是，它完善了指南部分（例如，更清楚地界定了何时开始、何时停止采用权益法）。与 IAS 27 的子公司相关规则类似，IAS 28 也同时规范了在合并财务报表和母公司财务报表中对联营企业的会计处理。然而，将准则覆盖范围扩展至母公司财务报表，是以增加更多的会计规则可选项为代价的。*为了适应各个国家的不同法律要求，IAS 27 和 IAS 28 都允许企业在对投资进行会计核算时，可选择使用权益法（equity method）、成本法（cost）和重估值法（revalued amounts）。[85]在这个阶段，由于可比性项目几乎还没有开始，因此这样的可选项看起来并无不妥。这份关于联营企业的征求意见稿（E28）并没有收到多少评论函。随后，IAS 28 在 IASC 理事会获得全票通过。

9.2.2.3　IAS 31：合营企业

与众所周知的联营企业概念相比，合营企业是 20 世纪 80 年代中期才出现的一种新经济现象。正如该项目的指导委员会在项目一开始所指出的，实务中的合营企业仍在迅速发展，"合营企业"一词也有多重含义。[86]IASC 花费数年时间，才在 IAS 31 中整理出了各种形式的合营企业分类，即共同控制经营（jointly controlled operations）、共同控制资产（jointly controlled assets）和共同控制实体（jointly controlled entities）。为了理解这

---

84. 在《国际会计准则第 24 号：关联方披露》（IAS 24, *Related Party Disclosures*）中，IASC 已经朝着这个方向迈出了一步，使用了基于表决权和控制财务和经营政策的权力的混合定义。

* 相比于合并财务报表，母公司财务报表与各国法律体系更为相关，因而会更多地受到各国法律的影响，导致会计规则可选项增加。——译者

85. 2006 年 6 月 20 日 David Cairns 与作者的沟通。

86. AP 6/1984 paper 7.

个项目的主题，IASC 对合营企业的经营者进行了大量的访谈。[87]但是，该项目的主要问题在于，共同控制实体究竟应该使用权益法还是比例合并法（proportional consolidation）来进行会计处理。加拿大、英国和美国公共会计师行业所主导的会计规则都首选或要求使用权益法对合营企业进行会计核算，而一些欧洲国家和加拿大的公共会计师行业所主导的规则也允许使用比例合并法，法国会计界则要求必须采用比例合并法。[88]最初，IASC 倾向于使用权益法。1986 年 3 月通过的《征求意见稿第 28 号》（E28）就要求使用权益法，尽管在相当模糊的条件下也允许使用比例合并法。然而，在收到为数不多的几封评论函之后，IASC 理事会和该项目的指导委员会开始转向了相反的立场。[89]

这时候，IASC 理事会决定为合营企业问题成立一个新的指导委员会，由加拿大公共会计师行业的阿瑟·格思里（Arthur Guthrie）主持。该指导委员会对权益法持强烈的批评态度。[90]因此，1989 年 10 月通过的《征求意见稿第 35 号》（E35）转而要求企业使用比例合并法，因为该指导委员会认为，比例合并法反映了合营企业的实质和经济现实。[91]E35 公布后，英国和美国的公司、美国注册会计师协会（AICPA）、美国证监会（SEC）和（英国）会计准则委员会（ASC）等拥护权益法的组织和机构发来了大量的评论。于是，IASC 再次修改了观点，将比例合并法列为基准的方法（benchmark method），同时将权益法列为一种允许的备选方法（allowed alternative method）。[92]虽然指导委员会仍然对权益法的优点存有疑虑，但它也承认必须要考虑到一个事实，即权益法是很多国家会计界正在使用和

---

87. 2006 年 6 月 20 日 David Cairns 与作者的沟通。

88. *A Survey and Analysis of Consolidations/Equity Accounting Practices*（New York: Price Waterhouse, 1990）。

89. AP 6/1988 paper 5. E28 收到的评论函在整理后共计 35 页，参见 AP 6/1988 paper 8。

90. AP 10/1989 paper 1. 其他成员分别是 Peter Day（澳大利亚）、Arthur Wyatt（美国）以及 Jens Røder（欧洲会计师联合会）。

91. "New IASC Draft for Different Forms of Joint Ventures", *IASC News*, 18/4（1989.12），7.

92. 参见 Sara York Kenny and Robert K. Larson, "Lobbying Behaviour and the Development of International Accounting Standards: The Case of the IASC's Joint Venture Project", *The European Accounting Review*, 2/3（1993.12），531–554。另见 "International Standard on Joint Ventures", *World Accounting Report*, 1990.12/1991.01, 3。这些文章对评论函（AP 11/1990 paper 4）做了重点讨论。

第 9 章　IASC 着力提升准则质量：框架、可比性与改进项目

被要求使用的方法。[93] 这又创设了一个重要的可选项，使得该指导委员会对该项准则的修订失去了热情。然而，也有人乐观地看待此次修订。法国公共会计师行业派驻 IASC 的代表团的技术顾问吉尔伯特·格拉德提出，IASC 本次选择的基准方法不同于英美公共会计师行业的会计惯例，这恰恰证明 IASC 是"一个真正的国际机构"。[94]

9.3　可比性与改进项目

如上一节关于 IAS 31 的讨论所言，即使进入了 20 世纪 90 年代，IASC 仍然认为有必要在准则中包含多种会计规则的可选项。然而，大家对 IASC 准则中泛滥的可选项的不满早已开始显现出来。这条道路上的一个里程碑是 IASC 理事会 1985 年 10 月批准通过的《国际会计准则第 25 号：投资的会计处理》（IAS 25），其中包含太多可供选择的会计规则（参见第 5.13.5 节）。有人曾以为，基于各基本模块项目，可以逐步构建概念框架，从而为 IASC 在多种选项中做出明确选择提供理论基础，但这尚未成为 IASC 的既定政策。在一段较短的时间内，至少令一些理事会成员感到沮丧的是，他们在审查早期准则时所付出的巨大努力，迄今为止没有对大多数准则及其所包含的可选项造成任何影响。[95] 此外，人们还逐渐认识到，IASC 已经处理完了大多数的基本议题。*

1986 年年底，在 IASC 对其未来工作进行综合评估时，这些问题被一并提出。1986 年 11 月于伦敦、1987 年 3 月于悉尼举办的 IASC 理事会会议以及组织和计划委员会（OPC）会议，接连审议了多个版本的战略讨论稿（strategic discussion paper）。[96] 在关键的悉尼会议上，IASC 理事会就其准则制定议程做出了一系列关键决定：

第一，IASC 理事会认为它已经完成了"绝大部分基本的准则（basic

---

93. AP 10/1990 paper 1.
94. Gilbert Gélard, letter to the editor, *World Accounting Report*, 1991.04.01, 11.
95. 2003 年 11 月 7 日 David Cairns 与作者的沟通。
* IASC 曾将其活动的目标和范围限定为制定和发布基本的准则，参见本书第 3.4.3 节与第 4.14 节。——译者
96. AP 11/1986 paper 14 和 AP 3/1987 paper 9，两份文件题目均为 "The Future Work of IASC"。

standards），因此，将减少在制定新准则方面花费的时间"。

第二，IASC 理事会同意继续审查其已公布的准则，并在这方面投入更多的时间。

第三，IASC 理事会将着手减少或消除已公布的准则中的可选项，这项任务应被赋予"高优先级"。理事会决定，"目前不应再启动任何新议题，以确保在减少会计可选项方面投入足够的精力"。[97]

这些决定标志着可比性项目（comparability project）的开始。可比性项目与随后的改进项目（improvements project）自此成为 IASC 议程中最重要的内容，直至 1993 年年底。有时人们会猜测这两个项目是应国际证监会组织（IOSCO）的要求而启动的，但从前面的讨论可以看出，这两个项目其实起源于 IASC 本身。但不可否认的是，也确实是在 1987 年 3 月，IASC 行将与国际证监会组织（IOSCO）建立联系，该过程在时间上刚好与 IASC 内部关于未来发展方向的讨论相吻合。尽管这时 IASC 还没有与国际证监会组织（IOSCO）达成任何形式的协议，但 IASC 已经从国际证监会组织（IOSCO）的主导成员美国证监会（SEC）获悉，减少准则中的可选项，对于 IASC 准则获得证券监管机构的认可是很重要的。[98] 因此，IASC 与国际证监会组织（IOSCO）之间的联系可谓恰逢其时。对此，第 10 章将会进行更全面的讨论。

9.3.1 可比性项目：E32 出台之路

1987 年 3 月，就在 IASC 理事会同意删减会计规则可选项的那次会议上，IASC 理事会成立了可比性指导委员会（Comparability steering committee）。可比性指导委员会由美国公共会计师行业的拉尔夫·沃尔特斯担任主席，他之前是财务会计准则委员会（FASB）的成员。指导委员会的其他成员包括让－卢克·杜蒙（法国公共会计师行业代表）、赫尔曼·马赛（荷兰公共会计师行业代表）、白鸟荣一（日本公共会计师行业代表）、以及彼得·威尔莫特（南非公共会计师行业代表），他们当时都是 IASC 理事会的成员。1987 年 7 月，可比性指导委员会召开了第一次会议。同年 10

---

97. IASC board meeting of 24–7 March 1987, minute 6(a)–(c) and (k).
98. AP 3/1987 paper 9，paragraph 8.

第 9 章 IASC 着力提升准则质量：框架、可比性与改进项目

月，IASC 与国际证监会组织（IOSCO）的关系已经足够密切，IASC 同意让国际证监会组织（IOSCO）派代表出席可比性指导委员会的会议。国际证监会组织（IOSCO）选择了三位首席会计师作为代表，包括法国证券交易委员会（COB）的伯特兰·迪利尔，加拿大安大略省证券委员会（OSC）的保罗·谢里，以及美国证监会（SEC）的埃德蒙·库尔森（Edmund Coulson）。

可比性指导委员会为自己设定了一个紧迫的截止日期，希望其征求意见稿能在 1988 年 11 月获得 IASC 理事会的批准。该指导委员会也的确实现了这一目标，《征求意见稿第 32 号：财务报表的可比性》（E32）在 IASC 理事会会议上如期获得通过。该项目的神速进展不仅仅是 IASC 理事会高度重视的结果，也是沃尔特斯本人精诚投入的结果。[99] 沃尔特斯对 IASC 公布的一些准则非常不满，尤其是《国际会计准则第 25 号：投资的会计处理》（IAS 25）。此外还有一个原因是，IOSCO 将于 1988 年 11 月在墨尔本举行其年度会议，时间刚好紧接着 IASC 理事会会议。如果 IASC 能在理事会会议上宣布自己已经在删减可选项方面取得了实质性进展，那将会对增进两个组织之间的关系非常有帮助。[100]

20 世纪 80 年后期发表的一系列研究报告有可能对 IASC 着力删减会计规则的可选项起到了推动作用。戴维·凯恩斯注意到了 1987 年 12 月发表的一篇文章，该文章假定了一个案例公司，并根据美国、英国、澳大利亚公共会计师行业或德国法律的现行会计规则中针对非常规项目（extraordinary items）、终止经营（discontinued operations）、会计政策或会计原则变更（changes in accounting policies or principles）、会计估计和差错更正（changes in estimates and errors）等的不同规定，计算了这个案例公司的净利润。结果显示，使用这四套规则计算出的净利润，分别为 35 000 美元、261 000 美元、241 000 美元和 10 000 美元。因此，很难进行比较。[101] 1989 年，图什·罗

---

99. 参见 Louis Bisgay and Susan Jayson, "Ralph Walters on Harmonization", *Management Accounting*（NAA），1989.08，22–24。

100. 参见 David Cairns 在 1987 年 10 月 28 日编写的备忘录 "IOSCO" 和 11 月 16 日编写的备忘录 "Steering Committee's Work Programme"，IASC archive, "Comparability" file。

101. Donald E. Wygal, David E. Stout, and James Volpi, "Reporting Practices in Four Countries", *Management Accounting*（NAA），1987.12，37–42. Cairns 在下文中提及了这项研究：One Giant Compromise, *CAmagazine*, 122/7（1989.09），40。

斯会计公司欧洲成员公司公开了一份案例研究，其中使用欧洲经济共同体（EEC）7个国家的现行会计惯例重编了一个跨国集团的财务报表。研究发现，这7份财务报表几乎无法进行比较。使用不同国家会计惯例所计算出的净利润"可达到的最大金额"（maximum achievable）、"可达到的最小金额"（minimum achievable）以及"最可能金额"（most likely），都存在很大差异。[102]

在可比性指导委员会第一次会议之前，凯恩斯提供了一份详细的报告，对国际会计准则第1号到第25号中35个主要会计选项问题进行了分析。在报告中，凯恩斯总结了哪些会计处理方法是很多国家普遍允许或要求使用的，他还补充整理了早些时候审查这些准则时所收到的评论函。[103] 可比性指导委员会的任务是仔细检查这份清单，并在每个存在会计规则可选项的情境下，决定应推荐使用哪个会计处理方法。可比性指导委员会主席沃尔特斯认为："对于存在两个或两个以上备选会计处理方法的情况，最好能取消其中一个处理方法。但这种策略可能只在少数情况下行得通。还有一种策略，是将其中一种会计处理方法认定为基准的处理方法（benchmark treatment）或者说首选的处理方法（preferred treatment）。"[104] 当然，还有第三种方法，就是根本不提任何建议。可比性指导委员会针对IAS 25考虑了第三种方法的可能性，因为"其中所涉及的各种备选会计处理方法近期都已经在IASC理事会进行讨论并获得通过了"，有些与会者不愿意再重启那些痛苦的讨论。但对于其他一些人而言，IAS 25 正是需要改革的典型，因此它也被纳入了可比性项目之中。[105]

在查阅了会计规则可选项列表之后，指导委员会很轻松地就对那些应推荐为首选方案的会计处理方法达成了共识。但指导委员会的成员们都明

---

102. Andy Simmonds and Olivier Azières, *Accounting for Europe—Success by 2000 AD?*（London: Touche Ross Europe, 1989）。

103. David Cairns 于1987年6月18日编制的备忘录"Major Options in International Accounting Standards"，IASC archive, "Comparability" file。

104. David Cairns编制的备忘录"Unofficial Secretariat Notes of Steering Committee Meeting on 3rd July, 1987"，IASC archive, "Comparability" file。"行得通"一词是作者根据推测插入的。

105. David Cairns编制的备忘录"Unofficial Secretariat Notes of Steering Committee Meeting on 3rd July, 1987"，IASC archive, "Comparability" file；IASC board meeting of 22–4 June 1988, minute 4(h)。

第9章 IASC着力提升准则质量：框架、可比性与改进项目

白，正如沃尔特斯所强调的，可比性项目要想成功，就必然需要一定的妥协。[106]事实上，指导委员会成员对会计实务发展趋势的看法是相似的，对于哪些会计处理方法在长期来看会站不住脚，意见也是一致的。[107]但是，对于能否立即取消某些会计规则可选项，他们各自的判断是不同的。例如，当沃尔特斯提议完全取消权益结合法（pooling of interest）时，指导委员会表示理解，但并不支持这一建议。[108]指导委员会和IASC理事会难以达成一致意见的其他事项，还包括替代处理方法（alternative treatments）的指定，以及是否应当披露采用替代处理方法的原因和影响等信息。

总体而言，沃尔特斯和威尔莫特比较大胆，认为最优策略是尽可能地消除会计规则可选项，次优策略是在允许使用替代会计处理方法的情况下，明确标明优选的会计处理方法。国际证监会组织（IOSCO）的观察员也强烈支持消除会计规则可选项，尽管并非所有的国际证监会组织（IOSCO）成员机构都持相同意见。[109]然而，荷兰公共会计师行业代表却非常重视灵活性（flexibility），并将灵活性视为编制合理的财务报告的必要条件。他们并不热衷于完全消除会计规则可选项，并且反对要求企业在选择替代会计处理方法时做额外的繁重的信息披露。[110]日本公共会计师行业代表也有类似的观点。[111]

在保留多个会计规则可选项的情况下，究竟是直接列出首选的优选方法，还是使用中性措辞来指定两种处理方法，IASC理事会犹豫不决。最后，IASC理事会决定在《征求意见稿第32号》（E32）中使用"首选的处理方法"（preferred treatment）和"允许的替代处理方法"（allowed alternative treatment）两个术语。[112]沃尔特斯还建议使用"基准"（benchmark）

---

106. Ralph Walters 的话摘自 "IASC to Cut Choices in Standards"，*World Accounting Report*，1987.06，3-4。

107. 2004年10月27日作者与 Herman Marseille 的访谈记录。

108. Paul Cherry 给作者的备忘录，2004.10.08。另见1988年4月12日 Walters 发给 Cairns 的传真信息，以及 "IASC Board meeting notes（1988.03.02）"，二者均归档于 IASC archive，"Comparability" file。

109. 2003年5月27日作者与 Angus Thomson 的访谈记录。

110. 参见，例如，'IASC Board Meeting Notes—2 March 1988'，IASCarchive，'Comparability' file。

111. 2003年11月7日 David Cairns 与作者的沟通。

112. 1988年1月，Paul Cherry 表示，"官方的态度将争取做到中立"。"IOSCO Working Group No. 2，Progress Report #1"，1988.01，IASC archive，"Comparability" file。

一词，但其建议没有被采纳，部分原因在于，一些代表团表示这个词语很难翻译成他们的语言。[113] 另外，大家也可能认为"基准"一词包含太多"更优越"的意味。为了防止人们把"首选的处理方法"理解为更优越的处理方法，IASC 理事会小心地解释到，"首选的处理方法"这个提法只是 IASC 理事会出于实用主义的考虑，"为了及时提高财务报表可比性，所选择的最可能和最切实可行的处理方法"（E32 第 21 段）。[114] E32 还提出了一项建议，要求使用允许的替代处理方法的企业将其资产负债表和利润表数据按照首选的处理方法进行调整，并披露这一调整过程。

在 E32 的编写过程中，IASC 框架草案所起到的作用相对有限。[115] E32 可能反映了指导委员会心目中真正的优先排序。该文件指出，在多个会计规则可选项之间进行选择时，是否遵从框架只是第二标准，第一标准是"当前各国会计准则、法律和公认会计原则中体现的全球惯例和趋势"（第 19 段）。[116] E32 承认，在某些情况下，征求意见稿中所推荐的首选处理方法，并不一定符合框架草案中的定义或确认标准。《国际会计准则第 23 号：借款开支的资本化》（IAS 23）就是典型的例子。* 在 IAS 23 中，首选处理方法是将利息支出立即费用化，尽管这些支出有可能符合资产的确认标准。IASC 理事会从实用主义角度解释了准则并不完全遵从框架的原因：IASC 理事会认为，为了实现"及时的可比性"（comparability on a timely basis）这一目标，遵循现行实务惯例来确定首选处理方法是更合适的（第 20 段）。另外，IAS 23 要求对借款开支做费用化处理还有一个更加实际的原因在于，从资本化向费用化的差异调整比从费用化向资本化的差异调整容易得多。在 IASC 理事会内部，对这种实用主义做法持反对意见的主要

---

113. David Cairns 编制的备忘录"Unofficial Secretariat Notes of Steering Committee Meeting on 3rd July, 1987"，以及 1988 年 3 月 28 日的议程文件草案，二者均归档于 IASC archive, "Comparability" file.

114. 然而，《IASC 新闻》（*IASC News*）将首选的处理方法描述为"对提高可比性而言最适合（appropriate）且可行的方式"。"IASC Proposals on Free Choices of Accounting Treatments", *IASC News*, 18/1 (1989.01), 8.

115. 2004 年 10 月 27 日作者与 Herman Marseille 的访谈记录。

116. 在更早时候的一项提议中，"符合拟议的框架"被列为四个标准中的最后一个。"Minutes of the Meeting of the Steering Committee on Comparability of Financial Statements Held in London on 9th and 10th December 1987", IASC archive, "Comparability" file.

* 此处"借款开支"一词，即我国学界常用的"借款费用"。——译者

第 9 章 IASC 着力提升准则质量：框架、可比性与改进项目

是澳大利亚公共会计师行业代表团，该代表团也是框架项目最热切的拥护者之一。[117]

1989 年 1 月，IASC 公布 E32，建议对 IASC 的 13 项准则进行修订。这些建议及其后续结果汇总如表 9-1 所示。在迄今为止已经公布的 28 项准则中，第 26~28 号准则因公布时间太近而没有被纳入可比性项目中。有 3 项准则（IAS 3、IAS 12 和 IAS 15）在可比性项目启动时正在其他独立项目中进行审查，1 项准则（IAS 6）已经被取代，8 项准则（IAS 1、IAS 4、IAS 7、IAS 10、IAS 13、IAS 14、IAS 20 和 IAS 24）被判定为不存在可能影响净利润或所有者权益的重要的会计规则可选项。然而，就在这之后不久，IAS 7 就被单独修订了。在受 E32 影响的 13 项准则中，有 12 项的修订都涉及删减会计规则可选项。第 13 项准则 IAS 5 没有变化，因为尽管该准则包含有重要的会计规则可选项，但那是为了在所有允许采用替代处理方法的准则中引入差异调整的要求。

表 9-1　在可比性与改进项目中修订的国际会计准则

准则 / 主题	可比性项目启动时的状态（1987 年）	E32 的建议（1989 年）	意向公告（1990 年）	1994 年年底的状态
国际会计准则第 1 号：会计政策	无重要的会计规则可选项			已重新编排（reformatted）
国际会计准则第 2 号：存货*		修订	修订但需重新审议	已修订
国际会计准则第 3 号：合并财务报表	已被取代			
国际会计准则第 4 号：折旧	无重要的会计规则可选项			已重新编排
国际会计准则第 5 号：披露		修订	不修订	已重新编排
国际会计准则第 6 号：通货膨胀	已被取代			
国际会计准则第 7 号：资金表	单独修订			已修订

---

117. "Unofficial Secretariat Notes of Discussions at the Board Meeting Held in New York on 23rd and 24th October, 1989", IASC archive, "Comparability" file.

续表

准则/主题	可比性项目启动时的状态（1987年）	E32的建议（1989年）	意向公告（1990年）	1994年年底的状态
国际会计准则第8号：会计变更*		修订	修订	已修订
国际会计准则第9号：研究与开发*		修订	修订但需重新审议	已修订
国际会计准则第10号：或有事项	无重要的会计规则可选项			已重新编排
国际会计准则第11号：建造合同*		修订	按照E32的建议进行修订	已修订
国际会计准则第12号：所得税	正在单独修订（separate revision in progress）			已重新编排，正在修订
国际会计准则第13号：流动资产和负债	无重要的会计规则可选项			已重新编排
国际会计准则第14号：分部报告	无重要的会计规则可选项			已重新编排，正在修订
国际会计准则第15号：通货膨胀	正在单独修订			已重新编排，可选择地应用（application optional）
国际会计准则第16号：不动产、厂场和设备*		修订	按照E32的建议进行修订	已修订
国际会计准则第17号：租赁		修订	推迟修订（defer revision）	已重新编排
国际会计准则第18号：收入*		修订	按照E32的建议进行修订	已修订
国际会计准则第19号：退休福利*		修订	按照E32的建议进行修订	已修订
国际会计准则第20号：政府补助*	无重要的会计规则可选项			已重新编排
国际会计准则第21号：外币折算*		修订	按照E32的建议进行修订	已修订

第 9 章 IASC 着力提升准则质量：框架、可比性与改进项目

续表

准则 / 主题	可比性项目启动时的状态（1987 年）	E32 的建议（1989 年）	意向公告（1990 年）	1994 年年底的状态
国际会计准则第 22 号：企业合并*		修订	按照 E32 的建议进行修订	已修订
国际会计准则第 23 号：借款成本*		修订	修订但需重新审议	已修订
国际会计准则第 24 号：关联交易	无重要的会计规则可选项			已重新编排
国际会计准则第 25 号：投资		修订	推迟修订	已重新编排，暂停修订
国际会计准则第 26 号：退休福利		由于公布时间太近而排除		已重新编排
国际会计准则第 27 号：合并财务报表	尚未批准公布	由于公布时间太近而排除		已重新编排
国际会计准则第 28 号：联营企业	尚未批准公布	由于公布时间太近而排除		已重新编排
国际会计准则第 29 号：恶性通货膨胀	尚未批准公布	尚未批准公布		已重新编排
国际会计准则第 30 号：银行披露	尚未批准公布	尚未批准公布		已重新编排
国际会计准则第 31 号：合营企业	尚未批准公布	尚未批准公布		已重新编排

* 这 10 项准则的修订属于改进项目的一部分。

总的来说，E32 一共处理了存在两个或多个会计规则可选项的 29 种情形。其中，对于 14 种情形，E32 建议在首选处理方法和允许的替代处理方法之间提供选择空间；而对于另外 15 种情形，E32 建议只保留单一的处理方法。鉴于 E32 所涉及的主题众多，IASC 理事会内部不可避免地会在个别问题上发生很大的意见分歧。一些被提议取消的会计处理方法仍然在很多国家被广泛使用，或者当初就是好不容易达成妥协才被收入 IASC 准则之中的。这些会计规则可选项包括：在建造合同和提供劳务的收入确认中所

— 403 —

使用的完成合同法（IAS 11 和 IAS 18）；递延确认长期货币性项目的汇兑损益（IAS 21）；将商誉记录为所有者权益的减少（IAS 22）；将当期投资的市场价值变化计入所有者权益（IAS 25）等。在某些情况下，E32 不仅建议取消某些备选处理方法，还建议对保留的处理方法进行限制。最典型的例子，就是对商誉的最长摊销期限作了规定。IAS 22 原本仅要求商誉在其使用寿命内摊销。而 E32 与欧共体第四号公司法指令一致，提出以 5 年为默认摊销期限，如果有合理原因则可延至最多 20 年。[118]

尽管存在巨大的分歧，并且在很多问题上发生过激烈的争论，E32 还是获得了全票通过。[119] 可比性指导委员会主席拉尔夫·沃尔特斯在回顾这一过程时说道：

> 我为指导委员会和 IASC 理事会的表现感到骄傲。指导委员会只开了四次会，时长共计八天。从批准可比性项目的想法到公布征求意见稿，仅经过了 20 个月。最重要的是，要注意，没有哪一个指导委员会成员或哪一位 IASC 理事会成员完全支持所有的提议，然而指导委员会中的所有成员和 IASC 的 13 个成员协会的所有代表，都对这份征求意见稿投了赞成票。我们都意识到，为了实现协调的目标，为了我们的更大的利益，每个人都必须做出一些牺牲。[120]

IASC 理事会意识到，有了 E32，它可以向世界发出一个重要信号，那就是它打算为自己谋求一个新的更重要的角色。如果可能的话，这个信号应该不会招来异议。[121]

9.3.2　IASC 携 E32 寻求关注

在可比性项目启动之前，社会公众对 IASC 的兴趣有所下降。如第 5

---

118. 第四号公司法指令（条款34.1.a 和37.1）限定了5年的默认摊销期，但是在可证明商誉有更长使用寿命的情况下，没有对摊销期设置上限。
119. IASC board meeting of 9–11 November 1988, minute 2.
120. Ralph Walters 给作者的备忘录，2003. 10. 18。
121. 2004 年 6 月 30 日 Tadaaki Tokunaga 与作者的沟通。

第 9 章 IASC 着力提升准则质量：框架、可比性与改进项目

章所述，相较于 20 世纪 70 年代中期 IASC 公布的第一项准则，后续准则的征求意见稿所收到的评论函数量有所减少。虽然一些准则（比如租赁准则）的征求意见稿受到了比较广泛的关注，但其他征求意见稿收到的反馈都非常有限。IASC 公布的框架草案重新激发了公众的兴趣，但是总的来说，IASC 讨论稿的传播范围仍然局限在那些在 IASC 占主导地位的成员协会之中。而凭借着 E32，IASC 付出了坚定的努力，成功吸引了更广泛的受众，特别是财务经理群体。对 E32 的宣传是经过精心策划的，IASC 在提供信息和鼓励争鸣方面也投入了大量精力。

另外，值得注意的是，E32 是一份由 50 页 A4 纸组成的复杂文件，篇幅比 IASC 之前公布的任何一个 A5 页面的小册子都要长。这样一来，万一大家误以为 IASC 想要提供的只是大量会计处理细节，那么关于 IASC 新战略的信息反而可能会被淹没，征求意见稿的反馈率也可能会下降。在指导委员会的请求下，凯恩斯与伦敦经济学院（London School of Economics）的两位学者克里斯托弗·内皮尔（Christopher Napier）和迈克尔·布罗米奇（Michael Bromwich）取得联系，邀请他们对 E32 的清晰性和一致性进行了评价。[122] 此外，IASC 还联系了一个公共关系顾问公司，请其帮忙调整 E32 的格式、设计、发行和媒体宣传策略。

在可比性指导委员会付出努力的同时，IASC 理事会成员和工作人员也使出浑身解数，在演讲、文章以及首次出版的 IASC 1987 年年报中想方设法吸引人们对该项目的关注。[123] 1989 年 1 月，当 E32 公布时，宣传攻势非常猛烈。在成员协会的帮助下，IASC 确定了多个国家的数百名"关键人物"（其中不少是上市公司董事会成员），向他们寄送了 E32 的复印本。[124]《IASC 新闻》也进行了改版，使用了更高质量的纸张和更专业的版面设计。戴维·凯恩斯开始到世界各地发表系列演讲，并就 E32 与众多组

---

122. AP 11/1988 paper 1;"letter from Michael Bromwich to Cairns",1988.09.05, IASC archive, "Comparability" file.

123. 参见，例如，"IASC Board Seeks to Reduce Alternatives in International Accounting Standards", *IASC News,* 16/3（1987.06），1；Ralph Walters 的评论可见于"IASC to Cut Choices in Standards", *World Accounting Report*, 1987.06, 3–4；David Cairns,"Calling All National Standard Setters", *Accountancy*, 101/1134（1988.02），13–14；Georges Barthès 的观点，可见于"IASC Moves to Unite Worldwide Standards", *Journal of Accountancy,* 165/6（1988.06），22, 26。

124. 参见 Cairns 与各成员机构的联系信息，IASC archive,"Comparability" file。

织机构展开讨论，其中包括证券交易所、各国（或官方或民间的）准则制定机构、IASC 成员协会、财务经理协会（FEI），以及经济合作与发展组织（OECD）和欧盟委员会等跨国机构。IASC 主席乔治·巴尔泰斯、拉尔夫·沃尔特斯和可比性指导委员会的其他成员在这轮广泛的磋商中也各自发挥了作用。[125]

9.3.3 从 E32 到意向公告

《征求意见稿第 32 号》（E32）的宣传可谓非常成功，吸引了极大的关注。E32 收到的评论函数量，远远超过了 1975 年有关合并财务报表的《征求意见稿第 3 号》（E3）所创下的纪录。[126] 尽管有两家会计公司提供了额外人手来协助审阅这些评论函，IASC 的工作人员仍然不堪重负。鉴于先例，凯恩斯提醒，也许指导委员会再也无法像以往那样仔细地审阅这些信件了。[127] 我们之后还会讨论到，这只是在可比性与改进项目过程中出现的对 IASC 的"应循程序"的顾虑之一。

IASC 总共收到 160 余封评论函，其中 41 封来自 IASC 成员协会和会计公司，49 封来自单个企业，17 封来自工商行业协会和财务经理协会（FEI），其余的来自证券交易所、监管机构、专业协会和个人。[128] 对于 IASC 而言，这是一个真正的转折点。凭借 E32，IASC 成功地引起了商业界的广泛关注。[129]

从 E32 开始，IASC 启动了一项新的政策，即开始公布其所收到的评论函。此前，指导委员会原本的建议是，请 IASC 公布所收到的评论函反馈意见的摘要。他们认为，这能够"证明 IASC 理事会所付出的努力以及所面对

---

125. 与这些访问相关的记录、打印稿和通信记录皆载于 IASC archive, "Comparability" file。1989 年的《IASC 新闻》中报道了其中几次访问。

126. 从 IASC 的第一项准则开始，其工作人员一直在整理汇总征求意见稿的评论函，而 E32 是工作人员最后一次这样做。整理后的 E32 评论函长达 280 页（未包含后续收到的一些函件）。对比一下，E3 的评论函整理稿为 183 页。IASC archive, "Comparability" file。

127. 1990 年 1 月 4 日 Cairns 给指导委员会成员的信，IASC archive, "Comparability" file。

128. 意向公告报告称收到了 160 封评论函（第 6 段）。而 IASC 于 1990 年 7 月发行的评论函合订本只包含 139 封评论函。由于公布评论函的决定是在 E32 发布之后作出的，因此意向公告与评论函合订本的数量差异可能源于一些意见反馈者拒绝公开他们的评论函。

129. 关于财务会计准则委员会（FASB）和 IASC 征求意见稿反馈数量的讨论，见 Kenny and Larson, "Lobbying behaviour", 533。

的困难",从而有助于回应外界对 IASC 的应循程序的疑虑。[130]1990 年 7 月,IASC 理事会决定更进一步,在得到意见反馈者允许的情况下,公开其评论函的影印本。理事会还决定,对今后的征求意见稿也采取类似政策。[131]

9.3.3.1　E32 反馈意见的总体特征

总体上,IASC 希望减少准则中的会计规则可选项的想法受到了好评,反馈者在提高财务报表可比性的目标上"几乎达成了一致"。[132]

不过,对这一基本问题也有一些批评意见,主要来自荷兰和日本的公共会计师行业。荷兰的准则制定机构年度报告委员会(Council on Annual Reporting,CAR)以及日本公认会计士协会(JICPA)都对 E32 将可比性奉为压倒一切的最优先级别事项提出了质疑。它们认为,基于企业具体情况和国家特定环境,公允的列报(fair presentation)才应当是最重要的考虑因素。这两个组织都警告说,强制实施统一的会计处理方法并不一定能提高可比性。[133]

当然,那些赞同 E32 大致方针的意见反馈者,仍然会在个别问题上反对 IASC 理事会的决策。IASC 收到了许多(常常是相互矛盾的)这种性质的评论。这些意见可能表现出了一种普遍存在的不安情绪,因为 E32 似乎更偏向于英美公共会计师行业所习惯的会计惯例而非欧洲大陆的会计惯例。[134] 然而,由于来自英美财经界的评论函是欧洲大陆的四倍多,因此表达这一观点的意见反馈者只是少数。[135] 英语国家的意见反馈者在对 E32 的总体趋势发表评论时,则反复批评 E32 对各地现存会计规则和会计惯例的过分重视。还有很多人批评 IASC 在首选处理方法和替代处理方法之间做

---

130. AP 3/1990 paper 5,p.4.

131. IASC board meeting of 20–2 June 1990, minute 3.

132. "E32, Comparability of Financial Statements",*IASC News*, 19/2(1990.07),5. 这次发行的《IASC 新闻》包含 E32 评论函的摘要汇总。

133. E32 comment letters, bound volume, 60–61 and 199–200.

134. 参见,例如,comments from the Japanese Institute of Certified Public Accountants and the Gesellschaft für Finanzwirtschaft in der Unternehmensführung(Germany),E32 comment letters, bound volume, b1 and 256。关于 E32 偏离欧洲会计传统的控诉,可参见 Herbert Biener, "What is the Future of Mutual Recognition of Financial Statements and is Comparability Really Necessary?", *The European Accounting Review*, 3/2(1994),337。

135. 在评论函合订本转载的 139 封评论函中,有 96 封来自澳大利亚、加拿大、新西兰、南非、英国和美国,有 24 封来自欧洲大陆。

选择时，明显对自身的概念框架不够重视。

9.3.3.2　绘制前行的地图

1989年7月，在E32公布六个月后，IASC公开承诺要在1990年6月之前推进可比性项目的下一步工作。然而，它并没有明确说明下一步将会做什么。[136]由于评论函接收的截止期限已从9月30日延长至1989年年底，因此，IASC不得不在相当短的时间内做出决定。E32（第9段）建议IASC理事会根据E32以及收回的评论函对准则进行修订，然后直接公布出来，不必再次征求意见。这招致了大量的批评意见以及对IASC准则制定应循程序的顾虑。在IASC收到的评论函中，以及在1989年IASC代表参与的各种访问和会议中，都可以听到这种声音。从几个季度前开始，就有人指出"IASC缺少初步征求意见稿（preliminary exposure draft）的环节"，"一次性修改这么多地方不合适"，以及"E32并没有说明相关准则的解释部分将如何修改"。因此，IASC被要求重新对受E32影响的所有准则征求意见。[137]

1989—1990年间，IASC理事会讨论了若干种执行E32的方法。第一种可能的方法是，公布一项名为《跨国上市公司财务报表》的国际会计准则。这将保持现有准则不变，但跨国上市的企业需要根据这项新准则来选择使用其中的会计规则选项。[138]一些理事会成员支持第二种方法，公布IAS 32，即以E32为原型的准则，该准则将直接对所有企业具有约束力。最后，理事会遵循了指导委员会主张的第三种方法，即公布一份"修正公告"（statement of amendments），一揽子列出所有经商定的准则修订案。IASC应当依照这份公告对准则进行修改，但在完成修订之前，遵循IASC的准则编制财务报表的公司无须考虑该修正公告中的内容。[139]由于IASC理事会还希望重新审议E32中的一些问题，这使得关于如何继续开展可比性项目的讨论变得更加复杂了。此外，IASC理事会开始意识到，要想获得

---

136. "Meeting the Expectations of Global Capital Markets"，*IASC News* 18/3（1989.07），1.

137. AP 10/1989 paper 5汇总了评论函中对IASC的应循程序的意见。还可参见秘书处为可比性指导委员会编写的文件"Issues Paper: E32 Comparability of Financial Statements"以及"CICA Forum on International Harmonisation of Financial Statements"，IASC archive, "Comparability" file。

138. AP 3/1990 paper 6；David Cairns编写的备忘录"Future work"，1990.01.04，IASC archive，"Comparability" file。

139. AP 3/1990 paper 4.

第9章 IASC着力提升准则质量：框架、可比性与改进项目

国际证监会组织（IOSCO）的认可，还需要对准则做出比E32更多的修订，而这些额外的修订也需要以某种形式公开征求意见。[140]

直到1990年3月，IASC理事会才就后续程序最终达成一致意见。[141] IASC在6月份举行的理事会会议上，批准公布了《意向公告：财务报表的可比性》（Statement of Intent: Comparability of Financial Statements）。该公告展示了IASC为处理E32所涵盖的29个会计规则可选项问题拟采用的方案。针对大多数会计规则可选项，意向公告确认了E32中的立场。在某些情况下，意向公告阐释了IASC理事会新的暂定立场（tentative position）。在另一些情况下，意向公告干脆宣布推迟相关审议工作。除前述的最后一种情况（即推迟审议的情况）之外，意向公告宣布，IASC将针对所有受E32影响的准则公布征求意见稿，并将恪守意向公告和E32所达成的一致立场。换句话说，准则征求意见稿的公布，并不意味着要对意向公告早已确定的事项进行重新讨论。征求意见的过程有助于IASC做出额外的修改，以将准则质量提高到国际证监会组织（IOSCO）认为可接受的水平。但任何改动之处都只有在准则全文完成修订后才能生效。但意向公告没有明确的是，IASC理事会是只针对修改之处投票，还是对修订后的准则全文进行投票。

9.3.3.3 IASC在E32的某些事项上改变立场

不出所料，E32的一些提议招致了大量的反对意见。但总体而言，IASC不会因为这些批评而改变策略方针。IASC的这种做法与1976—1979年加拿大公共会计师行业派驻IASC的代表团成员莫利·卡斯卡伦的建议相符。在回顾IASC的早期工作时，卡斯卡伦写信给IASC理事会讨论了E32相关事项："肯定会有评论认为E32的策略将阻碍企业遵从国际会计准则，因而它是一个糟糕的选择。我建议理事会忽略这样的评论。我认为，IASC表现不错，并且已经过了为使其准则被广泛接受而拼命迎合别人的阶段了。"[142]

特别是，取消"将商誉记录为所有者权益的减少"这一会计规则选项，引发了欧洲大陆和英国多名意见反馈者的强烈反对，因为这种会计处

---

140. AP 4/1989 paper 22.
141. IASC board meeting of 7–9 March 1990, minute 4.
142. Morley Carscallen写给Cairns的信，1989.08.18，E32 Comment letters, bound volume, 700。

_— 409_

理方法正是当地的实务惯例。[143] 在所有 E32 的提议中，这可能是对报告利润潜在影响最大的一个。正如卡斯卡伦所预测的那样，有好几个公司威胁或暗示这将阻止它们采用或者继续使用 IASC 的准则。[144] 但是，在指导委员会和理事会内部，大家普遍支持将商誉资本化，尽管在商誉摊销期限问题上出现了"胶着和对峙"。[145] 最后，E32 的立场保留了下来，即商誉的默认摊销年限为 5 年，如有合理理由则可延长至最多不超过 20 年。

同样，IASC 在大多数其他问题上也都保留了 E32 的提议。但在某些问题上，IASC 要么推迟了决定，要么改变了立场。

在租赁方面，英国公共会计师行业提出了很大的反对意见，主要集中在出租人的融资收益确认这个具体问题上。在 1982 年第 17 号国际会计准则获批公布时，这个问题就曾是英国会计界关注的焦点。IASC 理事会现今依旧认为这个问题很难把握，于是决定推迟该事项的决议，直到相关研究取得进展为止。[146] 类似地，关于修订《国际会计准则第 25 号：投资的会计处理》（IAS 25）的相关提议也遭到了反对，尤其是银行业和保险业的反对。1990 年年初，IASC 的金融工具项目正在顺利开展。IASC 理事会意识到，金融工具项目不仅会涵盖"新兴的"金融工具，还会涵盖 IAS 25 所囊括的更传统的投资项目。[147] 因此，IASC 理事会认为，应当推迟 IAS 25 的修订，直到金融工具项目按计划在几年后完成（请参阅第 11.5.1 节）。

IASC 的意向公告主要在三个问题上改变了 E32 的立场。这三处改变均旨在进一步限制企业的会计规则可选项。其中最具争议的决定是关于后进先出法（LIFO）的。理事会在意向公告中建议完全取消后进先出法，

---

143. 关于英国反对 E32 中商誉提案的评论，见"IASC Move to Standardised Global Results"，*World Accounting Report*，1990.06.14，3。

144. 例如，可参见 Walter Meier Holding（来自瑞士）和 Lafarge Coppée（来自法国）的评论。载于 E32 Comment letters, bound volume，581，548–551。

145. 参见 Cherry 写给 Walters 的信，1990.03.14，IASC archive，"Comparability" file。

146. 这对于英国而言正是"症结所在"。相关讨论可参见 IASC 工作人员 Mark Wovsaniker 编写的备忘录"Financial Reporting Discussion Group Meeting 18 May 1989"（IASC archive，"Comparability" file）。在这次英国准则制定者及其他利益相关方共同参与的会议上，Wovsaniker 得出结论，在这一问题上对英国让步可能会争取到英国对 E32 中其他有争议的问题的支持。

147. 参见"Financial Instruments: First Meeting of IASC Steering Committee"，*IASC News*，18/2（1989.04），3。

第 9 章 IASC 着力提升准则质量：框架、可比性与改进项目

E32 则允许将其作为一种备选处理方法。在 IASC 最初编写第 2 号国际会计准则（IAS 2）的时候，后进先出法就已经引起了争议。很多人认为该方法在概念（理论）上是不合理的。IAS 2 当初接纳这种方法被认为是向美国公共会计师行业会计惯例做出的妥协和让步，因为在美国，利用后进先出法避税的做法要想被税务局认可，前提条件就是企业在财务报表中也要采用这种方法（请参见第 5.5.1 节）。E32 也收到了相似的反馈。因此，IASC 秘书处在其汇编的 E32 评论函摘要中总结到，这些反馈意见恰恰说明，取消后进先出法是合理的。这项提案在可比性指导委员会中以四票对三票获得通过。[148] 然而，IASC 秘书处可能有些夸大后进先出法的争议。保罗·谢里是国际证监会组织（IOSCO）派往指导委员会的一位观察员，他就曾建议取消后进先出法。但是当他再次阅读这些评论函后，他开始动摇了。谢里发现："支持后进先出法的声音来自比我想象得要宽广得多的地理区域*，而且这种声音很可能还会继续变多。"[149] 事实上，只有大约 20 封评论函明确地批评了后进先出法，其中 1/3 还表示愿意接受美国的做法。批评后进先出法的评论函中，几乎有一半来自澳大利亚，其余的几乎都来自美国之外的英语国家。[150] 相比之下，来自美国、德国和日本会计界的大约 10 封评论函认为，后进先出法和先进先出法应该被视为有同等地位的替代会计处理方法。其他大多数美国财经界反馈者没有提出这个问题，似乎对 E32 将后进先出法列为一种备选的替代处理方法感到很满意。总之，很难说这些评论函强烈要求废除后进先出法。然而，IASC 理事会还是做出了取消后进先出法的建议，尽管有许多公共会计师行业派驻 IASC 的代表团对此表示质疑。1990 年 3 月，IASC 理事会进行投票，该提案以 7∶5 获得通过。[151]

意向公告不同于 E32 的其他两点则争议较小，至少在 IASC 理事会内部是这样的。针对《国际会计准则第 9 号：研发支出的会计处理》和《国际会计准则第 23 号：借款开支的资本化》，E32 所建议的首选处理方法是

---

148. AP 3/1990 paper 7. 国际证监会组织的观察员参与了这次投票。

* 指不局限于美国。——译者

149. 1990 年 1 月 23 日 Cherry 给 Cairns 的信。美国证监会的首席会计师 Edmund Coulson 在 1990 年 2 月 1 日写给 Cairns 的信中评价 Cherry 的信称，"我基本同意这些观点"。IASC archive, "Comparability" file.

150. 此计数仅基于 139 封公开评论函。

151. Cherry 给 Walters 的信，1990.03.14，IASC archive, "Comparability" file。

将开发支出（development costs）和借款开支（borrowing costs）直接费用化，允许的替代处理方法是将其中满足一定条件的部分确认为资产。在这两个问题上，IASC 理事会都受到了来自两方面的批评。在理论层面，有人认为这一建议不符合 IASC 自己的框架，而且一个在理论上站得住脚的方案不该只是"允许"资本化，而应该是"要求"满足相关条件的项目作资本化处理。在实务层面，这一建议受到了开发支出较高或自建资产投资较多的企业的批判。[152] 由于这两方面的批判都不局限在某个特定地理区域，而且相关理论观点也难以忽视，因此 IASC 理事会改变了立场。虽然许多意见反馈者只是建议简单地将首选处理方法和允许的替代处理方法进行对调，但指导委员会和 IASC 理事会更进一步，消除了直接将满足资产确认条件的项目作费用化处理的选项。[153]

9.3.3.4　意向公告中的其他变化

根据 E32 的要求，企业若使用了允许的替代处理方法，则应披露受影响的资产负债表和利润表项目在首选方法和替代方法之下的差异。然而 1989 年，当 IASC 在全球范围内组织了大量的关于 E32 的讨论之后，大家越发清晰地发现，这个要求是站不住脚的。众多评论函也清楚地表明了这一点。[154] 在 1989 年 10 月的 IASC 理事会会议上，包括荷兰、德国和法国公共会计师行业在内的几个代表团报告称，他们国内的同行强烈反对这种差异调整（reconciliation）披露要求。此外还有人认为，差异调整披露要求实际上是该由证券市场监管机构负责的问题，而不是准则制定机构应当负责的问题。国际证监会组织（IOSCO）的代表表示同意。他们指出，一旦国际证监会组织（IOSCO）认可了 IASC 的准则，国际证监会组织（IOSCO）的成员机构可以自己要求未采用首选处理方法的企业披露两种会计方法的

---

152. 我们可以推测理论层面和实务层面的观点分别来自哪里。澳大利亚会计研究基金会（AARF）和南非特许会计师协会（SAICA）等类似组织对 IASC 框架的基础存有异议，而经济团体联合会（Keidanren，日本）和 Hydro Québec 公司（加拿大）等则看重实务问题。然而也有很多（代表实务界的）企业和企业协会（例如加拿大银行家协会）对 IASC 的概念思想和框架提出质疑。参见 E32 comment letters, bound volume.

153. IASC board meeting of 7–9 March 1990, minute 4.

154. 例如，可参见 David Cairns 针对 1989 年 4 月 26 日与 OECD 工作组的会议和 1989 年 6 月 27—29 日的英国会议所做的笔记，分别归档于 1989 年 5 月 10 日和 1989 年 8 月 9 日的 IASC archive, "Comparability" file.

第 9 章 IASC 着力提升准则质量：框架、可比性与改进项目

差异。[155] 在准则中规定差异调整披露事项本身是有益的，但是"如果 E32 中的这一规定使它难以被接受和执行，那么 IASC 可以将该规定删去；只要 IASC 明确了基准会计处理方法，国际证监会组织（IOSCO）就没什么可顾虑的了"。[156] 在国际证监会组织（IOSCO）的鼓励下，IASC 理事会于 1990 年 3 月取消了差异调整披露要求。[157]

许多意见反馈者对 E32 中"首选的处理方法"和"允许的替代处理方法"的措辞提出了异议。E32 称，首选处理方法并不一定比替代处理方法更好，但这种表述并不总是能完全被理解或接受。一些公司抱怨说，它们的做法会被贴上二流的标签，其他意见反馈者则认为许多首选处理方法并不是更好的。[158] 于是，IASC 理事会在 1990 年 3 月决定采用凯恩斯的建议，恢复"基准"（benchmark）的措辞，这也是沃尔特斯在可比性项目刚开始时所倡导的措辞。[159]

由于经过了太多的修订，意向公告没能像 E32 一样获得全票通过。意大利、日本和韩国的公共会计师行业协会派驻 IASC 的代表团投了反对票和弃权票。可以看出，这意味着今后 IASC 还要面对更多的困难。

9.3.4 改进项目的启动

在可比性项目的早期阶段，IASC 内部有许多人认为，现有的准则在取消大部分会计规则可选项后，一定会被国际证监会组织（IOSCO）接受。然而，随着项目的推进，随着 IASC 与国际证监会组织（IOSCO）和各证

---

155. 2004 年 10 月 8 日作者与 Paul Cherry 的访谈记录。

156. "Unofficial Secretariat Notes of Discussions at the Board Meeting Held in New York on 23rd and 24th October, 1989" 2–3, IASC archive, "Comparability" file.

157. IASC 的会议纪要中并没有记录这一决定，但可以推断出这一事项是在 1989 年 10 月暂定的，而后于 1990 年 3 月被确认。参见 "Unofficial Secretariat Notes of a Meeting at the European Commission, 15 December 1989", David Cairns 编写的备忘录, 1989.12.22, IASC archive, "Comparability" file. Henk Volten, "Het IASC en de regelgevers", *De Accountant*, 96/6 (1990.02.06), 309, 其中写到, IASC 主席 Barthès 曾在 1989 年 11 月的公开演讲中暗示 IASC 不会强制要求差异调整。关于 IASC 将在 1990 年 3 月的会议上决定是否要求披露差异调整的观点, 参见 "IASC Comparability Climbdown", *World Accounting Report*, 1990.03, 2。

158. 参见秘书处笔记"E32, Comparability of Financial Statements", 1990.01, IASC archive, "Comparability" file。

159. IASC board meeting of 7–9 March 1990, minute 4.

413

券监管机构的联系不断加强,也随着国际证监会组织(IOSCO)开始更明确地表达自己的观点,IASC 发现,只是完成可比性项目,显然并不足以说服国际证监会组织(IOSCO)接受 IASC 的准则。1988 年 11 月,国际证监会组织(IOSCO)举行的年度会议,就传达了一个特别明确的信号(请参阅第 10.4 节)。会议通过了一项决议,鼓励 IASC "继续删减会计规则可选项,并确保其准则足够详细和完整,包含充分的披露要求,并且确保满足财务报表使用者的需求"。[160]

IASC 考虑到以上这些以及其他信号,尤其是美国证监会(SEC)释放的信号,遂在 1989 年 4 月于布鲁塞尔召开的 IASC 理事会会议上对其工作计划进行了深入讨论。[161]基于凯恩斯提交的一份篇幅很长的文件,IASC 理事会认识到自己必须要做三件事。首先,IASC 理事会必须继续实施可比性项目。其次,根据国际证监会组织(IOSCO)的会议决议,IASC 理事会必须改进所有的现行准则,而不仅仅是受 E32 影响的那些准则,以确保所有的准则都"足够详细和完整,包含充分的披露要求"。最后,IASC 理事会需要着手解决现有准则尚未涵盖的问题,以填补空白。[162]IASC 理事会决定将前两项任务委托给一个新的指导委员会。这个项目就是改进项目,本章将对此进行讨论。在 20 世纪 90 年代余下的时间里,尝试填补准则中剩余的空白主导了 IASC 的技术议程。由此产生的新准则将在第 11 章中展开讨论。

尽管改进指导委员会在 1989 年 4 月时计划在 1992 年年底前完成该项目,但实际上该指导委员会直到 1990 年 9 月 IASC 公布意向公告之后,才启动改进项目的工作。[163]拉尔夫·沃尔特斯本计划担任改进项目的指导委员会的主席,但在 1990 年 9 月项目启动之前,主席职位移交给了保罗·谢里。当时,谢里已经从加拿大安大略省证券委员会(OSC)返回永道会

---

160. *Annual Report 1988*, International Organization of Securities Commissions, 8.

161. AP 4/1989 paper 22, p.4,子标题为"A recent Policy Statement of the U.S. Securities and Exchange Commission"和"similar comments from other regulators and the international business community"。

162. AP 4/1989 paper 22;IASC board meeting of 12–14 April 1989, minute 11(1).

163. 在 Cor Regoort 于 1990 年 9 月 25 日编写的备忘录"Vergadering Steering Group Improvements ... Toronto 17 en 18 september 1990"中,1990 年 9 月的会议被称为指导委员会的第二次会议。见 NIVRA archive,CAJ-IASC(1990.03—1990.12),167。1989 年可能还安排过一次筹备会议。1989 年会议的计划可见于"Notes on a Meeting with John Denman and Ron Salole, CICA, Toronto, 13th March, 1989",IASC archive,"Comparability" file。

第 9 章　IASC 着力提升准则质量：框架、可比性与改进项目

计公司，并成为加拿大公共会计师行业派驻 IASC 代表团的成员。除了谢里，指导委员会成员还包括来自日本公共会计师行业的德永忠昭（Tadaaki Tokunaga）和沢悦男、来自约旦公共会计师行业的福阿德·阿拉丁、来自荷兰公共会计师行业的约翰·范·黑勒曼（Johan van Helleman）、来自英国公共会计师行业的罗恩·帕特森（Ron Paterson）以及他们的技术顾问。国际证监会组织（IOSCO）也派出了一个包含多达五名观察员的代表团。未曾向可比性指导委员会派出观察员的欧盟委员会，这次也派了代表。[164]

9.3.5　改进项目的范围

1990 年 11 月，IASC 理事会讨论并通过了改进指导委员会雄心勃勃的工作计划。[165] 其中第一个也是最直接的任务，是实施意向公告中设想的变革。第二个则是更为困难的任务，即重新审议所有的准则，并在必要时阐明和扩充准则的实施指南，以保证"不同的企业在应用准则时能够让相似的交易和事项形成大体相似的会计结果"——这也是国际证监会组织（IOSCO）的主要关注点。但实际上对于如何实现这一目标，谁都没有固定答案，因此这个任务处理起来并不容易。最后，指导委员会的第三个任务是对所有准则的格式和风格进行统一修订，以消除不一致之处，并使这些准则与框架中使用的措辞保持一致。格式修订的另一个目的是消除 IASC 之前的模糊措辞。诸如"可取的"（desirable）、"常用的"（commonly used）等字眼，将修改为明确的用词。

1990 年 11 月，理事会决定在 1993 年 4 月之前修订 19 项准则。其他未纳入修订范围的现有准则，要么是最近公布的准则（如 IAS 29），要么是与跨国上市公司没有直接关系的准则（如关于退休福利计划的 IAS 26），再要么是将在其他项目中处理的准则（如作为金融工具项目之组成部分的 IAS 25）。要在 1991 年 2 月到 1993 年 4 月期间的 7 次理事会会议上完成 19 项准则的修订以及征求意见的流程，这是一个巨大的挑战。指导委员会在制订工作计划时发现，要想按时完成任务，几次 IASC 理事会会议上至少要讨论或批准通过 7 份征求意见稿或最终准则。大家很快就发现这是不可能

---

164. 随着时间发展，来自加拿大、法国、英国和美国的几位国际证监会组织观察员也参与了会议。Karel Van Hulle 是欧盟委员会的第一位观察员，其继任者是 Leo van der Tas。

165. 本段引言摘自 AP 11/1990 paper 14。

的。1991年1月，凯恩斯提请IASC理事会注意，"改进项目的工作量和复杂性远远超出了预期"，所有准则的修订要花费的时间将"比原先设想的长得多"。IASC除改进项目之外的其他所有项目的工作人员都暂停了自己的工作过来帮忙，只有金融工具项目是个例外，因为那个项目的人手都是由加拿大特许会计师协会（CICA）提供的。[166] 尽管如此，改进项目的实际进度仍远远落后于原计划，这导致项目计划时间表被反复修改。[167] 意向公告中未提及的准则修订项目先是被推迟，之后便从改进项目中完全删除了。最终，改进项目仅限于修订意向公告所涵盖的10项准则。即便如此，IASC仍必须使出十分的干劲，才能在1993年年底之前完成这项缩减后的任务。

9.3.6 "一揽子计划"实施完毕

IASC将E32和意向公告打了包，一起进行处理。主席怀亚特尤其坚持这一做法，事实证明，这种做法的确非常重要。[168] 这样一来，各国公共会计师行业派驻IASC的代表团就会约束自己在个别准则上做出让步，这是实现大幅削减会计规则可选项所必需的。同理，最终修订后的准则也应该打包，一次性批准通过。然而，鉴于意向公告还遗留有三个问题需要再行考虑，IASC理事会需要先确定在这些问题上的最终立场，然后才能明确打包处理的内容。[169]

在1991年2月至1992年3月，IASC理事会批准公布了意向公告所影响的十项准则中的八项的征求意见稿。包括三项需要重新审议的问题在内，所有的征求意见稿都与意向公告的立场一致。然而，在1992年6月的会议上，很明显存货和借款开支的准则陷入了困境。德国、意大利、日本和韩国公共会计师行业代表团对这些准则持保留意见，开始联合成为强劲的反对派。这四个代表团在传统上都非常看重会计信息的审慎性，因为这

---

166. Cairns致理事会代表和技术顾问的短笺，1991.01.11，AP 2/1991，unnumbered paper。

167. 截至1991年11月，只有6份征求意见稿获批通过，而1990年11月的工作计划是要完成12份征求意见稿。关于工作计划的修改，可参见"Comparability of Financial Statements—Revised Implementation Programme"，*IASC Insight*，1991.07，2-3；"IASC Work Programme—1992/93 Plans"，*IASC Insight*，1991.12，6-9。

168. 2004年10月8日作者与Paul Cherry的访谈记录，以及2003年10月18日与Ralph Walters的访谈记录。

169. 关于一揽子计划投票问题的概要，参见"Comparability—A Critical Stage"，*IASC Insight*，1992.07，1；AP 10/1992 paper 4。

第 9 章　IASC 着力提升准则质量：框架、可比性与改进项目

些国家的财务报告与税收之间有密切的联系。

IASC 理事会原来就已经注意到了这些保留意见，但迄今为止的投票结果显示，这些代表团在某种程度上和所有其他代表团一样，在考虑到可比性与改进项目的总体目标之后，倾向于保留自己的反对意见。意大利、日本和韩国的公共会计师行业曾对意向公告投反对票或弃权票，理由与三项需要重新讨论的准则有关。韩国和日本的公共会计师行业曾投票反对关于存货的征求意见稿（E38）。有一个代表团（可能是日本公共会计师行业）还投票反对利息支出的征求意见稿（E39）。开发支出的征求意见稿（E37）是全票通过的。在德国会计界，后进先出法直到 1990 年才被普遍接受，且仅用于征税目的。德国表达了自己的反对意见，但在实际投票时全都投了赞成票。[170]

然而，在 1992 年 4 月，人们突然得知，国际证监会组织（IOSCO）赞成保留后进先出法（参见第 10.7 节），这对于上述有异议的四个公共会计师行业的代表团无疑是一种鼓励。[171] 1992 年 6 月，初步投票结果显示，存货和借款开支的准则没能获得 14 票中的 11 票赞成票，将无法通过。[172] 因此，在拟于 1992 年 10 月举行的下一届会议上，IASC 理事会不得不重新考虑改进项目的打包内容。

因为利害攸关，也由于投票结果的不确定性，1992 年 10 月的 IASC 理事会会议颇具悬念。[173] 尤其是在后进先出法的问题上，人们对美国公共会计

---

170. 投了反对票的代表团名字没有在理事会会议上被记录下来。我们根据如下文件复盘了投票结果："Bijeenkomst in Milaan van de IASC-Board 10 tot 14 juni 1991"，Cor Regoort 撰写的备忘录，1991.06.28，NIVRA archive, file CAJ-IASC, 220；2005 年 6 月 10 日 David Cairns 与作者的沟通；理事会会议前收到的评论函（IASC archive，与 1991 年 6 月议程文件一起归档）。关于后进先出法在德国的使用情况，参见 Dieter Ordelheide and Dieter Pfaff, *European Financial Reporting: Germany*（London: Routledge, 1994），147。

171. 1992 年 4 月，Wyatt 总结到，国际证监会组织对这一问题的干预"可能会使我们改变立场"。参见 1992 年 4 月 29 日，Wyatt 给 Cairns 的信，IASC archive, file "Arthur Wyatt"。随后的一份秘书处备忘录（AP 6/1992 paper 7）报告称，改进指导委员会的少数成员（包括国际证监会组织观察员）认为应该将后进先出法作为允许的替代会计处理方法保留下来。《IASC 洞察》1992 年 12 月 1 日的文章"Comparability of Financial Statements"指出，"IOSCO 也强烈支持保留后进先出法"。回顾这段历史时，David Cairns 声称"如果国际证监会组织没有在最后一分钟发出消息，我相信投票结果就会是另一个样子了"。David Cairns，"IOSCO Member's Attack on IASC was Ill-Conceived"，*Accountancy*，122/1262（1998.10），62。

172. IASC board meeting of 16–18 June 1992, minutes 4–5.

173. "Comparability—A Critical Stage"，*IASC Insight*，1992.07，1；Georgette Thompson，"The Crunch Comes for International Harmonization"，*Accountancy*，110/1190（1992.10），90.

师行业派驻 IASC 的代表团的观点颇有兴趣。众所周知，在美国和德国，后进先出法会带来类似的税收效果（tax consequences）。尽管美国公共会计师行业派驻 IASC 的代表团并未表示将投票反对废除后进先出法，但并不是每个人都敢自信地预测美国会默许这一提案。1992 年 3 月，财务会计准则委员会（FASB）主席贝雷斯福德曾提出，废除后进先出法将会对美国企业界造成"毁灭性的打击……美国企业可能会认为，以牺牲后进先出法的税收利益为代价来追求会计国际协调，是不值得的"。鉴于 IASC 若想公布一项准则，最多只能有三个公共会计师行业代表团投反对票，因此，贝雷斯福德预测，"IASC 将很难废除后进先出法"。[174] 美国注册会计师协会（AICPA）在对 E38 的评论函中称，由于未能就最终准则是否应当禁止后进先出法达成共识，该协会只能提请 IASC 注意，一旦禁令出台，"美国公司在实施中将面临相当大的困难"。[175] 金融分析师行业派驻 IASC 的代表团支持取消后进先出法，但它发现美国的金融分析师行业却持相反意见——美国的金融分析师行业认为，基于后进先出法的利润数据对于预测现金流量更为有用。[176]

然而，在 10 月的理事会会议上，与意大利、日本和韩国的公共会计师行业派驻 IASC 代表团一起出面阻止废除后进先出法的，并不是美国公共会计师行业代表团，而是德国公共会计师行业代表团。德国公共会计师行业代表团的立场不仅仅与税收方面的考虑有关。他们还提出，既然 IASC 还要求披露后进先出法与基准处理方法之间的差异，那就意味着，从投资者的角度来看，没什么必须废除后进先出法的理由。此外，德国公共会计师行业代表团内部对 E32 和意向公告一边倒地偏袒英美公共会计师行业的会计惯例的倾向，有一种更普遍的不满情绪。[177] 其实这种观点是大可质疑的，例如，根据财务会计准则委员会（FASB）主席丹尼斯·贝雷斯福德的

---

174. 作者与 Dennis Beresford 的访谈记录, no title, *Controllers Update*（IMA）, no. 87（1992.03）, 4。

175. 美国注册会计师协会会计准则执行委员会的 Norman N. Strauss 写给 Cairns 的信, 1992.01.22, IASC archive, E38 comment letters。

176. Patricia McConnell 给 David Damant 的信, 1991.06.05, pre-board comment letters filed with AP 6/1991。

177. Heinz Kleekämper, "Rechnungslegung aus der Sicht des IASC", in Baetge（editor）, *Die deutsche Rechnungslegung vor dem Hintergrund internationaler Entwicklungen*, 56–57。另见 Herbert Biener, 'Bedeutung und Chancen der IASC-Vorschriften als internationale Rechnungslegungsnormen', in Dietrich Dörner and Peter Wollmert（editors）, *IASC-Rechnungslegung: Beiträge zu Aktuellen Problemen*（Düsseldorf: IDW-Verlag, 1995）, 17–18。

第9章　IASC着力提升准则质量：框架、可比性与改进项目

说法，E32将是IASC首次编写出来的与美国证券市场上的会计准则大相径庭的国际会计准则。[178]但真正重要的恰恰是这种观感，它促使德国公共会计师行业代表团紧紧抓住机会，跟其他几个公共会计师行业代表团一起，形成了一个反对派联盟。结果，IASC理事会于1992年10月批准了IAS 2的修订版，将后进先出法重新列为允许的替代处理方法。

后进先出法的变化过程相当引人注目，是因为它本身就是一个众所周知、内容鲜明的问题，而且美国公共会计师行业的不寻常立场也让这个问题变得更加有趣。但其与借款开支和开发支出资本化的问题，仅仅存在程度上的区别，而不是性质上的区别。还是在1992年10月的那次IASC理事会会议上，与会者发现取消借款开支费用化这一会计规则可选项的提案同样缺乏足够的支持。因此，IASC对《国际会计准则第23号：借款开支的资本化》进行了修订，然后再行公布。修订版准则的基准处理方法是将借款开支直接费用化，允许的替代处理方法是将符合条件的借款开支资本化。这与意向公告的立场正好相反，意向公告当初建议的是取消直接费用化这一可选项。但是，与后进先出法的情况不同，借款开支的问题存在可协调的空间。在1992年10月公布最后的立场之前，IASC理事会早在6月就决定要修改"符合条件的开支"（qualifying costs）的标准，以强调资本化属于例外情况。[179]跟后进先出法的表决一样，德国和日本公共会计师行业代表团的意见相同，都支持限制资本化规则的应用，因为这更符合它们国内的会计惯例。这一次，德国和日本公共会计师行业代表团得到了北欧联盟和英国公共会计师行业代表团的支持。但美国公共会计师行业代表团反对这一提议，认为这将会保留IAS 23中关于资本化的自由选择权。[180]

IASC对开发支出资本化问题的处理更是没有掀起多大水花。在这个问题上，IASC表面上继续保持意向公告的立场不变。修订后的《国际会计准则第9号：研发支出》（IAS 9）要求企业对满足特定条件的开发支出进行资本化处理。德国公共会计师行业代表团以不审慎为由，一直是反对资

---

178. Dennis R. Beresford, "What's the FASB Doing about International Accounting Standards?", *Financial Executive*, 6/3（1990.05/06），23. Beresford提到了后进先出法的废止、商誉五年摊销期的提案、使用完成合同法的限制条件以及将长期货币性项目的折算差额计入损益的要求。

179. AP 10/1992 paper 9.

180. Pre-board comment letters filed with AP 10/1992.

— 419

本化规则的，但这次却觉得认可一回也无妨，因为 IAS 9 已经确保资本化规则的适用条件足够严格。[181] 可以说，从本质上讲，修订后的 IAS 9 与修订前一样，仍然赋予了企业很大的自由选择权。归根结底，是否符合以及如何满足资本化标准，是由企业自己决定的。

10 月份的 IASC 理事会会议正式决定对意向公告中的一揽子计划所列示的后进先出法和借款开支的相关修改方案进行修订，然后再按照新的一揽子计划重新启动工作。这一次，由于方案保留了后进先出法，英国公共会计师行业代表团投了反对票。[182]IASC 理事会还决定十项准则都需要有 11 票赞成才能通过，而且直到十项准则全部获得批准之后，才会一起生效。[183]

在某种程度上，E37、E38 和 E39 的处理过程，只是 IASC 通过妥协和调整来获取必要支持这一惯用方式的延续。但是，这三项准则有一种象征性的意义，使得它们具有过去的准则所无法比拟的重要性。这三项准则在意向公告中被单独列为一组，三者的讨论结果都是在 1992 年 10 月召开于芝加哥的 IASC 理事会会议上产生的，这三项准则的核心反对者都来自同一组非英语国家。所以自然地，可以把这三项准则的决议视为非常重要的转折点。正如德国公共会计师行业代表海因茨·克里卡纳尔（Heinz Kleekämper）所说的，德国公共会计师行业和"一小群盟友最后一次成功地拯救了后进先出法"，并阻止了开发支出和借款开支资本化的趋势。但在 E32 公布时他就知道，"事实上，英美公共会计师行业一直稳操胜券，它们作为多数派掌握着决定权，早就赢得了这场战斗"。[184]

---

181. 2004 年 7 月 14 日作者与 Heinz Kleekämper 的访谈记录。

182. Cor Regoort（荷兰代表团的观察员）编写的备忘录"Het IASC zet een belangrijke stap voorwaarts in de 'windy city'"，1992.10.29，NIVRA archive, file CAJ-IASC，308。

183. IASC board meeting of 7–9 October 1992, minute 3. 事实上，在理事会会议前后，关于一揽子计划要如何进行表决，大家还有些不确定。参见 1992 年 8 月 19 日 Wyatt 给 Cairns 的信（file "Arthur Wyatt"），1992 年 9 月 2 日 Cairns 给 Shiratori 的信（file "Shiratori"），1993 年 1 月 14 日 Gilbert Gélard 给 Cairns 的信与 1993 年 1 月 14 日 Cairns 给 Gélard 的信（file "France"），全部归档于 IASC archive。

184. Kleekämper, "Rechnungslegung aus der Sicht des IASC", 57. 对这些事项的类似观点可见于 Wienand Schruff, "Die internationale Vereinheitlichung der Rechnungslegung nach den Vorschlägen des IASC—Gefahr oder Chance für die deutsche Bilanzierung?", *Betriebswirtschaftliche Forschung und Praxis*, 45/4（1993.07），405–6。

第 9 章　IASC 着力提升准则质量：框架、可比性与改进项目

9.3.7　十项修订后的准则

1993 年 11 月，随着十项需要修订的准则中的最后一项获批公布、一揽子计划进入最后表决，改进计划便宣告完成了。在最后的投票中，日本公共会计师行业代表团投了反对票，但强调它对于修订后的准则是支持的，并再次承诺将尽最大努力确保公开的财务报表遵从这些准则。[185] 这十项修订后的准则分别是国际会计准则第 2 号（存货）、第 8 号（异常项目、前期项目及会计政策变更）、第 9 号（研发支出）、第 11 号（建造合同）、第 16 号（不动产、厂场和设备）、第 18 号（收入确认）、第 19 号（退休福利）、第 21 号（汇率变动影响）、第 22 号（企业合并）和第 23 号（借款开支）。

当然，主要的变化还是根据 1992 年 10 月 IASC 理事会决议对意向公告的立场的修改，取消了一些会计规则可选项，或者将一些会计规则可选项指定为了允许的替代处理方法。准则发生的另一个重要变化是，在国际证监会组织（IOSCO）的号召下，准则中大幅扩展了披露要求。此外，准则的格式也进行了修订。在此之前，IASC 的准则由两个独立部分组成：一是以粗体字显示的"准则"部分；二是附在准则部分之后的以常规字体显示的"解释"部分，包括定义、背景材料，有时还有执行指南等内容。在新格式中，以粗体字显示准则和以常规字体显示解释的惯例被保留了下来，但现在解释材料直接印在了相应的粗体字段落后面。

解释性材料的范围也有所扩大，包括了一些原准则未覆盖事项的指南。例如，新的《国际会计准则第 21 号：汇率变动影响的会计处理》现在对收购外国实体所产生的商誉问题进行了规范，新的《国际会计准则第 22 号：企业合并的会计处理》讨论了分步收购的会计处理。这些新增的指南有很多都是由国际证监会组织（IOSCO）派往改进指导委员会的代表提出来的。[186] 其中有一些会计处理方法源自欧洲会计界，例如在存货可变现净值恢复时，可以将以前期间计提的存货跌价准备转回。[187] 但是，由于所有的这些新增内容都是以常规字体显示的，没有加粗，所以，对于这些描

---

185. IASC board meeting of 2–5 November 1993, minute 6.
186. 关于 IAS 22 的新资料，参见 AP 11/1991 paper 1。
187. P.G., "Les normes révisés IAS 2, 9 et 23 prennent en compte l'approche européenne", *Revue Française de Comptabilité*, 1993.04, 23–24.

述是否具有强制力，认识分歧可能会持续存在。国际证监会组织，特别是美国证监会认为遵守 IASC 准则就应该同时遵守其中的"灰色（即未加粗）字体"（grey-lettered）和"加粗黑色字体"（black-lettered）部分。IASC 工作人员也对这种观点表示认可，而有几个公共会计师行业协会派驻 IASC 的代表团则认为二者的地位有所不同。[188]IASC 在《国际会计准则公告序言》中没有提及这种字体格式上的差异。直到 IASC 解散，IASC 准则的使用者仍然无法确定两者到底有多大差异。[189]

1994 年，IASC 对未列入改进项目的那些准则的格式进行了调整。这是一项有限的操作，只是为了确保所有准则都遵循相同的格式，即在粗体字准则中间穿插相应的常规字体解释和进一步的指南。凯恩斯对 IASC 理事会成员进行了严肃警告，劝告他们在现阶段应当抵制任何试图"修改准则内容"的想法的诱惑。[190]

主要由于解释性材料的扩充和附录中示例的增加，这十项准则修订后的总长度比修订前增加了 70%。[191] 而它所提供的操作指南是否满足了国际证监会组织（IOSCO）的要求，就不那么确定了。1991 年，IASC 的技术主管布里吉德·库兰从 IASC 理事会的角度总结了改进项目的关键困难："我们无从知晓修改到什么程度才能停止对准则的修订工作。国际证监会组织（IOSCO）给我们的官方建议是'国际会计准则要想被采纳就需要达到一定的质量标准'。不幸的是，至于要达到什么样的质量标准，仍然存在很大的分歧。"[192] 国际证监会组织（IOSCO）的代表（尤其是来自北美的代表）以其技术专长而受到尊重，所以 IASC 也很重视这些代表对其所在国家的证券监管机构能否认可各项准则的看法。然而最终 IASC 意识到，国际证监会组织（IOSCO）的代表的意见也都是个人观点，并不代表国际证监会

---

188. Paul Cherry 给作者的备忘录（2004.10.08），2006 年 6 月 20 日 David Cairns 与作者的沟通，2004 年 12 月 1 日作者与 Johan van Helleman 的访谈记录。理事会代表团的一名成员支持两种字体的不同地位，他的观点被摘录于"IASC Changes Valuation Rules"，*World Accounting Report*，1998.10，2。

189. Paul Pacter, "It's All Black and White"，*World Accounting Report*，2000.05，9。

190. IASC board meeting of 1–4 November 1994, minute7；Cairns 给理事会代表及技术顾问的信，1994.01.07，IASC archive, file "Board/Executive Committee Mailings"。

191. 修订后准则的总长度从 115 页增加到 196 页。

192. AP 11/1991 paper 1, p. 3.

第 9 章　IASC 着力提升准则质量：框架、可比性与改进项目

组织（IOSCO）的立场。[193]

9.3.8　改进项目完成后的平淡反应

对于改进项目这样一个（与可比性项目一起）占据 IASC 的工作重心约有七年之久的重要项目，IASC 宣告该项目大功告成的方式却相当低调。在十项修订版准则最终批准之后，1993 年 12 月出版的《IASC 洞察》的第 2 页列示了最后一次 IASC 理事会会议的处理项目清单，其中简要提到该项目已经完成了。再就是第 8 页，在要批准的最后两项准则的摘要之前，IASC 以事态陈述的形式描述了改进项目的结束。[194] 专业媒体也没有对改进项目的完成进行广泛的报道。确实有一些相关的常规报道，但这些报道很难说是将改进项目视为了一个具有里程碑意义的项目。[195] 到了 1993 年年底和 1994 年年初，人们普遍认识到，改进项目的完成并不是决定事件发展的关键，国际证监会组织（IOSCO）对 IASC 准则的认可才是最重要的，而改进项目的完成绝不能保证国际证监会组织（IOSCO）认可这些准则。[196]但是，IASC 候任主席阿瑟·怀亚特 1989 年的观点确实是对的：可比性项目"很可能会成为 IASC 历史上的分水岭"。[197] 然而事实证明，这个转折点的标识，是该项目的开始，而不是该项目的结束。

9.4　其他项目

以下几个小节将讨论 20 世纪 80 年代末到 90 年代初的其余项目，这些

---

193. AP 11/1991 paper 1, p. 3；2004 年 12 月 1 日作者与 Johan van Helleman 的访谈记录，以及 2003 年 6 月 8 日与 David Cairns 的访谈记录。

194. "Approval of Ten Revised Standards Completes Project"，*IASC Insight*，1993.12，8. 1993 年 11 月发行的《IASC 更新》(*IASC Update*) 也通报了项目的完成情况，语气同样非常冷静。

195. 例如，可参见 "IASC Completes Comparability Project, Receives IOSCO Endorsement"，*Journal of Accountancy*，177/1（1994.01），23。文章标题中国际证监会组织的认可与 IAS 7 有关。

196. 关于十项修订后准则的分析，参见 Jan Klaasen and Johan van Helleman，"Het IASC en internationale vergelijkbaarheid van jaarrekeningen"，*De Accountant*，100/9（1994.05），626–30；James R. Peterson，"Bourse Regulators Endorse IASC Cash-Flow Standard"，*Corporate Accounting International*，no. 42（1993.11），1。

197. Arthur Wyatt，"International Accounting Standards: A New Perspective"，*Accounting Horizons*，3/3（1989.09），107。

项目同可比性与改进项目没有直接关系。

9.4.1 现金流量表：IAS 7 的修订

如第 9.2.1 节所言，IASC 在 1985 年时还认为没有必要对《国际会计准则第 7 号：财务状况变动表》（IAS 7）进行修订。然而，在可比性项目期间，IASC 改变了看法。当可比性指导委员会在现有准则中每个重要会计规则可选项上确定立场的时候，它发现实际上 IAS 7 本身就是一个自由选择空间很大的可选项。该准则的关键表述（第 22 段）为："企业或企业集团在列报其财务状况变动表时，应当采用在当前情况下最有助于提供信息的方式列报。"1985 年以前，IASC 理事会或许还能接受这种程度的灵活性，但在可比性项目的新视角下，这种灵活性显然是不合时宜的。可比性指导委员会建议 IASC 理事会对 IAS 7 进行修订，但同时也表示其自身无法单独承接这项任务，因为如果想取消这个自由选择空间很大的可选项，就需要彻底地重新编写该准则。可比性指导委员会只负责确定哪些会计规则可选项需要被剔除，并不适合直接插手准则编写工作。[198]

因此，IASC 理事会于 1989 年 4 月设立了一个单独的指导委员会来修订 IAS 7，由南非公共会计师行业的彼得·威尔莫特担任主席。[199]《征求意见稿第 36 号》（E36）很快就在 1991 年 2 月获得了批准，随后在 7 月份公布。1992 年 10 月，修订后的准则以全票获得通过。[200]

自 1977 年 IAS 7 的最初版本公布以来，在很多国家（尤其是英语国家）出现了一种趋势，即从基于营运资本的财务状况变动表（statement of changes in financial position）或称资金来源和运用表（statement of sources and application of funds）逐渐转变成了基于现金流量的报表。[201]1987 年 11 月公布的《财务会计准则公告第 95 号：现金流量表》（FAS 95）并不是这一趋势的第一个里程碑，却是其中最著名的里程碑。[202]FAS 95 引入了一种基于现金而非

---

198. AP 3/1988 paper 4.
199. 指导委员会的其他成员分别是 Jens Elling（丹麦）、K. V. Jamias（菲律宾）和 A. C. Sondhi（财务分析师）。
200. IASC board meeting of 27–8 February 1991, minute 3, and of 7–9 October 1992, minute 2.
201. 对修订 IAS 7 的讨论可以参见 "Cash Flow Statements", *IASC Insight*, 1991.07, 5–9。
202. 其他发行过现金流量准则的国家有澳大利亚（1983 年）、加拿大（1985 年）、新西兰（1987 年）以及英国（1991 年）。

第 9 章　IASC 着力提升准则质量：框架、可比性与改进项目

基于营运资本的报表，并将报表划分成了经营活动、投资活动和筹资活动产生的现金流三个部分。20 世纪 90 年代初，其他国家也已经公布或正在编写类似的以现金为基础的准则。与 FAS 95 一样，修订后的 IAS 7 规范了基于现金和现金等价物的现金流量表，并同样将报表划分成了三个部分。除这些主要特征之外，其他方面继续存在不同的观点。观点的差异既存在于各国国内，也存在于国家之间。就美国证券市场上的公认会计原则来看，FAS 95 允许企业在列报经营活动现金流量时选择使用直接法（direct method）或间接法（indirect method）。而不同国家的会计惯例对于股利支付应当划分为哪一类的现金流量，也存在不同观点。面对这些差异，IAS 7 干脆就允许企业在其中几个事项上自行做出选择。除此之外，IAS 7 在许多方面都提供了明确的指引。从这个角度来讲，修订后的 IAS 7 与最初版本截然不同，俨然成为 IASC 改革的典范。修订后的 IAS 7 比之前的版本要严谨得多，内容与 FAS 95 非常接近。事实上，在 1993 年 10 月，IAS 7 成了第一个被国际证监会组织（IOSCO）认可的、可以在国际上市公司中使用的 IASC 的准则（请参见第 10.8.4 节）。

9.4.2　发展中国家的问题

几乎从一开始，IASC 就因其准则没有顾及发展中国家的需求而受到了批评。不过这种批评在某种程度上有失公允，因为在实践中，发展中国家的会计界比那些在 IASC 理事会中派驻代表的发达国家的公共会计师行业，更愿意采用 IASC 的准则。尽管如此，批评的声音还是时不时地就会出现。在本节中，将会讨论 IASC 对这种批评的两项回应：一是关于恶性通货膨胀经济体中财务报告的准则（IAS 29）；二是现已中止的关于发展中国家和新兴工业化国家的财务报告需求的项目。

9.4.2.1　IAS 29：恶性通货膨胀

1983 年 10 月，IASC 决定在其议程中增加一个"严重通货膨胀经济体中的会计"项目。这么做，是为了回应发展中国家（特别是拉丁美洲国家）的公共会计师行业的请求。[203] 在项目推进过程中，世界银行也表现出了浓

---

203. David Cairns, "Aid for the Developing World", *Accountancy*, 105/1159（1990.03），82; "IASC", *De Accountant*, 90/5（1984.01），296.

厚的兴趣，因为世界银行刚好面临在这方面提供指导的压力。[204] 这次指导委员会中五个成员的所在国大多经历过严重的通货膨胀，尽管对于来自德国的成员来说高通胀已经是很遥远的经历了。该项目的指导委员会主席威廉·查登来自德国公共会计师行业，其他委员分别来自阿根廷、以色列和墨西哥的公共会计师行业。美国公共会计师行业代表也应邀加入，这倒不是因为美国经历过严重通货膨胀，而是为了确保指导委员会能够吸收到项目所需要的技术专长。[205]

该项目形成了《国际会计准则第 29 号：恶性通货膨胀经济体中的财务报告》（IAS 29），该准则于 1989 年 4 月被批准公布。IAS 29 要求，企业若以恶性通货膨胀经济体的货币为基础进行财务报告，则其主要财务报表应以资产负债表日的现行货币单位列报。为此，财务报表中的非货币性项目的金额，应当使用一般价格指数（general price index）进行重述。IAS 29 还提供了更具体的指南，包括价格指数的选择、以前期间对应数据的处理以及对净货币头寸损益的会计处理等。

在不同的发展中国家，IAS 29 的实际意义肯定有很大的区别。在征求意见阶段，IASC 确认了 IAS 29 与许多拉美国家（尤其是阿根廷和巴西）的要求或实务惯例是相符的。但是，IASC 也发现，这些国家中有几个已经自行制定了更为详尽的指南，而其他国家缺乏实际遵从 IAS 29 的笼统要求所需要的专业知识。[206]

IAS 29 对于 IASC 本身而言具有重要意义，它使得 IASC 终于摆脱了在通货膨胀会计方面历尽艰辛却终归徒劳的困局。正如第 5.7 节所讨论的那样，IASC 在这方面的努力于 1981 年达到顶峰，当年 IASC 公布了《国际会计准则第 15 号：物价变动会计》（IAS 15），要求经济规模较大的企业基于现行成本法或一般购买力法进行最低限度的披露。IAS 15 反映了三个群体之间好不容易达成的妥协。这三个群体分别为支持通货膨胀的两种主

---

204. David Cairns 的备忘录 "Notes of a Telephone Conversation with Maurice Mould on Wednesday, 24 July, 1985", undated, IASC archive, "World Bank" file.

205. 指导委员会成员分别为 C. P. García（阿根廷）、A. Fass（以色列）、Jesús Hoyos Roldán（墨西哥）、Ralph Walters（美国）。根据 Walters 的回忆，做出技术贡献的主要是美国代表团的观察员 Paul Rosenfeld。2003 年 10 月 18 日作者与 Ralph Walters 的沟通。

206. AP 6/1985 paper 4；AP 4/1989 paper 4.

第9章 IASC着力提升准则质量：框架、可比性与改进项目

要会计处理方法（现行成本法和一般购买力法）的两个群体和那些根本不认为IASC应该针对该事项公布准则的群体。因为在概念层面上，对通货膨胀和严重通货膨胀并没有明确的界限划分，所以这个新项目可能会导致大家重新讨论一些老问题。事实上，IASC理事会的一些成员认为，IASC应该公布一份修订版IAS 15，覆盖对所有通货膨胀水平的会计处理。然而另一些人提示到，最初版本的IAS 15遵从度很低，这就可能导致一些跨国公司有可能仅仅因为未遵从IAS 15而无法披露其整体上遵循了IASC的准则。[207]1987年，当IASC将其战略中心放在这类跨国公司上时，肯定无法容忍那种情况的出现。于是，IASC理事会逐渐将IAS 15与后来的IAS 29断开了联系。最后，IAS 29并没有直接引用IAS 15，尽管IAS 29中的基本方法与IAS 15中的一般购买力法本质上就是一样的。在准则的标题中，"高通货膨胀"（high inflation）被修改为"恶性通货膨胀"（hyperinflation），这应该是为了强调该准则只适用于最特殊的情况。[208]在IAS 29获批后不久，IASC理事会便在1989年10月决定，不再强制要求企业执行IAS 15。

在IASC的一系列准则中，IAS 29显然属于外围、次要的部分。然而，它却是美国证监会（SEC）1994年所认可的为数不多的几项IASC准则之一，从而具有了额外的重要意义（参见第10.8.7节）。

9.4.2.2 发展中国家的报告需求

1989年4月，就在IAS 29获得通过的会议上，IASC理事会决定设立一个指导委员会，以"全面审查评估发展中国家和新兴工业化国家对财务报告的需求，并探讨IASC能够如何满足这些需求"。[209]IASC理事会任命约旦公共会计师行业的塔拉勒·阿布－加扎利为该指导委员会主席，其他成员包括发达国家和发展中国家的代表，以及联合国和世界银行等国际组织的代表。[210]

---

207. IASC board meeting of 24–7 March 1987, minute 4.
208. IASC board meeting of 1–3 July 1987, minute 3. 在这次会议上，理事会还决定在解释部分定义累计通货膨胀率达到100%的情况为恶性通货膨胀环境。在项目早期阶段，是否将这种定量因素纳入高通胀的定义曾引起激烈的讨论。
209. IASC board meeting of 12–14 April 1989, minute 11(1)(iv).
210. 其他成员分别为 A. A. Dieye（来自塞内加尔，但代表的是法国）、Giancarlo Tomasin（意大利）、Khoo Eng Choo（由 Soon Kwai Choy 接任，代表马来西亚）、E. F. Oke（尼日利亚）、Lorraine Ruffing（联合国）、P. Rashid（世界银行）、J. C. N. Tetley（国际金融公司）、Paul Phenix（国际证券交易所联盟）以及 Juan Herrera（国际会计师联合会）。

来自埃克塞特大学（University of Exeter）的尼日利亚学者 R. S. 奥卢塞贡·华莱士（R. S. Olusegun Wallace）被聘为"国际研究员"，以协助该指导委员会的工作。

在较早的场合，阿布－加扎利就表示自己对 IASC 的既定工作方式怀有疑义，他的指导委员会工作计划草案则试图突破现行的工作流程。根据这项于 1990 年年初传阅的提议，该委员会不仅要处理发展中国家的财务报告问题，还要处理这些国家的会计职业界组织和专业教育问题。[211] 阿布－加扎利的提案可能并没有得到指导委员会的全力支持。[212] 可以预料，该提案在国际会计师联合会（IFAC）和 IASC 中也遭到了相当多的反对。有人指出，毕晓普工作组才刚刚为围绕国际会计师联合会（IFAC）与 IASC 合并的相关讨论画上句号（参见第 7.5 节），阿布－加扎利的此番操作恐怕又将给国际会计师联合会（IFAC）与 IASC 的合并留下后门。阿布－加扎利还提出单独为发展中国家制定会计准则，并建议将当时既不是国际会计师联合会（IFAC）成员也不是 IASC 成员的中国注册会计师行业代表纳入指导委员会，这些提案都遭到了质疑。[213]

鉴于国际会计师联合会（IFAC）的反应和 IASC 成员协会的非正式意见，阿布－加扎利的工作计划草案在 1990 年 3 月的 IASC 理事会会议召开之前就被撤回了。取而代之的是约旦公共会计师行业代表团的一项提案，其中建议 IASC 发起设立一个独立的咨询理事会，以处理发展中国家和新兴工业化国家的报告需求问题。该咨询理事会应由 IASC 以及包括国际会计师联合会（IFAC）和联合国在内的其他组织提供支持。咨询理事会应由 IASC 指导委员会成员、其他国际组织以及发展中国家的公共会计师行业协会的代表共同构成。[214] 尽管 IASC 理事会原则上批准了这一提案，但它的执行需要等待国际会计师联合会（IFAC）和其他可能的支持组织协商出结果，因而该提案实际上被无限期搁置了。根据国际会计师联合会（IFAC）

---

211. AP 3/1990 paper 9.
212. 2006 年 6 月 20 日 David Cairns 与作者的沟通。
213. Henk Volten 编写的备忘录 "Planning Committee IFAC，Curaçao，22 en 23 februari 1990"，1990.02.23，NIVRA archive, file B-Int（1988/1990），56–57。
214. 见 IASC 约旦代表团编写的备忘录 "Study of the Financial Reporting Needs of Developing and Newly Industrialised Countries"，1990.03.07，attached to minutes of IASC board meeting of 7–9 March 1990.

第 9 章　IASC 着力提升准则质量：框架、可比性与改进项目

的建议，IASC 理事会决定让其旗下的发展中国家指导委员会在最初的职权范围内继续运行。[215] 阿布-加扎利随即于 1990 年 6 月辞去了指导委员会主席和约旦公共会计师行业派驻 IASC 代表团成员的职位。[216]

于是，发展中国家指导委员会继续发挥作用。该委员会的主席先是由约旦公共会计师行业代表担任，后又由法国公共会计师行业代表担任。但由于 IASC 的人员和资源都集中到了改进项目上，发展中国家项目便被搁置了。虽然 IASC 理事会在 1992 年曾尝试重新启动该项目的工作，并承诺赋予其较高的优先权，但进展甚微。[217] 1993 年 7 月，该项目突然被终止了。

该项目贯穿始终的一个主要缺陷在于，许多 IASC 理事会成员不认为发展中国家的报告需求需要单独公布准则来处理。[218] 不过，大家倒是一致认为，小型企业或特定行业可能有一些报告需求是 IASC 可以帮忙的。在这方面，IASC 在 20 世纪 90 年代后期取得了成果。在与区域会计机构和其他组织就发展中国家财务报告项目进行协商的过程中，戴维·凯恩斯发现，IASC 关于农业和采掘业的项目将会获得强力支持。[219] 第 11 章将会提到，IASC 也确实顺利完成了这些项目。然而，IASC 从此以后便不得不因"忽视了发展中国家"而时不时地遭到批评。[220]

9.4.3　IAS 30：银行披露

1981 年，IASC 决定暂停其银行财务报表披露项目，以等待官方的

---

215. IASC board meeting of 7–9 March 1990, minute 5; IASC board meeting of 20–2 June 1990, minute 5; AP 6/1990 paper 10.

216. IASC board meeting of 20–2 June 1990, minute 5. 根据 Henk Volten 的说法，Abu-Ghazaleh 在 1990 年 3 月就已经宣布从理事会辞职了。参见 Henk Volten 编写的备忘录 "IASC Board, 7–9 maart 1990, Amsterdam"，1990.03.09，NIVRA archive, file B-Int（1988/1990），59。

217. AP 6/1992 paper 11；IASC board meeting of 16–19 June 1992, minute 13.

218. David Cairns, cited in Pratap Chatterjee, "Survey Examines Need for Special Standards", *Financial Times*，1990.10.18；IASC board meeting of 16–19June 1992，minute 15(d).

219. 见 AP 6/1992 paper 11，该文件特别记录了东中南非洲会计师联合会（ECSAFA）对这些项目的支持。

220. 例如，可参见 Nick Sciulli, "IASC out of Touch", letter to the editor, *Australian Accountant*，63/11（1993.12），8；David Chitty, "Has the IASC Lost the Plot?"，*Accountancy*，121/1257（1998.05），56；"The IASC to Look at Developing Countries"，*World Accounting Report*，1999.02，15。对这种批评的反驳，可参见 David Cairns, "Developing Countries Always on the Agenda"，*Accountancy*，119/1244（1997.04），62–63；以及 Bryan Carsberg 和理事会成员的评论，载于 "Bank Chat: Round Table on International Accounting Standards"，*Accountancy*，121/1258（1998.06），20–21。

（尤其是欧共体的）银行会计监管规则制定完毕（参见第 5.10 节）。1984 年，关于银行财务报告的欧共体公司法指令取得了进展，IASC 受此影响重新启动了银行项目。[221] 欧共体的这项公司法指令在 1986 年获批通过，成为 IASC 的一个重要的参考文件。当然，IASC 也同时借鉴了美国和澳大利亚等国公共会计师行业的实务惯例和监管规则。[222]

IASC 为重启的银行项目设立了一个新的指导委员会，该委员会最初由戴维·霍布森主持，之后由来自都柏林盎格鲁爱尔兰银行（Anglo Irish Bank）的杰勒德·墨菲主持。[223] 作为一名来自业界的会计师，墨菲主持完成了 IASC 的第一项行业性的会计准则。在这一过程中，墨菲见证了 IASC 在 20 世纪 80 年代后半期是如何将其人员基础扩展到公共会计师行业以外，又是如何涉足"基本"范畴以外的准则的。曾在 1976 年邀请 IASC 在银行会计领域迈出第一步的巴塞尔委员会，如今在第二阶段也表现出了浓厚的兴趣。截至 1988 年，巴塞尔委员会已经成立了自己的会计工作组，其中一名代表还参加了 IASC 指导委员会的工作。1990 年，巴塞尔委员会加入了 IASC 的顾问团。[224]

在公布了两份征求意见稿（即 1986 年 11 月批准的 E29 和 1989 年 4 月批准的 E34）之后，IASC 终于完成了《国际会计准则第 30 号：银行财务报表的披露》（IAS 30，1990 年 6 月批准）。虽然第一份征求意见稿普遍受到了好评，但 IASC 内部认为，大量的修订都是为了防止各国监管规则妨碍准则的实际执行。[225]

这项准则最敏感的元素是，它实际上禁止了秘密准备（secret and hidden reserves）的计提。[226] IAS 30 要求将贷款预计损失超出可以具体识别且很可能（probable）发生的损失的部分从留存收益中留拨（第 58 段），以避免负债被高估。因此，尽管 IAS 30 表面上关注的是披露，但它确实对利

---

221. "Disclosures in Financial Statements of Banks", *IASC News*, 13/6（1984.11）, 1.

222. Untitled speech by A.G. Murphy to the Conference of the International Savings Bank Institute (Bonn), 18 June 1991, IASC archive, speeches file.

223. 指导委员会的其他成员分别为 E. Dieter Nolte（德国）、P. A. Nair（印度）、T. Kasuga（日本，T. Myata 和 M. Ichii 也是日本成员）以及 W. J. Dolan（美国）。David Swanney（巴塞尔委员会）和 M. Marker（美国银行家协会）也参加了指导委员会的此次会议。

224. 2006 年 2 月 9 日作者与 David Swanney 的访谈记录，以及 2006 年 6 月 20 日 David Cairns 与作者的沟通。

225. "New Bank Exposure Draft", *IASC News*, 18/2（1989.04）, 2–3.

226. IASC board meeting of 12–14 April 1989, minute 4.

第9章 IASC着力提升准则质量：框架、可比性与改进项目

润数字产生了重要影响。

在20世纪80年代和90年代初，会计界对欧洲银行业计提秘密准备的传统惯例的支持正在逐渐减少。根据1986年欧共体关于银行会计的指令*，欧共体成员国仍然可以允许其境内银行通过低估资产的方式计提秘密准备，但仅限于在该指令规定的范围内。[227] 在IASC完成IAS 30的编写工作时，尚不清楚有多少欧共体成员国实际使用了该条例的选项，但是有迹象表明，只有德国、卢森堡和荷兰等少数国家可能使用了该选项。在IASC内部，德国公共会计师行业代表团的立场是，允许银行业金融机构计提秘密准备的例外规定已经过时了，所以德国公共会计师行业代表团对IAS 30投了赞成票。于是，荷兰公共会计师行业代表团便陷入了在IASC内部和在本国被双重孤立的状态。在IASC理事会中，除荷兰公共会计师行业以外的其他所有代表团都投了赞成票。在荷兰国内，银行业金融机构和许多审计师都希望保留秘密准备，或至少推迟废除秘密准备。最后，荷兰公共会计师行业代表团投了弃权票，但它在公开场合力挺IAS 30，并呼吁荷兰银行也遵循这一准则。[228]

当有关银行业金融机构的第一份征求意见稿E29获得批准时，IASC理事会指示指导委员会继续探讨银行业的会计确认和计量问题。然而，指导委员会很快就发现这些问题与所谓的"新型金融工具"会计问题密不可分。当第二份征求意见稿E34获得批准时，IASC刚刚着手进行一项金融工具项目，因此便决定推迟关于银行业会计确认和计量问题的工作。2000年6月，IASC成立了一个新的指导委员会来处理银行业的信息披露和列报问题，但该指导委员会成立后不久IASC便解散了，因此并没有形成任何实际成果（参见第11.9.2节）。[229]

---

* Council Directive of 8 December 1986 on the annual accounts and consolidated accounts of banks and other financial institutions（86/635/EEC）.——译者

227. Council Directive 86/635/EEC of 8 December 1986, article 37.

228. 2004年10月27日作者与Herman Marseille的访谈记录；H. Marseille, "ED 34 van het IASC en de jaarverslagen van Nederlandse banken", *De Accountant*, 95/11（1989.07/1989.08），560；"Notulen vergadering NIVRA-gedelegeerden in het IASC met de CAJ-werkgroep IASC", 1989.03.17，NIVRA archive, file CAJ-IASC，73。

229. IASC board meeting of 5–7 November 1986, minute 4; IASC.board meeting of 12–14 April 1989, minute 4.

第 10 章　提升话语权：IASC 回应国际证监会组织和美国证监会

国际会计准则委员会（IASC）在 1987 年 3 月于悉尼举行理事会会议（如下文和第 9 章所述），对其准则计划进行评估，并着手制定了战略计划。令 IASC 理事会领导人感到困惑的是，IASC 的准则在大多数情况下仅在发展中国家被采用（或改编后采用），而在发达的工业化国家，特别是在股票市场发达的国家，几乎没有什么影响。IASC 理事会认为，为了在发达国家产生影响，就必须与证券市场监管机构、各国会计准则制定者和主流企业（即财务报告编制者）建立更紧密的联系。在美国证监会（SEC）的指点下，IASC 深知，要想在国际协调方面取得实际进展，就必须删除其准则中大多数的可选会计处理方法。[1] 本章着重阐释在 1987 年至 2000 年间，国际证监会组织（IOSCO）是如何走到 IASC 的目标和审议流程的舞台中央的。国际证监会组织（IOSCO）和 IASC 之间关系的第一个阶段以 1994 年下半年陷入困境告终。1995 年，两个组织建立了新的合作关系，进入了一个更有希望的阶段。这两个不同的阶段分别在第 10.1 至 10.11 节和第 10.12 至 10.21 节中介绍。

---

1. IASC board meeting of 24–7 March 1987, minute 6.

第 10 章 提升话语权：IASC 回应国际证监会组织和美国证监会

10.1 国际证监会组织崭露头角

1986 年 7 月 17 日，《金融时报》[2] 刊登的一篇社论文章介绍了一个迄今为止一直默默无闻的机构——证券委员会国际联合会（International Association of Securities Commissions），简称也是 IASC。从此，国际会计准则委员会（IASC）得以与证券市场监管机构建立密切的联系。此时，证券委员会国际联合会在巴黎刚刚开始举行年度会议，这是它第一次在美洲以外的国家或地区举行年会。该联合会 1974 年在委内瑞拉首都加拉加斯宣告成立，当时的名称是美洲证券委员会及类似组织会议（Conferencia Interamericana de Comisiones de Valores y Organizaciones Similares），成立后其唯一的活动就是举行年度会议。1983 年 4 月，该联合会在厄瓜多尔首都基多举行年会，修改了联合会章程，决定更名为证券委员会及类似实体国际联合会（Organización Internacional de Comisiones de Valores y Entidades Similares），并开始接纳美洲以外的成员。[3] 在 1986 年以前，该联合会中仅有的欧洲参与方是伦敦证券交易所（LSE）和法国证券交易委员会（COB）。[4] 据《金融时报》记者描述，证券委员会国际联合会"自成立后的名声一直就是一个昏昏欲睡的组织，每年的例会也只是给人们提供了参加聚会的机会，并没有打算成什么事"，而且它"一直由美国证监会（SEC）主导"。但是，在巴黎的年会上，这个联合会被唤醒了。

读者或许会猜测，1986 年 7 月巴黎会议的主办方决定将该组织更名为"证券委员会国际联合会"（IASC），这或许应该算是对 1983 年所选择的烦

---

2. David Marsh, "Planned Reforms Sharpen IASC Regulatory Teeth", *Financial Times*, 1986.07.17, 1, and "Watchdogs to Bark in Tune", *Financial Times*, 1986.07.21, 16. 另见 "Conference Creates Panel to Promote Securities Law Enforcement Worldwide", *BNA Securities Regulation & Law Report*, 1986.07.18, 1049–1050。

3. "The International Association of Securities Commissions—Notes of a Telephone Conversation with Clarence Staubs, Securities and Exchange Commission, 24 July 1986", written by David Cairns, IASC archive, IOSCO file.

4. "The International Association of Securities Commissions—Notes of a Conversation with Don Calvin, New York Stock Exchange, 24 July 1986", written by David Cairns, IASC archive, IOSCO file. Calvin 曾参加 7 月的巴黎会议。

琐名称的一种改进。但是，该联合会的章程并未作相应变更，因此1983年采用的冗长的正式名称仍然有效。1987年，该联合会正式修改了章程，取消了组织名称中冗余的后缀"及类似实体"。从此，该组织即称为国际证监会组织（IOSCO）。[5]

在证券委员会国际联合会（IASC）巴黎年会召开的第一天，"与会代表们同意对该组织的结构进行根本性改革，以使其成为真正意义上的国际证券监管机构"。[6]在会议上，该组织还决定在蒙特利尔设立一个常设秘书处。据报道，法国证券交易委员会主席兼证券委员会国际联合会（IASC）主席伊夫·勒波茨（Yves Le Portz）"在提高证券委员会国际联合会的影响力方面发挥了重要作用"。美国证监会（SEC）主席约翰·S. R. 沙德和美国证监会（SEC）委员查尔斯·C. 考克斯均在会议上致辞。勒波茨在激活国际证监会组织（IOSCO）方面发挥了关键作用，而沙德则使得美国证监会（SEC）成为活跃的参与者。[7]

这个名称缩写也是IASC的组织——证券委员会国际联合会——的觉醒，发生在国际资本流动不断增长之时。在1980—1985年，债券和股票的跨境交易占美国国内生产总值的比例从9%上升到了35%；在德国，该比例则从7%上升到了33%。这些变化在当时已经被认为是相当巨大的变化了，但事实证明，这只不过是贯穿整个20世纪80年代甚至90年代的跨境投资的惊人而持续的增长的第一波浪潮。到了1997年，上述两个比例分别达到213%和253%。其他国家的增长率甚至更高。[8]

在阅读《金融时报》的文章后，IASC秘书长戴维·凯恩斯就开始了解证券委员会国际联合会的情况。7月28日，他致信IASC候任主席乔治·巴尔泰斯·德·吕泰尔说："我们应该与这一组织建立联系。"凯恩斯询问位于巴黎的巴尔泰斯是否认识勒波茨，以及能否安排一次他和勒波茨

---

5. 国际证监会组织（IOSCO）在1988年以前没有留下书面历史记录。本书作者在国际证监会组织副总秘书长Jean-Pierre Cristel的帮助下，根据他在2006年1月13日和16日发给我们的邮件整理了这段历史。关于国际证监会组织1988年以后的历史，参见A. A. Sommer, Jr., "IOSCO: Its Mission and Achievement", *Northwestern Journal of International Law & Business*, 17/1（Fall 1996），15–29。

6. 此处和下处引文均摘自Marsh, "Planned Reforms Sharpen IASC Regulatory Teeth"。

7. 2003年9月11日作者与Linda Quinn的访谈记录。

8. Bank for International Settlements, *68th Annual Report*（1998），table VI.1.

第 10 章 提升话语权：IASC 回应国际证监会组织和美国证监会

的会晤。[9] 显然，这次会晤没有如愿成行。

在 20 世纪 80 年代后期，IASC 和国际证监会组织（IOSCO）这两个组织的秘书处规模都很小，而且都是刚刚开始产生微弱影响。IASC 的秘书处工作由常驻伦敦的戴维·凯恩斯负责，国际证监会组织（IOSCO）的秘书处工作则由常驻蒙特利尔的保罗·盖伊负责。[10] 两者都大量地邀请志愿者担任其各种各样的委员会的委员。如第 6 章所述，IASC 的约 20 项会计准则仅在一些发展中国家获得了一定程度的认可。IASC 理事会各位理事的所在国中，几乎没有一个英语国家愿意将 IASC 的准则导入其国内的会计准则或法律体系，仅有少数其他发达国家愿意这样做。

国际证监会组织（IOSCO）的会员在 1983 年仅有 20 个，1990 年增加到 66 个，1995 年增加到 73 个。[11] 美国证监会（SEC）始终是国际证监会组织（IOSCO）成员中最具影响力的监管机构。也许没有其他哪个国家的证券市场监管机构能够像美国证监会（SEC）一样拥有如此庞大的技术人员队伍，并且能够如此坚定不移地专注于会计准则的制定和实施。

到了 20 世纪 90 年代，IASC 和国际证监会组织（IOSCO）都变得更有影响力了。IASC 分阶段强化了其准则制定计划，竭力将其准则质量提高到可以确保获得国际证监会组织（IOSCO）认可的水平。一旦获得国际证监会组织（IOSCO）的认可，实际上也就意味着获得了美国证监会（SEC）的认可。为实现这一目标，IASC 秘书处扩大了其技术人员队伍。1990 年，国际证监会组织（IOSCO）在美国证监会（SEC）主席理查德·C. 布里登（Richard C. Breeden）的领导下，对其技术委员会（Technical Committee）进行了重组，从而获得了新的推动力和更大的吸引力。第 10.6 节将对此进行讨论。

---

9. 1986 年 7 月 28 日 Cairns 写给 Barthès de Ruyter 的信，IASC archive，IOSCO file。

10. 在 Paul Guy 于 1986 年 7 月刚开始担任国际证监会组织（IOSCO）秘书长时，他也是加拿大魁北克省证券委员会（Quebec Securities Commission）的主席。魁北克省证券委员会自 1986 年开始为国际证监会组织的秘书处提供场地，直到秘书处在 1999 年搬迁至马德里。Guy 在 1986—1994 年担任秘书长。参见 "Report from the Secretary General"，*Annual Report 1994* of the International Organization of Securities Commissions，2。

11. "Report from the Secretary General"，*Annual Report 1994* of the International Organization of Securities Commissions，2, as well as the *Annual Reports* for 1990 and 1995。

10.2　IASC 通过美国证监会与国际证监会组织建立联系

1986 年 8 月，IASC 主席约翰·L. 柯克帕特里克和秘书长凯恩斯在美国新泽西州普林斯顿的一次重要国际会议上发表了讲话。这次会议汇集了来自 23 个发达国家和发展中国家，以及联合国（UN）、经济合作与发展组织（OECD）等国际组织的约 60 个会计政策制定者（包括各国会计准则制定机构）。[12] 为期三天的会议，使得柯克帕特里克和凯恩斯能够与对 IASC 的计划或工作进展感兴趣的各界人士进行有益的对话。会议之后，凯恩斯前往华盛顿与美国证监会（SEC）官员举行了非正式会议，包括与美国证监会（SEC）委员考克斯进行了交谈。

1987 年，美国证监会（SEC）首席会计师克拉伦斯·桑普森在一次演讲中透露，美国证监会（SEC）对会计准则国际协调事宜很感兴趣："美国证券市场上严格的会计、审计和披露要求对外国发行人赴美融资造成了一定的阻碍，这是不是意味着美国投资者因此而被剥夺了大量的投资机会？"[13] 其他国家的会计、审计和披露标准，也是美国证监会（SEC）执法部门的关注点。[14]

1987 年 3 月 11 日，在去悉尼召开 IASC 理事会会议的途中，柯克帕特里克和凯恩斯在华盛顿作短暂停留，并与美国证监会（SEC）官员会晤。美国证监会委员考克斯，以及美国证监会（SEC）的工作人员克拉伦斯·桑普森、克拉伦斯·斯塔布斯、埃德蒙·库尔森，连同美国证监会（SEC）首席会计师办公室的所有工作人员，一起出席了会议。在听取柯克帕特里克关于 IASC 的工作进展汇报后，首席会计师桑普森明确提到了国际会计准则中存在众多可选处理方法的问题。他问是否可以缩小这些会计

---

12. 会议议程出版物可参考 *Standard Setting for Financial Reporting: An International Conference Sponsored by the American Accounting Association with Klynveld Main Goerdeler*，Princeton，New Jersey，1986.08.17–20。

13. 这段引文摘自 *IASC News*，16/5（1987.10），9。

14. 2003 年 6 月 25 日作者与 Michael Mann 的访谈记录（Mann 是 20 世纪 90 年代美国证监会国际事务办公室主任）。

第 10 章 提升话语权：IASC 回应国际证监会组织和美国证监会

规则选项的范围；如果可以，需要多长时间。他还问 IASC 能否将其中一种处理方法定义为"调和方法"（reconciling method），以便世界各地的不同公司都可以参照这种处理方法来调节自身的财务报表。考克斯补充说，这个方案比直接要求所有国家执行某一个国家的会计准则（如美国证券市场上的公认会计原则（GAAP））要好。柯克帕特里克欣然同意，并表示将立即对这种调和方法作出反应。他随即就 IASC 准则保留大量会计规则可选项的原因做出了解释。斯塔布斯表示，调和准则（reconciling standard）有望成为国际资本市场共同适用的参照坐标（common frame of reference for international capital markets）。柯克帕特里克补充说，调和准则也许会被视为首选准则。[15]

在会议期间，美国证监会（SEC）委员考克斯指出，由于国际证监会组织（IOSCO）已经开始探讨会计和执法等主题，因此对 IASC 来说，与国际证监会组织（IOSCO）密切合作并参加其会议应该是有益的。这种参与将使 IASC 有机会结识世界各地的证券市场监管者，并与它们讨论会计问题及相关事项。他还说，他将安排邀请 IASC 参加国际证监会组织（IOSCO）将于 1987 年 9 月在里约热内卢举行的下一次年度会议。[16]

与 IASC 会晤一个月之后，桑普森公开表达了他对国际会计准则中的可选项数量的担忧。1987 年 4 月 10 日，美国国家事务出版公司（Bureau of National Affairs）发表了其对桑普森的专访。桑普森说："我认为，IASC 的准则只有在删减了大部分的替代性处理规则后，才有可能被认可为国际会计标准体系（international accounting standard body）——这一准则体系将……足以适用于世界上任何地方的证券发行……并且可以为您提供可比报告的保证。"[17]

美国证监会（SEC）首席会计师桑普森关于可选会计处理方法的询问，使 IASC 意识到，上年 10 月 IASC 组织和计划委员会（OPC）的会议就已

---

15. "Notes of Visit to the Securities and Exchange Commission, Washington 11th March 1987", IASC archive, SEC file. 另见 *IASC News*, 16/2（1987.04），3。

16. "Notes of Visit to the Securities and Exchange Commission, Washington 11th March 1987", IASC archive, SEC file. 另见 1987 年 4 月 9 日 Cairns 写给 Cox 的信，IASC archive, IOSCO file。

17. "Acceptable Global GAAP Still Far Off, Audit Rules Moving Ahead, Sampson Says", *BNA Securities Regulation & Law Report*, 19/15（1987.04.10），505。

经讨论了是否有必要开启一个研究项目来减少或消除现有 IASC 准则中过多的会计规则可选项。现在看来，这一议题的优先级还需要被大幅提升。从美国证监会（SEC）的角度来看，IASC 正在积极谋求被认可为"参与者"。但在 IASC 修订和完善其准则之前，美国证监会（SEC）不会授予这种认可。IASC 的准则存在太多的可选项，也太笼统了。[18]

在前往悉尼参加 IASC 理事会会议的途中，柯克帕特里克和凯恩斯还在纽约参加了联合国的一场会议。然后，他们顺访了财务会计准则委员会（FASB），"讨论了定期结合 IASC 理事会会议召开准则制定者大会的可能性"，还"斟酌了 IASC 和财务会计准则委员会（FASB）密切合作的可能方式，例如通过国际工作组（international task forces）的形式就国际关注的新兴主题开展合作"。[19] 为促进与国家标准制定者建立更紧密的联系，IASC 重振旗鼓，开始了新一轮的努力。

在悉尼的 IASC 理事会会议上，IASC 基于组织和计划委员会（OPC）上年 10 月份的讨论，花了整整一天的时间来制定其未来工作的战略计划。在会议召开之前，凯恩斯已向各位 IASC 理事会成员发送了一份重要的关于战略的备忘录。他还在议程文件中收录了他撰写的关于他和柯克帕特里克当月早些时候与美国证监会（SEC）官员会晤情况的备忘录。其中记载，"如果能够就编写一套'调和'准则事宜达成共识，那么美国证监会（SEC）将允许外国公司按照该'调和'准则（而不是美国证券市场上的公认会计原则（GAAP））对其自身报表进行调整"。[20] 对 IASC 来说，这就是那根胡萝卜（一个非常大的诱惑）。

IASC 理事会决定，由于其已经完成"基础性准则的绝大部分，因此，它将不再花费大量时间来制定新的准则"。[21] 相反，它将减少或消除现有准则中的会计规则可选项视为"高度优先"事项。IASC 理事会投票成立了一个仅由理事会成员组成的指导委员会，来"审查每个可选项，并就其是否

---

18. 2003 年 9 月 12 日作者与 Edmund Coulson 的访谈记录。
19. *IASC News*，16/2（1987.04），3。
20. "Visit to FASB and SEC，March 1987"，AP 3/1987，additional paper.
21. 本段和下段的引文和释文摘自 minute 6 of the IASC board meeting of 24–7 March 1987。另见 *IASC News*，16/3（1987.06），1；IASC's "Report on Activities for the Year Ended 30 June 1987"，in the *1987 Annual Report*，International Federation of Accountants，21。

第 10 章 提升话语权：IASC 回应国际证监会组织和美国证监会

应予取消、是否可以给出优先顺序等事宜提出建议"。

IASC 显然更希望在发达的工业化国家中产生更大的影响，因此便决定应"与监管机构和跨国企业进行更多讨论，从而在一些国家（或官方或民间的）准则制定机构中产生更大的影响"。它还赞成加强与一些国家（或官方或民间的）准则制定机构本身的直接接触。这些立场与 IASC 理事会内部长期以来的观点形成了鲜明对比：以往 IASC 认为，在未经某个国家的一个或多个公共会计师行业协会许可的情况下，IASC 理事会不应与该国监管机构、公司和会计准则制定机构进行任何直接联系。

在 IASC 理事会的悉尼会议之后，财务会计准则委员会（FASB）前委员拉尔夫·沃尔特斯同意出任 IASC 新设立的可比性项目的指导委员会主席。沃尔特斯已在 IASC 理事会任职三年，将于 7 月份从 IASC 理事会退休。可比性项目负责减少或消除 IASC 准则中的会计规则可选项。沃尔特斯被认为是可比性项目的"驱动力"。[22] 沃尔特斯将这一阶段的特征总结如下：

> IASC 的目标是在国际范围内提高会计的有用性。为了成功实现这一目标，需要协调现有的各国会计准则，以消除或至少要尽量压缩可自由选择的会计规则可选项。国际证监会组织（IOSCO）正在就此向 IASC 施以压力，其中美国证监会（SEC）是最有影响力的。联合国（UN）和经济合作与发展组织（OECD）都在发声，想要参与进来。我相信大多数有思想的人都会阻止它们。显然，由于 IASC 没有强制实施其准则的权威或权力，因此，如果 IASC 想要在这一领域产生任何影响，就有必要获得国际证监会组织（IOSCO）集团成员（如美国证监会（SEC））的认可和接受。美国公共会计师行业派驻 IASC 的代表团正在施加巨大压力，要求推进可比性项目。我同意出任可比性项目指导委员会的主席，但前提是国际证监会组织（IOSCO）的代表必须加入该项目的指导委员会。因为我知道，如果我们的建议不能被当权派所接受，那么整个项目都将归于徒劳。[23]

---

22. Paul Cherry 给作者的备忘录，2004.10.08。
23. Ralph Walters 给作者的备忘录，2003.10.18。

在悉尼会议上，IASC 理事会还根据柯克帕特里克主席的建议，决定邀请国际证监会组织（IOSCO）加入其顾问团，从而"与监管机构建立联系"。[24] 国际证监会组织（IOSCO）迅速接受了邀请[25]，并及时派代表出席了顾问团 1987 年 6 月 30 日在爱丁堡举行的下次会议。国际证监会组织（IOSCO）秘书长保罗·盖伊在接受 IASC 邀请加入其顾问团时写道：

> 如果 IASC 的准则能够进行一些重要的更改，那么它们最终可能会被允许应用在跨国企业的招股说明书中。因此，很有必要在国际证监会组织（IOSCO）和贵委员会之间建立紧密的联系。[26]

根据 IASC 的建议，国际证监会组织（IOSCO）指定了三名代表参加 IASC 可比性指导委员会的会议。柯克帕特里克和凯恩斯则参加了 9 月份在里约热内卢举行的国际证监会组织（IOSCO）年会，与会成员"建议监管机构应研究有什么切实可行的方法能够促进企业在招股说明书中使用通用会计标准"。[27] 在双方都表达出强烈兴趣的情况下，IASC 和国际证监会组织（IOSCO）开始建立工作关系，这将使 IASC 变得更有抱负，并为其在 20 世纪最后十年的一些雄心勃勃的举措奠定基础。

1987 年 5 月，国际证监会组织（IOSCO）行政委员会（Executive Committee）成立了一个技术委员会（Technical Committee）[28]，其成员来自全球 13 个最大的资本市场。[29] 国际证监会组织（IOSCO）的 1991 年年度报告称，"技术委员会由来自以下国家或地区的证监会、其他政府机关以及自我监管组织（self-regulatory organizations，SROs）的代表组成：澳大利亚、法国、德国、中国香港、意大利、日本、加拿大安大略、加拿大魁

---

24. IASC board meeting of 24–7 March 1987, minute 7(iii).
25. *IASC News*, 16/3（1987.06），3.
26. 这段引文摘自 John Kirkpatrick, "IASC, Rosetta Stone of Financial Reporting", *Accountancy*, 101/1133（1988.01），17.
27. *IASC News*, 16/5（1987.10），2.
28. *Annual Report 1988*, International Organization of Securities Commissions, 14. Cherry 写到，它的成立是"一个重要的里程碑"，因为如果没有它，"国际证监会组织永远不会取得任何实际进展或对 IASC 产生任何影响"。Paul Cherry 给作者的备忘录，2004.10.08.
29. Paul Cherry 给作者的备忘录，2004.04.22.

第 10 章　提升话语权：IASC 回应国际证监会组织和美国证监会

北克、西班牙、瑞典、瑞士、荷兰、英国和美国"。[30]到了 1993 年，随着墨西哥和美国的商品期货交易委员会的加入，技术委员会的成员增加到 16 个。

该技术委员会又成立了一个会计和审计工作组[31]，由加拿大安大略省证券委员会（OSC）首席会计师保罗·G. 谢里担任该工作组主席。它被编号为第二工作组，其成员开始以观察员的身份参加 IASC 的可比性指导委员会的会议。

通过这些步骤，IASC 和国际证监会组织（IOSCO）展开了长达 13 年的紧张、有时甚至是艰难的讨论和谈判，最终使 IASC 的一系列"核心准则"在 2000 年 5 月得到了国际证监会组织（IOSCO）的认可。

10.3　可比性指导委员会：E32

1988 年，由拉尔夫·沃尔特斯担任主席的 IASC 可比性指导委员会举行了一系列"快速会议"，起草了一份重要草案，以期大幅缩减现有准则中的会计规则可选项。（关于可比性指导委员会的更详细的讨论，请参阅第 9.3.1 节。）组成国际证监会组织（IOSCO）会计和审计准则工作组（即第二工作组）的三名首席会计师——加拿大安大略省证券委员会（OSC）的保罗·谢里、美国证监会（SEC）的埃德蒙·库尔森以及法国证券交易委员会（COB）的伯特兰·迪利尔[32]——代表国际证监会组织（IOSCO）以观察员的身份参加了指导委员会的会议。虽然他们三人的身份是观察员，但他们的表现就好像他们是正式成员一样，谢里直言必须消除替代处理方法。[33]在指导委员会讨论期间，三位首席会计师明确表示，如果能在原则上就以下最终目标达成共识，那么指导委员会的这份征求意见稿提案将成为

---

30. *Annual Report 1991*, International Organization of Securities Commissions, 6.
31. *Annual Report 1988*, International Organization of Securities Commissions, 4.
32. D'Illiers 的正式头衔是"会计事务主管"（chef du service des affaires comptables）。
33. Ralph Walters 给作者的备忘录，2003. 10. 18。据报道，在 IASC 的支持下，D'Illiers 邀请了欧盟委员会的 Karel van Hulle 作为观察员出席可比性指导委员会的会议；David Cairns 再一次发出了邀请，并表示希望同时邀请 Hermann Niessen。但他们显然没有接受邀请。1988 年 4 月 25 日 Cairns 致 Van Hulle 的信，IASC archive，EEC file。

—— 441

项目迈出的有益的第一步：

——一般性原则的完整性（短期目标）；

——关键的披露项目（中期目标）；

——关于执行、实施问题的补充指引/解释（中/长期目标）。[34]

可以看出，其所称"最终目标"是编写出一套完整的准则，包括强化的披露准则和充分的解释性指南。

1987年7月到1988年9月，可比性指导委员会召开了四次会议，完成了征求意见稿的提案。[35]库尔森说，他的策略是"让他们尽可能提出最严格的标准。我向国际证监会组织（IOSCO）提出过一个我所担心的问题，如果[这套会计准则]最终被国际证监会组织（IOSCO）接受，并且在某种程度上被认为是比较弱的，那么所有的美国公司都会希望使用这些被认为比较弱的准则"。[36]在美国证监会（SEC）看来，这也一直是一个根本问题：必须公平地对待美国资本市场上的所有公司。1989年6月，美国证监会（SEC）公司金融部主任琳达·奎因表示："如果美国国内的公司必须以更加严格、负担更重、成本更高的会计准则进行会计核算，那么，你凭什么说外国发行人就能跑到美国来，使用美国公司希望使用的比较弱的会计准则，并将其证券卖给同一拨投资者呢？"[37]这一论点，就是美国证监会（SEC）坚持要求未采用美国证券市场上的公认会计原则（GAAP）的外国发行人，必须将其利润和股东权益按照公认会计原则（GAAP）进行调整的主要原因。

加拿大安大略省证券委员会（OSC）首席会计师谢里，对他在可比性指导委员会中所目睹的进展持乐观态度。1988年9月，就在谢里返回永道会计公司之前，他起草了一份四页纸的国际证监会组织（IOSCO）技

---

34. 1988年6月30日Cherry写给Coulson和Cairns的信，IASC archive, IOSCO file。

35. Ralph Walters给作者的备忘录，2003.10.18。

36. 2003年9月12日作者与Edmund Coulson的访谈记录。美国证监会1989—1993年的主席Richard Breeden曾表示，如果允许外国公司披露的信息远少于福特（Ford）和通用汽车（General Motors）在美国资本市场被要求披露的信息，那么美国证监会将不得不降低福特和通用汽车的披露标准，以使它们平等。2004年11月12日作者与Richard Breeden的访谈记录。

37. 摘自1989年6月一次座谈会的会议记录中Linda Quinn的发言。Helen Gernon, S. E. C. Purvis, and Michael A. Diamond, *An Analysis of the Implications of the IASC's Comparability Project*, Topical Issues Study No. 3（[Los Angeles:] School of Accounting, University of Southern California, 1990), 48.

第 10 章 提升话语权：IASC 回应国际证监会组织和美国证监会

术委员会"认可"（endorsement）声明建议稿，以期敦促国际证监会组织（IOSCO）成员组织"接受（辖区内的证券发行人）遵照 IASC 的准则（或者按照 IASC 的准则进行调整后）所提交的证券发行文件"。[38] 然而美国证监会（SEC）首席会计师库尔森并不同意，他致信谢里说："鉴于 IASC 的项目尚处于早期阶段，我认为 [您的] 提案过于详细了，为时过早。"库尔森在自己重新起草的报告中，措辞谨慎地建议技术委员会只公布一页纸的声明，宣布可比性指导委员会编写的会计准则征求意见稿"是评估 IASC 项目可行性的重要的第一步"。[39] 结果，1988 年 10 月，甚至在 IASC 于 11 月份的理事会会议上讨论指导委员会的建议之前，国际证监会组织（IOSCO）技术委员会采用库尔森提议的措辞，抢先公布了一份谨慎的声明来支持 IASC 的草案。[40]

IASC 理事会会议仅对该征求意见稿作了微小改动，就一致批准了《征求意见稿第 32 号：财务报表的可比性》（E32），并定于 1989 年 1 月 1 日公布。[41]E32 提议取消现已公布的 12 项 IASC 准则中所包含的 23 种被贴上"自由选择"标签的替代处理方法。它将准则允许的处理方法分为两类，一是要求或首选的处理方法，二是"允许的替代处理方法"。

IASC 理事会表示，在指定"要求或首选的处理方法"时会采用如下四个标准。它们清楚地表明了美国证监会（SEC）和国际证监会组织（IOSCO）的看法对于指导委员会的重要性：

（1）国家会计标准、法律和公认会计原则（GAAP）中所体现的当前全球会计惯例及其趋势；

（2）符合拟议中的 IASC《编制和列报财务报表的概念框架》，（简称"拟议框架"）；

（3）监管机构及其代表组织（例如国际证监会组织（IOSCO））的观点；

---

38. Cherry 给 Paul Guy 的信的附件，1988.09.06，IASC archive，IOSCO file。
39. Coulson 给 Cherry 的信，1988.09.29，IASC archive，IOSCO file。
40. "Statement of Support for International Accounting Standards Committee Initiative"，1988.10.04，该文件是 Paul Guy 于 1988 年 10 月 12 日写给 Georges Barthès de Ruyter 的一封信的附件，IASC archive，IOSCO file；发表于 *IASC News*，18/1（1989.01），2–3。
41. IASC board meeting of 9–11 November 1988, minute 2.

（4）确保某一份国际会计准则内部的一致性及其与其他国际会计准则的一致性。[42]

E32 中有一项重要规定，"企业如果编制财务报表时使用了'允许的替代处理方法'，但同时又宣称其遵守了国际会计准则，那么，就应当采用'首选的处理方法'对其所报告的净利润和股东权益数字进行调整并披露其差异"（第 22 段）。可比性指导委员会之所以做出把会计处理规则区分为首选的处理方法和允许的替代处理方法的决定，是为了响应 IASC 理事会在 1987 年 3 月的悉尼会议上所透露的信息，即美国证监会（SEC）正在考虑向单一会计准则进行调和的方案。[43]

从证券市场监管机构那里收到的评论函中，最严厉的批评不是来自美国证监会（SEC），而是来自加拿大安大略省证券委员会（OSC）。OSC 新任首席会计师迈克尔·马尔（Michael Meagher）写道："目前，我们不会接受按照 IASC 标准编制的财务报表代替按照加拿大标准编制的财务报表。"但他也抱有希望，"沿着填补空白领域、消除类似情况下的替代方法并提供更详细的操作指引的路线努力，应该能够让 OSC 最终接受某些外国公司依照 IASC 的准则编制的主要财务报表（primary financial statements）"。[44] 可以看出，美国证监会（SEC）和加拿大安大略省证券委员会（OSC）都没有打算允许美国或加拿大的本土公司以 IASC 准则为基础来编制主要财务报表。显然，同样作为 OSC 的首席会计师，从现在这个阶段向 IASC 所提供的支持的力度来说，马尔比他的前任保罗·谢里更加谨慎。

10.4 国际证监会组织 1988 年年会的决议

IASC 可比性指导委员会在推行其议程的过程中，越发感到有必要争取国际证监会组织（IOSCO）就其对 IASC 修订版准则的期望出台一份官

---

42. E32, paragraph 19. 有趣的是文件在标准（a）中使用了"公认会计原则（GAAP）"一词，这种叫法在美国、加拿大和墨西哥广泛使用，但在其他地方却很少使用。
43. Paul Cherry 给作者的备忘录，2004.10.08。
44. 1989 年 9 月 29 日 Meagher 给 Cairns 的信，E32 comment letters, bound volume, 232。

第 10 章 提升话语权：IASC 回应国际证监会组织和美国证监会

方公告。国际证监会组织（IOSCO）尚未正式明确表达其所默认的修订后的IASC准则应达到的质量标准，目前只是希望IASC减少会计规则可选项，再就是，上述三位首席会计师在1988年6月大致勾勒了可比性项目应达到的最终目标。

1987年，国际证监会组织（IOSCO）的年度会议在巴西里约热内卢举行。事实上，在美国证监会（SEC）首席会计师办公室和公司金融部的高级职员中，没有人参加过国际证监会组织（IOSCO）1985年至1987年的会议。虽然这些会议讨论了会计和审计准则的协调问题，但在达成明确共识方面未取得任何进展。[45] 在1987年的年度会议上，国际证监会组织（IOSCO）主席团（Presidents Committee）通过了一项重要建议："它们（即证券监管机构）应当研究如何采取切实可行的措施来推动共同的准则和审计程序（common standards and auditing procedures）的应用。"[46] 这是一个开始，但它没有指明能达成共识的"共同"会计准则源于何处。

1988年11月14—17日，国际证监会组织（IOSCO）在澳大利亚墨尔本举行年度会议。这次会议是在IASC理事会通过E32一周后举行的，而E32是IASC首次表态要消除会计规则可选项。在这次会议上，毕马威会计公司的华盛顿成员公司合伙人、自1987年起兼任美国注册会计师协会（AICPA）旗下美国证监会规章委员会（SEC Regulations Committee）主席的唐纳德·J.穆兰（Donald J.Moulin），在以"会计和审计准则协调"为主题的第四工作坊报告了一篇重要论文。穆兰在以往所参加的会议上曾对"会计研讨缺乏方向性和目标意识"（The accounting discussions lacked direction and a sense of purpose）的现象深感困扰。[47] 国际证监会组织（IOSCO）在会计、审计领域缺乏进展的一个原因是，美国证监会（SEC）会计职员队伍中的高级代表从未参加过国际证监会组织（IOSCO）的会议。穆兰意识到，美国证监会（SEC）内部的分歧是会计和审计准则国际协调

---

45. Donald Moulin 给作者的备忘录，2004.05.26。Moulin本人以注册观察员的身份出席了1984年、1986年和1987年国际证监会组织年度会议，毕马威 Bogotá 公司的一名合伙人出席了1985年的会议。

46. *Annual Report 1988*, International Organization of Securities Commissions, 12. 我们可以推测"共同的准则"中涵盖了会计准则，但我们无法确定。

47. Donald Moulin 给作者的备忘录，2004.05.26。

— 445

的障碍。他回忆道:

> 美国证监会（SEC）发出的指令自相矛盾，因为美国证监会（SEC）的委员和工作人员尚未就如何选择单一的路径（single approach）达成共识。如果国际会计准则（IAS）符合美国证券市场上的公认会计原则（GAAP），那么美国证监会（SEC）就愿意接受IAS。是的，国际会计准则并不完整，也不够详细，并且其允许选用众多的替代处理方法的做法也削弱了可比性。然而，美国证监会（SEC）的某些人似乎在利用这些理由（也许是假装以此为理由）来证明他们的观点，即只有美国证券市场上的公认会计原则（GAAP）是可接受的。[48]

针对穆兰的回忆，时任美国证监会（SEC）首席会计师的埃德蒙·库尔森写道:

> 但是，显然，在当前以及可预见的将来，鉴于现有的这套国际会计准则的情况，事实就是如此。美国证监会（SEC）理解，即使制定了改进计划，为了制定一套足够稳固的、能够吻合严格的投资者保护水准的准则，仍然需要进行大量的工作。鉴于IASC过去的妥协历史以及在编写准则时包容几乎所有实务惯例的做法，美国证监会（SEC）不确定IASC是否能够胜任这项任务。我们的态度是"向我们证明你可以做到"，然后我们会考虑后面的事情。[49]

在1987年国际证监会组织（IOSCO）的里约热内卢年会上，穆兰拜会了澳大利亚全国公司和证券委员会（National Companies and Securities Commission）主席亨利·博施（Henry Bosch）。博施将主持1988年的国际证监会组织（IOSCO）年会，穆兰想从他那里争取在会议工作坊报告一篇

---

48. Donald Moulin给作者的备忘录，2004.05.26。除另有说明外，有关Moulin倡议的讨论均摘自本备忘录。
49. 2004年7月20日 Edmund Coulson与作者的沟通。

第 10 章　提升话语权：IASC 回应国际证监会组织和美国证监会

论文的机会，该论文拟推荐使用 IASC 和国际会计师联合会（IFAC）旗下的国际审计实务委员会（International Auditing Practices Committee，IAPC）所制定的准则。博施做出了积极的反馈，但直到与穆兰通过信函往来之后才正式接受了穆兰的提议。穆兰将他的计划告知了美国证监会（SEC）首席会计师埃德蒙·库尔森。他还与 IASC 主席约翰·柯克帕特里克和秘书长戴维·凯恩斯以及国际会计师联合会（IFAC）执行董事罗伯特·森皮尔讨论了他的计划，获得了他们的支持。1988 年 6 月，穆兰完成了论文的初稿，并征询了博施、凯恩斯、拉尔夫·沃尔特斯、保罗·谢里和库尔森等各方面的意见。因此，穆兰论文中的建议，在于墨尔本发表之前，就已经广为人知了。

穆兰这篇题为《推动通用会计和审计准则的手段》（Practical Means of Promoting Common Accounting and Auditing Standards）的论文促使国际证监会组织（IOSCO）通过了其有关会计和审计准则的第一批决议。实际上，穆兰是美国证监会（SEC）与 IASC 以及国际证监会组织（IOSCO）与 IASC 之间的"诚实经纪人"。他是促使国际证监会组织（IOSCO）阐明其对 IASC 修订版会计准则的品质要求的催化剂，使 IASC 获悉如何才能取得证券监管机构的支持。在论文的最终版本中，穆兰提出了为使修订后的 IASC 准则能够成为跨国招股说明书的"调和基准"（reconciliation benchmark），或者能够直接用于编制跨国招股说明书，必须具备的几个关键性的先决条件：

（1）国际会计准则必须提供足够详细的指南，以使不同的报表编制者不至于因对准则的理解不同而损害财务报表的可比性。

（2）国际会计准则必须足够完整，以确保跨国报表编制者不至于因为在国际会计准则未覆盖的领域参照了某一国家的指南而使财务报表的可比性受到损害。

（3）国际会计准则必须包含足够的披露要求，以使企业提供可能影响财务报表的使用、理解和解释的重要事项的信息。

穆兰还提出了第四个条件，但这个条件更多的是对程序上的而不是内容上的要求。他提议，修订后的准则"必须被视为是在充分考虑了财务报表使用者需求的前提下制定的"。[50]

在长达 20 页（双倍行距）的论文的结尾，穆兰提出了两项供会议工作坊讨论的建议。同时，他也为国际会计师联合会（IFAC）旗下的国际审计实务委员会（IAPC）提供了参考意见：

（1）国际证监会组织（IOSCO）鼓励 IASC 改进国际会计准则，实施旨在消除会计规则可选项的项目，并制定议程，以确保其准则足够详细和完整，包含充分的披露要求，同时确保这些准则致力于满足财务报表使用者的需求；鼓励国际审计实务委员会（IAPC）制定关于审计师独立性的指南以及关于在跨国公司审计中发表审计意见的共同要求。

（2）如果 IASC 和国际审计实务委员会（IAPC）能够分别对国际会计和审计准则进行适当的完善，那么，到 1994 年，国际证监会组织（IOSCO）的成员应当允许跨国公司在招股说明书以及后续定期财务报告中，提交依照 IAPC 的审计准则审计过的、采用以下编制基础编制的财务报表：①采用居住地的本国会计准则作为编制基础，同时按照 IASC 的准则进行调整对比；②直接使用国际会计准则作为报表编制基础。

上述两项决议草案之中的第二项表明，穆兰是 IASC 和国际审计实务委员会（IAPC）工作的狂热支持者。后续进展证明，他在国际证监会组织（IOSCO）年会上的斡旋产生了积极的影响。

亨利·博施精心挑选了国际证监会组织（IOSCO）年会第四工作坊（也就是穆兰报告论文的那个工作坊）的专家组成员，他的选择实际上已经确保该专家组会对穆兰的观点持赞同态度。博施选择 IASC 的主席乔治·巴

---

50. Donald J. Moulin, "Practical Means of Promoting Common Accounting and Auditing Standards"。该文章于 1988 年 11 月 16 日在澳大利亚墨尔本举行的国际证监会组织第 13 届年会上主题为 "Harmonization of Accounting and Auditing Standards" 的第四工作坊作了报告（论文副本由 Moulin 提供）。该论文有一个几乎相同的版本，以 Moulin 和他的合作者 Morton B. Solomon 的名义发表，请参见 "Practical Means of Promoting International Standards", *The CPA Journal*, 59/12（1989.12），38–40，45–46，48。

第10章 提升话语权：IASC 回应国际证监会组织和美国证监会

尔泰斯担任该工作坊的主持人，还邀请了拉尔夫·沃尔特斯、保罗·谢里和肯尼斯·斯潘塞共同参会。斯潘塞曾任 IASC 理事会理事和澳大利亚会计准则审查委员会（Accounting Standards Review Board）委员。[51]在听取并讨论了穆兰报告的论文后，该工作坊向国际证监会组织（IOSCO）主席团递交了报告。该报告以果断的语气写道："专家组一致认为，IASC 和国际审计实务委员会（IAPC）是 [制定国际准则的] 适当机构……强烈建议国际证监会组织（IOSCO）支持和认可这两个机构为合适的准则制定者，并支持国际证监会组织（IOSCO）成员认可它们。"该报告补充说："专家组认为，此事非常紧迫。在 1990 年 7 月 1 日之前，欧共体将实现资本自由流动。在 1993 年 1 月 1 日之前，欧共体还将建成共同市场。形势比人强，我们需要即刻采取行动。"[52]

该专家组提出了两项正式决议，请主席团考虑采纳。第一项决议与穆兰的第一个建议是一样的，此处不再赘述。第二项决议如下：

> 国际证监会组织（IOSCO）将继续大力支持 IASC 和国际审计实务委员会（IAPC）的工作。对于它们各自设立的、能够对共同的会计和审计准则的建设进程产生影响的项目，国际证监会组织（IOSCO）将为其工作组提供协助。[53]

该专家组的第二项决议与穆兰所提出的第二个建议相去甚远。专家组完全删除了穆兰关于 IASC 的准则一旦在 1994 年之前得到适当完善就应当得到国际证监会组织（IOSCO）认可（虽然穆兰并没有使用"认可"一词）的建议。

---

51. *IASC News*, 18/1（1989.01）2；以及 2004 年 4 月 20 日作者与 Donald Moulin 的访谈记录和他的备忘录。会议议程显示澳大利亚的参会者是澳大利亚特许会计师协会（Institute of Chartered Accountants）主席 Ken Rennie，但 Spencer 在最后一刻取代了他。由于 Barthès 和 Walters 的存在，专家组总体上对 IASC 持积极态度。如前一节所述，Cherry 对可比性指导委员会取得的进展赞赏有加。

52. "Report of Workshop No. 4: Harmonization of Accounting and Auditing Standards, 13th Annual Conference of IOSCO"（由国际证监会组织提供）。对于工作坊审议过程的描述见于 *IASC News*, 18/1（1989.01），2。

53. "Report of Workshop No. 4: Harmonization of Accounting and Auditing Standards, 13th Annual Conference of IOSCO"（由国际证监会组织提供）。

以下列出了国际证监会组织（IOSCO）主席团最终采纳的四项决议。其中，第一项决议是主席团补充进来的，但其要义与第四工作坊的报告完全一致。其余三项决议在内容和用词上都与工作坊的两项决议完全相同，只不过被国际证监会组织（IOSCO）主席团重新编排成了三项。但决议中没有迹象表明国际证监会组织（IOSCO）今后可能会认可 IASC 和国际审计实务委员会（IAPC）编写的准则。国际证监会组织（IOSCO）主席团的四项决议如下：

（1）国际证监会组织（IOSCO）鼓励 IASC 和国际审计实务委员会（IAPC）迅速采取行动，推动建立和完善国际会计及审计准则。

（2）国际证监会组织（IOSCO）鼓励 IASC 改进国际会计准则，实施旨在消除会计规则可选项的项目，并制定议程，以确保其准则足够详细和完整，包含充分的披露要求，同时确保这些准则致力于满足财务报表使用者的需求。

（3）国际证监会组织（IOSCO）鼓励国际审计实务委员会（IAPC）改进国际审计准则，包括关于审计师独立性和审计师意见的要求。

（4）国际证监会组织（IOSCO）将继续大力支持 IASC 和国际审计实务委员会（IAPC）的工作。对于它们各自设立的、能够对共同的会计和审计准则的建设进程产生影响的项目，国际证监会组织（IOSCO）将为其工作组提供协助。[54]

为什么专家组的第二项决议相比于穆兰的建议保守得多？据悉，美国证监会（SEC）主席戴维·S. 鲁德（David S. Ruder）当时正在国际证监会组织（IOSCO）主席团任职，而他不同意穆兰的第二项建议所提出的那种主张直接认可 IASC 和国际审计实务委员会（IAPC）的准则的观点。[55] 会议期间，国际证监会组织（IOSCO）秘书长保罗·盖伊与鲁德讨论了国际证监会组织（IOSCO）第四工作坊的结论草案，并了解了鲁德对于认可的反感态度。尽管很明显该工作坊的专家组强烈支持国际证监会组织（IOSCO）在 IASC 修订准则后给予直接认可，但据报道，"主席团内一些有影响力的

---

54. "Report of Workshop No. 4: Harmonization of Accounting and Auditing Standards, 13th Annual Conference of IOSCO"（由国际证监会组织提供）以及 *Annual Report 1988*, International Organization of Securities Commissions, 8。

55. Paul Cherry 确定 Ruder 就是那个投否决票的人。Paul G. Cherry 给作者的备忘录，2004.10.08。

第 10 章　提升话语权：IASC 回应国际证监会组织和美国证监会

成员"的介入致使决议的语气有所缓和，以便主席团能够全盘接受。[56]眼睁睁地看着国际证监会组织（IOSCO）不愿意支持哪怕仅仅是"预期的"认可（"prospective" endorsement），出席会议的 IASC 代表们感到很失望。[57]一贯谨慎的、依法负有确保美国资本市场财务报告准则保持高质量之职责的美国证监会（SEC）表示，其倾向于待 IASC 完成准则的修改完善后，自己先行做出评估，然后再决定是否支持国际证监会组织（IOSCO）发布认可 IASC 准则的文告。

尽管穆兰提出的富有远见的第二项建议并未获得批准，但他的论文对于开启一个新的进程做出了重要的贡献，这个进程就是，国际证监会组织（IOSCO）开始正式期待 IASC 在实现会计准则的国际协调方面取得进展。

在国际证监会组织（IOSCO）会议召开后不到一周，美国证监会（SEC）公开表示支持向制定国际会计准则的方向迈进。这是美国证监会（SEC）第一次就国际会计准则事宜发表官方声明。该机构称："编写相互接受的国际会计准则是一个重要目标，因为它将减轻当前由于一些国家的会计准则之间存在差异而造成的不必要的监管负担。"[58]美国证监会（SEC）有明确的动机去推动会计准则的协调：它们需要应对日益国际化的资本市场给证券监管带来的挑战。

1989 年 9 月，国际证监会组织（IOSCO）的技术委员会公布了一份长

---

56. "Note of Telephone Conversation with Georges Barthes, 2 December 1988", by David Cairns, IASC archive, IOSCO. 美国证监会首席会计师 Coulson 无法出席国际证监会组织（IOSCO）会议；因此，他没有出席工作坊。2003 年 9 月 12 日作者与 Coulson 的访谈记录。Moulin 在备忘录中回忆说，Ruder 参加了大部分工作坊，但没有发表评论。主席团以全体一致投票的方式作出决定。

57. 参见 "Note of Telephone Conversation with Georges Barthes, 2 December 1988", by David Cairns, IASC archive, IOSCO. 时任国际证监会组织第二工作组主席的 Paul Cherry 写道："IASC 也感到不安，因为国际证监会组织光是敦促 IASC 付出重大努力，[自己却] 没有给出任何相应的承诺。而且，国际证监会组织衡量 IASC 的成果的标准似乎远远高于其对自己的工作组的预期/要求。"Paul G.Cherry 给作者的备忘录，2004. 10. 08。

58. "Regulation of International Securities Markets", Policy Statement（Release No. 33-6807, 34-26284, IC-16636, IA-1143, S7-25-88），1988.11.21, Sec. III; 另见 "SEC Seeks Continued Efforts on International Accounting Standards", IASC News, 18/1（1989.01），3。两年后，美国证监会首席会计师办公室完成了一份 116 页的研究报告，将 IASC 的披露标准与美国证券市场上的公认会计原则（GAAP）进行了比较，该研究由首席会计师 Edmund Coulson 在 1990 年 8 月 14 日随信转交给了 IASC。很明显，美国证监会的会计人员是想要调查国际会计准则与美国证券市场上的公认会计原则（GAAP）之间的差异的。IASC 图书馆获得了该研究报告的两份副本。

— 451

达103页的报告——《国际股票发行》(International Equity Offers)。这份报告是由国际证监会组织(IOSCO)负责跨国证券发行规则的第一工作组提交的,该工作组由伦敦证券交易所的斯图尔特·道格拉斯-曼(Stewart Douglas-Mann)主持。国际证监会组织(IOSCO)技术委员会接受和批准了该报告,也采纳了其中所提的建议。该报告鼓励监管机构允许证券发行人在其选择发行证券的所有司法管辖区使用同一套披露文件,而实现这一目标的"关键因素"就是"多个司法管辖区域是否可以接受同一套财务报表。制定或确立充分受到全球认可的会计、审计和独立性准则,将极大地促进单一披露文件的使用和发展"。[59]

10.5 IASC成立改进指导委员会

可比性指导委员会基于所收到的关于E32的评论函以及(美国证监会(SEC)、国际证监会组织(IOSCO)等各方面的)其他反馈建议,继续开展它的审议活动。1990年7月,IASC理事会投票决定公布其后续报告(follow-up report),名为《意向公告:财务报表的可比性》。在这份意向公告中,IASC保留了E32中的大部分建议,也做了一些修改,并正式提议修订十项准则。针对收到的许多批评意见,IASC理事会还决定取消原定的针对"允许的替代处理方法"的限制条件,即宣称已遵守国际会计准则的公司如果在编制财务报表时采用了允许的替代处理方法,就不再需要根据"基准"处理方法(即前述"首选的"处理方法)调整其净利润和股东权益金额并进行差额分析。[60] 谢里指出,"部分问题在于,国际证监会组织(IOSCO)成员之间存在分歧,他们需要一致同意(才能

---

59. *International Equity Offers*(IOSCO,1989),75. 美国证监会公司金融部主任Linda Quinn是Douglas Mann的第一工作组的成员之一,她将在20世纪90年代前期成为美国证监会和IASC之间的主要联络人。

60. 据*Accountancy Age*报道:"通过撤销调整要求,IASC试图为大部分新准则的执行铲除障碍。"参见"IASC Comparability Climbdown",*Accountancy Age*,1990.03.01,2. 但是IASC理事会确实在其《意向公告》中表示"将继续支持国际证监会组织鼓励各证券监管机构允许或要求每个外国公司"将"其按照国内要求编制的财务报表"调整为国际会计准则的基准处理方法,或者直接按照国际会计准则的基准处理方法编制财务报表的做法。*Statement of Intent*,paragraph 19.

第 10 章 提升话语权：IASC 回应国际证监会组织和美国证监会

通过一项决议）。因此，国际证监会组织（IOSCO）的接受决定似乎很难达成。这样，该组织中的个别成员就可以选择[他们将使用的]"基准的处理方法"，以用于达到在国内调整其净利润和股东权益金额并进行差额分析的目的。[61]

在意向公告中，IASC 理事会还宣布将取消 IAS 2 中的一个允许的替代处理方法——后进先出法（LIFO）。E32 已经建议禁止使用基本库存法。如后文所述，当 IASC 理事会于 1992 年 10 月接受修订版 IAS 2 时，后进先出法的取消引起了广泛的争议。

IASC 把贯彻执行意向公告所阐明的立场这一任务，委托给了 1989 年 4 月的 IASC 理事会会议所创建的改进指导委员会，该指导委员会是为响应国际证监会组织（IOSCO）1988 年 11 月的会议精神而成立的。美国证监会（SEC）首席会计师埃德蒙·库尔森反复强调，单单是减少会计规则可选项的数量是不够的，另一个问题是缺乏实施指南。他说，他坚持要求 IASC 编写明确的指南，但 IASC 的领导层并未给予重视；因为 IASC 认为，减少或消除过多的会计规则可选项已经足以把修订后的准则的质量提高到被国际证监会组织（IOSCO）认可和接受的程度。[62] 尽管如此，改进指导委员会的职责，还是被界定为在 1992 年年底之前基于 E32 修订大部分的 IASC 准则，确保修订后的准则"足够详细和完整，并包含充分的披露要求"。[63] 但是，如第 9.3.4 节所述，改进指导委员会直到 1990 年才开始工作，因而其职责很快就仅限于修订意向公告中提议修订的十项准则了。

在《国际股票发行》中，国际证监会组织（IOSCO）对改进指导委员会的工作提出了期望：

"改进项目"旨在回应[国际证监会组织（IOSCO）]第二工作组提出的意见，即目前的国际会计准则尚不完整，并且未对某些原则的实施提供足够详细的指南。改进项目的目的，是把国际会计准

---

61. Paul Cherry 给作者的备忘录，2004.10.08。
62. 2003 年 9 月 12 日作者与 Edmund Coulson 的访谈记录。
63. IASC board meeting of 12–14 April 1989, minute 11(1)(ii) and (m).

则建设成为一套独立存在的、全面的会计准则。[64]

1991年,曾是可比性项目的主要参与者的保罗·谢里发表了一篇文章,试图抚慰人们对于协调方向的担忧,即"国际协调必然会导向以美国证券市场上的公认会计原则(GAAP)为代表的美国式的报告惯例"或者"法典化或规则手册式的标准化"。[65] 显然,焦虑感明显来源于外界对财务会计准则委员会(FASB)的公告将会成为IASC修订版准则的模板的担忧。

10.6　国际证监会组织所取得的进展

在1989年中期,保罗·谢里辞去了国际证监会组织(IOSCO)工作组的职务,该职位由加拿大安大略省证券委员会(OSC)首席会计师迈克尔·马尔兼任。马尔于1988年9月从安永会计公司被借调两年,出任OSC首席会计师。

1989年10月,理查德·布里登接替戴维·鲁德担任美国证监会(SEC)主席。布里登认为,美国证监会(SEC)以往的关注点过于局限在国内的问题上。他认为,美国证监会(SEC)的政策应该反映国际资本市场发展和全球化进程的影响,他也将这一观点有力地传达给了证监会的职员们。[66] 以往,美国证监会(SEC)派遣过工作人员参加国际证监会组织(IOSCO)技术委员会的会议,但布里登出任美国证监会(SEC)主席几个月后就亲自参加了技术委员会1990年2月的会议,并且在其主席任期期间一场不落地参与了技术委员会的历次会议。他希望借此发出一个信号:美国证监会(SEC)认为国际证监会组织(IOSCO)的工作很重要。这样,有美国证监会(SEC)主席坐在桌旁,国际证监会组织(IOSCO)的其他成员也就不大好意思只派遣一般工作人员参加会议了。布里登了解

---

64. *International Equity Offers*(IOSCO, 1989), 45.

65. Paul G. Cherry, "Perspective:International Accounting Standards in the Post-Cold War Era", *Journal of Corporate Accounting and Finance*, Summer 1991, 504.

66. 2004年11月12日作者与Richard Breeden的访谈记录。

第 10 章　提升话语权：IASC 回应国际证监会组织和美国证监会

到，国际证监会组织（IOSCO）的技术委员会尚未成为有效的证券市场监管机构的审议机构，这立即令他感到担忧。技术委员会的一半成员（包括来自德国、英国和瑞士证券市场的成员）都是完全没有政府权力的贸易协会（即证券行业协会）。布里登希望看到国际证监会组织（IOSCO）的技术委员会能够对标巴塞尔银行监管委员会，成为其在证券市场监管领域的对口机构。[67] 在他的指导下，在国际证监会组织（IOSCO）其他主要成员的合作下，美国证监会（SEC）撰写了《技术委员会在国际证监会组织中的作用的战略评估》(Strategic Assessment of the Technical Committee's role in IOSCO)，进而引致国际证监会组织（IOSCO）对技术委员会的重大重组。[68] 布里登随即成为技术委员会主席。[69] 在新的组织方案下，只有证券市场监管机构才能成为国际证监会组织（IOSCO）技术委员会中的一员，这样就把行业协会排除在外了。同时，第二工作组（负责会计和审计事务）并入由美国证监会（SEC）公司金融部的得力主管琳达·奎因负责的第一工作组（负责跨国证券发行事务）。[70] 于是，第一工作组便有了多种称呼。例如，IASC 称之为"跨国证券发行"（multinational securities offerings）工作组，美国证监会（SEC）称之为"跨国披露和会计"（multinational disclosures and accounting）工作组。[71] 奎因拥有证券律师从业背景，于 1980 年加入美国证监会（SEC）。她在 1986 年成为证监会公司金融部主任。在 IASC 改进指导委员会推进 IASC 准则修订提案的进程中，美国证监会（SEC）希望能由自己人来领导国际证监会组织（IOSCO）的监督委员会（oversight committee）。第一工作组于是就成立了一个会计和审计附属

---

67. 2004 年 11 月 12 日作者与 Richard Breeden 的访谈记录。

68. *Annual Report 1991*, International Organization of Securities Commissions, 6.

69. Breeden 在 1990 年 11 月至 1992 年 11 月担任技术委员会主席。继任的主席和他们任期开始的时间如下：Jean Saint-Geours，法国证券交易委员会（COB）主席（1992 年 10 月）；Edward Waitzer，OSC 主席（1994 年 10 月）；Anthony Neoh，中国香港证券及期货事务监察委员会（Hong Kong Securities and Futures Commission）主席（1996 年 9 月）；Michel Prada，法国证券交易委员会主席（1998 年 9 月）；David Brown，OSC 主席（2000 年 5 月）。主席换届以国际证监会组织年会为标志。2004 年 11 月 5 日国际证监会组织副秘书长 Jean-Pierre Cristel 与作者的沟通。

70. 这个部门负责审查在美国证监会注册的公司的招股说明书和年度、季度报告中的财务报表和补充披露。

71. 在国际证监会组织的年度报告中，第一工作组（WP1）被命名为"跨国披露和会计工作组"。1996 年，工作组（working parties）更名为"工作小组"（working groups）。

委员会（Accounting and Auditing Subcommittee），其主席始终由加拿大安大略省证券委员会（OSC）现任或前任首席会计师担任[72]，而第一任主席就是迈克尔·马尔。美国证监会（SEC）首席会计师办公室也向该附属委员会派出一名成员，最初被派出的是理查德·莱因哈德（Richard Reinhard）。自1990年以来，第一工作组一直由美国证监会（SEC）控制，琳达·奎因一直担任第一工作组主席，直至1996年2月她辞任公职重回律师行业。布里登派出了美国证监会（SEC）最优秀的人才，来支援国际证监会组织（IOSCO），听从其调遣。

布里登本人对IASC的产出效率表示乐观。在1991年5月举行的美国国会听证会上，布里登表示，"我相信，国际会计准则的核心内容有望在1992年年内完成"。[73]

1989年，国际证监会组织（IOSCO）负责会计和审计准则事务的第二工作组（即重组前的工作组）的成员变化引发了一个问题——当受雇于私有部门的成员被公共部门的监管机构选为其代表时，他是否还会如实传达该监管机构的意见？一般认为，国际证监会组织（IOSCO）作为证券市场监管者的联合会，其工作组应该由监管机构的现任或前任成员组成。但在1989年，英国证券和投资委员会（Securities and Investments Board，SIB）作为职责范围不包括会计审计事务也不包括监管在伦敦证券交易所上市的外国公司的政府机构[74]，却希望成为国际证监会组织（IOSCO）工作组的成员，并参加IASC的可比性指导委员会和随后的改进指导委员会的会议。英国是一个国际证监会组织（IOSCO）难以忽视的重要国家，但英国证券和投资委员会（SIB）也意识到其代表必须具备会计或审计专业背景。英国

---

72. 美国证监会与OSC有着特殊的关系，并且确信它与美国证监会的观念是一致的。之后我们会讲到，1991年，美国证监会与加拿大公布了一项"多边协议"，这使得美国和加拿大将互相接受对方国家企业的招股说明书。

73. Testimony of Richard C. Breeden on 2 May 1991 before the Subcommittee on Telecommunications and Finance of the Committee on Energy and Commerce, *SEC Reauthorization*, House of Representatives, 102nd Congress, 1st Session, Serial No. 102–117（Washington: U.S. Government Printing Office, 1991), 17.

74. 但是，在1988年年底，英国证券和投资委员会主席David Walker曾呼吁"主要市场的监管机构和证券交易所在财务报表信息披露的共同最低标准或基准标准（common minimum or benchmark standards）上趋同"。"Convergence on Common Standards of Disclosure Highly Desirable", *IASC News*, 18/1（1989.01), 4.

第 10 章 提升话语权：IASC 回应国际证监会组织和美国证监会

证券和投资委员会（SIB）选择的代表是德勤会计公司伦敦成员公司合伙人肯尼思·怀尔德（Kenneth Wild），同时，由英格兰及威尔士特许会计师协会技术主管、英国公共会计师行业派驻 IASC 理事会的代表团观察员杰弗里·米切尔提供协助。此外，保罗·谢里于 1988 年 9 月借调期满，不再担任加拿大安大略省证券委员会（OSC）的首席会计师，他又回到了永道会计公司，却继续担任着国际证监会组织（IOSCO）会计和审计工作组的主席。类似地，迈克尔·马尔在担任加拿大安大略省证券委员会（OSC）首席会计师两年后回到了自己的会计师事务所，但仍在 1991—1993 年（这个关键时期）继续担任国际证监会组织（IOSCO）第一工作组会计和审计附属委员会的主席。还好，谢里和马尔毕竟拥有监管机构的任职经历。戴维·凯恩斯对这些人员任命是否恰当提出了质疑，尤其是英国证券和投资委员会（SIB）的人员任命。他所关注的并不是所涉人员的技术水平如何，而是担忧他们在代表监管机构发言时，是否拥有政府机构的权威，或者是否拥有可以借鉴的起码的监管经验。[75] 而监管机构从外部任命派驻国际证监会组织（IOSCO）代表的做法五花八门，并不限于上述情形。一个棘手的问题是，一些国家的监管机构（如英国证券和投资委员会）没有会计专业人才；或者即使有会计专业人才，也不方便派出到国际证监会组织（IOSCO）工作。

在 20 世纪 90 年代前半段，第一工作组及其会计和审计附属委员会在国际证监会组织（IOSCO）与 IASC 的沟通中发挥了决定性作用。正如我们将要看到的，在第一工作组及其会计和审计附属委员会中，美国证监会（SEC）和加拿大安大略省证券委员会（OSC）的代表，显然是最活跃和最具影响力的。在 1993 年这个关键的年份里，除美国和加拿大证券监管机构外，英国和法国证券监管机构也在该工作组及其附属委员会中派驻了代表——英国证券和投资委员会（SIB）派出了杰弗里·米切尔，法国证券交易委员会（COB）派出了接任伯特兰·迪利尔职位的彼埃尔·沙皮（Pierre Chaput）。其他向第一工作组派出代表的国家或地区还包括澳大利亚、比利

---

75. 2003 年 6 月 8 日作者与 David Cairns 和 2004 年 2 月 19 日与 Geoffrey Mitchell 的访谈记录；以及 "IOSCO", note by David Cairns, AP 6/1992, additional paper。Mitchell 说他曾敦促英国证券和投资委员会积极参与国际证监会组织，因为 IASC 可能在未来制定会计准则的过程中发挥重要作用。

时、德国、中国香港、意大利、日本、卢森堡、荷兰、西班牙和瑞士。德国司法部的代表赫伯特·比纳和意大利全国公司及证券委员会（Consob）的卡洛·比安凯里（Carlo Biancheri）也在审议过程中发挥了积极作用。第一工作组通常以一致同意的方式做出决定，无须进行投票。工作组的成员代表他们各自国家的监管机构，大多并不精通会计和审计。[76]日本财政部的代表还带了一位名为加藤敦（Atsushi Kato）的会计顾问，他是永道会计公司旗下的日本中央审计所的合伙人。

第一工作组极度依赖其会计和审计附属委员会的工作。该附属委员会相当深入地审阅了IASC正在进行的项目。1993年7月，第一工作组主席迈克尔·马尔要求IASC向该工作组会计和审计附属委员会提交一份IASC理事会内部文件的完整清单，包括所有的技术文件、背景资料、分发给各个指导委员会的征求意见稿的答复函、所有的IASC理事会文献以及所有IASC会议记录的副本。[77]显然，该附属委员会想要监督IASC准则修订过程的每一个步骤，而不仅仅是对IASC的程序进行审查，然后任其制定完成最终准则了事。IASC的领导层原本觉得国际证监会组织（IOSCO）索取这么多文件实属多余且无必要，但为了能使双方满意，IASC最终还是选择了妥协。[78]

1994年，加拿大安大略省证券委员会（OSC）主席爱德华·威泽提出，国际证监会组织（IOSCO）应该认可的是IASC的工作程序，而不是认可其准则中所采取的特定立场。[79]国际证监会组织（IOSCO）第一工作组成员、澳大利亚证券委员会会计政策行政主管斯图尔特·格兰特（Stuart Grant）表示认同这一观点。[80]但这种观点在第一工作组中仅占少数。[81]第一

---

76. 2004年7月2日作者与Atsushi Kato的访谈记录。

77. Meagher给Cairns的信，1993.07.07，IASC archive, file "IOSCO Core Standards Liaison"。

78. 参见 "IOSCO Core Standards Liaison" 文件夹中的通信文件，IASC archive。

79. Edward J. Waitzer, "International Securities Regulation—Coping with the 'Rashomon Effect'", *Ontario Securities Commission Bulletin*, 17（1994.04.22），1845; and "Towards the Endorsement of International Accounting Standards", *IASC Insight*, 1994.06, 5.

80. "Notes on a Confidential Telephone Conversation with Stuart Grant, Australian Securities Commission, 3rd December 1993", by David Cairns, IASC archive, file "IOSCO Core Standards Liaison"。

81. 参见 "Meeting of IOSCO Working Party 1 held on 2nd December 1993 in Rome, Italy", by David Cairns, IASC archive, file "IOSCO Core Standards Liaison"。

第 10 章　提升话语权：IASC 回应国际证监会组织和美国证监会

工作组的会计和审计附属委员会在其主席（来自 OSC）的带领下，采取了明显不同的方针。事实上，该附属委员会甚至针对是否应当重新披露修订后的征求意见稿，对 IASC 理事会进行了事后批评。[82]1993 年 12 月，IASC 秘书长戴维·凯恩斯应邀出席了国际证监会组织（IOSCO）第一工作组的会议。在会上，琳达·奎因和迈克尔·马尔都抱怨 IASC 过于隐秘，致使国际证监会组织（IOSCO）难以了解 IASC 准则草案中所做结论的原因，也不利于国际证监会组织（IOSCO）在早期阶段帮助 IASC 的指导委员会成员们尽早了解和熟悉其意见。[83] 很明显，奎因和马尔都希望对 IASC 的准则制定过程进行更严格的监督。

10.7　国际证监会组织在 IASC 改进指导委员会中的作用

保罗·谢里在成为 IASC 改进指导委员会的主席之后，于 1990 年 9 月召开了该指导委员会的第一次会议。改进指导委员会着力对 IASC 的十项准则进行修订，快马加鞭地开展了其审议工作，以期尽早获得国际证监会组织（IOSCO）的认可。谢里在 1988 年年底回到原会计师事务所之后，仍全职担任加拿大安大略省证券委员会（OSC）主席的特别顾问以及国际证监会组织（IOSCO）第二工作组（会计和审计准则工作组）的主席。然后，在 1989 年年中，他更加积极地参与到了 IASC 的工作中，还接替迈克尔·道森，出任了加拿大公共会计师行业派驻 IASC 理事会的代表。

如第 9 章所述，改进指导委员会积极围绕十项准则的修订完善开展工

---

82. 例如，附属委员会认为有关金融工具的征求意见稿 E40 应该再度公开征求意见，这种观点与 IASC 相反，实际上也与 IASC 顾问团中国际证监会组织代表在最近的会议上所表达的观点相反。"Notes of a Telephone Conversation with Richard Reinhard, Securities & Exchange Commission, and Michael Meagher, Chairman IOSCO Accounting Sub-Committee, 17th September 1993". 附属委员会的观点在次月得到了第一工作组的一致支持。Quinn 和 Meagher 在 1993 年 10 月 23 日写给 Cairns 的信。两个文件皆可见于 IASC archive, file "IOSCO Core Standards Liaison"。

83. "Meeting of IOSCO Working Party 1 Held on 2nd December 1993 in Rome, Italy", by David Cairns, IASC archive, file "IOSCO Core Standards Liaison".

作，着力编写实施指南、增加披露要求。与可比性指导委员会的情况类似，美国证监会（SEC）的代表理查德·莱因哈德、加拿大安大略省证券委员会（OSC）的代表迈克尔·马尔和法国证券交易委员会（COB）的代表伯特兰·迪利尔分别以观察员的身份出席了改进指导委员会的会议，但参加了讨论。如第10.6节所述，英国证券和投资委员会（SIB）也向该指导委员会派遣观察员参加了会议。

琳达·奎因希望IASC迅速采取行动。为了回应她的敦促，IASC领导层竭力压缩改进项目的时间进度，但最终没有成功。[84]奎因是IASC准则计划的主要支持者，她希望IASC的准则能尽快完成修订直至最终获得批准。[85]

然而，改进指导委员会却发现自己难以解读国际证监会组织（IOSCO）第一工作组所释放的信号。会计准则并不是第一工作组日程上唯一的项目，而且这个忙碌的工作组似乎总是在赶工。人们越来越担心，第一工作组对IASC提出的标准远远超出了它对自己的要求，而且该工作组所设定的目标也在不断变化。一个很大的障碍是，第一工作组要想公布任何正式立场，都需要所有成员一致同意。而第一工作组共有14名成员，彼此观点迥异，这就必然导致所有的正式来文都非常冗长且措辞非常谨慎。有时，第一工作组在正式沟通中没有说的内容似乎比它说过的还要重要。[86]

IASC在1991—1992年间对改进指导委员会完成的十项准则的修订草案公开征求了意见，并在1992—1993年陆续批准了根据收到的评论函再度进行了修订的这十项准则。IASC理事会将这些准则汇编成为长达209页的文件交付出版，书名为《财务报表的可比性：国际会计准则1993年修订版》(*Comparability of Financial Statements: Revised International Accounting Standards 1993*)。以下是这十项经修订的准则的清单：

《国际会计准则第2号：存货》(*Inventories*)
《国际会计准则第8号：当期净损益、重大差错和会计政策变更》

---

84. "IOSCO", ES/MS Meeting, 1993.01, IASC archive, file "IOSCO Core Standards Liaison".

85. Cherry曾写道（参见2004年10月8日他发给作者的备忘录），"Linda非常乐于助人，她在幕后带着国际证监会组织其他成员，非常值得称赞。此外，她还努力落实美国证监会在资源和公众意识方面的承诺。她是一个非常资深的人，有着巨大的影响力"。

86. Paul Cherry给作者的备忘录，2004.10.08。

第 10 章 提升话语权：IASC 回应国际证监会组织和美国证监会

（*Net Profit or Loss for the Period, Fundamental Errors and Changes in Accounting Policies*）

《国际会计准则第 9 号：研发支出》（*Research and Development Costs*）

《国际会计准则第 11 号：建造合同》（*Construction Contracts*）

《国际会计准则第 16 号：不动产、厂场和设备》（*Property, Plant and Equipment*）

《国际会计准则第 18 号：收入》（*Revenue*）

《国际会计准则第 19 号：退休福利开支》（*Retirement Benefit Costs*）

《国际会计准则第 21 号：外币汇率变动的影响》（*The Effects of Changes in Foreign Exchange Rates*）

《国际会计准则第 22 号：企业合并》（*Business Combinations*）

《国际会计准则第 23 号：借款开支》（*Borrowing Costs*）

其中，《国际会计准则第 2 号：存货》（IAS 2）非常明显地体现出了 IASC 对国际证监会组织（IOSCO）意图的误解。E32 建议保留后进先出法（LIFO），作为一种"允许的替代处理方法"。1990 年 1 月，可比性指导委员会在审阅了 E32 的评论函后，向 IASC 理事会建议取消后进先出法，国际证监会组织（IOSCO）在该会议上没有提出异议。于是，IASC 理事会便批准了这一决定，并在意向公告中明确指出，应当将后进先出法从"允许的替代处理方法"中删除。

改进指导委员会在 IAS 2 修订版的征求意见稿中也建议取消后进先出法，IASC 理事会在 1991 年 6 月批准了这份征求意见稿。然而，在 1992 年 4 月的改进指导委员会会议上，迈克尔·马尔却宣布，国际证监会组织（IOSCO）认为改进指导委员会取消后进先出法的做法太过火了。[87] 这令所有人感到惊讶——要知道，国际证监会组织（IOSCO）一直在敦促 IASC

---

[87]. 本段和下一段的大部分内容均整理自 2004 年 5 月 6 日和 9 日 David Cairns 与作者的沟通。另见 David Cairns, "The Future Shape of Harmonization: A Reply", *The European Accounting Review*, 6/2（1997）, 346–347; "IOSCO（A note from the Secretary-General）", IASC executive committee meeting, 1994.06, agenda paper Ⅲ。

— 461

减少会计规则可选项,而现在它却在主张保留一个会计规则可选项。

1992年10月,IASC理事会会议在芝加哥召开,会议拟就IAS 2做出最终裁决。会上,来自德国、意大利、日本和韩国四个国家的公共会计师行业代表投票反对删除后进先出法。这四票反对票就导致同意取消后进先出法的票数不足3/4,关于取消后进先出法的提案就无法获得通过。[88]戴维·凯恩斯写道:"那些人之所以反对取消后进先出法,是因为他们国家的会计规则允许企业使用该方法(通常由税法规定)。"[89]自IAS 2于1975年首次公布以来,美国证券市场和注册会计师行业一直是取消后进先出法的主要反对者。在美国,只有在公开的财务报表中使用后进先出法的企业,才能依照税法获得后进先出法带来的税收优惠。然而,令IASC理事会的其他成员感到惊喜的是,美国公共会计师行业派驻IASC理事会代表团此次决定投票赞成取消后进先出法,以表达其对会计准则国际协调的支持。[90]

后进先出法的投票僵局对于IASC理事会来说是一个令人尴尬的挫折。但这对国际证监会组织(IOSCO)来说也很尴尬:毕竟,一直在敦促IASC减少会计规则可选项数量的,正是自己。IASC已经批准了一个概念框架,并且正在努力回应国际证监会组织(IOSCO)代表投资者提出的要求。以往人们可能认为,财务报告规范对税务问题的影响应该不会左右IASC理事会的决定,然而事实并非如此。IASC主席阿瑟·怀亚特在1992年10月召开的其任期内的最后一次IASC理事会会议上以及之后于

---

88. 凯恩斯认为,"如果国际证监会组织[在1992年4月的改进指导委员会会议上]没有发出最后的信息,我毫不怀疑[10月的]投票结果会走向相反的方向"。David Cairns,"IOSCO Member's Attack on IASC was Ill-conceived",*Accountancy*(international edition),122/1262(1998.10),62. 关于存货的征求意见稿E38的评论中支持和反对后进先出法的观点汇总,请参见"Board Approves First Three Revised Standards",*IASC Insight*,1992.12,14–15。

89. David Cairns,"Can International Accounting Standards Improve Financial Reporting?". 该论文报告于1994年财务和审计研究会议(Financial and Auditing Research Conference)。该会议由英格兰及威尔士特许会计师协会(ICAEW)的研究委员会(Research Board)发起,并于1994年7月18日在伦敦商学院举行,IASC archive,speech file。

90. Arthur Wyatt,"Harmonization's Future",in Mark E. Haskins,Kenneth R. Ferris,and Thomas I. Selling,*International Financial Reporting and Analysis: A Contextual Analysis*,fourth edition(Chicago:Irwin,1996),836. 事实上,Arthur Andersen和Coopers & Lybrand两个美国会计师事务所"出于国际会计准则协调的考虑"都公开支持取消后进先出法。"C&L's and AA's US Firms Support Elimination of LIFO",*Corporate Accounting International*,25(1992.02),1.

第 10 章　提升话语权：IASC 回应国际证监会组织和美国证监会

华盛顿召开的第十四届世界会计师大会上，都强调了"会计准则的国际化"（internationalization of accounting standards）所面临的困境。IASC 候任主席白鸟荣一言谈之间比较乐观，但也提出了警示——会计准则的国际协调还有很长的路要走。[91]

10.8　美国证监会谨慎应对来自资本市场的压力

在国际证监会组织（IOSCO）内部，美国证监会（SEC）显然占据了独特的地位。它不仅监管着许多大公司跨国上市时梦寐以求的目标资本市场，而且强制推行了最严格的财务报告规则，要求国内外证券发行人严格遵守。外国公司在美国证券市场上市的，其财务报告应当使用美国证券市场上的公认会计原则（GAAP）编制，否则就应当提交 20-F 表，表中应采用 GAAP 对其利润和股东权益数额进行调整并披露金额差异。在大多数其他国家或地区，来自发达国家的外国公司凭借遵照本国会计准则编制的财务报表就可以在该国家或地区上市，而无须（或只需少量）补充额外的信息。在整个 20 世纪 90 年代，关键问题都是美国证监会（SEC）是否以及何时会允许外国公司以 GAAP 之外的规则为基础在美国证券市场上市。本节阐释美国证监会（SEC）在 20 世纪 90 年代初期在这方面的政策，第 10.9 节将会继续探讨 IASC 与国际证监会组织（IOSCO）之间的关系。

10.8.1　越来越多的外国公司在纽约证券交易所上市

20 世纪 80 年代末，当 IASC 与国际证监会组织（IOSCO）开展合作、开始积极回应大型企业跨国上市的需求时，在美国证券市场上市的外国公司的数量仍然相对较少。[92] 传统上，英国证券市场是跨国上市的最重要的市场。1988 年，有 526 家外国公司在伦敦证券交易所上市，是 2 054

---

91. "World Congress Report", *World Accounting Report*, 1992.11, 4–5.
92. 本节的数据来源于 *World Stock Exchange Fact Book 2001*（Plano TX: Meridian Securities Markets, 2001）。美国的数据只针对纽约证券交易所。

—463

家英国国内公司的 26%。从绝对数字上看，伦敦证券交易所是最重要的国际资本市场。与之相对，只有 77 家外国公司在纽约证券交易所上市（是美国国内上市公司的 5%），甚至比东京证券交易所（112 家）和巴黎证券交易所（221 家）的外国公司数量还要少。在纽约证券交易所上市的外国公司大多来自加拿大，其余的大部分是英国公司。然而在 20 世纪 90 年代初，美国资本市场对许多世界领先企业产生了吸引力，这使得国际资本市场的局面发生了巨大变化。从 1988 年到 1992 年，在纽约证券交易所上市的外国公司数量从 77 家逐渐增加到 120 家，上市公司来源国的数量也增加至超过 30 个。仅在 1993 年，纽约证券交易所新增加的外国上市公司就有 45 家，其中不乏各国的旗舰型企业，如皇家阿霍德国际集团（Ahold）、西班牙对外银行（Argentaria）、澳大利亚和新西兰银行集团（Australia and New Zealand Banking Group）、戴姆勒－奔驰（Daimler-Benz）、弗莱彻跨国公司（Fletcher Challenge）、米特兰银行（Midland Bank）和捷利康（Zeneca）等。纽约证券交易所积极进取，着力吸引更多的世界级外国公司来美国上市。

美国证监会（SEC）意识到，海外的公司和监管机构比较担忧美国证监会（SEC）对外国公司财务报告的严格要求。因此，在 1990—1994 年，美国证监会（SEC）发布了若干政策，对在美国发行证券的外国公司做出了让步。

10.8.2　规则 144A：美国证监会放宽对外国公司私募证券的披露要求

1990 年 4 月，美国证监会（SEC）依照《1933 年证券法》正式通过了规则 144A。除其他事项外，该规则豁免了向美国证监会（SEC）注册发行证券的外国公司代价高昂的信息披露义务，条件是该外国公司需将其证券私下配售给主要金融机构（major financial institutions），如大型养老基金。然后，这些主要金融机构可以将那些证券转售给其他合格机构（qualifying institutions），从而提高私募证券在美国证券市场上的流动性。这样，只要外国公司仅将证券出售给合格机构而不出售给散户投资者，它就可以在美国证券市场筹集资金而无须遵守美国证监会（SEC）的会计和披露要求。规则

第 10 章　提升话语权：IASC 回应国际证监会组织和美国证监会

144A 被认为是成功的，其目的是让外国发行人更容易进入美国资本市场。[93]

10.8.3　美国证监会与加拿大监管机构签订前所未有的多边信息披露协议

　　1991 年 6 月，美国证监会（SEC）宣布与加拿大省级证券监管机构签订"多边披露制度"（multijurisdictional disclosure system，MJDS）协议[94]，允许两国公司使用本国招股说明书在对方国家发行证券，除普通股和非投资级证券外，无须进行对账调整。这一历史性协议之所以得以促成，原因无非就是美国证券市场与加拿大的会计和披露准则具有可比性。1985 年，当美国证监会（SEC）宣布其有意在跨国证券发行的信息披露和分销政策方面与其他国家的监管政策保持协调一致时，着重提到了英国和加拿大。但经过相当长时间的讨论和深入考虑之后，美国证监会（SEC）发现，撇开其他问题不谈，光是英国作为欧洲经济共同体（EEC）成员国的身份这一点，就使得英国无法单方面签订这样的协议。[95] 任何涉及英国的此类协议都必须适用于欧洲经济共同体的所有国家，而这远远超出了美国证监会（SEC）的计划范围。于是，在美国证监会（SEC）1989 年的证券法文告中[96]，"多边披露制度"协议的邀约对象仅限于加拿大。美国证监会（SEC）

---

93. 参见 Sara Hanks, "Globalization of World Financial Markets: Perspective of the U.S. Securities and Exchange Commission", in Frederick D. S. Choi（editor）, *International Accounting and Finance Handbook*（New York: John Wiley & Sons, 1997）, 2-17 及 2-18。

94. "Multijurisdictional Disclosure and Modifications to the Current Registration and Reporting System for Canadian Issuers", Securities Act Release No. 6902, Exchange Act Release No. 29354（1991.06.21）[56 FR 30036]. 有关 MJDS 的描述，请参见 "The Multijurisdictional Disclosure System with Canada", Office of International Corporate Finance, Division of Corporation Finance, US Securities and Exchange Commission（1995.01.17）。另见 "SEC Approves Multijurisdictional Agreement with Canada", *Corporate Accounting International*, 19（1991.06）, 1, 13;Hanks, "Globalization of World Financial Markets: Perspective of the U.S. Securities and Exchange Commission", 2-13 to 2-16。更多的内容请参考 Roberta S. Karmel, *National Treatment, Harmonization and Mutual Recognition—The Search For Principles for the Regulation of Global Equity Markets: A Discussion Paper*（Capital Markets Forum, Section on Business Law, International Bar Association, 1993）。

95. 2004 年 2 月 27 日作者与 Sara Hanks 的访谈记录。1988 年至 1990 年，Hanks 任美国证监会国际公司金融办公室主任。另见 Karel Van Hulle 和 Sarah E. Brown 的评论, *Festival of Accounting: Proceedings*（Edinburgh: The Institute of Chartered Accountants of Scotland, 1991）, 31。

96. MJDS 的提案规则于 1989 年作为证券法文告（Securities Act Release）第 6841 号（1989 年 7 月 24 日）发布 [54 FR 32226]。

的提案并未打算对债券或权益证券作对账调整的要求，但琳达·奎因这位谨慎的会计和信息披露政策制定者在1991年公布的协议中增加了一项对权益证券的对账调整要求。[97]

"多边披露制度"是美国证监会（SEC）唯一一次尝试在国家间"相互认可"（mutual recognition）对方的规则，至少在会计和信息披露规则领域是这样的。1992年，日本财政部与美国证监会（SEC）联系，希望能够实现会计问题的相互认可，但是这项讨论无果而终。[98]如后文所述，1993年，德国财政部长敦促美国财政部长同意会计方面的相互认可，但这一要约邀请被坚决拒绝了。

"多边披露制度"协议表明，在资本市场日益全球化的历史时刻，美国证监会（SEC）拥有在不违背其原则的情况下促进会计和信息披露规则的有限协调的愿望。从美国证监会（SEC）与IASC理事会的沟通中可以看出，美国证监会（SEC）致力于实现国际协调的目标，但是它一如既往地采取了谨慎的步骤。

10.8.4　国际证监会组织和美国证监会认可IAS 7

1992年12月，IASC公布了修订后的《国际会计准则第7号：现金流量表》（IAS 7），该准则的修订并不属于改进指导委员会拟修订的准则范围。修订版的准则取代了1977年公布的版本，该版本强制要求公布资金表（funds statement）。国际证监会组织（IOSCO）借机在1993年10月于墨西哥城举行的第18届年会上宣布认可IAS 7，即国际证监会组织（IOSCO）各成员（监管机构）可允许企业使用该准则进行信息披露。[99]1993年11月，美国证监会（SEC）在新任主席阿瑟·莱维特的领导下，发布了包括IAS 7

---

97. 2004年2月27日作者与Sara Hanks的访谈记录。
98. 2004年7月2日作者与Atsushi Kato的访谈记录。Kato以财政部会计顾问的身份参加了讨论。
99. 参见"International Accounting Standard Endorsed by IOSCO", IASC press release, 1993.10.28; "Agreement on Cash Flow Statements and Core Standards", *IASC Insight*, 1993.12, 4; James R. Peterson, "Bourse Regulators Endorse IASC Cash-flow Standard", *Corporate Accounting International*, 42（1993.11）, 1. 关于美国证监会的规则提案的通知，见第33-7029和34-33139号文告（Release），第608号国际系列文告（International Series Release），第S7-30-93号文件（1993.11.30）。

第 10 章　提升话语权：IASC 回应国际证监会组织和美国证监会

在内的一系列针对外国公司的政策调整文件。[100]

IAS 7 是国际证监会组织（IOSCO）正式采用的第一项 IASC 准则。这一重大进展可溯源至 1993 年。正是在那一年年初，美国证监会（SEC）主席布里登率领公司金融部主管琳达·奎因和国际事务办公室主任迈克尔·曼（Michael Mann）共同发起行动，并最终推动国际证监会组织（IOSCO）做出了决定。这是一项为 IASC 建立信心的举措，意在激励 IASC 继续改进其准则。[101] 布里登认为，如果监管机构希望 IASC 这样的组织能够获得更多资源、延揽更多人才，那就必须将这些组织视为重要的机构。[102] 国际证监会组织（IOSCO）认可 IAS 7 的决定，是美国证监会（SEC）和国际证监会组织（IOSCO）伸出援手的标志。IASC 对该决定表示欢迎，它使 IASC 相信国际证监会组织（IOSCO）将在未来依次认可其他经修订的准则。然而正如我们将看到的，这完全不是美国证监会（SEC）的意图。

对于美国证监会（SEC）来说，决定敦促国际证监会组织（IOSCO）把 IAS 7 认可为外国发行人的信息披露标准并不是什么难事。因为 IAS 7 只涉及信息披露，不涉及确认和计量。IAS 7 与财务会计准则委员会（FASB）1987 年公布的第 95 号财务会计准则公告极为相似。而且，重要的是，IAS 7 不涉及美国证监会（SEC）所要求的利润和股东权益的对账调整。它被视为一项独立的准则，许多国家根本就不要求提供现金流量表。[103] 尽管如此，国际证监会组织（IOSCO）的认可仍然是个标志性的事件，因为如果没有美国

---

100. "SEC Tries to Ease Disclosure Rules for Foreign Firms", *The Wall Street Journal*, 1993.09.04, A11. 另见 Kenneth N. Gilpin, "The S.E.C. is Welcoming Foreign Stocks, But Will They Come?" *The New York Times*, 1994.05.03, D10; "SEC Initiatives for Foreign Companies", *IASC Insight*, 1993.12, 3。

101. 2003 年 9 月 11 日作者与 Linda Quinn 的访谈记录和 2003 年 6 月 25 日与 Michael Mann 的访谈记录。Mann 回忆说："之前的问题在于你要如何开始（就 IASC 的准则进行协商），并表现出我们真的信任它。有鉴于此，《国际会计准则第 7 号》一完成，我们就在所有其他国家之前第一个说'我们会接受它'。这是有意为之的。"第一工作组建议技术委员会认可 IASC 的准则。Quinn 和 Meagher 在 1993 年 8 月 16 日写给白鸟荣一的信，IASC archive, file "IOSCO Core Standards Liaison"。

102. 2004 年 11 月 12 日作者与 Richard Breeden 的访谈记录。

103. 2003 年 9 月 11 日作者与 Linda Quinn 的访谈记录。在同一次访谈中，Quinn 指出，通过认可《国际会计准则第 7 号》，美国证监会试图避开外国公司尖锐的质问——"为什么我们必须编制美国公认会计原则（GAAP）下的现金流量表？"。

证监会（SEC）的支持，国际证监会组织（IOSCO）是不可能认可这一准则的。美国证监会（SEC）主席阿瑟·莱维特认为，证券监管机构"接受外国公司根据 IAS 7 编制的现金流表，而无须进行补充、修改或调整，这是具有里程碑意义的一步。"[104] 莱维特表示，允许外国发行人采用 IAS 7，是美国证监会（SEC）刚刚推出的几项措施之一，这些措施将"降低监管成本，兼容外国会计惯例，为外国公司向美国证券市场的信息披露制度转换提供便利，且不违背美国联邦证券法关于全面披露和投资者保护的基本原则"。[105]

据报道，哥伦比亚大学会计学教授、国际会计学领域的资深学者特雷弗·哈里斯（Trevor Harris）认为："[美国证监会（SEC）对 IAS 7 的支持]除象征意义以外，并没有什么大不了的，因为 IAS 7 实际上与美国证券市场上的公认会计原则（GAAP）一模一样。"他补充说："从释放信号的角度来看，这很好，但是从实质意义上讲，不会有太大的区别。"[106]

10.8.5 戴姆勒－奔驰：第一家在纽约证券交易所上市的德国公司

1991 年，一批世界知名的德国公司——巴斯夫（BASF）、拜耳（Bayer）、戴姆勒－奔驰（Daimler-Benz）和赫斯特（Hoechst）——与美国证监会（SEC）接触，希望能使用根据德国会计规则编制的财务报表在纽约证券交易所上市，不再采用美国证券市场上的公认会计原则（GAAP）作对账调整。早些时候，大众汽车曾以类似条件与美国证监会（SEC）洽谈。但美国证监会（SEC）坚持要求这些公司进行对账调整。[107] 随后，戴姆勒－奔驰采用美国证券市场上的公认会计原则（GAAP）对其会计信息进行了对账调整，并于 1993 年 3 月获得美国证监会（SEC）批准，在纽约

---

104. 引文摘录自 "SEC Proposes Endorsement of Three More International Accounting Standards", IASC press release, 1994.04.28, 2。

105. 引文摘录自 "SEC Initiatives for Foreign Companies", *IASC Insight*, 1993.12, 3。

106. "Internationalising Accounting"（Trevor Harris 的访谈记录），*Corporate Accounting International*, 58（1995.05），14；转载于 *IASC Insight*, 1995.06, 17–18。

107. 2004 年 8 月 18 日作者与 Bernd-Joachim Menn 的访谈记录，和 2004 年 11 月 12 日作者与 Richard Breeden 的访谈记录。参见 David Waller, "Germans Draw Line at Two Sets of Accounts", *Financial Times*, 1992.03.19, 33。1992 年 4 月，德国证券交易所联合会（Federation of German Stock Exchanges）的一位官员主张让德国股票在美国证券交易所直接上市。参见 Jonathan Fuerbringer, "S.E.C. Says No on German Stocks", *The New York Times*, 1992.04.26, F15。

第 10 章　提升话语权：IASC 回应国际证监会组织和美国证监会

证券交易所上市。戴姆勒－奔驰也成为第一家在美国证券市场上市的德国公司。据琳达·奎因回忆，"[戴姆勒－奔驰赴美上市]在德国是个影响非常非常大的事件"，对美国证监会（SEC）也很重要，因为这说明要求外国公司按照美国证券市场上的公认会计原则（GAAP）进行对账调整并非不可能实现的。[108] 但这引起了德国其他跨国公司的"愤怒反应"，它们指责戴姆勒－奔驰背信弃义，擅自向英美会计惯例"投降"。[109] 这意味着德国公司彻底丧失了寻求美国证监会（SEC）认可德国会计规则的凭据。戴姆勒－奔驰依照德国法律的要求，遵照德国会计规则编制其年度报告，然后遵照美国证监会（SEC）的要求，将其利润和股东权益根据美国证券市场上的公认会计原则（GAAP）进行了对账调整。[110]

在戴姆勒－奔驰赴美上市之前，纽约证券交易所曾连续多年对美国证监会（SEC）施压，敦促其放宽会计要求、取消关于强制要求外国公司遵照美国证券市场上的公认会计原则（GAAP）对利润和股东权益进行对账调整的规定，以便吸引更多的外国公司赴美上市。而美国证监会（SEC）主席布里登认为，纽约证券交易所的这些努力，是"挖空美国证券市场的信息披露制度和保护美国投资者的制度，一心只为增加证券交易所交易商的利益"的"令人发指"的尝试（"outrageous" attempt）。[111] 纽约证券交易所高级副总裁兼首席经济学家詹姆斯·科克伦在 1993 年的一次会议上说，在过去几年里，纽约证券交易所与美国证监会（SEC）在"是否应当要求外国公司将其财务报表按照美国证券市场上的公认会计原则（GAAP）进行对账调整的问题"上，进行了一些"艰难的讨论"。[112]

---

108. 2003 年 9 月 11 日作者与 Linda Quinn 的访谈记录，以及 2003 年 9 月 12 日与 Edmund Coulson 的访谈记录。

109. 参见 "Daimler Drives into Trouble"，*World Accounting Report*，1993.05，2–3。

110. 两年后，戴姆勒公司的金融高管认识到，法律只对公司向公开登记注册的交易所提交的经审计的财务报表进行监管，而不对给股东的年度报告的内容进行监管。因此，从 1996 年的年度报告开始，戴姆勒在年报中使用美国证券市场上的公认会计原则编制合并财务报表，并提示对其按照德国公认会计原则编制的合并报表感兴趣的人去交易所查看相应文件。

111. 2004 年 11 月 12 日作者与 Richard Breeden 的访谈记录。

112. James L. Cochrane, "Are U.S. Regulatory Requirements for Foreign Firms Appropriate?" *Fordham International Law Journal*, 17（1994 Symposium），S61。专栏作家 Floyd Norris 写道，戴姆勒-奔驰的上市将 Donaldson 与美国证监会主席 Richard C. Breeden 之间的"苦战推向高潮"（cap a bitter battle）。"Daimler-Benz is Ready to Sign Up with Wall St.", *The New York Times*, 1993.03.25, D1。

时任美国证监会（SEC）首席会计师埃德蒙·库尔森说，"这绝对是一场战斗"。[113]

在美国证监会（SEC）批准戴姆勒-奔驰上市后，德国财政部长西奥·魏格尔（Theo Waigel）呼吁美国财政部长劳埃德·本特森（Lloyd Bentsen）同意美国证券市场上的公认会计原则（GAAP）和德国会计规则之间的相互认可。魏格尔说，与戴姆勒-奔驰公司不同，其他德国公司不同意为在美国上市而依照两套会计规则编制两套财务报表。[114]当同样的争论于1992年4月再度出现时，据说美国证监会（SEC）主席布里登的答复是，"让我们（的公认会计原则（GAAP））与德国（的会计规则）相互认可是不可思议的"。[115]据悉，1993年9月，美国证监会（SEC）委员玛丽·L. 夏皮罗（Mary L. Schapiro）称，美国证监会（SEC）将坚持要求外国公司在美国证券市场上市时遵守美国证券市场上的公认会计原则（GAAP）。[116]魏格尔的恳求毫无效果。

另一边，时任纽约证券交易所董事长兼首席执行官威廉·唐纳森（William Donaldson）利用这次上市事件，呼吁扩大（证券市场会计监管的）灵活性，以使其他主要跨国公司能够在纽约证券交易所上市。他毫不掩饰自己的意图，就是要敦促美国证监会（SEC）宽容地对待"全球范围内2 000余家符合纽约证券交易所的规模、股权结构和利润等上市标准的

---

113. 2003年9月12日作者与 Edmund Coulson 的访谈记录。他补充说，"在那段时间内，德国和日本市场无疑在发展，伦敦证券交易所在超越纳斯达克和纽约证券交易所"。1991—1995年担任纽约证券交易所董事长的 William H. Donaldson 通过大量的演讲施加了压力。见"IOSCO"，note by David Cairns，AP 6/1992，additional paper。

114. Peter Norman and John Gapper,"Germany Seeks US Concession on Listings",*Financial Times*，1993.09.27，21。有关这种发展的早期迹象，参见 Axel Haller,"International Accounting Harmonization: American Hegemony or Mutual Recognition with Benchmarks? Comments and Additional Notes from a German Perspective"，*The European Accounting Review*，4/2（1995），238。

115. Breeden 的观点被引用于 Fuerbringer,"S.E.C. Says No on German Stocks"，F15。

116. Schapiro 的观点被引用于 Norman and Gapper,"Germany Seeks US Concession on Listings"，21。刚刚卸任美国证监会主席的 Richard Breeden 发表过类似的观点，请参见"Foreign Companies and U.S. Securities Markets in a Time of Economic Transformation"，*Fordham International Law Journal*，17（1994 Symposium），S89。Walter P. Schuetze、Herbert Biener 和 David Cairns 与"互认政治"（The Politics of Mutual Recognition）有关的三联文章，请参见 *The European Accounting Review*，3/2（1994），329–352。

第 10 章　提升话语权：IASC 回应国际证监会组织和美国证监会

公司"。[117] 理查德·布里登在卸任美国证监会（SEC）主席几个月后，称纽约证券交易所这种做法试图"给所有所谓'世界级'（world class）公司发放'免费入场券'（free pass）从而豁免其执行美国证券市场的信息披露、会计和审计规则的义务"，是"严重的错误"（serious mistake）。[118]

部分地由于这种压力，美国证监会（SEC）的连续三任主席戴维·鲁德、理查德·布里登和阿瑟·莱维特，都曾率领资深职员去往世界各地与主要银行和工商企业会晤，讨论美国证监会（SEC）关于外国公司在美国证券市场上市的监管政策。据当时的美国证监会（SEC）国际事务办公室主任迈克尔·曼回忆，他和琳达·奎因当时忙于努力地传达证监会"对于灵活地执行其监管规则的开放性。我们的目标是向寻求在美国注册上市的公司说明，美国证监会（SEC）将采用原则性的方法来实施它的监管规则。我们需要证明我们是通情达理的，但凡不同准则之间能够实现可比性的时候，美国证监会（SEC）都会制定出调整方案，从而使折中成为可能"。[119] 20 世纪 90 年代初，美国证监会（SEC）为非美国证券发行人出台了不少"特别调整措施"[120]，但美国证监会主席布里登坚持认为，美国证券市场上的公认会计原则（GAAP）是外国公司在美国上市所必须执行的准则。[121]

虽然戴姆勒－奔驰在美国的上市对 IASC 的工作并没有直接影响，但它却是欧洲财务报告发展进程中的一个重要转折点。它最终导致其他欧洲大陆公司重新评估了自己在纽约上市的利益所在，这反过来又促使欧盟委员会支持 IASC，以抵消美国证券市场上的公认会计原则（GAAP）所带来的压力（请参阅第 12.3 节）。IASC 秘书长戴维·凯恩斯提请人们关注，戴

---

117. "Statement by William H. Donaldson", news release, New York Stock Exchange, 1993.03.30, AP 3/1993, additional paper. 另见 Fuerbringer, "S.E.C. Says No on German Stocks", F15, 文中称 Donaldson 说过有 2 500 家外国公司可以在该交易所上市。

118. Breeden, "Foreign Companies and U.S. Securities Markets in a Time of Economic Transformation", S95. 纽约证券交易所对美国证监会施加的压力一直持续到 20 世纪 90 年代中期。1996 年，国际会计准则事项相关条款经交易所游说进入了国会立法（见第 10.16 节）。

119. 2003 年 6 月 25 日作者与 Michael Mann 的访谈记录和 2004 年 2 月 27 日与 Sara Hanks 的访谈记录。

120. Edward F. Greene, Daniel A. Braverman, and Sebastian R. Sperber, "Hegemony or Deference: U.S. Disclosure Requirements in the International Capital Markets", *The Business Lawyer*, 50/2（1995.02）, 423, ftn.49.

121. Michael Sutton 给作者的备忘录，2004.06.25。另见 Breeden, "Foreign Companies and U.S. Securities Markets in a Time of Economic Transformation"。

姆勒－奔驰按照德国会计规则和美国证券市场上的公认会计原则（GAAP）所编制的报表之间存在巨大差异：根据德国会计规则计算，戴姆勒－奔驰的利润为6.15亿马克；而根据美国证券市场上的公认会计原则（GAAP），戴姆勒－奔驰则亏损18.39亿马克。由此，凯恩斯强调，预计证券市场监管机构"很快"就会采纳IASC的准则，且不再要求跨国发行人采用另一种公认会计原则（GAAP）进行对账调整——这样，投资者也就不需要去尝试解释这种"无法解释的差异"（inexplicable differences）了。[122]

10.8.6　纽约证券交易所支持IASC的准则

纽约证券交易所试图说服美国证监会（尤其是布里登主席）接受海外的世界级跨国公司根据其母国会计规则编制的财务报表，但屡屡受挫。于是，它开始热衷于采用IASC的准则，因为要想克服美国证监会（SEC）关于必须使用美国证券市场上的公认会计原则（GAAP）进行对账调整的监管规则给它吸引外国公司来上市所造成的障碍，采用IASC的准则"或许是最有希望的途径"。[123] 在1993年11月举行的一次会议上，纽约证券交易所的詹姆斯·科克伦热情洋溢地谈到了IASC准则的前景：

> IASC已经表现出了超强的领导能力，并开始取得实际进展。在美国证监会（SEC）新任主席阿瑟·莱维特的支持下，IASC具有强大的发展动力。美国证监会（SEC）最近认可了第7号国际会计准则关于现金流量的披露规则，这个象征性的姿态表明美国证监会（SEC）正在认真努力向国际会计准则迈进。我们认为这是一个非常强烈的表示鼓励的信号。随着越来越多美国以外的主要证券发行人采用IASC的准则——也随着这些原则越来越接近美国证券市场上的公认会计原则（GAAP）——外国发行人使用IASC的准则编制的财务报告将足以使美国投资者对发行人的健康状况做出充分知情的判断。欧洲公司表示，它们所需要的只是美国证券市场对

---

122. "Daimler-Benz Figures Highlight Need for International Accounting Standards", IASC press release, 1993.09.24.
123. Cochrane, "Are U.S. Regulatory Requirements for Foreign Firms Appropriate?", S65.

第 10 章　提升话语权：IASC 回应国际证监会组织和美国证监会

IASC 准则的认可。只要满足这一点，它们就会敲开纽约证券交易所乃至所有美国资本市场的大门。[124]

1995 年 3 月，纽约证券交易所和永道会计公司共同在纽约市主办了一次重要会议，在会议上探讨了采用 IASC 准则的前景。在这次会议上，哥伦比亚大学会计学教授特雷弗·哈里斯报告了他对来自 7 个国家的 8 家公司使用 IASC 修订版准则与美国证券市场上的公认会计原则（GAAP）的财务报告差异的研究发现[125]："很少有实例能够证明遵守 IASC 修订版准则的公司无法达到美国证券市场上的公认会计原则（GAAP）的要求，至少从投资者（而非会计技术）的角度来看是这样的。"[126] 他的结论是，二者之间的分歧并不像人们通常认为的那么大。这一发现受到了纽约证券交易所的欢迎。如第 8.16 节所述，纽约证券交易所 1995 年加入了 IASC 的新咨询委员会，由詹姆斯·科克伦负责协助 IASC 在美国的筹款活动。

10.8.7　美国证监会允许外国发行人使用三项 IASC 准则的部分内容[127]

1994 年 4 月，美国证监会（SEC）发布了规则提案，拟允许外国发行人使用以下三项 IASC 准则的部分内容：《国际会计准则第 21 号：外币汇率变动的影响》（IAS 21，1993 年修订）、《国际会计准则第 22 号：企业合并》（IAS 22，1993 年修订）和《国际会计准则第 29 号：恶性通货膨胀

---

124. Cochrane, "Are U.S. Regulatory Requirements for Foreign Firms Appropriate?", S65.

125. Trevor S. Harris, *International Accounting Standards versus US-GAAP Reporting: Empirical Evidence Based on Case Studies*（Cincinnati:South-Western，1995）. 有关 Harris 研究的报告，参见 James R. Peterson, "Satisfying the Gatekeeper", *Corporate Accounting International*, 57（1995.04），9。还可参见作者 2005 年 7 月 22 日与 Trevor Harris 的访谈记录。

126. 引文摘录于 "Internationalising Accounting"（an interview with Trevor Harris），*Corporate Accounting International*, 58（1995.05），15。Harris 和两位合作者在一项实证研究中发现，美国和德国在股价或股票回报与利润以及利润变化之间的关系上几乎没有差异。Trevor S. Harris, Mark Lang, and Hans Peter Möller, "The Value Relevance of German Accounting Measures: An Empirical Analysis", *Journal of Accounting Research*, 32/2（Autumn 1994），187–209.

127. 本节和本章其他部分中包含的一些观点和数据首次发表于 Stephen A. Zeff, "The Coming Confrontation on International Accounting Standards", *The Irish Accounting Review*, 5/2（Autumn 1998）.

— 473

经济体中的财务报告》(IAS 29,1989年发布)。[128]最终版规则于1994年12月获得批准。该决定再次证明,美国证监会(SEC)愿意承认IASC准则与美国证券市场上的公认会计原则(GAAP)之间达成一致的领域。但是,与IAS 7跟GAAP差异并不大的情况类似,这三项准则也与美国证监会(SEC)的会计原则兼容。甚至在采取此行动之前,美国证监会(SEC)就已允许高通货膨胀率的经济体中的外国发行人在向证监会提交的文件中使用其按一般物价水平(general-price-level, GPL)重述的财务报表,且无须修改。而美国证监会(SEC)所认可的IAS 21和IAS 29的部分内容,将该政策同样推广到了子公司在严重通货膨胀经济体中经营的外国发行人,这实际上也就是允许用IASC准则的"重述—折算"(restate-translate)程序代替美国证券市场上的公认会计原则(GAAP)准则的"折算—重述"(translate-restate)程序。[129]但美国证监会(SEC)拒绝了IAS 29中用现行成本(current cost)替代经一般物价水平重述的历史成本(GPL-restated historical cost)的可选项。[130]

关于企业合并,无论对于国内公司还是外国公司,美国证监会

---

128. 见"SEC Proposes Endorsement of Three More International Accounting Standards", IASC press release, 1994.04.28。另见 Wayne E. Carnall, "International Reporting Issues in the Division of Corporation Finance", speech at the AICPA's Twenty-Third Annual Conference on Current SEC Developments, Washington, DC, 1996.02.15(网址:http://www.sec.gov/news/speech/speecharchive/1996/spch082.txt)。有关美国证监会的规则提案的通知发布于第33-7056和第34-33921号文告(Release),第656号国际系列文告(International Series Release),第S7-13-94号文件(1994.04.26)。美国证监会关于IAS 21和IAS 29的规则提案的通知发布于第33-7054号文告(1994.04.19)。

129. 美国证监会职员 Wayne Carnall 曾表示,"在某些情况下,美国证监会并不反对这些公司使用先调整通货膨胀后折算的金额替代财务会计准则公告第52号(SFAS 52)的第10段和第11段所要求的重新计量原则来确定非货币性项目(如不动产、厂场和设备)的历史成本"。参见 Carnall, "International Reporting Issues in the Division of Corporation Finance"。

130. 有关美国证监会的最终规则,请参见"Selection of Reporting Currency for Financial Statements of Foreign Private Issuers and Reconciliation to U.S. GAAP for Foreign Private Issuers with Operations in a Hyperinflationary Economy", International Series Release No. 757(1994.12.13)。1997年,美国证监会写到,如果外国私人发行人的财务报表已经包含全面的通货膨胀信息,则不需要再对通货膨胀进行调整。拉丁美洲以及以色列的公司经常需要编制调整通货膨胀的财务报表。另请参见 Report on Promoting Global Preeminence of American Securities Markets, pursuant to section 509(5)of the National Securities Markets Improvement Act 1996, by the United States Securities and Exchange Commission(1997.10),27—28。据作者理解,这项政策在1994年美国证监会对IAS 29采取行动之前就已经实施。

第 10 章　提升话语权：IASC 回应国际证监会组织和美国证监会

(SEC)的会计职员都倾向于以比会计原则委员会(APB)第 16 号意见书更严格的态度来限制使用"权益结合法"。而 IAS 22 的做法与此立场是一致的。关于商誉，IAS 22 中也有涉及。美国证监会(SEC)的会计职员非正式地倾向于将商誉的最长有效寿命界定为不超过 20 年，他们认为这是证券市场目前的判断。因此，IAS 22 所设定的 20 年摊销期限与 APB 第 17 号意见书所设定的 40 年摊销期限相比，更符合美国证监会(SEC)的想法。[131]

曾作为顾问在戴姆勒-奔驰赴纽约证券交易所上市过程中扮演重要角色的哥伦比亚大学会计学教授特雷弗·哈里斯表示，美国证监会(SEC)接受"外国发行人使用 IAS 21 和 IAS 22，这确实具有重要意义"，因为"这两个准则与美国证券市场的公认会计原则(GAAP)存在重大差异"。[132] 然而，在 1995 年 6 月至 1998 年 1 月间担任美国证监会(SEC)首席会计师的哥伦比亚大学会计学教授迈克尔·萨顿却表示，美国证监会(SEC)针对 IAS 21 和 IAS 22 采取的行动"在美国社会不是一件大事"，美国公司并不认为自己因这些让步受到了不利影响。他说，这是琳达·奎因给外国公司的一点甜头。[133] 奎因的观点是，这些都是"高成本"问题或如若不认可则对外国发行人来说很麻烦的问题。而且她认为 IASC 的这三项准则将与美国证券市场上的公认会计原则(GAAP)一样有效。[134]

接受这三项准则的部分内容的，只是美国证监会(SEC)，而不是国际证监会组织(IOSCO)。美国证监会(SEC)希望借此证明它是支持 IASC

---

131. 2003 年 9 月 12 日作者与 Edmund Coulson 的访谈记录。关于美国证监会的最终规则，可参见"Reconciliation of the Accounting by Foreign Private Issuers for Business Combinations"，国际系列文告(International Series Release)第 759 号(1994.12.13)。美国证监会专业会计顾问(Professional Accounting Fellow) Chris M. Holmes 在第 21 届 SEC 发展现状全国年会(Annual National Conference on Current SEC Developemnts, 1994.01.11)上做了如下发言："既然有证据表明更短的摊销期限是合理的，那么注册公司及其审计师可以预期，美国证监会职员会对商誉摊销期限的延长提出质疑。"FASB 前副主席 Jim Leisernig 也回顾了美国证监会此前想要将商誉的摊销寿命从 40 年缩短至 20 年所面对的压力(2004 年 8 月 16 日访谈记录)。Arthur Wyatt 回忆说，美国证监会的职员立场公告(staff position)主要针对金融机构的商誉(2004 年 8 月 9 日访谈记录)。然而，Michael Sutton 表示，作为德勤会计师事务所的前高级技术合伙人，他不记得这份公告(2005 年 1 月 4 日访谈记录)。

132. "Internationalising Accounting", 14.

133. 2005 年 1 月 4 日作者与 Michael Sutton 的访谈记录。

134. 2003 年 9 月 11 日作者与 Linda Quinn 的访谈记录。

的工作程序的；毕竟，美国证监会（SEC）所认可的三项准则中的两项是最近才修订完成的。同时，它也希望减轻外国公司来美上市时记录两套账簿的成本，尤其是在涉及企业合并会计处理和严重通货膨胀的情况下。[135]据了解，国际证监会组织（IOSCO）从来没有考虑过部分地接受这三项准则。

1994年，美国证监会（SEC）还做了另外一个变通处理，但这次更容易些，因为这次就像接受外国公司采用 IAS 7 一样，不涉及利润和股东权益："外国私人发行人采用美国证券市场上的公认会计原则（GAAP）以外的会计基础编制财务报表的，如果使用了比例合并法核算其对合营企业的投资，而按公认会计原则（GAAP）需要使用权益法进行核算，那么，在某些情况下，该发行人可以忽略其会计核算与公认会计原则（GAAP）在分类或列报方面的差异。"[136] 这项便利政策甚至不限于使用 IASC 准则的外国发行人。在 1990 年公布的 IAS 31 中，比例合并法是核算对合营企业投资的基准处理方法，而权益法则属于允许的替代处理方法。在加拿大公认会计原则（GAAP）中，比例合并法也是权益法的备选处理方法。但美国证券市场上的公认会计原则（GAAP）却从未接受过比例合并法。

10.9 国际证监会组织正式界定修订后的 IASC 准则应达到的质量要求

到目前为止，无论是琳达·奎因还是美国证监会（SEC）的其他人士都没有在演讲和其他公开言论中详细说明他们对 IASC 的期望。国际证监会组织（IOSCO）第一工作组的会计和审计附属委员会主席迈克尔·马尔

---

135. 2003年9月11日作者与 Linda Quinn 的访谈记录和2004年2月6日与 Walter Schuetze 的访谈记录。

136. *Report on Promoting Global Preeminence of American Securities Markets*，pursuant to section 509（5）of the National Securities Markets Improvement Act 1996，by the United States Securities and Exchange Commission,（1997.10），28. 另见 Carnall,"International Reporting Issues in the Division of Corporation Finance"。美国证监会的规则提案通知可参考第 33-7029 和 34-33139 号文告（Release），第 608 号国际系列文告（International Series Release），第 S7-30-93 号文件（1993. 11. 15）。

第 10 章 提升话语权：IASC 回应国际证监会组织和美国证监会

确实在 1993 年 3 月做了这样的演讲，但并没有公开发表。仔细研究马尔的演讲内容非常重要，因为这是 20 世纪 90 年代上半段负责审查 IASC 修订版准则的国际证监会组织（IOSCO）职员所发表的重大公开言论的唯一书面记录。此前，国际证监会组织（IOSCO）最近一次发表对 IASC 的期望的公开声明，是在 1988 年 11 月于墨尔本召开的年度会议上。

马尔于 1988 年 9 月至 1990 年 12 月担任加拿大安大略省证券委员会（OSC）的首席会计师。之后，他回到了多伦多的毕马威会计公司（该公司更名为 Peat Marwick Thorne），但继续担任该会计和审计附属委员会的主席。马尔在一次演讲中提请大家注意国际证监会组织（IOSCO）期望 IASC 修订后的准则所应具备的基本品质[137]：

> 会计准则必须确保类似交易的会计处理具有高度的一致性。
> ············
> 这样一套国际会计准则必须足够完整和详细，以达到对同类交易的会计处理的一致性和可比性的最高要求。

他说："最重要的原则是，财务报表必须以相关且可靠的方式公允地描述类似的经济业务。"关于完整性，马尔提出了一些"主流会计问题"，并认为这些问题将耗费 IASC 很长一段时间去解决。他说，在国际证监会组织（IOSCO）对 IASC 的工作成果表示认可之前，IASC 很可能需要完成诸如分部报告、每股收益、金融工具、无形资产和所得税等主题的会计准则的修订。（关于国际证监会组织（IOSCO）扩展准则清单的讨论，请参见第 10.10 节。）

马尔还指出，他本人更赞成采用成熟一项就认可一项的办法来认可 IASC 的准则，但也有人主张应直到 IASC 的全部准则满足所有要求后再给予认可。马尔认为，一旦 IASC 的改进项目宣告结束，国际证监会组织（IOSCO）就应考虑接受所有的 IASC 修订版准则。他补充说："此后公布

---

137. 以下引文摘自 Michael Meagher, "Dynamics of Change in Financial Reporting for the 1990's: A Securities Regulatory Perspective", Fordham University, 1993.03.23; typescript in IASC archive, file "Michael Sharpe (deputy chairman)"。Meagher 说，他是站在一个监管者的立场发表观点，而不是站在私人部门的角度。Meagher 与作者在 2004 年 5 月 7 日的沟通。

的新准则或修订版准则,也应该交由国际证监会组织(IOSCO)审查和认可。"后文将会讲到,虽然马尔倾向于采用零敲碎打的方式来给予认可,但是美国证监会(SEC)作为国际证监会组织(IOSCO)第一工作组及会计和审计附属委员会的主要参与者,对此完全不予认同。

马尔在演讲中抱怨说,IASC 过去的准则把有的章节冠以"解释"(Explanation)字样,但实际上那些内容是非强制性的指南。在最新修订的准则草案中,IASC 将解释性段落与准则本身混在了一起,但又声称只有粗体部分才是强制要求执行的。马尔说:"只有解释性材料也被要求遵守,才能真正衡量会计处理的可靠性和一致性。"他尖锐地说,除非 IASC 把解释性材料也列为强制性的内容,否则"各证券监管机构可能会被迫将遵守所有解释性材料视为会计准则得到有效执行的先决条件"。国际证监会组织(尤其是美国证监会)从一开始就坚持认为,遵守国际会计准则就意味着遵守其全部内容,包括未加粗显示的解释性材料。[138]2000 年 5 月,IASC 研究团队的高级职员保罗·帕克特写道:"自从 IASC 的准则在 20 世纪 90 年代初重定格式以来,IASC 理事会就一直使用粗体字来表达一般原则……用普通字体来表达更精密的细节(finer points of detail)。但是,两者都是国际会计准则的组成部分。"他补充说,"IASC 理事会是基于准则的全部内容进行投票的"。据其介绍,IASC 秘书处也认为粗体和普通字体的段落具有"同等的权威性"。[139]

马尔意识到,IASC 的可比性项目并没有消除所有的会计规则可选项。他说,IASC 理事会在其意向公告中决定,不再强制要求使用"允许的替代处理方法"的公司另行采用"基准处理方法"对其处理结果进行对账调整,这"还没有让证券监管机构完全满意"。在 E32 中,IASC 曾要求公司在财务报表中提供这种对账调整信息。但是,正如第 10.5 节所述,IASC 关于免除对账调整要求的决定,是在国际证监会组织(IOSCO)的默许下做出的。

---

138. Paul Cherry 给作者的备忘录,2004. 10. 08。
139. Paul Pacter, "It's all Black and White", *World Accounting Report*, 2000.05, 9; reprinted in *IASC Insight*, 2000.06, 14.

第 10 章 提升话语权：IASC 回应国际证监会组织和美国证监会

10.10 国际证监会组织确定其希望从 IASC 获得的核心准则的清单

1993 年 5 月，IASC 领导层在与美国证监会（SEC）代表会面时获悉，美国证监会（SEC）正在编写一份关于核心准则（core standards）的暂定清单，以期构建一套完整的会计准则。令他们惊讶的是，该清单包括很多专业性很强的项目，例如商品期货、环境问题、特殊目的实体（special purpose entities）以及涉及某些特定行业的会计问题。[140] 1993 年 6 月，IASC 主席白鸟荣一极其痛苦地致信美国证监会（SEC）首席会计师沃尔特·舒特（Walter Schuetze）和公司金融部主管琳达·奎因，并在信中辩称，美国证监会（SEC）的拟议准则清单简直就是无理要求。舒特回信说，美国证监会（SEC）工作人员所考虑的只是 IASC 已完成的准则和正在进行的准则项目，外加一个预期与中期报告有关的项目。[141] 想必 IASC 的领导层收到这一答复后一定长舒了一口气。白鸟荣一原本以为美国证监会（SEC）真的在考虑将那些专业性很强的准则纳入这套核心准则。他写那封信的目的，实际上就是想挡住他们。现在看来，是他多虑了。

1993 年 8 月，国际证监会组织（IOSCO）第一工作组向 IASC 发送了一份包含 41 个议题的长清单，希望 IASC 将其作为"一套相当完整的会计准则（核心准则）的必要组成部分予以处理，这套准则将是一套供跨国发行和上市的公司使用的全面的会计准则"。[142] 这份清单 6 月份已经获得国际证监会组织（IOSCO）第一工作组批准，而后在 10 月份的国际证监会组织（IOSCO）年度会议上宣布。通过公布这一议题清单，国际证监会组织（IOSCO）首次明确了它希望认可的会计准则所应覆盖的范围。

---

140. 例子包括保险、石油和天然气、采矿、房地产开发、电影和运输业。参见美国证监会于 1993 年 5 月 25 日编制的备忘录 "Meeting with David Cairns— IASC Secretary-General"，IASC archive, file "IOSCO Core Standards Liaison"。

141. 有关信件内容，请参见 IASC archive, file "IOSCO Core Standards Liaison"。

142. Quinn 和 Meagher 给白鸟荣一的信，1993.08.16，attached to AP 11/1992, paper 1。

479

IASC 获悉，核心准则的清单起源于美国证监会（SEC）工作人员的一份报告。[143]

在收到国际证监会组织（IOSCO）第一工作组 1993 年 8 月推荐的核心准则清单后，IASC 秘书戴维·凯恩斯致信白鸟荣一和迈克尔·夏普说，"这份清单很有趣，因为它几乎没有包含现有的国际会计准则和我们当前的工作计划所没有涵盖的内容。这真令人鼓舞"。[144]1993 年 10 月，在召开于墨西哥城的国际证监会组织（IOSCO）年度会议上，琳达·奎因宣布了国际证监会组织（IOSCO）已经认可《国际会计准则第 7 号：现金流量表》以及核心准则的必要组成项目清单。凯恩斯也在会上发表演讲，满腔热情地庆祝此事，称这是使 IASC 准则在全球范围内被接受的"必要步骤"。[145] 据报道，奎因在讲话中表达了国际证监会组织（IOSCO）对第 9 号国际会计准则草案中有关研究和开发的会计处理的"担忧"。IASC 当时已决定批准该草案，几周后也的确批准了该草案。[146] 国际证监会组织（IOSCO）的担忧明显与开发支出在某些条件下的资本化要求有关。凯恩斯表示，国际证监会组织（IOSCO）此前并没有就该事项与 IASC 进行过沟通。

凯恩斯在演讲中表示，相信"明年 IASC 会在东京宣布进一步的进展，即便不把我们带到旅途的终点，进展也将是重大的"。如第 10.11 节所述，国际证监会组织（IOSCO）技术委员会主席让·圣-杰尤斯曾告诉白鸟荣一，他倾向于分阶段认可 IASC 的准则，而不是将认可决定推迟到所有的核心准则都修订完毕并使国际证监会组织（IOSCO）满意。但是，可以看出，这与美国证监会（SEC）的观点不符。

1993 年 12 月，在 IASC 秘书处进行了深入的分析之后，IASC 作出结论，国际证监会组织（IOSCO）的 41 项议题中，有 19 项议题已经纳入 1993 年 11 月 IASC 理事会批准的可比性/改进项目（其中 3 个议题 IASC

---

143. 参见 IASC 档案中"IOSCO Core Standards Liaison"H 部分的信件内容。

144. Cairns 给白鸟荣一和 Sharpe 的信，1993.08.24，IASC archive, file "IOSCO Core Standards Liaison"。Cairns 继续指出，由于存在诸如"减值"的项目，这份清单偏向表达美国的意见。

145. David Cairns, "International Equity Offerings: The Role of International Accounting Standards"（in the authors' files）.

146. 参见 Cairns, "International Equity Offerings: The Role of International Accounting Standards"；另见 Cairns 与作者于 2006 年 6 月 19 日的沟通记录。

第 10 章 提升话语权：IASC 回应国际证监会组织和美国证监会

表示还需要做进一步的工作），有 11 项议题在以前公布的准则中进行了处理，有 1 项议题已经由最近修订的 IAS 7 处理。其余 10 项议题中有 9 项都是 IASC 正在进行的准则项目。此外，还有 1 项 IASC 已完成项目及正在进行的项目都未曾考虑过的议题，那就是中期报告。[147]

10.11 1994 年：国际证监会组织断然拒绝 IASC

1994 年 6 月，国际证监会组织（IOSCO）收到两封具有决定性作用的信件。在此之前，IASC 收到的国际证监会组织（IOSCO）代表们的信号存在冲突，并不确定国际证监会组织（IOSCO）究竟是要零星地或滚动地给予认可，还是要在整套核心准则完成并令其满意后再一次性作出认可。1993 年 10 月，国际证监会组织（IOSCO）认可了 IAS 7，美国证监会（SEC）也同步认可了该项准则。这给人的印象是，国际证监会组织（IOSCO）将遵循上述两种方法中的前者。然后，在 1994 年 4 月，美国证监会（SEC）宣布其打算认可另外三项 IASC 准则的部分内容（请参阅第 10.8.7 节），但国际证监会组织（IOSCO）并未跟进。1992 年 10 月，在举行于华盛顿的世界会计师大会上，国际证监会组织（IOSCO）秘书长保罗·盖伊说他赞成分阶段认可。[148]1993 年 3 月，迈克尔·马尔在福特汉姆大学发表演讲时表示，"我赞成国际证监会组织（IOSCO）采取渐进式的办法认可国际会计准则"。他建议，在 IASC 的改进项目完成后，"国际证监会组织（IOSCO）应考虑认可该项目所修订的全部准则"。[149] 法国证券交易委员会（COB）主席兼国际证监会组织（IOSCO）技术委员会主席让·圣-杰尤斯在 1993 年与 IASC 主席白鸟荣一的两次会晤中也都表示

---

147. "Agreement on Cash Flow Statements and Core Standards", *IASC Insight*, 1993.12, 5.

148. 这一观点也体现在：Paul Guy, "International Regulatory Initiatives", in Frederick D. S. Choi, and Richard Levich（editors）, *International Capital Markets in a World of Accounting Differences*（Homewood, IL: Richard D. Irwin, 1994）；后被如下文章引用：Cairns, "The Future Shape of Harmonization: A Reply", 341。

149. Meagher, "Dynamics of Change in Financial Reporting for the 1990s", 4.

赞成采取按顺序或分阶段的认可程序。[150]1994年年初，加拿大安大略省证券委员会（OSC）主席兼国际证监会组织（IOSCO）技术委员会成员爱德华·威泽亦表示，他赞成国际证监会组织（IOSCO）逐步认可IASC的准则。[151]鉴于国际证监会组织（IOSCO）权威人士的这些表述，IASC理事会成员们便以为，国际证监会组织（IOSCO）将逐步认可其所制定的各项会计准则。[152]

IASC之所以难以解释国际证监会组织（IOSCO）技术委员会所发出的信号，原因之一在于大多数国际证监会组织（IOSCO）技术委员会成员都是几乎没有会计背景的律师。在为IASC的改进项目工作的过程中，保罗·谢里对国际证监会组织（IOSCO）技术委员会的大多数成员并没有看懂他就准则修订进度撰写的简报感到担忧，他认为这可能阻碍了项目的进展。[153]

据报道，法国的一个游说团体正在致信国际证监会组织（IOSCO）技术委员会的成员，敦促他们尽早认可修订后的IASC准则，最好在1993年10月召开的国际证监会组织（IOSCO）年度会议上就完成认可。[154]的确，国际证监会组织（IOSCO）第一工作组的几个欧洲国家（如法国、德国和意大利）的证券监管机构代表都支持国际证监会组织（IOSCO）逐步认可的程序。[155]然而，戴维·凯恩斯早在1993年4月就收到了消息——琳达·奎因对短期内认可IASC的准则持"相当消极"的态度，她认为"到1996年、1997年甚至2000年，国际证监会组织（IOSCO）才会最终认可国际会计准则"。[156]1994年1月，奎因和凯恩斯在华盛顿有过一次谈话。她告诉凯恩斯，国际证监会组织（IOSCO）将推迟对国际会计准则的批复，直到IASC

---

150. 参见"IOSCO to Consider International Accounting Standards", *IASC Insight*, 1993.09, 5; 以及 IASC board meeting of 30 June–2 July 1993, minute 3(c)。另见 Cairns, "The Future Shape of Harmonization: A Reply", 341。

151. Waitzer, "International Securities Regulation—Coping with the "Rashomon Effect". 此文还被引用于 Cairns, "The Future Shape of Harmonization: A Reply", 343。

152. 2004年8月18日作者与 Bernd-Joachim Menn 的访谈记录。

153. 2004年10月8日作者与 Paul Cherry 的访谈记录。

154. AP 6–7/1993, paper 24, page 3。

155. 2004年7月2日作者与 Atsushi Kato 和 2004年7月13日与 Herbert Biener 的访谈记录。

156. "Notes of a Telephone Conversation with George Barthes", by David Cairns, IASC archive, file "IOSCO Core Standards Liaison"。

第10章 提升话语权：IASC回应国际证监会组织和美国证监会

完成整套核心准则。[157]

1993年年初，白鸟荣一刚刚履行IASC主席职务时就表示，他希望国际证监会组织（IOSCO）能够"尽快"认可IASC的准则。[158] 其中的一个原因在于，国际证监会组织（IOSCO）的认可将有助于IASC理事会从世界各国的公司筹集所需资金。

1994年年初，IASC的领导人都在焦急地等待着国际证监会组织（IOSCO）工作组的消息。IASC副主席迈克尔·夏普实际上已经看到了国际证监会组织（IOSCO）第一工作组写给IASC主席白鸟荣一的信的草稿，但他不被允许保留复印件。[159] 最后，白鸟荣一在1994年6月17日收到了由琳达·奎因和迈克尔·马尔签署的两封冗长的信（即"白鸟信件"）。白鸟信件（Shiratori letters）传达了第一工作组及其会计和审计附属委员会对IASC迄今为止的工作的评价，包括改进项目所涉及的10项准则的修订工作。[160] 这两封信意味着IASC在国际证监会组织（IOSCO）那里碰了钉子。国际证监会组织（IOSCO）的来信称，改进项目所修改的10项准则中，有8项是可以接受的，而有关研究与开发支出的IAS 9和有关退休金成本的IAS 19未被认可。关于IAS 9，第一工作组表示如果无法对满足某些条件时是否就必须将开发支出作资本化处理达成一致意见，美国证监会（SEC）就肯定会反对这种处理方式。第一工作组还在全部10项修订版准则中挑出了一些"悬疑问题"（suspense issues），即"很少发生或通常很复杂的事项，在国际证监会组织（IOSCO）考虑建议各成员接受IASC准则之前不需要解决"。

关于IASC发布的其他准则，奎因和马尔并未提出任何"实质性"问

---

157. "Notes of a Meeting with Linda Quinn, Chairman of IOSCO WP1, SEC, Washington, USA,［1994］.01.10", IASC archive, file "IOSCO Core Standards Liaison".

158. IASC board meeting of 23–6 March 1993, minute 2; "IASs Must be Used, Pledges New Chief", *Accountancy*, 111/1194（1993.02），16. 另参见Shiratori的文章选段的英文翻译版本："Upon Assuming Chairmanship of the International Accounting Standards Committee", *JICPA Journal*, 453（1993.04），4–5, in Kiyomitsu Arai, *Accounting in Japan*, IRBA Series No. 25（Tokyo: Institute for Research in Business Administration, Waseda University, 1994），80。

159. 整理自1994年2月10日Sharpe给Cairns的信，IASC archive, file "IOSCO Core Standards Liaison"。还是在这个文件夹里，Cairns发给Shiratori和Sharpe的备忘录（1994.01.12），上面写着，Linda Quinn说这封信件"应该在1994年2月的工作组会议上获得批准"。

160. 这两封信均可见于IASC archive, file "IOSCO Liaison/Core Standards（2）"。

题（即在国际证监会组织（IOSCO）认可前必须解决的问题）。这些准则包括[161]：

《国际会计准则第 20 号：政府补助的会计处理和对政府援助的披露》(Accounting for Government Grants and Disclosure of Government Assistance）

《国际会计准则第 24 号：关联方披露》(Related Party Disclosures）

《国际会计准则第 27 号：合并财务报表与对子公司投资的会计处理》(Consolidated Financial Statements and Accounting for Investments in Subsidiaries）

《国际会计准则第 28 号：对联营企业投资的会计处理》(Accounting for Investments in Associates）

《国际会计准则第 29 号：恶性通货膨胀经济体中的财务报告》(Financial Reporting in Hyperinflationary Economies）

《国际会计准则第 31 号：对在合营企业中的权益的财务报告》(Financial Reporting of Interests in Joint Ventures）

上述准则除第 29 号国际会计准则外，均包含国际证监会组织（IOSCO）提出的"悬疑问题"或其他问题。对于另外 8 项准则（即第 1 号、第 5 号、第 10 号、第 12 号、第 13 号、第 14 号、第 17 号和第 25 号国际会计准则），国际证监会组织（IOSCO）鼓励 IASC 继续当前正在进行的修订工作，同时提出了具体的改进建议。有 3 项准则是国际证监会组织（IOSCO）未予考虑的：《国际会计准则第 15 号：物价变动会计》、《国际会计准则第 26 号：退休福利计划的会计处理和报告》以及《国际会计准则第 30 号：银行财务报表的披露》。奎因和马尔建议 IASC 留意，国际证监会组织（IOSCO）第一工作组在 1993 年 8 月 16 日的信中所确定的"核心准则的必要组成部分"，还包括一些 IASC 现有准则体系尚未覆盖的领域，即大

---

161. 据报告，除一名第一工作组成员外，所有成员都可以接受 IAS 20 和 IAS 31，工作组还允许了一项 IAS 20 所不允许的会计处理。

第 10 章　提升话语权：IASC 回应国际证监会组织和美国证监会

多数的金融工具、无形资产、每股收益、职工福利和中期报告。此外，他们说："现有准则尚未全面解决终止经营和商品期货套期的确认和计量问题。"IASC 主席白鸟荣一后来概括道："总的来说，IASC 现有的 24 项准则中有 14 项准则是可接受的，有 4 项准则在不同程度上是不可接受的，另外 6 项准则目前尚未发现有实质性问题。"[162]

戴维·凯恩斯、保罗·谢里和 IASC 副主席迈克尔·夏普认为，奎因和马尔的来信是令人鼓舞的，特别是与他们所担心的相比，这简直好太多了。[163] 的确，在 1994 年 9 月的一次会议上，奎因告诉凯恩斯，"白鸟信件"应该说是一个"捷报"（good news letters）。她说，国际证监会组织（IOSCO）之所以把"悬疑问题"摘出来，是为了争取欧盟和日本证券市场代表对白鸟信件的支持。[164] 然而，IASC 理事会中也有一些人不信任美国证监会（SEC），哪怕只是因为白鸟信件。美国证监会（SEC）最终会接受 IASC 的准则吗？在白鸟信件中，美国证监会（SEC）显然主导着国际证监会组织（IOSCO）第一工作组的话语权。如上所述，国际证监会组织（IOSCO）决定此时不再认可任何进一步的 IASC 准则——尽管这让人感到非常失望，但并不令人感到意外。然而 IASC 的领导层曾希望国际证监会组织（IOSCO）能够认可 IASC 的工作程序，而不是逐一认可其准则。IASC 理事会目前面临的主要任务是就尚未编写准则的主题开展工作，迄今为止最艰巨的工作就是编写金融工具的会计准则。

《世界会计报告》称，国际证监会组织（IOSCO）决定在全套准则编写完成前，不再认可任何进一步的 IASC 准则，这对 IASC 来说是一个"打击"。[165] 而且，国际证监会组织（IOSCO）的第一工作组明明认为 IASC 的部分准则是可接受的，却不再继续向国际证监会组织（IOSCO）建议认可这些准则，这显然让 IASC 的领导层十分失望。

---

162. Eiichi Shiratori, "Time for a Different Approach from IOSCO", *IASC Insight*, 1994.12, 10.

163. Cairns 在 1994 年 9 月 30 日写给顾问团成员的备忘录；Cherry 在 1994 年 7 月 5 日给 Cairns 的信函；1994 年 8 月 1 日 Sharpe 给 Cairns 的信函。IASC archive, file 'IOSCO Liaison/Core Standards (2)'.

164. "Conversation with Linda Quinn, EFFAS Congress, Edinburgh, 1994.09.22", note prepared by David Cairns, attached to the Shiratori letter to Quinn and James Saloman, dated 28 December 1994, in the file 'TOSCO Liaison Core Standards (2)', IASC archive.

165. "IOSCO Deals Blow to IASC", *World Accounting Report*, 1994.11, 1.

最失望的人，当属 IASC 主席白鸟荣一。1994 年 10 月，白鸟荣一在国际证监会组织（IOSCO）于东京召开的年度会议上，根据戴维·凯恩斯起草的演讲稿发表了"言辞激烈"的演讲[166]，对国际证监会组织（IOSCO）的认可程序提出了批评。[167]他说，国际证监会组织（IOSCO）对 IASC 准则的进一步认可程序并"不令人满意"，部分原因在于，它"暗示了国际证监会组织（IOSCO）希望 IASC 能去解决各国会计准则制定机构尚未解决甚至解决不了的那些问题"。他特别提到了金融工具会计准则。白鸟荣一指出，尽管财务会计准则委员会（FASB）距离完成其金融工具准则还有很长的路要走，但美国证监会（SEC）仍在"认可"FASB 的公告。他认为，国际证监会组织（IOSCO）应该对 IASC 的工作程序进行认可，而不是详细审查每一项准则，"国际证监会组织（IOSCO）大多数成员在自己管辖的范围内都没有这样做"。他指出，国际证监会组织（IOSCO）自 1987 年以来一直是 IASC 顾问团的成员，该组织派代表定期参加 IASC 指导委员会的会议，并应邀就 IASC 的所有征求意见稿和原则公告草案发表了评论。也就是说，IASC"在每一阶段的工作中都已经考虑了国际证监会组织（IOSCO）的意见"。在这样的背景下，国际证监会组织（IOSCO）却又从 10 项修订版的准则中挑出了妖怪一样的"悬疑问题"（suspense issues），这让白鸟荣一感到恼火。他说："国际证监会组织（IOSCO）就应该无条件接受 IASC 所有修订后的准则。"

显然，白鸟荣一主席出离愤怒了。而他在国际证监会组织（IOSCO）年会上所发表的这些观点，在某些人看来，可能并没有让 IASC 和国际证监会组织（IOSCO）的关系变得更加融洽。凯恩斯回忆说："尽管有一些人不赞同这种激进的口吻，但这次讲话得到了监管机构和其他参与者的广泛

---

166. 2004 年 10 月 15 日作者与 Peter Clark 的访谈记录。

167. Shiratori,"Time for a Different Approach from IOSCO". 随后的引文摘自这篇演讲稿的出版版本。演讲稿的最后版本所使用的标题是："Efficiencies in Multinational Securities Offerings: How to Promote International Harmonisation of Accounting Standards", speech at the Twenty-First Conference [should read Nineteenth Conference] of the Interna-tional Organisation of Securities Commissions, in Tokyo, Japan, October 1994, AP 11/1994, additional paper. 有关新闻报道，请参见"IOSCO Comes in for Strong Criticism", *Accountancy*, 114/1215（1994.11）, 18。时任北欧公共会计师联合会驻 IASC 理事会的代表团成员 Stig Enevoldsen 在成为 IASC 主席几个月后表示，他"最大的失望之处"就是未能在 1994 年确保获得国际证监会组织的认可。"A Look Back and A Look Forward", *IASC Insight*, 1998.06, 15.

第 10 章　提升话语权：IASC 回应国际证监会组织和美国证监会

支持。"[168]

　　白鸟荣一的许多观点都是可以理解的，也被充分地接受了。国际证监会组织（IOSCO）确实给 IASC 设定了一个很高的门槛。第一工作组如果想要认可 IASC 的准则，需要得到当时 14 个成员的一致同意[169]，而这些成员代表了各自国家不同的监管文化和经验。一致同意对于美国证监会（SEC）来说至关重要，因为它不希望被其他证券监管机构的投票击败。此外，美国证监会（SEC）还没做好支持预期认可的准备，而是坚持认为，在 IASC 完成整套核心准则并按照美国证监会（SEC）认为这些准则必须具备的所有品质进行评估之前，美国证监会（SEC）不能做出任何判断。这些品质包括会计规则可选项的数量、具体程度、所要求披露的充分性和所覆盖的广度等。对于美国证监会（SEC）来说，这是一个很现实的政策问题。[170] 如上所述，美国证监会（SEC）特别谨慎，因为它知道，如果它允许外国发行人采用比美国证券市场上的公认会计原则（GAAP）更灵活和更屈伸自如的 IASC 准则（例如，国际会计准则可能会计规则可选项更多、披露要求更少），且不要求进行对账调整，那么，它将难以阻止美国发行人从采用 GAAP 转向采用 IASC 的准则。[171] 琳达·奎因本人早在 1989 年就表达了这种担忧。[172] 在这种情况下，如果 GAAP 在美国发行人中的普及程度明显降低，那么财务会计准则委员会（FASB）作为 GAAP 制定者的未来生存能力便会成为问题。若说放弃对财务会计准则委员会（FASB）的"监管权力"转而与总部位于伦敦的国际准则编写者建立更不确定的关系，美国证监会（SEC）还真没有这个打算。

　　尽管白鸟荣一在东京发表的讲话言辞那么激烈，凯恩斯秘书长仍旧努

---

168. Cairns, "The Future Shape of Harmonization: A Reply", 344.
169. "IOSCO（A Note from the Staff）", IASC archive, file "Executive Committee 1994–1995".
170. 2003 年 9 月 11 日作者与 Linda Quinn 的访谈记录。
171. 2003 年 9 月 12 日作者与 Edmund Coulson 的访谈记录和 2004 年 11 月 12 日对 Richard Breeden 的访谈记录。戴姆勒-奔驰（Daimler Benz）在美国上市的顾问 Trevor Harris 表示："我认为美国证监会支持国际证监会组织认可 IASC 准则的部分困难在于，它需要担心这对美国上市公司的影响，而不是对非美国公司的影响。" "Internationalising Accounting"（an interview with Trevor Harris），*Corporate Accounting International*, 58（1995.05），14.
172. 参见 Nathaniel C. Nash, "Stretching the S.E.C.'s Reach", *The New York Times*, 1986.07.13, Sec.3, 4; Linda Quinn, in Gernon, Purvis, and Diamond, *An Analysis of the Implications of the IASC's Comparability Project*, 48。

力与第一工作组重新建立积极的对话。1994年9月，他向IASC的所有理事会成员和技术顾问传达了白鸟荣一的要求："请诸位理事和顾问联系贵国证券监管机构在国际证监会组织（IOSCO）第一工作组的成员，讨论[白鸟信件]以及他们对国际证监会组织（IOSCO）进一步认可国际会计准则的态度。"[173]

IASC秘书处对白鸟信件尤其是第一工作组的结论进行了大量的分析。IASC秘书处与白鸟荣一密切协作，制定了一份新的工作计划，据称该计划能够满足第一工作组的要求，促进IASC和国际证监会组织（IOSCO）的合作，推动国际证监会组织（IOSCO）最终认可IASC的准则。IASC理事会在1994年11月于布达佩斯举行的会议上批准了修订后的工作计划，并授权白鸟荣一和凯恩斯按照"白鸟荣一主席提交给1994年10月国际证监会组织（IOSCO）东京年会的讲稿"对白鸟信件给予回应。1994年12月28日，白鸟荣一签署了给琳达·奎因和詹姆斯·萨洛曼的回信，此时，萨洛曼刚刚接替迈克尔·马尔担任了第一工作组会计和审计附属委员会的主席。[174] 这封本应由秘书处草拟的回信，是在戴维·凯恩斯从IASC离职前三天发出的。虽然IASC在回信中重复了白鸟荣一演讲中对国际证监会组织（IOSCO）现行程序的批评以及所提到的改革建议，但它在信中还展示和解释了IASC修订后的工作计划，并提出了在IASC和国际证监会组织（IOSCO）第一工作组之间"开放沟通渠道"的步骤。白鸟荣一在回信的末尾写道："我们期待在2月2日于苏黎世举行的会议上讨论这些问题和其他问题。"

10.12 IASC和国际证监会组织共绘蓝图

在1994年6月17日收到两封白鸟信件、1994年10月国际证监会组织（IOSCO）年会上白鸟荣一发表批判演说之后，IASC认识到，有必要与国际证监会组织（IOSCO）第一工作组商定一个计划，让IASC制定一

---

173. David Cairns 于1994年9月5日发给理事会代表和技术顾问的备忘录，载于IASC archive, file "IOSCO Liaison Core Standards（2）"。

174. IASC board meeting of 1–4 November 1994, minute 11. 白鸟信件的副本可见于IASC archive, file "IOSCO Liaison Core Standards（2）"。

第 10 章　提升话语权：IASC 回应国际证监会组织和美国证监会

项工作方案，以期在双方都满意的时间内实现在国际证监会组织（IOSCO）的期望。白鸟荣一在 1994 年 12 月 28 日发出的回信，就是迈出的第一步。在 IASC 中，人们对国际证监会组织（IOSCO）的感情受到了伤害，甚至产生了一些敌意。国际证监会组织（IOSCO）认为这是由于沟通不畅造成的。[175] 尽管这两个组织的工作计划都没有受到干扰，但它们的负责人都希望就所有事项的状况以及如何改善双方的关系达成共识。[176]

在 1994—1995 年间，国际证监会组织（IOSCO）和 IASC 都发生了高层换届，这可能会让双方更容易达成协议。1994 年年底，IASC 秘书长戴维·凯恩斯离职。1995 年 5 月，布赖恩·卡斯伯格接任 IASC 秘书长，他为 IASC 带来了宝贵的监管经验。白鸟荣一的任期将于 1995 年 6 月届满，来自澳大利亚公共会计师行业的迈克尔·夏普即将接任 IASC 主席。夏普曾是 IASC 的代理主席（deputy chairman）和候任主席（chairman-designate），自 1992 年 10 月以来一直积极参与 IASC 的领导事务。

在 1994 年 10 月国际证监会组织（IOSCO）的东京会议上，加拿大安大略省证券委员会（OSC）主席爱德华·威泽接替法国人让－圣-杰尤斯出任国际证监会组织（IOSCO）技术委员会主席。据报道，威泽说："我和白鸟荣一及其继任者迈克尔·夏普探讨了如何让双方的关系建立在更具建设性的基础上。"[177] 正如他所看到的，夏普的首要任务之一是与国际证监会组织（IOSCO）第一工作组就如何确保国际证监会组织（IOSCO）认可 IASC 的准则达成协议。

夏普的机会出现在 1995 年年初，也就是他成为 IASC 主席之前的几个月。在国际证监会组织（IOSCO）的东京会议上，夏普、白鸟荣一以及欧洲公共会计师行业派驻 IASC 代表团的几名成员，接到了参加 2 月 2 日在苏黎世举行的国际证监会组织（IOSCO）第一工作组会议的邀请（白鸟荣一在 1994 年 12 月 28 日回信的末尾提到了此事）。2 月 2 日会议当天的上午，在 IASC 代表团抵达之前，第一工作组主席琳达·奎因与会计和审计附属委员会主席詹姆斯·萨洛曼经讨论一致同意给 IASC 制定一个分阶段的工

---

175. 2004 年 10 月 8 日作者与 James Saloman 的访谈记录。
176. 2003 年 9 月 11 日作者与 Linda Quinn 的访谈记录。
177. "IASC and IOSCO Reach Agreement", *CAmagazine*, 128/8（1995.10），13.

作计划，以便在确定的期限内完成剩余的核心准则，进而取得国际证监会组织（IOSCO）和美国证监会（SEC）的认可。琳达·奎因致力于推进这一进程。在上午的会议上，夏普试图说服国际证监会组织（IOSCO）第一工作组重新考虑其对 IASC 准则的态度，但没有成功。然后，在前往午餐地点的路上，萨洛曼向夏普透露了分阶段工作计划的想法，于是夏普和奎因在午餐时便坐在了一起。[178]据夏普回忆，在这次午餐谈话中，他和奎因商定了前进的方向，即制定一个使国际证监会组织（IOSCO）能够最终认可 IASC 的核心准则的工作计划。奎因随即在亚麻餐巾上写下了该协议的基本要点。夏普称其为"苏黎世餐巾协议"。[179]夏普提议在未来几年内完成剩余的核心准则，奎因则向他保证将为此建立密切的工作关系。对于奎因来说，重要的是要告知公众，国际证监会组织（IOSCO）和 IASC 还在继续合作，而且这种合作关系没有破裂。该工作计划能够让公众了解核心准则完成的预期时间，也"让 IASC 的工作程序具有透明度和可信度，让公众看到问题得到了真正的重视和处理"。[180]

在认可了工作计划的想法之后，第一工作组建议拟一份新闻稿，提交给国际证监会组织（IOSCO）技术委员会，由其在 3 月中旬于悉尼召开的会议上予以审批。但是技术委员会拒绝审批通过。[181]该新闻稿在技术委员会中引起了很大的争议，因为一些委员不确信他们能够获得各自国家的相应许可。[182]最后，技术委员会决定推迟这一新闻稿，待 IASC 和国际证监会组织（IOSCO）能够宣布一项真正的工作计划或方案时，再行公告。这一工作计划将以白鸟信件为基础，在三到五年内完成。技术委员希望在 7 月份将于巴黎召开的国际证监会组织（IOSCO）年会期间公布该新闻稿和商定的工作计划。这一决定的消息没有给 IASC 留下太多的时间来拟订工作计划。碰巧的是，IASC 理事会和行政委员会将于 3 月底和 5 月份举行会议。在 3 月底的会议上，IASC 行政委员会认为应当及时制定工作计划，

---

178. 2004 年 10 月 8 日作者与 James Saloman 的访谈记录。
179. Sharpe 给作者的备忘录，2003.05.22。
180. 2003 年 9 月 11 日作者与 Linda Quinn 的访谈记录。
181. 除另有说明外，本段中的相关事项进展均基于 IASC 存档的文件夹 "IOSCO Liaison Core Standards（2）"中的通信记录整理而得。
182. 2006 年 2 月 10 日作者与 John Barrass 的访谈记录。

第 10 章　提升话语权：IASC 回应国际证监会组织和美国证监会

以便赶在 7 月份发布新闻稿。会议认为，在制定工作计划时，应当争取保罗·谢里的协助。[183] 谢里和国际证监会组织（IOSCO）第一工作组会计和审计附属委员会的主席詹姆斯·萨洛曼是老熟人，并且都居住在多伦多，这有助于快速解决分歧。谢里和 IASC 技术总监（Technical Director）莉泽尔·克诺尔（Liesel Knorr）交换了拟议工作计划的草案。克诺尔在 5 月 22 日布赖恩·卡斯伯格到任之前还一直兼任 IASC 代理秘书长。加拿大公共会计师行业派驻 IASC 代表团的长期技术顾问约翰·登曼与谢里一起参加了与萨洛曼的会谈。IASC 主席白鸟荣一、行政委员会和卡斯伯格共同紧盯着五六月份的项目进展。最终，IASC 及时制定出了一份令萨洛曼满意的工作计划，以供国际证监会组织（IOSCO）年会使用。5 月，白鸟荣一致信萨洛曼明确表示，IASC 的立场是，国际证监会组织（IOSCO）至少应认可 14 项其认为可接受的准则。[184] 但是夏普意识到，虽然国际证监会组织（IOSCO）第一工作组的许多（即使不是大多数）成员赞成逐步认可 IASC 的准则，但美国证监会（SEC）却表示反对。

　　IASC 把 7 月份在巴黎召开的行政委员会会议安排在了与国际证监会组织（IOSCO）年会同一个酒店举行。这是夏普担任 IASC 主席的第一个月。双方在最后时刻仍在就协议的最后条款进行谈判。[185] 最终，布赖恩·卡斯伯格确保 IASC 行政委员会批准了这一工作计划，并安排于 1999 年 6 月完成该计划，从而成功推进了夏普和奎因在苏黎世达成原则上的协议。[186] 7 月 11 日，两个机构发布了联合新闻稿并举行了新闻发布会。新闻稿中指出，"IASC 理事会已经制定了一个经国际证监会组织（IOSCO）技术委员会认可的工作计划，该计划成功完成之时，国际会计准则（IAS）将会包含一套完整的核心准则。国际证监会组织（IOSCO）技术委员会将 IASC 完成的全面的核心准则认定为可接受之后，将会推荐国际证监会组织（IOSCO）成员认可，用作全球资本市场上跨境资本募集和上市的会计

---

183. IASC executive committee meeting of 27 March 1995, minute 2.
184. 1995 年 5 月 9 日 Shiratori 写给 James Saloman 的信，副本由作者存档。
185. 2003 年 5 月 29 日作者给 Michael Sharpe 的信。
186. 2005 年 1 月 14 日作者与 Bryan Carsberg 的访谈记录。IASC executive committee meeting of 9/10 July 1995, minute 2.

准则"。[187] 在新闻稿中，夏普强调，"企业现在应该能够确信 IASC 和国际证监会组织（IOSCO）正致力于编写将会被世界各地认可的国际会计准则，并会认识到使用国际会计准则可能带来的效率提升"。国际证监会组织（IOSCO）技术委员会主席爱德华·威泽说："国际证监会组织（IOSCO）将与 IASC 通力合作，确保及时地成功完成工作计划。"[188] IASC 的《1995—1999 年工作计划》（Work Programme 1995—1999）附于新闻稿之后（另见表 11-1）。然而，会议纪要表明，布赖恩·卡斯伯格在 1995 年 7 月 8 日 IASC 咨询委员会会议上的讲话流露出了他对国际证监会组织（IOSCO）的一丝不信任感："新闻稿是由国际证监会组织（IOSCO）起草的；在此番宣传之后，国际证监会组织（IOSCO）很难在 1999 年改变主意，拒绝认可 IASC 的核心准则。"[189] 卡斯伯格意识到，如果像白鸟荣一那样催促国际证监会组织（IOSCO）立即认可 IASC 的准则，将会导致国际证监会组织（IOSCO）第一工作组内部的美国证监会（SEC）代表和其他监管机构代表产生分歧。他说："我认为正确的做法是把认可的时间设在 1999 年，而不是要求立即认可。在我看来，IASC 与国际证监会组织（IOSCO）就这一工作计划所达成的协议，将会向有需要的公司释放足够的信号。察觉到这一信号的公司现在就可以启用国际准则了，因为道路是明确的，国际证监会组织（IOSCO）的最终认可现在几乎是板上钉钉的事情。"[190] 会议纪要显示，他还补充指出，"由于这一协议，IASC 和国际证监会组织（IOSCO）之间的关系已大大改善"。[191]

IASC 和国际证监会组织（IOSCO）之间的这份协议，不仅仅是重申了两者之间的合作。《世界会计报告》对此做了如下报道：

[由国际证监会组织（IOSCO）和 IASC 在 7 月份宣布的]"新

---

187. "IASC and IOSCO Reach Agreement", IASC press release, 1995.07.11. 另见 "Important Milestone for IASC and IOSCO", *IASC Insight*, 1995.08, 1, and "Target 1999:Global Approval", *IASC Insight*, 1995.09, 1, 4–5。

188. "Important Milestone for IASC and IOSCO", *IASC Insight*, 1995.08, 1.

189. IASC Advisory Council meeting of 8 July 1995, minute 3.

190. "IASC: Edging Towards the Ultimate Vision", supplement on "The Standard-Setters", *World Accounting Report*, 1995.08/09, x.

191. IASC Advisory Council meeting of 8 July 1995, minute 3.

第 10 章 提升话语权：IASC 回应国际证监会组织和美国证监会

政"（new deal）是强大的夏普和卡斯伯格 IASC 团队典型的大胆举措。它使 IOSCO/IASC 联盟重新走上正轨；它设定了全球范围内使用 IASC 准则的时间表；宣告国际证监会组织（IOSCO）将会给予明确认可，意味着 IASC 准则在谋求美国证券市场认可方面取得了重大突破，已经动摇了美国证监会（SEC）的反对立场；它告诉寻求进入金融市场的跨国公司，采用 IASC 准则将在中期（medium term）内提供进入金融市场的机会，而不会遭遇戴姆勒-奔驰那样按照美国证券市场上的公认会计原则（GAAP）进行对账调整的尴尬……当然，这也标志着 IASC 将成为 21 世纪全球准则制定的主导力量。[192]

美国证监会（SEC）首席会计师迈克尔·萨顿将该协议称为"里程碑"。[193] 自 1997 年起兼任国际证监会组织（IOSCO）第一工作组主席的美国证监会（SEC）国际事务办公室副主任保罗·莱德（Paul Leder）说，第一工作组关于 IASC 准则的工作在协议签署后就"认真"地开始了。[194] 工作重心也从战略问题转向了技术问题。[195] 而且，正如第 12.3 节提出的那样，1995 年 7 月的协议促使欧盟委员会将 IASC 视为一套全面的国际会计准则的来源。据报道，夏普说他对于修订后的 IASC 准则将于 1999 年获得国际证监会组织（IOSCO）的批准很有信心。夏普意识到，资本市场正在加速全球化，特别是在欧洲大陆。他表示，"我们感受到了来自市场的压力。当每个人似乎都想进入全球资本市场时，使用同一种商业语言就显得尤为重要"。作为 IASC 准则的热烈支持者，他说："[IASC-IOSCO] 公告的全部内容实际上都表明，IASC 将成为世界领先的标准制定机构。我们必须以此为

---

192. "IASC Team in IOSCO Endgame", *World Accounting Report*, 1995.08/09, 1.

193. Michael Sutton 在 1996 年美国会计学会年会上的演讲："International Accounting Issues: Challenges and Opportunities"。此次演讲经改编后由财务会计准则委员会（FASB）发表于 *Status Report*, no. 280 (20 September 1996), 4。除 FASB 成员和工作人员之外，*Status Report* 很少发表其他人的文章或演讲。普华永道欧洲技术团队的一名成员将该协议称为"[IASC 的]23 年历史上的里程碑"。Robert Dove, "IASC Ambitions", *Accountancy*（international edition）, 117/1233（1996.05）, 74.

194. P. Leder, "IOSCO Assessment: A View from Within", *Maandblad voor Accountancy en Bedrijfseconomie*, 73/9（1999.09）, 467.

195. 2004 年 12 月 8 日作者与 Gijs Bak 的访谈记录。

标准要求自己。我们将需要其他准则制定者的大力协助，也需要大量的一般性支持，包括财务支持。"[196]

IASC 前秘书长凯恩斯将 IASC 面临的挑战描述如下：

> 实际上，为了赢得国际证监会组织（IOSCO）对核心准则的认可，IASC 必须付出足够的努力来满足加拿大、日本和美国证券监管机构的要求，它们在 1995 年 7 月都反对进一步认可国际会计准则的提案。与此同时，IASC 还必须避免对准则改动太大，因为那样可能会导致其失去那些曾投票赞成进一步认可 IASC 准则甚至认可 IAS 的制定程序的 IOSCO 成员（如澳大利亚、欧洲和中国香港的证券监管机构）的支持。[197]

10.13　IASC 将核心准则的目标完成日期提前至 1998 年 3 月

有人对 IASC 能否在 1999 年年中完成核心准则表示怀疑。对于 IASC 这样一个仅仅拥有兼职的少量技术人员的机构而言，要在不到 4 年的时间内制定出使国际证监会组织（IOSCO）满意的准则，实在是一项艰巨的任务。因此，当 IASC 在 1996 年 4 月（即 4 年期限过去 9 个月之后）宣布将核心准则的目标完成日期提前至 1998 年 3 月时，很多人都非常吃惊。布赖恩·卡斯伯格认为，这是"完成国际证监会组织（IOSCO）要求的项目的最短可行时间"，比 IASC 理事会 1995 年 11 月在悉尼会议上批准的计划时间早了 15 个月。[198] IASC 的新闻稿提到，IASC 理事会批准"快速通道工作计划"的决定"取决于 IASC 接下来的两年里，每年能否再成功筹集 70

---

196. "'It's Time to Deliver' says Sharpe", *World Accounting Report*, 1995 08/09, 3.

197. David Cairns, "The Future of the IASC and the Implications for UK Companies", in *Financial Reporting Today—Current and Emerging Issues*, *The 1998 Edition*（London: The Institute of Chartered Accountants in England and Wales, 1997）, 133.

198. "Supplementary Secretary-General's Report", AP 3/1996, supplement to paper 1.

第 10 章　提升话语权：IASC 回应国际证监会组织和美国证监会

万英镑的额外资金"。这些额外资金将用于支付增加的理事会会议和指导委员会会议费用以及"为同时处理更多项目而增加的雇员的薪酬"。[199]另外，IASC 还通过减少理事会"应循程序"的步骤加快了工作进度。[200]

IASC 在 1996 年 4 月的一份新闻稿中解释说，它之所以选择提前完成原本就很紧张的工作计划，主要原因是为了满足大型跨国公司（尤其是来自欧洲大陆的跨国公司）的财务报告需求。这些公司"希望能够在本国以外的股票市场上市融资，而如果它们不能在所有的财务报告中应用国际会计准则，那么它们将面临额外的成本（additional costs）"。该新闻稿还指出，"国际证监会组织（IOSCO）的欧洲、加拿大成员以及美国证监会（SEC）都大力支持 IASC 加快实施工作计划"。[201]1996 年 3 月，布赖恩·卡斯伯格向 IASC 理事会报告说，加拿大和美国证券监管机构的上述意见，源自加拿大安大略省证券委员会（OSC）主席爱德华·威泽和美国证监会（SEC）主席阿瑟·莱维特，这显然是因为欧洲公司正打算在加拿大、日本和美国的证券市场上市。如果这些打算赴美上市的公司在美国证监会（SEC）允许外国发行人使用 IASC 准则前采用了美国证券市场上的公认会计原则（GAAP）作为临时解决方案，那么，它们以后向 IASC 准则转换时就会发生过渡成本。它们甚至可能会因此而推迟上市时间。此外，公认会计原则（GAAP）完全由美国证券市场决定，海外利益集团无缘置喙。仅仅从这一点来说，对于欧洲公司及其政府而言，采用美国证券市场上的公认会计原则（GAAP）在政治上也是站不住脚的。[202]

尽管存在需要根据公认会计原则（GAAP）进行对账调整这一障碍，但在纽约证券交易所上市的外国公司数量，仍然从 1993 年年底的 165 家增长到了 1996 年年底的 304 家，近乎翻了一番。新增的上市公司不乏备受瞩目的欧洲公司，包括法国安盛集团（AXA）、吉百利（Cadbury Schweppes）、德国电信（Deutsche Telekom）、爱思唯尔（Elsevier）、意大

---

199. "IASC Accelerates Work Programme", IASC press release, 1996.04.03.
200. IASC Advisory Council meeting of 10 June 1996, minute 3.
201. "IASC Accelerates Work Programme", IASC press release, 1996.04.03. 另见 "Fast-track IASC Seeks Extra Funding", *Accountancy*（international edition），117/1232（1996.04），7；Liesel Knorr, "Fast Track? Good News", *Accountancy*（international edition），117/1234（1996.06），66–67；Liesel Knorr, "IASC Accelerates its Work Programme", *IASC Insight*, 1996.07, 9–12。
202. 2006 年 2 月 10 日作者与 John Barrass 的访谈记录。

利埃尼集团（ENI）、古驰（Gucci）、斯默菲特公司（Jefferson Smurfit）、诺基亚（Nokia）、佩希内（Pechiney）、斯堪尼亚（Scania）和SGS-汤姆逊电子集团（SGS-Thomson）等知名公司。[203] 同期，在美国证监会（SEC）注册的外国公司总数也从588家增加到了1 019家。[204]

发生这种变化的一个原因是，全球化步伐的不断加快导致公司高管们相信在纽约上市可以提高公司的全球知名度。《华尔街日报》社论称，"（外国）公司不仅仅希望通过（在纽约证券交易所）上市而打开在美国的融资渠道，还希望获得纽约证券交易所的认可，因为这对全球投资者来说意味着一切"。[205]

当然，对于证券公开发行来说，纽约的深度且具有流动性的资本市场本身就具有巨大的吸引力。德国电信在纽约上市就是一个典型的例子。德国电信是德国联邦邮政系统最近进行私有化的一个部门，1996年2月其宣布计划首次公开发行募集130亿美元（这是欧洲有史以来规模最大的IPO），其中约1/4是面向美国资本市场的。1995年11月，欧盟委员会指出，"随着越来越多的欧盟成员国开展重要的私有化计划，也有关公司的资本需求逐渐增加，面临'需要遵守美国证券市场上的公认会计原则（GAAP）'这一难题的公司的数量也越来越多"。[206]

安永会计公司英国成员公司的阿利斯特·威尔逊对欧洲大陆不断变化的资本市场格局做了如下描述：

> 欧洲大陆公司的传统融资渠道（例如，商业银行和私人投资者）已经不能完全满足跨国公司的资本需求。因此，越来越多的欧洲公司不得不将目光投向国际资本市场。国际融资的实现又得益于

---

203. *New York Stock Exchange Fact Book*，1993–1997.

204. *Foreign Companies Registered and Reporting with the U.S. Securities and Exchange Commission December 31, 1997*（New York: Office of International Corporate Finance, Securities and Exchange Commission, [1998]）；以及美国证监会国际公司金融办公室提供的数据。

205. "Selling the Nasdaq"，*The Wall Street Journal*，1998.03.16，A22. 欧盟委员会在1998年报告说，"自1990年以来，在美国纽约证券交易所和纳斯达克上市的欧洲公司数量增加了近五倍，在1998年达到近250家，累计市值约为3 000亿美元"。*Financial Services: Building a Framework for Action*, Communication of the Commission [1998.10.28], 10.

206. *Accounting Harmonisation: A New Strategy vis-a-vis International Harmonisation*, Communication from the Commission，COM 95（508）/EN（1995.11），paragraph 1.3.

第 10 章 提升话语权：IASC 回应国际证监会组织和美国证监会

（有关机构）简化上市程序，鼓励上市公司 [在欧盟境内] 多重上市，进而推动建立欧洲资本市场。[207]

在资本市场活跃度激增的背景下，欧洲跨国公司对美国资本市场的兴趣日益浓厚。1993 年至 1997 年，全球股市市值约翻了一番。[208] 欧洲大陆所有主要资本市场都体现出了这一趋势，而德国资本市场的变化之大，则几乎为其国内主要跨国公司和银行带来了一次思想上的革命。传统上在跨国公司监事会中拥有席位的德国大型（"全能型"）银行，由于在原东德的贷款活动增加较快，可贷资金下降较多。[209] 美国证监会（SEC）前主席理查德·布里登在 1993 年的一次会议上指出：

> 即使是在德国和日本（尽管出于相当不同的原因），传统上的银企关系体制——如德国的全能型银行（universal bank）与其持股的公司之间的关系、日本的主银行（main bank）与同一株式会社内的其他集团成员的关系——也在发生变化。德国的银行业在面对这种变化时一度泰然自若，但是如今德意志银行等大型银行减持工商企业股份的步伐表明，德国资本市场体系正在发生深刻的变革。[210]

此外，在 20 世纪 90 年代初，德国大型私有银行开始由商业银行（Hausbanken）向投资银行转型。[211]1996 年 11 月，约 200 万德国投资者购买了德国电信的股票，这意味着德国拥有了一个活跃的股权资本市场。这也是德国股票市场历史上的一个标志性事件：散户投资者（retail equity

---

207. Allister Wilson, "Harmonisation: Is It Now or Never for Europe?" *Accountancy*, 114/1215（1994.11）, 98.
208. *Global Stock Markets Factbook 2003*（New York: Standard & Poor's, 2003）, 25.
209. "截至 1995 年年中，这些银行宣布它们已经投入了'数十亿银行资产'"来帮助推进东德的私有化进程。Susanne Lütz, "From Managed to Market Capitalism? German Finance in Transition", *German Politics*, 9/2（2000）, 163. Lütz 还报告称，德国各大银行"有意脱离产业联系，提高其作为证券交易商和商业顾问的国际声誉", 161（脚注略）。
210. Breeden, "Foreign Companies and U.S. Securities Markets in a Time of Economic Transformation", S80.
211. 参见 Lütz, "From Managed to Market Capitalism? German Finance in Transition", 156, 160–161。另整理自 2004 年 7 月 13 日作者与 Herbert Biener 的访谈记录。

investors）开始大规模涌现。

对于德国大型公司而言，即使不需要在海外筹集资金，赴美上市仍然是具有战略意义的，特别是在通过换股进行收购兼并方面意义重大。[212] 在1993年批评戴姆勒-奔驰屈服于美国证监会（SEC）的立场、采用美国证券市场上的公认会计原则（GAAP）进行对账调整的那些德国公司[213]，此时也在忙不迭地自觉采用 GAAP 或者 IASC 的准则。[214] 自1996年起，一些德国公司开始效仿戴姆勒-奔驰，纷纷来到纽约证券交易所上市。

不论欧洲资本市场发生这些根本性变化的原因是什么，一些国家的主要欧洲跨国公司很快就发现，即便仅仅是为了遵照美国证监会（SEC）的规定编制 20-F 对账调整表，它们也必须熟悉美国证券市场上的公认会计原则（GAAP）——这就是 IASC 在1996年4月的新闻稿中所提到的"额外的成本"（additional costs）。如果国际证监会组织（IOSCO）在这些跨国公司到纽约上市之前认可了 IASC 的准则，从而使美国证监会（SEC）允许外国公司直接使用 IASC 的准则而无须进行对账调整，那么这些跨国公司进入美国证券市场的成本将大大降低。IASC 的领导层不想冒险让这些大型跨国公司先行采用美国证券市场上的公认会计原则（GAAP），因为一旦它们熟悉并使用了 GAAP，可能就不想再转向 IASC 的准则了。因此，压缩完成核心准则的商定期限，从而更早地获得国际证监会组织（IOSCO）的认可至关重要。从美国证监会（SEC）的角度来看，由于来美上市的各国公

---

212. 2004年8月18日作者与 Bernd-Joachim Menn 的访谈记录。

213. 戴姆勒-奔驰当时的财务总监 Gerhard Liener"被德国金融机构的一些成员视为叛徒。他们原本希望在与美国证监会的谈判中表现出统一的立场，使其豁免于更严格的美国公认会计原则（GAAP）的要求"。"Daimler-Benz' US GAAP Pioneer Found Dead", *Corporate Accounting International*, 65（1996.01），3. Lütz 报告称，戴姆勒"在德国陷入困境"。见 Lütz, "From Managed to Market Capitalism? German Finance in Transition", 161。

214. 截至1995年，德国跨国公司 Bayer 和 Hoechst 已经按照国际会计准则编制了合并报表。而在1996年3月，Veba 表示，它正在追随 Daimler-Benz 的脚步，按照美国证券市场上的公认会计原则（GAAP）编制合并报表。Niall Brady, "Trying to Agree on Global Standards", *Corporate Accounting International*, 65（1996.01），14. 1995年12月，德意志银行宣布，今后将根据 IASC 的准则记录集团账目。Laura Covill, "Deutsche Bank Switch to IASC Standards Fuels Hopes for Greater Banking Transparency", *Corporate Accounting International*, 66（1996.02），1. 另见 Karel Van Hulle, "Bridging the GAAP in Europe?", *IASC Insight*, 1995.06, 7, 以及"Increased International Harmonisation", *World Accounting Report*, 1996.05, 2. 有关促成这一总体发展的因素的讨论，参见 Axel Haller, "Financial Accounting Developments in the European Union: Past Events and Future Prospects", *The European Accounting Review*, 11/1（2002），160–163。

第 10 章 提升话语权：IASC 回应国际证监会组织和美国证监会

司猛增，美国证监会（SEC）正在被迫应对数量迅速增加的不同国家的会计规则。欧洲公司赴美上市意愿的高涨大幅提升了 IASC 准则的潜在用途。

加拿大安大略省证券委员会（OSC）主席威泽和美国证监会（SEC）主席莱维特，非常乐意帮助 IASC 理事会筹集加快进度所需的额外资金。[215] 莱维特表示，如果 IASC 能够加快其工作进度，美国证监会（SEC）将增加其在国际会计事务方面的投入。[216] 随后，美国证监会（SEC）首席会计师迈克尔·萨顿立即指派玛丽·托卡专司其职，将所有时间都投入国际会计事务中。1997 年 9 月，托卡被提拔到了美国证监会（SEC）新设的职位——负责国际会计和审计准则事务的高级副首席会计师（senior associate chief accountant for international accounting and auditing standards）。[217] 此外，美国证监会（SEC）在 1996 年 5 月宣布，IASC 前主席阿瑟·怀亚特将出任美国证监会（SEC）关于国际会计事务的特别顾问。[218]

在 20 世纪 90 年代初，美国证监会（SEC）主席布里登还坚决要求外国发行人必须采用美国证券市场上的公认会计原则（GAAP）。与那时的情况相比，现在的政治氛围发生了很大的变化。1996 年，纽约证券交易所在其董事长兼首席执行官理查德·格拉索的领导下，积极游说美国证监会（SEC）和美国国会。最终，连参议院证券委员会主席、得克萨斯州民主党参议员菲尔·格拉姆（Phil Gramm）这样的国会保守派成员，也接受了开放美国资本市场的观点。外国证券监管机构也通过国际证监会组织（IOSCO）向美国证监会（SEC）施加压力，要求其增加监管的灵活性（请

---

215. "Supplementary Secretary-General's Report", AP 3/1996, supplement to paper 1.

216. 有文章引用了 Trevor Harris 的观点，他表示，"只要在质量上没有妥协"，Arthur Levitt 比他的前任 Richard Breeden 更愿意接受 IASC 的准则。他还指出，Breeden 确实为外国公司制定了更加灵活的美国证监会规则，但他仍然坚持要求这些公司符合美国公认会计原则（GAAP）的要求。见 "SEC is Now More Amenable", *Corporate Accounting International*, 58（1995.05），15。据报道，美国证监会首席会计师 Walter Schuetze 在 1993 年年底说，"Arthur Levitt 将制定国际会计准则作为其重要目标之一……外国公司希望在纽约上市，这提高了国际会计准则出台的可能性"。James R. Peterson, "International Accounting Standards Imminent—SEC Head", *Corporate Accounting International*, 43（1993.12），7.

217. News release, 'Mary B. Tokar Designated Senior Associate Chief Accountant (Inter-national)', dated 26 September 1997 (supplied by Mary Tokar).

218. "SEC Engages Arthur Wyatt as International Accounting Expert", SEC news release, 1996.05.13. 参见 James R. Peterson, "SEC Hires Former IASC Chairman as Adviser", *Corporate Accounting International*, 69（1996.05），3.

参见第 10.16 节）。[219]

10.14　美国证监会指出 IASC 准则所必须反映的"三个关键要素"

1995 年 7 月，IASC-IOSCO 协议签署，5 个月前迈克尔·夏普与琳达·奎因在苏黎世达成的共识就此落地。这项协议意味着美国证监会（SEC）将很快需要就实施国际证监会组织（IOSCO）认可的 IASC 核心准则的事宜做出决定。此外，在美国证监会（SEC）的鼓励下，IASC 刚刚宣布其将完成核心准则的目标日期提前了 15 个月。现在是时候让美国证监会（SEC）公开其对 IASC 修订版准则的期望了。美国证监会（SEC）是在 1996 年 4 月 11 日发布的重要新闻稿中完成这个事情的。它在新闻稿中确认，美国证监会（SEC）"支持 IASC 的目标，即尽快制定可用于编制跨国上市的财务报表的会计准则"。它认为，IASC 的准则修订项目成果若想被美国证监会（SEC）接受，就必须具备三个关键要素[220]：

（1）这些准则必须包含一套核心会计公告，组成全面的（comprehensive）、公认的（generally accepted）会计基础；

（2）这些准则必须是高质量的——它们必须能够保证可比性（comparability）、透明度（transparency），并且必须提供充分的披露（full disclosure）；

（3）该准则应予以严格的解释和实施（rigorously interpreted and applied）。

---

219. Michael Sutton 给作者的备忘录，2004.06.25。参见 "NYSE Chief Complains that Standards Deter Foreign Companies"，*Corporate Accounting International*，70（1996.06），4。

220. "SEC Statement Regarding International Accounting Standards"，news release 96–61, Securities and Exchange Commission，1996.04.11. 标记编号的三个要素是从新闻稿中一字不差地摘录过来的。此新闻稿后被美国证监会转载于《关于促进美国证券市场全球领先性的报告》（*Report on Promoting Global Preeminence of American Securities Markets*）（1997.10），appendix 5。本节中的大部分讨论都来自：Zeff，"The Coming Confrontation on International Accounting Standards"。

第 10 章　提升话语权：IASC 回应国际证监会组织和美国证监会

在美国证监会（SEC）的新闻稿面世后，布赖恩·卡斯伯格致信 IASC 咨询委员会和行政委员会的成员说，"据我理解，这份新闻稿源于咱们 IASC 咨询委员会中的美国公共会计师行业的代表与美国证监会（SEC）官员之间的讨论。美国证监会（SEC）可能认为，发布一份可供我们引用的关于它支持我们工作的声明，是有用的"。[221] 但这一观点与美国证监会（SEC）首席会计师萨顿的印象相左。据萨顿回忆，这三项要求最初是由美国证监会（SEC）国际事务办公室主任迈克尔·曼一人起草的。萨顿写道，"这份新闻稿是一种提出辩论的方式，同时也明确表明，美国证监会（SEC）不愿在美国资本市场财务报告的完整性（integrity）上妥协"。[222]

国际证监会组织（IOSCO）最近多次提到美国证监会（SEC）发布的三要素中的第一个要素，即覆盖范围的完整性。第二个要素将"高质量"一词引入了会计准则制定的语境之中。[223] 在阐释该术语时，美国证监会（SEC）提到了三个特性："透明度、可比性和充分披露"。这也是美国证监会（SEC）多年来经常提及的良好的财务报告的标志。第三个要素要求会计准则应当"予以严格的解释和实施"，这是因为美国证监会（SEC）担心不同国家对同一套准则的解释和实施情况可能有所不同。如下所述，第三个要素在促使 IASC 理事会创建一个提供解释性建议的委员会的过程中发挥了作用。关于"实施"（applied），IASC 可能认为，公司遵守 IASC 准则之事宜属于审计师和监管机构（而非 IASC 自身）的责任范围。如第 10.20 节所述，美国证监会（SEC）在 2000 年 2 月的观念文告中再次重点强调了这个问题。

美国证监会（SEC）的新闻稿以如下保证作为结尾："一旦 IASC 完成

---

221. Bryan Carsberg 给咨询委员会和行政委员会成员的备忘录，1996.04.18，AP 6/1996，additional paper。

222. Michael Sutton 给作者的备忘录，2004.06.25。

223. 次年，美国证监会首席会计师办公室的一位高级成员阐明了这个新术语的含义："高质量的会计准则所约束生成的财务报表，应在事件发生的当期反映该事项，不能提前也不能滞后。这意味着，不应未雨绸缪计提额外储备，也不应延迟确认损失；不能通过'平滑'实际的报表波动性去创造稳定和持续增长的假象。" "Capital Market Standards for Financial Reporting: Perspectives from the Securities and Exchange Commission", remarks by Mary B. Tokar, senior associate chief accountant, Hanover, Germany, 1997.10.01（available at: http://www.sec.gov/news/speech/speecharchive/1997/spch177.txt）。

其项目，包括实现了所提到的每个关键要素的要求，美国证监会（SEC）便会考虑允许外国发行人利用由此产生的准则来发行证券。"[224] 其中的措辞"考虑允许"（consider allowing），代表了美国证监会（SEC）特有的谨慎。它所做的让步微乎其微。还应注意，美国证监会（SEC）也没有提议把可接受的 IASC 准则的适用范围扩大到美国国内的公司。在美国资本市场上公开上市、受美国证监会（SEC）监管的国内公司，将继续使用美国证券市场上的公认会计原则（GAAP）。

美国证监会（SEC）在评估修订后的 IASC 准则是否具有高质量时，将会引用什么样的标准呢？美国证监会（SEC）主席阿瑟·莱维特在 1996 年 12 月的一场演讲中说："毫无疑问，美国投资者对 IASC 准则的接受程度，将取决于这些准则相对于我们自身的准则而言的符合程度。"这句话似乎与一些欧洲人的观点一致，即美国证监会（SEC）仅对美国证券市场上的公认会计原则（GAAP）感到满意。莱维特在同一演讲中说，美国证监会（SEC）在 4 月份的新闻稿中传达的一个重要信息是，"美国证监会（SEC）对 IASC 准则的认可并不是一个定局"。[225] 此评论也许旨在回应三个月前 IASC 秘书长卡斯伯格的声明，即"IASC 对于美国证监会（SEC）将

---

224. "SEC Statement Regarding International Accounting Standards", news release 96–61, Securities and Exchange Commission, 1996.04.11.

225. Arthur Levitt, "The Accountant's Critical Eye", 此为 1996 年 12 月 10 日第 24 届 SEC 发展现状全国年会上的评论（网址：http:// www.sec.gov/news/speech/speecharchive/1996/spch122.txt）; Levitt 报告的节选刊载于 "US SEC Makes No Promises", *Accountancy*（international edition），119/1242（1997.02），67. 有关 IASC 代理主席 Stig Enevoldsen 的反馈，请参见 "The IASC's Long March Towards Harmonisation", *Accountancy*（international edition），119/1243（1997.03），17. 1994 年，Levitt 表示："我的策略是看看我们是否能利用现有的工具去接受那些已经与美国标准非常接近的国际会计准则。" Kenneth N. Gilpin, "The S.E.C. is Welcoming Foreign Stocks, But Will They Come?" *The New York Times*, 1994.05.03, D10. 1997 年 10 月，Michael Sutton 亲自指出，"美国证监会参与（IASC 的核心准则项目）并不意味着它有义务接受制定完成的准则"。Michael H. Sutton, "Financial Reporting and Investor Protection"（1997.10.20），*The Emanuel Saxe Distinguished Lectures in Accounting 1997*（[New York] Baruch College），34. 有关美国证监会政策的详细阐述，可参考 "International Harmonization of Accounting Standards: Perspectives from the Securities and Exchange Commission"，此为 Michael H. Sutton 在 1997 年 8 月 17 日美国会计学会得克萨斯达拉斯年会上做的评论（网址：http://www.sec.gov/news/speecharchive/1997/spch174.txt）。

第 10 章 提升话语权：IASC 回应国际证监会组织和美国证监会

支持外国企业使用 IASC 的准则到纽约证券交易所上市'非常有信心'"。[226] 美国证监会（SEC）的立场始终没有变化。1997 年 10 月，对于最终认可的前景，美国证监会（SEC）写道："就目前来看，关于 IASC 核心准则项目的最终决定尚不明确。"[227] 在 1997 年 6 月于美国证监会（SEC）的华盛顿总部办公室举行的一次会议上，美国证监会（SEC）首席会计师萨顿激烈反对 IASC 秘书长卡斯伯格的做法，称其不该将美国证监会（SEC）最终会认可 IASC 的准则视为理所当然。[228]

萨顿进一步扩充了莱维特对"高质量"准则的描述："关于是否接受国际会计准则，美国证监会（SEC）内部还没有取得一致意见……我们需要客观地评价 IASC 的提案，不是以它们是否与美国证券市场上的公认会计原则（GAAP）是否相似，而是以它们如何有效解决我们遇到的问题，作为衡量的标准……但是，我们始终坚持一个立场，即国际准则若要得到美国资本市场的认可，就必须具备 GAAP 那样的可信度和完整性。在 IASC 的准则制定过程中，美国证监会（SEC）的工作人员将会继续对我们认为不合适的规定或者我们认为不该、不予覆盖的领域持保留态度。"[229] 萨顿明确表示，财务会计准则委员会（FASB）将继续在"为美国发行人制定概念上合理的会计准则"方面发挥主导作用，并在有关制定国际准则的对话中发挥积极作用。他强调说，美国证监会（SEC）当前对是否允许证券发行人使用 IASC 准则的考虑，仅仅针对外国发行人。[230]

---

226. "IASC 'Confident' of SEC's Support", *Accountancy*（international edition）, 118/1238（1996.10）, 14. 如上所述，Michael Sharpe 对于国际证监会组织会认可修订后的 IASC 准则表示有信心，而国际证监会组织的认可就意味着美国证监会会投支持票。Carsberg 反馈说："我仍然相信我们与美国证监会的协议精神没有改变。""IASs—The Quality Debate Continues ...." *Accountancy*（international edition）, 119/1244（1997.04）, 7.

227. Securities and Exchange Commission, *Report on Promoting Global Preeminence of American Securities Markets*, 31.

228. "Note of Meetings at SEC, 16 June 1997", IASC executive committee meeting of July 1997, agenda paper II. 根据 Carsberg 的说法，Carsberg 和 Sutton 之间的会晤"相当紧张"，因为美国证监会内部对 Carsberg 的演讲存在负面反应。"Report on Activities from mid-June 1997 to end November 1997", IASC Advisory Council meeting of January 1998, agenda paper 2A.

229. Sutton, "International Accounting Issues:Challenges and Opportunities", 5.

230. Sutton, "International Accounting Issues:Challenges and Opportunities", 5.

国际会计准则史

　　1996年6月，IASC理事会在斯德哥尔摩召开会议，决定建立一项程序来拟定其准则解释。[231] 布赖恩·卡斯伯格自1995年5月出任IASC秘书长以来，一直认为IASC应该像其他准则制定机构一样设立解释委员会，但资源是一个限制因素。[232] 而到了1996年年中，解释委员会的建立已经箭在弦上。在6月份的会议上，卡斯伯格告知IASC理事会："国际证监会组织（IOSCO）非常希望我们建立[公布解释的机制]。国际证监会组织（IOSCO）第一工作组在1月份的会议上对我说，他们对于我们这方面机制运行情况的感受可能是影响他们对我们的信心的一个重要因素，这进而会影响他们在我们完成工作计划后是否会认可我们的准则。"[233] 当然，美国证监会（SEC）是国际证监会组织（IOSCO）第一工作组中的力量之一。就这样，美国证监会（SEC）的三个关键要素中的第三个要素的含义也得到了充分的传达。[234]

　　而关于成立解释委员会的提议却在IASC理事会内部引起了很大争议，尤其是在欧洲成员当中。一些成员担心解释委员会会演变为另一个准则制定机构。但国际证监会组织（IOSCO）关于成立准则解释程序的愿望最终占了上风。[235]9月，IASC理事会成立了常设解释委员会（SIC），由其提交关于解释准则的建议，供IASC理事会审核后批准。1995年卸任加拿大公共会计师行业派驻IASC代表团成员的保罗·谢里出任该委员会的主席，直至2001年。关于常设解释委员会的进一步讨论，请参见第8.13节。

---

231. 参见Bryan Carsberg, "Interpreting the Standards", *IASC Insight*, 1996.07, 8。有关IASC应如何处理其准则解释的另一种观点，请参见David Cairns, "The Need for an Interpreter", *Financial Times*, 1996.09.19。

232. 2004年8月31日Bryan Carsberg与作者的沟通。

233. "Issuing IASC 'Interpretations'", AP 6/1996, paper 1. 这一议程文件没有被签署，但显然是由秘书长下发的。尽管第一工作组在美国证监会发布新闻稿前的三个月才提出这一问题，但美国证监会应该已经考虑了一段时间。出于同样的原因，IASC主席Michael Sharpe也支持成立准则解释委员会。见"Increased International Harmonisation", *World Accounting Report*, 1996.05, 2。

234. 据第一工作组成员Gijs Bak回忆（2004年12月8日访谈记录），常设解释委员会（SIC）的成立源自美国证监会（SEC）。

235. 2004年10月8日作者与Paul Cherry的访谈记录。

第 10 章　提升话语权：IASC 回应国际证监会组织和美国证监会

10.15　IASC 和国际证监会组织建立起更为密切的工作关系

1996 年，很明显，IASC 与国际证监会组织（IOSCO）的关系正在升温。这一进展源自 IASC 和国际证监会组织（IOSCO）1995 年 7 月的联合公告。该公告声明，一旦 IASC 完成核心准则项目，国际证监会组织（IOSCO）将会就其可接受性做出最终决定。国际证监会组织（IOSCO）技术委员会主席爱德华·威泽在 1996 年 5 月写道：

> 在将近两年前的国际证监会组织（IOSCO）东京年会上，时任 IASC 主席的 [白鸟荣一] 发表了措辞严厉的主题演讲，完全不符合他一贯的风格，但反映出了 IASC 在一个他们认为更多是自说自话而非富有成效的对话的过程中所累积的挫败感。我们没有否认冲突或者让冲突升级，而是着手制订了一份专注于核心国际会计准则的工作计划，并拟定了一份合理的修订进度时间表。[236]

此外，在 1996 年，参与国际证监会组织（IOSCO）的美国证监会（SEC）人员也发生了变化。1996 年 2 月，琳达·奎因离开了美国证监会（SEC）。[237] 同时，美国证监会（SEC）中负责与国际证监会组织（IOSCO）联络的主要部门也从公司金融部变为首席会计师办公室，因为剩下来的问题更多是技术性的，而不是战略和战术性的。[238] 当时，迈克尔·萨顿是美国证监会（SEC）的首席会计师。1996 年 6 月，应 IASC 的邀请，国际证

---

236. Remarks of Edward J. Waitzer, 'Crisis Performance & Collaboration in Financial Regulation', dated 16 May 1996，*Ontario Securities Commission Bulletin*, *19* (24 May 1996), 2789.

237. James R. Peterson, "SEC Suffers Another Blow as Quinn Leaves", *Corporate Accounting International*, 67（1996.03）, 5. Quinn 卸任第一工作组主席后，她在美国证监会的副手 Meredith Cross 接任了这一职务。1997 年，美国证监会国际事务办公室的 Paul Leder 接任 Cross 的职务。1999 年，Mary Tokar 又接任了 Leder 的职务。

238. 美国证监会国际事务办公室在整个 20 世纪 90 年代仍在参与其中。该办公室由 Michael D. Mann 领导，Mann 的职务后来由 Marisa Lago 接任。

监会组织（IOSCO）开始派观察员参加IASC的理事会会议。根据国际证监会组织（IOSCO）第一工作组的决定，在其成员所属的大概17个司法管辖区域中，只有美国、法国、德国、日本和加拿大安大略省的证券监管机构成员可以派观察员出席IASC理事会会议。矛盾的是，英国和意大利的证券监管机构都在第一工作组的会计和审计附属委员会中派有代表，却没有出席IASC的理事会会议。而德国和日本的证券监管机构参加了IASC的理事会会议，却没有参加第一工作组的会计和审计附属委员会。[239]

美国证监会（SEC）观察员玛丽·托卡定期参加IASC的理事会会议，这增进了双方的相互理解。托卡是美国证监会（SEC）首席会计师办公室的成员，刚刚被指派专职负责国际会计事务的发展。她自此开始在国际证监会组织（IOSCO）第一工作组及其会计和审计附属委员会中任职，并成为美国证监会（SEC）与国际证监会组织（IOSCO）和IASC之间的主要联络人。1999年，她成为国际证监会组织（IOSCO）第一工作组的主席。

IASC秘书长布赖恩·卡斯伯格经常应邀参加国际证监会组织（IOSCO）第一工作组的会议，这与其前任大不相同。1996年6月举行的IASC咨询委员会会议的纪要显示，卡斯伯格还出席了国际证监会组织（IOSCO）技术委员会的一次会议，"这说明国际证监会组织（IOSCO）对于IASC的目标进行了良好的沟通，并给予了热烈的支持……在讨论中，值得注意的是，国际证监会组织（IOSCO）与IASC之间的工作关系，尤其是国际证监会组织（IOSCO）接受了IASC理事会的观察员成员身份一事，令双方对合作前景充满了信心。美国证监会（SEC）[在1996年4月]发布的正式声明，以及其任命阿瑟·怀亚特为美国证监会（SEC）国际会计准则顾问的事实，都充分地证明了它们的立场。IASC的美国公共会计师行业协会成员的观点也证实，美国证监会（SEC）的态度真的发生了变化"。[240]

---

239. 2006年2月10日作者与Richard Thorpe的访谈记录。
240. IASC Advisory Council meeting of 10 June 1996, minute 3.

第 10 章 提升话语权：IASC 回应国际证监会组织和美国证监会

10.16 纽约证券交易所迫使美国证监会接受 IASC 的准则

如前所述，纽约证券交易所一直在敦促美国证监会（SEC）更加"灵活"，以使更多世界级跨国公司能够在美国证券市场上市。20 世纪 80 年代，在纽约证券交易所上市的外国公司数量增长缓慢，这妨碍了该交易所想成为全球主要国际资本市场的雄心。20 世纪 90 年代，纽约证券交易所的外国公司数量迅速增长，到 1997 年年底，其全部 3 046 家上市公司中有 343 家（约占 11%）是外国公司。[241] 然而，1997 年伦敦证券交易所全部 2 683 家上市公司中有 526 家（约占 20%）是外国公司。纽约证券交易所落后于伦敦证券交易所。[242] 通过对 1997 年年底在这两家交易所上市的国内外公司的权益总市值进行比较，可以发现伦敦证券交易所以外国公司为主，同时其外国公司的总市值也更大（金额以十亿计）[243]：

	纽约	伦敦
国内公司	8 900 美元	1 300 英镑（2 100 美元）
外国公司	2 800 美元	2 400 英镑（3 800 美元）

纽约证券交易所一段时间以来一直认为，它难以吸引更多外国跨国公司来美上市的原因之一就是，美国证监会（SEC）的 20-F 表强制要求外国公司根据其本国会计规则和美国证券市场上的公认会计原则（GAAP）提

---

241. "NYSE Rings Out Record 1997", *The Exchange*, 1998.01, 8.

242. 交易所之间的比较可能产生误导。美国证监会前主席 Breeden 说过，"在伦敦上市的外国公司的数量经常有些被夸大，因为在伦敦上市的许多外国公司都来自各个前英国殖民地和属地。无论我们的规则如何制定，我们都不太可能吸引来 80 家南非公司在美国市场上进行交易"。Breeden, "Foreign Companies and U.S. Securities Markets in a Time of Economic Transformation", S83. 而在纽约证券交易所上市的大约 60 家外国公司都来自加拿大。

243. "十亿"是指数字后有 9 个零。这些资料由交易所提供。伦敦证券交易所的数据以 1.60 美元：1 英镑的汇率进行换算。外国公司的数字统计没有调整日本公司的交叉持股。有关纽约证券交易所正将伦敦证券交易所视为国际竞争对手的证据，参见 Cochrane, "Are U.S. Regulatory Requirements for Foreign Firms Appropriate", S58–S9.

交两套净利润数据，有人认为这会使投资者和新闻界感到困惑。[244] 作为对比，伦敦证券交易所不仅认可国际会计准则和美国证券市场上的公认会计原则（GAAP），还由于欧洲内部的互认原则，同时认可了欧盟其他14个成员国的公认会计原则。伦敦证券交易所并不要求外国公司将其所使用本国会计规则或国际会计准则编制的财务报表，再依照英国的公认会计惯例（UK GAAP）进行对账调整。有鉴于此，纽约证券交易所试图寻找措施向美国证监会（SEC）施压，促使其更快地允许外国公司使用IASC的修订版准则在美国资本市场上市，而无须按照美国证券市场上的公认会计原则（GAAP）进行对账调整。因为纽约证券交易所认为美国证监会（SEC）在国际协调过程中不过是一个谨慎的参与者，所以，它便转向了美国国会。1996年，国会正在审议一项题为《全国证券市场改进法》（National Securities Markets Improvement）的法律草案。该草案原本并没有针对财务报告做出规定。纽约证券交易所与负责监管美国证监会（SEC）的参议院证券分委员会的主席菲尔·格拉姆参议员取得了联系，并说服他在法案中增加了一条有关财务报告的条款[245]，该条款最终成为经国会批准并由总统签署的正式立法的一部分。参议员格拉姆增加的条款要求美国证监会（SEC）进一步支持具有更大灵活性的国际会计准则。这是国会第一次就国际会计准则主题发声，该条款要旨如下：

> 国会认为……证监会应尽快加大对开发高质量国际会计准则的支持……在本法颁布后一年内，就国际会计准则的制定进展，以及

---

244. 早在1991年，纽约证券交易所就指出，美国证监会要求的对账调整是"外国公司到美国上市的主要障碍，即使对于那些最强大、最稳定的外国公司也是如此"。请参见纽约证券交易所董事长和总裁在1991年纽约证券交易所年报第9页公开的信：*Entering the Third Century*。另见 James L. Cochrane, James E. Shapiro, and Jean E. Tobin, "Foreign Equities and U.S. Investors: Breaking Down the Barriers Separating Supply and Demand", *Stanford Journal of Law, Business & Finance*, 2/2（Spring 1996）, 241–263；以及 James L. Cochrane, "Helping to Keep U.S. Capital Markets Competitive: Listing World-Class Non-U.S. Firms on U.S. Exchanges", in Choi and Levich（editors）, *International Capital Markets in a World of Accounting Differences*, 233–238。Cochrane 当时是纽约证券交易所的高级副总裁兼首席经济学家。另见 "Notes of a Meeting at the New York Stock Exchange, 12th March 1992", by David Cairns, IASC archive, New York Stock Exchange file。

245. 作者作出这一判断是基于1998年与事件双方当事人进行的面谈。

第10章 提升话语权：IASC 回应国际证监会组织和美国证监会

成功制定一套适用于在美发行证券的外国公司的、能够被美国证监会（SEC）认可的国际准则的前景，向国会提交报告。[246]

遵照 1996 年《全国证券市场改进法》的规定，美国证监会（SEC）于 1997 年 10 月向国会提交报告，其中叙述性总结了美国证监会（SEC）为实现国际会计协调所做的努力，还包含一系列附录文件。[247] 这份报告与美国证监会（SEC）主席莱维特在 1996 年 12 月的讲话的内涵一致（见第 10.14 节），但语气略有缓和。该报告称，"美国证监会（SEC）在判断是否可以接受修订后的 IASC 准则时，将考虑的一个重要但非决定性的问题，就是国际会计准则和美国证券市场上的会计准则之间的差异"。[248]

美国证监会（SEC）1997 年 10 月提交的这份报告也阐明了为何在审查 IASC 准则时采取谨慎的态度是合适的[249]：

> 如果不在理论层面或应用层面对 IASC 准则是否与美国证券市场上的会计准则具有可比性进行评估，那么采用这些准则供外国发行人使用而不进行对账调整或补充披露就可能会产生以下后果：
>
> （1）投资者可能会开始对美国证券市场财务报告的透明度提出质疑，从而损害市场稳定性，或降低对国内和跨国发行人的资本定价效率；
>
> （2）国内发行人将处于竞争劣势，因为与在同一市场上竞争融资的外国公司相比，采用美国证券市场上的会计和报告要求需要满足更高的披露要求。
>
> 因此，美国证监会（SEC）必须仔细考虑应在多大程度上修改当前要求外国私人发行人按照美国证券市场上的公认会计原则

---

246. National Securities Markets Improvement Act 1996 (Public Law 104-290), sec. 509. 该条款全文载于 *IASC Insight*，1996.12，3；以及 Zeff 所著 "The Coming Confrontation on International Accounting Standards" 的附录。

247. 有关报告的新闻报道，参见 David Cairns, "The SEC's Report on IASs", *World Accounting Report*, 1997.11, 2–3。

248. Securities and Exchange Commission, *Report on Promoting Global Preeminence of American Securities Markets*, pursuant to Section 509（5）of the National Securities Markets Improvement Act 1996（1997.10），23.

249. Securities and Exchange Commission, *Report on Promoting Global Preeminence of American Securities Markets*, 23.

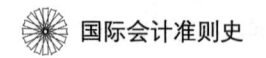

（GAAP）列报信息的规定。

在这里可以再次发现，美国证监会（SEC）仍然没有考虑改变其对国内发行人的财务报告要求。

在1997年提交给国会的报告中，美国证监会（SEC）罕见地概括总结了其在国际会计和审计方面的投入力度。报告称，仅就首席会计师办公室的工作而言，有三位会计师（刚刚又增加了第四位）主要关注国际会计、报告和审计问题，他们在1997年9月30日结束的财政年度内在该领域共计投入超过4 000小时。报告还指出，"公司金融部和国际事务办公室的职员们积极参加了国际证监会组织（IOSCO）第一工作组的活动"。[250]

在该报告中，美国证监会（SEC）一定程度上流露出了与IASC合作时的挫败感，因为"国际证监会组织（IOSCO）及其成员机构（当然也包括美国证监会）"针对IASC准则草案提出的建议"对IASC不具有任何决定性的影响力"，而且"国际证监会组织（IOSCO）及其成员机构都没有对IASC的监督权"。[251] 美国证监会（SEC）与IASC的关系与美国证监会（SEC）惯常与财务会计准则委员会（FASB）的关系大不相同。长久以来，美国证监会（SEC）对FASB及其前身——美国注册会计师旗下的会计程序委员会（CAP）和会计原则委员会（APB）——都拥有监督权。这些关系中隐含着美国证监会（SEC）的会计职员与准则制定者之间持续的沟通过程。在极少数情况下，美国证监会（SEC）及其职员还会把自己的看法强加在准则制定者身上。[252]

美国证监会（SEC）自己在修改规则时（例如修改某些外国发行人的20-F对账调整表时），会遵循相关联邦立法规定的详细程序。1994年，美

---

250. Securities and Exchange Commission, *Report on Promoting Global Preeminence of American Securities Markets*, 17.

251. Securities and Exchange Commission, *Report on Promoting Global Preeminence of American Securities Markets*, 10 and 24, respectively.

252. 参见 Stephen A. Zeff, "A Perspective on the U.S. Public/Private-Sector Approach to the Regulation of Financial Reporting", *Accounting Horizons*, 9/1（1995.03）, 57–60。1965年，当会计原则委员会（APB）拒绝在有争议的问题上采取行动时，美国证监会强行制定了会计规范。参见 "Balance Sheet Classification of Deferred Income Taxes Arising from Installment Sales", *Accounting Series Release No. 102*（SEC:1965.12.07）。

第 10 章 提升话语权：IASC 回应国际证监会组织和美国证监会

国证监会（SEC）花了八个月的时间来起草、公开征求意见，最后制定并批准了允许外国发行人使用的 3 项 IASC 准则中的部分规则，且无须根据美国证券市场上的公认会计原则（GAAP）进行对账调整（请参阅第 10.8.7 节）。玛丽·托卡概述了国际证监会组织（IOSCO）如果决定认可 IASC 的核心准则所必须遵循的程序[253]：

> 在对已完成的核心准则进行评估之后，如果美国证监会（SEC）工作人员认为应减少或取消当前的对账调整要求，那么工作人员需要向证监会提交一项规则提案（rule proposal），以修改现行的对外国私人发行人的备案要求。如果证监会支持工作人员的建议，它将发布修改建议并公开征求意见。工作人员将会对收到的评论进行分析，并向证监会提交最终建议。证监会如果批准该最终建议，则会将之以采纳公告（adopting release）的形式予以发布。这一整套程序，包括公示规则变更建议书、预留公开征求意见的时间、发布最终规则，都是由美国法律规定的，适用于美国证监会（SEC）的所有规则和条例。

IASC 在 1973—1992 年公布的国际会计准则以及在 1993 年公布的 10 项修订版准则中仍然存有许多允许的替代处理方法（allowed alternative treatments）。当我们对这一事实进行评价时需要知道，美国证券市场上的公认会计原则（GAAP）早在 20 世纪 60 年代就已经盛行具有多个可选项的弹性化准则了，时至今日其准则中仍然可以找到很多可选项。在 1966—1970 年一系列会计原则委员会意见书得以公布之前，公认会计原则（GAAP）在企业合并、无形资产、租赁、递延所得税、养老金、非常规项目和资金表等会计处理方面以相当灵活的方式给出了多个会计规则可选项。此外，当会计原则委员会在 1962 年提出为投资税收抵免的会计处理规定唯一方法时，美国证监会（SEC）并没有支持。1963 年年初，在会计原则

---

253. "What Is Going to Happen in the US?"，此为 Mary B. Tokar 于 1998 年 3 月 10 日在布鲁塞尔召开的第 2 届国际会计准则会议上发表的评论（网址：http://www.sec.gov/news/speech/speecharchive/1998/spch207.htm）。

委员会仅批准投资税收抵免的单一会计处理方法之后，美国证监会（SEC）坚持认为应允许采用其他处理方法。人们很容易忘记，广泛存在的可选项、灵活的方式以及相对较少的解释性指南，一度是美国证券市场上的公认会计原则（GAAP）的常态。[254]

10.17　财务会计准则委员会对IASC的应循程序提出质疑

IASC一直很清楚，它需要获得美国证监会（SEC）的认可。但美国证券市场上的准则制定机构——财务会计准则委员会（FASB）——再公开质疑IASC的程序及其准则的质量，这显然是一个值得IASC高度关注的问题。

1995年，财务会计准则委员会（FASB）主席贝雷斯福德对IASC提出了尖锐的批评，他认为IASC"对一些问题的处理过于肤浅"，并敦促IASC明确处理具体的实施问题。他说，许多IASC准则"过于宽泛，看来在美国证券市场上是难以操作的"。[255] 次年，在IASC宣布核心准则的预定完成日期提前之后，贝雷斯福德在哥本哈根召开的第三届全球准则制定者年会上发表讲话，批评IASC新的目标日期"非常不切实际"（highly unrealistic），是"无可救药地乐观"（hopelessly optimistic），因为包括金融工具在内的各项准则还未制定完成，前方还有巨大的工作量。[256] 据报道，他"痛斥"（lambasted）了IASC理事会所采用的应循程序。[257] 贝雷斯

---

254. 参见 Stephen A. Zeff, "The Evolution of U.S. GAAP: The Political Forces Behind Professional Standards", *The CPA Journal*, 75/1（2005.01）, 18–27; Stephen A. Zeff, *Forging Accounting Principles in Five Countries: A History and an Analysis of Trends*（Champaign, IL: Stipes Publishing, 1972）, 173–221。

255. James R. Peterson, "Sharpe Enthusiasm", *Corporate Accounting International*, 57（1995.04）, 8.

256. James R. Peterson, "FASB Chief Attacks 'Hopelessly Optimistic' IASC", *Corporate Accounting International*, 72（1996.08）, 3. 另见"'Friendly' FASB Savaging for IASC", *Accountancy*（international edition）, 118/1236（1996.08）, 9; "IASC Culture Clash is Cause for Concern", *Accountancy*（international edition）, 118/1237（1996.09）, 7; Jim Kelly, "A Foot on the Brake", *Financial Times*, 1997.03.13; "High Noon at Connecticut", *Accountancy*（international edition）, 118/1238（1996.10）, 18。

257. 参见"Departing Chief Beresford Stiffens Assault on IASC", *The Accountant*, 5920（1997.04）, 5。

第10章 提升话语权：IASC 回应国际证监会组织和美国证监会

福德似乎认为 IASC 理事会对速度的重视更甚于质量。在 1994—1997 年间兼任美国公共会计师行业派驻 IASC 代表团成员的巴里·罗宾斯（Barry Robbins）的确表示，IASC 优先考虑的是速度，然后才是恪守应循程序；IASC 理事会的领导层如夏普和卡斯伯格往往等不及各准则的指导委员会走完流程，就火急火燎地把准则草案转换成正式准则了。[258]

财务会计准则委员会（FASB）副主席吉姆·莱森林（Jim Leisenring）也对 IASC 持批评态度。据 1996 年 9 月的报道，莱森林说："我们经常向 IASC 抱怨准则草案的起草过于随意。我们担心这些准则没有得到适当的审查。"[259] 1998 年 3 月，他说："尽管寻求会计准则的最小公分母（lowest common denominator）不是 IASC 制定准则的目标，但其准则往往含有太多刻意的模糊性。这就导致实施这些准则不会增强会计信息的可比性。"[260] 事实上，1997 年 6 月，在美国证监会华盛顿总部办公室举行的一次紧张的会议上，美国证监会（SEC）首席会计师萨顿向卡斯伯格表示，他担心 IASC 会做出妥协，从而形成质量较差的会计准则。[261]

1996 年 12 月，财务会计准则委员会（FASB）公布对 IASC 准则和美国证券市场上的公认会计原则（GAAP）之间"差异"的详细分析报告。这份报告长达 426 页，提到了两套准则在会计处理方法和/或操作指南方面的 255 个差异。财务会计准则委员会（FASB）表示，这份研究报告"将是美国证监会（SEC）评估整套核心准则的重要工具"。[262] 财务会计准则委员会（FASB）的研究确实包含了对两者之间差异的彻底审查，这种审查

---

258. 2005 年 4 月 1 日作者与 Barry Robbins 的访谈记录。1998 年，澳大利亚代表团的一名成员说："我认为，到最后，他们就是在偷工减料（cut corners）。"另见 2003 年 5 月 26 日作者与 Kenneth Spencer 的访谈记录。

259. "IASC Culture Clash is Cause for Concern", *Accountancy*（international edition），118/1237（1996.09），7.

260. James J. Leisenring, "FASB Perspectives on the Development of International Accounting Standards"（1998.03.09），in *The Emanuel Saxe Distinguished Lectures in Accounting 1998*（[New York] Baruch College），8.

261. IASC executive committee meeting of July 1997, agenda paper II. 关于这次会议的内容，另见第 10.14 节。

262. Carrie Bloomer, *The IASC-U.S. Comparison Project: A Report on the Similarities and Differences Between IASC Standards and U.S. GAAP*（Norwalk, CT: Financial Accounting Standards Board, 1996），23. 财务会计准则委员会（FASB）于 1999 年发布了这份报告的修订版，其中减少了国际会计准则与美国公认会计原则（GAAP）之间"差异"的数量和重要性。

很有用处,"对两者之间差异的深入理解"可以"指导未来的工作,以提升全球范围内会计准则和财务报告的可比性"。[263] 然而,该报告似乎旨在列举这两套准则之间的所有差异,无论主次,就好像在暗示着 IASC 仍然任重道远。就 IASC 而言,它倾向于引用摩根士丹利(Morgan Stanley)的迪安·威特(Dean Witter)股票研究小组的观点进行自证:"许多投资者会发现[这 255 项差异中的]大部分都毫无意义。如果审计师尽职尽责,国际会计准则的质量很容易与美国证券市场上的公认会计准则相媲美,反映大多数行业的经济实质。"[264] 撰写摩根士丹利报告的特雷弗·哈里斯在进行了一系列案例分析(见前文)后发现,外国公司使用修订后的 IASC 准则,不会产生令投资者感到困扰的与美国证券市场上公认会计原则(GAAP)的差异。

IASC 技术总监莉泽尔·克诺尔指出,"255 项差异确实显得挺多,但对它们进行编号是没有意义的",因为它们是实质性差异和细微差异的混合体,有些 IASC 会为之辩护,有些则不会。[265]

在 1997 年 1 月的 IASC 咨询委员会会议上,IASC 秘书长卡斯伯格强调了财务会计准则委员会(FASB)所做的比较研究的积极一面。会议纪要显示,他说他"认为这项研究并不值得过度担忧。美国证监会(SEC)早就意识到 IASC 的准则不会像 FASB 的准则那样详细。现实情况是,国际证监会组织(IOSCO)已经接受了一些 IASC 的准则,这些准则无须进一步改进即可直接应用。而 FASB 所涵盖的其他专业性行业准则并不在我们的工作计划中,也不属于国际证监会组织(IOSCO)的要求的一部分。IASC 正在对该报告涵盖的其他准则进行审查;该报告是有用的,它实际上给 IASC 提供了应当予以考虑的问题清单"。[266]《IASC 洞察》则没有对 FASB 的研究发表任何评论。

新闻界持续关注财务会计准则委员会(FASB)对 IASC 的负面看法。

---

263. Bloomer, *The IASC-U.S. Comparison Project: A Report on the Similarities and Differences Between IASC Standards and U.S. GAAP*, iii.

264. *Apples to Apples: Accounting for Value in World Markets*([New York:] Morgan Stanley Dean Witter, 1998.02.06), 2.

265. "US GAAP v IASs", *Accountancy*(international edition), 119/1241(1997.01), 9.

266. IASC Advisory Council meeting of 10 January 1997, minute 2.

第 10 章　提升话语权：IASC 回应国际证监会组织和美国证监会

1998 年 1 月，《经济学人》报道说，FASB 的职员"私下里对 IASC 的工作持批评态度。他们指责 IASC 秘书长布赖恩·卡斯伯格爵士'操纵媒体'（manipulating the press），让媒体以为美国证监会（SEC）已经同意其新准则。FASB 声称 IASC 的这些准则过于灵活，给公司留下了太多报告方面的自由裁量权。准则的含义常常是模棱两可的，而且对于如何执行（如果真的能够执行的话）存在很大的不确定性"。[267] 当时，FASB 的一些人可能将 IASC 视为竞争对手，甚至可能是威胁到 FASB 生存的对象。

据报道，吉姆·莱森林在 1998 年年底的一次会议上说，他不认为 IASC 的准则有资格称作"全球准则"（global standards）。他认为，IASC 正在"为了趋同而牺牲质量"。该报道还说：

> 与会者被告知，全球准则应满足四个关键条件：它们应与框架保持一致；应尽可能少地提供替代性处理方法（"因为可比性至关重要"）；应清晰明确、容易理解；应能付诸严格的解释和实施。
>
> "在我看来[莱森林的话]，满足这些条件的国际会计准则还不存在——在不久的将来也不太可能制定出来。"[268]

但是，IASC 在某些问题上的行动比财务会计准则委员会（FASB）更为迅速，因为财务会计准则委员会（FASB）不可避免地会因为其业务规模和精心制定的应循程序而放慢速度。有时，便宜的系统就是可以取代昂贵的系统。1998 年 1 月，瑞士工业控股公司联合会派驻 IASC 理事会的代表团成员彼得·祖布吕格（来自 Hoffmann/La Roche）表示，"在两年半的时间里，IASC 已经完成了财务会计准则委员会（FASB）至少需要十年时间才能完成的工作"。[269] 财务会计准则委员会（FASB）前委员拉尔夫·沃尔特斯 1984 年加入 IASC，他在回顾其在 IASC 的经历时也表达了类似的观点：

---

267. "Accounting Standards: America v the World", *The Economist*, 346/8051（1998.01.17），59.
268. "IASs Are Not up to Scratch, Says FASB Member", *Accountancy*（international edition），123/1265（1999.01），9.
269. "Big Talk"（即 IASC 理事会 6 个成员之间的对话），*Accountancy*（international edition），121/1254（1998.02），26.

我认为 IASC 仅仅依靠三四个工作人员所取得的成绩可以说是相当令人惊艳的。我来自财务会计准则委员会（FASB），我们的工作人员一直在 100 人左右，且成员一直在变化，工作人员交给我们任何东西都需要花费很长的时间。然而，戴维·凯恩斯仅带着三四个人就批量生产了大量会计准则，而且其中大部分是高质量的。[270]

10.18　IASC 理事会完成了核心准则

在 1998 年 12 月于法兰克福（地区）举行的会议上，IASC 完成了最后一项核心准则，即关于金融工具确认和计量的 IAS 39，并将整套核心准则上交给了国际证监会组织（IOSCO），希望它们能被证券市场认可。[271] 尽管 IASC 理事会原来的计划是在 1998 年 3 月制定完成核心准则，但为了解决金融工具这一棘手项目所有复杂和有争议的问题，IASC 不得不将完成日期推迟了 9 个月。[272] 在 1997 年 11 月的会议上，国际证监会组织（IOSCO）技术委员会也意识到金融工具项目存在困难，因而同意 IASC 推迟核心准则的预计完成时点。[273]

在 1997 年曾有一段时间，因为担忧 IASC 可能要花很长时间来处理金融工具问题，急于保护自己不受美国证券市场上的公认会计原则（GAAP）入侵的欧洲人考虑过打破常规，先于其他国际证监会组织（IOSCO）成员认可 IASC 的准则，但国际证监会组织（IOSCO）内部的这种分裂没有最

---

270. 2003 年 10 月 18 日作者与 Ralph Walters 的访谈记录。

271. "IASC's Core Standards Finalised", *Accountancy*, 123/1266（1999.02），10. 关于国际证监会组织和美国证监会在核心准则完成后预期角色的讨论，请参见 Paul Pacter, "IOSCO and the SEC Bite into the Core", *IASC Insight*, 1999.03, 6–7；另见 David Cairns, "IOSCO: The Decisions to be Made", *World Accounting Report*, 2/7（1999.09），12–14。

272. 参见 "IASC Admits Defeat on Global Code Deadline", *The Accountant*, 5927（1997.11），1。并非所有理事会成员都对完成金融工具项目所需时间持乐观态度。英国代表团的一名成员在 1998 年 1 月的一篇文章中预测，金融工具项目"至少要到 2000 年才有可能完成"。Christopher Nobes, "Prospects for World Standards by 2000?" *Accounting & Business*, 1/1（1998.01），10.

273. Carsberg 1997 年 11 月 21 日写给 Enevoldsen 的信，IASC archive, Advisory Council file。

第 10 章　提升话语权：IASC 回应国际证监会组织和美国证监会

终发生。[274] 1996 年，Veba 和德国电信决定使用美国证券市场上的公认会计原则（GAAP）进行对账调整。紧接着，1997 年，在新成立的德国创业板市场（Neuer Markt）上市的大量新兴技术公司采用了美国证券市场上的公认会计原则（GAAP）。[275]

IASC 理事会在 1998 年破纪录地举行了 5 次会议，以确保在年底之前完成核心准则。在 12 月的会议期间，IASC 理事会收到了英国财政大臣戈登·布朗（Gordon Brown）的传真信息，其中提醒 IASC 注意 1998 年 10 月 30 日七国集团（G7）财政部长和中央银行行长发表的声明。该声明呼吁，IASC"应在 1999 年年初完成一项国际公认会计准则的提案"，"国际证监会组织（IOSCO）和巴塞尔委员会应当及时完成对这些准则的审查"（另见第 12.5.2 节）。[276]

澳大利亚公共会计师行业派驻 IASC 代表团的长期技术顾问沃伦·麦格雷戈写道："毫无疑问，IASC 在其自身设定的如此短的时间内能够完成核心准则计划，可谓是一个小小的奇迹。公平地说，目前的国际会计准则体系，相比于 IASC 实施改进项目之前的准则体系，有了显著的改进。"[277]

有关 IASC 理事会在 1987—2000 年间制定和完成其会计准则的工作的完整讨论，请参见第 9 章和第 11 章。

10.19　国际证监会组织认可 IASC 的核心准则

国际证监会组织（IOSCO）第一工作组（WP1）对核心准则的正式评

---

274. Carsberg 1997 年 11 月 21 日写给 Enevoldsen 的信，IASC archive, Advisory Council file.
275. 有关德国上市公司在 1997—1999 年使用国际会计准则和美国公认会计原则（GAAP）的统计，请参见 Jürgen Spanheimer and Christian Koch, "Internationale Bilanzierungspraxis in Deutschland—Ergebnisse einer empirischen Untersuchung der Unternehmen des DAX and MDAX sowie des Neuen Marktes", *Die Wirtschaftsprüfung*, 53/7（2000.04.01），301–310。
276. "IASC Approves IAS 39—The Last Major Core Standard", *IASC Insight*, 1998.12, 1–2.
277. Warren McGregor, "An Insider's View of the Current State and Future Direction of International Accounting Standard Setting", *Accounting Horizons*, 13/2（1999.06），160.

估始于 1999 年 1 月，整个过程需要举行多次会议来进行全面的审查。[278] 这项工作先后在国际证监会组织（IOSCO）第一工作组的两任主席保罗·莱德和玛丽·托卡的主持下开展。二人均来自美国证监会（SEC），托卡于 1999 年 7 月接手了莱德的工作。国际证监会组织（IOSCO）技术委员会提交了一份 126 页的报告，支持认可 IASC 的核心准则。[279] 该报告还概括了第一工作组的建议。截至当时，第一工作组由来自 17 个司法管辖区域的证券监管机构代表组成，但对于这些代表的具体身份报告中未予披露。[280]

第一工作组的评估首先"考虑了在核心准则项目进程中提出的 850 多个问题"。评估报告称："支撑材料包括工作组准备的 700 多页评论函，以及与 IASC 就核心准则工作计划相关内容进行的其他通信。"[281]

在评估之后，工作组的结论是："他们担忧的大多数问题已得到解决，问题的范围已显著缩小。"[282] 报告的主题部分广泛列举了 120 个实质性问题（substantive issues），这是第一工作组这些年与 IASC 的通信中所提出的 850 个问题中尚未解决的部分。对于这 120 个问题中的每一个问题，都有一个或多个司法管辖区域的证券监管机构代表认为 IASC 的核心准则没有完全消除他们的担忧，因此还需要进行补充处理。在后期阶段，第一工作组决定不再具体披露是哪个司法管辖区的证券监管机构代表对哪个问题持有反对意见。据了解，所谓实质性问题，主要是美国证监会（SEC），还有加拿大安大略省证券委员会（OSC）、法国证券交易委员会（COB）、意大利证券交易委员会（Consob）和日本金融服务厅（Financial Services Agency）提出来的，其中有一家或多家机构不希望透露自己的身份。其他司法管辖区的证券监管机构的保留意见相对较少。据报道，德国、荷兰和英国的证券监管机构都没有提出任何实质性问题。[283] 在 IASC 的核心准则

---

278. 2004 年 10 月 8 日作者与 John Carchrae 的访谈记录，2004 年 12 月 8 日与 Gijs Bak 的访谈记录，以及 2004 年 5 月 18 日与 Mary Tokar 的访谈记录。

279. 2000 年，技术委员会的成员机构代表了 16 个最发达的资本市场。

280. 参见国际证监会组织（IOSCO）技术委员会于 2000 年 5 月发布的报告 "*IASC Standards—Assessment Report*"（网址：http://www.iosco.org/library/pubdocs/pdf/IOSCOPD 109.pdf）。

281. *IASC Standards—Assessment Report*，ftn.7 under C1.

282. *IASC Standards—Assessment Report*，fourth paragraph under C1.

283. 2005 年 2 月 14 日作者与 Philippe Danjou 的访谈记录，2004 年 12 月 8 日与 Gijs Bak 的访谈记录，以及 2006 年 2 月 10 日与 Richard Thorpe 的访谈记录。

第 10 章 提升话语权：IASC 回应国际证监会组织和美国证监会

中，有 6 项准则没有被提出实质性问题，还有 6 项准则每个仅被提出一个实质性问题。毫不奇怪，工作组对有关金融工具的 IAS 39 提出的问题数量最多。

2000 年 5 月，国际证监会组织（IOSCO）在召开于悉尼的年度会议上收到了这份报告，会议据此通过了一项决议，建议"各成员允许跨国发行人使用 30 项 IASC 准则，并在必要时辅以对账调整（reconciliation）、披露和补充解释等要求，以解决国家或地区层面的尚待处理的实质性问题"。[284] 在这 30 项准则中，有 14 项是"作为核心准则工作计划的成果而新制定或者进行了实质性修订的准则"，生效日期在 1998 年到 2001 年之间。[285] 这 30 项准则包括（在适用的情况下，列示最新修订版）：国际会计准则第 1 号、第 2 号、第 4 号、第 7 号、第 8 号、第 10—12 号、第 14 号、第 16～24 号、第 27～29 号和第 31～39 号。由 IASC 常设解释委员会（SIC）编制的 17 项准则解释也一并得到了认可。

关于投资性房地产（investment properties）的 IAS 40 也是核心准则之一，但未能及时完成。国际证监会组织（IOSCO）技术委员会说："工作组打算在投资性房地产准则完成后尽快进行评估。"[286]

国际证监会组织（IOSCO）上述决议所称的"补充处理"（supplemental treatments）措施，使得各国证券监管机构能够以自己的方式处理尚未解决的实质性问题，具体规定如下：

- 对账调整：要求对某些项目进行对账调整，以反映采用国际会计准则与采用不同的会计处理方法所产生的不同的效果；
- 披露：要求在财务报表的列报或在附注中进行额外的披露；

---

284. "IASC Standards", IOSCO press release, 2000.05.17（available at: http://www.iosco.org/news/pdf/IOSCONEWS26.pdf）. 另 见 "IOSCO Endorsement", *World Accounting Report*, 3/5（2000.06），3; "IOSCO Report on IAS", *World Accounting Report*, 3/6（2000.07），9-10；以 及 Tom Ravlic, Paul Rogerson, "IOSCO Endorses 30 Global Core Standards", *The Accountant*, 5958（2000.05），1。关于国际证监会组织的认可和欧盟委员会 2000 年 6 月决定要求所有欧盟上市公司在其合并报表中采用国际会计准则的讨论，请参见 Ted Awty, "The Glass is Half Full", *Accountancy*, 126/1283（2000.07），98。

285. Mary Tokar 2000 年 5 月 22 日在爱丁堡国际会计师联合会会议上的讲话 "A Regulator's Perspective on the Needs of the Capital Markets"（网址：http://www.sec.gov/news/speech/spch385.htm）。

286. *IASC Standards—Assessment Report*, second paragraph under D5.

- 补充解释：具体说明所使用的 IASC 准则中提供的替代处理方法，或在 IASC 准则未予明确或未予规范的情况下补充详尽的解释。[287]

这些补充处理的规定，早已被美国证监会（SEC）应用于外国发行人财务报表中所有与美国证券市场上的公认会计原则（GAAP）存在重大差异之处。很明显，如果不规定这些补充处理要求，国际证监会组织（IOSCO）不可能获得美国证监会（SEC）的支持。众所周知，美国证监会（SEC）一直坚持要求外国公司进行对账调整。[288] 虽然托卡明确表示 IASC 已经通过完善核心准则取得了进展，但她也警告称"IASC 准则在无须补充处理就获得认可之前仍需改进"。[289] 然而，工作组的一名成员回忆称，对账调整的要求并不是在重复美国证监会（SEC）已经在做的事情。并非所有需要进行补充处理的"尚未解决的实质性问题"都是美国证监会（SEC）提出来的。关键是，美国证监会（SEC）承诺将从现有的完全的对账调整变更为部分的对账调整，即仅要求外国企业针对尚未解决的实质性问题披露对账调整表。[290]

对一些人来说，国际证监会组织（IOSCO）能够做出认可决定这一事实推翻了人们认为它无法承诺任何事情的看法。这个决定给了它的成员以信心，因为这个行动证明，国际证监会组织（IOSCO）终究是"有牙齿"的老虎。[291] 然而，还有一些人认为国际证监会组织（IOSCO）的认可是"没有意义的"（hollow）。这一点尤其体现在，美国证监会（SEC）没有放弃要求对所有与美国证券市场上的公认会计原则不同的重大偏差进行全面的对账调整。

---

287. "IASC Standards"，IOSCO press release，2000.05.17（available at：http://www.iosco.org/news/pdf/IOSCONEWS26.pdf）。
288. 2004年10月8日作者与 John Carchrae 和2005年2月14日与 Philippe Danjou 的访谈记录。
289. Tokar，"A Regulator's Perspective on the Needs of the Capital Markets"。
290. 2006年2月10日作者与 Richard Thorpe 的访谈记录。
291. 2006年2月10日作者与 John Barrass 的访谈记录。

第 10 章　提升话语权：IASC 回应国际证监会组织和美国证监会

10.20　2000 年 2 月美国证监会发布重要的"观念文告"

　　IASC 第一次得知美国证监会（SEC）正准备发布一个有关国际会计准则的观念文告*（concept release），是在 1998 年 9 月 2 日召开的一次会议上。与会者包括布赖恩·卡斯伯格，美国证监会职员、时任国际证监会组织第一工作组主席的保罗·莱德，以及时任第一工作组会计和审计附属委员会成员的玛丽·托卡。[292] 据莱德和托卡解释，美国证监会（SEC）拟于 1999 年第一季度发布观念文告，目的是确保其参与认可 IASC 核心准则的做法不会走得太远，也就是不会脱离美国的财务报表使用者、编制者和审计人员的观点。如果美国国内对美国证监会（SEC）参与这种认可的反应是积极的，美国证监会（SEC）可能最终会推进规则制定，接受这些准则作为跨境上市的准则。

　　这一观念文告是美国证监会（SEC）1996 年 4 月发布的新闻稿的进一步演化。之前的那份新闻稿呼吁制定一套能够付诸严格的解释和实施的高质量的会计准则，并且包含美国证监会（SEC）所期望的 IASC 准则应具备的三个关键要素。

　　1999 年 2 月 10 日，美国证监会（SEC）首席会计师林恩·E.特纳（Lynn E.Turner）在演讲中提出了关于发布观念文告的建议：

　　　　如果在对 IASC 已完成的核心准则进行评估后，美国证监会（SEC）工作人员得出结论，认为应减少或取消当前的对账调整要求，则工作人员需要向美国证监会（SEC）提交一份规则提案，以启动修改外国私人发行人的备案要求。

　　　　然后，美国证监会（SEC）可以公布拟议的修正案，供公众评论。之后，美国证监会（SEC）工作人员将分析所收到的意见，并

---

* 此概念译为"观念文告"，旨在避免与"概念公告"混淆。——译者

292. 'Relationships with IOSCO', by Bryan Carsberg, IASC executive committee meeting of November 1998, agenda paper IV.

向委员会提交最终建议。如果美国证监会（SEC）批准该最终建议，则会以采纳文告（adopting release）的形式予以正式公布。

这一程序由美国法律强制执行，并适用于美国证监会（SEC）制定的任何规则或条例。

目前，美国证监会（SEC）正在计划的一个步骤是发布一份观念文告（concept release），征求公众对迄今为止已发现的关键问题的意见。让我花点时间谈谈这些问题。

当美国证监会（SEC）考虑改变其会计和披露要求时，必须评估潜在变更对资本形成（capital formation）的影响，包括对国内公司的资本成本的可能影响，与更重要的对投资者保护的影响。美国证监会（SEC）在1996年4月发布的新闻稿中所提到的用于评估IASC已修订准则的三个标准，正是以这些基本问题为基础制定成形的。[293]

他接着提到，有必要建立一套国际财务报告的"基础设施"（infrastructure），并使其能够与支持美国高质量财务报告的基础设施相媲美。他表示，有必要对会计准则的制定过程实施监管，并有必要让监管机构参与实施这些准则。他说，基础设施包括"能在全球范围内形成高质量审计的审计准则、质量控制准则和独立性准则"。他还将这些基础设施与世界银行最近提出的有关审计质量的担忧联系了起来。此前，特纳在1998年12月的一场演讲中说：

> 我必须提及世界银行对某些国家的审计质量的担忧。它们担心，如果一家大型会计师事务所在一家外国公司财务报表的审计意见中签署了自己的公司名称，却没有采用代表高质量审计的严格的审计准则，那么投资者和债权人可能会被误导。我同意世界银行的这一担忧。[294]

---

293. Lynn E. Turner, "Initiatives for Improving the Quality of Financial Reporting", remarks to the New York Society of Security Analysts, New York, N.Y., 1999.02.10（available at: http://www.sec.gov/news/speech/speecharchive/1999/ spch252.htm）.

294. 参见Lynn E. Turner在1998年12月9日第26届SEC发展现状全国年会上的报告"A Vision for the 21st Century"（网址：http://www.sec.gov/news/speech/speecharchive/1998/spch242.htm）。

第 10 章 提升话语权：IASC 回应国际证监会组织和美国证监会

特纳不仅提到了 1997 年的亚洲金融危机，还提到了 1998 年和 1999 年的俄罗斯和巴西金融危机，这些危机都引发了对国际金融市场透明度的严重质疑。[295] 联合国贸易和发展会议（UNCTAD）进行的一项研究也涉及有关缺乏透明度的批评。[296] 因此，部分地受到一系列世界金融危机的影响，观念文告不仅要处理外国公司根据 IASC 准则编制财务报表的情形下应当采用美国证券市场上的公认会计原则（GAAP）进行对账调整的问题，还要考虑审计准则、主要会计师事务所在全球的质量控制以及监管执法等问题，这些问题也与国际会计准则的认可问题密不可分。[297] 此外，很明显，认可 IASC 的核心准则还附带不可分割的其他事项，即今后必须对 IASC 进行改组，以确保其能够持续编写高质量的会计准则。所有这些事项都属于财务会计基础设施的范畴。

玛丽·托卡于 1999 年年初开始起草观念文告[298]，但直到 IASC 理事会重组完毕之后才完成（详见第 13 章）。如果 IASC 理事会选择按照美国证监会（SEC）无法接受的方式进行重组的话，那么美国证监会（SEC）发布的观念文告很可能不会将 IASC 视为高质量准则的来源。[299] 1999 年 11 月，IASC 理事会一批准令美国证监会（SEC）满意的重组计划，美国证监会（SEC）就准备好了观念文告向评论员们征集意见，判断是否以及在何种程度上可以依赖 IASC 的准则并将 IASC 作为高质量的准则制定者。要让重组计划尘埃落定、成为最终行动方案，剩下的步骤就是获得 IASC 各成员协会的批准——这个步骤在 2000 年 5 月完成了。

---

295. 2004 年 11 月 19 日和 2005 年 3 月 17 日作者与 Lynn Turner 的访谈记录。

296. 有关这些批评的新闻报道，参见 Melody Petersen, "U.N.Report Faults Big Accountants in Asia Crisis", *The New York Times*, 1998.10.24, C1, C4; Jim Kelly, "Big Five Criticised Over Global Audit Standards", *Financial Times*, 1998.10.19, 1; "World Bank Asks Big 5 to Ensure the Quality of Globe's Accounting", *The Wall Street Journal*, 1988.10.20, B20。关于 UNCTAD 的研究，请参见 M. Zubaidur Rahman, "The Role of Accounting in the East Asian Financial Crisis: Lessons Learned?" in *Transnational Corporations*, 7/3（1998.12），1–52。

297. Marisa Lago 2000 年 6 月 22 日在波士顿联邦储备银行发表的演讲 "Building an Infrastructure for Financial Security"（网址：http://www.sec.gov/ news/speech/spch389.htm）。Lago 是美国证监会国际事务办公室主任。

298. 2004 年 3 月 8 日 Mary Tokar 与作者的沟通。

299. 2004 年 11 月 19 日作者与 Lynn Turner 的访谈记录。

2000年2月16日，美国证监会（SEC）发布了该观念文告。[300] 其中提出的基本问题是：IASC是否建设有"支持性基础设施"以确保IASC准则能够付诸严格的解释和实施——这正是美国证监会（SEC）于1996年4月发布的新闻稿中所提及的第三个关键要素。在观念文告中，美国证监会（SEC）认为，高质量的会计准则必须得到基础设施的支持，该基础设施必须确保会计准则能够付诸严格的解释和实施，并能够及时识别并解决各种问题和有争议的实务惯例。这一基础设施应包括如下要素：

- 高效的、独立的、高质量的会计和审计准则制定机构；
- 高质量的审计准则；
- 具有有效的全球质量控制制度的会计师事务所；
- 全行业质量保证；
- 积极的监督管理。[301]

在撰写这份观念文告时，美国证监会（SEC）发现有证据表明公司不遵循IASC准则的情况很多，这让它感到困扰。在声称使用了IASC准则的非美国公司中，有许多没有遵守所有的准则，而且它们的审计师往往并不披露这种偏差。观念文告引用了戴维·凯恩斯对125个采纳国际会计准则的企业的深入调查，该研究发现，不同的公司及其审计师在遵守IASC准则方面存在非常大的差异。[302] 2000年3月，美国证监会（SEC）委员艾萨克·C.小亨特（Isaac C. Hunt, Jr.）在一次演讲中发出了警告："证监会已经发现了一些涉及不一致地使用甚至滥用IASC准则的情况。"他补充说：

---

300. "International Accounting Standards"，第33-7801和34-42430号文告（Release），第1215号国际系列文告（International Series Release），第S7-04-00号文件，2000.02.16（网址：http://www.sec.gov/rules/concept/34-42430.htm）。有关新闻报道，参见"SEC Concept Release"，World Accounting *Report*，2000.03，10。有关观念文告的分析，参见Stephen Zeff，"What Is the SEC Looking For?" *World Accounting Report*，2000.04，10–11。

301. "International Accounting Standards"，Section Ⅰ。

302. David Cairns，*The FT International Accounting Standards Survey 1999*（Financial Times，1999）。有关总结，参见David Cairns，"Compliance with International Standards"，*World Accounting Report*，1999.11，8–10。

第 10 章　提升话语权：IASC 回应国际证监会组织和美国证监会

"这说明，即便是最全面、最一致的会计准则也有可能导致财务报告质量低下。"[303]

到 1999 年的时候，美国证监会（SEC）可能已经获得了一手证据，表明某个重要的欧洲国家缺乏监督管理，其审计师甚至未能遵守其国内的会计准则。《经济学人》报道称，德国会计准则委员会（DRSC）主席汉斯·哈弗曼于 1999 年专程前往美国证监会（SEC），他抱怨"德国公司及其审计师简直是无视国内的准则"。他伤心地说："如果这些公司在美国上市，美国证监会（SEC）能不能设法让它们规规矩矩？"[304]林恩·特纳会见了哈弗曼和西门子监事会主席兼 DRSC 副主席卡尔·赫尔曼·鲍曼（Karl Hermann Baumann）。特纳回忆说，他向他们保证，美国证监会（SEC）将"绝对且毫不含糊地"（absolutely and unequivocally）支持德国会计准则委员会（DRSC）并推行其准则。[305]而哈弗曼则表示此次访问的目的只是让美国证监会（SEC）了解新成立的德国会计准则委员会（DRSC），并无其他。[306]

在美国证监会（SEC）看来，公司在采用国际会计准则甚至其国内会计准则时所拥有的不受约束、难以核查的自由裁量权，是损害可比性的一个重要因素，这恰恰证明了建设多维度财务报告基础设施的必要性。

在观念文告中，美国证监会（SEC）提出了 26 个问题，征求企业、投资者、证券专业人士、会计师事务所和其他有关方面的意见。其中，有 12 个问题涉及评价国际会计准则是否能构成一套全面的准则，是否具有高质量，是否能够付诸严格的解释和实施。其余大多数问题都涉及一系列审计

---

303. Isaac C. Hunt, Jr. 2000 年 3 月 23 日在德国法兰克福第二届欧洲 FASB–SEC 财务报告会议上的演讲 "Financial Reporting and the Global Capital Markets"（网址：http://www.sec.gov/news/speech/spch363.htm）。有关演讲的新闻报道，参见 James R. Peterson, "Global Stumbling Block", *The Accountant*, 5957（2000.04），13。

304. "Accounting: Holier than Thou", *The Economist*, 366/8310（2003.02.08），69.

305. 2004 年 11 月 19 日作者与 Lynn Turner 的访谈记录。这次会面记录于 1999 年 7 月 19 日 Anthony T. Cope 与 Lynn Turner 和 Mary Tokar 的电话会议纪要（由 Cope 提供）。Turner 在下文中提到了这次会见："Major Issues Conference: Securities Regulation in the Global Internet Economy", sponsored by the Securities and Exchange Commission Historical Society in cooperation with the United States Securities and Exchange Commission with the support of Northwestern University Law School, held in Washington, 2001.11.15, p. 107（网址：http://www.sechistorical.org/collection/papers/2000/2001_1115_SECHS_Conf.PDF）。

306. 2005 年 3 月 29 日作者与 Hans Havermann 的访谈记录。

和监管问题,包括美国证监会(SEC)的对账调整要求的实用性。清单中的第 14 个问题提出,是否应以 IASC 按照美国证监会(SEC)的期望成功重组为前提来确定美国证监会(SEC)是否接受 IASC 的准则。在引出该问题的讨论部分,美国证监会(SEC)说:

> 目前,我们并不打算对 IASC 准则套用我们对待财务会计准则委员会(FASB)时所采用的过程导向的方法(process-oriented approach)。相反,我们希望继续采用产品导向的方法(product-oriented approach),即在每一项准则制定完成后,本着成熟一个、评估一个的思路对其进行评估。尽管如此,准则制定机构的素质会影响我们对 IASC 准则的审议,特别是在准则的执行和解释方面。
> [脚注略]

观念文告提出的第四个关键问题是:"IASC 准则是否具备足够高的质量,可以在不按照美国证券市场上的公认会计原则(GAAP)进行对账调整的情况下适用于外国公司来美上市的情形?"

和往常一样,美国证监会(SEC)并不是个很情愿的合作伙伴。《IASC 洞察》提出,"美国证监会(SEC)正在冒险进入陌生水域……可以理解,在为任何可能损害其对美国资本市场的责任的制度打开大门时,美国证监会(SEC)都需要小心谨慎"。[307]

2000 年 3 月,美国证监会(SEC)委员亨特发表讲话,再次强调了其首席会计师迈克尔·萨顿在 1996 年提出的观点:"要想让美国证监会(SEC)接受,IASC 准则必须能够提供与美国证券市场上的公认会计原则(GAAP)相同的报告质量,但不必照搬 GAAP。"[308]《IASC 洞察》在 2000 年的报道称:"在核心准则项目期间,美国证监会(SEC)工作人员在答复评论邀请函(Invitations to Comment)时,所作评论往往倾向于关注拟议准

---

307. "A Tentative First Step", *IASC Insight*, 2000.03, 1.
308. Hunt, "Financial Reporting and the Global Capital Markets". 在前一年的一次访谈中,首席会计师 Lynn Turner 也提出了同样的观点,并补充道,"一些国际会计准则甚至优于美国准则"。"In the Hot Seat at the SEC", *Accountancy* (international edition), 122/1261 (1998.09), 19.

第 10 章　提升话语权：IASC 回应国际证监会组织和美国证监会

则的质量，而不是拟议准则与 GAAP 之间的差异。"[309]

在收取并分析了观念文告的评论意见之后，美国证监会（SEC）副首席会计师约翰·M. 莫里西（John M. Morrissey）总结了以下观点：

> 关于国际会计准则（IAS）现在是否具有足够高的质量，以及美国证监会（SEC）是否应在不要求外国发行人根据美国证券市场上的公认会计原则（GAAP）进行对账调整的前提下认可 IAS，大多数欧洲人的回答是"是的，毫无疑问"，而大多数美国受访者则表示"现在还不行"。
>
> 在美国国内，商业圆桌会议和几家美国大型知名上市公司列举了美国资本市场的实力优势以及高质量信息对保持投资者信心的重要性。他们重申，有必要保持高质量准则（high quality standards）以确保我们的资本市场的成功，并表示，国际会计准则虽然已经有所改善，但"还没有达到可以无条件接受的水平"。他们敦促维持现有的对账调整要求，直到国际会计准则以及必要的解释和审计基础设施达到更高的质量水平。[310]

财务会计准则委员会（FASB）及其监督机构财务会计基金会（FAF）在其联合评论中敦促美国证监会（SEC）继续执行对账调整要求。[311] 甚至美国注册会计师协会（AICPA）——IASC 的创始成员之一——的董事会主席和会长也写道："虽然个别国际会计准则的质量可能很高，但我们不认为国际会计准则的整体质量已经高到了足以适用于跨国上市而无须进行对账调整的程度。"[312]

在该观念文告发布以后，美国证监会（SEC）再也没有进一步制定有

---

309. "A Tentative First Step", *IASC Insight*, 2000.03, 2.

310. John M. Morrissey 在 2000 年 12 月 5 日第 28 届 SEC 发展现状全国会议上的评论 "International Reporting:The Way Forward"（网址：http://www.sec.gov/news/speech/spch443.htm）。约 150 家美国领先公司的 CEO 参加了商业圆桌会议。

311. 2000 年 6 月 5 日 Edmund Jenkins 和 Manuel Johnson 写给美国证监会的 Jonathan G. Katz 的信（网址：http://www.sec.gov/rules/concept/s70400/jenkins1.htm）。

312. 2000 年 6 月 1 日 Barry Melancon 和 Robert Elliott 给美国证监会秘书 Jonathan G. Katz 的信（网址：http://www.sec.gov/rules/concept/s70400/melanco1.htm）。

关国际会计准则的规章制度。美国证监会（SEC）鼓励国际会计准则理事会（IASB，即重组后的IASC，于2001年1月更名）和财务会计准则委员会（FASB）在高质量的水平上实现其准则的趋同。[313] 这样一来，也许有一天，二者之间将不会再有任何需要协调的重大差异。

在IASC内部，欧洲方面认为这份观念文告表明，美国证监会（SEC）是永远不会满意的。[314] 这被视为美国证监会（SEC）正在施加更多条件的标志。[315]

10.21 欧盟委员会建议要求欧盟境内上市公司采用国际会计准则

紧随国际证监会组织（IOSCO）的认可决定之后，欧盟委员会于2000年6月出人意料地宣布，建议欧盟境内所有上市公司在合并报表中采用IASC准则。这一令人惊讶的举动，使得国际证监会组织（IOSCO）对IASC准则的认可对于其大多数来自欧洲国家的成员来说都失去了大部分的意义。关于欧盟委员会的建议请参见本书第12.3.7节。这两个历史性的决定几乎同时发生，再加上美国证监会（SEC）的观念文告的发布以及IASC成员机构对IASC重组方案的批准（详见第13章），使2000年成了IASC历史上关键的一年。旧的时代行将结束，新的时代即将开始。

---

313. 例如，可参见2004年12月6日Donald T. Nicolaisen在美国注册会计师协会（AICPA）2004年美国证监会和PCAOB发展现状全国会议（AICPA National Conference on Current SEC and PCAOB Developments）前作的评论（网址：http://www.sec.gov/news/speech/spch120604dtn.htm）。

314. 2005年1月13日作者与Christopher Nobes和2005年7月21日与Patricia McConnell的访谈记录。

315. 2004年10月8日作者与James Saloman和2004年7月5日与Tatsumi Yamada的访谈记录。

第11章　强力推进国际协调：IASC完成其核心准则

11.1　引言

本章延续第5章和第9章的主题，通过讨论1993年以后完成的准则，对国际会计准则委员会（IASC）的技术工作的讨论进行总结。1993年这个年份，标志着从1987年开始就在IASC议程中占重要地位的"可比性与改进项目"（Comparability and Improvements projects）的结束。如第10.12节所述，IASC在"可比性与改进项目"下修订的准则，未能获得国际证监会组织（IOSCO）的认可。之后，IASC与国际证监会组织（IOSCO）就IASC的工作计划达成了一项协议，该协议可能会在适当的时候形成双方所期望的认可。本章所涵盖的大多数准则都是1995年7月达成的"核心"准则协议的组成部分。该协议是IASC历史上的转折点，但作为该协议的基础的工作计划的重要组成部分已经存在多年了。关于本章所述的若干准则的讨论早在1993年以前就开始了。在第11.4节至第11.9节阐述各个准则之前，本章首先概述技术议程的制定（第11.2节），然后对这一期间的准则制定过程进行整体评价（第11.3节）。

11.2 技术议程的制定

IASC 20 世纪 90 年代所有技术工作的起点，是 1987 年 3 月在悉尼举行的 IASC 理事会会议。会上，IASC 对其工作战略进行了审查。第 9 章和第 10 章已经讨论过这个关键的会议。这次会议决定将修订 IASC 的现有准则作为其工作重点，而不是公布有关新主题的准则。该决定的直接结果是"可比性与改进项目"，这使得 IASC 在 1993 年年底前完成了 10 项准则的修订。

除了可比性与改进项目，IASC 的工作可以用几个数据作简要概括。1988 年至 2000 年间，IASC 一共启动了 25 个项目。其中 1/3 是对现有准则的修订，2/3 涉及新的主题或是对现有准则主题的扩展。这些主题所涉及的领域，大多数已经在 1987 年 3 月 IASC 理事会会议提交的讨论文件（discussion paper）中有所体现。[1] 该文件根据 IASC 理事会代表在不同时期提出的建议，列出了一系列准则主题。其中在 1987 年尚未讨论过的主要新问题包括除商誉以外的无形资产以及有关资产减值的项目（分别形成了 IAS 38 和 IAS 36）。[2]

1987 年 3 月的 IASC 理事会会议的秘书处议程文件，还列出了一些 IASC 未予采纳的议题。原因显而易见：这些主题充其量只是 20 世纪 90 年代财务报告实践的外围内容（成本核算、增值报表和预测报表），或者属于公共部门和非营利组织会计。IASC 从未认真考虑过非营利组织会计。事实上，自从国际会计师联合会（IFAC）公共部门委员会 1986 年成立以来，IASC 秘书长戴维·凯恩斯一直是该委员会的代表。毕晓普工作组（见第 7.5 节）曾于 1989 年建议 IASC 从国际会计师联合会（IFAC）手里接过公共部门会计准则制定的责任，活跃于 IASC 或国际会计师联合会（IFAC）

---

1. AP 3/1987 paper 9.
2. 文中的数字基于以下分类计算。9 个准则修订项目是：无形资产（包括 IAS 9 和 IAS 22 的修订），IAS 1、IAS 7、IAS 10、IAS 14、IAS 17、IAS 19 的修订以及未完成的企业合并（IAS 22）和银行披露项目（IAS 30）。16 个新项目是：IAS 31、IAS 32/39、IAS 33、IAS 34、IAS 35、IAS 36、IAS 37、IAS 38、IAS 40、IAS 41，以及关于发展中国家的未完成项目（1989—1993）、保险、新兴市场（1998）、折现、采掘业会计和财务业绩报告项目。

第 11 章 强力推进国际协调：IASC 完成其核心准则

的几名澳大利亚专家也敦促 IASC 接受此提议。[3] 凯恩斯积极参与编制了《国际公共部门指南第 1 号：公共事业企业的财务报告》(International Public Sector Guideline 1, *Financial Reporting by Government Business Enterprises*，1989 年印发）[4]，该指南要求公共事业企业（government business enterprises）使用与私营企业相同的会计准则。然而，出于实际目的，IASC 在 20 世纪 90 年代把公共部门领域留给了国际会计师联合会（IFAC）。[5]

IASC 1987 年的建议之所以能落实到 20 世纪 90 年代的一系列项目中，得益于 IASC 秘书长戴维·凯恩斯坚持不懈的努力，这使得 IASC 理事会确信有必要系统地规划其工作方案。从 1987 年 3 月起，凯恩斯多次敦促 IASC 组织和计划委员会（OPC）和 IASC 理事会批准关于其未来活动的长期计划，他还提供了一系列商业计划草案和五年计划，所有这些文件都可以追溯到 1987 年 3 月的那次战略评估。IASC 理事会在 1990 年 6 月批准了一个五年计划，却并没有努力去实施，以至于凯恩斯认为该计划实际上在 1991 年就已经被放弃了。[6] 但是，他的这番努力为 IASC 的计划带来了一定程度的连续性，这与 IASC 早年在主题选择方面临时起意的风格形成了鲜明对比。凯恩斯继续向组织和计划委员会（OPC，后来改组为行政委员会）和 IASC 理事会提供频繁更新的技术工作计划，这种做法在他的继任者布赖恩·卡斯伯格那里得到了延续。

满足国际证监会组织（IOSCO）的要求成为 IASC 在 20 世纪 90 年代的工作重心，这对 IASC 的工作计划产生了至关重要的影响。1993 年 8 月，IASC 主席白鸟荣一获悉，国际证监会组织（IOSCO）第一工作组（WP1）就一套核心准则的必要组成部分达成了一致意见（见第 10.10 节）。虽然国际证监会组织（IOSCO）的 37 个主题的清单并未逐项对应 IASC 的准则，但很明显，除少数几个主题外，所有主题都已经在一定程度上体现在了已公布的准则、当前进行中的准则项目或 IASC 理事会计划未来要开展的项

---

3. 2006 年 6 月 20 日 David Cairns 与作者的沟通。

4. AP 3/1993 paper 23.

5. 1993 年，公共部门委员会认为 IASC 不愿意再参与，因为它在过去三年中只派了一名代表参加了一次会议。Peter Agars（IFAC）给白鸟荣一的信，1993.05.04，IASC archive, file "IASC/IFAC Coordinating Committee"。

6. "IASC Strategic Plan"，David Cairns 的备忘录，1993.01.05，IASC archive, file "ES/MS/DHC Meetings 1993"。

目之中。总体来看，核心准则清单与 IASC 的计划是一致的。这份清单并没有说明国际证监会组织（IOSCO）是否准备认可与核心准则主题有关的 IASC 现有的准则，或是认可在 1993 年 11 月改进项目结束时完成的准则，但 IASC 预计国际证监会组织（IOSCO）会在 1994 年批准这些准则中的一部分。[7] 考虑到这个原因，再加上当时 IASC 有限的资源已经被一批将会持续几年的重大项目完全占用（尤其是金融工具、无形资产、所得税、分部报告、每股收益、财务报表列报等项目），国际证监会组织（IOSCO）第一工作组在 1993 年 8 月提出的关于核心准则清单的建议，并没有立即对 IASC 的工作计划产生影响。[8]

1994 年 6 月，在国际证监会组织（IOSCO）向 IASC 发出"白鸟信件"之后，情况发生了变化。这些信件比 1993 年 8 月国际证监会组织（IOSCO）的清单更加详细地说明了其所认为的现行 IASC 准则的不足之处。很明显，IASC 将不得不重新审议最近修订的准则，并同时完成其正在进行的项目。如第 10.10 节所述，IASC 在 1994 年下半年根据"白鸟信件"编写了一份修订的工作计划。这项计划经过一些修改后，成为 1995 年 7 月 IASC 和国际证监会组织（IOSCO）签订的协议的基础。该协议宣布，这项工作计划完成后将形成"一套体系完整的准则"，国际证监会组织（IOSCO）将考虑予以认可。[9]

该协议所附的工作计划列出了要在 1999 年 6 月之前完成的 16 个项目（见表 11-1 以及附录 4 中的项目清单）。这些项目与 IASC 当时正在进行的工作的关系可以总结如下：[10]

有 3 个困难且复杂的项目（金融工具、所得税和无形资产）早在 20 世纪 80 年代末就已经列入 IASC 的主要议程。这些项目将在第 11.4～11.6 节中讨论。IASC 将其无形资产项目需要做的修订工作，与现有的核心准则计划中的 3 个独立项目（研究开发、减值和商誉）结合在了一起。

---

7. 2006 年 6 月 20 日 David Cairns 与作者的沟通。

8. Cairns 发给白鸟荣一和 Sharpe 的传真信息，1993.12.07，IASC archive, file "ES/MS/DHC Meetings 1993"。

9. "IASC and IOSCO Reach Agreement"，IASC press release，1995.07.11。

10. 关于拟议核心准则工作计划和 IOSCO 的要求与 IASC 现有的计划和活动之间的关系的讨论，参见 "IASC Work Programme", staff memo dated 12 June 1995, IASC executive committee meeting of July 1995, attachment to agenda paper II。

第 11 章　强力推进国际协调：IASC 完成其核心准则

表 11-1　核心准则工作计划

主题[a]	开始时间[b]	结束时间 计划日期[c]	结束时间 实际日期[d]	对准则的影响 修订	对准则的影响 取消	对准则的影响 新颁布
A. 1995 年 7 月以前的进行中项目							
所得税（income taxes）	3/1987	11/1995	9/1996	IAS 12		
金融工具（financial instruments）	6/1988	11/1997	12/1998			IAS 32, IAS 39
无形资产（intangibles）	4/1989	6/1996	7/1998	IAS 22	IAS 4, IAS 9	IAS 36, IAS 38
每股收益（earnings per share）	3/1990	3/1997	1/1997			IAS 33
分部（segments）	3/1992	3/1997	1/1997	IAS 14		
列报（presentation）	3/1993	11/1997	7/1997	IAS 1		
农业（agriculture）	6/1994	11/1998	12/2000			IAS 41
退休福利成本（retirement benefit costs）等	11/1994	3/1999	1/1998	IAS 19		
B. 1995 年 7 月以后开始的项目							
中期报告（interim reporting）	11/1995	3/1999	1/1998			IAS 34
终止经营（discontinued operations）	11/1995	11/1998	4/1998			IAS 35
预计负债和或有事项（provisioning & contingencies）	3/1996	6/1999	7/1998			IAS 37
租赁（leases）	6/1996	6/1999	11/1997	IAS 17		
研究开发（research & development）准则修订	6/1996	6/1998	7/1998	与无形资产准则合并		
减值（impairment）准则修订	6/1996	6/1998	7/1998	与无形资产准则合并		

续表

主题[a]	开始时间[b]	结束时间 计划日期[c]	结束时间 实际日期[d]	对准则的影响 修订	对准则的影响 取消	对准则的影响 新颁布
商誉（goodwill）准则修订	6/1996	6/1999	7/1998	与无形资产准则合并		
投资（investments）准则修订	11/1997	6/1999	3/2000		IAS 25	IAS 40

a. 各主题描述摘自"IASC 和 IOSCO 达成协议"（IASC and IOSCO Reach Agreement）的附件"1995—1999 年 IASC 工作计划草案"，见 1995 年 7 月 11 日 IASC 新闻稿。
b. 项目被列入 IASC 理事会会议议程的时间（月份／年份）。
c. 计划结束日期摘自 1995 年 7 月 11 日的"1995—1999 年 IASC 工作计划草案"。
d. 核准公布最终准则的 IASC 理事会会议时间。

有 5 个项目涉及现有准则尚未涵盖的主题。关于每股收益和农业的项目已经在进行中，而关于中期报告、终止经营和预计负债的项目尚未启动。值得一提的是，尽管国际证监会组织（IOSCO）没有要求制定农业和预计负债的相关准则，IASC 还是将其列入了工作计划。IASC 开展农业项目的出发点在于，其自身希望做一些对发展中国家特别有用的事。实际上，该项目源于 IASC 与世界银行之间的一项协议。预计负债这个项目是 IASC 主动提出要增加的，该项目与国际证监会组织（IOSCO）要求修订的或有事项准则（IAS 10）合在了一起。预计负债、中期报告和终止经营自 1987 年以来就一直在 IASC 的未来可能议题列表上。除农业项目（见第 11.9.2 节）之外，这些新项目都将在第 11.7 节中予以阐述。

其余项目是对现有准则的修订。其中，修订分部报告准则（IAS 14）和退休福利准则（IAS 19），被认为比修订《国际会计准则第 1 号：财务报表列报》（IAS 1）和《国际会计准则第 17 号：租赁的会计处理》（IAS 17）要困难得多。1995 年 7 月，IAS 1 和 IAS 14 的修订已经在进行中。这些修订项目会在第 11.8 节中讨论。IASC 最初以为，《国际会计准则第 25 号：投资的会计处理》（IAS 25）的修订，只需待金融工具项目完成后对之稍加处理即可。不料它随后却发展成为一项重量级的有关投资性房地产的独立的准则（IAS 40，详见第 11.9.1 节），但那时该准则已不再被国际证监会组织（IOSCO）视为一揽子核心准则中不可或缺的组成部分了。

总之，核心准则协议并没有显著改变 IASC 的工作方向。从农业和

第 11 章　强力推进国际协调：IASC 完成其核心准则

预计负债准则可以看出，该协议也没有在 IASC 议程上占据主导地位去排除所有其他问题。然而，这无疑对确定完成任务的具体目标日期具有重大意义。随着越来越多的跨国公司采用美国证券市场上的公认会计原则（GAAP）而非 IASC 准则，按时完成核心准则，或者说尽快获得国际证监会组织（IOSCO）的认可，已变得迫在眉睫。正如第 10.13 节中更详细讨论的那样，IASC 在 1996 年 3 月对这种压力做出了反应，加快了其工作进度，将核心准则的计划完成时间从 1999 年中期提前到了 1998 年 3 月。最终，核心准则中的最后一项准则于 1998 年 12 月完成。这对于一个员工数量极其有限的兼职理事会来说，是一个奇迹般的成就。

自 1997 年年中开始，IASC 开始为核心准则完成以后的项目做准备。它逐渐开始在议程中增加核心准则之外的项目。首先启动的是一个保险项目，紧随其后的是折现、新兴市场、采掘业、企业合并、报告财务业绩和银行业的信息披露等。除了关于保险和采掘业的讨论稿，IASC 没有印发这些项目的文件，第 11.9.3 节将对此进行讨论。

11.3　准则制定程序

在 20 世纪 90 年代，IASC 的准则制定程序本质上仍然以 1973 年的章程所描述的程序为依据。也就是说，准则需要至少 3/4 的代表团投票同意才能批准公布。在最终准则公布之前，需要先公布征求意见稿（exposure draft），而征求意见稿需要 2/3 的代表团成员投票通过。尽管 1973 年的章程没有规定，但是 IASC 从 1978 年就开始在有限范围内传阅初步的征求意见稿（preliminary exposure drafts，见第 5.2 节）。从金融工具项目开始，IASC 借鉴加拿大特许会计师协会（CICA）的做法，把这个步骤替换成了传阅原则公告草案（(draft) statement of principles）。[11] 一旦得到 IASC 理事会批准，

---

11. IASC board meeting of 12–14 April 1989, minute 7. 最初，在实务中，大家有时会传阅草案，有时会传阅已批准的原则公告，操作并不统一（例如，IASC board meetings of 7–9 March 1990, minute 2, and of 7–9 November 1990, minute 4）。1994 年 6 月，IASC 制定了一项规则，即指导委员会应公布原则公告草案，无须理事会批准。参见 AP 6/1994 paper 14，以及 IASC board meeting of 13 and 15–17 June 1994, minute 8(e)。

535

原则公告就会成为起草征求意见稿的基础。

所有的草案都由各准则的指导委员会拟定。指导委员会中往往只有主席是 IASC 理事会的成员，IASC 工作人员为指导委员会提供人力资源的支持。尽管准则制定程序基本保持了连续性，但 20 世纪 90 年代使用这一基本框架的方式在若干方面与早期相比有所不同。这些差异部分是逐渐进化的结果，部分是深思熟虑的决定。第 8 章阐释了导致这些变化的重要因素，特别是 IASC 理事会规模不断扩大、组成结构不断变化，以及 IASC 技术人员的增加。本节对 20 世纪 90 年代 IASC 准则制定过程的一些更具体的特点进行述评，这些特点与第 8 章的讨论一起构成了本章所讨论的各个准则的共同背景。

11.3.1 应循程序和短期停滞

在 20 世纪 90 年代，IASC 比以往更强烈地认识到了确定自己的应循程序并坚守这一程序的重要性。IASC 对应循程序的兴趣日增，至少部分原因，是美国证券市场的认可对于 IASC 越来越重要。阿瑟·怀亚特在 1990 年就任 IASC 主席之前就提出，IASC 的运作程序与当年的会计原则委员会（APB）——财务会计准则委员会（FASB）的前身——没有什么不一样。[12] 这可能是一种委婉的说法，即 IASC 的运作程序还有大幅改进的余地。与国际证监会组织（IOSCO）中的北美证券监管机构日益密切的接触，使得 IASC 的工作人员和至少一部分 IASC 理事会成员更加意识到，IASC 的准则制定程序类似于大多数成员协会所在国中较为宽松的准则制定方法，而不是更为严格的北美传统。[13] 此外，IASC 日益增加的工作量和越来越大的时间压力，也使得应循程序成为亟待解决的问题。在 20 世纪 70 年代和 80 年代的改进项目期间，一项准则延迟个半年甚至更长时间都是常有的事情，进入核心准则阶段战线更是越拉越长。因此，IASC 势必要采取措施来确保能够严格地遵守其本就十分紧凑的时间表。举例来说，如果要确定对某项

---

12. Arthur Wyatt, "International Accounting Standards: A New Perspective", *Accounting Horizons*, 3/3（1989.09），105-108.

13. 2004 年 12 月 1 日作者与 Johan van Helleman 的访谈记录；2006 年 6 月 20 日 David Cairns 与作者的沟通。

第 11 章 强力推进国际协调：IASC 完成其核心准则

草案所做的修改是否达到了需要重新征求意见的重要程度，就需要先行仔细评估 IASC 是否为其成员协会预留了对草案发表评论的机会。

因此，使得 IASC 更加认识到应循程序的重要性的那些因素，也在促使其简化自身的运作程序。1996 年 3 月，IASC 理事会决定将核心准则的计划完成日期提前，其中包括采用"快速通道"程序（"fast-track" procedure）。按照这一程序，所有的修订项目将直接转入征求意见稿阶段，而不需要原则声明草案这样的初步讨论文件。所有其他项目将仅限于一份初步讨论文件——但一些早期项目曾同时分发有议题文件和原则声明草案——和一份征求意见稿。初步讨论文件和征求意见稿的征询期限在前几年（根据主题的复杂程度）为 3 个月到 8 个月不等，现在则限制为 3 个月。[14] 当 IASC 公布其提案时，其审慎地预测了可能出现的批评意见并强调，快速通道程序并不会损害其应循程序。[15] 尽管如此，IASC 在这个问题上仍然很容易受到攻击，欧洲、美国财经界甚至是 IASC 的各成员协会代表团都相继提出了批评意见。[16]

11.3.2 指导委员会和技术人员

从 20 世纪 80 年代开始，IASC 的准则项目的指导委员会就呈现出了规模扩大化的趋势，这一趋势直到 20 世纪 90 年代仍在继续。IASC 的第一个指导委员会，由包括主席在内的 3 名成员组成。而从 1990 年起，每个准则项目的指导委员会则至少有 5 名成员。当国际证监会组织（IOSCO）和欧盟委员会开始委派观察员参与各个准则项目的指导委员会会议的时候，参加会议的人数可能会超过 15 人。与第 5 章和第 9 章一样，本章在首次提及某个准则项目的指导委员会主席时，会插入注释介绍该指导委员会的成员。

随着 IASC 知名度的提高，积极参与指导委员会的活动逐渐成为新潮。

---

14. AP 3/1996 supplement to paper 1；IASC board meeting of 27–30 March 1996，minute 2. 在 1995 年 11 月 1—4 日的理事会会议上（minute 2（e）），理事会已批准使用简化程序修订准则。

15. Liesel Knorr，"Fast Track? Good News"，*Accountancy*，117/1234（1996.06），66–67.

16. 例如，参见 "IASs–The Quality Debate Continues"，*Accountancy*，119/1244（1997.04），7；Jim Leisenring 的评论，摘自 Sarah Grey 撰写的 "Sparring with a World Heavy-Weight"，*Accountancy*，121/1256（1998.04），第 20 页；John Mogg 给 Bryan Carsberg 的信，1998.04.03，IASC archive，"EEC" file；John Mogg 的评论，摘自 "IASC Due Process Slammed"，*Accountancy*，121/1257（1998.05），9；"IASC Changes Valuation Rules"，*World Accounting Report*，1998.10，2。

到了 1996 年，各准则项目指导委员会的被提名成员人数之多，已经达到令 IASC 工作人员感到难以平衡的程度。[17]1994 年以前的操作程序是，先是由 IASC 挑选可以参与某个准则指导委员会的成员协会，然后由选中的成员协会再自行挑选代表组成指导委员会。而从 1994 年开始，IASC 允许所有成员协会提名每个准则指导委员会的组成人员。然后，由 IASC 行政委员会对某个准则指导委员会的组成人员名单提出建议，报 IASC 理事会批准。[18] 以预计负债准则项目的指导委员会为例，经各成员协会提名的人选至少有 38 人。[19]

尽管指导委员会如此受欢迎，其作用偶尔也会受到质疑。在整个任职期间，IASC 秘书长戴维·凯恩斯在 IASC 的技术工作中发挥了重要作用。渐渐地，其他工作人员包括彼得·克拉克、特里·哈丁、里塞尔·克诺尔、保罗·帕克特、劳伦斯·里瓦、保罗·萨克利夫（Paul Sutcliffe）等人也都成为日益复杂的准则得以顺利完成所不可或缺的项目负责人。有些人认为，工作人员或许可以承担更多的准则起草工作，甚至使指导委员会显得多余。此外，对于授权指导委员会在何种程度上可以径行公布初步讨论文件（如原则声明草案）而无须经 IASC 理事会批准或技术职员审核，偶尔也会发生意见分歧。[20] 在 20 世纪 90 年代初，IASC 的工作人员还很少，因此，如果说要强化工作人员的作用，可能还为时过早。尽管如此，凯恩斯在 1994 年还是向 IASC 行政委员会和 IASC 理事会提出了这些问题。结果，IASC 做出了积极回应，决定把为所有准则项目设立指导委员会确立为总体原则，仅对程序作了细微的修改。[21]

凯恩斯的继任者卡斯伯格也倾向于加强与指导委员会有关的工作人员队伍，他在任期间能够调遣的工作人员数量也确实多于凯恩斯时期。尽管

---

17. IASC executive committee meeting of March 1996, paper V.
18. AP 6/1994 paper 14. IASC board meeting of 13 and 15–17 June 1994, minute 8(e).
19. AP 3/1996 paper 16.
20. 参见 1993 年 10 月 18 日 David Cairns 给白鸟荣一的信和 1993 年 10 月 22 日 Michael Sharpe 给 David Cairns 的相关传真信息，IASC archive, file, "ES/MS/DHC Meetings 1993"。另见 IASC board meeting of 2–5 November 1993, minute 2, and IASC executive committee meeting of 9 June 1996, minute 2。
21. IASC executive committee meeting of 24–5 March 1994, minute 16; AP 6/1994 paper 14; IASC board meeting of 13 and 15–17June 1994, minute 8(e).

第 11 章　强力推进国际协调：IASC 完成其核心准则

这并没有导致指导委员会的作用和运作程序的正式界定发生重大变化，但这确实意味着他并不抵触降低指导委员会的工作量，以期在核心准则计划的紧迫期限内完成工作。下文将讨论的最显著的例子是，在金融工具项目的最后阶段，IASC 的工作人员完全取代了该项目的指导委员会，直接与 IASC 理事会进行工作对接。由于一些 IASC 理事会代表团十分重视指导委员会这一机制设计，因此，当它们认为某个准则项目的指导委员会不被允许发挥应有的作用时，局势有时就会变得紧张起来。

11.3.3　部分国家或地区的准则制定机构的加入

如第 8.2.1 节所述，在 20 世纪 90 年代，有越来越多的国家或地区的准则制定机构参与到了 IASC 的工作之中。一位财务会计准则委员会（FASB）的委员从 1988 年起就开始参加 IASC 理事会的会议，先是作为嘉宾，后来是作为观察员。随着时间的推移，IASC 各代表团的成员中，来自其所在国的准则制定机构的代表人数有所增加。IASC 理事会成员和工作人员普遍认为，来自各个国家或地区的准则制定机构的成员直接参加 IASC 理事会的会议，有助于技术讨论的水平提升到非常可观的高度，尽管之前的水准也并不算低。

IASC 与多个国家或地区的准则制定机构的紧密联系，还体现在一系列合作项目上。金融工具项目在早期阶段是与加拿大特许会计师协会（CICA）合作的，工作人员也是由加拿大特许会计师协会（CICA）派出的。每股收益项目是与（美国证券市场上的）财务会计准则委员会（FASB）合作的。预计负债项目与（英国）会计准则理事会（ASB）的一个类似项目一并进行，会计准则理事会（ASB）的员工承担了大部分的工作。《国际会计准则第 14 号：分部报告》的修订，则是与财务会计准则委员会（FASB）和加拿大特许会计师协会（CICA）随后启动的一个项目协调开展的。

尽管其他国家或地区（特别是澳大利亚和加拿大）的准则制定机构也很重要，但公平地说，在 20 世纪 90 年代后期，最具持续影响力的准则制定机构是（美国证券市场上的）财务会计准则委员会（FASB）和（英国）会计准则理事会（ASB）。一如既往，财务会计准则委员会（FASB）的重要性体现为，其在资源、经验以及现有会计准则的数量和严谨性方面，无可置疑地优于其他所有准则制定机构。相比之下，（英国）会计准则理事会（ASB）是最近才成立的，至今仍在重塑英国的财务报告。它在 IASC 中的影响，也许与其说是源于其积累的一整套准则，不如说是来自英国公共会计师行业派驻 IASC 代表团所体现的丰富的专业思想和辩论技巧。

正如本章所述，在这段时期，英国和美国公共会计师行业派驻 IASC 的代表团，或者说是会计准则理事会（ASB）和财务会计准则委员会（FASB）之间，在几次技术讨论中有过不同的立场。IASC 有时会偏向这一方，有时则偏向那一方。每当有关英美公共会计师行业主导了 IASC 的讨论爆发时，IASC 就会拿英美公共会计师行业之间频繁出现的意见分歧，来向怀疑论者证明，根本不存在所谓统一的英美集团或英美会计制度。当然，对于怀疑论者来说，这种回答显然跑偏了，因为英美公共会计师行业协会之间的意见分歧并不能否定一个事实——它们这两个英语国家的公共会计师行业协会派驻 IASC 的代表团，共同在 IASC 理事会的讨论中掌控了话语权。[22]

11.3.4 评论函

通过分析 IASC 收到的关于其 20 世纪 90 年代的征求意见稿的评论函可以发现，人们对 IASC 日益扩大的活动越来越感兴趣。[23] 如第 5 章所述，在 20 世纪 80 年代，IASC 每次公布的征求意见稿所收到的评论函数量基本稳定在 30 到 40 封。这些评论函大部分来自 IASC 的成员协会（即公共会计师行业协会），尽管某些国家已经进行了协商安排，以确保公共会计师行业协会的意见能够具有更广泛的代表性。而 1989 年公布的《征求意见稿第 32 号：财务报表的可比性》（E32）终于打破了这种模式，吸引了 160 多封评论函，其中有很多来自公司和其他商业组织。但 IASC 之后再也没收到如此大的数量级的评论函。1988 年至 1992 年，IASC 共公布了 15 份征求意见稿（E33～E47），其中包括 IASC 旗舰级改进项目的 10 份征求意

---

22. 2005 年 1 月 14 日作者与 Bryan Carsberg 的访谈记录，2005 年 2 月 15 日作者与 Jean-Luc Dumont 的访谈记录，2005 年 1 月 12 日作者与 David Tweedie 的访谈记录以及 2005 年 2 月 16 日作者与 Karel Van Hulle 的访谈记录。另见 2006 年 6 月 20 日 David Cairns 与作者的沟通。

23. 该分析基于 IASC 发布的评论函合订本以及理事会议程文件的信息。评论函的计数可能因迟交回函、联合回函和保密回函的处理不同而不同。

第11章 强力推进国际协调：IASC完成其核心准则

见稿，但每份征求意见稿也只收到了30到55封评论函。从这个意义上讲，E32并没有立即激发起人们对于IASC工作持续和广泛的兴趣。在此期间唯一的例外是《征求意见稿第40号：金融工具》（E40），IASC收到了70多封评论函（其中还不包括加拿大特许会计师协会收到的加拿大本土的110多封评论函）。随着金融工具项目的第二份征求意见稿（E48）于1994年公布，评论函的数量有了实质性的转变。IASC和加拿大特许会计师协会（CICA）各自收到的关于E48的评论函都在80封左右。IASC余下的20份征求意见稿（E49～E68）所收到的评论函数量通常在70至100封。[24] 尽管IASC的工作人员一直希望评论函多多益善，以证明IASC希望成为世界性准则制定机构的愿望是符合实际的，但普遍的观点是，IASC所实际收到的评论函数量，已经足以支持它的审议工作了。IASC并没有采取系统性的措施去有意地增加评论函的数量。[25]

在整个20世纪90年代，各地的公共会计师行业协会仍然是IASC征求意见稿的最可靠的答复者，其平均而言提供了1/4以上的意见。金融分析师组织——特别是日本证券分析师协会（Security Analysts Association of Japan）以及投资管理与研究协会（Association for Investment Management and Research，AIMR）——组成了一个规模虽小但忠诚的调查对象群体。金融分析师代表团是IASC理事会中第一个公共会计师行业协会之外的代表团。从20世纪90年代初开始，欧盟委员会和（美国证券市场上的）财务会计准则委员会（FASB）也开始以观察员的身份，定期向IASC提供评论意见。

随着时间的推移，来自企业界（包括单个公司和代表性组织）的评论函所占比例从25%增长到了50%。在1994年之前，大部分企业界的评论函来自美国公司，只不过，其中许多公司只评论过一次或寥寥几次。然而，1994年之后，来自美国的单个公司的回应几乎停止了，这与世界其他地区对IASC日益浓厚的兴趣形成了鲜明的对比。

在20世纪90年代初时常对IASC的征求意见稿发表评论的少数几家

---

24. 例外情况是涉及准则有限修订（特别是E66～E68）的征求意见稿，以及关于雇员福利（E54）和投资性房地产（E64）的征求意见稿。E54和E64都收到了大约120封评论函。

25. 2005年5月26日作者与Bryan Carsberg的访谈记录。

— 541

公司中，多数都在 IASC 理事会或顾问团中派有自己的代表。包括 IASC 前秘书长艾伦·库克在内的 IASC 职员作为荷兰皇家/壳牌集团（荷兰和英国）的代表，在 20 世纪 80 年代和 90 年代的大部分时间里都是 IASC 顾问团的成员。雀巢公司（瑞士）在其委派哈里·施密德担任顾问团成员的期间，也会雷打不动地回函。必和必拓公司（BHP，澳大利亚）是 IASC 最早的公司捐助人之一，该公司董事杰弗里·埃莱（Geoffrey Heeley）在 1995 年成为澳大利亚公共会计师行业派驻 IASC 的代表团的成员。从 1993 年到 1997 年，另一个经常提供意见反馈的公司——南非啤酒公司——派遣伊恩·萨默维尔，加入了南非公共会计师行业派驻 IASC 代表团。

1994 年以后，来自企业界的回函内容，开始更多地围绕着国际准则的实际应用或者围绕利益相关的具体问题展开。关于金融工具、租赁和雇员福利等准则的征求意见稿，不出所料地分别引来了银行和保险公司等金融机构、租赁行业协会、保险精算团体机构及保险精算企业的集中回应。瑞士的跨国公司还组成了独特的、由可持续回函的成员企业组成的团体。自 1995 年以来，这些瑞士跨国公司通过瑞士工业控股公司联合会列席 IASC 的理事会；同时，该团体多年来一直是 IASC 准则最重要的使用者之一。

11.4　所得税：IAS 12 的修订

本章接下来详细探讨 IASC 的准则制定活动。[26] 我们首先从《国际会计准则第 12 号：所得税的会计处理》（1979 年公布）的修订说起。这一修订起源于 20 世纪 80 年代初，在 1987 年开始积极推进，并在 1996 年形成了新准则，即《国际会计准则第 12 号：所得税》（IAS 12）。这个漫长而艰难的项目很好地说明了 IASC 在开始转变为全球资本市场准则制定者时，其准则制定过程的变化。[27]

---

26. 关于本章讨论的大多数准则的背景信息也可见于 David Cairns, *Applying International Accounting Standards*, 2nd edition (London: Butterworths, 1999)。

27. 关于 IAS 12 修订的广泛讨论可见于 Anja Hjelström, *Understanding International Accounting Standard Setting: A Case Study of the Process of Revising IAS 12 (1996), Income Tax* (Stockholm: EFI/Stockholm School of Economics, 2005)。

第 11 章　强力推进国际协调：IASC 完成其核心准则

11.4.1　消除备选的处理方法——递延法

如第 9.2 节所述，IASC 从 20 世纪 80 年代初到 1987 年奉行定期审查其公布的准则的政策。然而审查的结果是，除《国际会计准则第 3 号：合并财务报表》（IAS 3）和《国际会计准则第 12 号：所得税》（IAS 12）之外，IASC 理事会认为并不需要修订任何其他准则。在 1987 年 3 月的那次 IASC 理事会会议上，IASC 在决定着手修订 IAS 12 的同时，通过启动可比性项目而开启了一个新的进程。可比性项目将对所有其他准则进行修订，以消减会计规则可选项。

把 IAS 12 纳入可比性项目也许更合乎逻辑，但 IAS 12 的修订很可能已经在 IASC 理事会成员的心目中成为一个单独的、与众不同的项目。[28] 尽管如此，在初始阶段，IAS 12 的修订只是为了消除备选处理方法，并且所采用的方法也与同时进行的可比性项目没有什么区别。

1979 年批准的 IAS 12 确实包含几个重要的会计规则可选项（请参阅第 5.8.6 节）。最重要的是，报告主体可以选择使用美国和加拿大公共会计师行业主导的会计规则所要求的递延法（deferral method），或者选择使用那些已经针对所得税问题制定会计准则的国家中的大多数国家所普遍采用或者要求采用的债务法（liability method）。此外，IAS 12 还允许企业在全面分摊法（comprehensive tax allocation）和部分分摊法（partial tax allocation）之间进行选择。英国公共会计师行业尤其支持部分分摊法。1986 年，该准则到了定期审查的时候，IASC 发出了关于 IAS 12 的调查问卷。在 IASC 的 22 个成员协会中，包括美国注册会计师协会（AICPA）在内的 19 个协会都表示，IAS 12 应当只允许采用债务法。显然，IASC 的各成员协会普遍认为，现在是 IASC 着手减少会计规则可选项的时候了。然而，只有荷兰人采取了迄今在 IASC 中占主导地位的立场。荷兰注册会计师协会（NIVRA）希望保留这两种方法，"因为两种方法各有各的道理，并且在不同的情况下，

---

28. 从 1981 年到 1984 年，由 M. Vallas（法国人）、Jan Schoonderbeek（荷兰人）、David Hobson（英国人）和 Robert Sprouse（美国人）组成的一个特别工作组在 Vallas 的主持下也考虑要修订 IAS 12，但他们的建议被搁置了。参见 AP 3/1993 paper 10。另见 IASC board meeting of 17–19 October_1984, minute 7；IASC board meeting of 24–7 March 1987, minute 5。

最合适的方法可能会有所不同"。[29] 这种措辞不禁令人回忆起 IASC 前主席汉斯·伯格拉夫当年的立场。IASC 成员协会的评论表明，支持取消部分分摊法的成员协会寥寥无几。不仅是英国的公共会计师行业，法国、荷兰、新西兰和中国香港等其他国家和地区的公共会计师行业协会，也表示希望保留部分分摊法作为备选会计处理方法，尽管它们可能更倾向于使用全面分摊法。[30]

修订 IAS 12 的指导委员会主席最初由法国公共会计师行业派驻 IASC 的代表雷蒙德·贝图（Raymond Béthoux）担任，1994 年由伯纳德·若多接替。该指导委员会的提案与各成员机构的观点非常契合。[31]该委员会用很短的时间准备了一份征求意见稿，在 1988 年 11 月获得了 IASC 理事会的全票通过，并以《征求意见稿第 33 号：所得税的会计处理》（E33）为题公布。E33 实质上就是对旧版 IAS 12 做了校对编辑，但取消了递延法。部分分摊法被保留了下来，但前提是必须做好补充披露。

指导委员会阐释了编写 E33 时考虑的两个主要因素。[32] 一个是符合 IASC 的传统方法，即确保与最重要国家的会计准则兼容：指导委员会注意到，（美国证券市场上的）财务会计准则委员会（FASB）已经放弃了递延法，这意味着保留这一可选项的重要原因已经不复存在。1987 年 12 月，财务会计准则委员会（FASB）公布了《财务会计准则公告第 96 号：所得税的会计处理》（FAS 96），取代了强制采用递延法的《会计原则委员会意见书第 11 号》（APB Opinion No.11）。

第二个因素代表了 IASC 的新方法——指导委员会认为，债务法符合 IASC 的《编制和列报财务报表的框架》中的资产负债观的导向（asset and

---

29. AP 3/1987 paper 7, 法国代表 Jean-Luc Dumont 关于成员机构就 IAS 12 调查问卷所作答复的报告。

30. AP 3/1987 paper 7.

31. 开始时，指导委员会的其他成员包括 E. R. Gelbcke（巴西人）、N. Iordanides（希腊人）和 C. E. Bohlin（瑞典人）。中国香港最初被允许派出一名成员，但后来中国香港的公共会计师行业代表被希腊公共会计师行业代表取代了。希腊的第二任代表是 G. P. Samothrakidis，随后是 C. Varvatsoulis。1993 年，Barry Robbins（美国人）和 F. Ulrich（来自国际商会）加入了该委员会。国际证监会组织（IOSCO）从 1995 年起派出了一名观察员。Steven Leonard、Liesel Knorr 和 Peter Clark 先后担任了项目经理。

32. 指导委员会的推论参见 AP 6/1988 paper 11 和 AP 11/1988 paper 4。

第 11 章　强力推进国际协调：IASC 完成其核心准则

liability orientation）。[33] 这是 IASC 首次使用新框架（其征求意见稿于 1988 年 3 月获得批准）进行备选处理方法的选择。IASC 的传统方法与新方法在这个案例中产生了相同的结果，这是因为，财务会计准则委员会（FASB）的立场是跟随其概念框架中负债的定义而发生变化的，而财务会计准则委员会（FASB）的概念框架恰恰是 IASC 的框架的主要灵感来源（请参见第 9.1 节）。[34]

11.4.2 《征求意见稿第 49 号》：离美国近，离英国远

不幸的是，《财务会计准则公告第 96 号：所得税的会计处理》（FAS 96）在公布之后并未实现平稳过渡。该准则因实施困难、成本高昂且存在理论缺陷而受到了严厉批评。[35] 其生效日期推迟了三次，直到 1992 年 2 月被《财务会计准则公告第 109 号：所得税的会计处理》（FAS 109）所取代。因此，尽管 IASC 收到的关于 E33 的评论函总体上是正面的，但鉴于美国证券市场上的 FAS 96 当时所面临的不确定性，IASC 关于该准则的指导委员会在 1990 年 6 月建议推迟修订 IAS 12。推迟该项目的另一个原因是，到了 1990 年中期，IASC 了解到国际证监会组织（IOSCO）不仅希望消除准则中的会计规则可选项，而且希望准则能够对许多问题提供更多的指南。正因为如此，IASC 设立了改进项目，以期扩展和完成可比性项目。由于 IAS 12 的修订与可比性项目一直都是并行的，因此在重新起草 IAS 12 的文本之前，有必要先看看改进项目将会如何运作。[36] 由于改进项目在 1991—1992 年间几乎消耗了 IASC 的所有资源，所得税项目便不得不被搁置到了 1992 年年底。

1993 年年初，IASC 理事会内部的意见是，FAS 109 的公布已经"解锁"了僵局，于是，其所得税项目开始再次向前推进。[37]1994 年 6 月，《征

---

33. AP 6/1988 paper 11.

34. 财务会计准则委员会副主席 Robert Sprouse 告诉 IASC 在 1981—1984 年处理递延税项的工作组，财务会计准则委员会已经得出结论，认为 APB 第 11 号意见书与负债的定义不一致。"Deferred Income Taxes"，undated memo by R. T. Sprouse，IASC archive，documentation file IAS 12/E33.

35. 请参见下例：Paul Rosenfield，"The Fatal Flaws of FASB Statement 96"，*Accounting Horizons*，4/3（1990.09），98–100。

36. AP 6/1990 paper 6.

37. Gilbert Gélard，"Révision de l'IAS 12 'Comptabilisation de l'Impôt sur les Bénéfices'"，*Revue Française de Comptabilité*，1993.11，11。

— 545

求意见稿第49号：所得税》（E49）获得批准。到这个时候，IASC在这一主题上的想法已经发生了显著变化。结果就是，E49向美国证券市场上的公认会计原则（GAAP）靠拢了，而远离了英国的会计准则。[38]

1993年，普华永道会计公司旧金山成员公司技术合伙人巴里·罗宾斯加入了IASC的所得税准则项目的指导委员会。IASC认为该指导委员会需要加强力量，特别是要深化对复杂的FAS 109的了解。[39]1994年，罗宾斯成为美国公共会计师行业（证券行业）派驻IASC理事会代表团的成员。此外，IASC的该指导委员会还获得了财务会计准则委员会（FASB）所得税准则的项目经理雷蒙德·辛普森（Raymond Simpson）的协助。得益于这些经验的注入，该指导委员会告知IASC理事会，早期的征求意见稿E33并没有完全抓住FAS 96和FAS 109中所反映的向资产负债观的转变。特别地，递延税款的债务法与IASC框架中体现的资产负债观并不必然地形成一致，因为"债务法"可能有不同的含义。[40]IAS 12（1979年）和E33中所描述的债务法与大多数国家所实施的一样，关注的是应税利润和会计利润之间的差异（即时间性差异），以及未来这些差异的预期转回数。这样一来，债务法和递延法之间的主要差异就在于，债务法要求递延所得税资产和负债在税率变化时进行调整，而递延法不作此要求。但是在FAS 96和FAS 109中，出发点不是利润表，而是资产和负债的账面价值（book values）与其"计税基础"（tax base）即应税价值（values for tax purposes）之间的差异。财务会计准则委员会（FASB）引入了"暂时性差异"（temporary differences）一词，以区分于传统的"时间性差异"（timing differences）。实际上，这两种方法的不同之处在于，所有的时间性差异都属于暂时性差异，但并非所有的暂时性差异都是时间性差异。

IASC理事会同意该指导委员会的意见，即为了遵循其框架，它应当从IAS 12和E33的"利润表债务法"（income statement liability approach），

---

38. Jan Klaassen和Cees Dubbeld的观点，载于"Accountants willen greep op derivaten"，*Het Financieele Dagblad*，1994.10.26，15；另见Robert Dove，"IASC's E49 Leaves UK in the Cold"，*Accountancy*，115/1218（1995.02），79-80；还可参考Bryan Carsberg的观点，载于"The Last Word on IASs"，*Accountancy*（international edition），119/1245（1997.05），21-22。

39. 2005年4月1日作者与Barry Robbins的访谈记录。

40. AP 11/1993 paper 5.

第 11 章　强力推进国际协调：IASC 完成其核心准则

转变为 FAS 109 的"资产负债表债务法"（balance sheet liability approach）。这包括采用财务会计准则委员会（FASB）关于暂时性差异和计税基础的措辞。[41]E49 反映了这些决定。IASC 理事会花了些时间才掌握了两种债务法之间的区别。可能是考虑到其他人或许会遇到类似的问题，IASC 理事会决定与 E49 一起公布一份背景文件，详细解释方法的变化。[42]

与 E33 相比，E49 的另一个重要变化是，它不再允许采用部分分摊法。该项目的指导委员会向 IASC 理事会提出这一建议的依据是其所收到的 E33 的评论函。此外，该指导委员会认为，当时大多数国家的会计准则都已经要求实行全面分摊法。*主要的例外是南非和新西兰（它们的会计准则允许使用部分分摊法），以及英国（其会计准则要求使用部分分摊法）。[43]IASC 取消部分分摊法的意图受到了英国媒体的关注，不过其措辞有些许戏剧性，如英国将遭到"国际放逐"（international ostracism），会计准则理事会（ASB）将不得不"遵守规则"。[44]然而，对于如今的英国公共会计师行业派驻 IASC 代表团和会计准则理事会（ASB）而言，会计准则委员会（ASC）——会计准则理事会（ASB）的前身——曾经在政治压力下被迫接受的部分分摊法，已经不再重要。[45]会计准则理事会（ASB）于 1995 年公布了一份令英国企业界沮丧的讨论文件，尝试性地提出了"全面拨备"（即全面分摊）的建议。[46]

11.4.3　最后的磨难

从 1995 年 5 月 E49 的评议期结束，到 1996 年 9 月修订版 IAS 12 获得批准，这段时间里所得税项目受到了 IASC 的高度重视，尽管最终的准则

---

41. IASC board meeting of 2–5 November 1993，minute 4(a)–(b).

42. Cairns 给白鸟荣一的信，1993 年 8 月 22 日，IASC archive, file "ES/MS/DHC Meetings 1993"。另见 IASC board meeting of 2–5 November 1993。背景文件"Income Taxes"出版于 1994 年 10 月。

* 此处信息来源不明，可能并不属实，或许仅仅指英语国家中的大多数国家。——译者

43. AP 3/1993 paper 10.

44. "United Kingdom v the Rest of the World"，*Accountancy*，118/1235（1996.07），7；"IASC Turns Up the Heat on the ASB"，*Accountancy*，118/1239（1996.11），7.

45. 2005 年 4 月 1 日作者与 Barry Robbins 的访谈记录，以及 2005 年 1 月 12 日与 David Tweedie 的访谈记录。另见第 5.8.6 节。

46. "Spectre of Deferred Tax Split Looms"，*World Accounting Report*，1995.12/ 1996.01，v-vi.

与 E49 相比并没有太大的变化。

在这个后期阶段，出现了一个关于"计税基础"（tax base）概念的问题，IASC 认为这个概念是它从 FAS 109 中借鉴来的。[47] 该概念在美国的背景下可能是明确的，但是评论函显示，资产和负债并非在每一个辖区都有明确定义的计税价值（clearly defined values for tax purposes）。[48] 虽然 IASC 理事会的大多数公共会计师行业代表团在此前都致力于跟随 FAS 109，但 FAS 109 甚至没有明确界定计税基础的概念。为了解决这个问题，IASC 理事会使出浑身解数，对各种日益复杂的计税基础的定义进行了研究，最终还是归于徒劳。IASC 理事会还曾尝试不使用计税基础概念而重写准则。[49] 最后，IASC 理事会决定在这一点上不对 E49 进行重大修改，从而有效地掩盖了这个问题。

然而，并非所有代表团都支持 FAS 109 的方法。如上所述，到了 1995 年的时候，英国公共会计师行业代表团对拟议准则的反对意见，已从传统的部分分摊法问题，转变成了对 E49 的"资产负债表债务法"的批评。这种反对意见特别集中于资产重估引起的递延所得税负债（deferred tax liability）是否符合 IASC 框架中的负债定义。在这一点上，英国公共会计师行业得到了南非公共会计师行业和瑞士工业控股公司代表团的支持，并且财务经理协会国际联合会（IAFEI）代表团也对该准则持批评态度。[50] 这意味着这将是一场势均力敌的投票，但南非公共会计师行业代表团表示该准则总的来说是可以勉强接受的。[51] 1995 年 11 月加入 IASC 理事会的（英国）会计准则理事会（ASB）主席戴维·泰迪意识到，此时改变准则可能为时已晚，但他仍然充分表达了自己的反对意见。结果，泰迪和财务会计准则委员会（FASB）观察员吉姆·莱森林之间的争论史中又增加了一场激烈论战，这场辩论在某种程度上成了 IASC 的民间

---

47. 2005 年 4 月 1 日作者与 Barry Robbins 的访谈记录。另见 Hjelström，*Understanding International Accounting Standard Setting*，237−256。

48. Agenda paper 1 for the steering committee meeting of July 1995, IASC archive, file 'IAS 12' (electronic)。

49. 请比较 AP 11/1995 paper 4（a）、AP 3/1996 paper 10 和 AP 6/1996 paper 6。

50. AP 9/1996 paper 5. 以及 2004 年 3 月 15 日作者与 Ian Somerville 的访谈记录。

51. 2004 年 3 月 15 日作者与 Ian Somerville 的访谈记录。

第 11 章 强力推进国际协调：IASC 完成其核心准则

传说。[52] 随后，泰迪声称，IAS 12 的经验让他意识到，为了能够对 IASC 的讨论产生影响，（英国）会计准则理事会（ASB）必须"走在游戏的前面"。[53] 由于该准则刚好获得了通过所需的赞成票数，于是，IASC 有些骄傲地宣布，修订后的 IAS 12 是它在核心准则协议下完成的第一项准则。[54]

11.5 金融工具

11.5.1 充满希望地开启漫长的旅程

毫无疑问，有关金融工具的项目是 IASC 历史上最具挑战性的项目。它后来也是 IASC 给其继任者国际会计准则理事会（IASB）留下的最具争议性的准则项目。

该项目始于 1988 年，直到 1998 年 12 月《国际会计准则第 39 号：金融工具的确认和计量》（IAS 39）获得 IASC 批准后才暂时告一段落。IASC 还有其他长达十年甚至更久的准则项目，如外币折算（IAS 21）、银行财务报表中的披露（IAS 30）以及所得税准则（IAS 12）的修订等，但那些项目都曾有过工作暂停或者以低强度开展工作的情况。而金融工具项目则几乎没有任何喘息的机会，因为在 1988 年 6 月至 2000 年 12 月间的几乎每次 IASC 理事会会议都会讨论到这个项目。

当 IASC 决定研究金融工具问题时，金融创新已经高速发展了十多年。但直到 20 世纪 80 年代后半期，人们才开始意识到对"新型的"或"奇异的"金融工具（"new" or "exotic" financial instruments）的会计影响开展研究的紧迫性，更广泛地说，是要关注金融工具对单个企业乃至整个金融体

---

52. 2003 年 3 月 31 日作者与 Sigvard Heurlin 和 Rolf Rundfelt 的访谈记录，2004 年 3 月 15 日与 Moncina Singer 的访谈记录，2005 年 4 月 1 日与 Barry Robbins 的访谈记录以及 2005 年 7 月 21 日与 Patricia McConnell 的访谈记录。
53. Liz Fisher 的看法，载于 "Small Country, Big Voice"，*World Accounting Report*，1998.10，7。
54. Peter Clark, "Farewell, Deferral Method", *Accountancy*（international edition），118/1239（1996.11），59-60.

系的潜在风险。[55] 跟以往的情况一样,(美国证券市场上的)财务会计准则委员会(FASB)率先在 1986 年 5 月启动了金融工具项目。但 IASC 并没有立即把金融工具这个主题列为高度优先事项,尽管新型金融工具问题已于 1987 年被认可为制定银行业确认和计量准则项目的重要组成部分,列入了 IASC 的议程(请参见第 9.4.3 节)。[56]1988 年 3 月,IASC 理事会商定了 1992 年之前的工作计划,拟于 1990 年启动一个金融工具项目。当时,IASC 的当务之急是推进框架项目和减少会计规则可选项(即可比性项目)。[57] 然而,在 1988 年 6 月召开的下一次 IASC 理事会会议上,秘书处主张立即启动一个有关金融工具的项目。它给出的理由包括"许多金融工具具有国际性",以及"最好在制定准则过程的早期阶段就找到共同的解决办法"。这些论点如果在 3 月份提出来,也完全站得住脚,会跟在 6 月份提出来一样有效。[58]IASC 之所以修改其优先事项,是源于一个由经济合作与发展组织(OECD)会计准则工作组牵头、于 1988 年 5 月 31 日至 6 月 1 日在巴黎举办的金融工具论坛。IASC 主席乔治·巴尔泰斯·德·吕泰尔和 IASC 理事会的其他几位代表团成员出席了该论坛。巴尔泰斯称:"在那个论坛上,人们对 IASC 寄予了厚望;特别是,经济合作与发展组织(OECD)会计准则工作组主席让·杜邦敦促 IASC 要迅速采取行动。"[59] 巴尔泰斯当场承诺 IASC 会加快推进金融工具方面的工作,这得到了经济合作与发展组织(OECD)的支持。[60] 除经济合作与发展组织(OECD)外,巴塞尔银行监管委员会也鼓励 IASC 尽快开展金融工具方面的工作,它们比

---

55. Gunter Dufey and Ian H. Giddy, "Innovation in the International Financial Markets", *Journal of International Business Studies*, 12/2(supplement, Autumn, 1981), 33-51; Merton H. Miller, "Financial Innovation: The Last Twenty Years and the Next", *Journal of Financial and Quantitative Analysis*, 21/4(1986.12), 459-471.

56. 参见 "Call for Greater Bank Disclosure" 中引用的 Georges Barthès 的评论, *World Accounting Report*, 1987.12, 3。

57. AP 3/1988 paper 13; IASC board meeting of 29 February and 2-4 March 1988, minute 6(x).

58. AP 6/1988 paper 20.

59. "Minutes of the Sixth Meeting of the IASC/IFAC Coordination Committee, London, Thursday, 30 June 1988", IASC archive, Bishop Working Party file.

60. *New Financial Instruments, Disclosure and Accounting*(Paris: OECD, 1988), 232. 经济合作与发展组织会议对 IASC 项目的重要性也可见于 John Carchrae, "Financial Instruments", *IASC Insight*, 1991.07, 10。

第 11 章　强力推进国际协调：IASC 完成其核心准则

较关注金融工具会计规则对资本充足率的影响。[61]

　　IASC 理事会意识到，它正在执行一项艰巨的项目，且没有成型的会计准则可供参考。许多公共会计师行业派驻 IASC 的代表团都希望派自己人进入该项目的指导委员会。IASC 秘书长戴维·凯恩斯揶揄道，除德国的公共会计师行业之外，组织和计划委员会（OPC）的所有成员都向该指导委员会派遣了一名成员。[62] 该指导委员会的首任主席是阿瑟·怀亚特（美国），在他于 1990 年 7 月成为 IASC 主席后，该指导委员会主席职务由罗纳德·默里（Ronald Murray，美国）接任。[63]

　　为强调该项目的重要性，该指导委员会设立了自己的小顾问团（consultative group），主要由 IASC 的大顾问团中对金融工具特别感兴趣的成员机构的代表组成，这些机构包括国际商会（ICC）、联合国际银行协会（joint international banking associations）、巴塞尔委员会（Basel Committee）和经济合作与发展组织（OECD）等。

　　鉴于 IASC 资源有限且需要向其他重要项目持续投入，要不是加拿大特许会计师协会（CICA）主动提出为这个协作项目提供人员支持的话，这个新项目就很可能是行不通的。由加拿大公共会计师行业派驻 IASC 的职员观察员约翰·登曼居间调停所形成的这一提议，受到了 IASC 的热烈欢迎。[64] 加拿大特许会计师协会（CICA）成员约翰·卡奇雷成为这个联合项目的经理。这种类型的合作，对于 IASC 来说是头一回；至于让两个机构审议和最终批准同一份文件的设想，也是头一回。最后，这个设想只实现了一部分。加拿大特许会计师协会（CICA）和 IASC 的确在披露和列报方面公布了"几乎完全相同"的准则，但并未就确认和计量公布相同的准

---

61. Carchrae, "Financial Instruments", 10; speech by Arthur Wyatt, "ICAEW Seminar, January 29, 1992, London, England", IASC archive, speech file.

62. David Cairns 的备忘录, "The role of OPC and the Board", OPC meeting of June 1991, agenda paper VI.

63. 其他成员包括 David Boymal（澳大利亚）、G. K. Rutledge（加拿大）、D.Marteau 和／或 C. Vulliez 及其继任者 Yves Bernheim（法国）、R.Costaguta（意大利）、Atsushi Kato（日本）、Philip Maat（荷兰）和 Peter Stilling（英国）。Wyatt 在 1990 年 9 月的会议之前继续担任指导委员会主席，参见 AP 11/1990 paper 11。

64. 2004 年 10 月 8 日作者与 John Carchrae 的访谈记录。

则。[65] 与加拿大特许会计师协会（CICA）的合作，加上连续由美国人出任该项目的指导委员会主席，给 IASC 的运行带来了挑战。该项目的重心实际上是在北美，几乎没有依赖 IASC 在伦敦的工作人员。[66]

金融工具项目涉及的范围非常宽泛，涵盖确认、终止确认、计量和披露以及套期会计等各个方面。该准则力图涵盖所有的金融工具，并适用于所有类型的企业。[67] 尽管如此，鉴于 IASC 已为广泛磋商准备了合理的资源和安排，IASC 对其项目完成速度所持的乐观态度也许是可以理解的。最初，IASC 预计可能会在 1992 年年末或 1993 年年初公布最终的完整版准则。[68] IASC 多年来一直保持这一预测，并为自己能够发挥其所期望的领导作用而感到自豪。[69] 1992 年，IASC 主席怀亚特多次公开表示金融工具会计准则将会在 1993 年公布。作为一名财务会计准则委员会（FASB）前委员，怀亚特曾说，1993 年这个预期完成时间意味着"IASC 将领先于财务会计准则委员会（FASB）和其他准则制定机构很多年，当然，加拿大的准则制定机构除外"。[70] 和其他人一样，怀亚特当时已经意识到问题比最初预期的要复杂得多。因此，他那公开表现出来的乐观态度其实是保持对 IASC 本身施加压力的一种方式。主要目标不是速度，而是"把它做好"。如果能顺便击败（美国证券市场上的）财务会计准则委员会（FASB），那就更好了，但这并不是最重要的问题。[71]

---

65. John Carchrae 认为加拿大特许会计师协会手册（CICA Handbook）第 3860 节 "Financial Instruments—Disclosure and Presentation"（1995 年出版）与 IAS 32 几乎完全相同。John Carchrae, "Statement of Principles in 1996", *IASC Insight*, 1995.12, 8. 当 IAS 39 于 1999 年出版时，加拿大特许会计师协会手册中则没有这样的对应部分。

66. 2004 年 10 月 8 日作者与 John Carchrae 的访谈记录。关于此事引起的一些相关问题，参见 David Cairns 给白鸟荣一和 Michael Sharpe 的信，1993.05.07, IASC archive, file "IASC/IFAC Coordinating Committee"。

67. IASC board meeting of 12–14 April 1989, minute 7.

68. IASC board meeting of 24–5 October 1989, minute 6.

69. David Cairns, "A Long Haul to Harmony", *Certified Accountant*, 1991.07, 36; Colin Parker, "Interview—David Cairns", *Australian Accountant*, 64/10（1994.11）, 26.

70. Arthur Wyatt, "Financial Instruments", *IASC Insight*, 1992.03, 4. 另见 Arthur Wyatt, "Report of the Chairman of IASC to the Assembly of the International Accounting Standards Committee Member Bodies", 1992.10.11, IASC archive, file "IASC Constitution 1992"。

71. 2004 年 8 月 9 日作者与 Arthur Wyatt 的访谈记录。

第 11 章　强力推进国际协调：IASC 完成其核心准则

11.5.2　识别相关问题

IASC 的工作首先集中于编写一份原则声明（statement of principles）上。IASC 理事会于 1990 年 11 月批准原则声明，然后很快就毫不费力地于 1991 年 6 月全票通过并公布了《征求意见稿第 40 号：金融工具》（E40）。E40 的总体方法和大部分文本都密切遵循了原则声明。此前，原则声明的草案已在 IASC 成员协会间传阅以征求意见。金融工具项目的指导委员会推断："绝大多数意见反馈者都表示其在大多数方面都支持原则声明草案。"[72] 这可能是 E40 能够顺利推进的原因。

E40 包含了 IASC 在整个 20 世纪 90 年代围绕金融工具所反复思考的主要元素。这些主要元素可概括为：

（1）基于现金以及兑换现金或其他金融工具的权利和义务，给出金融资产和金融负债的一般定义。从一开始，金融工具项目就不仅要处理新型的或者奇异的金融工具（如形式多样的衍生金融工具），还要处理诸如贷款等"传统"工具。

（2）范围排除。从一开始，IASC 就明确了"在子公司和联营企业中的权益"的会计处理不应在这一阶段发生根本性的改变，并且，大多数（如果不是全部的话）此类投资的会计处理将继续由 IAS 27 和 IAS 28 予以规范。但其他被排除的内容，如保险合同，在整个项目过程中一直存在争议。

（3）有关抵销和分类的列报准则。一个重要的问题是金融工具在权益和负债之间的分类。

（4）确认和终止确认金融工具的准则。

（5）一种"基准的"混合计量模型（"benchmark" mixed-measurement model），即先把金融工具分为若干类，然后针对每一类金融工具分别采用不同的计量属性进行计量（公允价值或历史成本），采用不同的处理方法对利得和损失进行处理（计入所有者权益或者当期损益）。在 E40 中，用于套期保值的金融工具就被视为几类金融工具中的一类。

（6）一种替代模型，即所有金融工具都以公允价值计量，且其变动计入当期损益（利得和损失）。

---

72. AP 11/1990 paper 13.

在刻画主要问题和界定基本概念方面，项目后续的发展并没有超出E40多少。在某些方面，尤其是金融资产和金融负债的定义，E40的解决方案很早就被接受了，并被纳入了最终的准则。但总的来说，E40只是标记了IASC理事会识别出相关问题的时点。自这一时点起，该准则项目就开始遇到困难，实际执行时间变得比最初计划的时间长得多。1993年春天，当IASC理事会必须决定在E40之后如何继续前进的时候，技术问题的本质以及为何难以解决这些问题已经变得很清楚。

首先，有几个基本问题。其中最主要的问题是，使用管理层意图（management intent）作为将金融工具分配到各种计量属性类别的标准是否合适。E40总体上是基于管理层意图的，跟随了包括美国证券市场上的公认会计原则（GAAP）在内的许多国家的公共会计师行业协会所倡导的传统做法。反对这种传统方法的人主张将公允价值计量应用于尽可能多的金融工具，理由是，公允价值计量可以增强所得信息的相关性，并将减少因依赖管理层意图而固有的盈余管理风险。

早在20世纪80年代初，公允价值就在IASC准则中低调亮相了（参见第5.12.1节），这是跟随美国证券市场上的公认会计原则（GAAP）的结果。与相应的GAAP一样，公允价值在IAS 16、IAS 17、IAS 18和IAS 22中起辅助性作用，用以确定在非货币性交易中获得的物品的历史成本，或作为决定租赁应被归类为经营租赁还是融资租赁的标准。IASC的框架未提及公允价值，并且在金融工具项目之前，IASC的准则几乎没有意识到公允价值可能被用作定期重新计量资产或负债的基础。例外情况出现在IAS 25和IAS 26（分别于1985年和1986年批准），其中承认公允价值是计量某些专业投资公司的投资和退休福利计划的计划资产的适当基础。与美国证券市场的情况一样，正是金融工具项目将公允价值纳入了一般企业的会计核算的主流。

在IASC内部，澳大利亚公共会计师行业派驻IASC代表团，特别是沃伦·麦格雷戈，是公允价值方法的最坚定的倡导者。澳大利亚会计研究基金会（AARF）与IASC几乎同时启动金融工具的研究，并于1990年公布了一项委托研究报告，主张对所有金融工具都采用公允价值计量。[73]这个

---

73. Phil Hancock, *Financial Reporting for Financial Institutions and Accounting for Financial Instruments*, discussion paper no. 14（Caulfield, Vic: Australian Accounting Research Foundation, 1990）。

第 11 章 强力推进国际协调：IASC 完成其核心准则

想法在其他公共会计师行业派驻 IASC 代表团那里也得到了相当多的支持。事实上，IASC 理事会已指示金融工具准则项目的指导委员会准备两个版本的 E40，其中一个版本以全面公允价值计量（full fair value）为基准处理方法，另一个版本则允许使用全面公允价值计量作为允许的替代处理方法。1991 年 6 月，IASC 理事会选择以混合计量（mixed-measurement）——或称修正的历史成本基础（modified historical cost basis）——为基准处理方法，并据此形成了 E40。[74] 与这一基本问题有关的还有其他问题，例如关于未实现利得（unrealized gains）是否可以计入利润的问题。

其次，在许多具体问题上，IASC 内部达成了一般性的共识，或者仅在观点细节上（而不是在根本理念上）存在分歧。在这种情况下，通常很难为准则选择确切的措辞。例如，IASC 理事会的大多数公共会计师行业代表团都同意，不应当完全禁止在各个不同计量属性组别之间重新分类金融工具，但这种重分类应当仅限于有限的情况。于是，自然而然出现的问题就是，如何以一种既不太强制又不太宽松的方式来定义"有限的情况"（limited circumstances）。金融工具项目提出了大量这样的问题，其中措辞上微小变化的后果也需要仔细考虑。

从一般意义上讲，这些问题并非金融工具准则项目所独有的。在编写其他准则时，IASC 也面临基本问题和措辞问题。但是，确实有几个原因，导致这些问题在金融工具的情境下更难处理。

第一，金融工具对于大多数 IASC 理事会成员来说都是个新主题，并且随着项目的推进，金融工程也在持续快速发展。虽然对 IASC 理事会成员来说，在高度抽象的层面上理解这些问题并不太难，但许多人仍然难以想象如何将这些规则应用于实践中可能遇到的各种令人眼花缭乱的具体的金融工具和情境之中。随着 IASC 理事会对金融工具的了解越来越多，有必要对草案进行持续的微调。[75]

---

74. IASC board meeting of 7–9 November 1990，minute 3；IASC board meeting of 12–14 June 1991，minute 5. 荷兰代表 Herman Marseille 报告说，在 1990 年 11 月，全面公允价值模型获得了"相对更多的支持"。Herman Marseille，"IFAC en IASC in Singapore"，*De Accountant*，97/5（1991.01），308–309.

75. 2004 年 12 月 1 日作者与 Johan van Helleman 的访谈记录，以及 2004 年 7 月 14 日与 Heinz Kleekämper 的访谈记录。

第二，许多公司和其他利益相关方，尤其是北美以外的公司，都有着与 IASC 理事会成员类似的学习曲线。这意味着 IASC 在金融工具方面的工作的重要性和潜在影响，最初并没有得到广泛的理解和认可。结果，IASC 很难在其成员协会及其准则使用者能接受的内容方面取得一致。例如，对于 IASC 1990 年公布的关于金融工具的原则声明草案（即后来的 E40 的基础）总体上的积极反馈，几乎全部来自英语国家的公共会计师行业，其中大多数（有 60%）都来自加拿大公共会计师行业。[76] 更多的批评意见，尤其是来自日本公共会计师行业的批评意见，是在 E40 公布之后才出现的。尽管 E40 之前预留了很长的回函评议期（1991 年 9 月至 1992 年 5 月），日本公认会计士协会（JICPA）还是等到 1993 年年初才表达其担忧，称很多潜在意见反馈者没有足够的时间作出答复或尚未充分认识到这些问题。[77]

第三，美国证券市场的独特地位也使金融工具项目变得比较复杂。就大多数较早的准则而言，当 IASC 将其列入议程时，美国证券市场上的公认会计原则（GAAP）已经公布了有关该主题的准则，甚至有其他国家的会计准则也已经随风而动了。这使 IASC 的准则编写工作变得相对比较简单，无非就是在几种共存的处理方法之间取得平衡而已。在金融工具方面，唯一取得实质性进展的，就是美国的证券市场与美国公共会计师行业。然而当 IASC 在 1993 年春开始认真考虑如何推进 E40 的后续工作之时，就连美国证券市场上的公认会计原则（GAAP）也完全没有弄明白接下来的前进方向，尤其是在终止确认和套期会计这样的棘手领域。IASC 想要编写一套囊括所有类型的金融工具的所有方面的综合性准则，而（美国证券市场上的）财务会计准则委员会（FASB）实际上采用的是零敲碎打的方法。1993 年年初，财务会计准则委员会（FASB）已经公布了两项披露准则，即 1990 年 3 月公布的《财务会计准则公告第 105 号：具有表外风险和信用风险集中的金融工具的信息披露》和 1991 年 12 月公布的《财务会计准则公告第 107 号：金融工具公允价值的披露》。财务会计准则委员会（FASB）

---

76. 参原书 P621，76.

77. E40 于 1991 年 6 月获得批准，但出版时间被推迟，以便与加拿大特许会计师协会的征求意见稿同时公布。关于日本方面的回应，参见 1993 年 3 月 18 日 JICPA 给 Cairns 的传真，归档于 AP 3/1993。

第 11 章　强力推进国际协调：IASC 完成其核心准则

还即将公布一项适用于有限范围的非衍生金融工具的确认和计量的准则，即《财务会计准则公告第 115 号：特定的债券和权益证券投资的会计处理》（1993 年 5 月正式公布）。在这些准则中，财务会计准则委员会（FASB）在美国证监会（SEC）和美国注册会计师协会（AICPA）的鼓励下，正在逐步朝着更广泛地使用公允价值来计量金融工具的方向发展。[78] 此前，美国证监会（SEC）一直支持历史成本会计，只有极少数例外。公允价值之所以引起了美国证监会（SEC）的关注，是因为在储蓄贷款机构危机期间，美国许多储蓄贷款机构（savings and loan associations）相继申请破产，其所采用的历史成本会计无法揭示抵押贷款组合中的大量未实现损失，这被认为是历史成本会计的弊端。1991 年 11 月，美国证监会（SEC）主席理查德·C. 布里登召开了美国证监会的第一次关于会计准则的会议，会议主题为"财务报告的相关性：迈向市值会计"（Relevance in Financial Reporting: Moving Towards Market Value Accounting）。

财务会计准则委员会（FASB）在被认为是一个临时准则的《财务会计准则公告第 115 号：特定的债券和权益证券投资的会计处理》中，提出了一种混合计量模型（mixed-measurement model），以管理层意图作为金融工具分类的标准。但是，财务会计准则委员会（FASB）也意识到了这种方法的缺陷，并希望在进一步的工作和经验的基础上进行修改。[79] 财务会计准则委员会（FASB）副主席吉姆·莱森林代表 FASB 致函戴维·凯恩斯表达了他的担忧，即 IASC 拟编写的金融工具准则可能会成为财务会计准则委员会（FASB）的准则未来取得进展的障碍。莱森林表示：

> E40 中作为基准处理方法的提案密切地反映了在美国已经流行了很多年的实践。金融工具项目于 1986 年被列入我们的议程，是为了响应现有的利益共同体（包括美国证监会）针对现有的金融工具会计和报告要求的缺陷而提出的要求。因此，可以预期，随着时间的推移，我们的项目将会导致当前的实践发生实质性变化。这样

---

78. FAS 115, "Background Information and Basis for Conclusions", paragraph 29–38.
79. FAS 115, "Background Information and Basis for Conclusions", paragraph 86–89.

的改变将不可避免地与 E40 提出的建议相冲突。[80]

跟莱森林的意见一样，美国证监会（SEC）在评论函中也对 E40 作出了批判，该评论函由美国证监会（SEC）首席会计师沃尔特·舒特捉刀。财务会计准则委员会（FASB）的信函可以解读为邀请 IASC 推迟其金融工具准则项目，而作为公允价值会计的倡导者的舒特则着重强调了使其更趋激进并减少对管理层意图的依赖的可能性，例如，可以将公允价值计量列为基准的处理方法。[81]

11.5.3 未能公布综合性的金融工具准则

IASC 理事会将 1992 年的大部分时间都用在了改进项目上，再加上 IASC 在 1992 年 5 月评议期截止日后还在不断收到评论函，所以，直到 1993 年 3 月，IASC 理事会才又对金融工具准则项目进行了讨论。[82] 除上面提到的财务会计准则委员会（FASB）和美国证监会（SEC）的批评意见以外，这 192 封评论函中还有很多负面意见。这次回函表明，对于 IASC 的 E40 提案的反对意见，比基于原则声明草案的评论函所预测的反对意见要猛烈得多。然而，IASC 金融工具准则项目的指导委员会认为，没有必要像许多人所建议的那样放弃 E40，也没有必要推迟或中止该项目。[83] 相反，该指导委员会引导 IASC 理事会进行了一系列的细节修订。包括美国公共会计师行业（证券行业）派驻 IASC 代表团在内的大多数代表团，都支持该指导委员会继续基于 E40 制定准则的总体方针。经 IASC 理事会批准的修订方案基本上保留了 E40 的结构，只是对拟议准则的多处措辞进行了仔细斟酌和修改。例如，IASC 理事会的修订方提出，只要金融工具的风险和报酬已经"实质上全部"（substantially all）转移给另一方，则应终止确认该

---

80. 参见 Leisenring 给 Cairns 的信，1992.06.05，IASC archive, E40 comment letters。
81. 参见 Schuetze 给 Cairns 的信，1993.01.05，IASC archive, E40 comment letters。
82. IASC 收到了 192 封评论函，其中只有 74 封是直接寄给IASC的，其他来自加拿大的回函则由加拿大特许会计师协会收集。参见 "E40, Financial Instruments—Progress Report", *IASC Insight*, 1993.05, 1。另见 John Carchrae, "Financial Instruments—New IASC and Canadian Exposure Draft", *IASC Insight*, 1994.03, 13。
83. AP 3/1993 paper 12.

第 11 章　强力推进国际协调：IASC 完成其核心准则

金融工具。作为对比，E40 的对应要求是"全部"（all）。

此时，是否需要针对这些修订重新公布征求意见稿，便成为一个问题。如果再公布一次征求意见稿，就会严重拖延项目进度，导致 IASC 难以按照原计划于 1993 年年内公布最终的准则。在 1993 年 3 月举行于东京的会议上，IASC 理事会回避了这一问题，并指示指导委员会编写一份准则草案，供 6 月份的会议审议，并可能在当年晚些时候批准。1993 年 5 月，《IASC 洞察》的特刊刊发了 E40 拟议修改的扩展版摘要（extensive summary），不过该摘要的角色定位尚不清楚。《IASC 洞察》只是征求了意见，而没有说明是否会出台正式的征求意见稿，甚至没有说明下一步的计划。1993 年 6 月，当 IASC 召开理事会会议的时候，外界对 IASC 未遵守应循程序的做法已普遍感到不满。IASC 通过各种渠道了解到，重新征求意见对 IASC 的信誉至关重要，《IASC 洞察》未能像正常的征求意见稿一样吸引到同等程度的评论函，而且给 5 月份的《IASC 洞察》特刊的征求意见的期限实在太短了。[84] 然而，IASC 理事会仍然无法决定是否要重新征求意见。会议决定针对《IASC 洞察》5 月份特刊中的修改意见征求更多的意见，等到 1993 年 11 月再最终决定是否重新公布征求意见稿。

IASC 理事会不愿意在 1993 年 6 月重新征求意见的原因是，它认为国际证监会组织（IOSCO）希望在金融工具方面迅速取得进展。不幸的是，IASC 理事会在这个问题上实际上是会错了意。当时，国际证监会组织（IOSCO）没有派观察员参加 IASC 理事会会议，只派代表参加了顾问团和若干个准则项目的指导委员会。1993 年 6 月，就在 IASC 召开理事会会议之前，顾问团进行了一次民意测验。投票结果支持重新公布征求意见稿 E40，但是身为国际证监会组织（IOSCO）秘书长的保罗·盖伊投了反对票。这让 IASC 代理主席迈克尔·夏普更加确信，IASC 最好能在 1994 年 10 月的国际证监东京年会之前就通过金融工具准则，这对国际证监会组织（IOSCO）来说很重要，届时它将考虑认可 IASC 的准则。[85] 事实上，国际证监会组织（IOSCO）第一工作组及其会计和审计附属委员会根本就不

---

84. IASC board meeting of 30 June–2 July 1993，minute 12(b) and 12(e)。

85. Sharpe 给 Shiratori 的信，1993.07.06，IASC archive, file, "ES/MS/DHC meetings 1993"。另见 IASC board meeting of 30 June–2 July 1993, minute 12(a)。

关心金融工具准则会不会延期公布,而是强烈支持重新征求意见。当得知IASC还在犹豫是否重新征求意见时,第一工作组告知IASC,尽管该工作组内对E40的实质内容可能存在不同看法,但对于邀请公众作进一步评论一事,没有人提出异议。[86]

看起来,对E40的反对意见直到该准则项目的后期才涌现出来,日本公共会计师行业和证券行业的反应尤其典型。在评论函阶段,除日本公认会计士协会(JICPA)提供的正面反馈之外,IASC没有收到过来自日本其他行业的意见。[87]E40的征求意见期限截止于1992年5月。1993年10月,日本证券监管当局才向国际证监会组织(IOSCO)第一工作组抱怨说,日本金融界的有关方面对E40感到"非常失望"(highly frustrated),应该再给他们一个发表评论的机会。此外,有人指出,《IASC洞察》1993年5月刊没有日文译本。[88]

当IASC理事会于1993年11月再次开会时,除同意公布新文件《征求意见稿第48号:金融工具》(E48)之外,别无他图。E48于1994年1月公布,意见征询期限相对较短,于1994年7月31日截止。加拿大特许会计师协会(CICA)也同时公布了一份征求意见稿,但与E48有些许差别。[89]E48基本上反映了1993年5月《IASC洞察》中提出的修改建议,因此它是E40的修订版本。除对上文提到的终止确认规则进行了修订以外,E48还有许多其他改动,包括将保险合同和相关资产排除出准则适用范围、要求将金融工具专门指定为套期工具、对减值规则进行了修改等。

尽管E48与E40并没有本质上的区别,但它并没有那么容易被IASC

---

86. Linda Quinn 和 Michael Meagher 给 David Cairns 的信,1993.10.23,IASC archive, file "IOSCO Core Standards"。另见 "Notes of a Telephone Conversation with Richard Reinhard, Securities & Exchange Commission, and Michael Meagher, Chairman IOSCO Accounting Sub-Committee, 17 September 1993",David Cairns 的备忘录,IASC archive, file "IOSCO Core Standards"。

87. 但是,1993年3月,在 Shiratori、Sharpe、Cairns 和 Murray 的访问期间,IASC 了解到了"JICPA 成员对 E40 的担忧"。"Notes of Meeting with International Advisory Committee of JICPA, Thursday 25 March 1993 in Tokyo, Japan",IASC archive, file "JICPA-Japan"。

88. Richard Reinhard 给 David Cairns 的备忘录,1993.10.26,IASC archive, file "IOSCO Core Standards"。

89. 其中的差别参见 John Carchrae, "Financial Instruments—New IASC and Canadian Exposure Draft", *IASC Insight*,1994.03,14。

第 11 章　强力推进国际协调：IASC 完成其核心准则

理事会接受。E40 是全票通过的，而 E48 以 2 票弃权获得通过。有三个公共会计师行业代表团表示，他们不会支持采用这份征求意见稿的方案制定的准则。[90]IASC 的困难在于，对 E40 和 E48 所包含的方法的反对意见，泾渭分明地分裂成了两个方向。一方面，德国和日本等国的公共会计师行业并不热衷于推广公允价值会计，尤其是在被要求将未实现的利得计入当期收益的时候；另一方面，美国证监会（SEC）首席会计师沃尔特·舒特曾在 1993 年 10 月公开敦促 IASC 进一步向公允价值会计计量方向迈进，远离管理层意图。[91] 当 IASC 于 1993 年 11 月批准 E48 时，美国证监会（SEC）在国际证监会组织（IOSCO）第一工作组的代表向 IASC 表示，他们对于 IASC "忽视" 了舒特的建议感到担忧。[92]

1994 年，IASC 理事会仅在 6 月和 11 月举行了两次会议。在 6 月于爱丁堡举行的会议上，IASC 理事会与部分国家或地区会计准则制定机构（包括负责会计事宜的政府机构）的代表，就 E48 进行了为期两天的讨论。来自 12 个国家或地区的（或官方或民间的）准则制定机构的代表，以及欧盟委员会和欧洲会计师联合会（FEE）的代表参加了会议。参会的准则制定机构大多数来自 IASC 理事会的成员协会所在国，只有三个准则制定机构不是。会议期间，一些 IASC 理事会成员和技术顾问转换了角色，改以其国家准则制定机构代表的身份出席。[93] 不出所料，代表们在会议上发表了各种不同的意见。例如，就计价（valuation）而言，澳大利亚公共会计师行业代表认为，现有征求意见稿所列的替代处理方法——"全面公允价值"（full fair value）计量模式——优于作为基准处理方法的混合计量模式。（美国证券市场上的）财务会计准则委员会（FASB）也赞同使用公允价值计量，尽管它也指出，公允价值计量无法解决全部的套期会计问题。而加拿大准则制定机构在与 E48 同时公布的征求意见稿中已经删除了 "全面公

---

90. IASC board meeting of 2–5 November 1993, minute 7.

91. "SEC Advises the World to Go for Mark to Market", *Thomson's International Bank Accountant*, 3/43（1993.11.15），1.

92. "Meeting of IOSCO Working Party 1 held on 2nd December 1993 in Rome, Italy", David Cairns 的备忘录，1993.12.03，IASC archive, file "ES/MS/DHC meetings 1993".

93. 来自澳大利亚、比利时（非理事会成员国）、加拿大、丹麦、法国、德国、墨西哥（非理事会成员国）、荷兰、新西兰（非理事会成员国）、挪威、瑞典、英国和美国的准则制定机构代表出席了会议。

允价值"这一会计规则可选项。欧洲有准则制定机构指出,欧共体第四号公司法指令限制了公允价值的使用,不允许将未实现利得计入利润。尽管有很多不同的观点,但贯穿许多评论的一个共同话题是,准则制定者更希望IASC放慢节奏,并允许进行更多的讨论。财务会计准则委员会(FASB)的吉姆·莱森林和(英国)会计准则理事会(ASB)的艾伦·库克担心某项IASC准则可能会"固化"不尽人意的处理方法,从而对一些国家会计规则的进步造成障碍。[94]他们说,一个特别难以令人满意的做法是,IASC在金融工具的分类、抵销和套期保值的会计处理方面过于依赖管理层意图。[95]尽管财务会计准则委员会(FASB)承认这是第115号财务会计准则公告(FAS 115)中使用的方法,但它也表示,使用管理层意图将金融工具划分为不同计量规则的组别,这种做法存在"根本上的缺陷"。[96]历史表明,财务会计准则委员会(FASB)在整个20世纪90年代都一直在依赖管理层意图,如今它要求IASC勇闯新路,而它自己并不知道这条新路要走向哪里。

各准则制定机构重申了之前曾在E40的许多评论函中提出过的建议,即IASC应该将项目分为两个或更多部分,以便它可以先公布一个相对没有争议的披露准则。IASC理事会初步表示同意,并在1994年6月的IASC理事会会议上,指示金融工具准则项目的指导委员会识别E48中可以转化为单独的准则的部分。[97]同年11月,IASC迈出了最后一步。这时,一些人认为E48将进一步巩固一种不尽人意的金融工具会计处理方法,另一些人认为E48已经太偏离当前的实践。这些人的联合反对足以让IASC"非常痛苦地"决定,将该项目一分为二。[98]IASC理事会决定,将E48中关于定义、金融负债与权益工具的划分、列报、抵销和披露的内容,另行拼装成

---

94. David Cairns, "Standard Setting Bodies—E48 Concerns", *IASC Insight*, 1994.09, 5–6; "Meeting of the IASC Board with Representatives of National Standard Setting Bodies Edinburgh—June 1994", IASC staff note, AP 11/1994 unnumbered paper.

95. 此为英格兰及威尔士特许会计师协会(ICAEW)技术主管Henry Gold的观点,载于"Growing Instruments of Power", *The Times*, 1994.06.02;另见2004年10月8日作者与John Carchrae的访谈记录。

96. "Meeting of the IASC Board with Representatives of National Standard-Setting Bodies Edinburgh—June 1994", IASC staff note, AP 11/1994 unnumbered paper.

97. IASC board meeting of 15–17 June 1994, minute 6(a).

98. Liesel Knorr的看法,载于"Worst is Yet to Come", *Accountancy*, 115/1221(1995.05), 16。

单独的准则予以公布。这项工作于 1995 年 3 月完成，IASC 理事会一致通过了《国际会计准则第 32 号：金融工具：披露和列报》(IAS 32)。加拿大特许会计师协会（CICA）公布了几乎相同的准则，澳大利亚会计准则理事会（AASB）立即基于 IAS 32 公布了其征求意见稿。[99]

1995 年 2 月，巴林银行因衍生品交易失控而轰然倒塌。紧接着（1995 年 3 月）IASC 就公布了 IAS 32。基于这种情况，我们就可以更好地理解为什么全世界不认为 IAS 32 是一种妥协和退让，而是将其视为在解决一个至今没有满意答案的难题时所采取的及时且可靠的步骤。[100]1994 年 10 月，（美国证券市场上的）财务会计准则委员会（FASB）公布了《财务会计准则公告第 119 号：关于衍生金融工具和金融工具公允价值的披露》，在其金融工具会计准则中增加了一个披露标准。在那之后，财务会计准则委员会（FASB）又花了四年时间才公布了衍生工具的确认和计量准则。

11.5.4 项目的重组

IASC 理事会在 1994 年 11 月作出的分拆项目的勉强决定，还包括指示金融工具准则项目的指导委员会继续就确认和计量问题开展工作。此外，行政委员会被授权与该指导委员会主席进行磋商，并对该指导委员会的组成进行审查。[101]行政委员会对这项任务作出了最广义的解释。1995 年 1 月，行政委员会决定在 IAS 32 完成后解散该指导委员会，并任命一位新主席来负责组建新的指导委员会。虽然这可能会让原指导委员会的一些成员感到失望，但大家普遍认为有必要重新审视这些问题。[102]

新的指导委员会主席是亚历克斯·米尔本。直到 1995 年年中，他一直是加拿大特许会计师协会（CICA）旗下的会计准则委员会的主席。毫无

---

99. Gundi Jeffrey, "Canadian Institute Sticks with IASC Approach", *Corporate Accounting International*, no. 58（1995.05），3；Mark Lawson, "Australia Follows IASC Line on Derivatives", *Corporate Accounting International*, no. 60（1995.07/08），9.

100. Gerry Acher, "A Force to Be Reckoned With", *Corporate Accounting International*, no. 65（1996.01），11.

101. IASC executive committee meeting of 31 October 1994, minute 11；IASC board meeting of 1–4 November 1994, minute 3.

102. 作者 2004 年 10 月 8 日与 John Carchrae 的访谈记录。

疑问，他成了指导委员会的驱动力。[103] 1997 年，他从安永会计公司的兼职岗位上退休，全职投入该项目的工作中。米尔本与加拿大特许会计师协会（CICA）的伊恩·黑格一起编写了指导委员会的许多文件，并保持了该项目的发展势头。黑格正是在 1996 年接替约翰·卡奇雷担任加拿大特许会计师协会（CICA）金融工具项目牵头成员的人。[104]

11.5.5　IASC 抽出时间进行基础研究

新成立的指导委员会决定不在 E48 的基础上继续开展工作。新指导委员会建议 IASC 理事会首先准备一份可以作为意向公告（statement of intent）使用的讨论文件。这不仅可以帮助 IASC 理事会形成自己的想法，还可以"提前通告"IASC 理事会的意图，从而避免 E40 和 E48 曾发生过的违背应循程序的问题。[105] 在 1994 年 6 月与部分国家的准则制定机构一同召开的会议上，也曾经出现过类似的建议，当时财务会计准则委员会（FASB）敦促 IASC 制作一份"全面的教育文件……这样整个学习过程中的收获就不会丢失"。[106] 因此，IASC 理事会于 1995 年 11 月责成指导委员会在 1996 年年底前准备一份"综合性讨论文件"（comprehensive discussion paper），审查"重要的备选处理方法背后的推理和假设"，并提出"制定具体准则所需的框架的拟议原则"。[107] 换句话说，尽管 IASC 理事会向国际证监会组织（IOSCO）提交一套核心准则（包括金融工具准则）的目标日期很紧，但 IASC 理事会还是有意选择了一条漫长的道路，去研究基本的原则。

---

103. 指导委员会的构成随着时间的推移有了很大变化。以下是其成员结构的大致情况：Ian Hammond（澳大利亚）、Gilbert Gélard 及其继任者 G. Gil（法国）、M.Sakamoto（日本）、C.C. van der Sluis（荷兰）、Erik Mamelund（挪威）、W. J. Woodwark（英国）、Barry Robbins（美国）、David Damant 和 Rolf Rundfelt（金融分析师）、A. Dangerfield（瑞士工业控股公司联合会）、David Swanney（巴塞尔委员会）、C. Morson 及其继任者 C. A. McDonough（世界银行）。国际证监会组织（IOSCO）、（美国证券市场上的）财务会计准则委员会（FASB）和（英国）会计准则理事会（ASB）均派出了观察员。IASC board meeting of 27–30 March 1996，minute 4；AP 11/1995 paper 2；AP3/1996 paper 4.

104. 作者 2004 年 10 月 8 日与 John Carchrae、2005 年 4 月 1 日与 Barry Robbins 以及 2005 年 4 月 28 日与 Jan Klaassen 的访谈记录。

105. AP 11/1995.

106. "Meeting of the IASC Board with Representatives of National Standard-Setting Bodies Edinburgh—June 1994", IASC staff note，AP 11/1994 unnumbered paper，p. 16.

107. IASC board meeting of 1–4 November 1995, minute 4.

第 11 章　强力推进国际协调：IASC 完成其核心准则

1996 年 6 月，米尔本告知 IASC 理事会，金融工具准则项目的新指导委员会正在编写一份讨论文件，主要观点是运用公允价值来计量所有的金融资产和负债。实际上，该指导委员会正计划将 E40 和 E48 中的"替代处理方法"置于其提案的中心。尽管这些意图很激进，但 IASC 理事会仍表示了支持。[108] 外界可以通过《IASC 洞察》的文章，及时了解项目的进展情况，其中刊载有长期征求意见的邀请。[109]

与 E40 和 E48 中基于管理层意图对金融工具进行分类的处理方法相比，选择公允价值计量作为基本原则，确实是简化了不少。然而，这仍然不能解决某些难题，比如金融资产和金融负债的终止确认，以及对预期交易的套期保值（hedging of anticipated transactions），等等。该指导委员会在 1996 年剩下的时间和 1997 年对这些问题进行了研究，并于 1997 年 3 月公布了讨论文件《金融资产和金融负债的会计处理》。作为一份讨论文件，它直接由该指导委员会授权公布，而未经 IASC 理事会正式批准。

该指导委员会试图确保这份讨论文件确实会得到充分的讨论。1997 年 3 月至 7 月，指导委员会成员在一个强化版特别协商项目（programme of special consultations）中，会见了多个国家或地区的财务报表编制者、使用者和监管者。[110] 所有这些都必须在巨大的时间压力下进行。对讨论文件的评论截止日期为 1997 年 7 月 15 日。准则草案计划于 1997 年 10 月或 11 月提交给 IASC 理事会。

11.5.6　核心准则的目标完成时间及其所导致的临时解决方案

1997 年夏季，当金融工具准则项目的指导委员会正在准备下一阶段的征求意见稿时，行政委员会开始对该项目感到不安。[111] 行政委员会在 7 月份的会议上注意到，特别协商项目有效地在 IASC 及其成员之间建立起

---

108. IASC board meeting of 11–14 June 1996, minute 6.
109. Ian Hague, "Financial Instruments: the Measurement Issue", *IASC Insight*, 1996.07, 4–5.
110. Alex Milburn 提到了在 12 个国家举行 40 多次会议的行程，见 "The Discussion Stage", *IASC Insight*, 1997.06, 7.
111. 除非另有说明，本段及相关引用均来自 IASC executive committee meeting of 7, 10, and 11 July 1997, minute 2。

良好的沟通渠道，并且该讨论文件的高质量也得到了广泛的关注。[112] 此外，行政委员会获悉，美国证监会（SEC）的首席会计师迈克尔·萨顿赞扬了该讨论文件，并表示希望 IASC 能够坚持自己的立场，因为这将鼓励财务会计准则委员会（FASB）取得更大的进展。[113] 尽管如此，很显然，如果真的按照这份讨论文件的思路去完成该准则项目，势必会带来严重的困难。据说，银行业普遍强烈反对，还有些方面引起了普遍的担忧，尤其是将未实现的利得或损失计入当期损益、采用公允价值计量负债等问题。行政委员会发现，完成该准则的目标日期（原定于 1998 年 4 月）"显得很不切实际"。在讨论过程中，IASC 主席夏普提出了采用财务会计准则委员会（FASB）的准则和其他金融工具会计处理规范作为临时解决方案（interim solution），并与领先的准则制定机构合作制定更长久的准则的可能性。[114] 夏普认为，财务会计准则委员会（FASB）是唯一"接近"拥有完整准则体系的准则制定机构，"任何准则制定机构都很难自行制定出比财务会计准则委员会（FASB）当前采用的准则更好的准则"。他还解释说，这个建议只是一个临时解决方案。他指出，财务会计准则委员会（FASB）也不认为其目前的准则是这个问题的最终结论，而是希望将来能够制定出新的更好的准则。

在详细讨论了这一新想法之后，行政委员会授权 IASC 秘书长卡斯伯格对这一新想法进行更深入的研究，并提出建议供下次 IASC 理事会会议讨论。为此，卡斯伯格联系了 1996 年加入 IASC 的财务会计准则委员会（FASB）前委员保罗·帕克特，请他以美国证券市场上的公认会计原则（GAAP）中有关金融工具的规则汇编为基础，编写 IASC 的征求意见稿。在吉姆·莱森林和财务会计准则委员会（FASB）工作人员的帮助下，帕克特以无人能及的速度完成了这项艰巨的任务，编写了一份冗长的准则草案，比 IASC 曾经考虑过的任何准则草案都要长，其中许多内容几乎一字不差

---

112. 关于各方对讨论文件的反应，另见 "'Radical' IASC Proposals Hailed"，*Accountancy*（international edition），119/1245（1997.05），8；"Accounting IASC"，*World Accounting Report*，1997.06，4。

113. "Notes of Meetings with SEC, 16 June 1997" memo by Bryan Carsberg, IASC execu-tive committee meeting of July 1997，agenda paper II.

114. 基于 2005 年 5 月 26 日与 Bryan Carsberg 的访谈记录和 2005 年 3 月 29 日与 Liesel Knorr 的访谈记录，我们认为 Sharpe 是提案的发起者。

第 11 章　强力推进国际协调：IASC 完成其核心准则

地照抄了美国证券市场上的公认会计原则（GAAP）正文中的相关部分。帕克特只做了编辑工作，即仅限于重新整理、交叉引用其他国际会计准则，并使文本符合 IASC 的风格习惯。这份征求意见稿提交给了 IASC 理事会，以备在 10 月至 11 月的巴黎会议上进行讨论。[115]

这一进展令 IASC 内部和外部的许多人感到惊讶，包括 IASC 理事会和金融工具项目指导委员会的大多数成员。9 月 8 日，卡斯伯格发布了一份新闻稿，并同时分发给 IASC 理事会成员。[116] 此外，指导委员会的成员得知他们的委员会将被解散。[117] 卡斯伯格意识到，在没有事先与理事会和指导委员会协商的情况下，抛出这个提议就像抛出重磅炸弹一样，势必会引发争议。然而，他认为另一种选择更糟糕，因为那样一来，有关这一敏感问题的消息就有可能不受控制地泄露出去，从而迫使 IASC 必须在理事会会议之前发表某种正式声明。[118]

该提案在一些公共会计师行业协会之间引发了一系列问题讨论、意见交换、磋商谈判和新闻评论。这种状况从 9 月初一直持续到 10 月 30 日的下一次 IASC 理事会会议。[119] 采用美国证券市场上的公认会计原则（GAAP）的核心元素并不难理解，因此支持与否就变得很简单。据说这项提案引发了欧洲大陆人的"愤慨"。[120] 欧盟委员会的约翰·莫格（John Mogg）在给卡斯伯格的一封信中措辞强烈地做出了回应：

---

115. AP 10–11 / 1997 paper 9A. 作者 2004 年 7 月 10 日与 Paul Pacter 的访谈记录。

116. Press release and letter attached to AP 10–11/1997 paper 9B.

117. 2005 年 4 月 1 日作者与 Barry Robbins 的访谈记录。理事会似乎没有正式决定解散指导委员会。但行政委员会既然决定成立联合工作组（见第 11.5.7 节），那么指导委员会明显就等于解散了。IASC executive committee meeting of 29 October 1997, minute 2.

118. 作者 2005 年 5 月 26 日与 Bryan Carsberg 的访谈记录；以及 1997 年 10 月 21 日 Bryan Carsberg 致 IASC 理事会成员和技术顾问的通知函。函件副本存于 NIVRA archive, file "Vaktechniek IASC Board meetings"。

119. 读者若想要了解这些回应，请参阅 "Playing for High Stakes", *The Accountant*, no. 5925（1997.09），13；David Cairns, "IASC, G4+1 and US Congress", *World Accounting Report*, 1997.10, 3–4；"Derivatives Valuation Proposals Attacked", *Financial Times*, 1997.09.18, 9；"Bilanzen aus der Provinz", *Börsen Zeitung*, no. 189（1997.10.02），7；"IASC Proposals in for a Rough Ride", *Accountancy*, 120/1251（1997.11），8。

120. Christopher Nobes, "Prospects for World Standards by 2000?", *Accounting &Business*, 1998.01, 11.

（该提案）被许多欧洲人理解为是做出了明确的选择，即选择美国证券市场上的公认会计原则（GAAP）。与此同时，许多欧洲大公司正在犹豫，是否应该选择美国证券市场上的公认会计原则，而不是国际会计准则（IAS）。毫无疑问，如果我们不能尽快使讨论回到坚实的基础上，IASC的事业就有可能因这一倡议而受到严重损害。[121]

同样可以预见的是财务会计准则委员会（FASB）主席埃德蒙·詹金斯（Edmund Jenkins）的观点，他对IASC的计划表示欢迎，认为这是"财务会计准则委员会（FASB）在协调世界范围内的会计准则的合作中发挥领导作用的证据"。[122]

然而，在这个基本问题之外，还有更复杂的问题。主要问题是，这项建议对于促使国际证监会组织（IOSCO）认可IASC准则是否有必要，甚至是否有用。在这方面有几个不确定因素。

其一是完成核心准则的目标日期的刚性。当时的目标日期是1998年4月。[123]这个日期并非不可更改，但考虑到来自欧洲和其他希望进入美国资本市场的公司的压力（见第10.13节），这一日期显然也不能推迟太久。此外，如果推迟到1998年以后，就有可能导致核心准则协议落空，因为国际证监会组织（IOSCO）及其成员机构的人事变动可能导致IASC的核心准则项目丧失动力和投入。

其二是国际证监会组织（IOSCO）是否愿意将金融工具从核心准则中剔除。IASC理事会中的一些公共会计师行业代表团向布赖恩·卡斯伯格提出了这一建议，可能是受到了国际证监会组织（IOSCO）第一工作组的欧洲成员也赞成这一做法的鼓舞。然而，这遭到了美国证监会（SEC）的坚决反对，这是一件只能由国际证监会组织（IOSCO）的更高级别才能决定

---

121. John Mogg给Bryan Carsberg的信，1997.10.22，IASC archive，October 1997 pre–board letters.

122. Edmund Jenkins的观点，载于"IASC Staff to Propose Adoption of US Standards on Financial Instruments，including Derivatives"，*Status Report*，no. 293（1997.09.22），1。该提案也被解释为是IASC助财务会计准则委员会（FASB）的"一臂之力"，*CFO Alert*，4/35（1997.09.15），1。

123. 参见"IASC Accelerated Work Programme"，*IASC Insight*，1997.03，14。

第 11 章　强力推进国际协调：IASC 完成其核心准则

的事项。[124] 早在 1997 年 6 月，美国证监会（SEC）首席会计师迈克尔·萨顿就已经向卡斯伯格表示，美国证监会（SEC）无法接受将金融工具从核心准则中删除。因此，当 IASC 理事会在 10 月底召开会议时，它抱着渺茫的希望，指示卡斯伯格在国际证监会组织（IOSCO）的下一届年会（不久将在中国台北举行）上试探这种可能性。[125]

　　基于更现实的假设，即 IASC 必须在不久之后公布一套金融工具准则，使用美国证券市场上的公认会计原则（GAAP）作为临时解决方案的想法肯定有其吸引力。然而，从媒体的评论中可以明显看出，这个方案存在声誉风险。虽然它可能不会真的"把 IASC 的信誉打得落花流水"[126]，但这肯定不是实力的象征，而且也不一定能保证成功。IASC 理事会知道，国际证监会组织（IOSCO）的欧洲成员对引进美国证券市场上的公认会计原则（GAAP）的想法毫无热情，当然也不喜欢保罗·帕克特编写的长篇草案。[127] 美国证监会（SEC）一直对财务会计准则委员会（FASB）的做法持批评态度，直到 1997 年夏季，还在鼓励 IASC 按照 1997 年 3 月的讨论文件的方针行事。同时，众所周知，IASC 很容易因为其应循程序的质量而受到批评，特别是受到美国证券市场的批评，一些财务会计准则委员会（FASB）委员曾不厌其烦地提到这一点（见第 10.17 节）。这次，IASC 在没有征求指导委员会意见的情况下突然改变策略，很难不影响 IASC 在这方面的形象。总的来说，如果 IASC 真的采纳了财务会计准则委员会（FASB）的工作方案，美国证监会（SEC）不太可能否定它，但是也说不定，没有什么是理所当然的。

　　其三是该建议对全球范围内金融工具的长期发展意味着什么。可以

---

　　124. Jan Klaassen 给 IASC 荷兰代表团其他成员的备忘录记录了与 Gijs Bak（第一工作组的荷兰代表）的交谈，1997.10.23，NIVRA archive, file "Vaktechniek, IASC Board meetings"。另见 Carsberg 给 Enevoldsen 的信，1997.11.21，IASC archive, "Advisory Council" file。

　　125. "Notes of Meetings with SEC, 16 June 1997" memo by Bryan Carsberg, IASC execu-tive committee meeting of July 1997, agenda paper II. 1998 年 1 月，Carsberg 向理事会报告说，"国际证监会组织技术委员会并没有"对将金融工具从核心准则中移除一事"达成共识"。参见 IASC board meeting of 12–16 January 1998, minute 2(a)。

　　126. Sarah Grey, "O Ye of Little Faith", *Accountancy*（international edition），120/1250（1997.10），6。

　　127. Jan Klaassen 给 IASC 荷兰代表团其他成员的备忘录，1997.10.23，NIVRA archive, file "Vaktechniek, IASC Board meetings"。

说，采用美国证券市场上的公认会计原则（GAAP），将是支援财务会计准则委员会（FASB）的一种方式，因为财务会计准则委员会（FASB）在金融工具方面的工作受到了银行业的猛烈抨击。[128] 从这个角度来看，这项建议对那些赞成在金融工具方面取得一些进展，但又不想太偏离现行做法的人是有吸引力的。不过，赞成1997年3月IASC讨论文件中的全面公允价值方法的那些人担心，临时准则一旦实施，以后将很难改变。英国和澳大利亚公共会计师行业代表团尤其持这种观点。

除这些战略考虑以外，IASC理事会各代表团还就该提案的具体方面提出了若干关键性问题。考虑到所有这些因素，IASC理事会在10月份提交提案时否决了它。尽管大家普遍赞赏帕克特所完成的艰巨任务，但只有美国公共会计师行业代表团表示支持该提案。[129] 尽管如此，IASC理事会还是接受了临时准则（interim standard）的建议。当IASC理事会决定让IASC工作人员为1998年4月的会议准备一份草案时，保罗·帕克特实际上变成了一个单人指导委员会（即只包含他一人）。该草案的编写基础不仅包括美国证券市场上的公认会计原则（GAAP），还包括IASC自己的E48和其他来源。IASC理事会还同意，IASC应与其他准则制定机构合作，以期制定一个更长久的全面解决方案。[130]

11.5.7　IAS 39：核心准则全部完成

IASC不得不在巨大的压力下工作，以期完成临时准则。它公开承诺要在1998年完成核心准则。尽管即便核心准则推迟到1999年年初才宣告完成，国际证监会组织（IOSCO）也不至于不予认可，但正如IASC秘书

---

128. Sarah Grey, "O Ye of Little Faith", 6; Robert Bruce, "A Fudge that Could Lead to an Alliance", *The Times*, 1997.09.18. 关于美国的反对意见，参见 "US Bankers Step Up War over Derivatives Plans", *The Accountant*, 1997.10, 1; "Opposing the FASB", *World Accounting Report*, 1997.09, 10–11.

129. 理事会会前评论函，特别是来自南非特许会计师协会（1997.10.20）、澳大利亚会计准则理事会（1997.10.21）和法国注册审计师协会和注册会计师协会（1997.10.24）的评论函，IASC archive, file "1997 Board Comments"。关于理事会讨论的总结摘要，另见 Bryan Carsberg, "Report on Activities from Mid-June 1997 to End November 1997", IASC Advisory Council meeting of 8 January 1998, agenda paper 2A.

130. IASC board meeting of 30 October–4 November 1997, minute 6(a) and (d).

第 11 章 强力推进国际协调：IASC 完成其核心准则

长卡斯伯格写给行政委员会的那样，"在 1998 年完成准则将产生很高的宣示价值"。[131] 为了实现这一目标，IASC 理事会必须在 1998 年 4 月的会议上批准征求意见稿。因此，仅仅通过 1 月和 4 月的两次会议，IASC 理事会便讨论并批准了《征求意见稿第 62 号：金融工具的确认和计量》（E62）。4 月的会议是在吉隆坡举行的，在这次长达六天的会议期间，帕克特先后三次根据 IASC 理事会当天的讨论连夜赶出了新的草案。[132]

E62 是以 IASC 理事会在 10 月至 11 月所否决的那份从美国证券市场上的公认会计原则（GAAP）借鉴而来的长篇准则汇编为基础，经过精简和轻微修改后编写而成的。[133] 在一般意义上，这意味着 E62 回归到了 E48 的基于管理层意图的混合计量模型，同时在内容和风格上有许多修改，反映出该草案的源头是美国证券市场上的公认会计原则（GAAP）。但是，尽管 E62 与美国证券市场上的公认会计原则（GAAP）有"血缘"关系，财务会计准则委员会（FASB）主席埃德蒙·詹金斯还是写信给美国公共会计师行业派驻 IASC 代表团，呼吁他们不要支持将该草案提交到 1998 年 4 月的 IASC 理事会会议上。[134] 詹金斯指出了草案的一些内部矛盾，并批评草案没有提供充分的应用指南。但是这封信并没有深入探讨技术细节。这封信的主要观点是，国际证监会组织（IOSCO）不太可能认可"如此有缺陷的准则"，这会让人们质疑 IASC 有没有能力兑现其公布高质量准则的承诺。詹金斯建议 IASC 应该耐心等待各地的准则制定机构编写出更经得起检验的准则，这实际上是重申了财务会计准则委员会（FASB）对 E48 的看法：IASC 应该耐心等待，直到在别处找到答案。然而，IASC 已经经不起等待。因此，美国公共会计师行业派驻 IASC 代表团给 E62 投了赞成票。[135]

---

131. "Financial Instruments—A Note on Timing", undated paper by Bryan Carsberg, IASC executive committee meeting of April 1998, unnumbered agenda paper.

132. 作者 2004 年 7 月 10 日与 Paul Pacter 的访谈记录。

133. 例如，E62 允许企业将可供出售金融资产的公允价值变动计入损益，而美国证券市场上的公认会计原则要求将这些变动直接计入所有者权益。

134. 参见 Edmund Jenkins 写给 Michael Crooch、Mitchell Danaher 和 Elizabeth Fender（美国方面派驻 IASC 的代表团）的信，1998.04.01，复印件由 Anthony Cope 提供给作者。也可参见 IASC executive committee meeting of 19 April 1998, minute 2. 信中的摘要可见于 "IASC 'At a Critical Point in its History'", *Accountancy*, 121/1257（1998.05），7。

135. 美国代表团成员 Mitchell Danaher 的观点，可见于 "Black Chat", *Accountancy*, 121/1258（1998.06），21-22。

E48 允许企业选择按公允价值计量所有的金融工具，这是 E48 与美国证券市场上的公认会计原则（GAAP）的一项重要区别，但 E62 却删除了这个可选项。这是英国和澳大利亚公共会计师行业派驻 IASC 代表团投票反对 E62 的主要原因。[136] 澳大利亚公共会计师行业代表团从最开始就反对 IAS 39，他们认为 E62 是一种倒退，会在一定程度上成为澳大利亚金融行业自愿或被迫推行公允价值会计的阻碍。[137] 这两个代表团反对 E62 的原因还包括，它们担心临时准则的这种放纵态度会使得人们欲罢不能，用戴维·泰迪的话说，临时准则将"很难再取下来，就像是用强力胶粘住了一样，因为它里面有很多人们不愿意放弃的便利的选项"。但据说 IASC 理事会的其他成员大多数都强烈支持 E62 中的这项被视为反映了当前最佳做法的建议。[138]

E62 于 1998 年 6 月公布，征求意见的期限较短，截止于 9 月底。为便于征求意见、改进操作程序，征求意见稿首次在 IASC 网站上公布，并且建议意见反馈者"最好能够"通过电子邮件发送评论函。[139] 由于自 1997 年秋季以来该项目就一直没有设置指导委员会，因此，IASC 成立了一个由秘书长卡斯伯格担任主席的新的指导委员会，负责审阅评论函。[140]

IASC 理事会在 11 月于苏黎世召开的会议以及 12 月于美因河畔的法兰克福专门为此召开的特别会议上，讨论了最终版准则的草案。仍有许多问题需要 IASC 理事会努力寻找正确的措辞，"可靠性例外"（reliability exception）就是一个例子。可靠性例外允许对某些用公允价值无法可靠计量的金融工具按历史成本进行估值。虽然大家一致认为应该有这种例外，但对于例外规则的适用条件之严格程度，却存在很大的分歧。[141]

---

136. 此外，加拿大和印度／斯里兰卡投了弃权票。

137. 作者 2003 年 5 月 29 日与 Ian Hammond 的访谈记录。

138. "Financial Instruments Standard Inches Closer"，*Accountancy*，121/1258（1998.06），9；另见 "Back Chat"，*Accountancy*，121/1258（1998.06），20—22。

139. 1997 年 12 月，IASC 开始在其网站上提供一些常设解释委员会（SIC）解释草案的电子版文件。*IASC Insight*，1997.12，4。

140. IASC board meeting of 6–10 July 1998，minute 10. 其他成员包括 Alex Milburn（加拿大）、Tatsumi Yamada（日本）、Sigvard Heurlin（瑞典）、Michael Crooch 和 John T. Smith（美国）、以及 Martyn Taylor（FEE）。除 Smith 和 Taylor 外，其他人都是理事会代表团成员。

141. IASC board meeting of 9–13 November 1998，minute 9；"Interim Standard Causes Controversy"，*Accountancy*，122/1264（1998.12），12。

第11章 强力推进国际协调：IASC完成其核心准则

英国公共会计师行业代表团为引入全面公允价值选择权（full fair value option）做了最后的尝试，但该准则项目的指导委员会内部反应不一，有的"态度模棱两可、未置可否"（一位成员），有的"持有敌意"（几位成员），还有的"坚决反对"（大多数成员持此态度）。[142]IASC理事会方面的反应同样也是负面的：在一次民意测验中，公允价值选择权因8票反对、6票赞成、2票弃权被否决。[143]1998年出现的另一个问题是宏观套期，即对承担多种风险的组合头寸进行套期保值。法国公共会计师行业代表团认为在这种情况下应该允许使用套期会计[144]，但IASC理事会表示反对，它希望将套期会计规则——其本质上是对常规会计规则的背离——限定用于特定的被套期风险。[145]

在1998年12月的IASC理事会会议上，投票结果直到最后都难以预测。《国际会计准则第39号：金融工具的确认和计量》（IAS 39）最终以12张赞成票获得通过，这也是一项准则要通过所需要的最低赞成票数。其中澳大利亚公共会计师行业代表团投了反对票，法国、英国和美国的公共会计师行业代表团弃权，而弃权票也会被记为反对票。反对理由各有不同：澳大利亚公共会计师行业代表团原则上反对所有背离全面公允价值的做法；英国公共会计师行业代表团仍然担心，如果没有全面公允价值的选项，这个有缺陷的临时准则以后可能会根深蒂固；法国公共会计师行业代表团担心这项准则会使会计信息缺乏可靠性和审慎性；美国公共会计师行业代表团则在程序上提出了反对意见，认为这项提案获得通过的速度实在是过快了。[146]

这项准则给出了一个遥远的生效日期，其将适用于2001年1月1日以后的财政年度。这是一个缓兵之计，可以让一些代表团觉得该准则大概永远不会实施，从而说服自己投赞成票。其理念是，到那个时候，通过各准

---

142. AP 12/1998 paper 6, p. 13.

143. IASC board meeting of 9–13 November 1998, minute 9.

144. 参见the pre-board comment letters by the Ordre des Experts Comptables, dated 8 December 1998, and the French delegation, dated 11 December 1998, IASC archive, file '1998 Board Comment Letters'.

145. IASC board meeting of 9–13 November 1998, minute 9.

146. Christopher Nobes, "IASC Nears the End of the Core Standards", *Accounting & Business*, 2/1（1999.01），34; Ruud Vergoossen, "IASC Quo Vadis？", *De Accountant*, 105/6（1999.02），378；作者2005年1月12日与David Tweedie的访谈记录。

则制定机构的通力合作应该会形成一个永久性的解决方案。[147]

在公布 IAS 39 之后,IASC 采取了非同寻常的步骤,以问答的形式为准则提供了详细的应用指南。这项准则的复杂性由此可见一斑。这或许也是为了缓解美国证监会(SEC)的担忧,因为美国证监会(SEC)之前就曾批评 IASC 准则缺乏详细的操作指南。[148]1998 年,财务会计准则委员会(FASB)成立了一个衍生工具执行小组(Derivatives Implementation Group)来为《财务会计准则公告第 133 号:衍生工具和套期活动的会计处理》(FAS 133)提供类似的应用指南。IASC 的做法是,由工作人员撰写金融工具准则的应用指南,在公开征求意见并提交给 2000 年 3 月成立的 IAS 39 的解释委员会批准后,最终公布于 IASC 网站。[149]

事实上,在财务会计准则委员会(FASB)于 1998 年 6 月公布 FAS 133 后不久,IASC 一度将金融工具项目临时搁置。FAS 133 涵盖了 IAS 39 所处理的一些主要的确认和计量问题。在经历了 10 年时有竞争时有合作的发展之后,财务会计准则委员会(FASB)和 IASC 难分伯仲地完成了各自的项目。

11.5.8 联合工作组与"永久解决方案"

IASC 在 1997 年 10 月至 11 月间做出了两个关键决定,一是公布临时准则 IAS 39;二是与一些国家的准则制定机构合作,寻求金融工具的长效解决方案。与之前采纳美国证券市场上的公认会计原则(GAAP)作为临时方案的提案一样,秘书长卡斯伯格在 IASC 理事会有机会进行讨论之前,就已经在 1997 年 9 月 8 日的新闻稿中宣布了寻求根本性解决方案的合作办法。同样,其在 IASC 理事会会议之前已经采取了具体措施来沿着这条轨道前进。9 月 24 日,由来自澳大利亚、加拿大、新西兰、英国的会计准则制定者与美国证券市场上的会计准则制定者共同组成的 G4 + 1 小组(见第

---

147. 作者在 2005 年 4 月 28 日与 Jan Klaassen 的访谈记录和 2005 年 1 月 13 与 Christopher Nobes 的访谈记录。

148. 该指南与美国证监会的担忧有关。美国证监会关注事项可见于"International News", *World Accounting Report*,2000.04,2。

149. "IAS 39—Staff Implementation Guidance",*IASC Insight*,2000.06,5。截至 2001 年 7 月的应用指南汇编可见于 *Accounting for Financial Instruments: Standards*,*Interpretations*,*and Implementation Guidance*(London:IASB,2001)。

第 11 章 强力推进国际协调：IASC 完成其核心准则

12.6 节），与 IASC 的卡斯伯格共同举行了会议，二者表示将"共同努力，以期在 2000 年之前制定出一套协调统一的国际准则"。[150] 最初，IASC 可能打算将参与该项目的人员限制在 G4+1 成员中。[151] 这并非不可能，因为 G4+1 已经在 1995 年 11 月公布了一份相关的讨论文件《与套期会计有关的主要问题》(*Major Issues Related to Hedge Accounting*)。不过，在 IASC 理事会会议召开之前，行政委员会修改了提案，建议扩大参与范围。[152]

在 1997 年的最后几个月，一个名为准则制定机构联合工作组（Joint Working Group of Standard Setters，JWG）的委员会成立了，负责制定一套全面的金融工具准则。曾率领指导委员会（现已不复存在）撰写 IASC 1997 年 3 月的讨论文件的亚历克斯·米尔本接受 IASC 的邀请，代表 IASC 出席联合工作组并担任联合工作组主席。除了四个 G4 的创始成员（准则制定机构），联合工作组还包括来自法国、德国、日本和北欧联邦（丹麦、挪威、瑞典）的公共会计师行业的代表。1997 年，德国还没有设立会计准则制定机构，因此，由德国公共会计师协会代为派出了代表。新西兰公共会计师行业随后也在联合工作组的邀请下派员加入。[153] 曾担任 IASC 金融工具项目经理的加拿大特许会计师协会（CICA）的伊恩·黑格，担任联合工作组项目经理（project manager）。虽然加拿大特许会计师协会（CICA）已经决定不跟随 IASC 有关寻求临时解决方案的想法，但加拿大公共会计师行业参与金融工具准则制定的热情依旧不减。[154]

联合工作组独立于 IASC 理事会开展工作，尽管 IASC 设立了一个指导委员会专门与联合工作组保持联系。[155] 它定期向 IASC 理事会通报其进展情况，并就许多问题征询 IASC 理事会的意见，但 IASC 理事会内部还

---

150. AP 10–11 / 1997 paper 2（"IASC Work Programme"）；另见 AP 10–11 / 1997 paper 9B，该会议在其中被明确标记为 G4 + 1 会议。

151. David Cairns 认为成立联合工作组就是 G4+1 的活动，见 "IASC, G4+1 and US Congress"，*World Accounting Report*，1997.10.01，3–4。另外，联合工作组被 Warren McGregor 称为 G4 + 1 的倡议，见 "An Insider's View of the Current State and Future Direction of International Accounting Standard Setting"，*Accounting Horizons*，13/2（1999.06），165。

152. IASC executive committee meeting of 29 October 1997，minute 2。

153. 2006 年 5 月 21 日 Peter Clark 与作者的沟通。

154. "Canada: No Interim Solution"，*World Accounting Report*，1998.02，6。

155. 2005 年 5 月 28 日作者与 Jan Klaassen 的访谈记录和 2005 年 1 月 11 日与 Allister Wilson 的访谈记录。

—— 575

是有人担心 IASC 无法对联合工作组给予应有的关注。[156]2000 年 12 月，参与联合工作组的准则制定机构公布了一份长达 300 页的报告，名为《关于金融工具和类似项目会计处理的建议》(Recommendations on Accounting for Financial Instruments and Similar Items)。IASC 为该报告提供了自己的"概括性"推介文字，这种做法与其他准则制定机构一样。

联合工作组的报告包含一份准则草案的文本，内容跟 1997 年的讨论文件中的全面公允价值方法相似。然而，如果寄希望于这份草案形成最终确定的准则并缩短 IAS 39 这项临时准则的存续时间，目前还没什么把握。这印证了南非特许会计师协会（SAICA）针对 IASC 1997 年推出临时准则的计划所做的预测："我们认为，一份准则一旦公布就极难再改变，即便你事先明确说明它就只是一个临时准则，更不要说拟议的改变将要求更多的金融工具以公允价值计量并将公允价值变动利得和损失提前计入当期损益。"[157]这还导致了一个啼笑皆非的状况：戴维·泰迪在担任英国公共会计师行业派驻 IASC 代表团成员时一直反对 IAS 39，而在成为 IASB（IASC 的继任机构）主席之后的头几年里却不得不为 IAS 39 辩护，以对抗来自欧洲的强烈反对。[158]

11.6　无形资产及减值

虽然无法与金融工具准则相提并论，但制定无形资产准则的工作也相当漫长和复杂。该主题于 1989 年 4 月列入 IASC 理事会的工作议程。此前，1987 年 3 月在悉尼举行的 IASC 理事会会议上讨论的战略评估文件中没有提到这个话题。但是到了 1989 年，无形资产的会计处理问题已经成为一个迫切需要关注的领域。

20 世纪 80 年代后半期，无形资产的会计处理开始出现偏离传统保守方法的迹象。无形资产会计处理的传统保守方法是指尽可能少记录无形资

---

156. "International News", World Accounting Report，1999.09，3.

157. 南非特许会计师协会于 1997 年 10 月 20 日发给 Bryan Carsberg 的备忘录，IASC archive, file "1997 Board Comments".

158. 例如，参见"Tweedie Speaks Out", Accountancy，133/1325（2004.01），51–53.

第 11 章 强力推进国际协调：IASC 完成其核心准则

产，即要么不把相关开支予以资本化，要么就待相关开支资本化以后在相对较短的期限内快速予以摊销。而英国和澳大利亚的一些著名公司，包括吉百利史威士（Cadbury Schweppes）、大都会公司（Grand Metropolitan）、新闻集团（News Corporation）、兰克霍维斯·麦克杜格尔公司（Rank Hovis MacDougall）以及朗特里公司（Rowntree），则开始进行无形资产会计处理的创新。它们的做法包括：不再摊销无形资产；将无形资产按照某种现行价值进行重估；将内部产生的无形资产（如品牌）进行资本化；等等。这些公司的会计做法引起了广泛的关注，被认为是与过去会计处理方法的彻底决裂。新形式的"品牌会计"引起了很大争议，不仅仅因为它们是新方法，还因为它们常常作为盈余管理的手段，被应用于竞争性并购或激进的财务管理实践中。[159] 在英国，当会计准则理事会（ASB）于 1990 年取代会计准则委员会（ASC）之后，如何处理无形资产问题便成为关键考验。[160] 当 IASC 决定对这一主题展开研究时，戴维·凯恩斯将其描述为"现有的国际会计准则尚未涵盖的、最重要的空白"。[161]

即便事态紧急，该项目直到 1998 年 7 月才得以完成。项目拖延的原因之一仅仅是，IASC 最初将大部分资源都用在了可比性与改进项目上。[162] 更重要的是，无形资产的核算与企业合并、商誉、研发支出以及资产减值的会计处理是密不可分的。IASC 为了针对这些相关问题制定协调一致的方法，花费了颇多时间。

11.6.1 不尽人意的第一份征求意见稿

1989 年，无形资产准则项目指导委员会成立，主席由图什·罗斯会计公司英国成员公司合伙人、（英国）会计准则委员会（ASC）委员彼得·斯

---

159. "No Accounting for Taste"，*The Economist*，1988.06.25；Terry Smith，*Accounting for Growth:Stripping the Camuflage from Company Accounts*（London：Century Business，1992），chapter 11；Michael Power，"The Politics of Brand Accounting in the United Kingdom"，*European Accounting Review*，1/1（1992.05），39–68.

160. "New Regime Sets High Compliance Standards"，*Financial Times*，1990.08.02，10.

161. Circular letter from David Cairns to IASC member bodies, dated 2 May 1989, IASC archive, file 'IASC plans and future work'.

162. IASC board meeting of 4–6 March 1993，minute 7.

—— 577

蒂林担任。英国财经界围绕无形资产的争论最为激烈。[163]最初，在（英国）会计准则委员会（ASC）提供的人员支持下，IASC 理事会在 1990 年进行了一些初步讨论。然而，1990 年 8 月，（英国）会计准则委员会（ASC）撤回了对 IASC 的支持，这大概与新成立的会计准则理事会（ASB）取代了会计准则委员会（ASC）有关。[164]由于缺乏资源，IASC 的无形资产准则项目在 1991—1992 年处于"停摆"状态。[165]1993 年，项目重启，《世界会计报告》将其作为一个新项目进行了宣传。[166]但是资源问题仍然没有解决。1994 年 8 月，戴维·凯恩斯沮丧地发现，（英国）会计准则理事会（ASB）无形资产准则项目总监的一次陈述"证实了该机构工作人员的工作性质和工作量与 IASC 存在巨大差异……这种差异并不是因为 IASC 工作人员缺乏努力或者才干，但这些差异确实对 IASC 工作的信誉产生了重大影响"。[167]还有 IASC 理事会、该项目的指导委员会以及工作人员关于技术问题责任分工的理念分歧，在一定程度上也拖累了无形资产项目。[168]

无形资产准则的主要技术问题包括：是否允许对无形资产进行重估；是否要求摊销；是否规定最长的摊销期限；如果规定最长摊销期限，那么应该规定为多久；如何确保无形资产的账面价值不超过其可收回金额。这些问题都不算新奇。例如，在《国际会计准则第 16 号：不动产、厂场和设备》的最初版本（1981 年 10 月通过）中，就已经有了资产减值测试的简单规则。但考虑到一些公司资产负债表上价值高昂但具有不确定性的无形资产，这些熟悉的问题便获得了新的意义。此外，确定项目的适用范围也是一个棘手的问题。IASC 已经有了关于研发支出和商誉的准则，即 IAS 9

---

163. 在指导委员会存续的六年时间里，全程任职或任职过一段时间的其他成员包括 Hank Howarth（加拿大）、Ambrogio Picolli 和 G. Strada（意大利），以及 John Hagen（新西兰）。欧盟委员会和国际证监会组织分别从 1993 年和 1995 年开始派出观察员。项目经理依次由 Paul Sutcliffe、Terry Harding 和 Laurence Rivat 担任。

164. "History Sheet: Accounting for Long Term Intangibles", undated memo [1994], IASC archive, (electronic) file 'IAS 38'.

165. IASC board meetings of 7–9 March 1990, minute 3, of 20–2 June 1990, minute 4, and of 7–9 November 1990, minute 5.

166. "Brand New Ideas", *World Accounting Report*, 1993.05, 1.

167. 1994 年 8 月 31 日 Cairns 给白鸟荣一发送的传真信息，IASC archive, file "ES/MS/DHC meetings 1993"。

168. 1993 年 10 月 18 日 Cairns 给白鸟荣一的沟通，以及 1993 年 10 月 22 日 Sharpe 给 Cairns 的传真。两份文件均载于 IASC archive, "ES/MS/DHC meetings 1993" file。

第 11 章　强力推进国际协调：IASC 完成其核心准则

和 IAS 22。这两项准则都被作为改进项目的一部分进行了修订，且都多多少少存在一些问题。在 1994 年 6 月的"白鸟信件"中，国际证监会组织（IOSCO）要求 IASC 重新考虑 IAS 9 中"强制要求将满足一定条件的研发支出进行资本化"的做法。另外，国际证监会组织（IOSCO）接受了修订后的 IAS 22 关于"强制将商誉确认为资产并在默认的五年期间内进行摊销"的规定，但该规则在一些国家的财经界仍然"极具争议性"。[169] 尤其在法国财经界，许多法国企业正在因为这个规则而威胁放弃 IASC 的准则。[170] 由于法国是 IASC 准则在实践中获得相对广泛认可的、为数不多的发达国家之一（见第 12.2.1 节），因此这一动向是不容忽视的。

在 1994 年的一整年中，甚至到 1995 年，IASC 都一直在处理这些相关问题。为了推进无形资产项目，IASC 理事会于 1995 年 3 月在杜塞尔多夫同一些国家（或官方或民间的）准则制定机构举行了为期一天的会议，就像前一年在探讨金融工具方面的内容时举行的会议一样。与会者发表了各种不同的意见，一些准则制定机构提出，IASC 的提案可能与其国内的准则或提案存在冲突。[171] 然而，与金融工具项目不同的是，IASC 决定按照原计划继续推进无形资产准则项目，并在 1995 年 5 月的下一次理事会会议上审核批准了一份征求意见稿。

1995 年 5 月，《征求意见稿第 50 号：无形资产》（E50）获得通过，其在共计 14 张选票中拿到了 11 张赞成票。[172] 不可避免地，E50 在很多方面是妥协的产物。在适用范围上，它不包括商誉和研发支出。然而，IASC 同时在当时与国际证监会组织（IOSCO）谈判的核心准则工作计划中增加了一个商誉项目，尽管国际证监会组织（IOSCO）并没有要求修订 IAS 22。[173] 关于那些主要问题，E50 建议禁止将大多数内部产生的无形资产资本化，并建议建立"以成本减去累计摊销"为基准的计量方法。尽管 IASC 最近完成的可比性项目和改进项目均旨在消除准则中的会计可选项，E50 还是

---

169. IASC executive committee meeting of 30 October 1995，minute 2.

170. 1995 年 3 月 13 日 Patrick Rochet（法国私营企业协会）写给 Carsberg 的信，IASC archive, file "France"。

171. IASC board meeting of 28–31 March 1995, minute 5.

172. IASC board meeting of 8–10 May 1995, minute 4.

173. 参见 David Cairns, "Can the IASC Cope with Goodwill?", *Accountancy*（international edition），117/1232（1996.04），62–64。

引入了公允价值计量（附强制摊销规定）作为历史成本计量的一种替代处理方法。E50建议最长摊销期限为20年，但可以存在有限的例外情况（特别是在资产存在活跃二级市场的情况下）。关于减值测试，E50故意没有提及计算可收回金额时的折现问题，并且仅就不能单独确定可收回金额的资产如何分组提供了非常简略的操作指南。总之，E50提供了一个有限的解决方案，且忽略了主要类别的无形资产。它确实反映了最近英国和澳大利亚等国公共会计师行业的会计惯例的一些变化，但在某种程度上注定不能满足更彻底的变革要求。

可以预见的是，关于E50的92封评论函意见分歧相当严重，特别是在摊销问题上。大多数发表反馈意见的公司反对除使用寿命以外的任何摊销限制，也有许多公司认为某些资产根本不应该摊销。反对意见不仅来自业界。荷兰和法国的准则制定机构也指出，某些无形资产其实拥有无限的使用寿命。从评论函中可以明显看出的一件事是，IASC不能将无形资产与商誉和研发支出割裂开来。很多意见反馈者指出了E50与其他现有准则之间的不一致之处。美国证监会（SEC）则强烈敦促IASC对这些问题进行更全面的研究，以避免为会计套利创造机会。[174]

11.6.2　先行处理资产减值问题：IAS 36

1996年3月，IASC要提前完成核心准则的决定，使无形资产的问题变得更加复杂。直到1996年年底，IASC才提出与无形资产有关的复杂问题的解决方案。最终的解决方案是：第一，迎难而上，把所有相关问题都考虑在内；第二，要认识到之所以需要先行起草资产减值准则，并不仅仅是因为它在国际证监会组织（IOSCO）的核心准则清单上，更因为它是解决无形资产难题的关键。[175] 严格的减值测试或许可以提供一个中间地带，让那些支持无形资产资本化的人和那些主张更传统的稳健性的人能够达成一致。1996年6月，IASC理事会指示无形资产准则项目的指导委员会编写一份修订版的无形资产征求意见稿，以及修订版的IAS 9和IAS 22的征

---

174. 基于AP 3/1996 paper 8（对评论函的分析）。

175. AP 9/1996 paper 22，paragraph 9；Liesel Knorr，"IASC Accelerates its Work Programme"，*IASC Insight*，1996.07,10.

第 11 章　强力推进国际协调：IASC 完成其核心准则

求意见稿。与此同时，IASC 理事会还成立了一个新的指导委员会，负责编写资产减值的征求意见稿。可惜的是，无形资产准则项目的指导委员会主席彼得·斯蒂林在 6 月的 IASC 理事会会议后不久就去世了。在那之后，IASC 发起了对所有项目整合的最后推动。根据卡斯伯格的建议，两个指导委员会合并，由吉尔伯特·格拉德担任主席。格拉德自 1988 年以来一直以法国公共会计师行业派驻 IASC 的代表团的观察员的身份出席 IASC 理事会会议。[176]

在新的安排下，IASC 取得了快速进展。1997 年 4 月，IASC 理事会批准了资产减值的征求意见稿（E55）。1998 年 4 月，IASC 理事会批准了《国际会计准则第 36 号：资产减值》（IAS 36），该准则与 E55 仅存在细微的差异。[177] 除了最初的 IAS 1，IASC 从未如此迅速地完成过一个项目。IASC 秘书长卡斯伯格宣称资产减值准则是对旧准则的修订，而不是一个新的项目，所以可以适用 IASC 理事会 1996 年 3 月批准的快速通道程序。[178] 这在形式上也许是说得通的，因为 IAS 16、IAS 22 和 IAS 25 之类的准则确实包含有关减值测试的基本规则，但是把拟议的准则称为一项"修订"，也实在是把这个词的含义扩展到了极限。

虽然 IAS 36 适用于几乎所有的非金融资产，但预计其主要影响还将是在无形资产领域。[179]IAS 36 反映了一些国家的准则制定机构所处理的资产减值问题的日益复杂性，例如在确定可收回金额时强调要使用折现后的现金流量的问题，以及将资产按照现金产出单元（cash generating units）进行分组的问题。事实上，IASC 之所以能够取得如此迅速的进展，重要原因之一是，最近它终于厘清了许多基本概念的问题。[180]1995 年，（美国证券市

---

176. AP 9/1996 paper 3A；IASC board meeting of 23–8 September 1996，opening remarks. 指导委员会的其他成员包括 Peter Day（澳大利亚）、Ahmad Ghazali 及其继任者 Goh Joon-Hai（马来西亚）、Peter Holgate（英国）、Walter Schuetze 及其继任者 Michael Crooch（美国）、Patricia McQueen（金融分析师）、Philippe Gaberell（瑞士工业控股公司联合会）和 Ed Milan（财务经理协会国际联合会）。国际证监会组织和欧盟委员会派出了观察员。Laurence Rivat 担任项目经理。

177. Laurence Rivat,"New IAS on Impairment of Assets Issued"，*IASC Insight*，1998.06，18–19.

178. AP 6/1996 paper 17.

179. Henri Giot,"IASC: Décisions et projets"，*Revue Française de Comptabilité*，1997.05，7.

180. "Impairment of Long-lived assets: A Background Issues Paper for the IASC Steering Committee on Impairment"，1996.08，IASC archive, file "IAS 36"（electronic）.

场上的）财务会计准则委员会（FASB）公布了《财务会计准则公告第121号：长期资产减值和待处置长期资产的会计处理》（FAS 121）。1996 年,（英国）会计准则理事会（ASB）公布了讨论文件《有形固定资产减值》，以及《财务报告征求意见稿第 12 号：商誉与无形资产》（FRED 12）。G4+1 也在研究一份与无形资产相关的讨论文件，后于 1997 年公布。

英国会计规则的进展对 IASC 特别重要。在英国等少数几个国家，将商誉直接冲减所有者权益——即冲减资本公积或者保留盈余等准备金项目——的会计做法仍然比较常见。[181] 这是 1984 年公布的第 22 号标准会计实务公告（SSAP 22）中的首选处理方法。会计准则委员会（ASC）没能禁止这种做法，这是导致其于 1990 年消亡（被会计准则理事会（ASB）取代）的原因之一。[182] 在英国公共会计师行业的坚持下，1983 年公布的 IAS 22 也允许将商誉直接冲减所有者权益中的准备金项目（见第 5.13.2 节）。1993 年，作为可比性和改进项目的一部分，修订版 IAS 22 取消了这一会计规则可选项，这使得英国公共会计师行业的这一做法在国际会计同行中显得更为孤立。但在接下来的几年里，会计准则理事会（ASB）引入了用"年度减值测试取代商誉摊销"的理念，从而在商誉会计领域一举把英国会计规则从"落后分子"推举成了"领先团体"。这就是第 12 号财务报告征求意见稿（FRED 12）所推广的方法。这一方法启发了 IASC，于是 IASC 在 1996 年决定先解决资产减值准则的问题，再由此来解决无形资产的问题。[183]

（美国证券市场上的）财务会计准则委员会（FASB）没有想过要用资产减值来改变商誉的会计核算。根据会计原则委员会（APB）1970 年公布的《APB 意见书第 17 号：无形资产》，商誉应在不超过 40 年的期限内进行系统性的摊销。虽然财务会计准则委员会（FASB）的第 121 号财务会计准则公告（FAS 121）的减值处理方法与英国公共会计师行业正在编写的

---

181. *FEE European Survey of Published Accounts 1991*（London：Routledge，1991），54.

182. 参见 B. A. Rutherford, "Narrowing the Areas of Difference: A History of the Accounting Standards Committee 1969–1990", manuscript dated October 2004 (forthcoming from Routledge), chapter 10 "Group Accounting and Intangibles".

183. Sonia Bonnet-Bernard and Gilbert Gélard, "Goodwill et immobilisations incorporelles: Du Royaume-Uni à l'IASC", *Revue Française de Comptabilité*, 1996.11, 35–37.

第 11 章 强力推进国际协调：IASC 完成其核心准则

方法总体上是相似的，但也存在一些重要的差别。其中一个不同之处就是，在减值测试中，究竟应该将资产的账面价值与未折现的未来现金流作比较（这是 FAS 121 的立场），还是与折现后的未来现金流作比较（这是英国公共会计师行业的立场）。另一个争议发生在减值损失的计量上，即资产的账面价值究竟应当减记到什么样的新价值上。财务会计准则委员会（FASB）在 FAS 121 中采用资产的公允价值（fair value）定义了其可收回金额。而（英国）会计准则理事会（ASB）则强烈建议将可收回金额界定为可变现净值（net realisable value）与在用价值（value in use）两者中的较高者。会计准则理事会（ASB）明确要求会计主体在确定在用价值时要考虑其自身的情况，而财务会计准则委员会（FASB）在原则上就反对这种缺乏统一规则的、因人而异的计量做法（entity-specific measurement）。[184]IASC 在 E55 和 IAS 36 中跟随了（英国）会计准则理事会（ASB）的做法，尽管国际证监会组织（IOSCO）的第一工作组不太赞成。[185] 虽然 IAS 36 并不是 IASC 与（英国）会计准则理事会（ASB）正式合作制定的，但两者实际上一直在有效地协同工作，所以 IAS 36 更接近于会计准则理事会（ASB）的《财务报告征求意见稿第 15 号：固定资产和商誉的减值》（FRED 15，1997 年公布），而不是财务会计准则委员会（FASB）的 FAS 121。[186]

尽管使用了快速通道程序，IASC 还是留出时间进行了程序创新。IASC 针对征求意见稿中的建议进行了现场测试，这是历史上的第一次。1997 年下半年，22 家跨国公司同意采用 E55 的规则，对近期的减值资产和其他资产进行会计处理。IASC 工作人员和该准则项目的指导委员会成员通过发放问卷和亲身走访的方式收集和讨论了调查结果。这些公司主要来自八个欧洲国家，还有分别来自澳大利亚、加拿大、日本、南非和美国的一到两家公司。指导委员会的结论是，绝大多数参与实验的公司都支持这份征求意见稿的建议。[187]

---

184. Anne McGeachin, "Bringing Impairment under One Umbrella", *Accountancy*（international edition），120/1247（1997.07），66.

185. IASC board meeting of 7–11 April 1997, minute 7.

186. Christopher Nobes, "The Continuing Merger of UK and IASC Standard Setting?", *Accounting & Business*, 1998.05.25；2005 年 1 月 12 日作者与 David Tweedie 的访谈记录。

187. AP 1/1998 paper 15B.

11.6.3 商誉和其他无形资产

如上所述，1996 年 6 月 IASC 交给无形资产准则项目指导委员会的任务，是编写无形资产准则，以及协调修订关于研发支出的 IAS 9 及关于企业合并和商誉的 IAS 22。这三个任务显然是相互关联的，因为研发支出可能会形成无形资产，而企业合并中取得的任何未确认的无形资产都会自动成为商誉。1997 年 1 月，IASC 理事会沿着这一逻辑更进一步，决定不再为研发支出编写单独的准则。同年 7 月，IASC 理事会批准了两份征求意见稿，分别为《征求意见稿第 60 号：无形资产》（E60）和《征求意见稿第 61 号：企业合并》（E61）。随后，在 1998 年 7 月，IASC 批准了相应的准则，即《国际会计准则第 38 号：无形资产》（IAS 38）和《国际会计准则第 22 号：企业合并（修订版）》（IAS 22）。这又是一个飞速的进展。

尽管最新的减值准则正在编写之中，这有助于减轻 IASC 同时就商誉和其他无形资产进行辩论所带来的压力，但仍有一些艰难的选择：是否应该允许将内部产生的无形资产资本化？无形资产的摊销期是否应该有一个上限，或者是否应该允许公司假设某些资产的使用寿命是无限期的？关于这些问题的辩论围绕着美国证监会（SEC）和（英国）会计准则理事会（ASB）所持的两个对立的立场展开。

美国证监会（SEC）非常不赞成将品牌等内部产生的无形资产资本化，也不赞成无限制的摊销期。美国证监会（SEC）首席会计师迈克尔·萨顿在各种场合向布赖恩·卡斯伯格明确表达了他的担忧。[188] 为了表达对 IASC 准则中这些问题以及其他问题的担忧，萨顿以国际证监会组织（IOSCO）观察员的身份出席了 IASC 1996 年和 1997 年的三次理事会会议。IASC 理事会当然也意识到了美国证监会（SEC）首席会计师亲自出席会议的重要性。[189] 美国公共会计师行业（证券行业）派驻 IASC 代表团和金融分析师行业代表团倾向于支持美国证监会（SEC）较为保守的立场。然而，戴维·泰迪却满怀激情地主张，在有限的情况下，无形资产和商誉应该基于

---

188. "Note of Meetings at SEC, 16 June 1997", IASC executive committee meeting of July 1997, agenda paper; IASC executive committee meeting of 29 October 1997, minute 2.

189. 2005 年 1 月 13 日作者与 Tom Jones 的访谈记录。

第 11 章　强力推进国际协调：IASC 完成其核心准则

无限期的使用寿命来核算。[190]

在 1998 年 7 月（于加拿大滨湖尼亚加拉）召开的 IASC 理事会会议上，经过艰难的讨论，最终达成的协议倾向于英国公共会计师行业的立场。IAS 38 和修订版 IAS 22 对商誉和其他无形资产的摊销期进行了调整。跟（英国）会计准则理事会（ASB）1997 年 12 月公布的《财务报告准则第 10 号：商誉和无形资产》（FRS 10）一样，IAS 38 和修订版 IAS 22 引入了一个"可反驳的假设"（rebuttable presumption，即原则性立场）：商誉和无形资产的使用寿命通常不超过 20 年。与美国证券市场上的公认会计原则（GAAP）不同，IASC 的准则没有固定的最长摊销期限。但是，FRS 10 允许企业假定商誉和其他无形资产的使用寿命是不确定的，IAS 38 和修订版 IAS 22 则要求其使用寿命应是有限的。IAS 38 和 FRS 10 都允许在一定范围内把内部产生的无形资产进行资本化，而 GAAP 不允许。与 IAS 9 一样，IAS 38 强制要求（而不只是允许）将符合某些条件的开发阶段支出（development expenditure）进行资本化。然而，澳大利亚和法国的公共会计师行业认为，IAS 38 对内部产生的无形资产资本化的限制条件过于苛刻。

总之，IAS 38 和修订版 IAS 22 是非常平衡的折中方案，获得了刚好够通过的赞成票。就 IAS 22 而言，IASC 做出的妥协包括偏离了同次会议通过的 IAS 37 关于预计负债的规则（见第 11.7.4 节）。澳大利亚、法国的公共会计师行业代表团和金融分析师行业代表团投了反对票，美国公共会计师行业（证券行业）代表团投了弃权票，这四张反对票代表了对无形资产的正确处理方法的截然不同的观点。[191]

IAS 38 与美国证监会（SEC）关于无形资产资本化的部分立场背道而驰。值得注意的是，正在尽最大努力争取国际证监会组织（IOSCO）认可的 IASC，并没有简单地同意国际证监会组织（IOSCO）中最强大的成员明确表达的意见。

---

190. "Three of the IASC's Most Controversial Standards Finalised at Last"，*Accountancy*，122/1260（1998.08），8–9。

191. "Three of the IASC's Most Controversial Standards Finalised at Last"，8–9；另见 2003 年 6 月 9 日作者与 Warren McGregor 的访谈记录。关于澳大利亚对 IAS 38 的看法，参见 Geoff Harris，"A Changing View from Down Under"，*World Accounting Report*，1999.10，7–8。

11.7 涉及新主题的其他核心准则

除了金融工具和资产减值，IASC 在 20 世纪 90 年代还涉足了其他四个全新的（或者说基本上是全新的）准则领域，包括每股收益、中期报告、终止经营和预计负债。以下小节将对此进行讨论。

11.7.1 IAS 33：每股收益

IASC 的每股收益准则的征求意见稿以及相应的《国际会计准则第 33 号：每股收益》（IAS 33）都以全票赞成获得了通过。这表明，每股收益并不是一个有争议的话题。尽管如此，IAS 33 仍然是一个很重要的项目，因为 1997 年 1 月通过的 IAS 33 是 IASC 和（美国证券市场上的）财务会计准则委员会（FASB）的双边合作项目中编写的唯一一项准则。这甚至超出了项目开始时的设想。1990 年 3 月，在国际证监会组织（IOSCO）的非正式推动下，IASC 将每股收益列入了议事日程。[192]

每股收益准则项目有一个小型的指导委员会，由南非公共会计师行业派驻 IASC 代表团成员、特许会计师、特许金融分析师道格·布鲁金担任主席。该指导委员会的组成有些不同寻常，除布鲁金以及后来加入的财务会计准则委员会（FASB）代表之外，其他成员都是金融分析师而非公共会计师。[193] 另一个不寻常之处在于，国际证监会组织（IOSCO）没有派观察员参加会议。国际证监会组织（IOSCO）确实在其核心准则清单中列入了一项每股收益准则，但显然它对其内容不甚关心。[194]

同无形资产准则项目一样，受可比性和改进项目的影响，每股收益

---

192. 国际证监会组织的建议参见 Liesel Knorr, "IASC and FASB Speak with One Voice on EPS", *Accountancy*, 119/1244（1997.04），67。Paul Cherry 在 1989 年与 David Cairns 的一次会议上也提出了这个话题，参见 "Notes of Meeting with Paul Cherry, Toronto, 12th March 1989", IASC archive, "Comparability" file.

193. 其他成员包括 F. Tokumasu（日本）、Rolf Rundfelt（欧洲）和 Peter Knutson（美国），这三名成员均代表金融分析师。1990 年 11 月，韩国会计师协会代表 T. K. Moon 加入了，但他在 1992 年之后就不再参与。到了 1994 年的时候，Tokumasu 也显然不再参加。2005 年 3 月 29 日作者与 Liesel Knorr 的访谈记录。G. Thompson 和 Liesel Knorr 均担任项目经理。

194. IASC executive committee meeting of 27 March 1995, minute 2.

第 11 章 强力推进国际协调：IASC 完成其核心准则

准则项目在 1993 年中期以前进展非常缓慢。但与无形资产准则项目不同的是，每股收益准则项目在 IASC 理事会的优先级排名很低。[195] 与此同时，1991 年 8 月，财务会计准则委员会（FASB）公布了其"国际活动计划"（Plan for International Activities），宣布打算发起国际准则制定合作项目（见第 12.4.5 节）。不久之后的 1991 年 10 月，已经出任 FASB 高级管理人员的财务会计准则委员会（FASB）前委员戴维·莫索（David Mosso）致信凯恩斯说，"（每股收益）并不是财务会计准则委员会（FASB）议程上的优先事项，但国际可比性是优先事项……在我们看来，从一个狭小的、低调的问题入手，似乎是测试和落实一些合作机制的好办法。"[196] 经过进一步的接触，在完成批准新项目所需的应循程序之后，财务会计准则委员会（FASB）于 1994 年 3 月启动了每股收益项目。它宣布其打算同 IASC 合作，但明确表示没有意图公布共同的文件。[197] 之后，财务会计准则委员会（FASB）的一名工作人员金伯利·佩特龙（Kimberly Petrone）开始参加 IASC 每股收益准则项目的指导委员会的会议。

IASC 欢迎这种合作，而且，鉴于 IASC 一直雄心勃勃但资源匮乏，让佩特龙和财务会计准则委员会（FASB）的工作人员分担很大一部分工作对 IASC 来说是非常有益的。[198] 然而，IASC 在项目过程中不得不接受，一旦财务会计准则委员会（FASB）按照 IASC 的应循程序作出决定，IASC 的观点就没有什么分量了。财务会计准则委员会（FASB）曾在 1993 年提出，每股收益是个适合开展国际合作的项目，因为"它不涉及深奥的或者是存有分歧的理论问题"。[199]IASC 理事会最初也是这么想的，但很可能低估了计算每股收益所涉及的概念性问题的深奥程度。[200] 到 1994 年年底，财务会计准则委员会（FASB）与 IASC 理事会及该指导委员会在

---

195. IASC board meeting of 4–6 March 1992, minute 7.
196. 1991 年 10 月 24 日 Mosso 写给 Cairns 的信，IASC archive, AP 11/1991, unnumbered paper。
197. "FASB Joins IASC in Earnings-Per-Share Project", *Journal of Accountancy*, 177/6（1994.06），19–20. 1994 年 4 月 6 日，David Cairns 也在发给理事会成员的通知函中强调，发布共同文件并不是目标。IASC archive, file "Board/Executive Committee Mailings"。
198. 2004 年 7 月 10 日作者与 Paul Pacter 的访谈记录。
199. FAS 128, *Earnings Per Share*, appendix B, paragraph 68.
200. 2003 年 3 月 31 日作者与 Rolf Rundfelt 的访谈记录。

计算稀释每股收益的目标上出现了分歧。[201] 在对这个问题进行全面审查之后，财务会计准则委员会（FASB）认为稀释每股收益应该是一个"历史性"数字，与基本每股收益一样，是反映报告期内的情况的加权平均值。而 IASC 理事会的大多数成员在传统上却将稀释每股收益视为一种前瞻性的"警告信号"（warning signal），应该根据资产负债表日的情况进行计算。北美主要金融分析师组织投资管理与研究协会（AIMR）最初支持"警告信号"的观点，但在 1995 年年初被说服支持了财务会计准则委员会（FASB）的观点。同样是在 1995 年 1 月，IASC 的该准则项目的指导委员会在与财务会计准则委员会（FASB）的一次会议上，"丝毫没有幻想有可能会完全扭转财务会计准则委员会（FASB）的初步看法"。[202] 然而，该指导委员会和 IASC 理事会后来被财务会计准则委员会（FASB）说服了。IASC 勉强同意基于财务会计准则委员会（FASB）的观点编写其征求意见稿 E52。[203]

作为让步，财务会计准则委员会（FASB）同意基于"警告信号"的观点规定额外的披露要求，这些披露要求被写入 IASC 于 1995 年 11 月公布的 E52 和财务会计准则委员会（FASB）于 1996 年 1 月公布的对应征求意见稿中。[204] 但是，在针对财务会计准则委员会（FASB）征求意见稿的意见反馈中，有超过半数反对这项额外的披露要求，因此，财务会计准则委员会（FASB）建议取消这项规定。IASC 同意了，尽管 E52 的绝大多数意见反馈者并没有表示反对。[205] 《国际会计准则第 33 号：每股收益》（IAS 33）在很大程度上类似于《财务会计准则公告第 128 号：每股收益》（FAS 128，1997 年 2 月公布），尽管 FAS 128 要求披露更多信息，并提供了更多的操作指南。[206]

---

201. 除非另有说明，本段以 AP 3/1995 paper 5 为基础，该文件是 IASC 工作人员关于每股收益的说明。

202. AP 3/1995 paper 5，paragraph 8。

203. 2006 年 3 月 1 日 Doug Brooking 与作者的交流。

204. 财务会计准则委员会于1996年1月发布的征求意见稿 "Earnings per Share and Disclosure of Information about Capital Structure"。

205. AP 9/1996 paper 13（对评论函的分析）。

206. Liesel Knorr, "IAS 33, Earnings Per Share", *IASC Insight*, 1997.03, 15.

11.7.2 IAS 34：中期报告

1995年7月的核心准则协议的工作方案中，包含有一个关于中期报告（interim reporting）的项目。1995年11月，IASC为此设立了一个指导委员会，由北欧公共会计师行业协会代表团的瑞典成员、永道会计公司 Öhrlings 成员公司的合伙人西格瓦德·赫林担任主席。[207] 在两年多后的1998年1月，《国际会计准则第34号：中期财务报告》（IAS 34）获得通过。在此之前，IASC于1997年7月公布过相应的征求意见稿 E57。

IASC在项目的早期阶段就决定，不应由IASC来决定哪些公司应该公布中期报告、公布中期报告的频度以及应于何时公布中期报告，因为那些都是证券监管机构或国家立法机构的事务。[208] 剩下的讨论点是，中期财务报表是否应被视为"独立的"文件、是否应根据与年度财务报表相同的会计政策编制，以及是否应以中期资产负债表日的信息为基础编制。这种做法称作分离法（discrete approach）。与之相对的替代方法是，允许在本会计年度的其他时点根据预期或实际可用的信息来修改会计政策。虽然很少有人支持严格运用分离法，但对于哪些"修改"（modifications）是可以接受的，看法则五花八门，涉及收入平滑和计算捷径等方方面面。[209]

总体而言，在金融分析师的支持下，美国公共会计师行业派驻IASC代表团最赞成分离法或独立观（stand-alone view），秉持着年度和中期财务报表应当适用相同的会计政策的一般原则，尽管会计原则委员会1973年公布的《会计原则委员会意见书第17号：中期财务报告》认可了这一—般原则的一些例外情况。而英国公共会计师行业等代表团则认为，分离法可能会在某些情况下导致出现错误的财务报表。例如，当一个季度中被发现减

---

207. 指导委员会的其他成员是 Paul Phenix（中国香港）、B. E. Abrahams（南非）、C. Gatto（财务经理协会国际联合会）、R. Fischer 及其继任者 Malcolm Cheetham（国际商会）、E. T. Doran 及其继任者 P. Morton（国际证券交易所联合会）。国际证监会组织派出了一名观察员。Paul Pacter 担任项目经理。

208. IASC board meeting of 11–14 June 1996, minute 8(a)；关于指导委员会对这一问题的早期想法，参见 Paul Pacter, "Interim Reports: Who, What and When?", *Accountancy*（international edition）, 118/1235（1996.07），70–72。

209. 整理自2003年3月31日作者与 Sigvard Heurlin 的访谈记录。

值的资产在同年的下一个季度中不再有减值时，就会出现这种情况。[210]

与无形资产准则项目一样，E57 和 IAS 34 中所采用的立场都更倾向于（英国）会计原则理事会（ASB）而不是（美国证券市场上的）财务会计准则委员会（FASB）的观点。[211]IAS 34 规定了一种"年初至本中期末"（year-to-date）的策略，要求使用同样的会计政策编制中期和年度财务报表，但可根据新的信息进行重新计量。

IAS 34 反映了金融分析师行业代表团对更广泛的信息披露的强烈需求，包括简要现金流量表和分部信息的披露。这又反过来促使财务经理协会国际联合会（IAFEI）和瑞士工业控股公司联合会对最终准则投了反对票。[212]

11.7.3　IAS 35：终止经营

终止经营准则项目是雄心勃勃地开始的，但随着项目的进展，其范围大大缩小，最后形成了一项如 IASC 秘书长卡斯伯格所称的"相当没有争议"的准则。[213]

在核心准则工作方案的基础上，IASC 理事会于 1995 年 11 月同意在其议程中增加一个关于终止经营的准则项目。项目提案认为，《国际会计准则第 8 号：当期净损益、重大差错和会计政策变更》（IAS 8，1993 年修订）包含有限的信息披露指南，但是"现存的或拟制定的准则没有处理终止经营的计量问题，因此有必要提供进一步的指导"。[214]虽然 IASC 理事会已经在考虑采用快速通道程序进行修订，并且预计该项目将会修订 IAS 8 而非

---

210. Ingrid Tighe and Sarah Grey, "Concerted US Opposition Bodes Ill for Eventual SEC Acceptance of IASs", *Accountancy*（international edition）, 120/1248（1997.08）, 18–19.

211. Nobes,"The Continuing Merger of UK and IASC Standard Setting", 24–25.（英国）会计准则理事会（ASB）在 1997 年 9 月发布了一份无约束力声明，名为"*Interim Reports*"。

212. 参见瑞士工业控股公司联合会代表团（瑞士代表团）在 1998 年 1 月 12—16 日的 IASC 会议上编写的记录。这些记录以及下文提到的记录均由 Harry Schmid 慷慨地提供给作者。关于披露的早期争议，参见 Henri Giot, "Board de l'IASC à Beijing", *Revue Française de Comptabilité*, 1997.09, 10。

213. 引自 "IASC Workload Proves too Much for the Board", *Accountancy*（international edition）, 121/1258（1998.06）, 8。

214. AP11/1995 paper 17.

第 11 章　强力推进国际协调：IASC 完成其核心准则

编写新的准则，但理事会仍一致同意该项目应遵循 IASC 的应循程序。[215] 这是在加速核心准则计划之前发生的。如上所述，IASC 理事会随后将在更大的时间压力下批准关于资产减值准则项目的快速通道程序，尽管跟终止经营项目比起来，将资产减值说成是一个准则修订项目更难以服人。

终止经营项目的指导委员会由雷丁大学会计学教授、英国公共会计师行业派驻 IASC 代表团成员克里斯托弗·诺布斯担任主席。1996 年 6 月，该指导委员会建议进一步扩大该项目的范围。[216]IASC 理事会同意了诺布斯发起的这一建议，即该项目应处理"即将终止"（discontinuing）而非"已经停止"（discontinued）的经营活动，要解决的是在业务终止或处置的过程中（而不仅仅是在经营结束时）所产生的会计问题。[217]IASC 理事会还同意，该项目应处理新取得的业务的披露问题，这与指导委员会的观点一致，即应向会计信息使用者提供有关持续经营业务的财务状况、经营成果和现金流量的信息。在这一阶段，IASC 还注意到，该项目与 IASC 工作日程上的其他几个项目有关，包括减值、预计负债、分部报告和财务报表列报等。[218] 对于这种可能的重叠，IASC 通过缩小终止经营项目的覆盖范围而不是缩小其他项目的范围解决了问题。

1996 年 9 月，指导委员会向 IASC 理事会提出了一项相当激进的建议。它建议"按照市价计量"（mark-to-market）那些被分类为终止经营业务的资产和负债，并将初始分类和后续重新计量所产生的利得和损失计入净损益。终止经营应在资产负债表和利润表中单独予以列示。[219] 尽管金融工具方面的工作已经让 IASC 理事会成员逐渐熟悉了将未实现损益计入利润表的做法，但这些建议，包括按照估计结算金额计量负债，相当于又朝着资产负债观这一 IASC 的转型方向迈出了相当大的一步。IASC 理事会认为这一步迈得太大了，于是开始削减这个项目的规模。IASC 理事会决定，在实际处置之前不应确认利得。它还指示该项目的指导委员会探索一种"更传

---

215. IASC board meeting of 1–4 November 1995, minute 2(d) and 9；另见 AP11/1995 paper 17。
216. 其他成员包括 Keith Rushbrook（新西兰）、Maritza Izquierdo（秘鲁）、Aw Cheok-Huat（新加坡）和 A. Baldi（瑞士工业控股公司联合会）。国际证监会组织和欧盟委员会派出了观察员。项目经理是 Laurence Rivat，后由 Paul Pacter 接替。
217. 2005 年 1 月 13 日作者与 Christopher Nobes 的访谈记录。
218. AP 6/1996 paper 14.
219. AP 9/1996 paper 19.

统"（more conventional）的方法，而不是按市值计价，以期让确认和计量标准尽可能与其他现有或在拟的准则保持一致。还有人建议，该准则可以只限于列报。做出这些决定的深层原因是，IASC 越来越意识到，终止经营项目与其他诸如资产减值、预计负债和雇员福利等项目纵横交错，所有这些项目都涉及处于困境时的终止经营问题。[220] 该项目的指导委员会和 IASC 秘书长仍然赞成按市值计价的方法，但在 1997 年 4 月，对原则声明草案（draft statement of principles）作出答复的大多数人显然支持 IASC 理事会所说的"更传统"的确认和计量办法。许多人还质疑是否真的有必要编写一个单独的终止经营准则。因此，该指导委员会请求 IASC 理事会决定该项目是应该放弃，还是应该只局限于列报问题。在国际证监会组织（IOSCO）代表的鼓励下，IASC 理事会选择了后者。[221] 由于 IASC 理事会还决定，终止经营活动的列报不必一定在资产负债表和利润表内进行，因此，剩下的主要问题就是确定信息应披露到什么程度，并确保准则用语与其他相关项目保持一致。[222] 尽管这确实引起了一些争论，但无论是征求意见稿 E58（1997 年 7 月）还是《国际会计准则第 35 号：终止经营》（1998 年 4 月公布）都获得了 IASC 理事会的全票通过。

11.7.4　IAS 37：预计负债

尽管国际证监会组织（IOSCO）要求 IASC 修订《国际会计准则第 10 号：或有事项和资产负债表日后事项》（IAS 10）中关于或有事项的指南，但它并没有把"预计负债"（provisions）列入其核心准则清单。国际证监会组织（IOSCO）未将预计负债单独列出的原因之一可能是，美国证券市场上的公认会计原则（GAAP）没有使用一个全面的术语来统称各种各样的负债、或有事项和其他应计项目等欧共体第四号公司法指令所反映的欧洲传统上所称的"预计负债"。在 GAAP 中，跟预计负债概念对应的

---

220. IASC board meeting of 23–8 September 1996，minute 12. 理事会讨论的内容总结载于 AP 4/1997 paper 4。

221. 1996 年 10 月 9 日 Paul Pacter 向指导委员会成员发送的传真信息，IASC archive，IAS 35 file (electronic)；AP 4/1997 paper 4；IASC board meeting of 7–11 April 1997，minute 4。

222. AP 4/1998 paper 7 回顾了这项决定。目前尚不清楚该决定是何时作出的，但最有可能是在 1997 年 4 月的理事会会议上。

第 11 章　强力推进国际协调：IASC 完成其核心准则

内容，散见于多项准则之中，并不是在单一的准则中处理的。[223] 然而，在 1995 年 7 月核心准则协议达成时，预计负债的主题对于财务会计准则委员会（FASB）来说已不再是一个陌生的概念。1995 年 11 月，G4+1 发表了题为《预计负债：财务报表上的确认、计量和披露》的文件。就程序而言，IASC 的预计负债项目具有重要意义，因为它是 G4+1 项目直接形成 IASC 准则的最明确的例子。就实质内容而言，《国际会计准则第 37 号：预计负债、或有负债和或有资产》（IAS 37，1998 年 7 月公布）代表着 IASC 显著地打破了许多欧洲国家会计界对预计负债所惯用的以利润表为导向的传统方法（traditional income-statement oriented approach），并进一步向着 G4 准则制定机构集团的资产负债观（balance-sheet orientation）迈进。

　　IASC 的预计负债项目始于 1996 年 3 月，设立了由戴维·泰迪担任主席的指导委员会。[224]（英国）会计准则理事会（ASB）为该项目提供了人员支持，安排上类似于加拿大特许会计师协会（CICA）之前为金融工具准则项目提供支持的情况。[225] 曾与桑德拉·汤普森（Sandra Thompson）共同撰写了前述 G4+1 关于预计负债的文件的会计准则理事会（ASB）成员安德鲁·伦纳德（Andrew Lennard），同时担任了 IASC 预计负债项目的经理和并行的会计准则理事会（ASB）预计负债项目的经理。1998 年 9 月，会计准则理事会（ASB）公布了《财务报告准则第 12 号：预计负债、或有负债和或有资产》（FRS 12），与 IAS 37 基本相同。

　　也许根据（英国）会计准则理事会（ASB）早先在预计负债方面的工作就可以预料到，指导委员会向 IASC 理事会提案的处理方法是，只有当报告主体在资产负债表日负有义务的情况下才能确认预计负债。这一要求是根据 IASC 的框架提出的，因为该框架不允许资产负债表列示除所有者权益和负债以外的任何贷方项目，而负债的基本特征就是存在法律义务

---

223. Wayne Upton, "Comparative Analysis of IAS 37 (1998), *Provisions, Contingen Liabilities and Contingent Assets,* and Related U.S. GAAP", in Carrie Bloomer (editor), "*The IASC-U.S. Comparison Project: A Report on the Similarities and Difference between IASC Standards and U.S. GAAP*", 2nd edition (Norwalk, CT: FASB, 1999), 433–449.

224. 指导委员会的其他成员包括 John Andersen（丹麦）、Eberhard Dreissig（德国）、Yüksel Koç Yalkin（土耳其）、Freddy Méan（财务经理协会国际联合会）和 Trevor Harris（联合国贸易和发展会议）。国际证监会组织和欧盟委员会派出了观察员。

225. IASC executive committee meeting of 30 January 1996, minute 2.

— 593

（legal obligation）或推定义务（constructive obligation）。[226] 这是对预计负债的一种比欧洲国家（包括英国）的传统做法更严格的处理方法。欧共体第四号公司法指令（第 20 条）允许为将来很可能发生的负债以及在资产负债表日前产生的预期未来成本和损失记录预计负债。传统上，这种更宽泛的定义是以审慎性原则为理论依据的。但是在 20 世纪 90 年代，一些欧洲国家越来越关注过度的稳健性（excessive conservatism）的问题，担心企业会利用预计负债进行利润平滑（income smoothing）或其他形式的盈余管理。[227]IASC 理事会相对容易地通过了预计负债应当限于现时义务的一般原则，尽管法国公共会计师行业代表团对这一点上仍有疑虑。[228]

但是，在企业重组的情况下，如何适用这一一般原则计算重组准备，争议却相当大。问题在于，在什么阶段，或在什么条件下，公司董事会关于重组的决定会产生推定义务。澳大利亚、美国和英国的公共会计师行业代表团倾向于将重组准备视为"臭名昭著"的盈余管理多发区，并希望对之施加严格的限制。而瑞士工业控股公司联合会以及法国和荷兰的公共会计师行业代表团则强调应允许合理范围内的审慎性。这些代表团指出，各国公司法之间存有差异，他们国家的公司董事会承诺进行企业重组的时间，比大多数英国国家代表团所允许的时间要早。[229] 尽管如此，IASC 理事会最终还是成功地就一套标准达成了一致。如上所述，这套标准也为（英国）会计准则理事会（ASB）所接受，并应用于 FRS 12 中。

如前所述，IASC 理事会在 1998 年 7 月于加拿大滨湖尼亚加拉召开的理事会会议上批准了 IAS 37，也对修订后的 IAS 22《企业合并》进行了最后的投票。IAS 22 在确定收购中应确认的商誉金额时，也涉及重组准备。于是，这再次引发了关于重组准备的争论。根据 IAS 37 的逻辑，只有在收

---

226. AP 3/1996 paper 15；AP 9/1996 paper 20.

227. C. P. M. Overfloom and R. G. A. Vergoosen, "Voorzieningen en Jaarrekeningbeleid", *Maandblad voor Accountancy en Bedrijfseconomie*, 71/9（1997.09），405–416；Walter Busse von Colbe, "Zur Anpassung der Rechnungslegung von Kapitalgesellschaften an Internationale Normen", *Zeitschrift für Betriebswirtschaftliche Forschung und Praxis*, 1995, 373–391.

228. Jean-Claude Scheid, "Le projet de norme IASC sur les provisions", *Revue Française de Comptabilité*, 1997.04., 9–10；另参见法国代表团的评论，载于 AP 7/1998。

229. "Informal Notes of Johannesburg Board Discussion, April 1997", IASC archive, file "IAS 37"（electronic）.

购时存在义务（obligation）的情况下，才能确认重组准备（从而也会增加商誉）。但是，瑞士工业控股公司联合会和荷兰公共会计师行业代表团坚持在这个问题上采取更灵活的处理办法。为了让 IAS 22 获得通过，IASC 理事会必须允许在收购日之后有三个月期限，在此期间，收购方可以制定重组计划，并通过借记商誉（而不是借记损益账户）的方式来对应贷记预计负债。IAS 22 的最终决定是在泰迪离开 IASC 理事会后作出的。当他了解到（正如他所看到的）这项准则被如此注水时，他感到非常愤怒。[230]

关于预计负债的争论表明，IASC 正在发生变化。负债的定义产生了如此广泛的影响，说明许多公共会计师行业代表团已经接受了 IASC 的框架所体现的方法，尽管这与它们的国内规则和惯例存有重大冲突。然而，重组准备的案例也表明，准则制定过程中讨价还价的传统绝对没有销声匿迹。[231]

IAS 37 还处理了原本属于 IAS 10 的或有资产和或有负债的问题。1997 年 11 月，IASC 启动了一个小型项目，以修订 IAS 10 的其余部分，处理资产负债表日后事项。IASC 没有为这个小型项目指定指导委员会。基于工作人员的成果，IASC 理事会于 1998 年 11 月公布了 E63，并于 1999 年 3 月通过了一项修订版准则《国际会计准则第 10 号：资产负债表日后事项》。

11.8　准则的修订

除了 IAS 10，核心准则计划还包括对其他几项现行准则的修订。本节将讨论 IAS 1、IAS 14 和 IAS 19 的大幅修订，以及 IAS 17 的小幅修改。修订《国际会计准则第 1 号：会计政策的披露》（IAS 1，1975 年制定）和《国际会计准则第 14 号：分部报告》（IAS 14，1981 年制定）的任务，最初被视为改进指导委员会工作的一部分。但正如第 9.3.5 节所讨论的，改进指导

---

230. 2002 年 6 月 9 日作者与 Warren McGregor 的访谈记录，以及 2005 年 1 月 12 日与 David Tweedie 的访谈记录；"Three of the IASC's Most Controversial Standards Finalised at Last"，*Accountancy*，122/1260（1998.08），8–9。

231. 2004 年 7 月 14 日作者与 Heinz Kleekämper 的访谈记录和 2003 年 5 月 16 日与 Ken Spencer 的访谈记录。

委员会很快就被迫将其任务聚焦在修订受《意向公告》(*Statement of Intent*)影响的10项准则之上。1992年和1993年，IASC分别成立了单独的指导委员会来处理IAS 14和IAS 1的修订工作。

11.8.1　IAS 1：财务报表列报

1993年3月，IASC理事会设立了一个关于"财务报表列报"的项目。该项目旨在对IAS 1进行修订和扩充。除会计政策的披露（这是IAS 1最初的主题）之外，新的准则还将纳入《国际会计准则第5号：财务报表应披露的信息》(IAS 5)和《国际会计准则第13号：流动资产和流动负债的列报》(IAS 13)的内容，以便在总体层面上全面处理列报和披露问题。该项目的指导委员会于1993年成立，由德国公共会计师行业派驻IASC代表团成员、慕尼黑Datag会计公司合伙人海因茨·克里卡纳尔担任主席。[232] 该项目形成的征求意见稿（E53）于1996年6月获得通过。最终版准则《国际会计准则第1号：财务报表列报》(IAS 1)则在1997年7月获得通过。

自1975年公布以来，IAS 1在二十多年来都没有被修订过，仅在1994年进行了格式重排，因此它还包含有至少一项IASC早期工作的典型特征。[233] 修订之前的IAS 1明确提出，"即使针对同一事项，也有多种不同的会计政策可供选择。企业在结合自身实际情况、选择和使用能够最恰当地反映其财务状况和经营成果的会计政策时，需要作出判断"（第6段）。这种全盘接受会计政策多样性的做法，显然已经过时。这句话在修订版准则中被删除了，取而代之的是关于在没有相关的IASC准则的情况下如何选择会计政策的严格指导。准则不再提及将"企业自身实际情况"作为相关考虑因素（IAS 1，1997年修订，第20~22段）。

除了这一个没有经过明显讨论的修订，以及许多没有争议的改进之外，IAS 1的修订主要对两个问题进行了广泛讨论，这些问题将在接下来的

---

232. 1995年1月，Datag被合并进了Schitag Ernst & Young Deutsche AllgemeineTreuhand。指导委员会的其他成员包括Karel van Oostveldt（比利时）、S. K. Choy及其继任者Tony Seah（马来西亚）、Ian Somerville（南非）和David Damant（金融分析师）。欧盟委员会和国际证监会组织派出了观察员。项目经理是Terry Harding。

233. 整理自2004年5月24日作者与Hans Burggraaff的访谈记录。

第 11 章 强力推进国际协调：IASC 完成其核心准则

两节中予以探讨。

11.8.1.1 真实公允至高无上

第一个问题涉及所谓的"真实公允至高无上"（true and fair override），即如果遵守某项 IASC 的准则会导致与财务报告总体目标相冲突，IAS 1 是否应要求企业背离该项 IASC 准则的要求。这条最高原则源自英国《1948 年公司法》。该法规定，作为总体目标，财务报表应该以"真实和公允的视角"（true and fair view）来展示公司事务的状态。该法还强调，该法的详细要求"不得妨害"这一总体要求。[234] 主要在英国公共会计师行业的坚持下，关于真实和公允视角的总体要求（general true and fair view requirement），连同"至高无上原则"（override），这两种提法都被原样写入了 1978 年发布的欧共体第四号公司法指令。[235] 20 世纪 90 年代，"真实公允至高无上"的提法在欧洲会计界已经被广泛接受，尽管其实践意义可能因国家而异。在英国公共会计师行业派驻 IASC 理事会代表团中，戴维·泰迪是"真实公允至高无上"这一最高原则的忠实捍卫者，但他在代表团的同行克里斯·诺布斯却对此表示怀疑。[236] 与欧洲会计界的情况相反，美国证券市场上的审计报告所使用的、表面上近似的表述"按照公认的会计原则公允地列报"（present fairly in conformity with generally accepted accounting principles），并不意味着企业为了"公允列报"（fair presentation）就可以违背美国证券市场上的公认会计原则（GAAP）。[237] 澳大利亚公司法原本也从英国公司法中继承了"真实公允至高无上"原则。但在 1991 年，澳大利

---

234. 参见《1948 年公司法》（Companies Act 1948（consolidated））第 149（1）和（3）部分。该条款是在《1947 年公司法》中被引入的。

235. 参见 R. H. Parker and C. W. Nobes, *An International View of True and Fair Accounting* (London: Routledge, 1994), 61–87; 另见特殊版块文章: "A European True and Fair View?", *European Accounting Review* 2/1（1993.05），47–104。

236. David Tweedie, "The True and Fair View—A Standard-Setter's Perspective", Fore-word to Parker and Nobes, *An International View of True and Fair Accounting*, ix-xii; 另见 2005 年 1 月 12 日作者与 David Tweedie 的访谈记录。

237. 尽管如此，美国注册会计师协会（AICPA）职业行为准则（第 203 条）的确允许注册会计师在企业遵守已颁布的公认会计原则会产生误导性的"特殊情况下"，发表被审计单位报表符合公认会计原则的意见。在可确定的范围内，这项规则几乎未被任何上市公司使用。参见 Stephen A. Zeff, "The Primacy of 'Present Fairly' in the Auditor's Report", manuscript dated June 2006 (forthcoming in *Accounting Perspectives*)。

亚的会计做法已经向美国证券市场上的公认会计原则（GAAP）靠拢，澳大利亚公司法进行了修改，改为规定当"真实公允至高无上"原则与会计准则产生冲突时，应当在财务报表中进行补充披露，而不再是径行背离会计准则了事。自 1983 年以来一直积极参加 IASC 理事会会议的澳大利亚会计研究基金会（AARF）执行董事沃伦·麦格雷戈认为，随着明确的概念框架的出现，"真实和公允"的提法早已是会计界的"隔年皇历"（an accounting anachronism）了。[238]

在 IAS 1 项目的早期阶段，关于项目的建议中并不包含诸如"提供真实和公允的视角"这样的总体性要求。1995 年年底，当有人提出这种想法时，IASC 理事会很自然地就同意使用美国证券市场上的公认会计原则（GAAP）所惯用的"公允列报"一词作为总体性的要求，同时拒绝了使用"真实公允至高无上"这一最高原则的想法。[239] 当《征求意见稿第 53 号》（E53）在 1996 年 6 月获得一致通过时，IASC 理事会重申了这一立场。IASC 理事会谨慎地解释说，它已经考虑过这个问题，但"想象不出有哪种情形……国际会计准则中的规定会导致财务报表具有误导性"。[240]

然而，大多数关于 E53 的评论函都表示赞成就"至高无上原则"（override）这一最高原则做出规定。IAS 1 项目的指导委员会认为，对赞成或者反对的人数进行简单的计数可能是不合适的，因为赞成设立"至高无上原则"的答复来自工商企业，它们占了评论函中的大多数，而占评论函较小比例的财务报表使用者及使用者组织则倾向于反对设立"至高无上原则"。[241] 尽管如此，该指导委员会还是向 IASC 理事会提交了一个折中方案，即在极少数情况下允许企业使用"真实公允至高无上"原则，同时要进行补充披露。通常不直接介入技术问题辩论的布赖恩·卡斯伯格也表示支持这种妥协方案，他向 IASC 理事会指出了避免与欧共体第四号公司法指令

---

238. Parker and Nobes，*An International View of True and Fair Accounting*，108–109；2003 年 5 月 29 日作者与 Ian Hammond 的访谈记录。

239. 在 1995 年 11 月理事会会议后完成的最终版原则公告中，"公允表述"被列为总体要求。然而，该次会议的议程文件和会议记录均未表明理事会曾准备或已做出这项决定。请对比参考 AP 11/1995 paper 13 与《原则公告：财务报表列报》，1995.12.20，IASC archive, file "IAS 1"（electronic）。

240. E53，"Presentation of Financial Statements"，3–4。

241. AP 4/1997 papers 22 and 23。

第 11 章 强力推进国际协调：IASC 完成其核心准则

发生冲突的重要性。[242] 这使美国和澳大利亚公共会计师行业代表团颇感不快，因为他们对目前的提案相当满意。[243] 美国证监会（SEC）也表达了它的担忧，并相当有威胁性地指出，如果引入这样一套"至高无上原则"，"就相当于宣称相关准则存在根本性的缺陷，从而引起人们对那些准则的质量乃至其可接受性的质疑"。[244] 在 1997 年 7 月于北京召开的 IASC 理事会会议上，美国证监会（SEC）首席会计师迈克尔·萨顿重申了这些担忧。尽管如此，IASC 理事会不顾澳大利亚和美国公共会计师行业代表团的反对，还是投票通过了 IAS 1，允许在很小的范围内使用"真实公允至高无上"原则。[245] 显然，IASC 理事会没怎么考虑重新就该准则征求意见，大概是因为核心准则的目标完成日期将至。对于该"至高无上原则"是否纯粹是一个理论层面的问题，各方意见不一，但毫无疑问，IASC 情愿忽略美国证监会（SEC）明确表达的观点，这是另一个重要迹象，表明 IASC 没有为了获得国际证监会组织（IOSCO）的认可而完全看美国证券市场的眼色行事。[246]

11.8.1.2 综合收益和业绩报告

IAS 1 的第二个主要问题是，它是否应该扩展财务报表的定义，使之除了包括资产负债表、利润表和现金流量表，还能包括综合收益表（statement of comprehensive income）。（美国证券市场上的）财务会计准则委员会（FASB）1980 年 12 月公布的第 3 号财务会计概念公告引入了综合收益概念——指除与股东之间的交易以外的其他因素所导致的所有者权益变动（all changes in equity apart from transactions with owners）。综合收益一直以来只是一个概念，直到不断发展的金融工具准则引入了具有重大变化的、允许企业绕开利润表而直接计入所有者权益的新规则。为了回应类似

---

242. AP 4/1997 paper 22A.

243. 参见 pre-board comment letters by the Australian and US delegations，IASC archive，April and July 1997 agenda papers。

244. 1997 年 3 月 31 日 Michael Sutton 给 Bryan Carsberg 的信，IASC archive，April 1997 agenda papers。

245. 关于最终准则的特征描述，参见 IASC 项目经理的如下文章：Peter Clark,"Bomb Disposal Continues at the IASC"，*Accountancy*，120/1252（1997.12），69。

246. "Concerted US Opposition Bodes Ill For Eventual SEC Acceptance of IASs"，*Accountancy*（international edition），120/1248（1997.08），18–19；2004 年 7 月 14 日作者与 Heinz Kleekämper 的访谈记录。

的发展,(英国)会计准则理事会(ASB)于 1992 年公布了《财务报告准则第 3 号:报告财务业绩》(FRS 3),其中引入了"全部已确认利得和损失表"(statement of total recognized gains and losses)。1997 年,财务会计准则委员会(FASB)公布了《财务会计准则公告第 130 号:报告综合收益》(FAS 130)。在此期间,IASC 致力于修订 IAS 1。与其他一些准则制定机构一样,IASC 也在努力寻找使所有者权益变动更加透明的方法。IASC 的工作人员意识到,正确地界定综合收益表可能有助于解决资产和负债在重新计量方面的有争议的会计问题。随着 IASC 在金融工具、农业和退休福利等领域更多地使用公允价值作为资产负债表计量基础,这些问题变得越来越频发,也越来越严重。报告企业往往反对由此造成的收益波动,而且在某些国家,将未实现利得计入利润的做法也遭到了抵制,因为其违反了谨慎性原则。引入"第二级利润"(second level of income)概念或许会有助于缓解这两类担忧,使得公允价值计量的推广更为顺畅。[247] IAS 1 的指导委员会和 IASC 理事会总体上都赞成在利润表之后推出第二份业绩表。由于此类报表还没有一个国际公认的名称,IASC 便在《征求意见稿第 53 号》(E53)中提议引入一个新名称——"所有者权益中的非股权变动表"(statement of non-owner movements in equity)。

IASC 理事会可能已经知晓,它的提议不会受到普遍欢迎。指导委员会早些时候的原则声明草案的意见反馈者以 4∶1 的比例否决了综合收益表——无论其名称如何。[248] 这一结果在 E53 上重演,75% 的意见反馈者反对这张新的单独的财务报表。[249] 布赖恩·卡斯伯格总结到,"舆论氛围"表明,单独的报表"尚未获得足够的支持"。[250] 因此,IASC 理事会决定在 IAS 1 中植入一个没么有野心的要求,即列报所有者权益变动表(statement of changes in equity)。如此一来,希望报告综合收益的企业可以将其作为业绩报表来列报,而其他企业则可以选择不那么招眼的列报形式,

---

247. AP 11/1995 paper 12;另见 AP 4/1997 paper 22A。
248. AP 11/1995 paper 14。这个比例是以对此问题发表意见的 41 名意见反馈者为基础计算的(回函者共计 66 名)。
249. AP 4/1997 paper 23。
250. AP 4/1997 paper 22A。

第 11 章　强力推进国际协调：IASC 完成其核心准则

例如仅列示所有者权益从期初到期末的变化。[251]IASC 的这种变化几乎与财务会计准则委员会（FASB）的变化同时发生。在企业界的压力下，财务会计准则委员会（FASB）也修改了 FAS 130，允许将未实现利得和损失列报在所有者权益变动表中，而不再坚持要求将之列示在利润表或综合收益表中。[252]

在 IASC 理事会内部，大家并没有为 IAS 1 重点的改变感到可惜，因为在收到评论函之前，就已经有人质疑 E53 中的建议在概念上缺乏合理性。E53 对于"所有者权益中的非股权变动表"具体内容的描述非常粗略，而且大家似乎对于各种具体权益变动的列报方式存在意见分歧。此外，金融分析师代表团，尤其是戴维·达曼特，要求对业绩报告（performance reporting）进行更基础的研究。1997 年 4 月，IASC 理事会决定成立一个业绩报告工作组，由达曼特担任主席，其余成员由那些涉及所有者权益变动这个重要问题的准则项目（如金融工具、农业和保险）的指导委员会的主席兼任。该工作组后来升级为指导委员会，计划在 1997 年 10 月之前编写一份征求意见稿草案，但实际进展甚微。[253] 1998 年 1 月，达曼特报告说，目前时机"尚不成熟"，难以取得更多进展。[254] 彼时，IASC 已经将自己与 G4+1 绑定在了一起，而 G4+1 刚刚公布了一份关于业绩报告的讨论文件，时间也是在 1998 年 1 月。[255]IASC 的业绩报告项目带来的一个主要的（尽管是意料之外的）结果是，IASC 和 G4 准则制定机构之间的关系变得紧张了起来。G4 认为，IASC 在宣传 G4+1 的讨论文件的新闻稿中，对于两位主要作者——财务会计准则委员会（FASB）的托德·约翰逊（Todd Johnson）和会计准则委员会（ASB）的安德鲁·伦纳德的贡献，没有给予充分的肯定。[256] 事实上，没有哪个国家的准则制定机构在业绩报告的基本审查方面取得过很大进展，所以，IASC 决定暂停这方面的工作。1999 年

---

251. AP 4/1997 paper 22.

252. 参见 Stephen A. Zeff, "'Political' Lobbying on Proposed Standards: A Challenge to the IASB", *Accounting Horizons*, 16/1（2002.03），46–48。

253. IASC board meeting of 8–12 July 1997, minute 11.

254. IASC executive committee meeting of 11 January 1998, minute 2.

255. L.Todd Johnson, Andrew Lennard, *Reporting Financial Performance: Current Developments and Future Directions*（AASB, AcSB, IASC, FRSB, ASB, FASB, 1998）。

256. 2005 年 1 月 12 日作者与 David Tweedie 的访谈记录。

7月，G4+1公布了第二份关于业绩报告的讨论文件[257]，于是IASC理事会暂且同意再启动一个新项目。但直到IASC存续的最后一年，这个项目也没有公布任何文件。[258]

11.8.2　IAS 14：分部报告

负责修订《国际会计准则第14号：分部报告》（1981年公布）的指导委员会成立于1992年，由帕特里夏·麦康奈尔担任主席。[259] 她是IASC理事会中金融分析师代表团的成员，曾供职于Bear Stearns & Co.。由麦康奈尔担任主席是个合乎逻辑的选择，因为她还曾是投资管理与研究协会（AIMR）的一个委员会的主席，而该委员会在1993年发表了一份报告，其中一部分内容是主张修改财务会计准则委员会（FASB）的分部报告准则。[260] 美国证券市场以及加拿大的准则制定机构也已经开始采取行动。继1992年和1993年分别发表研究报告之后，财务会计准则委员会（FASB）和加拿大特许会计师协会（CICA）的会计准则理事会（Accounting Standards Board，AcSB）于1993年3月达成共识，决定携手推进分部报告准则项目。[261]IASC方面，由于改进项目需要工作人员持续投入大量时间，分部报告项目进展缓慢，直到1993年IASC的项目推进才开始加快速度，当时它能够将职员工作外包给保罗·帕克特。帕克特密切参与了财务会

---

257. Kathryn Cearns, *Reporting Financial Performance: Proposals for Change*（AASB，AcSB，IASC，FRSB，ASB，FASB，1999），财务会计准则委员会（FASB）发布的版本上加了副标题 *A Proposed Approach*。会计准则理事会（ASB）的版本于1999年6月出版，IASC的版本于1999年8月出版。

258. 指导委员会于2000年3月成立，由Patricia McConnell（主席、金融分析师）、Tricia O'Malley（加拿大）、Jean Keller（法国）、Adir Inbar（以色列）、Kwon-Jung Kim（韩国）、Egbert Eeftink（荷兰）、John Spencer（新西兰）和Anthony Cope（美国）组成。国际证监会组织和欧盟委员会派出了观察员。

259. 指导委员会的其他成员包括Bernard Jaudeau（法国）、Yashodan Kale（印度）、Robert Padgett（英国）、Geoff Harris及其继任者J. Eagan和D. Ashby（国际商会）、Geoffrey Mitchell（自1995年开始，代表国际证监会组织）。项目经理在1993年以前是Paul Sutcliffe，之后由Paul Pacter接任。

260. Peter H. Knutson, *Financial Reporting in the 1990s and Beyond: A Position Paper*（Charlottesville, VA: AIMR, 1993）。

261. John M. Boersema, Susan J. Van Weelden, *Financial Reporting for Segments*（n.p.: CICA, 1992）；Paul Pacter, *Reporting Disaggregated Information*（Norwalk CT:FASB, 1993）。

第 11 章　强力推进国际协调：IASC 完成其核心准则

计准则委员会（FASB）早期的分部报告准则（FAS 14，1976 年公布），并编写了财务会计准则委员会（FASB）在 1993 年关于这个问题的研究报告。[262]

随着 IASC、（美国证券市场上的）财务会计准则委员会（FASB）和（加拿大特许会计师协会的）会计准则委员会（AcSB）几乎同时着手处理分部报告事宜，协调的想法就自然而然地出现了，并成为 IASC 项目的主旋律。考虑到帕克特和麦康奈尔的背景，可以预见他们与财务会计准则委员会（FASB）保持联系没有任何困难，但是事实最终证明，完全的国际协调是不可能实现的。分歧发生在所谓的"由管理层决定分部的划分"（management approach to segmentation）这一方法论上，即基于企业向最高管理层报告信息的结构和内容，来确定对外报告的分部信息。投资管理与研究协会（AIMR）在其 1993 年的报告中就提倡采用这种方法。美国注册会计师协会（AICPA）的詹金斯委员会在 1994 年 9 月公布的关于改进财务报告的报告中也提出了这个引人注目的建议，从而使之备受关注。[263]

（美国证券市场上的）财务会计准则委员会（FASB）对这种"管理层路径"（management approach）笃信不疑。但是，IASC 该项目的指导委员会最初的想法是，根据各种业务活动的风险和报酬的差异来划分各个分部。由于这种理念差异，财务会计准则委员会（FASB）和加拿大特许会计师协会（CICA）的会计准则委员会（AcSB）都在敦促 IASC 推迟其分部报告准则项目。同时（即 1994 年夏季），FASB 还在敦促 IASC 暂停其金融工具准则项目。然而，戴维·凯恩斯建议该指导委员会继续推进。最后，IASC 在 1994 年 9 月发布了自己的讨论文件，而 FASB 和 AcSB 在 1995 年 2 月发布了与 IASC 的观点不一致的讨论文件。[264] 在接下来的几年中，这些项目继续并行推进。IASC 的征求意见稿第 51 号（E51）于 1995 年 11 月获得通过。不久后，在 1996 年 1 月，FASB 和 AcSB 公布了联合征求意见稿。密集的

---

262. 2004 年 7 月 10 日作者与 Paul Pacter 的访谈记录。

263. *Improving Business Reporting—A Customer Focus: Meeting the Information Needs of Investors and Creditors*（New York：AICPA，1994）。

264. 1994 年 8 月 11 日 Cairns 发给白鸟荣一的传真和 1994 年 8 月 17 日白鸟荣一发给 Cairns 的传真，均归档于 IASC archive, file "ES/MS/DHC Meetings 1993"。要了解项目的简要历史，参见 AP 1/1997 paper 5A。

磋商帮助缩小了准则的差距。在 E51 中，IASC 接受了一种有限制性的管理层路径方法，允许企业基于内部报告的结构来确定报告分部，但有一些最低限度的要求，以确保企业所报告的信息要么与业务类别有关，要么与地理区域有关。[265] 但是，与 FASB 和 AcSB 不同的是，IASC 始终不愿意接受基于内部计量方法而非基于合并财务报表中应用的会计政策来报告分部业绩的主张。[266] 这是 IASC 于 1997 年 1 月通过的 IAS 14 修订版，与随后的美国证券市场以及加拿大的会计准则之间最重要的区别。加拿大公共会计师行业代表团是唯一投反对票的 IASC 理事会成员。美国公共会计师行业代表团投了赞成票，没有支持财务会计准则委员会（FASB）的观点。为了给分部报告的国际协调再留一次机会，IASC 同意将其准则的公布时间推迟半年。[267] 在此期间，准则确实又有了一些修改，但并没有解决主要症结。1997 年 7 月，再次修改后的 IAS 14 获得通过，形成最终定稿。其中一项修改是，明确允许企业补充披露其根据其他会计政策编制的分部报告信息，这将使企业在遵守 IASC 准则的同时，也能遵守北美模式。[268] 加拿大公共会计师行业代表团再次投了唯一的反对票。财务会计准则委员会（FASB）和加拿大特许会计师协会（CICA）分别于 1997 年 6 月和 9 月公布了各自的准则。[269]

11.8.3　IAS 19：雇员福利

早在 1994 年 6 月 IASC 收到"白鸟信件"之前，戴维·凯恩斯就已经把修订 IAS 19 确定为国际证监会组织（IOSCO）核心准则清单中具有高度优先级的事项了。[270] 1994 年 11 月，IASC 理事会决定启动关于退休福利和其他雇员费用的项目，并成立了一个指导委员会，由毕马威会计公司荷兰成员公司合伙人、来自阿姆斯特丹的会计学教授简·克拉森（Jan

---

265. 关于 1995 年的发展，参见 AP 11/1995 paper 8。
266. 2005 年 7 月 21 日作者与 Patricia McConnell 的访谈记录。要了解 FASB/AcSB 与 IASC 之前的协商过程以及最终仍然存在的一些分歧，参见 AP 7/1997 paper 21。
267. IASC board meeting of 6–9 January 1997，minute 5。
268. IASC board meeting of 8–12 July 1997，minute 12(i)。
269. FAS131, *Disclosures about Segments of an Enterprise and Related Information*；*CICA Handbook* Section 1701，revision no. 93。
270. IASC executive committee meeting of 11–12 June 1994, agenda paper III。

第 11 章　强力推进国际协调：IASC 完成其核心准则

Klaassen）担任主席。[271]

改进项目已经对《国际会计准则第 19 号：退休福利》（IAS 19）作了有限的修订。和最初的 IAS 19（1982 年公布）一样，1993 年修订版也是利润表导向的。对于一套养老金会计准则来说，设定受益计划堪称最重要的问题。IAS 19 在计算某个会计期间的退休福利成本时包含有若干选项，使得企业可以把这些费用在雇员的预期服务期限内进行平滑分摊。IAS 19 对资产负债表的影响有限，企业只是需要将这些成本与供资数额之间的应计差额确认为一项资产或一项负债。换言之，资产负债表上既不会列示设定受益计划负债（defined benefit obligations），也不会列示计划资产（plan assets），这两项信息都只需要在资产负债表以外进行披露。白鸟信件证实，国际证监会组织（IOSCO）的主要关切是在资产负债表中列示最低养老金负债（minimum liability），以及为在估计设定受益计划义务时所作的极其重要的精算假设编写信息披露指南的问题。[272]

换言之，国际证监会组织（IOSCO）的意思显然是要求 IASC 依照美国证券市场上 1985 年公布的对应准则《财务会计准则公告第 87 号：雇主对养老金的会计处理》（FAS 87）来修改 IAS 19。FAS 87 对精算假设及其变更给出了更具体的指导，还要求针对养老金计划资金不足（underfunded pension plans）的情况确认一项最低负债。修订版 IAS 19 在 1998 年 1 月获得 IASC 批准，它确实与美国证券市场上的公认会计原则（GAAP）相当相似，但 IASC 也无法忽略其他国家的情况。养老金的会计核算比其他任何项目都更能够激发辩论，一些国家纷纷表示其国情需要不同的会计处理方式。就连白鸟信件也提到了日本的福利养老金计划，并以国际证监会组织（IOSCO）第一工作组典型的匿名风格阐述，"有一个国际证监会组织（IOSCO）成员国希望 IASC 能够考虑出台 IAS 19 的豁免规则，并认可日本

---

271. 指导委员会的其他成员包括 Graham Peirson（澳大利亚）、Jochen Pape（德国）、Etsuo Sawa（日本）、Reyaz Mihular（斯里兰卡）、John Dirks（美国）和 David Morgan（国际商会）。国际证监会组织和国际精算师协会（International Forum of Actuarial Associations）派出了观察员。项目经理是 Peter Clark。

272. Linda Quinn 和 Michael Meagher 给白鸟荣一的信（Appendix Ⅰ），1994.06.17，IASC archive, "IOSCO" file。

的会计处理方法"。[273] 更广泛的担忧是，FAS 87 和修订后的 IAS 19 主要反映的是英美各国的养老金状况，可能无法普遍适用于其他国家。[274]

一般来说，IASC 不会因这样的评论而分心。从要点大纲开始，到 1996 年 9 月批准的 E54，IASC 一直在朝着受 FAS 87 启发但又与之不完全相同的方法努力。[275] 该准则的指导委员会将这种方法称为"基于市场的"（market-based）方法。这在本质上意味着，对于设定受益计划，每个期间的费用项目将基于在每个资产负债表日采用市场利率重新贴现计算的设定受益计划负债的变动金额以及计划资产的公允价值变动金额来计算。资产负债表上则应基于该负债和该计划资产之间的差额，列示一项净资产或净负债。虽然这意味着向资产负债观的重大转变，但在精算损益的处理中仍然可以看到收入费用观的影子。该负债和该计划资产的价值变动，除了根据精算假设所预期的变化，还应根据纯粹的资产负债观，立即确认为损益。由于这将使公司面临巨大的利润波动（尤其是在利率变动的情况下），于是，财务会计准则委员会（FASB）决定，一旦累积利得和损失超过一定的最低限度，就应当采用所谓的"走廊法"（"corridor" approach），将这些利得和损失递延并摊销。IASC 也采用了类似的方法。

在这一点上，专业性颇强的雇员福利项目触及了具有更广泛意义的问题。显然，将精算损益递延是一种务实的解决办法，但由此产生的资产负债表项目不符合 IASC 框架对资产和负债的定义。为此，英国和澳大利亚的公共会计师行业代表团反对这个方案，它们认为这是对利润平滑的可悲的宽恕，因此它们投票反对该准则。[276]（英国）会计准则理事会（ASB）则在探索一种不同的方法：将收入之外的利得和损失计入综合收益表或者英国会计界所称的全部已确认利得和损失表。结果，雇员福利项目就与 IASC 尚未得出结论的业绩报告项目搅和在了一起（见第 11.8.1 节）。然而，最终大多数公共会计师行业代表团还是投票支持"走廊法"，这不仅因为它有助

---

273. Linda Quinn 和 Michael Meagher 给白鸟荣一的信（Appendix Ⅰ），1994.06.17，IASC archive, "IOSCO" file.

274. AP 3/1996 paper 5.

275. 请比较 AP 3/1996、IASC board meeting of 27–30 March 1996, minute 5 与 IAS 19（1998）。

276. 2005 年 1 月 12 日作者与 David Tweedie 的访谈记录；"IAS 19 Is an 'Unhappy Compromise'"，*Accountancy*，121/1254（1998.02），9.

第 11 章　强力推进国际协调：IASC 完成其核心准则

于减少利润波动，而且因为它能够减轻根据美国证券市场上的公认会计原则（GAAP）进行对账调整的工作量。[277] 英国公共会计师行业代表团的异议所换来的，只是 IAS 19 在"结论基础"部分的淡淡的认可，即英国会计界的方法可能更好，也许在适当的时候会予以考虑。[278] 北欧公共会计师行业代表团也投了反对票，因为它们认为该准则为"走廊法"以外的金额计算提供了太多的可选项。[279]

IAS 19 修订过程中最棘手的问题之一，是折现率的选择。[280] 虽然大家普遍认同应当使用市场利率，但是究竟应当使用无风险利率、基于公司债券收益率的利率、基于计划资产的实际或计划构成的利率、反映企业自身资本成本的利率之中的哪一个，仍可能存在严重分歧。与讨论精算损益时一样，在有关折现率的争议中，实际问题和理论问题再一次交织在了一起，亦即对已确认负债的规模和结果的波动性的实际关切，与诸如计量养老金负债时是否应考虑企业自身的信用风险等理论问题，再一次交织在了一起。面对来自英国精算行业（而不是英国公共会计师行业派驻 IASC 的代表团）和大多数精算协会的反对，IASC 决定维持其最初的立场，规定折现率应基于高质量公司债券的收益率来确定，这也跟 FAS 87 取得了一致。[281]

1998 年修订的 IAS 19 有一个更笼统的标题——"雇员福利"。因此，它不仅涉及养老金，而且涉及其他形式的职工薪酬。这方面的大多数要求并不是特别有争议。一个潜在的爆炸性话题是股权薪酬福利（equity compensation benefits），比如给职工的股票期权。1994 年，财务会计准则委员会（FASB）试图要求将这类期权的公允价值作为一项费用列示在利润

---

277. 2005 年 1 月 13 日作者与 Christopher Nobes 的访谈记录。

278. IAS 19 (1998), appendix 3, paragraph 2。

279. 2006 年 4 月 13 日作者与 Sigvard Heurin 的访谈记录。

280. AP 4/1997 paper 5；IASC executive committee meetings of 6 April 1997, minute 2, of 7,10, and 11 July 1997, minute 2, and of 29 October 1997, minute 2；2004 年 7 月 5 日作者与 Etsuo Sawa 的访谈记录。

281. Christopher Nobes, "Prospects for World Standards by 2000？", *Accounting & Business*, 1998.01, 10；Peter Clark, "Counting the Cost of Pensions, *Accountancy*（international edition）, 121/1255（1988.03），70。

表中，但遭遇了惨痛的失败。[282] 而 IASC 很早就决定对此仅作披露要求。[283] 考虑到时间压力，这个选择也许并不勇敢，但肯定是明智的。

E54 和修订版 IAS 19 引入的一项改革是，IASC 仿照美国证券市场上的公认会计原则（GAAP）长期以来的做法，在准则中加入了"结论基础"（basis for conclusions）模块，用来概述准则的历史并解释 IASC 理事会做出特定选择的理由。IASC 的早期准则在准则正文之前有一个"解释"（explanation）部分，其中经常展示 IASC 理事会对除准则规定的方法之外的其他会计方法的看法。在改进项目中，由于各方（尤其是美国证券市场相关机构）批评这些解释段落的地位不够明确，IASC 于是将解释段落改成了准则的内在组成部分（见第 9.3.7 节）。结果，以普通格式编排的解释段落与以粗体格式显示的主要段落交替出现，导致解释性的段落在一定程度上失去了提供背景信息的能力。如上所述，1994 年 10 月，IASC 在公布《征求意见稿第 49 号：所得税》的时候同时公布了一份背景文件，但该文件没有随最后的准则一起出版。IASC 决定在准则中加入结论基础，在一定程度上是在以实际行动回应各方关于改进应循程序的呼吁。[284] 在 IASC 随后出台的准则中，IAS 36、IAS 38、IAS 40 和 IAS 41 都包含类似的附录，但 IAS 37 和 IAS 39 没有包含这个部分。

11.8.4　IAS 17：租赁

1996 年 1 月，在 IASC 行政委员会就核心准则协议所要求的《国际会计准则第 17 号：租赁的会计处理》（IAS 17）的修订事宜进行讨论的时候，卡斯伯格注意到，G4 的准则制定机构正在考虑对其租赁准则进行重大修改。[285] 当时，G4+1 正在对其讨论文件《租赁会计：一种新方法》（*Accounting for Leases: A New Approach*）做收尾工作，该讨论文件由沃伦·麦格雷戈撰

---

282. 参见 Stephen A. Zeff, "The U.S. Senate Votes on Accounting for Employee Stock Options", in Stephen A. Zeff and Bala G. Dharan（editor）, *Readings & Notes on Financial Accounting*, 5th edition（New York：McGraw Hill, 1997）, 507–517。

283. IASC board meeting of 27–30 March 1996, minute 5(a)。

284. E54 包含结论基础，以缓解由于核心准则计划的加速所导致的原则公告草案步骤被省略的问题。根据评论函的意见，理事会决定在准则中保留结论基础。2006 年 5 月 21 日 Peter Clark 与作者的沟通。

285. IASC executive committee meeting of 30 January 1996, minute 2。

第 11 章 强力推进国际协调：IASC 完成其核心准则

写，并于 1996 年 6 月公布。该讨论文件中提出的新方法是，取消 IAS 17 以及大多数国家所使用的经营租赁与融资租赁的分类，所有符合资产和负债定义的与租赁相关的权利和义务将在资产负债表上确认，租赁类型之间的差异将在计量中反映出来。

行政委员会对 G4+1 秉持着谨慎的态度。G4+1 最近于 1995 年 11 月公布的关于预计负债的文件，没有局限于陈述问题本身，而是表达了自身的强硬立场，换言之，G4+1 已经朝着准则制定者的方向发展了。卡斯伯格建议说，不管 IASC 是否参与，G4 集团的准则制定机构都会继续沿着自己的方向推进，所以 IASC 最好能与 G4 保持联系。因此，在界定 IAS 17 的修订范围之前，行政委员会应该先等等看 G4+1 会做些什么。[286]

然而，在 1996 年 6 月，IASC 理事会决定开始对 IAS 17 进行有限的修订，目的仅仅是处理国际证监会组织（IOSCO）所提出的问题。[287] 有人认为，在 1996 年 3 月核心准则计划加速实施之后，尽快完成租赁准则项目成为当务之急。IASC 并没有明显落后于 G4 的准则制定机构，因为 G4 没有在更根本的租赁准则修订方面取得快速进展。[288] G4+1 直到 2000 年 2 月才公布关于租赁的第二份讨论文件。

IAS 17 的这项有限的修订，是由一个指导委员会负责的。该指导委员会的主席是纽约花旗银行集团的托马斯·琼斯，他刚刚以财务经理协会国际联合会（IAFEI）代表团成员的身份加入 IASC 理事会。[289]

由于租赁准则的修订可以使用快速通道程序，这个项目在很短的时间内就完成了。IASC 于 1997 年 4 月通过了 E56，同年 11 月就通过了《国际会计准则第 17 号：租赁》，其中主要的变化是增加了披露要求，并解决了出租人收入确认的问题。在 20 世纪 80 年代早期 IASC 起草第一版 IAS 17

---

286. IASC executive committee meeting of 30 January 1996, minute 2.
287. AP 6/1996 paper 15；IASC board meeting of 11–14 June 1996, minute 10(a).
288. 关于澳大利亚国内反对澳大利亚会计准则委员会改革租赁会计的意见，参见 Geoff Burrows，*The Foundation: A History of the Australian Accounting Research Foundation 1966–91*（Calfield，Vic：Australian Accounting Research Foundation，1996），196–199。
289. 指导委员会的其他成员包括 Kevin Stevenson（澳大利亚）、Roberto Tizzano（意大利）、Antonio Lucio-Villegas（欧洲银行联合会）、Philippe Malaquin（国际评估准则委员会）和 H.-G. Schulz（欧洲设备租赁协会联合会）。欧盟委员会和国际证监会组织派出了观察员。该项目由 Liesel Knorr 管理。

时，出租人收入确认的问题就让 IASC 很是头疼。IASC 始终无法解决这个问题，于是 1990 年就从意向公告的范围中删除了这项准则。问题是，由于其税收制度，英国企业界更喜欢净现金投资法（net cash investment approach），而大多数其他国家的财经界则更倾向于使用净投资法（net investment approach）。最初的 IAS 17 在两种方法之间留下了自由选择的余地。而在 1997 年，IASC 终于下定决心，要求在所有情况下都必须采用净投资法。尽管英国公共会计师行业对 E56 的意见反馈仍然非常负面，认为其应取消错误方法，但 IASC 理事会不为所动。[290] 在最终的投票中，瑞士工业控股公司联合会代表团由于对披露要求存有异议而投了弃权票，加拿大和英国公共会计师行业代表团投了反对票。就英国公共会计师行业代表团而言，净投资法确实是一个障碍，但更重要的是，这两个代表团都认为租赁会计应该进行更彻底的改革。[291]

11.9 核心准则计划完成后的技术工作

1998 年 12 月，IASC 批准公布了关于金融工具的 IAS 39，IASC 认为这标志着核心准则计划的有效完成。同样在 1998 年 12 月，IASC 公布了由其战略工作组（SWP）编写的第一份讨论文件，其中包括对 IASC 进行重大改革的建议（见第 13 章）。经过一年的紧张谈判，IASC 理事会于 1999 年 11 月同意由一个不同类型的组织取代 IASC，该组织就是后来的国际会计准则理事会（IASB）。2000 年 12 月，IASC 理事会举行了最后一次会议。也就是说，在核心准则制定完成之后，IASC 又继续运作了两年。在这两年中，IASC 将工作移交给新的机构的可能性越来越大，后来成了板上钉钉的事情。这一前景并没有妨碍 IASC 理事会继续开展技术工作，它在 1999—2000 年又举行了 8 次会议。在 1997—1998 年间，IASC 通过逐步启动一些新项目，为核心准则完成后的工作阶段做了准备。在 1999—2000 年

---

290. AP 10/1997 paper 13A.

291. 2005 年 1 月 13 日作者与 Christopher Nobes 的访谈记录，2005 年 1 月 12 日与 David Tweedie 的访谈记录，以及瑞士代表团编写的 IASC board meeting of 30 October–4 November 1997.

第 11 章　强力推进国际协调：IASC 完成其核心准则

间，IASC 又增加了几个项目。当然，它并不奢望在其存续期内完成所有的项目。因此，IASC 把精力集中在了那些在 2000 年年底之前很可能形成新准则或者修订版准则的少数项目上。结果，IASC 公布了两项新准则，即 IAS 40 和 IAS 41，并对 IAS 10、IAS 12、IAS 19 和 IAS 39 做了小幅修订。IASC 理事会和工作人员利用剩余的精力，形成了一系列文件，包括：获得批准的常设解释委员会（SIC）的解释；IASC 单独或与 G4+1 的准则制定机构以及金融工具联合工作组合作公布的讨论文件；关于金融工具的应用指南等。IASC 理事会还将自己关于各种会计问题的观点汇编成"遗产"文件，留给了继任机构 IASB。[292] 下一节将讨论 IASC 的最后两项准则，并回顾本章其他部分未涉及的其他技术工作。

11.9.1　IAS 40：投资性房地产

如第 9.3.1 节所示，IASC 理事会于 1990 年决定将《国际会计准则第 25 号：投资的会计处理》（IAS 25）的修订工作从可比性项目中删除，等到金融工具项目有结果时再行处理。因金融工具项目长期拖延，所以 IAS 25 的修订工作一直没有开始。最后，IAS 32 和 IAS 39 解决了 IAS 25 所涵盖的大部分问题，因此，只剩下投资性房地产和其他非金融投资的准则还需要编写。1997 年 7 月，IASC 行政委员会觉得只需要做少量工作，就可以针对这些剩余问题，编写反映当代实务做法的独立准则。11 月，IASC 理事会决定将所需的准备工作委托给 IASC 工作人员，而没有设立指导委员会。[293] 然而，IASC 很快发现，修订准则可能不仅仅要做编辑工作。与 1985 年公布最初版本的 IAS 25 时一样，核心会计问题很简单：是否应当允许或者要求定期对投资性房地产进行重新计量？如果是，投资性房地产的价值变动应当计入当期损益还是直接计入所有者权益？在定期重新计量投资性房地产的情况下，是否还应当计提折旧？

自 1985 年以来，会计界的情况发生了一些变化。整个会计界（尤其

---

292. "Statement by the Board of the International Accounting Standards Committee—December 2000", *IASC Insight*, 2000.12, 9–16.

293. IASC executive committee meeting of 7, 10, and 11 July 1997, minute 2; AP 10/1997 paper 11; IASC board meeting of 30 October–4 November 1997, minute 7.

是 IASC 理事会）在处理金融工具会计问题时，经历了对公允价值的深刻反思，总体来说其已变得更愿意接受公允价值计量或其他形式的现行价值（current value）理念，也更愿意接受将未实现的价值变动计入当期利润的做法。[294] 这些态度的转变在 IASC 工作人员于 1997 年秋季编写的提案中表现得很明显。该提案拟修改 IAS 25，要求企业每年都对所有的投资性房地产进行重新计量，尽管相关的利得应贷记重估储备（revaluation reserve）而非计入利润。[295] 虽然 IASC 理事会当时也同意工作人员的想法，但在 1998 年春天还是产生了疑虑——如果把如此重大的修改交给工作人员来完成，那么 IASC 的应循程序可能会受到损害。[296] 然而，还有一个复杂的因素是，完全遵照应循程序办事可能会导致核心准则无法及时完成。因此，IASC 就投资性房地产这一主题是否属于核心准则的组成部分征求了国际证监会组织（IOSCO）的意见；如果是，那么直接套用原始版本的 IAS 25 是否可以接受。这些问题之所以具有不确定性，是因为国际证监会组织（IOSCO）1993 年 8 月公布的原始核心准则清单和 1995 年 7 月的核心准则协议中仅仅提到了"投资"和"修订 IAS 25"，而没有明确提及投资性房地产。1998 年 7 月，国际证监会组织（IOSCO）传达了初步立场，它希望将投资性房地产作为核心准则的一部分加以处理。[297] 于是，布赖恩·卡斯伯格提议，由 IASC 工作人员起草一份修订版 IAS 25 的征求意见稿，供 IASC 理事会在 11 月的会议上进行审核。之后 IASC 会设立一个指导委员会，其职责仅限于审阅征求意见稿的评论函。金融工具项目在《征求意见稿第 62 号》（E62）获得批准之后，也采用了类似的方法。[298] 然而，到了 11 月，国际证监会组织（IOSCO）同意在投资性房地产准则完成之前开始对核心准则

---

294. 参见 Chris Nobes, "The Beginning of the End of Conventional Accounting", *Accounting & Business*, 2/8（1999.09），48–50。

295. AP 10/1997 paper 11.

296. IASC board meetings of 30 October–4 November 1997, minute 7, and of 20–6 April 1998, minute 3.

297. "Investment Properties", staff note, agenda paper 1 for steering committee meeting of December 1998. IASC archive, file 'IAS 40' (electronic).

298. "Investment Properties", Bryan Carsberg 向理事会代表和技术顾问的说明，1998.08.14，IASC archive, file "IAS 40"（electronic）。

第 11 章 强力推进国际协调：IASC 完成其核心准则

进行评估，前提是 IASC 要体现出"处理该项目的紧迫感"。[299]这为 IASC 理事会设立一个常规的指导委员会扫清了道路，该指导委员会将负责基于 IASC 工作人员先前的工作成果编写征求意见稿。

1998 年 11 月成立的指导委员会，由北欧联邦公共会计师行业派驻 IASC 代表团成员、毕马威会计公司（丹麦）合伙人、丹麦会计准则委员会主席佩尔·甘斯莱夫担任主席。[300]当时，留给指导委员会的时间已经不多了。IASC 理事会最初打算在 1999 年 3 月的（华盛顿）理事会会议上通过征求意见稿，但在那次会议上各代表团未能达成一致意见。几个公共会计师行业代表团（特别是澳大利亚公共会计师行业代表团）极力推动采用全面公允价值计量方法，包括将未实现利得和损失计入损益。[301]其他代表团认为这样的做法太过分、太冒进了。同时期编写的关于农业的会计准则也在朝着同样的方向发展，这使得德国公共会计师行业代表团成员约亨·帕普（Jochen Pape）评论道："IASC 只是讨论了几个次要项目，就要全面实施公允价值模型，这太危险了。"[302]虽然确实存在一些利害攸关的重要问题，但是 IASC 主席斯蒂格·恩沃尔森认为，必须在 6 月份于华沙举行的下一次 IASC 理事会会议上批准征求意见稿。IASC 理事会确实在那次会议上通过了征求意见稿。这一过程经过了长时间的辩论，并受到了一番指责——迫于时间压力，IASC 理事会、工作人员和指导委员会之间的职责分工没有得到适当的履行。[303]

值得注意的是，在存在这么多争议的情况下，IASC 理事会选择的是最激进的方法。《征求意见稿第 64 号：投资性房地产》(E64) 是一个全新

---

299. IASC executive committee meeting of 8 November 1998, minute 2；另见 "IASC Approves IAS 39—The Last Major Core Standard"，*IASC Insight*，1998.12，2；"IASC Can't Celebrate Yet"，*Accountancy*，123/1265（1999.01），14。

300. 其他指导委员会成员是 P. F. Winkelmann（中国香港）、Shozo Yamazaki（日本）、D. Hilton（英国）、L. Mayshak（美国）和 Rolf Rundfelt（金融分析师）。欧盟委员会、国际证监会组织和国际评估准则委员会派出了观察员。项目经理先后由 Liesel Knorr 和 Peter Clark 担任。

301. 2003 年 5 月 29 日作者与 Ian Hammond 的访谈记录。

302. Jochen Pape 的观点，载于 "Sun Shines on IASC Troubles"，*Accountancy International*，123/1268（1999.04），7。

303. 1996 年 6 月 22 日 Karel Van Hulle 回复 Bryan Carsberg 关于 AP 6/1999 paper 24 的信，IASC archive，归档于 June/July 1999 agenda papers；"Investment Property Squeezes Through"，*Accountancy International*，124/1272（1999.08），5。

的准则草案，而不仅仅是对 IAS 25 的修订。它建议以公允价值计量所有的投资性房地产。这是 IASC 首次提出将公允价值系统性地应用于非金融资产。经过一番曲折之后，内部分歧严重的 IASC 理事会最终决定在利润表中确认所有的公允价值变动，而不允许将其直接计入所有者权益。[304] 法国、德国的公共会计师行业代表团和瑞士工业控股公司代表团对 E64 投了反对票，印度和斯里兰卡的公共会计师行业代表团则投了弃权票。[305]

IASC 理事会的投票以及各方对 E64 的回应似乎印证了一种观点：财务报告的发展不过是由英美会计传统与"大陆"会计传统的冲突推动的。在来自 G4 国家的意见反馈者中，有 80% 以上赞成强制推行公允价值计量，而反对这一提案的回函有 70% 以上都来自欧洲大陆和日本。[306] 然而，也有一些不符合这种刻板模式的声音出现。例如，美国注册会计师协会（AICPA）就强烈主张历史成本模型才是适合投资性房地产的模型。另外，欧盟委员会认为"E64 在一些关键的概念问题上找到了正确答案"，并敦促 IASC 不要给予企业在公允价值变动计入当期损益还是计入所有者权益方面的选择权。有些人认为，IASC 的准则制定历史就是一个不断妥协的过程。无论这种观点是正确的还是错误的，"对于 IASC 来说，引入包含会计规则可选项的新准则将是一种倒退"。[307]

总的来说，E64 的评论函显示了各方对主要问题的严重分歧。因此，IASC 理事会在 1999 年 11 月和 12 月的会议上就同样的问题进行了冗长的讨论，最终同意在准则中留下一个会计规则可选项。《国际会计准则第 40 号：投资性房地产》（IAS 40）于 2000 年 12 月获得初步批准，并于 2000 年 3 月得到了确认。IAS 40 允许企业使用 IAS 16 的方法以历史成本计量投资性房地产，也允许企业使用公允价值计量投资性房地产且将公允价值变动计入当期损益。这抚平了对 E64 投反对票的 IASC 理事会代表团的各种担忧。但这次英国和美国公共会计师行业代表团投了反对票，因为它们认

---

304. IASC board meeting of 16–19 March 1999, minute14(f); AP 6/1999 papers 22 and 24; IASC board meeting of 28 June–2 July 1999, minute 5.

305. Notes prepared by Swiss delegation on IASC board meeting of 28 June–2 July 1999.

306. AP 11/1999 papers 13 and 13A.

307. 1999 年 10 月 29 日 David B. Kaplan 和 Cassandra Camp 给 Bryan Carsberg 的信；1999 年 11 月 3 日 Karel Van Hulle 给 Bryan Carsberg 的信，IASC archive, E64 comment letter file.

第 11 章　强力推进国际协调：IASC 完成其核心准则

为这种引入会计规则可选项的做法严重降低了准则的质量。[308]

11.9.2　IAS 41：农业

《国际会计准则第 41 号：农业》（IAS 41）是 IASC 在其存续期间公布的最后一个准则，该准则是在 2000 年 12 月于伦敦举行的 IASC 理事会会议上获得批准的。长期以来，农业项目一直是一个次要项目，IASC 将所有的注意力都集中在了最重要的核心准则上。尽管如此，该准则最终还是为 IASC 画上了圆满的句号，因为它很好地展示了 IASC 向基于公允价值计量的资产负债表导向发展的趋势。

农业项目源于 IASC 长期以来的信念，即它应该做一些与发展中国家特别相关的工作（见第 9.4.2 节和第 11.9.3.3 节）。IASC 与世界银行的接触为此类工作的开展提供了直接动力。世界银行在 1981 年以相当大的热情加入了 IASC 的顾问团，但在工作人员变动之后，它与 IASC 的联系已经降到了很低的水平。这些联系在 1990 年前后恢复，从那时起，世界银行的中心和经营会计分部（division for central and operational accounting）负责人伦道夫·安德森成为 IASC 在世界银行的主要联系人。安德森告诉戴维·凯恩斯，世界银行有意改善发展中国家借款人的问责制和透明度，并愿意为相关的 IASC 项目提供资助。[309] 凯恩斯提供了几个可能的项目的大纲，讨论很快就集中在了农业准则上。1994 年春天，凯恩斯与世界银行就世界银行的 531 000 美元赠款提案达成了协议。IASC 理事会在 1994 年 6 月的会议上批准了农业项目。[310] 根据凯恩斯的说法，IASC 理事会原本对这个项目并不积极，它能够获得批准主要是因为世界银行提供了赠款。有几个代表团质疑

---

308. Notes of Swiss delegation on December 1999 and March 2000 IASC board meetings; "Second Class Standard Won't Do", *Accountancy International*, 125/1277（2000.01）, 7; Christopher Nobes, "One Small Step Back for IAS 40, but a Giant Leap for the IASC", *Accounting & Business*, 3/2（2000.02）, 12–13.

309. Eccles 给 Cairns 的信, 1993. 10. 13; "Meeting with Randolph Andersen, World Bank, London, 15th November 1993", David Cairns 的备忘录, 1993.11.16, IASC archive, "World Bank" file.

310. "Meeting at World Bank, Washington, 10 January 1993[sic]", Cairns 撰写的备忘录, 1994.01.20; Eccles 给 Cairns 的信, 1994.06.21, IASC archive, "World Bank" file. 另见 IASC board meeting of 13 and 15–17 June 1994, minute 2 and 8(d)。

—— 615

IASC是否应该涉足农业问题。凯恩斯在1994年11月致信白鸟荣一说:"我们确定要做这个项目吗?我没有听到任何关于它的好话(除了南非人)。"[311]然而,该项目的指导委员会还是在1994年11月成立了,该指导委员会主席最初由印度人纳伦德拉·P. 萨尔达(Narendra P. Sarda)担任,然后由加拿大人汉克·霍瓦特(Hank Howarth)短暂地接任。之后,在1996—2000年间,斯里兰卡会计准则委员会主席、印度和斯里兰卡公共会计师行业派驻IASC代表团成员雷亚斯·米赫勒兼任了主席职位。[312]

与IASC的其他技术工作相比,农业项目最初的进展很是缓慢。1996年,该指导委员会将生物资产及其转化的会计核算确定为主要问题,即关注对活体动物和植物的核算,而不是对其所生成的农产品的核算。对于生物资产,指导委员会建议采用公允价值进行计量。与所有要求定期重新进行公允价值计量的情况一样,该准则也涉及应如何处理公允价值变动的问题,这又将该准则与IASC在综合收益项目上的困难联系在了一起。[313] 在这一阶段,IASC理事会对该指导委员会的报告进行了评论,但态度并不热切。与此同时,该项目为发展中国家服务的初衷也几乎不见了。IASC向世界银行提交的项目建议书明确提出,IASC将设法起草一项适用于所有国家的企业的准则,不过它也强调了该项目对发展中国家的实际意义。[314] 到了1996年的时候,工作的重点已经转向更具智力性的挑战,即如何以一种与IASC对自身框架的不断发展的解释相一致的方式来处理生物资产的独特特征。[315] 这项IASC最初并未热情期待的农业项目,如今在IASC内部已经具有了一定的意义,成了IASC在探索如何以一致的方法进行会计确

---

311. "Chairman's Briefing", Cairns 给白鸟荣一的备忘录, 1994.10.28, IASC archive, file "Board/Executive Committee Mailings"。另见"Meetings with Eichi Shiratori, Tokyo, 25-7 July 1994", Cairns 撰写的备忘录, IASC archive, file "ES/MS/DHC Meetings 1993"。

312. 在指导委员会存续期间,全程任职或在一段时间内任职的其他成员包括Pierre Dumont及其继任者J. Allimant(法国)、J. van Ham(荷兰)、B. A. Monopoli(新西兰)、K. Narongdej及其继任者A. Priebjrivat(泰国)、S. Dedman(英国)和J. A. Atkinson(津巴布韦)。G. Russel担任世界银行观察员。项目经理先后由Ian Kirton、Paul Pacter和Rieko Yanou担任。

313. AP 3/1996 paper; AP 9/1996 paper 15; notes of Swiss delegation on IASC board meetings of March and September 1996.

314. Project proposal, appendix A to AP 3/1996 paper 9. 我们未在IASC档案中找到1994年1月的原始提案。

315. AP 3/1996 paper 9.

第 11 章　强力推进国际协调：IASC 完成其核心准则

认、公允价值计量和业绩报告的过程中遇到的又一个难题。1997 年 10 月，在讨论指导委员会当年早些时候公布的原则声明草案所收到的反馈意见时，IASC 理事会可能已经注意到，几乎没有收到来自发展中国家的任何反馈。[316] 相反，指导委员会将注意力集中到概念性问题上：

> 一些评论者认识到，指导委员会正在努力解决的一些问题可能会 "树立先例，并产生超出其本身主题领域的影响"。指导委员会认识到，关于是否要对原则声明草案中所载建议采取总体上的支持态度，许多评论其实受到了与农业直接相关的领域以外的间接影响的制约。[317]

一些 IASC 理事会代表团开始对该指导委员会所提议的公允价值方法持保留意见，这既是因为要考虑其更广泛的影响，也是因为它们对以公允价值计量生物资产的可靠性感到担忧。[318]1998 年，IASC 正处于完成核心准则项目的最后阶段，几乎没有在农业项目上投入精力。到了 1999 年 3 月，就在投资房地产准则的征求意见稿公布的同一时间，IASC 才又重新拾起农业项目。如上所述，这两个项目似乎都预示着财务会计的根本性变化。而且，与投资性房地产项目一样，IASC 在农业项目的征求意见稿上也很难达成一致意见。E65 通过时，瑞士工业控股公司代表团、加拿大和美国公共会计师行业协会代表团都投了反对票，印度和德国公共会计师行业协会代表团投了弃权票。这些代表团质疑以公允价值计量生物资产是否适当、是否可靠。它们还质疑那些反对以历史成本计量的理由是否正当。[319] 在 IASC 的历史上，只有两个征求意见稿在通过时仅获得了 2/3 的赞成票（即通过所需的最低票数），农业项目就是其中之一。[320]

---

316. AP 10/1997 paper 3A. 在 42 封信中，有 3 封来自阿根廷、马来西亚和津巴布韦，这些国家也许可以被归类为发展中国家。

317. AP 10/1997 paper 3A.

318. 参见英国会计团体咨询委员会（UK CCAB）、德国公共会计师协会（IdW）和加拿大国际会计准则咨询团（Canadian Advisory Group on International Accounting Standards）的信函，归档于 October/November 1997 agenda papers。

319. 2004 年 10 月 8 日作者与 Paul Cherry 的访谈记录。

320. 另一个孤例是《征求意见稿第 41 号：收入确认》，1991 年 11 月以 10 票赞成票（共 14 票）通过。

617

澳大利亚公共会计师行业代表团是该征求意见稿的主要拥护者。IASC 原则声明草案的思路，与澳大利亚会计研究基金会（AARF）1997 年 8 月公布的《征求意见稿第 83 号》（ED 83）非常相似。这两个项目之间的一致并非巧合，因为 IASC 最初的项目经理是伊恩·柯顿（Ian Kirton），他是一位非常了解澳大利亚会计研究基金会（AARF）的思路的新西兰人。[321]1998 年 8 月，澳大利亚会计准则委员会（AASB）公布了《澳大利亚会计准则第 1037 号：自生和再生资产》（AASB 1037）。AASB 1037 与 IASC 正在制定的方案的主要不同之处在于，澳大利亚准则要求将生物资产的公允价值变动计入损益，而 IASC 尚未就这一点作出决定。从那时起，澳大利亚公共会计师行业代表团以坚定的态度成功地在 IASC 理事会中捍卫了他们的准则的观点。[322] 布赖恩·卡斯伯格也承认，E65 和 IAS 41 都与 AASB 1037 非常相似。[323] 反过来，澳大利亚会计准则委员会（AASB）也利用 IASC 采纳了澳大利亚会计准则这一事实，来抵御澳大利亚本土企业对其准则的批评。[324] 为了使 IAS 41 获得批准，加拿大公共会计师行业代表团不情愿地接受了几项改动，以使 E65 的总体办法能够保持不变。这些改动包括针对公允价值不能可靠计量的生物资产的例外处理。[325] 该准则能够获得通过，大概还有一个原因——该准则的最终投票是在 IASC 存续期间的最后一次理事会会议上进行的。当时大家有一种强烈的感觉，鉴于世界银行已经提供了赠款，IASC 在被取代前如果不完成这个项目的话就说不通了。[326] 其他代表团的投票结果与 E65 的相比没有变化，结果 IAS 41 以准则通过所需的最低票数获得了批准。

---

321. 2005 年 5 月 26 日作者与 Bryan Carsberg 的访谈记录，以及 2005 年 1 月 11 日与 Allister Wilson 的访谈记录。

322. 2003 年 5 月 29 日作者与 Ian Hammond 的访谈记录，以及 2005 年 1 月 12 日与 David Tweedie 的访谈记录。

323. Carsberg 的观点，载于 "Mixed Reactions to Agriculture Draft"，*World Accounting Report*，1999.09, 9。

324. "Mixed Reactions to Agriculture Draft"，*World Accounting Report*，1999.09, 9。

325. Paul Cherry 发给作者的备忘录，2004.10.08。

326. 2005 年 5 月 26 日作者与 Bryan Carsberg 的访谈记录，以及 2005 年 1 月 11 日与 Allister Wilson 的访谈记录。

第 11 章　强力推进国际协调：IASC 完成其核心准则

11.9.3　未完成的项目

11.9.3.1　保险

至少自 20 世纪 80 年代初以来，保险会计项目就一直列在 IASC 的可能项目清单上。当时，IASC 理事会还不愿意涉入行业性的会计问题。[327] 到了 20 世纪 90 年代初，IASC 理事会虽然比以前愿意考虑保险会计问题了，但由于缺乏资源，多年来一直无法启动这个项目。幸运的是，欧洲会计师联合会（FEE）设立了一个保险会计工作组，准备起草一份原则声明草案。等该草案完成后，也许 IASC 就可以设立保险项目的指导委员会了。[328] 1995 年 5 月，欧洲会计师联合会（FEE）向 IASC 理事会递交了这份原则声明。[329]

IASC 行政委员会委员戴维·达曼特对保险项目的态度很是积极，他采取了措施去吸引保险行业的兴趣，并努力地筹集资金。[330] 然而，尽管讨论不断，IASC 却仍在犹豫是否要采取行动。行政委员会吃惊地发现，保险会计项目"在规模上将与金融工具项目相当"，这也许可以充分地解释 IASC 为什么不立即开展这一项目。[331] 不过，到了 1997 年 4 月，时机显然已经成熟。IASC 理事会同意将保险会计问题纳入议程，但附带条件是，在最初阶段这项工作不应占用 IASC 理事会太多时间。[332] 最后，IASC 成立了一个规模可观的指导委员会，其委员和观察员合计不少于 13 名。委员会主席由澳大利亚公共会计师行业代表沃伦·麦格雷戈担任。[333] 除批准要点大纲以外，

---

327. 例如，可参见 "Report from the Ad Hoc Advisory Committee to the Organisation and Planning Committee", no date [early 1984], IASC archive, "Plans and Future Work" file。
328. IASC executive committee meeting of 31 October 1993, minute 3(b).
329. IASC board meeting of 8–10 May 1995, minute 7.
330. IASC executive committee meetings of 9–10 July 1995, minute 2, of 30 January 1996, minute 2, and of 25 March 1996, minute 3.
331. IASC executive committee meeting of 30 January 1996, minute 2.
332. IASC executive committee meeting of 22 September 1996, minute 7; IASC board meeting of 7–11 April 1997, minute 3.
333. 指导委员会的其他成员包括 J. le Douit（法国）、G. Geib（德国）、E. Tachibana（日本）、J. W. Schoen（荷兰）、D. Allvey（英国）、H. E. Dalton 和 W. Freda（美国）、A. Cowell（金融分析师）和 David Potter（财务经理协会国际联合会）。欧盟委员会、国际精算师协会、国际证监会组织、财务会计准则委员会和国际保险监督官协会派出了观察员。Peter Clark 和 Martin Faarborg 担任项目经理。

IASC 理事会基本没怎么在这个项目上花时间。[334] 1999 年 11 月，指导委员会以自身的名义编写和公布了一份长达 450 多页的实质性问题文件。[335] 这份文件的关注重点是保险合同，而非保险企业，这意味着保险企业的许多资产和负债将适用于其他 IASC 准则，特别是 IAS 32 和 IAS 39。在这份文件中，指导委员会建议使用与 IASC 框架相符的资产负债表导向的方法对保险合同进行会计处理。指导委员会提到，联合工作组此时正尝试制定新的金融工具准则以取代 IAS 39。它认为，如果要对大多数金融资产和负债完全采用公允价值计量的话，那么保险合同也应当以公允价值计量。然而，指导委员会也知道，IAS 39 在一段时间内可能不会被取代，而且许多国家会计实务的基础仍然是递延和配比的方法，而非资产负债表导向的方法。因此，这份文件既讨论了传统保险会计形式下的会计问题，也讨论了基于更激进变化的假设之上的保险合同会计问题。

虽然该文件收到了大量的评论函，但 IASC 理事会在 2000 年年底以前再没机会进一步推进该项目。

11.9.3.2 采掘业

采掘业会计是 IASC 长期以来一直关注但从未采取任何行动的另一个领域。除资源限制以外，IASC 肯定是意识到了这是有很多陷阱的话题。采掘业高度发达的国家包括澳大利亚、加拿大、南非和美国。这些国家全部都已制定了自己的准则，一般在石油和天然气部门采取一套体系，在采矿部门采取另一套体系，由此产生的准则往往是在行业游说团体的强大压力下形成的。[336] 在 1995—1996 年，业内公司偶尔会向 IASC 打探是否有可能制定相关的准则。1997 年，IASC 行政委员会注意到，南非采矿行业的一些比较有争议的会计做法已作了修改，估计这至少消除了一部分 IASC 制定国际准则面临的障碍。[337] 1998 年 4 月，IASC 理事会同意设立一个指导委

---

334. IASC board meeting of 9–13 November 1998, minute 11.

335. *Insurance: An Issues Paper Issued for Comment by the Steering Committee on Insurance*（London：IASC，1999）.

336. 要了解财务会计准则委员会在石油和天然气会计方面的问题，参见 Robert van Riper, *Setting Standards for Financial Reporting: FASB and the Struggle for Control of a Critical Process*（Westport，CT: Quorum Books，1994），55–71。

337. IASC executive committee meetings of 30 January 1996, minute 2, of 25 March 1996, minute 3, and of 6 April 1997, minute 2.

第 11 章　强力推进国际协调：IASC 完成其核心准则

员会,由澳大利亚公共会计师行业派驻 IASC 代表团的肯·斯潘塞担任主席。[338] 与保险项目一样,在 IASC 理事会没怎么参与的情况下,指导委员会独立编写了一份长达 400 多页的冗长的讨论文件。[339] 该文件发表于 2000 年 11 月,这意味着 IASC 已经没有进一步推进该项目的时间了。

11.9.3.3　其他项目

除了本章前面提到的几个项目,IASC 在 1998—2000 年间还为四个项目设立了指导委员会,但这些项目都没有公布任何文件。

1998 年 4 月,IASC 启动了一个关于折现的项目。与其他准则制定机构(尤其是 G4)一样,IASC 也在资产减值、金融工具、预计负债、雇员福利和所得税等许多项目中遇到了折现问题。与它们一样,IASC 也认为有必要制定一个框架,以确保折现方法在不同准则之间保持一致。[340] IASC 设立了相应的指导委员会,由金融分析师行业代表团的帕特里夏·沃尔特斯(Patricia Walters)担任主席。[341] 该指导委员会本打算在 2001 年年初发表一份议题文件(issues paper),但没有成功。一些初步结论发表在《IASC 洞察》上。[342] 2001 年 4 月,IASB 决定将该项目纳入其对计量问题的更一般性的考虑。[343]

---

338. 委员会的其他成员包括 J. A. Gordon(加拿大)、H.-W. Ufer 及其继任者 B. J. Breloer(德国)、R. Roy(印度)、Robert Garnett(南非)、K. Klaver(美国)、Patricia McQueen 及其继任者 F. Wellings(金融分析师)、B. Fuchs 及其继任者 K. Cameron(瑞士工业控股公司联合会)、David Potter 及其继任者 A. Mazzoni(财务经理协会国际联合会)和 C. Wright(学术界)。国际证监会组织和英国石油行业会计委员会(UK Oil Industry Accounting Committee)派出了观察员。Paul Pacter 担任项目经理。

339. *Extractive Industries: An Issues Paper Issued for Comment by the IASC Steering Committee on Extractive Industries*(London:IASC,2000)。

340. 参见 Peter Clark,"Building a Framework for Discounting",*IASC Insight*,2000.09,15-16。(英国)会计准则理事会(ASB)在 1997 年 4 月也发表了一篇题为 Discounting in Financial Reporting 的工作论文。自 1988 年以来,财务会计准则委员会(FASB)一直在研究现值计量,并编制了《财务会计概念公告第 7 号:在会计计量中使用现金流量信息和现值》(2000.02)。

341. 指导委员会的其他成员包括:Dominique Thouvenin(法国)、Jörg Baetge(德国)、Rahul Roy(印度)、Shinichi Tanimoto(日本)、Eric Phipps(英国)、Malcolm Cheetham(瑞士工业控股公司联合会)、Nelson Carvalho(财务经理协会国际联合会)和 Sam Gutterman(国际精算协会)。巴塞尔委员会、欧盟委员会、财务会计准则委员会、国际保险监督官协会和国际证监组织派出了观察员。该项目由 Peter Clark 管理。

342. Clark,"Building a Framework for Discounting",15-16。

343. Peter Clark,"Narrowing the Range for Measurement",*IASC Insight*,2001.10,13。

国际会计准则史

也是在1998年4月，为了填补核心准则项目后的空缺，IASC启动了一个关于发展中国家和转型期国家的项目。项目启动的直接原因是世界银行在1997年提供了另一笔赠款，条件是这笔赠款必须用于与发展中国家有关的工作。[344] 从更普遍的角度来看，自20世纪70年代以来，人们一直认为IASC有义务对发展中国家的需求给予特别关注。在1989—1993年，IASC曾针对发展中国家的财务报告需求开展了一个较早但没有成功的项目（见第9.4.2节）。IASC没有被这一挫败吓倒，而是重新开始探讨这一主题。最初，IASC设立了一个筹备委员会（preparatory committee）来探讨这些问题。这个筹备委员会于1998年11月转变为一个正式的指导委员会，由佘楚和（马来西亚人）担任主席。[345] 该指导委员会还首次增加了来自中国和俄罗斯的代表。然而，该项目此时的状态尚不清楚。虽然《IASC年度回顾》依旧把这个指导委员会列在IASC的指导委员会名单之中，但根据《IASC洞察》在1999年和2000年间的报告，"筹备委员会"启动工作的日期持续处于一再推迟的状态。[346]2000年6月，IASC理事会同意筹备委员会启动一项研究，以评估易货交易的范围。[347] 但是最终，IASC在留给其继任机构的"遗产文件"中还是没有提到发展中国家的问题。同以前一样，那些认为发展中国家没有特殊的财务报告需求的观点似乎占了上风。IASC确实曾敦促其继任机构国际会计准则理事会（IASB）考虑小企业的准则问题，而IASB也确实启动了这个项目。

1998年11月，IASC启动了一个有关企业合并的项目，并成立了指导委员会，以审阅IASC收到的针对G4+1于1998年12月公布的讨论文件《企业合并的会计处理方法：G4+1为实现准则趋同提出的建议》的意见反馈。该文件中值得注意的是，它建议取消权益结合法。而就在几个月前，IASC

---

344. Carsberg给Stephen D. Eccles的信，1997.10.17，IASC archive, "World Bank" file。
345. 指导委员会的其他成员包括陈毓圭（中国）、Khaled Hegazy（埃及）、S. Castillon（法国）、C. Muchene（肯尼亚）、L. Gorbatova（俄罗斯联邦）、G. Ee（新加坡）、David Perry（英国）、F. Vasquez（委内瑞拉）、David Damant（金融分析师）、M. Smith（财务经理协会国际联合会）以及Peter Walton（联合国贸易和发展会议）。欧盟委员会、国际金融合作组织（国际金融公司）、国际证监会组织和世界银行派出了观察员。项目经理先后由Liesel Knorr和Colin Fleming担任。
346. 另见"The IASC to Look at Developing Countries"，*World Accounting Report*，1999.02，15。
347. IASC board meeting of 19–23 June 2000, minute 9.

第 11 章　强力推进国际协调：IASC 完成其核心准则

艰难地通过了《国际会计准则第 22 号：企业合并》的修订版，其中允许在"特殊情况"（exceptional circumstances）下采用权益结合法；在这种特殊情况下，企业合并可被归类为"利益的联合"（uniting of interests）而非收购（acquisition）。在注意到指导委员会关于评论函的报告后，IASC 理事会指示指导委员会去调研权益结合法在概念上的合理性。[348] 由西格瓦德·赫林担任主席的指导委员会在 2000 年 3 月向 IASC 理事会提交了报告。[349] 那时，（美国证券市场上的）财务会计准则委员会（FASB）早已经在 1999 年 9 月 7 日公布了一份征求意见稿，建议取消权益结合法。据说，IASC 理事会内部"存在意见分歧，但如果财务会计准则委员会（FASB）废除权益结合法的话……IASC 也会倾向于这样做"。[350] 此后，IASC 理事会没有对这一问题采取进一步的行动，直到被 IASB 取代。2001 年 6 月，财务会计准则委员会（FASB）公布的《财务会计准则公告第 141 号：企业合并》取消了权益结合法。紧随其后，2004 年 3 月 IASB 公布的《国际财务报告准则第 3 号：企业合并》（IFRS 3）也取消了权益结合法。

IASC 理事会在 2000 年 6 月的会议上设立了最后一个指导委员会，负责处理银行业财务报表的披露问题，进而可能对 IAS 30 进行修订，使其与 IAS 1、IAS 32 和 IAS 39 保持一致。在此之前，巴塞尔委员会已经指出了修订 IAS 30 的必要性。[351] 该指导委员会由 IASC 前秘书长杰弗里·米切尔担任主席，当时他已经加入英国的巴克莱银行。[352] 尽管该指导委员会确实在 2000 年举行了会议，但它没有对 IASC 的工作产生影响。2006 年，IASB 通过了《国际财务报告准则第 7 号：金融工具的披露》（IFRS 7），取

---

348. IASC board meetings of 28 June–2 july 1999, minute 3, and of 15–19 November1999, minute 2.

349. 指导委员会的其他成员包括：Enrique Fowler Newton（阿根廷）、M. Tamboso（加拿大）、C. Lopater（法国）、Jörg Baetge（德国）、M. Sato（日本）、Ron Paterson（英国）和 Malcolm Cheetham（瑞士工业控股公司联合会）。欧盟委员会、财务会计准则委员会和国际证监会组织派出了观察员。项目经理先后由 Susan Harding 和 Frank Palmer 担任。

350. Christopher Nobes, "Work Continues at the Old IASC while the New IASC Takes Shap", *Accounting & Business*, 3/4（2000.04），14.

351. "Basel Committee Supports IAS", *World Accounting Report*, 2000.05, 2. 理事会已同意在 1999 年 7 月将该项目列入议程。IASC board meeting of 28 June–2 July 1999, minute 7.

352. 指导委员会的其他成员包括：Chris Begy（加拿大）、Wolfgang Kolb（德国）、Tadayuki Matsushige（日本）、Steve Ball（南非）和 Russel Picot（欧洲银行联合会）。巴塞尔委员会、欧盟委员会和国际证监会组织派出了观察员。Magnus Orrell 担任项目经理。

代了 IAS 30 以及 IAS 32 的部分内容。

除了上述四个项目，IASC 理事会在 1999—2000 年还根据工作人员所编写的文件，讨论了一系列琐碎议题。因此，IASC 理事会在留给 IASB 的遗产文件中，就股份支付的会计核算、管理层对财务业绩的讨论、公共部门会计和互联网上的财务报告等问题表达了自己的意见。[353] 最后一个议题也是 IASC 工作人员在 1999 年 11 月发表的一份讨论文件的主题。[354]

11.10　结论

1989 年，IASC 的可比性项目的指导委员会主席拉尔夫·沃尔特斯说，他经常把 IASC 比作牙买加雪橇队："我们知道有个叫 IASC 的组织，但我们很难认真对待它。"[355] 沃尔特斯的观点在当时很可能得到了很多人的认同，其中包括那些经过仔细观察可能已经承认 IASC 的准则并不一定比他们本国会计准则差的人。但到了 2000 年，关于 IASC 作为会计准则制定机构值得被认真对待这一点，不再有任何疑问。通过不懈努力，它制定出了一整套准则，其覆盖范围和严格程度都超过了（或者等同于）很多国家由官方发布或者由民间机构公布的会计准则。然而，在 IASC 的整个存续期间，"它能否编写出高质量的准则"与"这些准则在实践中是否被接受"一直是两个不同的问题。正如第 12 章所示，即使第一个问题的回答是肯定的，也不能对第二个问题的答案提供什么保证。

---

353. "Statement by the Board of the International Accounting Standards Committee—December 2000", *IASC Insight*, 2000.12, 9–16.

354. Andrew Lymer, Roger Debreceny, Ashaq Rahman, and Glen Gray, *Business Reporting on the Internet*. 该项目由 Paul Pacter 为 IASC 管理。

355. "Ralph Walters on Harmonization", *Management Accounting*（NAA）, 71（1989.08）, 24.

第 12 章　国际会计准则博得一众用户的青睐

12.1　引言

正如第 6 章所总结的，直到 20 世纪 80 年代末，国际会计准则委员会（IASC）对会计实务和监管的影响都非常有限。发达国家均未要求其企业遵循 IASC 的准则，也不允许企业按照 IASC 的准则而非本国准则或会计法编制财务报表。鉴于当时 IASC 的准则非常宽松，对于大多数企业来说，同时遵循本国准则和 IASC 的准则应该不会有太大的负担。然而，除加拿大外，很少有企业主动在财务报告或审计报告中提及其遵循了 IASC 的准则。在发展中国家，IASC 准则已获得较高程度的认可，但严格遵循的情况不太可能普遍存在。本章将着重阐释 IASC 在 20 世纪 90 年代成功获得部分发达国家对其准则的认可的过程。

我们并未试图对部分国家或地区实际采用 IASC 准则的程度进行全面调查，相反，我们借鉴了戴维·凯恩斯在 2000 年发表的关于部分国家或地区遵循 IASC 准则情况的内容广博的研究报告，请读者参阅该报告以了解更多细节。[1]

---

1. David Cairns, *International Accounting Standards Survey 2000*(Henley-on-Thames, UK: David Cairns, International Financial Reporting, 2001), chapters 7–10. 另见 David Cairns, *Applying International Accounting Standards*, second edition (London: Butterworths, 1999), appendix to chapter 5；Alan J. Richardson and Ian R. Hutchinson, *The Case for International Accounting Standards in Canada, A Detailed Report* (Vancouver, BC: Certified General Accountants Association of Canada, 1999), appendix B；Corinne Ollier, "Accounting Standards in Africa", *Accounting & Business*, 1998.03, 18–20。

本章结构如下。第12.2节回顾了IASC理事会中的部分欧洲公共会计师行业代表团所在国的发展情况。第12.3节追溯了IASC取得的最大的成功的源头，即欧盟委员会在2000年6月决定，欧盟所有上市公司自2005年起采用IASC的准则来编制合并财务报表。第12.4节讨论了欧洲以外的国家和地区对IASC的不同回应。第12.5节论述了世界银行等国际金融机构对IASC的支持。最后，第12.6节展示了几个国家（或官方或民间的）会计准则制定机构如何自发地建立了一种紧密的合作形式（即G4+1），并被一些人视作IASC的潜在竞争对手。

12.2　欧洲财经界对于IASC准则的认可程度不一

20世纪90年代是欧洲日益认可IASC准则的十年。1995年，IASC秘书处报告说，来自欧盟15个成员国的77家公司披露其采用了IASC的准则。[2]2000年6月，欧盟委员会声称，有275家欧盟公司采用了IASC准则。[3]显然，此时欧洲企业界对IASC准则的接受程度比以往任何时候都要高。

IASC准则在欧洲的兴起是在一种特定的监管环境下发生的，这种监管环境的特点是：国内会计准则相对于IASC准则的适用性存在令人困惑的不确定性。[4]正如下面几节所述，为应对资本市场全球化的压力，欧盟委员会、各国政府和准则制定机构正在重新考虑和重新协商其在会计监管中扮演的角色。与此同时，IASC的准则也在快速地发展，变得更为严格和详细。对于各个国家或地区，是否允许企业在任何时候完全采用时新的IASC准则，并不总是很清晰。有时很明显它们不能使用IASC准则，但它们却声称其遵守了IASC的准则。与此同时，人们还经常担心企业会选择性地或不够严格地采用IASC的准则。术语"简化版IAS"（IAS-lite）就是在这

---

2. IASC Advisory Council meeting of July 1995, agenda paper VIII, annex C.
3. "Update of the Accounting Strategy Frequently Asked Questions"（2000.06.14），MEMO/00/34，附于欧盟委员会新闻稿 IP/00/606 "Europe Moves Closer towards Global Financial Reporting Standards"（2006.06.14）。
4. 大致回顾可参见 Axel Haller, "Financial Accounting Developments in the European Union: Past Events and Future Prospects", *The European Accounting Review*, 11/1（2002），153-90。

第 12 章 国际会计准则博得一众用户的青睐

种情况下出现的。[5]

IASC 对欧洲各地会计发展的影响远非一致。传统上，欧洲会计发展存在大陆会计传统与英美会计传统之分。法国、德国和意大利等国家的会计发展坚定地站在大陆会计传统的阵营一边，而爱尔兰、荷兰和英国等国家的会计发展属于英美会计阵营，北欧国家的会计发展则处于中间地带。尽管 IASC 总被视为一个由英美观点主导的组织，但有趣的是，在 20 世纪 90 年代，一些属于大陆会计阵营的国家开始对 IASC 的准则展现出极大的热情，而一些原本属于英美会计阵营的国家却对 IASC 国际地位的快速提升反应迟钝。以下各小节将回顾这些 IASC 理事会的欧洲公共会计师行业代表团所在国在 20 世纪 90 年代大部分时间里各不相同的发展轨迹。

12.2.1 法国

1987—1990 年，法国人乔治·巴尔泰斯·德·吕泰尔担任 IASC 主席，这提高了 IASC 在法国的知名度。[6] 然而，直到 20 世纪 80 年代末，法国对财务报告的监管在很大程度上仍然以沿用了几十年的、根植于法律规定和《会计总方案》（PCG）的本国特色传统方法为基础。1986 年，法国立法程序采纳了欧共体第七号公司法指令，引入了有限程度的国际化，最重要的是授权企业在编制合并财务报表和母公司财务报表时，可以选择使用不同的会计政策。《会计总方案》关于合并财务报表的相应章节收录了一些具有国际特色而不符合法国传统惯例的会计规则可选项，比如对租赁资产进行资本化处理。这些改变着眼于未来，因为当时很少有法国公司在国际资本市场上市。[7]1989 年，罗纳普朗克集团（Rhône-Poulenc）在纽约证券交易所上市，这标志着法国公司开始逐渐对国际资本市场产生兴趣，尽管这种变

---

5. 这种说法可见于 Karel Van Hulle, "Brussels Abandons Low-Key Approach", *European Accountant*, 1995.06, 8; David Cairns, "IAS Soft and IAS Supersoft", *Accountancy*（international edition）, 120/1248（1997.08）, 64–5。有关选择性应用 IASC 准则的具体例子，参见 "Non-Compliance Hurts", *World Accounting Report*, 1997.06, 7; Cairns, *International Accounting Standards Survey 2000*, 185–96。

6. 2005 年 2 月 15 日作者与 Jean-Luc Dumont 的访谈记录。

7. Peter Standish, *The French Plan Comptable: Explanation and Translation*（Paris: Expert-Comptable Média: 1997）, 104–5; Peter Standish, *Developments in French Accounting and Auditing 2000*（Paris: Expert-Comptable Média 2001）, 27。

627

化是渐进的。到 2000 年,有 18 家法国公司在纽约上市。在 20 世纪 90 年代初之前,法国公司理所当然地认为在美国上市的外国企业就应该使用美国证券市场上的公认会计原则(GAAP)。然而,法国公司很快就开始对 IASC 的准则产生兴趣,并将其视为替代公认会计原则(GAAP)的潜在选择。[8]1992 年,汤姆森公司(Thomson)的伯纳德·若多成为法国公共会计师行业派驻 IASC 代表团的首位财务经理。大约 40 家法国跨国公司联合设立了一个支持性组织"法国企业参与国际会计协调联合会",并为其提供充足的经费来招募一个小型的技术团队。该技术团队的工作之一就是协调该联合会的法国公司对 IASC 的征求意见稿作出回应。1995 年,IASC 秘书处注意到,已有 28 家法国企业在年度报告中明确表示其遵循了 IASC 的准则。[9]法国是除瑞士以外的欧洲国家中,使用 IASC 准则的公司数量最多的国家。

然而,这些公司的合并财务报表仍然必须按照法国国内的要求来编制,这意味着企业要么必须出具两套合并财务报表,要么必须将法国会计法规与 IASC 准则结合起来,从而增加了催生"简化版 IAS"的风险。IASC 准则的快速修订加剧了这些困难,并使法国会计界更迫切地希望对 1986 年所引入的合并财务报表编报规则中的可选项进行更新。1996 年,法国经济与财政部长、安达信会计公司前合伙人让·阿尔蒂(Jean Arthuis)任命了另一位安达信前合伙人乔治·巴尔泰斯为法国国家会计委员会(CNC)主席。国家会计委员会负责维护《会计总方案》并就会计事务向政府提供建议。交给巴尔泰斯的任务很简单,那就是尽可能快地向 IASC 准则靠拢。[10]于是,巴尔泰斯于 1999 年 4 月完成了对《会计总方案》中关于合并财务报表部分的重大修订。[11]修订后的《会计总方案》与 IASC 的合并报表准则更加接近,但仍存有差异。[12]

1998 年,随着会计监管委员会(Comité de la Réglementation Comptable,CRC)的成立,法国至少在原则上迈出了更激进的一步。设立会计监管委

---

8. 2005 年 6 月 7 日作者与 Georges Barthès 的访谈记录。
9. IASC Advisory Council meeting of July 1995,agenda paper VIII, annex C.
10. 2005 年 6 月 7 日作者与 Georges Barthès 的访谈记录。
11. CRC Regulation 99-02,1999.04.29.
12. "Le CNC cale les comptes consolidés sur les standards internationaux", *La Tribune*, 1998.12.18,32.

员会是为了集权,即集中政府颁布会计法规的权力,而此前会计立法权则被分散在了几个部委。[13] 从此以后,会计监管委员会将负责批准并颁布国家会计委员会的立法建议。创立会计监管委员会的法国法律同时也允许其采纳"国际上的(会计)规则",并为法国上市公司在哪些情况下可以遵照这些国际规则而非法国公司法的规定来编制合并财务报表设定条件。为了被会计监管委员会采纳,该"国际规则"必须翻译成法语,并且必须在事实上遵守欧共体公司法指令关于会计的规定。[14] 前一个条件很巧妙地排除了美国证券市场上的公认会计原则(GAAP),因为其体量庞大且非常复杂,永远都不可能翻译成法语。另外,IASC 的准则早就有了法语版本,因为法国注册会计师协会一直坚持做着翻译工作,这是 IASC 理事会中的一些其他创始成员协会所不具备的。此外,欧盟委员会已于 1996 年确认了 IASC 准则与欧共体公司法指令的兼容性(见第 12.3.3 节)。然而,会计监管委员会从未正式采纳 IASC 准则。欧盟委员会 2000 年 6 月公开呼吁欧洲的所有上市公司采用 IASC 准则,这使得如果法国再去正式采纳 IASC 准则就会显得多余了。尽管如此,法国还是出台了一项临时措施,规定到 2002 年年末为止,在会计监管委员会采纳任何规则之前,上市公司可以使用同时满足上述两个条件的"公认国际规则"(recognized international rules)。尽管这使 IASC 准则的采用具有了更明确的法律地位,还是有几家法国公司在 1998—1999 年间选择了放弃使用 IASC 准则编制财务报表。[15]

12.2.2 德国

直到 20 世纪 90 年代初,IASC 在德国的影响力还比较小。德国的会计专业文献中很少提及 IASC,德国国内也没有哪个准则制定机构能够确保通过将 IASC 的准则嵌入德国国内会计法规的形式引入 IASC 的准则。德国公共会计师协会(IdW)确实会就会计问题公布一些不具有约束力的建议,但这些建议主要涉及范围狭窄的特殊问题,绝对无法与 IASC 准则所覆盖

---

13. 2005 年 6 月 7 日作者与 Georges Barthès 的访谈记录;另见 "France—Towards a Genuine Standard Setting Body", *World Accounting Report*, 1997.01, 9–10。

14. Law 98-261, 1998.04.06, article 6。

15. Cairns, *International Accounting Standards Survey 2000*, 83;*100 Groupes industriels et commerciaux: Doctrine et pratiques européennes*(Paris: CPC Meylan, 2000), 51–2。

的内容相匹配。[16] 作为 IASC 创始成员的德国公共会计师协会，几乎没有什么正式的权力。该协会认为，对 IASC 的大力宣传在德国不会受到欢迎，所以它也不怎么对 IASC 进行宣传。在 1990 年前后，IASC 在德国上市公司中可以说是鲜为人知。[17] 到了 1993 年，德国公共会计师协会更是停止了对 IASC 准则的翻译工作。[18]

如第 10.8.5 节所述，20 世纪 90 年代初，德国资本市场发生了重大变化，德国公司开始向海外寻求融资。这使得一些大公司更改了编制合并会计报表时的部分会计政策。比如，先灵公司（Schering）1989 年在伦敦上市时就是这种情况。这些公司利用了一种以往很少使用的手法，即在母公司报表中使用与税法相关的会计政策，而在合并会计报表中使用与母公司报表不同的会计政策。[19] 尽管如此，德国企业仍然需要根据德国会计条例和规范编制合并报表，这些条例和规范主要收录于德国商法典（Handelsgesetzbuch，HGB）之中。虽然这些最初的海外尝试让人们关注到了德国财务报告与英美传统的巨大差异，但企业界、学术界和政府最初的结论是，没有必要去改变德国财务报告制度。相反，他们的注意力都集中在证明德国的会计报告实务与其经济社会体系是相适应的[20]，以及寻求与美国证券市场相互认可对方的财务报告等方面。[21] 一小群领先的公司与司法部一起采取了一致行动，向美国证监会（SEC）争取相互认可财务报告，但

---

16. 关于德国公共会计师协会（IdW）截至 1992 年的建议清单，参见 Dieter Ordelheide and Dieter Pfaff，*European Financial Reporting: Germany*（London: Routledge，1994），90–91。

17. 2004 年 8 月 18 日作者与 Bernd-Joachim Menn 的访谈记录。1992 年，Cairns 获知"德国业界对 IASC 持非常否定的态度"，德国的银行则"对 IASC 完全不了解"。"Meeting with Peter Marks and Albrecht Ruppel，IDW，Dusseldorf，Germany，15 September 1992"，David Cairns 撰写的备忘录，1992.09.20，IASC archive，file "Germany"。

18. 1993 年 IASC 准则合订本显示，在 IASC 准则已全部或部分翻译成的其他语言的列表中，不再包含"德语"。1998 年，IASC 准则的"官方"德语译本出版时，并未提及现有译本。*IASC Insight*，1998.03，22。

19. Ordelheide and Pfaff，*European Financial Reporting: Germany*，82。

20. 例证之一可参见由 19 位德国学者共同撰写的论文："German Accounting Principles: An Institutionalized Framework"，*Accounting Horizons*，9/3（1995.09），92–9。

21. 关于 1992—1993 年德国司法部的立场，参见 Herbert Biener，"Möglichkeiten und Grenzen der internationalen Harmonisierung der Rechnungslegung"，这是他 1992 年 1 月 21 日在圣加仑大学（Hochschule St. Gallen）考施奖（Dr. Kausch Prize）颁奖典礼上的讲话；另见 Herbert Biener，"What Is the Future of Mutual Recognition of Financial Statements and Is Comparability Really Necessary?"，*European Accounting Review*，3/2（1994），335–342。

第 12 章　国际会计准则博得一众用户的青睐

未能如愿。随后，在 1993 年 3 月，戴姆勒－奔驰脱离了这个群体，宣布它将成为第一家在纽约证券交易所上市的德国公司。如第 10.8.5 节所述，戴姆勒－奔驰接受了按照美国证券市场上的公认会计原则（GAAP）进行对账调整的要求。结果，先前根据德国商法典计算的盈利，在美国证券市场上的公认会计原则（GAAP）下却变成了亏损。[22] 戴姆勒－奔驰的上市在德国企业界和会计界引起了轩然大波。这也让人们意识到，相互认可已经成为泡影。此外，德国会计准则似乎还不如美国证券市场上的公认会计原则（GAAP）稳健，这一事实导致人们对支持采用独特的德国会计方法这一传统论点提出了严重质疑。但仔细观察就会发现，上述戴姆勒－奔驰业绩的不利转换是由特定的情境造成的，根本不应该对德国会计准则总体上的谨慎性提出质疑。尽管如此，戴姆勒－奔驰的案例导致关于维持独立的德国会计制度的政治支持迅速减少了。[23] 到了 1994 年 4 月，来自德国企业界、公共会计师行业、政府和学术界的代表举办了一场重要的研讨会，会议的标题很传神："德国的会计准则还有机会吗？"[24]

并不是所有德国企业都愿意效仿戴姆勒－奔驰那种"卡诺萨觐见"(all the way to Canossa)式的忍气吞声之做派。一些公司（如 1994 年的拜耳公司和先灵公司）寄希望于美国证监会（SEC）能够认可 IASC 的准则，于是便选择对它们基于《德国商法典》编制的合并报表进行修改转换，以便也能宣称其遵循了 IASC 的准则。[25] 1995 年，德意志银行（Deutsche Bank）的财务报表也转换为遵循 IASC 准则，这是又一个影响非常显著的转变。从那时起，主要的德国公司逐渐分裂成两大阵营，一个支持美国证券市场上的公认会计原则（GAAP），另一个支持 IASC 的准则。结果是，一些公司编制了两套报表，就像戴姆勒－奔驰自 1996 年起所做的那样；另一些公

---

22. 有关评论参见 "Daimler Bends"，*The Economist*，1993.04.03，76；"Why Daimler Went Red Over a Share Quote in New York"，*The Times*，1993.10.07。

23. 2004 年 7 月 14 日作者与 Heinz Kleekämper 的访谈记录。

24. 会议议程可参见 Jörg Baetge（editor），*Die deutsche Rechnungslegung vor dem Hintergrund internationaler Entwicklungen: Vorträge und Diskussionen aus nationaler und internationaler Sicht zum 10. Münsterischen Tagesgespräch*，"Haben die deutschen Rechnungslegungsvorschriften noch eine Chance?"（Düsseldorf: IDW-Verlag，1994）。

25. 参见拜耳集团 CEO 的评论 "Bayer kurz für Akquisition in USA"，*Börsen Zeitung*，1995.01.14，7；"Deutsche Bilanzierung: Abschied vom HGB"，*Börsen Zeitung*，1995.12.30，21。

司则不得不发挥相当大的创造力，去编制既符合德国法律规定又符合IASC准则的财务报表。[26]从法律上讲，一份报表是否可能同时符合两种会计标准，这是一个悬而未决的问题，而且随着IASC准则朝着更广泛使用公允价值的方向发展，这个问题越来越不可能得到肯定的回答。[27]

1995年年初，德国政府意识到了这种必然性，于是宣布决定起草法律草案，正式允许企业使用美国证券市场上的公认会计原则（GAAP）和IASC的准则（而不是根据德国法律）来编制合并财务报表。[28] 1995年4月，在国际证监会组织（IOSCO）第一工作组（WP1）的会议上，德国政府中负责会计事务的司法部高级官员赫伯特·比纳宣布了这一激进的政策变化，这完全出乎其他参会代表的意料。[29]比纳在20世纪80年代到90年代的大部分时间里都代表了德国官方对会计问题的立场。在1995年以前，他一直对IASC准则在欧洲（尤其是在德国）的适用性持批判态度。[30]但从这次会议开始，比纳在国际证监会组织第一工作组和由他代表德国政府的许多其他场合，都对IASC采取了建设性的态度。

然而，修改《德国商法典》的提议陷入了政治困境，这不仅仅是因为企业界在是否应允许使用美国证券市场上的公认会计原则（GAAP）方面

---

26. Kurt Ramin, "Deutsche Bilanzen im Umbruch", *Börsen Zeitung*, 1995.12.28, 5; "A Change of Culture", *World Accounting Report*, 1997.06, 3; "Understanding a Variety of GAAP", *World Accounting Report*, 1998.03, 6.

27. 参见Jochen Pape und Sebastian Heintges, "Verhältnis von US-GAAP und IAS zur Rechnungslegung nach deutschem Handelsrecht", in Rüdiger von Rosen und Werner Seifert（editors）, *Zugang zum US-Kapitalmarkt für deutsche Aktiengesellschaften*（Frankfurt am Main: Deutsches Aktieninstitut/Deutsche Börse, 1998）, 201–205。关于"双重"财务报表的进一步讨论，请参见*Berichte über die 38. Arbeitstagung 1996 des IDW vom 13.-15. November 1996 in Baden-Baden*（Düsseldorf: IDW-Verlag, 1996）, Thema D。

28. Herbert Biener, "The Relationship between IOSCO and IASC", statement to the IASC board, 1995.05.09; Herbert Biener, "Öffnung des deutschen Rechts für internationale Konzernabschlüsse?", undated paper [1995]（复印件由Herbert Biener提供给本书作者）。另见Brigite Eierle, "Differential Accounting in Germany: A Historical Analysis", *Accounting, Business & Financial History*, 15/3（2005.11）, 291–292。

29. Minutes of the meeting of WP1 on 3–4 April 1995 (in the authors' files); 2004年7月13日作者与Herbert Biener 的访谈记录、2006年2月10日与John Barras的访谈记录以及2004年2月19日与Geoffrey Mitchell的访谈记录。

30. 例如，可参见Herbert Biener, "Die Rechnungslegungsempfehlungen des IASC und deren Auswirkungen auf die Rechnungslegung in Deutschland", *Betriebswirtschaftliche Forschung und Praxis*, 4/1993, 345–356。

第 12 章　国际会计准则博得一众用户的青睐

存在分歧。美国证券市场上的公认会计原则（GAAP）显然受到了戴姆勒-奔驰等公司的青睐，但以拜耳集团为首的反对派认为，这将会削弱 IASC 的地位，而德国至少是有机会参与其中的。[31] 另一个问题是，什么样的企业可以被允许选择不遵照德国法律记账。[32] 直到 1998 年 4 月，《融资促进法案》（Kapitalaufnahmeerleichterungsgesetz, KapAEG）才颁布实施。该法规定，所有的上市公司只需要满足比较简单的条件，就可以采用"国际认可的会计原则"（internationally recognized principles of accounting）编制合并账目（consolidated accounts，即合并报表，下同）。[33] 与 1998 年 4 月同期颁布的法国法律（见第 12.2.1 节）不同，德国的这项法律不需要政府采取其他措施即可生效。到了 1999 年，德国已有近 100 家大型企业披露其遵循了 IASC 的准则。[34]

当《融资促进法案》通过时，德国传统上严格的财务报告制度就已经处于一个持续变动的状态，而美国证券市场上的公认会计原则（GAAP）和 IASC 的准则在实践中都获得了相当广泛的支持。一个重要的推动因素是，1997 年 3 月，德国证券交易所（Deutsche Börse）推出了"新市场"（Neue Markt）*，这是一个面向小型高科技企业的证券交易板块。该板块的上市要求之一是，上市公司必须按照美国证券市场上的公认会计原则（GAAP）或 IASC 的准则披露季度报告与年度报告，或者按照德国会计规则编制季度报告与年度报告，然后再按照上述两种准则之一进行对账调

---

31. "Industrie uneins über HGB-Öffnung", *Börsen Zeitung*, 1995.10.21, 1; "Germany: Double Book-Keeping for Daimler as Regulators Refuse US GAAP", *Corporate Accounting International*, 1996.01, 1; "GAAP Opponents Scuttle Last Attempt at Compromise", *Corporate Accounting International*, 1996.03, 3.

32. "Koalition will den Finanzplatz Deutschland starken", *Frankfurter Allgemeine Zeitung*, 1997.10.31.

33. 参见《德国商法典》第 292a.2.2.a 段，其中插入了 1998 年 4 月 20 日发布的《融资促进法案》的内容；另见 Lita Olbrich, "Bundestag Sanctions Accounting Reform Law", *The Accountant*, issue 5931（1998.03），1，11。

34. Cairns, *International Accounting Standards Survey 2000*, 87–88. 关于 1997—1999 年上市公司将准则变更为美国证券市场上的公认会计原则和 IASC 的准则的综述，另见 Jürgen Spanheimer and Christian Koch, "Internationale Bilanzierungspraxis in Deutschland—Ergebnisse empirischen Untersuchung der Unternehmen des DAX und MDAX sowie des Neuen Marktes", *Die Wirtschaftsprüfung*, 53/7, 2000.04.01, 301–310。

* 该"新市场"最终宣告失败，于 2003 年 6 月关闭。——译者

整。³⁵也许，这个世界上再没有其他国家会像德国这样：鼓励它的一部分企业使用国外编写的会计准则而不是本国会计规则；企业如果使用了本国会计规则，还必须将财务报表按照国外编写的会计准则进行对账调整。

《融资促进法案》的明确目的是创建一个有限的实验期间，因为它将在2004年年底到期。为了给这一不稳定的时期中的各种言论提供一个聚焦点，德国司法部说服议会授权它设立了一个私立性质的会计问题审议机构。³⁶此外，预期这一会计问题审议机构将使德国公共会计师行业能够更有效地参与到国际会计协调工作之中。在正在进行的关于IASC重组问题的讨论中，一些评论人士曾解释过最后这个原因（见第13章）。当时，这些讨论似乎有可能会导致IASC改组为由各个国家或地区的（或官方或民间的）会计准则制定机构联合组成的准则制定机构。这样一来，德国就迫切需要建立一个自己的会计准则制定机构。³⁷1998年3月，德国会计准则委员会（DRSC，英文原称German Accounting Standards Board，现称Accounting Standards Committee of Germany）成立了，司法部根据新的法律规定于1998年9月正式认可了该组织。³⁸然而，欧盟委员会在2000年6月决定，建议欧洲所有上市公司在2005年采用IASC的准则编制合并财务报表。这就导致德国的《融资促进法案》的实验时间被缩短了，新的准则制定机构的潜在意义也大大降低了。而且，IASC也没有如预期那般重组为各地会计准则制定机构的组织。尽管如此，在短短几年之内，深深植根于税务当局和债权人需求的传统德国会计模式，已经开始呈现出英美会计的色彩了，至少在公司合并报表上是这样的。

12.2.3 荷兰

在整个20世纪90年代，荷兰一直维持着其传统上灵活的财务报告环境。由国家会计准则制定机构——年度报告委员会（CAR）发布的指南对

---

35. "Voraussetzungen für ein Listing am Neuer Markt"，*Börsen Zeitung*，1997.04.19，B10.
36. 参见《德国商法典》第342段，其中插入了1998年4月27日发布的《企业监督和透明度法》（KontrAG）的内容（《企业监督和透明度法》应于1998年5月生效——译者）。
37. Peter Wolmert，"Internationalising German Accounts"，*World Accounting Report*，1998.09，7.
38. "Rechnungslegungskomitee gegründet"，*Börsen Zeitung*，1998.03.31；"Fears Over Remit of German Standard-setter"，*The Accountant*，issue 5933（1998.05），1.

第 12 章 国际会计准则博得一众用户的青睐

企业并没有约束力,审计人员也不会报告企业是否遵循了这些指南。甚至都没有监管机构监督企业是否遵守了法律法规,更不用说监督企业遵循这些指南了。有利害关系的各方可以在专门法庭上对企业的会计做法提出质疑,但必须承受高昂的费用,并遵循烦琐的程序。[39] 在 1990 年,109 家上市公司中,只有两家公司在财务报表中引用了年度报告委员会的指南。在这种情况下,只有一家公司披露称其遵循了 IASC 准则也就不足为奇了。[40]

在荷兰,由司法部负责管理《民法典》(Civil Code)中的财务报告要求。司法部为了让企业能够采用 IASC 的准则,通常愿意容忍对欧共体公司法指令和荷兰法律的灵活解释,但司法部没有采取措施鼓励采用或者确保严格采用 IASC 的准则。[41]

1989 年,当荷兰年度报告委员会(CAR)对 IASC 的《征求意见稿第 32 号:财务报表的可比性》提出批评意见时,财务报告的传统观点依然在荷兰占据主流。年度报告委员会的评论函在荷兰高调发表,其中提出,赋予企业选择适合其情况的会计政策的权利,远比可比性更为重要。[42] 在随后的几年里,年度报告委员会表现得越来越适应 IASC 的发展方向,并倾向于在其准则中纳入一些新的 IASC 准则。但是,当它认为某些 IASC 准则在荷兰"不可接受"时,它就允许自己偏离 IASC 的准则。

虽然这种灵活的环境有利于对 IASC 准则中的一些要素进行试验,但这不利于培养企业应严格遵循准则的意识。在 IASC 的"可比性与改进项目"之前,在推动完成核心准则之前,人们可能有理由相信,企业遵循了本土的会计准则也就意味着企业同时遵循了 IASC 的准则。但在 1998 年,负责颁发"最佳年度报告"这一国家级重要奖项的评审小组指责上市公司在编制其财务报告时过于"自满",并敦促它们在采纳 IASC 准则时应用

---

39. Stephen A. Zeff, Frans van der Wel, and Kees Camfferman, *Company Financial Reporting: A Historical and Comparative Study of the Dutch Regulatory Process* (Amsterdam: North-Holland, 1992), 335–337.

40. *Onderzoek Jaarverslaggeving 1990*, NIVRA Geschriften no. 60 (Amsterdam: NIVRA, 1992), 152.

41. 2005 年 12 月 8 日作者与 Gijs Bak 的访谈记录。

42. "Commentaar op ED 32 'Comparability of Financial Statements'", *De Accountant*, 96/2 (1989.10), 71–73.

更严格的标准。[43] 然而截至1999年，仍然只有少数上市公司声称其采用了IASC的准则。[44] 与此同时，大约有12家大型公司（大多数在美国上市）越来越倾向于使用美国证券市场上的公认会计原则（GAAP）。

也许是认为采用美国证券市场上的公认会计原则（GAAP）或者IASC的准则在荷兰并没有什么重大的法律障碍，荷兰政府对欧盟委员会自1995年起取消对使用IASC准则的正式限制这一政策，反应很是缓慢（见第12.3.3节）。直到1999年，荷兰政府才宣布其有意对《民法典》进行必要的修改，允许跨国企业在不与欧共体公司法指令产生冲突的前提下，使用美国证券市场上的公认会计原则（GAAP）或IASC的准则。[45] 民法典修正案最终在2005年获得通过。

12.2.4 北欧国家

20世纪90年代，丹麦、挪威和瑞典的公共会计师行业协会共同组成了IASC的北欧公共会计师行业代表团。在此期间，这三个国家的会计规则都以不同的方式在向IASC准则迈进。传统上，三个国家的会计规则都是以公司法为基础的。在20世纪90年代，瑞典和挪威还在着力将合并财务报告与税务会计分离开来，而丹麦则早在1981年采纳欧共体第四号公司法指令时就已经打破了这种联系。

丹麦注册会计师协会（Foreningen af Statsautoriserede Revisorer，FSR）早在其1986年决定公布自己的会计准则之前，就已经出版了IASC准则的丹麦翻译版本，并附有注释。IASC准则一直没有正式地位，至少在20世纪90年代初之前，据说其影响都是有限的，并且这一影响比丹麦注册会计师协会预期的要小。[46] 当丹麦注册会计师协会开始公布其会计准则时，哥本哈根证券交易所强制要求上市公司必须执行。从一开始，丹麦注册会计师协会的准则就带有附录，用以说明其与IASC相关准则的相符程度。最

---

43. "Prof. Traas wil aanscherping boekhoudregels", *Het Financieele Dagblad*, 1998.11.25, Supplement, 7.
44. Cairns, *International Accounting Standards Survey 2000*, 95.
45. Kamerstukken（parliamentary papers），25732 no. 8，1999.05.10.
46. Jens O. Elling, "Denmark", in John Flower（editor），*The Regulation of Financial Reporting in the Nordic Countries*（Stockholm: Fritzes, 1994），49.

第 12 章　国际会计准则博得一众用户的青睐

初，两者的相符程度还是比较高的，因为当时丹麦注册会计师协会编写的还是比较简单的准则，而且 IASC 也尚未完成其可比性与改进项目。然而在 1992 年，丹麦注册会计师协会以"具有误导性"为由，废除了存货计价的后进先出法[47]，但 IASC 在当年晚些时候撤销了废除后进先出法的暂行决定（见第 9.3.3.3 节）。20 世纪 90 年代，随着 IASC 技术工作进度的加速，丹麦注册会计师协会也不得不做出更扎实的努力，使其准则与 IASC 的准则保持一致。就像是为了突出这两套准则之间的差异一样，一些丹麦企业开始公布以 IASC 准则为基础编制的财务报表，而其目的无非就是想增加它们进入资本市场的机会。[48]

挪威于 1989 年成立了一个私立的会计准则制定机构——挪威会计准则委员会（Norwegian Accounting Standards Board，NASB），其准则据说在"一定程度上"是以美国证券市场上的公认会计原则（GAAP）为基础的。[49] 石油行业的因素使得挪威会计规则比较容易受美国证券市场上公认会计原则（GAAP）的影响。挪威高校商学院的会计教育也唯 GAAP 马首是瞻。然而，挪威会计准则委员会显然从一开始也在关注 IASC。[50] 作为挪威会计准则委员会的联合创立机构之一，奥斯陆证券交易所（Oslo Stock Exchange）对会计准则产生了浓厚的兴趣，并且对企业是否遵循了会计准则进行了一定程度的合规监督。作为欧洲经济区（European Economic Area）的成员国，挪威于 1998 年采纳了欧共体的公司法指令并颁布了新的会计法。尽管该法律本身并没有使 IASC 准则在挪威拥有法律地位，但该法规定了一项重要的基本原则，即会计规则应当与 IASC 的准则兼容。[51] 该法的起草历史表明，议会希望在与 IASC 准则协调一致的基础上制定挪威的会计准则。[52]

---

47. Regnskabsvejledning no. 8，*Varebeholdninger*（1992.03）paragraph 29.
48. "Trying to Struggle Loose"，*The Accountant*，1999.02.22，17.
49. David Alexander and Hans R. Schwencke，"Accounting Change in Norway"，*The European Accounting Review*，12/3（1993），554–555.
50. 2005 年 4 月 8 日作者与 Erik Mamelund 和 Harald Brandsås 的访谈记录。
51. 'Financial *Accounting* in Norway'，speech by Finn Berg Jacobsen，19th Annual Congress of the European Accounting Association, Bergen, Norway, 2–4 May 1996，copy in IASC archive, 'Norway' documentation file.
52. Alexander and Schwencke，"Accounting Change in Norway"，557.

与挪威一样，瑞典的立法也根据欧共体的公司法指令进行了调整。相应的公司法修正案于1997年生效。由于仍然受到税收的影响，据说这项新法律并不完全符合欧共体的公司法指令。公认的是，遵守该法律将会导致与IASC的准则和美国证券市场上的公认会计原则（GAAP）产生重大差异。[53]在会计准则方面，瑞典的情况则非常复杂。瑞典会计准则委员会（Swedish Accounting Standards Board）成立于1976年，是一个政府发起的机构（government-sponsored body），但其成员却由众多组织的代表构成。此外，特准会计师协会（FAR）作为瑞典主要的公共会计师行业协会，自1949年以来也一直公布有会计建议。1989年，特准会计师协会还和瑞典企业界合作成立了瑞典财务会计准则理事会（Swedish Financial Accounting Standards Council，Rednovisningsrådet）。该理事会成立之后，特准会计师协会基本上就不再公布自己的会计建议了。该理事会的目标就是为上市公司提供会计建议。对于上市公司而言，这些会计建议是强制性的，并且从一开始，该理事会的意图就是使这些建议"尽可能地符合国际惯例，特别是IASC的准则"。[54]自1989年以来，瑞典财务会计准则理事会是将IASC准则引入瑞典的主要通道。[55]

人们可以看到，这三个国家经过持续和深思熟虑的过程，都在将其本国法律和会计准则向IASC的准则靠拢。然而，到了20世纪90年代末，这三个国家的会计规则的调整进程似乎都在某种程度上相对落后了，因为IASC在核心准则项目期间的生产力有了迅猛提升。明确披露自己采用了IASC准则的公司数量仍然很少，这可能是因为IASC准则在不断融入其国内法规，或者更可能是因为IASC准则与其国内会计准则之间的差距在不断缩小。[56]凯恩斯1999年的调查显示，在这三个国家的44家入选公司中，只有7家宣称使用了IASC的准则，有些是部分采用，有些仅仅是在补充信息中采用。[57]

---

53. *Swedish Accounting and Auditing 1998*（Stockholm: Föreningen Auktoriserade Revisorer, 1998），15.
54. *Information Redovisningsrådet*（Stockholm: Redovisningsrådet, 1991），7.
55. *Swedish Accounting and Auditing 1998*，28.
56. 2006年6月19日Sigvard Heurlin与作者的沟通记录。
57. Cairns，*International Accounting Standards Survey 2000*，79–80；98；102–103.

12.2.5 瑞士

虽然瑞士会计准则可能曾经在所有方面都与英美世界的资本市场导向的会计准则背道而驰，但在20世纪90年代，瑞士的跨国公司却成了IASC准则最忠实的拥护者。这一切的种子是在20世纪80年代播下的，认为瑞士的财务报告需要现代化的观点在那时开始流行了起来。1984年，受英语国家和荷兰的会计发展的启发，瑞士成立了一个准则制定机构。[58]瑞士大型跨国公司在其中起到了推动作用。1989年，雀巢公司（Nestlé）继其开始允许外国人持有记名股票并在伦敦证券交易所上市之后，宣布其将采用IASC的准则。[59]在随后的几年中，在一场更广泛的包括更透明的财务报告在内的公司治理和证券交易所改革运动的推动下，罗氏（Roche）和汽巴-嘉基（Ciba-Geigy）等其他瑞士跨国公司纷纷效仿。[60]瑞士公司法对财务报告的要求一开始并不严格，其在1991年进行了现代化更新，但更新后也并不会妨碍企业采用IASC的准则。[61]1995年，当证券交易所首次在上市条件中引入对财务报告的要求时，瑞士会计准则、美国证券市场上的公认会计原则（GAAP）和IASC的准则都是可接受的。[62]据报道，在1999年，42家瑞士大公司中有33家在使用IASC的准则，IASC准则在瑞士企业界的影响力是其他欧洲国家所无法比拟的。[63]

---

58. Giorgio Behr, "Swiss GAAP oder das Schweizer Konzept der Fachempfehlungen zur Rechnungslegung FER", *Die Wirtschaftsprüfung*, 47/24（1994.12.15），832–836.

59. "Nestlé Expects 15% Growth in Earnings", *Financial Times*, 1989.12.23, 38; "Stepping Out onto a Wider Stage", *Financial Times*, 1992.02.06, 21.

60. "Angst in the Alps", *Financial Times*, 1991.08.01, 14; "More Swiss Companies 'May Adopt IAS'", *Financial Times*, 1991.12.10, 26; "Mehr Transparanz der Schweizer Geschäftsberichte", *Neue Zürcher Zeitung*, 1993.03.03, 31; "Swiss Finance: On Deaf Ears", *The Economist*（UK edition），1993.08.28, 66.

61. 关于瑞士公司法的发展，参见 Ann-Kristin Achleitner, "The History of Financial Reporting in Switzerland", in Peter Walton（editor），*European Financial Reporting: A History*（London: Academic Press, 1995），241–258。

62. "Den Trends der Rechnungslegung auf der Spur", *Neue Zürcher Zeitung*, 1995.11.21, 33.

63. Cairns, *International Accounting Standards Survey 2000*, 105; 另见 Giorgio Behr, "Switzerland Survey—Accounting Reforms", *World Accounting Report*, 1997.03, 10–11。

12.2.6 英国

（英国）会计准则理事会（ASB）在英国国内享有很高的地位，它利用这种地位制定了一套具有辨识度的英式财务报告方法。无论在英国国内还是国外，（英国）会计准则理事会（ASB）普遍被认为是世界上主要的会计准则制定机构之一。这种情况不利于英国公司采用 IASC 的准则。在戴维·凯恩斯调查的 109 家英国公司中，总共也只有 3 家公司在 1999 年财务报表中提到了 IASC 准则。[64]

就目前所能确定的情况而言，英国公司从来没有被要求采用 IASC 的准则而抛开英国的会计准则。从理论上讲，这种要求可能会产生，因为在伦敦上市的外国公司可以使用 IASC 的准则。然而，尽管英国会计准则的要求通常被认为比 IASC 的准则更严格，但这并没有被看作是外国企业相对于国内企业具有的不公平的优势。IASC 准则被认为比许多欧盟成员国的会计准则更严格，而在相互认可原则之下，英国曾不得不接受那些欧盟成员国的准则并认可其等同于英国会计准则。[65]

虽然在少数情况下，（英国）会计准则理事会（ASB）的准则也会受到 IASC 的影响，但更常见的影响是反方向的。有鉴于此，戴维·凯恩斯在 1998 年预测，在国际证监会组织（IOSCO）认可 IASC 的准则之后，（英国）会计准则理事会（ASB）对英国企业来说仍将是最重要的会计准则制定者。他期望（英国）会计准则理事会（ASB）与 IASC 继续合作，"（英国）会计准则理事会（ASB）给予 IASC 的要比其从 IASC 索取的多"。[66]

12.3 欧盟委员会逐步转向 IASC 准则

总的来说，从前文对几个欧洲国家会计发展情况的回顾中，可以得出这样的结论：虽然 IASC 的准则在 20 世纪 90 年代明显处于上升趋势，但

---

64. Cairns, *International Accounting Standards Survey 2000*, 106–109.

65. 2005 年 1 月 13 日作者与 Christopher Nobes 的访谈记录；另见 David Cairns, "The Future of the IASC and the Implications for UK Companies", in *Financial Reporting Today—Current and Emerging Issues: The 1998 Edition*（Milton Keynes: Accountancy Books,［1998］), 146。

66. Cairns, "The Future of the IASC and the Implications for UK Companies", 149.

第 12 章　国际会计准则博得一众用户的青睐

很难说它在总体上处于主导地位。在大多数国家中，只有少数公司明确提及 IASC 的准则。但应当考虑到，IASC 的实际影响也可能表现为各国越来越多地将 IASC 的准则融入自己的会计准则之中。然而，有些国家（尤其是英国）的会计准则几乎没有向 IASC 准则靠拢的迹象，而且在其他国家，美国证券市场上的公认会计原则（GAAP）仍然是 IASC 准则的强有力的竞争对手。无论 IASC 准则在单个欧洲国家的推广进展有多么显著，IASC 的命运最终还是取决于整个欧盟层面的态度。本节将着重阐述欧盟委员会和 IASC 之间自 20 世纪 80 年代以来的互动情况。

12.3.1　欧盟委员会与 IASC 关系升温

如第 6.22 节所述，自 1981 年以来，IASC 的领导层和欧盟委员会的代表们举行了很多正式和非正式会议。欧盟委员会在 1993 年以前一直是欧洲经济共同体（EEC）的执行机构，在 1993 年以后一直是欧盟的执行机构。[67] 从历史上看，欧盟委员会对 IASC 态度一直很冷淡，举行双边会议的倡议总是由 IASC 一方发起的。[68] 欧盟委员会认为，欧共体第四号和第七号公司法指令是欧洲会计协调的核心，欧共体所有成员国都要把公司法指令吸收为国内立法。欧盟委员会并不欢迎私立机构 IASC 挑战其至高无上的地位，因为 IASC 的准则不具有任何法律效力。然而，到了 1990 年，欧共体公司法指令开始显示出过时的迹象。这些公司法指令（特别是第四号），为了获得颁布所需的成员国的一致同意，承认了许多会计规则可选项。这种协调办法可能适合 20 世纪 70 年代和 80 年代，因为同一时期 IASC 的准则也同样包含有很多的会计规则可选项。但是时代在变化，20 世纪 90 年代，资本市场（特别是在欧洲）日益全球化，这要求各国会计规则之间要具有更高水平的可比性。IASC 和国际证监会组织（IOSCO）已经意识到了这一进展，但欧盟委员会和一些欧共体成员国花了一段时间，才完全意识到欧洲

---

67. 根据 1992 年的马斯特里赫特条约（Treaty of Maastricht），欧洲经济共同体（European Economic Community）的名称被改为 "欧洲共同体"（European Community）。也是根据这一条约，欧洲共同体、欧洲煤钢共同体和欧洲原子能共同体合并成立了欧盟。

68. 欧盟委员会历史上的冷淡态度可见于 "IASC Team in IOSCO Endgame"，*World Accounting Report*，1995.08/09，1。关于欧盟委员会政策在 20 世纪 90 年代的发展情况，另见 Haller，"Financial Accounting Developments in the European Union"。

应该采取不同的做法。

20世纪80年代，来自德国的赫尔曼·尼森作为欧盟委员会第十五总局（内部市场）（Directorate General XV（Internal Market））的会计部负责人，负责拟定欧盟委员会有关会计方面的政策。然而，尼森对IASC准则中以投资者为导向的财务报告规范并不感兴趣。[69]1986年，IASC主席约翰·柯克帕特里克和秘书长戴维·凯恩斯拜访尼森，欧盟委员会与IASC举行了自1983年以来的第一次正式会议。但尼森显然与IASC保持了一定的距离，双方的沟通需要一些中间人予以协调。1987年，可能是在IASC主席乔治·巴尔泰斯·德·吕泰尔的建议之下，法国国家会计委员会（CNC）主席让·杜邦与尼森就欧盟委员会与IASC之间建立更密切关系的必要性进行了长时间的讨论。据说，虽然尼森很不情愿，但他还是承认，建立这样的关系符合每个相关方的利益。[70]

1988年，IASC邀请私立机构财务会计准则委员会（FASB）和官方机构欧盟委员会加入其顾问团，这其实偏离了IASC最初秉持的顾问团成员只能是全球性组织的政策。[71]但这个时代需要更灵活的政策。财务会计准则委员会（FASB）接受了邀请，而欧盟委员会当时还没有准备好加入进来。不过，尼森愿意以嘉宾身份出席1988年11月在哥本哈根举行的IASC理事会会议。[72]在与IASC理事会的对话中，尼森谨慎地阐释了欧盟委员会和IASC之间共同利益的局限性。它们的共同利益是"会计协调"（accounting harmonization）。[73]然而，尼森指出，IASC谈论的是"会计准则的协调"（harmonization of accounting standards），而欧盟委员会更倾向于"会计立法的协调"（harmonization of accounting legislation）。这反映了两者之间的根本差异。IASC所追求的会计协调是为了促进全球资本市场上的会计信息的可比性，这在IASC响应国际证监会组织（IOSCO）的计划

---

69. 2003年6月5日作者与Georges Barthès de Ruyter的访谈记录。

70. "Notes of a Telephone Conversation with Georges Barthès 15/12/87", preparer's name not known, IASC archive, file 'EEC'.

71. Cairns给Van Hulle的信，1988.04.25，IASC archive, file "EEC"。

72. Niessen给Barthès的信，1988.10.12，IASC archive, file "EEC"。

73. "Speech by H. Niessen, Head of Division of the European Communities at the meeting of the Board of IASC held on the 9th of November 1988 in Copenhagen"，打印稿有英语和法语两个版本，IASC archive, file "EEC"。这段话的引言和解释都来自这篇演讲稿。

第 12 章 国际会计准则博得一众用户的青睐

这一情境下表现得特别明显。从这个角度来看,更高程度的可比性永远是值得追求的,尼森称之为"为了协调而协调"(harmonization for the sake of harmonization)。相比之下,欧盟委员会的使命是在欧洲共同体内实现公司法的协调,这是建立内部市场的一部分任务。这里的重点是基础层面的协调,需要"为股东、成员及第三方提供同等水平的保障"。尼森还提到了其他的差异。一是"地域的"差异,IASC 想实现的是全球会计协调,但欧盟委员会仅希望它的 12 个成员国能够实现会计协调。二是"体制的"差异,IASC 由各国公共会计师行业协会的代表组成,而欧盟委员会则通过发布指令并要求成员国在立法中贯彻实施指令这一复杂过程来实现协调。换句话说,尼森认为 IASC 只是公共会计师行业的一个分支,是一个没有任何法定权力的私立机构。事实上,当时尼森的一名员工卡雷尔·范胡勒回忆说,其实欧盟委员会仅仅将 IASC 视为一个"小男孩的俱乐部"而已。[74]

然而,不管尼森的观点如何,到了 1989 年,欧盟委员会再也不能将 IASC 视为边缘现象了。在欧洲内部,对 IASC 的兴趣已经发展到这样的程度,以至于它已经成为在讨论欧洲会计监管的未来方向时所必不可少的因素了。这些讨论自 1989 年正式开始,一直持续到 2000 年欧盟委员会做出要求所有欧洲上市公司按照 IASC 准则编制合并报表的决定。

欧洲会计师联合会(FEE)是热情支持欧盟委员会关注 IASC 的当事方之一。欧洲会计师联合会(FEE)成立于 1987 年,是由欧洲财政经济会计专家联盟(UEC)和欧共体特许会计师研究组两个机构合并组成的。欧洲会计师联合会(FEE)的一个既定目标是成为欧共体唯一的欧洲公共会计师行业的咨询团体。在早期,欧洲会计师联合会(FEE)受到许多争议的困扰,其中之一涉及欧洲会计协调的未来。一种观点认为,欧洲会计师联合会(FEE)应支持 IASC,并且应鼓励欧盟委员会认可 IASC 的工作。[75] 另一种观点认为,欧洲会计师联合会(FEE)应推动欧洲会计准则(European accounting standards)的发展,尽管并不一定要与 IASC 形成竞

---

74. 2004 年 2 月 17 日作者与 Karel Van Hulle 的访谈记录。

75. "FEE Strategy—A DiscussionPaper", unsigned draft dated 3 February 1988 attached to letter from John Hegarty to members of FEE's Coordination Committee, dated 23 February 1988, NIVRA archive, file B-Int (1987–8), 76–81.

争。欧洲会计准则应该由官方认可的私立机构制定，可暂时取名为欧洲年度报告委员会（Council for Annual Reporting in Europe，CARE）。该机构应该吸收财务报表的编制者、使用者以及以 FEE 为代表的公共会计师行业人士共襄盛举。[76] 以前，设立欧洲会计准则制定机构的想法偶尔才会冒出来，[77] 但在 20 世纪 90 年代则一直持续存在。一些人将其视为真正的威胁或者是欧洲的可行战略，另一些人则认为这是一个不肯退场的不切实际的想法。一位观察家甚至将其形容为欧洲会计界的"尼斯湖水怪"。[78]

在 1989 年年初（如果不是更早的话），人们已经知道尼森和范胡勒倾向于建立一个类似欧洲年度报告委员会的机构，因为他们试探性地向各方提出了这个想法。[79] 这使人们猜测，欧盟委员会将于 1989 年年底举办的关于欧洲会计协调的未来的政府间会议，实际上是欧盟委员会为获得建立欧洲会计准则制定机构的授权所采取的一次尝试。[80] 在此背景下，欧洲会计师联合会（FEE）主席赫尔曼·诺德曼（Hermann Nordemann）在 1989 年 4 月于布鲁塞尔举行的 IASC 理事会会议上发表演讲，强烈支持 IASC 并反对制定欧洲会计准则。[81] 诺德曼说，在当前全球化日益加剧的气氛中，欧洲会计师联合会（FEE）"不赞成建立一个仅仅面向欧共体内部的会计准则领地"（第 iii 段），而是"认为会计准则的全球协调才是当务之急"（第 i 段）。他指出，欧共体的公司法指令是应早期时代的需要而产生的，但并未取得成功。指令的制定过程花费了太长时间，给了成员国太多的选择余地，而且未能处理一些重要的会计问题。他表示，欧洲会计师联合会（FEE）支

---

76. "The E.C. and the European Profession"，Henk Volten（NIVRA）的备忘录，1988.05，NIVRA archive, file CIB-FEE A4800。

77. 1979 年，Paul Rutteman 提议成立一个欧洲会计准则委员会。参见 "Rutteman Calls for European Standards Committee"，*Accountancy Age*，10/25（1979.06.29），1。Rutteman 当时是欧共体特许会计师研究组的英国成员。

78. 2004 年 5 月 27 日作者与 Gilbert Gélard 的访谈记录。

79. Allan Cook（Shell）给 David Cairns 的信，1989.01.09，IASC archive, file "EEC"。另见 "Meeting with Commission Officials—13 July 1989"，关于 Hermann Nordemann、Edouard Salustro、John Hegarty（欧洲会计师联合会）与 Hermann Niessen 和 Karel Van Hulle 的会议的报告，NIVRA archive, file B-Int（1988–90），74–81。

80. Georges Timmerman，"Zand in het Europese raderwerk"，*Accountancy en Bedrijfskunde*，9/4（1989.05），28。

81. "Worldwide Harmonisation in Europe's Best Interests"，*IASC News*，18/3（1989.07），i–iv。引文是各页的关键部分。

第 12 章 国际会计准则博得一众用户的青睐

持 IASC，因为"必须由一个更快、反应更迅速的组织来带头"（第 iii 段）。但同时他也告诫说，欧洲会计师联合会（FEE）对 IASC 准则的支持"是有条件的，即准则的制定过程要确保欧洲能够高度参与，以确保以令人满意的方式考虑和处理欧洲财务报告环境的具体需求和特征"（第 iii~iv 段）。诺德曼的发言在 1989 年 7 月的《IASC 新闻》中占了整整四页版面，可见 IASC 的领导层有多喜欢这段讲话。

诺德曼的演讲事先没有在欧洲会计师联合会（FEE）内部征求意见，他那广为流传的演讲引发了争议。[82] 对于欧洲会计师联合会（FEE）中的一些欧共体特许会计师研究组的前成员来说，在公开场合公开反对欧盟委员会的观点是一件新鲜事。[83] 当被问及他的反应时，范胡勒表示这只是欧洲会计师联合会（FEE）中的盎格鲁-撒克逊（Anglo-Saxon）派的观点，他们自然支持 IASC。他反过来把 IASC 描述为"很大程度上是一个盎格鲁-撒克逊俱乐部，不管你喜欢与否"。[84]

尽管如此，1989 年，欧洲会计师联合会（FEE）和欧盟委员会以及 IASC 和欧盟委员会之间的协商仍在继续进行。欧盟委员会思考的一个新要素是，它开始关注它所看到的美国证监会（SEC）对 IASC 日益增长的影响力，这显然促使欧盟委员会对 IASC 产生了更大的兴趣。[85] 虽然欧盟委员会继续提及了尼森在 1988 年 11 月向 IASC 阐述的各种困难，但是它比以往任何时候都更深入地参与了 IASC 的工作计划。[86] 在 1989 年 12 月 15 日的一次会议上，尼森和范胡勒与 6 位 IASC 的代表一起逐条讨论了《征求意

---

[82] 参见 Kees Meijer（荷兰注册会计师协会）在欧洲会计师联合会协调委员会 1989 年 6 月 5 日会议上未标日期的备忘录，NIVRA archive, file CIB-FEE, A4842；Jacques Potdevin（法国注册审计师协会主席）和 François Fournet（法国注册会计师协会主席）给 J. L. M. J. Obers（荷兰注册会计师协会主席）的信，1989.05.29, NIVRA archive, file B-Int（1988–9），58。关于欧盟委员会威胁说要在欧洲增加第三层次的会计准则后的反响，参见"Standards Threat Looms"，*Accountancy*，1989.04，5。

[83] 2004 年 8 月 17 日作者与 John Hegarty 的访谈记录。

[84] Karel Van Hulle 的话，引自 Timmerman, "Zand in het Europese raderwerk"，28。

[85] 参见 G. E. Fitchew、Hermann Niessen 和 Karel Van Hulle（欧盟委员会）同 Georges Barthès、Christopher Stronge、Herman Marseille、Wilhelm Tjaden、David Cairns 和 Mark Wovsaniker（IASC）的会议记录，Wovsaniker 的备忘录，1989.04.21, IASC archive, file "EEC"。

[86] "Meeting with Commission Officials—13 July 1989"，这是 Hermann Nordemann、Edouard Salustro、John Hegarty（欧洲会计师联合会）同 Hermann Niessen 和 Karel Van Hulle 的会议报告，NIVRA archive，B-Int（1988-90），74–81。

见稿第 32 号》中的提案。[87]

与此同时，诺德曼的演讲也进一步激发了整个欧洲会计界的讨论。在筹备推迟到 1990 年 1 月 17—18 日举行的欧盟委员会政府间会议时，欧共体成员国被要求就欧洲未来的会计协调方案发表意见。于是，IASC 与欧洲会计法规之间的关系问题成为各国政府和它们所咨询的国内利益团体需要解决的事项。很快他们就发现，没什么人支持欧洲建设一个私立部门来发布自己的欧洲会计准则。[88]

1990 年 1 月的布鲁塞尔会议标志着 IASC 和欧盟委员会之间的关系发生了变化。[89] 参会者一致认为，欧洲与 IASC 之间的密切合作非常重要，对于那些在欧洲以外经营的欧洲企业而言尤为如此。虽然不能给 IASC 开一张"空头支票"，但考虑到其准则在欧洲的适用性，欧共体也将会参与制定新的国际准则。欧盟委员会还宣布，它将与（美国证券市场上的）财务会计准则委员会（FASB）一道接受 IASC 的邀请参与 IASC 的工作。[90]

不久之后，尼森向 IASC 确认，他将参加定于同年 3 月举行的下一次顾问团会议。此外，尼森和范胡勒表示他们有兴趣参与 IASC 指导委员会的工作，因为如果欧盟委员会只在 IASC 理事会或顾问团的层面上对问题作出反应，那将是无效的。[91] 范胡勒很快开始以观察员身份参加 IASC 改进指导委员会的会议。1990 年 3 月，尼森作为嘉宾出席了 IASC 理事会会议。同年晚些时候，他从欧盟委员会退休了。虽然严格来说范胡勒并不是尼森的继任者，但他确实是欧盟委员会在 20 世纪 90 年代的会计政策的主要影

---

87. "E32, Comparability of Financial Statements/Unofficial Secretariat Notes of a Meeting at the European Commission—15th December 1989", prepared by David Cairns, IASC archive, file "EEC".

88. 具体而言，这种现象可见于 1989 年 11 月 21 日毕马威主办的 "International Comparability of Company Accounts" 论坛上。参见 Henk Volten, "Het IASC en de regelgevers", *De Accountant*, 96/6（1990.02），309。

89. 参见 *The Future of Harmonisation of Accounting Standards within the European Communities: Conference, 17–18 January 1990, Brussels*（Luxemburg: Office for Official Publications of the European Communities, 1990）。

90. Volten, "Het IASC en de regelgevers", 309.

91. "Unofficial Notes of a Meeting with the European Commission, 15 th February1990, Brussels", prepared by David Cairns, IASC archive, file 'EEC'.

第 12 章　国际会计准则博得一众用户的青睐

响者。[92] 之后,范胡勒继续以嘉宾的身份参加 IASC 理事会会议。在 1992 年 3 月的会议上,欧盟委员会和财务会计准则委员会(FASB)的代表都被授予了 IASC 理事会会议观察员的身份,它们有权参与对话。

在 1990 年 1 月的会议上,欧盟委员会还宣布计划设立一个会计咨询论坛(Accounting Advisory Forum)而非欧洲会计准则制定机构,从而扩大欧洲私营部门在促进会计准则协调的审议活动中的作用。[93] 范胡勒提到,会计咨询论坛的作用是"就欧共体公司法指令中未涉及的问题的技术解决方案向欧盟委员会提供建议,并针对欧盟委员会在会计国际协调的辩论中所应采取的立场提供指导"。他补充说:"论坛还应提供一个平台,供财务报表使用者、编制者与国家级会计准则制定机构就会计问题和发展进行讨论。"[94] 他说,会计咨询论坛将成为私立版的联络委员会(Contact Committee),后者是欧共体公司法指令的咨询机构,由欧共体成员国的政府代表组成。会计咨询论坛的第一次会议于 1991 年 1 月举行。第一届论坛的成员和随行专家包括一些 IASC 现任和前任理事会成员和职员观察员,以及一名以其他身份出席的 IASC 前秘书。[95]

12.3.2　欧盟委员会力图提升其在 IASC 中的话语权

1990 年,欧盟委员会对 IASC 明显采取了更为积极的态度,但这并不意味着欧盟委员会放弃了自己作为会计监管机构的角色。相反,欧盟委员会是在设法加强它的作用,致力于在 IASC 中提出代表欧洲的观点。

---

92. 德国的 Gisbert Wolff 接替 Niessen 成为公司法部门负责人。Van Hulle 随后被任命为一个新部门的负责人,这个新部门名为"Financial Information—Accounting Standards"。

93. Anthony Hopwood 在一篇论文"Harmonization of Accounting Standards within the EC: A Perspective for the Future"中详细阐述了建立这样一个论坛的想法,这形成了 1990 年 1 月会议讨论的基础。参见 *The Future of Harmonisation of Accounting Standards within the European Communities*,73–6。Hopwood 的文章也发表于"The Future of Accounting Harmonization in the Community",*European Accounting*,1991,12–21。

94. Karel Van Hulle,"Harmonization of Accounting Standards: A View from the European Community",*The European Accounting Review*,1/1(1992.05),167–168。

95. 出席的人有:Gerard Murphy、Morten Iversen、Horst Kaminsky、Herman Marseille、David Tweedie(IASC 理事会前成员)、Rolf Rundfelt、Stig Enevoldsen(现任理事会成员)以及 Allan Cook(IASC 前秘书)。参见 Niessen 给 Nordemann 的信,1990.11.22,IASC archive, file "EEC"。

647

国际会计准则史

1991年3月，在苏格兰特许会计师公会（ICAS）于爱丁堡举办的"会计节"（Festival of Accounting）上，范胡勒提出了强烈且有争议的主张，主张欧盟委员会在会计协调领域应拥有专属的权力。[96]他还提到了一项正在拟订并即将提交给部长理事会（Council of Ministers）的提案，该提案将允许在财务报告领域采用所谓的"欧盟专家委员会程序"（"comitology" procedure）。这意味着，针对欧共体公司法指令进行的有限的"技术性"修订，将来可能由一个由成员国代表组成并由欧盟委员会领导的特别监管委员会具体负责。这样就可以规避欧洲议会和部长理事会的烦琐程序。然而，这项提议最终失败了，主要是因为德国和英国的反对。[97]20世纪90年代初，德国司法部认为，随着欧共体公司法指令的完成，欧洲要想在会计协调领域采取进一步行动就没有法律依据了。司法部还认为，这种"进一步行动"是不可取的，因为它可能会打破欧共体第四号公司法指令中的微妙的历史平衡，即股东导向的与债权人导向的会计方法之间的平衡。[98]根据范胡勒的说法，无论是否有欧盟专家委员会程序，英国公共会计师行业都反对对欧共体公司法指令进行进一步的修改，因为他们不希望欧盟委员会干涉其新创建的会计准则制定机构（即会计准则理事会，ASB）的工作。[99]

欧盟委员会和各成员国在一些实质性会计问题以及欧盟委员会的作用等方面持有不同的观点，这有助于解释为什么会计咨询论坛被普遍认为是令人失望的。虽然论坛与会者一致认为，欧洲需要在IASC方面进行更有效的投入，并且认为会计咨询论坛可以发挥这一作用，但在具体安排上却

---

96. Karel Van Hulle, "The E.C.'s Contribution to Making Corporate Reports Valuable: Variations on a Melody", in *Festival of Accounting, Proceedings*（[Edinburgh:] Institute of Chartered Accountants of Scotland, 1991）, 4–8. Herbert Probst 对欧盟委员会的建议进行了描述和批评，参见 "Mehr angloamerikanische Rechnungslegung in der EG durch geänderte Verfahren?", *Zeitschrift für Betriebswirtschaftliche Forschung und Praxis*, 44/5（1992）, 426–440。

97. 参见 Karel Van Hulle 的评论，引自 "Rechnungslegung im Spannungsfeld von Tradition, Globalisierung und europäischer Integration", *Zeitschrift für Betriebswirtschaftliche Forschung und Praxis*, 55/1（1998）, 78–79。

98. 有关德国司法部的立场，参见 Dieter Ordelheide, "Notwendigkeiten und Probleme der Weiterentwicklung der EG-Bilanzrichtlinien und des deutschen Konzernabschlußrechts", in Baetge（editor）, *Die deutsche Rechnungslegung vor dem Hintergrund internationaler Entwicklungen*, 18–23。另见 Biener, "Möglichkeiten und Grenzen der internationalen harmonisierung der Rechnungslegung"。

99. Van Hulle, "Rechnungslegung im Spannungsfeld von Tradition, Globalisierung und europäischer Integration", 79–80。

第 12 章　国际会计准则博得一众用户的青睐

无法达成共识。欧洲会计师联合会（FEE）及其成员抱怨说，欧盟委员会把这个论坛当成了一个咨询机构，其意见可以随意被无视。而欧盟委员会完全有理由倒打一耙，指摘会计咨询论坛的首次会议未能就其所讨论的任何会计问题达成一致意见。[100]

从 1990 年起，当欧盟委员会开始派遣代表以嘉宾或观察员身份出席 IASC 理事会会议时，它比以往任何时候都更加深刻地认识到，欧洲方面需要充分利用欧共体公司法指令对欧洲做出更加实实在在的贡献。范胡勒注意到，欧洲各国公共会计师行业派驻 IASC 代表团之间不仅缺乏协调性，而且居然心甘情愿地认可违反本国法规或欧共体公司法指令的 IASC 准则，这一切都让范胡勒感到了深深的迷惘。[101]

当欧盟委员会看到美国资本市场对欧洲企业越来越有吸引力，美国证券市场在 IOSCO 的影响力以及 IOSCO 对 IASC 的影响力不断增强时，它的焦虑加剧了。它不希望欧洲会计规则（直接或通过 IASC）被美国证券市场上的公认会计原则（GAAP）接管。[102]

12.3.3　欧盟委员会将 IASC 置于其会计协调工作的中心

欧盟委员会考虑到其迫切需要为寻求在美国上市的欧洲公司做点什么，以及鉴于会计咨询论坛令人失望的表现，遂决定重新考虑其所有的选项，包括制定欧洲会计准则的可能性。[103] 最迟不超过 1993 年，范胡勒就公开明确表示，欧盟委员会认为欧洲会计协调的情况并不令人满意，它正在

---

100. 论坛第一次会议的报告以及这种失望的情绪可见于欧洲会计师联合会的报告草案 "EC Accounting Advisory Form—Assessment of Performance to Date and Recommendations for Future Improvement"，1993.01.13。IASC archive, file "EEC"。

101. 2004 年 2 月 17 日作者与 Karel Van Hulle 的访谈记录。

102. Liesel Knorr 在 1995 年 7 月 7 日的备忘录中记录了与 John Mogg、Karel Van Hull 等人的一次会议，1995.07.03，IASC archive, file "EEC"。据说，Mogg 在与欧洲会计师联合会的对话中指出："把欧洲会计准则的制定委托给美国是我们不能接受的。" "Signs of a More Active Role"，*Corporate Accounting International*，56（1995.03），9。

103. 2005 年 2 月 16 日作者与 Karel Van Hulle 的访谈记录。另见 Karel Van Hulle，"The European Commission's Strategy for the Harmonisation of Financial Reporting"，presented at the 2nd International Accounting Standards Conference, held on 10 March 1998 in Brussels, 2, published in Italian as 'La strategia della Commissione Europea per I'armonizzazione contabile', in *Economia & Management: La rivista di direzione aziendale*, 5 (September 1998), 63–71。

考虑制定一项新战略。[104]1995年上半年，范胡勒与欧盟各成员国政府进行了一轮谈判磋商，这些努力得到了加强。与此同时，各种支持意见和反对意见也在继续公开流传。

1995年年初，欧盟委员会第十五总局局长约翰·莫格宣布，欧盟委员会正在考虑委托联络委员会审查和批准拟在欧盟使用的IASC的准则。[105]

1995年5月，范胡勒在欧洲会计学会（European Accounting Association）第18届年会上发表演讲时承认，欧盟"不可能"就更新第四号和第七号公司法指令达成一致意见，会计咨询论坛也没有达到预期的目标。他证实，欧盟委员会正在准备采取更具干预主义色彩的立场来规范会计实务。[106]

欧洲会计师联合会（FEE）主席延斯·勒德回应了欧盟委员会的建议，他敦促欧盟委员会允许欧洲企业在不违反欧共体公司法指令的前提下使用IASC的准则。他提醒莫格说："真正的风险是，欧洲将不可避免地失去影响会计准则发展的主动权，这将损害欧洲大公司的竞争地位。"他补充说，一些欧洲企业原本并不愿意改为采用美国证券市场上的公认会计原则（GAAP），但是，"如果欧洲对使用可接受的替代方案（即IASC的准则）设置障碍，或者欧洲认可替代方案的过程缓慢且不可预测"，那么，那些欧洲企业将不得不改为采用美国证券市场上的公认会计原则（GAAP）。[107]

勒德认同欧盟委员会关于欧洲对IASC的参与程度的关切。1995年6月7日，勒德致信莫格说："欧洲的财务报告有可能会被某种准则制定程序所形成的规定所主导（就像美国证券市场上的公认会计原则那样），而在这个程序中，欧洲财务报表的编制者和使用者的观点和利益几乎不可能被纳入考量的范畴。为了消除这种风险，我们应该制定一种机制，以确保欧洲方面的需求得到适当的考虑，并为欧洲公司进入外国资本市场提供便利。"勒德认为，"最好的办法就是让那些希望按照IASC的准则编制合并

---

104. Karel Van Hulle, "Harmonization of Accounting Standards in the EC: Is It the Beginning or Is It the End", *The European Accounting Review*, 2/2（1993.09）, 387–396.

105. "Europe: A Study in Standard-setting Ambiguity", in "The Standard-Setters", a supplement to *World Accounting Report*, August/September 1995, xii.

106. "Europe Prepares to Re-enter International Harmonisation Arena", *Corporate Accounting International*, issue 59（1995.06）, 1, 6.

107. 这些Røder的引言整理自"Europe: A Study in Standard-Setting Ambiguity", xii. 另见"Profession Fights to Avoid Third Tier", *Accountancy*, 114/1222（1995.06）, 18.

第 12 章　国际会计准则博得一众用户的青睐

财务报表的欧洲上市公司得偿所愿，前提是欧洲在 IASC 中的作用和影响力得到加强"。[108] 他提出了两项改革：一是设立"欧洲协调小组"（European coordination panel），把 IASC 理事会的欧洲成员召集到一起进行意见交流，听取来自"各国政府、准则制定机构、证券市场监管机构以及财务报表编制者、使用者和审计师"的建议；二是设立"欧洲研究中心"（European research centre），作为一个"智库"（think tank），用来对抗美国证券市场在 IASC 准则制定中的"实质性"影响。勒德表示："欧洲研究中心的主要作用是解决与资本市场有关的会计问题，并在这类会计问题列入 IASC 议程之前，就其会计处理问题提出建议方案、发挥领导作用。"[109] 下文将会提及，这两项建议不久后都将付诸实施。

到 1995 年中期，欧盟委员会清楚地看到，各成员国（特别是英国）将不会支持建立一个欧洲准则制定机构。此外，以往抵制 IASC 准则的一些观点现在也不见了。德国政府的态度的转变尤为明显：在 1995 年的头几个月，其在原则上接受了 IASC 的准则（见第 12.2.2 节）。[110] 最后，IASC 与国际证监会组织（IOSCO）于 1995 年 7 月宣布的协议（见第 10.12 节）成为影响欧盟委员会决定的一个重要因素。当时欧盟委员会的工作人员认为，国际证监会组织（IOSCO）极有可能在适当的时候认可 IASC 的准则，从而为欧洲企业开启进入美国资本市场的大门，而无须采用美国证券市场上的公认会计原则（GAAP）或者基于 GAAP 进行对账调整。[111]

1995 年 7 月，欧盟金融服务专员马里奥·蒙蒂（Mario Monti）在国际证监会组织（IOSCO）年度会议上发表了一场被广泛报道的演讲，他首次明确指出了上述事实（即 IASC 与 IOSCO 签署协议）对欧盟委员会观点的影响。蒙蒂代表欧盟委员会对刚刚宣布的 IASC 与 IOSCO 的协议表示欢迎，他否认欧盟委员会正在考虑创建欧洲会计准则委员会。他说："我们也不打算在现有的

---

108. Røder 给 Mogg 的信，1995.06.07（由欧洲会计师联合会提供给作者）。
109. Røder 给 Mogg 的信，1995.06.07。
110. 1995 年 7 月初，IASC 秘书长 Carsberg 报告说，Mogg 告诉他德国对在合并财务报表中使用 IASC 准则的"容忍"有助于欧盟委员会改善对 IASC 准则的态度。IASC Advisory Council meeting of 8 July 1995, minute 3.
111. 2004 年 2 月 17 日和 2005 年 2 月 16 日作者与 Karel Van Hulle 的访谈记录。

层次（国家准则和国际准则）之上再创建一个新的欧洲会计准则的层次。"[112]

同年晚些时候，欧盟委员会在1995年11月发表的一份重要政策声明中全面阐述了其立场。在该声明中，欧盟委员会提出了一项政策，即"在IASC正在进行的国际会计协调工作中，发挥欧盟的重要作用"。[113]

欧盟委员会宣布的这一政策表明，它的立场已经发生了重大转变。直到1990年前后，欧盟委员会一直在考虑从公司法的角度进行会计协调。在全球上市的那些公司的特殊报告需求，被认为是次要的。1989年，范胡勒曾评论到，这些有特殊需求的公司的数量与受欧共体公司法指令约束的有限责任公司的数量相比，是"小零碎"（peanuts）。他表示，要说跨国上市公司可以成为欧盟委员会的参照坐标，那真是"难以想象"（unthinkable）的。[114]然而，欧盟委员会在前述的1995年的声明中称，这些公司的需求是欧盟委员会重新考虑欧盟会计协调办法的主要原因[115]：

> 在国际资本市场（通常是在纽约证券交易所）寻求上市融资的大型欧洲公司必须为此准备第二套账目。这既累赘又昂贵，造成了明显的竞争劣势。采用多套账户体系也很容易造成混乱。此外，有的企业还被要求遵循"美国证券市场上的公认会计原则（GAAP）"，而欧洲根本没有参与GAAP的制定。越来越多的欧盟成员国在实施重大的私有化改革方案，有关公司的资本需求不断增

---

112. "EC Embraces International Accounting Standards", *World Accounting Report*, 1995.08/09, 2. 另见 "European Set of Standards Ruled Out by EU Commission", *European Accountant*, issue 58（1995.08），1。

113. *Accounting Harmonisation: A New Strategy vis-a-vis International Harmonisation*, COM 95 (508), paragraph 1.4 和 paragraph 4.6。1995年6月 Karel Van Hulle 发表的一篇论文预见了欧盟委员会计政策的演变。Karel Van Hulle, "Bridging the GAAP in Europe?", *IASC Insight*, 1995.06, 5–7. 另见 "Europe Makes the Right Move", *World Accounting Report*, 1995.12/1996.01, 1；"European Standards Idea Dropped by EC", *World Accounting Report*, 1995.12/1996.01, 2；"EU Puts Weight Behind IASC", *IASC Insight*, 1996.03, 1, 3。

114. Timmerman, "Zand in het Europese raderwerk", 29. IASC 代表与 John Mogg 于1993年9月举行的一次会议透露出了这种立场的改变。虽然 Mogg 重申欧盟委员会需要对欧盟内部约300万个有限责任公司负责，但他也承认了全球化对欧共体立法提出的要求。"Notes of Meeting at European Commission, Brussels, 14th September 1993", David Cairns 撰写的备忘录, IASC archive, file "EEC"。

115. *Accounting Harmonisation: A New Strategy vis-a-vis International Harmonisation*, paragraph 1.3.

第 12 章　国际会计准则博得一众用户的青睐

加，因此，面临这一问题的公司数目也在增加。

欧盟委员会警告说[116]：

> 最紧迫的问题是，对于具有国际使命（即赴海外上市）的欧洲公司来说……有一种风险是，大公司将越来越多地使用美国证券市场上的公认会计原则（GAAP）。这些企业和欧盟各成员国都希望欧盟能快些解决这一问题。

欧盟委员会解释说，为了满足这些公司的需求并解决以前基于欧共体公司法指令采取的办法中固有的一些困难，它已经考虑并拒绝了一些方案。这些方案包括：豁免大型上市公司执行欧共体公司法指令的义务；更新欧共体公司法指令；建立一个欧洲的会计准则制定机构；等等。欧盟委员会还试图与美国证券市场就账目互认事宜展开协商，"但美国证券市场对此兴趣不大"（第 4.3 段）。因此，欧盟委员会的结论是，"根据由这一问题的紧迫程度所决定的时间限度来看，在从事会计准则制定工作的各个国际机构中，目前只有 IASC 所产生的结果明确有可能获得国际资本市场的认可"（第 4.4 段）。

根据这一结论，欧盟委员会提出了双管齐下的政策。第一个政策是让大规模公司能够在合并财务报表中无障碍地使用 IASC 准则。这就需要对欧共体公司法指令和 IASC 准则进行分析，以查明冲突之处，之后根据同 IASC 协商的结果修订欧共体公司法指令或者 IASC 的准则。然后，由欧盟各成员国修改其立法，以授权企业使用 IASC 的准则。

第二个政策并不新鲜，即确保欧洲能够适当地参与 IASC 的工作。这一次，欧盟委员会强调了联络委员会的作用，希望联络委员会能够就 IASC 未来公布的征求意见稿确立"欧盟的一致立场"。会计咨询论坛将继续作为欧盟委员会和联络委员会的咨询机构存在。

IASC 秘书长布赖恩·卡斯伯格对欧盟委员会的新政策表示欢迎。欧洲会计师联合会（FEE）秘书长约翰·赫加迪（John Hegarty）说："这是向

---

116. *Accounting Harmonisation: A New Strategy vis-a-vis International Harmonisation*，paragraph 3.3.

— 653

前迈进的一大步。这是我们为之努力了很长时间的目标。"[117]虽然欧盟委员会勇敢地宣称它不会放弃会计协调的领域[118],但它显然不再像以往那样重视迄今为止在其思想中占据首要地位的欧共体公司法指令了。因此,也可以把欧盟委员会的新政策理解为,它承认了之前政策的失败。

为了执行上述第一个新政策,联络委员会在其下设立了一个技术小组委员会。它迅速完成了一份关于IASC准则和欧共体公司法指令之间冲突之处的清单,并得出结论,认为这种冲突基本上不存在。范胡勒报告称,基于"对欧共体公司法指令的动态解释",欧盟委员会认为"欧洲公司是有可能在不与欧共体公司法指令相冲突的前提下遵照IASC准则编制合并报表的"。[119]事实上,至少有一个欧盟成员国向其派往技术小组委员会的代表指示到,这是其所希望看到的审查结果。[120]显然,欧盟委员会和一些成员国都在努力让两套规则的兼容成为现实。在1996年春天以前,约翰·莫格一直致力于让欧洲公司能够使用IASC准则编制合并报表。当年春天,莫格主管的欧盟委员会第十五总局的注意力集中于激励成员国支持和实施这一政策,以避免美国证券市场上的公认会计原则(GAAP)占据欧洲会计规则的支配地位。[121]

为了增强欧洲对IASC工作的参与度和影响,欧盟委员会开始更积极地出席IASC的理事会会议。1996年8月,欧盟委员会任命安永会计师事务所英国成员公司的合伙人兼财务报告总监阿利斯特·威尔逊为技术顾问。[122]范胡勒写道:"他的主要职责是对欧盟委员会在IASC内部应秉持的

---

117. "EC Admits Defeat", *Accountancy*, 116/1228(1995.12), 13.

118. "Communication from Mr. Monti to the Commission", appended to *Accounting Harmonisation: A New Strategy vis-a-vis International Harmonisation*.

119. Karel Van Hulle, "From Accounting Directives to International Accounting Standards", in Christian Leuz, Dieter Pfaff, and Anthony Hopwood(editors), *The Economics and Politics of Accounting: International Perspectives on Research Trends, Policy, and Practice*(Oxford: Oxford University Press, 2004), 360. 另见 "Satisfying Global Demand", *World Accounting Report*, 1996.12, 2。

120. 2004年12月8日作者与Gijs Bak的访谈记录。

121. Minutes of meeting of John Mogg and Karel Van Hulle (European Commission) with Frank Harding (IFAC), David Darbyshire and John Williams (FEE), 16 April 1996, NIVRA archive, file B-Int (1996), 23.

122. "E&Y to Advise EC on IASs", *Accountancy*(international edition), 118/1237(1996.09), 7; 以及 Allister Wilson 给作者的备忘录, 2005.05.05。

立场进行技术设计。"[123] 从1996年9月开始，威尔逊以观察员的身份，陪同范胡勒出席IASC的理事会会议。

12.3.4 欧洲会计师联合会提议设立"欧洲会计研究基金会"

与此同时，欧洲会计师联合会（FEE）继续推进1995年6月7日勒德致信莫格所提出的关于成立"欧洲研究中心"的建议。欧洲会计师联合会（FEE）与欧盟委员会一样，对美国证监会（SEC）和国际证监会组织（IOSCO）针对IASC理事会施加的强大影响感到担忧，它认为欧洲私营部门必须在IASC的程序中成为制衡的力量。欧洲会计师联合会（FEE）发现，欧洲会计实务正朝着美国证券市场上公认会计原则（GAAP）的方向发展，而欧洲却没有办法对GAAP的制定施加任何影响。它还希望欧洲私营部门在与美国证监会、欧盟委员会以及国际证监会组织等机构的关系中发挥更大的作用。

1996年春，欧洲会计师联合会（FEE）提议设立一个名为欧洲会计研究基金会（European Accounting Research Foundation）的机构，以协调研究项目的准备工作，以便在IASC理事会审议过程的早期就对其施加影响。该基金会的总体目标是集结欧洲的资源，以对抗美国等的政府监管机构的高压手段。该基金会的章程指出，"除了英国，没有哪个欧洲国家的会计规则可以与G4里面的其他国家（即美国、加拿大和澳大利亚公共会计师行业的会计规则）一较高下"。[124]IASC理事会的代表团中，有六个来自欧洲，包括法国、德国、荷兰、英国的公共会计师行业代表团，北欧公共会计师联合会，以及瑞士工业控股公司联合会。此外，欧盟委员会还以观察员的身份参加IASC的理事会会议，欧洲人在金融分析师行业和财务经理协会代表团中也具有一定的影响力。但是，由于"未能协调不同代表团的意见"和"无法调动足够的资源进行研究和审议"，它们的集体影响力受到了限制。[125]

---

123. Van Hulle, "The European Commission's Strategy for the Harmonisation of Financial Reporting", 8.

124. "Prospectus for a European Accounting Research Foundation [Draft] 1996.05", IASC archive, file "FEE", 3. 到1996年为止，G4一直由美国、英国、加拿大和澳大利亚的准则制定机构组成。1996年，新西兰准则制定机构成为G4的成员。

125. "Prospectus for a European Accounting Research Foundation", 3.

该基金会拟设立一个管理委员会（governing board）并任命一位兼职的研究总监（research director）。拟议的年度预算为 1 000 万比利时法郎（约合 31.5 万美元），其中的一半将用于支持会计专业学者和实务人士的研究工作。

1996 年 6 月 6 日，欧洲会计师联合会（FEE）召集有关各方开会，提出了它的建议，与会者包括来自欧盟委员会（EC）、欧洲共同体工业联盟（UNICE）[126]、欧洲圆桌会议（European Round Table）、财务经理协会欧洲联合会（European Federation of Financial Executives Institutes，EFFEI）和欧洲证券交易所联合会（Federation of European Stock Exchanges）的代表，以及 IASC 理事会中来自欧洲的代表团的一些成员。会上，与会者对该提案反应不一，有的持怀疑态度，也有的在不同程度上表示支持。最坚定的支持者是欧盟委员会的范胡勒和财务经理协会欧洲联合会代表贝恩德－约阿希姆·梅恩，梅恩同时也是 IASC 理事会中的德国公共会计师行业代表团成员。但是这个提案由于资金问题宣告搁浅。欧共体工业联盟和欧洲证券交易所联合会的代表拒绝提供资金支持。[127]

欧洲会计师联合会（FEE）也尝试过向工商界融资。之后，在 1997 年 2 月，它决定放弃建立该基金会的计划。虽然它曾一厢情愿地认为欧洲公共会计师行业将会提供多达一半的资金，但最终，它发现只能指望公共会计师行业再提供不超过 11% 的资金。[128] 下文将会讲到，欧洲会计师联合会（FEE）想建立的这个基金会，后来以 IASC 理事会中来自欧洲的代表团的会议的形式得以重现，这就是被称作 E5+2 的组织（见第 12.6.3 节）。

12.3.5　在纽约上市的欧洲公司推动了欧盟委员会会计政策的持续发展

欧盟委员会在 1998 年发布的一份重要的政策声明报告称："在美国纽约证券交易所和纳斯达克上市的欧洲公司数量自 1990 年以来增加了近 5

---

126. UNICE（Union des Confédérations de l'Industrie et des Employeurs d'Europe，欧洲共同体工业联盟）主要代表欧洲业界发言。

127. 参见 "Round Table on the Establishment of a European Research Foundation, Brussels—6 June 1996, Draft Minutes"，IASC archive, file "FEE"。

128. David Darbyshire 给 Carsberg 的信，1997.02.12，IASC archive, file "FEE"。

第 12 章　国际会计准则博得一众用户的青睐

倍,到 1998 年达到近 250 家,累计市值约 3 000 亿美元。因此,为了避免企业必须采用不同的准则来编制不同的财务报表,要求我们的欧共体公司法指令与国际会计准则保持一致的压力也越来越大。"[129] 欧盟委员会采用了与 SEC 或 IOSCO 很相似的立场,并且有意强调了其 1995 年以来的政策变化(即从全球资本市场的角度来考虑会计问题)。它补充道:"我们的目标是通过提高账目的透明度和可比性来刺激跨境投资。欧盟委员会将会考虑欧共体公司法指令所提供的会计规则可选项是否不再必要或适当。此外,欧盟委员会还将考虑是否应当要求上市公司按照更为协调统一的准则(如国际会计准则)来编制财务报表。"[130] 这是第一个迹象,表明欧盟委员会正在考虑采用 IASC 的准则作为欧洲上市公司的信息披露规则,而不仅仅是像 1995 年所声明的那样把它当作一个可选项。

事实证明,1995 年的政策声明并没有解决所有的问题。虽然在 1996 年时宣称 IASC 的准则与欧共体公司法指令或多或少地兼容可能是合理的,但 IASC 的准则正在迅速变化。早在 1997 年 5 月,专员蒙蒂就曾指出,要想让二者相互兼容的假说得以成立,就需要对欧共体公司法指令作出一些"远远超出合理限度的解释"。[131] 此外,1995 年的政策似乎没有确保 IASC 准则能够在欧洲优先于美国证券市场上的公认会计原则(GAAP)。仅仅有少数欧共体成员国修改了立法,允许企业在合并报表中使用 IASC 的准则。另外,一些允许企业使用 IASC 准则的国家同时也允许企业使用美国证券市场上的公认会计原则(GAAP)。如第 12.2.2 节所述,德国于 1998 年通过立法,允许在欧盟境外上市的德国公司根据国际公认的会计准则编制合并报表,只要这些准则不违反欧共体公司法指令。[132] 1998 年,奥地利也颁布了一项类似的法律。这些法律受到了一些大公司的要求的影响,这些公

---

129. Financial Services: Building a Framework for Action,Communication of the Commission,COM(1998)625(1998.10.28),10.

130. Financial Services: Building a Framework for Action,10.

131. "Changes to EU 4th Directive?",World Accounting Report,1997.05,3.

132. 到 2000 年中期,奥地利、比利时、德国、芬兰、法国、意大利和卢森堡已采取行动,允许在外国市场上市的本国公司使用 IASC 的准则或美国证券市场上的公认会计原则。见 Global Financial Reporting: IAS or US GAAP? European Survey—April 2000(KPMG International,2000),4,以及 "Major Reform Ahead",World Accounting Report,2000.07,3。关于英国驻 IASC 理事会代表团的一位成员对这些进展的讨论,可参见 Christopher Nobes,"European Moves Towards International Harmonisation",Accounting & Business,1/11–12(1998.11/12),32–3.

司要求本国政府采取行动，为它们在纽约上市提供便利，使它们能够使用美国证券市场上的公认会计原则（GAAP）或者是 IASC 的准则。1998 年 3 月，德国决定打破长期以来的传统，建立了一个会计准则制定委员会，这可能是促使欧盟委员会采取行动的又一进展。[133] 否则，在美国证券市场上的公认会计原则（GAAP）和众多国家准则制定机构的共同影响下，欧盟委员会在会计领域的权威会日渐式微甚至会被瓦解。在欧盟委员会内部，要求所有上市公司都使用 IASC 的准则，开始被视为阻止美国证券市场上的公认会计原则（GAAP）博得上位的最有效的办法。[134]

就目前而言，这是一个难以实现的目标。1999 年 5 月，欧盟委员会发布了一项行动计划，旨在朝着统一的欧洲金融服务市场迈进。可比较的财务报告已列入该计划，作为统一的资本市场的基本要素之一。该文件指出，"欧盟委员会目前正在考虑一个可能的解决方案，该方案将为公司提供一个选项（作为遵照贯彻欧共体公司法指令的那些国内法律来编制财务报表的唯一替代方案），允许其选择采用 IASC 的准则来编制财务报表"。[135]

据会计专业媒体报道，1999 年 5 月的行动计划表明，欧盟委员会相对于 1998 年 10 月的声明中所暗含的强制所有上市公司采用 IASC 准则的"激进"政策，已经有所退缩。据报道，这一最新行动计划是欧盟委员会的首选方案，但它会影响诸如（英国）会计准则理事会（UK ASB）等国家准则制定机构的地位，这对于行动计划来说是一个重要障碍。[136] 按照行动计划的建议原本应该停止使用美国证券市场上的公认会计原则（GAAP），如上述德国立法所允许的那样。然而，1999 年 5 月，欧盟委员会只提到了 IASC 准则的使用，丝毫没有提及美国证券市场上的公认会计原则（GAAP）。

不妨顺便指出，行动计划再次表明，欧盟委员会对会计的看法有了很大的变化。会计的协调，或者现在所称的"财务报告"的协调，不再被视

---

133. 参见 "Internationalising German Accounts"，*World Accounting Report*，1998.09，6–7；"Fears Over Remit of German Standard-setter"，*The Accountant*，5933（1998.05），1，4。

134. 2005 年 2 月 16 日作者与 Karel Van Hulle 的访谈记录。

135. *Financial Services: Implementing the Framework for Financial Markets: Action Plan*，Communication of the Commission，COM（1999）232（1999.05.11），7。

136. "Commission in Retreat on Imposition of Global Rules"，*The Accountant*，issue 5946（1999.05），1。

为在基本层面上协调公司法,以期推动建立商品和服务的自由市场,而是被重新定义为了在资本市场和金融服务的特定场景下的高度的可比性。

12.3.6 欧洲会计师联合会提出"欧洲财务报告战略"

1999年10月,当有关IASC重组的讨论进入白热化的阶段时,欧洲会计师联合会(FEE)在"允许"还是"要求"欧洲公司使用IASC准则之间,提出了一个中间立场。与欧盟委员会1999年5月的提案一样,欧洲会计师联合会(FEE)建议允许欧盟上市公司在使用其国内会计规则之外,还可以选择使用IASC的准则。然而,继续使用本国会计规则的欧盟上市公司将被要求按照IASC的准则进行对账调整。这项条款"可以被视为一种临时制度,会导致某些公司必须使用国际会计准则"。[137]

欧盟委员会在1999年5月的行动计划中提出,可能需要建立一项"甄别机制","以确保IASC的准则符合欧盟规则,并完全契合欧盟的公共政策关切"。[138]欧洲会计师联合会(FEE)积极响应这个建议,主张建立欧洲财务报告协调与咨询委员会(European Financial Reporting Coordination and Advisory Council)。这个私立机构将由"欧洲财务报告领域的关键参与者"构成,包括各国准则制定机构、各国资本市场和金融市场监管机构、财务报表编制者(欧共体工业联盟和欧洲圆桌会议)以及公共会计师行业(即欧洲会计师联合会)。它将取代会计咨询论坛,也可能取代由IASC理事会中的欧洲代表团组成的研究小组——E5+2(见第12.6.3节)。其职能将包括:与各国准则制定机构合作,推动将全部的IASC准则纳入各国的准则;增强各国公共会计师行业在IASC理事会中的话语权;就监管机构在欧洲层面或国家层面建立强制遵循准则的机制进行协调和提供建议;就欧共体公司法指令的修订事宜向欧盟委员会提出建议,以推动让所有企业使用IASC的准则。根据欧洲会计师联合会(FEE)的说法,其任务重点不是挑选或者剪裁IASC准则以供欧盟使用,也不是公布对IASC准则的解释,因

---

137. Fédération des Experts Comptables Européens(FEE),*Discussion Paper on A Financial Reporting Strategy Within Europe*,1999.10.08,13(available at: http:// www.fee.be/publications)。参见Paul Rogerson,"FEE Backs IASs in New Accounting Strategy",*The Accountant*,5951(1999.10),3。

138. *Financial Services: Implementing the Framework for Financial Markets: Action Plan*,7。

— 659

为"对国际会计准则的任何修改都属于对真正的全球准则的偏离"。[139]

12.3.7 欧盟委员会要求欧盟上市公司必须使用 IASC 的准则

1999 年 11 月和 2000 年 5 月,欧盟委员会先后就其 1999 年 5 月的行动计划发布了每 6 个月一期的进度报告,但其实这在财务报告方面没有取得什么进展。[140]2000 年 5 月的报告是在里斯本欧洲理事会会议(Lisbon European Council)之后发布的。2000 年 3 月,欧洲理事会的里斯本会议"向着欧盟金融服务和资本市场一体化迈出了政治上的重要一步",要求在 2005 年以前完成欧盟的《金融服务行动计划》(Financial Services Action Plan)。[141]

事实上,2000 年 6 月,欧盟委员会发布了关于财务报告的战略声明,这是对 IASC 的未来具有历史意义的文件。[142] 这次,欧盟委员会迈出了它在 1999 年 5 月时所不敢迈出的一步。它提议,从 2005 年开始,所有在受管制的证券市场上市的欧盟公司(包括银行和其他金融机构),都采用 IASC 的准则编制合并报表,同时,在法定的个别财务报表(或称母公司报表)中,也应优先采用 IASC 的准则。[143] 据估计,欧洲约有 6 700 家上市公司,其中有 275 家声称其已使用 IASC 的准则。[144]欧盟委员会的这一新策略,相当于向 IASC 提供了其准则的一个巨大的市场——欧盟 15 国。

欧盟委员会表示,其修订后的战略的核心目标是,"确保证券在欧盟以及国际金融市场上能够基于单一的财务报告准则进行交易"。[145] 与五年前的立场相比,欧盟的观点大不一样了,这是一份完全符合国际证监会组织

---

139. FEE,*Discussion Paper on A Financial Reporting Strategy Within Europe*,12–13.

140. *Financial Services Action Plan*,*Progress Report*(1999.11.29)and *Progress on Financial Services*,*Second Report*,COM(2000)336(2000.05.31).

141. *Progress on Financial Services*,*Second Report*,2.

142. *EU Financial Reporting Strategy: The Way Forward*,Communication from the Commission to the Council and the European Parliament,COM(2000)359(2000.06.13).

143. *EU Financial Reporting Strategy: The Way Forward*,paragraphs 16,17,30.欧盟委员会内部市场委员曾写过一个"个人观点"专栏,参见 Frits Bolkestein,"One Currency,One Accounting Standard",*Financial Times*,2000.06.14,23.

144. *EU Financial Reporting Strategy: The Way Forward*,paragraph 16 and n. 7;另见 Deborah Hargreaves and Michael Peel,"Plan for Common EU Accounting Standards",*Financial Times*,2000.06.14,10.

145. *EU Financial Reporting Strategy: The Way Forward*,paragraph 7.

第 12 章 国际会计准则博得一众用户的青睐

(IOSCO)目标的战略声明。正如范胡勒所写的那样,欧盟委员会此次的提议是"一个根本性的改变"。[146]

在其战略声明中,欧盟委员会提到了 IASC 上年 11 月做出的重组决定,"IASC 重组的目标很明确,就是要使国际会计准则成为全球资本市场上质量最高的、最全面的会计准则"。[147]然而,没有迹象表明欧盟委员会强烈反对 IASC 在美国证监会(SEC)的压力下最终采用的新组织结构(见第 13 章)。用范胡勒的话说,欧盟委员会的新战略"对 IASC 来说是好消息,是对它投的信任票"。[148]

然而,欧盟委员会新战略的另一部分引发了争议。欧盟委员会采纳了 1999 年 5 月的行动计划中提出的建立甄别机制的想法,并表示"这一战略需要充分考虑公共政策利益,欧盟不能将制定欧盟上市公司财务报告要求的职责委托给非政府机构的第三方"。[149]它随后提出了政治和技术层面的双重认可机制,并强调:"欧盟采用的国际会计准则应该是得到这一机制认可的准则。"[150]报告称:"技术层面的认可还需要受政治层面的制约。"[151]在技术层面,需要有"一组高素质的专家"对 IASC 的准则草案提出意见,并仔细审查最终的准则。[152]另外,"在技术层面就特定国际会计准则提出的建议,还需要在政治层面得到批准。为了避免准则在政治层面被否决,欧盟财经界在 IASC 准则早期的起草过程中就应该对相关问题进行讨论"。[153]正如欧洲会计师联合会(FEE)所担心的那样,这一节的措辞似乎留下了一种可能性,即欧盟委员会可能根据收到的甄别建议,用它的判断取代 IASC 或者 IASC 下属的常设解释委员会(SIC)的判断。

原则上,IASC 很难反对欧盟委员会关于建立某种形式的政治监督的愿望。IASC 可能会对美国证监会(SEC)在整体认可 IASC 核心准则上的极端谨慎态度感到恼火,但其几乎不会质疑美国证监会(SEC)的权威

---

146. Van Hulle, "From Accounting Directives to International Accounting Standards", 362.
147. *EU Financial Reporting Strategy: The Way Forward*, paragraph 6.
148. "EU Financial Reporting Strategy", *IASC Insight*, 2000.06, 9.
149. *EU Financial Reporting Strategy: The Way Forward*, paragraph 19.
150. *EU Financial Reporting Strategy: The Way Forward*, paragraph 20.
151. *EU Financial Reporting Strategy: The Way Forward*, paragraph 22.
152. *EU Financial Reporting Strategy: The Way Forward*, paragraph 22.
153. *EU Financial Reporting Strategy: The Way Forward*, paragraph 25.

性。事实上，美国证监会（SEC）在2000年2月发布的观念文告中（见第10.20节）既重申了其对财务会计准则委员会（FASB）的政策，显然也重申了其对IASC的政策："我们打算与私立机构合作……我们的理念是，我们会在必要时补充、推翻或修订私立机构编写的会计准则。"[154]然而在欧洲，人们明显担心欧盟委员会可能不会明智地使用它的权力。英国的《金融时报》评论说："欧盟委员会似乎希望通过甄别机制来审查IASC的规则，并从中摘选适用于欧洲的准则。这些准则会在技术和政治层面进行审查，并根据需要进行修订或予以否决……在推行其计划时，欧盟委员会必须避免采取过于严厉的措施，并且必须注意其行动将在欧洲以外产生的影响。"[155]英格兰及威尔士特许会计师协会（ICAEW）主席格雷厄姆·沃德（Graham Ward）说："令人失望的是，欧盟委员会仍然执着于这样一种认可机制。"[156]《会计师》杂志也刊载了在五大会计公司之一任职的英国鉴证业务主管的观点："这个机制有望将国际会计准则转化成一套单独的、只能在欧盟内部使用的欧洲会计准则体系。"[157]这一甄别机制会不会换汤不换药，变相成为"换了马甲的"欧洲会计准则委员会？

各方对甄别机制提案的批评意见令欧盟委员会感到不安，以至于欧盟委员会内部市场局局长约翰·莫格致函英国《金融时报》，否认了欧盟委员会"将从IASC的准则中进行挑选"的说法，并表示"欧盟委员会也没有决定在全球层面上建立一套具有竞争力的区域性准则"。[158]他补充说，欧盟委员会建立甄别和认可机制"是为了确保国际会计准则享有必要的法律确定性和技术标准上的可行性，以使其能够在欧盟内部强制推行"。[159]莫格

---

154. "International Accounting Standards", Release Nos. 33–7801, 34–42430, Interna-tional Series No. 1215, File No. S7–04–00, 2000.02.16, <http://www.sec.gov/rules/concept/34-42430.htm>, section IV.A.3.（b）.（iv）.

155. "Accounting Rules", *Financial Times*, 2000.06.15, 22.

156. Graham Ward, "No Need for Endorsement Mechanism"（letter）, *Financial Times*, 2000.06.20, 26.

157. "Commission Sparks Fears of EU GAAP Creation", *The Accountant*, issue 5959（2000.06）, 1.

158. John Mogg, "Brussels Leads Way on Rules for Accounting"（letter）, *Financial Times*（2000.06.22）, 24. Karel Van Hulle 为这种筛选机制进行的辩护可见于 "Towards Global Standards", *Accountancy*, 126/1284（2000.08）, 108。

159. Mogg, "Brussels Leads Way on Rules for Accounting", 24.

第12章 国际会计准则博得一众用户的青睐

的信见报之后，欧洲会计师联合会（FEE）秘书长说，他不确定欧盟委员会的提议是否会导致欧洲公认会计原则的出台。[160]卡雷尔·范胡勒劝告说："如果（来自私营部门的）专家能够完成高质量的工作，那么，准则不被认可的可能性就会大大降低。"[161]

技术层面的甄别机制由私营部门于2001年创建，后来称为欧洲财务报告咨询小组（European Financial Reporting Advisory Group，EFRAG），这可以说是20世纪90年代一系列举措的成果，这些举措包括在IASC理事会中建立E5+2小组，以及欧洲会计师联合会（FEE）1996年提出的欧洲会计研究基金会计划。[162]欧盟国际会计准则条例（EU's IAS Regulation）于2002年设立了会计监管委员会（Accounting Regulatory Committee），这是政治层面上的甄别机制。

随后，欧盟委员会在其关于新战略的声明中针对准则实施问题做出了规定："只有恰当而严格地执行国际会计准则，才能改善欧盟证券市场的运作。准则的实施包括一系列不同的要素：（1）明确的会计准则；（2）及时出台的解释和实施指南；（3）法定审计；（4）监管机构的监督；（5）有效的处罚机制。"[163]

2000年7月，欧盟经济和财政部长理事会（EU's Council of European Economic and Finance Ministers，ECOFIN）批准了欧盟委员会的财务报告新战略。[164]欧洲议会和部长理事会于2002年7月19日发布了一项条例，贯彻落实了这项财务报告新战略。[165]

至于欧洲私营部门，据报道，在2000年11月举行的为期两天的会议上，"无论是对财务报告新战略的支持程度还是辩论的激烈程度都表明，企

---

160. "Mogg Rebuts 'EU GAAP' Claim", *The Accountant*, issue 5960（2000.07），2.
161. Van Hulle, "Towards Global Standards", 108.
162. 2000年11月，有报道称，欧洲会计师联合会已经着力打造"欧洲财务报告咨询小组"（EFRAG），使其成为技术层面的筛选机制。参见"The IASC and Europe"，*World Accounting Report*，2000.11，12。John Hegarty（作者于2004年8月17日采访）当时担任FEE秘书长，他将EFRAG视为1996年那个命运多舛的欧洲会计研究基金会的继任机构，详见本书第12.3.4节的讨论。Ruud Vergoossen（作者于2005年6月22日采访）则将EFRAG看作是欧洲会计师联合会参与E5+2的结果。
163. *EU Financial Reporting Strategy: The Way Forward*，paragraph 26.
164. "Ministers Back Use of IAS"，*World Accounting Report*，2000.09，7.
165. 关于国际会计准则的适用性，参见 Regulation（EC）No. 1606/2002。

663

业及其顾问都对欧盟委员会财务报告新战略的潜在重大影响秉持着警惕态度。"[166] 很明显，在这一新战略下，欧洲将自己从IASC注意力的边缘，移到了中心位置。

12.4　IASC在欧洲以外的影响

自1987年至2000年，IASC从E32开始，一直到改进项目和作为IASC与国际证监会组织（IOSCO）协议的一部分而公布的一系列核心准则，在欧洲以外的国家和地区也产生了影响。我们认为，应该对四个IASC理事会创始成员所在国以及一个在IASC理事会供职时间最长的非创始成员所在国给予特别的关注，它们是——澳大利亚、加拿大、日本、南非和美国。

12.4.1　澳大利亚

从1992年开始，澳大利亚最大的公司必和必拓公司（BHP）披露称，其年度报告是按照IASC的准则编制的，但在大多数年份中，BHP并没有按照IAS 28所规定的权益法对联营企业进行会计核算。很少有其他公司像BHP一样，在年度报表中提及IASC的准则。

自20世纪70年代以来，澳大利亚会计准则理事会（AASB）一直在准则附录中讨论其准则与IASC准则的兼容性。1994年，澳大利亚会计准则理事会（AASB）在一份讨论文件中宣布，它将通过一系列政策来追求国际化，包括："在可能的情况下，考虑采用适当的IASC准则或者是其他海外会计准则（例如加拿大、新西兰、美国和英国公共会计师行业公布的会计准则）。"[167] 澳大利亚有一个由企业高级财务主管构成的组织，名为"百人集团"（Group of 100）。这份声明正是在一些在"百人集团"中有影响力的成员支持澳大利亚采用美国证券市场上的公认会计准则（GAAP）的时

---

166. "The IASC and Europe", *World Accounting Report*, 2000.11, 12.

167. Australian Accounting Standards Board, *Towards International Comparability of Financial Reporting*, Policy Discussion Paper No. 1（Caulfield, Vic.: Australian Accounting Research Foundation, 1994）, 2.

第 12 章　国际会计准则博得一众用户的青睐

候发表的。[168]

1996 年 4 月公布的另一份政策声明中，澳大利亚会计准则理事会（AASB）与其姊妹机构公共部门会计准则委员会（Public Sector Accounting Standards Board，PSASB）表示，它们将"在处理相关问题时使用现有的国际会计准则作为制定澳大利亚会计准则的基础"，并将"与 IASC 合作，找出一种可接受的方法来消除国际会计准则与澳大利亚会计准则之间的不一致之处"。然而，它们断言，"目前并不存在这样一套国际公认的会计准则，能够让澳大利亚在采纳后增强其财务报告与美国、英国、加拿大或新西兰等国家的财务报告的可比性"。[169]对于诸如澳大利亚证券交易所（ASX）等机构来说，这些声明都没有被视为对国际协调的足够坚定的承诺。

澳大利亚证券交易所担心，对于寻求海外二次上市（secondary listings）的澳大利亚公司来说，遵守法律要求使用澳大利亚会计准则的成本高昂。该交易所担心，这一要求甚至可能导致企业放弃在澳大利亚进行首次上市（a primary listing），也会阻碍外国资本投资澳大利亚公司股票。因此，澳大利亚证券交易所于 1996 年采取措施，逐步将 IASC 准则引入澳大利亚。该交易所董事总经理（managing director）理查德·汉弗莱（Richard Humphry）援引了布里吉德·柯伦（Brigid Curran）的一项比较研究，并将其称为关于澳大利亚会计准则是否应与国际准则相协调这一争论的转折点。[170]汉弗莱表示，曾有人声称澳大利亚的会计准则"远远优于"国际会计准则，但他认为，柯伦的研究已经发现，"除了少数例外，在绝大多数情况下，IASC 的准则都比澳大利亚的准则更严格，或至少与澳大利亚的准则一样严格"。[171]

汉弗莱得到了 IASC 主席迈克尔·夏普的大力支持，夏普是澳大利亚

---

168. 2003 年 5 月 26 日作者与 Ken Spencer 的访谈记录。

169. AASB and PSASB, *International Harmonisation Policy*（Caulfield Vic.：AASB and Australian Accounting Research Foundation，1996），paragraphs 5.3（a），5.3（d）and 4.2，respectively.

170. Richard Humphry，"The Competitive Imperative of Harmonisation with International Accounting Standards"，*Australian Accounting Review*，7/2（1997.10），29. 关于这项研究，参见 Brigid T. Curran，*A Comparative Study of Australian & International Accounting Standards—Challenges for Harmonisation*（Sydney: Coopers & Lybrand，1996）.

171. Humphry，"The Competitive Imperative of Harmonisation with International Accounting Standards"，29.

证券交易所的董事和审计委员会主席。于是，汉弗莱敦促澳大利亚会计准则理事会（AASB）制定一项计划，让澳大利亚采纳 IASC 准则或将准则调整为与 IASC 准则一致（此时并没有明确要采取哪个方案）。澳大利亚证券交易所将在 1997 年和 1998 年向上市公司合计征收 100 万美元的费用（大约为澳大利亚会计准则理事会一年的预算[172]），以资助澳大利亚会计准则理事会（AASB）的一个为期两年的与 IASC 准则相协调的项目。[173] 虽然澳大利亚证券交易所多年来一直允许外国公司使用 IASC 准则在澳大利亚上市，但这种协调手段并不能解决汉弗莱的问题。汉弗莱注意到，国际证监会组织（IOSCO）已经在 1995 年 7 月与 IASC 达成了协议，将在 1999 年之前认可 IASC 的核心准则；另外，在 1996 年年初，美国证监会（SEC）也鼓励 IASC 加快核心准则的制定进程，于是 IASC 将预定完成时间提前到了 1998 年 3 月（见第 10.13 节）。1996 年 8 月，澳大利亚证券交易所公布了已被澳大利亚会计准则理事会（AASB）接受的计划，其中称，"澳大利亚证券交易所调查的公司对该计划表示了压倒性的支持"。[174] 澳大利亚会计准则理事会（AASB）和公共部门会计准则委员会表示，该计划的目标是"改变澳大利亚的会计准则并影响 IASC 准则的制定和修订，以便到 1998 年年底的时候，澳大利亚的报告主体在遵循澳大利亚会计准则的同时也能够遵循 IASC 的准则"。[175]

主张用 IASC 的准则更快地取代澳大利亚的准则的人（大概就有汉弗莱）和澳大利亚准则制定界的代表人物之间的关系开始变得紧张起

---

172. AASB 在 1995 年和 1996 年预算总额略高于 100 万美元。Australian Accounting Standards Board，*Annual Report 1996–1997*，17.

173. 参见 Humphry，"The Competitive Imperative of Harmonisation with International Accounting Standards"，29；以及 2006 年 4 月 11 日 Michael Sharpe 与作者的沟通。Ken Spencer（2003 年 5 月 26 日的访谈记录）、时任澳大利亚会计研究基金会（AARF）执行董事 Warren McGregor（2003 年 6 月 9 日的访谈记录）以及 AARF 高级职员 Angus Thomson（2003 年 5 月 27 日的访谈记录）认为是 Sharpe 影响了 Humphry 的计划。这一观点可另见于 Philip Brown and Ann Tarca，"Politics, Processes and the Future of Australian Accounting Standards"，*Abacus*，37/3（2001. 10），277.

174. "ASX Pushes Support for New Accounting Standards"，Australian Stock Exchange news release，1996.08.28. 另见"Standards Levy Gets Harmonious Response"，*Business Review Weekly*，1996.08.26，92.

175. "Australia to Harmonise with IASC Standards"，*The Standard*（newsletter of the AARF and AASB），3（1996.12），1. 同期 *The Standard* 还发布了暂定方案时间表。

第 12 章　国际会计准则博得一众用户的青睐

来，后者更喜欢循序渐进的方法。1998年3月，澳大利亚会计准则理事会（AASB）主席肯·斯潘塞表示，"不经修改就承诺采用 IASC 准则还为时过早"。[176] 他认为，IASC 的准则起草得过于松散。此外，澳大利亚会计准则理事会（AASB）对于 IASC 准则中的一些技术性问题也持不同意见，而且 IASC 的准则还没有被任何主要司法管辖区采用。他在几年后评论说，由于这些原因，再加上 IASC 重组的不确定性，"我们这些参与澳大利亚会计准则理事会（AASB）工作的人不准备将自己的前途命运孤注一掷地投入国际准则之中去"。[177] 尽管如此，到 1998 年年底，双方都认为取得了很大的成就。

1997 年 9 月，澳大利亚联邦财政部发布了第一个公司法经济改革计划（Corporate Law Economic Reform Programme，CLERP1），其中包括一项建议，即私人和公共部门实体的会计准则的制定，应当移交给澳大利亚会计准则委员会（Australian Accounting Standards Committee，AASC）这样的澳大利亚联邦政府机构，并接受财务报告理事会（Financial Reporting Council，FRC）的监督。[178] 该提案的目的是使澳大利亚的准则与 IASC 的准则相协调（这时已经明确其将采纳 IASC 准则，而非将澳大利亚准则根据 IASC 准则进行调整）。从 1999 年 1 月 1 日起，澳大利亚会计准则委员会将开始发布与 IASC 完全相同的征求意见稿和最终准则。[179] 布朗（Brown）和塔尔卡（Tarca）写道，"毫无疑问，澳大利亚证券交易所在公司法经济改革计划的制定过程中起了主导作用"。[180]

---

176. Ken Spencer, "The View from the AASB: Take It Easy, Get It Right", *Australian Accountant*, 68/2（1998.03），20–22.

177. 2003 年 5 月 26 日作者与 Ken Spencer 的访谈记录。Warren McGrego 在 2003 年 6 月 9 日的访谈以及 Angus Thomson 在 2003 年 5 月 27 日的访谈中也表达了类似观点。

178. *Accounting Standards: Building International Opportunities for Australian Business*, Corporate Law Economic Reform Programme, Proposals for Reform: Paper no. 1（Commonwealth of Australia，1997），part 6. 另见 Philip Brown and Bryan Howieson，"Capital Markets Research and Accounting Standard Setting"，*Accounting and Finance*，38/1（1998.03），13–4。

179. "First Release of Corporate Law Economic Reform Proposals—Building International Opportunities for Australian Business", press release, no. 105, by the Trea-surer, 1997.09.08. 另见 *Accounting Standards: Building International Opportunities for Australian Business*, Corporate Law Economic Reform Programme, Proposals for Reform: Paper no. 1，part 5。

180. Brown and Tarca, "Politics, Processes and the Future of Australian Accounting Standards", 277.

国际会计准则史

公司法经济改革计划的建议引起了相当长一段时间的讨论,由于大选的原因,其实施被推迟了。[181]1999年10月,联邦议会颁布了《公司法经济改革计划法(1999)》(Corporate Law Economic Reform Programme Act 1999),其中包括经修订的公司法经济改革计划提案。修订后的提案放宽了"在短时间内逐字逐句地采纳IASC的准则"这一条款要求,但仍然非常强烈地坚持其最终会采纳IASC的准则。新的法律于2000年1月1日生效。同时,澳大利亚会计准则理事会(AASB)作为新的联邦政府机构,取代了原来的澳大利亚会计准则委员会(AASB)和公共部门会计准则委员会(PSASB),后二者都是在澳大利亚会计研究基金会(AARF)的支持下运转的。

因此,在IASC的创始成员所在国中,澳大利亚就成了率先通过立法要求会计准则制定机构与IASC准则相协调的国家之一。2002年7月,澳大利亚财务报告理事会效仿欧盟委员会最近的做法,宣布澳大利亚将在2005年1月1日之前采纳IASB编写的国际财务报告准则(IFRS)。[182]

12.4.2 加拿大

正如本书第6.8节所述,在20世纪80年代的初期和中期,加拿大特许会计师协会(CICA)与多伦多证券交易所(Toronto Stock Exchange)合作,成功说服了多达100家公司在其财务报表中披露遵守IASC准则的情况。到了1994年,仍然有50家公司还在这样做,创下了IASC理事会中其他创始成员无可匹敌的纪录。[183]

加拿大的会计准则和会计实务都受到了美国准则和实务的深刻影响,这不仅是因为两个国家在地理位置上毗邻,还因为美国是加拿大公司的主要资本供应者。数百家加拿大公司在美国资本市场上市,因此接受美国证监会(SEC)的监管。考虑到加拿大相对较小的人口基数,人们不时会提出这样的问题:放弃制定本国准则,直接采用美国证券市场上的公认会计

---

181. 有关公司法经济改革计划提议所引发的争论,参见Brown and Tarca, "Politics, Processes and the Future of Australian Accounting Standards"。

182. "Adoption of International Accounting Standards by 2005", bulletin of the Financial Reporting Council, 2002/4, 3 July 2002 (available at: http://www.iasplus.com/resource/ausfrc.pdf).

183. IASC Advisory Council meeting of July 1995, agenda paper VIII, annex C.

第12章　国际会计准则博得一众用户的青睐

原则（GAAP）是否会更好？多年来，加拿大特许会计师协会（CICA）一直在通过其旗下的准则制定委员会，尽可能地保持与美国证券市场上的公认会计原则（GAAP）协调一致，同时在其独立研究和分析的基础上公布自己的准则。然而，IASC 自 20 世纪 80 年代末以来所取得的进展引发了这样一个问题：从短期和长期来看，加拿大是否应该将关注重点从美国证券市场上的公认会计原则（GAAP）转移到 IASC 的准则？1998 年，加拿大特许会计师协会（CICA）的准则制定工作组（Task Force on Standard Setting，TFOSS）经过两年的研究得出结论：从长远来看，加拿大特许会计师协会（CICA）应该"加快其与财务会计准则委员会（FASB）的准则的协调计划，同时更多地参与正规国际组织以及 IASC 这个民间机构的工作，以再次彰显加拿大在国际会计准则（IAS）这套私人文件的编写过程中的重要作用"。[184]准则制定工作组（TFOSS）表示将与财务会计准则委员会（FASB）建立更紧密的关系，它说："在努力消除与美国证券市场上的公认会计原则（GAAP）的差异时，加拿大准则制定机构将采纳财务会计准则委员会（FASB）的准则，除非存在不能这么做的理由。"尽管该工作组表示从长期来看私营部门将会有一套国际公认的准则，但它还是得出了上述结论。很明显，准则制定工作组是在骑墙观望。

第二年，IASC 理事会加拿大公共会计师行业代表团的另一个发起机构——加拿大注册会计师协会（Certified General Accountants Association of Canada，CGA-Canada）——发表了一份由两名会计学者撰写的综合研究报告，对准则制定工作组（TFOSS）的建议提出了异议。[185]这两位作者比工作组更进一步地预测道："IASC 将成为国际会计准则的来源。"他们表示，IASC 的准则和财务会计准则委员会（FASB）的准则"大体上是相似的，而且在继续趋同"，这意味着"从对加拿大企业界和公共会计师行业的影响来看，在 IASC 和财务会计准则委员会（FASB）之间做选择，是没有意义

---

184. 该处和下处引文来自 *CICA Task Force on Standard Setting*，*Final Report*（Toronto: Canadian Institute of Chartered Accountants，1998.05），4。工作组的成员之一是 Edward J. Waitzer，他是多伦多的一名律师，自 1997 年 7 月以来一直担任 IASC 战略工作组的主席。

185. Richardson and Hutchinson，*The Case for International Accounting Standards in Canada*. 本段中的引用和观点来自这篇论文的第 20~22 页。在序言中，CGA-Canada 的主席和首席运营官 Guy Legault 表明，这项研究是 1999 年 7 月政策声明（见下文）的来源。

— 669

的"。他们预见到，总有一天，IASC 的准则会被美国证监会（SEC）接受。两位作者的结论是：加拿大应该致力于使用 IASC 的准则。1999 年 7 月，加拿大注册会计师协会通过了一项政策声明，呼吁允许加拿大以盈利为目的的公司采用 IASC 准则，这一立场在当时的加拿大并没有赢得多少支持。然而，2006 年，加拿大特许会计师协会（CICA）最终决定与国际财务报告准则（IFRS）接轨，让其旗下的准则制定者编写的加拿大公认会计原则（GAAP）与 IFRS 相同，这一过程将在 5 年内逐步完成。[186]

因此，尽管有美国证券市场上的公认会计原则（GAAP）的牵制，加拿大对 IASC 准则的长期承诺还是落实了。

12.4.3 日本

几十年来，日本的公司财务报告一直受"三角法律体系"（即商法、证券交易法和企业所得税法）的约束，且商法处于中心位置。[187]在 20 世纪 90 年代之前，合并报表并不常见，公司的个别财务报表决定了应纳税额，也是确定股利金额的基础。在 20 世纪 90 年代之前，日本的会计准则是由财务省（原大藏省，即财政部）的咨询机构——企业会计商议委员会（BADC）制定的，几乎没有受到国际会计发展趋势的影响。

1988 年 11 月，财务省的证券局加入了国际证监会组织（IOSCO），其代表自 20 世纪 90 年代初开始参加国际证监会组织（IOSCO）的第一工作组的会议，由财务省代表的技术顾问、东京中央审计所（附属于永道会计公司）审计合伙人加藤敦提供协助。在这些会议上，日本财务省对海外的会计发展印象深刻，因为海外的会计发展比日本更先进。参加国际证监会组织（IOSCO）第一工作组会议的过程，改变了日本财务省的思维方式。

---

186. Lawrence Richter Quinn, "Closing the Gap", *CAmagazine*, 136/6（2003.08），16–22, and "Canada's Accounting Standards Board Ratifies its Strategic Plan, Approves Convergence with International Reporting Standards", CICA media release, 2006.01.10. 另见 "Canadian Accounting Standards—Global Positioning: The New Direction", *Bulletin #1* of the Accounting Standards Board of Canada [2006.05].

187. Kiyomitsu Arai, *Accounting in Japan*, IRBA Series No. 25（Tokyo: Institute for Research in Business Administration, Waseda University, 1994），5.

第 12 章 国际会计准则博得一众用户的青睐

1989 年 IASC 公布的《征求意见稿第 32 号》(E32)在日本被广泛认为是一个分水岭,业界开始意识到必须更加认真地对待 IASC 及其准则,特别是因为国际证监会组织(IOSCO)已经对 IASC 的工作表示了兴趣。[188] 日本公认会计士协会(JICPA)成立了一个特别项目委员会,以对 E32 与日本会计准则的差异进行全面的审查。同时,日本公认会计士协会还组织了一个成员范围颇广的委员会(包括报表编制者、使用者以及财务省的代表),召开会议并讨论 E32 及其可能的影响。[189]

一直深受财务省影响的企业会计商议委员会(BADC)逐渐地开始将其准则与 IASC 准则相协调。[190] 1992 年,日本财务省与美国证监会(SEC)接洽,希望促成双方会计准则的相互认可,但未达成协议。[191]

1990 年,经财务省批准,公司财务研究所(Corporation Finance Research Institute,COFRI)成立了。COFRI 是一个由私营企业捐款资助的私立机构,"从事公司财务报告的研究,其目标是为改善和加强日本的报告、披露制度和会计准则做出贡献"。[192] 从一开始,COFRI 就很熟悉海外的会计发展状况。它的研究报告有时会包括一些政策建议。

这些进展的累积效应,再加上全球化步伐的加快,以及日本希望能够更有效地与纽约和伦敦的资本市场竞争的迫切意愿,导致日本首相桥本龙太郎(Ryutaro Hashimoto)在 1996 年 11 月宣布了"金融大爆炸"(financial big bang)政策。该政策呼吁建立自由、公平、全球化的金融市场。[193]

甚至在金融大爆炸政策宣布之前,企业会计商议委员会(BADC)在 1996 年的 6 月份,就提出了一项雄心勃勃的计划,以使其准则更接近于

---

188. 2004 年 7 月 2 日作者与加藤敦(Atsushi Kato)的访谈记录、2004 年 7 月 2 日与木下德明(Noriaki Kinoshita)的访谈记录、2004 年 6 月 30 日与中岛省吾(Seigo Nakajima)的访谈记录、2004 年 7 月 5 日与沢悦男(Etsuo Sawa)的访谈记录、2004 年 7 月 5 日与山田辰己(Tatsumi Yamada)的访谈记录。木下(Kinoshita)报告说,时任企业会计商议委员会(BADC)主席的新井清光(Kiyomitsu Arai)教授写了一本关于 E32 的书,在日本学术界宣传了 E32 的重要性。

189. 德永忠昭(Tadaaki Tokunaga)给作者的备忘录,2004.06.30。

190. Masato Kikuya, "International Harmonization of Japanese Accounting Standards", *Accounting, Business & Financial History*, 11/3 (2001.11), 357–358, 365, 366.

191. 2004 年 7 月 2 日作者与加藤敦(Atsushi Kato)的访谈记录。

192. *COFRI Corporation Finance Research Institute, Japan* (Tokyo: COFRI, 1992), 2.

193. Kazuo Hiramatsu, "The Financial Big Bang and the Accounting-Auditing Reforms in Japan", *International Review of Business*, 3 (1998.12), 10.

IASC 的准则。1997 年 2 月，作为金融大爆炸的一部分，财务省改变了企业会计商议委员会（BADC）的组织结构，使其更具灵活性，从而更有效率。[194] 在 1997—1999 年这一活跃的时期，企业会计商议委员会（BADC）修订了以前的准则，并公布了合并报表、研发支出、退休福利、递延所得税、金融工具和外币交易等主题的准则。[195] 总体而言，自 1997 年以来的这一系列的进展被称为"会计大爆炸"（accounting big bang）。[196]

最后，由于 IASC 的重组（重组计划在 1999—2000 年获得通过），日本在 2001 年 7 月成立了财务会计准则基金会（Financial Accounting Standards Foundation），该基金会迅速成立了日本会计准则委员会（Accounting Standards Board of Japan）。日本会计准则委员会由 3 名全职成员和 10 名兼职成员组成，并由大量技术人员协助。之所以设立这个独立的私立机构，是为了使日本有资格向新成立的国际会计准则理事会（IASB）派遣一名联络委员会（liaison board）成员。[197]

12.4.4　南非

1993 年，正当南非摆脱长期的国际孤立，重新进入世界商业和经济领域之时，南非特许会计师协会（SAICA）理事会做出了一项关键决定。在此之前的几年里，南非越来越多地借鉴 IASC 准则来制定会计准则，但与之存在明显的差异。到 1993 年，南非企业界和会计界已经开始接受 IASC 的准则，认为它足够全面，质量适当，可以取代南非的准则。[198] 于是，南非特许会计师协会（SAICA）理事会向负责批准最终准则的独立机构会计惯例理事会（APB）建议，在未来将以 IASC 的准则作为"公认会计惯例"（generally accepted accounting practice），仅在必要时对其进行修改，以适应

---

194. Hiramatsu, "The Financial Big Bang and the Accounting-Auditing Reforms in Japan", 12–13.
195. Kikuya, "International Harmonization of Japanese Accounting Standards", 360–362.
196. Kenji Shiba, *"Accounting Big Bang" and Corporate Behaviour in Japan*, Discussion Paper Series No. 4（Osaka: The Institute of Economic and Political Studies, Kansai University, March 2003）, 2.
197. Kazuo Hiramatsu, "Problems of Accounting Standard-Setting in Japan", *International Review of Business*, 6（2003.03）, 1.
198. 2004 年 3 月 18 日作者与 Doug Brooking 的访谈记录。

第 12 章　国际会计准则博得一众用户的青睐

南非的情况。[199] 在收到南非特许会计师协会（SAICA）旗下负责起草准则草案的会计惯例委员会（APC）的建议之后，会计惯例理事会（APB）采纳了南非特许会计师协会（SAICA）理事会的意见。[200] 会计惯例理事会和会计惯例委员会随后制定了一套指南，以使 IASC 的准则改造得适应南非的国情。

为了使南非的公司能够以与世界资本市场的上市公司相类似的方式出具其财务报表，南非特许会计师协会（SAICA）和会计惯例理事会的行动对于南非来说势在必行。南非若继续制定自己的准则，代价也很昂贵。IASC 的准则对于南非公共会计师行业的主要成员来说是非常熟悉的，因为南非特许会计师协会（SAICA）自 1978 年以来一直派代表团参加 IASC 理事会。

采矿行业的公司最初并不愿意使用 IASC 准则，但在 1997 年，该国最大的矿业集团英美资源集团（Anglo American Corporation）转为采用 IASC 准则之后，其他矿业公司遂纷纷效仿。由于约翰内斯堡证券交易所（Johannesburg Stock Exchange）修改了上市规则，允许上市公司在年度账目中使用 IASC 的准则或南非公认会计原则，英美资源集团抓住了这一机会，开始采用国际会计准则。[201]

2004 年，会计惯例理事会采取了进一步行动，决定在遵循本土应循程序的前提下，今后企业可以不经修改地采纳国际财务报告准则（IFRS）。在 IFRS 尚未涵盖的问题上，如果当地需要指南，南非将继续公布自己的准则和解释，直至这些本土准则和解释在适当的时候被 IASB 的指南所取代。[202]

12.4.5　美国

在 20 世纪 80 年代，声称其财务报表符合 IASC 准则的美国大公司相对较少，但到 1994 年，它们都停止了这样做。此时，IASC 已经在减少或

---

199. 这个部分的内容由以下三篇文章整理得来：G. V. Terry, "Going the International Route", *Accountancy SA*, 1993.08, 3; Monica Singer, "SA Goes International", *Accountancy SA*, 1993.11/12, 36; Rosanne Blumberg, "International Accounting Standards—The Way to Go?" *Accountancy SA*, 1995.05, 3。作者对提供这三篇文章的 Erna Swart 表示感谢。
200. 2004 年 3 月 15 日作者与 Monica Singer 的访谈记录。
201. 2004 年 3 月 15 日作者与 Erna Swart 的访谈记录。
202. 2004 年 3 月 18 日作者与 Doug Brooking 的访谈记录。

673

消除允许的替代处理方法方面取得了较大的进展。在这方面，美国企业界的态度和兴趣与加拿大企业以及德国和瑞士企业形成了鲜明对比。加拿大企业自20世纪80年代以来就披露了大量遵循IASC准则的情况，德国和瑞士企业则从20世纪90年代开始也进行了这方面的披露。

12.4.5.1 财务会计准则委员会在使命宣言中"签约"承担国际角色

自20世纪80年代末开始，财务会计准则委员会（FASB）在多年的无动于衷之后，终于为自己确立了一个更重要的国际角色。1991年，财务会计准则委员会（FASB）的监督机构财务会计基金会（FAF）修改了财务会计准则委员会（FASB）的使命宣言（Mission Statement），首次宣布了财务会计准则委员会（FASB）对国际领域的兴趣，这显然是美国证监会（SEC）推动的结果。1991年的修订版使命宣言中用谨慎的措辞增加了这样一项对财务会计准则委员会（FASB）的要求："在提高财务报告质量的同时，促进会计准则的国际可比性。"[203]这清楚地表明，财务会计准则委员会（FASB）不会为了实现国际可比而降低其准则的质量。

同样是在1991年，财务会计准则委员会（FASB）通过了一项雄心勃勃的多方面的计划：它将积极与IASC开展合作（其中一些已经在进行中），并与其他国家的准则制定机构"建立双边或多边合作网络"。[204]在这项新公布的"国际活动计划"（Plan for International Activities）中，财务会计准则委员会（FASB）关注到了国际证监会组织（IOSCO）日益增强的作用，并发现：

> 直到20世纪80年代，人们关注的焦点还主要是美国资本市场上美国公司之间的信息可比性。然后，由于跨境融资和投资的爆炸性增长，焦点开始转向不同国家的公司之间的信息可比性。因此，近年来，有关方面开始要求财务会计准则委员会（FASB）更加积

---

203. "The Mission of the Financial Accounting Standards Board", in *Facts about FASB*, 1993–1994 edition（FASB），1.

204. "FASB's Plan for International Activities", *FASB Status Report*, no. 223（1991.08.31），6. 有关评论参见"FASB Goes Global?", *World Accounting Report*, 1991.10, 1.

第 12 章　国际会计准则博得一众用户的青睐

极地参与国际会计事务。[205]

财务会计准则委员会（FASB）将其新战略的双重目标描述如下："通过同时提高会计准则质量、提高会计准则的国际可比性，使财务报表对投资者和债权人的决策更有用"，并"通过从其他国家和国际准则制定机构以及其他国家的财务报表使用者、编制者、审计师和教育工作者那里获得新的见解和想法"，从而优化财务会计准则委员会（FASB）的准则制定程序。[206]

那么，是什么促成了这条新航线？当然，正如财务会计准则委员会（FASB）所言，资本市场的全球化进程及其对财务报告的显著影响已经变得显而易见。此外，曾于 1982—1984 年间担任美国公共会计师行业派驻 IASC 理事会代表团成员的丹尼斯·贝雷斯福德，自 1987 年起担任了财务会计准则委员会（FASB）的主席。贝雷斯福德在 IASC 的任期本可以更长，但后来他被派到了财务会计准则委员会（FASB）新成立的新兴问题任务组（Emerging Issues Task Force）工作，所以他在 IASC 的任期就提前结束了。[207]1987 年 3 月，当 IASC 主席约翰·柯克帕特里克和秘书长戴维·凯恩斯拜访财务会计准则委员会（FASB）时，贝雷斯福德询问道：财务会计准则委员会（FASB）是否有可能更直接地参与到 IASC 的工作中来？他列举了一些财务会计准则委员会（FASB）以前参与过的活动，例如在 1984—1985 年间以嘉宾身份出席 IASC 理事会会议，就递延所得税、外币交易和养老金费用等项目与 IASC 组建联合工作组等（见第 5 章）。[208]次年，在乔治·巴尔泰斯·德·吕泰尔担任主席期间，IASC 再次主动与财务会计准则委员会（FASB）接洽。这一次，贝雷斯福德同意让财务会计准则委员会（FASB）的一名代表在 IASC 的顾问团中任职，并以嘉宾的身份参加 IASC 的理事会会议，因为根据财务会计准则委员会（FASB）的运作政策，财务会计准则委员会（FASB）成员不能在另一个机构担任有表决权的成员。他还在提议和计划于 1991 年 6 月在布鲁塞尔举行一系列世界标准制定者年度

---

205. "FASB's Plan for International Activities"，6.
206. "FASB's Plan for International Activities"，7. 另见 "FASB Goes Global？"，1.
207. 2004 年 8 月 8 日作者与 Dennis R. Beresford 的访谈记录。
208. "Visit to FASB and SEC，March 1997"，AP 3/1987 additional agenda paper.

会议的第一届会议中发挥了重要作用，该会议由欧洲会计师联合会（FEE）组织。[209]

但还有一个可能的推动因素是，美国证监会（SEC）突然对国际协调特别是对 IASC 在其中的作用兴趣大增。美国证监会（SEC）的工作人员始终是美国证券市场上的公认会计原则（GAAP）的制定及实施（尤其是后者）方面的主要参与者，因为只有美国证监会（SEC）才拥有法律权威去要求美国证券市场的上市公司遵循公认会计原则（GAAP）。虽然在 20 世纪 80 年代末，财务会计准则委员会（FASB）已经开始与 IASC 接触并参与国际协调工作，但在一些美国证监会（SEC）委员看来，这还不够。他们认为，财务会计准则委员会（FASB）必须正式且公开地以建设性的姿态积极参与国际协调进程。1991 年 5 月，美国证监会（SEC）委员菲利普·洛克纳（Philip Lochner）在一次重要讲话中，明确地表达了他个人对美国证监会（SEC）期望财务会计准则委员会（FASB）成为国际协调的积极参与者的看法："财务会计准则委员会（FASB）至少有责任认真考虑 IASC 的立场及其所代表的国际共识……在某种程度上，美国似乎只是在阻碍[协调]进程，希望自己的证券市场会计准则会占上风并成为流行做法。其他国家完全有理由怀疑美国证券市场所设想的国际协调，就意味着所有其他国家的会计规则都必须与美国证券市场的会计准则步调一致。"洛克纳指出，1973 年通过的财务会计准则委员会（FASB）使命宣言"甚至没有提到国际化的想法，更没有指导财务会计准则委员会（FASB）努力实现会计准则的国际协调或考虑其行动的国际影响"。他传达的改革信息直截了当："财务会计准则委员会（FASB）的使命宣言亟待更新。"[210] 美国证监会（SEC）主席理查德·布里登随后表示，他和洛克纳一致认为，面对不断变化的市场，财务会计准则委员会（FASB）显得太过孤立，太过迟钝，并且

---

209. 参见"Standard Setters Are Getting Together", *World Accounting Report*, 1991.07, 1。

210. Philip R. Lochner, Jr., "The U.S. Role in Achieving International Harmonization of Accounting Standards", The 10th Annual SEC and Financial Reporting Institute Conference, Los Angeles, California, 1991.05.16, 19–20, SEC Library. 关于讲话内容的摘录，参见"Worth Repeating", *Journal of Accountancy*, 172/4（1991.09）, 108–109。Lochner 于 1990 年 7 月参加了财务会计准则委员会（FASB）咨询委员会的会议，当时他提出的问题是，让美国会计准则和 IASC 的准则保持差异给公司带来的收益能否超过它所招致的成本。Minutes of meeting, Financial Accounting Standards Advisory Council, 24 July 1990 (supplied by the FASB).

第 12 章　国际会计准则博得一众用户的青睐

行动迟缓。[211]

从 1994 年起，财务会计准则委员会（FASB）开始与 IASC 合作制定每股收益准则，并与加拿大会计准则委员会合作制定分部报告准则。两者的合作成果，已经形成了 1997 年 2 月公布的实质上完全相同的准则，即 IAS 33 和 FAS 128（见第 11.7.1 节）。[212]

财务会计准则委员会（FASB）于 1995 年 1 月修订并重新公布了它的国际活动计划，强调了财务会计准则委员会（FASB）和 IASC 之间的许多合作要点。1991 年和 1995 年的计划主要是在细节上有所差别，但在 1995 年的计划中，财务会计准则委员会（FASB）在两处增加了说明，即它认为 IASC 是制定国际准则的"中心力量"。财务会计准则委员会（FASB）还确认，自 1991 年以来，"国际会计问题明显与国内会计问题交织在了一起，没有办法明确地将两者分开"。[213]

IASC 理事会在 1996—1997 年间加快了核心准则的编写进度。对此，财务会计准则委员会（FASB）的主席贝雷斯福德和委员吉姆·莱森林公开批评 IASC 的准则质量已明显下降。1996 年，财务会计准则委员会（FASB）公布了一份同样带有批评口吻的关于美国证券市场上的公认会计原则（GAAP）与 IASC 的准则之间差异的综合分析（见第 10.17 节）。

12.4.5.2　财务会计准则委员会和美国证监会共同主办欧洲财务报告会议

1999 年 4 月，财务会计准则委员会（FASB）和美国证监会（SEC）在德国法兰克福联合主办了首届欧洲财务报告会议（European Financial Reporting Conferences）。该会议共举办了三届，有两个目标："本会议的第一个重点是确定欧洲公司在采用美国证券市场上的公认会计原则（GAAP）时，特别是在准备到美国证券市场上市时所面临的关键会计问

---

211. 2004 年 11 月 12 日作者与 Richard Breeden 的访谈记录。
212. 参见 Liesel Knorr, "IASC and FASB Speak with One Voice on EPS", *Accountancy*（International edition）, 119/1244（1997.04）, 67。
213. "FASB's Plan for International Activities", *Highlights of Financial Reporting Issues*（Financial Accounting Standards Board, 1995.01）, 1. 有关此修订计划的新闻报道，参见 James R. Peterson, "FASB Supports Global Accounting Standards", *Corporate Accounting International*, 56（1995.03）, 8。

677

国际会计准则史

题。第二个重点是编写全球公认的高质量财务会计准则。"[214]从会议议程分配给两个重点的时长来看，第一个重点非常重要。[215]这些会议的主要目的，就是使在美国证监会（SEC）注册以及使用美国证券市场上的公认会计原则（GAAP）显得不再那么神秘。[216]这些会议由两位财务会计准则委员会（FASB）委员格哈德·米勒和吉姆·莱森林，以及法兰克福大学约翰沃尔夫冈歌德分校的金特·格布哈特（Günther Gebhardt）教授牵头组织。

这三场会议都成功地吸引了大批企业界人士、会计实务工作者以及会计学者的参与。[217]

在1999年的会议上，IASC的领导层并没有担任特邀发言人，但IASC主席斯蒂格·恩沃尔森在专家小组会议模块作为发言人参与讨论了"国际会计准则制定的未来结构"问题。

12.5 国际金融机构对IASC的支持

12.5.1 世界银行对IASC准则在发展中国家传播的影响[218]

在第三世界国家为发展公共会计师行业、采纳IASC准则和审计准则、让会计专业的学生和公共会计师行业从业人员学会使用这些准则所做的许多努力背后，一直有一个强大的国际开发组织——世界银行。一个很少被提及的事实是，世界银行提供了大量的资金支持，以促进和推动借款国使用IASC的准则。[219]

---

214. Announcement of the [First] European FASB-SEC Financial Reporting Conference，8–9 April 1999，Centre for Financial Studies，University of Frankfurt，Germany（available at: http://www.ifk-cfs.de/English/content/veranstaltungen/data/ 19990408Europe.htm）.

215. 财务会计准则委员会（FASB）自己的会议报告明确指出第一个目标要重要得多。见"FASB/SEC Hold Joint European Conference"，*FASB Status Report*，no. 313（1999.05.18），2。

216. 2005年6月7日作者与Edmund Jenkins的访谈记录。

217. 2005年6月7日作者与Edmund Jenkins的访谈记录，2004年8月16日与Jim Leisenring的访谈记录，以及2004年8月10日与Gerhard Mueller的访谈记录。

218. 本部分内容大部分整理自2005年11月3日作者与Randolph Andersen的访谈记录。

219. 参见Peter Walton，"There's More to It Than Just Lending $20bn"，与Randolph A. Andersen的访谈记录，*Accounting & Business*，1998.04，11–12，16。除非另有说明，本节的大部分内容都整理自这篇文章。另见Cairns，*International Accounting Standards Survey 2000*，56–7。

678

第12章　国际会计准则博得一众用户的青睐

世界银行可以说是财务报表最大的使用者之一。伦道夫·安德森自1993年成为世界银行中央会计部门主管以来，一直负责领导世界银行在发展中国家建立会计、审计和财政管理基础设施和知识基础方面的工作。他说，"我们每年会收到5 000套经审计的财务报表。如果这些财务报表能够有一个共同的会计基础，对我们来说将是很有意义的。我们很希望看到发展中国家参与准则的制定，IASC在这方面就做得非常好"。

世界银行收到的财务报告中，约有1/4来自企业界，其余来自政府机关或非营利组织。在世界银行的资助下，国际会计师联合会（IFAC）的公共部门委员会（Public Sector Committee）以IASC的会计准则为模板，编写了一套国际公共部门会计准则。[220]

世界银行不仅提供贷款资助借款国的会计基础设施建设（包括培训项目），还编写了大量的教学材料。1995年，世界银行出版了英文版《财务会计、审计和报告手册》（Financial Accounting, Auditing, and Reporting Handbook），现在已经有其他语言版本。该手册强调："在没有更好的本国准则的情况下，世界银行要求借款方在编制财务报表时使用IASC的准则，因为使用IASC的准则有助于增强项目之间、国家之间的可比性，确保财务报表列报的一致性，也有助于对财务报表进行解读。"[221]

在世界银行1989年的年度报告中，其审计机构普华永道会计公司确认，世界银行的财务报表是符合国际会计准则的。在1990年的年度报告中，世界银行和普华永道都证实了这一点。

1981年，世界银行成为IASC顾问团的创始成员之一。安德森在1993—1996年间出席了顾问团会议。1999年，他被任命为IASC发展中国家和转型国家会计指导委员会的成员，该委员会的主席是来自马来西亚的佘楚和（见第11.9.3.3节）。[222]

---

220. Randolph A. Andersen, Preface to Hennie van Greuning and Marius Koen, *International Accounting Standards, A Practical Guide*, (The World Bank, 1998), v.

221. The World Bank, *Financial Accounting, Reporting, and Auditing Handbook* (The World Bank, 1995.01), 7.

222. 参见Peter Walton, "The IASC to Look at Developing Countries", *World Accounting Report*, 2/1（1999.02）, 15。

12.5.2 国际金融稳定论坛

世界银行（或者更准确地说，是世界银行中央会计部）认为，IASC的准则是公司治理和问责机制（corporate governance and accountability）的重要组成部分，因此是经济发展的重要条件，在1998年的亚洲金融危机之后，这种观点突然得到了更广泛的认可。为了应对危机，一些国家和国际层面上的金融监管机构，以及一些国际金融机构，成立了金融稳定论坛（Financial Stability Forum），以改善国际合作，强化国际金融体系。甚至在论坛于1999年4月召开第一次会议之前，七国集团的财政部长和中央银行行长就已经于1998年10月30日发表了一项声明。在需要采取的众多其他措施中，声明呼吁IASC"在1999年年初之前完成一份完整的国际公认会计准则。国际证监会组织（IOSCO）、国际保险监督官协会（IAIS）和巴塞尔委员会应及时完成对这些准则的审查"。[223]IASC多年来一直与巴塞尔委员会和世界银行保持联系，但这份声明标志着IASC在国际金融界地位的重要提升。IASC理事会满意地注意到，英国首相托尼·布莱尔（Tony Blair）和其他七国集团领导人"对IASC作出了积极的评价，因为亚洲金融危机已经表明，确实需要提高透明度"。[224]巴塞尔委员会的代表也受邀作为嘉宾出席了此次会议。

2000年3月，金融稳定论坛从国际货币基金组织、经济合作与发展组织（OECD）和巴塞尔委员会等机构公布的大量标准中挑选出了"健全的金融体系的12个关键标准"。改善这些标准的执行，被视为金融稳定论坛成员的优先事项。而IASC的国际会计准则就是这12个关键标准之一。[225]尽管这张清单本身并没有赋予任何一个"关键标准"以额外的权力，但它是一个明确的信号，表明IASC现在已经在发达国家的政府层面得到了重视。2000年5月，国际证监会组织（IOSCO）认可了IASC的核心准则。尽管这一认可程序早在金融稳定论坛成立之前就早已准备好了，但现在还

---

223. "Declaration of G7 Finance Ministers and Central Bank Governors", 1998.10.30（available at: http://www.fsforum.org/attachments/DeclarationG7financeministers_centrabank30_10_98.pdf）.

224. IASC board meeting of 9–13 November 1998, chairman's introduction.

225. Press release "Third Meeting of the FSF（Singapore, 2000.03.25–26）"（available at: http://www.fsforum.org/press/press_releases_31.html）.

是可以列为金融稳定论坛的首批具体成果之一。巴塞尔委员会 2000 年 4 月的声明也是如此，该声明表示，巴塞尔委员会总体上支持 IASC 编写的 15 项对银行业具有重大影响的准则。[226]

12.6　G4+1[227]

20 世纪 90 年代，那些拥有活跃的资本市场的国家的准则制定机构开始意识到，IASC 正在成为国际证监会组织（IOSCO）眼中的一个主要参与者。因此，它们觉得有必要利用共同的概念框架进行相互合作，从而影响 IASC 未来的工作进程。毫不夸张地说，这些准则制定机构在某种意义上感受到了 IASC 的威胁，因为后者已经被国际证监会组织（IOSCO）视为潜在的全球准则制定者。

12.6.1　G4+1 集团的早期发展

根据 1991 年公布的国际计划（见第 12.4.5.1 节），财务会计准则委员会（FASB）开始参与更多的国际活动。1992 年 10 月，它在诺沃克（Norwalk）主办了第二届世界准则制定机构年度会议[228]，会议决定在一年后举行一次后续会议，重点讨论一个单一的技术问题。（英国）会计准则理事会（ASB）同意主办这次后续会议。于是，在 1993 年 4 月，由来自美国、英国、加拿大和澳大利亚的（或官方或民间的）准则制定机构及其后勤人员组成的工作组（working group）在伦敦开会，就计划的主题——未来事项的会计处理（accounting for future events）——进行了讨论。会议就会计处理方法达成了一致意见。财务会计准则委员会（FASB）的高级职员

---

226. *Report to G7 Finance Ministers and Central Bank Governors on International Accounting Standards*（Basel: Basel Committee on Banking Supervision，2000.04），paragraph 26.

227. 关于 G4+1 的大规模研究，可参见 Donna L. Street，*Inside G4+1: The Working Group's Role in the Evolution of the International Accounting Standard Setting Process*（London: The Institute of Chartered Accountants in England and Wales，2005）。另见 Dennis R. Beresford，"G4+1: A Newcomer on the International Scene"，*The CPA Journal*，2000.03，14–19。

228. 参见 "FASB Hosts Meeting of World Standard Setters"，*FASB Status Report*，no. 237（1992.11.30），2–3；"Meeting of World Standard Setters"，*IASC Insight*，1993.03，8–11。

托德·约翰逊主动提出编写一份关于这个主题的讨论文件。同年 8 月，该工作组开会对约翰逊提交的文件进行了讨论和修订。同年 11 月，第三届世界准则制定机构年度会议就该文件进行了辩论。[229] 由于这次合作被认为是成功的，因此，该工作组的成员决定继续定期开会，就技术问题交换意见，以期发现和解决成员之间的分歧。1994 年，该工作组便被称作 G4+1。[230] 其中的 "4" 是指来自美国、英国、加拿大和澳大利亚的（或官方或民间的）准则制定机构，它们具有相似的财务报表目标和概念框架。其中的 "+1" 是 IASC 的一名代表，通常是 IASC 秘书长（有时是 IASC 主席）出席该工作组的会议。

12.6.2　G4+1 的持续发展

在早期，G4+1 的会议在其成员所在国家轮流举行，直到 1996 年，每次会议的主持人都是由主办方所在国的公共会计师行业派驻 IASC 代表团的成员担任。但令人惊讶的是，1996 年 3 月，G4+1 选择戴维·泰迪担任其第一任主席，彼时，泰迪刚刚加入英国公共会计师行业派驻 IASC 理事会代表团不到一年。虽然泰迪是 G4+1 的创始人之一，但是，对于他能否忠诚于 G4+1，则存在质疑。[231] 随后的 G4+1 主席职位在 1998—1999 年间由来自澳大利亚会计准则委员会（AASB）的肯·斯潘塞担任，在 1999—2001 年间由来自财务会计准则委员会（FASB）的吉姆·莱森林担任。

1996 年，新西兰的准则制定机构成为 G4+1 的成员。所有参与 G4+1 的准则制定机构及其工作人员都为会议投入了大量的时间，会议也从开始的每年举行三次变成了每年四次。

G4+1 令人印象深刻的出版物包括七份研究报告、四份立场文件（position paper）和一份讨论文件（discussion paper），其中大部分涵盖了

---

229. 有关会议报告，见 "Standard-setters Strive for Unified Purpose"，*World Accounting Report*，1993.12/1994.01，2–4；以及 "London Conference of Standard Setting Bodies—What is the Role of Future Events in Financial Reporting？"，*IASC Insight*，1993.12，6–7。这份文件由四个国家的准则制定机构和 IASC 在 1994 年联合出版，论文题目为 *Future Events: A Conceptual Study of their Significance for Recognition and Measurement*。

230. L. Todd Johnson 给作者的备忘录，2004.01.12。

231. 参见 "G4 Seeks to Influence Standards"，*The Accountant*，issue 5908（1996.05），11；"G Force on IASC"，*World Accounting Report*，1996.05，1。

IASC 理事会议程上的主题。这些文档的作者就是五位（或官方或民间的）准则制定机构的研究人员。在 2001 年 1—2 月的会议上，G4+1 决定解散并取消未来的活动，因为此时 IASC 重组为 IASB 的成员名单已经公布。人们认为不再需要 G4+1，以免功高震主。[232]

G4+1 的审议意见及其所发起的倡议可能有助于推动 IASC 理事会在一些共同项目上更快地采取行动。[233] 有些人认为，它的影响似乎更多的是在理事会议程方面，而不是在草案内容方面。[234] 然而，IASC 的主席和秘书长在 1998 年的《IASC 年度回顾》中表示，G4+1"对 IASC 构成了挑战。IASC 在制定工作计划时，必须确保其在会计议题上的观点不会受 G4+1 小组的项目成果钳制，也要领先于 G4+1 以外的近百个 IASC 理事会代表团的意见"。[235] 虽然秘书长卡斯伯格不觉得 G4+1 本身会根据共同协议公布任何会计准则，但他开始预期"相关国家的公共会计师行业代表团将会采取行动，将议定的提案付诸其国内的应循程序，从而将其国内的会计规则改编成与之完全相同或实质上相同的准则"。他补充说，任何这样的合作，"都将在没有'非英语国家'参与的情况下达成，但是 IASC 要想制定出清新脱俗的准则，也就更加困难"。[236] 事实上，G4+1 中的澳大利亚公共会计师行业代表沃伦·麦格雷戈曾在 1999 年写道：

> 最近，G4+1 开始显得越来越像一个事实上的国际准则制定机构。这反映在其与 IASC 共同设立了一个编写金融工具会计准则的联合工作组，并决定就企业合并、合营企业的会计处理和报告财务业绩等问题征求评论意见。[237]

---

232. 2005 年 6 月 7 日作者与 Edmund Jenkins 的访谈记录。

233. Paul Cherry 认为 G4+1 对 IASC 理事会的工作产生了巨大的影响。Paul Cherry 给作者的备忘录，2004.10.08。

234. 2004 年 7 月 5 日作者与 Tatsumi Yamada 的访谈记录，2004 年 7 月 5 日与 Etsuo Sawa 的访谈记录，2005 年 1 月 13 日与 Christopher Nobes 的访谈记录。

235. IASC's *Annual Review 1998*, 6.

236. "Report on Activities from Early January 1998 to End May 1998", IASC Advisory Council meeting of July 1998, agenda pa1per 2A.

237. Warren McGregor, "An Insider's View of the Current State and Future Direction of International Accounting Standard Setting", *Accounting Horizons*, 13/2（1999.06）, 165.

欧洲大陆公共会计师行业的一些代表对G4+1表示怀疑[238]，认为它是英美（或官方或民间的）准则制定机构试图在IASC的工作乃至在协调化运动中谋求不适当影响力的举措。作为应对措施，欧洲会计研究小组（简称E5+2）成立了。下文将对此进行讨论。

12.6.3 欧洲利益集团建立E5+2以对抗G4+1

在欧洲会计师联合会（FEE）发起建立研究基金会的倡议之后（见第12.3.4节），欧洲会计研究小组（European Accounting Study Group）于1996年成立了，该小组又称为E5+2。就像建立研究基金会的倡议一样，这也是针对欧洲在IASC中缺乏影响力的担忧作出的回应。具体而言，其目的是与影响力日益增大的G4+1相抗衡，并为欧洲公共会计师行业和工商界派驻IASC理事会代表团提供更多的作为一个整体进行运作的机会。[239]当英美人士在G4+1会议上就准则问题交换意见和协调立场时，欧洲公共会计师行业和工商界派驻IASC理事会代表团却是群龙无首、各自单打独斗，这让欧盟委员会的卡雷尔·范胡勒非常失望。

E5+2起源于1996年，当时荷兰注册会计师协会（NIVRA）建议，来自欧盟的五个公共会计师行业派驻IASC理事会代表团（即法国、德国、荷兰、北欧联邦和英国公共会计师行业代表团），可以与欧盟委员会派驻IASC理事会的观察员一起，举行非正式会议，就一些IASC的准则项目进行讨论。[240]1997年，该小组通过书面协议正式成立，并邀请一些国家的准则制定机构和欧洲会计师联合会（FEE）的代表参加。研究组的大多数活动是由荷兰注册会计师协会推动的。

由于英国公共会计师行业派驻IASC代表团既是G4+1的一员，也是E5成员中唯一拥有享誉国际的准则制定机构的，因此，它是最不愿意投身

---

238. IASC参与G4+1会议的行为显然使一些IASC理事会代表团成员感到不悦。2004年8月16日作者与Jim Leisenring的访谈记录，以及2004年8月18日与Bernd-Joachim Menn的访谈记录。

239. 参见David Cairns，"A Louder Voice for Europe"，*World Accounting Report*，1998.02，2；"G4+1 Gets a Rival"，*Accountancy*（international edition），121/1263（1998.01），8。这一部分的大多数内容整理自2005年6月22日作者与Ruud Vergoossen（NIVRA技术董事）的访谈记录。

240. Cees Dubbeld致欧盟成员和IASC理事会技术顾问的信，no date [April 1996]，NIVRA archive, file 'Vaktechiek/IASC board meetings'。

第 12 章 国际会计准则博得一众用户的青睐

于欧洲共同立场的成员。但它为了掌握相关动态，还是愿意参与 E5。部分由于英国公共会计师行业的独特地位，也由于其他 E5 成员之间不容易达成一致意见，研究小组会议的作用便仅限于交换意见。研究小组一直都会在历次 IASC 理事会会议之前举行会议，直到行将谢幕的 IASC 理事会在 2000 年 12 月举行最后一次会议为止。E5 随后解散，大约一个月后，G4+1 也解散了。

E5 最初的计划是让所有参与机构各自选择一个主题进行研究，作为以小组名义公布的讨论文件的基础，这与 G4+1 的做法很像，但只有荷兰注册会计师协会完成了这项工作。因此，E5 仅在 2000 年年初发表了一份立场文件，该文件由荷兰注册会计师协会资助并出版。[241] 该文件的主题，即在公司年度报告中陈述管理层对业务的分析，是 IASC 从未认真考虑要列入其议程的一个主题，这可能说明 E5 对 IASC 的影响相对有限。欧洲派驻 IASC 的各个代表团继续各行其是，对"欧洲声音"在 IASC 中的弱势的担忧一直持续到了最后。与之相反，正如第 13 章所述，在 1997 年开始的关于 IASC 重组的讨论和谈判中，G4+1 中的准则制定机构抱团，组成了一个强大的阵营。

---

241. 这份立场文件是 *Management's Analysis of the Business*，Focus 3（Amsterdam: Koninklijk NIVRA，2000）。

第 13 章 迈向世界标准制定者：IASC 的重组

到了 20 世纪 90 年代，IASC 理事会那种主要借助公共会计师行业的志愿服务的做法，显然已经到达了增长的极限。本章阐述了 IASC 理事会为了巩固其作为合格的世界性会计准则制定者的地位而进行的充满政治色彩的自我重组过程。[1]

13.1 战略工作组的组建及其成员构成

早在 1996 年 1 月，IASC 秘书长布赖恩·卡斯伯格就向咨询委员会表明，"像 IASC 这样的组织，应该每五年左右进行一次战略审查，就像财务会计准则委员会（FASB）那样。当然，审查的深度可能需要视情况而

---

1. 本章关于审议和协商过程的大部分内容整理自作者与以下重要人物的访谈记录：Georges Barthès de Ruyter、John Carchrae、Bryan Carsberg、Paul Cherry、Peter Clark、Anthony Cope、Michael Crooch、David Damant、Philippe Danjou、Howard Davies、Stig Enevoldsen、James Gaa、Gilbert Gélard、Ian Hammond、Frank Harding、Sigvard Heurlin、Kazuo Hiramatsu、Thomas Jones、Jan Klaassen、Arthur Levitt、Erik Mamelund、Jacques Manardo、Patricia McConnell、Warren McGregor、Jules Muis、Christopher Nobes、David Ruder、Rolf Rundfelt、Etsuo Sawa、Harry Schmid、Michael Sharpe、Ken Spencer、Angus Thomson、Mary Tokar、Lynn Turner、David Tweedie、Karel Van Hulle、Edward Waitzer、Allister Wilson 以及 Tatsumi Yamada。除少数情况外，我们在下文论证和表述观点时将不再特别引用这些访谈记录作为依据。另外，有十几名受访者对于本章初稿进行了评论。作者对 Tony Cope、David Ruder、Jacques Manardo 以及 Peter Clark 深表感谢，他们向作者提供了本章所需的文件和记录。

第 13 章 迈向世界标准制定者：IASC 的重组

定"。[2] 1978—1981 年，卡斯伯格在财务会计准则委员会做了三年的技术人员，并对该私立机构作为准则制定机构的能力留下了深刻的印象。[3] 他注意到，IASC 上一次这样的评估，是在 1992 年 10 月成立基金会工作组时进行的（见第 8.15 节），他认为也许应该邀请咨询委员会或者某个特别工作小组在 1997 年的某个时候进行下一次审查。他在这一阶段的观点值得关注：

> 假设，在下一次审查开始时，IASC 顺利地完成了国际证监会组织（IOSCO）的核心准则计划，并有望被世界上所有大型证券交易所认可为跨境上市准则的制定机构，那么，我们就需要看看 IASC 在下一个发展阶段应该成为什么样的组织。如果 IASC 要成为会计领域领先的准则制定机构，并逐渐对国家层面的准则制定机构发挥领导作用，那么在组织架构方面是否需要进行一些调整？
>
> …………
>
> 我们作为会计准则的国际制定机构的地位是否稳固，或者是否做好了应对突如其来的挑战的准备？其他国家（或官方或民间）的某个准则制定机构会不会进行自我变革来争夺会计领域的国际领导地位？

他说，他的想法受到了"一个小道消息的启发，即负责监管财务会计准则委员会的[财务会计基金会（FAF）]受托人即将开始对财务会计准则委员会进行战略审查，尤其是针对其国际发展情况"。几个月以后，在卡斯伯格的建议下，财务经理协会国际联合会（IAFEI）派驻 IASC 代表团的领袖人物兼财务会计基金会副主席托马斯·琼斯在伦敦安排了一次会议，与会人员有：几位财务会计基金会受托人（包括琼斯本人、戴维·鲁德、查尔斯·鲍舍（Charles Bowsher）、迈克尔·库克），财务会计准则委员会委员托尼·科普（Tony Cope），IASC 主席迈克尔·夏普，IASC 副主席斯蒂格·恩沃尔森，IASC 秘书长卡斯伯格以及戴维·泰迪。卡斯伯格希望与

---

2. "Paper from the Secretary-General", IASC Advisory Council meeting of 31 January 1996, agenda paper 3. 下面的两条引文同样源自这份文件。

3. 2005 年 1 月 14 日作者与 Bryan Carsberg 的访谈记录。

负责管理财务会计准则委员会的财务会计基金会受托人建立直接的联系。[4] 财务会计基金会的受托人则希望财务会计准则委员会和财务会计基金会能参与制定国际会计准则。这是财务会计基金会受托人与 IASC 成员之间的第一次真正的讨论。[5] 此外,卡斯伯格也意识到了来自 G4+1 的压力,后者在 1996 年 3 月决定任命戴维·泰迪为第一任主席,这被一些人解读为对 IASC 提出了挑战,尽管泰迪本人否认了这个说法(见第 12.6 节)。[6]

卡斯伯格和夏普是这一战略审查计划的主要倡议者和推动者。在 1996 年 9 月的会议上,IASC 理事会一致通过了行政委员会和咨询委员会的建议,即成立一个战略工作组(SWP),"就 IASC 在 1998 年完成当前工作计划后所应采取的战略提供建议",[7] 其中所称的战略,也就是完成核心准则并提交给国际证监会组织之后的战略。战略工作组将负责解决一些重要问题:

・"1998 年以后,IASC 的主要工作重点是否应该专注于进一步缩小国家层面的准则和国际准则之间的差异",以及适合这一任务的程序;

・"IASC 与一些国家(或官方或民间的)准则制定机构之间,是否需要建立某种新的联系,签订协议或工作安排";

・"是否需要改变程序,以调和规模庞大的团体在技术讨论中提高决策效率的诉求,以及越来越多的国家的公共会计师行业团体要求 IASC 这个具有高度代表性的机构将其包括在内的诉求"。[8]

战略工作组的任务还包括"考虑 IASC 在与其准则相关的教育和培训活动中应扮演何种角色",并"结合过去两年融资计划的成功和 IASC 拟议战略的潜在需求,审查 IASC 的筹资安排"。战略工作组计划在 1997 年 9

---

4. 2005 年 1 月 14 日作者与 Bryan Carsberg 的访谈记录。

5. 2005 年 1 月 13 日作者与 Thomas Jones 的访谈记录。

6. 参见 Jim Kelly, "UK Aims to Influence Search for Global Accounting Code", *Financial Times*, 1996.04.22;"G Force on IASC", *World Accounting Report*, 1996.05, 1。

7. IASC board meeting of 23–8 September 1996, minute 2(c).

8. IASC board meeting of 23–8 September 1996, minute 2(c).

第 13 章 迈向世界标准制定者：IASC 的重组

月底向 IASC 理事会提交一份建议草案，并在 1998 年 3 月底提交一份包含建议的最终报告。[9] 彼得·克拉克认为："布赖恩推进这些工作最初是为了获取国际证监会组织的认可。他认为这将是获得国际证监会组织认可所需采取的一个相当关键的步骤。我想，他应该是觉得除非 IASC 的机制改革取得长足进展，否则美国证监会（SEC）不会为 IASC 的核心准则背书。"[10] 但事实证明，IASC 理事会的计划还是过于乐观了。由于美国证监会（和英美人士）与欧盟委员会（和欧洲大陆人士）之间存在理念分歧，战略工作组最初的提议引发了争议和紧张的谈判，这导致了一系列进一步的提议和谈判，这些波折使得战略工作组直到 1999 年年底才提交了最终的报告。

　　如同任何为特定目的而成立的机构一样，战略工作组的成员构成可能会对其结果产生深远的影响。IASC 显然希望能找到一位来自北美的、能够理解美国证监会的要求并受美国证监会尊重的人士，来出任战略工作组主席。IASC 最初邀请了其前任主席阿瑟·怀亚特担任战略工作组主席。但怀亚特当时是美国证监会国际会计准则方面的顾问，于是，他以"鉴于我目前与美国证监会的关系，如果担任战略工作组主席则可能会被许多团体负面解读"的正当理由拒绝了。[11] 之后 IASC 又联系了多伦多的证券律师爱德华·威泽，他曾担任加拿大安大略省证券委员会（OSC）和国际证监会组织技术委员会的主席。威泽接受了这项任命。在很大程度上，战略工作组的任务是在美国和欧洲大陆的财务报告和监管文化之间架起桥梁，还有谁能比加拿大人更适合管理和领导这项具有挑战性的任务呢？工作组的其他成员由 IASC 主席夏普、副主席恩沃尔森、秘书长卡斯伯格与行政委员会协商后选出[12]，名单如下：[13]

　　乔治·巴尔泰斯·德·吕泰尔——法国国家会计委员会（CNC）主席，IASC 前主席，安达信会计公司巴黎成员公司前任合伙人

---

9. IASC board meeting of 23–8 September 1996, minute 2(c).
10. 2004 年 10 月 15 日作者与 Peter Clark 的访谈记录。如下所述，Clark 一直在工作组中工作到了 1998 年 12 月。
11. 1996 年 10 月 7 日 Carsberg 写给 Wyatt 的信以及 1996 年 10 月 18 日 Wyatt 写给 Carsberg 的信，IASC archive，Strategy Working Party file.
12. IASC executive committee meeting of 5–8 January 1997, minute 7.
13. "Strategy Working Party", *IASC Insight*, 1997.06, 3.

布赖恩·卡斯伯格爵士——IASC秘书长

安东尼·科普——财务会计准则委员会（FASB）委员，原金融分析师，代表财务会计准则委员会出席IASC理事会会议的观察员

斯蒂格·恩沃尔森——IASC副主席

比吉塔·坎托拉（Birgitta Kantola）——国际金融公司（IFC）分管财务和计划的副总裁

弗兰克·哈丁——国际会计师联合会（IFAC）主席，毕马威会计公司伦敦成员公司前任合伙人。

平松一夫（Kazuo Hiramatsu）——大阪关西学院大学（Kwansei Gakuin University, Osaka）会计学教授，企业会计商议委员会（BADC）委员。

雅各布·马纳尔多（Jacques Manardo）——六大会计公司欧洲"联络小组"（European "Contact Group"）主席，德勤全球会计公司欧洲区域（总部在巴黎）董事长。

戴维·S.鲁德——财务会计基金会（FAF，财务会计准则委员会的出资人）受托人，美国证监会前主席，芝加哥西北大学法学教授。

沃纳·塞弗特（Werner Seifert）——德国证券交易所首席执行官

迈克尔·夏普——IASC主席

彼得·舍斯特兰德（Peter Sjöstrand）——瑞典风险投资家，BZ集团（瑞士）合伙人，远景制药（Pharma Vision）董事

戴维·泰迪爵士——（英国）会计准则理事会（ASB）主席，英国公共会计师行业派驻IASC理事会的代表团成员，毕马威会计公司伦敦成员公司前合伙人

战略工作组包括主席在内的14名成员中，有一半都来自美国、英国、加拿大和澳大利亚，这些都是G4成员所在国。沃纳·塞弗特和彼得·舍斯特兰德由于显而易见的个人原因，在第一次工作组会议之后就不再积极参与，不过塞弗特与战略工作组一直保持着联系，并同意支持战略工作组1998年12月的讨论文件。他们的席位一直没有被取代，二人的缺席可能会使欧洲大陆会计界的观点得不到支持。彼得·克拉克担任项目经理，直至1998年年底。1999年，苏·哈丁（Sue Harding）接替了他的职位。

第 13 章　迈向世界标准制定者：IASC 的重组

在战略工作组的每次会议之后，IASC 秘书处都会基于战略工作组成员之间交换的意见起草一份讨论文件（discussion paper），这实质上就是工作组报告草案。彼得·克拉克及其继任者苏·哈丁起草了一系列讨论文件，然后由 IASC 秘书长卡斯伯格以及战略工作组主席爱德华·威泽审阅和修订。[14] 需要指出的是，战略工作组会议之后的这一系列内部草案并没有达成任何一致意见，而仅仅是 IASC 秘书处对于讨论过程的平铺直叙的描述。直到 1998 年 12 月，战略工作组才完成第一份意见一致的工作组报告草案。

13.2　1997 年的会议与一系列讨论文件草案 [15]

13.2.1　1997 年 7 月的会议

1997 年 7 月 21—22 日，战略工作组第一次会议在伦敦举行，会议就 IASC 的当前目标和运作进行了广泛的讨论。[16] 卡斯伯格阐述了 IASC 与国际证监会组织签订的关于核心准则的协议以及美国证监会的反应。接着，戴维·鲁德讨论了核心准则在完成之后能获得美国证监会认可的可能性。他强调，美国证监会对此非常谨慎，并希望保留其对适用于美国证券市场的会计准则的制定过程的监督权。

战略工作组随后审议了布赖恩·卡斯伯格根据 IASC 行政委员会和咨询委员会的意见编写的一份冗长的备忘录，其中提出了一系列更广泛的

---

14. 关于他的观点，参见 Edward J. Waitzer, "Strategic Tasks the IASC has to Tackle", *Accountancy*（international edition）, 120/1251（1997.11）, 77。他在文中表达了对于两院制结构的支持。另见 Edward Waitzer, "What Should IASC Look Like After 1998?" *IASC Insight*, 1997.12, 10。他在其中写道，"工作组认为最重要的挑战是让各国（或官方或民间）的准则制定机构更直接地参与 IASC 的工作，同时吸引目前尚未积极参与工作的相关组织也加入进来"。

15. 基于公开报告对工作组审议过程的梳理，参见 Donna L. Street, *Inside G4+1: The Working Group's Role in the Evolution of the International Accounting Standard Setting Process*（London: The Institute of Chartered Accountants in England and Wales, 2005）, 67–80。

16. 该会议没有留下官方纪要。David Ruder 和 Tony Cope 分别向作者提供了他们在会上做的记录。

691

政策问题[17]：如何准确理解"协调"（harmonization）的含义？是否应该把IASC的目标确定为建立统一的全球会计准则（uniform global standards）？IASC是否应该为发展中国家、小企业、特殊行业、公共部门和非营利组织编写准则？但是，最为重要的当属IASC的未来架构问题。在备忘录中，卡斯伯格强调了IASC理事会会议的规模困境：

> IASC理事会似乎太大了，似乎又太小了。说它太大，是因为IASC理事会会议约有70位与会者，这就导致无法进行最有效的讨论从而决定会计准则的内容。说它太小，是因为越来越多国家的公共会计师行业协会，以及其他（或官方或民间的）机构有兴趣参加IASC的活动，而且其理由也都很正当……也许这些相互冲突的压力，可以通过某种新的组织架构安排得到调和。

卡斯伯格是IASC的秘书长，也是战略工作组的成员，他将IASC应具备的"关键成功因素"概括如下：

• IASC应当拥有精湛的专业技能。IASC理事会成员和工作人员应当具有出色的技术知识和分析能力，以保证高质量的产出。

• IASC应当高效率地迅速以具有成本效益的方式编写良好的准则。人们对会计准则的需求总是迫切的，因此，作出合理的决策并比较迅速地完成准则编写工作的能力是很重要的。

• IASC必须是独立的，也就是说，它的决定不应受特定部门利益的支配或偏袒某个部门的利益。

• IASC必须是公正合理的。它必须听取评论意见，并为各方表达不同意见提供良好的机会。

• IASC必须具有正当性（legitimacy），即在成员构成方面，必须恰当地吸收各个国家以及相关方面（财务报表使用者、编制

---

17. "Issues for the Strategy Working Party"，Strategy Working Party (SWP) meeting of 21–2 July 1997，agenda paper 3，IASC archive，Strategy Working Party file，接下来两段中的引文也摘自该文件。

第 13 章 迈向世界标准制定者：IASC 的重组

者、公共会计师行业、学术界等）的代表。

如后文所述，战略工作组内部和外部关于 IASC 结构的观点冲突相对集中在效率、独立性（包括如何予以定义）以及区域代表分布的正当性等方面。

卡斯伯格向战略工作组提出了一项关于两院制结构（bicameral structure）的建议，包括一个小型理事会和一个全体大会（General Assembly）。他建议 IASC 理事会由 9～11 人组成，"几个主要会计行业组织可各推荐一名成员，包括财务报表使用者、编制者、学术界等方面的代表"。IASC 理事会将取代以往为各个准则项目分别组建的指导委员会，成为起草拟议准则的机构。但是，单单这样一个小型的 IASC 理事会，并不能解决"让许多目前想要参与的国家加入进来的矛盾"。因此，他还建议成立全体大会，"可以包括 100 名甚至更多的人员，这样，目前并非 IASC 理事会成员的那些公共会计师行业协会也就可以加入进来了"。全体大会将对 IASC 理事会提交的准则提案进行审议。"如果全体大会有异议，便有权建议 IASC 理事会修改提案，或者推迟公布准则。在极端情况下，也可能有权否决一项准则。"卡斯伯格认为，两院制结构的优点在于其同时考虑了"高质量、高效率以及代表来源的正当性"的要求。无论 IASC 选择两院制结构还是其他的组织架构，卡斯伯格都提请战略工作组注意如下一系列问题：

• 战略工作组是否赞成两院制结构？如果赞成，应如何界定这两个机构的相对权力？如果不赞成，战略工作组更赞赏什么样的结构？

• 应该由谁来任命 IASC 理事会与全体大会的成员？新的组织架构应与公共会计师行业保持距离吗？

• 某些国家（或官方或民间）的准则制定机构是否可以参与到 IASC 新的组织架构之中？如果可以，它们应该发挥什么作用？

• IASC 理事会的成员应当全职还是允许兼职？

• IASC 是否应该举行公开听证会并在"阳光下"召开会议？

• 在新的组织架构下应该如何筹集资金？

- 在新的组织架构中，是否应该设立一个机构来公布准则解释？
- IASC是否应该采取措施来确保准则的良好实施？

卡斯伯格对战略工作组的全方位要求确实令人生畏，他提出了关于IASC的结构和运作方面所有可以想到的问题。

战略工作组倾向于将上层机构称作IASC理事会（IASC Board），将下层机构称作技术理事会（Technical Board），技术委员会（Technical Committee）也是一个很受欢迎的名字。每一个主要的准则制定机构都将被邀请指定一名成员加入技术理事会。被提名的（或官方或民间的）准则制定机构，包括英国、法国、加拿大、澳大利亚等国的公共会计师行业所组建的准则制定机构，以及美国证券市场上证券行业牵头组建的准则制定机构（即财务会计准则委员会），也许还有墨西哥公共会计师行业的准则制定机构。对于不存在（或官方或民间的）准则制定机构的主要国家（比如德国和日本），IASC会鼓励其建立一个准则制定机构（德国在第二年就这样做了）。当然，技术委员会也会有一些"普通"成员（"at large" members）。这些准则制定机构应同意遵循技术理事会的议程安排，公布技术理事会的准则草案并征求意见。然后，技术理事会通过的准则，需要经过IASC理事会批准或发回技术理事会进一步审议。对于IASC理事会通过的某项准则，各国（或官方或民间的）准则制定机构可以选择采用或拒绝采用，也可以就该准则的主题采用不同的准则。IASC将会继续保有一位秘书长、一位技术总监和少数技术人员。

战略工作组在1997年7月21—22日的会议上还讨论了许多其他事项。战略工作组认为，应该继续保留咨询委员会、顾问团以及常设解释委员会（SIC）。会议还讨论了如何筹资以及如何确保IASC准则得以遵守等问题。战略工作组赞成向公众开放IASC理事会的会议，甚至可以考虑开放技术理事会的会议。战略工作组的这种观点，再加上卡斯伯格早些时候关于IASC"在阳光下开会"的建议，促使行政委员会敦促当前的IASC理事会采纳这些建议（见第8.7节）。

战略工作组同意在9月份与包括G4准则制定机构在内的相关团体会

第 13 章 迈向世界标准制定者：IASC 的重组

面，预计在 10 月份国际会计师联合会理事会会议（暨于巴黎召开的世界会计师大会）或最迟在 11 月底前拿出一份可公布的讨论文件。战略工作组预计最终版的建议稿将在定于 2000 年 5 月举行的 IASC 成员组织大会之前准备完毕。该会议每两年半举行一次，与会者也就是参加国际会计师联合会成员大会的同一批公共会计师行业组织。IASC 的任何重组事项都必须在成员组织大会上得到批准。由于 IASC 理事会成员的任期预定于 2000 年 6 月结束，因此，IASC 的重组计划必须确保在 2000 年 5 月的成员组织大会上获得批准。

G4+1 已经开始着手处理 IASC 的重组问题了。1997 年 3 月，也就是在战略工作组第一次会议（即 1997 年 7 月）召开的 3 个月前，G4+1 一致同意将 IASC 理事会改组为一个由一些国家（或官方或民间的）准则制定机构选派的最多 9 名代表组成的小型理事会，这些代表应当证明其具有能够为 IASC 做出贡献的专业技能和资源。G4+1 认为，各方利益群体的代表可以组建用于支持 IASC 理事会的全体大会，但全体大会不得干预 IASC 理事会的准则制定工作。[18]

在 7 月的会议之后，彼得·克拉克起草了一系列讨论文件的草案，以"充实"战略工作组讨论过的那些提案。每一份草案均根据卡斯伯格和其他人的评论进行了修订。首次会议上产生的文件草案经过反复讨论，在 1997 年 9 月 8 日形成了最终版本[19]，其中规定，技术委员会（从技术理事会更名而来）将有 8~11 名成员，有 1 名全职主席，也许还有 1~2 名其他全职成员，每一到两个月会举行一次会议。"技术委员会大部分成员都应是其所在国（或官方或民间的）准则制定机构的全职成员，因为如果其在本国（或官方或民间的）准则制定机构中也只是兼职的话，那就同样不可能有充足的时间投入到 IASC 的工作中"（第 56 段）。征求意见稿草案或最终准则需要在技术委员会获得过半数赞成的前提下，才能被提交给 IASC 理事会批准（第 58 段）。IASC 理事会的成员将扩大到大约 25 个代表团，不仅吸收公共会计师行业协会成员，还吸收其他组织的成员。每个代表团的人数将

---

18. David Cairns, "G4+1—First Open Meeting", *World Accounting Report*, 1997.04, 15.
19. "Shaping IASC for the Future: A Discussion Paper Issued by the Strategy Working Party of the International Accounting Standards Committee", draft dated 8 September 1997, IASC archive, 'Strategy' file (electronic). 本段与下一段的引文均摘自这份草案。

限于两个人，以减少出席会议的人数。IASC 理事会有权在获得 3/5 的多数赞成的情况下通过征求意见稿草案或最终准则（相比之下，目前征求意见稿草案需要 2/3 的多数通过，最终准则需要 3/4 的多数通过）。但 IASC 理事会将不再像现在这样深入地探讨技术细节，而且作为监督机构，它每年只需要召开两到三次会议。IASC 理事会的主席将是兼职的（第 61~65 段）。由 14 人组成的基金会将取代咨询委员会，并负责任命 IASC 理事会代表团及其成员、技术委员会成员以及 IASC 理事会和技术委员会的主席，它还将负责筹集资金。该基金会还会负责调节 IASC 理事会与技术委员会之间产生的任何冲突（第 66 段），尽管"基金会并不参与 IASC 理事会的技术决策，也不会做任何损害 IASC 理事会独立性和客观性的事情"（第 67 段）。基金会中拟有两到三名成员来自六大会计公司，其他成员则是来自各个成员组织的代表（第 68 段）。该草案对所需技术人员的规模和组成未作说明。

在这份初稿中，战略工作组启用了"趋同"（convergence）一词，这个词最终在 IASC 的审议过程和出版物中取代了"协调"（harmonization）一词（第 53（a）段）。这次会议提出的"趋同"一词，意在强调这是一个过程而不仅仅是一个终点，同时，它还包含有欢迎一些国家（或官方或民间的）准则制定机构持续参与的意思。战略工作组对于会议是否对公众开放一直未置可否（第 72 段）。草案中称，IASC 秘书长估计"按照当前的价格计算，IASC 需要将每年的筹资额提高至约 300 万英镑"，以支持拟议的组织架构（第 79 段）。

迫在眉睫的问题是：应该由哪个机构负责批准公布征求意见稿和最终准则？如果技术委员会的最终草案可以被非专家机构推翻，那么技术专家们还会愿意在技术委员会中任职吗？而如果 IASC 理事会没有批准征求意见稿和最终准则的权力，那么，公共会计师行业协会以及其他组织还会乐意向 IASC 理事会派出代表团吗？

13.2.2　1997 年 9 月的会议

卡斯伯格提议在 1997 年 9 月 26 日安排一次战略工作组的非正式会议，与 G4+1 前一天在位于诺沃克的财务会计准则委员会（FASB）办公地点举

第 13 章 迈向世界标准制定者：IASC 的重组

行的会议同步进行。由于他召集会议的时间很短，有几名成员很难安排时间出席，因此会议出席人数很少，14 位成员中只有 8 位出席。[20] 会议的目的是了解 G4 成员对于 IASC 秘书处 9 月 8 日公布的讨论文件草案的反应，因为他们在 IASC 拟邀请向技术委员会派驻代表的各国（或官方或民间的）准则制定机构中，是最杰出的几位。在战略工作组与 G4 准则制定机构的联合会议上，后者认为拟议架构中最重要的问题是 IASC 理事会和技术委员会之间的权力平衡问题。有人说，如果技术委员会的建议可能会被 IASC 理事会否决，那么，一些国家（或官方或民间的）准则制定机构就可能不愿意担任技术委员会的成员。但是，也有人认为，新的 IASC 理事会如果与当前的 IASC 理事会的人员构成相似的话，就不会愿意赋予技术委员会过多的权力。有人建议，战略工作组可能需要在讨论文件中提出一个以上的模型。准则制定机构的批评意见中有一条是针对"技术委员会"这个名称的，因为它可能意味着该机构缺乏实权，从而会使一些国家（或官方或民间的）准则制定机构失去归属感。而如果使用"准则"一词，可能会改善这种情况。还有人认为，技术委员会的所有成员都应全职参与准则的制定，要么单独在 IASC 工作，要么同时在 IASC 和本国（或官方或民间的）准则制定机构工作。[21]

　　在当天晚些时候召开的战略工作组会议上，战略工作组听取了 G4 准则制定机构的意见后，决定不再那么明确地界定 IASC 理事会与技术委员会之间的权力关系。[22] 对于下一版本的草案，它考虑提供三种不同的双边关系模式：一是前文所述的方案；二是授权技术委员会径行公布准则，无须经过 IASC 理事会批准，但需要先征求 IASC 理事会的意见；三是授权 IASC 理事会或者 IASC 理事会中的"超级少数"（super-minority）推迟拟

---

20. 整理自 Carsberg 提交给战略工作组成员的备忘录，1997.08.20（作者留存的文档）。他在备忘录中提到，战略工作组的一些成员同时也是 G4+1 的成员（Carsberg、Cope, and Tweedie）。这些人在开会的时候总归会出现在诺沃克的。

21. "IASC Strategy Working Party—Notes of Meeting with National Standard Setters（Australia, Canada, New Zealand, UK, USA）, 25 September 1997, at the Financial Accounting Standards Board, Norwalk, USA", IASC archive, Strategy Working Party file. 会计媒体对该会议进行了报道。参见 "G4 Pledge Support for the IASC", *Accountancy*（international edition）, 120/1251（1997.11）, 9; "A New IASC", *World Accounting Report*, 1997.10, 4.

22. "IASC Strategy Working Party—Notes of Second Meeting, 26 September 1997, Norwalk, USA", IASC archive, Strategy Working Party file.

议的准则，但其无权彻底否决拟议的准则。战略工作组倾向于在最终准则上（而不是在征求意见稿上）授予IASC理事会更大的权力。至于技术委员会，一些国家（或官方或民间）的准则制定机构推荐的人选"应该全职参与，要么只在IASC任职，要么同时在IASC和本国准则制定机构任职"，这里吸纳了G4会议上的观点。但技术委员会也应当包含一名报表编制者代表和一名报表使用者代表，也许还需要一名学者。其成员应该主要来自拥有主要资本市场的国家。战略工作组改变了立场，认为基金会不应负责协调IASC理事会与技术委员会之间的分歧。技术委员会主席将全职担任，他应该是IASC的首席执行官，并取代IASC秘书长，成为IASC的首席发言人。战略工作组还接受G4集团的建议，考虑重新为技术委员会起名字。

在IASC秘书处10月17日编写并提交给战略工作组的下一版本草案中[23]，三个主要机构被重新命名：理事会（Board）改成了代表联席会（Council）；技术委员会（Technical Committee）改成了准则委员会（Standards Committee）；基金会（Foundation）改成了受托人（Trustees）。9月8日草案中的代表联席会和准则委员会的成员构成，根据9月26日工作组会议的结论进行了调整。在代表联席会与准则委员会批准征求意见稿和最终准则的相对权力这一关键问题上，该草案放弃了上一版草案中提出的单一方案，而是提供了四套备选方案（有别于前述会议纪要中提到的三种模型）。战略工作组没有说明其倾向于哪一套方案（第107~114段）。这四种方案的概述如下：

- 代表联席会以3/5多数批准征求意见稿和最终准则。
- 代表联席会批准最终准则（而非征求意见稿），准则委员会负责公布征求意见稿，但应事先征求代表联席会的意见。
- 代表联席会，或其超级少数（super-minority）成员（如25%的成员），可以决定推迟公布拟议的准则（也许还可以包括征求意见稿），但不能无限期地否决；准则委员会将有权公布准则，但

---

23. "Shaping IASC for the Future: A Discussion Paper Issued by the Strategy Working Party of the International Accounting Standards Committee", draft dated 17 October 1997, IASC archive, 'Strategy' file (electronic). 本段与下两段的引文均摘自这份草案。

第 13 章　迈向世界标准制定者：IASC 的重组

必须以"超级多数"（super-majority）予以通过（如反对票不超过两票）。

• 准则委员会有权公布征求意见稿和最终准则，但必须事先就所有重要问题征求代表联席会的意见。

和以前一样，选择取决于实现流程的"正当性"所需的条件，以确保全体成员的广泛支持，还要兼顾为代表联席会和准则委员会招募人才的需要，而后者则取决于权力集中在哪个机构。这份草案对准则委员会（技术委员会）提出了地域多样性的要求，即其成员应包括"来自新兴市场和发展中国家的代表"（第 89 段）。关于解释的问题，常设解释委员会将向准则委员会提交最终解释以获得批准，但它必须向代表联席会禀报相关问题以便其发表评论（第 115～118 段）。受托人的构成和职权与原先的基金会的设想基本相同，但它不再试图调解代表联席会与准则委员会之间的任何冲突（第 119～120 段）。该草案要求"在中心位置建立一个由高质量技术人员（至少 8 人）组成的核心团队"，该团队将由准则委员会秘书任命并向其报告（第 123～124 段）。草案赞成代表联席会、准则委员会以及受托人向公众开放其会议（第 128（a）段）。它还倾向于举行更多的公众听证会和开展更多的田野调查（第 129 段）。年度融资估计将从 300 万英镑上升至 520 万英镑（第 153 段），这一数额出现在了 1998 年所有版本的草案中。但这一数额的预算仍然有不充足的风险，尽管草案中有一条规定是"应当劝说各国（或官方或民间的）准则制定机构支付"其成员出席准则委员会的活动所发生的工资和差旅费，以及被派去协助该成员的技术性人员和其他工作人员的费用（第 85 段）。在大多数其他重要事项上，这一草案与之前的版本相似。

这份草案更为强调"趋同"概念，它出现在了加粗的小标题中（第 70 段）。[24] 在这方面，该草案在"IASC 的目标"标题下提出了一个重要的哲学问题：

---

24. Tony Cope 也曾指出"趋同"取代了"协调"这一论点。参见 Anthony Cope 提交给财务会计准则委员会（FASB）理事会、Lucas、Seidman、Bloomer 的备忘录，1997.11.18（作者留存的文档）。

国际会计准则史

  IASC 应该是协调者还是创新者？IASC 最初被设想为一个协调者——负责从一些国家（或官方或民间的）会计准则制定机构编写的文件中已经存在的会计处理方法中选取一种会计处理方法的机构。近年来，IASC 已成为一个创新者……与协调者的角色相比，创新者的角色将不可避免地需要更多的资源，并可能要求对 IASC 的组织架构和工作方法进行更重大的改革。在本讨论文件的其余部分，战略工作组假定 IASC 将继续与一些国家（或官方或民间的）准则制定机构密切合作，继续发挥创新作用。（第 22 段）

  该草案通过提出一项精心设计的计划，扩大了旨在实现趋同的"紧密伙伴关系"，以期能够实现 IASC 的应循程序与一些国家（或官方或民间的）准则制定机构的应循程序的相互协调（第 138 段）。战略工作组在该部分似乎已经达成了一致意见，这为战略工作组同年（即 1999 年）11 月公布的最终报告中关于"与一些国家（或官方或民间的）准则制定机构应循程序的协调"这一节作了铺垫。[25]IASC 将与一些国家（或官方或民间的）准则制定机构协调彼此的工作计划和时间表，以尽可能减少各自的征求意见稿和最终准则之间的分歧。

  1997 年 11 月 17 日，卡斯伯格给工作组转交了该日期的另一份草案，与前一份草案相比只有一些细微的变化。[26] 该草案强调，战略工作组认为，不宜再任由公共会计师行业通过国际会计师联合会（IFAC）来控制 IASC 理事会的成员任命（第 120A 段）。卡斯伯格在一份备忘录中写道，IASC 行政委员会已经看过了之前的草案，并对提议中"代表联席会"的作用感到担忧，"特别是关于代表联席会可能仅起咨询作用的建议"。[27] 他说，该草案将提交给下一年 1 月的 IASC 理事会会议讨论。他附上了财务会计准则

---

  25. *Recommendations on Shaping IASC for the Future*, *A Report of the International Accounting Standards Committee's Strategy Working Party: Recommendations to the IASC Board*（1999.11），paragraph 80.

  26. "Shaping IASC for the Future: A Discussion Paper Issued by the Strategy Working Party of the International Accounting Standards Committee", draft dated 17 November 1997, AP 1/1998 paper 28. 本段的引文均摘自这份草案。

  27. Carsberg 提交给战略工作组成员的随函备忘录，1997.11.17，IASC archive，Strategy Working Party file.

第 13 章 迈向世界标准制定者：IASC 的重组

委员会（FASB）针对 IASC 战略工作组 9 月 8 日的草案提出的问题清单（该清单显然是在诺沃克会议之后准备的）。财务会计准则委员会关注的问题之一是，有人建议代表联席会不应再像现在这样深入地讨论详细的技术问题。财务会计准则委员会表示，在 9 月 8 日的草案提出的组织架构下，代表联席会应该比现在更深入地探讨技术性问题，否则代表联席会又将如何去评判技术委员会的决定并批准最终的准则呢？

11 月 17 日的草案在 IASC 内部进行了传阅，以获取 IASC 理事会、咨询委员会和顾问团的反馈。但是同时，这份草案也被泄露给了许多外部机构，包括欧盟委员会、美国证监会、财务会计准则委员会、六大会计公司、国际证监会组织，也许还有其他机构。[28] 据说，斯蒂格·恩沃尔森对战略工作组的文件草稿在完成审议之前就被如此广泛地分发感到后悔。[29]

13.2.3 工作组以外的人士对 11 月 17 日草案的反应

在咨询委员会 1998 年 1 月 8 日的会议上，只有有限的时间来讨论战略工作组的草案。咨询委员会认为，重要的是，战略工作组应当给出其对代表联席会与准则委员会之间的权力平衡的首选方案。咨询委员会成员认为，不应该由同一个机构起草和批准会计准则。另外，咨询委员会还在代表联席会会议是否应该对公众开放以及是否应该举行听证会的问题上存在分歧。[30]

咨询委员会 1 月 9—10 日的会议出席人数很少，而且会上对战略工作组草案的评论大多是批评性的。一些成员（主要是欧洲大陆的公共会计师行业协会）认为没有必要改变 IASC 目前的组织架构，对他们来说，正当性（或者说代表性）是最重要的。人们对于报表编制者在 IASC 中的角色被明显弱化这一现状也表示担忧。大多数人认为，代表联席会必须拥有最终决定权。[31]

---

28. 主席 Waitzer 抱怨称草案的初稿"在去年 1 月份就泄露了，并招致了相当多的反对意见"。参见 "Balancing Powers" [interview with Waitzer], *The Accountant*, issue 5942（1999.01），12。
29. Stig Enevoldsen, in "Big Talk", *Accountancy*（international edition），121/1254（1998.02），26。
30. IASC Advisory Council meeting of 8 January 1998, minute 7.
31. Anthony Cope 提交给财务会计基金会受托人的备忘录，1998.01.22（作者留存的文档）；IASC Consultative Group meeting of 9–10 January 1998, minute 2.

—— 701

在1998年1月12—16日的IASC理事会会议上，刚开始讨论战略工作组草案的时候，几个代表团（主要是来自欧洲的公共会计师行业协会代表团）宣读了事先准备好的与战略工作组提案不一致的声明。在讨论过程中，大多数发言者就像是事先商量过一样，都赞成一种比战略工作组设想的更"渐进"的变革。他们比战略工作组更赞赏IASC现有的工作程序和准则。[32]大多数代表团深信，最终的决定权应该掌握在拟议的代表联席会手中。有人怀疑现有的准则制定机构仅仅是由一些技术人员组成的，他们不适应现实的世界。据报道，一名IASC理事会成员表示："制定准则太重要了，不能留给技术专家来做决定。"来自较小的国家的公共会计师行业协会也在争取更多的IASC代表席位和权力。[33]一名为会议撰写了文章的IASC理事会成员表示："很明显，有些IASC理事会成员（如印度、马来西亚、墨西哥、荷兰以及南非的公共会计师行业代表团）将[小规模决策机构]视为对其在IASC中影响力的威胁。"[34]

在IASC理事会会议的午餐时间，《会计》杂志主持了一场IASC理事会成员的座谈会。荷兰公共会计师行业派驻IASC代表团的简·克拉森表示，如果将所有的决策权都留给一些国家（或官方或民间的）准则制定机构，"那将意味着IASC的终结"。[35]瑞士工业控股公司联合会代表团的彼得·祖布吕格非常认同克拉森的看法，并表示希望IASC理事会能够保持其当前的技术与政治力量之间的平衡。[36]斯蒂格·恩沃尔森认为，如草案所述，IASC确实需要一些国家（或官方或民间的）准则制定机构的更多参与，"但是这并不意味着像文件中某项'解决方案'所说的那样，由它们接管一切工作"。[37]英国公共会计师行业派驻IASC代表团成员，同时也是IASC战略工作组成员之一的戴维·泰迪表示："我们需要与一些国家（或官方或民间的）准则制定机构联合起来，因为大家都不希望看到G4或者

---

32. Anthony Cope提交给财务会计基金会受托人的备忘录，1998.01.22（作者留存的文档）。
33. Anthony Cope提交给财务会计基金会受托人的备忘录，1998.01.22（作者留存的文档）。会议要点详见IASC board meeting of 12—16 January 1998, minute 15。
34. Christopher Nobes, "IASC's Brave New World", *Accounting & Business*, 1/2（1998.03）, 23.
35. Jan Klaassen, in "Big Talk", 26.
36. Peter Zurbrügg, in "Big Talk", 26.
37. Stig Enevoldsen, in "Big Talk", 26.

第 13 章 迈向世界标准制定者：IASC 的重组

欧洲公共会计师行业的独立团体脱离 IASC 然后各干各的。"他还说："从这份文件目前的措辞来看，似乎最上层的机构没有任何实权，这显然是不可接受的。"[38] 泰迪后来说："一个毋庸讳言的事实是，如果 IASC 不改变自己，G4 就会变成国际准则的制定机构。我认为，IASC 很清楚这件事发生的可能性。"[39]

澳大利亚公共会计师行业派驻 IASC 代表团的沃伦·麦格雷戈后来写道：

> 可能感到不满的各方对（战略工作组）提出的早期草案反应不一，有的反应不温不火，有的充满敌意。IASC 理事会的许多代表团成员特别是一些欧洲大陆国家的公共会计师行业代表团所表达的一个共同观点是："如果它还没有坏，为什么要修理它？"这反映了一个深切的担忧，即在新架构下，一些国家的公共会计师行业协会将会被排除在（准则委员会）之外，因为那些国家要么目前还没有（或官方或民间的）准则制定机构，要么那些准则制定机构缺乏必要的国际认可度。[40]

会议纪要显示，一名出席 1998 年 1 月 IASC 理事会会议的国际证监会组织代表报告说，在最近一次第一工作组的会议中，大多数人都表示担心 IASC 会有"剧烈的结构变化"。国际证监会组织成员"高度重视对每个项目的密切且直接的参与，不愿在新的架构中失去这种机会"。至于会议向公众开放，如果出席的国际证监会组织成员"不能在辩论中发表意见"，那么会议公开不公开也就无所谓了。[41]

---

38. David Tweedie, in "Big Talk", 26.

39. David Tweedie, in "Major Issues Conference: Securities Regulation in the Global Internet Economy", p.133, 网址为 http://www.sechistorical.org/collection/papers/2000/2001_1115_SECH_Conf.PDF。此次会议在美国西北大学法学院（Northwestern University Law School）的支持下由美国证监会历史学会（Securities and Exchange Commission Historical Society）与美国证监会（SEC）合作发起，会议于 2001 年 11 月 15 日在华盛顿举行。

40. Warren McGregor, "An Insider's View of the Current State and Future Direction of International Accounting Standard Setting", *Accounting Horizons*, 13/2（1999.06），162.

41. IASC board meeting of 12–16 January 1998, minute 15.

战略工作组的审议情况及其内部草案对于会计媒体来说并不是秘密。《会计师》杂志在其1998年2月刊中报道，IASC"关于改革其章程的计划陷入了混乱。即将上任的主席斯蒂格·恩沃尔森透露，其战略工作组的建议遭到了非英语国家的公共会计师行业协会的强烈抵制。它们担心，在拟议的新架构下，由美国、英国、澳大利亚和加拿大（或官方或民间的）准则制定机构组成的所谓'G4'准则制定机构团体，将会占据绝对的主导地位"。[42]恩沃尔森称，自己更倾向于"渐进式的发展，而非'大爆炸'式地转变成一个未知和不可预测的新体系"。[43]

　　《会计师》杂志1998年2月刊报道说，IASC理事会1月份的会议上最大的意外是"战略工作组关于IASC理事会未来战略的初步建议遭到了猛烈的批评"[44]，"来自欧洲大陆、远东和南非的公共会计师行业代表团都批评了这些建议"。欧盟委员会的卡雷尔·范胡勒说，两院制结构"不民主，很危险……你不能一边说IASC应该为全世界制定会计准则，一边却又不让世界各地的公共会计师行业参与准则的编写"。马来西亚公共会计师行业派驻IASC代表团的佘楚和表示，他对IASC的现状感到很满意，"它只是需要更精炼些"。然而澳大利亚公共会计师行业派驻IASC代表团的肯·斯潘塞表示，他支持设立更小的准则制定机构。其观点是："如果一个更大的监督机构有权否决较小的（技术性）团体的意见，那么美国证券市场监管机构将永远都不会接受它。"他暗示："如果这种情况真的发生了，澳大利亚、加拿大以及英国（或官方或民间的）准则制定机构将会与财务会计准则委员会（FASB）而不是IASC合作。"

　　坦率直言的财务会计准则委员会副主席、G4+1主要成员吉姆·莱森林赞同斯潘塞的观点。媒体援引他的话说："我可不愿意拼了命地去研究明白一个技术问题，然后撰写一份准则，最后却让一群政客来对它投赞成票或反对票。最终决定权必须掌握在技术委员会手里，IASC理事会应该只起

---

42. "Row Erupts over IASC Restructuring Plan"，*The Accountant*，5930（1998.02），5.
43. "Row Erupts over IASC Restructuring Plan"，5；另见"Setting the Standard"，an interview with Stig Enevoldsen，*The Accountant*，5930（1998.02），16。
44. "Board's Strategy Crisis"，*Accountancy*（international edition），121/1254（1998.02），8.本段中的引文和观点均摘自该文。

第 13 章 迈向世界标准制定者：IASC 的重组

顾问的作用。"[45]

13.3 战略工作组 1998 年的商议情况

1998 年，工作组在 1 月、4 月和 7 月举行了会议。布赖恩·卡斯伯格原本的计划是战略工作组在 1998 年 3 月前完成任务，但在几个月前他放弃了这个计划。4 月，IASC 行政委员会希望战略工作组能在 7 月份通过一份协商文件，并于 8 月底或者 9 月公布，意见征集期可能会有 6 个月。[46] 到了 7 月，卡斯伯格表示他希望讨论文件草案能在 1998 年 10 月前公布，并征求意见至 1999 年 3 月。他希望，战略工作组的最终报告最好能够让 IASC 理事会及时对最终的重组计划进行投票，这样才能赶上定于 2000 年 5 月召开的 IASC 暨国际会计师联合会（IFAC）的成员组织会议。[47] 但最终，如下所述，讨论文件直到 1998 年 12 月才公布，其间的审议和起草工作花费了近 18 个月的时间。

从战略工作组会议的一开始，就出现了两种思路。工作组称之为"独立专家模式"（independent expert model）和"选民模式"（constituency model）。前者得到了英美人的支持，后者则主要反映了来自欧洲大陆的公共会计师行业协会的观点。这两种极端化的立场使得战略工作组在整个过程中一直感到困扰，正如我们将看到的那样，这个根本分歧一直持续到了 1999 年年底该进程的最后阶段。

每当选民模式在战略工作组会议中占据上风的时候，"英美派"的一些成员便会在讨论过程中时不时地泼一盆凉水。美国证监会前主席戴维·鲁德的回应总是这么一句："美国证监会永远不会接受这种说法。"戴维·泰迪曾说过，如果 IASC 不能把自己重组成为有效的准则制定机构，那么 G4 可以随时取而代之。卡斯伯格和恩沃尔森在参加 G4+1 会议时也听到了同样的信息。事实上，戴维·凯恩斯报告说，G4+1 在 1997 年 10 月的会议

---

45. "Sparring with a World Heavyweight" [interview with Jim Leisenring], *Accountancy* (international edition), 121/1256（1998.04），20.

46. IASC executive committee meeting of 19 April 1998, minute 8.

47. IASC Advisory Council meeting of 14 July 1998, minute 6.

上第一次决定，它要制定一份共同的准则，而不仅仅是一份讨论文件。[48] 1999年，参加G4+1会议的澳大利亚公共会计师行业代表沃伦·麦格雷戈表示，"G4已经开始扮演起准则制定机构而非讨论小组的角色了"。他预测，重组后的IASC"将从G4中产生"。[49]

13.3.1　1998年1月的会议

1998年1月18日，战略工作组在伦敦召开会议。这次会议的出席率较高，14名成员中有10人出席。[50] 会议原计划对最终的讨论文件进行最后的润色处理，但对其建议的批评迫使该批准流程延迟到了7月。[51] 在这次会议之前，德勤会计公司巴黎成员公司高级合伙人雅各布·马纳尔多就战略工作组1997年11月17日的草案提交了一份冗长的批评意见。他缺席了战略工作组上次在1997年9月召开的会议，但参加了这次在1998年1月18日召开的会议。[52] 马纳尔多希望代表联席会（Council）能够重新更名为理事会（Board），就像（现在的）IASC理事会一样，以强调其拥有真正的权力，包括"对准则委员会的工作计划实施控制的权力，或者至少有批准准则的权力"。他认为，准则委员会应该包括大型会计公司、财务报表编制者以及财务报表使用者的代表。他说，不宜要求所有的准则委员会成员都必须全职参与其国内的准则制定工作，否则准则委员会将会与其选民（即"大型会计公司、企业界以及报表使用者"）脱离联系。

会上讨论的第一个问题是筹资问题。战略工作组认为，证券交易所应该是最合理的资金来源，一些与会者同意去打探几家证券交易所的意见。

---

48. David Cairns, "IASC, G4+1 and US Congress", *World Accounting Report*, 1997.10, 4.
49. McGregor, "An Insider's View of the Current State and Future Direction of International Accounting Standard Setting", 167. 另见"G4's Warning to IASC", *Accountancy*（international edition），122/1264（1998.12），9。
50. 如上所述，Werner Seifert与Peter Sjöstrand在1997年7月的第一次会议后就不再参会。本节的大多数内容整理自"IASC Strategy Working Party, Notes of Third Meeting, 18 January 1998, London", IASC archive, Strategy Working Party file. Tony Cope提交给财务会计基金会受托人的会议备忘录（1998.01.22，作者留存的文档），与官方记录基本一致。
51. 本来的计划是在"新年之初"出版这份讨论文件。参见Waitzer, "What Should IASC Look Like After 1998?"。
52. Jacques Manardo写给Carsberg与Clark的信，1998.01.12，IASC archive, Strategy Working Party file. 本段的引文摘自附在信中的备忘录。

第13章 迈向世界标准制定者：IASC 的重组

拟议中的 IASC 的两个机构的名称再次发生了改变：代表联席会（Council）又改回了理事会（Board），准则委员会（Standards Committee）则变成了准则制定委员会（Standards Development Committee，SDC）。这显然是为了强调，虽然该委员会负责编写准则，但它不一定有批准准则的权力。除筹资问题以外，战略工作组一致认为，当下的关键问题是如何平衡拟议的理事会和准则制定委员会之间的权力。准则制定委员会将会有11名成员（这是之前提出的8~11人区间的最大值），其中的大部分成员（可能为7~8人）应来自准则制定机构，且这11人中至少7人应为全职成员。准则制定委员会成员的任期拟为5年。IASC 秘书处在会议纪要中明确记载："任何特定的准则制定机构或者其他方面的代表都不应该在准则制定委员会中拥有永久席位。"战略工作组赞成在 IASC 理事会会议上设置几个观察员席位，国际证监会组织和欧盟委员会等机构可以凭此身份参会发言。准则制定委员会成员也有资格作为观察员出席 IASC 理事会会议。战略工作组将准则制定委员会向 IASC 理事会推荐征求意见稿或准则所需的多数票定义为11人中有7人以上同意。IASC 理事会在批准征求意见稿或准则时仍然需要 3/5 的多数票，但其不能对准则制定委员会的提案进行修改，在作出拒绝的决定时应当给出理由。其后，如果准则制定委员会以至少9票赞成再次递交提案，那么 IASC 理事会只需要过半数即可批准。在经过几番修改之后，戴维·鲁德和托尼·科普敦促战略工作组采用这套针对征求意见稿和准则的批准程序。[53] 受托人的人数拟从14人减少至12人，其中6人应该是来自一些组织的代表，包括2名国际会计师联合会（IFAC）的代表、1名财务经理协会国际联合会（IAFEI）的代表、1名金融分析师协会国际联络委员会（ICCFAA）的代表、1名国际证券交易所联合会（FIBV）的代表以及1名国际会计教育与研究学会（IAAER）的代表。其他6名受托人应该由出资人全体选举产生，IASC 理事会主席和副主席以及准则制定委员会主席可能也会在选举中发挥作用。

根据各方在战略工作组1月会议中表达的意见，IASC 秘书处于1998

---

53. Anthony Cope 给财务会计准则委员会（FASB）理事会、Lucas、Ruder 的备忘录，1998.03.25（作者留存的文档）。

年3月20日编写完成了一份进一步的讨论文件草案。[54] 这一次，世界贸易组织、世界银行以及其他对借款人或受援国施加财务报告义务的开发机构，也被列入了 IASC 准则制定的利益相关群体（第1～6段）。联合国以及经济合作与发展组织也第一次在这一背景下被提及（第20～21段）。为了安抚一些批评者，该草案将必要的变化描述成是"渐进的"（evolutionary）（第91段，另可见执行摘要第12段）。在准则制定委员会的11名成员中，至少7人来自发达经济体，至少2人来自转型国家或发展中国家（此即地域标准），至少7人应全职参与准则制定（第102～157段）。准则制定委员会成员的任期最多为两届，每届5年。

IASC 理事会的代表团将由20个国家的公共会计师行业协会代表团和5个利益相关组织的代表团组成。尽管理事会代表团需由受托人指定，但各代表团的成员将由各国公共会计师行业协会和利益相关组织与受托人协商后进行遴选，受托人将保留否决权。和以前一样，草案中也有观察员席位的相关条款。但该草案对于正当性问题的态度是自相矛盾的：在第98段中，草案提出，正当性来源于高质量；而在第113段中，正当性实际上被定义成了政治上的可接受性。受托人的组成与1月18日会议期间达成的一致意见相同（第125段）。关于那个非常重要的准则制定委员会与 IASC 理事会之间的权力平衡问题，此版本的草案也与1月份达成的一致意见相同（第130段、第136～137段）。常设解释委员会公布的解释将由准则制定委员会以至少7票赞成予以批准，而不需要 IASC 理事会的参与。托尼·科普表示，在他的印象中有一项条款并没有在战略工作组中进行讨论，即成立一个受托人行政委员会（executive committee of the Trustees），负责任命高级技术职员并处理所有"商业"事务。科普并不喜欢这个条款，因为他说，受托人应该负责监督，而不是直接负责管理。更重要的是，他认为行政委员会应该从 IASC 理事会中抽调人选组成，这样才能提升 IASC 理事会相对于准则制定委员会的地位和威望。[55]

---

54. "Shaping IASC for the Future: A Discussion Paper Issued by the Strategy Working Party of the International Accounting Standards Committee", draft dated 20 March 1998, IASC archive, 'Strategy' file (electronic). 本段及下一段的引文均摘自该草案。

55. Anthony Cope 给财务会计准则委员会（FASB）理事会、Lucas、Ruder 的备忘录，1998.03.25（作者留存的文档）。

第 13 章　迈向世界标准制定者：IASC 的重组

13.3.2　1988 年 4 月的会议

战略工作组于 4 月 3 日在纽约举行了一次会议，之后于 7 月 12 日又在多伦多进行了一次会面。IASC 秘书处认为后一次会议除商讨下一版讨论文件草案的变化以外再无其他内容，于是便没有为这次会议撰写会议纪要。在前一场会议中，据说有两名成员已经就筹资事宜与纽约证券交易所和国际证券交易所联合会进行了接洽，但尚未取得成果。[56] 关于草案，各方一致认为"技术能力、诚信正直、客观、对概念框架的投入、对 IASC 工作做出积极贡献的能力以及能够定期参加会议"应该是准则制定委员会成员的首要筛选标准。准则制定委员会"将至少有两名来自发展中国家的成员，但前提是其必须具备上述资质要求"。这些变化反映了 IASC 的组织架构从选民模式向独立专家模式的转变。另一项变化是，草案要求准则制定委员会的主席不应该是技术问题的主要发言人。另外，战略工作组决定：行政委员会应该隶属于 IASC 理事会，而不是隶属于受托人，这是托尼·科普所提倡的变化（见上文）；常设解释委员会应该由行政委员会任命，而不是由受托人来任命。

IASC 秘书处 6 月 19 日公布了另一份讨论文件草案，并在 7 月 12 日的会议上进行了讨论。在新文件中，准则制定委员会将得到准则制定咨询委员会（Standards Development Advisory Committee）的支持（第 108（ii）段），后者的目标是"向准则制定委员会就其提案在相关国家的国内环境中是否适当、是否具备可操作性提供咨询意见"（第 144 段）。咨询委员会也将负责对"转型国家、发展中国家以及新兴工业化国家"的关切作出回应（第 145 段）。草案还提出，准则制定委员会应有一名全职的主席（第 113 段）。

13.3.3　1998 年 7 月的会议

在 1998 年 7 月 12 日的会议上[57]，战略工作组在 IASC 理事会与准则制定委员会之间的权力分配问题上产生了分歧：究竟应该提出确定的建议，还是应该像 1997 年 11 月 17 日的草案那样提出一系列选择？有一些成员认

---

56. "IASC Strategy Working Party，Notes of Fourth Meeting，1998.04.03，New York"，IASC archive，Strategy Working Party file。本段的引文摘自这些记录。

57. Tony Cope 在会上写下了这些笔记（作者留存的文档）。

为应该提出确定的建议，同时清楚地阐述少数派的意见，这样就可以打造有助于获得更有用的答复的环境。关于 IASC 理事会代表团成员的任命事宜，受托人是否有权否决他们认为不具备有效服务所需的必要资质或经验的候选人？战略工作组认为，当 12 位受托人中至少有 9 名同意时才能行使否决权。有人还提出了一个问题：准则制定委员会的 11 名代表应当从多少个国家的公共会计师行业中挑选？一些人认为，应该从 8~10 个国家的公共会计师行业中挑选。

在 7 月的会议之后，战略工作组又举行了一系列电话会议，以解决组内成员对后续一系列草案的意见分歧。

13.4　1998 年 12 月出版的讨论文件

1998 年 12 月 7 日，题为《重塑 IASC 未来》(Shaping IASC for the Future) 的讨论文件最终稿见诸互联网，随后不久以纸质形式出版。这是一份 114 页的长篇文件。[58] 文件的定位是邀请人们就其对一系列问题所设计的诸多话题发表评论意见，截止日期为 1999 年 4 月 30 日。

准则制定委员会、理事会以及受托人的成员构成与以前的草案相比没有变化，分别是 11 名成员、25 个代表团以及 12 名成员。准则制定委员会将取代指导委员会负责起草准则草案。与以前一样，在 IASC 理事会的 25 个代表团席位中，将有 20 个席位留给一些国家或地区的公共会计师行业协会，5 个席位留给其他财务报告利益相关组织（第 137 段）。该文件首次提出，上述三个机构的成员"应有合理的地域分布"（第 128（f）、138（c）、150（e）段，这显然是顾及了那些认为组织的正当性要求其成员具有广泛的代表性的人们的立场。准则制定委员会将有一位全职主席，其委员将有 6~8 位来自一些国家（或官方或民间的）准则制定机构，2~4 位来自报表编制者、财务报表使用者、公共会计师行业以及学术界等团体（第 127 段）。如果有适合的候选人（见下文），那么准则制定委员会中至少应有 2

---

58. *Shaping IASC for the Future: A Discussion Paper Issued for Comment by the Strategy Working Party of the International Accounting Standards Committee*（1998.12）.（网址为 http://www.iasb.org/about/history_restructure.asp）。下面几段的引文摘自该讨论文件。

第 13 章 迈向世界标准制定者：IASC 的重组

名成员来自"发展中国家或市场经济转型国家"（第 128（d）段）。准则制定委员会成员任期为 5 年，可以彼此交错，允许连任一次，"可能需要每一到两个月开一次会"（第 134~135 段）。准则制定委员会需要 7 票的超级多数（super-majority）才能通过征求意见稿和准则（第 154 段）。另外，该文件还重现了 1997 年 10 月 17 日草案中的一项条款，即要求参与合作的（或官方或民间的）准则制定机构支付其在准则制定委员会服务的成员的薪金和差旅费用（第 131 段）。

总的经费估计数从早期草案的 520 万英镑略降至 500 万英镑，这仍然大大高于 IASC 现有的约 200 万英镑的预算（第 229 段）。关于工作人员的问题，该文件提出，"为了能够与一些国家（或官方或民间的）准则制定机构建立平等的合作关系，IASC 需要一个核心的高质量技术工作人员团队（至少 8 人）"（第 195 段）。

正如战略工作组 1998 年 7 月的会议所商定的那样，该文件规定，受托人如果有 9 名成员同意，即可否决任命不合适的人加入 IASC 理事会代表团（第 140、142 段）。每个 IASC 理事会代表团将由 2 名代表组成，而当时 IASC 理事会代表团大多是 3 人（第 140 段）。IASC 理事会代表团的任期为两年半，可由受托人酌情决定续期（第 144 段）。IASC 理事会将由一位非执行兼职主席领导（第 145 段）。12 位受托人中，6 名成员将从支持 IASC 的特定组织中选出——3 名来自国际会计师联合会，3 名来自其他组织，如参加顾问团的那些组织；其余 6 名受托人将由受托人全体投票选举产生（第 149 段）。

要想有资格成为准则制定委员会的成员，候选人需要在准则制定、诚信和客观方面具有技术胜任能力。他们不应认为自己代表某些部门的利益，而应以为公共利益行事为指导原则"（第 128（a）段）。

虽然讨论文件中有许多内容都会招致争议并引发利益相关方的热烈评论，但与战略工作组的审议一样，关键问题还是 IASC 理事会与准则制定委员会之间的权力分配。草案坦率地承认，要说服 IASC 的成员去接受一个两院制的私立机构，这是一项艰巨的挑战（第 165~166 段）：

> IASC 不能强迫任何人使用它的准则，因此，必须依靠说服。

711

而只有在准则质量高且满足需要的情况下，IASC 才能说服其成员使用其准则。此外，如果 IASC 的成员在这些准则的编写过程中拥有话语权并能够发挥有意义的作用，他们就更有可能使用这些准则……

说服 IASC 成员接受其应循程序和准则的方法之一是建立一个由独立的、全职的、拥有技术专长的专家组成的自治机构。为提高效率，其成员人数应相对较少（此即独立专家模式）。另一种途径是建立由来自更多国家的公共会计师行业组织所组成的、拥有不同背景的、基础更广泛的团体（此即选民模式）。

战略工作组接下来说，这两种极端都不可取，所以它的建议融合了两种模式中的合理成分（第 167 段）。战略工作组承认，除非一个机构拥有真正的决策权，否则，那些富有才干、拥有胜任能力的人是不会愿意在该机构任职的。战略工作组面临的问题是，如何达成一种妥协立场，以使在 IASC 理事会和准则制定委员会任职的成员确信他们都将拥有这种决策权。

战略工作组随后展示了四个选项，描述了 IASC 理事会与准则制定委员会之间的不同权力平衡模式，释义如下（第 170 段）：

（a）IASC 理事会可以以过半数（simple majority）或超级多数（super-majority）的方式批准征求意见稿和最终准则；

（b）IASC 理事会可以以特定多数（specified majority）或特定少数（specified minority）的方式拒绝征求意见稿和最终准则；

（c）IASC 理事会可以以特定多数（specified majority）或特定少数（specified minority）的方式将征求意见稿或最终准则退回给准则制定委员会，而无须向准则制定委员会提出修改建议，以供进一步考虑；

（d）准则制定委员会必须征询 IASC 理事会的意见，但 IASC 理事会无权延迟或拒绝准则制定委员会通过的征求意见稿和最终准则。

上述内容体现了战略工作组内部的意见分歧，有的成员赞成（a），有

第13章 迈向世界标准制定者：IASC 的重组

的成员则赞成（d）。后者与 G4 中（或官方或民间的）准则制定机构观点一致。

战略工作组强调，具体的投票安排并不重要，重要的是 IASC 理事会和准则制定委员会需要"建设性地合作"（第 171 段）。然后，战略工作组为了安抚原本赞成方案（d）的戴维·鲁德和托尼·科普，同意了一个经过仔细权衡的新方案。这个新方案是（b）和（c）的变体：如果 IASC 理事会无法确保以 3/5 的多数通过准则制定委员会提交的征求意见稿或最终准则，它会将文件连同其意见一起退给准则制定委员会。然后，准则制定委员会可以投票决定是重新提交同一文件还是对其进行修改。如果准则制定委员会的 11 名成员中有 9 票支持向 IASC 理事会提交同一文件，那么 IASC 理事会只需要过半数（即 25 个代表团中的 13 个）同意即可批准。如果准则制定委员会的 11 位成员中只有 7~8 名成员同意再次向 IASC 理事会提交同一草案，那么 IASC 理事会仍需要获得通常的 3/5 的多数同意才能予以批准。如果准则制定委员会提交了经修订的文件，那么 IASC 理事会同样需要获得通常的 3/5 的多数同意才能予以批准（第 173 段）。该文件没有授权 IASC 理事会亲自起草文件或者对准则制定委员会的征求意见稿或准则进行修改（第 174 段），这是对"英美人士"的一个重要让步。

该文件（第 160~163 段）重复了关于成立准则制定咨询委员会的早期建议。根据设想，这个准则制定咨询委员会的会议"将取代现阶段 IASC 所参与的各地准则制定机构的不定期会议"。此外，还将设立一个常设解释委员会和一个顾问团，两者基本上与目前的常设解释委员会和顾问团相同（第 161、184~189、190 段）。对于应该由 IASC 理事会还是由准则制定委员会负责批准常设解释委员会的最终解释，战略工作组存在意见分歧。据说大多数人倾向于授权准则制定委员会做这件事（第 185 段）。该文件认为没有必要继续设立行政委员会（第 192 段）。

该文件公布后不久，克里斯·诺布斯在其关于 IASC 理事会会议和发展动态的定期报告中，对该文件作出了以下评价：

（关于批准文件的建议）似乎赋予了准则制定委员会很大的权力。然而，一方面，美国证券市场上的准则制定机构和英国的准则制定机构可能仍然认为，一个政治层面的兼职理事会不该有这么大的权力，去干预独立的全职技术专家的工作。另一方面，IASC理事会现任成员中的大多数人可能又会觉得，他们向一个不具有代表性的群体让渡了过多的权力。

如果这些准则制定机构不认可这些建议，他们完全可以建立起自己的小组织，而把IASC晾在一边。如果IASC理事会中的大多数成员都感到被剥夺了权利，这些成员机构可能会撤回对IASC的支持。幸运的话，妥协将有助于避免上述事项对IASC及其工作造成致命的损害。[59]

13.5 针对1998年12月讨论文件的评论函

截至1999年6月，IASC总共收到了86份针对1998年12月的讨论文件的评论函[60]，其中有一半以上是在4月30日的截止日期之后提交的。对于IASC的领导层和战略工作组来说，评论函中可能没有什么"新意"，因为那些最具影响力的评论者早已通过口头和书面形式表达其对1997年11月17日的文件的意见了。然而，回顾这些评论函仍然是有益的，因为若想了解广大意见反馈者对IASC重组所涉问题的意见，这是唯一得到充分记录的资料来源。

---

59. Chris Nobes, "Compromise at IASC: The Shape of Things to Come?" *Accounting & Business*, 2/2（1999.02），48.

60. 参见 AP 6/1999 papers 27、28、28A 中的评论函摘要。支持特定观点的意见反馈者数量是基于这些摘要统计的。本节中提及的评论函包括如下人员写给 Bryan Carsberg 的信：Ed Jenkins 与 Manuel H. Johnson（财务会计准则委员会 FASB/ 财务会计基金会 FAF），1999.03.10；Dirk Hudig（欧共体工业联盟 UNICE），04.13；Bryce Denison（澳大利亚百人集团 G100），04.12；Michael Butcher（英国会计准则理事会 ASB），04.22；巴塞尔银行监管委员会，04.26；Arnold Knechtle 与 Jan Attlesander（瑞士工业控股公司联合会），04.28；John Mogg（欧盟委员会），04.28；Ken Spencer（澳大利亚会计准则委员会），04.29；Michel Prada（国际证监会组织技术委员会），04.30；David Perry（英格兰及威尔士特许会计师协会 ICAEW），04.30；Rosemary Thorne（英国百人集团）；Lynn E. Turner（SEC 职员），05.14；Dominique Ledouble 与 Michel Leclerq（法国注册会计师协会 /CNCC），05.19；Susan Koski-Grafer（财务经理协会 FEI），05.21；安永会计师事务所（美国），1999.05.28。IASC archive, 'Strategy' file (electronic).

第13章 迈向世界标准制定者：IASC 的重组

这些评论函几乎一致认同为资本市场制定高质量报告准则的拟议目标，也赞同 IASC 应该与一些国家（或官方或民间的）准则制定机构合作，以期推动上市公司会计准则的趋同。然而，除去这些一般性的问题，意见分歧严重。鉴于讨论文件本身就是供大家修改的靶子，所以意见反馈者们纷纷畅所欲言，就文件中提议的新组织的规模、组成、任命方式和权力分配等细节，提出了各种令人眼花缭乱的修改意见。下面几段首先阐述与讨论文件的总体框架比较一致的评论，然后回顾与讨论文件存在根本分歧的意见。

许多意见反馈者接受了该讨论文件的主要前提，即 IASC 应与一些国家（或官方或民间的）准则制定机构一道，充当协调者或促进趋同的催化剂，他们就一些国家（或官方或民间的）准则制定机构在拟议的新组织中的地位发表了意见。讨论文件提议，准则制定委员会 60%～80% 的成员将由一些国家（或官方或民间的）准则制定机构指派。对于一些意见反馈者来说，这一比例太高了。瑞士工业控股公司联合会就表示："这相当于让一些国家（或官方或民间的）准则制定机构'接管了'IASC，令人无法接受。"其他反馈者的表述虽然更委婉，但是有许多人建议准则制定委员会应该有一个更加平衡的人员结构，或者以这样或那样的方式让财务报表使用者以及财务报表编制者能够参与准则的起草工作。[61]但总体而言，大多数反馈者都认为一些国家（或官方或民间的）准则制定机构应该在准则制定委员会中发挥重要作用。

那么问题来了：哪些（或官方或民间的）准则制定机构有资格成为准则制定委员会的委员呢？讨论文件在这方面着墨不多，只是提出，合格的准则制定者应该具备"做出重大贡献所需的技术、人力和财务方面的资源"。一些作出回应的准则制定机构，特别是澳大利亚会计准则委员会（AASB），主张规定更严格的选拔条件。澳大利亚会计准则委员会认为，准则制定委员会应该向那些"在制定高质量会计准则方面拥有良好记录，并且能够接触到具有强大技术能力的员工"的准则制定机构开放。这些准则制定机构"应该拥有根据（与 IASC 的概念框架一致的）概念框架、在

61.参见英格兰及威尔士特许会计师协会、国际证监会组织技术委员会、巴塞尔委员会、安永会计师事务所（美国）以及几家公司和商业组织的回应。

已经经受财务报告编制者和监管者检验的环境中制定会计准则的经验"。尽管澳大利亚会计准则委员会没有明说,但这其实是在将准则制定委员会的成员资格限定于 G4 的准则制定机构(包括新西兰)。财务会计准则委员会(FASB)发表了类似的评论,并更直白地表示,准则制定委员会、IASC 理事会和受托人都应该设置常任席位:"如果只是为了轮换代表就将美国等拥有重要资本市场的国家的公共会计师行业排除在外,似乎既不现实,也不合理。"国际证监会组织技术委员会仿佛预料到了财务会计准则委员会和澳大利亚会计准则委员会的意见,它警告说,"IASC 不应该被 G4 或其他准则制定团体所主导"。欧盟委员会和法国注册会计师协会也对 G4 的主导地位发出了类似的警告,前者认为讨论文件中的标准"几乎一定会导致'G4 集团'成为占主导地位的成员",而后者主张在准则制定委员会的 11 个名额中保留 5 个欧洲公共会计师行业的名额。

关于 IASC 理事会的人员构成,评论函关于适当成员人数的建议是从 16 人到"50 人或更多"不等。有许多关于修改各群体代表的建议,包括一些特殊的请求。例如,财务经理协会(FEI)就要求为美国财经界保留一个常任席位,而其他所有席位都应轮换,它写道:"在 IASC 理事会中为美国财经界保留一个常任席位,就可以让这个全球经济的重要组成部分长期参与到准则制定过程之中。"不过,大多数意见反馈者似乎都对 IASC 理事会的组成相当满意。

不出所料,最具争议的问题仍然是 IASC 理事会与准则制定委员会之间的关系问题。在 66 封对此问题表达明确意见的评论函中,有 16 封反对授权 IASC 理事会来批准准则,其中又有 13 封评论函来自 G4 准则制定机构(加拿大特许会计师协会(CICA)除外),美国证监会(SEC),爱尔兰特许会计师公会(ICAI)、新西兰注册会计师协会(ICANZ)、苏格兰特许会计师公会(ICAS)、美国注册会计师协会(AICPA)等主要的公共会计师行业协会,以及相关个人和组织。这几乎是个纯粹的"英美阵容"。[62] 那些认同 IASC 理事会有权以某种形式批准准则制定委员会所提建议的意见

---

62. 另外三个认为理事会在批准准则方面不应起任何作用的反馈者包括马来西亚证券委员会(Malaysian Securities Commission)、马来西亚会计准则理事会(Malaysian Accounting Standards Board)以及阿拉伯特许会计师协会(Arab Society of Certified Accountants)。

第13章 迈向世界标准制定者：IASC 的重组

反馈者，则显示出了地域差异。来自欧洲和日本的意见反馈者，包括欧共体工业联盟（UNICE），大多希望进一步增强 IASC 理事会的权力。而来自澳大利亚特许会计师协会（ICAA）、加拿大特许会计师协会（CICA）、南非特许会计师协会（SAICA）、英国特许会计师公会（ACCA）以及美国管理会计师协会（IMA）的评论函则主张减少 IASC 理事会的各种权力。一些资方团体，如澳大利亚的百人集团（G100）、英国的百人团（The Hundred Group）以及美国的财务经理协会（FEI）等则强调，IASC 理事会批准准则的权力应该只在特殊情况下使用，或者应该考虑在过渡期结束后收回 IASC 理事会的这项权力。争辩双方经常使用的一个论点是：为了确保有能力的人愿意在 IASC 理事会或准则制定委员会中任职，有必要适当增强相应机构的权力。

在讨论文件的其他建议中，关于筹资的提议得到的评论相对较少。对于是否应该设立准则制定咨询委员会的问题，意见反馈者存在意见分歧，支持者和反对者各占一半。似乎很少有人热烈响应这个提议。

与这些认可该讨论文件的总体框架的修改意见相比，那些在更根本的层面上与讨论文件存有重大分歧的意见显得更为重要一些。简单地说，有些评论函的要点是，IASC 不应当定位于一个协调一些国家（或官方或民间的）准则制定机构工作的组织，而应当凭借自身能力独立地充任国际性的准则制定机构。欧盟委员会、美国证监会的评论函，以及（美国证券市场上的）财务会计准则委员会和财务会计基金会（下文统称为财务会计准则委员会）的联合评论函，都表达了这样的观点。不过它们的观点截然不同，美国证券市场方面认为 IASC 应该向财务会计准则委员会看齐，而欧盟委员会方面则认为讨论文件中的提案与财务会计准则委员会的过于相像了。

美国证监会和财务会计准则委员会都批评该讨论文件缺乏远见，财务会计准则委员会的原话是，该讨论文件缺乏将 IASC 转变为"单一的、全球性的、可自我维持的准则制定机构"的长期愿景或计划。[63] 两者都强调，准则制定机构应该拥有能够制定出"高质量"准则的组织架构。正如美国

---

63. 关于对财务会计准则委员会（FASB）函件的讨论，参见 James R. Peterson, "FASB Pulls Apart IASC Restructuring Proposals", *The Accountant*, 5944（1999.03），1, 3。

— 717

证监会所说，这就需要"建立起独立的决策机构、积极的咨询性职能部门、健全的应循程序、有效的解释机制、代表公共利益的独立监督部门以及充足的人员配备"。财务会计准则委员会使用了大致类似的措辞，并在其最近公布的报告《国际会计准则制定：未来愿景》(International Accounting Standard Setting: A Vision for the Future，以下简称《未来愿景》报告）中提到了"高质量国际性的准则制定者应具备的五个关键性特质"。[64] 财务会计准则委员会与美国证监会都建议 IASC 去参考美国注册会计师协会 1972 年公布的《惠特研究报告》(Wheat Study Report)，该报告为财务会计准则委员会的创建奠定了基础。美国证监会甚至向 IASC 提供了一份该报告的副本，并称："你们可能会发现这份报告很有用，因为它反映了对于成立一个私立准则制定机构有价值的意见和建议。"两者最重要的意见集中在有必要使实际的准则制定主体——准则制定委员会（SDC）完全独立。这不仅意味着 IASC 理事会不应该拥有批准或者否决准则的权力，而且意味着准则制定委员会的成员应该是全职的准则制定者，"不受任何商业和政治利益的影响"（美国证监会语）。

在《未来愿景》报告中，财务会计准则委员会提出，如果 IASC 没有从结构上转变为一个高质量的国际化的准则制定者，那么还有其他选择："可以设立一个新的组织来接替 IASC，并在 IASC 所做工作的基础上发展，也许 G4+1 就可以作为起点；或者可以让财务会计准则委员会做出改变，使其在国际上更容易被接受。"[65]

财务会计准则委员会与美国证监会评论函的一个显著区别在于，美国证监会认为一些国家（或官方或民间的）准则制定机构在 IASC 的组织架构中仍应是不可或缺的，因为"每个司法管辖区都应该有权判定国际会计准则在多大程度上满足了其为企业跨境发行和上市提供具有决策有用性的信息的需求"。然而，财务会计准则委员会却认为也许有一天"就不再需要一些国家（或官方或民间的）准则制定机构参与了"，但前提是已经有了一个具备财务会计准则委员会的品质和特点的国际性准则制定

---

64. *International Accounting Standard Setting: A Vision for the Future*（Norwalk CT: FASB, 1999), appendix C.

65. *International Accounting Standard Setting: A Vision for the Future*, 7.另见 Christopher Nobes, "Strategy Wars: The Future of IASC", *Accounting & Business*, 3/1（2000.01), 11.

第13章 迈向世界标准制定者：IASC的重组

机构。

（英国）会计准则理事会（ASB）以及澳大利亚会计准则委员会（AASB）的评论函大体上支持美国证监会和财务会计准则委员会的立场。澳大利亚会计准则委员会表示，它赞同财务会计准则委员会在《未来愿景》报告中阐述的高质量国际准则制定机构的基本职能和特征。（英国）会计准则理事会没有使用财务会计准则委员会的表述，但是也强调 IASC 应该从"趋同的催化剂"转变为"独立的准则制定机构"，而且从长远来看应该成为"在全世界范围内都产生影响的国际准则制定机构"。（英国）会计准则理事会与澳大利亚会计准则委员会都主张建立一个完全由准则制定机构组成的准则制定委员会，IASC 理事会则应该只保留咨询功能。

欧盟委员会也从长远视角发表了评论。它批评该讨论文件过于关注趋同的短期需求，而对让 IASC 成为"领先的全球会计准则制定者"的最终目标关注太少。为了实现这个最终目标，欧盟委员会认为，IASC 的关键问题是确保其本身的政治正当性（political legitimacy），即要得到各国政府、国际货币基金组织和世界银行等国际机构以及监管机构的支持。欧盟委员会表示，该讨论文件中的建议实际会削弱而非增强 IASC 的政治正当性："要想让人们相信 IASC 能够维护更广泛的公众利益，IASC 必须既在实质上又在形式上独立于任何一个国家（或官方或民间的）准则制定机构或者准则制定机构团体"。欧盟委员会希望完全取消准则制定委员会，而将全部权力交给 IASC 理事会这个单一机构。IASC 理事会应该在地域分布上有所平衡，其中的代表团应当由一些国家（或官方或民间的）准则制定机构而非现在的公共会计师行业协会委派。IASC 理事会也可以为与财务报告利益相关的其他组织保留少量的投票席位。[66]

美国证监会和欧盟委员会都主张，IASC 的"正当性"是核心问题所在。美国证监会所秉持的正当性意味着要强调技术专长、应循程序和独立性。而欧盟委员会所秉持的合法性则意味着 IASC 要对其支持者作出回应，这些支持者最终是由拥有实施准则的权力的各国政府和政府间机构组成的。

---

66. 另见 Karel Van Hulle, "Shaping IASC for the Future", *World Accounting Report*, 2/6（1999.07）, 8–9。

13.6 1999 年 3 月咨询委员会、行政委员会和理事会对战略工作组提案的讨论情况

1999 年 3 月 9 日，咨询委员会举行会议，并耗费了一半的时间来讨论战略工作组的提案。会上提出了许多问题。[67]据咨询委员会主席斯蒂芬·埃克尔斯回忆，这份讨论文件的"反响极差，简直是一场灾难"。特别是，咨询委员会认为，如果较低级别的机构（即准则制定委员会）要向其上级监督机构（即 IASC 理事会）负责，那么，一些国家（或官方或民间的）准则制定机构中的人才是不会同意在其中任职的。[68]

1999 年 3 月 15 日，IASC 行政委员会在华盛顿举行会议，IASC 主席斯蒂格·恩沃尔森报告说，IASC 秘书长卡斯伯格出席了上周在纽约举办的 G10 会议，讨论了战略工作组的提案。[69]G10 会议是来自 10 个国家的 14 个主要的公共会计师行业协会的非正式聚会。据说，此次会议上的辩论基调是建设性的，但没有达成明确的共识。

IASC 行政委员会就战略工作组的提案以及今后努力的方向展开了广泛的讨论。尽管那时还只收到了寥寥几封关于讨论文件的评论函，但行政委员会知道前面必将面临障碍。有人指出，恩沃尔森和卡斯伯格作为行政委员会与战略工作组仅有的两名共同成员，应该与"关键利益群体"（包括 IASC 成员机构、欧盟委员会、美国证监会和财务会计准则委员会）展开讨论，以确定"他们的立场在哪里存在灵活性，从而提出让所有人都能同意的提案"。这标志着一个新阶段的开始，在这个阶段中，恩沃尔森和卡斯伯格被赋予了一个独立于战略工作组的角色，以便推动各方在 IASC 重组事项上达成共识。

会上还提到了一个令人担忧的问题："美国证券市场有可能会远离会计界国际同行的共识，在会计问题上实行自我孤立，这可是一个很严重的

---

67. IASC Advisory Council meeting of 9 March 1999，minute 6.
68. 2005 年 1 月 5 日作者与 Stephen D. Eccles 的访谈记录。
69. IASC executive committee meeting of 15 March 1999.

第 13 章 迈向世界标准制定者：IASC 的重组

状况。"一些人就战略工作组提议中的某些方面提出了问题，大多与 IASC 理事会和准则制定委员会的关系有关。IASC 理事会除了对准则投赞成票或反对票之外，还能做些什么呢？IASC 理事会与准则制定委员会之间的关系是否可能陷入"僵局"？准则的通过是否只需要得到 IASC 理事会 50% 而非 60% 的赞成票？

3 月 16—19 日的 IASC 理事会会议对战略工作组的提案进行了一个半小时的"初步"讨论，会议没有向公众开放，因为 IASC 理事会计划于六七月间在华沙与战略工作组会面。[70] 讨论的气氛很热烈。对于 IASC 理事会和准则制定委员会的权力分配问题，对立的两种立场都得到了充分的阐述。假如 IASC 理事会否决了准则制定委员会提议的某项准则，准则制定委员会的成员会作何反应？英美公共会计师行业与欧洲大陆公共会计师行业的观点截然不同，这是显而易见的。有人认为，准则制定委员会必须由那些愿意接受国际会计准则（IAS）的准则制定机构组成，暗指美国证券市场和加拿大公共会计师行业的准则制定机构没有做到这一点。大家都同意必须让一些国家（或官方或民间的）准则制定机构正式参与 IASC 的决策过程，但组建准则制定委员会这样的机构是最佳的方式吗？法国公共会计师行业派驻 IASC 代表团成员吉尔伯特·格拉德评论说："由公共会计师行业协会充任准则制定机构的国家越来越少了，而且这一趋势将会持续下去。由公共会计师行业协会制定准则已经成为幻想。IASC 目前的组织架构虽是因循守旧的结果，但新的提议却是过犹不及。"[71] 有人认为理事会目前的准则都是借过来的，而不是全新创造的，因此，需要一个更小的机构来制定正确的准则。其他人认为，IASC 理事会已经过于庞大了，但还有更多的人想要加入。在 IASC 理事会成员和列席的观察员对战略工作组的提议表达了他们的担忧之后，美国公共会计师行业派驻 IASC 代表团成员迈克尔·克罗赫对讨论进行了如下总结：

这是一场典型的由恐惧情绪驱动的谈判，各方有各种各样的

---

70. IASC board meeting of 16–19 March 1999, minute 10. 官方纪要并没有报告讨论的内容，但 Tony Cope（财务会计准则委员会（FASB）在理事会会议的观察员）做了很多记录。

71. 这段引文摘自 Cope 的记录。Gélard 确认了记录的准确性，并授权署名。

担心：
- 担心美国公共会计师行业和证券行业将拥有太多的权力；
- 担心欧洲公共会计师行业将拥有太多的权力；
- 担心一些国家（或官方或民间的）准则制定机构将拥有太大的影响力；
- 担心小国的公共会计师行业的影响力过大或过小；
- 担心这个过程会发展得太快或太慢；
- 担心准则制定委员会将拥有太多或太少的独立性。

我们必须找到一种机制来消除这些恐惧。我们将不得不选择一些没有人真正喜欢的东西，适应它，和它交朋友，过一段时间再对它进行评估。该文件中更多的细节将有助于消除恐惧。[72]

13.7 恩沃尔森和卡斯伯格在1999年六七月间的华沙会议上提交的建议方案

13.7.1 提案概况

关于IASC重组的争论的转折点，出现在1999年六七月间于华沙举行的IASC理事会会议上：恩沃尔森和卡斯伯格搁置了战略工作组的两院制提案，取而代之的是他们自己的一院制提案。他们担忧的是，战略工作组的折中建议没有获得为了继续推进落实所需具备的各主要相关方的充分支持，他们尤其担心该折中建议来不及在定于2000年5月召开的下一次IASC成员机构会议之前获得IASC理事会的批准。他们近期已与财务会计准则委员会（FASB）和G4的其他国家（或官方或民间的）准则制定机构举行了会议，与欧盟委员会的约翰·莫格、卡雷尔·范胡勒和美国证监会的代表进行了会谈，还与国际会计师联合会委员会进行了会晤。在上述磋商和其他磋商以及对评论函进行梳理的基础上，他们开始形成自己对IASC未来前程的建议。

---

72. 这段引文摘自Cope的记录。Crooch确认了记录的准确性，并授权署名。

第 13 章 迈向世界标准制定者：IASC 的重组

恩沃尔森和卡斯伯格利用他们出席 1999 年 6 月 8—10 日在澳大利亚道格拉斯港举行的 G4+1 会议的机会，商讨并敲定了他们二人的联合提案的内容。回到伦敦后，卡斯伯格写了一份说明，列出了所有商定的要点。其拟将该提案在华沙提交给行政委员会，经其批准后，还将在 6 月底提交给 IASC 理事会，并在 7 月 1 日提交给战略工作组。[73] 由于议程和附带文件（包括他们二人关于联合提案的说明）必须在 6 月 18 日之前发送给行政委员会成员，卡斯伯格没有充足的时间在华沙会议之前摸清战略工作组成员对该提案的反应。战略工作组自 1998 年 7 月以来就没有召开过会议，这次会议被安排在了 IASC 在华沙举行的两天会议期间。

恩沃尔森和卡斯伯格的提案（他们二人称之为对工作组的建议）的核心，是反对两院制结构，而赞成设立由一些全职成员和一些兼职成员组成的单一理事会。[74] 然后，他们没有在理事会规模的问题上给出明确答案，但是在拟议的新理事会中为诸如美国证监会和一些国家（或官方或民间的）准则制定机构等更支持全职而非兼职成员的机构提供了部分投票上的优势。也许是为了留出协商的弹性空间，他们提出了两种可能的理事会规模：一种是 25 人的理事会，由 15 名全职成员和 10 名兼职成员组成，准则的通过需要 15 票赞成；另一种是 17 人的理事会，由 10 名全职成员和 7 名兼职成员组成，准则的通过需要 10 票赞成。因此，如果一项准则得到了所有全职成员的支持，它就可以通过。尽管他们声称，一项准则"如果遭到大多数全职成员的反对，就可以被否决"，但事实上，在上述两个提案中，否决所需的多数票分别需要 73%（即 15 人中的 11 人）和 80%（即 10 人中的 8 人）的全职成员投反对票。他们写道，"这将为全职成员提供高度的保护，使其免受既得利益的不良影响"。这些全职成员可以由一些国家（或官方或民间的）准则制定机构的理事会成员出任，也可以由该准则制定机构提名的其成员之外乃至完全与该准则制定机构无关的人士出任。

恩沃尔森和卡斯伯格建议在某些全职理事会成员与一些国家（或官方或民间的）准则制定机构之间建立一种全新的联系，这是后来的国际会

---

73. IASC executive committee meeting of 28 June 1999, minute 7.

74. "A Note on the Proposals of the Strategy Working Party, by Stig Enevoldsen and Bryan Carsberg", IASC executive committee meeting of June 1999, agenda paper II.

723

计准则理事会（IASB）在理事会中设置的"联络"成员（"liaison" board members）的前身。对于没有参与其所在国的准则制定的全职成员，IASC理事会要求其所在国的准则制定机构允许其以"观察员成员"的身份参加会议。"这一安排的目的是促进 IASC 与一些国家（或官方或民间的）准则制定机构所开展的活动的相互协调，确保双方能够就技术问题及时交换意见。"

在两种可选的理事会规模之间，较大规模的理事会可以拥有更广泛的代表性，而较小规模的理事会可能更具效率。作为对欧洲大陆会计界观点的反映，恩沃尔森和卡斯伯格建议理事会的全职或兼职成员应当均衡地从欧洲、北美地区以及世界其他地区选派，其中可能包括 3 到 5 名来自新兴市场的成员。遴选成员时也应该留意其职业背景的分布。理事会的主席应该是全职的，秘书长将是"幕僚长"（head of the staff）。他们一开始就要配备约 15 位"专业职员"，这比战略工作组在 1998 年 12 月的讨论文件草案中设想的 8 人要多得多。IASC 的高级官员和一些领先的国家（或官方或民间）准则制定机构将组成一个委员会，负责协调议程并安排其他形式的合作，以期实现准则的趋同。

那么，由谁来挑选理事会的成员呢？恩沃尔森和卡斯伯格建议由指定的组织来任命 12 名受托人，这不同于战略工作组所建议的 IASC 的支持者和普选代表各占一半的做法。受托人将有固定的期限和连任限制。一半的受托人应由世界银行和国际证监会组织等具有国际性的组织任命，这让他们看起来更能够代表公众的利益。

恩沃尔森和卡斯伯格在他们的文件结论部分提出了一个重要的战略问题。他们提醒 IASC 的成员机构，如果它们不愿意将控制 IASC 理事会的权力交出来，从而对达成重组协议造成妨碍，那么，G4 将会随时进入这一领域：

> 我们已经收到了明确的通知，如果我们不能以一些国家（或官方或民间的）准则制定机构充分认可的方式成功地对 IASC 进行改组，那么，某些准则制定机构将会转而建立一个替代机构，从而谋求会计的国际趋同。

第 13 章　迈向世界标准制定者：IASC 的重组

13.7.2　行政委员会对提案的讨论

行政委员会讨论了他们的提案，并认为"兼职的理事会成员只要不存在产生利益冲突的关联关系，就可以认为是独立的"。[75]这一点体现了美国与欧洲大陆公共会计师行业在公共政策决策文化方面的根本差异。对于美国证监会（SEC）和财务会计准则委员会（FASB）来说，如果决策者不切断之前的所有联系，并成为一名全职的准则制定者，独立性就不存在。但对于欧洲大陆公共会计师行业的人来说，一位在为公共利益服务方面享有无可置疑的声誉的专业人士可以作为兼职成员，且仍然可以被视为是独立的。

行政委员会同意将恩沃尔森和卡斯伯格的提案文件转交给理事会进行讨论，"前提是已尽一切努力确保战略工作组主席对此没有异议"。留给他们二人的时间不多了。这天是 6 月 28 日，而理事会预定于 6 月 30 日讨论他们的提案和评论函。因此，恩沃尔森在抵达华沙的当晚，就在一个简单的晚宴上会晤了战略工作组主席爱德华·威泽。

13.7.3　1999 年 6 月 IASC 理事会会晤战略工作组

凭借 9∶8 的微弱多数赞成票，IASC 理事会决定向公众开放 6 月 30 日其与战略工作组的会议。有趣的是，美国公共会计师行业派驻 IASC 理事会代表团反对向公众开放这次会议，其立场得到了日本、马来西亚、墨西哥、荷兰和南非/津巴布韦的公共会计师行业，以及欧盟委员会、财务经理协会国际联合会派驻 IASC 理事会代表团的支持。[76]IASC 理事会显然对向公众开放抱有顾虑，毕竟华沙的理事会会议只是 IASC 第二次向公众开放理事会会议。

战略工作组的所有活跃成员都出席了理事会的讨论，因为他们将于 7月 1—2 日在华沙举行自己的会议。在战略工作组与 IASC 理事会的四个小时的会议中，所有发言的人都一致认为，恩沃尔森和卡斯伯格关于单一理

---

75. IASC executive committee meeting of 28 June 1999, minute 7.
76. 我们不知道欧盟委员会作为一个观察员代表团为什么有权投票。参见 SWPVOTE.doc，参见 IASC archive, June/July 1999 board meeting file (electronic)。

事会的建议，要优于战略工作组讨论文件中关于两院制理事会的建议。[77]英国公共会计师行业派驻 IASC 理事会代表团成员克里斯·诺布斯认为，由于 IASC 理事会内外的反对，战略工作组 1998 年 12 月的提案显然已被"全面抛弃"。[78]

战略工作组主席爱德华·威泽在会议开始时的致辞中说，战略工作组内部的"高层共识"支持拟设立的新机构与一些国家（或官方或民间的）准则制定机构建立伙伴关系。

拟议中的准则制定机构的独立性问题引发了大量的评论。美国公共会计师行业和证券市场（主要是美国证监会）对兼职成员的态度与世界其他地区的态度并不相同。来自澳大利亚、加拿大以及英国公共会计师行业的发言人认为，他们的准则制定机构的全部或大部分成员都是兼职的，兼职成员并不一定就必然缺乏独立性，理事会成员的个人素质才是最重要的。他们认为，兼职成员提供了"真实世界"的经验。荷兰公共会计师行业派驻 IASC 代表团的简·克拉森表示，他同意拟议的理事会成员应该具有独立性的观点，但他也认为，这应该包括独立于其所在国（或官方或民间的）准则制定机构。这一点很重要，因为战略工作组在 1998 年一度提出准则制定委员会成员也可以是其所在国（或官方或民间的）准则制定机构的成员，并由那些机构支付其薪酬。从 1999 年 7 月起，这种认知发生了转变。修改后的规则要求准则制定委员会成员必须保持忠诚，不应该再同时为 IASC 理事会及其所在国（或官方或民间的）准则制定机构效力。事实上，还有几位发言人认为，新理事会的成员应该以独立的个人身份加入，而不是由公共会计师行业协会、一些国家（或官方或民间的）准则制定机构或者其他利益相关团体提名。

会议的发言者在许多细节上都存在分歧。总的来说，欧洲大陆的公共会计师行业希望建立一个规模较大的 25 人理事会，以期体现全球代表性；而英美派则希望建立一个规模较小的理事会，只需要 17 名甚至更少的成员，以追求更高的运作效率。还有一些评论者认为应该保留指导委员会来

---

77. 本节整理自 Tony Cope 在理事会会议上做的记录。关于会议上讨论的重点内容，参见 IASC board meeting of 28 June–2 July 1999, minute 1。

78. Chris Nobes, "The Beginning of the End of Conventional Accounting", *Accounting & Business*, 2/8（1999.09），50.

第 13 章　迈向世界标准制定者：IASC 的重组

编写准则草案，其他人则不赞成。

恩沃尔森提到，他和卡斯伯格所设想的受托人应该履行与财务会计准则委员会的母公司——财务会计基金会相似的职能，所以就有人提出了如何为这样的理事会及其职员筹资等问题。

13.7.4　战略工作组 7 月份开会讨论"单一理事会"提案

在与 IASC 理事会举行联席会议之后，战略工作组于 1999 年 7 月 1—2 日举行了自己的重要会议。鉴于人们对两院制模式提出了许多不同的批评，战略工作组也许可以放心地把注意力转向恩沃尔森和卡斯伯格提出的建立由受托人负责监督的单一理事会和咨询团（advisory group）的建议。[79]

讨论几乎立即转移到了理事会的结构和组成上。尽管戴维·泰迪、戴维·鲁德以及托尼·科普主张尽量减少理事会成员的人数，但大家还是就成立一个 15～20 名成员的理事会达成了共识。最后，大家认为理事会应该有 20 名成员，包括主席和 1 名副主席在内的至少 5 名理事会成员将是常驻 IASC 伦敦办公地点的全职成员。如果可能的话，这些成员应该具备在其所在国制定会计准则的经验。至少应有 7 个为国家（或官方或民间的）准则制定机构预留的席位，他们将在新机构中兼职工作，其余时间仍在其所在国（或官方或民间的）准则制定机构中工作。他们将是 IASC 的全职雇员，他们在其本国（或官方或民间的）准则制定机构中供职期间的薪酬也将由 IASC 承担。这些成员应当来自不同的国家。其他 8 名成员则是来自不同专业背景的兼职成员。

理事会的构成问题引发了一场关于地域代表性的长时间辩论。北美与欧洲证券行业（包含公共会计师行业，下同）最后终于打成平手，这是对那些倾向于采用"代表"（representative）模式的人的让步。欧洲和北美的证券行业将各自拥有 6 个席位。欧洲证券行业的席位将给德国、法国以及英国的准则制定机构各留 1 个；北美证券行业的席位则将分配给美

---

79. 本节对会议讨论内容的描述整理自 Jacques Manardo 在会上做的记录以及 Anthony Cope 给作者的备忘录（2006.01.27），后者这份备忘录则源自 Cope 自己在会上做的记录。这次会议没有留下正式的记录或是纪要。关于卡斯伯格对华沙会议进展的报告（包括工作组会议内容），参见 "IASC's Strategy"，*IASC Insight*，1999.10，6—7。

727

国证券行业4个席位，给加拿大和墨西哥公共会计师行业各1个席位。美国证券行业的4个席位中，1个交给其准则制定机构财务会计准则委员会（FASB），其余3个席位将分配给各职业团体。加拿大证券行业的席位将交给其准则制定机构。鲁德和科普表示，只能接受财务会计准则委员会拥有1个席位。另外，将有4个席位留给亚太地区的公共会计师行业协会，其中留给日本和澳大利亚准则制定机构各1个席位。还有3个席位会分配给其他国家的公共会计师行业，包括南非公共会计师行业的1个席位。

关于成员的职务背景，则更容易达成一致。除主席和7名来自一些国家（或官方或民间的）准则制定机构的成员外，其他12名成员的专业背景要求如下：至少有5名（25%）来自执业公共会计师或者审计师群体；至少有4名（20%）来自财务报表编制者群体；剩下的3名则是金融分析师（比如2位）或是学者（比如1位）。

另外，还要成立一个成员众多、构成广泛的咨询团。这个咨询团将囊括有意愿参与IASC工作的一些国家（或官方或民间的）准则制定机构的代表。其成员将由受托人选出，每年举行四次会议。常设解释委员会将继续保留。

战略工作组就IASC理事会的工作程序（包括投票门槛）达成了一致意见。理事会需要13票（65%）赞成票才能批准一项准则。在询问过咨询团的意见之后，理事会可以以过半数批准征求意见稿。对准则的不同意见以及对征求意见稿的匿名意见都应公布。所有其他的决定都只需要过半数。

关于资金，大家认为可以通过自愿捐赠来筹集，但希望各国政府和跨国组织也能捐款。IASC请商务主管库尔特·拉明编制了一份预算。据粗略估计，人员费约需1 000万美元，办公经费约需500万美元。技术人员应增加到15人，并应配备相当数量的行政工作人员，包括负责筹资的工作人员。应保证前五年的经费。所需资金将由七国集团提供1/3，公共会计师行业提供1/3，还有1/3来自股票市场、工商企业和金融机构（包括各国央行）。马纳尔多表示，五大会计公司将愿意承担公共会计师行业预期份额的很大一部分。

大约三年后，应进行一次强制性审查，以便对该模式的可行性进行评估。

第 13 章　迈向世界标准制定者：IASC 的重组

也有人对接下来的时间安排表示担忧。斯蒂格·恩沃尔森坚持要求在 2001 年之前完成 IASC 组织架构的更新。正如 1997 年所计划的那样，这意味着 IASC 的成员协会必须在 2000 年 5 月举行的下一次会议上进行投票表决。由此倒推，这意味着最终的提案必须在 1999 年 11 月国际会计师联合会（IFAC）举行下一个半年度会议之前提交给国际会计师联合会理事会。对提案中的模式进行广泛的意见征询是非常必要的，因为已经没有时间再出版另一份草案来让公众进行评论了。

如果这些提议能够获得广泛的支持，那么就需要设立一个提名委员会来挑选受托人。卡斯伯格、恩沃尔森以及弗兰克·哈丁（国际会计师联合会代表）将在 9 月份之前提出提名委员会的人选。

IASC 秘书处在随后不久编写的讨论文件草案沿用了战略工作组在华沙会议达成的一致意见，但做了一些修改。该草案称，理事会将由 20 名成员组成，其中 12 名是全职成员。[80] 全职成员将包括 1 名主席，他也是 IASC 的首席执行官，还有 7 名"对一个或多个指定的国家（或官方或民间的）准则制定机构负有直接联络责任（liaison responsibilities）"的成员（第 36 段）。联络责任的概念源于恩沃尔森和卡斯伯格提案中关于设置观察员成员的建议。这也是战略工作组关于一些国家（或官方或民间的）准则制定机构应当在准则制定委员会中拥有席位的观点的产物，但现在不再要求这些联络成员必须由那些准则制定机构雇佣。理事会成员的地域分布要求如下：6 名代表来自北美（美国、加拿大以及墨西哥的公共会计师行业、报表编制者或学者等相关专业人士，以下简称会计相关专业），6 名代表来自欧洲的会计相关专业，4 名来自亚太地区的会计相关专业，还有 3 名来自其他地区。主席的任命不考虑国籍。关于成员的职业背景，至少应有 25% 是执业审计师（公共会计师），至少 20% 是财务报表编制者，至少 10% 应该是财务报表使用者。至少有 1 名成员要有学术背景。理事会的决策都需要有 65% 的多数票，即获得 20 名成员中的 13 名同意。这个比例要高于恩沃尔森和卡斯伯格提案中的较大规模的理事会所要求的 60% 的比例，但略低于

---

80. 这段内容描述整理自"IASC Strategy Working Party—Draft Report Outline Reflecting Discussions at the Warsaw Meeting"（undated），以及"Report on Shaping IASC for the Future"草案（undated）。这两份文件都存于 IASC archive，'Strategy' file (electronic)。

较小规模的理事会所要求的 2/3 的比例。

草案中题为《独立性》的一节提到，全部 12 名全职成员"必须切断与当前雇主的所有雇佣关系，不得担任任何带有经济利益从而会妨碍其在 IASC 理事会中发挥作用的职位。因此，将不允许借调以及存在任何能够返回原雇主单位的权利"（第 48 段）。可以看到，欧盟委员会并不认同这一条款。

受托人将有 12 名，但其来源区域并没有要求。首批受托人将由现任理事会任命的提名委员会负责遴选，以代表公众利益。国际会计师联合会（IFAC）将推荐 12 名受托人中的 5 名，然后与提名委员会磋商，在正式任命受托人之前确定每名候选人是否合适。常设解释委员会将继续保留。咨询委员会将至少由 30 名人员构成，它将会"提供一个平台，为那些不拥有 IASC 理事会席位的团体提供一个正式的参与渠道，使各方能够一起打磨观点和讨论技术问题"（第 62 段）。草案中没有提及预算或者筹资问题。1999 年 8 月 16 日，卡斯伯格致信战略工作组，提交了他和拉明编制的理事会预算，他们估计的数字在 760 万～1 120 万英镑之间。[81]

显然，这份草案只在内部进行了传阅。然而，有人认为，该草案副本已经传递到了主要利益相关方的手中。

13.8　华沙会议之后的进展

恩沃尔森和卡斯伯格虽然在 1999 年 6 月成功合作，提出了设立单一的理事会的提案，但他们在理事会重组的理想方向上却意见不一。他们二人都希望理事会成为一个值得信赖的国际准则制定者。然而，为了实现这一目标，恩沃尔森强烈支持欧洲大陆公共会计师行业所倡导的选民模式，注重兼职成员和广泛的地域代表性。卡斯伯格则更加支持独立专家模式，之所以如此，是因为他曾在 1978—1981 年间出任（美国证券市场上的）财务会计准则委员会（FASB）的研究与技术人员，对其运作模式比较赞赏。然而，最重要的是，卡斯伯格希望完成重组，并得到国际社会的认可，以使

---

81. Bryan Carsberg 交给战略工作组成员的备忘录，1999.08.16（作者留存的文档）。

第 13 章　迈向世界标准制定者：IASC 的重组

IASC 成为全球准则制定者。到了 1999 年秋天，他们二人的伙伴关系变得脆弱起来，部分原因在于两人性格上的差异，部分原因是理念上的差异。此时，恩沃尔森是 IASC 主席，卡斯伯格是 IASC 秘书长，即幕僚长。双方关系一度紧张。

13.8.1　磋商情况

1999 年的春季、夏季和初秋，是各方进行密集磋商的时期。恩沃尔森和卡斯伯格频频一起或单独前往美国、日本、澳大利亚和欧洲各地的公共会计师行业协会拜访，以征询意见、争取支持。他们拜访了世界银行副总裁兼财务总管朱尔斯·缪依斯（Jules Muis），并特意与美国证监会首席会计师林恩·特纳和欧盟委员会内部市场和金融服务局局长约翰·莫格会晤了几次。随后，欧盟委员会与其成员国进行了磋商。雅各布·马纳尔多负责联络并听取了五大会计公司及其他主体的意见。财务会计准则委员会（FASB）和美国证监会的会计人员会定期交换意见，有时会请财务会计基金会（FAF）的受托人和美国注册会计师协会（AICPA）人士共同交流。戴维·鲁德向财务会计基金会的受托人和财务会计准则委员会的咨询委员会介绍了进展情况，他和爱德华·威泽还经常与美国证监会的林恩·特纳通电话。托尼·科普向财务会计准则委员会提交了报告。林恩·特纳曾率领美国证监会工作人员前往多伦多会见爱德华·威泽和加拿大安大略省证券委员会（OSC）主席戴维·布朗（David Brown），布朗也是国际证监会组织技术委员会副主席。随后，特纳一行还到欧洲进行了一次重要的访问。

美国证监会还拜访了白宫、总统经济顾问委员会、财政部和商务部，解释了国际会计准则和 IASC 重组计划对市场的重要性，并表达了它对最理想结果的看法。这些会议的目的是宣传美国证监会的公共政策立场，并争取支持。美国证监会还与世界银行（WB）和国际货币基金组织（IMF）进行了磋商，以获得这些组织对其立场的支持。

美国证监会的特纳毫不妥协地支持财务会计准则委员会（FASB）的结构和流程所体现的那种小型、全职的独立专家模式。当恩沃尔森和卡斯伯格在华沙会议前拜访美国证监会的时候，特纳向二人强调说，美国证监会将坚决反对选民模式。

在 7 月份的一次电话会议上，几位财务会计准则委员会委员和工作人员与特纳和美国证监会副首席会计师玛丽·托卡一起，就战略工作组的前进方向问题交换了意见。他们普遍担心 IASC 理事会规模过大、兼职成员参与过多。特纳担心联络员和兼职人员可能会阻碍准则的制定。他希望理事会成员为 12~15 人，否则他认为更为现实的选择是废弃 IASC 的重组方案，让 G4 取而代之，或者让财务会计准则委员会进行国际化的改革。他认为，有必要征集各方对独立专家模式（即与战略工作组目前的偏好方案相对立的提案）的支持意见。[82]

在三周后与几位财务会计准则委员会成员的一次会议上，特纳同意 IASC 理事会可以聘用兼职成员，但他们不能控制投票，并且对兼职成员人数应予以严格限制，不超过两个。关于受托人的组成，有人担心国际会计师联合会的影响会不会太大，但也有人指出，欧洲财经界将国际会计师联合会视为了制衡美国证券市场的另一股力量。特纳反对谋求各国政府对 IASC 的资助，并继续主张缩小理事会的规模。特纳支持聘用高素质的全职工作人员，支持设立顾问委员会（advisory board）。特纳透露，他本人、玛丽·托卡和出席国际证监会组织技术委员会会议的美国证监会国际事务办公室主任玛丽萨·拉戈（Marisa Lago），正准备对欧洲和加拿大的关键各方（主要是证券市场监管机构）进行一系列访问，以争取他们的支持。[83]

在他们的欧洲之行中，3 名美国证监会代表在 1999 年 9 月于都柏林举行的 G4+1 会议上会晤了 G4 成员，恩沃尔森和卡斯伯格也参加了会议。G4 成员支持设立全职的 IASC 理事会，反对欧盟委员会关于选民模式的倾向。[84] 美国证监会之后访问了位于伦敦的英国金融服务管理局（Financial Services Authority，FSA）、位于巴黎的法国证券交易委员会（COB）、位于柏林的德国联邦证券和期货监管机构（Bundesaufsichtsamt für den Wertpapierhandel，BAWe）和德国会计准则委员会（DRSC），以及位于布鲁塞尔的欧盟委员会（EC）。香港证券及期货事务监察委员会主席还飞赴

---

82. 1999 年 7 月 19 日 Tony Cope 的电话会议笔记。Turner 在 2006 年 2 月 20 日与笔者沟通时回忆说，他建议的是成立一个由 12 名成员组成的小理事会。

83. 1999 年 8 月 9 日 Tony Cope 的会议笔记。

84. Street, *Inside G4+1: The Working Group's Role in the Evolution of the International Accounting Standard Setting Process*, 76.

第 13 章 迈向世界标准制定者：IASC 的重组

欧洲与他们会面。在法国证券交易委员会，他们会见了国际证监会组织技术委员会主席米歇尔·普拉达（Michel Prada）。在布鲁塞尔，他们会见了欧盟委员会的代表，尽管明明知道他们意见相左。事实也的确如此。他们的最后一站是多伦多，会见了爱德华·威泽和戴维·布朗。除欧盟委员会外，所有的会晤都支持美国证监会的观点。至此，美国证监会拿到了所有的"大牌"。[85]

13.8.2 特纳的信

1999 年 9 月 21 日，特纳经由伦敦 IASC 办公室向爱德华·威泽寄去了一封长达 5 页的信，并同时抄送给了恩沃尔森和卡斯伯格。特纳在信中阐述了重组后的 IASC 为了保护公众利益所应具备的独特属性。[86]战略工作组的会议将于次日在伦敦召开。特纳在信中说，美国证监会的工作人员"刚刚结束了与包括国内和国际的专业机构、准则制定机构和监管机构在内的广泛多方的讨论。这些讨论对形成我们的思路很有帮助。他们强调，非常期待 IASC 能够采用一种有助于其实现'制定具有权威性（authority）和正当性（legitimacy）的高质量准则'这一目标的组织结构，从而更好地服务于全球资本市场的投资者"。

在信中，他反对战略工作组提议的 20 人理事会，强烈主张理事会由 8~12 名全职、独立的专家组成。理事会应该拥有"制定自己的议程、公布自己的提案和准则的最终权力"。关于理事会的组成，他写道："虽然受托人理应努力选择具有广泛视角和丰富经验的成员，尽量兼顾不同的国家背景，但地域多样性不应成为主要的选择标准。受托人的首要任务应该是挑选专业知识和能力最强的理事会成员，从而促进高质量会计准则的建设。"有观点认为，"一个完全由全职成员构成的理事会，可能不具备对财务报告的实际问题的敏感性"。为了反驳这种观点，特纳建议工作组"应该充分发挥活跃的咨询机构和项目工作组（类似于目前的指导委员会）的作用，让它们与理事会以一事一议的方式合作，从而引入在财务报告问题上

---

85. 2004 年 5 月 18 日作者与 Mary Tokar 的访谈记录，以及 2004 年 11 月 19 日与 Lynn E. Turner 的访谈记录。
86. 1999 年 9 月 21 日 Lynn E. Turner 写给 Ed Waitzer 的信（作者留存的文档）。

的实际经验"。他还表示,应该有一个"强有力的应循程序,鼓励各方积极参与每一个准则项目"。

特纳也为接纳兼职理事会成员留下了口子:"如果战略工作组认为,在过渡阶段有必要保有一定数量的兼职理事会成员,那些与外界仍保留着商业关系的理事会成员,在集体投票时就不应该拥有通过或否决提案的能力。"

他认为,关于12名托管人中仅有2人由投票选出的提议是"一个严重甚至是致命的缺陷"。美国证监会主席阿瑟·莱维特最近刚刚就负责监督财务会计准则委员会的财务会计基金会托管人的构成进行了一场重大的斗争,他和特纳都不愿意接受一个存有财务会计基金会那样的固有缺陷的国际准则制定机构的理事会。[87]特纳说,大多数受托人应该"专门代表公众利益",而"不应该由特定组织任命"。特纳支持从那些"致力于建立一个高质量的国际准则制定机构"的广泛人群中,挑选6~8名成员组成一个提名委员会。他赞成在三年后对新组织架构的有效性进行审查评估。

由于美国证监会的工作人员已经与财务会计准则委员会及其受托人、G4+1等机构进行了多次磋商,特纳信中的观点不会令人感到意外。信中的一些细节可能算是新消息。对于战略工作组和IASC的领导层来说,任何重组方案都必须得到这个监管全球最大资本市场的机构的支持,这一点很重要。

13.8.3 莫格的信

另一封信刚好在战略工作组于1999年9月22—23日举行会议时到达。这封长达7页的致卡斯伯格的信,来自欧盟委员会的莫格。[88]他的信是对IASC秘书处基于战略工作组在7月初会议上达成的共识所起草的讨论文件草案的回应。他说,恩沃尔森和卡斯伯格的华沙文件包含一些"我们认为是积极的变化,因为它反映了我们关于IASC理事会需要强化代表性(representation)和正当性(legitimacy)的观点。在与我们会面时,您的评论也进一步印证了这一点。然而,这份最新的文件却没有体现出那些积极的变化。事实上,它出现了某种程度上的倒退"。他补充道:

---

87. 参见 Paul B. W. Miller, Rodney J. Redding, and Paul R. Bahnson, *The FASB: The People, the Process, and the Politics*(Burr Ridge, IL: Irwin/ McGraw-Hill, 1998), 186–192。

88. 1999年9月20日 John F. Mogg 写给 Sir Bryan Carsberg 的信(作者留存的文档)。

第 13 章　迈向世界标准制定者：IASC 的重组

我依然认为，你们的提案不会增加 IASC 的信誉度和认可度，而这两点恰恰是 IASC 取得显著进步、成为强大的全球会计准则制定机构的先决条件。正如我之前向你们指出的，欧盟正在实施一系列旨在促进欧洲资本市场一体化的措施，在这些市场中，具有国际可比性的财务信息发挥着重要作用。我们在与成员国的讨论中，已经考虑了对国际会计准则提供更多支持的可能性。但在目前，这是不可能的。我希望你能够进一步反思，以避免让欧盟公开反对你所提出的战略。

正如特纳在信中再次强调了他此前针对战略工作组 1998 年 12 月的讨论文件所撰写的评论函中的观点一样，莫格的信也综合了他针对该讨论文件撰写的长达 25 页的评论函的要点，然后详细阐述了卡雷尔·范胡勒在 1999 年 7 月 26 日致信恩沃尔森时所提出的观点。[89]

莫格的担忧显然是由战略工作组所提议的 20 人理事会规模引发的，而不是由非恩沃尔森和卡斯伯格提议的多达 25 人的理事会规模引发的。该草案还明确了将与七个国家（或官方或民间的）准则制定机构建立正式的联系。此外，如上文所述，草案在挑选受托人方面赋予了国际会计师联合会更大的作用，这些提议激怒了莫格。就在莫格的信发出之前不久，特纳和他的美国证监会同僚在布鲁塞尔与莫格和卡雷尔·范胡勒举行了一次会议，结果以严重的分歧告终。也许莫格觉得有必要强调一下他对提案方向的不同意见，这似乎是为了抵消美国证监会明显增加的影响力。

莫格认为，国际会计准则的认可度"并不取决于组织结构在形式上的独立性，而是与决策过程的代表性和正当性有关"。他认为最新的草案给国际会计师联合会保留了过多的影响力，因为国际会计师联合会将会提前提名 12 位受托人中的 5 位候选人。他写道，"如果 IASC 要在国际金融架构中占据一席之地，成为全球准则制定者，那它就需要在组织的高层中引入公共问责制（public accountability），以补充其基于公共会计师行业经验的认知。这不可避免地意味着公共会计师会计行业要放弃其控制权和影响力"。

---

89. 1999 年 7 月 26 日 Karel Van Hulle 写给 Stig Enevoldsen 的信（作者留存的文档）。

在回应草案中关于独立性的规定时，莫格的观点也是不无道理的。他说："尽管有可能让人们正式切断与其他组织的联系而且没有返回的权利，但实际上，这些人总还是需要考虑其在 IASC 任职届满后如何谋生的问题，这至少会对他们与本国（或官方或民间的）准则制定机构的关系产生潜在的影响。"事实上，（美国证券市场上的）财务会计准则委员会（FASB）的两名委员在 20 世纪 70 年代和 80 年代结束任期后就立即回到了各自的会计公司。[90] 莫格认为，与前雇主断绝关系并不会自动带来精神上的独立。他认为，"即便 IASC 在形式上缺乏独立性，现在却制定了商誉、无形资产和资产减值的准则，这些准则在技术质量上至少与美国证券市场上的对应准则相当"。

莫格认为目前的提案"在很大程度上就是准则制定委员会的改头换面"，并且"非常近似美国证监会针对最初的提案所提出的建议"。

他还对战略工作组没有重视和解决 IASC 准则的实施问题表示担忧。他说，卡雷尔·范胡勒曾在 7 月 26 日的信中指出，欧盟委员会主张成立一个合规检查组（Compliance Monitoring Unit），"与各国监管机构建立联系或建立'监管伙伴关系'。合规检查组将负责检测国际会计准则在实际中的应用情况，并将其察觉到的准则未被遵守的情况告知监管机构"。[91]

13.8.4 普拉达的信

国际证监会组织技术委员会主席米歇尔·普拉达及时给爱德华·威泽发去了一封信，这封信赶在工作组会议之前及时送达。[92] 普拉达认为，受托人应当对全球公共利益负责，因此受托人的筛选过程应该包括"与反映全球公共利益的国际机构进行协商"。他说，国际证监会组织技术委员会希望"重申这一观点，我们支持有一半的受托人（即一般受托人）代表全球公共利益，而不是特定的群体（例如公共会计师行业）的利益"。与莫格的信一样，这是对国际会计师联合会在选择受托人方面扮演重要角色的回应。

---

90. 1976 年，Walter Schuetze 回到了 Peat，Marwick，Mitchell & Co. 任职。1987 年，Arthur Wyatt 回到了 Arthur Andersen & Co. 任职。
91. 1999 年 7 月 26 日 Van Hulle 写给 Enevoldsen 的信（作者留存的文档）。
92. 1999 年 9 月 21 日 Prada 写给 Waitzer 的信（作者留存的文档）。

第13章 迈向世界标准制定者：IASC 的重组

13.9 战略工作组 1999 年 9 月的会议

在战略工作组 9 月 22—23 日于伦敦举行的会议上，一些人对莫格信中消极的语气，特别是他暗中威胁要破坏重组，表示极度失望。[93]然而，莫格的隐含威胁与特纳的隐含威胁异曲同工，特纳的隐含威胁是，他可能要与 G4 或经国际化改造后的财务会计准则委员会共进退。

莫格的批判语气产生了出人意料的后果，一位战略工作组成员原本在独立专家模式和选民模式之间保持中立，现在干脆宣布支持独立专家模式了。

在会议上，战略工作组主席斯蒂格·恩沃尔森报告了他在欧洲的访问情况。他指出，各国的意见各不相同，它们的意见取决于它们是否认为自己将在重组后的 IASC 中占有一席之地。这是荷兰和斯堪的纳维亚国家等较小国家一直关注的问题。他说，欧洲的公共会计师行业协会普遍支持战略工作组拟议的重组方案，也意识到了它们可能会失去对 IASC 的控制权的现实。然而，它们认为的确应该让受托人在地域上保持平衡。没有人特别关心全职和兼职的问题。但它们认为，新的组织结构必须是真正的国际化的机构，而不是由美国证券行业主导的机构。

由于战略工作组知道已经进入最后阶段，因此讨论变得激烈而冗长。在讨论实施问题时，工作组成员考虑到了美国证监会、国际证监会组织、欧盟委员会和国际会计师联合会可能会做出的反应，因为他们认为有必要与美国证监会、国际证监会组织和欧盟委员会上同一条船，同时还要确保国际会计师联合会理事会能够认可重组计划。在讨论期间，工作组还考虑了财务会计准则委员会和日本财务省的意见。1999 年中期，欧盟委员会的莫格在与卡斯伯格会面时，提及欧洲上市公司可能会被要求使用 IASC 准

---

93. 本节对讨论内容的描述整理自 Anthony Cope 在会议期间所做的笔记以及 Sue Harding 的官方记录，IASC archive，"Strategy" file（electronic）。会议上所达成的协议可由 IASC 秘书处 10 月发布的讨论文件草案确认，这份草案的名称为 "Draft Report on Shaping IASC for the Future"。

则，莫格试图用这个"闪闪发光的奖章"来诱惑卡斯伯格。[94]然而，卡斯伯格认为，欧盟委员会除遵循IASC的准则之外别无选择。欧盟委员会已经放弃考虑建立欧洲会计准则委员会（见第12.3节），而且也将断然拒绝美国证券市场上的公认会计原则。

大家同意，由IASC理事会任命提名委员会。提名委员会的规模将会很小，由主要的国际参与者组成，从而赋予它合法性。大家认为美国证监会主席阿瑟·莱维特应该是提名委员会的重要成员。

战略工作组决定将受托人从12人增至19人，分别代表以下群体：4人来自国际会计师联合会；2人应为五大会计公司的高管；财务报表编制者、财务报表使用者、学者各1人；10人由普选产生。在关于受托人的新提案中，19位受托人中的6人将由国际会计师联合会和五大会计公司提名，而在7月的提案中，国际会计师联合会可以提名12位受托人中的5人。受托人将自行挑选财务报表编制人员、财务报表使用者和学者。受托人任期为三年，可以连任一次。大家一致认为，受托人应该能够代表全球资本市场，体现出不同的地域背景和专业背景。

经过激烈的意见交流，战略工作组决定将IASC理事会的最大规模从20人减少至16人，其中兼职成员不超过4人。当时的IASC理事会规模就是16人，保持人数不变是一种折中的手段，因为有些人希望多一些，有些人则希望少一些。一些全职成员将承担起与一个或多个指定的准则制定机构进行联络的重要责任。一名全职成员将被任命为IASC主席兼首席执行官，另一名全职成员则将担任技术总监。10票就构成了通过征求意见稿、准则和最终解释的多数票。斯蒂格·恩沃尔森为了引导战略工作组在这些关键问题上达成共识做了很多工作。有人认为，参加咨询委员会和成为项目工作组成员的机制设计，可以在一定程度上安抚那些想扩大理事会规模的外部各方。选取理事会成员最重要的标准是技术能力。理事会成员任期为五年，可以连任一次。战略工作组规定，理事会成员应来自不同的职务背景：执业公共会计师（审计师）至少5人；财务报表编制者和财务报表使用者应当各有3人；学者至少1人。与会者就地域均衡性达成了一致意见：至少3人来自美洲；3人来自欧洲；3人来自亚太地区；还有不超过

---

94. 2005年1月14日作者与Bryan Carsberg的访谈记录。

第 13 章　迈向世界标准制定者：IASC 的重组

2 人不限任何国家。有人质疑这项地域均衡性条款是否会导致理事会中来自 G4 的成员多达 8 个甚至 10 个。还有些人以为美国证监会会反对地域均衡性条款，因为它的监管经验是在同一种语言和同一种文化环境下进行的。但美国证监会一直坚称，它只对最优秀的准则制定者感兴趣，而不管他们来自哪里。

关于参与理事会会议的观察员是否享有发言权的问题，尚无明确规定。但理事会的应循程序将允许与有关方面进行广泛协商，包括诸如 1998 年 12 月的讨论文件所建议的举行公开听证会和实地测试的可能性。

关于准则的实施问题，战略工作组朝着莫格提议建立合规监测组的方向采取了措施，建议 IASC 与国际证监会组织、欧盟委员会合作，以确保各国监管机构认真履行监督责任，并建议 IASC 将明显不合规的案例提交给有关机构，包括公共会计师行业协会和监管机构。该项规定只作了细微的修改，就被纳入了工作组最终的讨论文件草案。

工作组首次提出了理事会成员的年薪：主席 40 万英镑，其他全职成员 32.5 万英镑，兼职成员 16.25 万英镑。建议的薪酬标准是根据目前财务会计准则委员会的薪资水平拟定的，目的是确保这两个机构的薪资水平持平。受托人的主席每年将得到 4 万美元，其他受托人的薪资是主席的一半。除上述薪资外，理事会成员将不会再享受任何附加福利。工作组为 IASC 配备了 15 个技术人员名额，并估计 IASC 的年度预算为 1 000 万英镑，这是 1998 年 12 月讨论文件中提议的 500 万英镑的两倍。工作组建议从最终受益者那里筹集资金，如五大会计公司、上市公司、其他中介机构以及政府机构。但有人担心，在美国筹集资金可能会很困难，因此，仍不确定最终能否筹集到足够的资金。

在为期两天的会议结束时，战略工作组开始将注意力转移到所需的步骤上，即立即就其在会议上作出的决定与主要外部各方进行磋商，并发布一份包含这些决定的讨论文件，以征求意见。此时的日程安排之紧凑前所未有，因为国际会计师联合会理事会（拟于 11 月 3—4 日举行会议）、IASC 理事会（拟于 2000 年 11 月中旬、12 月中旬和 2001 年 3 月举行会议）和 IASC 成员机构（拟于 2000 年 5 月举行会议）很快就要贯彻落实战略工作组的最终建议。预计提名委员会应该会在 2000 年 1 月举行第一次会议，并在6月份拟定受托人名单，新的理事会则将于2001年1月1日成立。不管怎么说，这都是一个雄心勃勃的计划。10月初，IASC秘书处编写了一份新的讨论文件草案，题为《关于塑造IASC未来的报告草案》（Draft Report on Shaping IASC for the Future）。虽然其意图显然是在1999年12月15日前公布该文件并征求公众意见，但它很快就被要求修改，之后就再也没有作为草案公布。来自外部各方（尤其是美国证监会）的压力，导致草案中的建议条款不断地发生变化。

13.10 火速准备 1999 年 11 月在威尼斯召开的 IASC 理事会会议

13.10.1 战略工作组商议进行进一步修订

1999年10月10日，战略工作组举行了一次电话会议。[95]恩沃尔森和卡斯伯格报告了他们最近与欧盟委员会、法国证券交易委员会、美国证监会、美国注册会计师协会以及与财务会计准则委员会主席进行的会谈情况。显然，爱德华·威泽和林恩·特纳已经协商过了。他们说，布鲁塞尔之行"并不容易"。约翰·莫格非常失望，他说战略工作组"已经向美国证监会屈服了"。他认为，战略工作组的方案与欧盟委员会所赞成的方向相去甚远，因此，进一步的讨论将毫无用处。据说，法国证券交易委员会的米歇尔·普拉达仍然对遴选受托人的方式表示担忧，但他最终还是表态支持当前的方案。

据报道，美国证监会认为16人的理事会规模太大了，但林恩·特纳主要反对的是关于理事会成员地域背景的规定，即美洲、欧洲和亚太地区应至少各有3名理事会成员。显然，对于受托人的遴选，美国证监会同意以地域背景为判断依据，但对于理事会成员的遴选，美国证监会坚决要求删除任何地域标准。在这之后，关于理事会成员地域标准的谈判工作在战略工作组中正式展开。一派是英美阵营，包括科普、鲁德、夏普和泰迪。另

---

95. 本节对会议讨论内容的描述整理自Anthony Cope在电话会议期间所做的笔记。

第13章 迈向世界标准制定者：IASC 的重组

一派是欧洲大陆阵营，主要是恩沃尔森，但在某种程度上也包括马纳尔多和巴尔泰斯。弗兰克·哈丁是国际会计师联合会（IFAC）的主席，代表着国际会计师联合会的观点。一些人（如恩沃尔森）反对美国证监会强加的解决方案，但又担心如果不做出美国证监会可以接受的改变，美国证监会将转而支持竞争对手（暗指 G4 或者进行国际化改革后的财务会计准则委员会）来制定国际准则。最后，战略工作组为了取消遴选理事会成员的地域标准，作为交换条件，同意在筛选受托人时引入一项地域标准。卡斯伯格重新起草了有关理事会成员的条款（第 54 段和第 55 段）。新版本在一定程度上修改了对那些具有审计师、财务报表编制者、财务报表使用者（包括学者）等职业背景的理事会成员的最低人数要求。第 54 段用如下笼统的措辞巧妙地处理了地域背景问题，将实现适当平衡的重任交给了受托人。现摘录如下：

> 理事会成员的首要资质是技术专长。受托人将负责挑选理事会成员，理事会将由这样一群人组成：这群人所拥有的相关国际商务和市场状况的技术技能和背景经验能够代表 IASC 所能获取的最佳组合。如此，方能促进高质量的国际会计准则的制定。理事会成员的筛选不会以地域代表性为基础。受托人将会作出最佳判断，以确保理事会不受任何特定机构或区域利益的支配。

相应地，卡斯伯格修订了第 30 段中受托人的遴选标准，明确了地域分布问题：

> 为了确保广泛的国际基础，被任命的受托人将有 6 位来自北美、6 位来自欧洲、4 位来自亚太地区，还有 3 位将不限区域，前提是要保持地域均衡性。

工作组还通过了另一项规定：准则咨询委员会（咨询委员会的新名称）成员的筛选要"确保地域和专业背景的多样性"。这是为了满足那些希望让更广泛背景的人员参与到理事会工作中来的人的心愿。

741

上述三项规定都被纳入了战略工作组于1999年12月初公布的最终报告《关于塑造IASC未来的建议》。

13.10.2　恩沃尔森和卡斯伯格抢先于工作组的行动

在1999年10月的最后一个星期，恩沃尔森和卡斯伯格在美国进行了最后一轮磋商。他们在纽约与G10国家的公共会计师行业协会会面，在华盛顿与美国证监会会面。10月22日，他们以简报的形式向G10提交了一份工作组建议的摘要声明。[96]这份声明也提交给了美国证监会，并引起了战略工作组成员的注意。这份摘要声明的内容原本与战略工作组的提案相同，但迈克尔·夏普被他们二人在这份摘要声明中的说法激怒了，因为他们说，提议的模式"是美国证监会所倡导的模式，即若要让美国证监会接受和支持重组后的IASC所应采取的模式"。夏普在给恩沃尔森和卡斯伯格的电子邮件中反驳到，这并不是美国证监会所倡导的模式，因为美国证监会想要的是一个不超过12人的理事会，战略工作组这样暗示自己已经屈服于美国证监会是毫无用处的。[97]托尼·科普也对恩沃尔森和卡斯伯格在声明中的评论感到不安，他说："我们目前不想对这份组织架构的建议发表意见……"在一封给卡斯伯格的电子邮件中，科普写道："你和斯蒂格是不打算支持战略工作组的工作了吗？"他补充说："你们所提出的模式，不是'美国证监会的模式'，而是战略工作组的模式。"[98]

在被恩沃尔森和卡斯伯格称作"美国证监会模式"的10月22日简报声明的末尾，有一个斜体字的部分读起来像是一份冗长的异议。据说，这是"拒绝美国证监会模式的理由"。这个部分提出了一些问题（包括理事会的规模和组成以及地域代表性等），这些都是恩沃尔森本人曾在战略工作组中提出但遭到否决的问题。最初，这些斜体段落只是恩沃尔森对卡斯伯格初稿的编辑性评论。但是到了最后，原稿和编辑性评论在同一份简报中分别刊登了出来，但这显然没有经过恩沃尔森的同意。

---

96. 这份声明在形式上是向国际会计师联合会（IFAC）理事会提交的函件草稿，其标题为"The Reorganisation of IASC: A Note to IFAC Council, by Stig Enevoldsen and Bryan Carsberg", 1999.10.22（作者留存的文档）。

97. Sharpe给Enevoldsen和Carsberg的电子邮件，1999.10.25（作者留存的文档）。

98. Cope给Carsberg的电子邮件，1999.10.22, IASC archive, "Strategy" file（electronic）。

第 13 章　迈向世界标准制定者：IASC 的重组

10 月 29 日，就在与美国证监会会面之后，卡斯伯格（经恩沃尔森同意）向国际会计师联合会理事会提交了一份截然不同的摘要声明。在这个版本中，他将理事会的规模从 16 人改成了 14 人，其中至少应有 10 人是全职成员。批准草案和准则需要过半数的 8 票，低于战略工作组 7 月份商定的 65%。有人认为，卡斯伯格在与美国证监会会谈时听到了对方的要求，这促使他重写了这些建议，以使其更符合美国证监会的口味。国际会计师联合会理事会在开普敦会议上审议的正是这份声明，但战略工作组和 IASC 理事会似乎都没有看过这份文件。

我们不清楚卡斯伯格在修改理事会的规模、构成和运作等相关条款之前，是否咨询过爱德华·威泽，但大约在同一时间，战略工作组通过两次电话会议和一系列电子邮件重新考虑了这些问题。当威泽发现设在伦敦的 IASC 秘书处突然停止对战略工作组的修订草案作出答复时，他便在戴维·鲁德的协助下自行编写并分发了几个新的版本。他将这些草案以电子方式传送给战略工作组的其他成员，并将他们的意见纳入修改版，所有这些都是在两个星期内完成的。最后一个版本的落款日期是 11 月 12 日，也就是理事会在威尼斯召开会议的前三天。这份草案写到，理事会应由 12 名全职成员和 2 名兼职成员组成，投票仅需过半数即可通过。

13.11　1999 年 11 月在威尼斯召开的行政委员会和理事会会议

13.11.1　恩沃尔森和卡斯伯格的短笺：绕开战略工作组

IASC 理事会拟于 1999 年 11 月 15—19 日在威尼斯举行历史性的会议。这将是 IASC 重组方案"尘埃落定"的一次"摊牌"会议。但是，列入理事会会议议程的不是战略工作组建议的报告草案，而是恩沃尔森和卡斯伯格向理事会提交的说明中提出的一种模式。[99] 战略工作组还以为理事会将

---

99. "The Reorganisation of IASC—A Note from the Chairman and Secretary-General"，AP 11/1999 paper 12.

会在威尼斯会议上接收它的报告，会议之前发出的议程文件也证实了这一点。[100] 理事会没有事先征求战略工作组的意见就突然改变了会议议程，这令爱德华·威泽感到很不高兴。[101] 然而，理事会会议纪要中有关重组提案的章节开篇就指出，"战略工作组没有来得及将报告最终定稿，尽管离定稿仅有一步之遥"。[102]

恩沃尔森和卡斯伯格写道，他们所建议的模式"尚未被 IASC 的战略工作组最终采纳，尽管我们希望战略工作组能够这样做"。战略工作组中出席 IASC 此次理事会会议的，只有财务会计准则委员会（FASB）观察员托尼·科普、英国公共会计师行业派驻 IASC 代表团成员戴维·泰迪，以及恩沃尔森和卡斯伯格。工作组主席爱德华·威泽没有受到邀请。

显然，恩沃尔森和卡斯伯格已经适应了美国证监会的要求，因为他们在报告的开场白中这样写道：

> 我们希望美国证监会能够支持我们推荐的模式。我们认为，重组后的 IASC 将具备美国证监会所认为的国际准则制定者所必需的主要特征。虽然它并没有完整包含美国证监会的首选指标参数，但我们相信它已经足够接近美国证监会的合理要求。财务会计准则委员会（FASB）的观点似乎与美国证监会一致。

奇怪的是，他们在说明中建议成立一个 16 人的理事会，其中 4 人为兼职，10 票为可以认定为多数的门槛，这是三周前战略工作组草案中的参数。鉴于只有卡斯伯格在 10 月 29 日提交给国际会计师联合会理事会的函件上签了名，那么在他们二人联合递交给理事会的函件中，恩沃尔森是否仍坚持以最初的 16 人理事会规模为准？如上文所述，战略工作组此时已经由之前的方案变更为成立 14 人理事会、吸纳 2 名兼职成员、以过半数为通过标准。恩沃尔森和卡斯伯格还在他们的说明中插入了一项在非洲挑选一位受托人的条款，这在战略工作组的草案中从未提到过。恩沃尔森和卡斯

---

100. 参见 AP 11/1999 paper 1。

101. Edward Waitzer 发给战略工作组的备忘录，1999.11.11，IASC archive，"Strategy" file（electronic）。

102. IASC board meeting of 15–19 November 1999，minute 10。

第 13 章　迈向世界标准制定者：IASC 的重组

伯格最近刚刚与国际会计师联合会理事会举行了会议，国际会计师联合会理事会"原则上同意支持 IASC 的建议"。[103] 国际会计师联合会理事会的会议上就有人提出，战略工作组的建议草案中尚未规定从非洲大陆挑选受托人的问题。

恩沃尔森和卡斯伯格的这份说明，相当于告诉 IASC 理事会成员，他们所提交审议的模式与华沙会议上所讨论的模式类似。但当理事会会议开始时，行政委员会自己接管了会议，并重新制定了向理事会递交提案的整个程序。

13.11.2　行政委员会会议上的重大决定

1999 年 11 月 14 日，行政委员会"一致支持恩沃尔森和卡斯伯格提案（即纳入 IASC 理事会会议议程的说明）的主旨内容"，但该委员会成员希望能够确保得到美国证监会的持续支持。[104] 在讨论中，恩沃尔森虽然一开始还坚持自己的主张，但最后还是做出了让步。考虑到英美派在行政委员会占据主导地位的事实，恐怕只能说恩沃尔森属于少数派，而且他这派只有他一个人。[105] 由于恩沃尔森不赞成林恩·特纳一直以来坚持的重组计划，因此行政委员会决定派恩沃尔森以外的人向 IASC 理事会进行陈述。这个任务被派到了迈克尔·克罗赫身上，他是行政委员会成员，也是美国公共会计师行业派驻 IASC 理事会代表团成员，而且他认识特纳。克罗赫欣然接受。然而，对于行政委员会来说，最紧要的还是让克罗赫与特纳通话，以确保提交的提案能被美国证监会接受。这是克罗赫和理事会其他成员给特纳打的无数次电话中的第一次。实际上，在这些通话中，他们就最终提案的条款进行了谈判。特纳坚持要求理事会不能超过 14 个人，其中可以包括 2 名兼职成员。他知道战略工作组的最新草案中已经列出了这些条款。双方也讨论了一些其他的修订内容。最后，特纳向克罗赫保证，一旦 IASC

---

103. Minutes of meeting, IFAC Council, Cape Town, 4/5 November 1999, minute 4 (supplied by IFAC). 当然，这些都是 Carsberg 在发给 IFAC 理事会的信函中提出的建议。

104. IASC executive committee meeting of 14–15 November 1999, minute 2.

105. 行政委员会的成员除主席 Enevoldsen 之外，还有 Michael Crooch（美国）、David Damant（金融分析师）、Gilbert Gélard（法国）、Thomas Jones（财务主管，副主席）、Jan Klaassen（荷兰）、Patricia McConnell（金融分析师，副主席）和 Peter Wilmot（南非）。

—— 745

理事会批准他们协商过的条款，美国证监会将发布一份新闻稿，支持这份重组方案。此外，双方还一致同意让美国证监会在遴选新受托人的提名委员会方面发挥作用。克罗赫还给爱德华·威泽打了电话。威泽肯定地说，这个众所周知的"交易"是战略工作组可以接受的。托尼·科普和美国证监会会计部职员兼国际证监会组织派驻IASC理事会代表团成员D. J. 甘农，也与特纳、威泽和戴维·鲁德等人通了电话。至此，行政委员会一致同意，在必要的电话磋商后，最终的提案可以作为行政委员会的建议提交给理事会了。

没有人知道理事会会对这一提案作何反应。因此，行政委员会决定把审议该提案的理事会议程推迟几天，以便让托马斯·琼斯和帕特里夏·麦康奈尔两位副主席能够在迈克尔·克罗赫的协助下，有足够的时间与所有代表团会面。在理事会技术会议期间，琼斯和麦康奈尔与各代表团在走廊上交流了很久，一直到当天晚上，就为了解释采纳新组织架构的必要性，以及如果不采用该框架将会造成的负面后果。推迟议程还有一个原因，IASC主席恩沃尔森需要返回哥本哈根一天，参加一个审计客户的紧急会议。而当行政委员会将新组织架构呈递到理事会面前审议时，需要恩沃尔森出面主持会议。一些代表团的压力着实很大，另一些代表团的压力其实更大。

第二天回到威尼斯后，恩沃尔森从琼斯和麦康奈尔那里得知，他们认为自己已经获得了多数人的投票支持。他们表示，希望恩沃尔森能在理事会会议上支持拟议的组织结构。作为IASC的主席，这是恩沃尔森在IASC理事会任职多年以来的低谷。在这个至关重要的问题上，他失去了行政委员会的信任。尽管他一度考虑辞去主席一职，但最终他还是决定在当前形势下尽最大努力继续留任，并支持了多数人的观点。

13.11.3 "达成一致的方案"

IASC理事会最后达成一致的方案与战略工作组起草的最新版本非常相似，但也有一些不同之处。[106]IASC将成立一个提名委员会，由该委员会选

---

106. Tony Cope复印了Crooch的那份关于"一致方案"的笔记（作者留存的文档）。关于"一致方案"的要点，参见IASC board meeting of 15–19 November, 1999, minute 10。

出主席。受托人的人数应为19人，其中5人（而非工作组最新草案中的4人）将由国际会计师联合会提名，11人通过选举产生，另外还应有财务报表使用者、财务报表编制者和学者各1人。受托人的地域分布与战略工作组的最新草案相比没有变化：6人来自北美，6人来自欧洲，4人来自亚太地区，其余3人来自其他地区，前提是必须保持地域均衡。如上所述，理事会将由14名成员组成，其中只能有2名兼职成员，战略工作组已经接受了这一点。理事会成员的职务背景也与战略工作组的最新草案相同：至少应有5人为执业审计师；至少3人拥有编制财务报表的经验；至少3人有使用财务报表的经验；至少1人有学术背景。理事会成员的遴选将基于他们的专业知识，而不是地理位置。7名理事会成员将负责与指定的一些国家（或官方或民间的）准则制定机构联系，而战略工作组此前的最新立场是，"一些"成员将承担这种责任。征求意见稿和准则投票过半数即可通过，这也与最新的战略工作组草案一致。

该方案还提出，设立一个咨询委员会，继续保留常设解释委员会（SIC），配备技术人员，推行充分的应循程序（包括指导委员会），但方案中没有提供任何细节。

理事会成员的遴选标准如下：

- 具备财务会计的技术能力和知识；
- 具备分析能力；
- 具备沟通技巧；
- 能够作出公正的决策；
- 通晓财务报告环境；
- 能够在集体氛围中开展工作；
- 诚信、客观、自律；
- 忠诚于IASC的使命和公共利益。

这些标准与战略工作组在11月12日草案的附录A中规定的标准相同。

13.11.4　理事会会议情况

上述内容是1999年11月17日递交到理事会面前的提案的全部内容，这是在理事会五天会议中的第三天。会议向公众开放。这些内容仅以大纲和要点的形式展现。这正是克罗赫在理事会会议的一个备受期待的会议环节中,继主席恩沃尔森的开场致辞之后,口头向理事会提出的建议。[107] 理事会当时没有收到书面的文件。为了缓解紧张的气氛,克罗赫以一种自嘲的方式幽默地说,他希望他能说标准的英语,而不是俄克拉何马方言。在报告提案的大纲时,他表示该大纲已得到美国证监会的林恩·特纳的认可,美国证监会对重组后的 IASC 的支持对于重组成功至关重要。他说,大纲的条款已经确定,没有商量的余地了,理事会只能将其作为一揽子方案,投票支持或全盘否决。他强调了全票通过的重要性。一位为会议撰写报告的理事会成员说:"这有点像让火鸡投票支持感恩节。"(This is rather like getting turkeys to vote for Thanksgiving.)[108]

在几乎持续了一整天的讨论中,IASC 理事会了解到了战略工作组对该提案的大力支持。[109] 但战略工作组最新草案的实际内容只有身为工作组成员的科普、泰迪和卡斯伯格知道。[110] 托尼·科普告诉理事会,(美国证券市场上的)财务会计准则委员会(FASB)支持这份提案。泰迪向理事会保证 G4 也会支持这份提案。[111] 林恩·特纳支持提案的消息将刊载于美国证监会的新闻稿中,该新闻稿的内容也在会议上宣读了。所有"大人物"的支持意见就这样一一铺开了。

在讨论中,理事会成员对这个最终方案中的部分条款表示了担忧,尤其是新机构能否以及可从哪些渠道为新机构筹得足够的资金等问题。显然,战略工作组所估计的 1 000 万英镑的年度预算在会议上公开了。[112] 一些理事会成员表示,在投下最终一票之前,他们必须先去咨询他们的发起机构的意见。西格瓦德·赫林就说,他在理事会中是负责技术工作的,但此次投票是战略性的,他需要回去咨询瑞典的公共会计师行业协会。[113] 理事会

---

107. 本节对会议讨论内容的描述整理自 Tony Cope 在会议期间所做的笔记。

108. Nobes,"Strategy Wars: The Future of IASC",11.

109. Susan Harding 代表 Bryan Carsberg 发送给战略工作组成员的消息,1999.11.22,IASC archive,"Strategy" file (electronic)。

110. Enevoldsen 并不知道工作组最新草案的内容。

111. Enevoldsen 发给战略工作组成员的备忘录,1999.11.25,IASC archive,"Strategy" file (electronic)。

112. 参见 Nobes,"Strategy Wars: The Future of IASC", 11;"IASC Agrees Future Structure",*World Accounting Report*,2/10(1999.12/2000.01),2。

113. 2003 年 3 月 31 日作者与 Sigvard Heurlin 的访谈记录。

第 13 章　迈向世界标准制定者：IASC 的重组

成员对于新组织框架中各项职能将如何发挥作用存在许多疑问和顾虑，但目前谁也无法给出答案。一些人表示，在作出决定之前，他们想先看到内含支持性文字的成熟草案，然而他们目前只看到了方案内容的大纲。有些人询问各种数字基准是如何确定的，例如征求意见稿和准则的批准为何需要过半数成员达成一致意见，以及受托人的地域分布等。

一些公共会计师行业代表团成员，特别是来自欧洲大陆的公共会计师行业代表团成员，对理事会提出提案时"要么接受、要么退出"的强硬态度深感不安。他们在辩论期间之所以忍住没有发出批评的声音，可能是因为他们已经意识到，除了附和已经别无选择。

来自欧盟委员会的观察员卡雷尔·范胡勒对这份方案发表了最尖锐的评论。他将美国证监会比作乔治·奥威尔（George Orwell）的知名短篇小说《动物庄园》（*Animal Farm*）中的猪，并讽刺地说道："所有的动物都是平等的，但有些动物就是比其他动物更平等。"（All animals are equal, but some animals are more equal than others.）[114]

恩沃尔森站在提案方的立场上发言指出，国际会计师联合会理事会原则上通过了这份提案，这意味着会计行业已经做好了准备要放弃对 IASC 的控制。他多次向焦躁不安的理事会成员们表示，目前已经没有任何可以做出实质性改变的余地了，所以他敦促理事会成员不要再听国内的指示，凭良心投票就是了。

最后的计票结果为 16∶0，这震惊了所有人。事实证明，行政委员会的策略是成功的。这对美国证监会和那些赞成独立专家模式的理事会成员来说是一场胜利。换言之，对于那些赞成选民模式的人，比如欧盟委员会来说，这是一次失败。对 IASC 来说，它可以放心地相信，其准则可能会在全球最重要的资本市场上获得认可。但一些代表团认为，这不过是一次意向投票罢了，代表团之后还需要与各自的发起机构进行协商，并有机会在理事会 12 月于阿姆斯特丹举行的会议上论辩工作组的最终草案。卡斯伯格明确表示，新的 IASC 章程在 2000 年 3 月份的会议之前不会提交给理事

---

114. Van Hulle 在接受 BNA 记者采访时重复了这番话。参见 Steve Burkholder, "IASC Resolves to Change Structure; FASB Backs Change '100 Percent'", *BNA Securities Regulation & Law Report*, 31/45（1999.11.19）, 1555.

会投票表决。

正如林恩·特纳所承诺的那样，美国证监会于1999年11月17日发布了一份新闻稿，在新闻稿中，特纳对IASC理事会的决定表示赞赏，并对战略工作组和IASC理事会的辛勤工作表达了感谢。新闻稿援引他的话说："我非常看好这一路径，并期待着努力支持IASC采用和贯彻这一修订后的组织结构。"[115] 同一天，财务会计准则委员会（FASB）发表了一份公开声明，财务会计准则委员会主席埃德蒙·詹金斯在声明中称IASC理事会的决定是"事关财务报告未来发展的具有历史意义的里程碑，将使全世界的投资者受益"。[116]

11月19日，IASC公布了一份新闻稿，其中引用了恩沃尔森的一段话：

> 我们已经实现了我们长期以来的梦想。我们已经就拟议的组织结构达成了一致，这将使IASC朝着成为全球标准制定者的方向迈出一大步。这项提案不仅得到了我们理事会的明确支持，还得到了几个国家（或官方或民间的）准则制定机构、领先的公共会计师行业协会和国际会计师联合会理事会的大力支持。这项提案也得到了IASC行政委员会的大力支持，当然，也得到了我本人的支持。[117]

尽管恩沃尔森对结果表现得很乐观，但是他说出这番话应该是不容易的。

在理事会的领导看来，这是一次决定性的投票。这一结果在大西洋两岸都被大肆宣扬。战略工作组的任务是迅速将"达成一致的方案"纳入讨论文件。然而，不少代表团都期待着在12月于阿姆斯特丹举行的理事会会议上对具体详实的方案进行实质性的讨论。

---

115. "Statement of SEC Chief Accountant Lynn E. Turner on IASC Board Decision to Support Restructuring Plan"，SEC news release no. 99–152，dated 17 November 1999 (available at: http://www.sec.gov/news/press/pressarchive/1999/99–152.txt).

116. "Statement of Edmund L. Jenkins，FASB Chairman on the Revised Proposal to Restructure the IASC"，1999.11.17 (in the authors' files). 另见 Anthony Cope，"FASB Supports Proposed New Structure for IASC Board"，FASB Status Report，320（1999.12.27），2–3。

117. "IASC Board Reaches Momentous Decision on its Future Structure"，IASC，press release，1999.11.19，（available at: http://www.iasb.org/uploaded_files/documents/8_210_99pr1119.pdf）. 另见 Burkholder，"IASC Resolves to Change Structure；FASB Backs Change '100 Percent'"，1554–1555；"Strategy Working Party"，IASC Update，1999.11，1。

第 13 章　迈向世界标准制定者：IASC 的重组

13.12　从旧的 IASC 过渡到新的 IASC

13.12.1　战略工作组最终报告的编写和公布

战略工作组立即投入了工作，因为 IASC 秘书长卡斯伯格强烈认为，战略工作组的报告应尽可能在 1999 年 12 月 13—16 日于阿姆斯特丹举行的理事会会议前，提交给 IASC 理事会的各个代表团。[118] 因为战略工作组 11月 12 日的草案与理事会认可的方案已经非常接近，所以需要重新起草的内容主要是那些顺利地达成了一致的问题。战略工作组主要通过与秘书处的弗兰克·哈丁的一系列电子邮件，就措辞进行了许多修改。[119] 落款日期为 11 月 22 日和 27 日的两份过渡版本的草案，是在美国证监会的特纳的主持下逐字逐句地通过的。最后，工作组成员在 11 月 29 日的电话会议上签署了最终版本的草案。12 月 6 日，工作组发表了长达 33 页的报告，题为《关于塑造 IASC 未来的建议》。[120]

13.12.2　提名委员会成员的遴选

至关重要的是要使提名委员会尽快开始运作，以便能够及时选出受托人，并最终选出新理事会的成员，以期按照计划在 2001 年 1 月 1 日之前成立新的理事会。提名委员会将由 5～8 人组成，其任务就是任命首届受托人。在战略工作组的最终报告中，有人建议提名委员会应吸纳"监管机构、主要国际组织、大型跨国公司和公共会计师行业的资深成员"（第 21 段）。据了解，美国证监会主席阿瑟·莱维特有意加入提名委员会。提名委员会将选举出自己的主席，莱维特也将是主要的候选人。在威尼斯的投票结果

---

118. Susan Harding 代表 Bryan Carsberg 向战略工作组成员发送的消息，1999.11.22，IASC archive，"Strategy" file（electronic）。

119. 这些电子邮件的复印件留存于 IASC archive，"Strategy" file（electronic）。

120. "IASC's Strategy Working Party Issues Report to the IASC Board 'Recommendations on Shaping IASC for the Future'"，IASC press release，1999.12.06，IASC archive，"Strategy" file (electronic)(available at: http://www.iasb.org/ uploaded_files/documents/8_210_swp_rep.pdf)。

751

确定之后，卡斯伯格立即开始拟定提名委员会的候选人名单，并计划在于阿姆斯特丹举行的理事会会议上提交批准。在美国证监会的帮助下，一些关键人物接受了担任提名委员会成员的邀请：阿瑟·莱维特、法国证券交易委员会主席米歇尔·普拉达、英国金融服务管理局主席霍华德·戴维斯（Howard Davies）、香港证券及期货事务监察委员会主席沈联涛（Andrew Sheng）、世界银行行长詹姆斯·D.沃尔芬森（James D. Wolfensohn）、德勤会计公司首席执行官小詹姆斯·E.科普兰（James E. Copeland, Jr.）。卡斯伯格非常想邀请一位来自欧盟委员会的资深人士加入提名委员会，因为欧盟委员会反对IASC理事会在威尼斯会议上批准的提案。他同欧盟委员会进行了接触，但是欧盟委员会拖延了很长时间才作出回应。最后，在IASC理事会于阿姆斯特丹举行的会议上，卡雷尔·范胡勒透露欧盟委员会委员弗里茨·博尔克斯泰因（Frits Bolkestein）决定不加入提名委员会。[121] 显然，欧盟委员会无意在提名委员会中派驻代表。于是，卡斯伯格转而邀请德国会计准则委员会副主席、西门子监事会主席卡尔·赫尔曼·鲍曼。鲍曼应邀加入了提名委员会。[122]

如下文所述，在阿姆斯特丹，IASC理事会一致同意任命上述七个人为提名委员会成员，该委员会进而选举阿瑟·莱维特为主席。

13.12.3　理事会1999年12月在阿姆斯特丹召开的会议

在1999年12月13—16日的阿姆斯特丹会议上，IASC理事会代表团在拿到战略工作组的报告后，提出了一些非常棘手的问题。[123]IASC主席恩沃尔森在开场白中说，他本人、卡斯伯格和行政委员会都支持战略工作组报告中提出的建议。

有人对那些负责与一些国家（或官方或民间的）准则制定机构保持联络的全职理事会成员所扮演的角色提出了疑问。理事会认为，这些联络成员不应再在其国内（或官方或民间的）准则制定机构担任有投票权的成员，

---

121. 2006年3月1日Karel Van Hulle与作者的沟通。
122. 2005年1月14日作者与Bryan Carsberg的访谈记录。
123. IASC board meeting of 13–16 December 1999, minute 5, 以及Tony Cope在会议期间所做的笔记。参见"New Structure for a New Century", *IASC Insight*, 1999.12, 1–3。

第 13 章　迈向世界标准制定者：IASC 的重组

否则他们的独立性将会受到损害。

有人问理事会是否受威尼斯投票结果的约束，还有人问是否可以更改批准准则需要八票以上赞成票的条款以及不以地域标准筛选理事会成员的条款。恩沃尔森回答说，这些问题都是"不能通融的条件"（deal breakers）。他还说，已经在 11 月表决通过的提案整体不能再有任何变化。于是有一名成员质疑——那为什么还要开展这次讨论呢？

有人质疑指导委员会在理事会应循程序中的作用。理事会成员对指导委员会以往的有效性持不同意见。一位战略工作组成员表示，未来将会要求所有的主要项目都建立指导委员会。

有人怀疑受托人能否筹集到 1 000 万英镑的资金。行政委员会的一名成员答复说，主要的财务支持其实已经到位，而且这个预算数字是低于（美国证券市场上的）财务会计准则委员会（FASB）的。

还有人问，如果美国证监会与常设解释委员会（SIC）在准则解释方面存在分歧，会产生什么后果？这个问题至今仍然悬而未决。

有人对第 53 段的承诺事项提出了质疑，该承诺要求理事会成员"在理念上同意以公众利益为目的行事，并在决定和修订准则时使用 IASC 的框架（Framework）"。那么，是否应该明确框架的修订程序？

另外还有一些成员强烈建议章程不要写得太详细，以便让 IASC 能够与时俱进地予以调整。

在讨论结束时，理事会成员们再次以 16∶0 的投票通过了这份报告，并指示秘书处根据这份报告拟定修订章程的决议。在一次非公开会议上，理事会一致通过了提名委员会成员名单。[124] 这份名单公布于 1999 年 12 月的《IASC 更新》中。

13.12.4　IASC 提名委员会选出了新体制下的受托人

提名委员会的第一次会议是在位于华盛顿特区的美国证监会（SEC）办公大楼召开的。在那次会议结束之后，提名委员会发出了邀请。2000 年 2 月，提名委员会在位于巴黎的法国证券交易委员会（COB）办公室再次

---

124. IASC board meeting of 13–16 December 1999, minute 11.

召开会议。在这次会议中，与会成员对迄今所收到的提名的水准感到失望。作为提名委员会主席的美国证监会主席莱维特开门见山地强调说，受托人必须由国际上最有名望的人士组成，这些人要有足够的权力，且受人尊敬，这样才能让那些可能出任新理事会成员的候选人难以拒绝受托人的邀请。其他人听后颇为赞同，遂决定重新开始，向更高的目标进军。莱维特想要力邀保罗·沃尔克（Paul Volcker）这样声誉卓著的人士担任受托人。沃尔克是备受尊敬的联邦储备委员会前主席。一些人怀疑沃尔克是否会对这个职位感兴趣。最后，在各方的广泛支持下，莱维特亲自出马，不仅成功地邀请到了沃尔克担任受托人主席，还延揽了许多其他的受托人。

2000年5月22日，提名委员会宣布由选出的19名受托人来监督重组后的IASC理事会，其中，沃尔克为受托人主席。[125] 各大洲、五大会计公司中的三家、大型工业企业、金融机构、法律行业、证券市场监管机构和准则制定机构都有代表担任受托人。包括主席在内有5位受托人来自美国，这一点还是被会计媒体察觉到了。[126]

英国金融服务管理局主席、提名委员会成员霍华德·戴维斯在一次讲话中说："我们成功地召集了一群杰出的人士。保罗·沃尔克……将会给这项工作带来真正的权威性和影响力，就像其他受托人在自己的国家或地区将会产生的影响一样。"[127]

13.12.5　资金需求

IASC报告称，它正在"进行一项可行性与规划性研究，以确定能否筹集到5 000万至6 000万英镑的资金，这也就是按照每年1 000万英镑的经营预算估计的首期资金需求。"[128] 为此，IASC还征求了一家专门提供筹资方案服务的纽约咨询公司（名为Community Counselling Service Ltd）的伦敦

---

125. "Shaping IASC for the Future: IASC Nominating Committee Selects Initial Trustees of Restructured IASC"，IASC press release，2000.05.22，(available at: http://www.iasb.org/uploaded_files/documents/8_210_2000pr25.pdf)。参见"Key Stages Accomplished"，*IASC Insight*，2000.06，8。

126. "US Influence Weighs Heavy in IASC Trustee Choice"，*The Accountant*，5959（2000.06），8。

127. Howard Davies，remarks at IFAC 2000 Conference，Edinburgh，25 May 2000 (available at: http://www.fsa.gov.uk/Pages/Library/Communication/Speeches/2000/ sp48.shtml)。

128. "Funding the Restructured IASC"，*IASC Insight*，2000.03，8。

成员公司的意见。收到的建议是，IASC 应当把融资重点放到"全球业界的私营机构"上，特别是主要的国际会计公司、证券交易所、跨国银行、跨国保险公司和证券公司以及跨国企业。在对欧洲和北美的上述机构的 62 位人士进行的采访中，有 48 人表示他们愿意在力所能及的范围内提供资金支持。[129] 筹集资金的任务将由受托人承担。保罗·沃尔克担任受托人财务委员会（finance committee）主席。

13.12.6　IASC 理事会批准了新章程

新章程的批准需要 IASC 理事会超过 3/4 的成员同意。2000 年 3 月 16 日，IASC 理事会在巴西圣保罗举行会议，一致通过了重组后的 IASC 的新章程。[130] 重组后的 IASC 的目标是制定"一套高质量的、可理解和可执行的全球会计准则……；促进这些准则的使用和严格实施；推动一些国家的会计准则和国际会计准则实现更高水平的趋同"（第 2 条）。

13.12.7　IASC 成员机构批准 IASC 的重组方案

IASC 的重组方案获得来自 104 个国家的 143 个公共会计师行业协会（即 IASC 成员机构）过半数的赞成票即可通过。[131]2000 年 5 月 24 日，在国际会计师联合会（IFAC）于爱丁堡举行的会员大会上，IASC 各成员机构全票通过了 IASC 的重组方案，标志着这一重大改革进入了最后阶段。[132] 通过这次投票，IASC 终于摆脱了公共会计师行业的控制。

虽然最后的投票显得很轻松，但其实说服各成员机构投票赞成重组方案的过程并不容易。在恩沃尔森主席发表精心准备的演讲之后，众多的成

---

129. Final report, Fund Raising Feasibility and Planning Study, 由 Community Counselling Service Ltd 提供，2000.04，7（作者留存的文档）。

130. "Shaping IASC for the Future: IASC Board Approves New Constitution", IASC press release, 2000.05.24,（availabl at: http://www.iasb.org/ uploaded_files/documents/8_210，2000）.参见 IASC board meeting of 13–17 March 2000, minute 1. 关于会议的报告，参见 Christopher Nobes, "Work Continues at the Old IASC While the New IASC Takes Shape", *Accounting & Business*, 3/4（2000.04），13–14。

131. "IASC Constitution", *IASC Update*, undated (probably April 2000), 1.

132. "Shaping IASC for the Future: IASC Members Approve Restructuring", IASC press release, 2000.05.24 (available at: http://www.iasb.org/docs/press/2000pr16.pdf)。

员机构进行了长时间的辩论，一些代表提出了批评而非支持的意见。IASC 的领导层对投票结果惴惴不安，因为他们没有料到会有这么多的反对意见。接着，恩沃尔森临时起意，做了十分钟的即兴演讲，极力捍卫 IASC 理事会批准的重组模式，并辩称，由公共会计师行业控制全球会计标准制定者的时代已经过去了。他最后成功了。

13.12.8 受托人遴选重组后的理事会的新成员

在新任命的受托人召开第一次会议之前，出现了一个紧急的事项，受托人需要作出决定，是否应该说服（英国）会计准则理事会（ASB）主席戴维·泰迪担任重组后的 IASC 理事会的主席。当时有传言称，苏格兰一所著名大学已经邀请泰迪担任副校长，于是大家立刻开始担心 IASC 将无缘把泰迪延揽入怀。泰迪在爱丁堡大学获得了博士学位，目前还在该学校担任兼职教授。在一番匆忙的电话会议之后，美国证券市场方面对于如何邀请泰迪进行了精心的策划。美国证监会主席莱维特、美国证监会首席会计师林恩·特纳和财务会计准则委员会主席埃德蒙·詹金斯三人分别致电泰迪，劝说他接受 IASC 理事会主席一职。霍华德·戴维斯也在这一过程中发挥了重要作用。莱维特和特纳还与沃尔克一同讨论了泰迪的加入将会给 IASC 理事会的声望和地位带来的益处。[133] 最后，受托人在 6 月 28 日举行的第一次会议上一致通过，正式向泰迪发出了邀请，泰迪也接受了这个邀请。[134] 其他的 IASC 理事会成员由受托人按照正常的应循程序进行任命：先是宣布要招募候选人，然后接收申请并进行面试。受托人肯·斯潘塞担任了提名委员会主席。2001 年 1 月 25 日，IASC 理事会 14 名成员的名单公布，其中包括 8 名 IASC 理事会原代表或观察员（用星号标注）。名单

---

133. 2005 年 4 月 20 日作者与 Arthur Levitt 的访谈记录；2004 年 11 月 19 日与 Lynn Turner 的访谈记录；2005 年 6 月 7 日与 Edmund Jenkins 的访谈记录；2006 年 2 月 10 日与 Howard Davies 的访谈记录。

134. "First Meeting of IAS Trustees and Appointment of New IASC Board Chair", IASC press release, 2000.06.29,（available at: http://www.iasb.org/ uploaded_files/documents/8_210_2000 pr18.pdf）。参见 "IASC Chairman Named", *World Accounting Report*, 3/7（2000.09), 3; "Tweedie to Chair IASC", *Accountancy*, 126/1284（2000.08), 8; Andrew Bolgor, "New Role for Accounts Watchdog", *Financial Times*, 2000.06.30, 25; "Cabinetmaking", *IASC Insight*, 2000.09, 7。

第13章 迈向世界标准制定者：IASC 的重组

如下[135]：

主席：戴维·泰迪爵士*——会计准则理事会（ASB）全职主席，毕马威会计公司伦敦成员公司前合伙人（英国）

副主席：托马斯·琼斯*——花旗集团退休执行副总裁，财务会计基金会（FAF）前受托人（美国）

玛丽·巴思（Mary Barth，兼职）——斯坦福大学会计学教授，安达信会计公司前审计合伙人（美国）

汉斯－格奥尔格·布伦斯（Hans-Georg Bruns）——戴姆勒－克莱斯勒公司首席会计师（德国）

托尼·科普*——财务会计准则委员会（FASB）成员，前证券分析师（美国）

罗伯特·加尼特（Robert Garnett）——英美资源集团财务执行副总裁（南非）

吉尔伯特·格拉德*——毕马威会计公司巴黎成员公司合伙人，曾任两个工业集团的首席会计师，也曾就职于法国注册会计师协会（法国）

罗伯特·赫茨（Robert Herz，兼职）——普华永道会计公司纽约成员公司技术合伙人（美国）

詹姆斯·莱森林*——财务会计准则委员会（FASB）国际事务主管，财务会计准则委员会前副主席（美国）

沃伦·麦格雷戈*——史蒂文森－麦格雷戈墨尔本成员公司合伙人，澳大利亚会计研究基金会前执行董事（澳大利亚）

帕特里夏·奥马利（Patricia O'Malley）——加拿大会计准则委员会全职主席，毕马威会计公司多伦多成员公司前合伙人（加拿大）

哈里·施密德*——雀巢公司退休资深副总裁（瑞士）

杰弗里·惠廷顿（Geoffrey Whittington）——剑桥大学财务会计学教授，会计准则理事会（ASB）成员（英国）

山田辰己（Tatsumi Yamada）*——普华永道公司旗下的东京中央青山

---

135. "IASC Trustees Announce New Standard-Setting Board to Reach Goal of Global Accounting Standards"，IASC press release，2001.01.25（available at: http://www.iasb.org/uploaded_files/documents/8_210_2001pr01.pdf）.

审计公司合伙人，日本企业会计商议委员会（BADC）原成员（日本）

琼斯和科普是英国公民，尽管他们的职业生涯主要是在美国度过的。那些像欧盟委员会一样倾向于建立一个具有广泛地域代表性的理事会的机构，不可能不注意到，14名理事会成员中有9名来自G4，这个比例已经超过了批准征求意见稿或准则所需要的过半数。

鉴于新改组的IASC理事会已准备开始运行，G4+1在2001年1月30日至2月1日的会议上决定解散，并取消了之前规划的一切活动。[136] 其实，两位G4+1前任主席（戴维·泰迪和吉姆·莱森林），以及长期任职于G4+1的麦格雷戈，都已经被任命为重组后的IASC理事会的成员了。另一位G4+1前任主席肯·斯潘塞也成为受托人理事会的成员。

13.12.9　IASC结束历史使命

在2000年12月11—13日于伦敦举行的会议之后，IASC理事会就不再进一步处理任何事务了，只做了一些剩下的行政工作。在理事会会议最后一天的晚上，IASC在伦敦戈德史密斯大厅举行了一场庆祝暨告别晚宴，出席晚宴的有理事会成员和观察员、工作人员、几位特邀嘉宾，以及六位IASC前主席：约翰·赫普沃思、汉斯·伯格拉夫、斯蒂芬·埃利奥特、约翰·柯克帕特里克、乔治·巴尔泰斯、德·吕泰尔和斯蒂格·恩沃尔森。自1973年6月28日成立，一直是非法人社团的IASC在持续运作27年半之后，终于在受托人宣布新章程生效的2001年1月21日宣告解散了。

如第12.3.7节所述，2000年6月，欧盟委员会宣布将通过立法，要求所有的欧盟上市公司从2005年起在合并报表中采用国际会计准则。这一决定对新理事会来说是一个巨大的鼓舞。

IASC的创始人亨利·本森爵士在1975年预言IASC的工作成效将在2000年显现出来，他的预言是正确的（见第3.2节）。很多国家原本想要维护其在制定会计准则方面的主权，但世界资本市场的变化最终还是战胜了来自这些国家的阻力。

---

136. 参见德勤的IAS PLUS网站，2001.02.12（网址为http://www.iasplus.com/pastnews/2001feb.htm）。

附录1 1973年IASC《协议》与《章程》文本

建立国际会计准则委员会（IASC）的协议

1973年6月29日，星期五，伦敦

《协议》

1.签字的各公共会计师行业协会在此集体同意：

（a）建立并维持一个国际会计准则委员会（其成员资格和权力如下所述），用来制定和发布符合公共利益的、可供企业编制经审计的账目和财务报表使用的基本准则，并促进其在全球范围内被接受。

（b）支持国际会计准则委员会的理事会[*]颁布的准则。

（c）尽最大努力：

（i）确保企业遵循这些准则编制财务报表，或者披露与准则不一致的程度，并说服政府、证券市场监管部门以及行业团体认同企业应当按照这些准则编制和公布财务报表；

（ii）确保审计师以公司账目遵循这些准则为允当性的评判标准。如果公司账目不符合这些准则，审计报告则应指明不合规披露的情况，或者说明未遵从准则的程度。

（iii）确保审计师尽快对审计报告不符合（ii）中要求的情况

---

[*] 原文为the Committee，1977年更名为Board，详见第1.2.2节，本书及本附录将其统称为理事会。——译者

采取恰当的措施。

（d）寻求国际上对这些准则的普遍认可和遵守。

2. 签署本协议的各公共会计师行业协会在此进一步同意，国际会计准则委员会（其组织目标、职能、权力、构成、组织和财务安排在《章程》中规定）应是国际会计职业协调委员会（在悉尼的第十届国际会计师大会上由公共会计师行业协会代表团团长会议成立）的一部分，但在公布征求意见稿和准则方面是自主的。在1976年年底之前，未经国际会计准则委员会和国际会计职业协调委员会的同意，不得审查国际会计准则委员会的《章程》。

《章程》

成员资格

1.（a）理事会的成员将由签署本章程的各国公共会计师行业协会提名，每个国家不得派驻超过2名成员（就本章程而言，英国和爱尔兰共和国将被视为一个国家）。派驻成员可在一名职员观察员的陪同下参加理事会的会议。

（b）未能根据上述（a）项条款在理事会中派驻代表的国家的公共会计师行业协会，在理事会确信其符合以下条件时，可以成为准成员：该公共会计师行业协会愿意遵守《协议》中规定的组织目标；能够代表其所在国的公共会计师行业；拥有使其能够为理事会的工作做出贡献的准则和资源；愿意应理事会邀请，提名其成员执行特定任务或加入理事会为完成某些任务而成立的工作组或工作小组。准成员没有出席理事会会议或投票的资格，但可以在受到邀请时参加理事会会议。

（c）理事会成员和被提名为准成员的人员不应将自己视为代表某些部门的利益，而应以为公共利益和整个公共会计师行业的普遍利益行事的需求为指导。

高级职员

2. 理事会应由一名主席主持事务，主席从理事会成员中以简单多数票选举产生，任期两年，不能连任。

投票

3. 在理事会派驻代表的每个国家应有一票表决权，表决形式为举手表决或邮寄投票表决。除另有规定外，理事会应以简单多数票通过一项决定。

权力

4.（a）理事会在获得三分之二赞成票的情况下，有权以自身的名义公布征求意见稿提案（包括对现有准则的修订）以征求意见。征求意见稿应发送给被授权参加国际会计师大会的公共会计师行业协会，也可以依理事会决定，发送给政府、证券市场、监管机构和其他机构。

（b）在适当的评议期过后，理事会应审查这些提案，并酌情决定是批准、修改还是废弃。只有在经表决获得总投票权的四分之三以上赞成票时，才能公布一项准则。如此批准的每一项准则都将在签署本章程的公共会计师行业成员协会以及准成员协会所在国予以公布。这些准则也将发送给被授权参加国际会计师大会的其他公共会计师行业协会，还可以依理事会决定，发送给政府、证券市场、监管机构和其他机构。

（c）理事会公布的征求意见稿或准则中不会包含各项反对意见。但是，征求意见稿中将包含支持和反对采用某项特定准则的观点。

运营流程

5.（a）理事会应在不违背此章程条款的前提下，自行决定运营流程。

（b）所有征求意见稿和准则的最终文本应以英文公布。理事会应授权各公共会计师行业成员协会翻译征求意见稿和准则。在一国之内翻译、出版和分发文件副本的成本应由该国的公共会计师行业协会承担。

财务安排

6.（a）理事会应编写下一个日历年度的财务预算，并于每年8月提交给签署本章程的公共会计师行业协会组成的理事会。

（b）各个国家应于每年1月1日捐款，捐款金额应为该年年度预算的九分之一。

（c）以下费用将从理事会的收入中支取：

（i）理事会的常设办公地点聘用工作人员的成本和运营成本，不包括应由办公地点所在国的一个或多个公共会计师行业协会承担的办公场地租金、房产税和其他税款；

（ii）在理事会派驻代表的每个国家的一名成员的差旅费、酒店住宿费和杂费；

（iii）需要参加理事会会议的常任工作人员的差旅费、酒店住宿费和杂费。

（d）任意年份的所有收支盈余均由理事会保留并结转至下一年。

（e）向理事会派驻代表的每个国家的第二名成员和职员观察员的差旅费、酒店住宿费和杂费，应由该国的一个或多个公共会计师行业协会承担。同样的安排将适用于准成员提名的加入理事会工作组或代表理事会执行特定任务的人员。

会议

7. 理事会会议应在理事会成员共同同意的时间和地点举行。

常设办公室

8. 理事会常设办公室设在伦敦。

秘书处

9. 经理事会批准，英国和爱尔兰共和国的各公共会计师行业协会将负责为伦敦常设办公室征聘工作人员。

澳大利亚特许会计师协会和澳洲会计师公会代表和签字人
E. H. BURGESS

加拿大特许会计师协会代表和签字人
P. HOWARD LYONS

法国注册会计师协会代表和签字人
ROGER CAUMEIL

德国公共会计师协会代表和签字人
DR. KRAFFT FRHR. VON DER TANN

日本公认会计士协会代表和签字人
SHOZO TATSUMI

附录 1　1973 年 IASC《协议》与《章程》文本

墨西哥公共会计师协会代表和签字人

J. FREYSSINIER

荷兰注册会计师协会代表和签字人

J. W. SCHOONDERBEEK

英格兰及威尔士特许会计师协会、苏格兰特许会计师公会、爱尔兰特许会计师公会、注册会计师协会、成本与管理会计师协会、市政司库与会计师协会代表和签字人

HENRY BENSON

美国注册会计师协会代表和签字人

WALLACE E. OLSON

附录 2　主席和高级职员

Chairmen

June 1973–July 1976	Sir Henry Benson (Coopers & Lybrand) (United Kingdom)
July 1976–June 1978	Joseph Cummings (Peat, Marwick Mitchell) (United States)
July 1978–June 1980	John Hepworth (Yarwood Vane/Deloitte) (Australia)
July 1980–October 1982	Hans Burggraaff (Binder Dijker Otte) (The Netherlands)
November 1982–March 1985	Stephen Elliott (Arthur Andersen) (Canada)
April 1985–October 1987	John Kirkpatrick (KMG Thomson McLintock) (United Kingdom)
October 1987–June 1990	Georges Barthès de Ruyter (Arthur Andersen) (France)
July 1990–December 1992	Arthur Wyatt (Arthur Andersen) (United States)
January 1993–June 1995	Eiichi Shiratori (IONA International Corporation) (Japan)
July 1995–December 1997	Michael Sharpe (Coopers & Lybrand) (Australia)
January 1998–June 2000	Stig Enevoldsen (Deloitte & Touche) (Nordic Federation of Public Accountants)
July 2000–February 2001	Thomas Jones (Citigroup) (United States)

Deputy Chairmen and Vice-Chairmen

Deputy Chairmen

Michael Sharpe, elected in October 1992
Stig Enevoldsen, elected in May 1995

Vice-Chairmen

Patricia McConnell (United States), elected in October/November 1997 for a term beginning in January 1998
Thomas Jones (United States), elected in October/November 1997 for a term beginning in January 1998

Secretaries

June 1973–June 1975	Paul Rosenfield (AICPA)
July 1975–November 1977	John Brennan (University of Saskatchewan)
December 1977–September 1979	Roy Nash (Arthur Young, New York)
October 1979–December 1981	Allan Cook (Unilever, London)

附录 2　主席和高级职员

January 1982–December 1983   Geoffrey Mitchell (Flinders University of South Australia)

All were seconded from their firms or universities.

Secretaries-General

January 1984–March 1985	Geoffrey Mitchell
April 1985–December 1994	David Cairns (Stoy Hayward, London)
January 1995–May 1995	Liesel Knorr (KPMG, Köln)(acting secretary-general)
May 1995–December 2000	Sir Bryan Carsberg (UK Office of Fair Trading)

Assistant Secretaries

July 1973–June 1975	Richard Simmons (Arthur Andersen, London)
July 1975–March 1977	Christopher Relleen (Deloitte, London)
April 1977–May 1979	Hugh Richardson (Coopers & Lybrand, London)
June 1979–May 1981	Peter Akins (Yarwood Vane/Deloitte, Sydney)
June 1981–May 1983	Brian Shearer (Grant Thornton, London)
June 1983–September 1985	John Bloxsome (Spicer and Pegler, London)
October 1985–March 1987	Brian Rutherford (University of Kent at Canterbury)

The first six were seconded from their firms. Rutherford resigned from his university upon joining the IASC staff.

Technical Directors

1991	Robert Langford
1991–1992	Brigid Curran
1994–1999	Liesel Knorr
1999–2000	James Saloman

Affiliations are shown as of the time when the individuals took up their indicated position with the IASC.

附录3　1973—2000年IASC代表团成员

Notes: This list does not include substitute members or incidental visitors. The staff observer was renamed technical adviser in 1990. Affiliations are shown as of the time when the individuals joined the IASC board.

Founding Delegations

Australian Delegation

Dick Burgess	1973–4 (Arthur Young)
Ron Munro	staff observer 1973–5 (Australian Society of Accountants)
John Hepworth	1974–80 (Yarwood Vane & Co.)
Tony Kewin	staff observer 1974–5 (Hungerfords)
Phillip Cox	1978–80 (Phillip C.E. Cox)
John Bishop	1980–3 (Peat Marwick)
Kenneth Spencer	1983–5; 1998–2000 (Peat Marwick)
Ronald Cotton	1985–7 (John Fairfax)
Warren McGregor	staff observer/technical adviser 1986–99 (AARF)
David Boymal	1988–90; 1998–9 (Arthur Young)
Brigid Curran	1990–1 (Coopers & Lybrand)
Jan McCahey	deputy technical adviser 1991–3; 1995–8 (AARF)
Michael Sharpe	1990–7 (Coopers & Lybrand)
Ian Hammond	1995–2000 (Price Waterhouse)
Geoffrey Heeley	1995–7 (BHP)
Angus Thomson	technical adviser 1999–2000 (AARF)
Brian Morris	2000 (Edwards Marshall & Co.)

Canadian Delegation

Howard Lyons	1973–7 (Haskins & Sells)
Doug Thomas	1973–81 (CICA)
Morley Carscallen	1976–9 (Coopers & Lybrand)
Stephen Elliott	1979–85 (Arthur Andersen)
Douglas Hagerman	1981–5 (NOVA Corporation)
Doug Thomas	staff observer 1982–3 (CICA)
John Denman	staff observer 1983–95 (CICA)
Bruce Irvine	1984–7; 1996–7 (University of Saskatchewan)
Michael Dawson	1986–9 (Consolidated-Bathurst, Inc.)
Arthur Guthrie	1988–92 (A. Guthrie & Associates)
Paul Cherry	1989–95; 1999–2000 (Coopers & Lybrand)

Hank Howarth	1993–6 (JHD Associates)
Alex Milburn	1995–8 (Ernst & Young)
Robert Rutherford	technical adviser 1996–2000 (CICA)
James Gaa	1997–2000 (University of Alberta)

French Delegation

Robert Mazars	1973–8 (Mazars)
Alfred Cordoliani	staff observer 1973–6 (Ordre des Experts Comptables)
André Henrot	1973–4 (Fiduciaire de l'Est)
Camille Bodès	1976–7 (sole practitioner)
Dominique Ledouble	staff observer 1976–81 (Ordre des Experts Comptables)
François Capelo	1979–83 (Arthur Young)
Patrice Cardon	staff observer 1980–5 (Ordre des Experts Comptables)
Georges Barthès de Ruyter	1982–90 (Frinault Fiduciaire/KMG)
Jean-Pierre Lagarrigue	1984–5 (Pavie & Associés)
Jean-Claude Scheid	staff observer 1985–7 (Ordre des Experts Comptables)
Jean-Luc Dumont	1985–97 (Salustro, Vincent, Gayet & Associés)
Raymond Béthoux	1988–92 (Béthoux, Burner & Associés A.T.H.)
Marc Ghiliotti	staff observer 1988 (Ordre des Experts Comptables)
Gilbert Gélard	staff observer 1988–97 (Ordre des Experts Comptables)
Gilbert Gélard	1998–2000 (KPMG)
Bernard Jaudeau	1992–7 (Thomson)
Jean Keller	1997–2000 (Lafarge)
Annie Moutardier-Mersereau	technical adviser 1997–9 (Ordre des Experts Comptables)
Christophe Patrier	technical adviser 1999–2000 (Ordre des Experts Comptables)

German Delegation

Krafft Freiherr von der Tann	1973–80 (sole practitioner)
Horst Kaminski	staff observer 1973–8 (IdW)
Hans Havermann	1973–5 (DTG Vereinigte Deutsche Treuhandgesellschaft)
Otto Grünewälder	1975–80 (sole practitioner)
Peter Marks	staff observer 1978–90; 1991–2 (IdW)
Henner Schmick	1980–3 (Wohnungswirtschaftliche Prüfungs- und Treuhand)
Peter Meyer	1981–4 (BDO Deutsche Warentreuhand)
Wilhelm Tjaden	1984–9 (Deutsche Baurevision)
Manfred Bolin	staff observer 1989–90 (IdW)
Dietz Mertin	1989–91 (Coopers & Lybrand Treuarbeit Deutsche Revision)
Heinz Kleekämper	1991–7 (Schitag Ernst & Young)
Bernd-Joachim Menn	1993–8 (Bayer)
Albrecht Ruppel	technical adviser 1993–9 (IdW)
Jochen Pape	1998–2000 (PricewaterhouseCoopers)
Helmut Berndt	1999–2000 (Henkel)
Klaus-Peter Naumann	technical adviser 1998–2000 (IdW)

国际会计准则史

Japanese Delegation

Junichi Kawaguchi	1973–5 (Asahi & Co.)
Shozo Tatsumi	1973–5 (Tatsumi & Associates)
Seigo Nakajima	staff observer 1973–5 (International Christian University)
Seigo Nakajima	1975–88 (International Christian University/Ferris Jogakuin)
Yukio Fujita	staff observer 1976–9; 1981 (Waseda University)
Eiichi Shiratori	staff observer 1982–3 (Arthur Andersen/Asahi)
Eiichi Shiratori	1983–8; 1990–5 (Arthur Andersen/Asahi)
Toshiaki Katsushima	staff observer 1983–7 (Deloitte Haskins & Sells)
Tadaaki Tokunaga	1985–92 (Shinko Management Services)
Noriaki Kinoshita	1988–9 (Inoue Chuo Kyodo audit corporation)
Etsuo Sawa	technical adviser 1992–9 (JICPA)
Yukio Ono	1992–5 (Deloitte Touche Tohmatsu)
Ikuo Nishikawa	1993–8 (KPMG Century Audit Corporation)
Tatsumi Yamada	1996–2000 (Chuo Audit Corporation/Coopers & Lybrand)
Shozo Yamazaki	1998–2000 (Deloitte Touche Tohmatsu)

Mexican Delegation

Manuel Galván Cebrián	1973–8 (Gonzalez Vilchis/Price Waterhouse)
Luis Nieto Martínez	1979–81 (DH&S)
Leopoldo Romero Escobar	1979–83 (Galaz, Carstens/Touche Ross)
Rolando Ortega Vázquez	staff observer 1981 (Despacho Roberto Casas Alatriste/Coopers & Lybrand)
Rolando Ortega Vázquez	1982–6 (Coopers & Lybrand)
Jesús Hoyos Roldán	staff observer 1982–3 (Price Waterhouse)
Jesús Hoyos Roldán	1984–7 (Price Waterhouse)
Alfonso Campaña Roiz	1986–7 (Ernst & Whinney)

NO DELEGATION FROM 1988 TO 1994

Rafael Gómez Eng	1995–7 (Cárdenas Dosal/KPMG)
María Estela Imamura Ogushi	1995–7 (Galaz, Gómez Morfin/Deloitte & Touche)
Juan Gras Gas	1996–8 (Ruiz, Urquiza/Arthur Andersen)
Luis Moirón Llosa	1998–2000 (Gonzalez Vilchis/PricewaterhouseCoopers)
Carlos Buenfil	technical adviser 1998–2000 (Ruiz, Urquiza/Arthur Andersen)

Netherlands Delegation

Pieter Louwers	1973–4 (Philips)
Henk Treffers	1973–8 (Moret & Limperg)
Henk Volten	staff observer 1973–87 (NIVRA)
Is Kleerekoper	1975–9 (Klynveld Kraayenhof)

附录 3　1973—2000 年 IASC 代表团成员

Hans Burggraaff	1979–82 (Dijker en Doornbos)
Jan Uiterlinden	1980–1 (Klynveld Kraayenhof)
Herman Marseille	1982–90 (Dijker Van Dien)
Frans Graafstal	1982–8 (Klynveld Kraayenhof)
Johan van Helleman	1988–97 (Royal Dutch/Shell)
Cor Regoort	technical adviser 1990–3 (NIVRA)
Jan Klaassen	1991–2000 (KPMG)
Cees Dubbeld	technical adviser 1993–8 (NIVRA)
Jean den Hoed	1998–2000 (Akzo Nobel)
Ruud Vergoossen	technical adviser 1998–2000 (NIVRA)

United Kingdom & Ireland Delegation (United Kingdom from 1988 onwards)

Sir Henry Benson	1973–6 (Coopers & Lybrand)
Alexander Mackenzie	1973–8 (Whinney Murray & Co.)
Jeremy Winters	staff observer 1973–6 (ICAEW)
John Grenside	1976–80 (Peat Marwick)
Nick Reece	staff observer 1976–9 (ICAEW)
John Kirkpatrick	1978–83, 1984–7 (Thomson McLintock)
David Tweedie	staff observer 1979–81 (ICAS)
David Hobson	1980–5 (Coopers & Lybrand)
Simon Timms	staff observer 1980–3 (ICAEW)
Jeff Pearcy	1983 (ICI)
Susan Baker	staff observer 1983–6 (ICAEW)
Gerard Murphy	1985–9 (Anglo Irish Bank, Dublin)
Christopher Stronge	1985–90 (Deloitte)
Geoffrey Mitchell	staff observer 1986–90 (ICAEW)
Peter Stilling	1990–5 (Touche Ross)
Stanley Thomson	1991–3 (Ford Motor Company)
Henry Gold	technical adviser 1991–5 (ICAEW)
Christopher Nobes	1993–2000 (University of Reading)
Sir David Tweedie	1995–2000 (ASB)
Bruce Picking	technical adviser 1995–7 (ICAEW)
David Perry	technical adviser 1997–2000 (ICAEW)

United States Delegation

Joseph Cummings	1973–8 (Peat Marwick)
Robert Sempier	staff observer 1973–7 (AICPA)
Eugene Minahan	1976–9 (Atlantic Richfield)
Donald Hayes	1978–81 (Arthur Young)
Paul Rosenfield	staff observer 1978–85 (AICPA)
Willis Smith	1979–82 (CPC International)
Roger Cason	1981–2 (Main Hurdman)
Ralph Harris	1982–5 (IBM)
Dennis Beresford	1982–4 (Ernst & Whinney)
Ralph Walters	1984–7 (Touche Ross)
Thomas McRae	staff observer 1985–9 (AICPA)

John Chironna	1986–92 (IBM)
Arthur Wyatt	1988–92 (Arthur Andersen)
John Hudson	technical adviser 1990–5 (AICPA)
Arlene Rodda Thomas	1990–4 (Coopers)
Ronald Murray	technical adviser 1993, 1995 (AICPA)
Jay Perrell	1994–7 (American Express)
Barry Robbins	1994–7 (Price Waterhouse)
Richard Stuart	technical adviser 1995–6 (AICPA)
Jane Adams	technical adviser 1996–7 (AICPA)
Michael Crooch	1997–2000 (Arthur Andersen)
Mitchell Danaher	1997–2000 (General Electric)
Elizabeth Fender	technical adviser 1997–2000 (AICPA)
Fred Gill	joint technical adviser 1998–9 (AICPA)
John Smith	2000 (October and December) (Deloitte & Touche)

Non-Founding Delegations

South African Delegation (from 1995 onwards the South African/Zimbabwe Delegation)

Warwick Thorby	1978–86 (Peat Marwick)
Jock Porteous	1978–83 (Goldby, Compton & Mackelvie/Touche Ross)
Derrick Robson	staff observer 1978–82 (National Council/SAICA)
Rick Cottrell	1983–9 (Coopers)
Peter Wilmot	1988–93; 1997–2000 (Pim Goldby/Touche Ross)
Douglas Brooking	1990–1; 1992–5; (Ivor Jones, Roy & Co.)
Monica Singer	technical adviser 1993–5 (SAICA)
Ian Somerville	1993–7 (South African Breweries)
Peter Bailey	technical adviser 1995–7 (KPMG, Zimbabwe)
Rosanne Blumberg	technical adviser 1996–7 (SAICA)
Erna Swart	1998–9 (SAICA)
Leslie Anderson	technical adviser 1997–2000 (Deloitte & Touche, Zimbabwe)
Erna Swart	technical adviser 2000 (SAICA)

Nigerian Delegation

Adedoyin Ogunde	1979–83 (Peat Marwick)
Oyeniyi Oyediran	1979–82 (Coopers)
Michael Ayodeji Oni	1983–7 (Ernst & Young)
Chief Olusegun Osunkeye	1984–7 (Nestlé Nigeria)

Italian Delegation

Giancarlo Tomasin	1983–94 (Studio Tomasin Commercialisti)
Mario Zappalà	1983–6 (Arthur Andersen)
Giuseppe Verna	1987–92 (Studio Verna)
Ambrogio Picolli	staff observer 1988–9 (Studio Associato Picolli)
Fabrizio Ferrentino	technical adviser 1992–3 (Consiglio Nazionale)

附录 3　1973—2000 年 IASC 代表团成员

International Co-Ordinating Committee of Financial Analysts Associations (International Council of Investment Associations from 1988 onwards)

David Damant	1986–2000 (Quilter Goodison Company, London/ MAP Fund Managers/Credit Suisse/European Federation of Financial Analysts' Societies)
Rolf Rundfelt	1989–2000 (KPMG Bohlins, Stockholm)
Patricia McConnell	1990–2000 (Bear, Stearns, New York)
Ray De Angelo	technical adviser 1992–95 (AIMR)
Patricia McQueen (Walters)	technical adviser 1996–2000 (AIMR)
Nobuaki Kemmochi	1996–8 (Security Analysts Association of Japan)
Toshihiko Amano	1999–2000 (Security Analysts Association of Japan)

Federation of Swiss Industrial Holding Companies

Harry Schmid	1995–2000 (Nestlé)
Peter Zurbrügg	1995–9 (Hoffmann-La Roche)
Philipp Hallauer	technical adviser 1995–2000 (KPMG Fides Peat)
Malcolm Cheetham	1999–2000 (Novartis)

International Association of Financial Executives Institutes

Thomas Jones	1996–2000 (Citicorp, New York)
David Potter	1996–2000 (British American Tobacco, London)
Luis Nelson Carvalho	technical adviser 1996–7 (Universidade de São Paulo)
Luis Nelson Carvalho	1999–2000 (Universidade de São Paulo)
Martin Noordzij	1999–2000 (VNO-NCV, The Hague)

Taiwanese Delegation

S. T. Chiang	1984–7 (Chiang, Lai, Lin & Co.)

Korean Delegation

In Ki Joo	1988–91 (Yonsei University)
Doo Hwang Kim	1988–92 (Sae Dong & Co.)
Soo Keun Kwak	1991–2 (Seoul National University)

Danish Delegation

Morten Iversen	1988–9 (Price Waterhouse)
Stig Enevoldsen	1989–90 (Deloitte & Touche)

Jordanian Delegation

Talal Abu-Ghazaleh	1989–90 (Talal Abu-Ghazaleh & Co.)
Fouad Alaeddin	1988–94 (Dajani & Alaeddin/Arthur Andersen)

| Munir Al-Borno | staff observer 1988–9 (Talal Abu-Ghazaleh & Co.) |
| Munir Al-Borno | 1990–5 (Talal Abu-Ghazaleh & Co.) |

Nordic Federation of Public Accountants' Delegation

Erik Mamelund (N)	1990–2000 (Oslo Stock Exchange)
Stig Enevoldsen (DK)	1991–8 (Deloitte & Touche)
Sigvard Heurlin (S)	1992–2000 (Öhrlings Coopers & Lybrand)
Per Gunslev (DK)	1996–2000 (KPMG)

Indian Delegation (from 1995 Onwards, the Indian/Sri Lankan Delegation)

Narendra Sarda	1993–5 (P.C. Hansotia & Company)
Yashodhan Kale	1995–7 (A.F. Ferguson/ICAI)
Reyaz Mihular	1995–2000 (Ford, Rhodes, Thornton & Co., KPMG, Sri Lanka)
Thekkiam Sitaram Vishwanath	1998–2000 (ICAI)
Narain Dass Gupta	2000 (ICAI)

Malaysian Delegation

Mohammad Bin Abdullah	1995–6 (AOM Management Services)
Yap Kim Len	technical adviser 1995–6 (Malaysian Institute of Accountants)
Tony Seah Cheoh Wah	technical adviser 1995–7 (SQ Associates)
Tony Seah Cheoh Wah	1997–2000 (SQ Associates)
Katharene Expedit	1999–2000 (Malaysian Institute of Accountants)

附录 4 技术项目、征求意见稿和准则

Topic, start of project	Steering committee chairman	Exposure draft, date of approval	Standard, date of approval	Comments
Disclosure of accounting policies including the basis of valuation of assets June 1973	A. I. Mackenzie (UK & Ireland)	E1 'Disclosure of Accounting Policies' January 1974	IAS 1 *Disclosure of Accounting Policies* November 1974	Replaced by IAS 1 (revised in 1997)
Valuation of stock and work in progress June 1973	P. H. Lyons (Canada)	E2 'Valuation and Presentation of Inventories in the Context of the Historical Cost System' July 1974	IAS 2 *Valuation and Presentation of Inventories in the Context of the Historical Cost System* July 1975	Superseded by IAS 2 (revised in 1993)
Consolidated accounts June 1973	J. P. Cummings (United States)	E3 'Consolidated Financial Statements and the Equity Method of Accounting' November 1974	IAS 3 *Consolidated Financial Statements and the Equity Method of Accounting* March 1976	Superseded by IAS 27 and IAS 28
Depreciation of fixed assets January 1974	A. H. Kewin (Australia)	E4 'Depreciation Accounting' April 1975	IAS 4 *Depreciation Accounting* July 1976	Partially superseded by IAS 16 (revised in 1993) and by IAS 38; withdrawn November 1999
Basic disclosure in financial statements January 1974	M. Galván (Mexico)	E5 'Information to be Disclosed in Financial Statements' April 1975	IAS 5 *Information to be Disclosed in Financial Statements* July 1976	Replaced by IAS 1 (revised in 1997)
Translation of foreign accounts in financial statements January 1974	H. Treffers (The Netherlands) S. Nakajima (Japan)	E11 'Accounting for Foreign Transactions and Translation of Foreign Financial Statements' July 1977		

Appendix 4 *Cont.*

Topic, start of project	Steering committee chairman	Exposure draft, date of approval	Standard, date of approval	Comments
Accounting in the face of inflation April 1974	P. H. Lyons (Canada)	E23 'Accounting for the Effects of Changes in Foreign Exchange Rates' October 1981	IAS 21 *Accounting for the Effects of Changes in Foreign Exchange Rates* March 1983	Superseded by IAS 21 (revised in 1993)
		E6 'Accounting Treatment of Changing Prices' October 1975 Discussion Paper: 'Treatment of Changing Prices in Financial Statements: A Summary of Proposals' November 1976	IAS 6 *Accounting Responses to Changing Prices* March 1977	Superseded by IAS 15
Source and application of funds November 1974	R. Mazars (France) H. F. A. Cordoliani (France)	E7 'Statement of Source and Application of Funds' March 1976	IAS 7 *Statement of Changes in Financial Position* July 1977	Superseded by IAS 7 (revised in 1992)
Presentation of the income statement November 1974	J. P. Cummings (United States)	E8 'The Treatment in the Income Statement of Unusual Items and Changes in Accounting Estimates and Accounting Policies' July 1976	IAS 8 *Unusual and Prior Period Items and Changes in Accounting Policies* October 1977	Superseded by IAS 8 (revised in 1993)
Research and development November 1974	R. D. Thomas (Canada)	E9 'Accounting for Research and Development Costs' November 1976	IAS 9 *Accounting for Research and Development Activities* March 1978	Superseded by IAS 9 (revised in 1992)

附录 4 技术项目、征求意见稿和准则

Events occurring after the balance sheet date, and accounting for contingencies July 1975	A. I. Mackenzie (UK & Ireland)	E10 'Contingencies and Events Occurring After the Balance Sheet Date' March 1977	IAS 10 *Contingencies and Events Occurring After the Balance Sheet Date* June 1978	Superseded by IAS 10 (revised in 1999)
Accounting for certain types of long-term contracts July 1975	L. Nieto (Mexico)	E12 'Accounting for Construction Contracts' July 1977	IAS 11 *Accounting for Construction Contracts* November 1978	Superseded by IAS 11 (revised in 1993)
Accounting for taxation in financial statements July 1975	J. A. Hepworth (Australia)	E13 'Accounting for Taxes on Income' October 1977	IAS 12 *Accounting for Taxes on Income* March 1979	Superseded by IAS 12 (revised in 1996)
Accounting for diversified operations July 1976	E. J. Minahan (United States)	E15 'Reporting Financial Information by Segment' October 1979	IAS 14 *Reporting Financial Information by Segment* March 1981	Superseded by IAS 14 (revised in 1997)
The treatment of leases in financial Statements July 1976	P. Rutteman (UK & Ireland)	E19 'Accounting for Leases' June 1980	IAS 17 *Accounting for Leases* March 1982	Superseded by IAS 17 (revised in 1997)
Working capital November 1976	M. P. Carscallen (Canada)	E14 'Current Assets and Current Liabilities' March 1978	IAS 13 *Presentation of Current Assets and Current Liabilities* June 1979	Replaced by IAS 1 (revised in 1997)
A 'watching brief' on developments in inflation accounting March 1977	J. P. Grenside (UK & Ireland)	E17 'Information Reflecting the Effects of Changing Prices' March 1980	IAS 15 *Information Reflecting the Effects of Changing Prices* June 1981	Status reduced to non-mandatory October 1989
Banking March 1977	E. L. Larkin (Unite States) C. I. Brown (UK & Ireland)	Discussion paper: 'Disclosures in the Financial Statements of Banks' October 1979		Project resumed October 1984

Appendix 4 Cont.

Topic, start of project	Steering committee chairman	Exposure draft, date of approval	Standard, date of approval	Comments
Accounting for pension costs and commitments July 1977	R.D. Thomas (Canada) D. Page (Canada)	E16 'Accounting for Retirement Benefits in the Financial Statements of Employers' October 1979	IAS 19 Accounting for Retirement Benefits in the Financial Statements of Employers June 1982	Superseded by IAS 19 (revised in 1993)
Accounting for fixed assets June 1978	L. Romero (Mexico)	E18 'Accounting for Property, Plant and Equipment in the Context of the Historical Cost System' March 1980	IAS 16 Accounting for Property, Plant and Equipment October 1981	Superseded by IAS 16 (revised in 1993)
Business combinations, mergers and takeovers and treatment of goodwill June 1978	P. C. E. Cox (Australia)	E22 'Accounting for Business Combinations' March 1981	IAS 22 Accounting for Business Combinations June 1983	Superseded by IAS 22 (revised in 1993)
Revenue recognition June 1978	S. Elliott (Canada)	E20 'Revenue Recognition' November 1980	IAS 18 Revenue Recognition June 1982	Superseded by IAS 18 (revised in 1993)
Accounting for government grants June 1979	W. G. Thorby (South Africa)	E21 'Accounting for Government Grants and Disclosure of Government Assistance' March 1981	IAS 20 Accounting for Government Grants and Disclosure of Government Assistance November 1982	
Accounting for interest costs June 1979	W. A. Smith (United States)	E24 'Accounting for the Capitalisation of Borrowing Costs' June 1982	IAS 23 Capitalisation of Borrowing Costs October 1983	Superseded by IAS 23 (revised in 1992)
Related party transactions June 1980	P. Meyer (Germany)	E25 'Disclosure of Related Party Transactions' November 1982	IAS 24 Related Party Transactions March 1984	

附录4 技术项目、征求意见稿和准则

Accounting for deferred income tax June 1981	M. Vallas (France)	Unpublished report to board October 1984		Project resumed March 1987
Accounting for marketable securities October 1981	F. Capelo (France) G. Barthès (France)	E26 'Accounting for Investments' June 1984	IAS 25 *Accounting for Investments* October 1985	Superseded by IAS 39 and IAS 40
Review of existing International Accounting Standards March 1982	J. Hoyos (Mexico)	Unpublished reports to board on revision of IAS 1–8 June 1983–March 1985		
Accounting for pension plans March 1982	R. L. Harris (United States)	E27 'Accounting and Reporting by Retirement Benefit Plans' March 1985	IAS 26 *Accounting and Reporting by Retirement Benefit Plans* June 1986	
Aspects of the objectives of financial statements November 1982	M. A. Oni (Nigeria)			Merged into Conceptual Framework project November 1986
Review of IAS 3 March 1983	S. Nakajima (Japan)	E30 'Consolidated Financial Statements and Accounting for Investments in Subsidiaries' March 1987	IAS 27 *Consolidated Financial Statements and Accounting for Investments in Subsidiaries* June 1988	
Accounting for joint ventures June 1983	D. R. Hagerman (Canada)	E28 'Accounting for Investments in Associates and Joint Ventures' March 1986	IAS 28 *Accounting for Investments in Associates* November 1988	New project on joint ventures started November 1988
Accounting in high inflation economies October 1983	W. Tjaden (Germany)	E31 'Financial Reporting in Highly Inflationary Economies' July 1987	IAS 29 *Financial Reporting in Hyper-inflationary Economies* April 1989	
Liabilities March 1984	R. G. Cottrell (South Africa)			Merged into Conceptual Framework project November 1986

— 777

Appendix 4 *Cont.*

Topic, start of project	Steering committee chairman	Exposure draft, date of approval	Standard, date of approval	Comments
Owners' equity June 1984	G. Tomasin (Italy)			Merged into Conceptual Framework project November 1986
Disclosures in financial statements of banks October 1984	D. C. Hobson (UK & Ireland) A. G. Murphy (UK & Ireland)	E29 'Disclosures in the Financial Statements of Banks' November 1986	IAS 30 *Disclosures in the Financial Statements of Banks and Similar Financial Institutions* June 1990	
		E34: Disclosures in the Financial Statements of Banks and Similar Financial Institutions April 1989		
Asset recognition June 1985	R. J. Cotton			Merged into Conceptual Framework project November 1986
International harmonization of accounting for pension costs October 1985	H. Marseille (the Netherlands)	Unpublished report to board March 1986		
Framework for financial reporting November 1986	J. M. Dawson (Canada)	ED 'Framework for the Preparation and Presentation of Financial Statements' March 1988	*Framework for the Preparation and Presentation of Financial Statements* April 1989	
To recommend on the status of IAS 15 March 1987	F. Graafstal (the Netherlands)			Status of IAS 15 reduced to non-mandatory October 1989

Revision of IAS 12 March 1987	R. Béthoux (France) B. Jaudeau (France)	E33 'Accounting for Taxes on Income' November 1988 E49 'Income Taxes' June 1994	IAS 12 (revised 1996) Accounting for Taxes on Income September 1996	Amended as IAS 12 (revised in 2000)
Comparability of financial statements March 1987	R. E. Walters (United States)	E32 'Comparability of Financial Statements' November 1988	Statement of Intent on the Comparability of Financial Statements June 1990	
Financial instruments June 1988	A. R. Wyatt (United States) R. J. Murray (United States)	E40 'Accounting for Financial Instruments' June 1991 E48 'Financial Instruments' November 1993	IAS 32 Financial Instruments: Disclosure and Presentation March 1995	Project continued March 1996
Undivided interests and investments in joint ventures November 1988	A. Guthrie (Canada)	E35 'Financial Reporting of Interests in Joint Ventures' October 1989	IAS 31 Financial Reporting of Interests in Joint Ventures November 1990	
Improvements to International Accounting Standards April 1989	R. Walters (United States) P. Cherry (Canada)	E37 'Accounting for Research and Development Activities' February 1991	IAS 9 (revised in 1993) Research and Development Costs October 1992	Superseded by IAS 38
		E38 'Inventories' June 1991	IAS 2 (revised in 1993) Inventories October 1992	
		E39 'Capitalisation of Borrowing Costs' June 1991	IAS 23 (revised in 1993) Capitalisation of Borrowing Costs October 1992	

Appendix 4 *Cont.*

Topic, start of project	Steering committee chairman	Exposure draft, date of approval	Standard, date of approval	Comments
		E45 'Business Combinations' November 1991	IAS 22 (revised in 1993) *Business Combinations* July 1993	Amended with IAS 36
		E41 'Revenue Recognition' November 1991	IAS 18 (revised in 1993) *Revenue* July 1993	
		E42 'Construction Contracts' November 1991	IAS 11 (revised in 1993) *Construction Contracts* July 1993	
		E43 'Property, Plant and Equipment' March 1992	IAS 16 (revised in 1993) *Property, Plant and Equipment* July 1993	Amended with IAS 36
		E44 'The Effects of Changes in Foreign Exchange Rates' March 1992	IAS 21 (revised in 1993) *The Effects of Changes in Foreign Exchange* November 1993	
		E46 'Extraordinary Items, Fundamental Errors and Changes in Accounting Policies' June 1992	IAS 8 (revised in 1993) *Net Profit or Loss for the Period, Fundamental Errors and Changes in Accounting Policies* July 1993	
		E47 'Retirement Benefit Costs' October 1992	IAS 19 (revised in 1993) *Retirement Benefit Costs* July 1993	Superseded by IAS 19 (revised in 1998)
Intangibles April 1989	P. J. Stilling (United Kingdom)	E50 'Intangible Assets' May 1995		Merged with impairment project September 1996

附录 4 技术项目、征求意见稿和准则

Topic	Steering Committee Chairman	Discussion Paper	Exposure Draft	Standard / Notes
Statement of changes in financial position, April 1989	P. Wilmot (South Africa)		E36 'Cash Flow Statements' February 1991	IAS 7 (revised in 1992) *Cash Flow Statements* October 1992
Financial reporting needs of developing and newly industrialized countries, April 1989	T. Abu-Ghazaleh (Jordan) A. A. Dieye (France)			Project discontinued July 1993
Earnings per share, March 1990	D. Brooking (South Africa)		E52 'Earnings per Share' November 1995	IAS 33 *Earnings per Share* January 1997
Financial information by segment, March 1992	P. McConnell (Financial Analysts)		E51 'Reporting Financial Information by Segment' November 1995	IAS 14 (revised in 1997) *Segment Reporting* January 1997
Presentation of financial statements, March 1993	H. Kleekämper (Germany)		E53 'Presentation of Financial Statements' June 1996	IAS 1 (revised in 1997) *Presentation of Financial Statements* July 1997
Agriculture, June 1994	N. P. Sarda (India) H. D. Howarth (Canada) M. R. Mihular (Sri Lanka)		E65 'Agriculture' July 1999	IAS 41 *Agriculture* December 2000
Retirement benefits and other employee benefit costs, November 1994	J. Klaassen (The Netherlands)		E54 'Employee Benefits' September 1996	IAS 19 (revised in 1998) *Employee Benefits* January 1998 Amended as IAS 19 (revised in 2000)
Discontinued operations, November 1995	C. W. Nobes (United Kingdom)		E58 'Discontinuing Operations' July 1997	IAS 35 *Discontinuing Operations* April 1998
Interim reporting, November 1995	S. Heurlin (Nordic Federation)		E57 'Interim Financial Reporting' July 1997	IAS 34 *Interim Financial Reporting* January 1998
Provisions and contingencies, March 1996	D. Tweedie (United Kingdom)		E59 'Provisions, Contingent Liabilities and Contingent Assets' July 1997	IAS 37 *Provisions, Contingent Liabilities and Contingent Assets* July 1998

781

Appendix 4 Cont.

Topic, start of project	Steering committee chairman	Exposure draft, date of approval	Standard, date of approval	Comments
Financial instruments March 1996	J. A. Milburn (Canada)	Discussion Paper: 'Accounting for Financial Assets and Financial Liabilities' March 1997		Project reorganized October 1997
Impairment June 1996	G. Gélard (France)	E55 'Impairment of Assets' April 1997	IAS 36 *Impairment of Assets* April 1998	
		E60 'Intangible Assets' July 1997	IAS 38 *Intangible Assets* July 1998	
		E61 'Business Combinations' July 1997	IAS 22 (revised in 1998) *Business Combinations* July 1998	
Leases June 1996	T. Jones (IAFEI)	E56 'Leases' April 1997	IAS 17 (revised in 1997) *Leases* November 1997	
Insurance April 1997	W. McGregor (Australia)	Issues Paper: 'Insurance' November 1999		
Financial instruments October 1997	IASC staff	E62 'Financial Instruments: Recognition and Measurement' April 1998	IAS 39 *Financial Instruments: Recognition and Measurement* December 1998	Amended as IAS 39 (revised in 2000)
Events after the balance sheet date November 1997	IASC staff	E63 'Events after the Balance Sheet Date' November 1998	IAS 10 (revised 1999) *Events after the Balance Sheet Date* March 1999	
Investment properties November 1997	P. Gunslev (Nordic Federation)	E64 'Investment Property' July 1999	IAS 40 *Investment Property* March 2000	
Discounting April 1998	P. McQueen-Walters (Financial Analysts)			No publication by end of 2000

附录 4　技术项目、征求意见稿和准则

Developing countries April 1998	T. Seah (Malaysia)		No publication by end of 2000
Extractive industries April 1998	K. Spencer (Australia)	Issues Paper: 'Extractive Industries' November 2000	
Business combinations November 1998	S. Heurlin (Nordic Federation)		No publications by end of 2000
Reporting Financial Performance July 1999	P. McConnell (Financial Analysts)		No publication by end of 2000
Limited amendments to IAS 19 July 1999	IASC staff	E67: Pension Plan Assets June 200	IAS 19 (revised 2000) *Employee Benefits* October 2000
Bank disclosures and presentation July 1999	G. Mitchell (United Kingdom)		No publication by end of 2000
IAS 39 Implementation Guidance March 2000	J. T. Smith (United States)	Draft 'Staff Implementation Guidance on IAS 39' June 2000 E66 'Financial Instruments: Recognition and Measurement—Limited Revisions to IAS 39' June 2000	IAS 39 (revised in 2000) *Financial Instruments: Recognition and Measurement* October 2000
Limited amendments to IAS 12 March 2000	IASC staff	E68 'Income Tax Consequences of Dividends: Proposed Limited Revisions to IAS 12 (revised)' June 2000	IAS 12 (revised in 2000) *Income Taxes* October 2000

—— 783

附录 5　理事会会议的地点和日期

1973
29 June   London
15–16 November   London

1974
14–15 January   Paris
8–9 April   London
15–17 July   London
5–6 November   London

1975
15–16 January   London
9–11 April   Montreal
9–10 July   London
8–10 October   London

1976
9–11 March   London
6–8 July   London
9–11 November   Washington, DC

1977
1–3 March   Amsterdam
29–30 June, 1 July   Edinburgh
18–20 October   London

1978
7–9 March   London
14–16 June   Perth, Australia
7–9 November   London

1979
27–8 February, 1 March   Mexico City
19–21 June   London
23–5 October   London

1980
11–13 March   London
24–7 June   Berlin
4–6 November   Dublin

1981
24–7 March   Tokyo
23–6 June   London
14–16 October   London

附录 5　理事会会议的地点和日期

1982
24–6 March　　　　　　　London
22–5 June　　　　　　　　Amsterdam
24–6 November　　　　　London

1983
23–5 March　　　　　　　Edinburgh
14–16 June　　　　　　　London
26–8 October　　　　　　Paris

1984
14–16 March　　　　　　London
19–21 June　　　　　　　Toronto
17–19 October　　　　　Düsseldorf

1985
6–8 March　　　　　　　Rome
25–7 June　　　　　　　　New York
16–18 October　　　　　London

1986
5–7 March　　　　　　　Dublin
17–19 June　　　　　　　Amsterdam
5–7 November　　　　　London

1987
24–7 March　　　　　　　Sydney
1–3 July　　　　　　　　　Edinburgh

1988
29 February and 2–4 March　　Düsseldorf
22–4 June　　　　　　　　Toronto
9–11 November　　　　　Copenhagen

1989
12–14 April　　　　　　　Brussels
24–5 October　　　　　　New York

1990
7–9 March　　　　　　　Amsterdam
20–2 June　　　　　　　　Paris
7–9 November　　　　　Singapore

1991
27–8 February　　　　　London
12–14 June　　　　　　　Milan
5–8 November　　　　　Seoul

1992
4–6 March　　　　　　　Madrid
16–18 June　　　　　　　Amman
7–9 October　　　　　　Chicago

1993
23–6 March　　　　　　　Tokyo
30 June–2 July　　　　　London
2–5 November　　　　　Oslo

785

1994
13, 15–17 June	Edinburgh
1–4 November	Budapest

1995
28–31 March	Düsseldorf
8–10 May	Amsterdam
1–4 November	Sydney

1996
27–30 March	Brussels
11–14 June	Stockholm
23–8 September	Barcelona

1997
6–9 January	London
7–11 April	Johannesburg
8–12 July	Beijing
30 October–4 November	Paris

1998
12–16 January	London
20–6 April	Kuala Lumpur
6–10 July	Niagara-on-the-Lake, Ontario
9–13 November	Zurich
14–16 December	Frankfurt am Main

1999
16–19 March	Washington, DC
28 June–2 July	Warsaw
15–19 November	Venice
13–16 December	Amsterdam

2000
13–17 March	São Paulo
19–23 June	Copenhagen
16–20 October	Tokyo
11–13 December	London

附录 6　受访者名单

Australia
John Bishop, David Boymal, Ian Hammond, John Hepworth, Warren McGregor, Malcolm Miller, Paul Phenix, Michael Sharpe, Ken Spencer, Kevin Stevenson, and Angus Thomson.

Belgium
Karel Van Hulle.

Canada
John Adams, John Carchrae, Paul Cherry, James Gaa, Gertrude Mulcahy, James Saloman, Doug Thomas, and Edward Waitzer.

Denmark
Stig Enevoldsen.

France
Georges Barthès de Ruyter, Philippe Danjou, Jean-Luc Dumont, Gilbert Gélard, Dominique Ledouble, Jacques Manardo, and Jean-Claude Scheid.

Germany
Herbert Biener, Hans Havermann, Heinz Kleekämper, Liesel Knorr, Peter Marks, Bernd-Joachim Menn, Louis Perridon, and Albrecht Ruppel.

Italy
Giancarlo Tomasin.

Japan
Yukio Fujita, Kazuo Hiramatsu, Atsushi Kato, Noriaki Kinoshita, Seigo Nakajima, Etsuo Sawa, Kiichiro Tobari, Tadaaki Tokunaga, Tatsumi Yamada, and Shozo Yamazaki.

Mexico
Jorge Barajas, Rafael Gómez Eng, Jesús Hoyos, Luis Moirón, and Leopoldo Romero.

Netherlands
Gijs Bak, Hans Burggraaff, Frans Graafstal, Johan van Helleman, Jan Klaassen, Herman Marseille, Jules Muis, Aad Tempelaar, Jan Schoonderbeek, and Ruud Vergoossen.

Norway
Harald Brandsås and Erik Mamelund.

South Africa
Doug Brooking, Rick Cottrell, Jock Porteous, Monica Singer, Ian Somerville, Erna Swart, Graham Terry, Warwick Thorby, and Peter Wilmot.

Sweden
Sigvard Heurlin and Rolf Rundfelt.

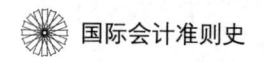

Switzerland
Harry Schmid.

United Kingdom
Randolph Andersen, John Barrass, David Cairns, Sir Bryan Carsberg, Peter Clark, Allan Cook, David Damant, Howard Davies, Gavin Fryer, Sir John Grenside, Frank Harding, David Hobson, John Hough, Jeffrey Knight, Christopher Nobes, Geoffrey Mitchell, Sir Douglas Morpeth, Michael Renshall, Richard Simmons, Christopher Stronge, David Swanney, Richard Thorpe, Sir David Tweedie, John Williams, and Allister Wilson.

United States
Michael Alexander, Dennis Beresford, Richard Breeden, Anthony Cope, James Copeland, Edmund Coulson, Michael Crooch, Stephen Eccles, Edward Greene, Sara Hanks, Trevor Harris, John Hegarty, Edmund Jenkins, Thomas Jones, Sandra Kinsey, Susan Koski-Grafer, Marisa Lago, James Leisenring, Arthur Levitt, Patricia McConnell, Michael Mann, Robert L. May, Eugene Minahan, Gerhard Mueller, Wallace Olson, Paul Pacter, Irving Pollack, Linda Quinn, Barry Robbins, Paul Rosenfield, David Ruder, Walter Schuetze, Robert Sempier, Willis Smith, Michael Sutton, Mary Tokar, Lynn Turner, Ralph Walters, and Arthur Wyatt.

附录 7　未公开资料的使用和参考

IASC Archive

The IASC archive, held at the offices of the International Accounting Standards Board, London, has been the main archival source for this study. At the time of our research, the archive was not indexed. A small number of older files were numbered according to a filing system that has long been discontinued. These numbers have not been used. In general, we have identified the location of documents by including a 'file' name, which is normally the name indicated on the folder, binder or box in which the documents are contained. In cases where documents have been preserved in electronic format only, the file name indicates the main folder for the project or organizational unit within the IASC, with the note '(electronic)'.

Agenda papers of the IASC board were consecutively numbered from 1 upwards for each meeting. These papers are referred to as AP 3/1986 paper 5, meaning agenda paper 5 for the meeting of March 1986.

Other Archives

The main other archives consulted are:

ICAS　　Archive of the Institute of Chartered Accountants of Scotland, held at ICAS's offices, Edinburgh.
　　　　References are limited to Council minutes and agenda papers which are referred to by date and (consecutive) minute number.
NIVRA　Archive of the Nederlands Instituut van Registeraccountants, held at the Nationaal Archief, The Hague, and at NIVRA's offices, Amsterdam.
　　　　The location of documents is identified either by the inventory number of the materials deposited in The Hague, or (for more recent documents held in Amsterdam) by their file name.

Authors' Collections

Documents referred to as in the authors' collections consist mainly of:

— Written communications to the authors by principals in the IASC history, written in response to specific queries by the authors.
— Copies of unpublished documents such as letters, memoranda, speeches etc. supplied to the authors by various parties. The originals of these documents typically are held in collections that are not accessible to the public and/or for which no specific archival references can be given. In such cases, we indicate the nature of the document and the party by which the document was supplied.

图书在版编目（CIP）数据

国际会计准则史. 下册 /（荷）凯斯·坎佛曼，（美）斯蒂芬·A. 泽夫著；周华，张姗姗译. -- 北京：中国人民大学出版社，2024.10
ISBN 978-7-300-32705-1

Ⅰ.①国… Ⅱ.①凯… ②斯… ③周… ④张… Ⅲ.①会计史–世界 Ⅳ.①F23-091

中国国家版本馆CIP数据核字（2024）第068042号

会计经典学术名著
国际会计准则史（下册）
［荷］凯斯·坎佛曼
［美］斯蒂芬·A. 泽夫　著
周　华　张姗姗　译
Guoji Kuaiji Zhunzeshi（Xiace）

出版发行	中国人民大学出版社		
社　　址	北京中关村大街31号	邮政编码	100080
电　　话	010-62511242（总编室）	010-62511770（质管部）	
	010-82501766（邮购部）	010-62514148（门市部）	
	010-62515195（发行公司）	010-62515275（盗版举报）	
网　　址	http://www.crup.com.cn		
经　　销	新华书店		
印　　刷	北京联兴盛业印刷股份有限公司		
开　　本	720 mm×1000 mm　1/16	版　次	2024年10月第1版
印　　张	26.75　插页2	印　次	2024年10月第1次印刷
字　　数	407 000	定　价	248.00元（上、下册）

版权所有　　侵权必究　　印装差错　　负责调换